Arbeitsgerichtsgesetz

vom 23. Dezember 1926

nebst der Verordnung über die Entschädigung der Arbeitgeber- und der Arbeitnehmer-Beisitzer der Arbeitsgerichtsbehörden vom 24. Juni 1927 und dem Gesetz zur Abänderung des Betriebsrätegesetzes vom 28. Februar 1928

Erläutert von

Dr. Georg Flatow und **Richard Joachim**

Ministerialrat im Preußischen Ministerium für Handel und Gewerbe

Oberregierungsrat im Reichsarbeitsministerium

Springer-Verlag Berlin Heidelberg GmbH 1928

ISBN 978-3-662-27860-4 ISBN 978-3-662-29361-4 (eBook)
DOI 10.1007/978-3-662-29361-4

Inhaltsverzeichnis

Abkürzungen des Schrifttums

Dersch-Volkmar:	Dersch-Volkmar, Arbeitsgerichtsgesetz, 2. Aufl. Verlag Bensheimer 1927.
Baumbach:	Baumbach, Arbeitsgerichtsgesetz. Verlag Liebmann 1927.
Schmincke-Sell:	Schmincke-Sell, Arbeitsgerichtsgesetz. Verlag Heß 1927.
Siefart:	Siefart, Arbeitsgerichtsgesetz. Verlag Vahlen 1927.
Held-Lieb-Gift:	Held-Lieb-Gift, Arbeitsgerichtsgesetz. Verlag Beck 1927.
Samter:	Samter, Kommentar zum Arbeitsgerichtsgesetz. Verlag Hirschfeld 1927.
Elias:	Elias, Arbeitsgerichtsgesetz. Verlag Gerisch & Co. 1927.
Wölbling:	Wölbling, Arbeitsgerichtsgesetz. Verlag Spaeth & Linde 1927.
Aufhäuser-Nörpel:	Aufhäuser-Nörpel, Arbeitsgerichtsgesetz, 2. Aufl. Verlag des Allgemeinen deutschen Gewerkschaftsbundes 1927.
Kaskel:	Kaskel, Die neue Arbeitsgerichtsbarkeit, 2. Aufl. Verlag Julius Springer 1927.
Kaskel Arbeitsrecht:	Kaskel, Arbeitsrecht, 3. Auflage. Verlag Julius Springer 1928.
Stein-Jonas:	Stein-Jonas, Die Zivilprozeßordnung für das Deutsche Reich, 12./13. Aufl. 1926.
Sydow-Busch-Krantz:	Sydow-Busch-Krantz, Zivilprozeßordnung und Gerichtsverfassungsgesetz, 19. Aufl. Verlag W. de Gruyter & Co. 1926.
Wilhelmi-Bewer:	Wilhelmi-Bewer, Das Gewerbegerichtsgesetz, 2. Aufl. Verlag Heymann 1903.
Flatow:	Flatow, Betriebsrätegesetz, 12. Aufl. Verlag Julius Springer 1927.
Flatow-Joachim:	Flatow-Joachim, Die Schlichtungsordnung. Verlag Julius Springer 1924.
RABl.:	Reichsarbeitsblatt.
NZfArbR.:	Neue Zeitschrift für Arbeitsrecht.
JW.:	Juristische Wochenschrift.
Bensh. Samml.:	Flatow-Gerstel-Huech-Nipperdey, Entscheidungen des Reichsarbeitsgerichts und der Landesarbeitsgerichte. Verlag Bensheimer.
Rechtspr. in ArbSachen:	Volkmar-Feig-Wagemann-Harmering-Franke, Die Rechtsprechung in Arbeitssachen. Verlag Stilke.

Arbeitsgerichtsgesetz vom 23. Dezember 1926

(Reichsgesetzbl. I S. 507)

Der Reichstag hat das folgende Gesetz beschlossen, das mit Zustimmung des Reichsrats hiermit verkündet wird:

Erster Teil

Allgemeine Bestimmungen

§ 1

Arbeitsgerichtsbehörden

(1) Die Gerichtsbarkeit in Arbeitssachen (§§ 2 und 3) liegt den Arbeitsgerichtsbehörden ob.

(2) Arbeitsgerichtsbehörden sind:

1. die Arbeitsgerichte (§§ 14—32),
2. die Landesarbeitsgerichte (§§ 33—39),
3. das Reichsarbeitsgericht (§§ 40—45).

§ 2

Zuständigkeit

(1) Die Arbeitsgerichte sind unter Ausschluß der ordentlichen Gerichte ohne Rücksicht auf den Wert des Streitgegenstandes zuständig:

1. für bürgerliche Rechtsstreitigkeiten zwischen Tarifvertragsparteien oder zwischen diesen und Dritten aus Tarifverträgen oder über das Bestehen oder Nichtbestehen von Tarifverträgen und für bürgerliche Rechtsstreitigkeiten zwischen tarifvertragsfähigen Parteien oder zwischen diesen und Dritten aus unerlaubten Handlungen, sofern es sich um Maßnahmen zu Zwecken des Arbeitskampfes oder um Fragen der Vereinigungsfreiheit handelt;
2. für bürgerliche Rechtsstreitigkeiten zwischen Arbeitgebern und Arbeitnehmern aus dem Arbeits- oder Lehrverhältnis, über das

Bestehen oder Nichtbestehen eines Arbeits- oder Lehrvertrags, aus Verhandlungen über die Eingehung eines Arbeits- oder Lehrverhältnisses und aus dessen Nachwirkungen sowie für bürgerliche Rechtsstreitigkeiten aus unerlaubten Handlungen, soweit diese mit dem Arbeits- oder Lehrverhältnis im Zusammenhange stehen; ausgenommen sind Streitigkeiten, deren Gegenstand die Erfindung eines Arbeitnehmers bildet, soweit es sich nicht nur um Ansprüche auf eine Vergütung oder Entschädigung für die Erfindung handelt, und Streitigkeiten der nach § 481 des Handelsgesetzbuchs zur Schiffsbesatzung gehörenden Personen;

3. für bürgerliche Rechtsstreitigkeiten zwischen Arbeitnehmern aus gemeinsamer Arbeit und aus unerlaubten Handlungen, soweit diese mit dem Arbeits- oder Lehrverhältnis im Zusammenhange stehen;

4. für bürgerliche Rechtsstreitigkeiten zwischen Arbeitgebern und Arbeitnehmern aus den §§ 86, 87 des Betriebsrätegesetzes;

5. in folgenden Fällen des Betriebsrätegesetzes:

für die Entscheidung über das Erlöschen der Mitgliedschaft in Betriebsvertretungen (§§ 39, 56 Abs. 2, § 60),

für die Entscheidung über die Auflösung von Betriebsvertretungen (§§ 41, 44, § 56 Abs. 2),

für die Berufung vorläufiger Betriebsvertretungen (§ 43 Abs. 2, § 44 Abs. 4, § 56 Abs. 2, § 60),

für die Entscheidung über Bildung und Auflösung gemeinsamer Betriebsvertretungen (§§ 52, 53),

für die Festsetzung von Strafen nach § 134 b der Gewerbeordnung (§ 80 Abs. 2),

für die Entscheidung über das Vorliegen eines Verstoßes gegen vereinbarte Richtlinien über die Einstellung von Arbeitnehmern (§§ 82, 83),

für die Entscheidung von Streitigkeiten über die Errichtung, Zusammensetzung und Tätigkeit von Betriebsvertretungen und aus Wahlen zu ihnen (§ 93),

für die Ersetzung der Zustimmung von Betriebsvertretungen zur Kündigung oder Versetzung ihrer Mitglieder (§§ 97, 98).

(2) Die im Abs. 1 Nr. 1—4 begründete Zuständigkeit besteht auch in den Fällen, in denen der Rechtsstreit durch einen Rechtsnachfolger oder durch eine Person geführt wird, die kraft Gesetzes an Stelle der ursprünglichen Partei hierzu befugt ist.

§ 3

Erweiterte Zuständigkeit

(1) Bei den Arbeitsgerichten können auch nicht unter § 2 fallende Klagen gegen Arbeitgeber oder Arbeitnehmer sowie von solchen gegen Dritte erhoben werden, wenn der Anspruch mit einer bei einem Arbeitsgericht anhängigen oder gleichzeitig anhängig werdenden bürgerlichen Rechtsstreitigkeit der im § 2 Nr. 1—4 bezeichneten Art in rechtlichem oder unmittelbarem wirtschaftlichen Zusammenhange steht und für seine Geltendmachung nicht eine ausschließliche Zuständigkeit gegeben ist; die im § 2 Nr. 2 Halbsatz 2 ausgenommenen Streitigkeiten können auch im Zusammenhange mit anderen Streitigkeiten nicht vor die Arbeitsgerichte gebracht werden.

(2) Auf Grund Vereinbarung können auch bürgerliche Rechtsstreitigkeiten zwischen juristischen Personen des privaten Rechtes und ihren gesetzlichen Vertretern vor die Arbeitsgerichte gebracht werden (§ 5 Abs. 2).

§ 4

Ausschluß der Arbeitsgerichtsbarkeit

In den Fällen des § 2 Nr. 1—4 kann die Arbeitsgerichtsbarkeit durch Schiedsvertrag und Vereinbarung nach den §§ 91—107 ganz oder teilweise ausgeschlossen werden.

§ 5

Begriff des Arbeitnehmers

(1) Arbeitnehmer im Sinne dieses Gesetzes sind Arbeiter und Angestellte einschließlich der Lehrlinge. Den Arbeitnehmern stehen Personen gleich, die, ohne in einem Arbeitsvertragsverhältnisse zu stehen, im Auftrag und für Rechnung bestimmter anderer Personen Arbeit leisten (Hausgewerbetreibende und sonstige arbeitnehmerähnliche Personen), und zwar auch dann, wenn sie die Roh- oder Hilfsstoffe selbst beschaffen; arbeitnehmerähnliche Personen sind im Verhältnis zu ihren Auftraggebern auch Zwischenmeister, die den überwiegenden Teil ihres Verdienstes aus ihrer eigenen Arbeit am Stücke beziehen.

(2) Keine Arbeitnehmer sind gesetzliche Vertreter von juristischen Personen und von Personengesamtheiten des öffentlichen und privaten Rechtes, ferner Personen in ihrer Eigenschaft als öffentliche Beamte sowie als Angehörige des Reichsheers und der Reichsmarine.

§ 6

Besetzung der Arbeitsgerichtsbehörden

(1) Die Arbeitsgerichtsbehörden sind mit rechtsgelehrten Richtern und mit Beisitzern aus den Kreisen der Arbeitgeber und der Arbeitnehmer besetzt.

(2) Die Beisitzer aus den Kreisen der Arbeitgeber und der Arbeitnehmer führen bei den Arbeitsgerichten die Amtsbezeichnung Arbeitsrichter, bei den Landesarbeitsgerichten die Amtsbezeichnung Landesarbeitsrichter und bei dem Reichsarbeitsgerichte die Amtsbezeichnung Reichsarbeitsrichter.

§ 7

Aufbringung der Mittel

Die Kosten der Arbeitsgerichte und der Landesarbeitsgerichte trägt das Land, das sie errichtet, die Kosten des Reichsarbeitsgerichts trägt das Reich.

§ 8

Gang des arbeitsgerichtlichen Verfahrens

(1) In den Rechtsstreitigkeiten nach § 2 Nr. 1—4 und nach § 3 findet das Urteilsverfahren (§§ 46—79), in den Fällen des § 2 Nr. 5 das Beschlußverfahren (§§ 80—90) statt.

(2) Im ersten Rechtszug sind die Arbeitsgerichte zuständig.

(3) Gegen die Urteile der Arbeitsgerichte findet die Berufung an die Landesarbeitsgerichte statt, wenn der Wert des Streitgegenstandes den Betrag von dreihundert Reichsmark übersteigt oder wenn das Arbeitsgericht die Berufung wegen der grundsätzlichen Bedeutung des Rechtsstreits zugelassen hat.

(4) In den Fällen des § 2 Nr. 1—3 und des § 3 findet gegen die Urteile der Landesarbeitsgerichte die Revision an das Reichsarbeitsgericht statt, wenn der Wert des Streitgegenstandes die jeweils in der ordentlichen bürgerlichen Gerichtsbarkeit geltende Revisionsgrenze übersteigt oder wenn das Landesarbeitsgericht die Revision wegen der grundsätzlichen Bedeutung des Rechtsstreits zugelassen hat. Die unmittelbare Einlegung der Revision unter Umgehung des Berufungsrechtzugs ist in den im § 76 bezeichneten Fällen zulässig.

(5) Gegen die das Verfahren beendenden Beschlüsse der Arbeitsgerichte im Beschlußverfahren findet die Rechtsbeschwerde statt, wenn der Beschluß auf einer Gesetzesverletzung beruht. Für die Entscheidung über die Rechtsbeschwerde sind die Landesarbeitsgerichte oder das Reichsarbeitsgericht zuständig (§ 85 Abs. 1).

§ 9

Allgemeine Verfahrensvorschriften

(1) Die Vorschriften des Gerichtsverfassungsgesetzes über Zustellungs- und Vollstreckungsbeamte, über die Gerichtssprache, über die Aufrechterhaltung der Ordnung in der Sitzung und über die Beratung und Abstimmung gelten für das arbeitsgerichtliche Verfahren entsprechend.

(2) Die Gebührenordnung für Zeugen und Sachverständige und die Gebührenordnung für Gerichtsvollzieher finden im arbeitsgerichtlichen Verfahren Anwendung. Gebührenvorschüsse dürfen die Gerichtsvollzieher nicht erheben.

(3) Das arbeitsgerichtliche Verfahren ist in allen Rechtszügen zu beschleunigen. Die Gerichtsferien sind auf das Verfahren ohne Einfluß.

(4) Auf den zur Zustellung an die Parteien bestimmten Ausfertigungen der Urteile und der das Beschlußverfahren beendenden Beschlüsse soll vermerkt werden, ob gegen die Entscheidung ein Rechtsmittel zulässig und bei welcher Behörde, in welcher Form und binnen welcher Frist es einzulegen ist.

§ 10

Parteifähigkeit

Parteifähig im arbeitsgerichtlichen Verfahren sind auch wirtschaftliche Vereinigungen von Arbeitgebern und von Arbeitnehmern und in den Fällen des § 2 Nr. 4 und 5 die Arbeitnehmerschaft Arbeiterschaft und Angestelltenschaft der Betriebe im Sinne des Betriebsrätegesetzes.

§ 11

Prozeßvertretung

(1) Vor den Arbeitsgerichten sind als Prozeßbevollmächtigte oder Beistände Rechtsanwälte und Personen, die das Verhandeln vor Gericht geschäftsmäßig betreiben, ausgeschlossen; zugelassen sind jedoch Mitglieder und Angestellte wirtschaftlicher Vereinigungen von Arbeitgebern oder von Arbeitnehmern oder von Verbänden solcher Vereinigungen, die kraft Satzung oder Vollmacht zur Vertretung befugt sind, soweit sie für die Vereinigung oder für Mitglieder der Vereinigung auftreten und nicht neben dieser Vertretung die Tätigkeit als Rechtsanwalt ausüben oder, ohne Rechtsanwälte zu sein, das Verhandeln vor Gericht gewerbsmäßig gegen Entgelt betreiben.

(2) Vor den Landesarbeitsgerichten und vor dem Reichsarbeitsgerichte müssen die Parteien sich durch Rechtsanwälte als Prozeßbevollmächtigte vertreten lassen; zur Vertretung berechtigt ist jeder bei einem deutschen Gerichte zugelassene Anwalt. An ihre Stelle können vor den Landesarbeitsgerichten Mitglieder und Angestellte wirtschaftlicher Vereinigungen von Arbeitgebern oder von Arbeitnehmern oder von Verbänden solcher Vereinigungen treten, die kraft Satzung oder Vollmacht zur Vertretung befugt sind, sofern die Vereinigung, der Verband oder Mitglieder der Vereinigung Partei sind.

§ 12
Gebühren und Auslagen

(1) Im Verfahren vor den Arbeitsgerichten wird eine einmalige Gebühr nach dem Werte des Streitgegenstandes erhoben. Sie beträgt bei einem Streitwert

bis zu zwanzig Reichsmark einschließlich . . .	eine Reichsmark,
von mehr als zwanzig Reichsmark bis zu sechzig Reichsmark einschließlich	zwei Reichsmark,
von mehr als sechzig Reichsmark bis zu einhundert Reichsmark einschließlich	drei Reichsmark

und von da ab für jede angefangene hundert Reichsmark je drei Reichsmark bis zu höchstens fünfhundert Reichsmark. Schreibgebühren kommen nicht in Ansatz.

(2) Wird der Rechtsstreit im ersten oder in einem höheren Rechtszug durch einen vor dem Gericht abgeschlossenen oder dem Gerichte mitgeteilten Vergleich beendet, so werden in diesem Rechtszug keine Gebühren erhoben, auch wenn eine streitige Verhandlung vorausgegangen war. Wird der Rechtsstreit durch Versäumnisurteil oder auf Grund eines Anerkenntnisses oder einer Zurücknahme der Klage beendet und hat keine streitige Verhandlung stattgefunden, so wird in diesem Rechtszug nur die Hälfte der sonst fälligen Gebühren erhoben; bei Beendigung des Rechtsstreits im ersten Rechtszug auf Grund eines Anerkenntnisses oder einer Zurücknahme der Klage ohne streitige Verhandlung werden keine Gebühren erhoben.

(3) Gebühren und Auslagen werden erst fällig, wenn das Verfahren in dem Rechtszug beendet oder das Ruhen des Verfahrens angeordnet ist. Kostenvorschüsse werden nicht erhoben; das gilt auch für die Zwangsvollstreckung.

(4) In den Fällen des § 2 Nr. 5, des § 93 Abs. 4 und der §§ 102 und 107 in Verbindung mit § 93 Abs. 4, des § 98 Abs. 3 und des § 99 werden Gebühren und Auslagen nicht erhoben.

(5) Vergleiche in einem anhängigen Rechtsstreit sind stempelfrei.

(6) Im übrigen gelten für die Gebühren und Auslagen im arbeitsgerichtlichen Verfahren die Vorschriften des Gerichtskostengesetzes entsprechend.

§ 13
Rechtshilfe

(1) Die Arbeitsgerichte haben anderen Arbeitsgerichtsbehörden Rechtshilfe zu leisten. Die Amtsgerichte haben den Arbeitsgerichtsbehörden Rechtshilfe zu leisten, sofern sich am Sitze des Amtsgerichts kein Arbeitsgericht befindet.

(2) Die Vorschriften des Gerichtsverfassungsgesetzes über Rechtshilfe finden entsprechende Anwendung.

Zweiter Teil

Aufbau der Arbeitsgerichtsbehörden

Erster Abschnitt

Arbeitsgerichte

§ 14

Errichtung

(1) Die Arbeitsgerichte werden als selbständige Gerichte durch die Landesjustizverwaltung im Einvernehmen mit der obersten Landesbehörde für die Sozialverwaltung nach Anhörung der wirtschaftlichen Vereinigungen der Arbeitgeber und Arbeitnehmer regelmäßig für den Bezirk eines Amtsgerichts errichtet.

(2) Ein Arbeitsgericht kann auch errichtet werden:

1. für den Bezirk mehrerer Amtsgerichte eines Landes oder für Teile eines Amtsgerichtsbezirkes oder mehrerer Amtsgerichtsbezirke eines Landes, insbesondere für ein einheitliches Wirtschaftsgebiet;
2. für die Gebiete mehrerer Länder oder Teile von ihnen, insbesondere für ein einheitliches Wirtschaftsgebiet. In diesem Falle erfolgt die Errichtung durch die im Abs. 1 bezeichneten obersten Behörden der beteiligten Länder.

(3) Bei der Errichtung der Arbeitsgerichte ist auf die Wirkungsbereiche der bisherigen Gewerbegerichte oder Kaufmannsgerichte nach Möglichkeit Rücksicht zu nehmen.

(4) Landgericht im Sinne des § 18 Abs. 5, des § 20 Abs. 1, des § 21 Abs. 5, des § 24 Abs. 2, des § 27 und des § 30 Abs. 1 ist das Landgericht, bei dem das dem Arbeitsgericht übergeordnete Landesarbeitsgericht errichtet ist.

§ 15

Verwaltung und Dienstaufsicht

(1) Die Geschäfte der Verwaltung und Dienstaufsicht führt die Landesjustizverwaltung im Einvernehmen mit der obersten Landesbehörde für die Sozialverwaltung. Vor Erlaß allgemeiner Anordnungen, die die Verwaltung und Dienstaufsicht betreffen, soweit sie nicht rein technischer Art sind, sind die wirtschaftlichen Vereinigungen der Arbeitgeber nud Arbeitnehmer zu hören.

(2) Die Landesjustizverwaltung kann im Einvernehmen mit der obersten Landesbehörde für die Sozialverwaltung Geschäfte der Verwaltung und Dienstaufsicht nachgeordneten Dienststellen übertragen, insbesondere dem Vorsitzenden des Arbeitsgerichts oder, wenn mehrere Vorsitzende vorhanden sind, einem von ihnen.

§ 16

Zusammensetzung

(1) Das Arbeitsgericht besteht aus der erforderlichen Anzahl von Vorsitzenden und stellvertretenden Vorsitzenden und von Beisitzern. Die Beisitzer werden je zur Hälfte aus den Kreisen der Arbeitgeber und der Arbeitnehmer entnommen.

(2) Jede Kammer des Arbeitsgerichts wird in der Besetzung mit einem Vorsitzenden und je einem Beisitzer der Arbeitgeber und der Arbeitnehmer tätig. In den Fällen des § 2 Nr. 1 wird jede Kammer in der Besetzung mit einem Vorsitzenden und je zwei Beisitzern der Arbeitgeber und der Arbeitnehmer tätig.

§ 17

Bildung von Kammern

(1) Die Zahl der Kammern bestimmt die Landesjustizverwaltung im Einvernehmen mit der obersten Landesbehörde für die Sozialverwaltung nach Anhörung der wirtschaftlichen Vereinigungen der Arbeitgeber und Arbeitnehmer.

(2) Für Streitigkeiten der Arbeiter und für Streitigkeiten der Angestellten werden getrennte Kammern gebildet. Soweit beide Arbeitnehmergruppen beteiligt sind, entscheidet für die Zuständigkeit der Kammer die überwiegende Beteiligung. Die Landesjustizverwaltung kann im Einvernehmen mit der obersten Landesbehörde für die Sozialverwaltung nach Anhörung der wirtschaftlichen Vereinigungen der Arbeitgeber und Arbeitnehmer aus besonderen Gründen anordnen, daß von der Bildung getrennter Kammern für Arbeiter und für Angestellte abzusehen ist.

(3) Soweit ein Bedürfnis besteht, können Fachkammern für die Streitigkeiten bestimmter Berufe und Gewerbe und bestimmter Gruppen von Arbeitern oder Angestellten gebildet werden. Über die Bildung entscheidet die Landesjustizverwaltung im Einvernehmen mit der obersten Landesbehörde für die Sozialverwaltung nach Anhörung der wirtschaftlichen Vereinigungen der Arbeitgeber und Arbeitnehmer. Für die Streitigkeiten des Handwerkes müssen Fachkammern (Handwerksgerichte) errichtet werden.

(4) Die Zuständigkeit einer Angestelltenkammer oder einer Fachkammer kann durch die Landesjustizverwaltung im Einvernehmen mit der obersten Landesbehörde für die Sozialverwaltung nach Anhörung der wirtschaftlichen Vereinigungen der Arbeitgeber und Arbeitnehmer auf die Bezirke anderer Arbeitsgerichte oder Teile von ihnen erstreckt werden, insbesondere, wenn es sich um ein einheitliches Wirtschaftsgebiet handelt. Die Erstreckung auf das Gebiet eines anderen Landes erfolgt durch Vereinbarung mit den zuständigen obersten Behörden dieses Landes.

§ 18

Bestellung der Vorsitzenden

(1) Die Vorsitzenden und die stellvertretenden Vorsitzenden bestellt die Landesjustizverwaltung im Einvernehmen mit der obersten Landesbehörde für die Sozialverwaltung. Sie soll nur Personen bestellen, die auf arbeitsrechtlichem und sozialem Gebiete Kenntnisse und Erfahrungen besitzen.

(2) Die Vorsitzenden und die stellvertretenden Vorsitzenden sind in der Regel ordentliche Richter. Richter, die Vorsitzende oder stellvertretende Vorsitzende eines Schlichtungsausschusses oder Schlichter oder stellvertretende Schlichter sind oder gewesen sind, sollen bei der Bestellung zu Vorsitzenden oder zu stellvertretenden Vorsitzenden der Arbeitsgerichte besonders berücksichtigt werden.

(3) Andere Personen dürfen zu Vorsitzenden oder zu stellvertretenden Vorsitzenden nur bestellt werden, wenn sie nach ihrer Stellung im Erwerbsleben weder als Arbeitgeber noch als Arbeitnehmer anzusehen sind und die Befähigung zum Richteramte haben.

(4) Die Vorsitzenden und die stellvertretenden Vorsitzenden werden mindestens für ein Jahr und höchstens für neun Jahre bestellt. Eine wiederholte Bestellung ist zulässig. Nach mindestens dreijähriger Amtsdauer können hauptamtliche Vorsitzende auf Lebenszeit bestellt werden. Die von der Gesetzgebung festgesetzten Altersgrenzen, bei deren Erreichung Richter in den Ruhestand treten, gelten auch für die Vorsitzenden der Arbeitsgerichte.

(5) Die Vorsitzenden und die stellvertretenden Vorsitzenden sind vor ihrem Amtsantritte durch den Präsidenten des Landgerichts auf die Erfüllung der Obliegenheiten ihres Amtes eidlich zu verpflichten, falls sie nicht bereits als Beamte vereidigt sind.

(6) Die landesgesetzlichen Vorschriften über die Befähigung zur zeitweiligen Wahrnehmung richterlicher Aufgaben gelten für die zeitweilige Tätigkeit als Vorsitzender entsprechend. Diese soll jedoch den Zeitraum von sechs Wochen nicht übersteigen.

§ 19
Rechtliche Stellung der Vorsitzenden

(1) Die Vorsitzenden und die stellvertretenden Vorsitzenden haben die Rechte und Pflichten richterlicher Beamter der Länder. Soweit sie auf Zeit bestellt sind, haben sie diese Rechte und Pflichten für die Dauer ihres Amtes. Die Vorschriften der §§ 8, 9 des Gerichtsverfassungsgesetzes, für die hauptamtlichen Vorsitzenden auch die Vorschrift des § 7 des Gerichtsverfassungsgesetzes, gelten entsprechend. Die Landesregierungen bestimmen, ob den nebenamtlichen Vorsitzenden und den stellvertretenden Vorsitzenden eine Vergütung zu gewähren ist.

(2) Auf Lebenszeit angestellte Beamte des Reichs oder der Länder, die auf Zeit zu hauptamtlichen Vorsitzenden bestellt werden, sind nach Ablauf dieser Zeit in eine ihrer früheren dienstlichen Stellung gleichwertige Stellung wieder zu übernehmen. Die Amtsdauer als Vorsitzender ist ihnen als Dienst im Reiche oder im Lande anzurechnen.

§ 20
Berufung der Beisitzer

(1) Die Beisitzer werden von der höheren Verwaltungsbehörde im Einvernehmen mit dem Präsidenten des Landgerichts auf die Dauer von drei Jahren berufen. Sie sind in angemessenem Verhältnis unter billiger Berücksichtigung der Minderheiten aus den Vorschlagslisten zu entnehmen, die von den in dem Gerichtsbezirke bestehenden wirtschaftlichen Vereinigungen der Arbeitgeber und der Arbeitnehmer und von den im § 22 Abs. 2 Nr. 2 bezeichneten Körperschaften eingereicht werden.

(2) Für die Beisitzer der Arbeiter und der Angestellten sind grundsätzlich getrennte Vorschläge einzuholen, wenn nicht die Bildung getrennter Kammern gemäß § 17 Abs. 2 unterbleibt.

(3) Die Beisitzer sind vor ihrer Dienstleistung durch den Vorsitzenden auf die Erfüllung der Obliegenheiten ihres Amtes eidlich zu verpflichten.

§ 21
Voraussetzungen für das Beisitzeramt

(1) Als Beisitzer sind Männer und Frauen zu berufen, die deutsche Reichsangehörige sind und das fünfundzwanzigste Lebensjahr vollendet haben. Es sollen nur Personen berufen werden, die im Bezirke des Arbeitsgerichts seit mindestens einem Jahre als Arbeitgeber oder Arbeitnehmer tätig sind.

(2) Unfähig zu dem Amte eines Beisitzers sind Personen, denen die bürgerlichen Ehrenrechte oder die Fähigkeit zur Bekleidung öffentlicher Ämter aberkannt sind oder gegen die das Hauptverfahren wegen eines

Verbrechens oder Vergehens eröffnet ist, das die Aberkennung zur Folge haben kann, und Personen, die infolge gerichtlicher Anordnung in der Verfügung über ihr Vermögen beschränkt sind.

(3) Beamte und Angestellte einer Arbeitsgerichtsbehörde dürfen nicht als Beisitzer berufen werden.

(4) Niemand darf zugleich Arbeitgeber- und Arbeitnehmerbeisitzer sein.

(5) Wird das Fehlen einer Voraussetzung für die Berufung nachträglich bekannt oder fällt eine Voraussetzung nachträglich fort, so enthebt der Präsident des Landgerichts den Beisitzer seines Amtes. Vor der Entscheidung ist der Beisitzer zu hören. Die Entscheidung ist endgültig.

§ 22

Besonderheiten für Arbeitgeberbeisitzer

(1) Arbeitgeberbeisitzer kann auch sein, wer vorübergehend oder regelmäßig zu gewissen Zeiten des Jahres keine Arbeitnehmer beschäftigt.

(2) Für Arbeitgeber, die keine Einzelpersonen sind, können als Beisitzer berufen werden:

1. bei juristischen Personen und Personengesamtheiten des privaten Rechtes die gesetzlichen Vertreter und die Aufsichtsratsmitglieder mit Ausnahme der vom Betriebsrat entsandten;
2. bei dem Reiche, den Ländern, den Gemeinden, den Gemeindeverbänden und anderen Körperschaften des öffentlichen Rechtes öffentliche Beamte nach näherer Anordnung der zuständigen obersten Reichs- oder Landesbehörde.

(3) Den Arbeitgebern stehen für die Berufung zum Beisitzer gleich:

1. Geschäftsführer und Betriebsleiter, soweit sie selbständig zur Einstellung von Arbeitnehmern in den Betrieb berechtigt sind oder soweit ihnen Prokura oder Generalvollmacht erteilt ist;
2. Mitglieder und Angestellte wirtschaftlicher Vereinigungen von Arbeitgebern oder von Verbänden solcher Vereinigungen, die kraft Satzung oder Vollmacht zur Vertretung befugt sind.

§ 23

Besonderheiten für Arbeitnehmerbeisitzer

(1) Arbeitnehmerbeisitzer kann auch sein, wer erwerbslos ist.

(2) Den Arbeitern stehen für die Berufung zum Beisitzer Mitglieder und Angestellte wirtschaftlicher Vereinigungen von Arbeitern oder von Verbänden solcher Vereinigungen gleich, die kraft Satzung oder Vollmacht zur Vertretung befugt sind; den Angestellten stehen Mitglieder und Angestellte wirtschaftlicher Vereinigungen von Angestellten oder von Verbänden solcher Vereinigungen gleich, die kraft Satzung oder Vollmacht zur Vertretung befugt sind.

§ 24

Ablehnung des Beisitzeramts

(1) Die Übernahme des Beisitzeramts kann ablehnen:

1. wer das fünfundsechzigste Lebensjahr vollendet hat;
2. wer durch Krankheit oder Gebrechen verhindert ist, das Amt ordnungsmäßig zu führen;
3. wer durch andere ehrenamtliche Tätigkeit für die Allgemeinheit so in Anspruch genommen ist, daß ihm die Übernahme des Amtes nicht zugemutet werden kann;
4. wer in den sechs der Berufung vorhergehenden Jahren als Beisitzer einer Arbeitsgerichtsbehörde tätig gewesen ist;
5. Frauen, die glaubhaft machen, daß ihnen die Fürsorge für ihre Familie die Ausübung des Amtes in besonderem Maße erschwert.

(2) Über die Berechtigung zur Ablehnung entscheidet die höhere Verwaltungsbehörde im Einvernehmen mit dem Präsidenten des Landgerichts endgültig.

§ 25

Stellung der Beisitzer

(1) Das Amt des Beisitzers ist ein Ehrenamt.

(2) Die Beisitzer erhalten eine angemessene Entschädigung für den ihnen aus der Wahrnehmung des Beisitzeramts erwachsenden Verdienstausfall und Aufwand sowie Ersatz der Fahrkosten. Die nähere Regelung trifft der Reichsarbeitsminister im Einvernehmen mit dem Reichsminister der Justiz nach Anhörung der wirtschaftlichen Vereinigungen der Arbeitgeber und der Arbeitnehmer.

(3) Die Entschädigung und die erstattungsfähigen Fahrkosten setzt der Vorsitzende des Arbeitsgerichts endgültig fest.

§ 26

Schutz der Arbeitnehmerbeisitzer

(1) Den Arbeitgebern und ihren Angestellten ist es untersagt, Angestellte oder Arbeiter in der Übernahme oder Ausübung des Beisitzeramts zu beschränken, oder sie wegen der Übernahme oder Ausübung des Amtes zu benachteiligen.

(2) Arbeitgeber oder ihre Angestellten, die den Vorschriften des Abs. 1 vorsätzlich zuwiderhandeln, werden mit Geldstrafe bestraft.

§ 27

Amtsenthebung der Beisitzer

Wenn ein Beisitzer seine Amtspflicht grob verletzt, so ist er seines Amtes zu entheben. Für die Entscheidung ist eine Kammer zuständig, die aus dem Präsidenten des Landgerichts und je zwei Beisitzern der Arbeitgeber und der Arbeitnehmer des Landesarbeitsgerichts besteht. Vor der Entscheidung ist der Beisitzer und der Vorsitzende des Arbeitsgerichts zu hören. Die Entscheidung ist endgültig.

§ 28

Ordnungsstrafen gegen Beisitzer

Beisitzer, die ohne genügende Entschuldigung nicht oder nicht rechtzeitig zu den Sitzungen erscheinen oder sich ihren Obliegenheiten in anderer Weise entziehen, werden vom Vorsitzenden mit einer Ordnungsstrafe in Geld bestraft. Bei nachträglicher genügender Entschuldigung ist die Strafe aufzuheben oder zu ermäßigen. Gegen den eine Bestrafung aussprechenden Beschluß ist Beschwerde zulässig.

§ 29

Beisitzerausschüsse

(1) Bei jedem Arbeitsgerichte mit mehr als einer Kammer wird ein Beisitzerausschuß gebildet. Er besteht aus mindestens je drei Beisitzern der Arbeitgeber und der Arbeitnehmer in gleicher Zahl, die von den Beisitzern der Arbeitgeber und der Arbeitnehmer in getrennter Wahl gewählt werden. Der Beisitzerausschuß tagt unter der Leitung des aufsichtführenden oder dienstältesten Vorsitzenden des Arbeitsgerichts.

(2) Der Beisitzerausschuß ist vor der Bildung von Kammern, vor der Geschäftsverteilung, vor der Verteilung der Beisitzer auf die Kammern und vor der Aufstellung der Listen über die Heranziehung der Beisitzer zu den Sitzungen zu hören. Er kann auch im übrigen den Vorsitzenden des Arbeitsgerichts und den die Verwaltung und Dienstaufsicht führenden Behörden Wünsche der Beisitzer übermitteln.

§ 30

Geschäftsverteilung, Kammerbesetzung

(1) Vor Beginn des Geschäftsjahrs werden durch den Vorsitzenden, bei Vorhandensein mehrerer Vorsitzenden durch diese, die Geschäfte auf die einzelnen Kammern verteilt; einigen sich die Vorsitzenden nicht, so entscheidet der Präsident des Landgerichts. In gleicher Weise erfolgt die Verteilung der Vorsitzenden, der stellvertretenden Vorsitzenden und der Beisitzer auf die einzelnen Kammern. Die Vorsitzenden, die stellvertretenden Vorsitzenden und die Beisitzer können mehreren Kammern angehören.

(2) Die Beisitzer einer Fachkammer sollen den Beisitzern aus den Kreisen der Berufe, Gewerbe oder Gruppen entnommen werden, für

die die Fachkammer gebildet ist. Werden für die Streitigkeiten der im § 22 Abs. 3 bezeichneten Angestellten Fachkammern gebildet, so dürfen ihnen diese Angestellten nicht als Arbeitgeberbeisitzer angehören.

(3) In den Fällen des § 17 Abs. 4 sind die Beisitzer den Beisitzerlisten der Arbeitsgerichte zu entnehmen, für deren Bezirke die Kammer zuständig ist.

§ 31

Heranziehung der Beisitzer

Die Beisitzer sollen zu den Sitzungen nach der Reihenfolge einer Liste herangezogen werden, die der Vorsitzende vor Beginn des Geschäftsjahrs gemäß § 29 Abs. 2 aufstellt.

§ 32

Geschäftsstelle

Bei jedem Arbeitsgerichte besteht eine Geschäftsstelle, deren Einrichtung die Landesjustizverwaltung im Einvernehmen mit der obersten Landesbehörde für die Sozialverwaltung bestimmt.

Zweiter Abschnitt

Landesarbeitsgerichte

§ 33

Errichtung

(1) Die Landesarbeitsgerichte werden durch die Landesjustizverwaltung im Einvernehmen mit der obersten Landesbehörde für die Sozialverwaltung bei den Landgerichten nach Anhörung der wirtschaftlichen Vereinigungen der Arbeitgeber und Arbeitnehmer errichtet. Die Vorschriften des § 14 Abs. 2 finden entsprechende Anwendung.

(2) Das Landesarbeitsgericht kann seinen Sitz auch an einem anderen Orte seines Bezirkes haben als das Landgericht, bei dem es errichtet ist.

§ 34

Verwaltung und Dienstaufsicht

(1) Die Geschäfte der Verwaltung und Dienstaufsicht führt die Landesjustizverwaltung im Einvernehmen mit der obersten Landesbehörde für die Sozialverwaltung. § 15 Abs. 1 Satz 2 gilt entsprechend.

(2) Die Landesjustizverwaltung kann im Einvernehmen mit der obersten Landesbehörde für die Sozialverwaltung Geschäfte der Verwaltung und Dienstaufsicht nachgeordneten Dienststellen übertragen, insbesondere dem Präsidenten des Landgerichts und dem Vorsitzenden des Landesarbeitsgerichts oder, wenn mehrere Vorsitzende vorhanden sind, einem von ihnen.

§ 35
Zusammensetzung, Bildung von Kammern

(1) Das Landesarbeitsgericht besteht aus der erforderlichen Anzahl von Vorsitzenden und stellvertretenden Vorsitzenden und von Beisitzern. Die Beisitzer werden je zur Hälfte aus den Kreisen der Arbeitgeber und der Arbeitnehmer entnommen.

(2) Jede Kammer des Landesarbeitsgerichts wird in der Besetzung mit einem Vorsitzenden und je einem Beisitzer der Arbeitgeber und der Arbeitnehmer tätig. In den Fällen des § 2 Nr. 1 wird jede Kammer in der Besetzung mit einem Vorsitzenden und je zwei Beisitzern der Arbeitgeber und der Arbeitnehmer tätig.

(3) Im übrigen stehen die Kammern des Landesarbeitsgerichts den Zivilkammern des Landgerichts im Sinne des Gerichtsverfassungsgesetzes gleich.

(4) Die Zahl der Kammern bestimmt die Landesjustizverwaltung im Einvernehmen mit der obersten Landesbehörde für die Sozialverwaltung.

§ 36
Vorsitzende

(1) Die Vorsitzenden und die stellvertretenden Vorsitzenden beruft die Landesjustizverwaltung im Einvernehmen mit der obersten Landesbehörde für die Sozialverwaltung aus den Direktoren und den ständigen Mitgliedern des Landgerichts. Befindet sich am Sitze des Landesarbeitsgerichts ein Oberlandesgericht, so kann auch ein Oberlandesgerichtsrat berufen werden. Die Berufung erfolgt für die Dauer der Zugehörigkeit zum Landgericht oder Oberlandesgericht. Sie kann nur mit Zustimmung des Berufenen widerrufen werden.

(2) Zu Vorsitzenden und stellvertretenden Vorsitzenden sollen nur Richter berufen werden, die auf arbeitsrechtlichem und sozialem Gebiete Kenntnisse und Erfahrungen besitzen. Sind beim Landgericht oder Oberlandesgerichte solche nicht vorhanden, so sind geeignete Personen, die die Befähigung zum Richteramte haben, einzuberufen.

§ 37
Beisitzer

(1) Die Beisitzer müssen das dreißigste Lebensjahr vollendet haben und sollen mindestens drei Jahre Beisitzer einer Arbeitsgerichtsbehörde gewesen sein.

(2) Im übrigen gelten für die Berufung und Stellung der Beisitzer und für die Amtsenthebung die Vorschriften des § 20 Abs. 1 und 3 und der §§ 21—28 entsprechend.

§ 38

Beisitzerausschüsse

Bei jedem Landesarbeitsgerichte wird ein Beisitzerausschuß gebildet. Die Vorschriften des § 29 Abs. 1 Satz 2 und 3 und Abs. 2 gelten entsprechend.

§ 39

Besetzung der Kammern, Geschäftsverteilung

(1) Vor Beginn des Geschäftsjahrs verteilt das Präsidium des Landgerichts unter stimmberechtigter Mitwirkung der Vorsitzenden des Landesarbeitsgerichts die Geschäfte auf die einzelnen Kammern des Landesarbeitsgerichts. In gleicher Weise erfolgt die Verteilung der Vorsitzenden, der stellvertretenden Vorsitzenden und der Beisitzer auf die einzelnen Kammern. Die Vorsitzenden und die Beisitzer können mehreren Kammern angehören.

(2) Die Beisitzer sollen zu den Sitzungen nach der Reihenfolge einer Liste herangezogen werden, die der Vorsitzende vor Beginn des Geschäftsjahrs gemäß § 38 Satz 2 aufstellt.

Dritter Abschnitt

Reichsarbeitsgericht

§ 40

Errichtung

Das Reichsarbeitsgericht wird bei dem Reichsgericht errichtet.

§ 41

Zusammensetzung, Bildung von Senaten

(1) Das Reichsarbeitsgericht besteht aus der erforderlichen Zahl von Senatspräsidenten beim Reichsgericht als Vorsitzenden, von Senatspräsidenten oder Reichsgerichtsräten als stellvertretenden Vorsitzenden, von Reichsgerichtsräten als richterlichen Beisitzern und von nichtrichterlichen Beisitzern. Die nichtrichterlichen Beisitzer werden je zur Hälfte aus den Kreisen der Arbeitgeber und Arbeitnehmer entnommen.

(2) Jeder Senat des Reichsarbeitsgerichts wird in der Besetzung mit einem Vorsitzenden, zwei richterlichen Beisitzern und je einem Beisitzer der Arbeitgeber und der Arbeitnehmer tätig.

(3) Im übrigen stehen die Senate des Reichsarbeitsgerichts den Zivilsenaten des Reichsgerichts im Sinne des Gerichtsverfassungsgesetzes gleich.

(4) Die Zahl der Senate bestimmt der Reichsminister der Justiz im Einvernehmen mit dem Reichsarbeitsminister.

§ 42
Richterliche Mitglieder

Zu Vorsitzenden, stellvertretenden Vorsitzenden und richterlichen Beisitzern des Reichsarbeitsgerichts sollen nur Richter berufen werden, die auf arbeitsrechtlichem und sozialem Gebiete besondere Kenntnisse und Erfahrungen besitzen.

§ 43
Nichtrichterliche Beisitzer

(1) Die nichtrichterlichen Beisitzer werden vom Reichsarbeitsminister im Einvernehmen mit dem Reichsminister der Justiz auf die Dauer von drei Jahren berufen. Sie sind in angemessenem Verhältnis aus den Vorschlagslisten zu entnehmen, die von den Spitzenverbänden der wirtschaftlichen Vereinigungen der Arbeitgeber und der Arbeitnehmer und von den im § 22 Abs. 2 Nr. 2 bezeichneten Körperschaften eingereicht werden.

(2) Die Beisitzer müssen das fünfunddreißigste Lebensjahr vollendet haben und sollen seit längerer Zeit im Deutschen Reiche als Arbeitgeber oder als Arbeitnehmer tätig gewesen sein. Für die Amtsenthebung ist der Präsident des Reichsgerichts zuständig.

(3) Im übrigen gelten für die Berufung und Stellung der nichtrichterlichen Beisitzer die Vorschriften des § 20 Abs. 3 und der §§ 21—28 entsprechend.

§ 44
Besetzung der Senate, Geschäftsverteilung

(1) Vor Beginn des Geschäftsjahrs verteilt das Präsidium des Reichsgerichts die Geschäfte auf die einzelnen Senate des Reichsarbeitsgerichts. In gleicher Weise erfolgt die Verteilung der Vorsitzenden, der stellvertretenden Vorsitzenden, der richterlichen Beisitzer und der nichtrichterlichen Beisitzer auf die einzelnen Senate. Die Vorsitzenden, die stellvertretenden Vorsitzenden und die richterlichen Beisitzer können mehreren Senaten angehören. Vor der Verteilung der Geschäfte und der nichtrichterlichen Beisitzer auf die Senate sind je zwei Beisitzer der Arbeitgeber und der Arbeitnehmer zu hören.

(2) Die nichtrichterlichen Beisitzer sollen zu den einzelnen Sitzungen nach der Reihenfolge einer Liste herangezogen werden, die der Vorsitzende vor Beginn des Geschäftsjahrs aufstellt.

§ 45
Vereinigte Zivilsenate und Plenum des Reichsgerichts

Bei Entscheidungen der vereinigten Zivilsenate oder des Plenums des Reichsgerichts, bei denen es sich um arbeitsrechtliche Fragen handelt, wirken je ein Arbeitgeberbeisitzer und je ein Arbeitnehmerbeisitzer von jedem Senat des Reichsarbeitsgerichts mit. Sie gelten als Mitglieder des Reichsgerichts im Sinne des § 138 des Gerichtsverfassungsgesetzes.

Dritter Teil

Verfahren vor den Arbeitsgerichtsbehörden

Erster Abschnitt

Urteilsverfahren

Erster Unterabschnitt

Erster Rechtszug

§ 46

Grundsatz

(1) Das Urteilsverfahren findet in den im § 2 Nr. 1—4 und im § 3 bezeichneten bürgerlichen Rechtsstreitigkeiten Anwendung.

(2) Für das Urteilsverfahren des ersten Rechtszugs gelten die für das amtsgerichtliche Verfahren maßgebenden Vorschriften der Zivilprozeßordnung entsprechend, soweit nichts anderes bestimmt ist. An die Stelle der Vorschriften über das Güteverfahren vor Erhebung der Klage treten die Vorschriften der §§ 54 und 55. Die Vorschriften über den Urkunden- und Wechselprozeß finden keine Anwendung. Ebensowenig findet die Verordnung zur Entlastung der Gerichte in der Fassung der Bekanntmachung vom 13. Mai 1924 (Reichsgesetzbl. I S. 552) Anwendung.

§ 47

Erhebung der Klage, Einlassungs- und Ladungsfrist

(1) Die Klage ist bei dem Arbeitsgerichte schriftlich einzureichen oder bei seiner Geschäftsstelle mündlich zur Niederschrift anzubringen. Sie gilt, unbeschadet der Vorschrift des § 496 Abs. 3 Satz 1 der Zivilprozeßordnung, erst mit der Zustellung an den Beklagten als erhoben. Eine Aufforderung an den Beklagten, sich auf die Klage schriftlich zu äußern, erfolgt in der Regel nicht.

(2) An den ordentlichen Gerichtstagen können die Parteien zur Verhandlung eines Rechtsstreits auch ohne Ladung vor dem Arbeitsgericht erscheinen. In diesem Falle wird die Klage durch mündlichen Vortrag erhoben. Der wesentliche Inhalt der Klage ist in eine Niederschrift aufzunehmen, wenn die Sache streitig bleibt.

(3) Wohnt die beklagte Partei am Sitze des Arbeitsgerichts, so muß die Klage mindestens am zweiten Tage vor dem Termin zugestellt werden. Das gleiche gilt für die Ladungen.

§ 48

Zuständigkeit

(1) Die Vorschriften des § 11 der Zivilprozeßordnung über die bindende Wirkung der rechtskräftigen Entscheidung, durch die ein Gericht sich für sachlich unzuständig erklärt hat, und des § 276 der Zivilprozeßordnung über die Verweisung des Rechtsstreits an das örtlich oder sachlich zuständige Gericht finden auf das Verhältnis der Arbeitsgerichte und der ordentlichen Gerichte zueinander entsprechende Anwendung.

(2) Für Streitigkeiten aus einem Arbeits- oder Lehrverhältnis und aus Verhandlungen über die Eingehung eines Arbeits- oder Lehrverhältnisses, das sich nach einem Tarifvertrage bestimmt, können unbeschadet der Vorschriften der §§ 38—40 der Zivilprozeßordnung die Parteien des Tarifvertrags die Zuständigkeit eines an sich örtlich unzuständigen Arbeitsgerichts vereinbaren.

§ 49

Ablehnung von Gerichtspersonen

(1) Über die Ablehnung von Gerichtspersonen entscheidet die Kammer des Arbeitsgerichts.

(2) Wird sie durch das Ausscheiden des abgelehnten Mitglieds beschlußunfähig, so entscheidet das Landesarbeitsgericht.

(3) Gegen den Beschluß findet kein Rechtsmittel statt.

§ 50

Zustellung

Urteile sind von Amts wegen zuzustellen.

§ 51

Persönliches Erscheinen der Parteien

(1) Der Vorsitzende kann das persönliche Erscheinen der Parteien in jeder Lage des Rechtsstreits anordnen. Im übrigen finden die Vorschriften des § 141 Abs. 2 und 3 der Zivilprozeßordnung entsprechende Anwendung.

(2) Der Vorsitzende kann die Zulassung eines Prozeßbevollmächtigten ablehnen, wenn die Partei trotz Anordnung ihres persönlichen Erscheinens unbegründet ausgeblieben ist und hierdurch der Zweck der Anordnung vereitelt wird. § 141 Abs. 3 Satz 2 der Zivilprozeßordnung findet entsprechende Anwendung.

§ 52
Öffentlichkeit

Die Verhandlung vor dem erkennenden Gericht einschließlich der Beweisaufnahme und der Verkündung der Entscheidungen ist öffentlich. Das Arbeitsgericht kann die Öffentlichkeit für die Verhandlung oder für einen Teil der Verhandlung ausschließen, wenn durch die Öffentlichkeit eine Gefährdung der öffentlichen Ordnung, insbesondere der Staatssicherheit, oder eine Gefährdung der Sittlichkeit zu besorgen ist oder wenn eine Partei den Ausschluß der Öffentlichkeit beantragt, weil Betriebs-, Geschäfts- oder Erfindungsgeheimnisse zum Gegenstande der Verhandlung oder der Beweisaufnahme gemacht werden; im Güteverfahren kann es die Öffentlichkeit auch aus Zweckmäßigkeitsgründen ausschließen. Die Vorschriften der §§ 173—175 des Gerichtsverfassungsgesetzes finden entsprechende Anwendung.

§ 53
Befugnisse des Vorsitzenden und der Beisitzer

(1) Die nicht auf Grund einer mündlichen Verhandlung ergehenden Beschlüsse und Verfügungen erläßt, soweit nichts anderes bestimmt ist, der Vorsitzende allein.

(2) Im übrigen gelten für die Befugnisse des Vorsitzenden und der Beisitzer die Vorschriften der Zivilprozeßordnung über das landgerichtliche Verfahren entsprechend.

§ 54
Güteverfahren

(1) Die mündliche Verhandlung beginnt, falls kein Güteverfahren vor einer anderen Stelle (§§ 101—105) vereinbart ist, mit einer Verhandlung vor dem Vorsitzenden zum Zwecke der gütlichen Einigung der Parteien (Güteverhandlung). Der Vorsitzende hat zu diesem Zwecke das gesamte Streitverhältnis mit den Parteien unter freier Würdigung aller Umstände zu erörtern. Zur Aufklärung des Sachverhalts kann er alle Handlungen vornehmen, die sofort erfolgen können. Eidliche Vernehmungen und die Auferlegung von Parteieiden sind jedoch ausgeschlossen.

(2) Das Ergebnis der Güteverhandlung, insbesondere der Abschluß eines Vergleichs. ist in die Niederschrift aufzunehmen.

§ 55
Verhandlung vor dem Vorsitzenden

(1) Erscheint eine Partei in der Güteverhandlung nicht oder ist die Güteverhandlung erfolglos, so schließt sich die weitere Verhandlung unmittelbar an; falls dem Hinderungsgründe entgegenstehen, soll sie binnen drei Tagen stattfinden.

(2) Der Vorsitzende entscheidet allein, wenn das Urteil ohne streitige Verhandlung auf Grund des Versäumnisses, des Anerkenntnisses, der Zurücknahme der Klage oder des Verzichts einer Partei ergeht oder wenn die Entscheidung in der an die Güteverhandlung sich unmittelbar anschließenden Verhandlung erfolgen kann und die Parteien sie übereinstimmend beantragen. Dieser Antrag ist in die Niederschrift aufzunehmen.

(3) Erscheinen beide Parteien zur Güteverhandlung nicht, so ist ein Termin zur streitigen Verhandlung zu bestimmen. Das gleiche gilt, falls ein Güteverfahren vor einer anderen Stelle vereinbart ist. Die Vorschriften des zweiten Absatzes finden in diesen Fällen auf die erste Verhandlung Anwendung.

§ 56

Vorbereitung der streitigen Verhandlung

Der Vorsitzende hat die streitige Verhandlung so vorzubereiten, daß sie möglichst in einem Termin zu Ende geführt werden kann. Er kann zu diesem Zwecke insbesondere die Ladung von Zeugen und Sachverständigen veranlassen, amtliche Äußerungen herbeiführen, schriftliche Unterlagen beiziehen und das persönliche Erscheinen der Parteien anordnen; von diesen Maßnahmen soll er die Parteien benachrichtigen.

§ 57

Verhandlung vor der Kammer

(1) Die Verhandlung ist möglichst in einem Termin zu Ende zu führen. Ist das nicht durchführbar, insbesondere weil eine Beweisaufnahme nicht sofort stattfinden kann, so ist der weitere Termin sofort zu verkünden.

(2) Die gütliche Erledigung des Rechtsstreits soll während des ganzen Verfahrens angestrebt werden.

§ 58

Beweisaufnahme

(1) Soweit die Beweisaufnahme am Sitze des Arbeitsgerichts möglich ist, erfolgt sie vor der Kammer. Erfolgt sie nicht am Sitze, aber im Bezirke des Arbeitsgerichts, so kann sie dem Vorsitzenden übertragen werden. Muß sie außerhalb des Bezirkes des Arbeitsgerichts stattfinden, so kann sie dem Vorsitzenden desjenigen Arbeitsgerichts oder, falls dies aus Gründen der örtlichen Lage zweckmäßiger ist, demjenigen Amtsgericht übertragen werden, in dessen Bezirk die Beweisaufnahme erfolgen soll.

(2) Zeugen und Sachverständige werden nur beeidigt, wenn die Kammer dies zur Herbeiführung einer wahrheitsgemäßen Äußerung für notwendig erachtet. In den Fällen des § 377 Abs. 3 und 4 der Zivilprozeßordnung

ist die eidesstattliche Versicherung nur erforderlich, wenn die Kammer sie aus dem gleichen Grunde für notwendig hält.

(3) Die Leistung eines zugeschobenen oder zurückgeschobenen Eides wird durch Beweisbeschluß angeordnet.

(4) Erscheint in dem zur Leistung eines Parteieides bestimmten Termin der Schwurpflichtige nicht, so ist der Eid als verweigert anzusehen und das Verfahren fortzusetzen. Der Schwurpflichtige kann sich jedoch binnen einer Notfrist von drei Tagen zur nachträglichen Leistung des Eides erbieten. Ein inzwischen ergangenes Urteil ist, wenn der Eid nachträglich geleistet wird, insoweit aufzuheben, als es auf der Annahme der Eidesverweigerung beruht. Hinsichtlich der Zwangsvollstreckung aus diesem Urteil finden die Vorschriften des § 707 der Zivilprozeßordnung entsprechende Anwendung. Erscheint der Schwurpflichtige auch in dem zur nachträglichen Eidesleistung bestimmten Termin nicht, so ist ein nochmaliges Erbieten zur Eidesleistung unzulässig.

§ 59

Versäumnisverfahren

Gegen ein Versäumisurteil kann die Partei, gegen die das Urteil ergangen ist, binnen einer Notfrist von drei Tagen nach seiner Zustellung Einspruch einlegen. Der Einspruch wird beim Arbeitsgerichte schriftlich oder durch Abgabe einer Erklärung zur Niederschrift der Geschäftsstelle eingelegt. Hierauf ist die Partei zugleich mit der Zustellung des Urteils schriftlich hinzuweisen.

§ 60

Verkündung des Urteils

(1) Zur Verkündung des Urteils kann ein besonderer Termin nur bestimmt werden, wenn die sofortige Verkündung in dem Termin, auf Grund dessen es erlassen wird, aus besonderen Gründen nicht möglich ist. Der Verkündungstermin darf nicht über drei Tage hinaus angesetzt werden. Dies gilt auch dann, wenn ein Urteil nach Lage der Akten erlassen wird.

(2) Bei der Verkündung des Urteils ist, sofern nicht beide Parteien abwesend sind, der wesentliche Inhalt der Entscheidungsgründe mitzuteilen.

(3) Die Wirksamkeit der Verkündung ist von der Anwesenheit der Beisitzer nicht abhängig. Wird ein von der Kammer gefälltes Urteil ohne Zuziehung der Beisitzer verkündet, so ist die Urteilsformel vorher von dem Vorsitzenden und den Beisitzern zu unterschreiben.

(4) Das Urteil nebst Tatbestand und Entscheidungsgründen ist vom Vorsitzenden zu unterschreiben. War es bei der Verkündung noch nicht vollständig schriftlich niedergelegt, so soll es binnen drei Tagen nach der Verkündung in vollständiger Abfassung der Geschäftsstelle übergeben werden.

§ 61

Inhalt des Urteils

(1) Der Betrag der Kosten ist, soweit er sofort ermittelt werden kann, im Urteil festzustellen; die Entscheidung ist endgültig, soweit nicht die ihr zugrunde liegende Entscheidung über die Kosten des Rechtsstreits abgeändert wird. Ein Anspruch der obsiegenden Partei auf Entschädigung wegen Zeitversäumnis und auf Erstattung der Kosten für die Zuziehung eines Prozeßbevollmächtigten oder Beistandes besteht nicht.

(2) Den Wert des Streitgegenstandes setzt das Arbeitsgericht im Urteil fest.

(3) Findet nach dem Werte des Streitgegenstandes die Berufung nicht statt, so kann sie das Arbeitsgericht im Urteil zulassen, wenn der Rechtsstreit grundsätzliche Bedeutung hat. Das Arbeitsgericht soll die Berufung wegen der grundsätzlichen Bedeutung des Rechtsstreits zulassen, wenn es in der Auslegung einer Rechtsvorschrift von einem ihm im Verfahren vorgelegten Urteil abweicht, das für oder gegen eine Partei des Rechtsstreits ergangen ist, oder wenn über die Auslegung eines Tarifvertrags entschieden wird, den eine Partei des Rechtsstreits abgeschlossen hat und dessen Geltungsbereich sich über den Bezirk des Arbeitsgerichts hinaus erstreckt.

(4) Spricht das Urteil die Verpflichtung zur Vornahme einer Handlung aus, so ist der Beklagte auf Antrag des Klägers zugleich für den Fall, daß die Handlung nicht binnen einer bestimmten Frist vorgenommen ist, zur Zahlung einer vom Arbeitsgerichte nach freiem Ermessen festzusetzenden Entschädigung zu verurteilen. Die Zwangsvollstreckung nach §§ 887, 888 der Zivilprozeßordnung ist ausgeschlossen.

(5) Ein über den Grund des Anspruchs vorab entscheidendes Zwischenurteil ist wegen der Rechtsmittel nicht als Endurteil anzusehen.

§ 62

Zwangsvollstreckung

(1) Urteile der Arbeitsgerichte, gegen die der Einspruch oder die Berufung zulässig ist, sind vorläufig vollstreckbar. Macht der Beklagte glaubhaft, daß die Vollstreckung ihm einen nicht zu ersetzenden Nachteil bringen würde, so hat das Arbeitsgericht auf seinen Antrag die vorläufige Vollstreckbarkeit im Urteil auszuschließen. In den Fällen des § 707 Abs. 1 und des § 719 Abs. 1 der Zivilprozeßordnung kann die Zwangsvollstreckung nur unter derselben Voraussetzung eingestellt werden.

(2) Im übrigen finden auf die Zwangsvollstreckung einschließlich des Arrestes und der einstweiligen Verfügung die Vorschriften des Achten Buches der Zivilprozeßordnung Anwendung.

§ 63

Verfahren in besonderen Fällen

(1) Hat in den Fällen der §§ 86, 87 des Betriebsrätegesetzes die Betriebsvertretung die Klage erhoben, so wird die vollstreckbare Ausfertigung eines der Klage stattgebenden Urteils dem beteiligten Arbeitnehmer erteilt. Sie wird nur erteilt, wenn der Arbeitnehmer nachweist, daß der Arbeitgeber die Weiterbeschäftigung abgelehnt oder sich binnen der in dem § 87 Abs. 3 des Betriebsrätegesetzes festgesetzten Frist nicht erklärt hat. Der Nachweis kann auch durch Versicherung an Eides Statt geführt werden.

(2) Wird die Klage der Betriebsvertretung abgewiesen, so bleiben die Kosten außer Ansatz.

Zweiter Unterabschnitt

Berufungsverfahren

§ 64

Grundsatz

(1) Gegen die Urteile der Arbeitsgerichte findet, soweit nicht nach § 78 das Rechtsmittel der Beschwerde gegeben ist, die Berufung an die Landesarbeitsgerichte statt, wenn der vom Arbeitsgerichte festgesetzte Wert des Streitgegenstandes den Betrag von dreihundert Reichsmark übersteigt oder wenn das Arbeitsgericht die Berufung wegen der grundsätzlichen Bedeutung des Rechtsstreits zugelassen hat.

(2) Für das Verfahren vor den Landesarbeitsgerichten gelten, soweit das Arbeitsgerichtsgesetz nichts anderes bestimmt, die Vorschriften der Zivilprozeßordnung über die Berufung entsprechend. Die Vorschriften über das Verfahren vor dem Einzelrichter finden keine Anwendung. Die Verordnung zur Entlastung der Gerichte, in der Fassung der Bekanntmachung vom 13. Mai 1924 (Reichsgesetzbl. I S. 552), findet mit Ausnahme ihrer §§ 7, 8 keine Anwendung.

(3) Die Vorschriften des § 49 Abs. 1 und 3, des § 51 Abs. 1, der §§ 52, 53, 56, 58, 59, des § 60 Abs. 1 bis 3 und Abs. 4 Satz 2, des § 61 Abs. 4 und 5 und der §§ 62 und 63 über Ablehnung von Gerichtspersonen, persönliches Erscheinen der Parteien, Öffentlichkeit, Befugnisse des Vorsitzenden und der Beisitzer, Vorbereitung der streitigen Verhandlung, Beweisaufnahme, Versäumnisverfahren, Verkündung des Urteils, Inhalt des Urteils, Zwangsvollstreckung und Verfahren in besonderen Fällen gelten entsprechend.

§ 65

Beschränkung der Berufung

Auf Mängel des Verfahrens bei der Berufung der Beisitzer oder auf Umstände, die die Berufung eines Beisitzers zu seinem Amte ausschließen, kann die Berufung nicht gestützt werden.

§ 66

Einlegung der Berufung, Terminsbestimmung

(1) Die Berufungsfrist und die Frist für die Berufungsbegründung betragen je zwei Wochen.

(2) Die Bestimmung des Termins zur mündlichen Verhandlung muß, wenn nicht die Berufung nach § 519b der Zivilprozeßordnung ohne mündliche Verhandlung als unzulässig verworfen wird, unverzüglich erfolgen. Die Vorschriften des § 519 Abs. 6 der Zivilprozeßordnung über die vorherige Zahlung der Prozeßgebühr finden keine Anwendung.

§ 67

Neue Tatsachen und Beweismittel

Soweit das Vorbringen neuer Tatsachen und Beweismittel nach § 529 Abs. 1 und 2 der Zivilprozeßordnung zulässig ist, sind sie vom Berufungskläger in der Berufungsbegründung, vom Berufungsbeklagten spätestens in der ersten mündlichen Verhandlung anzubringen. Werden sie später angebracht, so sind sie nur zuzulassen, wenn sie nach der Berufungsbegründung oder nach der ersten mündlichen Verhandlung entstanden sind oder das verspätete Vorbringen nach der freien Überzeugung des Landesarbeitsgerichts nicht auf Verschulden der Partei beruht.

§ 68

Zurückverweisung

Wegen eines Mangels im Verfahren des Arbeitsgerichts ist die Zurückverweisung nicht zulässig.

§ 69

Urteil

(1) Das Urteil ist von den Mitgliedern der Kammer zu unterschreiben.

(2) Hat sich der Wert des Streitgegenstandes nach der Verkündung des Urteils des Arbeitsgerichts geändert, so setzt ihn das Landesarbeitsgericht im Urteil neu fest.

(3) Findet nach dem Werte des Streitgegenstandes die Revision nicht statt, so kann sie das Landesarbeitsgericht im Urteil zulassen, wenn der Rechtsstreit grundsätzliche Bedeutung hat.

§ 70
Ausschluß der Beschwerde

Gegen Beschlüsse und Verfügungen des Landesarbeitsgerichts oder seines Vorsitzenden findet außer im Falle der Verwerfung der Berufung nach § 519 b Abs. 2 der Zivilprozeßordnung kein Rechtsmittel statt.

§ 71
Verfahren in besonderen Fällen

In den Fällen der §§ 86, 87 des Betriebsrätegesetzes kann die Betriebsvertretung nur dann die Berufung einlegen oder für den Berufungsbeklagten eintreten, wenn sie die Klage beim Arbeitsgericht erhoben hatte.

Dritter Unterabschnitt

Revisionsverfahren

§ 72
Grundsatz

(1) Gegen die Urteile der Landesarbeitsgerichte im Berufungsverfahren in Rechtsstreitigkeiten nach § 2 Nr. 1 bis 3 und nach § 3 findet die Revision an das Reichsarbeitsgericht statt, wenn der vom Arbeitsgericht oder vom Landesarbeitsgerichte festgesetzte Wert des Streitgegenstandes die in der ordentlichen bürgerlichen Gerichtsbarkeit geltende Revisionsgrenze übersteigt oder wenn das Landesarbeitsgericht die Revision wegen der grundsätzlichen Bedeutung des Rechtsstreits zugelassen hat. Gegen Urteile, durch welche über die Anordnung, Abänderung oder Aufhebung eines Arrestes oder einer einstweiligen Verfügung entschieden wird, ist die Revision nicht zulässig.

(2) Für das Verfahren vor dem Reichsarbeitsgerichte gelten, soweit das Arbeitsgerichtsgesetz nichts anderes bestimmt, die für die Revision maßgebenden Vorschriften der Zivilprozeßordnung entsprechend.

(3) Die Vorschriften des § 49 Abs. 1, der §§ 52 und 53 und des § 61 Abs. 4 und 5 über Ablehnung von Gerichtspersonen, Öffentlichkeit, Befugnisse des Vorsitzenden und der Beisitzer und Inhalt des Urteils gelten entsprechend.

§ 73
Revisionsgründe

(1) Die Revision kann nur darauf gestützt werden, daß das Urteil des Landesarbeitsgerichts auf der Nichtanwendung oder der unrichtigen Anwendung einer gesetzlichen Bestimmung oder einer die Regelung der

einzelnen Arbeitsverträge betreffenden Bestimmung eines Tarifvertrags beruhe.

(2) Auf die unrichtige Annahme der örtlichen Zuständigkeit, auf Mängel des Verfahrens bei der Berufung der Beisitzer oder auf Umstände, die die Berufung eines Beisitzers zu seinem Amte ausschließen, kann die Revision nicht gestützt werden.

§ 74

Einlegung der Revision, Terminsbestimmung

(1) Die Revisionsfrist und die Frist für die Revisionsbegründung betragen je zwei Wochen.

(2) Die Bestimmung des Termins zur mündlichen Verhandlung muß, wenn nicht die Revision nach § 554a der Zivilprozeßordnung ohne mündliche Verhandlung als unzulässig verworfen wird, unverzüglich erfolgen. Die Vorschriften des § 554 Abs. 7 der Zivilprozeßordnung über die vorherige Zahlung der Prozeßgebühr finden keine Anwendung.

§ 75

Urteil

(1) Die Wirksamkeit der Verkündung des Urteils ist von der Anwesenheit der nichtrichterlichen Beisitzer nicht abhängig. Wird ein Urteil ohne Zuziehung der nichtrichterlichen Beisitzer verkündet, so ist die Urteilsformel vorher von dem Vorsitzenden und den Beisitzern zu unterschreiben.

(2) Das Urteil nebst Tatbestand und Entscheidungsgründen ist von dem Vorsitzenden und den Beisitzern zu unterschreiben.

§ 76

Sprungrevision

(1) Gegen die Urteile der Arbeitsgerichte kann unter Übergehung des Berufungsverfahrens unmittelbar die Revision beim Reichsarbeitsgericht eingelegt werden (Sprungrevision), wenn der Wert des Streitgegenstandes die Revisionsgrenze übersteigt und wenn der Gegner einwilligt oder der Reichsarbeitsminister die sofortige Entscheidung des Rechtsstreits durch das Reichsarbeitsgericht im Interesse der Allgemeinheit für notwendig erklärt. Die Erklärung des Gegners oder des Reichsarbeitsministers ist der Revisionsschrift beizufügen.

(2) Die Sprungrevision ist unzulässig, wenn vor dem Tage ihrer Einlegung die Berufung beim Landesarbeitsgericht eingelegt war. Ist die Sprungrevision zulässig, so schließt ihre Einlegung die Berufung für beide Parteien aus.

(3) Die Vorschriften des § 566a Abs. 3 und 5 bis 7 der Zivilprozeßordnung gelten entsprechend.

§ 77
Revisionsbeschwerde

Für die Entscheidung über die sofortige Beschwerde nach § 519b Abs. 2 der Zivilprozeßordnung ist das Reichsarbeitsgericht zuständig. Die Vorschriften der Zivilprozeßordnung über die sofortige Beschwerde gelten entsprechend. Die Entscheidung ergeht ohne Zuziehung der nichtrichterlichen Beisitzer.

Vierter Unterabschnitt
Beschwerdeverfahren

§ 78

(1) Hinsichtlich der Beschwerden gegen Entscheidungen der Arbeitsgerichte oder ihrer Vorsitzenden gelten die für die Beschwerden gegen Entscheidungen der Amtsgerichte maßgebenden Vorschriften der Zivilprozeßordnung entsprechend. Über die Beschwerde entscheidet das Landesarbeitsgericht.

(2) Eine weitere Beschwerde findet nicht statt.

Fünfter Unterabschnitt
Wiederaufnahme des Verfahrens

§ 79

Die Vorschriften der Zivilprozeßordnung über die Wiederaufnahme des Verfahrens gelten für Rechtsstreitigkeiten nach § 2 Nr. 1 bis 4 und nach § 3 entsprechend. Die Nichtigkeitsklage kann jedoch nicht auf Mängel des Verfahrens bei der Berufung der Beisitzer oder auf Umstände, die die Berufung eines Beisitzers zu seinem Amte ausschließen, gestützt werden.

Zweiter Abschnitt
Beschlußverfahren

Erster Unterabschnitt
Erster Rechtszug

§ 80
Grundsatz

(1) Das Beschlußverfahren findet in den im § 2 Nr. 5 bezeichneten Fällen Anwendung.

(2) Für das Beschlußverfahren des ersten Rechtszugs gelten die für das Urteilsverfahren des ersten Rechtszugs maßgebenden Vorschriften über Öffentlichkeit, Ausschließung und Ablehnung von Gerichtspersonen,

Prozeßfähigkeit, persönliches Erscheinen der Parteien, Zustellungen, Ladungen, Termine und Fristen, Befugnisse des Vorsitzenden und der Beisitzer, Beweisaufnahme und Wiedereinsetzung in den vorigen Stand entsprechend, soweit sich aus den §§ 81 bis 84 nicht anderes ergibt.

§ 81
Antrag

(1) Das Verfahren wird nur auf Antrag eingeleitet; der Antrag ist bei dem Arbeitsgerichte schriftlich einzureichen oder bei seiner Geschäftsstelle mündlich zur Niederschrift anzubringen.

(2) Der Antrag kann jederzeit in derselben Form zurückgenommen werden. In diesem Falle ist das Verfahren vom Vorsitzenden des Arbeitsgerichts einzustellen. Von der Einstellung ist den Beteiligten Kenntnis zu geben, soweit ihnen der Antrag vom Arbeitsgerichte mitgeteilt worden ist.

§ 82
Örtliche Zuständigkeit

Zuständig ist das Arbeitsgericht, in dessen Bezirk die Betriebsvertretung ihre Geschäfte führt oder führen soll.

§ 83
Verfahren

(1) In dem Verfahren sind der Arbeitgeber, die Arbeitnehmer und die Betriebsvertretungen zu hören, die nach dem Betriebsrätegesetz im einzelnen Falle beteiligt sind. Der Vorsitzende des Arbeitsgerichts entscheidet, ob die Beteiligten mündlich oder schriftlich zu hören sind. Die mündliche Anhörung erfolgt vor der Kammer.

(2) Äußert sich ein Beteiligter trotz Aufforderung nicht oder bleibt er auf Ladung unentschuldigt aus, so ist der Pflicht zur Anhörung genügt.

(3) Zur Aufklärung des Sachverhalts können Urkunden eingesehen, Auskünfte eingeholt, Zeugen und Sachverständige vernommen und der Augenschein eingenommen werden. Die Vernehmung von Zeugen und Sachverständigen und die Einnahme des Augenscheins erfolgt durch die Kammer. Der Vorsitzende kann diese Maßnahmen vorbereiten.

§ 84
Beschluß

(1) Auf Grund der Ergebnisse des Verfahrens beschließt die Kammer nach freier Überzeugung. Der entscheidende Teil des Beschlusses ist schriftlich abzufassen. Wird er auf Grund mündlicher Anhörung erlassen,

so ist er vom Vorsitzenden zu verkünden; falls hierbei Beteiligte anwesend sind, ist dabei der wesentliche Inhalt der Gründe mitzuteilen.

(2) Die Wirksamkeit der Verkündung ist von der Anwesenheit der Beisitzer nicht abhängig. Wird der Beschluß ohne Zuziehung der Beisitzer verkündet, so ist der entscheidende Teil des Beschlusses vorher von dem Vorsitzenden und den Beisitzern zu unterschreiben.

(3) Der Beschluß nebst Gründen ist vom Vorsitzenden zu unterschreiben. War er bei der Verkündung noch nicht vollständig schriftlich niedergelegt, so soll er binnen drei Tagen nach der Verkündung in vollständiger Abfassung der Geschäftsstelle übergeben werden.

(4) Der Beschluß ist den Beteiligten von Amts wegen zuzustellen.

Zweiter Unterabschnitt

Rechtsbeschwerdeverfahren

§ 85

Grundsatz

(1) Gegen die das Verfahren beendenden Beschlüsse der Arbeitsgerichte findet die Rechtsbeschwerde statt. Für die Entscheidung über Rechtsbeschwerden sind die Landesarbeitsgerichte zuständig. Betrifft das Beschlußverfahren Unternehmungen oder Verwaltungen, die sich über den Bezirk eines Landes hinaus erstrecken oder die hinsichtlich der dienstlichen Verhältnisse der Arbeitnehmer der Aufsicht des Reichs unterstehen, so ist für die Entscheidung über Rechtsbeschwerden das Reichsarbeitsgericht zuständig.

(2) Für das Rechtsbeschwerdeverfahren gelten die für das Revisionsverfahren maßgebenden Vorschriften über Öffentlichkeit, Ausschließung und Ablehnung der Gerichtspersonen, Prozeßfähigkeit, Zustellungen, Ladungen, Termine und Fristen, Befugnisse des Vorsitzenden und der Beisitzer und Wiedereinsetzung in den vorigen Stand entsprechend, soweit sich aus den §§ 86—89 nichts anderes ergibt. Zustellungen und Ladungen erfolgen im Rechtsbeschwerdeverfahren von Amts wegen.

(3) Die Einlegung der Rechtsbeschwerde hat aufschiebende Wirkung.

§ 86

Rechtsbeschwerdegründe

(1) Die Rechtsbeschwerde kann nur darauf gestützt werden, daß der Beschluß des Arbeitsgerichts auf der Nichtanwendung oder der unrichtigen Anwendung einer gesetzlichen Bestimmung beruhe.

(2) Auf die unrichtige Annahme der örtlichen Zuständigkeit, auf Mängel des Verfahrens bei der Berufung der Beisitzer oder auf Umstände, die die Berufung eines Beisitzers zu seinem Amte ausschließen, kann die Rechtsbeschwerde nicht gestützt werden.

§ 87
Einlegung

(1) Die Rechtsbeschwerde wird durch Einreichung einer Beschwerdeschrift beim Beschwerdegericht oder durch Erklärung zur Niederschrift der Geschäftsstelle des Arbeitsgerichts, das den angefochtenen Beschluß erlassen hat, eingelegt. Sie ist binnen einer Notfrist von zwei Wochen nach der Zustellung des angefochtenen Beschlusses einzulegen.

(2) Die die Rechtsbeschwerde enthaltende Schrift muß angeben, inwieweit die Abänderung des angefochtenen Beschlusses beantragt wird, welche Bestimmungen verletzt sein sollen und worin die Verletzung bestehen soll.

(3) Ist die Rechtsbeschwerde nicht in der gesetzlichen Form oder Frist eingelegt, so verwirft sie der Vorsitzende des Beschwerdegerichts als unzulässig. Der Beschluß ist endgültig. Er ist dem Beschwerdeführer zuzustellen.

(4) Die Rechtsbeschwerde kann jederzeit in der für ihre Einlegung vorgeschriebenen Form zurückgenommen werden. Im Falle der Zurücknahme stellt der Vorsitzende das Verfahren ein. Er gibt hiervon den Beteiligten Kenntnis, soweit ihnen die Rechtsbeschwerde zugestellt worden ist.

§ 88
Verfahren

(1) Die die Rechtsbeschwerde enthaltende Schrift wird den Beteiligten zur Äußerung zugestellt. Die Äußerung erfolgt durch Einreichung eines Schriftsatzes beim Beschwerdegericht oder durch Erklärung zur Niederschrift der Geschäftsstelle des Arbeitsgerichts, das den angefochtenen Beschluß erlassen hat. Geht von einem Beteiligten die Äußerung nicht rechtzeitig ein, so steht dies dem Fortgang des Verfahrens nicht entgegen.

(2) Gegen Beschlüsse und Verfügungen des Landesarbeitsgerichts oder seiner Vorsitzenden findet kein Rechtsmittel statt.

§ 89
Entscheidung

(1) Über die Rechtsbeschwerde entscheidet die Kammer (der Senat) des Beschwerdegerichts durch Beschluß. Eine Zurückverweisung an das Arbeitsgericht ist nicht zulässig. Der Beschluß ist endgültig.

(2) Der Beschluß nebst Gründen ist vom Vorsitzenden zu unterschreiben und den Beteiligten zuzustellen. Er soll der Geschäftsstelle binnen drei Tagen nach der Beschlußfassung in vollständiger Abfassung übergeben werden.

Dritter Unterabschnitt
Beschwerdeverfahren

§ 90

Die Vorschriften des § 78 finden Anwendung.

Vierter Teil

Vereinbarter Ausschluß der Arbeitsgerichtsbarkeit. Vereinbarte Vorverfahren

Erster Abschnitt

Schiedsvertrag in Arbeitsstreitigkeiten

§ 91

Grundsatz

(1) Für bürgerliche Rechtsstreitigkeiten aus einem Arbeits- oder Lehrverhältnis, das sich nach einem Tarifvertrage bestimmt, können die Parteien des Tarifvertrags die Arbeitsgerichtsbarkeit im Tarifvertrage durch die ausdrückliche Vereinbarung ausschließen, daß die Entscheidung durch ein Schiedsgericht erfolgen soll. Die Wirkung dieser Vereinbarung erstreckt sich nicht auf solche Parteien eines Arbeits- oder Lehrverhältnisses, die dem Tarifvertrage nur durch die Erklärung seiner allgemeinen Verbindlichkeit unterworfen sind.

(2) Die Parteien des streitigen Rechtsverhältnisses können, allgemein oder für den Einzelfall, auch im voraus, eine derartige Vereinbarung treffen:

1. für bürgerliche Rechtsstreitigkeiten nach § 2 Nr. 1;
2. für bürgerliche Rechtsstreitigkeiten nach § 2 Nr. 2, wenn der beteiligte Arbeitnehmer ein Angestellter ist und sein Jahresarbeitseinkommen die im Angestelltenversicherungsgesetze vorgesehene Grenze für die Versicherungspflicht überschreitet.

§ 92

Prozeßhindernde Einrede

(1) Der Schiedsvertrag in Arbeitsstreitigkeiten begründet im arbeitsgerichtlichen Verfahren eine prozeßhindernde Einrede.

(2) Die Einrede entfällt:

1. wenn in einem Falle, in dem die Streitparteien selbst die Mitglieder des Schiedsgerichts zu ernennen haben, der Kläger dieser Pflicht nachgekommen ist, der Beklagte aber die Ernennung nicht binnen einer Woche nach der Aufforderung des Klägers vorgenommen hat;

2. wenn in einem Falle, in dem nicht die Streitparteien, sondern die Parteien des Schiedsvertrags die Mitglieder des Schiedsgerichts zu ernennen haben, das Schiedsgericht nicht gebildet ist und die den Parteien des Schiedsvertrags von dem Vorsitzenden des Arbeitsgerichts gesetzte Frist zur Bildung des Schiedsgerichts fruchtlos verstrichen ist;
3. wenn das nach dem Schiedsvertrage gebildete Schiedsgericht die Durchführung des Verfahrens verzögert und die ihm von dem Vorsitzenden des Arbeitsgerichts gesetzte Frist zur Durchführung des Verfahrens fruchtlos verstrichen ist;
4. wenn das Schiedsgericht den Parteien des streitigen Rechtsverhältnisses anzeigt, daß die Abgabe eines Schiedsspruchs wegen Stimmengleichheit unmöglich ist.

(3) In den Fällen des Abs. 2 Nr. 2 und 3 erfolgt die Bestimmung der Frist auf Antrag des Klägers durch den Vorsitzenden des Arbeitsgerichts, das für die Geltendmachung des Anspruchs zuständig wäre.

(4) Liegt eine der Voraussetzungen des zweiten Absatzes für den Fortfall der Einrede vor, so ist eine schiedsgerichtliche Entscheidung des Rechtsstreits auf Grund des Schiedsvertrags in Arbeitsstreitigkeiten ausgeschlossen.

§ 93

Zusammensetzung des Schiedsgerichts

(1) Das Schiedsgericht muß, sofern es nicht für einen bestimmten Einzelfall vereinbart ist, aus einer gleichen Zahl von Arbeitgebern und Arbeitnehmern bestehen; außerdem können ihm Unparteiische angehören. Personen, denen die bürgerlichen Ehrenrechte oder die Fähigkeit zur Bekleidung öffentlicher Ämter aberkannt sind, dürfen ihm nicht angehören.

(2) Als Schiedsgericht kann auch eine den Vorschriften des Abs. 1 in ihrer Zusammensetzung entsprechende Behörde oder Einrichtung vereinbart werden. In diesem Falle tritt beim Fortfall eines Mitglieds dessen bestimmungsmäßiger Vertreter an seine Stelle.

(3) Minderjährige, Taube und Stumme können als Mitglieder des Schiedsgerichts abgelehnt werden. Außerdem können Mitglieder des Schiedsgerichts unter denselben Voraussetzungen abgelehnt werden, die zur Ablehnung eines Richters berechtigen.

(4) Über die Ablehnung beschließt die Kammer des Arbeitsgerichts, das für die Geltendmachung des Anspruchs zuständig wäre. Vor dem Beschlusse sind die Streitparteien und das abgelehnte Mitglied des Schiedsgerichts zu hören. Der Vorsitzende des Arbeitsgerichts entscheidet, ob sie mündlich oder schriftlich zu hören sind. Die mündliche Anhörung erfolgt vor der Kammer. Gegen den Beschluß findet kein Rechtsmittel statt.

§ 94
Verfahren vor dem Schiedsgerichte

Das Verfahren vor dem Schiedsgerichte regelt sich nach dessen freiem Ermessen, soweit der Schiedsvertrag oder die §§ 95—100 nichts anderes bestimmen.

§ 95
Anhörung der Parteien

(1) Vor der Fällung des Schiedsspruchs sind die Streitparteien zu hören.

(2) Die Anhörung erfolgt, soweit der Schiedsvertrag nichts anderes bestimmt, mündlich. Die Parteien haben persönlich zu erscheinen oder sich durch einen mit schriftlicher Vollmacht versehenen Bevollmächtigten vertreten zu lassen. Die Vollmachtsurkunde ist stempelfrei. Ihre Beglaubigung kann nicht verlangt werden. Die Vorschrift des § 11 Abs. 1 gilt entsprechend, soweit der Schiedsvertrag nichts anderes bestimmt.

(3) Bleibt eine Partei in der Verhandlung unentschuldigt aus oder äußert sie sich trotz Aufforderung nicht, so ist der Pflicht zur Anhörung genügt.

§ 96
Beweisaufnahme

(1) Das Schiedsgericht kann Beweise erheben, soweit die Beweismittel ihm zur Verfügung gestellt werden. Zeugen und Sachverständige kann das Schiedsgericht nicht beeidigen, eidesstattliche Versicherungen nicht verlangen oder entgegennehmen.

(2) Hält das Schiedsgericht eine Beweiserhebung für erforderlich, die es nicht vornehmen kann, so ersucht es um die Vornahme den Vorsitzenden desjenigen Arbeitsgerichts oder, falls dies aus Gründen der örtlichen Lage zweckmäßiger ist, dasjenige Amtsgericht, in dessen Bezirk die Beweisaufnahme erfolgen soll. Entsprechend ist zu verfahren, wenn das Schiedsgericht die Beeidigung eines Zeugen oder Sachverständigen zur Herbeiführung einer wahrheitsgemäßen Äußerung für notwendig erachtet. Die durch die Rechtshilfe entstehenden baren Auslagen sind dem Gerichte zu ersetzen; §§ 77, 79 des Gerichtskostengesetzes finden entsprechende Anwendung.

(3) Der Parteieid ist im schiedsgerichtlichen Verfahren ausgeschlossen.

§ 97
Vergleich

Ein vor dem Schiedsgerichte geschlossener Vergleich ist unter Angabe des Tages seines Zustandekommens von den Streitparteien und den Mitgliedern des Schiedsgerichts zu unterschreiben. Er ist stempelfrei.

§ 98

Schiedsspruch

(1) Der Schiedsspruch ergeht mit einfacher Mehrheit der Stimmen der Mitglieder des Schiedsgerichts, falls der Schiedsvertrag nichts anderes bestimmt.

(2) Der Schiedsspruch ist unter Angabe des Tages seiner Fällung von den Mitgliedern des Schiedsgerichts zu unterschreiben und muß schriftlich begründet werden, soweit die Parteien nicht auf schriftliche Begründung ausdrücklich verzichten. Eine vom Verhandlungsleiter unterschriebene Ausfertigung des Schiedsspruchs ist jeder Streitpartei zuzustellen. Die Zustellung kann durch eingeschriebenen Brief erfolgen.

(3) Eine vom Verhandlungsleiter unterschriebene Ausfertigung des Schiedsspruchs soll bei dem Arbeitsgerichte, das für die Geltendmachung des Anspruchs zuständig wäre, niedergelegt werden. Die Akten des Schiedsgerichts oder Teile der Akten können ebenfalls dort niedergelegt werden.

(4) Der Schiedsspruch hat unter den Parteien dieselben Wirkungen wie ein rechtskräftiges Urteil des Arbeitsgerichts. Er ist stempelfrei.

§ 99

Zwangsvollstreckung

(1) Die Zwangsvollstreckung findet aus dem Schiedsspruch oder aus einem vor dem Schiedsgerichte geschlossenen Vergleiche nur statt, wenn der Schiedsspruch oder der Vergleich von dem Vorsitzenden des Arbeitsgerichts, das für die Geltendmachung des Anspruchs zuständig wäre, für vollstreckbar erklärt worden ist. Der Vorsitzende hat vor der Erklärung den Gegner zu hören. Wird nachgewiesen, daß auf Aufhebung des Schiedsspruchs geklagt ist, so ist die Entscheidung bis zur Erledigung dieses Rechtsstreits auszusetzen.

(2) Die Entscheidung des Vorsitzenden ist endgültig. Sie ist den Parteien zuzustellen.

§ 100

Aufhebungsklage

(1) Auf Aufhebung des Schiedsspruchs kann geklagt werden:

1. wenn das schiedsgerichtliche Verfahren unzulässig war;
2. wenn der Schiedsspruch gegen zwingende gesetzliche Vorschriften verstößt;
3. wenn die Voraussetzungen vorliegen, unter denen gegen ein gerichtliches Urteil nach § 580 Nr. 2—5 der Zivilprozeßordnung die Restitutionsklage zulässig wäre.

(2) Für die Klage ist das Arbeitsgericht zuständig, das für die Geltendmachung des Anspruchs zuständig wäre.

(3) Die Klage ist binnen einer Notfrist von zwei Wochen zu erheben. Die Frist beginnt in den Fällen des Abs. 1 Nr. 1 und 2 mit der Zustellung des Schiedsspruchs. In dem Falle des Abs. 1 Nr. 3 beginnt sie mit der Rechtskraft des Urteils, das die Verurteilung wegen der strafbaren Handlung ausspricht, oder mit dem Tage, an dem der Partei bekanntgeworden ist, daß die Einleitung oder die Durchführung des Verfahrens nicht erfolgen kann; nach Ablauf von zehn Jahren, von der Zustellung des Schiedsspruchs an gerechnet, ist die Klage unstatthaft.

(4) Ist der Schiedsspruch für vollstreckbar erklärt, so ist in dem der Klage stattgebenden Urteil auch die Aufhebung der Vollstreckbarkeitserklärung auszusprechen.

(5) Gegen das Urteil des Arbeitsgerichts findet kein Rechtsmittel statt.

Zweiter Abschnitt

Gütevertrag

§ 101

Grundsatz

(1) Soweit die Vertragsparteien nach § 91 einen Schiedsvertrag in Arbeitsstreitigkeiten schließen können, können sie auch ohne Ausschluß der Arbeitsgerichtsbarkeit vereinbaren, daß dem arbeitsgerichtlichen Verfahren ein Einigungsverfahren vor einer vereinbarten Gütestelle vorausgehen soll (Gütevertrag).

(2) Der Gütevertrag begründet im arbeitsgerichtlichen Verfahren eine prozeßhindernde Einrede. Die Einrede entfällt, wenn der Kläger dem Arbeitsgericht eine von dem Verhandlungsleiter der Gütestelle unterschriebene Bescheinigung vorlegt, daß eine Einigung der Streitparteien trotz Erscheinens des Klägers nicht erfolgt ist oder wenn die Voraussetzungen vorliegen, unter denen nach § 92 Abs. 2 Nr. 1—3 die prozeßhindernde Einrede des Schiedsvertrags in Arbeitsstreitigkeiten entfiele.

§ 102

Zusammensetzung der Gütestelle

Die Zusammensetzung der Gütestelle ist im Gütevertrage zu vereinbaren. Die Vorschriften des § 93 Abs. 1 Satz 2, Abs. 2, 3 und 4 gelten entsprechend.

§ 103

Verfahren vor der Gütestelle

Das Verfahren vor der Gütestelle findet nur statt, wenn die Streitparteien vor ihr persönlich erscheinen. Es wird nach dem freien Ermessen der Gütestelle geregelt, soweit der Gütevertrag nichts anderes bestimmt.

§ 104

Vergleich

Für einen vor der Gütestelle geschlossenen Vergleich gelten die Vorschriften der §§ 97 und 99 entsprechend.

§ 105

Ausschluß des arbeitsgerichtlichen Güteverfahrens

Soweit ein Gütevertrag geschlossen ist, findet ein Güteverfahren vor dem entscheidenden Arbeitsgerichte nach § 54 nicht statt.

Dritter Abschnitt

Schiedsgutachtenvertrag

§ 106

Grundsatz

(1) Soweit die Vertragsparteien nach § 91 einen Schiedsvertrag in Arbeitsstreitigkeiten schließen können, können sie auch ohne Ausschluß der Arbeitsgerichtsbarkeit vereinbaren, daß Tatfragen, die für die Entscheidung des Rechtsstreits erheblich sind, durch ein Schiedsgutachten entschieden werden sollen (Schiedsgutachtenvertrag).

(2) Die Vereinbarung hat die Wirkung, daß die durch Schiedsgutachten zu entscheidenden Tatfragen der Sachprüfung und Beweiserhebung im arbeitsgerichtlichen Verfahren entzogen sind und daß die Arbeitsgerichtsbehörde an das Schiedsgutachten gebunden ist. Die Wirkung tritt nicht ein, wenn eine der Voraussetzungen vorliegt, unter denen nach § 92 Abs. 2 die prozeßhindernde Einrede des Schiedsvertrags in Arbeitsstreitigkeiten entfiele.

§ 107

Zusammensetzung der Schiedsgutachterstelle. Verfahren

Die Zusammensetzung der Schiedsgutachterstelle ist im Schiedsgutachtenvertrage zu vereinbaren. Die Vorschriften des § 93 Abs. 1 Satz 2, Abs. 2, 3 und 4, der §§ 94—96 und des § 98 Abs. 1 und 2 gelten entsprechend.

Fünfter Teil
Ausführungs- und Übergangsvorschriften

§ 108
Ausführung des Gesetzes

Die zur Durchführung dieses Gesetzes erforderlichen Ausführungsbestimmungen erlassen der Reichsarbeitsminister und der Reichsminister der Justiz gemeinsam mit Zustimmung des Reichsrats und nach Anhörung eines achtundzwanziggliedrigen Ausschusses des Reichstags.

§ 109
Oberste Landesbehörde für die Sozialverwaltung

Die Landesregierungen bestimmen, welche Behörden als oberste Landesbehörde für die Sozialverwaltung und als höhere Verwaltungsbehörde gelten.

§ 110
Wegfall gesetzlicher Bestimmungen

Es treten außer Kraft:

1. das Gewerbegerichtsgesetz;
2. der § 14 Nr. 4 des Gerichtsverfassungsgesetzes;
3. das Gesetz, betreffend Kaufmannsgerichte;
4. der § 81 b Abs. 1 Nr. 4, die §§ 91, 91 a, 91 b und der § 93 Abs. 2 Nr. 7 der Gewerbeordnung;
5. der Artikel II der Verordnung über das Schlichtungswesen vom 30. Oktober 1923 (Reichsgesetzbl. I S. 1043);
6. die Verordnung zur Ausführung der Verordnung über das Schlichtungswesen vom 10. Dezember 1923 (Reichsgesetzbl. I S. 1191);
7. der § 8 Satz 2, der § 18 Satz 2, der § 19 Satz 2 und die Ziffer I der Maßgaben der Inkraftsetzung der Verordnung, betreffend eine Vorläufige Landarbeitsordnung vom 24. Januar 1919 (Reichsgesetzbl. S. 111);
8. die §§ 99, 100 des Reichsversorgungsgesetzes.

§ 111
Abänderung der Gewerbeordnung

Die Gewerbeordnung wird folgendermaßen abgeändert:

1. im § 81 a Nr. 4 werden die Worte „der im § 4 des Gewerbegerichtsgesetzes (Reichsgesetzbl. 1901 S. 353) bezeichneten Art" gestrichen;

2. an Stelle des § 91b treten folgende Bestimmungen:

„Als das gemäß § 83 Abs. 2 Nr. 11 für die Verhandlung von Streitigkeiten nach § 81a Nr. 4 zuständige Organ hat die Innung einen Ausschuß zu bilden, dem Arbeitgeber und Arbeitnehmer in gleicher Zahl angehören müssen.

Wird der von diesem Ausschuß gefällte Spruch nicht innerhalb einer Woche von beiden Parteien anerkannt, so kann binnen zwei Wochen nach ergangenem Spruche Klage beim zuständigen Arbeitsgericht erhoben werden. Der Klage muß in allen Fällen die Verhandlung vor dem Ausschuß vorangegangen sein.

Aus Vergleichen, die vor dem Ausschuß geschlossen sind, und aus Sprüchen des Ausschusses, die von beiden Parteien anerkannt sind, findet die Zwangsvollstreckung statt. Die §§ 104 und 105 des Arbeitsgerichtsgesetzes gelten entsprechend."

§ 112

Abänderung des Betriebsrätegesetzes

(1) Das Betriebsrätegesetz wird folgendermaßen abgeändert:

1. im § 28 treten an die Stelle der Worte „dem Arbeitgeber und gegenüber dem Schlichtungsausschusse" die Worte „dem Arbeitgeber, den Schlichtungseinrichtungen und den Arbeitsgerichtsbehörden";
2. im § 39 Abs. 2, im § 41, im § 43 Abs. 2 und im § 52 Abs. 1 und 2 treten an die Stelle der Worte „der Bezirkswirtschaftsrat" bis „Schlichtungsausschuß" die Worte „das Arbeitsgericht";
3. im § 80 Abs. 2 treten an die Stelle der Worte „der Schlichtungsausschuß" die Worte „das Arbeitsgericht";
4. an die Stelle der Worte „durch Schiedsspruch eines Schlichtungsausschusses oder einer vereinbarten Einigungs- oder Schiedsstelle" treten im § 81 Abs. 3 die Worte „durch Urteil des Arbeitsgerichts oder durch Schiedsspruch eines Schiedsgerichts", im § 85 Abs. 2 Nr. 1 und im § 96 Abs. 2 Nr. 1 die Worte „durch Beschluß des Arbeitsgerichts";
5. im § 82 Abs. 3 treten an die Stelle der Worte „den zuständigen Schlichtungsausschuß oder eine vereinbarte Schiedsstelle" die Worte „das Arbeitsgericht", im Abs. 4 tritt an die Stelle der Worte „Schlichtungsausschusses oder der Schiedsstelle" das Wort „Arbeitsgericht";
6. im § 83 fallen Satz 1, 2 und 4 weg; im dritten Satze werden hinter den Anfangsworten „Geht die Entscheidung" die Worte „des Arbeitsgerichts" eingefügt;

7. im § 86 Abs. 1 Satz 3 werden die Worte „den Schlichtungsausschuß" durch die Worte „das Arbeitsgericht", im Abs. 3 wird das Wort „Schlichtungsausschusses" durch das Wort „Arbeitsgerichts" ersetzt, der zweite Absatz fällt weg;
8. im § 87 fallen Abs. 1 und Abs. 2 Satz 5 weg; an die Stelle der Anfangsworte des zweiten Absatzes „Geht die Entscheidung" treten die Worte „Geht das Urteil des Arbeitsgerichts", im Abs. 3 Satz 1 treten an die Stelle der Worte „nach Kenntnis" bis „Entscheidung" die Worte „nach der Zustellung des Urteils an ihn";
9. im § 89 Satz 2 treten an die Stelle der Worte „eine Woche" bis „Entscheidung" die Worte „drei Tage danach", im Satze 4 treten an die Stelle der Worte „Eintritt" bis „Entscheidung" die Worte „Tage der Urteilsfällung";
10. im § 93 treten an die Stelle der Worte „Der Bezirkswirtschaftsrat" die Worte „Das Arbeitsgericht";
11. der § 94 fällt weg;
12. im § 96 Abs. 3 fallen die Worte „und § 86 Abs. 2" weg; im Abs. 4 fallen die Worte „oder durch Entscheidung des Schlichtungsausschusses" weg;
13. im § 97 Satz 1 treten an die Stelle der Worte „den Schlichtungsausschuß anzurufen, der" die Worte „das Arbeitsgericht anzurufen, das"; im zweiten Satze wird das Wort Wort „er" jedesmal durch das Wort „es" ersetzt; im dritten Satze fallen die Worte „des Schlichtungsausschusses" weg;
14. der § 103 fällt weg.

(2) Im § 1 der Verordnung zur Ausführung des Betriebsrätegesetzes vom 5. Juli 1920 (Reichsgesetzbl. S. 1139) treten an die Stelle der Worte „Schlichtungsausschusses" bis „Schiedsstelle (im Falle des § 82 Abs. 3)" die Worte „des Arbeitsgerichts oder des vereinbarten Schiedsgerichts".

§ 113

Abänderung des Strafgesetzbuchs

Im § 334 des Strafgesetzbuchs werden in den Abs. 1 und 2 hinter dem Worte „Schiedsrichter" die Worte „Beisitzer einer Arbeitsgerichtsbehörde" eingefügt.

§ 114

Abänderung des Gesetzes über die Beschäftigung Schwerbeschädigter

(1) Im § 18 Abs. 1 des Gesetzes über die Beschäftigung Schwerbeschädigter tritt an die Stelle des Wortes „Arbeitsgericht" das Wort „Schöffengericht".

(2) Als zweiter Absatz wird eingefügt:

„Für das Verfahren gelten die Vorschriften der Strafprozeßordnung entsprechend. Der Antrag der Hauptfürsorgestelle ist bei dem Amtsanwalte zu stellen; er kann zurückgenommen werden. Die Buße kann durch schriftlichen Strafbefehl des Amtsrichters ohne vorgängige Verhandlung festgesetzt werden, wenn der Amtsanwalt schriftlich darauf anträgt."

(3) Der bisherige zweite Absatz wird dritter Absatz.

(4) Der § 26 fällt weg.

§ 115

Abänderung der Pachtschutzordnung

Im § 1 Abs. 4 der Pachtschutzordnung werden hinter den Worten „die ordentlichen Gerichte" die Worte „oder die Arbeitsgerichte" eingefügt.

§ 116

Abänderung sonstiger Gesetze

Soweit nach anderen Gesetzen oder Verordnungen Gewerbegerichte, Kaufmannsgerichte, arbeitsgerichtliche Kammern der Schlichtungsausschüsse oder Innungsschiedsgerichte zur Entscheidung von Rechtsstreitigkeiten zuständig sind, treten an ihre Stelle die Arbeitsgerichte.

§ 117

Übernahme von Beamten und Angestellten

(1) Die hauptamtlichen Beamten der nach § 85 des Gewerbegerichtsgesetzes zugelassenen Gewerbegerichte, die sich am Tage der Verkündung des Arbeitsgerichtsgesetzes im Amte befinden, sind unter Anrechnung ihrer bisherigen Dienstzeit in Dienststellen gleicher Art bei den für ihren bisherigen Amtssitz zuständigen Arbeitsgerichtsbehörden zu übernehmen. Soweit Beamte dieser Gerichte am Tage der Verkündung des Arbeitsgerichtsgesetzes bereits aus dem Amte geschieden waren, geht die Verpflichtung zur Gewährung von Ruhegehalt und Hinterbliebenenversorgung auf das Land über. Eine Beeinträchtigung der bisherigen Einstufung, der bisherigen Dienstbezüge, Ruhegehalts- und Hinterbliebenenversorgungsansprüche darf durch die Übernahme nicht eintreten.

(2) Die hauptamtlichen Vorsitzenden der übrigen Gewerbegerichte und der Kaufmannsgerichte, die sich am Tage der Verkündung des Arbeitsgerichtsgesetzes im Amte befinden und die mindestens zwei Jahre als hauptamtliche Vorsitzende tätig gewesen sind, sollen auf ihren Antrag unter billiger Berücksichtigung ihrer bisherigen Bezüge auf Lebenszeit

als hauptamtliche Vorsitzende von Arbeitsgerichten übernommen werden. Die Übernahme kann nur im Einvernehmen mit der obersten Landesbehörde für die Sozialverwaltung abgelehnt werden. Im Falle der Übernahme ist die hauptamtliche Tätigkeit im Dienste einer Gemeinde oder eines Gemeindeverbandes als Landesdienst anzurechnen.

(3) Die Übernahme erfolgt nicht, wenn der Vorsitzende die von der Gesetzgebung festgesetzte Altersgrenze, bei deren Erreichung Richter in den Ruhestand treten, erreicht hat.

(4) Die übrigen bisher bei den Gewerbegerichten und Kaufmannsgerichten beschäftigten Personen, die am Tage der Verkündung des Arbeitsgerichtsgesetzes ausschließlich im Dienste bei den Gewerbegerichten und Kaufmannsgerichten tätig sind, sind auf ihren Antrag unter Anrechnung ihrer Dienstzeit in entsprechende Dienststellen zu übernehmen. Die Übernahme der Beamten erfolgt unter billiger Berücksichtigung ihrer bisherigen Bezüge, die der Angestellten nach dem zuständigen Tarifvertrage.

§ 118

Leistungen der Gemeinden

(1) Gemeinden und Gemeindeverbände haben den Ländern diejenigen ihnen gehörenden Grundstücke, die am 1. Januar 1925 lediglich Zwecken der Gewerbegerichte und Kaufmannsgerichte gedient haben, nebst ihrer Geräteausstattung unentgeltlich zu Eigentum zu übertragen; andere Räume, die an diesem Tage ausschließlich oder neben anderen Zwecken auch den Zwecken der Gewerbegerichte und Kaufmannsgerichte gedient haben, haben sie den Ländern auf Ersuchen nebst Geräteausstattung, Beleuchtung, Heizung und Reinigung für die Zwecke der Arbeitsgerichte unentgeltlich zur Verfügung zu stellen. Das Recht der Länder zu einem weiteren Finanzausgleich mit den Gemeinden und Gemeindeverbänden wird hierdurch nicht berührt. Anderweitige Regelung durch Vertrag ist zulässig.

(2) Streitigkeiten, die sich aus den Bestimmungen des ersten Absatzes ergeben, werden durch ein Schiedsgericht entschieden, das aus je einem Vertreter der Finanzverwaltung des Landes und der beteiligten Gemeinde oder des beteiligten Gemeindeverbandes als Beisitzer und aus einem nicht unmittelbar beteiligten Beamten des Landes als Vorsitzenden besteht. Der Vorsitzende wird, sofern sich die Finanzverwaltung des Landes und die Gemeinde oder der Gemeindeverband über seine Person nicht einigen, von dem Präsidenten des Oberlandesgerichts bestimmt, zu dessen Bezirk die beteiligte Gemeinde gehört oder in dessen Bezirk der beteiligte Gemeindeverband seinen Sitz hat.

§ 119

Vermögen der reichsrechtlich zugelassenen Gewerbegerichte

Das Vermögen der nach § 85 des Gewerbegerichtsgesetzes zugelassenen Gewerbegerichte geht auf das Land über.

§ 120

Erste Berufung der Beisitzer

Bei der ersten Berufung der Beisitzer der Landesarbeitsgerichte nach dem Inkrafttreten des Arbeitsgerichtsgesetzes entfällt das Erfordernis einer dreijährigen Tätigkeit als Beisitzer einer Arbeitsgerichtsbehörde.

§ 121

Erledigung anhängiger Verfahren

(1) Verfahren in Arbeitssachen, die in dem im § 122 Satz 2 bezeichneten Zeitpunkt bei Gewerbegerichten, Kaufmannsgerichten, arbeitsgerichtlichen Kammern der Schlichtungsausschüsse, Innungsschiedsgerichten, den Ersatzstellen der Landeswirtschaftsräte oder dem Vorläufigen Reichswirtschaftsrat anhängig sind, gehen in der Lage, in der sie sich befinden, auf das Arbeitsgericht über, in dessen Bezirk die Stelle ihren Sitz hat, bei der das Verfahren bisher anhängig war. Dieses Arbeitsgericht ist auch für Klagen gegen Entscheidungen der Innungen und Innungsschiedsgerichte und für Klagen auf Aufhebung des Schiedsspruchs eines vereinbarten Schiedsgerichts in Arbeitssachen zuständig, die in dem im § 122 Satz 2 bezeichneten Zeitpunkt noch nicht bei einem Gericht anhängig sind. Auf das Verfahren vor den Arbeitsgerichtsbehörden finden die Vorschriften dieses Gesetzes Anwendung.

(2) Für das Verfahren in Arbeitssachen, die in dem im § 122 Satz 2 bezeichneten Zeitpunkt bei ordentlichen Gerichten anhängig sind, bleiben die ordentlichen Gerichte bis zur rechtskräftigen Erledigung zuständig. Das Verfahren bestimmt sich nach den Vorschriften über das Verfahren in bürgerlichen Rechtsstreitigkeiten.

§ 122

Inkrafttreten

Das Arbeitsgerichtsgesetz tritt, soweit es sich um die Maßnahmen zu seiner Durchführung handelt, mit dem Tage der Verkündung in Kraft. Im übrigen tritt es, soweit der Reichsarbeitsminister und der Reichsminister der Justiz gemeinsam keinen späteren Zeitpunkt bestimmen, mit dem 1. Juli 1927 in Kraft. Mit diesem Zeitpunkt treten auch die in den §§ 110—116 vorgesehenen Abänderungen von Gesetzen und Verordnungen in Kraft.

Berlin, den 23. Dezember 1926.

Der Reichspräsident
von Hindenburg

Der Reichsarbeitsminister
Dr. Brauns

Der Reichsminister der Justiz
Dr. Bell

Arbeitsgerichtsgesetz vom 23. Dezember 1926

Der Reichstag hat das folgende Gesetz beschlossen, das mit Zustimmung des Reichsrats hiermit verkündet wird:

Erster Teil

Allgemeine Bestimmungen[1]

1 Das Arbeitsgerichtsgesetz (ArbGG.) ist in fünf Teile gegliedert: „Allgemeine Bestimmungen", „Aufbau der Arbeitsgerichtsbehörden", „Verfahren vor den Arbeitsgerichtsbehörden", „Vereinbarter Ausschluß der Arbeitsgerichtsbarkeit. Vereinbarte Vorverfahren" und „Ausführungs- und Übergangsvorschriften". Davon behandeln der zweite und dritte Teil die eigentliche Arbeitsgerichtsbarkeit, der vierte Teil die Möglichkeiten ihres Ausschlusses durch Vereinbarung; der fünfte Teil gibt einige Vorschriften, die für die Ausführung des Gesetzes von Wichtigkeit sind, einige, die den Übergang regeln, und die Vorschriften darüber, in welcher Weise das ArbGG. in geltende Gesetze und Verordnungen eingreift.

Der erste Teil, „Allgemeine Bestimmungen", ist in seinem Inhalt neuartig. Er enthält nämlich nicht nur, wie dies auch in anderen Gesetzen bisher üblich war, allgemeine Vorschriften, die für das ganze im Gesetz geregelte Rechtsgebiet gelten (§§ 1—3, 5, § 6 Abs. 2, §§ 7, 9—13), sondern auch eine kurze Zusammenfassung der im Gesetz später näher ausgeführten Grundsätze (§ 4, § 6 Abs. 1, § 8). Die neuartige Regelung ist getroffen, um den an dem Gesetz interessierten Kreisen der Arbeitgeber und der Arbeitnehmer, die im allgemeinen rechtlich nicht vorgebildet sind, sein Verständnis zu erleichtern. Diese bei einem sich wesentlich an die Parteien des Arbeitslebens wendenden Gesetz bedeutsame gesetzestechnische Aufgabe ließ die Bedenken gegen Wiederholungen zurücktreten, die sich aus der gewählten Anordnung des Rechtsstoffs verschiedentlich ergeben (vgl. insbesondere § 8 und § 46 Abs. 1, § 47 Abs. 1, § 61, § 64 Abs. 1, § 69 Abs. 3, § 72 Abs. 1, § 76, § 80 Abs. 1, § 81 Abs. 1, § 85 Abs. 1, § 86).

§ 1

Arbeitsgerichtsbehörden[1]

(1) **Die Gerichtsbarkeit in Arbeitssachen (§§ 2 und 3)[2] liegt den Arbeitsgerichtsbehörden ob.**

(2) **Arbeitsgerichtsbehörden sind:**

1. die Arbeitsgerichte (§§ 14 bis 32)[3],
2. die Landesarbeitsgerichte (§§ 33 bis 39)[4],
3. das Reichsarbeitsgericht (§§ 40 bis 45)[5 6].

1 „Arbeitsgerichtsbehörden" ist die gemeinsame Bezeichnung aller drei gerichtlichen Instanzen, die das Gesetz vorsieht, und absichtlich aus sprachlichen und gesetzestechnischen Gründen gewählt, um das an sich naheliegende Wort „Arbeitsgericht" dem erstinstanzlichen Gericht vorzubehalten.

2 Die Klammer weist ausdrücklich darauf hin, daß nur — aber auch stets (Ausnahme § 4 und § 111 Nr. 2) — in den in §§ 2, 3 näher beschriebenen Fällen die Arbeitsgerichtsbehörden zuständig sind, nicht auch in sonstigen dem Arbeitsleben entspringenden Rechtsstreitigkeiten, etwa auf dem Gebiete des Strafrechts (Übertretung der Arbeiterschutzbestimmungen), des allgemeinen oder des Arbeits-Verwaltungsrechts, der Sozialversicherung usw. Außerhalb der Gerichtsbarkeit überhaupt, also auch außerhalb der Arbeitsgerichtsbarkeit, stehen dagegen z. B. die Schlichtung durch die Schlichtungsbehörden, die Allgemeinverbindlicherklärung durch den Reichsarbeitsminister usw.; der bereits durch die Schlichtungsverordnung geschaffene Zustand, wonach die Arbeitsgerichte (bisher die Gewerbegerichte und Kaufmannsgerichte) nichts mehr mit der Schlichtung von kollektiven Arbeitsstreitigkeiten zu tun haben, ist durch das Arbeitsgerichtsgesetz erneut bestätigt worden.

Soweit danach die Arbeitsgerichtsbehörden zuständig sind, sind die ordentlichen Gerichte (Amtsgericht, Landgericht, Oberlandesgericht, Reichsgericht) ausgeschaltet, und besondere, in der zweiten und dritten Instanz allerdings den ordentlichen Gerichten (Landgericht und Reichsgericht) eingegliederte Gerichte mit der Arbeitsrechtspflege betraut. Wegen der gelegentlich zu Unrecht bezweifelten verfassungsmäßigen Zulässigkeit dieser Regelung vgl. die Ausführungen des Reichsjustizministers in der Reichstagssitzung vom 11. Dezember 1926 (Sten. Ber. Sp. 8447):

„Die Zweifel, die insbesondere in mehreren Veröffentlichungen des Reichsgerichtsrats Bewer nach der Richtung erhoben werden, ob nicht das Arbeitsgerichtsgesetz so, wie es Ihnen in dem Entwurf vorliegt, die Reichsverfassung ändert, halte ich nicht für berechtigt. Der allein hier in Betracht kommende Artikel 103 der Reichsverfassung besagt:

Die ordentliche Gerichtsbarkeit wird durch das Reichsgericht und durch die Gerichte der Länder ausgeübt.

Mit der Tragweite dieses Grundsatzes hat sich das Reichsgericht bereits in der Plenarentscheidung vom 25. Januar 1924 befaßt. Darin hat es insbesondere ausgeführt, daß Artikel 103 hinsichtlich des Umfanges der ordentlichen Gerichtsbarkeit keine Bestimmung trifft, vielmehr ihre Abgrenzung — und damit auch die Abgrenzung gegenüber der Zuständigkeit von Sondergerichten — der Gesetzgebung des Reichs und der Länder überläßt. Im Anschluß daran heißt es wörtlich: ‚Eine Einschränkung der Zuständigkeit der ordentlichen Gerichte bedarf keines verfassungsändernden Reichsgesetzes.' Ich kann mich diesen Ausführungen nur anschließen. Die Frage, ob durch einfaches Reichsgesetz die Sondergerichtsbarkeit so weit ausgedehnt werden könnte, daß die ordentliche Gerichtsbarkeit damit praktisch abgeschafft wäre, steht hier nicht zur Erörterung; denn einen solchen Tatbestand erfüllt das Arbeitsgerichtsgesetz, wie ich entgegen den Ausführungen Bewers hier feststellen darf, in keiner Weise. Der größte Teil der Streitigkeiten, die künftig den Arbeitsgerichten zufallen werden, ist schon heute Sondergerichten, nämlich den Gewerbe- und Kaufmannsgerichten, zugewiesen. Diejenigen zur Zuständigkeit der künftigen Arbeitsgerichte gehörigen Sachen aber, die heute noch vor den ordentlichen Gerichten verhandelt werden, machen nur einen kleinen Bruchteil der Gesamtzahl der bürgerlichen Rechtsstreitigkeiten aus."

Ein Überschreiten der arbeitsgerichtlichen Zuständigkeit zuungunsten der ordentlichen Gerichtsbarkeit und umgekehrt macht die so ergehenden Entscheidungen nicht nichtig (vgl. Näheres hier § 48 Anm. 2 und Dersch-Volkmar § 1 Anm. 11c, sowie Neumann, SchlWes. 1927 410 und Jonas JW. 1928 S. 265 f. a. A. Baumbach, § 1 Anm. 4D, Kaskel Arbeitsgerichtsbarkeit § 22, Schmincke-Sell § 2 Anm. 1a). Über Verweisung vom Arbeitsgericht zum ordentlichen Gericht und umgekehrt vgl. § 48.

3 Die Arbeitsgerichte 1. Instanz sind selbständige Gerichte, wenn auch bezirklich und personell in gewisser Verbindung mit den Amtsgerichten.

4 Die Landesarbeitsgerichte sind Bestandteile der Landgerichte, wenn auch nicht notwendig zu jedem Landgericht gehörig.

5 Das Reichsarbeitsgericht ist Bestandteil des Reichsgerichts.

6 Die Grenzen, die ausnahmsweise aus völkerrechtlichen oder staatlichen Gründen der ordentlichen Gerichtsbarkeit auch innerhalb Deutschlands gezogen sind, sind auch der Arbeitsgerichtsbarkeit gezogen. Daher sind ihr nicht unterworfen die in § 18ff. GVG. genannten „Chefs und Mitglieder der bei dem Deutschen Reich beglaubigten Missionen", nichtpreußische Reichsratsmitglieder, ausländische Staaten usw. (vgl. Dersch-Volkmar § 1 Anm. 7c und Baumbach § 1 Anm. 1D). Eine diesbezügliche Klage ist wegen Mangels der Gerichtsbarkeit abzuweisen.

§ 2

Zuständigkeit[1]

(1) **Die Arbeitsgerichte sind unter Ausschluß[2] der ordentlichen Gerichte ohne Rücksicht auf den Wert des Streitgegenstandes[3] zuständig[4]:**

1.[5] für bürgerliche Rechtsstreitigkeiten zwischen Tarifvertragsparteien oder zwischen diesen und Dritten aus Tarifverträgen oder über das Bestehen oder Nichtbestehen von Tarifverträgen[6] und für bürgerliche Rechtsstreitigkeiten zwischen tariffähigen Parteien oder zwischen diesen und Dritten aus unerlaubten Handlungen, sofern es sich um Maßnahmen zu Zwecken des Arbeitskampfes oder um Fragen der Vereinigungsfreiheit handelt[7] [8];

2.[9] für bürgerliche Rechtsstreitigkeiten zwischen Arbeitgebern und Arbeitnehmern aus dem Arbeits- oder Lehrverhältnis, über das Bestehen oder Nichtbestehen eines Arbeits- oder Lehrvertrags, aus Verhandlungen über die Eingehung eines Arbeits- oder Lehr-

verhältnisses und aus dessen Nachwirkungen[10] sowie für bürgerliche Rechtsstreitigkeiten aus unerlaubten Handlungen, soweit diese mit dem Arbeits- oder Lehrverhältnis im Zusammenhange stehen[11]; ausgenommen sind Streitigkeiten, deren Gegenstand die Erfindung eines Arbeitnehmers bildet, soweit es sich nicht nur um Ansprüche auf eine Vergütung oder Entschädigung für die Erfindung handelt[12], und Streitigkeiten der nach § 481 des Handelsgesetzbuches zur Schiffsbesatzung gehörenden Personen[13];

3.[14] für bürgerliche Rechtsstreitigkeiten zwischen Arbeitnehmern aus gemeinsamer Arbeit[15] und aus unerlaubten Handlungen, soweit diese mit dem Arbeits- oder Lehrverhältnis im Zusammenhange stehen[16];

4.[17] für bürgerliche Rechtsstreitigkeiten zwischen Arbeitgebern und Arbeitnehmern aus den §§ 86, 87 des Betriebsrätegesetzes[18];

5. in folgenden Fällen des Betriebsrätegesetzes[19]:

für die Entscheidung über das Erlöschen der Mitgliedschaft in Betriebsvertretungen (§§ 39, 56 Abs. 2, § 60),

für die Entscheidung über die Auflösung von Betriebsvertretungen (§§ 41, 44, § 56 Abs. 2),

für die Berufung vorläufiger Betriebsvertretungen (§ 43 Abs. 2, § 44 Abs. 4, § 56 Abs. 2, § 60),

für die Entscheidung über Bildung und Auflösung gemeinsamer Betriebsvertretungen (§ 52, 53),

für die Festsetzung von Strafen nach § 134 b der Gewerbeordnung (§ 80 Abs. 2),

für die Entscheidung über das Vorliegen eines Verstoßes gegen vereinbarte Richtlinien über die Einstellung von Arbeitnehmern (§§ 82, 83),

für die Entscheidung von Streitigkeiten über die Errichtung, Zusammensetzung und Tätigkeit von Betriebsvertretungen und aus Wahlen zu ihnen (§ 93),

für die Ersetzung der Zustimmung von Betriebsvertretungen zur Kündigung oder Versetzung ihrer Mitglieder (§§ 97, 98).

(2) Die im Abs. 1 Nr. 1 bis 4 begründete Zuständigkeit besteht auch in den Fällen, in denen der Rechtsstreit durch einen Rechtsnachfolger oder durch eine Person geführt wird, die kraft Gesetzes an Stelle der ursprünglichen Partei hierzu befugt ist[20].

1 Der Paragraph handelt von der sachlichen Zuständigkeit, d. h. von der Art der der Arbeitsgerichtsbarkeit unterliegenden Rechtsstreitigkeiten, im Gegensatz zu der örtlichen Zuständigkeit, d. h. der Frage nach dem örtlich richtigen Gericht. Die örtliche Zuständigkeit ist im ArbGG. — abgesehen von § 82 — nicht besonders geregelt, sondern bestimmt sich durch die Bezugnahme des § 46 Abs. 2 Satz 1 nach den allgemeinen Vorschriften der ZPO.; vgl. Näheres hierzu § 48 Anm. 1 b. Die Möglichkeit, die sachliche Zuständigkeit der Arbeitsgerichte zu erweitern, ist in § 3 geregelt. Über den besonderen Fall der Aufhebungsklage siehe § 100. Wegen besonderer Zuständigkeiten der Vorsitzenden des Arbeitsgerichts vgl. §§ 92, 99 ArbGG. und § 23 des BRG in der Fassung des Ges. zur Abänderung des Betriebsrätegesetzes vom 28. 2. 1928 — Reichsgesetzbl. I S. 46 (vgl. Anhang 2).

2 Soweit nach der Art des Rechtsstreits die Arbeitsgerichte gemäß § 2 zuständig sind, sind sie es — vorbehaltlich des § 4 — „ausschließlich", d. h. das entsprechende ordentliche Gericht muß bei Vermeidung der Klagabweisung die fälschlich vor ihm erhobene Klage gemäß § 276 ZPO. von Amts wegen an das in Betracht kommende Arbeitsgericht verweisen, wozu es allerdings des Antrages des Klägers bedarf. Durch Parteivereinbarung kann diese Zuständigkeit nicht beeinflußt werden. Eine als Klage vor die Arbeitsgerichte gehörige Widerklage muß das ordentliche Gericht nach § 33 Abs. 2 ZPO. abweisen. Umgekehrt muß das Arbeitsgericht bezüglich einer nicht vor es gehörigen Klage oder Widerklage entscheiden und kann ebensowenig durch Parteivereinbarung in seiner Zuständigkeit erweitert werden, es sei denn, daß die Voraussetzungen des § 3 für Klage oder Widerklage gegeben sind (vgl. § 3 Anm. 4); dagegen dürfte die Aufrechnung unabhängig von dem Wesen der zur Aufrechnung gestellten Gegenforderung zulässig sein (a. A. Dersch-Volkmar § 2 Anm. 4 mit weiteren Literaturangaben). Bei der Zuständigkeitsprüfung ist zunächst die tatsächliche Richtigkeit des Klagevorbringens zu unterstellen. Über die Verweisung und über die Rechtswirksamkeit eines fälschlich vom Arbeitsgericht statt vom ordentlichen Gericht gefällten Urteils und umgekehrt vgl. § 1 Anm. 2 am Ende und § 48 Anm. 2, über die Verteilung der Sachen innerhalb der Kammern des einzelnen Gerichts siehe § 17 Anm. 1.

3 Während im ordentlichen Zivilprozeß der Wert des Streitgegenstandes für die Zuständigkeit des Amtsgerichts oder des Landgerichts als 1. Instanz maßgebend ist, kommen im arbeitsgerichtlichen Prozeß alle Sachen in 1. Instanz vor das Arbeitsgericht, in 2. Instanz, soweit es überhaupt zulässig ist (§ 8 Abs. 3) vor das Landesarbeitsgericht, in 3. Instanz, wenn es zulässig ist (§ 8 Abs. 4), vor das Reichsarbeitsgericht. Die größten Tarifprozesse um noch so hohe Objekte spielen sich also in 1. Instanz vor den Arbeitsgerichten ab.

4 Die Fälle der zwingenden arbeitsgerichtlichen Zuständigkeit des § 2 sind vom Gesetz in 5 Gruppen geteilt.

Von ihnen umfassen die Gruppen 1—4 „bürgerliche Rechtsstreitigkeiten", also (vgl. § 13 GVG.) Streitigkeiten, bei denen der Anspruch auf einem privatrechtlichen Titel oder sonst auf privatrechtlicher Grundlage beruht („Streitigkeiten über Rechtsfolgen des Privatrechts im Gegensatz zu denen des öffentlichen Rechts"). Ohne die Einrichtung der Arbeits-Sondergerichtsbarkeit würden diese Streitigkeiten vor die ordentlichen Gerichte gehören. „Öffentlich-rechtlich ist das Rechtsverhältnis, in dem der einzelne kraft seiner Unterwerfung unter die Gewalt des Staates oder einer sonstigen öffentlichen Gemeinschaft zu dieser öffentlichen

Gewalt oder ihren Trägern oder den der gleichen Gewalt Unterworfenen steht, privatrechtlich das Rechtsverhältnis der Gesetzesuntertanen zueinander, das unabhängig von der Zugehörigkeit zu einer Gemeinschaft besteht" (Stein-Jonas, ZPO., 12. Aufl., vor § 1 zu II und Stein, Grenzen und Beziehungen zwischen Justiz und Verwaltung S. 32ff.). Unerheblich ist die privatrechtliche Einkleidung des Rechtsstreits, wenn die öffentlich-rechtliche Frage nicht nur Vorfrage, sondern in Wahrheit Streitgegenstand ist (vgl. RG. 76, 324; 75, 397; 93, 255).

Die 5. Gruppe überträgt den Arbeitsgerichtsbehörden eine Art freiwilliger Gerichtsbarkeit in öffentlich-rechtlichen Arbeitssachen, die auf dem auch sonst rechtstheoretisch umstrittenen Gebiet zwischen Rechtsprechung und Verwaltung liegt (vgl. im einzelnen die Anmerkungen zu § 80ff., insbes. über die verschiedenen nach § 2 Nr. 5 in Betracht kommenden Fälle).

In den Gruppen zu 1—4 ist daher stets die — allerdings im Regelfall unzweifelhafte — Frage der Zulässigkeit des Rechtswegs von Amts wegen zu prüfen. Hervorgehoben sei nur — wegen einiger zur gerichtlichen Entscheidung gelangter Fälle —, daß die Beziehungen zwischen der Betriebsvertretung in ihrer Gesamtheit, ihren einzelnen Mitgliedern und den Arbeitgebern grundsätzlich dem öffentlichen Recht angehören und daher der unmittelbaren Klagemöglichkeit aus Nr. 1 bis 4 entzogen sind, soweit nicht ausnahmsweise das BRG. auf den Einzelarbeitsvertrag einwirkt (vgl. § 24, 35, 95, 84, 96 BRG.) oder im Zusammenhang mit dem Betriebsratsamt unerlaubte Handlungen im Sinne von § 823ff. BGB. den Streitgegenstand bilden (vgl. Näheres zum BRG. Flatow, Kommentar vor § 1 zu I am Ende, S. 17/18, und Flatow, Rspr. S. 243ff., sowie RG. vom 25. 9. 1923, RG. 107, 244 betreffend den Anspruch von Arbeitnehmern gegen einen Arbeitgeber auf „Duldung der Wahl und Anerkennung der demnächst zu wählenden Betriebsvertretung", und RG. vom 13. 5. 1924, RG. 108, 167 betreffend Feststellungsklage einer Arbeitgeberin gegen ein Betriebsratsmitglied, daß „1. sie nicht verpflichtet sei, dem Beklagten das Betreten ihres Betriebes, insbesondere zum Zwecke der Ausübung von Betriebsratsgeschäften, zu gestatten, 2. daß sie nicht verpflichtet sei, den Beklagten in ihrem Betriebe weiter zu beschäftigen"). Das Betriebsratsmitglied im Aufsichtsrat (§ 70 BRG.) kann seine Rechte unter Umständen zwar als bürgerliche Rechtsstreitigkeit, aber dann nur vor dem ordentlichen Gericht, nicht vor dem Arbeitsgericht, geltend machen (RG. vom 21. 3. 1924, JW. 1924, 1144, und Flatow, Rspr. S. 260).

Wegen des bürgerlich-rechtlichen Charakters der Tarifvertragsstreitigkeiten im besonderen vgl. Anm. 6.

Unerheblich ist es, ob der Rechtsstreit sich als Leistungs- oder als Feststellungsklage abspielt, d. h. ob z. B. A. von B. Lohn verlangt oder ob A. gegen B. oder B. gegen A. auf Feststellung des Bestehens bzw. Nichtbestehens der Lohnforderung (unter den Voraussetzungen des § 256 ZPO.) Klage erhebt. Auch für die Inzidentfeststellungsklage des § 280 ZPO. in einem schwebenden arbeitsgerichtlichen Prozeß ist das Arbeitsgericht zuständig.

5 Während das GGG. und KGG. — abgesehen von dem Gruppenakkord (Nr. 3 hier) — nur für Klagen aus dem Einzelarbeitsvertrag die Zuständigkeit der paritätischen Sondergerichte vorsah, ist das ArbGG. in dem Bestreben, die mit der Eigenart des Arbeitslebens zusammenhängenden privatrechtlichen Streitigkeiten möglichst allumfassend der sozialen Gerichtsbarkeit zu unterwerfen, erheblich

weitergegangen und bringt auch die Streitigkeiten zwischen den Trägern der Tarifverträge und zwischen diesen und Dritten vor die Arbeitsgerichte, wenn sie auf Tarifvertrag oder auf unerlaubter, mit dem Arbeitsleben besonders eng zusammenhängender Handlung beruhen. Die Reichsratsvorlage hatte in dieser Nummer des § 2 wie in Nr. 2 nur eine Zuständigkeit für vertragliche Streitigkeiten enthalten und diese Beschränkung damit begründet, daß „sich eine Abgrenzung der auf dem Gebiete des Arbeitslebens liegenden bürgerlichen Rechtsstreitigkeiten aus unerlaubter Handlung gegenüber anderen unerlaubten Handlungen kaum finden lassen dürfte". Die im Reichsrat und später im Reichstag erfolgte schrittweise Ausdehnung der Zuständigkeit auf gewisse unerlaubte Handlungen, die in dem eigenartigen sozialen Untergrund der Einzelarbeit und ihrer technischen und sozialen Verbundenheit in Betrieb und Beruf (Belegschaft und Gewerkschaft) wurzeln, ist zum Teil beeinflußt durch die an zahlreiche Fälle der Praxis anknüpfenden Aufsätze von Flatow, RABl. 1925, 712, und Arbeitsrecht, 1926, Sp. 1 ff. Dieser Ausdehnung lag insbesondere der Gedanke zugrunde, daß für die Anwendung des Begriffes der „guten Sitten" (§ 826 BGB.) die Rechtsauffassung der Laien, in der sich die — zum Teil vielleicht entgegengesetzte, zum Teil aber auch übereinstimmende — Stellungnahme der wirtschaftlich und sozial entscheidenden Volksschichten zum Organisationswesen widerspiegelt, auf die Rechtsauffassung des Berufsrichters, der jenen Schichten praktisch regelmäßig fernsteht, unmittelbar und mitbestimmend einwirken müsse.

Für das Verfahren in den Fällen der Nr. 1 gilt die Besonderheit, daß sie in der 1. und 2. Instanz in der Besetzung mit je 2 Beisitzern verhandelt werden (§ 16 Abs. 2 Satz 2, § 35 Abs. 2 Satz 2).

6 Zwei Zuständigkeitsfälle sind hier nach der Parteirolle zu unterscheiden, nämlich Streitigkeiten:

A) zwischen Tarifvertragsparteien,
B) zwischen Tarifvertragsparteien und Dritten.

Zu A: Tarifvertragsparteien können sein (§ 1 der Verordnung vom 23. 12. 1918):

a) auf Arbeitgeberseite: einzelne Arbeitgeber oder Vereinigungen von Arbeitgebern,
b) auf Arbeitnehmerseite: Vereinigungen von Arbeitnehmern.

Über den mit dem Begriff der „Vereinigung von Arbeitgebern (Arbeitnehmern)" zusammenfallenden Begriff der „wirtschaftlichen Vereinigung von Arbeitgebern (Arbeitnehmern)" vgl. § 10 Anm. 3.

Den Streitgegenstand bilden Ansprüche „aus Tarifverträgen" oder (nach dem im Reichstag beschlossenen verdeutlichenden Zusatz — Bericht S. 6) — „über das Bestehen oder Nichtbestehen von Tarifverträgen".

Das materielle Tarifrecht ist gegenwärtig zum Teil spezialgesetzlich durch die Verordnung vom 23. 12. 1918 (§ 1—6b) hinsichtlich der die Einzelarbeitsverhältnisse betreffenden Normen (normativer Teil) geregelt. Im übrigen, nämlich hinsichtlich der Beziehungen zwischen den Tarifvertragsparteien selbst (obligatorischer Teil), ist der Tarifvertrag ein nicht besonders geregelter Vertrag im Sinne des BGB. und unterliegt dessen Vorschriften über gegenseitige Verträge (ebenso Begründung S. 23). Die Austragung aller diesbezüglichen Streitigkeiten erfolgt nunmehr vor den Arbeitsgerichten. Diese sind insbesondere auch für die Austragung von Auslegungsstreitigkeiten bezüglich des normativen Tarifvertragsinhalts zuständig, wenn der Streit zwischen den Tarifparteien selbst (also nicht in Form einer einzelvertraglichen Klage) geführt wird, weil eine Verpflichtung der Tarifparteien auch bezüglich der Aufsicht über die Normen besteht (vgl. hierzu Flatow und Aschaffenburg, ArbG. 1927, 309ff., Nörpel, SchlWes. 1927, S. 284, Erdel, SchlWes. 1927, S. 346, Kaskel, Merkblätter des Einheitsverbandes der Eisenbahner 1927, S. 153, Sinzheimer, Arbeitsrecht 1927, S. 915, ArbG. Dresden v. 16. 9. 27, ArbG. 1927, S. 366, LAG. Dresden v. 21. 10. 1927, Bensh. Samml. Bd. 1, Nr. 40 LAG. S. 124 LAG. und RAG. v. 11. 1. 1928.

Für Erfinderstreitigkeiten im Rahmen der Nr. 1 sind die Arbeitsgerichte ohne Rücksicht auf die einschränkende Klausel der Nr. 2, 2. Halbsatz, zuständig (a. A. Alexander-Katz, NZfA. 1927, 444).

Zu B: „Dritte" können bei den nicht rechtsfähigen Vereinen (wie dies meist die Gewerkschaften sind) die persönlich abschließenden Vertreter nach § 54 BGB. sein. Ferner erzeugt der Tarifvertrag unter Umständen als Vertrag zugunsten Dritter (vgl. Nipperdey, Rspr. S. 64) Rechte:

a) der Mitglieder der Arbeitnehmervereinigung gegen die Arbeitgeberseite des Tarifvertrages (Arbeitgebervereinigung beim Verbandstarif, einzelne Arbeitgeber beim Firmentarif);

b) der Mitglieder der Arbeitgebervereinigung gegen die Arbeitnehmervereinigung; auch diese Streitigkeiten gehören vor die Arbeitsgerichte (vgl. Flatow, Arbeitsrecht, 1926, Sp. 1).

Beispiele für den Fall zu A sind — neben den oben vorweg erwähnten Auslegungsstreitigkeiten über die normativen Tarifvertragsbestandteile — die Ansprüche aus Tarifbruch (vgl. Kaskel, Zur Lehre vom Tarifbruch), aus Schieds- und Schlichtungsvereinbarungen (Begründung S. 23), auf Zahlung des Anteils für gemeinsame Tarifeinrichtungen (Arbeitsnachweis, Schiedsstelle), auf Unterlassung von tarifwidrigen Kampfmaßnahmen, auf die Ergreifung von Maßnahmen gegen Mitglieder, die ihren tarifmäßigen Pflichten nicht nachkommen, auf Feststellung des Nichtbestehens eines wegen mangelnder Schriftform, wegen Irrtumsanfechtung, wegen Drohungsanfechtung, wegen Sittenwidrigkeit oder wegen Gesetzwidrigkeit nichtigen Tarifvertrages oder auf Feststellung des Nichtbestehens eines Tarifvertrages wegen mangelnder Tariffähigkeit, insbesondere auch auf Feststellung des Nichtbestehens eines Zwangstarifvertrages wegen nichtiger Verbindlichkeitserklärung (gewollte Tarifunfähigkeit! — Bericht S. 6).

Beispiele für den Fall zu B sind die Klage der Arbeitgebervereinigung aus § 54 BGB. bei Tarifbruch, die Ansprüche einzelner Arbeitnehmer auf Wiedereinstellung (aus einem Friedensvertrage nach Arbeitskämpfen — Bericht S. 6) oder auf Schadensersatz wegen unzulässiger Kampfmaßnahmen, die Ansprüche einzelner Arbeitgeber auf Schadensersatz wegen unzulässiger Kampfmaßnahmen.

Der Begriff der „bürgerlichen Rechtsstreitigkeit" (Anm. 4) hat hier deshalb besondere Bedeutung, weil das Reichsgericht einmal in einem vielerörterten Urteil vom 30. 11. 1923, RG. 107, 247 der Klage auf Feststellung der Verpflichtung zur Gestellung der Beisitzer zu einer Schlichtungsstelle den ordentlichen Rechtsweg versagt hat, mit der Begründung, daß es sich dabei um einen öffentlich-rechtlichen Streitfall handele. Nach der zutreffenden Kritik von Nipperdey, Rspr. S. 87, ist das Urteil eine Fehlentscheidung, und der Rechtsweg — jetzt vor den Arbeitsgerichten — zu Unrecht verneint worden (vgl. Kaskel Arbeitsgerichtsbarkeit S. 8 Anm. 3).

Die zweite kollektive Vertragsform, die Betriebsvereinbarung (in der Gesetzessprache mit dem Tarifvertrag als „Gesamtvereinbarung" zusammengefaßt), ist nicht genannt, weil die Betriebsvereinbarung, die Vereinbarung zwischen Arbeitgeber und gesetzlicher Betriebsvertretung oder vertretungsloser Belegschaft, als Vereinbarung der Betriebsverfassung dem öffentlichen Recht angehört und damit der Geltendmachung in einer „bürgerlichen Rechtsstreitigkeit" entzogen ist (ebenso Begründung S. 23; über die Betriebsvereinbarung vgl. im übrigen Flatow, Kommentar, besonders zu § 66, Nr. 3, §§ 75, 80).

7 Die auf unerlaubter Handlung (§ 823ff. BGB.) beruhenden Streitigkeiten zwischen den gleichen Parteien wie zu Anm. 6 gehören nicht unbeschränkt vor die Arbeitsgerichte, sondern nur dann, wenn die unerlaubte Handlung in einem bestimmten Tatsachenbereich wurzelt, nämlich im Bereich des „Arbeitskampfes" oder der „Vereinigungsfreiheit". Die gesetzliche Formulierung lehnt sich an einem Vorschlag von Flatow, RABl. 1925, 713* an, dessen Beispiele daselbst die ohne diese Ausdehnung bestehenden Lücken der arbeitsgerichtlichen Zuständigkeit nach der Reichsratsvorlage zu erläutern bestimmt waren.

Der Begriff des „Arbeitskampfes" kommt in der Gesetzessprache bisher nicht vor, wohl aber — in § 6b der Stillegungsverordnung vom 8. 11. 1920/15. 10. 1923 — der Begriff des „wirtschaftlichen Kampfes". Man hat unter „Arbeits-" oder „wirtschaftlichem Kampf" jeglichen Streit zwischen Arbeitgebern und Arbeitnehmern um die Gestaltung ihrer arbeitsrechtlichen Beziehungen zu verstehen. Maßnahmen, die den Zwecken dieses Kampfes dienen, können Streik, passive Resistenz, Aussperrung, Sperre, Boykott, Verruf usw. sein.

Der Begriff der „Vereinigungsfreiheit" ist dem Art. 159 der Reichsverfassung entlehnt (Bericht S. 6). Ist es auch für die Auslegung des Verfassungsartikels umstritten, ob die Vereinigungsfreiheit nur die Freiheit des Anschlusses an eine Vereinigung oder auch die Freiheit des Fernbleibens von einer Vereinigung betrifft, so kann hier angesichts des allgemein gehaltenen Gesetzeswortlauts und der oben angedeuteten Entstehungsgeschichte kein Zweifel sein, daß es sich um „Fragen der Vereinigungsfreiheit" auch dann handelt, wenn die unerlaubte Handlung ein Fernbleiben von der Vereinigung zu beeinflussen trachtet.

Die Anführung der „tarifvertragsfähigen Partei" erklärt sich aus dem Bestreben nach einer gleichmäßigen Formulierung der auf vertraglicher und der auf deliktischer Grundlage beruhenden arbeitsgerichtlichen Streitigkeiten der Nr. 1, wobei der Gesetzgeber dem Umstand Rechnung tragen wollte, daß unerlaubte Handlungen auch dann — und sogar erst recht — vorkommen, wenn Parteien, die an sich Tarifverträge abschließen können, im tariflosen Zustande leben.

Folgende Parteigruppierungen sind demnach hier möglich, wobei auf der einen oder der anderen Seite mehrere Parteien gemeinsam auftreten können:

wirtschaftliche Vereinigung von Arbeitgebern gegen wirtschaftliche Vereinigung von Arbeitnehmern,
einzelne Arbeitgeber gegen wirtschaftliche Vereinigung von Arbeitnehmern,
wirtschaftliche Vereinigung von Arbeitgebern gegen Dritte,
wirtschaftliche Vereinigung von Arbeitnehmern gegen Dritte,
einzelne Arbeitgeber gegen Dritte.

Unerheblich ist es, welcher Art der „Dritte" ist. Er kann Arbeitgeber, Arbeitnehmer (anderer Ansicht Dersch-Volkmar § 2 Anm. 11a), Verbandsmitglied oder

Nicht-Verbandsmitglied, Arbeitgebervereinigung oder Arbeitnehmervereinigung oder sonst eine Personengesamtheit — Gesellschaft oder juristische Person — sein, auch außerhalb jedes Arbeitsverhältnisses stehen; insofern ist die bei FlatowRABl. 1925, 712* gesteckte Grenze verlassen und den Arbeitsgerichten eine über jenen Vorschlag hinausgehende Zuständigkeit verliehen.

Ist der „Dritte" Arbeitnehmer, so überschneidet sich im Prozeß mit dem einzelnen Arbeitgeber dieser Zuständigkeitsfall mit der Zuständigkeit aus Nr. 2 für „Rechtsstreitigkeiten aus unerlaubter Handlung........", nur daß in Nr. 2 der Rahmen weitergezogen ist als hier (vgl. Anm. 11). Außer als „Dritte" können einzelne Arbeitnehmer nicht Partei sein, doch ergänzt die dadurch entstehende Lücke die dem Arbeitnehmer in der Klage aus unerlaubter Handlung eröffnete Parteirolle aus § 2 Nr. 3, in welch letzterem Falle auch Arbeitnehmer untereinander im arbeitsgerichtlichen Prozeß auftreten können. Dagegen können Arbeitgeber oder Arbeitgebervereinigungen (als tarifvertragsfähige Parteien) gegen andere Arbeitgeber oder Arbeitgebervereinigungen (als „Dritte"), ebenso Arbeitnehmervereinigungen (als tarifvertragsfähige Parteien) gegen Arbeitnehmer oder Arbeitnehmervereinigungen (als „Dritte") nach Nr. 1 prozessieren, wenn es sich um unerlaubte Handlungen in dem angegebenen beschränkten Rahmen handelt, was ziemlich selten der Fall sein dürfte. Eine Klage des Arbeitgebers A gegen den früheren Arbeitgeber B. seines (des A.) jetzigen Angestellten C., weil B. dem C. ein zu günstiges Zeugnis über seine Ehrlichkeit unter Verschweigung erheblicher belastender Tatsachen ausgestellt hat und A. dadurch zur Einstellung des C. veranlaßt worden ist, der ihn dann durch die gleiche Unehrlichkeit geschädigt hat, würde nicht vor das Arbeitsgericht gehören; ebensowenig die Klage eines Arbeitgebers gegen einen anderen Arbeitgeber aus § 125 oder § 127g Abs. 2 GO.

Beispiele:

Klage des Schauspielers A. gegen Bühnengenossenschaft und Bühnenverein auf Feststellung, daß die Beklagten nicht berechtigt seien, das Auftreten des Klägers an den den Beklagten zu 2 gehörigen Bühnen nach Ausscheiden aus der Beklagten zu 1 zu untersagen (RG. vom 6. 4. 1922, RG. 104, 327),

Schadensersatzklage des entlassenen Bäckers gegen einen Arbeitgeber (Konsumgenossenschaft) und eine Anzahl Bäckergesellen, die teils am Streikbeschluß, teils am Streik (der der Erzwingung der Entlassung des Klägers galt) teilgenommen hatten (RG. vom 3. 5. 1924 NZfA. 1924, 635); die Zuständigkeit gegenüber den Gesellen beruht auf Nr. 3 (s. Anm. 16),

Klage des früheren Mitgliedes des Musikerverbandes gegen den Verband wegen der mit der Absperrungsklausel zusammenhängenden Entlassung auf Schadensersatz (Kammergericht vom 8. 4. 1924, JW. 1924, 1882),

Klage der Berliner Tischlerinnung gegen die freie Vereinigung der Holzindustriellen wegen unzulässigen Tarifabschlusses (RG. vom 23. 3. 1926, RABl. 1926 S. 175 Nr. 67).

Weitere Beispiele sind: Klagen zwischen dem Arbeitgeber und seinen Betriebsratsmitgliedern (RG. vom 17. 5. 1926, RABl. 1926 S. 391 Nr. 107; vgl. hierzu auch Anm. 11 und Flatow-Kommentar § 66 Nr. 6 Anm. 5), die Klagen und einstweiligen Verfügungen von Arbeitgebern oder Arbeitgeberverbänden gegen Gewerkschaften, Streikleitungen (vgl. hierzu Weigert bei Kaskel, Koalitionen 1925, 192ff.) oder einzelne Arbeitnehmer wegen sittenwidriger Führung des Arbeitskampfes (Streikpostenstehen, Verteilung von Flugblättern, Veröffentlichungen in der Presse mit sittenwidrigem Inhalt), die Klage von Arbeitnehmervereinigungen gegen Arbeitgeberverbände wegen sittenwidriger Aussperrung oder von einzelnen Arbeitnehmern gegen Arbeitgeber und Arbeitgeberverbände wegen schwarzer Listen oder sonst tendenziöser Ablehnung der Einstellung oder Weiterbeschäftigung (im Hinblick auf politische, gewerkschaftliche, konfessionelle Betätigung oder Zugehörigkeit), soweit nicht die Klage auf verbotene und daher nichtige Kündigung gestützt ist und die Zuständigkeit sich dann schon aus § 2 Nr. 2 ergibt (über das Problem der nichtigen Kündigung vgl. Flatow Kommentar § 84 Anm. 1, 9).

Schließlich sind zu erwähnen: Klagen von Dritten, die durch fremde Arbeitskämpfe geschädigt sind und Ersatzansprüche gegen tarifvertragsfähige Parteien geltend machen, z. B. der durch den Eisenbahnerkampf geschädigte Kaufmann, dessen Waren verzögert befördert worden sind und der die Gewerkschaft verklagt, der Abnehmer von elektrischem Strom im Verhältnis zu den im Arbeitskampf befindlichen tarifvertragsfähigen Parteien des Elektrizitätswerks (die Klage gegen einzelne Personen der Streikleitung kann in solchem Falle allerdings nur nach § 3, also in Verbindung mit einer unter § 2 fallenden Klage, vor dem Arbeitsgericht anhängig gemacht werden).

8 Außerhalb der Arbeitsgerichtsbarkeit stehen — entgegen dem Reichstagsentwurf — Streitigkeiten der Vereinigungen mit ihren Mitgliedern aus dem Vereinigungsverhältnis z. B. über Mitgliedsbeiträge, Vereinsstrafen, Eintritt und Austritt aus dem Verein. Der Reichstag wollte diese das innere Organisationsleben betreffenden Fragen bewußt der paritätischen Gerichtsbarkeit entziehen. Als Beispiele solcher auch künftig vor die ordentlichen Gerichte gehörigen Streitigkeiten seien genannt die Entscheidungen des RG. vom 2. 7. 1925, RG. 111, 199 (die Fortgeltung des § 152 Abs. 2 GO. betreffend), des RG. vom 23. 11. 1922, RZfA. 1923, 388 (betreffend die Aufnahme in einen Berufsverband) und des RG. vom 1. 10. 1923, RZfA. 1924, 114 (Klage um die Tariffähigkeit eines Anwaltsvereins in Form der Feststellungsklage eines Mitgliedes gegen den Verein).

9 Nr. 2 knüpft an den — abgesehen von der jetzigen Nr. 3 — alleinigen Zuständigkeitsbereich der bisherigen Gewerbegerichte und Kaufmannsgerichte an, die arbeitsvertraglichen Klagen, ist aber von dem bisherigen Aufzählungsprinzip zum Prinzip der allgemeinen Zuständigkeitsregelung übergegangen („die Aufzählung gibt den Rechtsuchenden zwar einen Anhalt bei der Entscheidung, ob für eine Klage das Arbeitsgericht oder das ordentliche Gericht zuständig ist; sie vergrößert aber die Gefahr einer unrichtigen, besonders aber einer zu engen Auslegung der Gesetzesvorschriften über die Zuständigkeit, weil eine vollkommene Aufzählung kaum möglich sein würde", Begründung S. 24) und hat außerdem — ähnlich, jedoch in noch weiterem Umfange als in Nr. 1 — auch die unerlaubten Handlungen aus den in Anm. 5 genannten Erwägungen der Arbeitsgerichtsbarkeit unterworfen, wodurch die Frage der Gesetzeskonkurrenz zwischen Vertragsansprüchen und Deliktsansprüchen für die Zuständigkeit gegenstandslos geworden ist. Diese letztere Erweiterung ist — neben anderen Änderungen in Nr. 2 — erst im Reichstag erfolgt. Vgl. zur Entstehungsgeschichte den Aufsatz von Flatow, RABl. 1925, S. 712* ff.

10 Über den Begriff der bürgerlichen Rechtsstreitigkeit vgl. Anm. 4.

Die große Masse auch der künftigen arbeitsgerichtlichen Streitigkeiten, insbesondere die Lohnklagen, fällt, wie in der Vergangenheit unter die Zuständigkeit der GG. und KG., unter diese das Einzelarbeitsverhältnis zwischen einem einzelnen Arbeitnehmer (Begriff siehe § 5) und seinem Arbeitgeber prozessual regelnde Nummer. Zum „Arbeitsverhältnis" gehören auch die Rechtsbeziehungen aus Nebenabreden, wie über Kaution, Verwahrung von Arbeitspapieren, von Zeugnissen, von Garderobe, von Fahrrädern, von Motorrädern, ferner über Verabfolgung von Mahlzeiten durch den Arbeitgeber, Lieferung von Berufskleidung, Bereitstellung der Dienstwohnung u. dgl. Die im GGG. und KGG. einzeln aufgeführten Fälle, die im Laufe der Zeit durch Novellen manche Erweiterung erfahren hatten, bilden auch für die Arbeitsgerichte einen wertvollen Fingerzeig dafür, was alles zu ihrer Zuständigkeit gehört. Vor die Gewerbegerichte kamen (§ 4 GGG.) Streitigkeiten:

1. über den Antritt, die Fortsetzung oder die Auflösung der Arbeitsverhältnisses sowie über die Aushändigung oder den Inhalt des Arbeitsbuches, Zeugnisses, Lohnbuches, Arbeitszettels oder Lohnzahlungsbuches und über Erteilung, Form oder Inhalt einer Auskunft des Arbeitgebers über den Arbeiter,

2. über die Leistungen aus dem Arbeitsverhältnisse,

3. über die Rückgabe von Zeugnissen, Büchern, Legitimationspapieren, Urkunden, Gerätschaften, Kleidungsstücken, Kautionen u. dgl., welche aus Anlaß des Arbeitsverhältnisses übergeben worden sind,

4. über Ansprüche auf Schadensersatz oder auf Zahlung einer Vertragsstrafe wegen Nichterfüllung oder nicht gehöriger Erfüllung der Verpflichtungen, welche die unter Nr. 1—3 bezeichneten Gegenstände betreffen, sowie wegen gesetzwidriger oder unrichtiger Eintragungen in Arbeitsbücher, Zeugnisse, Lohnbücher, Arbeitszettel, Lohnzahlungsbücher, Krankenkassenbücher oder Quittungskarten der Angestellten- und Invalidenversicherung, Steuerkarten und ähnliche Urkunden, ferner wegen Einholung, Erteilung, Verweigerung, Form oder Inhalt einer Auskunft des Arbeitgebers über den Arbeiter,

5. (weggefallen),

6. (entspricht der Nr. 3 des § 2 ArbGG.),

7. über die Ansprüche aus einer Vereinbarung, durch die der Arbeiter für die Zeit nach Beendigung des Arbeitsverhältnisses in seiner gewerblichen Tätigkeit beschränkt wird.

Vor die Kaufmannsgerichte (§ 5 KGG.) gehörten Streitigkeiten nahezu der gleichen Art.

Alle Streitigkeiten aus dem gesetzlich geregelten Vertragsrecht des BGB., der GO., des HGB., des Binnenschiffahrtsgesetzes, der Berggesetze, der vorläufigen Landarbeitsordnung usw. gehören vor die Arbeitsgerichte, ebenso alle Streitigkeiten aus den durch Tarifvertrag oder Betriebsvereinbarung (Arbeitsordnung) näher bestimmten Punkten des Einzelarbeitsverhältnisses, ferner Streit über gewohnheitsrechtliche Leistungen, wie Weihnachtsgratifikationen (vgl. aus der Praxis die Sammlung „arbeitsrechtliche Entscheidungen des Gewerbe- und Kaufmannsgerichts Berlin", Berlin 1925, und zum Arbeitsvertragsrecht Hueck, Das Arbeitsvertragsrecht).

Bei der Anwendung der bisherigen Praxis auf das ArbGG. ist zu beachten, daß in personeller Hinsicht jetzt durch § 5 eine Ausdehnung auf Arbeitnehmer im weitesten Sinne erfolgt ist (vgl. Näheres daselbst).

Die Verwendung der Worte „Arbeits- oder Lehrverhältnis" (nicht -Vertrag) ist erfolgt, um auch für die seltenen Streitigkeiten aus bloß tatsächlichen, rechtlich nichtigen Arbeitsbeziehungen die arbeitsgerichtliche Zuständigkeit zu eröffnen (z. B. wenn bei sittenwidrigem, gesetzwidrigem, wegen Irrtums oder Drohung angefochtenem und somit nichtigem Vertrage nur die Klage auf ungerechtfertigte Bereicherung nach § 812ff. BGB., statt auf vertraglichen Lohn angestrengt werden kann oder wenn Geschäftsführung ohne Auftrag vorliegt).

Auch bei Klagen aus ungerechtfertigter Bereicherung im Anschluß an ein „Arbeits- oder Lehrverhältnis" (z. B. Geltendmachung einer Überzahlung durch den Arbeitgeber) sind die Arbeitsgerichte sinngemäß zuständig.

Bereits der Reichsrats- und sodann der Reichstags-Entwurf hatte Streitigkeiten aus „Verhandlungen über die Eingehung eines Arbeits- oder Lehrverhältnisses" den Arbeitsgerichten zugewiesen, also z. B. Ansprüche auf Erstattung von Fahrgeld für eine Reise zwecks Vorstellung beim künftigen Arbeitgeber oder Ansprüche auf Vertragsstrafen, die im Zusammenhang mit solchen Vorverhandlungen vereinbart werden.

Über die Neugestaltung der Lehrlingsstreitigkeiten im Bereich der Innungen vgl. § 111.

Die im Reichstag — entsprechend der Nr. 1 „Bestehen oder Nichtbestehen von Tarifverträgen" — eingefügten Worte „Bestehen oder Nichtbestehen eines Arbeits- oder Lehrvertrages" verdeutlichen nur die wohl ohnehin selbstverständliche Rechtslage (vgl. Bericht S. 7 und Anm. 4, 6 hier), wonach das Gericht der Leistungsklage auch das der Feststellungsklage ist.

Auch die im Reichstag in der 2. Lesung des Ausschusses eingefügten Worte „und aus dessen Nachwirkungen" bestätigen nur die ohnehin bestehende Rechtslage, wonach z. B. Ansprüche aus Auskünften (Bericht S. 28), Klagen auf Abgangsentschädigung, Pension (nicht gegen eine selbständige mit Rechtspersönlichkeit ausgestattete Pensionskasse), auf Rückzahlung von Werkssparkassengeldern, auf die Entschädigung aus § 74ff. HGB., Ansprüche aus der Konkurrenzklausel dem „Arbeitsverhältnis" entspringen.

Unerheblich ist es, ob die Parteien zur Zeit der Geltendmachung noch Arbeitgeber bzw. Arbeitnehmer sind oder ob eine Partei oder beide Parteien inzwischen durch vorübergehende Erwerbslosigkeit, durch beruflichen Übergang vom Arbeitgeber zum Arbeitnehmer und umgekehrt, durch Bezug einer Sozialrente, durch Aufgabe der Berufstätigkeit usw. ihre frühere soziale Stellung eingebüßt haben (vgl. Wilhelmi-Bewer § 4 Anm. 5).

Soweit ein Arbeits- oder Lehrverhältnis mit einem unter das Mieterschutzgesetz in der Fassung vom 14. 2. 1924 RGBl. I S. 111 fallenden Mietverhältnis verbunden ist, ist für dessen Aufhebung nach wie vor ausschließlich das Mietschöffengericht nach § 7 MSchGes. zuständig, das allerdings sein Verfahren u. U. zwecks Herbeiführung der bindenden arbeitsgerichtlichen Entscheidung aus § 20, 21 MSchGes. auszusetzen hat.

Der in der Reichsratsvorlage angeführte weitere Zuständigkeitsfall der Streitigkeiten aus § 8, 18, 19 der vorläufigen Landarbeitsordnung und des § 99 des Reichsversorgungsgesetzes ist im Reichsrat gestrichen worden, weil man (vgl. auch Flatow, RABl. 1925, 740*) in Übereinstimmung mit dem Reichsarbeitsministerium sich davon überzeugte, daß es sich in diesen Fällen um reine arbeitsvertragliche Streitigkeiten handelt, die ohnehin bereits nach Nr. 2 vor die Arbeitsgerichte gehören und deren besondere Aufzählung nur verwirrend wirken mußte (vgl. Begründung S. 25 und die Regierungserklärung bezüglich § 99, 100 Reichsversorgungsgesetz S. 119 des mündlichen Berichts). Ebenso ist in der gleichen Regierungserklärung die selbstverständliche Rechtslage bestätigt worden, daß Streitigkeiten aus dem Schwerbeschädigtengesetz, z. B. über die Kündigung von Schwerbeschädigten und ihre Wiedereinstellung nach Arbeitskämpfen, als Streitigkeiten aus dem Arbeitsverhältnis vor die Arbeitsgerichte gehören. Dagegen kommen nicht vor die Arbeitsgerichte die gelegentlichen Klagen zwischen Arbeitgebern und Betriebsratsmitgliedern aus Auftragserteilung oder Geschäftsführung ohne Auftrag, wenn Betriebsratsmitglieder mit oder ohne Auftrag Geschäftsbedürfnisse, z. B. Bücher für die Betriebsratstätigkeit angeschafft, Versammlungs- und Sitzungsräume gemietet haben; Kaufgeschäfte von Betriebsratsmitgliedern für die Belegschaft, aus denen die Betriebsratsmitglieder Erstattungsansprüche gegen ihre Mitarbeiter haben, sind ebenfalls nicht vor den Arbeitsgerichten auszutragen, ebenso nicht die Klage eines Vaters auf Rückzahlung des von ihm für seinen Sohn gezahlten Lehrgeldes.

11 Die auf unerlaubten Handlungen (§ 823ff. BGB. oder Reichshaftpflichtgesetz v. 7. 6. 1871) beruhenden, erst im Reichstagsausschuß hier eingefügten Rechtsstreitigkeiten gehören auch an dieser Stelle — ebenso wie im Falle der Anm. 7 — nicht unbeschränkt vor die Arbeitsgerichte. Doch sind hier die Voraussetzungen nicht so eng gezogen wie in Nr. 1, es genügt, wenn die unerlaubte Handlung „mit einem Arbeits- oder Lehrverhältnis im Zusammenhange" steht, ohne daß es sich „um Maßnahmen zu Zwecken des Arbeitskampfes oder um Fragen der Vereinigungsfreiheit" zu handeln braucht; die unerlaubte Handlung muß ferner „zwischen Arbeitgebern und Arbeitnehmern" vorgekommen sein.

„Unmittelbarer" Zusammenhang mit dem Arbeits- oder Lehrverhältnis ist nicht erforderlich, nur darf der Zusammenhang nicht gerade „zufällig" sein (Begründung S. 24). Der von Dersch-Volkmar (§ 2 Anm. 16b) verwendete Begriff eines ursächlichen Zusammenhangs zwischen der unerlaubten Handlung und dem Arbeits- oder Lehrverhältnis dürfte um deswillen fehlgehen, weil das Arbeits- oder Lehrverhältnis nie die Ursache der unerlaubten Handlungen, sondern nur der Boden sein kann, in dem sie wurzelt.

Es ist auch hier nicht erforderlich, daß zur Zeit der Rechtsstreitigkeit die Parteien noch Arbeitgeber und Arbeitnehmer sind, wenn die unerlaubte Handlung nur in ihrem früheren Arbeitsverhältnis seinen Ursprung hat; so gehört die Klage aus sittenwidriger Auskunftserteilung auch dann vor das Arbeitsgericht, wenn der frühere Arbeitnehmer des beklagten Arbeitgebers jetzt arbeitslos oder selbständig oder der Beklagte nicht mehr Arbeitgeber, sondern inzwischen unselbständiger Angestellter oder Rentner geworden ist.

Als weitere Beispiele seien genannt: Schadensersatzansprüche der Arbeitnehmer aus § 898 RVO. oder wegen Verstoßes gegen Arbeiterschutzbestimmungen, Schadensersatzansprüche des Arbeitgebers wegen Sachbeschädigung an Maschinen oder Fabrikdiebstahls oder Untreue oder Unterschlagung, soweit sich alle diese Ansprüche nicht auf Vertragsverletzung gründen; Ansprüche weiblicher Arbeitnehmer aus außerehelicher Beiwohnung unter Mißbrauch des Abhängigkeitsverhältnisses (§ 825 BGB. und Bericht S. 7); bei dem engen Zusammenhang zwischen Betriebsratsamt und Arbeitsverhältnis gehören ferner die Schadensersatzklagen von Arbeitgebern gegen Betriebsratsmitglieder und umgekehrt wegen Verletzung der zugleich unter

§ 823 Abs. 2 fallenden Strafvorschriften aus §§ 99, 100 BRG. hierher, z. B. wegen Geheimnisverrats nach § 70 Satz 3, § 100 BRG. oder wegen Benachteiligung nach § 99 Abs. 1, § 95 oder wegen Verletzung des § 23 Abs. 2, 3 BRG. (darüber wie der Rechtsstreit in den genannten Fällen, besonders im Falle des § 23 BRG, materiell zu entscheiden ist, vgl. die Erläuterungen zu den genannten Paragraphen bei Flatow, Kommentar; hier handelt es sich nur um die Bestimmung des richtigen Gerichts). Nicht dagegen gehört vor die Arbeitsgerichte die privatrechtliche Austragung einer Beleidigung zwischen Arbeitgeber und Arbeitnehmer, die beide derselben Stadtverordnetenversammlung angehören und dort einander — ohne näheren Zusammenhang mit dem Arbeitsverhältnis — beleidigen.

Vgl. im übrigen Anm. 7 über die zugleich unter Nr. 1 und 2 fallenden unerlaubten Handlungen.

12 Besonders umstritten während des gesamten Werdeganges des Gesetzes war die Frage der Einbeziehung der Erfinderstreitigkeiten. Die jetzige Regelung stellt ein Kompromiß aus widerstreitenden Meinungen und verschiedenen parlamentarischen Anträgen dar.

Die Gesetzesbegründung (S. 24) hat die Erfinderstreitigkeiten den Arbeitsgerichten entziehen wollen, da es zweifelhaft erscheine, ob jene „für die Behandlung derartiger, meist technisch schwieriger Streitigkeiten geeignet sind"; im Reichstagsausschuß war in erster Lesung die Ausnahme bezüglich der Erfinderstreitigkeiten aufgehoben worden; in zweiter Lesung wurde dann die jetzige Gesetzesfassung beschlossen. Danach sind also den Arbeitsgerichten ausschließlich vorbehalten die arbeitsvertraglichen Streitigkeiten aus Erfindungen, bei denen „nur" der Anspruch auf eine „Vergütung oder Entschädigung für die Erfindung" in Rede steht (einschließlich der auf Feststellung des Vergütungsanspruchs gerichteten Klagen, vergleiche Anm. 10 hier), während alle übrigen arbeitsvertraglichen Streitigkeiten aus Erfindungen ebenso ausschließlich vor die ordentlichen Gerichte gelangen. Streitigkeiten, in denen nicht oder nicht nur Vergütungsansprüche, sondern allein oder daneben andere Ansprüche, z. B. die Voraussetzungen der Vergütungsansprüche geltend gemacht werden (sei es auch im Wege der Widerklage aus § 280 ZPO.), wie z. B. Streitigkeiten allein oder nebenher um das eigentliche Erfinderrecht, um die Erfinderehre, um die Zulässigkeit oder Sittenwidrigkeit von Vereinbarungen über Diensterfindungen und Betriebserfindungen stehen außerhalb der Arbeitsgerichtsbarkeit und sind gegebenenfalls nach § 46 Abs. 2, 48 ArbGG. aus ihr zu verweisen (über das materielle Erfinderrecht der Angestellten vgl. besonders Riezler bei Molitor-Hueck-Riezler S. 240). Infolge dieser Trennung werden in der Praxis auch häufig Prozesse um die Vergütung einerseits und um sonstige Fragen des Erfinderrechts andererseits nebeneinander herlaufen, jene vor den Arbeitsgerichten, diese vor den ordentlichen Gerichten, wobei es vom Einzelfall abhängt, welches Gericht sein Verfahren aussetzt, um den Ausgang des anderen Verfahrens abzuwarten und widersprechende Entscheidungen zu vermeiden. Solange freilich nur die Vergütung selbst streitig ist, entscheidet über die dem Streit zugrunde liegenden, im Bereich des Erfinderrechts liegenden Vorfragen das Arbeitsgericht selbständig (a. A. Kaskel, Arbeitsrecht S. 333, der anscheinend schon durch eine streitige Vorfrage das Arbeitsgericht als ausgeschaltet und § 48 hier als gegeben betrachtet, wie hier wohl Dersch-Volkmar, § 2 Anm. 7 und Baumbach, § 2 Anm. 21). Über das Verbot, die den ordentlichen Gerichten vorbehaltenen Erfinderstreitigkeiten im Wege der Zusammenhangsklage nach § 3 vor die Arbeitsgerichte zu bringen, vgl. § 3 Anm. 12.

Gebrauchsmusterschutzstreitigkeiten sind wie Erfinderstreitigkeiten zu behandeln, dagegen nicht Geschmacksmusterstreitigkeiten (Alexander-Katz, NZfA. 1927, 448/49).

Ein Beispiel einer nicht arbeitsvertraglichen Erfinderstreitigkeit s. ArbG. Berlin v. 15. 7. 1927, Arbeitsgericht 1927, 292.

13 Gleich den Erfinderstreitigkeiten war auch die Frage der Unterstellung „der nach § 481 des Handelsgesetzbuchs zur Schiffsbesatzung gehörenden Personen" unter die Arbeitsgerichte von jeher umstritten. Hier ist es bei der Reichstagsvorlage geblieben, die damit begründet ist, daß die zur Zeit nach der Seemannsordnung vom 2. 6. 1902 (§ 5, 128—131) für die gütliche Beilegung von Streitigkeiten zwischen Kapitän und Schiffsmann sowie für die vorläufige Entscheidung solcher Streitigkeiten zuständigen Seemannsämter erst gelegentlich der geplanten Neufassung der Seemannsordnung zu Arbeitsgerichten ausgebaut werden sollten, um nicht die Einheit der Regelung für die Seemannsämter im In- und im Ausland zu zerreißen.

Zur Schiffsbesatzung gehören nach § 481 HGB. „der Schiffer, die Schiffsoffiziere, die Schiffsmannschaft, sowie alle übrigen auf dem Schiffe angestellten Personen".

Angehörige der Binnenschiffahrt und der Flößerei kommen also vor die Arbeitsgerichte.

14 Nr. 3 lehnt sich an § 4 Nr. 6 GGG. an, ist aber auf Grund von Beschlüssen des Reichstagsausschusses durch die Einbeziehung gewisser unerlaubter Handlungen erweitert worden.

15 Über den Begriff der „bürgerlichen Rechtsstreitigkeit" vgl. Anm. 4.

Es handelt sich im wesentlichen um den sogenannten Gruppenakkord, um „die Übernahme einer gemeinsamen Arbeit von Arbeitern desselben Arbeitgebers", wie § 4 Nr. 6 GGG. sagte. Hier können also ausnahmsweise einzelne Arbeitnehmer untereinander vor einem paritätisch zusammengesetzten Gericht prozessieren. Die Einbeziehung dieser Streitigkeiten in die paritätische Arbeitsgerichtsbarkeit ist trotz gewisser Bedenken erfolgt, weil (Begründung S. 25) „die Behandlung dieser Fälle durch fachmännisch zusammengesetzte Gerichte den Bedürfnissen des Arbeitslebens mehr entspricht als die Entscheidung durch ein Gericht, das lediglich aus Berufsrichtern besteht" und anderseits von der Verwirklichung des an sich naheliegenden Gedankens eines reinen Arbeitnehmergerichts „schon mit Rücksicht auf die dadurch entstehende Erschwerung und Verteuerung der Kammerbesetzung abgesehen werden mußte".

Geschäfte zwischen der Belegschaft und den Betriebsratsmitgliedern, z. B. aus gemeinsamer Lebensmittelbestellung, kommen, wie bereits in Anm. 10 erwähnt, nicht vor die Arbeitsgerichte, ebensowenig selbstverständlich in solchem Falle Klagen der Lieferanten gegen die bestellenden Arbeitnehmer.

16 Auch hier prozessieren ausnahmsweise Arbeitnehmer untereinander vor einem paritätischen Sondergericht.

Da die Formulierung mit der in Nr. 2 vorgenommenen Abgrenzung der unerlaubten Handlungen (§ 823 ff. BGB.) wörtlich übereinstimmt, kann auf die Ausführungen dort verwiesen werden. In der Praxis wird es hier oft schwieriger sein, als im Falle der Nr. 3, unerlaubte Handlungen, die „mit dem Arbeits- oder Lehrverhältnis im Zusammenhange stehen", von denen zu trennen, bei denen dies nicht der Fall ist. Ein nicht bloß zufälliger Zusammenhang liegt überall dort vor, wo die unerlaubte Handlung in der besonderen Eigenart des Arbeits- oder Lehrverhältnisses, den ihm eigentümlichen Reibungen und Berührungspunkten wurzelt. Zweifellos ist solch Zusammenhang in den zu Nr. 1 Anm. 7 behandelten Fällen, in denen es sich bei der unerlaubten Handlung „um Maßnahmen zu Zwecken des Arbeitskampfes oder um Fragen der Vereinigungsfreiheit" handelt (Schadensersatzklagen von Arbeitnehmern gegen frühere Mitarbeiter, insbesondere Betriebsratsmitglieder, die durch Verweigerung der Zusammenarbeit oder entsprechende Belegschaftsbeschlüsse den Arbeitgeber zur Entlassung der Kläger veranlaßt haben — über die materielle Seite der Frage vgl. Flatow, Kommentar § 66 Nr. 6 Anm. 5). Zweifelhaft dagegen und nur nach Lage des Einzelfalls zu entscheiden sind außerhalb des eben umschriebenen Rahmens vorkommende Beleidigungen, Körperverletzungen, Diebstähle u. dergl. zwischen Arbeitnehmern. Unerlaubte Handlungen zwischen Streikenden und Streikbrechern stehen mit dem Arbeitsverhältnis im Zusammenhang (fälschlich von Dersch-Volkmar unter den Zuständigkeitsfällen des § 2 Nr. 2 angeführt — s. Anm. 16b daselbst), ebenso Ansprüche wegen sittenwidriger Behandlung des Einspruchs nach § 84 durch den zuständigen Gruppenrat (siehe Flatow, Kommentar § 86 Anm. 4).

Die Arbeitnehmer brauchen nicht einen gemeinsamen Arbeitgeber zu haben oder gehabt zu haben; auch Monteure, die in einem fremden Betrieb vorübergehend tätig sind, können mit den Arbeitnehmern dieses Betriebes Streitigkeiten bekommen, die vor das Arbeitsgericht gelangen (so mit Recht Dersch-Volkmar Anm. 20).

17 An sich hätten die in dieser Nummer genannten Streitigkeiten keiner besonderen Hervorhebung bedurft (so Begründung S. 24) und wären, zumal angesichts der Bezeichnung als „bürgerliche Rechtsstreitigkeiten zwischen Arbeitgebern und Arbeitnehmern", als Streitigkeiten aus dem Arbeitsverhältnis ohne weiteres unter Nr. 2 gefallen. Ihre Hervorhebung ist trotzdem mit Rücksicht auf den theoretisch viel umstrittenen Charakter dieser Streitigkeiten zwecks Beseitigung aller Zweifel erfolgt, zugleich auch aus gesetzestechnischen Gründen, um den abgekürzten Instanzenzug für diese Streitigkeiten in § 8 Abs. 4 leichter bezeichnen zu können. Für die Rechtsnatur dieser Streitigkeiten, als letzten Endes individualrechtlicher Streitigkeiten, wenngleich mit kollektivem Einschlag durch die Mitwirkung der Betriebsvertretungen, ist die im ArbGG. vorgenommene Bezeichnung von Bedeutung.

18 Über den Begriff der „bürgerlichen Rechtsstreitigkeiten" vgl. Anm. 4.

Die in den §§ 88, 89 BRG. vorkommenden Ansprüche sind rein arbeitsvertraglicher Art und fallen daher, ohne daß es der besonderen Hervorhebung bedurfte, ohne weiteres unter Nr. 2 (vgl. Flatow, Kommentar § 88 Anm. 1, 3, § 89 Anm. 2).

Näheres über das Verfahren nach §§ 86, 87 BRG. unter der Herrschaft des ArbGG. vgl. § 63 Anm. 1.

19 Bereits durch Artikel II § 1 Nr. 1, 4, 5 SchlVO. waren die vorläufigen Arbeitsgerichte (GG., KG. und arbeitsgerichtlichen Kammern der Schlichtungsausschüsse) in den Fällen der jetzigen Nr. 5 für zuständig erklärt worden (mit alleiniger Ausnahme der damals noch fortgeltenden, mit dem Inkrafttreten des ArbGG. zur Aufhebung gelangenden §§ 94, 103 BRG.). An dieser Zuständigkeitsregelung ändert

das ArbGG. nichts. Über die Rechtsnatur dieser Streitigkeiten vgl. Anm. 4, über die materielle Bedeutung der in Betracht kommenden Bestimmungen des BRG. vgl. Flatow, Kommentar, Erläuterungen zu den einzelnen Paragraphen, über die erweiternde Anwendung des Falles des § 134b GO. Flatow, Kommentar § 80 Anm. 3.

Wegen des Verfahrens in den Fällen der Nr. 5 siehe § 80ff.

20 Unter der Herrschaft des GGG. und des KGG. war sehr umstritten, wieweit — außerhalb der Rechtsnachfolge im schon schwebenden Prozeß (vgl. § 239ff. ZPO) z. B. der Erbe oder der durch Abtretung oder durch Pfändung in den Besitz einer Lohnforderung gelangte Gläubiger oder der Konkursverwalter, die Geschäftsaufsichtsperson, der Testamentsvollstrecker, der Ehemann nach § 1380 BGB., der gesetzliche Vertreter im Falle des § 107 GO. od. dgl. vor dem Sondergericht klagen oder verklagt werden konnte. Die Frage ist nunmehr für alle Fälle des § 2 Nr. 1—4 im bejahenden Sinne entschieden, alle die genannten und sonstige Rechtsnachfolger und kraft Gesetzes zur Prozeßführung befugte Personen können im arbeitsgerichtlichen Prozeß Partei sein, z. B. also auch der, der eine tarifliche Schadensersatzforderung — Nr. 1 hier — durch Abtretung erworben hat.

Sinngemäß ist anzunehmen, daß bei einem Einzelarbeitsvertrag, der Rechte Dritter nach § 328ff. BGB. erzeugt, auch der Dritte Ansprüche vor dem Arbeitsgericht geltend machen kann, z. B. die Ehefrau beim sogenannten 1500-Mark-Vertrag oder die Hinterbliebenen eines mit Versorgung angestellten Arbeitnehmers; ebenso sind für die Schadensersatzansprüche (Rentenansprüche) von Hinterbliebenen eines Arbeitnehmers aus unerlaubter Handlung (z. B. bei Tod infolge Verletzung von Arbeiterschutzbestimmungen oder im Falle des § 898 RVO.) sinngemäß (vgl. Anm. 11) die Arbeitsgerichte zuständig.

§ 3

Erweiterte Zuständigkeit[1]

(1) **Bei den Arbeitsgerichten[2] können[3] auch nicht unter § 2 fallende Klagen[4] gegen Arbeitgeber oder Arbeitnehmer sowie von solchen gegen Dritte[5] erhoben werden[6], wenn der Anspruch[7] mit einer bei einem Arbeitsgericht anhängigen oder gleichzeitig anhängig werdenden bürgerlichen Rechtsstreitigkeit[8] der im § 2 Nr. 1 bis 4 bezeichneten Art[9] in rechtlichem oder unmittelbarem wirtschaftlichen Zusammenhange steht[10] und für seine Geltendmachung nicht eine ausschließliche Zuständigkeit gegeben ist[11], die im § 2 Nr. 2 Halbsatz 2 ausgenommenen Streitigkeiten können auch im Zusammenhange mit anderen Streitigkeiten nicht vor die Arbeitsgerichte gebracht werden[12].**

(2) **Auf Grund Vereinbarung[13] können auch bürgerliche Rechtsstreitigkeiten[14] zwischen juristischen Personen des privaten Rechtes und ihren gesetzlichen Vertretern[15] vor die Arbeitsgerichte[16] gebracht werden (§ 5 Abs. 2).**

1 § 3 regelt die Möglichkeiten der Ausdehnung der Zuständigkeit der Arbeitsgerichtsbarkeit über ihren normalen Aufgabenkreis hinaus. Die beiden Absätze behandeln diese Möglichkeit von zwei verschiedenen Gesichtspunkten aus. Einmal kann die an sich nicht gegebene Zuständigkeit der Arbeitsgerichtsbarkeit gegenüber der ordentlichen Gerichtsbarkeit von den Streitparteien vereinbart werden; diesen Fall trifft Abs. 2. Auf der anderen Seite gibt das Arbeitsgerichtsgesetz in den bestimmten Ausnahmefällen des Abs. 1 dem Kläger die Befugnis, ohne Zuständigkeitsvereinbarung mit der Gegenpartei an Stelle des an sich zuständigen ordentlichen Gerichts — Amtsgerichts oder Landgerichts — auf Grund seiner eigenen Entschließung das Arbeitsgericht anzurufen, wodurch die Arbeitsgerichtsbarkeit im ganzen für die Behandlung dieses Rechtsstreits zuständig wird.

Beide Fälle der Erweiterung der arbeitsgerichtlichen Zuständigkeit beruhen auf dem Gedanken, daß einerseits die scharfe rechtliche Abgrenzung des Aufgabenkreises des § 2 in Verbindung mit § 5 den sachlichen Bedürfnissen des Arbeitslebens nicht immer voll gerecht wird, daß es vielmehr bürgerlichrechtliche Arbeitsstreitigkeiten im wirtschaftlichen Sinne des täglichen Lebens, die zu den „Arbeitssachen" (§ 1 Abs. 1) gehören, auch außerhalb der im § 2 Nr. 1—4 aufgezählten Rechtsstreitigkeiten gibt; daß auf der anderen Seite durch die Zerreißung zusammenhängender Streitigkeiten durch Behandlung teils in der Arbeitsgerichtsbarkeit teils in der ordentlichen Gerichtsbarkeit auch die Rechtsprechung Schaden nehmen und die Rechtsverfolgung erschwert werden kann. Da die Grenzstreitigkeiten des Arbeitslebens, deren Zugehörigkeit zu ihm im wesentlichen in ihrem Zusammenhang mit anderen Streitigkeiten liegt, rechtlich schwer zu erfassen und die Grenzen flüssig sind, ist hier keine ausschließliche Zuständigkeit der Arbeitsgerichtsbarkeit (wie im § 2) gegeben, die Parteien bzw. die Kläger haben vielmehr zwischen der Zuständigkeit des ordentlichen Rechtsweges und des Arbeitsrechtsweges die Wahl.

Die Zuständigkeitserweiterung des Abs. 1 war schon in dem Regierungsentwurf vorgesehen. Sie ist aus dem früheren Regierungsentwurf des Jahres 1923 übernommen; dieser ging aber, auf Grund seines andern Aufbaus, insofern weiter, als er das Erfordernis der Anhängigkeit des Hauptrechtsstreits nicht aufstellte. Die Vorschrift des Abs. 2 ist erst im Reichstag eingefügt worden.

2 Auch in den Fällen der erweiterten Zuständigkeit beginnt der Arbeitsrechtsweg — wie innerhalb der normalen Zuständigkeit — immer beim Arbeitsgericht; es gibt keine Arbeitssache, für die eine andere unterste Instanz wie das Arbeitsgericht bestimmt wäre (vgl. Anm. 3 zu § 2). Der weitere Rechtszug ist der gleiche wie bei den Streitigkeiten nach § 2 Nr. 1—3 (vgl. § 8).

3 Die erweiterte Zuständigkeit des Abs. 1 ist, anders wie die normale Zuständigkeit fakultativ, nicht ausschließlich (vgl. Anm. 1 Abs. 2). Diese Regelung ergibt die Möglichkeit, daß Klagen gleicher Art bald bei den Arbeitsgerichten, bald bei den Amts- oder Landgerichten erhoben werden, die zwar im Interesse der Übersichtlichkeit der Gerichtsbarkeit nicht erwünscht, bei der Art der in § 3 vorgesehenen Zuständigkeit aber nicht zu vermeiden ist. Daß sich aus dem geschilderten Zustand eine sachliche Rechtsungleichheit in wichtigen arbeitsrechtlichen Fragen entwickelt, dürfte nicht zu befürchten sein. Denn zur Erzielung einer einheitlichen Rechtsprechung der Arbeitsgerichtsbehörden ist für Fragen von grundsätzlicher Bedeutung der Rechtszug bis zum Reichsarbeitsgericht vorgesehen (§ 8); anderseits werden streitige grundsätzliche Fragen, die die ordentliche Gerichtsbarkeit beschäftigen, wenn auch

nicht regelmäßig, wie in der Arbeitsgerichtsbarkeit, an die Zivilsenate des Reichsgerichts gelangen. Eine Verbindung und Vereinheitlichung der Rechtsprechung des Reichsarbeitsgerichts und der Zivilsenate des Reichsgerichts in arbeitsrechtlichen Fragen wird durch die Vorschrift des § 45 in Verbindung mit § 41 Abs. 3 hergestellt, nach der in diesen Fragen die vereinigten Zivilsenate des Reichsgerichts unter Hinzuziehung der Senate des Reichsarbeitsgerichts in den Zweifelsfällen des § 136 des Gerichtsverfassungsgesetzes entscheiden.

4 Die erweiterte Zuständigkeit des § 3 Abs. 1 gilt einmal nur für „Klagen", zum andern nur für solche Klagen, die nicht schon nach § 2 der normalen ausschließlichen Zuständigkeit der Arbeitsgerichtsbarkeit unterfallen. Dies bedeutet zunächst, daß im Wege des § 3 Abs. 1 die Zuständigkeit nur für bürgerliche Rechtsstreitigkeiten, nicht auch für Fälle der freiwilligen Gerichtsbarkeit erweitert werden kann, da die Fälle der freiwilligen Gerichtsbarkeit nicht durch „Klage" vor die Arbeitsgerichte gebracht werden, sondern durch einen Antrag auf Entscheidung (vgl. § 81). Ebensowenig kann aber auf Grund eines Zusammenhangs mit einer Arbeitssache nach § 2 eine Strafsache gegen einen Arbeitgeber oder einen Arbeitnehmer oder ein Verwaltungsstreitverfahren dieser vor dem Arbeitsgericht anhängig gemacht werden, was sich schon daraus ergibt, daß der Arbeitsrechtsweg nach dem ganzen Gesetz nur für Streitigkeiten der Zivilgerichtsbarkeit und für die Fälle der freiwilligen Gerichtsbarkeit in Arbeitssachen zugelassen ist. Welcher zivilprozessualen Art die Klage ist, ist für die Zulässigkeit der Anbringung bei dem Arbeitsgericht ohne Belang, es kann sowohl eine Leistungsklage wie eine Klage auf Feststellung des Bestehens oder Nichtbestehens eines Rechtsverhältnisses oder auf Rechtsgestaltung sein, sofern die Voraussetzung des Zusammenhangs vorliegt.

Zweifelhaft kann sein, ob auch Gesuche auf Anordnung des Arrests oder einer einstweiligen Verfügung als „Klage" im Sinne der Vorschrift aufgefaßt werden können, doch dürfte diese Frage zu bejahen sein (ebenso Dersch-Volkmar, Anm. 8 zu § 3). Denn das Verfahren der Anordnung des Arrests und der einstweiligen Verfügung ist nach der Zivilprozeßordnung (§§ 916ff.) ein Verfahren in bürgerlichen Rechtsstreitigkeiten; der Ausdruck „Klage" ist allgemein für die Einleitung eines solchen Rechtstreites gebraucht.

Die Möglichkeit der Anbringung beim Arbeitsgericht ist also unter den gegebenen Voraussetzungen für bürgerliche Rechtsstreitigkeiten gegeben, die nach der Zuständigkeitsregelung des § 2 Nr. 1—4 nicht vor die Arbeitsgerichte gehören, und zwar auch nicht auf Grund der Ausdehnung der ausschließlichen Zuständigkeit durch § 2 Abs. 2, nach der an die Stelle der eigentlichen Partei des Arbeitsstreits auch ein Rechtsnachfolger oder eine Person den Prozeß führen kann, die kraft Gesetzes an Stelle der ursprünglichen Partei hierzu befugt ist (Erbe, Zessionar, Konkursverwalter usw.; vgl. im übrigen Anm. 20 zu § 2).

Eine Klage ist auch die Widerklage; deshalb kann die Anbringung eines nicht unter § 2 Nr. 1—4 fallenden Rechtsstreits beim Arbeitsgericht auch im Wege der Widerklage seitens des auf Grund der Zuständigkeit nach § 2 Beklagten erfolgen.

5 Von der Erweiterung der Zuständigkeit durch § 3 Abs. 1 kann nur in solchen Rechtstreitigkeiten Gebrauch gemacht werden, in denen auf einer Seite ein Arbeitgeber oder ein Arbeitnehmer Partei ist. Diese Vorschrift dient der Einschränkung der Sonderzuständigkeit des § 3 Abs. 1; sie beruht auf dem Gedanken, daß der Zusammenhang mit dem Arbeitsleben, der eine Rechtsverfolgung in dem besonderen

Arbeitsrechtsweg über die Grenzen des § 2 hinaus im Interesse der einheitlichen Entscheidung der Streitigkeiten des Arbeitslebens wünschenswert macht, im allgemeinen nur in diesen Fällen gegeben sein wird. Streitigkeiten zwischen Arbeitgebervereinigungen und Arbeitnehmervereinigungen oder zwischen einer dieser Vereinigungen und Dritten und Streitigkeiten zwischen dem Rechtsnachfolger usw. eines Arbeitgebers oder eines Arbeitnehmers (§ 2 Abs. 2) und Dritten können nicht außerhalb der Zuständigkeit des § 2 gemäß § 3 Abs. 1 vor die Arbeitsgerichte gebracht werden. Dagegen ist nicht vorgeschrieben, daß auch nur eine Partei des Rechtsstreits dieselbe ist wie eine Partei des Hauptrechtsstreits; praktisch wird das allerdings regelmäßig ohne Bedeutung sein, da beim Auseinanderfallen beider Parteien der erforderte Zusammenhang wohl kaum gegeben sein dürfte. Häufig kann der Fall eintreten, daß zwar die eine Partei in beiden Prozessen die gleiche ist, die andere Partei aber nicht; Beispiel: Ein Arbeitnehmer verklagt den Arbeitgeber auf Gehalt (§ 2 Nr. 2) und zugleich gemäß § 3 Abs. 1 eine Bank, die die selbstschuldnerische Bürgschaft für die Gehaltszahlung übernommen hat, aus der Bürgschaft; die Klage gegen die Bürgin könnte der Arbeitnehmer ebenfalls vor dem Arbeitsgericht erheben.

Beispiele: Klagen aus GewO. § 127g Abs. 2 — Lehrarbeitgeber gegen Lehrling und gegen Lehrlingsvater usw., Klagen aus RVO. § 899 — Arbeitnehmer gegen Arbeitgeber und Werkmeister.

6 Von der Möglichkeit der Anbringung des Rechtsstreits bei dem Arbeitsgericht kann nur der Kläger bzw. der Widerkläger Gebrauch machen. Für den Beklagten besteht diese Möglichkeit nicht. Ebensowenig könnte in diesem Falle das Arbeitsgericht eine Verbindung der beiden Prozesse zur gemeinsamen Verhandlung und Entscheidung bei ihm anordnen, da diese auch nach ZPO. § 147 nur zulässig ist, wenn beide Prozesse bereits bei ihm anhängig sind.

7 Unter „Anspruch" ist hier der Anspruch im zivilprozessualen Sinne, nicht der bürgerlich-rechtliche Anspruch zu verstehen. Dies ergibt sich aus der sprachlichen Verbindung mit dem Begriff der „Klage" im Hauptsatz. Anspruch ist also jede zivilprozessual geltend zu machende Rechtsbehauptung, sei es im Wege der Leistungs-, Feststellungs- oder Gestaltungsklage (vgl. oben Anm. 4, Ab. 1).

8 Die Voraussetzung für die Anbringung eines Rechtstreites in erweiterter Zuständigkeit ist nicht schon dann erfüllt, wenn der Anspruch mit einer im Arbeitsrechtsweg zu verfolgenden Rechtsstreit im Zusammenhang steht, wie dies im Regierungsentwurf von 1923 vorgesehen war. Die damalige Regelung erschien bei der Unbestimmtheit des Begriffs des Zusammenhangs doch nicht geeignet, um eine einigermaßen klare Grenzziehung zu ermöglichen, wie sie die Rechtssicherheit erfordert. Anderseits genügt es, um die Zerreißung der Erledigung zusammengehörender Rechtsstreitigkeiten zu vermeiden, wenn der Arbeitsrechtsweg geöffnet wird, falls der Hauptstreit in der Arbeitsgerichtsbarkeit schwebt.

Der Hauptrechtsstreit muß bei einem Arbeitsgericht anhängig sein oder gleichzeitig anhängig werden. Anhängig ist der Rechtsstreit, wenn die Klage erhoben ist. (§ 46 Abs. 2 Satz 1 in Verbindung mit ZPO. § 263 Abs. 1), d. h. wenn die Klage dem Beklagten zugestellt oder in Gegenwart des Beklagten dem Arbeitsgericht mündlich vorgetragen worden ist (§ 47 Abs. 1, 2). Da das Güteverfahren im Arbeitsrechtsstreit den Beginn der mündlichen Verhandlung nach der Klageerhebung bildet (§ 54 Abs. 1 Satz 1), ist es für die Bestimmung seiner Anhängigkeit ohne Belang

(a. A. anscheinend Dersch-Volkmar, Anm. 6 zu § 3). — Das gleichzeitige Anhängigwerden der beiden Rechtsstreitigkeiten genügt, es kann also auch eine gemeinsame Klage erhoben werden. Eine andere Regelung würde eine unnütze Belastung des Klägers mit doppelter Arbeit bringen, sachlich aber die Voraussetzung für die Anbringung eines Rechtsstreits in erweiterter Zuständigkeit nicht verändern. — Die Anhängigkeit des Hauptstreits muß beim Arbeitsgericht, also beim Gericht des ersten Rechtszugs gegeben sein. Schwebt der Hauptstreit bereits in einer Rechtsmittelinstanz, so ist die Möglichkeit der Anbringung der Zusammenhangsstreitigkeit nicht mehr gegeben. Der Zweck der Vorschrift, die Behandlung des zweiten Streits im Zusammenhang mit dem Hauptstreit könnte in diesem Falle auch nicht erreicht werden. Die Hineinziehung des Zusammenhangsanspruchs in den Hauptstreit im Berufungsrechtszuge ist auch im Wege der Klageerweiterung nicht zulässig, weil die Klage nur auf solche Ansprüche erweitert werden kann, die an sich in dem eingeschlagenen Rechtswege, hier also im Arbeitsrechtsweg, verfolgbar sind; das ist aber nach dem Ausgeführten für den Zusammenhangsanspruch nicht mehr der Fall, wenn der Hauptstreit bereits in der Berufungsinstanz schwebt (a. A. Dersch-Volkmar, Anm. 7 zu § 3).

9 Da in der erweiterten Zuständigkeit nur Klagen gegen Arbeitgeber oder Arbeitnehmer oder von solchen gegen Dritte erhoben werden können, wird der erforderliche Zusammenhang mit einem Hauptstreit gemäß § 2 Nr. 1 selten gegeben sein (vgl. oben Anm. 5); bei der weiten Fassung des § 2 Nr. 1 dürfte auch eine Ausdehnung der Zuständigkeit auf Grund Zusammenhangs hier sachlich nicht erforderlich sein. Zusammenhangsklagen mit Rechtsstreitigkeiten gemäß § 2 Nr. 2, 3 und 4 werden sich dagegen häufig finden. Vgl. im übrigen Anm. 4 Abs. 1.

10 Der Zusammenhang des zweiten Anspruchs mit dem Hauptstreit muß ein rechtlicher oder ein unmittelbarer wirtschaftlicher sein. Die so gezogene Grenze ist sehr flüssig; die Rechtsprechung wird den gesetzlichen Rahmenbegriff des Zusammenhangs inhaltlich ausfüllen müssen. Eine schärfere Abgrenzung im Gesetz war nicht möglich, weil dieses nicht in der Lage ist, die Mannigfaltigkeit der im Arbeitsleben vorkommenden Streitigkeiten im einzelnen zu erfassen und bestimmte Gruppen von Streitigkeiten auszusondern, die noch in die Arbeitsgerichtsbarkeit gehören, während dies für andere nicht der Fall ist. Das Gesetz konnte lediglich eine Richtlinie geben, nach der die Entscheidung über die Zuständigkeit auf Grund Zusammenhangs im Einzelfall vom Gericht getroffen werden muß. Ist der vorgesehene Zusammenhang nach der Auffassung des angerufenen Arbeitsgerichts nicht gegeben, so hat es die Klage als unzuständig abzuweisen oder auf Antrag des Klägers an das zuständige ordentliche Gericht zu verweisen (§ 48 Abs. 1 in Verbindung mit ZPO. § 276; vgl. Anm. 4 zu § 48).

Die Voraussetzungen für die Anrufung des Arbeitsgerichts in dem Zusammenhangsstreit durch den Kläger sind teils weiter, teils enger bemessen als die ähnlichen, unter denen ein Gericht nach ZPO. § 147 mehrere bei ihm anhängige Prozesse zur gleichzeitigen Verhandlung und Entscheidung verbinden kann. Einerseits stellt § 3 Abs. 1 — weiter als ZPO. § 147 — fest, daß neben dem rechtlichen auch der unmittelbar wirtschaftliche Zusammenhang der beiden Streitigkeiten für die Erweiterung der Zuständigkeit des Arbeitsgerichts auf den zweiten Streit ausreicht. Ein rechtlicher Zusammenhang ist nach der Rechtsprechung zu § 147 ZPO. nur gegeben, wenn die beiden Ansprüche Rechtsfolgen desselben Tatbestandes oder rechtlich miteinander verknüpfter Tatbestände sind. Ein wirtschaftlicher Zusammenhang ist dagegen schon gegeben, wenn die Ansprüche auf wirtschaftlich für die Parteien zusammenhängenden Tatbeständen beruhen; die Erweiterung der Zuständigkeit nach § 3 Abs. 1 ArbGG. setzt aber nur einen unmittelbaren wirtschaftlichen Zusammenhang voraus, d. h. es muß der zweite Anspruch auf demselben wirtschaftlichen, wenn auch nicht rechtlichen Tatbestand beruhen. Der unmittelbare wirtschaftliche Zusammenhang wäre also z. B. als gegeben anzusehen, wenn ein Arbeitnehmer neben der Klage auf rückständigen Lohn auch eine Klage auf Ausbesserung der Mietwohnung gegen den Arbeitgeber erhebt, die dieser ihm mit Rücksicht auf das Arbeitsverhältnis, aber ohne Anrechnung auf den Arbeitslohn, mietweise überlassen hat; denn hier beruhen beide Ansprüche auf demselben wirtschaftlichen Tatbestand des Arbeitsverhältnisses. Dagegen würde ein unmittelbarer wirtschaftlicher Zusammenhang zwischen dem Anspruch auf rückständigen Lohn und dem Anspruch auf Ausbesserung der Mietwohnung nicht vorliegen, wenn der Arbeitnehmer nur zufällig Mieter in einem Hause des Arbeitgebers wäre oder wenn er mit Rücksicht auf das Arbeitsverhältnis eine Wohnung neben dem Arbeitsplatz bei einem Dritten gemietet hätte. — Anderseits sind die Voraussetzungen des § 3 Abs. 1 enger als die des § 147 ZPO., insofern dieser die Verbindung der Rechtsstreitigkeiten auch zuläßt, wenn nur beide Ansprüche in einer Klage hätten geltend gemacht werden können; dies wäre in dem Beispiel für den Arbeitnehmer auch möglich gewesen, wenn er den Arbeitgeber zugleich aus dem Arbeitsverhältnis auf rückständigen Lohn und aus dem zufälligen gleichzeitigen Mietverhältnis mit ihm auf Ausbesserung der Wohnung verklagte.

11 Ist für den zweiten Anspruch ein ausschließlicher Gerichtsstand gegeben, so geht diese gesetzliche Bindung des Klägers seinen Befugnissen aus dem Zusammenhang vor. Die Vorschrift geht von dem Gedanken aus, daß ausschließliche Gerichtsstände vom Gesetz nur dort vorgesehen sind, wo ein besonders bedeutungsvolles Interesse für die Behandlung des Streits in diesem ausschließlichen Gerichtsstand gegenüber allen andern möglichen Gerichtsständen spricht.

Ein solcher ausschließlicher Gerichtsstand ist z. B. gegeben für dingliche Ansprüche, die Grundstücke betreffen, und für Mietaufhebungsklagen bei Wohnungen die nach dem Gesetz über Mieterschutz und Mieteinigungsämter ausschließlich vor die bei den Amtsgerichten errichteten Mietschöffengerichte gehören. Eine dingliche Klage wegen eines Grundstückes oder eine Mietaufhebungsklage betreffend eine Werkswohnung könnte sonach auch im Zusammenhang mit einem Rechtsstreit gemäß § 2 Nr. 1—4 nicht vor das Arbeitsgericht gebracht werden. Die für den Erfolg der Mietaufhebungsklage bei einer Werkswohnung ausschlaggebende Frage, ob das Arbeitsverhältnis rechtmäßig beendigt ist, muß wiederum im Streitfall vom Arbeitsgericht entschieden werden; zum Zwecke der Herbeiführung dieser Entscheidung wäre das Verfahren des Mietschöffengerichts auszusetzen (vgl. Anm. 10 zu § 2; ebenso Dersch-Volkmar, Anm. 10 zu § 3; Anm. 12c zu § 2).

12 In § 2 Nr. 2 Halbsatz 2 sind von der Arbeitsgerichtsbarkeit die Streitigkeiten, deren Gegenstand die Erfindung eines Arbeitnehmers bildet, ausgenommen, soweit es sich nicht nur um Ansprüche auf eine Vergütung oder Entschädigung für die Erfindung handelt, desgleichen die Streitigkeiten aus dem Arbeitsverhältnis der Schiffsbesatzung in der Seeschiffahrt. Zuständig sind danach für Erfindungsstreitigkeiten, die nicht in die Arbeitsgerichtsbarkeit gehören, die ordentlichen Gerichte, für

Seemannsstreitigkeiten die Seemannsämter und die ordentlichen Gerichte. Diese Ausnahmezuständigkeit wird durch § 3 Abs. 1 Halbsatz 2 der ausschließlichen Zuständigkeit gleichgesetzt in der Wirkung, daß die fraglichen Streitigkeiten auch im Wege des Zusammenhangs mit anderen Arbeitsstreitigkeiten nicht im Arbeitsrechtsweg verfolgt werden können.

13 Während die Zuständigkeit der Arbeitsgerichtsbarkeit auf Grund Zusammenhangs vom Kläger ohne weiteres geltend gemacht werden kann, setzt § 3 Abs. 2 eine Vereinbarung der Streitparteien über die Zuständigkeit voraus. Da es sich um die besonders zugelassene Vereinbarung eines an sich unzuständigen Gerichts erster Instanz handelt, sind nach § 46 Abs. 2 Satz 1, mangels entgegenstehender anderweiter Regelung, auf die Vereinbarung die Vorschriften der §§ 38—40 ZPO. entsprechend anzuwenden. Die Vereinbarung kann also formlos geschlossen werden, auch stillschweigend, und zwar auch in der Weise, daß der Beklagte vor dem Arbeitsgericht, ohne die Unzuständigkeit geltend zu machen, mündlich zur Hauptsache verhandelt (ZPO, § 39). Die Zuständigkeit auf Grund der Vereinbarung ist nicht ausschließlich; es ist also trotz der Vereinbarung die Erhebung der Klage beim ordentlichen Gericht zulässig, doch ist hiergegen dem Beklagten die prozeßhindernde Einrede der Unzuständigkeit gemäß ZPO. § 274 Abs. 2 Nr. 1 gegeben. Die Vereinbarung kann sich nicht auf solche Rechtsstreitigkeiten erstrecken, für die ein ausschließlicher Gerichtsstand begründet ist (ZPO. § 40 Abs. 2). Entsprechend wird anzunehmen sein, daß sie sich auch nicht auf die im § 2 Nr. 2 Halbsatz 2 aus der Arbeitsgerichtsbarkeit ausgenommenen Streitigkeiten erstrecken kann (vgl. Anm. 12).

14 Nach dem Wortlaut des vom Reichstag eingefügten § 3 Abs. 2 könnte es scheinen, als ob durch die Vorschrift für alle bürgerlichen Rechtsstreitigkeiten zwischen privatrechtlichen juristischen Personen und ihren gesetzlichen Vertretern die Vereinbarung der arbeitsgerichtlichen Zuständigkeit zugelassen werden solle. Dies ist jedoch nicht beabsichtigt. Das ergibt sich aus dem allgemeinen Zweck des Arbeitsgerichtsgesetzes und aus dem Hinweis auf § 5 Abs. 2. Es soll nur für Streitigkeiten, die Arbeitsstreitigkeiten im eigentlichen Sinne wären, wenn die Streitparteien zueinander im Verhältnis von Arbeitgeber zu Arbeitnehmer ständen, die Vereinbarung der arbeitsgerichtlichen Zuständigkeit zulässig sein (vgl. auch Anm. 15). Es kann sich deshalb nur um bürgerliche Rechtsstreitigkeiten im Sinne des § 2 handeln. Bürgerliche Rechtsstreitigkeiten betreffen die Vorschriften der Nr. 1—4 des § 2; Nr. 5 betrifft die sogenannte freiwillige Gerichtsbarkeit in Arbeitssachen. Aber auch den Nummern 1, 3 und 4 entsprechende Streitigkeiten kommen hier nicht in Frage, weil sie zwischen juristischen Personen und ihren gesetzlichen Vertretern nicht entstehen können. Die Vorschrift des § 3 Abs. 2 geht deshalb nur auf solche bürgerliche Rechtsstreitigkeiten zwischen den angegebenen Personen, die den Arbeitsstreitigkeiten des § 2 Nr. 2 entsprechen.

15 Die gesetzlichen Vertreter der juristischen Personen und Personengesamtheiten des öffentlichen und privaten Rechts sind nach § 5 Abs. 2 keine Arbeitnehmer (vgl. Anm. 13 zu § 5). Die Streitigkeiten zwischen ihnen und der juristischen Person oder Personengesamtheit, die sie als Organ vertreten, aus dem Organverhältnis sind deshalb rechtlich keine Streitigkeiten aus dem Arbeitsverhältnis, also auch keine Arbeitsstreitigkeiten im eigentlichen Sinne. Wirtschaftlich gesehen unterscheiden sich derartige Streitigkeiten bei privatrechtlichen juristischen Personen in kleinen Verhältnissen, insbesondere bei Gesellschaften mit beschränkter Haftung

und bei Genossenschaften, häufig nicht wesentlich von Streitigkeiten aus dem Arbeitsverhältnis. Diesem wirtschaftlichen Gesichtspunkt trägt die Vorschrift Rechnung, indem sie für diese Streitigkeiten zwar nicht ohne weiteres die Zuständigkeit der Arbeitsgerichtsbarkeit begründet, die Rechtsverfolgung im Arbeitsrechtsweg aber doch auf Grund Vereinbarung (vgl. Anm. 13) ermöglicht.

16 Vgl. Anm. 2.

§ 4

Ausschluß der Arbeitsgerichtsbarkeit[1]

In den Fällen des § 2 Nr. 1 bis 4[2] kann die Arbeitsgerichtsbarkeit durch Schiedsvertrag und Vereinbarung nach den §§ 91 bis 107 ganz oder teilweise[3] ausgeschlossen werden[4].

1 Die normale Zuständigkeit der Arbeitsgerichtsbarkeit (§ 2) ist gegenüber den ordentlichen Gerichten ausschließlich (§ 2 Abs. 1, Anm. 2 dazu). Auch durch Parteivereinbarung kann demnach die Zuständigkeit der ordentlichen Gerichte an Stelle der Arbeitsgerichtsbehörden nicht begründet werden. Ein Ausschluß der Arbeitsgerichtsbarkeit durch Parteivereinbarung ist aber im Rahmen der Vorschriften der §§ 4, 91—107 in der Weise zugelassen, daß die Behandlung der in Betracht kommenden Arbeitssachen besonders vereinbarten Stellen übertragen wird. Das gilt jedoch nur für bürgerliche Rechtsstreitigkeiten des Arbeitslebens; die Fälle der freiwilligen Gerichtsbarkeit (§ 2 Abs. 1 Nr. 5), die sich nicht auf privatrechtliche Ansprüche, sondern auf das öffentliche Recht der Betriebsverfassung beziehen, werden ausschließlich von den Arbeitsgerichtsbehörden erledigt, vereinbarte Stellen sind hier nicht zugelassen.

Die Regelung knüpft an die bisherige Übung des Arbeitslebens an, nach der in Tarifverträgen vielfach besondere Entscheidungsstellen, Gütestellen oder Vorentscheidungsstellen vereinbart worden sind, und zwar auch gegenüber der Zuständigkeit der bisherigen Gewerbegerichte und Kaufmannsgerichte.

§ 4 gibt unter den „Allgemeinen Bestimmungen" nur den Grundsatz wieder. Die Ausführung des Grundsatzes findet sich im „Vierten Teil" des Gesetzes (§§ 91—107). Wegen der Erläuterungen im einzelnen vgl. die Anmerkungen dort.

2 § 4 erklärt den Ausschluß der Arbeitsgerichtsbarkeit durch Vereinbarung grundsätzlich in allen bürgerlichen Rechtsstreitigkeiten des § 2 für zulässig, aber unter Bezugnahme auf die besonderen Vorschriften der §§ 91—107. Durch den § 91 wird nun die Zulässigkeit des Ausschlusses erheblich eingeschränkt. Der Regierungsentwurf sah zwar in dem dem jetzigen § 91 entsprechenden § 88 die Zulässigkeit ebenfalls in allen Fällen des § 2 Nr. 1—4 vor, diese Vorschrift ist aber im Reichstag erheblich verändert worden, ohne daß auch § 4 abgeändert worden wäre. Da § 4 den Ausschluß nur im Rahmen der §§ 91—107 zuläßt, muß angenommen werden, daß die Erwähnung der Fälle des § 2 Nr. 1—4 hier nur den allgemeinen Rahmen der bürgerlichen Rechtsstreitigkeiten geben soll, der im einzelnen durch die Vorschriften des § 91 auszufüllen ist.

Danach ist der Ausschluß der Arbeitsgerichtsbarkeit durch Vereinbarung besonderer Stellen, ganz oder teilweise, zulässig:

a) durch Vertrag der Streitparteien

1. für bürgerliche Rechtsstreitigkeiten nach § 2 Abs. 1 Nr. 1,

2. für bürgerliche Rechtsstreitigkeiten nach § 2 Abs. 1 Nr. 2 im Arbeitsverhältnis von Angestellten, deren Jahresarbeitseinkommen die Versicherungsgrenze des Angestelltenversicherungsgesetzes (z. Z. 6000 RM.) überschreitet;

b) durch Tarifvertrag mit Wirkung für bürgerliche Rechtsstreitigkeiten aus den im Tarifvertrag geregelten Arbeits- oder Lehrverhältnissen. Bei dieser Regelung kann es zunächst zweifelhaft erscheinen, ob nicht auch die Rechtsstreitigkeiten aus den §§ 86, 87 des Betriebsrätegesetzes als Streitigkeiten aus dem Arbeits- oder Lehrverhältnis anzusehen sind (vgl. Anm. 17, 18 zu § 2), so daß auch für sie die Arbeitsgerichtsbarkeit im Tarifvertrag ausgeschlossen werden könnte. Da jedoch die Streitigkeiten aus §§ 86, 87 BRG. in dem für die Zuständigkeit grundlegenden § 2 Abs. 1 als Nr. 4 besonders neben den Streitigkeiten aus dem Arbeits- oder Lehrverhältnis (§ 2 Abs. 1 Nr. 2) erwähnt sind, wird anzunehmen sein, daß sie auch im § 91 besonders hätten erwähnt werden müssen, wenn sich die Zulässigkeit des Ausschlusses auch auf sie beziehen sollte (vgl. näher Anm. 3 Abs. 2 zu § 91; ebenso Siefart, Anm. 5 zu § 91; Baumbach, Anm. 2 zu § 91; Dersch-Volkmar, 1. Aufl., Anm. 3a, letzter Absatz (S. 495 f.) zu § 91; in der 2. Aufl. vertreten die Verfasser in Anm. 3a Abs. 1 a. a. O. (S. 494) die entgegengesetzte Auffassung; desgl. Schmicke-Sell, Anm. 2 zu § 91).

In Rechtsstreitigkeiten zwischen Arbeitnehmern aus § 2 Abs. 1 Nr. 3 kann die Arbeitsgerichtsbarkeit nach der Fassung des § 91 ebenfalls nicht ausgeschlossen werden (vgl. Anm. 3 Abs. 3 zu § 91), so daß also der Ausschluß überhaupt nur in bürgerlichen Rechtsstreitigkeiten nach § 2 Abs. 1 Nr. 1 und 2 zulässig ist.

In den bürgerlichen Rechtsstreitigkeiten nach § 3 Abs. 1 und 2 ist eine unmittelbare Zuständigkeit der Arbeitsgerichtsbarkeit nicht gegeben, infolgedessen kommt für sie auch der Ausschluß der Arbeitsgerichtsbarkeit in der im Arbeitsgerichtsgesetz vorgesehenen Art, die der ausschließlichen Zuständigkeit der Arbeitsgerichtsbarkeit nach § 2 entspricht, nicht in Betracht. Für Schiedsverträge über diese Streitigkeiten gelten deshalb die Vorschriften der ZPO. (§§ 1025 ff.), die Frage der Bindung des Klägers an den Schiedsvertrag gegenüber der Vorschrift des § 3 Abs. 1 ist nach bürgerlichem Recht zu beurteilen. Inwieweit die staatliche Gerichtsbarkeit teilweise ausgeschlossen werden kann, bestimmt sich für die in § 3 behandelten Streitigkeiten ebenfalls nach den allgemeinen Vorschriften des bürgerlichen Rechts und Prozeßrechts (vgl. insbesondere BGB. §§ 317—319).

3 Die Vereinbarung des Ausschlusses der Arbeitsgerichtsbarkeit regelt sich allein nach den §§ 91—107; die Vorschriften der Zivilprozeßordnung (§§ 1025 ff.) und des Bürgerlichen Gesetzbuchs (§§ 317 ff.) sind auch nicht ergänzend heranzuziehen, da dies weder im § 4 noch in dem §§ 91 ff. vorgesehen ist. Insofern unterscheidet sich die Regelung des „Vierten Teil" des Arbeitsgerichtsgesetzes von der des Verfahrens der Arbeitsgerichtsbehörden, nach der hinter den Vorschriften des Arbeitsgerichtsgesetzes kraft besonderer Bestimmung dort (§ 46 Abs. 2 Satz 1, § 64 Abs. 2 Satz 1, § 72 Abs. 2, § 80 Abs. 2, § 85 Abs. 2) die Vorschriften der Zivilprozeßordnung entsprechend anwendbar sind. Die abweichende Regelung erklärt sich daraus, daß die Vorschriften der §§ 1025 ff. ZPO. den Bedürfnissen des arbeitsrechtlichen Schiedsvertrags, wie auch die bisherige Übung gezeigt hat, nicht entsprechen, noch weniger die Vorschriften der §§ 317 ff. BGB. den Bedürfnissen des

sogenannten Schiedsgutachtenvertrages im Arbeitsrecht; Bestimmungen über die Vereinbarung eines außergerichtlichen Güteverfahrens hat das allgemeine Prozeßrecht nicht.

Nach den §§ 91—107 kann die Arbeitsgerichtsbarkeit für einen Rechtsstreit ganz oder teilweise ausgeschlossen werden. Es können nämlich der vereinbarten Stelle sowohl das ganze Verfahren wie einzelne Teile von ihm übertragen werden, in den letztgenannten Fällen bleiben die Arbeitsgerichtsbehörden für die übrigen Teile des Verfahrens zuständig. Die nach dem Gesetz zulässigen Vereinbarungen sind der Schiedsvertrag in Arbeitsstreitigkeiten (§§ 91—100), der das ganze Verfahren bis zum Spruch dem Schiedsgericht an Stelle der Arbeitsgerichtsbehörden überträgt, der Gütevertrag (§§ 101—105), der nur das Güteverfahren einer vereinbarten Stelle überträgt, und der Schiedsgutachtenvertrag (§§ 106, 107), der die Entscheidung einzelner erheblicher Tatfragen einer vereinbarten Stelle überträgt, die Entscheidung des Rechtsstreits im ganzen aber den Arbeitsgerichtsbehörden überläßt. Außer dem Schiedsvertrag sind also Vereinbarungen gewisser Vorverfahren zugelassen, die im § 4 kurz als „Vereinbarung" bezeichnet werden. Für das Nähere über die verschiedenen Arten des vereinbarten Ausschlusses der Arbeitsgerichtsbarkeit vgl. die Anmerkungen zum Vierten Teil.

4 In bürgerlichen Rechtsstreitigkeiten zwischen Innungsmitgliedern und ihren Lehrlingen aus dem Lehrverhältnis ist das arbeitsgerichtliche Güteverfahren gesetzlich durch die besondere, durch § 111 Nr. 2 abgeänderte Vorschrift des § 91b Abs. 3 Satz 2 der Gewerbeordnung ausgeschlossen (vgl. Anm. 4 Abs. 2 zu § 54, Anm. 2 Abs. 7 zu § 111). Im übrigen bleibt der Arbeitsrechtsweg, nach Erledigung des Vorverfahrens, zulässig (GO. § 91b Abs. 2; vgl. Anm. 2 zu § 111).

§ 5

Begriff des Arbeitnehmers[1]

(1) Arbeitnehmer im Sinne des Gesetzes sind Arbeiter und Angestellte[2] einschließlich der Lehrlinge[3]. Den Arbeitnehmern stehen Personen gleich[4], die, ohne in einem Arbeitsvertragsverhältnisse zu stehen[5], im Auftrag und für Rechnung bestimmter anderer Personen Arbeit leisten[6] (Hausgewerbetreibende[7] und sonstige arbeitnehmerähnliche Personen[8]), und zwar auch dann, wenn sie die Roh- oder Hilfsstoffe selbst beschaffen[9]; arbeitnehmerähnliche Personen sind im Verhältnis zu ihren Auftraggebern auch Zwischenmeister[10], die den überwiegenden Teil ihres Verdienstes aus ihrer eigenen Arbeit am Stücke beziehen[11].

(2) Keine Arbeitnehmer[12] sind gesetzliche Vertreter von juristischen Personen und von Personengesamtheiten des öffentlichen und privaten Rechtes[13], ferner Personen in ihrer Eigenschaft als öffentliche Beamte sowie als Angehörige des Reichsheeres und der Reichsmarine[14].

1 Der Begriff des Arbeitnehmers ist für das Arbeitsgerichtsgesetz wegen der Umgrenzung des Aufgabenkreises (§ 2, 3) von entscheidender Bedeutung, er ist ferner wichtig hinsichtlich der Besetzung der Arbeitsgerichtsbehörden (§ 6, § 18

Abs. 3, §§ 20 bis 23). Seine Klärung ist an sich nicht Sache des Arbeitsgerichtsgesetzes, sie muß vielmehr einheitlich für das gesamte Arbeitsrecht im „Allgemeinen Teil" des künftigen Arbeitsgesetzbuches erfolgen. Da dieser „Allgemeine Teil" des Arbeitsgesetzbuches noch nicht vorhanden und die Zeit seines Inkrafttretens noch nicht abzusehen ist, behelfen sich die bisher erlassenen arbeitsgerichtlichen Gesetze mit eigenen allgemeinen Begriffen; sie enthalten deshalb grundsätzlich auch eine Begriffsbestimmung des „Arbeitnehmers". Mangels einer das gesamte Gebiet des Arbeitsrechts berücksichtigenden Bestimmung können diese Bestimmungen nur für das Gesetz unmittelbare Geltung beanspruchen, in dem sie gegeben sind. Sie sollen außer Kraft treten, sobald der „Allgemeine Teil" des Arbeitsgesetzbuches Geltung erlangt. So ist auch die Begriffsbestimmung des Arbeitnehmers im Arbeitsgerichtsgesetz zu verstehen; daraus erklärt sich der Wortlaut „Arbeitnehmer im Sinne dieses Gesetzes".

Der rechtliche Begriff des Arbeitnehmers, so klar er nach dem Sprachgebrauch und der Übung des täglichen Lebens zunächst erscheint, ist in seinen Grenzen außerordentlich flüssig. Die Begriffsmerkmale müssen aus der Gesellschaftswissenschaft entnommen werden. Arbeitnehmer ist nach ihr, wer abhängige Arbeit leistet; die Abhängigkeit ist entsprechend der heutigen Gesellschaftsform eine wirtschaftliche, keine unmittelbar persönliche (a. A. Dersch-Volkmar, Anm. 3a, Abs. 3 zu § 5). Arbeitnehmer kann aber nur eine natürliche, nicht auch eine juristische Person sein. Zum rechtlichen Begriff des Arbeitnehmers gehört darüber hinaus nach der bisherigen Gesetzgebung das Vorliegen einer auf gewisse Dauer berechneten rechtlichen Verpflichtung zur Leistung abhängiger Arbeit, wie sie der Arbeitsvertrag begründet; dieser ist Dienstvertrag im Sinne des Bürgerlichen Gesetzbuches (vgl. jedoch Abs. 4 dieser Anmerkung), nicht Werkvertrag.

Das Arbeitsgerichtsgesetz übernimmt diesen rechtlichen Begriff des Arbeitnehmers aus der bisherigen Gesetzgebung, bringt ihn aber mit dem gesellschaftswissenschaftlichen durch die Gleichstellung der „arbeitnehmerähnlichen Person" (vgl. Anm. 4 ff.) in Einklang. Ebenso ist die im Abs. 2 (vgl. Anm. 13, 14) gegebene Einschränkung des Arbeitnehmerbegriffs aus der bisherigen Gesetzgebung und Übung übernommen. Die zu anderen Gesetzen — insbesondere zum Betriebsrätegesetz — gefundene Auslegung des Begriffs kann infolgedessen grundsätzlich für die Auslegung des § 5 Abs. 1 Satz 1 verwendet werden, soweit sie nicht etwa aus Besonderheiten dieser Gesetze zu erklären ist (ebenso Dersch-Volkmar, Anm. 2 Abs. 2, Anm. 3a Abs. 2 zu § 5); die Ausnahme der Familienangehörigen (BRG. § 10 Abs. 1) und der im § 10 Abs. 2 Nr. 2 BRG. genannten Personen von der Arbeitnehmerstellung gilt danach, jedenfalls soweit sie gegen Entgelt arbeiten, hier nicht (vgl. Flatow, Anm. 4, 5, 8, 9 zu § 10 BRG).

Im übrigen sind weitgehend die Verkehrsanschauungen zu berücksichtigen, insbesondere für die Frage, ob ein Arbeitsvertrag vorliegt. Für diesen kann das Begriffsmerkmal geldlicher Entlohnung nicht ohne weiteres Voraussetzung sein, wie schon die Einbeziehung der Lehrlinge (vgl. Anm. 3) zeigt. Auch der sogenannte Volontär, bei dem die Gegenleistung des Arbeitgebers nicht in Geld, sondern in Gewährung der Ausbildung besteht, kann im Arbeitsvertrag stehen, wenn er sich in einem auf Dauer berechneten Verhältnis der abhängigen Arbeit befindet; insofern ist die grundsätzliche Einordnung des Arbeitsvertrages in den Dienstvertrag des BGB. (BGB. § 611) nicht völlig umfassend. Die rechtliche Verpflichtung zur Leistung abhängiger Arbeit kann durch Arbeitsvertrag auch von solchen Personen begründet werden, die im allgemeinen im freien Berufe tätig sind, wie Ärzten, Rechtsanwälten usw. Der in einem Sanatorium vom Eigentümer zur Behandlung der aufgenommenen Kranken gegen Gehalt angestellte Arzt ist Arbeitnehmer, ebenso der in dem sogenannten Ambulatorium einer Krankenkasse gegen Gehalt angestellte Arzt und der in einem industriellen Unternehmen gegen Gehalt zur Erledigung rechtlicher Arbeiten angestellte Rechtsanwalt; die diesen Arbeitnehmern für die einzelne Arbeit selbstverständlich gewährte Freiheit der Verwendung ihrer beruflichen Kenntnisse zur Gestaltung der Arbeit hebt die allgemeine Abhängigkeit der Arbeit, die in der Verpflichtung zur Bearbeitung jedes Falles liegt, nicht auf. Dagegen ist der freie Arzt, der Kranke einer Kasse behandelt und dafür das Entgelt seitens der Kasse erhält, nicht Arbeitnehmer der Kasse; es fehlt hier an der auf Dauer berechneten rechtlichen Verpflichtung zur Leistung von Arbeit für die Krankenkasse. Ebensowenig ist das Mitglied einer Produktivgenossenschaft, z. B. einer Baugenossenschaft, das in der Genossenschaft arbeitet, im allgemeinen als Arbeitnehmer anzusehen, weil es nicht wirtschaftlich abhängige Arbeit leistet, auch dann nicht, wenn es an sich von Beruf Arbeiter ist; seine Ansprüche gegen die Genossenschaft fließen grundsätzlich aus dem Genossen-, nicht aus dem Arbeitsverhältnis. Abweichungen sind allerdings im Einzelfall möglich (vgl. Begr. zu § 5, S. 56). Notstandsarbeiter sind nach der jetzigen gesetzlichen Regelung Arbeitnehmer; früher war dies nicht der Fall.

Der Begriff des Arbeitgebers ist im Gesetz nicht bestimmt. Er ergibt sich aus allgemeinen Grundsätzen. Notfalls wird die Prüfung, ob und welche Arbeitnehmer der fraglichen Person gegenüberstehen, zur Klärung beitragen (vgl. auch Anm. 2 zu § 22).

2 Unter den Arbeitnehmern sind nach der überlieferten Auffassung Arbeiter und Angestellte zu unterscheiden. Eine eigentliche scharfe Begriffstrennung zwischen den beiden Gruppen besteht nicht und wird auch vom Arbeitsgerichtsgesetz nicht gegeben. Die Trennung von Arbeitern und Angestellten spielt im Gesetz insofern eine Rolle, als bei den Arbeitsgerichten regelmäßig getrennte Kammern für Streitigkeiten der Arbeiter und für Streitigkeiten der Angestellten gebildet werden (§ 17 Abs. 2). Um die Grenze zwischen Arbeitern und Angestellten zu ziehen, wird man auch für das Arbeitsgerichtsgesetz die Berufsgruppen, für die grundsätzlich das Angestelltenversicherungsgesetz gilt, als Angestellte anzusehen haben, die übrigen Arbeitnehmer als Arbeiter; zweifelhafte Grenzfälle werden dabei allerdings vorkommen. Die Berufsgruppen der Angestellten sind nach § 1 des Angestelltenversicherungsgesetzes, soweit sie für das Arbeitsgerichtsgesetz in Betracht kommen:

Angestellte in leitender Stellung; Betriebsbeamte, Werkmeister und andere Angestellte in einer ähnlich gehobenen oder höheren Stellung; Bureauangestellte, soweit sie nicht ausschließlich mit Botengängen, Reinigung, Aufräumung und ähnlichen Arbeiten beschäftigt werden, einschließlich der Bureaulehrlinge und Werkstattschreiber; Handlungsgehilfen und Handlungslehrlinge, andere Angestellte für kaufmännische Dienste, auch wenn der Gegenstand des Unternehmens kein Handelsgewerbe ist, Gehilfen und Lehrlinge in Apotheken; Bühnenmitglieder und Musiker ohne Rücksicht auf den Kunstwert ihrer Leistungen; Angestellte in Berufen der Erziehung, des Unterrichts, der Fürsorge der Kranken- und Wohlfahrtspflege; aus der Besatzung von Fahrzeugen der Binnenschiffahrt Schiffsführer, Offiziere des Deck- und Maschinendienstes, Verwalter und Verwaltungsassistenten sowie die in einer ähnlich gehobenen oder höheren Stellung befindlichen Angestellten ohne Rücksicht auf ihre Vorbildung.

Zu einer näheren Bezeichnung der in diesen Kreis fallenden Berufsgruppen in Ausführungsbestimmungen ist der Reichsarbeitsminister ermächtigt (§ 1 Abs. 4 AngestVG.). Auch diese Ausführungsbestimmungen können für die Abgrenzung von Arbeitern und Angestellten im Sinne des Arbeitsgerichtsgesetzes verwendet werden.

Diejenigen Arbeitnehmer, die hiernach nicht als Angestellte anzusehen sind, sind Arbeiter. Bei der Einteilung ist zu berücksichtigen, daß unter eine der beiden Gruppen jeder Arbeitnehmer (vgl. Anm. 1) fallen muß.

3 Die Zugehörigkeit der Lehrlinge zu den Arbeitnehmern ist ausdrücklich ausgesprochen, um Zweifel auszuschließen (Begr. zu § 5, S. 56). Nach der hier gegebenen Begriffsbestimmung wären die Lehrlinge auch ohne besondere Erwähnung als Arbeitnehmer anzusehen, weil sie auf Grund einer rechtlichen Verpflichtung aus dem Lehrvertrag abhängige Arbeit leisten; der Lehrvertrag ist also Arbeitsvertrag, ohne daß es dabei auf seinen Nebenzweck, die Erziehung zum Beruf, ankommt. Dem folgt auch die herrschende Auffassung. Die Einreihung der Lehrlinge in die Gruppe der Arbeitnehmer — Arbeiter oder Angestellten — richtet sich danach, ob sie sich in der Berufsausbildung zum Arbeiter oder Angestellten befinden. Je nachdem sind auch Streitigkeiten zwischen Lehrlingen und ihren Arbeitgebern von der Kammer des Arbeitsgerichts für Streitigkeiten der Arbeiter oder von der für Streitigkeiten der Angestellten zu behandeln.

Über die Besonderheiten des Verfahrens in Streitigkeiten zwischen Innungsmitgliedern und ihren Lehrlingen vgl. § 111 und die Anmerkungen dort.

4 Die Gleichstellung der „arbeitnehmerähnlichen Personen" mit den Arbeitnehmern ist vollkommen. Das bedeutet insbesondere, daß ihre Streitigkeiten mit ihren Auftraggebern und untereinander aus dem auch für sie bestehenden Verhältnis der abhängigen Arbeit (vgl. Anm. 6) gemäß § 2 ebenfalls vor die Arbeitsgerichtsbehörden gehören. Es bedeutet weiter, daß auch arbeitnehmerähnliche Personen und vertretungsbefugte Mitglieder und Angestellte ihrer etwaigen Vereinigungen Arbeitnehmerbeisitzer der Arbeitsgerichtsbehörden werden können (§ 23).

Arbeitnehmerähnliche Personen können, wie Arbeitnehmer, nur natürliche, nicht auch juristische Personen sein, weil alle gesellschaftlich abhängige Arbeit begrifflich nur von natürlichen Personen geleistet werden kann.

5 Arbeitnehmerähnliche Personen unterscheiden sich von den Arbeitnehmern dadurch, daß sie nicht in einem Arbeitsvertragsverhältnis stehen, d. h. daß sie keine ausdrückliche rechtliche, auf gewisse Dauer berechnete Verpflichtung zur abhängigen Arbeit (Arbeitsvertrag) eingegangen haben. Bei ihnen ergibt sich vielmehr das Vorliegen des Verhältnisses der abhängigen Arbeit nur aus dem allgemeinen wirtschaftlichen Charakter ihres Verhältnisses zu dem Auftraggeber (vgl. Anm. 6). Der Ausdruck „Arbeitsvertragsverhältnis", nicht „Arbeitsvertrag", ist gewählt, weil nicht schon die Personen nicht als Arbeitnehmer, sondern als arbeitnehmerähnliche Personen angesehen werden sollen, mit denen ein von ihnen gewollter Arbeitsvertrag etwa wegen rechtlicher Mängel nicht zustande gekommen ist, so

daß sie zwar im Arbeitsverhältnis stehen, ohne aber einen gültigen Arbeitsvertrag abgeschlossen zu haben. Es hätte danach rechtlich statt „Arbeitsvertragsverhältnisse" gesagt werden können „Arbeitsverhältnisse"; dies ist nicht geschehen, weil der Begriff „Arbeitsverhältnis" vielfach als das nur wirtschaftliche Verhältnis der abhängigen Arbeit mit umfassend aufgefaßt wird, zu dem hier gerade der Gegensatz gebildet werden soll.

6 Das wirtschaftliche Verhältnis der abhängigen Arbeit, das zur Gleichstellung des arbeitenden Teils mit dem Arbeitnehmer führt (vgl. Anm. 1 Abs. 2), wird dadurch bestimmt, daß die Arbeit im Auftrag und für Rechnung bestimmter anderer Personen geleistet wird, auch dann, wenn rechtlich nicht ein Arbeitsverhältnis, sondern ein anderes Verhältnis, sei es eines der im Bürgerlichen Gesetzbuch geregelten, sei es ein von ihm nicht erfaßtes, besteht.

a) Die Arbeitsleistung muß für bestimmte andere Personen erfolgen. Wird von einer Person auf Vorrat gearbeitet und das Arbeitsergebnis alsdann an beliebige Käufer abgegeben, so fehlt es an einer wirtschaftlichen Abhängigkeit der Arbeit und damit an der Voraussetzung für den Begriff der arbeitnehmerähnlichen Person. Anderseits ist es nicht erforderlich, daß nur für einen Arbeitgeber gearbeitet wird; die wirtschaftliche Abhängigkeit der Arbeit wird dadurch nicht berührt, daß sie gegenüber einigen Auftraggebern besteht, ebenso wie es denkbar ist, daß Arbeitnehmer für 2 verschiedene Arbeitgeber tätig sind, etwa an 3 Tagen der Woche für den einen, an den 3 andern Tagen für den andern Arbeitgeber, ohne daß dadurch nach der Verkehrsanschauung die Arbeitnehmereigenschaft verlorenginge.

b) Die Arbeit muß im Auftrag bestimmter anderer Personen geleistet werden. Der gewohnheitsmäßige Verkauf der Arbeitsergebnisse an eine oder mehrere bestimmte Personen genügt nicht, um das wirtschaftliche Abhängigkeitsverhältnis zu begründen. Es muß vielmehr der Wille bestehen, für die bestimmten Personen zu arbeiten, und auf deren Seite der Wille, die Arbeitsergebnisse der arbeitnehmerähnlichen Person zu übernehmen.

c) Die Arbeit muß für Rechnung bestimmter anderer Personen geleistet werden, d. h. daß der eigentliche Unternehmer nicht die arbeitnehmerähnliche Person, sondern der Auftraggeber ist. Er muß das allgemeine wirtschaftliche Risiko tragen und den Unternehmergewinn erhalten. Der arbeitnehmerähnlichen Person verbleibt nur das Arbeitsrisiko, insbesondere bei Stückarbeit, und der Arbeitslohn, der allerdings gewisse Zuschläge für das Arbeitsrisiko enthalten kann. In der allgemeinen Wirtschaft, im Verkauf der Arbeitsergebnisse auf dem Markt, tritt der Auftraggeber als der Verfügungsberechtigte und als Träger des Unternehmens auf; die arbeitnehmerähnliche Person hat mit dem Marktverkehr für die von ihr hergestellte Ware nichts zu tun. Arbeitet eine Person z. T. im Auftrag und für Rechnung bestimmter anderer Personen, z. T. unmittelbar für den Markt, so ist sie für den ersten Teil ihrer Tätigkeit gegenüber dem Auftraggeber arbeitnehmerähnliche Person, im übrigen freier Unternehmer.

Beispiele vgl. in den folgenden Anmerkungen.

7 Die Klammer bezeichnet den vorher umschriebenen Begriff der arbeitnehmerähnlichen Person und führt das wichtigste Beispiel, die Hausgewerbetreibenden, an.

Die Hausgewerbetreibenden werden schon von der bisherigen Gesetzgebung vielfach den Arbeitnehmern gleichgestellt (vgl. z. B. § 119b der Gewerbeordnung, § 18 des Hausarbeitsgesetzes, § 5 des Gewerbegerichtsgesetzes), soweit sie, *unter dem Schein der wirtschaftlichen Selbständigkeit, im Auftrag und für Rechnung bestimmter anderer Personen Arbeit leisten.* Nach dem eingebürgerten Sprachgebrauch werden nur solche Personen „Hausgewerbetreibende" genannt; wirtschaftlich selbständige Gewerbetreibende, die ihren Gewerbebetrieb im eigenen Haus haben, dort also etwa auf Vorrat arbeiten, würden nicht als Hausgewerbetreibende bezeichnet werden. Unter den Begriff der Hausgewerbetreibenden fallen weiter nicht Personen, die im Arbeitsvertrag stehen, aber aus zufälligen oder in der Natur ihrer Arbeit liegenden Gründen nicht in dem Geschäftsraum, der Werkstatt oder der Fabrik des Arbeitgebers, sondern in ihrer Wohnung arbeiten. Diese sind eigentliche Arbeitnehmer; auf den Ort der Tätigkeit kommt es für den Arbeitnehmerbegriff nicht an, es gibt auch sogenannte Außenarbeiter, wie z. B. Außenmonteure.

Wirkliche Hausgewerbetreibende finden sich in einer größeren Zahl von Gewerben, insbesondere z. B. im Bekleidungsgewerbe, in der Spielwarenindustrie, in der Kleineisenindustrie und im Steindruckgewerbe. Sie betrachten sich vielfach selbst als Arbeitnehmer, wie sich aus ihrem Anschluß an Arbeitnehmervereinigungen ergibt; dies trifft z. B. für viele Metallschleifer der rheinisch-westfälischen Kleineisenindustrie und für Hausdrucker im Steindruckgewerbe zu. In andern Hausgewerben ist die Mehrzahl der Hausgewerbetreibenden besonderen Vereinigungen arbeitnehmerähnlicher Personen angeschlossen, so vielfach im Bekleidungsgewerbe dem „Reichsverband für das Lohngewerbe". Dieser Verband propagiert in letzter Zeit den Ausdruck „Lohngewerbe" statt „Hausgewerbe", um schon durch den Namen die arbeitnehmerähnliche Stellung der ihm angeschlossenen „Gewerbetreibenden" zum Ausdruck zu bringen: die „Lohngewerbetreibenden" arbeiten nicht unmittelbar für den Markt, sondern im Lohn, d. h. in Abhängigkeit von Unternehmern.

Über Einzelheiten vgl. die Anm. 9 bis 11.

8 Außer den Hausgewerbetreibenden gibt es noch eine Reihe anderer Gruppen von arbeitnehmerähnlichen Personen, auf die das gesetzliche Merkmal der *Arbeit im Auftrag und für Rechnung bestimmter anderer Personen zutrifft.* Während die Streitigkeiten der Hausgewerbetreibenden mit ihren Auftraggebern auch schon nach dem Gewerbegerichtsgesetz (§ 5) zum großen Teil vor die für Arbeitsstreitigkeiten zuständigen Gewerbegerichte kamen, ist die allgemeine Gleichstellung der arbeitnehmerähnlichen Personen mit den Arbeitnehmern, die die Zuständigkeit der Arbeitsgerichtsbarkeit für ihre Streitigkeiten mit dem Auftraggeber zur Folge hat (vgl. Anm. 4), eine Neuerung des Arbeitsgerichtsgesetzes, die der wirtschaftlichen Entwickelung Rechnung trägt.

Als arbeitnehmerähnliche Personen kommen außer den Hausgewerbetreibenden nach den Merkmalen der Vorschrift z. B. in Betracht (vgl. Begr. S. 34): Versicherungsagenten, die sich nicht im Angestelltenverhältnis zu dem Versicherungsunternehmen befinden, aber auf Grund ausdrücklicher oder auch stillschweigender Abmachung mit ihm gegen Provision im Interesse des Unternehmens tätig sind; selbständige Vertreter anderer kaufmännischer Unternehmen, die auf Grund einer ähnlichen Vereinbarung arbeiten; ständige Mitarbeiter an Zeitungen und Zeitschriften, die nicht im Angestelltenverhältnis, sondern gegen Zeilenhonorar tätig sind.

Immer aber ist es erforderlich, daß die betreffende Person im wirtschaftlichen Abhängigkeitsverhältnis zu bestimmten Auftraggebern steht, daß sie also nicht für jeden beliebigen Auftraggeber arbeitet; daß sie nur einen Auftraggeber hat, ist nicht erforderlich. Während also ein sog. „Handlungsagent" arbeitnehmerähnliche Person ist, sofern er für eine oder mehrere bestimmte Firmen Agentendienste leistet, obwohl er nach dem Handelsgesetzbuch selbständiger Kaufmann ist, ist die arbeitnehmerähnliche Stellung nicht gegeben, wenn es ihm freisteht, für jede beliebige Firma tätig zu werden (vgl. Anm. 6a).

Im Einzelfall sind Zweifel nach der Fassung der Vorschrift nicht ausgeschlossen, sowohl in der Hinsicht, ob es sich um einen eigentlichen Arbeitnehmer oder um eine arbeitnehmerähnliche Person handelt, wie ob es sich um eine arbeitnehmerähnliche Person oder um einen wirklich selbständigen Gewerbetreibenden handelt. Im ersten Fall ist der Zweifel praktisch ohne Belang, da die arbeitnehmerähnlichen Personen in ihrem Verhältnis zum Auftraggeber den Arbeitnehmern gleichstehen. Die zweite Frage ist für die Rechtsverfolgung von Bedeutung; sie muß im Einzelfall von der zuständigen Stelle nach der Verkehrsanschauung entschieden werden. Eine höchstrichterliche Rechtsprechung des Reichsarbeitsgerichts dürfte sich bei der grundsätzlichen Bedeutung dieser Streitigkeiten bald herausbilden.

Die arbeitnehmerähnliche Person ist entweder „arbeiterähnlich" oder „angestelltenähnlich". Arbeiterähnlich ist z. B. der Hausdrucker des Steindruckgewerbes und der Metallschleifer, angestelltenähnlich der Versicherungsagent. Die Einteilung ist von Bedeutung für die Zuteilung der Streitigkeiten bei getrennten Kammern des Arbeitsgerichts für Arbeiter und für Angestellte, da ein Bedürfnis zur Bildung besonderer Fachkammern für die Streitigkeiten arbeitnehmerähnlicher Personen im allgemeinen nicht gegeben sein wird (vgl. § 17 Abs. 2, 3).

9 Das Arbeitsgerichtsgesetz folgt in der Gleichstellung der arbeitnehmerähnlichen Personen, die Roh- oder Hilfsstoffe für ihre Arbeit selbst beschaffen, mit andern, die nur Arbeit leisten, der Vorschrift des § 119b der Gewerbeordnung für die Lohnzahlung, während das Gewerbegerichtsgesetz (§ 5) die Streitigkeiten zwischen Hausgewerbetreibenden und ihren Auftraggebern den Gewerbegerichten nur dann obligatorisch zuweist, wenn sie lediglich gelieferte Stoffe bearbeiten oder verarbeiten, und die etwaige Bestimmung einer weitergehenden Zuständigkeit auch für die Streitigkeiten der Selbstbeschaffer dem Statut des einzelnen Gewerbegerichts überläßt. Das Arbeitsgerichtsgesetz ist in seiner Regelung folgerichtig, denn der Charakter der abhängigen Arbeit wird von der Frage der Beschaffung der Roh- und Hilfsstoffe nicht berührt. Das vom Auftraggeber gezahlte Entgelt stellt für die arbeitnehmerähnliche Person nicht einen Marktgewinn am Warenverkauf, sondern Arbeitslohn, gegebenenfalls zuzüglich Ersatzes der Auslagen dar.

10 Eine besondere Gruppe der arbeitnehmerähnlichen Personen sind die sog. Zwischenmeister, d. h. diejenigen arbeitnehmerähnlichen Personen, die selbst wieder Arbeitnehmer beschäftigen (vgl. aber Anm. 11 Abs. 1). Zwischenmeister finden sich in erheblichem Maß unter den Hausgewerbetreibenden, z. B. im Bekleidungsgewerbe, aber auch unter den übrigen arbeitnehmerähnlichen Personen; Beispiel: Versicherungsagenten, die ein eigenes Bureau unterhalten.

Im Verhältnis zu ihren Arbeitnehmern sind die Zwischenmeister Arbeitgeber. Sie können deshalb auch als solche Partei einer arbeitsgerichtlichen Streitigkeit sein und — theoretisch — Arbeitgeberbeisitzer einer Arbeitsgerichtsbehörde werden; in der Praxis wird sich eine solche Besetzung wegen der Möglichkeit ihrer Verwendung auf Arbeitnehmerseite nicht empfehlen (s. Anm. 11 Abs. 2 hier, Anm. 3, B, S. 104 zu § 10).

11 Für das Verhältnis des Zwischenmeisters zum Auftraggeber ist seine allgemeine wirtschaftliche Stellung maßgebend, ob nämlich in ihr die abhängige Arbeit oder die Stellung als Unternehmer überwiegt. Ein Zwischenmeister, der den überwiegenden Teil seines Verdienstes nicht aus eigener Arbeit, sondern als Unternehmer der Werkstatt, also als Unternehmergewinn, bezieht, arbeitet nicht für Rechnung einer andern Person (vgl. Anm. 6c) und ist darum keine arbeitnehmerähnliche Person, sondern selbständiger Gewerbetreibender, der für den Markt arbeitet. Die Streitigkeiten dieser Zwischenmeister mit ihren Auftraggebern gehören nicht zur Zuständigkeit der Arbeitsgerichtsbehörden, weil es sich bei ihnen nicht um Streit über abhängige Arbeit handelt. Ebenso können diese Zwischenmeister nicht Arbeitnehmerbeisitzer der Arbeitsgerichtsbehörden sein.

Dagegen ist ein Zwischenmeister dann gegenüber seinem Auftraggeber eine arbeitnehmerähnliche Person, wenn er, wie das praktisch die Regel bilden dürfte, den überwiegenden Teil seines Verdienstes als Arbeitslohn bezieht, wenn also wirtschaftliches Risiko und Unternehmergewinn beim Auftraggeber liegen (vgl. Anm. 6c). In diesen Fällen kann der Zwischenmeister sowohl als Arbeitgeber wie als Arbeitnehmer — arbeitnehmerähnliche Person — Partei eines arbeitsgerichtlichen Streits sein, und er könnte theoretisch sowohl als Arbeitgeber- wie als Arbeitnehmerbeisitzer einer Arbeitsgerichtsbehörde in Betracht kommen. Praktisch kann er nach der Vorschrift des § 21 Abs. 4 nur Arbeitgeberbeisitzer oder Arbeitnehmerbeisitzer sein; die Entscheidung darüber, auf welcher Seite er gegebenenfalls Beisitzer wird, richtet sich nach der vorschlagenden wirtschaftlichen Vereinigung und der Berufung durch die Behörden des § 20 (für das bisherige Recht vgl. GGG. § 16 Abs. 2).

Die Fassung, daß als arbeitnehmerähnliche Personen nur die Zwischenmeister gelten, „die den überwiegenden Teil ihres Verdienstes aus ihrer eigenen Arbeit am Stücke beziehen", ist vom Reichstag bei der zweiten Lesung im Plenum aus dem § 18 Abs. 1 des Hausarbeitsgesetzes übernommen worden. Der Ausschußbeschluß hatte von Zwischenmeistern gesprochen, „die einen wesentlichen Teil ihres Entgelts für eigene Arbeit erhalten". Die Änderung erfolgte zur Angleichung an die Vorschrift des Hausarbeitsgesetzes, ohne daß damit eine erhebliche sachliche Änderung beabsichtigt gewesen wäre.

Die ursprüngliche Fassung wäre für die Handhabung durch die Gerichte bei der Entscheidung über die Zuständigkeit des Arbeitsgerichts wohl brauchbarer gewesen. Ob der Zwischenmeister den überwiegenden Teil seines Verdienstes aus eigener Arbeit bezieht, wird sich schwerlich mit Anspruch auf unbedingte Richtigkeit feststellen lassen, weil die Verteilung des Entgelts auf Arbeitsverdienst und Unternehmergewinn für einen Dritten kaum nachprüfbar sein dürfte. Das entscheidende Gericht wird sich deshalb mit seinem allgemeinen Eindruck davon begnügen müssen, ob der Zwischenmeister mehr in wirtschaftlicher Abhängigkeit von seinem Auftraggeber oder mehr als selbständiger Unternehmer arbeitet.

Nach der jetzigen Fassung der Vorschrift — im Einklang mit § 18 Abs. 1 des Hausarbeitsgesetzes — muß weiter auch geprüft werden, ob der Zwischenmeister den überwiegenden Teil des Verdienstes aus eigener Arbeit am Stück bezieht. Dem Zusatz wird die Bedeutung beikommen, etwaige typische Unternehmertätigkeit, wie reine Beaufsichtigung oder Buchführung, von der Bemessung als abhängige Arbeit, für die der überwiegende Teil des Verdienstes bezogen sein soll, auszuschließen. Dagegen ist als Arbeit am Stück jede Arbeit anzusehen, die auf die Herstellung des in Auftrag gegebenen Stückes verwendet wird, also nicht nur das gleichberechtigte Mitarbeiten an der Herstellung zusammen mit den Arbeitern, sondern auch die Mitarbeit im weiteren Sinne auf Grund einer sachlichen Arbeitsteilung. Bei einem Zwischenmeister des Bekleidungsgewerbes würde also als Arbeit am Stück nicht nur die Beteiligung an der Herstellung der einzelnen Kleidungsstücke durch Zuschneiden, Nähen usw. anzusehen sein, sondern auch die der Herstellung der einzelnen Kleidungsstücke etwa vorangehende Herstellung eines Modells oder einer Zeichnung für diese Kleidungsstücke.

12 Wer kein Arbeitnehmer ist, kann begrifflich nicht Partei in Arbeitsstreitigkeiten sein. Er kann also mit seinen Streitigkeiten auf Grund gesetzlicher Zuständigkeit nicht vor die Arbeitsgerichtsbehörden kommen. Für einige der nicht als Arbeitnehmer geltenden Personengruppen ist jedoch die Vereinbarung der Zuständigkeit der Arbeitsgerichtsbarkeit in § 3 Abs. 2 ausdrücklich zugelassen (vgl. Anm. 13 bis 16 zu § 3).

Wer kein Arbeitnehmer ist, kann auch nicht Arbeitnehmerbeisitzer einer Arbeitsgerichtsbehörde sein. Auch hier sind aber durch ausdrückliche Bestimmung (§ 23 Abs. 2) Ausnahmen für solche Personen zugelassen, die, ohne Arbeitnehmer zu sein, berufsmäßig Arbeitnehmerinteressen vertreten.

Die Vorschrift des § 5 Abs. 2 erwähnt nur solche Personen, die nach wirtschaftlicher Auffassung möglicherweise im Gegensatz zur Rechtslage als Arbeitnehmer angesehen werden können.

13 Als Personen treten im Wirtschafts- und damit auch im Arbeitsrecht nicht nur natürliche Personen — Menschen — auf, sondern auch juristische Personen und Personengesamtheiten, d. h. Zusammenfassungen von natürlichen Personen zu einer Zweckeinheit, die teils Rechtsfähigkeit im bürgerlich-rechtlichen Sinn erlangt haben (juristische Personen), teils nicht (Personengesamtheiten). Die juristischen Personen und Personengesamtheiten können sowohl dem öffentlichen wie dem privaten Rechte angehören. Beispiele für juristische Personen des öffentlichen Rechts sind Reich, Länder, Gemeinden, Provinzen, Kreise, aber auch die Deutsche Reichsbahngesellschaft, die Reichsbank, Kirchengemeinden, Handelskammern, öffentlich-rechtliche Versicherungsanstalten usw., für juristische Personen des Privatrechts eingetragene Vereine, Aktiengesellschaften, Gesellschaften mit beschränkter Haftung, eingetragene Genossenschaften usw. Als Ausnahme von der oben gegebenen Begriffsbestimmung können auch Stiftungen, die keine Zusammenfassung von natürlichen Personen darstellen, juristische Personen des Privatrechts sein. Über das Vorkommen von Personengesamtheiten des öffentlichen Rechts kann man zweifelhaft sein. Dagegen gibt es wichtige Personengesamtheiten des privaten Rechts, z. B. in den nicht rechtsfähigen Vereinen, der rechtlichen Form fast aller wirtschaftlichen Vereinigungen der Arbeit-

nehmer und vieler wirtschaftlicher Vereinigungen der Arbeitgeber, in den offenen Handelsgesellschaften und Kommanditgesellschaften.

Alle Zweckzusammenfassungen natürlicher Personen bedürfen für ihren Rechts- und Wirtschaftsverkehr mit der Umwelt der Organe, die die Entschließungen der Vielheit ausführen, d. h. die Willenserklärungen der juristischen Person oder der Personengesamtheit abgeben; ohne derartige Organe wäre die Zusammenfassung von Personen nicht verkehrsfähig. Die Bestellung dieser begriffsnotwendigen Organe ist für jede juristische Person und für jede Personengesamtheit gesetzlich geregelt. Die diese Organe bildenden Personen heißen deshalb die gesetzlichen Vertreter der juristischen Person oder der Personengesamtheit. Es sind dies beim rechtsfähigen wie beim nichtrechtsfähigen Verein die Mitglieder des Vorstands, ebenso bei der Aktiengesellschaft, bei dieser in gewisser Beziehung auch die Mitglieder des Aufsichtsrats, bei der Gesellschaft mit beschränkter Haftung der oder die Geschäftsführer, bei der Genossenschaft die Mitglieder des Vorstandes, bei der offenen Handelsgesellschaft und bei der Kommanditgesellschaft die zur Vertretung ermächtigten Mitglieder, bei juristischen Personen des öffentlichen Rechts die durch Gesetz oder gesetzlich anerkannte Satzung bestimmten Personen.

Keine gesetzlichen Vertreter einer juristischen Person oder einer Personengesamtheit sind Personen, die in zulässiger Weise zur Vertretung der Körperschaft nach außen durch privatrechtlichen Akt bevollmächtigt sind, wie Prokuristen oder Handlungsbevollmächtigte einer Gesellschaft, zu einem bestimmten Zweck bevollmächtigte Vertreter eines Vereins usw. (sog. gewillkürte Vertreter).

Soweit eine juristische Person oder eine Personengesamtheit als Arbeitgeber im Arbeitsleben steht, gehört zu den gesetzlichen Aufgaben ihrer gesetzlichen Vertreter auch die Vertretung der Arbeitgeberinteressen gegenüber den Arbeitnehmern. Die gesetzlichen Vertreter müssen also hier die Rolle des Einzelarbeitgebers übernehmen. Es ist rechtlich unmöglich, sie gleichzeitig als Arbeitnehmer der juristischen Person oder Personengesamtheit anzusehen; ihre Streitigkeiten mit den Körperschaften sind nicht Streitigkeiten aus dem Arbeitsverhältnis, sondern Streitigkeiten aus dem Vereinigungsverhältnis. Aus Gründen der wirtschaftlichen Zweckmäßigkeit ist den gesetzlichen Vertretern juristischer Personen des privaten Rechts gleichwohl die Möglichkeit des § 3 Abs. 2 gegeben (vgl. Anm. 13 bis 16 zu § 3).

Die gewillkürten Vertreter juristischer Personen und Personengesamtheiten sind, soweit sie im Anstellungsverhältnis bei diesen stehen, Arbeitnehmer wie alle anderen dort im Anstellungsverhältnis stehenden Personen. Als Vertreter des Arbeitgebers stehen ihnen im Arbeitsverhältnis und in Streitigkeiten aus ihm die gesetzlichen Vertreter der Körperschaft gegenüber. Ihre Streitigkeiten aus dem Arbeitsverhältnis gehören zur ausschließlichen Zuständigkeit der Arbeitsgerichtsbarkeit gemäß § 2. Wegen ihrer Befugnis, Arbeitgeber- oder Arbeitnehmerbeisitzer einer Arbeitsgerichtsbehörde zu sein, vgl. jedoch § 22 Abs. 3 Nr. 1, § 21 Abs. 4.

14 Kein Arbeitsverhältnis im Sinne des geltenden Arbeitsrechts ist auch das Dienstverhältnis des öffentlichen Beamten zu seiner Anstellungskörperschaft und das staatsrechtlich entsprechend zu beurteilende Dienstverhältnis des Angehörigen des Reichsheeres und der Reichsmarine zum Reich. Öffentliche Beamte und Heeres- und Marineangehörige sind deshalb auch im Sinne des Arbeitsgerichtsgesetzes keine Arbeitnehmer. Ihre bürgerlichen Rechtsstreitigkeiten mit der Anstellungskörperschaft gehören nicht zur Zuständigkeit der Arbeitsgerichtsbehörden,

in der bisherigen Zuständigkeit tritt also durch das Inkrafttreten des Arbeitsgerichtsgesetzes keine Änderung ein (für Reichsbeamte vgl. GVG. § 71 Abs. 2 Nr. 1). Arbeitnehmerbeisitzer von Arbeitsgerichtsbehörden können öffentliche Beamte und Heeres- und Marineangehörige als solche nicht sein, möglicherweise jedoch Arbeitgeberbeisitzer in Vertretung der Anstellungskörperschaft auf Grund der Vorschrift des § 22 Abs. 2 Nr. 2.

Wer als Angehöriger des Reichsheeres und der Reichsmarine anzusehen ist, bestimmt das Reichswehrgesetz. Der Kreis der öffentlichen Beamten ist nicht in gleicher Weise fest umschrieben. Die Möglichkeit der Anstellung öffentlicher Beamten ist nicht nur dem Reich, den Ländern, den Gemeinden, Kreisen und Provinzen, sondern auch anderen Körperschaften des öffentlichen Rechts, wie z. B. der Deutschen Reichsbahngesellschaft, der Reichsbank, den öffentlich-rechtlichen Versicherungsanstalten und den Kirchengemeinden, gegeben. Die Möglichkeit beruht zumeist auf den besonderen für die öffentlich-rechtliche Körperschaft gegebenen Gesetzen. Als gemeinsames Begriffsmerkmal des Beamtenverhältnisses ist das öffentlichrechtliche Dienstverhältnis zu der Anstellungskörperschaft anzusehen, das infolge der Unterstellung unter die Dienstgewalt der Anstellungskörperschaft zum Unterschied von dem Arbeitsverhältnis (vgl. Anm. 1 Abs. 2) auch eine erhebliche persönliche Abhängigkeit begründet. Im einzelnen Fall ist nach dem Anstellungsakt zu entscheiden, ob die in Betracht kommende Person im Beamten- oder im Arbeitsverhältnis angestellt ist. Die Eingehung eines privatrechtlichen Arbeitsverhältnisses ist auch bei öffentlich-rechtlichen Körperschaften durchaus möglich; tatsächlich beschäftigen die öffentlich-rechtlichen Körperschaften so gut wie durchgängig neben Beamten auch Arbeitnehmer, und zwar sowohl Arbeiter wie Angestellte (Arbeiter und Angestellte des Reichs, der Länder, der Gemeinden, der Reichsbahngesellschaft, der Reichsbank usw.). Diese Arbeitnehmer unterscheiden sich in ihrer rechtlichen Stellung nicht von Arbeitnehmern bei privaten Arbeitgebern.

Eine Ausnahme gilt hinsichtlich der Rechtsverfolgung für Angestellte der Träger der Sozialversicherung, sofern sie einer Dienstordnung unterstehen. Nach den §§ 358, 705, 705a der Reichsversicherungsordnung muß bestimmten Klagen dieser Angestellten, für die bisher die ordentlichen Gerichte zuständig waren, ein Verfahren vor Versicherungsbehörden vorangehen. Daran wird durch das Arbeitsgerichtsgesetz nichts geändert, es tritt vielmehr lediglich die Zuständigkeit der Arbeitsgerichtsbehörden an die Stelle der bisherigen Zuständigkeit der ordentlichen Gerichte (vgl. Regierungserklärung zu § 5 in der Ausschußberatung des Reichstages, abgedruckt als Anlage 3 zum mündlichen Bericht des 9. Ausschusses, Reichstagsdrucksache Nr. 2795/26, S. 119). Das Vorverfahren ist ein besonderes Verwaltungsverfahren mit disziplinärem Einschlag, das nach der Regelung des § 2 nicht zur Zuständigkeit der Arbeitsgerichtsbehörden gehört und deshalb durch diese Vorschrift des Arbeitsgerichtsgesetzes nicht beseitigt wird.

Die Bezeichnung „Beamter" allein ist auf das rechtliche Verhältnis der bezeichneten Person ohne Einfluß. Sie wird vielfach auch für Personen gebraucht, die unzweifelhaft Arbeitnehmer sind, ja nicht einmal Arbeitnehmer öffentlich-rechtlicher Körperschaften, so in der Bezeichnung „Bankbeamter" für Bankangestellte, „Versicherungsbeamter" für Versicherungsangestellte.

Beamtenanwärter sind als solche nicht Beamte. Es ist vielmehr zu prüfen, in welchem Verhältnis sie sich vorläufig zu der Anstellungskörperschaft befinden. Das ist grundsätzlich das Arbeitsverhältnis des Arbeiters oder des Angestellten. In diesem Fall gehören deshalb ihre bürgerlichen Rechtsstreitigkeiten mit der Anstellungskörperschaft zur Zuständigkeit der Arbeitsgerichtsbarkeit gemäß § 2; sie selbst können Arbeitnehmerbeisitzer von Arbeitsgerichtsbehörden sein.

Mit dem Eintritt in das Beamtenverhältnis scheidet der Beamte nicht völlig aus dem Arbeitsleben aus. Der Mangel der Arbeitnehmereigenschaft bezieht sich vielmehr nur auf sein Beamtenverhältnis zur Anstellungskörperschaft, kein Arbeitnehmer ist er nur in seiner Eigenschaft als öffentlicher Beamter. Tritt er daneben in ein privates Anstellungsverhältnis zu einem privaten oder zu einem anderen öffentlichen Arbeitgeber, etwa als Musiker für die Abendstunden nach seiner Dienstzeit, so steht er diesem gegenüber im Arbeitsverhältnis als Arbeitnehmer. Streitigkeiten aus diesem Arbeitsverhältnis gehören vor die Arbeitsgerichte. Auf die öffentlichrechtliche Zulässigkeit der Nebenbeschäftigung kommt es dabei nicht an. Das gleiche gilt für Angehörige des Reichsheeres und der Reichsmarine.

§ 6

Besetzung der Arbeitsgerichtsbehörden[1]

(1) Die Arbeitsgerichtsbehörden sind mit rechtsgelehrten Richtern[2] und mit Beisitzern aus den Kreisen der Arbeitgeber und der Arbeitnehmer[3] besetzt[4].

(2) Die Beisitzer aus den Kreisen der Arbeitgeber und der Arbeitnehmer führen bei den Arbeitsgerichten die Amtsbezeichnung Arbeitsrichter, bei den Landesarbeitsgerichten die Amtsbezeichnung Landesarbeitsrichter und bei dem Reichsarbeitsgerichte die Amtsbezeichnung Reichsarbeitsrichter[5].

1 Arbeitsgerichtsbehörden sind nach § 1 Abs. 2 die Arbeitsgerichte, die Landarbeitsgerichte und das Reichsarbeitsgericht. Vereinbarte Schiedsgerichte, Gütestellen und Schiedsgutachterstellen (§§ 93, 102, 107) sind keine Arbeitsgerichtsbehörden, sondern private Einrichtungen; ebensowenig sind die Innungsausschüsse nach § 91b Abs. 1 GewO. (vgl. § 111 Nr. 2 ArbGG.) Arbeitsgerichtsbehörden. § 6 gilt deshalb für alle diese Einrichtungen nicht.

Die Vorschriften des § 6 geben die Grundsätze wieder, nach denen die Besetzung aller Arbeitsgerichtsbehörden erfolgt. Die Einzelheiten über ihre Besetzung finden sich in den Abschnitten über Arbeitsgerichte (§§ 16, 18—31), Landesarbeitsgerichte (§§ 35—39) und über das Reichsarbeitsgericht (§§ 41—45). § 6 Abs. 1 enthält den für den gesamten Aufbau der Arbeitsgerichtsbarkeit entscheidenden Satz, daß in allen Arbeitsgerichtsbehörden neben rechtsgelehrten Richtern Vertreter der beiden Parteien des Arbeitslebens paritätisch als Richter mitwirken, was bisher nur in der Arbeitssondergerichtsbarkeit der Gewerbegerichte und Kaufmannsgerichte, also bei Gerichten des ersten Rechtszugs, der Fall war.

Der Grundsatz der gleichberechtigten Mitwirkung der Arbeitgeber und der Arbeitnehmer bei der Regelung aller das Wirtschafts- und insbesondere das Arbeitsleben angehenden Angelegenheiten, dessen Entstehungswurzeln schon in der Zeit vor der Staatsumwälzung liegen und der dann in Artikel 165 der Reichsverfassung zum Staatsgrundsatz des neuen Reichs erhoben worden ist, der Grundsatz der sogenannten sozialen Selbstverwaltung, ist hier in Deutschland zum erstenmal auch auf die Gerichtsbarkeit des Arbeitslebens ohne Einschränkungen angewandt. Über die justizpolitische Bedeutung dieser Gesetzesmaßnahme vgl. Joachim in „Die Justiz", Bd. II, Heft 3 (Februar 1927), S. 255 ff.

In der Gesetzgebung des Auslands findet sich die Beteiligung von Arbeitgeber- und Arbeitnehmerbeisitzern an der Rechtsprechung des Arbeitslebens im Verfahren der unteren Rechtszüge im Anschluß an die französischen „Conseils de prud'hommes" und an die deutschen Gewerbegerichte sehr häufig. Die Besetzung mit rechtsgelehrten Richtern und mit Beisitzern der beiden Parteien des Arbeitslebens in allen Rechtszügen ist bisher nur in dem österreichischen Gewerbegerichtsgesetz vom 5. 4. 1922 und in dem belgischen Gesetz über die Einrichtung von Arbeitsgerichten vom 9. 7. 1926 durchgeführt; nach beiden Regelungen fehlt es allerdings an einem Revisionsrechtszuge. Vgl. im übrigen: Joachim, Arbeitsgerichtsbarkeit im Ausland, im „Reichsarbeitsblatt" 1926, Nr. 24, vom 24. 6. 1926, nichtamtlicher Teil S. 417*ff.

2 Die „rechtsgelehrten Richter" stehen im begrifflichen Gegensatz zu den Richtern aus den Kreisen des Arbeitslebens. Unter „rechtsgelehrten Richtern" sind, wie die Sondervorschriften der §§ 18, 36, 42 ergeben, Personen zu verstehen, die die Befähigung zum Richteramt haben. Die Befähigung zum Richteramt wird durch die Ablegung zweier Prüfungen in der in den §§ 2, 3 des Gerichtsverfassungsgesetzes geschilderten Art oder durch die Anstellung als ordentlicher Lehrer des Rechts an einer deutschen Universität (GVG. § 4) erworben. Die Ausübung des Richteramts in der ordentlichen Gerichtsbarkeit gehört nicht zum Begriffsmerkmal des „rechtsgelehrten Richters" im Sinne des § 6 Abs. 1, denn nach § 18 Abs. 3 können auch zum Richteramt befähigte Personen, die nicht Richter der ordentlichen Gerichtsbarkeit sind, zu Vorsitzenden der Arbeitsgerichte bestellt werden.

3 Die „Beisitzer aus den Kreisen der Arbeitgeber und Arbeitnehmer" haben in der Spruchtätigkeit dieselben richterlichen Rechte und Pflichten wie die rechtsgelehrten Richter, sie sind also Vollrichter wie die Schöffen des Strafprozesses. Ihre Zuziehung neben den rechtsgelehrten Richtern dient dem Zweck der Verwertung der Anschauungen des Arbeitslebens in der Rechtsprechung (vgl. Anm. 1 Abs. 3 und die dort angeführte Schrift). Mit Rücksicht auf diesen Zweck umfassen die Kreise der Arbeitgeber und der Arbeitnehmer im weiteren Sinne des § 6 Abs. 1 auch diejenigen Personen, die den Arbeitgebern und Arbeitnehmern für die Berufung zum Beisitzer durch die Vorschriften der §§ 5, 22, 23 gleichgestellt sind. Über die Berufung der Beisitzer auf Grund von Vorschlagslisten der wirtschaftlichen Vereinigungen der Arbeitgeber und der Arbeitnehmer, die an die Stelle der Wahl der Beisitzer der Gewerbegerichte und der Kaufmannsgerichte getreten ist, geben die §§ 20, 37, 43 Auskunft (vgl. die Anm. dort).

4 Die Vorschrift des § 6 Abs. 1 gilt sowohl für die Besetzung des Gerichts im ganzen wie für die Besetzung der einzelnen Kammer für die Spruchtätigkeit. Über das Zahlenverhältnis der rechtgelehrten Richter und der Beisitzer aus dem Arbeitsleben zueinander in der Kammer besagt die grundsätzliche Vorschrift nichts. Es ist für die einzelnen Rechtszüge durch die Sondervorschriften der § 16 Abs. 2, § 35 Abs. 2, § 41 Abs. 2 geregelt, und zwar derart, daß in den beiden Tatsacheninstanzen, beim Arbeitsgericht und beim Landesarbeitsgericht, die Zahl der Beisitzer

aus dem Arbeitsleben — 2 bzw. 4 — die Einzahl des rechtsgelehrten Vorsitzenden überwiegt, daß aber in der Revisionsinstanz die Zahl der rechtsgelehrten Mitglieder des Reichsarbeitsgerichts — 1 Vorsitzender und 2 richterliche Beisitzer — die Zahl der Beisitzer aus dem Arbeitsleben — 2 — überwiegt.

5 Die Einführung der besonderen Amtsbezeichnung für die Beisitzer aus den Kreisen der Arbeitgeber und der Arbeitnehmer ist vom Reichstag beschlossen worden. Durch sie soll auch äußerlich zum Ausdruck gebracht werden, daß die Beisitzer in ihrer Spruchtätigkeit volle richterliche Befugnisse haben. In den weiteren Vorschriften des Gesetzes ist die Amtsbezeichnung nicht mehr erwähnt, sondern aus gesetzestechnischen Gründen nur der Ausdruck „Beisitzer" verwendet.

§ 7

Aufbringung der Mittel[1]

Die Kosten der Arbeitsgerichte und der Landesarbeitsgerichte trägt das Land, das sie errichtet[2], die Kosten des Reichsarbeitsgerichts trägt das Reich.

1 Die durch die Errichtung und Unterhaltung der Arbeitsgerichtsbehörden erforderten Mittel sind von der öffentlich-rechtlichen Körperschaft aufzubringen, um deren Gericht es sich handelt. Da Arbeitsgerichte und Landesarbeitsgerichte gemäß §§ 14, 33 Gerichte der Länder sind und nur das Reichsarbeitsgericht gemäß § 40 ein Gericht des Reichs ist, trägt das Reich nur die Kosten des Reichsarbeitsgerichts, die übrigen Kosten tragen die Länder. Die Regelung entspricht also der Regelung über die Aufbringung der Mittel für die ordentliche Gerichtsbarkeit.

Wie weit die öffentlich-rechtlichen Kostenträger tatsächlich durch die Arbeitsgerichtsbarkeit finanziell belastet werden, geht aus der Vorschrift des § 7 nicht hervor. Die Belastung richtet sich danach, wie weit die in der Rechtspflege zu erhebenden Gebühren und Auslagen zur Deckung der Kosten ausreichen. Dies ist allerdings nicht zu erwarten, da auch die Verwaltung der ordentlichen Gerichtsbarkeit eine Zuschußverwaltung ist. Eine andere Frage ist es, ob durch die Errichtung der Arbeitsgerichtsbarkeit für die öffentliche Hand gegenüber dem bisherigen Zustand eine Mehrbelastung eintritt. Diese Frage wird von der Begründung des Regierungsentwurfs (§ 48ff.) in ausführlichen Darlegungen verneint, weil durch das Gesetz weder neue Aufgaben geschaffen werden noch für die Erledigung bestehender Aufgaben ein kostspieligeres Verfahren vorgeschrieben werde. Der Reichsrat hatte sich dieser Auffassung nicht angeschlossen und in seinem Zusatz zu § 7 den Ersatz des durch die Ausführung des Gesetzes den Ländern erwachsenden Mehraufwandes vom Reich verlangt. Der Reichstag hat sich diesen Gedankengang jedoch nicht zu eigen gemacht, er hat vielmehr die Regierungsvorlage unverändert angenommen.

Allseitig anerkannt ist, daß durch die Regelung des Gesetzes innerhalb der Länder eine Verschiebung der Kostenträger für die Gerichtsbarkeit eintritt, insofern ein Teil der Kosten bisher von den Gemeinden, Gemeindeverbänden und selbständigen Zweckverbänden für die von ihnen errichteten Gewerbegerichte und Kaufmannsgerichte getragen wurde. Dieser Verschiebung wird durch die Vorschriften der §§ 118, 119 Rechnung getragen, nach denen das Vermögen der Gewerbegerichtszweckverbände an die in Betracht kommenden Länder übergeht, das Recht der Länder zu einem entsprechenden Finanzausgleich mit den Gemeinden und Gemeindeverbänden festgestellt wird und gewisse Leistungen der Gemeinden und Gemeindeverbände an die Länder im Zusammenhang mit dem Übergang der Gerichtsbarkeit ohne weiteres vorgesehen werden.

[2] Werden Arbeitsgerichte oder Landesarbeitsgerichte von mehreren Ländern gemäß § 14 Abs. 2 Nr. 2, § 33 Abs. 1 Satz 2 in Verbindung mit § 14 Abs. 2 Nr. 2 gemeinsam errichtet, so sind ihre Kosten ebenfalls gemeinsam von den beteiligten Ländern zu tragen, da sie sämtlich — gemäß § 14 Abs. 2 Nr. 2 Satz 2 — errichtende Länder sind. Die Kostenverteilung unter ihnen muß durch Staatsvertrag zwischen ihnen geregelt werden; eine gesetzliche Vorschrift für die Verteilung ist nicht gegeben.

§ 8

Gang des arbeitsgerichtlichen Verfahrens[1]

(1) **Ist den Rechtsstreitigkeiten nach § 2 Nr. 1 bis 4 und nach § 3 findet das Urteilsverfahren (§§ 46 bis 79), in den Fällen des § 2 Nr. 5 das Beschlußverfahren (§§ 80 bis 90) statt[2].**

(2) **Im ersten Rechtszug sind die Arbeitsgerichte zuständig[3].**

(3) **Gegen die Urteile der Arbeitsgerichte findet die Berufung an die Landesarbeitsgerichte statt, wenn der Wert des Streitgegenstandes den Betrag von dreihundert Reichsmark übersteigt oder wenn das Arbeitsgericht die Berufung wegen der grundsätzlichen Bedeutung des Rechtsstreits zugelassen hat[4].**

(4) **In den Fällen des § 2 Nr. 1 bis 3 und des § 3[5] findet gegen die Urteile der Landesarbeitsgerichte die Revision an das Reichsarbeitsgericht statt, wenn der Wert des Streitgegenstandes die jeweils in der ordentlichen bürgerlichen Gerichtsbarkeit geltende Revisionsgrenze übersteigt oder wenn das Landesarbeitsgericht die Revision wegen der grundsätzlichen Bedeutung des Rechtsstreites zugelassen hat[6]. Die unmittelbare Einlegung der Revision unter Umgehung des Berufungsrechtzugs ist in den im § 76 bezeichneten Fällen zulässig[7].**

(5) **Gegen die das Verfahren beendenden Beschlüsse der Arbeitsgerichte im Beschlußverfahren findet die Rechtsbeschwerde statt, wenn der Beschluß auf einer Gesetzesverletzung beruht. Für die Entscheidung über die Rechtsbeschwerde sind die Landesarbeitsgerichte oder das Reichsarbeitsgericht zuständig (§ 85 Abs. 1)[8].**

[1] § 8 schildert den Gang des arbeitsgerichtlichen Verfahrens im allgemeinen. Er ist eine von den Vorschriften des ersten Teils, die keine eigene Regelung geben, sondern nur eine für das Verständnis der mit dem Gesetz befaßten Personen bestimmte Zusammenfassung später näher ausgeführter Einzelregelungen (vgl. Anm. 1 Abs. 2 zur Überschrift des ersten Teil „Allgemeine Bestimmungen").

Von besonderer Bedeutung ist jedoch die Einführung des Begriffs des „arbeitsgerichtlichen Verfahrens" in der Überschrift. Während der Ausdruck „Arbeitsgericht" nur die Arbeitsgerichtsbehörde des ersten Rechtszuges bezeichnet (vgl. § 1 Abs. 2 Nr. 1), ist unter „arbeitsgerichtlichem Verfahren" im Sinne des Gesetzes, wie aus § 8 hervorgeht, das gesamte Verfahren vor allen Arbeitsgerichtsbehörden zu verstehen, ebenso wie das ganze Gesetz die Bezeichnung „Arbeitsgerichtsgesetz" führt und der Ausdruck „Arbeitsgerichtsbarkeit" die gesamte besondere Gerichtsbarkeit für Arbeitssachen bezeichnet.

2 Die Gerichtsbarkeit in Arbeitssachen kann sowohl streitige Gerichtsbarkeit in bürgerlichen Rechtsstreitigkeiten (§ 2 Abs. 1 Nr. 1—4, § 3), wie freiwillige Gerichtsbarkeit in den Fällen des Betriebsrätegesetzes nach § 2 Abs. 1 Nr. 5 sein (vgl. Anm. 4 zu § 2). Das Verfahren der streitigen und der freiwilligen Gerichtsbarkeit ist nach dem verschiedenen Gegenstand der Tätigkeit der Arbeitsgerichtsbehörden je gesondert geregelt. Das Verfahren der streitigen Gerichtsbarkeit zielt auf eine Entscheidung über den zugrundeliegenden Anspruch im zivilprozessualen Sinne, ein Urteil ab; es wird darum im Arbeitsgerichtsgesetz, im Anschluß an die Terminologie der ersten Ausführungsverordnung zur Schlichtungsverordnung, vom 10. 12. 1923, als „Urteilsverfahren" bezeichnet. Das Verfahren der freiwilligen Gerichtsbarkeit dagegen geht auf eine den Gerichten übertragene Verwaltungsentscheidung in Fragen der Betriebsverfassung im Einzelfall, die nicht durch Urteil zwischen zivilprozessualen Parteien, sondern durch Beschluß des zuständigen Gerichts für die Beteiligten ergeht; dieses Verfahren wird deshalb im Arbeitsgerichtsgesetz, wiederum im Anschluß an die erwähnte Ausführungsverordnung zur Schlichtungsverordnung, als „Beschlußverfahren" bezeichnet. Das Nähere über die Besonderheiten des Beschlußverfahrens ergeben die §§ 80—90 (vgl. die Anm. dort).

3 Innerhalb der Arbeitsgerichtsbarkeit gibt es keine verschiedene sachliche Zuständigkeit. Sowohl das Urteilsverfahren wie das Beschlußverfahren muß vor dem örtlich zuständigen Arbeitsgericht eingeleitet werden (vgl. § 47 Abs. 1, § 81 Abs. 1). Hierin liegt ein wesentlicher Unterschied gegenüber der ordentlichen Gerichtsbarkeit, die für bürgerliche Rechtsstreitigkeiten Amts- und Landgerichte als erstinstanzliche Gerichte kennt (GVG. §§ 23, 71) und, je nach der Anfangszuständigkeit, zwei verschiedene Rechtszüge vorsieht, nämlich den vom Amtsgericht zum Landgericht (Berufung) und den vom Landgericht über das Oberlandesgericht (Berufung) zum Reichsgericht (Revision). Die abweichende Regelung des Arbeitsgerichtsgesetzes beruht einmal auf dem Gedanken der Vereinfachung der Rechtspflege, sodann aber auch auf dem Wunsche, die Bedeutung des Gerichts des ersten Rechtszuges zu heben; dies geschieht dadurch, daß es zur entscheidenden Stelle in allen Fällen der arbeitsgerichtlichen Zuständigkeit gemacht wird und so den gesamten in seinem Bezirk vor Gericht gebrachten Arbeitsrechtsstoff zu überblicken vermag.

4 § 8 Abs. 3 schildert nur den Regelfall des Urteilsverfahrens. An Stelle der Berufung gibt es in besonderen Fällen gegen Urteile der Arbeitsgerichte die sofortige Beschwerde, wie § 64 Abs. 1 in Verbindung mit § 78 Abs. 1 Satz 1 ergibt. Danach findet gegen ein Urteil des Arbeitsgerichts in den Fällen die sofortige Beschwerde an Stelle der Berufung statt, in denen auch gegen ein Urteil des Amtsgerichts die sofortige Beschwerde gegeben wäre, d. h., soweit die Fälle hier vorkommen, gegen ein Zwischenurteil über die Zulassung einer Nebenintervention (ZPO. § 71), gegen ein Zwischenurteil über eine Zeugnisverweigerung (ZPO.

§ 387) oder gegen ein Kostenurteil, wenn eine Entscheidung in der Hauptsache nicht ergangen ist (ZPO. 99 Abs. 3 in Verbindung mit § 567 Abs. 2). Gegen die Urteile, gegen die auch die Zivilprozeßordnung kein Rechtsmittel vorsieht (unselbständige Zwischenurteile), findet auch im arbeitsgerichtlichen Verfahren kein Rechtsmittel statt. Mit Rücksicht auf das verhältnismäßig seltene Vorkommen dieser Ausnahmen sieht die zusammenfassende Vorschrift des § 8 von ihnen ab.

Jede Berufung gegen das Urteil eines Arbeitsgerichts geht an das Landesarbeitsgericht. Dieses ist nur Rechtsmittelinstanz (vgl. Anm. 3). Außer mit der Berufung ist es mit der Beschwerde (§ 78 Abs. 1 Satz 2) und — im Beschlußverfahren — mit der Rechtsbeschwerde (§ 8 Abs. 5, § 85 Abs. 1) befaßt.

Die Berufung findet nur statt, wenn der vom Arbeitsgericht festgesetzte Wert des Streitgegenstandes (vgl. Anm. 8 zu § 61) den Betrag von 300 Reichsmark übersteigt oder wenn, in Angelegenheiten von geringerem Streitwert, das Arbeitsgericht die Berufung wegen der grundsätzlichen Bedeutung des Rechtsstreits zugelassen hat (§ 61 Abs. 2, 3, § 64 Abs. 1). Die Statthaftigkeit der Berufung muß sich also aus dem Urteil des Arbeitsgerichts ergeben, während in der ordentlichen Gerichtsbarkeit und im bisherigen gewerbegerichtlichen und kaufmannsgerichtlichen Verfahren das Berufungsgericht über die Zulässigkeit der Berufung im Einzelfall entscheidet. Diese Abweichung begründet eine erhebliche Vereinfachung und Beschleunigung des Verfahrens, weil nunmehr die Parteien die etwaigen weiteren Möglichkeiten des Verfahrens sofort nach dem Erlaß des erstinstanzlichen Urteils übersehen. Über die Einzelheiten der Regelung vgl. Anm. 7 bis 11 zu § 61 und Anm. 6 bis 8 zu § 64.

5 In den bürgerlichen Rechtsstreitigkeiten nach § 2 Abs. 1 Nr. 4, d. h. in den Entlassungsstreitigkeiten nach §§ 86, 87 des Betriebsrätegesetzes, findet keine Revision statt. Die Ausnahme ist durch das besondere wirtschaftliche Bedürfnis der Beschleunigung in diesen Streitigkeiten gerechtfertigt. Bisher wurden sie bei den vorläufigen Arbeitsgerichten, ohne Zulässigkeit von Rechtsmitteln, endgültig entschieden (Schlichtungsverordnung Art. II § 2 Abs. 1 Satz 2, Erste Ausführungsverordnung dazu, § 3 Abs. 1). Die Berufung gegen das Urteil des Arbeitsgerichtes ist nunmehr zugelassen (§ 8 Abs. 3). Näheres vgl. Anm. 4 zu § 72.

6 Gegen die Urteile de Landesarbeitsgerichte findet nur das Rechtsmittel der Revision statt. Beschwerden gegen Urteile der Landesarbeitsgerichte sind nicht zugelassen (§ 72 Abs. 1). Die Statthaftigkeit der Revision ist — entsprechend wie die der Berufung — abhängig von der Erreichung der Revisionswertgrenze — z. Z. 4000 RM. (VO. vom 21. Dezember 1925, RgBl. 1 S. 476) — oder, falls die Wertgrenze nicht erreicht ist, von der Zulassung der Revision im Urteil des Landesarbeitsgerichts; der Streitwert ist grundsätzlich durch das Urteil des Arbeitsgerichts bestimmt, nur in Ausnahmefällen (§ 69 Abs. 2) wird er vom Landesarbeitsgericht neu festgesetzt. Auch hier soll bereits durch das Urteil des Landesarbeitsgerichts Klarheit über die Zulässigkeit der Revision geschaffen werden. Näheres vgl. Anm. 4 bis 1[illegible] zu § 69, Anm. 6 bis 9 zu § 72.

Das Reichsarbeitsgericht ist außer mit der Entscheidung über Revisionen und über Rechtsbeschwerden im Beschlußverfahren (§ 8 Abs. 5, § 85 Abs. 1) noch mit der Entscheidung über sogenannte Revisionsbeschwerden (§ 77) befaßt. Die Revisionsbeschwerde findet gegen den Beschluß des Landesarbeitsgerichts statt, durch den — ohne mündliche Verhandlung — die Berufung als unzulässig verworfen worden ist, aber nur unter den Voraussetzungen, unter denen gegen ein Urteil des Landesarbeitsgerichts die Revision zulässig wäre (§§ 77, 70, ZPO. § 519b Abs. 2). Die Entscheidung über die Revisionsbeschwerde ergeht durch Beschluß, ohne Zuziehung der nichtrichterlichen Beisitzer. Näheres vgl. in den Anmerkungen zu § 77. Das Revisionsbeschwerdeverfahren ist als verhältnismäßig selten in der zusammenfassenden Übersicht des § 8 nicht erwähnt.

[7] Entsprechend wie in der ordentlichen Rechtspflege (ZPO. § 566a) kann die Revision ausnahmsweise unmittelbar gegen ein Urteil des Arbeitsgerichts, also unter Umgehung des Berufungsverfahrens vor dem Landesarbeitsgericht, beim Reichsarbeitsgericht eingelegt werden (Sprungrevision). Die Voraussetzungen dieser Sprungrevision und das Verfahren in diesen Fällen sind im § 76 geregelt. Näheres vgl. in den Anmerkungen dort.

[8] Im Verfahren der freiwilligen Gerichtsbarkeit in Arbeitssachen (§ 2 Abs. 1 Nr. 5) war bisher kein Rechtsmittel gegen den Beschluß des vorläufigen Arbeitsgerichts zugelassen (SchlVO. Art. II § 2 Abs. 1 Satz 2, 1. AVOSchlVO. § 3 Abs. 1). Nunmehr wird auch in das Beschlußverfahren, entsprechend vielfachen Wünschen der Praxis, ein der Revision des Urteilsverfahrens entsprechendes Rechtsmittel, die sogenannte Rechtsbeschwerde, eingeführt.

Für die Entscheidung über die Rechtsbeschwerde gegen den das Beschlußverfahren beendenden Beschluß des Arbeitsgerichts ist, obwohl es sich um ein revisionsähnliches Rechtsmittel handelt, regelmäßig das Landesarbeitsgericht zuständig. Nur wenn das Beschlußverfahren Unternehmungen oder Verwaltungen betrifft, die sich über den Bezirk eines Landes erstrecken oder einer Reichsaufsicht unterstehen, entscheidet über die Rechtsbeschwerde — aus Gründen der Rechtseinheit — das Reichsarbeitsgericht (§ 85 Abs. 1). Diese Regelung soll eine möglichst schleunige Erledigung der oft wirtschaftlich dringlichen Fälle der freiwilligen Gerichtsbarkeit in Arbeitssachen gewährleisten. Für die Einzelheiten des Rechtsbeschwerdeverfahrens vgl. §§ 85—89 und die Anmerkungen dort.

§ 9

Allgemeine Verfahrensvorschriften[1]

(1) Die Vorschriften des Gerichtsverfassungsgesetzes[2] über Zustellungs- und Vollstreckungsbeamte[3], über die Gerichtssprache[4], über die Aufrechterhaltung der Ordnung in der Sitzung[5] und über die Beratung und Abstimmung[6] gelten für das arbeitsgerichtliche Verfahren entsprechend[2].

(2) Die Gebührenordnung für Zeugen und Sachverständige[7] und die Gebührenordnung für Gerichtsvollzieher[8] finden im arbeitsgerichtlichen Verfahren Anwendung. Gebührenvorschüsse dürfen die Gerichtsvollzieher nicht erheben[8, 9].

(3) Das arbeitsgerichtliche Verfahren ist in allen Rechtszügen zu beschleunigen[10]. Die Gerichtsferien sind auf das Verfahren ohne Einfluß[11].

(4) **Auf den zur Zustellung an die Parteien bestimmten Ausfertigungen der Urteile und der das Beschlußverfahren beendenden Beschlüsse soll vermerkt werden, ob gegen die Entscheidung ein Rechtsmittel zulässig und bei welcher Behörde, in welcher Form und binnen welcher Frist es einzulegen ist**[12].

[1] Schildert § 8 den Gang des arbeitsgerichtlichen Verfahrens zusammenfassend, ohne dabei im wesentlichen Vorschriften zu enthalten, die nicht später bei den Einzelvorschriften näher ausgeführt sind, so nimmt § 9 eine Reihe von allgemeinen Vorschriften vorweg, die für das gesamte „arbeitsgerichtliche Verfahren", d. h. für das Verfahren bei allen Arbeitsgerichtsbehörden (vgl. Anm. 1 Abs. 2 zu § 8), gelten. Diese „allgemeinen Verfahrensvorschriften" sind also später nicht als Einzelbestimmungen wiederholt (vgl. jedoch Anm. 10).

Nicht als allgemeine Verfahrensvorschrift vorweggenommen ist die Regelung der Geltung der Vorschriften der Zivilprozeßordnung, weil sie in den verschiedenen Arten und Teilen des Verfahrens verschieden ist.

[2] Das Gerichtsverfassungsgesetz enthält außer den Vorschriften über den Aufbau der ordentlichen Gerichtsbarkeit auch eine Reihe von Vorschriften über die Ausübung der Gerichtsbarkeit. Der Aufbau der Arbeitsgerichtsbarkeit ist im „Zweiten Teil" des Arbeitsgerichtsgesetzes grundsätzlich besonders geregelt. Die Vorschriften des Gerichtsverfassungsgesetzes über die Ausübung der Gerichtsbarkeit haben jedenfalls nicht für alle Arbeitsgerichtsbehörden ohne weiteres Geltung, da sie nach § 2 des Einführungsgesetzes zum Gerichtsverfassungsgesetz „nur auf die ordentliche streitige Gerichtsbarkeit und deren Ausübung Anwendung" finden.

Landesarbeitsgerichte und Reichsarbeitsgericht werden nach §§ 33, 40 „bei den Landgerichten" bzw. „bei dem Reichsgericht errichtet". Ebenso wie die Kammern für Handelssachen, die nach § 93 GVG. „bei den Landgerichten gebildet werden", werden sie vom Gesetz grundsätzlich als Teile der ordentlichen Gerichte angesehen, obwohl für sie, auch abgesehen von der Besetzung, erhebliche Besonderheiten gelten, insbesondere in der Verwaltung und Dienstaufsicht (§ 34, § 35 Abs. 4, § 36, § 41 Abs. 4, § 42); wo jedoch nichts besonderes bestimmt ist, finden grundsätzlich die für die ordentliche Gerichtsbarkeit der Landgerichte bzw. des Reichsgerichts geltenden Vorschriften Anwendung. Anders bei den Arbeitsgerichten. Diese sind nach § 14 Abs. 1 „selbständige Gerichte", sie sind also zweifelsfrei nicht in den Aufbau der ordentlichen Gerichtsbarkeit eingegliedert. Die für diese geltenden Vorschriften sind daher auf die Ausübung der Gerichtsbarkeit durch die Arbeitsgerichte an sich nicht anwendbar. Sollen allgemeine Vorschriften über die Ausübung der Gerichtsbarkeit, insbesondere des Gerichtsverfassungsgesetzes, auch für die Gerichtsbarkeit der Arbeitsgerichte gelten, so mußten sie im Arbeitsgerichtsgesetz besonders für anwendbar erklärt werden; handelt es sich um Vorschriften, die nur für die Gerichtsbarkeit der Landesarbeitsgerichte und des Reichsarbeitsgerichts in Betracht kommen, so bedurfte es grundsätzlich einer besonderen Bezugnahme nicht.

Die für die Anwendung in der Arbeitsgerichtsbarkeit in Betracht kommenden Vorschriften des Gerichtsverfassungsgesetzes sind in § 9 Abs. 1 erschöpfend aufgezählt. Die Vorschriften des GVG. über Rechtshilfe und Öffentlichkeit sind in der Aufzählung nicht enthalten, weil sie im ArbGG., unter Anlehnung an die

Bestimmungen des GVG., besonders geregelt sind (§§ 13, 52, § 64 Abs. 3, § 72 Abs. 3, § 80 Abs. 2, § 85 Abs. 2). Gerichtsferien (GVG., §§ 199—202) sind in § 9 Abs. 3 Satz 2 für das arbeitsgerichtliche Verfahren ausgeschlossen (vgl. Anm. 11). Die Frage der Unterwerfung der Mitglieder usw. ausländischer Missionen unter die inländische Arbeitsgerichtsbarkeit brauchte nicht durch Bezugnahme auf GVG. §§ 18—21 geregelt zu werden, weil die dort gegebenen Bestimmungen über die Ausnahme dieser Personen von der inländischen Gerichtsbarkeit zu den „allgemein anerkannten Regeln des Völkerrechts" gehören, die nach Artikel 4 der Reichsverfassung ohne weiteres „als bindende Bestandteile des deutschen Reichsrechts" gelten (vgl. Anm. 6 zu § 1).

Die für anwendbar erklärten Vorschriften des Gerichtsverfassungsgesetzes gelten für das arbeitsgerichtliche Verfahren „entsprechend". Ihre unmittelbare Anwendung ist wegen des verschiedenen Aufbaus nicht immer möglich. Mitunter enthalten sie auch bereits selbst gemäß dem verschiedenartigen Aufbau der ordentlichen Gerichte mehrfache Regelungen, von denen im arbeitsgerichtlichen Verfahren die dem Aufbau der Arbeitsgerichtsbehörden entsprechende anzuwenden ist, z. B. in dem Abschnitt über „Beratung und Abstimmung" die für Gerichte, die mit rechtsgelehrten Richtern und Laienbeisitzern (Handelsrichtern, Schöffen und Geschworenen) besetzt sind, gegebene Regelung. Die Vorschrift des § 9 Abs. 1 bezieht sich auf alle Arten und Teile des arbeitsgerichtlichen Verfahrens, auch auf das Beschlußverfahren. Wegen der Bedeutung der „entsprechenden" Anwendung im einzelnen vgl. die folgenden Anm.

3 Nach § 25 Abs. 2 GGG. konnten als Zustellungsbeamte im gewerbegerichtlichen Verfahren an Stelle der Gerichtsvollzieher auch Gemeindebeamte verwendet werden, als Vollstreckungsbeamte dagegen nach GGG. § 57 Abs. 4 in Verbindung mit ZPO. §§ 753ff. nur Gerichtsvollzieher. Durch die Bezugnahme des Arbeitsgerichtsgesetzes auf den Titel „Zustellungs- und Vollstreckungsbeamte" des Gerichtsverfassungsgesetzes (§§ 154, 155) werden als eigentliche Zustellungs- und Vollstreckungsbeamte der nunmehr staatlichen Arbeitsgerichtsbarkeit nur die allgemeinen staatlichen Gerichtsvollzieher anerkannt; die im ordentlichen Zivilprozeß zulässige Zustellung durch die Post (ZPO. §§ 193—197, 208), von Anwalt zu Anwalt (ZPO. § 198) und durch den Gerichtsdiener (ZPO. §§ 211, 212) ist dadurch auch im arbeitsgerichtlichen Verfahren nicht ausgeschlossen (§ 46 Abs. 2 Satz 1).

Die für anwendbar erklärten Vorschriften des Gerichtsverfassungsgesetzes regeln einmal die Zuständigkeit für den Erlaß von Bestimmungen über die Dienst- und Geschäftsverhältnisse der Gerichtsvollzieher (GVG. § 154), zum anderen geben sie die Fälle an, in denen der Gerichtsvollzieher kraft Gesetzes von der Ausübung seines Amtes ausgeschlossen, ist (GVG. § 155), und zwar letzteres sowohl für das Verfahren in bürgerlichen Rechtsstreitigkeiten wie für das Verfahren in Strafsachen. Die „entsprechende Geltung" des GVG. § 155 bedeutet, daß für das arbeitsgerichtliche Verfahren die Ausschlußgründe anwendbar sind, die im Verfahren in bürgerlichen Rechtsstreitigkeiten bestehen, und zwar auch im arbeitsgerichtlichen Beschlußverfahren (vgl. Anm. 2 zu § 8 und Anm. 2 Abs. 4 hier), nur daß hier an die Stelle der „Partei" der „Beteiligte" tritt (vgl. Anm. 1 zu § 10). Ausgeschlossen von der Amtsausübung ist der Gerichtsvollzieher nach GVG. § 155 Ziff. I, wenn er selbst Partei des Rechtsstreits ist oder zu einer Partei in einem nahen verwandtschaftlichen oder rechtlichen Verhältnis steht.

Nach GVG. § 154 werden die Dienst- und Geschäftsverhältnisse der Gerichtsvollzieher beim Reichsgericht durch den Reichsminister der Justiz, bei den Landgerichten durch die Landesjustizverwaltung bestimmt, also in beiden Fällen durch die zuständige Verwaltungsbehörde. Da die Verwaltung der Arbeitsgerichtsbarkeit durch die obersten Justiz- und Sozialbehörden gemeinsam geführt wird, könnte aus der Vorschrift der „entsprechenden" Geltung des § 154 GVG. geschlossen werden, daß die Verhältnisse der Gerichtsvollzieher bei den Arbeitsgerichtsbehörden durch Justiz- und Sozialbehörde gemeinsam besonders zu regeln seien. Dies dürfte aber nicht in der Absicht des Gesetzes liegen. Die Bezugnahme auf die Titel des Gerichtsverfassungsgesetzes ist erfolgt, weil die „allgemeinen Vorschriften des Zivilprozesses auch für das arbeitsgerichtliche Verfahren" gelten sollen (Begr. S. 57, zu § 9). Die Einrichtung des Gerichtsvollzieherdienstes soll nicht für die Arbeitsgerichtsbarkeit besonders erfolgen, sondern es sollen die vorhandenen Einrichtungen auch für die Arbeitsgerichtsbarkeit ausgenutzt werden, da ein Bedürfnis für eine besondere Regelung nicht besteht. Die bestehenden Reichs- und Landesjustizverwaltungsanordnungen über die Dienst- und Geschäftsverhältnisse der Gerichtsvollzieher sind deshalb auch auf deren Tätigkeit in der Arbeitsgerichtsbarkeit anzuwenden.

4 Über die Gerichtssprache handelt der 15. Titel des Gerichtsverfassungsgesetzes (§§ 184—191). Er ist für den deutschen Teil des ehemaligen Abstimmungegebiets in Oberschlesien ergänzt bzw. abgeändert durch die Artikel 140—146 des deutsch-polnischen Abkommens über Oberschlesien vom 15. 5. 1922 (RGBl. II S. 238; vgl. die Allgem. Verfügung des Preußischen Justizministers dazu vom 21. 6. 1922 — PrJMBl. S. 230). Da die Vorschriften des Abkommens durch das Gesetz vom 11. 6. 1922 (RGBl. II S. 237), das die Zustimmung zu dem Abkommen ausspricht, Bestandteil des Gerichtsverfassungsgesetzes geworden sind, gelten sie in den betreffenden Teilen Oberschlesiens auf Grund des § 9 Abs. 1 ArbGG. auch für das Verfahren vor den Arbeitsgerichtsbehörden.

5 Die Aufrechterhaltung der Ordnung in der Sitzung ist im Gerichtsverfassungsgesetz im 14. Titel „Öffentlichkeit und Sitzungspolizei", und zwar in den §§ 176—183, geregelt; die Vorschriften über die Öffentlichkeit der Verhandlung finden sich im ArbGG. im § 52 und in den Bezugnahmen auf diese Vorschrift (vgl. Anm. 2 Abs. 3).

Die im GVG. § 178 angedrohte Ordnungsstrafe in Geld kann 1 RM. bis zu 1000 RM. betragen (VO. über Vermögensstrafen und Bußen vom 6. 2. 1924 — RGBl. I S. 44 — in Verbindung mit § 2 der 2. VO. zur Durchführung des Münzgesetzes vom 12. Dezember 1924 — RGBl. I S. 775).

Nach GVG. § 181 kann gegen eine von einem Amtsgericht, von einem Landgericht oder von einem seiner Mitglieder festgesetzte Ordnungsstrafe Beschwerde eingelegt werden; über sie entscheidet das Oberlandesgericht. Die entsprechende Anwendung für das arbeitsgerichtliche Verfahren ergibt, daß gegen die Festsetzung einer Ordnungsstrafe durch das Arbeitsgericht oder durch seinen Vorsitzenden Beschwerde eingelegt werden kann; über sie entscheidet das Landesarbeitsgericht (ArbGG. §§ 78, 90). Gegen die Festsetzung einer Ordnungsstrafe durch das Landesarbeitsgericht oder seinen Vorsitzenden findet keine Beschwerde statt (ArbGG. § 70). Das Oberlandesgericht ist in das arbeitsgerichtliche Verfahren nicht eingeschaltet. (Ebenso KG. im Beschluß vom 10. 11. 1927 — 25a. W. 109. 27.)

6 Über die Beratung und Abstimmung handelt der 16. Titel des Gerichtsverfassungsgesetzes (§§ 192—198). Die „entsprechende" Anwendung auf das arbeitsgerichtliche Verfahren ergibt, daß für die Beteiligung der nichtrichterlichen Beisitzer der Arbeitsgerichtsbehörden gegebenenfalls die in den Vorschriften des GVG. für Schöffen und Geschworene getroffenen besonderen Regelungen gelten. Z. B. stimmen die Beisitzer nach dem Lebensalter, der jüngere vor dem älteren, und vor den richterlichen Mitgliedern ab (GVG. § 197). Die Beisitzer sind ferner verpflichtet, über den Hergang bei der Beratung und Abstimmung Stillschweigen zu beobachten (GVG. § 198); diese Schweigepflicht ist strafrechtlich nicht geschützt, wohl aber durch die Möglichkeit der Amtsenthebung wegen grober Verletzung der Amtspflicht (ArbGG. § 27, § 37 Abs. 2, § 43 Abs. 3).

Die Zuziehung von Ergänzungsrichtern (GVG. § 192 Abs. 2, 3) bei Verhandlungen von längerer Dauer kommt hinsichtlich der Beisitzer der Arbeitsgerichtsbehörden nicht in Frage, da die Beisitzer in jeder Sitzung wechseln (ArbGG. § 31, § 39 Abs. 2, § 44 Abs. 2; vgl. Anm. 1 zu § 31).

7 Es kann zweifelhaft sein, ob die Anwendung der Gebührenordnung für Zeugen und Sachverständige — derzeitige Fassung: Bekanntmachung vom 21. 12. 1925 (RGBl. I S. 471) — schon durch die Bezugnahme des § 46 Abs. 2 Satz 1 des ArbGG. in Verbindung mit ZPO. § 401 für das arbeitsgerichtliche Verfahren gilt (ebenso Dersch-Volkmar, Anm. 7a zu § 9); die ausdrückliche Vorschrift des § 9 Abs. 2 Satz 1 soll etwaige Zweifel ausschließen.

Nach der Vorschrift des § 9 Abs. 2 Satz 1 ist die Gebührenordnung unmittelbar, nicht entsprechend anzuwenden. Dies wird auch im allgemeinen möglich sein. Hinsichtlich des § 20 Abs. 2 der GebO., der von der Beschwerde gegen die gerichtliche Festsetzung der zu gewährenden Beträge handelt, ist aber wiederum nur eine entsprechende Anwendung möglich, da im arbeitsgerichtlichen Verfahren für die Beschwerde gegen Gerichtsbeschlüsse die besonderen Vorschriften der §§ 78, 70 ArbGG. gelten.

8 Die Anwendbarkeit der Gebührenordnung für Gerichtsvollzieher — derzeitige Fassung: Bekanntmachung vom 14. 12. 1922 (RGBl. I S. 917) in Verbindung mit der Verordnung vom 13. 12. 1923 (RGBl. I 1189) — ist durch die Bezugnahme des § 46 Abs. 2 Satz 1 ArbGG. auf die Vorschriften der ZPO. über das amtsgerichtliche Verfahren und des § 62 Abs. 2 ArbGG. auf das 8. Buch der ZPO. nicht gedeckt. Ihre besondere Erwähnung war also erforderlich, um sie für das gesamte arbeitsgerichtliche Verfahren anwendbar zu machen. Die Anwendung soll ebenfalls unmittelbar erfolgen; eine Ausnahme ist aber auch hier, was das Beschwerdeverfahren anlangt, nicht zu umgehen (GebO. f. GerVollz. § 25 in Verbindung mit § 4 des Gerichtskostengesetzes; vgl. dazu Anm. 7 Abs. 2).

Nach § 21 der GebO. für Gerichtsvollzieher kann dieser die Übernahme eines Geschäfts — sei es einer Zustellung, sei es einer Zwangsvollstreckung (vgl. Anm. 3) — von der Zahlung eines Vorschusses für die baren Auslagen und den vermutlichen Betrag der Gebühren abhängig machen, sofern das Geschäft nicht von Amts wegen angeordnet oder für eine zum Armenrecht zugelassene Person auszuführen ist. Bei Geschäften, die von Amts wegen angeordnet werden (z. B. bei Zustellungen von Urteilen der Arbeitsgerichte — § 50) ist nach § 22 GebO. die Staatskasse Schuldner der Gebühren und Auslagen, die sie später von dem Zahlungspflichtigen als Gerichtskosten, und zwar als Auslagen, beitreibt. Von einer zum Armenrecht zugelassenen Partei kann ein Vorschuß gemäß ZPO. § 115 nicht verlangt werden.

Durch die Vorschrift des § 9 Abs. 2 Satz 2 ArbGG. wird § 21 GebO. f. GerVollz. für das gesamte arbeitsgerichtliche Verfahren dahin abgeändert, daß der Gerichtsvollzieher auch für Geschäfte, die ihm von einer nicht zum Armenrecht zugelassenen Partei aufgetragen werden, seien es Zustellungen oder Zwangsvollstreckungen, einen Gebührenvorschuß nicht erheben darf. Die Zulässigkeit der Erhebung von Auslagenvorschüssen bleibt jedoch bestehen, und zwar aus Billigkeitsgründen, weil dem Gerichtsvollzieher nicht zugemutet werden kann, in Ausnahmefällen etwa entstehende erhebliche Auslagen für eine Zustellung oder Zwangsvollstreckung aus eigenen Mitteln vorzustrecken. Das Verbot der Erhebung von Gebührenvorschüssen entspricht der Vorschrift des § 12 Abs. 3 ArbGG., nach der auch Gerichtskostenvorschüsse im arbeitsgerichtlichen Verfahren nicht erhoben werden, um den Parteien die Rechtsverfolgung zu erleichtern (vgl. Anm. 9 Abs. 1, 10, 11 zu § 12).

Die Gebühren und Auslagen des Gerichtsvollziehers werden nach § 23 GebO. fällig, sobald der Auftrag erledigt ist. Die Gebühr für eine Zustellung ist also nach erfolgter Zustellung zu bezahlen. Für den Hauptfall, die Zwangsvollstreckung, gilt aber daneben die Vorschrift des § 788 ZPO., nach der die Kosten der Zwangsvollstreckung, zu der insbesondere auch die Gebühren und Auslagen des Gerichtsvollziehers gehören, zugleich mit dem zur Zwangsvollstreckung stehenden Anspruch vom Vollstreckungsschuldner beizutreiben sind. Dem Vollstreckungsgläubiger werden also im arbeitsgerichtlichen Verfahren für die von ihm betriebene Zwangsvollstreckung, sofern sie nicht fruchtlos ist, keine Unkosten entstehen.

9 Die Anwendbarkeit der Gebührenordnung für Rechtsanwälte und des Gesetzes über die Erstattung von Rechtsanwaltsgebühren in Armensachen im arbeitsgerichtlichen Urteilsverfahren, soweit in ihm Rechtsanwälte als Prozeßbevollmächtigte auftreten (ArbGG. § 11 Abs. 2), brauchte nicht ausdrücklich erwähnt zu werden, da ein Anwaltsverfahren nur vor den Landesarbeitsgerichten und vor dem Reichsarbeitsgericht in Betracht kommt und dieses Verfahren als Verfahren vor ordentlichen Gerichten, auf das die Zivilprozeßordnung Anwendung findet, im Sinne des § 1 der GebO. f. RA. anzusehen ist. Die GebO. f. RA. gilt deshalb gemäß ihrem § 1 für das Verfahren vor den Landesarbeitsgerichten und dem Reichsarbeitsgericht unmittelbar.

Die nach § 84 GebO. f. RAe. allgemein zugelassene Erhebung von Gebührenvorschüssen ist für das arbeitsgerichtliche Verfahren nicht, wie bei den Gerichtsvollziehern, untersagt. Hiervon ist abgesehen worden, weil die Tätigkeit der Rechtsanwälte nach § 11 ArbGG. nur im Rechtsmittelverfahren in bedeutenderen Streitigkeiten in Frage kommt, deren Parteien die Rechtsverfolgung durch die Leistung eines Gebührenvorschusses an den prozeßbevollmächtigten Rechtsanwalt nicht erheblich erschwert werden dürfte, und weil auf der anderen Seite die finanzielle Sicherstellung der Rechtsanwälte bei der verhältnismäßig langen Dauer der Abwicklung ihres Auftrages — im Gegensatz zu dem der Gerichtsvollzieher — die Vorleistung des Rechtsuchenden erfordert.

Im arbeitsgerichtlichen Beschlußverfahren sind die Vorschriften der Landesgebührenordnungen für Rechtsanwälte für die Tätigkeit in der freiwilligen Gerichtsbarkeit anwendbar, da es sich um eine der sonstigen rechtsanwaltlichen

Tätigkeit in der freiwilligen Gerichtsbarkeit gleichstehende Tätigkeit handelt (vgl. Anm. 12 Abs. 4 zu § 11, Anm. 2 zu § 87).

10 Mehr noch als im allgemeinen Verfahren in bürgerlichen Rechtsstreitigkeiten hängt im arbeitsgerichtlichen Verfahren der Erfolg des Prozesses, die Durchsetzung des materiellen Rechts mit staatlichen Machtmitteln, von der Schleunigkeit des Verfahrens ab; in dem den Hauptteil der Arbeitsstreitigkeiten ausmachenden Streit um das Arbeitsentgelt ist die Rechtsverfolgung praktisch nur gewährleistet, wenn die Streitpartei die Entscheidung über ihren Anspruch so schnell erlangt, daß ihr Lebensunterhalt nicht gefährdet wird. Aus diesem Gedankengang ist die Aufnahme der ausdrücklichen Vorschrift des § 9 Abs. 3 Satz 1 zu erklären, wenngleich ihr allgemeiner Inhalt auch für den ordentlichen Zivilprozeß gilt. Sie weist die Arbeitsgerichtsbehörden auf ihre besondere Pflicht hin, von den Beschleunigungsmöglichkeiten des Arbeitsgerichtsgesetzes und der Zivilprozeßordnung, auch sofern sie nicht in „Muß-" oder „Soll"-Vorschriften enthalten sind, umfassenden Gebrauch zu machen (ebenso Dersch-Volkmar, Anm. 8 zu § 9). Außerdem bedeutet die Vorschrift aber auch eine Zusammenfassung der besonderen Beschleunigungsbestimmungen des Gesetzes, die noch über die Vorschriften der Zivilprozeßordnung hinausgehen (z. B. § 47 Abs. 3, § 49 Abs. 3, §§ 54—57, §§ 59, 60, 66, 67, 74, § 80 Abs. 2, § 83 Abs. 2, § 84 Abs. 3, §§ 87—89).

11 Die Versagung von Gerichtsferien für die Arbeitsgerichtsbehörden beruht ebenfalls auf dem Gedanken der Notwendigkeit einer besonderen Beschleunigung des arbeitsgerichtlichen Verfahrens. Schon nach dem bisherigen Recht hatten Gewerbegerichte und Kaufmannsgerichte keine Gerichtsferien, im Verfahren vor den ordentlichen Gerichten waren die jetzt in § 2 Abs. 1 Nr. 2 ArbGG. behandelten Arbeitssachen durch GVG. § 200 Abs. 2 Nr. 5 zu Feriensachen erklärt.

Für das Verfahren der Arbeitsgerichte hätte es einer besonderen Vorschrift über die Nichtanwendung der Vorschriften des Gerichtsverfassungsgesetzes über Gerichtsferien (17. Titel) nicht bedurft, da für dieses nur die besonders für anwendbar erklärten Bestimmungen des Gerichtsverfassungsgesetzes gelten (vgl. Anm. 2 Abs. 2). Dagegen mußten für das Verfahren der Landesarbeitsgerichte und das Reichsarbeitsgericht die Gerichtsferien ausdrücklich ausgeschlossen werden, und zwar schon deshalb, weil die Vorschrift des GVG. § 200 Abs. 2 Nr. 5 nur einen Teil der Arbeitssachen nach §§ 2, 3 ArbGG. umfaßt.

Die Regelung des § 9 Abs. 3 Satz 2 besagt, daß die Gerichtsferien auf das arbeitsgerichtliche Verfahren ohne Einfluß sind. Das bedeutet mehr als die Vorschrift des § 200 Abs. 2 Nr. 5 GVG., nach der gewisse Arbeitssachen Feriensachen sind. Denn die hier gewählte Fassung schließt die Wirkung der Gerichtsferien für die Arbeitsgerichtsbarkeit überhaupt aus; es gibt in ihr also keine Ferienkammern und Feriensenate, sondern die ordentlichen Kammern und Senate bleiben das ganze Jahr hindurch tätig.

Die Vorschrift des § 200 Abs. 2 Nr. 5 GVG. ist im Fünften Teil des Arbeitsgerichtsgesetzes nicht ausdrücklich aufgehoben. Praktische Bedeutung hat sie jedoch nach dem Inkrafttreten des Arbeitsgerichtsgesetzes nur noch für solche Streitigkeiten aus dem Arbeitsverhältnis, die nicht zur Zuständigkeit der Arbeitsgerichtsbarkeit gehören, also für die beiden Ausnahmen des § 2 Abs. 1 Nr. 2 Halbsatz 2 ArbGG.

[12] Der Gedanke des § 9 Abs. 4 ist aus der Reichsversicherungsordnung übernommen. Im arbeitsgerichtlichen Verfahren steht nach der Regelung des § 61, § 64 Abs. 1, § 69 Abs. 2, 3, § 72 Abs. 1, §§ 85 f. (vgl. die Anmerkungen dort, insbesondere Anm. 7, 8 zu § 61) schon mit dem Erlaß eines Urteils oder eines das Beschlußverfahren beendenden Beschlusses fest, ob gegen die Entscheidung die Einlegung eines Rechtsmittels zulässig ist, während im ordentlichen Zivilprozeß hierüber im Zweifel erst das Rechtsmittelgericht entscheidet. Die vereinfachende und beschleunigende Wirkung dieser Regelung soll dadurch gesichert werden, daß die meist rechtsunkundigen und nur verhältnismäßig selten rechtskundig beratenen Parteien bzw. Prozeßbeteiligten (im Beschlußverfahren) über die etwa weiter gegebenen Verfahrensmöglichkeiten belehrt werden (vgl. Begr. zu § 9 Abs. 3, S. 57). Die Belehrung hat immer zu erfolgen, auch dann, wenn kein Rechtsmittel gegeben ist; ist ein Rechtsmittel zulässig, so sind die Parteien über die einzelnen Fragen der Einlegung zu belehren. Die Belehrung erfolgt schriftlich, durch Vermerk auf der zuzustellenden Ausfertigung der Entscheidung, um Irrtümer nach Möglichkeit auszuschließen.

Die Belehrung ist durch eine „Soll"-Vorschrift angeordnet. Die Nichtbefolgung der Vorschrift im Einzelfall macht also — aus Gründen der allgemeinen Rechtssicherheit — die Zustellung nicht unwirksam; sie kann aber Anlaß zu disziplinarem Einschreiten gegen den schuldigen Beamten geben. Die Wiedereinsetzung in den vorigen Stand wird aber einer Partei, die mangels Belehrung die Rechtsmittelfrist versäumt hat, nach dem Wortlaut und der Auslegung des § 233 ZPO. durch die Rechtsprechung im allgemeinen nicht bewilligt werden (a. A. Dersch-Volkmar, Anm. 10 a. E. zu § 9); bei falscher Belehrung wird ein Wiedereinsetzungsgrund im allgemeinen anzunehmen sein.

Die Vorschrift des § 9 Abs. 4 spricht nur von den Urteilen des Urteilsverfahrens. Der Fall der Verwerfung der Berufung als unzulässig durch Beschluß des Landesarbeitsgerichts gemäß § 64 Abs. 2 Satz 1 ArbGG. in Verbindung mit § 519 b ZPO. ist hierbei offenbar übersehen worden. Nach dem Sinn der Vorschrift muß angenommen werden, daß auch in diesen Fällen eine entsprechende Belehrung der Parteien erfolgen soll.

§ 10

Parteifähigkeit[1]

Parteifähig im arbeitsgerichtlichen Verfahren[1] sind auch[2] wirtschaftliche Vereinigungen von Arbeitgebern und von Arbeitnehmern[3] und in den Fällen des § 2 Nr. 4 und 5[4] die Arbeitnehmerschaft, Arbeiterschaft und Angestelltenschaft der Betriebe im Sinne des Betriebsrätegesetzes[5] [6] [7].

[1] Der Begriff der Parteifähigkeit ist ein Begriff des allgemeinen Prozeßrechts. Die Zivilprozeßordnung bestimmt ihn in § 50 dahin:

„Parteifähig ist, wer rechtsfähig ist.

Ein Verein, der nicht rechtsfähig ist, kann verklagt werden; in dem Rechtsstreite hat der Verein die Stellung eines rechtsfähigen Vereins."

Parteifähigkeit bedeutet für die Zivilprozeßordnung, die das Verfahren in bürgerlichen Rechtsstreitigkeiten regelt, die Fähigkeit, Subjekt zivilprozessualer Ansprüche zu sein, sei es als Kläger, sei es als Beklagter.

Das arbeitsgerichtliche Verfahren umfaßt neben dem Verfahren in bürgerlichen Rechtsstreitigkeiten des § 2 Abs. 1 Nr. 1—4 und des § 3 — Urteilsverfahren — auch das Verfahren der freiwilligen Gerichtsbarkeit in Arbeitssachen in den Fällen des § 2 Abs. 1 Nr. 5 — Beschlußverfahren — (vgl. Anm. 1, 2 zu § 8). Spricht das Gesetz von einer Parteifähigkeit im arbeitsgerichtlichen Verfahren, so kommt deshalb ein weiterer Begriff als der der ZPO. in Betracht. Parteien im Sinne des Zivilprozeßrechts gibt es im Beschlußverfahren nicht, da hier nicht um Ansprüche gestritten wird. Gleichwohl sind an dem Verfahren eine Reihe von Personen „beteiligt", sei es, daß ihnen ein Antragsrecht zusteht, sei es, daß sie sonst aus sachlichen Gründen an der Entscheidung interessiert sind (Begr. B. V, 2a, S. 34). Diese Personen, die in den Einzelvorschriften über das Beschlußverfahren (§§ 80—90) als „Beteiligte" bezeichnet werden, gehören im weiteren Sinne des Arbeitsgerichtsgesetzes zu den Parteien des arbeitsgerichtlichen Verfahrens (vgl. die Erwähnung der Fälle des § 2 Abs. 1 Nr. 5 in § 10).

„Parteifähigkeit" im Sinne des § 10 ArbGG. ist daher die Fähigkeit, Subjekt eines im Arbeitsrechtsweg geltend zu machenden öffentlich-rechtlichen Anspruchs zu sein, sei es eines Rechtsschutzanspruchs als Kläger oder Beklagter im Urteilsverfahren, sei es eines Anspruchs auf Regelung als Beteiligter im Beschlußverfahren.

Als „Parteien" des arbeitsgerichtlichen Verfahrens kommen nach der Regelung der Zuständigkeit der Arbeitsgerichtsbarkeit in den §§ 2, 3 in Betracht:

a) im Urteilsverfahren: Arbeitgeber, Arbeitnehmer, arbeitnehmerähnliche Personen (§ 2 Abs. 1 Nr. 2, 3, 4, in Verbindung mit § 5 Abs. 1, § 3 Abs. 1), gesetzliche Vertreter von juristischen Personen des privaten Rechts (§ 3 Abs. 2), Tarifvertragsparteien und tarifvertragsfähige Parteien (§ 2 Abs. 1 Nr. 1), Arbeiterschaft und Angestelltenschaft der Betriebe im Sinne des Betriebsrätegesetzes (§ 2 Abs. 1 Nr. 4 in Verbindung mit BRG. § 86 Abs. 1 Satz 3; vgl. jedoch Anm. 5 Abs. 3 hier, Anm. 1, a zu § 63), „Dritte" (§ 2 Abs. 1 Nr. 1, § 3 Abs. 1);
b) im Beschlußverfahren: Arbeitgeber, Arbeitnehmer (§ 2 Abs. 1 Nr. 5), arbeitnehmerähnliche Personen (§ 2 Abs. 1 Nr. 5 in Verbindung mit BRG. § 3, § 11 Abs. 2, 3), Arbeitnehmerschaft, Arbeiterschaft und Angestelltenschaft der Betriebe im Sinne des Betriebsrätegesetzes (§ 2 Abs. 1 Nr. 5 in Verbindung mit den dort angeführten Vorschriften des Betriebsrätegesetzes), ausnahmsweise wirtschaftliche Vereinigungen (vgl. Anm. 2, a Abs. 2 zu § 83).

Inwieweit die genannten Personen und Personengesamtheiten im Einzelfall Parteien des arbeitsgerichtlichen Verfahrens sein können, richtet sich nach der Regelung der Parteifähigkeit im § 10.

2 Als Grundlage für die Parteifähigkeit im arbeitsgerichtlichen Verfahren nimmt § 10 die Umgrenzung der Parteifähigkeit in § 50 ZPO. (siehe oben Anm. 1 Abs. 1). Dies ergibt sich schon aus der Fassung: „parteifähig im arbeitsgerichtlichen Verfahren sind a u c h . . .", des weiteren aber, jedenfalls für das Urteilsverfahren, aus den Vorschriften der § 46 Abs. 2 Satz 1, § 64 Abs. 2 Satz 1, § 72 Abs. 2 ArbGG. Danach ist aktiv parteifähig, wer rechtsfähig ist. Die Fähigkeit, Subjekt eines im Arbeitsrechtsweg klage- oder antragsweise geltend zu machenden Rechtsschutzanspruchs zu sein, eignet zunächst solchen Personen und

Personengesamtheiten der in Anm. 1 Abs. 4 unter a und b aufgezählten **Gruppen**, die im materiellrechtlichen Sinne rechtsfähig **sind**, d. h. den sogenannten **natürlichen und juristischen Personen**. Natürliche **Personen** sind alle **Menschen** von der Geburt an (BGB. § 1). Juristische **Personen** sind **Zusammenfassungen natürlicher Personen und Stiftungen**, denen durch **besondere** gesetzliche **Bestimmung** Rechtsfähigkeit **beigelegt** ist; einige wichtige **Beispiele** für juristische **Personen** sind in Anm. 13 Abs. 1 zu § 5 aufgezählt. **Parteifähig** sind im arbeitsgerichtlichen Verfahren **mithin alle Arbeitgeber**, **Arbeitnehmer**, arbeitnehmerähnliche **Personen**, gesetzliche **Vertreter** von juristischen **Personen** des privaten Rechts, **Tarifvertragsparteien**, **tarifvertragsfähige** Parteien **und** Dritte, die natürliche **oder** juristische **Personen sind**. Der **Arbeitnehmerschaft**, **Arbeiterschaft** und **Angestelltenschaft** der **Betriebe ist** vom Betriebsrätegesetz **keine** Rechtsfähigkeit **verliehen**; diese Personengesamtheiten sind also auf der **Grundlage** des allgemeinen **Prozeßrechts** nicht **parteifähig**.

Schon für den **Zivilprozeß** gilt aber eine **Ausnahme**. Die offene **Handelsgesellschaft** und die **Kommanditgesellschaft** sind nach der **herrschenden** Auffassung nicht **juristische** Personen, also **nicht rechtsfähig**; gleichwohl sind sie im Zivilprozeß **parteifähig** (HGB. § 124, § 161 Abs. 2 in **Verbindung** mit § 124). Da § 124 Abs. 1 HGB. allgemein besagt, **daß die** offene **Handelsgesellschaft** unter ihrer Firma vor Gericht **klagen** und **verklagt werden** kann, ist sie — **und entsprechend** die **Kommanditgesellschaft** — **auch im** arbeitsgerichtlichen **Urteilsverfahren** parteifähig; auch für das **Beschlußverfahren** ist die Parteifähigkeit **anzunehmen**, da hier dieselben **inneren** Gründe vorliegen, **die** zur Parteifähigkeit im **Urteilsverfahren** geführt **haben**.

Nach ZPO. § 50 Abs. 2 sind ferner als **Beklagte**, **aber** nicht als **Kläger**, **parteifähig** die **nichtrechtsfähigen** Vereine. Sobald der **Rechtsstreit** anhängig ist, **in dem** ein nichtrechtsfähiger **Verein** Beklagter ist, hat er in **diesem** Rechtsstreit die **Stellung** eines rechtsfähigen **Vereins**, d. h. er ist alsdann **voll parteifähig** und kann **auch eine** Widerklage **erheben**. **Auch** diese Vorschrift **gilt gemäß** § 46 Abs. 2 Satz 1, § 10 ArbGG. **ebenfalls für das** arbeitsgerichtliche **Urteilsverfahren**; Arbeitnehmer **eines nichtrechtsfähigen Vereins können** also den **Verein als** solchen z. B. auf **Zahlung des** vereinbarten **Arbeitsentgelts** vor dem Arbeitsgericht **verklagen**, während der **Verein** als solcher sie **nicht verklagen** kann (vgl. jedoch **Anm.** 3A Abs. 8). **Dagegen ist** für eine **Anwendung des** § 50 Abs. 2 ZPO. im arbeitsgerichtlichen **Beschlußverfahren** kein Raum, weil **der Begriff** des „Beklagten" **diesem** Verfahren fremd ist **und der** Sinn der **Regelung des** § 50 Abs. 2 für das **Beschlußverfahren** nicht **paßt**.

3 A. **Bedeutung der** wirtschaftlichen **Vereinigungen** von **Arbeitgebern und von Arbeitnehmern** als **Parteien** des **arbeitsgerichtlichen Verfahrens**.

Wenn der **Arbeitsrechtsweg** tatsächlich für alle **Arbeitssachen** der §§ 2, 3 ArbGG. offenstehen soll, **reicht die** Umgrenzung des **Kreises der** parteifähigen Personen **und** Personengesamtheiten **nach** dem Gesichtspunkt **der** materiellen **Rechtsfähigkeit** (vgl. Anm. 2) **nicht aus**.

Parteien der **bürgerlichen** Rechtsstreitigkeiten **nach** § 2 Abs. 1 Nr. 1 ArbGG. sind regelmäßig **Tarifvertragsparteien** und **tarifvertragsfähige** Parteien (vgl. Anm. 1 Abs. 4, a). **Das sind nach** § 1 Abs. 1 **Satz 1** der **Tarifvertragsverordnung** vom 23. 12. 1918 (RGBl. S. 1456) auf der **Arbeitgeberseite** einzelne **Arbeitgeber** und „**Vereinigungen von** Arbeitgebern", auf **der** Arbeitnehmerseite **nur** „**Ver**-

einigungen von Arbeitnehmern"; die Arbeitgebervereinigungen und die Arbeitnehmervereinigungen werden in der späteren Gesetzgebung (vgl. z. B. Betriebsrätegesetz § 8, Verordnung über das Schlichtungswesen Artikel I § 1 Abs. 3) als „wirtschaftliche Vereinigungen der Arbeitgeber und der Arbeitnehmer" bezeichnet. Diese Vereinigungen sind in der Praxis zum erheblichen Teil nicht rechtsfähig. Der Erwerb der Rechtsfähigkeit kommt für sie nach der herrschenden Auffassung im allgemeinen im Wege des § 21 BGB. — durch Eintragung in das Vereinsregister — in Betracht; die Versagung des Erwerbs der Rechtsfähigkeit, weil der Verein einen politischen oder sozialpolitischen Zweck verfolgt, die im BGB. §§ 61ff. vorgesehen war, ist nach der Reichsverfassung (Art. 124 Abs. 2 Satz 2) nicht mehr zulässig.

Gleichwohl haben bisher wirtschaftliche Vereinigungen der Arbeiter, von verschwindenden Ausnahmen abgesehen, die Rechtsfähigkeit nicht erworben; unter den wirtschaftlichen Vereinigungen der Angestellten gibt es vereinzelte rechtsfähige Vereine, die hauptsächlichsten Vereinigungen haben aber auch hier auf den Erwerb der Rechtsfähigkeit verzichtet. In den häufigen Debatten über die Frage des Erwerbs der Rechtsfähigkeit durch die wirtschaftlichen Vereinigungen der Arbeitnehmer — die Gewerkschaften (vgl. B, Abs. 8) —, die auch im arbeitsrechtlichen Schrifttum der letzten Zeit, insbesondere im Zusammenhang mit den Verhandlungen des Deutschen Juristentages im September 1926 über die Frage der Haftung der Gewerkschaften, einen erheblichen Raum einnehmen, ist die überwiegende Auffassung der Gewerkschaften dahin zum Ausdruck gekommen, daß sie auch für die Zukunft auf den Erwerb der Rechtsfähigkeit nach dem BGB. verzichten werden, weil der rechtsfähige Verein nach der Regelung des BGB. keine geeignete Rechtsform für eine wirtschaftliche Vereinigung von Arbeitnehmern sei. Da die Vereinsbildung nach deutschem Recht (RV. Art. 124) frei ist, wird deshalb vorläufig im allgemeinen mit der Rechtsform des nichtrechtsfähigen Vereins für wirtschaftliche Vereinigungen der Arbeitnehmer zu rechnen sein. Dagegen haben wirtschaftliche Vereinigungen der Arbeitgeber in großer Zahl die Rechtsfähigkeit gemäß BGB. § 21 erworben. Es kann für diese Vereinigungen wohl angenommen werden, daß sie überwiegend rechtsfähige Vereine sind. Bestrebungen, diese Rechtsform aufzugeben, haben sich bisher nicht bemerkbar gemacht.

Unter diesen tatsächlichen Verhältnissen würde die bloße Übernahme des Grundsatzes des § 50 ZPO. zur Umgrenzung des Kreises der parteifähigen Personen und Personengesamtheiten in der Arbeitsgerichtsbarkeit bedeuten, daß von der theoretischen Möglichkeit der Rechtsverfolgung in bürgerlichen Rechtsstreitigkeiten nach § 2 Abs. 1 Nr. 1 im Klagewege in der Praxis aus Gründen des formalen Prozeßrechts nur der einzelne Arbeitgeber oder die rechtsfähige Arbeitgebervereinigung als Tarifvertragspartei oder tarifvertragsfähige Partei Gebrauch machen könnte, während es der weitaus überwiegenden Zahl der wirtschaftlichen Vereinigungen der Arbeitnehmer mangels Rechtsfähigkeit nicht möglich wäre, aus dem Tarifvertragsverhältnis usw. im Arbeitsrechtsweg zu klagen, obgleich sie jederzeit verklagt werden können (ZPO. § 50 Abs. 2). Der bisherige Rechtszustand würde also durch das Arbeitsgerichtsgesetz, wenn es keine Sonderregelung der Parteifähigkeit gäbe, nur dahin geändert werden, daß die an sich prozessual möglichen Klagen statt vor die ordentlichen Gerichte vor die Arbeitsgerichtsbehörden kämen.

Ein solcher Rechtszustand ist aber vom rechtspolitischen Standpunkt aus außerordentlich bedenklich. Denn er läßt es zu, daß Verpflichtungen aus Verträgen, die nach dem Gesetz rechtmäßig zustande gekommen sind, und daß rechtlich anerkannte außervertragliche Verpflichtungen zu einem erheblichen Teil mit den Mitteln der Rechtsordnung, durch die Beschreitung des Rechtswegs, nicht durchgesetzt werden können. Insbesondere entbehrt unter diesen Umständen der die Tarifvertragsparteien unmittelbar verpflichtende Teil des Tarifvertrags für die Arbeitnehmerseite regelmäßig des prozessualen Schutzes, was sich praktisch als eine Schwächung des vom neuen Arbeitsrecht als besonders wertvoll anerkannten Tarifvertragsgedankens auswirkt (vgl. Begr. B, V, 2a, S. 35).

Der Zwiespalt zwischen dem materiellen Recht des Tarifvertrages, das die wirtschaftlichen Vereinigungen der Arbeitgeber und der Arbeitnehmer als Tarifvertragsparteien anerkennt, und der tatsächlichen Durchsetzbarkeit der Verpflichtungen aus dem Tarifverhältnis im Rechtswege konnte nur beseitigt werden, wenn die Parteifähigkeit der Tarifvertragsträger, der wirtschaftlichen Vereinigungen der Arbeitgeber und der Arbeitnehmer, auch vom Prozeßrecht anerkannt wurde. Solange die bürgerlichen Rechtsstreitigkeiten der Parteien des Tarifverhältnisses im ordentlichen Rechtsweg auszutragen waren, standen einer solchen Regelung Schwierigkeiten grundsätzlicher Art im Wege, weil sie ein Aufgeben der Grundlage des Begriffs der Parteifähigkeit für den gesamten Zivilprozeß bedeutet hätte. Die Verweisung dieser Streitigkeiten auf den besonderen Arbeitsrechtsweg gab die Möglichkeit, den Kreis der parteifähigen Personen und Personengesamtheiten allein für das arbeitsgerichtliche Verfahren, in dem das Bedürfnis dazu bestand, zu erweitern.

Aus diesen Erwägungen macht die Vorschrift des § 10 ArbGG. **wirtschaftliche Vereinigungen** von Arbeitgebern und von Arbeitnehmern im arbeitsgerichtlichen Verfahren (vgl. Anm. 1 Abs. 2 zu § 8) **ohne weiteres parteifähig**. Die Rechtsform, in der sie auftreten, ist hierfür, im Gegensatz zu dem Grundsatz des § 50 Abs. 1 ZPO., ohne Bedeutung. Die notwendige Prozeßvoraussetzung der Parteifähigkeit ist also erfüllt, wenn die Partei eine **wirtschaftliche Vereinigung** von Arbeitgebern oder von Arbeitnehmern ist (vgl. Abschnitt B dieser Anm.); die Frage, ob die Vereinigung ein rechtsfähiger Verein im Sinne des bürgerlichen Rechts oder eine Personengesamtheit anderer Art ist, hat das Gericht **nicht** zu prüfen. Es ist nach § 10 auch ohne Belang, ob die wirtschaftliche Vereinigung im Rechtsstreit als Klägerin oder als Beklagte auftritt.

Die wirtschaftliche Vereinigung ist in allen nach den §§ 2 und 3 zur Zuständigkeit der Arbeitsgerichtsbarkeit gehörenden Arbeitssachen parteifähig. Praktisch kann sie, außer in den bürgerlichen Rechtsstreitigkeiten nach § 2 Abs. 1 Nr. 1, als Partei in Betracht kommen in den bürgerlichen Rechtsstreitigkeiten nach § 2 Abs. 1 Nr. 2 und 4 als Arbeitgeberin und in denen nach § 3 als Dritte (vgl. Anm. 5 zu § 3). Dagegen ist die Parteifähigkeit der wirtschaftlichen Vereinigungen von Arbeitgebern und von Arbeitnehmern für das arbeitsgerichtliche Beschlußverfahren in den Fällen des § 2 Abs. 1 Nr. 5 nach der hier vertretenen Auffassung (vgl. Anm. 2, a zu § 83) ohne Bedeutung, weil diese Fälle lediglich die Verfassung des einzelnen Betriebes betreffen.

B. **Begriff der wirtschaftlichen Vereinigung** (vgl. auch **Flatow**, Anm. 5 zu § 8 BRG.).

Die Begriffsmerkmale der wirtschaftlichen Vereinigung von Arbeitgebern oder von Arbeitnehmern sind im Arbeitsgerichtsgesetz nicht aufgeführt. In der Debatte über den Begriff in den Verhandlungen des Ausschusses des Reichstags für soziale Angelegenheiten wurde von den Abgeordneten Aufhäuser und Genossen beantragt, folgende Vorschrift in das Gesetz aufzunehmen:

„Wirtschaftliche Vereinigungen der Arbeitgeber und Arbeitnehmer im Sinne dieses Gesetzes sind tariffähige Berufsverbände der Arbeitgeber und Arbeitnehmer oder Verbände von solchen Berufsverbänden." (Antrag Nr. 862[4], Anlage 2 zum mündlichen Bericht des 9. Ausschusses, Reichstagsdrucksache Nr. 2795/26, S. 114.)

Der Antrag wurde später zurückgezogen, nachdem seitens der Reichsregierung folgende Erklärung abgegeben worden war:

„Wirtschaftliche Vereinigungen der Arbeitgeber und Arbeitnehmer im Sinne dieses Entwurfs sind die tariffähigen Vereinigungen der Arbeitgeber und der Arbeitnehmer. Die Aufnahme der Begriffsbestimmung in das Arbeitszeitgesetz empfiehlt sich jedoch nicht, weil sie einheitlich für alle arbeitsrechtlichen Gesetze erfolgen muß. Dies kann am besten in dem kommenden Tarifvertragsgesetz geschehen." (Zu Antrag Nr. 862[4], Anlage 3 zum Mündlichen Bericht des 9. Ausschusses, Reichstagsdrucksache Nr. 2795/26, S. 119.)

Auf weitere Anfragen der Abgeordneten Aufhäuser und Pfeffer in der zweiten Lesung in der Vollversammlung des Reichstags (stenographischer Bericht über die 248. Sitzung vom 11.12.1926, S. 8440D, 8452B, C) hat der Reichsarbeitsminister dazu noch ausgeführt (a. a. O. S. 8460D):

„. . . Nun hat der Herr Abgeordnete Aufhäuser gefragt, welche Faktoren für die Anerkennung der Tariffähigkeit eines Verbandes bestimmend seien. Ich beziehe mich zur Beantwortung auf die bisherige Praxis. Danach ist es Aufgabe der Schlichtungsbehörden, der Gerichte und der Reichsarbeitsverwaltung, über diese Frage im strittigen Fall zu entscheiden. In der Praxis dieser Behörden sowohl wie im Schrifttum haben sich nun gewisse Grundsätze für diese Entscheidung herausgebildet, deren wichtigster die tatsächliche Unabhängigkeit der betreffenden Organisation in ihrer wirtschaftlichen Interessenvertretung gegenüber dem anderen Partner ist. So ist es bisher gehandhabt worden und so soll es auch bei der Durchführung dieses Gesetzes gehandhabt werden. Das hindert nicht — das möchte ich auf die Anfrage des Herrn Abgeordneten Dr. Pfeffer erwidern —, daß als Arbeitnehmerverbände im Sinne dieses Gesetzes unter Umständen auch solche in Betracht kommen können, denen neben den Arbeitern im engeren Sinne Angestellte oder Beamte angehören, wenn nur die vorgenannte Hauptforderung der Unabhängigkeit erfüllt ist . . ."

Die Regierungserklärungen binden zwar die Auslegung des Begriffs der wirtschaftlichen Vereinigungen nicht, sie sind aber insofern für die Auslegung des Gesetzes von hervorragender Bedeutung, als die fraglichen Vorschriften in Kenntnis dieser Auslegung der Reichsregierung vom Reichstag angenommen worden sind. Sie müssen für die Auslegung des Arbeitsgerichtsgesetzes um so mehr maßgebend sein, als in ihnen mit Recht auf die gleichartige Auslegung des Begriffs für die bisherige Gesetzgebung Bezug genommen wird; sowohl die mit dieser Frage befaßten Stellen der Rechtsprechung und Verwaltung wie die überwiegende Mehrheit des Schrifttums verstehen unter „wirtschaftlichen Vereinigungen von Arbeitgebern und von Arbeitnehmern" tariffähige Vereinigungen dieser Personen. Dazu kommt, daß der Sinn der Verleihung der Parteifähigkeit an die wirtschaftlichen Vereinigungen dahin geht, die prozessuale Durchsetzung der Rechte und Pflichten der Tarifvertragsträger (§ 2 Abs. 1 Nr. 1) zu ermöglichen (vgl. Abschnitt A Abs. 5 ff. dieser Anm.); derartige Rechte und Pflichten können aber neben einzelnen Arbeitgebern nur tariffähige Vereinigungen von Arbeitgebern und von Arbeitnehmern erwerben.

Der Auslegung des Begriffs der wirtschaftlichen Vereinigung kann deshalb unbedenklich der Inhalt der Regierungserklärung zugrunde gelegt werden, nach der wirtschaftliche Vereinigungen nur tariffähige Vereinigungen der Arbeitgeber und der Arbeitnehmer sind; diese Auslegung ist auch kaum bestritten.

Die Voraussetzungen der Tariffähigkeit von Vereinigungen der Arbeitgeber und der Arbeitnehmer sind aber bisher gesetzlich nicht ausdrücklich festgelegt. Nach der im Reichstagsausschuß abgegebenen Regierungserklärung wird die grundsätzliche Festlegung voraussichtlich in dem kommenden Tarifvertragsgesetz erfolgen, dessen Erlaß seinem Zeitpunkt nach aber noch nicht abzusehen ist.

Bis dahin müssen die Begriffe also nach allgemeinen Grundsätzen bestimmt werden. Diese allgemeinen Grundsätze ergeben sich aus dem Zweck des Tarifvertrags im Arbeitsleben, wie er aus der Auffassung der beteiligten Gruppen des Arbeitslebens in die Gesetzgebung übernommen worden ist. Einen Anhalt hierfür gibt das Abkommen der Spitzenverbände vom 15. 11. 1918 über die zukünftige Gestaltung des Arbeitslebens, auf dessen Grundgedanken sich die Tarifvertragsordnung vom 23. 12. 1918 und mittelbar auch das staatliche Grundgesetz des Arbeitslebens, der Art. 165 Abs. 1 der Reichsverfassung, aufbaut. Die Frage der formellen Fortgeltung des Abkommens selbst ist, nachdem sein wesentlicher Inhalt zur Grundlage des Arbeitsrechts des neuen Reichs geworden ist, belanglos.

Nach der vom Gesetz gebilligten Auffassung der Parteien des Arbeitslebens dient der Tarifvertrag dem sozialen Ausgleich der Interessen der Arbeitgeber und Arbeitnehmer für das von ihm erfaßte Gebiet des Arbeitslebens. Er setzt deshalb als Parteien und Träger Personen oder Personengesamtheiten — auf der Arbeitnehmerseite nur Personengesamtheiten — voraus, die nach ihrer Grundeinstellung geeignet sind, die Interessen der Arbeitgeber- bzw. Arbeitnehmerseite rein und unverfälscht zu vertreten. Nur solche Parteien sind „tariffähig".

Für die Umschreibung des Begriffs der Tariffähigkeit bestand bereits bei der Schaffung des Arbeitsgerichtsgesetzes eine feste Übung der mit Bezug auf die Zulässigkeit des Abschlusses von Tarifverträgen mit der Frage befaßten Behörden. Als solche kommen in Betracht (vgl. die angeführte Erklärung des Reichsarbeitsministers im Reichstag): die Schlichtungsbehörden für die Hilfeleistung zum Abschluß von Tarifverträgen (SchlVO. Art. I § 3), das Reichsarbeitsministerium — Tarifabteilung — für die Erklärung der allgemeinen Verbindlichkeit von Tarifverträgen (Tarifvertragsverordnung vom 23. 12. 1918, § 2), und die Gerichte für die Entscheidung von Streitigkeiten, in denen die Frage der Tariffähigkeit von Vereinigungen von Bedeutung ist. Diese Übung war auch im Schrifttum überwiegend anerkannt (vgl. im einzelnen Flatow-Joachim, SchlVO., Anm. 2, A I, 2 zu § 3).

Danach ist für die Tariffähigkeit einer Vereinigung von Arbeitgebern oder von Arbeitnehmern eine Reihe von Begriffsmerkmalen herausgearbeitet, deren wichtigstes — nach dem Zweck des Tarifvertrages — die völlige Unabhängigkeit der Vereinigung von dem sozialen Gegenspieler, d. h. für eine Vereinigung von Arbeitnehmern von der Arbeitgeberseite, ist. Unter dieser Unabhängigkeit ist nicht nur die materielle — finanzielle — Unabhängigkeit zu verstehen, sondern auch die ideelle Unabhängigkeit, d. h. bei den Vereinigungen von Arbeitnehmern, für die die Frage bisher allein praktisch geworden ist, das gänzliche Fehlen eines offenen oder auch nur versteckten Einflusses des Gegenspielers auf die allgemeine Haltung oder die Einzelentschließungen der Vereinigung. Diese Unabhängigkeit ist z. B. grundsätzlich nicht gegeben bei Arbeitnehmervereinigungen, die nur aus Arbeitnehmern eines Betriebes bestehen, den sogenannten Werksvereinigungen, weil solche Vereinigungen sich nach der Erfahrung des täglichen Lebens dem Einfluß des gemeinsamen Arbeitgebers nicht entziehen können. Wo, wie bei den meisten Werkvereinigungen, die Zugehörigkeit zu der Vereinigung mit der Beendigung des Arbeitsverhältnisses im Betriebe endigt, ergibt sich die Abhängigkeit der Vereinigung von dem Arbeitgeber ohne weiteres; denn dieser hat es dann in der Hand, auf den Mitgliederbestand der Vereinigung und damit auf ihre Willensbildung durch Entlassungen und Neueinstellungen einzuwirken. Diesem wohl entscheidenden Umstand scheint Kaskel in seinem viel beachteten Gutachten über die Frage der Tarifzugehörigkeit der Werkvereine (abgedruckt in Druckf. Nr. 352 von 1920/27 des Vorläufigen Reichswirtschaftsrates als Anlage 3 zum Bericht des Unterausschusses des Verfassungsausschusses) nicht hinreichend gewürdigt zu haben. An der notwendigen Unabhängigkeit fehlt es weiter auch bei solchen Arbeitnehmervereinigungen, die mit dem sozialen Gegenspieler, der Arbeitgebervereinigung, in einem festen Verbande stehen oder mit ihr gemeinsam einem sogenannten Dachverbande angehören; auch hier lehrt die Erfahrung, daß die sozial schwächere Arbeitnehmervereinigung durch den Zwang zur Zusammenarbeit mit dem Gegenspieler nicht die volle Selbständigkeit der Entschließung behält. (Wie hier Flatow, Anm. 5 Abs. 5 zu § 8 BRG.; a. A. Dersch-Volkmar, 1. Aufl., Anm. 4b, aa zu § 10; die entsprechende Stelle ist in der 2. Aufl., a. a. O. fortgelassen). Die unabhängigen Vereinigungen der Arbeitnehmer werden nach dem Sprachgebrauch des Arbeitslebens als „Gewerkschaften" bezeichnet.

Einer Vereinigung von Arbeitgebern oder von Arbeitnehmern ist weiter nach der herrschenden Auffassung die Tariffähigkeit abzusprechen, wenn sie sich in ihren Entschließungen, sei es wegen ihres im wesentlichen außerwirtschaftlichen Zwecks, sei es aus anderen Gründen, von außerhalb der Wirtschaft und der Sozialpolitik liegenden Beweggründen, insbesondere also von parteipolitischen, leiten läßt. Denn hierdurch verliert sie das typische Merkmal des sozialen Gegengewichts gegenüber der anderen Partei des Arbeitslebens.

Die Stellungnahme der Vereinigung zu einzelnen Fragen des Arbeitslebens, wie etwa zur Frage des Streiks, kommt als solche gegenüber der grundsätzlichen Einstellung der Vereinigung in den geschilderten Richtungen nicht in Betracht, wohl aber kann sie für die Erkenntnis der grundsätzlichen Einstellung der Vereinigung von Bedeutung sein (a. A. Dersch-Volkmar, 1. Aufl., a. a. O.).

Die für die Frage der Tariffähigkeit einer Vereinigung von Arbeitgebern oder von Arbeitnehmern maßgebende Einstellung ergibt sich nicht nur aus der Satzung der Vereinigung, sondern ebensosehr aus ihrem tatsächlichen Zweck im öffentlichen Leben und aus ihrem praktischen Verhalten. Hieraus ergibt sich auch, ob die Vereinigung tatsächlich eine Vereinigung von Arbeitgebern oder von Arbeitnehmern ist, d. h. ob sie die Beeinflussung des Arbeitslebens von der einen oder der anderen sozialen Seite aus zum Ziel hat oder ob sie etwa rein zufällig oder aus außerhalb der Sozialpolitik liegenden Gründen aus Arbeitgebern oder aus Arbeitnehmern besteht, ihrem Zwecke nach aber etwa eine Standesvereinigung, eine Geselligkeitsvereinigung usw. ist. Vielfach sind Vereinigungen, insbesondere vor der Staatsumwälzung, zu anderen Zwecken gegründet worden, haben aber später praktisch die Einflußnahme auf das Arbeitsleben von der Arbeitgeberseite oder der Arbeitnehmerseite her in ihre Ziele aufgenommen und sind dadurch zu tariffähigen Vereinigungen geworden (z. B. Anwaltsvereine).

Die Tariffähigkeit im Sinne der vorgenannten Regierungserklärungen begreift auch die in Rechtsprechung und Schrifttum vielfach von der Tariffähigkeit im engeren Sinne geschiedene „Tarifberechtigung" in sich (vgl. hierüber Flatow-Joachim, SchlVO., Anm. 2, A I, 2, zu § 3). Für das Arbeitsgerichtsgesetz sind unabhängig von dieser theoretischen Unterscheidung tariffähige Vereinigungen und damit wirtschaftliche Vereinigungen im Sinne des Gesetzes nur solche Vereinigungen von Arbeitgebern oder von Arbeitnehmern, die nach Satzung, tatsächlichem Zweck oder Übung die Beeinflussung des Arbeitslebens von der Arbeitgeberseite oder von der Arbeitnehmerseite her zum Ziel haben und die in Verfolgung dieses Zieles Tarifverträge mit den Gegenvereinigungen abschließen. Insofern also eine „gewollte Tarifunfähigkeit" anerkannt wird (vgl. Nipperdey, Beiträge zum Tarifrecht, Verlag Bensheimer, 1923, Gerber, Gutachten über die Frage der gewollten Tarifunfähigkeit von Arbeitgeberorganisationen, Hanseatische Verlagsanstalt, 1926, und das dort angegebene Schrifttum), sind die „tarifunfähig" gewordenen Vereinigungen keine wirtschaftlichen Vereinigungen im Sinne des Arbeitsgerichtsgesetzes. Das bedeutet praktisch einmal, daß die Parteifähigkeit nach § 10 des Arbeitsgerichtsgesetzes für sie nicht besteht, so daß sie nach § 50 ZPO. zwar verklagt werden, aber selbst nicht klagen können, es bedeutet weiter aber auch, daß ihnen die übrigen Befugnisse nicht zustehen, die das Arbeitsgerichtsgesetz den wirtschaftlichen Vereinigungen verleiht (vgl. z. B. §§ 11, 14, 20).

Dafür, welche Vereinigungen von Arbeitgebern oder von Arbeitnehmern im einzelnen praktisch als tariffähig anzusehen sind, vermag das Abkommen vom 15. 11. 1918 einen wertvollen, wenn auch nicht gesetzlich anerkannten Anhalt zu geben, doch sind seine Bestimmungen nicht erschöpfend.

Wenn sich auch aus dem geschilderten Sinn der Rechtseinrichtung des Tarifvertrags ergibt, daß paritätische Vereinigungen von Arbeitgebern und von Arbeitnehmern nicht tariffähig sein können und damit auch keine wirtschaftlichen Vereinigungen im Sinne des Arbeitsgerichtsgesetzes sind, so verlieren Arbeitnehmervereinigungen doch nach der feststehenden Auffassung der Beteiligten (vgl. „Gewerkschaftliche Grundsätze, die von allen der Zentralarbeitsgemeinschaft angeschlossenen Arbeiter- und Angestelltenorganisationen innezuhalten sind", abgedruckt im „Korrespondenzblatt des ADGB.", 1920, Nr. 3, vom 17. 1. 1920), die von den maßgebenden behördlichen Stellen gebilligt wird, nicht darum die Tariffähigkeit, weil ihnen als außerordentliche Mitglieder ohne Stimmrecht auch solche Personen angehören können, die früher als Arbeitnehmer in der betreffenden Vereinigung organisiert waren, inzwischen aber Arbeitgeber geworden sind, ferner auch nicht dadurch, daß ihnen auch Beamte angehören.

Ebensowenig geht die Tariffähigkeit einer Arbeitnehmervereinigung nach der nunmehr auch durch die Vorschrift des § 5 Abs. 1 Satz 2 des Arbeitsgerichtsgesetzes mittelbar als richtig anerkannten Auffassung der Beteiligten dadurch verloren, daß ihr auch „arbeitnehmerähnliche Personen" der im § 5 Abs. 1 Satz 2 bezeichneten Arten (vgl. Anm. 7, 8 zu § 5), und zwar als vollberechtigte Mitglieder angehören. Nach der Vorschrift des § 5 Abs. 1 Satz 2 muß weiter angenommen werden, daß als tariffähige Vereinigungen der Arbeitnehmer im Sinne des § 10 des Arbeitsgerichtsgesetzes auch Vereinigungen anzusehen sind, die nur aus „arbeitnehmerähnlichen Personen", z. B. aus Zwischenmeistern, bestehen, und nur das arbeitnehmerähnliche Interesse dieser Personen vertreten. Derartige Vereinigungen haben auch bereits mehrmals als Parteien auf der Arbeitnehmerseite Tarifverträge abgeschlossen, doch dürfte die Rechtsfrage für das Tarifvertragsrecht bisher nicht grundsätzlich geklärt sein. Infolge der Zuerkennung der Parteifähigkeit an Vereinigungen arbeitnehmerähnlichen Personen gemäß § 10, § 5 Abs. 1 Satz 2 erscheint es vertretbar, diesen Vereinigungen als wirtschaftlichen Vereinigungen auf Arbeitnehmerseite auch die Befugnis zuzuerkennen, Vorschlagslisten für die Berufung von Arbeitnehmerbeisitzern — gemäß § 20 Abs. 1 Satz 2, § 37 Abs. 2, § 43 Abs. 1 — einzureichen (vgl. Anm. 5 zu § 20). Ebenso besteht kein Bedenken dagegen, kraft Satzung oder Vollmacht zur Vertretung befugte Mitglieder und Angestellte von Vereinigungen arbeitnehmerähnlicher Personen der bezeichneten Art gemäß § 11 als Prozeßvertreter der Vereinigung oder ihrer Mitglieder, soweit sie auf Arbeitnehmerseite Partei sind, zuzulassen.

Im übrigen sind tariffähige Vereinigungen der Arbeitgeber alle Vereinigungen von Arbeitgebern, die die Beeinflussung des Arbeitslebens von der Arbeitgeberseite mit gesetzlichen Mitteln, insbesondern mit dem Mittel des Tarifvertrages zum Ziel haben (vgl. oben). Praktische Schwierigkeiten entstehen für die Entscheidung darüber, ob eine dieses Ziel verfolgende Vereinigung von Arbeitgebern als tariffähige und damit als wirtschaftliche Vereinigung anzuerkennen ist, insofern nicht, als unter den gegebenen wirtschaftlichen Verhältnissen eine Beeinflussung der Unabhängigkeit der Vereinigung von der Arbeitnehmerseite, die sie zur Trägerin des Arbeitgeberinteresses ungeeignet machen würde, nicht in Frage kommt.

Anders liegt dies, wie oben dargelegt, bei den Arbeitnehmervereinigungen. Hier bedarf es praktisch häufig der schwierigen Entscheidung, ob die Vereinigung, die die Beeinflussung des Arbeitslebens von der Arbeitnehmerseite zum Ziel hat, in ihrer gesamten Einstellung und in ihren einzelnen Entschließungen völlig unabhängig von Einflüssen der Arbeitgeberseite ist, so daß sie nach dem oben Gesagten als tariffähige Vereinigung anerkannt werden kann.

Wie die deutsche Arbeitsgesetzgebung bisher keine gesetzlichen Begriffsmerkmale der tariffähigen Vereinigung aufgestellt hat, so hat sie auch bisher nicht die Möglichkeit einer alle beteiligten Stellen bindenden Entscheidung über die Frage der Tariffähigkeit einer Vereinigung geschaffen. Die Entscheidung ist vielmehr im Einzelfall von der für ihn zuständigen Stelle zu **treffen**, wie dies die Erklärung des Reichsarbeitsministers zur zweiten Lesung des Gesetzes im Reichstag andeutet und wie es oben näher ausgeführt ist. Es ist zu erwarten, daß die Verwaltungspraxis der Arbeitsgerichtsbarkeit gemäß den §§ 20, 37, 43, insbesondere aber die Entscheidungen der Arbeitsgerichtsbehörden selbst zu den §§ 10, 11 — in Anlehnung an die bisherige Praxis — eine noch festere und mit Rücksicht auf die Unabhängigkeit der Arbeitsgerichtsbehörden maßgebende Auslegung des Begriffs der wirtschaftlichen Vereinigung schaffen werden. Grundsätzliche Entscheidungen, insbesondere seitens des Reichsarbeitsgerichts, sind bisher in dieser Beziehung noch nicht ergangen. Vielmehr sind nur einige untere Arbeitsgerichtsbehörden in Fällen, denen nach der Sachlage keine grundsätzliche Bedeutung zukam, tätig geworden. Dabei sind auch z. T. von der hier vertretenen Auffassung abweichende Entscheidungen gefällt worden, ohne daß jedoch auf den Kern der Frage, die allgemeine Einstellung der Vereinigung im Arbeitsleben eingegangen worden wäre.

Klagt eine nicht rechtsfähige Vereinigung von Arbeitgebern oder von Arbeitnehmern im Rechtswege, so muß jede Arbeitsgerichtsbehörde, da die **Parteifähigkeit** gemäß ArbGG. § 46 Abs. 2 Satz 1, § 64 Abs. 2 Satz 1, § 72 Abs. 2 in Verbindung mit ZPO. § 56 **von Amts wegen zu prüfen** ist, sich ohne Rücksicht auf das von den Parteien Vorgetragene die Überzeugung verschaffen, ob es sich um eine **wirtschaftliche Vereinigung** im Sinne des § 10 ArbGG. handelt oder nicht. Es muß also von Amts wegen die Frage der Tariffähigkeit nachprüfen, indem es das auf Grund der Satzung und der Übung der Vereinigung vorhandene Material über ihre grundsätzliche Einstellung im Arbeitsleben herbeizieht und beurteilt; es kann sich nicht mit der Nachprüfung der etwa überreichten Satzung begnügen, sondern wird auch alle andern Erkenntnismittel, wie z. B. die Kenntnis der Stellung der Verwaltungsbehörden zu der Vereinigung, benutzen müssen. Auf Grund aller dieser Unterlagen hat es sich seine Überzeugung zu bilden (vgl. auch die nächsten Absätze).

Als feststehend kann bereits jetzt, in Übernahme der Grundsätze des erwähnten Abkommens vom 15. 11. 1918, angesehen werden, daß alle Arbeitnehmervereinigungen, die einer der drei in dem Abkommen anerkannten Gewerkschaftsrichtungen angehören, tariffähige Vereinigungen — wirtschaftliche Vereinigungen — im Sinne des Gesetzes sind. Die drei Richtungen sind die freie, christlich-nationale und freiheitlich-nationale (Hirsch-Dunckersche). Ihre Spitzenverbände sind für die freigewerkschaftliche Richtung der „Allgemeine Deutsche Gewerkschaftsbund" — Arbeiter — und der „Allgemeine freie Angestelltenbund" — Angestellte —, für die christlich-nationale Richtung der „Deutsche Gewerkschaftsbund" — Arbeiter und Angestellte —, für die freiheitlich-nationale (Hirsch-Dunckersche) Richtung der „Gewerkschaftsring deutscher Arbeiter-, Angestellten- und Beamtenverbände" — Arbeiter und Angestellte.

Bei Vereinigungen, die einem dieser Spitzenverbände angeschlossen sind, steht die Tariffähigkeit auf Grund der einheitlichen Anschauung der Parteien des Arbeitslebens und der Behörden — im Einklang mit dem Abkommen vom 15. 11. 1918 — fest. Falls die Zugehörigkeit zu einem dieser Spitzenverbände feststeht, ist das Gericht deshalb jeder weiteren Nachprüfung der Tariffähigkeit der Vereinigung überhoben, obwohl eine ausdrückliche gesetzliche Bestimmung über die Anerkennung der Tariffähigkeit dieser Vereinigungen nicht vorhanden ist. Der Charakter dieser Vereinigungen ist aber mittelbar gesetzlich festgelegt, weil auf ihnen die in Verfolg des Art. 165 der Reichsverfassung entwickelte Arbeitsverfassung des neuen Reichs mit beruht.

Vereinigungen von Arbeitnehmern, die keiner dieser Spitzenverbände angeschlossen sind, mangelt darum noch nicht die Tariffähigkeit. Die Bildung tariffähiger Vereinigungen der Arbeitgeber und der Arbeitnehmer außerhalb der bestehenden Spitzenverbände ist vielmehr auf Grund der verfassungsmäßig gewährleisteten Vereinigungsfreiheit (Art. 159 RV.) zugelassen; eine einschränkende Vorschrift, wie sie das Knappschaftsgesetz (Fassung vom 25. 6. 1926 — RGBl. I S. 291) auf Grund der besonderen Sachlage im Bergbau im § 184 enthält, findet sich hier nicht. Bei diesen Vereinigungen ist aber jeweils von der in Betracht kommenden Behörde, für die Arbeitsgerichtsbarkeit also von den Verwaltungsbehörden der Arbeitsgerichtsbarkeit (§§ 20, 37, 43) bzw. von den Arbeitsgerichtsbehörden (§§ 10, 11) im einzelnen nach Satzung, Zweck und tatsächlichem Verhalten der Vereinigung zu prüfen, ob die oben dargelegten Voraussetzungen für die Tariffähigkeit bestehen.

4 In den Fällen des § 2 Nr. 4 und 5 kommen als Verfahrensbeteiligte, wie in Anm. 1 Abs. 4 angegeben, auch andere in Betracht wie die nach der ZPO. parteifähigen physischen und juristischen Personen und Personengesamtheiten und die wirtschaftlichen Vereinigungen von Arbeitgebern und von Arbeitnehmern. Beide Nummern des § 2 Abs. 1 beschäftigen sich mit einer Zuständigkeit der Arbeitsgerichtsbarkeit, die aus der im Betriebsrätegesetz gegebenen Betriebsverfassung erwächst, und zwar Nr. 4 mit den bürgerlich-rechtlichen Streitigkeiten auf Grund des Einspruchs gegen eine Entlassung, Nr. 5 mit den Fällen der freiwilligen Gerichtsbarkeit zur behördlichen Regelung der Betriebsverfassung. Infolgedessen erscheinen als verfahrensbeteiligt und damit als Parteien (vgl. Anm. 1) auch die Personen und Personengesamtheiten, die auf der Arbeitnehmerseite Träger bzw. Organe der Betriebsverfassung sind.

Nachdem die Behandlung der bürgerlichen Rechtsstreitigkeiten und der Fälle der freiwilligen Gerichtsbarkeit aus dem Betriebsrätegesetz, die ursprünglich den Schlichtungsausschüssen und anderen Wirtschaftsverwaltungsstellen zustand, einem gerichtlichen Verfahren zugewiesen worden ist, mußte auch die Frage der Parteifähigkeit der Personengesamtheiten geklärt werden, die an dem Verfahren beteiligt, nach den allgemeinen Vorschriften des § 50 ZPO. aber nicht parteifähig sind. Dies ist auch bereits in der 1. AVO. SchlVO. vom 10. 12. 1923, § 4 Abs. 2 Satz 1, § 5 Abs. 3 geschehen, allerdings nicht in einer im Ausdruck auf den § 50 ZPO. bezugnehmenden Form. Nach § 4 Abs. 2 Satz 1 der 1. AVO. SchlVO. kann die „Klage auch" von den nach dem Betriebsrätegesetz „zur Anrufung berechtigten Betriebsvertretungen erhoben werden"; im § 5 Abs. 3 dort werden diese Betriebsverfassungsträger als „Beteiligte" dem Verfahren eingegliedert. Die im Sinne des Zivilprozeßrechts nicht ganz scharfe Ausdrucksweise erklärt sich aus dem vorläufigen Charakter der in Betracht kommenden Vorschriften zur Entlastung der Schlichtungsbehörden, die von Anfang an nur als Übergangsbestimmungen bis zum Erlaß eines einheitlichen Arbeitsgerichtsgesetzes gedacht waren.

Das Arbeitsgerichtsgesetz bringt nunmehr auch die äußerliche Anpassung der Vorschriften an die allgemeine Zivilprozeßgesetzgebung. Sachlich Neues schafft es mit der Gewährung der Parteifähigkeit an die Träger der Betriebsverfassung in den Fällen des § 2 Abs. 1 Nr. 4 und 5 nicht. Insbesondere ist zu bemerken, daß sich die Parteifähigkeit nur auf die Fälle des § 2 Abs. 1 Nr. 4 und 5 bezieht. Für andere Streitigkeiten, wie etwa Klagen der Betriebsverfassungsträger aus einer Betriebsvereinbarung, sind diese also nicht parteifähig. Für solche Streitigkeiten ist aber auch eine Zuständigkeit der Arbeitsgerichtsbarkeit im § 2 des Gesetzes nicht gegeben. Eine derartige Klage in der ordentlichen Gerichtsbarkeit kommt nicht in Betracht, in erster Linie wegen Unzulässigkeit des Rechtsweges (vgl. Anm. 4 zu § 2), dann aber auch weil in ihr eine Parteifähigkeit der Betriebsverfassungsträger nach § 50 ZPO. überhaupt nicht — weder aktiv noch passiv — gegeben ist. Zwar wäre der Arbeitgeber als physische oder juristische Person parteifähig; auf der anderen Seite stände aber eine Personenmehrheit, die weder juristische Person noch auch nur ein nicht rechtsfähiger Verein ist, da ihre Zusammenfassung lediglich auf der Zugehörigkeit zu dem Betriebe gehört.

Die Verleihung der Parteifähigkeit an die Träger der Betriebsverfassung auf der Arbeitnehmerseite für die in § 2 Abs. 1 Nr. 4 und 5 bezeichneten Streitigkeiten und Fälle hat ebenso wie die Verleihung der Parteifähigkeit an die wirtschaftlichen Vereinigungen von Arbeitgebern und von Arbeitnehmern (vgl. Anm. 3, A) auf die Frage der privaten Rechtsfähigkeit dieser Personmehrheiten keinen Einfluß. Diese ist vielmehr nach wie vor nach dem Betriebsrätegesetz und nach der allgemeinen Gesetzgebung zu beurteilen. Danach kommt eine private Rechtsfähigkeit nicht in Frage. Die Träger der Betriebsverfassung auf der Arbeitnehmerseite können also nicht Träger privatrechtlicher Rechte und Pflichten sein (ebenso: Flatow, BRG., Vorbem. zu den „Allgemeinen Bestimmungen", S. 17f.; Dersch-Volkmar, Anm. 5a zu § 10).

5 Über die Frage, wer auf der Arbeitnehmerseite Träger der Betriebsverfassung ist, d. h. ob die Betriebsvertretungen (z. B. Betriebsrat, Arbeiterrat, Angestelltenrat) aus eigenem Recht handeln oder ob sie nur Organe der Arbeitnehmerschaft bzw. der Arbeiterschaft oder Angestelltenschaft des Betriebes sind, herrschte bisher Streit (vgl. Flatow-Joachim, SchlVO., Anm. 3 Abs. 2 zu § 4 der 1. AVO. SchlVO.; Flatow, BRG., Vorbem. zu den „Allgemeinen Bestimmungen", S. 16ff.; Dersch-Volkmar, Anm. 5a zu § 10). Das Arbeitsgerichtsgesetz nimmt nunmehr wohl, wie schon § 15 Abs. 1 Satz 2 der 2. AVO. SchlVO. andeutete, für seinen Bereich in dem Sinne Stellung, daß als Träger der Betriebsverfassung die Arbeitnehmerschaft bzw. die Arbeiterschaft oder Angestelltenschaft des Betriebes anzusehen sind, deren handelnde Organe die jeweilig in Betracht kommenden Betriebsvertretungen sind (ebenso Dersch-Volkmar, a. a. O.; a. A. für das Betriebsrätegesetz Flatow, Anm. 7 Abs. 3 zu § 86 BRG, der die Ausdrucksweise des § 10 ArbGG. aus staatsrechtlichen Vorstellungen erklärt, im übrigen aber die Ausdrucksweise der §§ 63, 71 ArbGG. für maßgeblich hält, nach der — im Einklang mit der Ausdrucksweise der §§ 86ff. BRG. — von Klageerhebung und Berufungseinlegung durch die Betriebsvertretung gesprochen wird; zu dieser Ausdrucksweise vgl. Anm. 1, a, Abs. 1, Anm. 2 zu § 63, Anm. 2 zu § 71).

Die Frage ist im allgemeinen nur von theoretisch-wissenschaftlicher Bedeutung. Doch ist für das arbeitsgerichtliche Verfahren zu bemerken, daß nach der Regelung des § 10 Klagen aus § 2 Abs. 1 Nr. 4 genau genommen gegebenenfalls namens der Arbeiterschaft oder der Angestelltenschaft der Betriebe zu erheben, Anträge im Beschlußverfahren nach § 2 Abs. 1 Nr. 5 namens der Arbeitnehmerschaft, der

Arbeiterschaft oder der Angestelltenschaft zu stellen sind, da diese, nicht die Betriebsvertretungen, Partei sind. Allein die Bezeichnung der in Betracht kommenden Betriebsvertretung als Klägerin oder Antragstellerin kann für die wirkliche Partei einen Prozeßnachteil nicht mit sich bringen, weil sich auch aus dieser — an sich unrichtigen — Parteibezeichnung die wirkliche Partei für das Gericht zweifelsfrei ergibt, so daß es in der Lage ist, die Parteibezeichnung auch noch im Urteil bzw. in dem das Verfahren beendenden Beschluß zu berücksichtigen.

Über die Rechtsstellung der im Rechtsstreit aus §§ 86, 87 als Partei auftretenden Arbeiterschaft oder Angestelltenschaft im Verhältnis zu dem beteiligten Arbeitnehmer vgl. Anm. 1, a zu § 63.

6 In den im § 2 Abs. 1 Nr. 5 der Zuständigkeit der Arbeitsgerichtsbarkeit überwiesenen Fällen der freiwilligen Gerichtsbarkeit auf Grund der Vorschriften des Betriebsrätegesetzes sind nach den §§ 39, 41, 43, 44, 52, 53, 56, 60 BRG. auch Teile der Arbeitnehmerschaft — z. B. ein „Viertel der wahlberechtigten Arbeitnehmer" — antragsberechtigt. Diesen Teilen der Arbeitnehmerschaft ist für das arbeitsgerichtliche Verfahren keine Parteifähigkeit verliehen, weil sie keine in der Betriebsverfassung festgelegte dauernde Zusammenfassung von Arbeitnehmern darstellen. Daraus folgt, daß, soweit solche Teile der Arbeitnehmerschaft nach dem Betriebsrätegesetz antragsberechtigt sind, als Parteien des arbeitsgerichtlichen Beschlußverfahrens nur die einzelnen in ihnen für diesen Fall vereinigten Arbeitnehmer anzusehen sind. Jeder dieser Arbeitnehmer ist also „Beteiligter" im Sinne der §§ 83f., 87f. ArbGG.; das hindert nicht, daß sie für das Verfahren einen gemeinsamen Vertreter bestellen (vgl. Anm. 2 zu § 83).

7 Hinsichtlich der Parteien des arbeitsgerichtlichen Verfahrens trifft das Arbeitsgerichtsgesetz eine besondere Regelung nur für die Frage der Parteifähigkeit. Für die Fragen der Prozeßfähigkeit, der Streitgenossenschaft und der Beteiligung Dritter am Rechtsstreite im Urteilsverfahren und für die Frage der Prozeßfähigkeit im Beschlußverfahren gelten nach den § 46 Abs. 2 Satz 1, § 64 Abs. 2 Satz 1, § 72 Abs. 2 und nach den § 80 Abs. 2, § 85 Abs. 2 Satz 1 Arb.GG. die allgemeinen Vorschriften der §§ 52ff., §§ 59ff., §§ 64ff. der Zivilprozeßordnung.

§ 11

Prozeßvertretung[1]

(1) **Vor den Arbeitsgerichten[2] sind als Prozeßbevollmächtigte oder Beistände[3] Rechtsanwälte[4] und Personen, die das Verhandeln vor Gericht geschäftsmäßig betreiben[5], ausgeschlossen[2]; zugelassen sind jedoch[6] Mitglieder und Angestellte wirtschaftlicher Vereinigungen von Arbeitgebern oder von Arbeitnehmern oder von Verbänden solcher Vereinigungen[7], die kraft Satzung oder Vollmacht zur Vertretung befugt sind[8], soweit sie für die Vereinigung oder für Mitglieder der Vereinigung auftreten[9] und nicht neben dieser Vertretung die Tätigkeit als Rechtsanwalt ausüben oder, ohne Rechtsanwälte zu sein, das Verhandeln vor Gericht gewerbsmäßig gegen Entgelt betreiben[10].**

(2) **Vor den Landesarbeitsgerichten und vor dem Reichsarbeitsgerichte[11] müssen die Parteien sich durch Rechtsanwälte als Prozeßbevollmächtigte vertreten lassen; zur Vertretung berechtigt ist jeder bei einem deutschen Gericht zugelassene Anwalt[12]. An ihre Stelle können vor den Landesarbeitsgerichten Mitglieder und Angestellte wirtschaftlicher Vereinigungen von Arbeitgebern oder von Arbeitnehmern oder von Verbänden solcher Vereinigungen treten, die kraft Satzung oder Vollmacht zur Vertretung befugt sind, sofern die Vereinigung, der Verband oder Mitglieder der Vereinigung Partei sind[13].**

1 Die Prozeßvertretung im arbeitsgerichtlichen Verfahren wird durch die Vorschriften des § 11 ArbGG. nicht erschöpfend geregelt. Vielmehr sind daneben für das Urteilsverfahren auf Grund der § 46 Abs. 2 Satz 1, § 64 Abs. 2 Satz 1, § 72 Abs. 2 auch die Vorschriften der §§ 78—90 ZPO. entsprechend anwendbar, soweit sich aus dem § 11 nichts anderes ergibt. Denn § 11 gibt nur einige grundsätzliche Vorschriften über die Zulässigkeit bzw. die Erforderlichkeit der Prozeßvertretung im arbeitsgerichtlichen Verfahren, ohne aber die nähere Gestaltung und die Wirkung der Prozeßvertretung zu regeln.

Die Vorschriften des § 11 gelten — als Teil der „Allgemeinen Bestimmungen" — mangels einer anderweitigen Vorschrift sowohl für das Urteilsverfahren wie für das Beschlußverfahren. Auch für das Beschlußverfahren müssen zur Ergänzung die §§ 78—90 ZPO., soweit sie nicht im Widerspruch zum § 11 stehen, herangezogen werden. Dies ist im Gesetz (§ 80 Abs. 2, § 85 Abs. 2 Satz 2) zwar nicht ausdrücklich gesagt, muß aber aus der Natur des Beschlußverfahrens als gerichtlichen Verfahrens geschlossen werden, da sonst eine lückenlose Regelung der Prozeßvertretung für das Beschlußverfahren nicht vorläge. Über einzelne Besonderheiten der Regelung der Prozeßvertretung im Rechtsbeschwerdeverfahren vgl. Anm. 2 ff. zu § 87, Anm. 6 zu § 88.

Von den Vorschriften der Zivilprozeßordnung über „Prozeßbevollmächtigte und Beistände" (§§ 78—90) sind danach sowohl auf das Urteilsverfahren wie auf das Beschlußverfahren entsprechend anzuwenden § 78 Abs. 2 (kein Vertretungszwang vor dem beauftragten und dem ersuchten Richter und bei Prozeßhandlungen, die vor dem Urkundsbeamten der Geschäftsstelle vorgenommen werden können; a. A. anscheinend das Reichsarbeitsgericht in seinem Beschluß vom 30. 11. 1927 — RAG. RB. 7/27 —, dagegen wie hier Volkmar im „Arbeitsgericht", 33. Jahrg., Nr. 2, Sp. 48 f.), § 78 Abs. 3 (kein Vertretungszwang, soweit ein Rechtsanwalt Partei ist), §§ 80—89 (Nachweis, Wirkung, Erlöschen der Prozeßvollmacht; einzelne Vorschriften für das Beschlußverfahren seiner Natur nach nicht anwendbar), § 90 Abs. 2 (Wirkung des Vortrags eines Beistandes). Die Vorschriften sind grundsätzlich auf alle Prozeßbevollmächtigten und Beistände anzuwenden, die nach § 11 ArbGG. im arbeitsgerichtlichen Verfahren vorgesehen sind, soweit sie sich in der Zivilprozeßordnung nur auf Rechtsanwälte beziehen, auf die im arbeitsgerichtlichen Verfahren an ihre Stelle tretenden zugelassenen geschäftsmäßigen Parteivertreter (vgl. Anm. 6).

Von der Vorschrift des § 157 ZPO. (Zurückweisung von Parteien und Prozeßvertretern) ist nur Abs. 2 Satz 2 entsprechend anwendbar. Abs. 1 und 4 sind durch die Sonderregelung des § 11 ersetzt. Der Anwendung des Abs. 2 Satz 1 steht der Sinn des arbeitsgerichtlichen Verfahrens als eines sozialen Gerichtsverfahrens entgegen. Für die Anwendung des Abs. 3 ist schon darum kein Raum, weil die in ihm in Bezug genommenen „Anordnungen" nach dem Gesagten im arbeitsgerichtlichen Verfahren nicht vorkommen. Der in ihm ausgesprochenen Ausschluß der Beschwerde gegen die Zurückweisung von Prozeßbevollmächtigten und Beiständen auf Grund des § 157 Abs. 1 und 2 beruht aber inhaltlich auch darauf, daß die Anordnungen nach diesen Vorschriften im freien Ermessen des Gerichts stehen, was für die Zurückweisung eines Prozeßbevollmächtigten oder Beistandes auf Grund des § 11 ArbGG. nicht zutrifft. Hier ist daher die Beschwerde nach der allgemeinen Regelung des § 78 ArbGG. in Verbindung mit ZPO. § 567 Abs. 1 zugelassen (vgl. Anm. 2 Abs. 3 hier, Anm. 2a, aa zu § 78; ebenso Volkmar, a. a. O., Sp. 50f.).

Die Vorschrift des § 11 Abs. 1 stammt in ihrem grundsätzlichen Teil aus dem Gewerbegerichtsgesetz und aus dem Gesetz, betreffend Kaufmannsgerichte. Der Ausschluß der Rechtsanwälte im arbeitsgerichtlichen Verfahren des ersten Rechtszuges erfolgte, um die Unmittelbarkeit der Verhandlung möglichst zu sichern und um eine soziale Ungleichheit der Parteien im Verfahren vor dem Arbeitsgericht, die aus den verschiedenen wirtschaftlichen Möglichkeiten der Parteien in bezug auf die Annahme eines Rechtsanwalts erwachsen könnte, zu vermeiden. Der Vertretungszwang in den höheren Rechtszügen beruht auf der Notwendigkeit der rechtskundigen Vertretung der Parteien in den Nachprüfungsverfahren. (Näheres vgl. Begr. S. 35ff.; stenograph. Berichte des Reichtags S. 8435 D — Rede des Reichsarbeitsministers, S. 8447 C, D — Rede des Reichsministers der Justiz.)

2 Die Vorschriften des ersten Absatzes beziehen sich nur auf das Verfahren vor den Arbeitsgerichten, aber sowohl auf das Urteilsverfahren wie auf das Beschlußverfahren dort (vgl. Anm. 1 Abs. 2). Für das Verfahren vor den Landesarbeitsgerichten und vor dem Reichsarbeitsgericht gelten die Vorschriften des zweiten Absatzes.

Der erste Absatz bezieht sich auf das gesamte arbeitsgerichtliche Verfahren des ersten Rechtszuges, da dieses sich nach der Rechtssprache „vor den Arbeitsgerichten" abspielt, also nicht nur auf die mündliche Verhandlung (vgl. für das GGG.: Wilhelmi-Bewer, Anm. 4b zu § 31). Der Ausschluß der Rechtsanwälte und der geschäftsmäßigen Prozeßvertreter bewirkt, daß eine durch eine solche Person vertretene Partei als nicht vertreten gilt, daß die Erklärungen des ausgeschlossenen Prozeßvertreters für das Gericht unbeachtlich sind. Auch schriftliche Eingaben können deshalb rechtsgültig nicht von den durch § 11 Abs. 1 von der Prozeßvertretung ausgeschlossenen Personen beim Arbeitsgericht eingereicht werden. Dies ist von besonderer Bedeutung für die Klageschrift und die Einspruchsschrift im Urteilsverfahren (§ 47 Abs. 1, § 59), für den Antrag und für die Zurücknahme des Antrages im Beschlußverfahren (§ 81 Abs. 1, 2) und für die schriftliche Anhörung der Beteiligten im Beschlußverfahren (§ 83 Abs. 1, 2). Die Einreichung einer von einer als Prozeßvertreter ausgeschlossenen Person unterzeichneten Schrift ist für das Verfahren unbeachtlich. Sie wird vom Gericht zurückgegeben werden; dieses wird aber dabei, entsprechend dem allgemeinen Geist des arbeitsgerichtlichen Verfahrens, auf den Mangel und die Möglichkeit seiner Behebung hinzuweisen haben. Gleichwohl kann die Einreichung einer Klage durch eine ausgeschlossene Person dem Kläger unter Umständen einen nicht zu beseitigenden Schaden bringen, wenn nämlich die Klageerhebung binnen einer bestimmten Frist erfolgen muß (z. B. im Falle des BRG. § 86 Abs. 1 Satz 3) und diese Frist nunmehr abgelaufen ist; Wiedereinsetzung in den vorigen Stand kommt in diesem Falle nach BRG. § 90 nicht in Betracht. Ebenso kann es beim Einspruch gegen ein Versäumnisurteil im Urteilsverfahren und bei der schriftlichen Anhörung im Beschlußverfahren (wegen der Vorschrift des § 83 Abs. 2) liegen.

Tritt eine von der Prozeßvertretung nach § 11 ausgeschlossene Person im Verfahren auf, so ist sie gegebenenfalls durch Beschluß zurückzuweisen; der Beschluß ist, soweit er nicht etwa auf der mündlichen Verhandlung beruht, vom Vorsitzenden allein zu erlassen (§ 53 Abs. 1). Gegen den Beschluß findet die Beschwerde statt (§ 78, vgl. Anm. 1 Abs. 4 hier, Anm. 2, a, aa zu § 78). Die gesetzwidrige Zulassung macht jedoch das Verfahren und die darauf beruhenden Entscheidungen nicht nichtig; sie sind vielmehr mit Rechtsmitteln anfechtbar, in dem Ausnahmefalle des § 579 Abs. 1 Nr. 4 ZPO. auch mit der Nichtigkeitsklage (ebenso für GGG. § 31: Wilhelmi-Bewer, Anm. 4d zu § 31 GGG.).

3 Der Ausschluß der in § 11 Abs. 1 bezeichneten Personen gilt nur dann, wenn sie als Prozeßbevollmächtigte oder als Beistände auftreten. Die Begriffe des „Prozeßbevollmächtigten" und des „Beistandes" sind aus der Zivilprozeßordnung übernommen (ebenso bereits für das gewerbegerichtliche Verfahren: § 31 Abs. 1 GGG.). Ihr Inhalt ist für den Prozeßbevollmächtigten aus den §§ 78—89 ZPO., für den Beistand aus § 90 ZPO. zu entnehmen. „Prozeßbevollmächtigter" ist, wer auf Grund einer Vollmacht der Partei (vgl. aber § 89 ZPO.) an ihrer Stelle als ihr Vertreter Prozeßhandlungen vornimmt, „Beistand", wer auf ihren Wunsch zu ihrer Unterstützung neben ihr, aber nicht an ihrer Stelle und als ihr Vertreter auftritt (vgl. Dersch-Volkmar, Anm. 2 zu § 11). Der Beistand wird in der sozialen Gerichtsbarkeit vielfach volkstümlich als „Mundanwalt" bezeichnet.

Nicht ausgeschlossen sind Rechtsanwälte und geschäftsmäßige Prozeßvertreter soweit sie nicht als Prozeßbevollmächtigte oder Beistände auftreten, also wenn sie selbst Partei, gesetzliche Vertreter der Partei (Vormund, Vorstand einer juristischen Person) oder Partei kraft Amtes (nach der herrschenden Meinung als Konkursverwalter oder Testamentsvollstrecker) sind. Dagegen ist der bei einem Unternehmen angestellte Rechtsanwalt von der Prozeßvertretung seines Arbeitgebers ausgeschlossen, weil er dazu einer Prozeßvollmacht bedarf.

4 „Rechtsanwalt" ist jede Person, die bei einem deutschen Gericht in die Liste der Rechtsanwälte eingetragen ist. Auf die Ausübung der Tätigkeit als Rechtsanwalt kommt es hier nicht an (vgl. aber Anm. 10). Wie ein Rechtsanwalt ist nach dem Sinn der Vorschrift auch der ihm bestellte Vertreter zu behandeln, auch wenn er Gerichtsassessor oder Gerichtsreferendar ist.

Wegen der für den gesetzlichen Ausschluß der Rechtsanwälte maßgeblichen Gründe vgl. Anm. 1 Abs. 4; Begr. S. 35 ff.; stenographische Berichte des Reichstags, 248. und 249. Sitzung 1926, insbesondere S. 8435 D, 8447 C, D.

5 „Personen, die das Verhandeln vor Gericht geschäftsmäßig betreiben", sind solche nicht amtlich zum Verhandeln vor Gericht berufenen Personen, die sich die gerichtliche Vertretung verschiedener anderer Personen zur besonderen Aufgabe machen und tatsächlich wiederholt für verschiedene andere Personen vor Gericht auftreten. Entgeltlichkeit der Prozeßvertretung durch sie ist nicht erforderlich;

entgeltliches geschäftsmäßiges Verhandeln wird vom Gesetz als „gewerbsmäßig" bezeichnet (§ 11 Abs. 1 a. E.; vgl. Anm. 10).

Neben den gewerbsmäßigen Rechtskonsulenten, auch wenn ihnen im übrigen „das mündliche Verhandeln vor Gericht durch eine seitens der Justizverwaltung getroffene Anordnung gestattet ist" (ZPO. § 157 Abs. 4), sind deshalb auch solche Personen vor Arbeitsgerichten als Prozeßbevollmächtigte oder Beistände ausgeschlossen, die das Verhandeln vor Gericht für andere unentgeltlich aus ideellen Gründen, insbesondere auf Grund der Zugehörigkeit zu dem gleichen Beruf, der gleichen gesellschaftlichen Schicht, der gleichen Vereinigung usw. betreiben, es sei denn, daß für sie die Ausnahmeregelung des zweiten Halbsatzes (vgl. Anm. 6) gilt. Erforderlich ist aber immer der Wille, die Prozeßvertretungen als ein besonderes Geschäft, eine besondere Aufgabe zu führen; die wiederholte gelegentliche Wahrnehmung von Prozeßvertretung für Vereinsangehörige erfüllt noch nicht den Begriff des „Geschäftsmäßigen".

Beispiele: Ein Verein, der keine wirtschaftliche Vereinigung von Arbeitgebern oder von Arbeitnehmern und kein Verband solcher Vereinigungen ist (vgl. Anm. 7), errichtet eine Rechtsschutzstelle; die Beauftragten dieser Rechtsschutzstelle können Mitglieder des Vereins oder andere Personen nicht vor den Arbeitsgerichten vertreten. Das gilt auch für gemeinnützige Rechtsauskunftsstellen und für die Sekretariate der nicht als wirtschaftliche Vereinigungen von Arbeitgebern oder von Arbeitnehmern anerkannten Vereinigungen (vgl. Anm. 3 B zu § 10). Keine wirtschaftliche Vereinigung von Arbeitgebern oder von Arbeitnehmern sind auch die Vereinigungen von Kriegsbeschädigten; sofern sie Rechtsschutzstellen errichten, sind deren Beauftragte von der Vertretung der Kriegsbeschädigten vor den Arbeitsgerichten ausgeschlossen; dagegen kann die gelegentliche Vertretung von Kriegsbeschädigten durch Mitglieder oder Angestellte eines Kriegsbeschädigtenbundes, weil diese im Einzelfall keinen geeigneten andern Prozeßbevollmächtigten oder Beistand finden, nicht als geschäftsmäßig angesehen werden.

Personen, die kraft ihres Amtes zur Vertretung oder als Beistand von Parteien des arbeitsgerichtlichen Verfahrens berufen sind, sind keine „geschäftsmäßigen" Vertreter. Deshalb können z. B. die Beauftragten der Fürsorgestellen der Schwerbeschädigtenfürsorge, die als Beistand von Schwerbeschädigten von den Arbeitsgerichten auftreten, nicht zurückgewiesen werden. Ebensowenig ist die Bestellung eines nichtrichterlichen Justizbeamten oder eines Referendars als Vertreter für eine arme Partei, die nicht im Bezirke des Prozeßgerichts wohnt, gemäß ZPO. § 116 ausgeschlossen; doch wird die Bestellung eines Referendars, der sich gerade in der Ausbildung bei einem Rechtsanwalt befindet, zu vermeiden sein, da er in dieser Ausbildungszeit als Hilfskraft des Rechtsanwalts anzusehen ist (vgl. auch Anm. 4 Abs. 1 a. E.).

Andere Personen, außer Rechtsanwälten und Personen, die das Verhandeln vor Gericht geschäftsmäßig betreiben, sind als Prozeßbevollmächtigte und Beistände vor den Arbeitsgerichten jederzeit zugelassen. Die Parteien des arbeitsgerichtlichen Verfahrens können sich also stets durch Verwandte, Freunde usw. vertreten lassen, sofern diese nicht an sich unter die ausgeschlossenen Personen fallen; die beim Inkrafttreten des Gesetzes mitunter aufgestellte Behauptung, durch § 11 Abs. 1 werde unorganisierten Arbeitgebern und insbesondere Arbeitnehmern die Rechtsverfolgung praktisch unbillig erschwert oder beinahe unmöglich gemacht, kann danach nicht aufrechterhalten werden. Die Unmittelbarkeit des Verfahrens wird gegebenenfalls durch die Anwendung der Vorschriften des § 51 über das persönliche Erscheinen der Parteien gewahrt.

6 Nach der in Rechtsprechung und Schrifttum anerkannten Begriffsbestimmung des Wortes „geschäftsmäßig" (vgl. Anm. 5 Abs. 1), sind auch die Vertreter wirtschaftlicher Vereinigungen von Arbeitgebern und von Arbeitnehmern, wenn sie für Mitglieder der Vereinigungen vor Gericht auftreten, „geschäftsmäßige" Prozeßvertreter (vgl. Wilhelmi-Bewer, Anm. 2 zu § 31 für die alte Fassung des § 31 GGG.). Die Gewerbegerichte und die Kaufmannsgerichte haben denn auch derartige Vereinigungsvertreter bis zur Novelle zum § 31 GGG. vom Jahre 1922 als Prozeßvertreter fast stets zurückgewiesen. Diese auf der strengen Auslegung des Begriffs „geschäftsmäßig" beruhende Gerichtsübung wurde aber den praktischen Bedürfnissen des gewerbegerichtlichen Verfahrens jedenfalls nach dem Kriege nicht mehr gerecht. Denn je größere Bedeutung dieses mit der zunehmenden industriellen Entwicklung Deutschlands für das Arbeitsleben gewann, desto notwendiger wurde eine sachkundige Prozeßvertretung der Parteien in Arbeitsstreitigkeiten. Diese war aber bei den Vertretern der wirtschaftlichen Vereinigungen in erheblich höherem Maße gegeben als bei zufälligen Vertretern für den Einzelfall. Auf der andern Seite gefährdete ihre Vertretertätigkeit nicht die erforderliche Unmittelbarkeit des Verfahrens, da sie den Arbeitssachen durch ihre berufliche Tätigkeit besonders nahestehen. Seit der Anerkennung der Bedeutung der wirtschaftlichen Vereinigungen für die Regelung des Arbeitslebens im neuen Reich müssen ihre Vertreter sogar als die berufenen Vertreter der der Vereinigung angeschlossenen Arbeitgeber und Arbeitnehmer auch im Prozeß erscheinen, insbesondere weil sie in der Lage sind, in der Prozeßführung im Einzelfall auch die allgemeinen das Arbeitsleben beherrschenden Gesichtspunkte zum Ausdruck zu bringen, was der grundsätzlich kollektiven Regelung der Arbeitsbedingungen im heutigen deutschen Arbeitsrecht entspricht. Dazu kommt, daß die Prozeßvertretung durch sie die Partei nicht mit Kosten belastet, da die wirtschaftlichen Vereinigungen ihren Mitgliedern auf Grund der Mitgliedschaft kostenlos Rechtsschutz gewähren (vgl. Begr., B, V, 2b, S. 37).

Entsprechend dieser Entwicklung erkannte die Novelle zum Gewerbegerichtsgesetz vom 14. 1. 1922 die Prozeßvertretung durch Vertreter wirtschaftlicher Vereinigungen von Arbeitgebern oder von Arbeitnehmern ausdrücklich an. Redaktionell wurde diese Anerkennung im § 31 Abs. 2 GGG. nicht ganz einwandfrei zum Ausdruck gebracht, da die Vereinigungsvertreter durch die Anknüpfung mit dem Worte „dagegen" zu den geschäftsmäßigen Vertretern im allgemeinen in Gegensatz gebracht wurden. Das Arbeitsgerichtsgesetz stellt die Regelung auch logisch richtig, indem es die Zulässigkeit der Vereinigungsvertreter mit dem Worte „jedoch" als Ausnahme an den Ausschluß der geschäftsmäßigen Vertreter anknüpft (vgl. Anm. 7 Abs. 2).

7 Träger des Arbeitslebens sind nach der geltenden Gesetzgebung nur die wirtschaftlichen Vereinigungen der Arbeitgeber und der Arbeitnehmer (vgl. darüber und über den Begriff der wirtschaftlichen Vereinigungen die Ausführungen in der Anm. 3 B zu § 10). Darum sind nur die Vertreter dieser Vereinigungen als Prozeßvertreter vor den Arbeitsgerichten berufen; Vertreter anderer Vereinigungen stehen zum Arbeitsleben und damit auch zu der dafür geschaffenen Arbeitsrechtspflege nach dem Sinn der Arbeitsgesetzgebung in keinem andern Verhältnis wie

andere geschäftsmäßige Prozeßvertreter und unterliegen deshalb wie sie dem Ausschluß im Verfahren vor den Arbeitsgerichten (vgl. Anm. 5).

Die vorliegende Vorschrift trägt den praktischen Bedürfnissen des Arbeitslebens weitergehend Rechnung als die inhaltlich gleichgerichtete Vorschrift des § 31 Abs. 2 GGG. nach der Novelle von 1922. Wirtschaftliche Vereinigungen der Arbeitgeber und der Arbeitnehmer sind die Vereinigungen der Einzelpersonen. Auf Arbeitgeberseite bestehen diese häufig aus allen Arbeitgebern des Orts oder des Bezirks, ohne Rücksicht auf die berufliche oder gewerbliche Gliederung. Auf Arbeitnehmerseite enthalten die Vereinigungen — Gewerkschaften — stets nur die einzelnen Arbeitnehmer eines Berufes oder eines Gewerbes (Berufsverband oder Industrieverband); die einzelnen Vereinigungen einer Richtung sind daneben örtlich oder bezirklich zu Gewerkschaftsausschüssen oder Gewerkschaftskartellen zusammengeschlossen, die dem zentralen Spitzenverband der Richtung (ADGB., AfA-Bund, DGB., Gewerkschaftsring) entsprechen. Vielfach haben nun die einzelnen Vereinigungen der Arbeitgeber und der Arbeitnehmer, insbesondere in kleineren Orten, keine eigenen geeigneten Prozeßvertreter, sondern sie haben den gesamten Rechtsschutz ihrer Mitglieder der Rechtsschutzstelle des Verbandes ihrer Vereinigungen am Ort, im Bezirk oder in einer größeren örtlichen Einheit übertragen. So besteht z. B. auf Arbeitnehmerseite die Einrichtung der sogenannten „Arbeitersekretariate" als Rechtsschutzstellen für die sämtlichen Mitglieder der Vereinigungen der Richtung im örtlichen Bereich des Arbeitersekretariats; ähnliche Einrichtungen sind auch auf der Arbeitgeberseite vorhanden.

Diesen tatsächlichen Verhältnissen trägt die vom Reichstag beschlossene Fassung der Vorschrift ausdrücklich Rechnung, die in die Regierungsvorlage noch die Worte einfügte „oder von Verbänden solcher Vereinigungen". Praktisch wurde auch bisher der Arbeitersekretär oder ein anderer Vertreter eines Kartells von wirtschaftlichen Vereinigungen von Arbeitgebern oder von Arbeitnehmern im allgemeinen als Prozeßvertreter vor dem Gewerbegericht oder dem Kaufmannsgericht gemäß § 31 Abs. 2 GGG. zugelassen, weil man ihn im weiteren Sinne auch als Vertreter der einzelnen Vereinigung im Kartell ansah; doch konnte das nach der Fassung dieser Vorschrift und auch nach der Fassung der Regierungsvorlage rechtlich bedenklich erscheinen. Ein Ausschluß dieser Kartellvertreter würde aber dem Sinn der Zulassung der Vereinigungsvertreter zur Prozeßführung für die Mitglieder der Vereinigung widersprechen. Durch die nunmehr angenommene Fassung ist klargestellt, daß jeder Arbeitgeber vor dem Arbeitsgericht durch einen Vertreter seiner Arbeitgebervereinigung oder durch einen Vertreter des Verbandes, dem diese Arbeitgebervereinigung angehört, vertreten werden kann, jeder Arbeitnehmer durch einen Vertreter seiner Gewerkschaft — nicht nur durch den örtlichen — und durch einen Vertreter des Verbandes der Gewerkschaften seiner Richtung, sei es eines örtlichen Kartells, sei es einer höheren Verbandsstelle bis hinauf zum Spitzenverband. Ein Arbeitgeber oder ein Arbeitnehmer kann jedoch nicht von dem Vertreter einer anderen Vereinigung wie der, der er angehört, im Prozeß vertreten werden, auch nicht durch den Vertreter einer Vereinigung, die dem gleichen Verbande wie seine Vereinigung angehört. Ein Mitglied des freien Metallarbeiterverbandes kann sich also durch einen Vertreter dieses Verbandes oder durch Vertreter des ADGB. oder eines seiner Bezirks- oder Ortsausschüsse vertreten lassen, nicht aber durch einen Vertreter des freien Holzarbeiterverbandes.

8 Wer als Vereinigungs- bzw. als Verbandsvertreter vor dem Arbeitsgericht auftreten kann, ist im Gesetz im Ausdruck abweichend von der Regierungsvorlage geregelt. Diese hatte als zugelassene Prozeßvertreter „satzungsmäßige Vertreter und bevollmächtigte Angestellte" der wirtschaftlichen Vereinigung bezeichnet. Die im Reichstag angenommene Fassung soll demgegenüber zweifelsfrei zum Ausdruck bringen, daß als Prozeßvertreter nur solche Vertreter wirtschaftlicher Vereinigungen oder Verbände in Betracht kommen, die entweder Mitglieder oder dauernde Angestellte der Vereinigung oder des Verbandes sind. Es soll also damit die Betrauung außenstehender Personen mit der ständigen Wahrnehmung der Prozeßvertretung durch die Satzung verhindert werden; denn „satzungsmäßiger Vertreter" kann nach dem rechtlichen Sprachgebrauch auch eine außenstehende Person sein. Diese Klarstellung lag im Sinne des Gesetzes. Im übrigen kann jedes Mitglied und jeder Angestellte der Vereinigung oder des Verbandes betraut werden, auch wenn er an sich zu den durch den ersten Halbsatz ausgeschlossenen Personen gehört, also auch ein Rechtsanwalt, der Mitglied oder Angestellter der Vereinigung oder des Verbandes ist; dies folgt aus der Anknüpfung des zweiten Halbsatzes mit „jedoch" (vgl. Anm. 6 Abs. 2). Sachlich ist dazu zu bemerken, daß sich der Ausschluß der Rechtsanwälte ja nicht gegen den Beruf als solchen richtet, sondern gegen die Schwierigkeiten, die durch die Betrauung eines *freien* Rechtsanwalts entstehen würden (vgl. Anm. 4 Abs. 2). Doch findet die Möglichkeit der Betrauung ihre Grenze in der aus dem letzten Satzstück „und nicht neben .... betreiben" sich ergebenden Einschränkung (vgl. Anm. 10 Abs. 2).

Die Mitglieder oder Angestellten der Vereinigung oder des Verbandes können zur Prozeßvertretung sowohl durch die Satzung wie durch eine besondere Vollmacht berufen sein. Durch die Satzung hierzu berufen sind die allgemeinen gesetzlichen Vertreter der Vereinigung oder des Verbandes, daneben aber auch solche Personen, denen gerade die Prozeßvertretung oder ein diese einschließendes Aufgabengebiet durch die Satzung übertragen ist. Ob die betreffende Person Mitglied oder Angestellter der Vereinigung ist, ist belanglos.

Der Kreis der kraft Satzung zur Prozeßvertretung befugten Personen wird aber für die praktischen Bedürfnisse der Vereinigung oder des Verbandes häufig nicht ausreichen. Aus diesem Grunde ist auch die Berufung zur Prozeßvertretung durch Vollmacht außerhalb der Satzung zugelassen. Die Vollmacht ist von einer satzungsmäßig zu Rechtsgeschäften dieser Art befugten Person zu erteilen. Sie kann allgemein oder für den einzelnen Fall oder für eine Reihe von Fällen erteilt werden, immer aber nur an Mitglieder oder Angestellte der Vereinigung oder des Verbandes. Diese von der Vereinigung oder dem Verband ausgehende Bevollmächtigung eines Mitglieds oder Angestellten als Prozeßvertreter namens der Vereinigung oder des Verbandes ist *nicht zu verwechseln mit der Prozeßvollmacht*, die die Partei ihrem Prozeßbevollmächtigten erteilt und deren Bedeutung in den auch für das arbeitsrechtliche Verfahren geltenden §§ 80—89 ZPO. (vgl. Anm. 1 Abs. 3) umschrieben ist (dies scheint von Baumbach, Anm. 6b zu § 11, verkannt zu werden). Die *Prozeßvollmacht* seitens der Partei muß dem von der Vereinigung oder dem Verband gestellten Prozeßvertreter *in jedem Fall* in der in der ZPO. vorgeschriebenen Weise erteilt werden.

Das Arbeitsgericht hat also nicht nur die Prozeßvollmacht gemäß § 80 ZPO. nachzuprüfen, sondern im Zweifelsfall auch die Befugnis des Vereinigungsvertreters zum Auftreten als solcher. Ist diese Befugnis nach den Vorschriften des § 11 Abs. 1 nicht gegeben, so hat es den Prozeßbevollmächtigten auch dann zurückzuweisen (Anm. 2 Abs. 3), wenn eine rechtsgültige Prozeßvollmacht seitens der Partei vorliegt.

9 Die Zulassung der Vereinigungs- und Verbandsvertreter als Prozeßbevollmächtigter oder als Beistände vor dem Arbeitsgericht beschränkt sich nur auf die Prozeßvertretung der Vereinigung und ihrer Mitglieder. Eine Prozeßvertretung von Verbänden wirtschaftlicher Vereinigungen dürfte nur dann in Betracht kommen, wenn ein Verband als „Dritter" in einem arbeitsgerichtlichen Verfahren Partei ist; in diesem Falle wird man auf Grund analoger Anwendung die Zulässigkeit der Prozeßvertretung durch bevollmächtigte Mitglieder oder Angestellte annehmen müssen; im Abs. 2 ist diese Möglichkeit ausdrücklich erwähnt.

Die Prozeßvertretung einer wirtschaftlichen Vereinigung von Arbeitgebern oder von Arbeitnehmern ist nur dann nach der vorliegenden Vorschrift zu beurteilen, wenn die Vereinigung nicht durch einen gesetzlichen Vertreter vertreten wird. Neben dieser gesetzlichen Vertretungsmöglichkeit kann sie von der Befugnis Gebrauch machen, eigene Mitglieder oder Angestellte oder Mitglieder oder Angestellte eines Verbandes, dem sie angehört, zur Prozeßvertretung zu bevollmächtigen. Geschieht dies für den einzelnen Fall, so fällt in diesem Ausnahmefall die Bevollmächtigung als Vereinigungs- oder Verbandsvertreter und die Prozeßvollmacht zusammen (vgl. Anm. 8 Abs. 3, 4).

Im übrigen können die Vereinigungs- und Verbandsvertreter nur für Mitglieder der Vereinigung bzw. einer dem Verband angeschlossenen Vereinigung als Prozeßvertreter auftreten. Nicht in einer wirtschaftlichen Vereinigung organisierte Arbeitgeber oder Arbeitnehmer können sich daher niemals durch Vereinigungs- oder Verbandsvertreter vertreten lassen; im Falle einer solchen Prozeßvertretung wäre auch der Vereinigungs- oder Verbandsvertreter nach der Vorschrift des § 11 Abs. 1 als geschäftsmäßiger Prozeßvertreter anzusehen. Falls ein unorganisierter Arbeitgeber oder Arbeitnehmer die Prozeßführung als Partei nicht selbst oder nicht allein übernehmen will, so kann er mit seiner Prozeßvertretung nur eine Person betrauen, die die Prozeßvertretung anderer Personen nicht als besondere Aufgabe betreibt (vgl. Anm. 5 Abs. 5).

Aus der Fassung der Vorschrift „soweit sie ... für Mitglieder der Vereinigung auftreten" und der Vorschrift des Satzes 2 des zweiten Absatzes „sofern ... Mitglieder der Vereinigung Partei sind" sind in Rechtsprechung und Schrifttum teilweise rechtliche Bedenken auch gegen die Zulassung eines Vereinigungs- oder Verbandsvertreters als Prozeßvertreters einer klagenden oder im Beschlußverfahren beteiligten Arbeitnehmerschaft, Arbeiterschaft oder Angestelltenschaft (in den Fällen des § 2 Abs. 1 Nr. 4 und 5, § 10) hergeleitet worden. Diese Bedenken werden darauf gestützt, daß die Arbeitnehmerschaft usw., die Partei (bzw. Beteiligte) ist, als solche nicht Mitglied der Vereinigung sein kann. Nach dem Sinn der Vorschrift des § 11 wird aber anzunehmen sein, daß auch die Arbeitnehmerschaft usw. als Partei durch einen Vereinigungs- oder Verbandsvertreter vertreten werden kann, sofern unter ihren Mitgliedern eine irgendwie erhebliche Zahl von Arbeitnehmern ist, die in der betreffenden Vereinigung organisiert sind, insbesondere, wenn der in Betracht kommenden Betriebsvertretung Mitglieder der Vereinigung angehören. In den Fällen des § 2 Abs. 1 Nr. 4 wird die Prozeßvertretung durch einen Vereinigungs- und Verbandsvertreter weiter zuzulassen sein, wenn der gekündigte Arbeitnehmer, um dessen materiellrechtlichen Anspruch der Rechtsstreit geht (vgl. Anm. 1a zu § 63), Mitglied der Vereinigung ist.

Von dieser Auffassung ist auch der Reichstag bei seiner Beschlußfassung ausgegangen (vgl. die Ausführungen des Abg. Gerig in der zweiten Beratung, stenograph. Protokoll der 249. Sitzung 1926, S. 8476D). Eine andere Auffassung würde im Verfahren vor dem Landesarbeitsgericht zu kaum lösbaren Schwierigkeiten führen (vgl. Anm. 13 Abs. 1 a. E.).

10 Das letzte Satzstück „und nicht neben ..... betreiben" ist durch den Reichstag auf Grund eines Ausschußbeschlusses eingefügt worden. Die Änderung der Regierungsvorlage bezweckt nach den Erörterungen im Ausschuß entsprechend der bisherigen Vorschrift des § 31 Abs. 2 GGG. den Ausschluß solcher Vereinigungs- und Verbandsvertreter von der Prozeßvertretung vor dem Arbeitsgericht, die außer der arbeitsgerichtlichen Prozeßvertretung für wirtschaftliche Vereinigungen und deren Mitglieder auch sonst entgeltlich als Prozeßvertreter tätig sind. Es soll auf diese Weise eine scharfe Scheidung zwischen den arbeitsgerichtlichen Prozeßvertretern und berufsmäßigen Prozeßvertretern im übrigen durchgeführt werden.

Vereinigungs- und Verbandsvertreter, die auf Grund des § 11 Abs. 1 vor den Arbeitsgerichten als Prozeßvertreter auftreten, dürfen auch Rechtsanwälte sein (vgl. Anm. 8 Abs. 1 a. E.). Die in Betracht kommenden Rechtsanwälte dürfen aber neben der arbeitsgerichtlichen Prozeßvertretung keine freie Rechtsanwaltstätigkeit ausüben. Die Wahrnehmung der Prozeßvertretung der Vereinigung oder ihrer Mitglieder vor den Landesarbeitsgerichten und auch vor dem Reichsarbeitsgericht als Rechtsanwalt gemäß § 11 Abs. 2 dürfte ihre Vertretungsfähigkeit vor den Arbeitsgerichten nach dem Sinn der Vorschrift nicht ausschließen. Die Führung von Armensachen, zu der jeder Rechtsanwalt verpflichtet ist, wird entsprechend der bisherigen Auslegung des § 31 Abs. 2 GGG. nicht als Ausübung der Rechtsanwaltstätigkeit im Sinne der Vorschrift des § 11 Abs. 1 Halbsatz 2 anzusehen sein, da die Vorschrift sonst mittelbar den Ausschluß der Rechtsanwälte als Vereinigungs- und Verbandsvertreter überhaupt bedeuten würde, was nach der Beratung im Ausschuß von den Antragstellern nicht beabsichtigt war. Die Führung von Armensachen ist nicht Ausübung der freien Rechtsanwaltstätigkeit, die allein für die arbeitsgerichtlichen Prozeßvertreter nicht zugelassen sein soll (ebenso Dersch-Volkmar, Anm. 3b, α zu § 11; Baumbach, Anm. 8 zu § 11).

Soweit die Vereinigungs- oder Verbandsvertreter, wie in der überwiegenden Mehrzahl der Fälle, keine Rechtsanwälte sind, dürfen sie neben der arbeitsgerichtlichen Prozeßvertretung das Verhandeln vor Gericht nicht „gewerbsmäßig gegen Entgelt" betreiben. Die Ausdrucksweise ist nicht ganz scharf, da schon der Begriff des „Gewerbsmäßigen" zum Unterschied von dem des „Geschäftsmäßigen" die Entgeltlichkeit der Tätigkeit einschließt (vgl. Anm. 5 Abs. 1).

Geschäftsmäßiges aber unentgeltliches Verhandeln vor Gericht neben der arbeitsgerichtlichen Prozeßvertretung schließt nicht von der Prozeßvertretung vor dem Arbeitsgericht aus. Da jedoch geschäftsmäßige Prozeßvertreter für unorganisierte Arbeitgeber oder Arbeitnehmer vor den Arbeitsgerichten nicht auftreten können (vgl. Anm. 5), kann die nach der vorliegenden Vorschrift zugelassene geschäftsmäßige Vertretung nur vor anderen Gerichten ohne Anwaltszwang, also vor den Amtsgerichten, in Frage kommen. Ein Vereinigungs- oder Verbandsvertreter, der vor einem Arbeitsgericht für die Vereinigung oder eines ihrer Mitglieder als Prozeßvertreter auftritt, kann also nicht deshalb zurückgewiesen werden, weil er in Rechtsstreitigkeiten vor den Amtsgerichten auch andere Personen, z. B. Mitglieder einer befreundeten Vereinigung, unentgeltlich vertritt, wohl aber, wenn er das gegen Entgelt tut.

11 In Verfahren vor den Landesarbeitsgerichten und vor dem Reichsarbeitsgericht herrscht Vertretungszwang, und zwar sowohl im Urteils- wie im Beschlußverfahren (vgl. Anm. 1 Abs. 2). Praktisch ist dieser Vertretungszwang im Beschwerdeverfahren, einschließlich der Revisionsbeschwerde, und im Beschlußverfahren gemildert (ArbGG. § 77, § 78 Abs. 1 in Verbindung mit ZPO. § 569 Abs. 2; ArbGG. § 87 Abs. 1 und 4, § 88 Abs. 1; vgl. Anm. 4 zu § 77, Anm. 2c zu § 78, Anm. 2 zu § 87, Anm. 6 zu § 88). Die Vorschrift erklärt sich daraus, daß vor den Landesarbeitsgerichten und vor dem Reichsarbeitsgericht nur das Berufungsverfahren, das Revisionsverfahren, das Rechtsbeschwerdeverfahren und das Beschwerdeverfahren stattfinden, die allein oder doch wesentlich der rechtlichen Nachprüfung der Entscheidung des Vordergerichts dienen (vgl. Begr. B V, 2b, S. 37f.). Um diese Nachprüfung schnell und zweckmäßig durchführen zu können, bedarf das Nachprüfungsgericht grundsätzlich der Unterstützung durch sachverständige Parteivertreter; der Vortrag der im allgemeinen rechtsunkundigen Partei wird hierzu regelmäßig nicht ausreichen, insbesondere wenn man das Erfordernis der schleunigen Durchführung des Verfahrens (§ 9 Abs. 3 Satz 1; vgl. Anm. 10 zu § 9) berücksichtigt.

Der Vertretungszwang ist aber entsprechend den besonderen Bedürfnissen und Möglichkeiten der Arbeitsrechtspflege abweichend von dem Anwaltszwang des § 78 Abs. 1 ZPO. geregelt. Einmal besteht der Anwaltszwang nur im Verfahren vor dem Reichsarbeitsgericht, während im Verfahren vor den Landesarbeitsgerichten an Stelle des Rechtsanwalts auch ein Vereinigungs- oder Verbandsvertreter auftreten kann (vgl. Anm. 13), zum andern beschränkt der Anwaltszwang die Vertretung nicht auf den Kreis der bei dem in Betracht kommenden Gericht bzw. bei seinem Angliederungsgericht in der ordentlichen Gerichtsbarkeit zugelassenen Rechtsanwälte, sondern läßt die Vertretung durch jeden deutschen Rechtsanwalt zu (vgl. Anm. 12).

Die Bedeutung des Wortes „vor" ist die gleiche wie im Abs. 1 (vgl. Anm. 2 Abs. 2 Satz 1); der Vertretungszwang gilt also für das ganze Verfahren, soweit nicht die Vorschriften in § 87 Abs. 1, 4, § 88 und in § 77, § 78 Abs. 1 in Verbindung mit ZPO. § 569 praktisch Ausnahmen ermöglichen (vgl. Abs. 1 dieser Anm.).

12 Mit der notwendigen Prozeßvertretung ist im Verfahren vor den Landesarbeitsgerichten grundsätzlich (vgl. Anm. 13), im Verfahren vor dem Reichsarbeitsgericht ausschließlich ein Rechtsanwalt als Prozeßbevollmächtigter, nicht nur als Beistand zu betrauen; nach dem Aufbau der deutschen Rechtspflege ist der Rechtsanwalt der gegebene rechtskundige Prozeßvertreter. Die Bedenken, die gegen eine Prozeßvertretung durch Rechtsanwälte im arbeitsgerichtlichen Verfahren sprechen (vgl. Anm. 1 Abs. 5, 4 Abs. 2), müssen im Nachprüfungsverfahren, soweit sie auch für dieses bestehen, hinter den prozessualen Erfordernissen dieses Verfahrens (vgl. Anm. 11 Abs. 1) zurücktreten.

Dagegen erschien die Lokalisierung des Anwaltszwanges für das arbeitsgerichtliche Verfahren weder erforderlich noch zweckmäßig. Da die Prozeßvertretung im arbeitsgerichtlichen Verfahren ein besonderes eingehendes Studium des Arbeitsrechts erfordert, ist damit zu rechnen, daß nicht überall, besonders nicht in kleineren Orten, eine genügende Zahl geeigneter Rechtsanwälte für die Prozeßvertretung zur Verfügung steht. Die Parteien des arbeitsgerichtlichen Verfahrens müssen deshalb in der Lage sein, den ihnen geeignet erscheinenden Rechtsanwalt auch dann mit der Vertretung zu betrauen, wenn er nicht bei dem Angliederungsgericht des Prozeßgerichts zugelassen ist; dies gilt insbesondere auch für Verfahren vor dem Reichsarbeitsgericht. Die Prozeßvertretung durch einen Rechtsanwalt, der das besondere Vertrauen der Partei genießt, wird die schleunige und sachliche Durchführung des Verfahrens fördern. Zudem wird auf diese Weise für die Partei häufig eine Verringerung ihrer Prozeßkosten erreicht werden. Das Bedenken, daß durch diese Vorschrift das Auftreten angeblicher Rechtsanwälte begünstigt wird (vgl. Baumbach, Anm. 9 zu § 11), erscheint nicht stichhaltig, da sich das Prozeßgericht im Zweifelsfall leicht Gewißheit über die Zulassung des auftretenden Rechtsanwalts verschaffen kann.

Die rechtliche Beurteilung der notwendigen Prozeßvertretung durch Rechtsanwälte richtet sich nach den Vorschriften der Zivilprozeßordnung (§§ 78—89). Die Vorschrift des § 78 Abs. 2 ZPO. — kein Vertretungszwang vor dem beauftragten und dem ersuchten Richter sowie für Prozeßhandlungen, die vor dem Urkundsbeamten der Geschäftsstelle vorgenommen werden können — ist auch im arbeitsgerichtlichen Verfahren vor den Landesarbeitsgerichten und vor dem Reichsarbeitsgericht anwendbar. Die Vorschrift des § 78 Abs. 3 ZPO. ist in der Weise entsprechend anzuwenden, daß vor den Landesarbeitsgerichten und vor dem Reichsarbeitsgericht jeder deutsche Rechtsanwalt, der Partei im arbeitsgerichtlichen Verfahren ist, sich selbst vertreten kann.

Die Gebühren der Rechtsanwälte bestimmen sich im Urteilsverfahren nach den Vorschriften der Gebührenordnung für Rechtsanwälte, weil die Landesarbeitsgerichte und das Reichsarbeitsgericht den ordentlichen Gerichten angegliedert sind und im Verfahren vor ihnen im allgemeinen die Vorschriften der Zivilprozeßordnung gelten, so daß § 1 der GebO. f. RAe. anwendbar ist, im Beschlußverfahren nach den Vorschriften der Landesgebührenordnungen über die Vergütung für die Tätigkeit der Rechtsanwälte in der freiwilligen Gerichtsbarkeit. (vgl. Anm. 9 zu § 9).

13 Im Verfahren vor den Landesarbeitsgerichten kann die notwendige Prozeßvertretung auch durch einen Vereinigungs- oder Verbandsvertreter an Stelle eines Rechtsanwalts wahrgenommen werden. Diese Regelung ist getroffen, weil damit zu rechnen ist, daß die wirtschaftlichen Vereinigungen der Arbeitgeber und der Arbeitnehmer über so erfahrene und vertretungsgewandte Vertreter verfügen, daß ihnen in geeigneten Fällen die Prozeßvertretung auch in einem Nachprüfungsverfahren übertragen werden kann; gegen eine derartige Prozeßvertretung auch in dem rein rechtlichen Nachprüfungsverfahren vor dem Reichsarbeitsgericht bestanden allerdings Bedenken. Die Regelung ist für das Urteilsverfahren besonders darum zweckmäßig, weil im Verfahren vor den Landesarbeitsgerichten in den Fällen des § 2 Abs. 1 Nr. 4 auch nichtvermögensfähige Parteien vorkommen, denen die Annahme eines Rechtsanwalts praktisch unmöglich wäre (vgl. Anm. 9 Abs. 4 und 5).

Für die Zulassung der Vereinigungs- und Verbandsvertreter gelten nach dem Wortlaut des § 11 Abs. 2 Satz 2 auch hier die in den Anm. 7—9 dargelegten Voraussetzungen; die Fassung ist jedoch genauer als die des ersten Absatzes (vgl. Anm. 9 Abs. 1). Nach der Natur der Prozeßvertretung im Berufungs- und Rechtsbeschwerdeverfahren vor den Landesarbeitsgerichten entfällt aber das Erfordernis der Nichtausübung entgeltlicher Prozeßvertretung im übrigen (vgl. Anm. 10).

In entsprechender Anwendung des § 78 Abs. 3 ZPO. wird auch den Vereinigungs- und Verbandsvertretern die Vertretung in eigener Sache zu gestatten sein (vgl. Anm. 12 Abs. 3; ebenso Dersch-Volkmar, Anm. 6 zu § 11). Doch kann ein Vertreter seitens der Vereinigung nicht nur zu dem Zwecke bevollmächtigt werden, um seine eigene Sache vertreten zu können, weil darin eine Umgehung des Vertretungszwanges läge (ebenso Dersch-Volkmar, a. a. O.).

Vereinigungs- und Verbandsvertreter erhalten von der vertretenen Partei kein Entgelt, weil die Rechtsschutzgewährung zu den Pflichten der Vereinigung gegenüber dem Mitglied gehört. Hierauf beruht zum erheblichen Teil die Regelung des § 11 (vgl. Anm. 6 Abs. 4; a. A. Baumbach, Anm. 1 D zu § 12).

§ 12

Gebühren und Auslagen[1]

(1) Im Verfahren vor den Arbeitsgerichten[2] wird eine einmalige Gebühr[3] nach dem Werte des Streitgegenstandes[4] erhoben. Sie beträgt bei einem Streitwert

bis zu zwanzig Reichsmark einschließlich . . . eine Reichsmark,
von mehr als zwanzig Reichsmark bis zu sechzig Reichsmark einschließlich . . . . zwei Reichsmark
von mehr als sechzig Reichsmark bis zu einhundert Reichsmark einschließlich . . . . drei Reichsmark

und von da ab für jede angefangene hundert Reichsmark je drei Reichsmark bis zu höchstens fünfhundert Reichsmark[5]. Schreibgebühren kommen nicht in Ansatz[6].

(2) Wird der Rechtsstreit im ersten oder in einem höheren Rechtszug durch einen vor dem Gericht abgeschlossenen oder dem Gerichte mitgeteilten Vergleich beendet, so werden in diesem Rechtszug keine Gebühren erhoben, auch wenn eine streitige Verhandlung vorausgegangen war[7]. Wird der Rechtsstreit durch Versäumnisurteil oder auf Grund eines Anerkenntnisses oder einer Zurücknahme der Klage beendet und hat keine streitige Verhandlung stattgefunden, so wird in diesem Rechtszug nur die Hälfte der sonst fälligen Gebühren erhoben; bei Beendigung des Rechtsstreites im ersten Rechtszug auf Grund eines Anerkenntnisses oder einer Zurücknahme der Klage ohne streitige Verhandlung werden keine Gebühren erhoben[8].

(3) **Gebühren und Auslagen werden erst fällig, wenn das Verfahren in dem Rechtszug beendet oder das Ruhen des Verfahrens angeordnet ist[9]. Kostenvorschüsse werden nicht erhoben[10]; das gilt auch für die Zwangsvollstreckung[11].**

(4) **In den Fällen des § 2 Nr. 5[12], des § 93 Abs. 4 und der §§ 102 und 107 in Verbindung mit § 93 Abs. 4, des § 98 Abs. 3 und des § 99[13] werden Gebühren und Auslagen nicht erhoben.**

(5) **Vergleiche in einem anhängigen Rechtsstreit sind stempelfrei[14].**

(6) **Im übrigen gelten für die Gebühren und Auslagen im arbeitsgerichtlichen Verfahren die Vorschriften des Gerichtskostengesetzes entsprechend[15].**

1 Gebühren und Auslagen zusammen machen die Gerichtskosten aus. Die Gebühren dienen der Entschädigung des Trägers der Gerichtsbarkeit, grundsätzlich des Staates, für die Ausübung der Gerichtsbarkeit im Einzelfall, die Auslagen sind die baren Aufwendungen, die das Gericht selbst zur Durchführung des einzelnen Rechtsstreits gemacht hat (z. B. Auszahlung der Entschädigungen an Zeugen und Sachverständige, Portokosten bei Zustellungen).

Die Verpflichtung der Parteien zur Zahlung der Gerichtskosten an den Staat behandelt für die ordentliche Gerichtsbarkeit das Gerichtskostengesetz. Davon zu scheiden ist die Kostentragungspflicht im Verhältnis der Parteien zueinander und die Festsetzung der daraus den Parteien gegeneinander zustehenden Verpflichtungen; sie sind in den §§ 91—107 ZPO. geregelt. Diese Vorschriften gelten gemäß § 46 Abs. 2 Satz 1, § 64 Abs. 2 Satz 1, § 72 Abs. 2 für das Urteilsverfahren der Arbeitsgerichtsbarkeit entsprechend, soweit nicht § 61 Abs. 1 Abänderungen enthält (vgl. Anm. 2—6 zu § 61); im Beschlußverfahren der Arbeitsgerichtsbarkeit werden keine Gerichtskosten — weder Gebühren noch Auslagen — erhoben (§ 12 Abs. 4; vgl. Anm. 12).

Die Verpflichtung der Parteien zur Zahlung von Gerichtskosten an den Staat ist für das arbeitsgerichtliche Verfahren aller Rechtszüge im § 12 geregelt. Danach gilt, soweit nichts anderes bestimmt ist, ebenfalls das Gerichtskostengesetz (§ 12 Abs. 6; vgl. Anm. 15). Die zahlreichen Ausnahmen von den Vorschriften des Gerichtskostengesetzes, die teils alle Rechtszüge, teils nur den ersten Rechtszug betreffen, sind in den Absätzen 1—5 des § 12 geregelt.

Der Gedanke der anderweitigen Regelung geht auf das Gewerbegerichtsgesetz zurück und entspricht dem Wunsche der Beteiligten nach besonderer Billigkeit und Übersichtlichkeit des arbeitsgerichtlichen Verfahrens. Das Gewerbegerichtsgesetz konnte jedoch nach seiner gesetzlichen Tragweite Sonderbestimmungen nur für den ersten Rechtszug treffen. Dies war in §§ 58, 59 GGG. geschehen, die im § 16 Abs. 1 KGG. auch für das kaufmannsgerichtliche Verfahren für anwendbar erklärt wurden. Die Regelung des Arbeitsgerichtsgesetzes geht teilweise über die Vorschriften des Gewerbegerichtsgesetzes hinaus, während es in anderer Beziehung eine Angleichung an die für das Verfahren der ordentlichen Gerichtsbarkeit maßgebenden Vorschriften bringt.

2 Eine grundsätzlich von der Gebührenregelung des allgemeinen Verfahrens in bürgerlichen Rechtsstreitigkeiten abweichende Regelung der Gebühren ist nur für

das Urteilsverfahren des ersten Rechtszuges vorgesehen. Wegen des Beschlußverfahrens vgl. Abs. 4 (Anm. 12). Im Verfahren der höheren Rechtszüge gelten hinsichtlich der Gebühren grundsätzlich die Vorschriften des Gerichtskostengesetzes, mit den Ausnahmen, die sich aus den Absätzen 2, 3 und 5 ergeben. Hinsichtlich der Berechnung der Auslagen gibt das Arbeitsgerichtsgesetz keine Sonderregelung.

Die Arbeitsgerichte sind nach §§ 2, 3 nur Entscheidungsgerichte, nicht auch Vollstreckungsgerichte. Vollstreckungsgericht ist vielmehr auch für die Arbeitsrechtspflege das Amtsgericht (ZPO. § 764). Für das Vollstreckungsverfahren gelten daher ebenfalls die Vorschriften des Gerichtskostengesetzes, jedoch mit den Einschränkungen, die sich aus § 12 Abs. 3 Satz 2 Halbsatz 2 und aus § 61 Abs. 2 bzw. § 69 Abs. 2 ergeben — keine Vorschüsse, maßgebend ist der vom Arbeitsgericht, gegebenenfalls vom Landesarbeitsgericht, endgültig festgesetzte Streitwert.

3 Der grundsätzliche Unterschied der Gebührenregelung des Verfahrens vor den Arbeitsgerichten von der des Gerichtskostengesetzes besteht — im Anschluß an § 58 GGG. — in der Einführung einer einmaligen Gebühr. Nach §§ 20, 8 des Gerichtskostengesetzes werden in bürgerlichen Rechtsstreitigkeiten je nach dem Verlauf des Rechtsstreites bis zu drei Gebühren erhoben, die „Prozeßgebühr" — für das Verfahren im allgemeinen, also in jedem Falle zu zahlen —, die „Beweisgebühr" — für die Anordnung einer Beweisaufnahme — und die „Urteilsgebühr" — für ein auf Grund streitiger Verhandlung ergehendes End- oder Zwischenurteil. Die Gebühr des § 12 Abs. 1 wird dagegen ohne Rücksicht auf den Verlauf des Rechtsstreits nur einmal erhoben, es sei denn, daß sich etwa aus Abs. 2 Gebührenfreiheit oder Gebührenminderung ergibt. Dies bedingt bei den im Arbeitsrechtsstreit üblichen Wertstufen im allgemeinen eine erhebliche Verbilligung, wenngleich theoretisch ein gleich billiges Verfahren auch nach dem Gerichtskostengesetz möglich ist, wenn nämlich dort nur eine Gebühr entsteht, ein Fall, der aber verhältnismäßig selten eintritt (wegen des Gebührentarifs vgl. Anm. 5). Daneben wird die Kostenregelung durch die Vorschrift des Abs. 1 für die nicht rechts- und verfahrenskundige Partei erheblich übersichtlicher.

Die Vorschrift hindert jedoch nicht, daß in den Fällen des Abs. 2 Satz 2 nur die halbe Gebühr erhoben wird. Auch die Zulässigkeit der zusätzlichen Erhebung einer Verzögerungsgebühr nach GKG. § 39 in Verbindung mit Abs. 6 wird anzunehmen sein (ebenso Baumbach, Anm. 1E zu § 12), weil dieser mittelbare Zwang zu möglichster Beschleunigung des Verfahrens den Grundgedanken des Gesetzes (vgl. § 9 Abs. 3 Satz 1) entspricht.

4 Über die Berechnung des Wertes des Streitgegenstandes gibt das Arbeitsgerichtsgesetz keine besonderen Vorschriften. Nach Abs. 6 gelten deshalb hierfür die Vorschriften des Gerichtskostengesetzes *entsprechend*, d. h. mit den Änderungen, die sich aus den Vorschriften des Arbeitsgerichtsgesetzes im übrigen ergeben. In dieser Beziehung sind die Vorschriften der § 61 Abs. 2, § 69 Abs. 2 ArbGG. von Bedeutung. Danach wird im arbeitsgerichtlichen Verfahren, anders wie im allgemeinen Verfahren in bürgerlichen Rechtsstreitigkeiten, der *Streitwert im Urteil festgesetzt*, und zwar grundsätzlich endgültig im Urteil des Arbeitsgerichts (§ 61 Abs. 2); nur wenn er sich nach dessen Verkündung geändert hat, setzt ihn das Landesarbeitsgericht für das Verfahren vor ihm und gegebenenfalls vor dem Reichsarbeitsgericht neu fest. Diese Festsetzungen sind, in entsprechender Anwendung des § 17 GKG. für die Berechnung der Gebühren in den

verschiedenen Rechtszügen maßgebend; § 18 GKG. kommt deshalb, soweit ein Urteil ergangen ist, nicht zur Anwendung.

Die Maßgeblichkeit der Festsetzung des Streitwerts im Urteil ist nach dem Sinne der Vorschrift des § 61 Abs. 2, die eine endgültige Festlegung im Interesse der Einfachheit und Übersichtlichkeit des Verfahrens bezweckt, unbedingt. Auch für die Berechnung der Kosten, deren Begleichung im arbeitsgerichtlichen Verfahren nach Abs. 3 grundsätzlich erst nach dem Urteil erfolgt, kann ein in irgendeiner Beziehung anderer Streitwert nicht zugrunde gelegt werden; eine andere Absicht hätte im Gesetz zum Ausdruck gebracht werden müssen. Für die Berechnung des Streitwerts zwecks Festsetzung gemäß § 61 Abs. 2 ist nicht der Zeitpunkt der Erhebung der Klage, wie nach § 4 ZPO., § 9 GKG. maßgebend, sondern der Zeitpunkt der letzten mündlichen Verhandlung, an die sich nach § 60 Abs. 1 die Urteilsverkündung regelmäßig unmittelbar anschließt; das ergibt schon die Vorschrift des § 69 Abs. 2 für eine etwaige Neufestsetzung des Streitwerts durch das Landesarbeitsgericht. Über die gesetzlichen Unterlagen für die Berechnung des Streitwerts vgl. Anm. 7 Abs. 1—4 zu § 61. (Wie hier im wesentlichen Dersch-Volkmar, Anm. 6 zu § 61, Anm. 2 zu § 69, Anm. 4 zu § 12. A. A. offenbar das Preußische Justiz- und Handelsministerium; dies ergibt sich aus einer Reihe von Vordrucken für das arbeitsgerichtliche Verfahren, die davon ausgehen, daß für die Frage der Zulässigkeit von Rechtsmitteln und für die der Gebührenberechnung in Ausnahmefällen eine verschiedene Festsetzung des Streitwerts erfolgen muß; ebenso Walder in N. Z. f. ArbR. 1928 Sp. 69ff.)

5 Der Gebührentarif des § 12 Abs. 1 unterscheidet sich von dem Gebührentarif des § 8 GKG. Er ist für die Berechnung, entsprechend dem Gebührentarif des § 58 Abs. 2 GGG., bedeutend einfacher als der des Gerichtskostengesetzes, wenngleich seine Gebühren, verglichen mit der einfachen Gebühr des Gerichtskostengesetzes, deren Erhebung aber eben nicht die Regel bildet (vgl. Anm. 3), nicht geringer, sondern in höheren Streitwerten sogar höher ist. Abgesehen von Streitwerten bis zu sechzig Reichsmark werden im arbeitsgerichtlichen Verfahren stets drei vom Hundert des auf volle hundert Reichsmark nach oben abgerundeten Streitwertes als Gebühr erhoben. An die Stelle der Verringerung des Hundertsatzes für die gewisse Beträge übersteigenden Streitwerte nach § 8 GKG. tritt hier die Begrenzung der Gebühr auf höchstens fünfhundert Reichsmark. Auch dieser Gedanke der Gebührenhöchstgrenze stammt aus der Regelung des § 58 Abs. 2 GGG., doch ist die Höchstgrenze im ArbGG. entsprechend den im arbeitsgerichtlichen Verfahren, insbesondere auf Grund des § 2 Abs. 1 Nr. 1 ArbGG., möglichen höheren Streitwerten heraufgesetzt.

6 Die Vorschrift, daß Schreibgebühren nicht in Ansatz kommen, ist aus § 58 Abs. 5 Satz 1 GGG. übernommen. Sie ist insbesondere für die Anfertigung von Abschriften der Klage und etwaiger vorbereitender Schriftsätze von Bedeutung, die nach § 71 Abs. 1 GKG. gebührenpflichtig wäre. Die Parteien des arbeitsgerichtlichen Verfahrens, die nicht durch Rechtsanwälte vertreten sind, werden diese Schriftstücke im allgemeinen ohne Beifügung von Abschriften für den Gegner einreichen; die Sollvorschrift des § 496 Abs. 2 Satz 2 gilt im Verfahren vor den Arbeitsgerichten nach § 47 Abs. 1 Satz 1 ArbGG. nicht. Auch auf Antrag zu erteilende Ausfertigungen, insbesondere Urteilsausfertigungen und Abschriften, sind gebührenfrei zu erteilen. Wie nach der bisherigen Übung der Gewerbegerichte

und Kaufmannsgerichte wird das Arbeitsgericht aber die Erteilung solcher Ausfertigungen und Abschriften verweigern können, soweit sie zur sachgemäßen Rechtsverfolgung für die Partei nicht erforderlich sind (a. A. Dersch-Volkmar, Anm. 6 zu § 12, wo für nicht erforderliche Ausfertigungen und Abschriften Zulässigkeit der Kostenerstattung angenommen wird).

Die Erstattung der baren Auslagen der Arbeitsgerichte (z. B. Postgebühren, Zeugen- und Sachverständigengebühren) erfolgt gemäß Abs. 6 nach den Vorschriften der §§ 72, 73 GKG., jedoch nach Abs. 3 erst nach Beendigung des Verfahrens in dem Rechtszug.

7 Die Gebührenfreiheit der Vergleiche im arbeitsgerichtlichen Verfahren dient der Förderung der gütlichen Einigung. Es handelt sich aber nur um Gebührenfreiheit, in den höheren Rechtszügen also um Freiheit von allen drei Gebühren (GKG. § 20; vgl. Anm. 3); Auslagen müssen dem Gericht in jedem Falle erstattet werden.

Die Vorschrift galt für Vergleiche, die von dem Gewerbegericht oder dem Kaufmannsgericht aufgenommen wurden, schon im gewerbegerichtlichen und im kaufmannsgerichtlichen Verfahren nach § 58 Abs. 4 GGG., § 16 Abs. 1 KGG. Sie ist nunmehr auf alle Rechtszüge des arbeitsgerichtlichen Verfahrens ausgedehnt, die Gebührenfreiheit gilt aber nur für das Verfahren in dem Rechtszug, in dem der Vergleich geschlossen worden ist. Ob dem Vergleichsschluß eine streitige Verhandlung in der Instanz vorangegangen ist oder nicht, ist ohne Belang (ebenso § 58 Abs. 4 GGG.). Wird also im Revisionsverfahren nach streitiger Verhandlung vor dem Reichsarbeitsgericht ein Vergleich geschlossen, so bleiben gleichwohl Gebühren und Auslagen des Verfahrens der früheren Rechtszüge erhoben; die etwaige Erstattungspflicht ergibt sich aus dem Inhalt des Vergleichs. Für das Revisionsverfahren werden aber nur etwaige Auslagen erhoben, Gebühren dagegen nicht.

Nach der Vorschrift des § 58 Abs. 4 GGG. trat die Gebührenfreiheit nur ein, wenn der Vergleich vom Gericht aufgenommen worden war, sei es, daß er vor ihm abgeschlossen, sei es, daß er an sich vorher abgeschlossen war. Von dieser Voraussetzung sieht § 12 Abs. 2 Satz 1 auf Grund der Erfahrung ab, daß Vergleiche häufig außergerichtlich geschlossen werden. Es würde dann eine unnütze Belastung der Parteien und des Gerichts bedeuten, wenn eine Protokollierung des außergerichtlichen Vergleichs erfolgen müßte, um die Gebührenfreiheit der Instanz herbeizuführen. Es wird deshalb nunmehr nur eine Mitteilung des geschlossenen Vergleichs an das Gericht verlangt, die am besten gemeinsam von den Parteien ausgeht, um Rückfragen des Gerichts unnötig zu machen.

Ist nur ein Teil des Rechtsstreits im Vergleichswege erledigt, so werden Gebühren nur von dem streitig gebliebenen Teil erhoben. Sofern es sich um einen Vergleich im Verfahren des ersten oder zweiten Rechtszugs handelt, ergibt sich das schon daraus, daß die Gebühren nach dem Wert des Streitgegenstandes erhoben werden und der Streitwert im ersten Rechtszug im Urteil für den Zeitpunkt der letzten mündlichen Verhandlung und, falls er sich danach geändert hat, für den zweiten Rechtszug wiederum im Urteil für den Zeitpunkt der letzten mündlichen Verhandlung dort festgesetzt wird (§ 61 Abs. 2, § 69 Abs. 2; vgl. Anm. 4); ist also ein Teil des Streites im Vergleichswege erledigt, so ist der Streitwert entsprechend geringer. Beim Vorliegen eines Teilvergleichs im Revisionsverfahren können die Gebühren trotz endgültiger Festsetzung des Streitwerts im Urteil des Landesarbeitsgerichts auf Grund des § 12 Abs. 2 Satz 1 und in entsprechender Anwendung des § 14 GKG. gemäß § 12 Abs. 6 nur von dem streitig gebliebenen Teil des Streitwerts erhoben werden.

[8] Die Vorschrift des § 12 Abs. 2 Satz 2 kommt nur zur Anwendung, soweit der Rechtsstreit durch Versäumnisurteil oder auf Grund Anerkenntnisses oder Zurücknahme der Klage beendet wird. Wird zunächst ein Versäumnisurteil erlassen, auf den Einspruch aber wieder streitig verhandelt, und ergeht die Endentscheidung auf Grund dieser Verhandlung, so ist § 12 Abs. 2 Satz 2 nicht anwendbar. Diese Behandlung entspricht der Vorschrift des § 12 Abs. 3 Satz 1, nach der die Kosten erst fällig werden, wenn das Verfahren in dem Rechtszug beendet ist.

a) Wird der Rechtsstreit im ersten Rechtszug auf Grund Anerkenntnisses — gleichviel ob durch Anerkenntnisurteil oder nicht — oder auf Grund Zurücknahme der Klage beendet, ohne daß eine streitige Verhandlung — also die Stellung widersprechender Anträge der Parteien im streitigen Verfahren nach Abschluß des Güteverfahrens — stattgefunden hat, so wird der Rechtsstreit hinsichtlich der Kosten ebenso behandelt, wie wenn über ihn ein Vergleich geschlossen worden wäre (§ 12 Abs. 2 Satz 2 Halbsatz 2): Gebühren werden nicht erhoben, Auslagen sind jedoch zu erstatten (vgl. Anm. 7). In diesem Falle ist die Prozeßsituation nämlich rechtspolitisch ebenso zu werten. Die abweichende Vorschrift des § 58 Abs. 3 GGG. hatte dazu geführt, daß Anerkenntnisse und Klagerücknahmen im gewerbegerichtlichen und im kaufmannsgerichtlichen Verfahren im Kosteninteresse vielfach fälschlich in die Form des Vergleiches gekleidet wurden.

b) Endet der Rechtsstreit im ersten Rechtszug durch Versäumnisurteil, ohne daß eine streitige Verhandlung voraufgegangen ist, so ist die Prozeßsituation für die säumige Partei rechtspolitisch betrachtet nicht gleich günstig, wie wenn sie die Klage zurückgenommen bzw. anerkannt hätte; Gebührenfreiheit erscheint daher hier nicht begründet. Immerhin läßt die Beendigung des Rechtsstreits ohne streitige Verhandlung eine Minderung der Gebühren, nicht der bereits verausgabten Auslagen, angebracht erscheinen (§ 12 Abs. 2 Satz 2 Halbsatz 1).

c) Das gleiche gilt, wenn der Rechtsstreit in einem höheren Rechtszuge durch Versäumnisurteil ohne streitige Verhandlung beendet wird, aber nur für diesen Rechtszug (§ 12 Abs. 2 Satz 2 Halbsatz 1). Es werden in ihm alsdann die Hälfte der Gebühren erhoben, die sonst fällig geworden wären, also die Hälfte der Prozeßgebühr (§ 20 GKG.).

d) Ebenso wird die Beendigung des Rechtsstreits auf Grund Anerkenntnisses oder auf Grund Zurücknahme der Klage ohne streitige Behandlung in einem höheren Rechtszug behandelt. Für diesen Rechtszug wird nur die Hälfte der sonst fälligen Gebühren erhoben, gleichviel ob im Falle des Anerkenntnisses ein Anerkenntnisurteil oder im Falle der Zurücknahme der Klage ein Kostenurteil gemäß § 271 Abs. 3 Satz 2 ZPO. ergangen ist oder nicht (§ 12 Abs. 2 Satz 2 Halbsatz 1).

e) Wird der Rechtsstreit im ersten oder in einem höheren Rechtszug durch Versäumnisurteil oder auf Grund Anerkenntnisses oder Zurücknahme der Klage beendet, nachdem bereits eine streitige Verhandlung stattgefunden hatte, so tritt eine Minderung der sonst gemäß § 12 bzw. nach dem Gerichtskostengesetz entstehenden Gebühren nicht ein.

f) Wird der Rechtsstreit nur teilweise durch Versäumnisurteil oder auf Grund Anerkenntnisses oder Zurücknahme der Klage ohne streitige Verhandlung beendet, so gelten die Vorschriften des § 12 Abs. 2 Satz 2 nur für diesen Teil (vgl. entsprechend Anm. 7 Abs. 4).

9 § 12 Abs. 3 enthält eine für alle Rechtszüge geltende Abweichung von der Regelung des allgemeinen Verfahrens in bürgerlichen Rechtsstreitigkeiten. Die Vorschrift soll der wirtschaftlich schwachen Partei die Führung des Prozesses ermöglichen, ohne in allen Fällen das Armenrecht in Anspruch zu nehmen. Für das gewerbegerichtliche und das kaufmannsgerichtliche Verfahren war sie auf Grund der Fassung des § 58 GGG. nach der herrschenden Auffassung schon bisher rechtens. Die Regierungsvorlage an den Reichstag sah in § 12 Abs. 2 Satz 4 eine entsprechende Vorschrift wiederum nur für das Verfahren im ersten Rechtszuge vor, für das Berufungs- und das Revisionsverfahren begnügte sie sich mit der Unanwendbarkeit der § 519 Abs. 6, § 554 Abs. 7 ZPO., nach denen der Verhandlungstermin erst nach Zahlung der Prozeßgebühr angesetzt wird. Der Reichstag hat die Vorschrift nach einen Beschluß des Ausschusses für soziale Angelegenheiten auf alle Rechtszüge ausgedehnt, gleichwohl aber die nunmehr genau genommen gegenstandslos gewordenen Vorschriften der § 66 Abs. 2 Satz 2, § 74 Abs. 2 Satz 2 nicht gestrichen.

Nach der Fassung des Gesetzes werden deshalb im arbeitsgerichtlichen Verfahren die gesamten Kosten — Gebühren und Auslagen — in jedem Rechtszug erst fällig, wenn das Verfahren in diesem Rechtszug beendet oder das Ruhen des Verfahrens angeordnet ist (vgl. jedoch Abs. 2 des § 12 und die Anm. 7 und 8 dazu). Vorher besteht für die Parteien gegenüber dem Gericht keine Kostenzahlungspflicht; wegen des Verbots der Erhebung von Kostenvorschüssen vgl. Anm. 10.

Das Verfahren ist *in dem Rechtszug beendet*, wenn die Parteien einen Vergleich vor Gericht geschlossen oder ihn dem Gericht mitgeteilt haben, wenn die Klage zurückgenommen oder der Anspruch anerkannt oder auf ihn verzichtet ist oder wenn ein Endurteil oder ein ihm im Prozeß gleichgestelltes Urteil ergangen ist.

a) Im Falle des Vergleichs ist das Verfahren mit dem Abschluß des Vergleichs vor Gericht oder mit seiner Mitteilung an das Gericht beendet.

b) Die Zurücknahme der Klage erfolgt durch Erklärung in der mündlichen Verhandlung oder durch Zustellung eines Schriftsatzes (§ 271 Abs. 2 ZPO. in Verbindung mit § 64 Abs. 2 Satz 1 bzw. § 72 Abs. 2 ArbGG.), im Verfahren vor dem Arbeitsgericht ist der Schriftsatz beim Arbeitsgericht einzureichen, die Zustellung erfolgt von Amts wegen (ZPO. § 496 Abs. 2, Abs. 1 Satz 1 in Verbindung mit § 46 Abs. 2 Satz 1 ArbGG.) Das Verfahren ist also in diesem Fall beendet mit der Erklärung der Klagerücknahme in der mündlichen Verhandlung oder mit der Zustellung des die Klage zurücknehmenden Schriftsatzes an den Beklagten. Auf den etwaigen Erlaß eines die Verpflichtung des Klägers zur Tragung der Kosten aussprechenden Urteils gemäß § 271 Abs. 3 Satz 2 ZPO. kommt es nicht an; ein solches Urteil dürfte übrigens für das arbeitsgerichtliche Verfahren kaum in Frage kommen, da Vorauszahlungen hier nicht gemacht sind und die Kostentragungspflicht des Klägers feststeht.

c) Die Anerkennung des Klageanspruchs erfolgt in der mündlichen Verhandlung; sie ist in die Verhandlungsniederschrift aufzunehmen (ZPO. § 160 in Verbindung mit § 46 Abs. 2 Satz 1 bzw. § 64 Abs. 2 Satz 1 bzw. § 72 Abs. 2 ArbGG.). Hiermit ist das Verfahren der Instanz insoweit beendet. Beantragt die andere Partei Anerkenntnisurteil, so ergeht dies sofort (ZPO. § 307 in Verbindung mit ArbGG. a. a. O.), ein anderer Beendigungstermin dürfte also nur im ersten Rechtszug in Frage kommen (vgl. zu e).

d) Beim Verzicht des Klägers auf den Anspruch in der mündlichen Verhandlung ist der Verzicht in die Verhandlungsniederschrift aufzunehmen (ZPO. § 160 in Verbindung mit ArbGG. a. a. O.). Damit ist das Verfahren der Instanz beendet, es sei denn, daß der Beklagte Abweisung durch Urteil gemäß § 306 ZPO. beantragt. In diesem Falle gilt das zu e Gesagte.

e) Schließt das Verfahren des Rechtszuges mit dem Erlaß eines Urteils, so kann es fraglich sein, ob als Zeitpunkt der Beendigung der Zeitpunkt der Zustellung des Urteils oder der Zeitpunkt der Verkündung anzusehen ist. Dem Sinn des Begriffs der „Beendigung" dürfte es mehr entsprechen, den Zeitpunkt der Zustellung des Urteils als maßgebend anzusehen. Praktisch ist das aber nur im Verfahren des ersten Rechtszuges möglich, weil nur die Urteile der Arbeitsgerichte von Amts wegen zugestellt werden (ArbGG. § 50), so daß für eine sofortige Zustellung nach dem Erlaß des Urteils gesorgt ist. In den höheren Rechtszügen ist die Zustellung des Urteils entsprechend den allgemeinen Vorschriften der Zivilprozeßordnung von den Parteien zu bewirken. Bei diesem Verfahren wäre also der Zeitpunkt der Beendigung des Instanzverfahrens und damit die Fälligkeit der Kosten von dem Willen der Parteien abhängig, was das Gesetz nicht beabsichtigt haben kann. Es wird deshalb anzunehmen sein, daß das Verfahren vor dem Arbeitsgericht mit der Zustellung des Urteils beendigt ist (so auch Begr. C zu § 12, S. 57), das Verfahren der höheren Rechtszüge mit der Verkündung des Urteils.

Mitunter wird das Verfahren von den Parteien nicht weiter betrieben, ohne daß eine Beendigung nach a bis e vorliegt. In diesen Fällen wird der Rechtsstreit meist außergerichtlich beendet sein, so daß eine formelle Beendigung nicht mehr in Frage kommt. Damit in diesen Fällen die Kosten des Rechtszuges fällig werden, muß das Gericht das Ruhen des Verfahrens anordnen. Dies geschieht auf Antrag beider Parteien (ZPO. § 251 in Verbindung mit § 46 Abs. 2 Satz 1 bzw. § 64 Abs. 2 Satz 1 bzw. § 72 Abs. 2 ArbGG.) oder, wenn in einem Termin keine Partei erscheint oder Sachanträge stellt, an Stelle einer Entscheidung nach Lage der Akten oder der Bestimmung eines neuen Termins (ZPO. § 251a in Verbindung mit ArbGG. a. a. O.) von Amts wegen.

Wird das Verfahren in einem solchen Fall gleichwohl später wieder aufgenommen, so sind die gezahlten Kosten bei der Kostenberechnung nach Beendigung des Verfahrens der Instanz anzurechnen.

10 Die Vorschrift ist die Auswirkung des Gedankens des Abs. 3 Satz 1. Kostenvorschüsse sind sowohl Gebühren wie Auslagenvorschüsse. Wegen der Gebührenvorschüsse des § 519 Abs. 6 und des § 554 Abs. 7 ZPO. vgl. auch § 66 Abs. 2 Satz 2 und § 74 Abs. 2 Satz 2 ArbGG. (vgl. Anm. 9 Abs. 1). Was die Auslagenvorschüsse anlangt, so erfolgen insbesondere Beweisaufnahmen (z. B. Vernehmung von Zeugen und Sachverständigen) in allen Instanzen ohne Vorschußzahlung für die Auslagen. Die Vorschrift ist eine bindende „Muß"vorschrift.

11 Die Vorschrift ist durch den Reichstag auf Grund eines Ausschußbeschlusses eingefügt worden. Da Vollstreckungsgericht das Amtsgericht ist (ZPO. § 764), richtet sie sich — anders wie die übrigen Vorschriften des § 12 — nicht an die Arbeitsgerichtsbehörden, sondern an ein Gericht der ordentlichen Gerichtsbarkeit, das danach, soweit es für das arbeitsgerichtliche Verfahren tätig wird, teilweise andere Vorschriften zu befolgen hat wie bei seiner übrigen Tätigkeit. Die Bestimmung des § 12 Abs. 3 Satz 2 Halbsatz 2 wird ergänzt durch die Vorschrift des § 9 Abs. 2 ArbGG., die ein Verbot der Gebührenvorschüsse an die Gerichtsvollzieher enthält (vgl. Anm. 8 zu § 9). Das Vollstreckungsgericht kann für seine Tätigkeit weder Gebühren- noch Auslagenvorschüsse erheben; es entfällt also bei der Vollstreckung von Urteilen der Arbeitsgerichtsbehörden auch die Vorausbezahlungspflicht des Vollstreckungsgläubigers bei Anordnung der Haft gegen den Vollstreckungsschuldner mangels Leistung des Offenbarungseides (ZPO. §§ 901, 911).

Die Kosten einer Zwangsvollstreckung sind erst fällig, wenn diese beendet ist. Bei erfolgreicher Vollstreckung werden sie vom Vollstreckungsschuldner zugleich mit der Schuld entrichtet. Bei fruchtloser Zwangsvollstreckung muß der Vollstreckungsgläubiger sie nach Beendigung der Vollstreckung entrichten. Die Kostensumme wächst dann der Schuldsumme zu.

12 Das in den §§ 80—90 geregelte Beschlußverfahren ist in allen Rechtszügen völlig kostenfrei; es werden weder Gebühren noch Auslagen erhoben, so daß Auslagen, soweit sie, z. B. durch Vernehmung von Zeugen und Sachverständigen (§ 83 Abs. 3 ArbGG.), entstehen, von der Staatskasse getragen werden müssen. Die Regelung ist aus dem bisherigen Recht des Beschlußverfahrens — 1. AVO. Schl-VO. § 5 Abs. 5 — übernommen; dort gab es allerdings kein Rechtsbeschwerdeverfahren. Eine Kostentragungspflicht im Beschlußverfahren würde voraussetzen, daß die Beteiligten durchweg vermögensfähig wären; das ist aber nicht bei allen Beteiligten der Fall, insbesondere nicht bei den Betriebsvertretungen. Da die Durchführung des Beschlußverfahrens zur Aufrechterhaltung der Betriebsverfassung nach dem Betriebsrätegesetz notwendig ist, mußte demnach völlige Kostenfreiheit vorgesehen werden.

13 Die Kostenfreiheit in den Fällen der § 93 Abs. 4, § 102, § 107, § 98 Abs. 3 und § 99 betrifft die Hilfstätigkeit der Arbeitsgerichte gegenüber dem Verfahren der vereinbarten Schiedsgerichte, Gütestellen und Schiedsgutachterstellen, und zwar die Beschlüsse der Arbeitsgerichte über die Ablehnung von Mitgliedern der Schiedsgerichte, Gütestellen und Schiedsgutachterstellen, die Niederlegung der Schiedssprüche und Akten der Schiedsgerichte bei den Arbeitsgerichten und die Vollstreckbarkeitserklärung von Vergleichen und Schiedssprüchen des schiedsgerichtlichen Verfahrens und des Güteverfahrens durch die Vorsitzenden der Arbeitsgerichte. Für die entsprechende Tätigkeit der Amtsgerichte gegenüber dem schiedsrichterlichen Verfahren nach der Zivilprozeßordnung werden — verhältnismäßig geringe — Gebühren erhoben. Davon sieht das Arbeitsgerichtsgesetz ab, um das schiedsgerichtliche Verfahren, Güteverfahren und Schiedsgutachterverfahren in Arbeitsstreitigkeiten für dessen Parteien nicht zu erschweren. Bare Auslagen bei dieser Tätigkeit der Arbeitsgerichte oder ihrer Vorsitzenden dürften nicht in Frage kommen.

Die Aufhebungsklage vor dem Arbeitsgericht gegenüber einem schiedsgerichtlichen Schiedsspruch (§ 100 ArbGG.) ist nicht kostenfrei, sondern unterliegt den Kostenvorschriften des § 12 Abs. 1—3, Abs. 5, 6.

14 Vergleiche in einem anhängigen Rechtsstreit sind sowohl die im gerichtlichen Güteverfahren wie die im streitigen Verfahren aller Rechtszüge geschlossenen Vergleiche, gleichviel ob sie vor Gericht oder außergerichtlich mit Bezug auf den Rechtsstreit geschlossen sind.

Eine Reichsstempelabgabe wird für Prozeßvergleiche nicht erhoben. Die Vorschrift soll die Erhebung von Landesstempelabgaben ausschließen. Die gleiche Regelung ist für Vergleiche im schiedsgerichtlichen Verfahren und im außergerichtlichen Güteverfahren in den §§ 97, 104 getroffen.

15 Für das gesamte arbeitsgerichtliche Verfahren einschließlich des Verfahrens des ersten Rechtszuges gelten aus dem Gerichtskostengesetz neben der Regelung des § 12 ArbGG. entsprechend die allgemeinen Bestimmungen, die Vorschriften über die Streitwertberechnung, soweit sie nicht durch das besondere Verfahren der Streitwertfestsetzung durch die Arbeitsgerichte und die Landesarbeitsgerichte (ArbGG. § 61 Abs. 2, § 69 Abs. 2) unanwendbar sind (vgl. Anm. 4), die Vorschriften über Auslagen — ausgenommen die über Schreibgebühren für das Verfahren vor den Arbeitsgerichten —, die Vorschriften über die Zahlungspflichtigen (GKG. §§ 77, 79—82, 87—89) und die Vorschriften über Befreiung von den Gebühren und Beistandleistung bei der Einziehung der Gebühren (GKG. §§ 90, 91).

Für das Verfahren der höheren Rechtszüge gelten die Vorschriften des Gerichtskostengesetzes in ihrer Gesamtheit, soweit sich nicht aus dem § 12 Abs. 2, 3, 5 und aus dem besonderen Verfahren der Streitwertfestsetzung etwas anderes ergibt.

Die Kosten der Zwangsvollstreckung bestimmen sich nach dem Gerichtskostengesetz unter Zugrundelegung der Gebühren in bürgerlichen Rechtsstreitigkeiten, da die Zwangsvollstreckung nicht zum Verfahren vor den Arbeitsgerichten gehört, aber unter Beachtung der Vorschrift des § 12 Abs. 3 Satz 2 Halbsatz 2. Für das Verfahren des Arrests und der einstweiligen Verfügung der Arbeitsrechtspflege, soweit diese Verfahren hier trotz der besonderen Beschleunigung des arbeitsgerichtlichen Verfahrens praktische Bedeutung erlangen (ArbGG. § 62 Abs. 2), ist die Vorschrift des § 32 GKG. unter Berücksichtigung der Vorschriften des § 12 ArbGG. entsprechend anwendbar; soweit der Arrest oder die einstweilige Verfügung vom Arbeitsgericht erlassen wird, gilt als Gebührentarif der des § 12 Abs. 1 ArbGG., sonst der des § 8 GKG.

Für das Mahnverfahren (vgl. Anm. ß Abs. 4 zu § 46) ist GVG. § 31 in Verbindung mit § 12 ArbGG. anwendbar. Praktisch wird das Mahnverfahren in der Arbeitsrechtspflege kaum eine erhebliche Rolle spielen.

§ 13

Rechtshilfe[1]

(1) **Die Arbeitsgerichte haben anderen Arbeitsgerichtsbehörden Rechtshilfe zu leisten[2]. Die Amtsgerichte haben den Arbeitsgerichtsbehörden Rechtshilfe zu leisten, sofern sich am Sitze des Amtsgerichts kein Arbeitsgericht befindet[3].**

(2) **Die Vorschriften des Gerichtsverfassungsgesetzes über Rechtshilfe finden entsprechende Anwendung[4].**

1 Rechtshilfe ist die hilfsweise Vornahme einer gerichtlichen Handlung durch ein deutsches Gericht auf Ersuchen eines anderen deutschen Gerichts in einem vor diesem

anhängigen gerichtlichen Verfahren (vgl. jedoch Anm. 1 Abs. 1, Anm 6 zu § 96). Die Notwendigkeit der Rechtshilfe ergibt sich einmal aus Zweckmäßigkeitsgründen, weil insbesondere Beweiserhebungen an einem vom Sitz des Prozeßgerichts entfernten Ort von diesem nur unter unverhältnismäßigen Schwierigkeiten vorgenommen werden können, anderseits aber auch aus dem gesetzlichen, im § 166 GVG. zum Ausdruck kommenden Grundsatz, daß ein Gericht in der Regel Amtshandlungen nur innerhalb seines Bezirks vornehmen soll.

Die Rechtshilfe im allgemeinen Verfahren in bürgerlichen Rechtsstreitigkeiten ist in den §§ 156—161 und 164—166 GVG. geregelt. Die §§ 162, 163, 167 GVG. enthalten Vorschriften über die Rechtshilfe in Strafsachen, die hier nicht in Frage kommen; dagegen regelt § 168 GVG. eine Art von „Amtshilfe" (Mitteilung von behördlichen Akten an Gerichte), die unter die Rechtshilfe im weiteren Sinne des Gerichtsverfassungsgesetzes fällt.

Die Rechtshilfe wird im allgemeinen Zivilprozeßverfahren von den Amtsgerichten geleistet (GVG. § 157). Nach dem Gewerbegerichtsgesetz (§ 61) und nach dem Gesetz, betreffend Kaufmannsgerichte (§ 16 Abs. 1 in Verbindung mit GGG. § 61), war den Gewerbegerichten und den Kaufmannsgerichten in ihrem Verfahren ebenfalls seitens der Amtsgerichte Rechtshilfe zu leisten (GGG. § 61 in Verbindung mit GVG. § 157).

Die weitere Rechtshilfe im Verkehr mit dem Auslande ist in der Zivilprozeßgesetzgebung nicht unter dem Namen „Rechtshilfe" geregelt. Sie ist nicht Gegenstand des Gerichtsverfassungsgesetzes. Entsprechend bezieht sich auch § 13 ArbGG. nicht auf sie. Für die einzelnen im Ausland vorzunehmenden Handlungen trifft vielmehr die Zivilprozeßordnung Sonderregelungen (§§ 199 ff., 363), die durch internationale Verträge ergänzt werden. Diese Vorschriften gelten für das arbeitsgerichtliche Verfahren auf Grund der Vorschriften des § 46 Abs. 2 Satz 1, § 64 Abs. 2 Satz 1, § 72 Abs. 2. (Zusammenstellung der sogenannten Rechtshilfeverträge bei Stein-Jonas, Anm. VII vor § 1 ZPO.; Magnus, Tabellen zum internationalen Recht, Heft 2, Verlag Vahlen.)

2 Die Schaffung eines lückenloses Netzes der besonderen Arbeitsrechtspflege durch das Arbeitsgerichtsgesetz hat zu der Vorschrift des § 13 Abs. 1 Satz 1 geführt. Danach haben in erster Linie die Arbeitsgerichte allen anderen Arbeitsgerichtsbehörden Rechtshilfe zu leisten, also sowohl anderen Arbeitsgerichten wie den Landesarbeitsgerichten und dem Reichsarbeitsgericht. Die Landesarbeitsgerichte und das Reichsarbeitsgericht kommen als Rechtshilfegerichte ebensowenig in Betracht wie die Landgerichte, die Oberlandesgerichte und das Reichsgericht im ordentlichen Zivilprozeßverfahren (GVG. § 157).

3 Neben den Arbeitsgerichten kommen hilfsweise als Rechtshilfegerichte auch die Amtsgerichte in Betracht. Diese Vorschrift war zum Zwecke eines reibungslosen Arbeitens der Rechtshilfeorganisation notwendig, weil die Arbeitsgerichte selbständige Gerichte sind, die nicht am Sitze jedes Amtsgerichts errichtet zu werden brauchen, sondern nach eigenen wirtschaftlichen Gesichtspunkten errichtet werden (vgl. § 14 ArbGG. und die Anm. 7, 12 dort). Infolgedessen ist es möglich, daß sich am Sitze eines Amtsgerichts kein Arbeitsgericht befindet, entweder weil der Bezirk des Arbeitsgerichts mehrere Amtsgerichtsbezirke umfaßt oder weil das Arbeitsgericht aus wirtschaftlichen Gründen an einem anderen Orte wie das Amtsgericht errichtet ist.

Für den wichtigsten Fall der Rechtshilfe, die Beweisaufnahme durch den ersuchten Richter, ist eine entsprechende Vorschrift im § 58 Abs. 1 Satz 3 ArbGG. gegeben: Die Beweisaufnahme durch den ersuchten Richter erfolgt in erster Linie durch den Vorsitzenden des örtlich zuständigen Arbeitsgerichts, nur, „falls dies aus Gründen der örtlichen Lage zweckmäßiger ist", durch das örtlich zuständige Amtsgericht. Die Beweisaufnahme durch das Amtsgericht kann nur dann aus Gründen der örtlichen Lage zweckmäßiger sein als die Beweisaufnahme durch den Vorsitzenden des Arbeitsgerichts, wenn sich am Sitze des Amtsgerichts kein Arbeitsgericht befindet.

Eine zwingende Vorschrift, im Falle des § 13 Abs. 1 Satz 2 das Ersuchen um Rechtshilfe an das Amtsgericht und nicht an das nächstgelegene Arbeitsgericht zu richten, besteht nicht, auch nicht in dem Fall der Beweisaufnahme durch den ersuchten Richter (§ 58 Abs. 1 Satz 3; vgl. Anm. 9 dort).

4 Für das Verfahren der Rechtshilfe gibt das Arbeitsgerichtsgesetz keine besonderen Vorschriften, vielmehr gelten hierfür nach § 13 Abs. 2 die Vorschriften des Gerichtsverfassungsgesetzes entsprechend. In Betracht kommen die in Anm. 1 Abs. 2 erwähnten §§ 156—161, 164—166, 168 GVG.

An Stelle der Bestimmung des örtlich zuständigen Amtsgerichts als Rechtshilfegericht in § 157 GVG. treten die Vorschriften des § 13 Abs. 1 ArbGG.

Im Instanzenzuge vorgesetzt im Sinne des § 158 Abs. 2 GVG. ist dem Rechtshilfe-Arbeitsgericht das übergeordnete Landesarbeitsgericht und das Reichsarbeitsgericht, dem Rechtshilfe-Amtsgericht (nach § 13 Abs. 1 Satz 2 ArbGG.) das Landesarbeitsgericht, in dessen Bezirk das Amtsgericht liegt, und das Reichsarbeitsgericht, weil die Landarbeitsgerichte und das Reichsarbeitsgericht mit den entsprechenden Gerichten der allgemeinen bürgerlichen Gerichtsbarkeit verbunden sind.

Entscheidendes Gericht im Sinne des § 159 Abs. 1 Satz 1 GVG. ist auch gegenüber dem Rechtshilfe-Arbeitsgericht das Oberlandesgericht, zu dessen Bezirk das Arbeitsgericht gehört; der Bezirk bestimmt sich nach dem Angliederungslandgericht des dem Rechtshilfe-Arbeitsgericht übergeordneten Landesarbeitsgerichts (ebenso Begr. C, zu § 13, S. 57; Baumbach, Anm. 4 B zu § 13; a. A. Dersch-Volkmar, Anm. 3 zu § 13, zu § 159 GVG., die in entsprechender Anwendung des § 159 GVG. an die Stelle des Oberlandesgerichts in diesem Falle das Landesarbeitsgericht treten lassen wollen). Die Zuständigkeit des Oberlandesgerichts, das im übrigen der arbeitsgerichtlichen Organisation nicht angehört, ist gerechtfertigt, weil es sich hier nicht um eine sachlich arbeitsgerichtliche Entscheidung handelt, sondern um eine Entscheidung nach den allgemeinen Grundsätzen der Gerichtsorganisation, zu deren Fällung die Oberlandesgerichte als oberste Landesgerichte eher berufen sein dürften als die Landesarbeitsgerichte, um so mehr als ihnen auch nach § 15 Abs. 2 ArbGG. Geschäfte der Verwaltung und Dienstaufsicht übertragen werden können (vgl. Anm. 3 zu § 15). — Dagegen entscheidet auf die Beschwerde gegen die Entscheidung des Oberlandesgerichts in entsprechender Anwendung des § 159 Abs. 1 Satz 3 GVG. stets das Reichsarbeitsgericht, weil dieses den für arbeitsgerichtliche Fragen zuständigen Teil des Reichsgerichts darstellt (a. A. Dersch-Volkmar, a. a. O., und Baumbach, a. a. O., die einen Unterschied machen, je nachdem Rechtshilfegericht ein Arbeitsgericht oder ein Amtsgericht ist).

Wegen der entsprechenden Anwendung der Vorschriften des § 166 GVG. auf die Beweisaufnahme eines Arbeitsgerichts außerhalb seines Bezirks (§ 58 Abs. 1 Satz 3) vgl. Anm. 10 zu § 58.

Zweiter Teil

Aufbau der Arbeitsgerichtsbehörden[1]

[1] Der jahrelange Streit um die Organisation der Arbeitsgerichte ist vom Gesetzgeber schließlich im Wege des Kompromisses dahin entschieden worden, daß sämtliche Gerichte Staats-, nicht Kommunalgerichte sind, daß die Gerichte 1. und 2. Instanz Landesgerichte sind, das Gericht 3. Instanz ein Reichsgericht ist, und daß das Gericht 1. Instanz ein gegenüber den ordentlichen Gerichten selbständiges Sondergericht im Sinne des § 13 des Gerichtsverfassungsgesetzes ist, während die Gerichte 2. und 3. Instanz den ordentlichen Gerichten 2. und letzter Instanz (Landgericht, Reichsgericht) als besondere Kammern bzw. Senate eingegliedert sind. Auch bei dem nicht eingegliederten Gericht 1. Instanz ist eine mannigfache personelle und sachliche Verknüpfung mit dem ordentlichen Gericht 1. Instanz (Amtsgericht) vorgesehen, bei sämtlichen Gerichten sind im übrigen durch eine Reihe von Sondervorschriften Garantien für die sachgemäße Erfüllung der ihnen gesetzten sozialen Zwecke geschaffen (Mitwirkung der Sozialverwaltung, Beteiligung der wirtschaftlichen Vereinigungen der Arbeitgeber und Arbeitnehmer, besondere Anforderungen und zugleich Erleichterungen in der Richterauswahl, eigenartige Vorschriften über die Stellung der Richter, Zuziehung von Laien für die Rechtsprechung und die Verwaltung der Gerichte, Freiheit in der Bezirksabgrenzang gegenüber der Organisation der ordentlichen Gerichte). Das Verzeichnis der am 1. Juli 1927 errichteten Arbeitsgerichte und Landesarbeitsgerichte ist im RABl. 1927, S. 295 abgedruckt; wegen Einzelheiten siehe Franke RABl. 1927, 259* und das Arbeitsgericht 1927, 221, 251.

Erster Abschnitt

Arbeitsgerichte[1]

[1] Dies ist ausschließlich die gesetzliche Bezeichnung der Gerichte 1. Instanz, mag auch in der Öffentlichkeit die Bezeichnung „Arbeitsgerichte" üblicherweise für die vom Gesetz als „Arbeitsgerichtsbehörden" bezeichneten Gerichte aller 3 Instanzen verwendet werden.

§ 14

Errichtung[1]

(1) **Die Arbeitsgerichte werden als selbständige Gerichte[2] durch die Landesjustizverwaltung[3] im Einvernehmen[4] mit der obersten Landesbehörde für die Sozialverwaltung[5] nach Anhörung der wirtschaftlichen Vereinigungen der Arbeitgeber und Arbeitnehmer[6] regelmäßig für den Bezirk eines Amtsgerichts errichtet.**

(2) **Ein Arbeitsgericht kann auch errichtet werden[7]:**

1. **für den Bezirk mehrerer Amtsgerichte eines Landes[8] oder für Teile eines Amtsgerichtsbezirkes[9] oder mehrerer Amtsgerichtsbezirke[10] eines Landes, insbesondere für ein einheitliches Wirtschaftsgebiet;**
2. **für die Gebiete mehrerer Länder oder Teile von ihnen, insbesondere für ein einheitliches Wirtschaftsgebiet. In diesem Falle erfolgt die Errichtung durch die im Abs. 1 bezeichneten obersten Behörden der beteiligten Länder[11].**

(3) **Bei der Errichtung der Arbeitsgerichte ist auf die Wirkungsbereiche der bisherigen Gewerbegerichte oder Kaufmannsgerichte nach Möglichkeit Rücksicht zu nehmen[12].**

(4) **Landgericht im Sinne des § 18 Abs. 5, des § 20 Abs. 1, des § 21 Abs. 5, des § 24 Abs. 2, des § 27 und des § 30 Abs. 1 ist das Landgericht, bei dem das dem Arbeitsgericht übergeordnete Landesarbeitsgericht errichtet ist[13].**

1 Vergleiche zu der Errichtung die grundlegenden Erlasse des preußischen Justizministers vom 3. 2. und des preußischen Handelsministers vom 11. 2. 1927, veröffentlicht im Handelsministerialblatt 1927, S. 54.

2 Die Hervorhebung der „Selbständigkeit" bringt den Unterschied von den ordentlichen Gerichten (Amtsgerichten usw.) in der 1. Instanz zum Ausdruck. Die Selbständigkeit soll der Fortführung der Überlieferung der Gewerbegerichte und Kaufmannsgerichte dienen (Begr. S. 29).

3 In den größeren deutschen Ländern ist dies das Justizministerium, in den kleineren Ländern finden sich andere Bezeichnungen.

4 „Einvernehmen" erfordert im Gegensatz zu der während der Gesetzesberatung verschiedentlich erstrebten bloßen „Anhörung" die volle Willensübereinstimmung, mag auch die sogenannte Federführung für das ArbGG., d. h. die ressortmäßige erste Bearbeitung, beim Justizressort liegen. Bei mangelndem Einvernehmen ist die Entscheidung nach den Grundsätzen zu treffen, die nach dem inneren Staatsrecht immer dann gelten, wenn zwei an einer Angelegenheit beteiligte Ressorts sich nicht einigen können. In Preußen ist diese Entscheidung durch ausdrückliche Verfassungsbestimmung — Art. 47 Abs. 3 der Verfassung — dem Staatsministerium übertragen.

5 Darüber, wer dies ist, siehe § 109. In Preußen ist es das Handelsministerium.

6 „Anhörung" ist (vgl. Anm. 4) weniger als „Einvernehmen" und eine übliche Form der gutachtlichen Mitwirkung der wirtschaftlichen Vereinigungen im Bereich der kollektiven Arbeitsverwaltung (vgl. z. B. Art. I § 1 Abs. 3 der SchlVO.). Über den Begriff der wirtschaftlichen Vereinigung siehe § 10. Die Anhörung bezieht sich nur auf die organisatorische, nicht auf die personelle Seite der Errichtung. Die Pflicht zur Anhörung ist hier und an sämtlichen entsprechenden Stellen im Reichstagsausschuß beschlossen worden.

[7] Hierzu bemerkt der in der Anm. 1 erwähnte preußische Justizministerialerlaß:

„Diese Regel darf jedoch nicht zur Schaffung unzweckmäßig kleiner Arbeitsgerichtsbezirke führen. Da mit den Arbeitsgerichten Fachgerichte für Arbeitsstreitigkeiten geschaffen werden sollen, so muß dafür gesorgt werden, daß auf jedes Gericht Arbeitsstreitigkeiten in solcher Zahl entfallen, daß es die nötigen Erfahrungen sammeln und seine Sitzungen mit so kurzen Fristen anberaumen kann, wie es die durch § 9 Abs. 3 des Gesetzes vorgeschriebene Beschleunigung des arbeitsgerichtlichen Verfahrens erfordert. Das von dem Gesetz erstrebte Ziel einer schleunigen, sachgemäßen und sozial gerechten Rechtsprechung in Arbeitssachen wird sich nur erreichen lassen, wenn der Vorsitzende und die Beisitzer öfters praktisch Gelegenheit haben, sich mit ihrem Aufgabenkreis eingehend vertraut zu machen und die zum vertrauensvollen Zusammenarbeiten nötige Fühlungnahme miteinander zu gewinnen. Auch die vom Gesetz den beteiligten Verwaltungen auferlegte Pflicht, zu Vorsitzenden der Arbeitsgerichte nur Personen zu bestellen, „die auf arbeitsrechtlichem und sozialem Gebiet Kenntnisse und Erfahrungen besitzen" (§ 18 Abs. 1), unter besonderer Berücksichtigung der im Schlichtungswesen tätigen oder tätig gewesenen Richter (§ 18 Abs. 2), weist den Weg zu einer nicht zu geringen Erstreckung des räumlichen Bereichs der Arbeitsgerichte. Wo daher die Zahl der aus einem einzelnen Amtsgerichtsbezirk zu erwartenden Arbeitsstreitigkeiten für eine ersprießliche Tätigkeit des Arbeitsgerichts zu gering erscheint, muß die Regel des § 14 Abs. 1 zurücktreten und ist das Arbeitsgericht gemäß § 14 Abs. 2 für die Bezirke mehrerer Amtsgerichte zu errichten. Nach den hier bekannten statistischen Unterlagen dürfte diese Notwendigkeit sich in vielen Fällen ergeben. Bei der Ausdehnung über den Amtsgerichtsbezirk hinaus muß aber darauf geachtet werden, daß das Arbeitsgericht für die rechtsuchenden Personen nicht allzu schwer erreichbar ist, zumal ein Anspruch der obsiegenden Partei auf Entschädigung wegen Zeitversäumnis und auf Erstattung der Kosten für die Zuziehung eines Prozeßbevollmächtigten oder Beistandes nicht besteht (§ 61 Abs. 1 Satz 2). Bei der Zusammenlegung mehrerer Amtsgerichtsbezirke zu einem einheitlichen Arbeitsgerichtsbezirk wird es sich häufig empfehlen, den Sitz des Arbeitsgerichts in die Kreisstadt zu legen, mit der die Bevölkerung in der Regel enge Beziehungen unterhält und die meist auch nicht ungünstige Verkehrverbindungen hat.

Die besonderen wirtschaftlichen Bedürfnisse, auf die Rücksicht zu nehmen ist, da die Arbeitsgerichtsbarkeit nach der Art der von ihr zu behandelnden Angelegenheiten zu der Wirtschaft in engen Beziehungen steht, können ebenfalls zur Errichtung eines Arbeitsgerichts für mehrere Amtsgerichtsbezirke führen. Ein Bedürfnis hierzu wird insbesondere dann gegeben sein, wenn ein wirtschaftlich in sich abgeschlossenes Industriegebiet entstanden ist, das sich über mehrere Amtsgerichtsbezirke oder Teile von ihnen erstreckt, anderseits aber auch nicht so groß ist, daß das Interesse der rechtsuchenden Bevölkerung seiner Zusammenfassung zu einem einzigen Arbeitsgerichtsbezirke entgegensteht. In solchen Fällen wird mitunter auch die Vereinigung von Teilen mehrerer Land- oder Oberlandesgerichtsbezirke oder sogar verschiedener Länder erforderlich werden. Dabei sind aber die Vorteile einer Zusammenfassung gegen die Nachteile abzuwägen, die sich für die Gerichtseingesessenen und die Verwaltung ergeben, wenn die Arbeitsgerichtsbarkeit in ihrem räumlichen Bereich sehr stark von der Organisation der ordentlichen Gerichtsbarkeit abweicht. Insbesondere ist nach Möglichkeit darauf

Bedacht zu nehmen, daß der Bezirk eines Arbeitsgerichts nur ganze Amtsgerichtsbezirke umfaßt, also nicht auch diese kleinsten Einheiten der ordentlichen Gerichtsorganisation von den Grenzen der Arbeitsgerichte durchschnitten werden".

Unabhängig davon, ob ein Arbeitsgericht im Einzelfalle für einen Amtsgerichtsbezirk oder für mehrere Amtsgerichtsbezirke oder für Teile von solchen errichtet wird, liegt eine enge bureaumäßige und räumliche Verbindung zwischen Arbeitsgericht und Amtsgericht — abgesehen von der aus § 18 als Regelfall sich ergebenden personellen Verbindung, die in der Übergangszeit allerdings durch § 117 eingeschränkt ist — durchaus im Sinne des Gesetzes, nur daß die räumliche Verbindung mit dem Amtsgericht dort, wo bisher Gewerbe- und Kaufmannsgerichte bestanden, durch die in § 118 den Gemeinden grundsätzlich auferlegte Pflicht zur Raumgestellung eine gewisse Einschränkung erfährt. Daher wird das Arbeitsgericht, wie die Begr. S. 29 richtig bemerkt, „in großen Städten voraussichtlich nach außen ebenso als eine Sonderbehörde erscheinen wie das bisherige Gewerbegericht und Kaufmannsgericht". „In mittleren und kleineren Orten wird dagegen die Verbindung in räumlicher und personeller Beziehung im allgemeinen enger sein, indem die gleichen Personen als Richter des Amtsgerichts und als Vorsitzender des Arbeitsgerichts tätig und die Geschäftsstellen der beiden Gerichtsbehörden in gemeinsamen Räumen untergebracht werden."

8 Dieser Fall ist z. B. in Preußen aus den in Anm. 7 wiedergegebenen Erwägungen meistens praktisch geworden.

9 Dieser Fall dürfte kaum irgendwo praktisch werden.

10 Dieser Fall dürfte buchstäblich kaum vorkommen. Nicht erwähnt, aber selbstverständlich ist die Zulässigkeit der Errichtung in dem praktisch häufigen Falle der Zusammenfassung eines oder mehrerer Amtsgerichtsbezirke mit Teilen eines oder mehrerer Amtsgerichtsbezirke.

11 Die arbeitsgerichtliche Organisation soll an den nur historisch erklärlichen, durch die wirtschaftliche Entwicklung längst überholten Grenzen der einzelnen Länder nicht haltmachen. Die eigenartigen innerstaatlichen Verhältnisse Deutschlands stehen leider in der Regel einer von rein sachlichen wirtschaftsgeographischen Gesichtspunkten bestimmten Auswertung solcher Gesetzesbestimmungen hemmend im Wege. Während bei den ordentlichen Gerichten die Schaffung dieser sogenannten Gemeinschaftsgerichte nur im Wege der Gesetzgebung stattfindet, genügt hier eine einfache Vereinbarung der obersten Landesbehörden.

12 Vergleiche hierzu die folgenden Ausführungen des in Anm. 1 genannten Justizministerialerlasses:

„Nach der Bestimmung des Gesetzes (§ 14 Abs. 3) soll bei der Errichtung der Arbeitsgerichte auf die Wirkungsbereiche der bisherigen Gewerbegerichte oder Kaufmannsgerichte nach Möglichkeit Rücksicht genommen werden. Wo ein solches Gericht besteht, wird regelmäßig auch ein Arbeitsgericht zu errichten sein. Eine Ausnahme gilt jedoch dann, wenn die Gewerbe- oder Kaufmannsgerichte an Orten errichtet sind, wo sich kein Amtsgericht befindet. Ist der Bezirk des Gewerbegerichts im einzelnen Falle größer als der Amtsgerichtsbezirk, so wird es sich regelmäßig empfehlen, ihn in dem bisherigen Umfang bestehen zu lassen oder zur Anpassung an die Gerichtsorganisation gegebenenfalls noch zu erweitern. Das gilt insbesondere für das Gewerbegericht Berlin, das für den ganzen Stadtkreis Berlin errichtet ist und dessen Bezirk sich nicht nur über die Bezirke mehrerer Amtsgerichte, sondern sogar mehrerer Landgerichte erstreckt. Vielfach sind die Bezirke der Gewerbegerichte kleiner als die der Amtsgerichte, da sie meist für eine einzelne Stadtgemeinde errichtet sind. Dann wird der Bezirk des zu errichtenden Arbeitsgerichts zweckmäßig wenigstens bis zu den Grenzen des Amtsgerichtsbezirks zu erweitern sein. Mitunter wird sich auch die Ausdehnung des Bezirks auf die Amtsgerichte des angrenzenden Landkreises oder mehrerer angrenzender Landkreise empfehlen. Häufig sind die Gewerbegerichte zugleich als arbeitsgerichtliche Kammern der Schlichtungsausschüsse nach Art. II § 2 Abs. 2 Satz 1 der Verordnung über das Schlichtungswesen vom 30. 10. 1923 (RGBl. I S. 1043) für mehrere politische Verwaltungsbezirke bestellt, so daß auch hier bereits eine der Bevölkerung vertraute und in geeigneten Fällen der Übernahme fähige Bezirkseinteilung vorhanden ist, die den wirtschaftlichen Bedürfnissen des Arbeitsrechts Rechnung trägt und deren Anpassung an die Gerichtsorganisation regelmäßig keine Schwierigkeiten bieten wird. Auch die übrigen unabhängig von den Gewerbegerichten, z. B. in Anlehnung an Amtsgerichte, organisierten arbeitsgerichtlichen Kammern der Schlichtungsausschüsse können in einzelnen Fällen einen wertvollen Anhaltspunkt für die künftige Organisation der Arbeitsgerichte geben."

Dieser Absatz des Paragraphen ist im Reichstagsausschuß eingefügt worden.

13 Eine Reihe von Verwaltungsaufgaben überträgt das Gesetz dem Landgerichtspräsidenten, und zwar soll Inhaber dieser Verwaltungsaufgaben derjenige Landgerichtspräsident sein, bei dem das dem jeweiligen Arbeitsgericht übergeordnete Landesarbeitsgericht errichtet ist. Wenn also aus den Amtsgerichtsbezirken A. und B. ein einziges Arbeitsgericht mit dem Sitz in A. oder in B. gebildet ist und dies Arbeitsgericht zu dem beim Landgericht in C. gebildeten Landesarbeitsgericht gehört, ist nur der Landgerichtspräsident in C. für jene Aufgaben zuständig, auch wenn das eine der beiden Amtsgerichte oder beide Amtsgerichte als solche zum Landgericht in D. gehören. Alle außerhalb der landesarbeitsgerichtlichen Organisation stehenden Landgerichte sind aus dem Bereich der Arbeitsgerichtsbarkeit ausgeschaltet.

Im Falle der Behinderung des Präsidenten gilt § 66 GVG. entsprechend (so mit Recht Siefart Vorbem. vor § 14 zu V).

§ 15

Verwaltung und Dienstaufsicht

(1) Die Geschäfte der Verwaltung und Dienstaufsicht führt die Landesjustizverwaltung im Einvernehmen mit der obersten Landesbehörde für die Sozialverwaltung[1]. Vor Erlaß allgemeiner Anordnungen, die die Verwaltung und Dienstaufsicht betreffen, soweit sie nicht rein technischer Art sind, sind die wirtschaftlichen Vereinigungen der Arbeitgeber und Arbeitnehmer zu hören[2].

(2) Die Landesjustizverwaltung kann im Einvernehmen mit der obersten Landesbehörde für die Sozialverwaltung Geschäfte der Verwaltung und Dienstaufsicht nachgeordneten Dienststellen übertragen,

insbesondere dem Vorsitzenden des Arbeitsgerichts oder, wenn mehrere Vorsitzende vorhanden sind, einem von ihnen³.

¹ Vergleiche § 14 Anm. 4.

² Gegen diesen im Reichstagsausschuß beschlossenen Zusatz wandten sich (Bericht S. 13) die Vertreter der Reichsregierung, „da es sich bei der Verwaltung und Dienstaufsicht in einem Gerichtsbetriebe nur um überwiegend technische Angelegenheiten handeln könne, bei denen für die Mitwirkung wirtschaftlicher Vereinigungen kein Raum sei". Nach seiner Entstehungsgeschichte geht der Antrag auf Mehrheitsbeschlüsse des sozialpolitischen Ausschusses des Reichswirtschaftsrats zurück, denen zufolge Beiräte bei den Reichs- und Landesjustizverwaltungen zwecks „beratender Mitwirkung bei den in diesem Gesetz den zuständigen Reichs- bzw. Landesbehörden übertragenen Aufgaben" errichtet werden sollten (Begr. S. 28 und 75). Der Sinn der gesetzlichen Bestimmung ist eine Beteiligung der wirtschaftlichen Vereinigungen bei der Verwaltung und Dienstaufsicht der Zentralbehörden über die Arbeitsgerichte in allgemeinen Angelegenheiten, die nicht nur für den inneren Betrieb eines einzelnen Gerichts oder einiger Gerichte von Interesse sind, sondern die Arbeitgeber und Arbeitnehmer als rechtsuchendes Publikum unmittelbar berühren, z. B. allgemeine Anordnungen über die Übertragung der Dienstaufsicht nach Abs. 2 hier, über die Beisitzerbestellung. Ein vertrauensvolles Zusammenarbeiten der Justiz- und Sozialverwaltung mit den wirtschaftlichen Vereinigungen wird die aus der dehnbaren Bestimmung leicht entspringenden Reibungen verhüten.

³ Solche Übertragungen werden vor allem auch die Aufsicht über die mittleren und unteren Beamten betreffen, die bei den Amtsgerichten dem aufsichtführenden Richter obliegt. Soweit solche Übertragung — im Einvernehmen mit der Sozialverwaltung — stattfindet, gibt es in der mittleren oder unteren Instanz keine Mitwirkung der Sozialverwaltung (Begr. S. 57). Die Übertragung kann — abgesehen von den ausdrücklich genannten Stellen — auch auf die Oberlandesgerichtspräsidenten, Landgerichtspräsidenten oder Vorsitzenden des Landesarbeitsgerichts (so mit Recht Dersch-Volkmar Anm. 3) stattfinden.

Wegen der Übertragung der Verwaltung bezüglich der Leitung des Beisitzerausschusses vgl. § 29 Anm. 4.

In Preußen ist der Erlaß vom 14. 6. 1927 ergangen (JMBl. S. 192).

§ 16

Zusammensetzung

(1) **Das Arbeitsgericht besteht aus der erforderlichen Anzahl von Vorsitzenden und stellvertretenden Vorsitzenden und von Beisitzern. Die Beisitzer werden je zur Hälfte aus den Kreisen der Arbeitgeber und der Arbeitnehmer entnommen¹.**

(2) **Jede Kammer des Arbeitsgerichtes wird in der Besetzung mit einem Vorsitzenden und je einem Beisitzer der Arbeitgeber und der Arbeitnehmer tätig². In den Fällen des § 2 Nr. 1³ wird jede Kammer in der Besetzung mit einem Vorsitzenden und je zwei Beisitzern der Arbeitgeber und der Arbeitnehmer tätig⁴.**

1 Es handelt sich hier um das Arbeitsgericht als Ganzes, nicht um die Kammer für die einzelne Verhandlung, deren Zusammensetzung Abs. 2 bestimmt. Die „erforderliche Anzahl" bestimmen die in § 15 genannten Aufsichtsbehörden.

2 Das GGG. und das KGG. schrieben ebenfalls zwei Beisitzer vor, überließen aber dem Statut die Bestimmung einer größeren Zahl. Die örtliche Praxis war sehr verschieden. Die SchlVO. hatte für die arbeitsgerichtlichen Kammern bereits die Zweizahl der Beisitzer zwingend vorgeschrieben. Das ArbGG. folgt dem mit einer Ausnahme für die besonders wichtigen Streitigkeiten aus § 2 Nr. 1 (nächste Anm.). Stehen an einem Tage Streitigkeiten aus § 2 Nr. 1 und andere Streitigkeiten an, so sind also für die letzteren Sachen nur zwei Beisitzer heranzuziehen; für die ersteren sind diese um zwei weitere zu verstärken. Auch für diese hinzukommenden zwei ist mit diesem Sitzungstage ihre Heranziehung erledigt, und zu dem nächsten Sitzungstage sind neue Beisitzer gemäß § 31 heranzuziehen (vgl. § 31 Anm. 1).

3 Streitigkeiten aus Tarifverträgen und aus unerlaubten Handlungen zwischen tarifvertragsfähigen Parteien und Dritten, die mit dem Arbeitskampf und der Vereinigungsfreiheit zusammenhängen.

4 Eine nicht ordnungsmäßige, z. B. nicht paritätische Besetzung rechtfertigt sowohl die Berufung und Revision als auch die Nichtigkeitsklage (vgl. § 551 Abs. 1 Nr. 1, § 579 Abs. 1 Nr. 1 ZPO.), doch ist eine Besetzung mit vier statt mit zwei Beisitzern in einer nicht unter § 2 Nr. 1 fallenden arbeitsgerichtlichen Sache für unerheblich zu halten, zumal (siehe § 2 Anm. 7) der Zuständigkeitsbereich von § 2 Nr. 1 und § 2 Nr. 2 sich leicht überschneiden können (ebenso Baumbach § 16 Anm. 4 unter Bezug auf § 10 ZPO.).

Über die prozessuale Bedeutungslosigkeit von Mängeln des Verfahrens bei der Beisitzerberufung oder von Umständen, die die Berufung eines Beisitzers zu seinem Amt ausschließen, vgl. § 65, 73 Abs. 2, § 79 Satz 2, § 86 Abs. 2, über die Sollvorschrift des § 31 vgl. Anm. 1 daselbst.

§ 17

Bildung von Kammern[1]

(1) **Die Zahl der Kammern bestimmt die Landesjustizverwaltung im Einvernehmen mit der obersten Landesbehörde für die Sozialverwaltung nach Anhörung der wirtschaftlichen Vereinigungen der Arbeitgeber und Arbeitnehmer[2].**

(2) **Für Streitigkeiten der Arbeiter und für Streitigkeiten der Angestellten werden getrennte Kammern gebildet[3]. Soweit beide Arbeitnehmergruppen beteiligt sind[4], entscheidet für die Zuständigkeit der Kammer die überwiegende Beteiligung[5]. Die Landesjustizverwaltung kann im Einvernehmen mit der obersten Landesbehörde für die Sozialverwaltung nach Anhörung der wirtschaftlichen Vereinigungen der Arbeitgeber und Arbeitnehmer aus besonderen Gründen[6] anordnen[7], daß von der Bildung getrennter Kammern für Arbeiter und für Angestellte abzusehen ist.**

(3) Soweit ein Bedürfnis besteht, können Fachkammern für die Streitigkeiten bestimmter Berufe und Gewerbe und bestimmter Gruppen von Arbeitern oder Angestellten gebildet werden[8]. Über die Bildung entscheidet die Landesjustizverwaltung im Einvernehmen mit der obersten Landesbehörde für die Sozialverwaltung nach Anhörung der wirtschaftlichen Vereinigungen der Arbeitgeber und Arbeitnehmer[9]. Für die Streitigkeiten des Handwerks müssen Fachkammern (Handwerksgerichte) errichtet werden[10].

(4) Die Zuständigkeit einer Angestelltenkammer oder einer Fachkammer kann durch die Landesjustizverwaltung im Einvernehmen mit der obersten Landesbehörde für die Sozialverwaltung nach Anhörung der wirtschaftlichen Vereinigungen der Arbeitgeber und Arbeitnehmer auf die Bezirke anderer Arbeitsgerichte oder Teile von ihnen erstreckt werden, insbesondere, wenn es sich um ein einheitliches Wirtschaftsgebiet handelt[11]. Die Erstreckung auf das Gebiet eines anderen Landes erfolgt durch Vereinbarung mit den zuständigen obersten Behörden dieses Landes[12].

1 Das Gesetz geht in Ablehnung des Gedankens einer berufsständigen Gerichtsbarkeit (Begr. S. 30) zwecks Förderung einer einheitlichen Rechtsprechung grundsätzlich von einheitlichen Kammern für alle Arbeitnehmer aus, ergänzt aber diesen Grundsatz in dreifacher Richtung:

a) durch die Vorschrift unbedingt obligatorischer Handwerks-Fachkammern (Handwerksgerichte), die durch keine Verwaltungsanordnung beseitigt werden können,
b) durch die Vorschrift bedingt obligatorischer Fachkammern für Arbeiter und Angestellte, von deren Bildung auf Grund einer Verwaltungsanordnung abgesehen werden kann,
c) durch die Vorschrift fakultativer Fachkammern, die auf Grund einer Verwaltungsanordnung gebildet werden können.

Neben der fachlichen Gliederung besteht nach Abs. 4 die Möglichkeit der territorialen Erstreckung einer Angestelltenkammer oder einer Fachkammer.

Grundsätzlich ist im Interesse einer guten, raschen Rechtsprechung jede nicht unbedingt nötige Zersplitterung zu vermeiden, weil sie

1. entweder sehr kostspielig ist, indem für ganz wenige Sachen jeweils einzelne Termine anzuberaumen sind, oder sehr langsam ist, indem ein lohnender Terminstag nur in weiten Abständen möglich ist,
2. in beiden Fällen aber die nur gelegentlich amtierenden Beisitzer sich nur höchst unvollkommen einarbeiten. Vgl. im übrigen hierzu folgende Ausführungen des zu § 14 Anm. 1 genannten preußischen Ministerialerlasses.

„c) Regelmäßig sind bei jedem Amtsgericht eine Kammer für Streitigkeiten der Arbeiter, eine Kammer für Streitigkeiten der Angestellten und eine Fachkammer für Streitigkeiten des Handwerks (Handwerksgericht) zu errichten (§ 17). Von der Bildung getrennter Kammern für Arbeiter und Angestellte kann aus Zweckmäßigkeitsgründen ausnahmsweise abgesehen werden (§ 17 Abs. 2 Satz 2).

Von dieser Befugnis wird bei kleinen Arbeitsgerichten, bei denen nur eine sehr geringe Zahl von Streitigkeiten der Arbeiter oder der Angestellten zu erwarten ist, im Interesse der Vereinfachung und Ersparnis in geeigneten Fällen Gebrauch zu machen sein.

Für die Streitigkeiten bestimmter Berufe und Gewerbe und bestimmter Gruppen von Arbeitern oder Angestellten können Fachkammern gebildet werden (§ 17 Abs. 3). Aus wirtschaftlichen Gründen kann die Zuständigkeit einer Fachkammer ebenso wie die einer Angestelltenkammer über den allgemeinen Bezirk des Arbeitsgerichts hinaus ausgedehnt werden (§ 17 Abs. 4). Die Kammer bleibt aber trotz der Erstreckung ihrer Zuständigkeit auf die Bezirke anderer Arbeitsgerichte Kammer des Arbeitsgerichts, bei dem sie errichtet ist, untersteht also auch in ihrem über die Grenzen des Arbeitsgerichtsbezirks hinaus erweiterten Gebiet dem für das Arbeitsgericht zuständigen Landesarbeitsgericht. Die Bildung von Fachkammern muß — abgesehen von den zwingend vorgeschriebenen Handwerksgerichten — auf die Fälle beschränkt werden, in denen ein besonderes Bedürfnis vorliegt. Bei der Frage der Errichtung von Fachkammern ist zu beachten, daß aus einer zu weitgehenden Spezialisierung leicht die Gefahr einer Auflösung der Arbeitsgerichtsbarkeit 1. Instanz in Zwergbehörden erwächst, die mit vielleicht wechselnden Beisitzern und entweder in großen Abständen (langsame Prozeßführung) oder in kurzen Zeiträumen mit jeweilig ganz wenigen Sachen (Verteuerung) tagen müssen. Bei Fachkammern mit einer über den allgemeinen Bezirk des Arbeitsgerichts hinausgehenden Zuständigkeit kommt noch in Betracht, daß durch ihre Errichtung den andern Arbeitsgerichten ein unter Umständen wesentlicher Teil ihrer Arbeitsstreitigkeiten entzogen und außerdem der Aufbau der Arbeitsgerichte unübersichtlich gemacht wird. Die Frage, ob im einzelnen Falle tatsächlich ein Bedürfnis für die Einrichtung von Fachkammern, insbesondere solchen mit erweiterter örtlicher Zuständigkeit, anzuerkennen ist, wird daher mit besonderer Sorgfalt geprüft werden müssen."

Die Einteilung der Fachkammern ändert nichts an der Einheit des Arbeitsgerichts, sie stellt nur eine gesetzlich vorgeschriebene Form der Geschäftsverteilung dar, wie sie ohne gesetzliche Anordnung bei den ordentlichen Gerichten im Wege der inneren Geschäftsverteilung (Patent-, Scheidungskammern usw.) auch stattfindet. Daher leidet die Rechtswirksamkeit keiner gerichtlichen Handlung darunter, daß bei der Zuteilung an die Kammer Fehler vorkommen, z. B. bei Irrtum über den Begriff des Angestellten oder über die Berufszugehörigkeit oder dergleichen (ebenso Baumbach, § 2 Anm. 3, § 17 Anm. 1). Meinungsverschiedenheiten über die Zugehörigkeit einer eingehenden Klage zu der einen oder andern Kammer entscheidet der dienstaufsichtführende Vorsitzende. Über Abgabe innerhalb der Kammern vgl. § 48 Anm. 5.

Mit Rücksicht auf die Einheit des Gerichts — trotz der Kammereinteilung — ist es unzulässig, daß Parteien eine andere Kammer als die aus der gesetzlichen Regelung sich ergebende vereinbaren, also etwa die Arbeiterkammer statt der Handwerkskammer. Der Vorsitzende ist vielmehr an die Kammereinteilung gebunden und kann auch übereinstimmenden Parteiwünschen der genannten Art nicht stattgeben. § 38 ZPO. gilt nur für das Gericht als Ganzes, nicht für seine Abteilungen. Die Gliederung des größten deutschen Arbeitsgerichts, das Berliner, siehe das Arbeitsgericht 1927, 221.

2 Auf der Grundlage der in Anm. 1 gemachten Ausführungen ist die Zahl der Kammern zu bestimmen. Über das Zusammenwirken der Justiz- und Sozialverwaltung sowie über die Anhörung der wirtschaftlichen Vereinigungen vgl. § 14 Anm. 3—6.

3 Über den Begriff des Arbeiters und des Angestellten einschließlich der zugehörigen Lehrlinge vgl. § 5 Anm. 2; daselbst — Anm. 8 — auch über die Zurechnung der den Arbeitnehmern gleichstehenden Personen des § 5 Abs. 1 Satz 2 zu den Arbeitern oder Angestellten.

Bei Klagen zwischen Tarifvertragsparteien oder tarifvertragsfähigen Parteien oder diesen und Dritten aus Vertrag oder unerlaubter Handlung kommt es darauf an, ob der Vertrag oder die unerlaubte Handlung in Rechtsbeziehungen von Arbeitern oder von Angestellten wurzeln, bei den wirtschaftlichen Vereinigungen von Arbeitnehmern also im wesentlichen darauf, ob es sich um einen Arbeiterverband oder Angestelltenverband handelt; über die verstärkte Besetzung der Kammer in diesen Fällen vgl. § 16 Abs. 2 Satz 2 (a. A. Baumbach, § 17 Anm. 4 am Ende).

4 Z. B. bei Anrufung durch eine Betriebsvertretung im Falle des § 2 Nr. 5, die Arbeiter und Angestellte umfaßt, oder bei Streitgenossenschaft der mehreren Kläger, die sich aus Arbeitern und Angestellten zusammensetzen (wenn bei einem Arbeitskampf Arbeiter und Angestellte beteiligt waren und ihr Recht auf Wiedereinstellung gemäß dem den Arbeitskampf abschließenden Abkommen gemeinsam nach § 2 Nr. 1 vor dem Arbeitsgericht geltend machen). Bei dem Absetzungsantrag gegen einzelne Mitglieder der Betriebsvertretung ist deren Zugehörigkeit zu der einen oder anderen Arbeitnehmergruppe entscheidend, ohne daß es darauf ankommt, ob sie in ihrer Eigenschaft als Betriebsratsmitglieder oder als Gruppenratsmitglieder getroffen werden sollen. Bezüglich der Mitwirkung bei der Straffestsetzung aus § 80 Abs. 2 Satz 2 BRG. kommt es auf die Eigenschaft des zu bestrafenden Arbeitnehmers an. Richtet sich die Wahlanfechtung gegen eine Person (§ 21 WO. zum BRG.), so kommt es auf deren Eigenschaften an; richtet sich die Anfechtung gegen eine Betriebsvertretung als Ganzes, so kommt es darauf an, ob die Betriebsvertretung Angehörige nur einer Arbeitnehmergruppe oder beider Arbeitnehmergruppen umfaßt; nur im letzteren Falle sind „beide Arbeitnehmergruppen beteiligt". Soll die verweigerte Zustimmung aus § 97 ersetzt werden, so kommt es darauf an, ob die Weigerung von einer Arbeiter und Angestellte umfassenden Betriebsvertretung ausgeht; im ersteren Falle sind beide Arbeitnehmergruppen beteiligt, im letzteren Falle nur eine Arbeitnehmergruppe.

5 D. h. die zahlenmäßig überwiegende Beteiligung; bei ausnahmsweise gleicher Zahl (z. B. 3 Arbeiter und 3 Angestellte) wird der aufsichtführende Vorsitzende des Arbeitsgerichts nach pflichtgemäßem Ermessen zu entscheiden haben; häufig wird der Schwerpunkt in der einen oder der anderen Gruppe liegen.

In dem in der vorigen Anmerkung genannten Falle, daß die Zustimmung einer Arbeiter und Angestellte umfassenden Betriebsvertretung zur Kündigung eines Betriebsvertretungsmitgliedes ersetzt werden soll, kommt es für die „überwiegende" Beteiligung darauf an, ob in der Betriebsvertretung Arbeiter oder Angestellte stärker vertreten sind, ebenso wenn es sich um die Wahlanfechtung der beide Arbeitnehmergruppen umfassenden Betriebsvertretung handelt.

[6] Solche besonderen Gründe können in der geringeren Bedeutung einer Arbeitnehmergruppe im Bezirk (praktisch wohl stets der Angestellten) und der damit zusammenhängenden geringen Zahl von Streitigkeiten im Bereich dieser Gruppe liegen (Begr. S. 57). Wo früher keine Kaufmannsgerichte, wohl aber Gewerbegerichte waren, werden öfter solche „besonderen Gründe" anzunehmen sein, ebenso dort, wo die Kaufmannsgerichte, wie dies öfter vorgekommen ist, ganz wenige Fälle im Jahr zu entscheiden hatten und auch die Zahl der vor den Gewerbegerichten entschiedenen Angestelltensachen (für Betriebsbeamte, Werkmeister usw.) überaus gering war.

[7] Diese Anordnung kann — von Amts wegen oder auf Anregung von dritter Seite, z. B. wirtschaftlicher Vereinigungen — jederzeit getroffen, aber auch jederzeit wieder aufgehoben werden. Wegen der Form vgl. Anm. 2.

[8] Z. B. für Streitigkeiten im Bergbau, bei der Reichsbahn oder für die leitenden Angestellten (vgl. § 30 Abs. 2 Satz 2). Wegen der notwendig strengen Anforderungen an ein solches „Bedürfnis" vgl. Begr. S. 30 und hier Anm. 1. Der persönliche Zuständigkeitsbereich der Fachkammern ist begrifflich genau abzugrenzen, um Unklarheiten in der Zuständigkeit der Kammern zu vermeiden. Sind an der einzelnen Streitigkeit Personen aus diesem Zuständigkeitsbereich und aus dem Bereich der allgemeinen Arbeiter- oder Angestelltenkammer beteiligt (z. B. ein der Bergbaukammer unterstehender und ein anderer Arbeiter bei einer Entlassungssache), so sind die in Anm. 4, 5 entwickelten Gesichtspunkte maßgebend.

[9] Auch diese Entscheidung kann — von Amts wegen oder auf Anregung von dritter Seite, z. B. von wirtschaftlichen Vereinigungen — jederzeit getroffen und wieder aufgehoben werden. Wegen der Form vgl. Anm. 2.

[10] Wie in Anm. 1 bemerkt, gibt es hiervon keine Befreiung. Die Vorschrift, die im Reichstagsausschuß in zweiter Lesung beschlossen worden ist — als Ausgleich für die fortfallenden Innungsschiedsgerichte des bisherigen § 81 b Abs. 1 Nr. 4 GO., siehe § 110 Nr. 4 hier — führt vermutlich bei der voraussichtlich verhältnismäßig geringen Zahl von Streitigkeiten aus dem Handwerk besonders leicht zu dem in der Anm. 1 dargelegten Zwiespalt zwischen kurzfristigen, d. h. teueren, Sitzungstagen mit wenigen Sachen und sehr langfristigen, also im Interesse der Rechtspflege unerwünschten Sitzungstagen mit einer größeren Zahl von Sachen, zugleich zur selteneren Inanspruchnahme und daher geringeren Einarbeitung der Beisitzer. Einen Ausweg bietet die in Preußen öfter erfolgte Anwendung des Abs. 4, indem die Zuständigkeit des Handwerksgerichts, das ja auch eine Fachkammer ist, auf einen größeren Bezirk ausgedehnt werden kann (ebenso Dersch-Volkmar, 2. Aufl., Anm. 11 und die preußische Praxis; anders in der 1. Aufl.). Das Handwerksgericht kann, wie das z. B. in Berlin geschehen ist, wiederum fachlich unterteilt werden und in Handwerks-Fachkammern zerfallen.

Den Zuständigkeitsbereich des Handwerks bilden angesichts dieser Entstehungsgeschichte alle Betriebe, deren Inhaber zur Handwerkskammer gehören, und zwar nur bezüglich ihrer Arbeiterstreitigkeiten, nicht auch bezüglich der Angestelltenstreitigkeiten (vgl. den preußischen Erlaß vom 30. 4. 27).

[11] Eine Ausdehnung der allgemeinen Arbeiterkammer auf andere Bezirke ist gesetzlich nicht vorgesehen. Praktisch sind vor allem die Reichsbahnfachkammern, die am Sitze der Reichsbahndirektion sich befinden, auf den ganzen Direktionsbezirk ausgedehnt worden.

Trotz Fehlens einer ausdrücklichen Vorschrift ist sinngemäß aus solcher Erstreckung zu folgern, daß sie eine Art „ausschließlicher" Zuständigkeit für den räumlichen Bereich der erstreckten Kammer bewirkt, d. h. daß die Streitigkeiten des Personenkreises (Angestellte und Fachangehörige), für den die erstreckte Kammer errichtet ist, in diesem räumlichen Bereich nur an das erstreckte Gericht gebracht werden können. Denn insoweit ist den übrigen Gerichten des Bezirks ihre Zuständigkeit für Streitigkeiten dieses Personenkreises entzogen; so haben z. B., wenn eine Angestelltenkammer des Arbeitsgerichts A. sich zugleich auf die Arbeitsgerichte B. und C. erstreckt, B. und C. keine Angestelltenkammer, oder wenn eine Bergbaukammer bei A. zugleich für B. und C. errichtet ist, können Bergarbeiter bei B. und C. nicht klagen, weil die Bergarbeitersachen den allgemeinen Arbeiterkammern bei B. und C. vollkommen genommen sind.

Demgemäß kann auch die Vereinbarung aus § 38 ZPO. stets nur Gerichte mit gleichartiger Kammer ergreifen; Angestellte können statt des an sich zuständigen Gerichts nur ein anderes Gericht mit Angestelltenkammer, Bergarbeiter statt der Bergbaukammer nur ein anderes Gericht vereinbaren, dem die Bergarbeitersachen nicht entzogen sind; in den Beispielen des vorigen Absatzes können daher die Arbeitsgerichte in B. und C. auch durch Vereinbarung für Angestellten- oder Bergarbeiterstreitigkeiten nicht zuständig gemacht werden, dagegen können diese Arbeitnehmer jedes andere Gericht mit Angestelltenkammer oder allgemeiner sachlich uneingeschränkter Arbeiterkammer nach § 38 ZPO. vereinbaren (vgl. § 47 Anm. 1 und § 48 Anm. 11).

Das Vorhandensein solcher fremde Arbeitsgerichtsbezirke ergreifender Kammern ist leicht geeignet, die Gerichtsorganisation unübersichtlich zu machen und Rechtsunsicherheit zu erzeugen (vgl. den zu Anm. 1 wiedergegebenen Ministerialerlaß). Wegen der Form vgl. Anm. 2.

12 Ein praktisches Beispiel hiervon bieten die in der vorigen Anmerkung erwähnten Arbeitsgerichte am Sitze der Reichsbahndirektionen, da die Direktionsbezirke, besonders in Mittel- und Westdeutschland, sich vielfach auf mehrere Länder erstrecken.

§ 18

Bestellung des Vorsitzenden[1]

(1) **Die Vorsitzenden und die stellvertretenden Vorsitzenden bestellt die Landesjustizverwaltung im Einvernehmen mit der obersten Landesbehörde für die Sozialverwaltung[2]. Sie soll nur Personen bestellen, die auf arbeitsrechtlichem und sozialem Gebiete Kenntnisse und Erfahrungen besitzen[3].**

(2) **Die Vorsitzenden und die stellvertretenden Vorsitzenden sind in der Regel ordentliche Richter[4]. Richter, die Vorsitzende oder stellvertretende Vorsitzende eines Schlichtungsausschusses oder Schlichter oder stellvertretende Schlichter sind oder gewesen sind, sollen bei der Bestellung zu Vorsitzenden oder stellvertretenden Vorsitzenden der Arbeitsgerichte besonders berücksichtigt werden[5].**

(3) **Andere Personen dürfen zu Vorsitzenden oder zu stellvertretenden Vorsitzenden nur bestellt werden, wenn sie nach ihrer Stellung im Erwerbsleben weder als Arbeitgeber noch als Arbeitnehmer anzusehen sind und die Befähigung zum Richteramte haben[6].**

(4) **Die Vorsitzenden und die stellvertretenden Vorsitzenden werden mindestens für ein Jahr und höchstens für neun Jahre bestellt[7]. Eine wiederholte Bestellung ist zulässig. Nach mindestens dreijähriger Amtsdauer können hauptamtliche Vorsitzende auf Lebenszeit bestellt werden[8]. Die von der Gesetzgebung festgesetzten Altersgrenzen, bei deren Erreichung Richter in den Ruhestand treten, gelten auch für die Vorsitzenden der Arbeitsgerichte[8].**

(5) **Die Vorsitzenden und die stellvertretenden Vorsitzenden sind vor ihrem Amtsantritte durch den Präsidenten des Landgerichts auf die Erfüllung der Obliegenheiten ihres Amtes eidlich zu verpflichten, falls sie nicht bereits als Beamte vereidigt sind[9].**

(6) **Die landesgesetzlichen Vorschriften über die Befähigung zur zeitweiligen Wahrnehmung richterlicher Aufgaben gelten für die zeitweilige Tätigkeit als Vorsitzender entsprechend. Diese soll jedoch den Zeitraum von sechs Wochen nicht übersteigen[10].**

1 Die Vorschriften über die Bestellung der Vorsitzenden und stellvertretenden Vorsitzenden stellen ein Kompromiß zwischen jahrelang umstrittenen Anschauungen darüber dar, wieweit auch Laien oder nur Personen mit Befähigung zum höheren Verwaltungsdienst oder zum Richteramt oder schließlich nur ordentliche Richter zum Vorsitz im Arbeitsgericht geeignet sind. Wegen der Übernahme der bisherigen Gewerbegerichts- und Kaufmannsgerichtsvorsitzenden vgl. § 117.

2 Die Bestellung ist Sache der auch hier federführenden Justizverwaltung im Einvernehmen mit der Sozialverwaltung. Sie erfolgt im Hauptamt oder im Nebenamt je nach dem Grade der Inanspruchnahme durch die arbeitsgerichtliche Tätigkeit. Stellvertretende Vorsitzende werden, soweit sie nicht zugleich Vorsitzende sind, nur nebenamtlich bestellt werden, besonders auch dann, wenn die Geschäftslast die Bestellung eines einzigen hauptamtlichen Vorsitzenden rechtfertigt; bei zwei hauptamtlichen Vorsitzenden wird sich gegenseitige Vertretung empfehlen. Über die Vertretung durch Vorsitzende eines Nachbargerichts in Notfällen vgl. AV. d. JM. v. 26. 7. 27 (JMBl. 232).

3 Die Vorschrift ist eine Mahnung an die bestellende Verwaltung, für deren Beobachtung die Minister die politisch-parlamentarische Verantwortung tragen.

4 Der Regelfall ist nach der Gesetzesbestimmung die Bestellung eines ordentlichen Richters, also (§ 12 Gerichtsverfassungsgesetz) eines Richters beim Amtsgericht, Landgericht usw. (praktisch meist beim Amtsgericht); doch ist dies nicht ausnahmslos vorgeschrieben, um der Verwaltung die Möglichkeit zu geben, auch andere Personen in besonderen Fällen unter den in Abs. 3 genannten Voraussetzungen zu Vorsitzenden oder stellvertretenden Vorsitzenden zu bestellen (siehe Anm. 6).

Der Ausnahmefall kann besonders dann gegeben sein, wenn kein geeigneter, dem Abs. 1 Satz 2 genügender Richter im Amtsbezirk vorhanden ist — ein mit Rücksicht auf die bisherige geringe praktische Betätigung der ordentlichen Richter im Arbeitsrecht an sich denkbarer Fall —, dagegen in dem unter Abs. 3 fallenden Personenkreis sich geeignete Persönlichkeiten finden, oder wenn neben an sich geeigneten Richtern Persönlichkeiten von besonderer arbeitsrechtlicher Erfahrung im Bezirk vorhanden sind. Gerade der letztere Fall wird auch in weiterer Zukunft, wenn an sich eine erhöhte arbeitsrechtliche Vorbildung der Richter in Theorie und Praxis gegeben sein wird, die gelegentliche Bestellung anderer Personen als der ordentlichen Richter rechtfertigen.

5 Auch diese Vorschrift, die mit Rücksicht auf die engen stofflichen Zusammenhänge zwischen Schlichtungswesen und Arbeitsgerichtsbarkeit getroffen worden ist, bildet für die Verwaltung eine Mahnung in dem gleichen Sinne wie zu Anm. 3.

6 Für Personen, die nicht zu den ordentlichen Richtern gehören, gelten die Voraussetzungen dieses Absatzes: sie müssen bei Vermeidung der Unwirksamkeit ihrer Rechtsakte die Befähigung zum Richteramt haben, also die erste und zweite juristische Staatsprüfung abgelegt haben (§ 2 Gerichtsverfassungsgesetz) oder ordentliche öffentliche Lehrer des Rechts an einer deutschen Universität sein (§ 4 Gerichtsverfassungsgesetz) und dürfen nach ihrer Stellung im Erwerbsleben weder als Arbeitgeber noch als Arbeitnehmer anzusehen sein. Die Beschäftigung von Hausangestellten macht noch nicht zum Arbeitgeber im „Erwerbsleben". Rechtsanwälte gelten nach der ausdrücklichen Bemerkung der Begründung (S. 31) nicht als Arbeitgeber „nach ihrer Stellung im Erwerbsleben". Sie können also als Vorsitzende oder stellvertretende Vorsitzende eines Arbeitsgerichts bestellt werden, ebenso juristisch vorgebildete Kommunal- und Staatsbeamte, nicht dagegen Syndizi von Verbänden (wenn sie nicht ihre Stellung aufgeben). Die im Regierungsentwurf enthaltene weitere Voraussetzung der Bestellung der in diesem Absatz umschriebenen Personen, daß „ihre Bestellung keine erheblichen Mehrkosten verursacht", ist im Reichstagsausschuß gestrichen worden, ein deutlicher Hinweis darauf, daß der Ausschuß finanziellen Erwägungen keinen entscheidenden Einfluß auf die Frage der Bestellung solcher Personen beigemessen sehen wollte.

Über die Möglichkeit der fehlenden Befähigung zum Richteramt in der aus § 117 sich ergebenden Übergangszeit vgl. § 117 Anm. 3.

7 Während der ordentliche Richter als Richter — wenn auch nicht für einen bestimmten Geschäftskreis (als Jugendrichter, Schöffenrichter, Grundbuchrichter usw.) — auf Lebenszeit ernannt wird, werden die Vorsitzenden und stellvertretenden Vorsitzenden hier, mögen sie nun aus dem Kreis der ordentlichen Richter oder aus dem in Abs. 3 zugelassenen Personenkreis stammen und mögen sie ferner hauptamtlich oder nebenamtlich bestellt werden, für ihre arbeitsgerichtliche Funktion zunächst nur auf Zeit — nämlich für mindestens ein Jahr und für höchstens neun Jahre — bestellt und können nur (nicht müssen!), wenn sie hauptamtlich bestellt sind, nach drei Jahren auf Lebenszeit bestellt werden.

Diese Art der Bestellung auf Zeit, die durch die lebenslängliche Bestellung später nur ersetzt werden kann, nicht muß, hat ihre Ursache in dem Bestreben (Bericht S. 13), der bestellenden Verwaltung Gelegenheit zu geben, mit Rücksicht auf die Neuartigkeit des der Justizverwaltung übertragenen Tätigkeitsbereichs als ungeeignet sich erweisende Personen von dem Vorsitz zu entfernen; ohne die befristete Bestellung könnte der Vorsitzende des Arbeitsgerichts, das doch selbständig, keine bloße Abteilung eines anderen Gerichts ist, vom Arbeitsgericht ebensowenig entfernt werden, wie etwa ein ungeeigneter Amtsrichter wider seinen Willen von seinem Amtsgericht entfernt, vielmehr ihm höchstens im Wege der Geschäftsverteilung, die aber wiederum bei dem einen Arbeitsgericht nicht in Betracht kommt, ein weniger wichtiger Geschäftskreis zugewiesen werden kann.

Soll ein bisheriger ordentlicher Richter hauptamtlich zum Vorsitzenden eines Arbeitsgerichts bestellt werden, so ist dies nur möglich, wenn er seinem Ausscheiden aus der ordentlichen Gerichtsbarkeit zustimmt (Art. 104 Abs. 1 Satz 2 der Reichsverfassung), da er wider seinen Willen von dem Richteramt nicht enthoben werden kann (ebenso Franke, GKG. 1927, 81); solche zustimmende Entschließung wird ihm allerdings durch § 19 Abs. 2 erleichtert. Die nebenamtliche Bestellung müssen sich die Richter vielfach, so in Preußen, zur Zeit auf Grund der Personalabbauverordnung, gefallen lassen (siehe hierzu § 12 des Preußischen Personal-Abbauabwicklungsgesetzes vom 25. 3. 1926 GesS. S. 103; ebenso Franke, a. a. O. Sp. 82).

8 Vgl. hierzu z. B. das preußische Altersgrenzengesetz vom 15. 12. 1920 GesS. S. 621 in der Fassung der Personalabbauverordnung vom 8. 2. 1924 GesS. S. 73, wonach Richter mit dem 65. Jahr in den Ruhestand treten. Die Altersgrenze gilt auch für die offenbar nur versehentlich nicht mitgenannten stellvertretenden Vorsitzenden (Baumbach, § 18 Anm. 6).

9 Die Verpflichtung nach § 14 Abs. 4 ist Sache des Landesgerichtspräsidenten, bei dessen Landgericht das dem Arbeitsgericht übergeordnete Landesarbeitsgericht errichtet ist. Da überwiegend Beamte Vorsitzende der Arbeitsgerichte sein werden, die bereits als solche vereidigt sind, wird die Vereidigung praktisch nicht sehr oft vorkommen.

10 Solche landesgesetzlichen Vorschriften sind für Preußen § 2 ff. Preußisches Ausführungsgesetz zum Gerichtsverfassungsgesetz vom 24. 4. 1878 GesS. S. 230 und Gesetz vom 23. 3. 1926 GesS. S. 99 verlängert durch Ges. v. 4. 7. 27 GesS. S. 126. Danach können vorübergehend Assessoren, und nach dem Gesetz vom 23. 3. 1926 auch andere Personen mit Befähigung zum Richteramt als Richter bestellt werden. Um eine Beschränkung dieses vielbekämpften sogenannten Assessorentums herbeizuführen, soll — eine Mahnung an die Verwaltung, für deren Beachtung sie verantwortlich ist — solche zeitweilige Wahrnehmung nicht den Zeitraum von 6 Wochen übersteigen, eine Überschreitung der Vorschrift macht jedoch — dank der bloßen „Soll"vorschrift — die Rechtsakte eines solchen Richters nicht etwa nichtig. Referendare können, da sie nach § 2 Abs. 3 des Ausführungsgesetzes zum Gerichtsverfassungsgesetz zur Urteilsfällung nicht berufen sind, auch nicht vorübergehend als Vorsitzende oder stellvertretende Vorsitzende bestellt werden (Franke, GKG. 1927, 81).

§ 19

Rechtliche Stellung der Vorsitzenden

(1) **Die Vorsitzenden und die stellvertretenden Vorsitzenden haben die Rechte und Pflichten richterlicher Beamter der Länder. Soweit sie auf Zeit bestellt sind, haben sie diese Rechte und Pflichten für die Dauer**

ihres Amtes[1]. Die Vorschriften der §§ 8, 9 des Gerichtsverfassungsgesetzes[2], für die hauptamtlichen Vorsitzenden auch die Vorschrift des § 7 des Gerichtsverfassungsgesetzes, gelten entsprechend[3]. Die Landesregierungen bestimmen, ob den nebenamtlichen Vorsitzenden und den stellvertretenden Vorsitzenden eine Vergütung zu gewähren ist[4].

(2) **Auf Lebenszeit angestellte Beamte des Reichs oder der Länder, die auf Zeit zu hauptamtlichen Vorsitzenden bestellt werden, sind nach Ablauf dieser Zeit in eine ihrer früheren dienstlichen Stellung gleichwertige Stellung wieder zu übernehmen. Die Amtsdauer als Vorsitzender ist ihnen als Dienst im Reiche oder im Lande anzurechnen[5].**

1 Die Selbständigkeit der Gerichte bedingte, da die Vorsitzenden und stellvertretenden Vorsitzenden nicht ordentliche Richter im Sinne des Gerichtsverfassungsgesetzes sind (Begr. S. 31), eine Sonderregelung der Rechtsstellung der Vorsitzenden und ihrer Stellvertreter. Sie sind den übrigen richterlichen Beamten im allgemeinen gleichgestellt, was vor allem die reichsverfassungsmäßige Unabhängigkeit (Art. 102 der Reichsverfassung), ferner das Verhältnis zum Strafrecht, Disziplinarrecht usw. betrifft, und von den ordentlichen Richtern verschieden nur in der aus § 18 sich ergebenden zunächst zeitlich befristeten Bestellung. Aus der Dienstaufsicht des Justiz- und Sozialressorts folgt eine Bindung des Justizressorts auch in Disziplinarsachen an das Einvernehmen des Sozialressorts. Wegen der Disziplinarbefugnis gegenüber nebenamtlichen Vorsitzenden vgl. Franke GKG 1927, 85; danach ist zuständig der Inhaber der Dienststrafgewalt des Hauptamtes, z. B. die Gemeinde; fehlt es an einem Hauptamt, z. B. beim Rechtsanwalt, so sind die für die hauptamtlichen Richter zuständigen Stellen auch hier zuständig. Über die Amtstracht der Vorsitzenden in Preußen vgl. AV. d. JM. v. 15. 6. 27 (JMBl S. 190).

2 Für haupt- und nebenamtlich bestellte Vorsitzende und stellvertretende Vorsitzende gelten bezüglich dieser besonderen Ämter die folgenden §§ 8, 9 des Gerichtsverfassungsgesetzes:

§ 8. Richter können wider ihren Willen nur kraft richterlicher Entscheidung und nur aus den Gründen und unter den Formen, welche die Gesetze bestimmen, dauernd oder zeitweise ihres Amtes enthoben oder an eine andere Stelle oder in den Ruhestand versetzt werden. Die Gesetzgebung kann Altersgrenzen festsetzen, bei deren Erreichung Richter in den Ruhestand treten.

Die vorläufige Amtsenthebung, welche kraft Gesetzes eintritt, wird hierdurch nicht berührt.

Bei einer Veränderung in der Einrichtung der Gerichte oder ihrer Bezirke können unfreiwillige Versetzungen an ein anderes Gericht oder Entfernungen vom Amte unter Belassung des vollen Gehalts durch die Landesjustizverwaltung verfügt werden.

§ 9. Wegen vermögensrechtlicher Ansprüche der Richter aus ihrem Dienstverhältnis, insbesondere auf Gehalt, Wartegeld oder Ruhegehalt darf der Rechtsweg nicht ausgeschlossen werden.

3 Nur für die hauptamtlichen Vorsitzenden gilt § 7 des Gerichtsverfassungsgesetzes.

„Die Richter beziehen in ihrer richterlichen Eigenschaft ein festes Gehalt mit Ausschluß von Gebühren."

Die Eingruppierung in die Besoldungsordnung erfolgt dann nach den sonstigen für die Richter geltenden Grundsätzen.

4 Für die nebenamtlichen Vorsitzenden und ihre Stellvertreter ist die Vergütungsregelung sowohl hinsichtlich des Ob wie hinsichtlich der Höhe den Landesregierungen überlassen (Bericht S. 14). Die preußische Verwaltung hat den Weg gewählt, den nebenamtlich bestellten ordentlichen Richtern keine Vergütung zu gewähren, sie dafür aber im Hauptamt so weit zu entlasten, daß im Ergebnis keine Mehrbelastung gegenüber einem anderen nicht nebenamtlich tätigen Richter entsteht (vgl. Franke, Arbeitsgericht 1927, 82 und 109). Anderen nebenamtlich bestellten Personen, z. B. Rechtsanwälten, Kommunalbeamten, wird eine Vergütung gewährt, während für die sonstigen aktiven Staatsbeamten die gleichen Grundsätze gelten wie für den ordentlichen Richter im Nebenamt.

5 Der zweite Absatz soll der Sicherung aller Beamten dienen, die auf Zeit zu hauptamtlichen Vorsitzenden bestellt werden, insbesondere auch der ordentlichen richterlichen Beamten, die freiwillig aus ihrem Richteramt ausscheiden und auf Zeit zu arbeitsgerichtlichen Vorsitzenden bestellt werden, nach einer Reihe von Jahren aber wieder in ihre ursprüngliche Tätigkeit als ordentliche Richter zurückkehren sollen oder wollen (vgl. § 18 Anm. 7). Sie sind nach Dienstalter, Besoldungsgruppe usw. dann so zu behandeln, als wären sie nicht zeitweilig ausgeschieden gewesen. Die Gleichwertigkeit der Stellung bezieht sich nicht auf den Dienstort und die einzelne Behörde, sondern nur auf die Dienststellung nach Gruppe, Amtsbezeichnung usw. Einen formellen Anspruch auf Rückkehr zu dem alten Gericht hat also der Richter nicht, der 5 Jahre arbeitsgerichtlicher Vorsitzender im Hauptamt gewesen ist. Doch schließt das Erfordernis der „Gleichwertigkeit" praktisch in der Regel die Ortsveränderung aus. Für die stellvertretenden Vorsitzenden, die das Gesetz nicht genannt hat, kommt die Vorschrift nicht in Betracht, weil sie in der Eigenschaft als Stellvertreter nicht hauptamtlich bestellt sind. Entweder sind sie tatsächlich zugleich hauptamtliche Vorsitzende und vertreten sich gegenseitig, wenn bei einem Arbeitsgericht zwei hauptamtliche Vorsitzende benötigt werden, oder sie treten nur im Behinderungsfalle für den einzigen hauptamtlichen Vorsitzenden ein; dann sind sie nicht hauptamtliche Vorsitzende, z. B. wenn ein bestimmter Amtsrichter des Amtsgerichts in X. zugleich zum stellvertretenden Vorsitzenden des hauptamtlichen Vorsitzenden des Arbeitsgerichts in X. oder Y. bestellt wird.

§ 20

Berufung der Beisitzer[1]

(1) **Die Beisitzer werden von der höheren Verwaltungsbehörde[2] im Einvernehmen mit dem Präsidenten des Landgerichts[3] auf die Dauer von drei Jahren berufen[4]. Sie sind in angemessenem Verhältnis unter billiger Berücksichtigung der Minderheiten aus den Vorschlagslisten zu entnehmen, die von den in dem Gerichtsbezirke bestehenden wirtschaftlichen Vereinigungen der Arbeitgeber und der Arbeitnehmer und**

von den im § 22 Abs. 2 Nr. 2 bezeichneten Körperschaften eingereicht werden[5].

(2) **Für die Beisitzer der Arbeiter und der Angestellten sind grundsätzlich getrennte Vorschläge einzuholen, wenn nicht die Bildung getrennter Kammern gemäß § 17 Abs. 2 unterbleibt[6].**

(3) **Die Beisitzer sind vor ihrer Dienstleistung durch den Vorsitzenden auf die Erfüllung der Obliegenheiten ihres Amtes eidlich zu verpflichten[7].**

1 An die Stelle der früheren Wahl der Beisitzer der Gewerbegerichte und Kaufmannsgerichte ist jetzt — als Folge der veränderten Stellung der Organisationen im Arbeits- und Wirtschaftsleben dank ihrer Anerkennung als Vertretung der Arbeitgeber und Arbeitnehmer (vgl. Art. 165 der Reichsverfassung) — die Berufung getreten, die, abgesehen von einer Sonderbestimmung für öffentliche Körperschaften, ausschließlich auf Grund von Vorschlagslisten der wirtschaftlichen Vereinigungen erfolgt, wie dies auf anderen Gebieten schon seit längerer Zeit, so für die Zusammensetzung der Verwaltungsausschüsse der Arbeitsnachweise und die Bildung der Schlichtungsausschüsse, insbesondere auch in ihrer Eigenschaft als vorläufige Arbeitsgerichte (Art. II der SchlVO. vom 30. 10. 1923), praktisch erprobt ist. Irgendeine behördliche Berufung ohne Vorschlag der wirtschaftlichen Vereinigungen oder öffentlichen Körperschaften gibt es — anders als nach § 4 Abs. 2 der 2. AVO. zur SchlVO. oder nach § 6 Abs. 3 AVAVG. — auch ersatzweise und ausnahmsweise nicht (ebenso Dersch-Volkmar Anm. 5a); das Zustandekommen der Gerichte hängt ausschließlich von der Mitwirkung der wirtschaftlichen Vereinigungen ab. Nach § 6 Abs. 2 führen die Beisitzer die Amtsbezeichnung „Arbeitsrichter".

2 Die Bestimmung der höheren Verwaltungsbehörde ist nach § 109 Sache der Landesregierungen; in Preußen sind als solche die Regierungspräsidenten, für Berlin der Oberpräsident bestimmt worden.

3 Umgekehrt wie bei dem sonstigen Verhältnis von Justiz- und Sozialverwaltung (vgl. § 14 Anm. 4) ist hier die mit den Vereinigungen auch sonst oft zusammenarbeitende Verwaltungsbehörde federführend, die sich mit dem Präsidenten des Landgerichts über die Berufung zu einigen hat. Nach § 14 Abs. 4 ist derjenige Landgerichtspräsident zuständig, bei dessen Landgericht das dem Arbeitsgericht übergeordnete Landesarbeitsgericht errichtet ist. Über den Fall mangelnder Einigung schweigt das Gesetz auch hier; nach den gleichen Grundsätzen wie zu § 14 Anm. 4 ist anzunehmen, daß zunächst die beiderseitigen Zentralbehörden — Justiz- und Sozialministerium — sich zu einigen versuchen müssen, mangels deren Einigung die nach dem inneren Staatsrecht des einzelnen Landes für solche Fälle zuständige Stelle zu entscheiden hat.

4 Die Berufung ist ein öffentlich-rechtlicher Verwaltungsakt, gleich der Berufung der Schöffen, Handelsrichter usw.; im sozialen Recht sei an die Berufung der Mitglieder der Verwaltungsausschüsse der Arbeitsnachweise oder Schlichtungsausschüsse erinnert. Mangels besonderer Bestimmung, wie sie in § 4 Abs. 7 der 2. AVO. zur SchlVO. enthalten war, ist die Berufung, soweit sie nicht geradezu ein nichtiger Verwaltungsakt ist, nicht ohne weiteres der Rücknahme fähig (auch nicht auf Beschwerde; vgl. den preußischen Ministerialerlaß vom 30. 4. 27 sowie Preuß. HandMin. v. 26. 8. u. 9. 9. 27 RABl. 1927, 489, RAM. vom 17. 10. 27

RABl. 1927, 532), vielmehr gibt es nur eine Amtsenthebung nach § 21 Abs. 5 oder § 27, daher gibt es auch keine nachträgliche Veränderung der Beisitzerbestellung und -verteilung, wie sie etwa in § 9 Abs. 4 des früheren ANG. ausdrücklich im Beschwerdewege vorgesehen war. Gegen die prozessuale Ausnutzung von Mängeln bei der Berufung schützt § 65, 73 Abs. 2, § 79 Satz 2, § 86 Abs. 2.

Einer besonderen Annahmeerklärung der den Berufenen zugegangenen Berufung bedarf es nicht, doch besteht ein Ablehnungsrecht nach § 24. Wegen der Form der Berufung vgl. im übrigen den preuß. Ministerialerlaß vom 30. 4. 27.

Die erforderliche Zahl der Beisitzer ist von der höheren Verwaltungsbehörde im Zusammenwirken mit dem Landgerichtspräsidenten auf Grund der voraussichtlichen Inanspruchnahme des Gerichts festzustellen; sie kann im Laufe der Amtsperiode wegen vermehrten Bedürfnisses vermehrt werden. Wegen der preußischen Grundsätze vgl. den im vorigen Absatz angeführten Ministerialerlaß vom 30. 4. 27.

Fällt ein Beisitzer im Laufe der Amtsperiode fort, so daß sich z. B. mittelbar das ursprüngliche Verhältnis der vorschlagenden wirtschaftlichen Vereinigungen, Fachgruppen usw. verschiebt, so hat die berufende Behörde aus den noch vorhandenen Listen Nachberufungen vorzunehmen, und zwar jeweils aus der Liste, der der fortgefallene Beisitzer entnommen war. Doch kann sie auch — und ist in Preußen in diesem Sinne angewiesen (siehe den Erlaß vom 30. 4. 27) — die wirtschaftliche Vereinigung, die die fragliche Liste eingereicht hat, anfragen, ob die alte Liste noch gelten oder durch eine neue Liste mit vielleicht neu zugezogenen, in Vorschlag zu bringenden Personen ersetzt werden soll. Diese Nachberufung findet für den Rest der Amtsperiode statt (anderer Ansicht Dersch-Volkmar Anm. 10; wie hier bezüglich der gleichen Vorschrift der SchlVO. — § 4 Abs. 3 Satz 1 — Flatow-Joachim § 4 Anm. 5, sowie der die Schlichtungsausschüsse betreffende Erlaß des preußischen Handelsministeriums vom 4. 12. 26, HandMin.Bl. 1926 S. 361). Irgendein automatisches Nachrücken von Ersatzmännern ohne Berufung findet nicht statt. — Sinngemäß gilt dies für den Fall der Beisitzervermehrung während der Amtsperiode (vor. Absatz).

Eine wiederholte Berufung derselben Beisitzer in aufeinanderfolgenden Amtsperioden ist unbedenklich zulässig, ja im Interesse der Rechtsprechung erwünscht.

5 Die Berufung soll, wie es in der Begr. S. 32 heißt, die Kosten und Beunruhigungen einer nahezu allgemeinen öffentlichen Wahl vermeiden, „ohne auf ihre Vorzüge, die Schaffung eines richtigen Bildes der Kräfte im Arbeitsleben in dem Beisitzerbestand der Arbeitsgerichtsbehörden, zu verzichten".

Die Grundlage der Berufung bilden Vorschlagslisten der wirtschaftlichen Vereinigungen (über diesen Begriff siehe § 10 Anm. 3) und der öffentlichen Körperschaften des Gerichtsbezirks, die diese der Verwaltungsbehörde einzureichen haben, ohne hierbei an ihren Mitgliederkreis gebunden zu sein. Über die äußere Form siehe den preußischen Ministerialerlaß vom 30. 4. 27. Die berufenden Behörden sind (vorbehaltlich der Unfähigkeitsgründe der §§ 21—23) an die Reihenfolge der in der Liste verzeichneten Personen gebunden zu erachten, wie dies ausdrücklich in § 6 Abs. 1 Satz 4 ANABG. vorgeschrieben ist. Bei der Aufstellung haben die einreichenden Vereinigungen und Körperschaften auf die in §§ 21—23 enthaltenen Voraussetzungen für das Beisitzeramt zu achten. Angesichts des Fehlens einer gesetzlichen Bestimmung ist es zwar nicht für unzulässig zu halten, daß jemand für mehrere übergeordnete Arbeitsgerichtsbehörden zugleich Beisitzer ist, also etwa für das Arbeitsgericht und das Landesarbeitsgericht des Bezirks. Doch ist solche Personalunion sicherlich unerwünscht (ebenso der preußische Ministerialerlaß vom 30. 4. 27); über die unzulässige Mitwirkung als Richter in derselben Sache in mehreren Instanzen vgl. § 49 ArbGG. i. V. mit § 41 Nr. 6 ZPO.

Nach Möglichkeit ist zu erstreben, daß die Zahl der eingereichten Listen gering ist, da es für die berufende Behörde außerordentlich schwierig ist, bei vielleicht einer sehr großen Zahl von Listen der einen oder der anderen Seite oder beider Seiten eine auch nur einigermaßen befriedigende Verteilung vorzunehmen. Die Selbstverwaltung der beteiligten Arbeitgeber und Arbeitnehmer muß so entwickelt sein, daß sich die beiden großen Interessentengruppen möglichst je untereinander verständigen, so daß nur eine Arbeitgeber- und eine Arbeitnehmerliste den berufenden Stellen zugeht; nur die in § 22 Abs. 2 Nr. 2 bezeichneten Körperschaften (Reich, Land, Gemeindeverband und andere Körperschaften öffentlichen Rechts) werden allerdings häufig eine besondere Stellung einnehmen und sich nicht immer mit den privaten Arbeitgeberverbänden wegen einer Beteiligung an einer allgemeinen Arbeitgeberliste einigen können. Über Streitigkeiten der beteiligten Vereinigungen untereinander bezüglich ihres Gewichts bei der Verteilung (vgl. die folgenden Ausführungen im Text) siehe Preuß. HMin. v. 26. 8. u. 9. 9. 1927 — RABl. 1927, 489.

Reichen demgemäß Arbeitgeber oder Arbeitnehmer oder beide Teile nur je eine Liste ein, so ist das Verfahren einfach: die berufende Behörde beruft die notwendige Zahl von Beisitzern an der Hand der Liste, ganz gleich, ob die einreichende Vereinigung oder die mehreren gemeinsam eine Liste einreichenden Vereinigungen (einschließlich der öffentlichen Körperschaften des Bezirks) einen mehr oder minder großen Teil der im Bezirk befindlichen Arbeitgeber und Arbeitnehmer zu Mitgliedern haben.

Verwickelt wird die Sachlage, wenn auf Arbeitgeber- oder Arbeitnehmerseite oder auf beiden Seiten mehrere getrennt einreichende Vereinigungen vorhanden sind, die verschieden starke Personenkreise vertreten. Alsdann ist die Bestimmung des § 6 Abs. 2 ANAVG. zur Auslegung der Worte „in angemessenem Verhältnis unter billiger Berücksichtigung der Minderheiten" sinngemäß zu verwerten (vgl. auch hierzu den preußischen Ministerialerlaß vom 30. 4. 27).

Danach sind auf die Arbeitgeberlisten die Arbeitgeberbeisitzer verhältnismäßig nach der Zahl der Arbeitnehmer zu verteilen, die von den Mitgliedern der einzelnen einreichenden Arbeitgebervereinigungen beschäftigt werden, während die Arbeitnehmerbeisitzer verhältnismäßig nach der Zahl der Mitglieder zu verteilen sind, die den vorschlagenden wirtschaftlichen Vereinigungen (Gewerkschaften) im Gerichtsbezirk angehören. Dieser Auslegung entspricht auch die Regierungserklärung (mündlicher Bericht S. 119), wonach die Worte „in angemessenem Verhältnis ... eingereicht werden" dahin zu verstehen sind, daß „maßgebend für das Verhältnis der Berufungen von Arbeitsrichtern verschiedener Gewerkschaftsrichtungen nicht die Bedeutung dieser Richtungen im gesamten Reichsgebiet, sondern in erster Linie im Bezirk der fraglichen Arbeitsgerichtsbehörde ist".

Bei der Verhältnisberechnung für die Verteilung der Beisitzer aus den verschiedenen Listen sind alsdann zunächst die üblichen Regeln der Verhältniswahl, wie sie z. B. in § 13, 14 der Wahlordnung zum BRG. enthalten sind, sinngemäß anzuwenden, nur daß an die Stelle der Stimmen bei einer Verhältniswahl nach den Ausführungen oben auf Arbeitgeberseite die Beschäftigtenzahl der Verbandsmitglieder, auf Arbeitnehmerseite die Mitgliederzahl des Verbandes selbst tritt. Die Zahlen sind von den Verbänden anzugeben. Die Angaben unterliegen keiner behördlichen Nachprüfung, sind aber andererseits auch für die berufende Behörde, die die Verhältnisse nach pflichtgemäßem Ermessen zu beurteilen hat, nicht bindend.

Bei der Verteilung sind aber weiterhin, nach dem im Reichstagsausschuß beschlossenen Zusatz, die Minderheiten „billig zu berücksichtigen", d. h. sie sollen über das nackte Zahlenverhältnis, das zunächst zu errechnen ist, hinaus beteiligt werden. Wann und wie im Einzelfalle diese Sonderberücksichtigung stattzufinden hat, ist Sache des pflichtgemäßen Ermessens der berufenden Behörden. Es kann z. B. eine Minderheit, die etwa ebenso stark ist wie diejenige Restzahl der Mehrheitsliste, die bei der Anwendung der Verhältniswahlgrundsätze sich ergibt (siehe unten), vor der Mehrheitsliste berücksichtigt werden oder es können zwei Minderheitslisten, die als einzelne ganz ausfallen würden, gleichsam zusammengerechnet werden und dann wenigstens eine von ihnen einen Platz erhalten. Haben die beiden Minderheiten ihre Listen zwar getrennt eingereicht, aber zugleich erklärt, daß sie als gemeinsame gelten sollen, falls sie sonst beide ausfallen würden, so ist diese der Listenverbindung bei der Verhältniswahl entsprechende Erklärung ohne weiteres im Sinne des vorigen Satzes zu bewerten.

Wenn beispielsweise die Listen von drei Arbeitgeberverbänden eines Arbeitsgerichtsbezirks nach der Beschäftigtenzahl mit 10000, 3000, 2000 zu bewerten und 5 Plätze zu verteilen sind, so daß an sich auf 3000 ein Sitz entfällt, so bekommt „unter billiger Berücksichtigung der Minderheiten" Liste 1 drei Sitze, Liste 2 und 3 je einen Sitz. Das gleiche würde gelten, wenn drei Gewerkschaften mit einer Mitgliederzahl von 10000, 3000, 2000 im Bezirk Listen eingereicht haben. Wenn in einem anderen Falle eine Liste mit 15000, zwei andere Listen mit je 1500 anzusetzen und 6 Plätze zu verteilen sind, so würde bei reiner Verhältnisverteilung die erste Liste alle sechs Plätze bekommen. Die darüber hinausgehende „billige Berücksichtigung" der Minderheiten führt zu der Erwägung, daß die beiden Minderheitslisten zusammen immerhin mit 3000 zu veranschlagen und daher zusammen mit einem Platz zn bedenken sind.

Es ist nicht nur unbedenklich, sondern im Sinne der vorstehenden Ausführungen nur zu begrüßen, wenn die einzelnen wirtschaftlichen Vereinigungen eines Bezirks ihre Listen nicht einzeln einreichen, sondern an ihre Stelle als ihre Bevollmächtigten örtliche oder bezirkliche Zusammenfassungen, z. B. gewerkschaftliche Ortsausschüsse und Bezirkssekretariate, örtliche Arbeitgeberverbände, Austauschstellen von Arbeitgeberverbänden, Handwerkskammern usw. treten.

Die berufenen Beisitzer teilt die Behörde dem Vorsitzenden des Arbeitsgerichts — nach Listen für die einzelnen Kammern geordnet — mit; dort findet dann die weitere Erledigung gemäß § 29ff. statt.

6 In Anm. 5 ist das Verfahren für den Fall beschrieben, daß eine einzige Kammer vorhanden ist.

Weitere Verwicklungen treten ein, wenn Angestelltenkammern und Fachkammern vorhanden sind, wie dies die Regel bilden wird. Das Gesetz erwähnt allerdings nur die Angestelltenkammer und schreibt für deren Bildung neben den Arbeiterkammern die „grundsätzliche" Einholung getrennter Vorschläge auf Arbeitnehmerseite vor. Bezüglich der Fachkammern, zu denen auch die Handwerksgerichte gehören, spricht den gleichen „Grundsatz" für die Arbeitgeber- und Arbeitnehmerseite eine Regierungserklärung aus (mündlicher Bericht S. 119; ebenso Dersch-Volkmar, Anm. 6), die — gelegentlich eines entsprechenden, später abgelehnten Ausschußantrages — dahin geht, daß zwecks Entnahme der Beisitzer aus einem bestimmten Beruf oder Gewerbe oder einer Gruppe besondere Vorschlagslisten einzufordern seien. Die Einreichung der getrennten Vorschläge kann durch die für das Fachgebiet zuständigen Organisationen, aber auch durch die anderen Stellen stattfinden, die die allgemeinen Listen einreichen; nur ist bei der Verteilung der Sitze auf die einzelnen Listen nicht die Bedeutung der gesamten Organisationen dieser Richtung oder Art (z. B. der freien Gewerkschaften), sondern allein die Bedeutung der Organisationen in dem Fachgebiet in Betracht zu ziehen, z. B. wenn der freie und der christliche Bergarbeiterverband an der Besetzung einer Bergbaufachkammer beteiligt sind.

Die Vorschrift des § 30 Abs. 2 Satz 1 erweckt allerdings den Anschein, als wenn die Bildung der Fachkammern erst in einem späteren Stadium des Berufungsverfahrens, nämlich gelegentlich der Verteilung der Beisitzer auf die einzelnen Kammern durch den Vorsitzenden des Arbeitsgerichts vor sich gehen. Da indessen die für die Fachkammern erforderliche Zahl von Beisitzern nur vorhanden ist, wenn sie zuvor nach § 20 berufen ist, kann dem Wortlaut des § 30 — zumal angesichts der im vorigen Absatz genannten Regierungserklärung — nicht diese weitreichende Bedeutung beigemessen werden (vgl. im übrigen den preußischen Ministerialerlaß vom 30. 4. 27). Über die Bedeutung der Sollvorschrift des § 30 Abs. 2 Satz 1 vgl. die entsprechende Bemerkung in § 21 Anm. 4.

Die Vorschrift des § 30 Abs. 1 Satz 3 hat schon in diesem Stadium Bedeutung, indem danach seitens der wirtschaftlichen Vereinigungen dieselben Personen auf die Liste für die allgemeine (Arbeiter- oder Angestellten-)Kammer und für die besondere Fachkammer gesetzt werden können, soweit sie den Anforderungen letzterer genügen. Bei den Verbandsangestellten ist hierbei entscheidend, ob der Verband nach seinem Organisationsbereich das „Fach" erfaßt. So kann z. B. der Arbeitersekretär eines Ortskartells der Gewerkschaften oder der Angestellte des Holzarbeiterverbandes oder ein Holzarbeiter aus einem Handwerksbetrieb sowohl auf die Liste für das Handwerksgericht als auch auf die Liste für die allgemeine Arbeiterkammer gesetzt werden, dagegen könnte der Angestellte des Bergarbeiterverbandes oder ein Bergarbeiter, ein Angestellter des Landarbeiterverbandes oder ein Landarbeiter nicht für das Handwerksgericht vorgeschlagen werden.

Für die Arbeitgeberbeisitzer der Angestelltenkammer schreibt das Gesetz keine getrennte Vorschlagsliste vor, doch ist dies in Preußen auf Anregung von Arbeitgeberseite durch den Ministerialerlaß vom 30. 4. 27 im Verwaltungswege vorgeschrieben worden. Einer besonderen Qualifikation der Arbeitgeber für die eine oder die andere Kammer (Arbeiter- und Angestelltenkammern) bedarf es nicht, etwa in der Richtung der ausschließlichen oder vorzugsweisen Beschäftigung von Arbeitern oder Angestellten. Bei den Fachkammern müssen natürlich auch die Arbeitgeberbeisitzer den fachlichen Anforderungen entsprechen.

7 Die Verpflichtung erfolgt durch den Vorsitzenden der Kammer, für die der einzelne Beisitzer berufen oder der er nach § 29 (Anm. 7), § 30 (Anm. 4) zugeteilt ist.

Die Verpflichtung ist bei jeder neuen Berufung zum Beisitzer notwendig. Vgl. im übrigen für Preußen die AV. d. JM. v. 23. 6. 27 (JMBl. 202).

§ 21

Voraussetzungen für das Beisitzeramt[1]

(1) **Als Beisitzer sind Männer und Frauen zu berufen, die deutsche Reichsangehörige sind[2] und das fünfundzwanzigste Lebensjahr vollendet haben[3]. Es sollen nur Personen berufen werden, die im Bezirke des Arbeitsgerichts seit mindestens einem Jahre als Arbeitgeber oder Arbeitnehmer tätig sind[4].**

(2) **Unfähig[5] zu dem Amte eines Beisitzers sind Personen, denen die bürgerlichen Ehrenrechte oder die Fähigkeit zur Bekleidung öffentlicher Ämter aberkannt sind[6] oder gegen die das Hauptverfahren wegen eines Verbrechens oder Vergehens eröffnet ist, das die Aberkennung zur Folge haben kann[7], und Personen, die infolge gerichtlicher Anordnung in der Verfügung über ihr Vermögen beschränkt sind[8].**

(3) **Beamte und Angestellte einer Arbeitsgerichtsbehörde dürfen nicht als Beisitzer berufen werden[9].**

(4) **Niemand darf zugleich Arbeitgeber- und Arbeitnehmerbeisitzer sein[10].**

(5) **Wird das Fehlen einer Voraussetzung für die Berufung nachträglich bekannt oder fällt eine Voraussetzung nachträglich fort, so enthebt der Präsident des Landgerichts den Beisitzer seines Amtes. Vor der Entscheidung ist der Beisitzer zu hören. Die Entscheidung ist endgültig[11].**

1 Die nachfolgenden Bestimmungen der §§ 21—23 sind von den vorschlagenden Vereinigungen bei der Aufstellung und Einrichtung der Vorschlagslisten sowie von den höheren Verwaltungsbehörden bei der Berufung selbst zu beachten, ohne daß allerdings den Behörden eine besondere Prüfung des Vorhandenseins der Voraussetzungen in jedem Einzelfalle vorgeschrieben ist. Sie brauchen vielmehr nur dann in solche Prüfung einzutreten, wenn ihnen dies aus besonderem Anlaß, z. B. durch eine Anregung von Außenstehenden — Einzelpersonen oder wirtschaftlichen Vereinigungen — geboten erscheint. Die Art der Nachprüfung ist dann ihrem pflichtgemäßen Ermessen überlassen. Die Berufung ist, wie zu § 20 Anm. 4 bemerkt, unanfechtbar und nicht der Rücknahme fähig. Sie kann nur auf dem Wege der Amtsenthebung nach Abs. 5 hier und nach § 27 rückgängig gemacht werden, bis zu der der Amtsinhaber zu Recht das Amt ausübt. Gegen eine prozessuale Ausnutzung von Mängeln in den persönlichen Voraussetzungen des Amtes schützt § 65, § 73 Abs. 2, § 79 Satz 2, § 86 Abs. 2.

§ 22 regelt einige daneben geltende Besonderheiten für Arbeitgeberbeisitzer, § 23 für Arbeitnehmerbeisitzer, während § 21 die für Arbeitgeber und Arbeitnehmer (Männer und Frauen) gleichmäßig geltenden Voraussetzungen enthält.

2 Die Reichszugehörigkeit richtet sich nach dem Gesetz vom 22. 7. 1913 (RGBl. S. 583). Danach ist Deutscher, wer die Staatsangehörigkeit in einem Bundesstaat (jetzt „Land") oder die unmittelbare Reichsangehörigkeit besitzt. Durch Eheschließung mit einem Ausländer verliert eine Deutsche die Staatsangehörigkeit.

3 Dies war auch schon das Mindestalter des GGG. und KGG.

4 Es handelt sich hier nur um eine Sollvorschrift, d. h. die berufende Behörde ist zwar verpflichtet, auf die Innehaltung der Vorschriften zu achten, das Fehlen der Sollvoraussetzung ist aber kein Enthebungsgrund nach Abs. 5. Vorübergehende Unterbrechungen durch Krankheit, kurze Betriebsschließung, Arbeitskämpfe, Erwerbslosigkeit schließen die Erfüllung der Voraussetzung nicht aus (ebenso Dersch-Volkmar Anm. 5b). Die Tätigkeit, nicht der Wohnsitz, ist entscheidend. Ein Arbeiter, der, wie dies z. B. in Mitteldeutschland öfter der Fall ist, von weither zur Arbeitsstelle kommt, kann für das Arbeitsgericht der Arbeitsstelle zum Beisitzer bestellt werden.

Im Gesetz nicht ausgesprochen, aber aus dem Erfordernis der einjährigen Tätigkeit herzuleiten, ist als weitere Mußvorschrift des Amtes die derzeitige Tätigkeit überhaupt im Bezirk, nicht der Wohnort. Der von weit her kommende Arbeiter kann daher, um bei dem Beispiel des vorigen Absatzes zu bleiben, nicht in seiner Wohngemeinde für deren Arbeitsgericht vorgeschlagen werden, sondern nur in seinem Tätigkeitsbezirk. Gibt er die Tätigkeit dort auf und arbeitet er nunmehr in einem anderen Gerichtsbezirk, so entfällt eine selbstverständliche Voraussetzung seines Amtes und er ist nach Abs. 5 zu entheben. Eine Ausnahme gilt nach § 23, wenn er erwerbslos wird, alsdann ist, wie man annehmen muß, sein bisheriger Tätigkeitsort weiterhin maßgebend, es sei denn, daß er durch Fortzug die Beziehungen zu seinem bisherigen Tätigkeitsort vollkommen löst. Entsprechendes gilt für den Arbeitgeber, der seinen Betrieb in einen anderen Gerichtsbezirk verlegt, er verliert die Amtsvoraussetzung.

Personen, die für einen Betrieb außerhalb des Betriebssitzes arbeiten, wie Monteure, Reisende usw., müssen im Sinne des Gesetzes als im Bezirk des Betriebssitzes tätig gelten, wie sie z. B. auch zur Betriebsvertretung dieses Betriebes wählen.

5 Von den folgenden Voraussetzungen darf die berufende Behörde nicht absehen, wenn sie nicht einen Amtsenthebungsgrund nach Abs. 5 schaffen will. Die Fälle stimmen materiell, nicht wörtlich mit der gleichen Regelung für das Schöffenamt (§ 32 GVG.) überein.

6 Über den Verlust der bürgerlichen Ehrenrechte vgl. § 32ff. StrGB., über die Aberkennung der Fähigkeit zur Bekleidung öffentlicher Ämter vgl. § 35ff. StrGB.

7 Vgl. § 198ff. StrPrO.

8 Vgl. z. B. § 6, 106 KO., die Fälle der Entmündigung usw.

9 Die Bestimmung soll Interessenkollisionen zwischen Amtstätigkeit und Beisitzerpflicht verhüten (Begr. S. 33). Sie gilt, gleichviel bei welcher Arbeitsgerichtsbehörde (§ 1) der Beamte oder Angestellte tätig ist.

10 Dies ist besonders wichtig für die in § 22 Abs. 3 Nr. 1 angeführten, sogenannten leitenden Angestellten, die zwar Arbeitnehmer sind, aber zugleich als Arbeitgeberbeisitzer vorgeschlagen werden können. Die Unvereinbarkeit beider Ämter (als Arbeitgeber- und als Arbeitnehmerbeisitzer) gilt, wie man annehmen muß, für das ganze Arbeitsgericht, nicht nur für die einzelne Kammer. Ein solcher Angestellter kann daher auch nicht in einer Fachkammer für leitende Angestellte, in der er nach § 30 Abs. 2 Satz 2 nicht Arbeitgeberbeisitzer sein darf, als Arbeitnehmerbeisitzer amtieren, wenn er in den übrigen Kammern des Gerichts Arbeitgeberbeisitzer ist; umgekehrt kann er, wenn er in der Fachkammer für leitende Angestellte Arbeit-

nehmerbeisitzer ist, nicht in anderen Kammern das Amt des Arbeitgeberbeisitzers ausüben. Über die Frage der Vereinbarkeit der Beisitzereigenschaft für die Arbeitsgerichtsbehörden verschiedener Instanz siehe § 20 Anm. 5; über Zwischenmeister als Arbeitgeber und Arbeitnehmer siehe § 5 Anm. 11.

11 Zum Beispiel, wenn nachträglich die mangelnde Staatsangehörigkeit bekannt wird oder eintritt (letzteres z. B. durch die Ehe einer Deutschen mit einem Ausländer) oder wenn durch Verurteilung die bürgerlichen Ehrenrechte verloren gehen. Das Ausscheiden aus der vorschlagenden Vereinigung oder der Übertritt zu einer anderen Vereinigung ist kein Enthebungsgrund, weil die Zugehörigkeit zu einer Organisation nicht gesetzliche Voraussetzung des Beisitzeramtes ist, wenn auch praktisch die Vereinigung kaum andere Personen als ihre Mitglieder zu Beisitzern vorschlagen dürfte; ebenso gibt es keine Enthebung wegen Fehlerhaftigkeit des Berufungsverfahrens (z. B. wegen Fehlens des Charakters als „wirtschaftliche Vereinigungen" seitens der vorschlagenden Körperschaft — so RAM. v. 17. 10. 27, RABl. 1927, 532).

Irgendwelche Verfassungsvorschriften für die Amtsenthebung bestehen nicht. Der Präsident des Landgerichts, bei dem das dem Arbeitsgericht übergeordnete Landesarbeitsgericht errichtet ist (§ 14 Anm. 13), hat, sobald ihm z. B. seitens des Arbeitsgerichts oder seitens beliebiger dritter Personen das Fehlen oder der Fortfall einer Voraussetzung mitgeteilt oder wenigstens glaubhaft gemacht wird, der Angelegenheit nachzugehen und sie nach pflichtgemäßem Ermessen aufzuklären. Beisitzer wirken in diesem Verfahren — anders als im Falle des § 27 — nicht mit, ebenso ist die höhere Verwaltungsbehörde, deren Tätigkeit mit der Berufung abgeschlossen ist, ausgeschaltet. Bis zur Enthebung besteht, wie zu Anm. 1 bemerkt, das Amt fort, der Vorsitzende des Arbeitsgerichts oder der Kammer ist nicht berechtigt, bis dahin eine Änderung in der Reihenfolge der Heranziehung gemäß der Liste des § 31 vorzunehmen.

Über die Notwendigkeit der Ergänzung der Beisitzerzahl nach dem Ausscheiden eines Beisitzers siehe § 20 Anm. 4.

§ 22[1]

Besonderheiten für Arbeitgeberbeisitzer

(1) **Arbeitgeberbeisitzer kann auch sein, wer vorübergehend oder regelmäßig zu gewissen Zeiten des Jahres keine Arbeitnehmer beschäftigt[2].**

(2) **Für Arbeitgeber, die keine Einzelpersonen sind, können als Beisitzer berufen werden:**

1. **bei juristischen Personen und Personengesamtheiten des privaten Rechtes die gesetzlichen Vertreter[3] und die Aufsichtsratsmitglieder mit Ausnahme der vom Betriebsrat entsandten[4];**
2. **bei dem Reiche, den Ländern, den Gemeinden, den Gemeindeverbänden und anderen Körperschaften des öffentlichen Rechtes öffentliche Beamte nach näherer Anordnung der zuständigen obersten Reichs- oder Landesbehörde[5].**

(3) **Den Arbeitgebern stehen für die Berufung zum Beisitzer gleich[6]:**

1. Geschäftführer und Betriebsleiter, soweit sie selbständig zur Einstellung von Arbeitnehmern in den Betrieb berechtigt sind oder soweit ihnen Prokura oder Generalvollmacht erteilt ist[7];

2. Mitglieder und Angestellte wirtschaftlicher Vereinigungen von Arbeitgebern oder von Verbänden solcher Vereinigungen, die kraft Satzung oder Vollmacht zur Vertretung befugt sind[8].

[1] § 22 enthält, zum Teil in Anlehnung an § 3 Abs. 3 der 2. AVO. zur SchlVO., einige neben § 21 geltende Besonderheiten für Arbeitgeberbeisitzer, § 23 solche für Arbeitnehmerbeisitzer. Über die Bedeutung dieser Voraussetzungen für den Vorschlag und die Berufung siehe zu § 20 Anm. 5 und § 21 Anm. 1.

[2] Die in der Schlichtungsverordnung ausgesprochene selbstverständliche Voraussetzung des Vorhandenseins der Arbeitgebereigenschaft selbst (d. h. der Beschäftigung von Arbeitnehmern im Sinne des § 5; die Beschäftigung auch nur eines Arbeitnehmers genügt; zu Unrecht wollen Dersch-Volkmar, Anm. 4, die Beschäftigung von Hausangestellten nicht genügen lassen, außer für die Fachkammer für Hausangestellte) spricht das Gesetz nur zwischen den Zeilen aus, indem es sagt, wer „auch" Arbeitgeberbeisitzer sein kann.

Der Inhaber eines Saisonbetriebes kann ebenso als Arbeitgeberbeisitzer vorgeschlagen werden, wie der Inhaber eines zur Zeit des Vorschlages oder im vorangegangenen Jahr vorübergehend stillgelegten Betriebes. Ebenso gibt der Eintritt der genannten Umstände (saisonmäßige Schließung oder vorübergehende Stilllegung) keinen Enthebungsgrund wegen Fortfalls der Amtsvoraussetzungen nach § 21 Abs. 5. Der Hinweis auf den Saisonbetrieb kann Bedeutung bekommen etwa für die Arbeitgeber in Gegenden mit Badeorten: ein Geschäftsinhaber in Norderney kann als Beisitzer vorgeschlagen werden und bleibt dies auch im Winter, wenn sein Geschäft geschlossen ist; zieht er für den Winter in einen anderen Gerichtsbezirk fort, so wird man sein Ausbleiben in den Sitzungen nach Möglichkeit als entschuldigt gemäß § 28 ansehen, um eine Amtsenthebung zu vermeiden und ihm das Weiteramtieren in der nächsten Saison zu ermöglichen.

[3] Die Fassung stimmt mit § 14 Abs. 1 Nr. 1 BRG. überein.

Die wichtigsten juristischen Personen des privaten Rechts, deren gesetzlicher Vertreter der Vorstand ist, sind:

der rechtsfähige Verein (§ 26 BGB.) und die rechtsfähige Stiftung (§ 86 BGB.), die Aktiengesellschaft (§ 231 BGB.), die Kommanditgesellschaft auf Aktien (§ 320 HGB.), der Versicherungsverein auf Gegenseitigkeit (Gesetz vom 12. 5. 1901, §§ 29, 34), die eingetragene Genossenschaft (Genossenschaftsgesetz §§ 24, 83), die Gesellschaft mit beschränkter Haftung, deren gesetzlicher Vertreter (§ 35) Geschäftsführer heißt.

Die wichtigsten Personengesamtheiten sind:

die offene Handelsgesellschaft (§ 105 HGB.), vertreten durch jeden nicht gesellschaftsvertraglich von der Vertretung ausgeschlossenen Gesellschafter, die Kommanditgesellschaft (§ 161 HGB.), ähnlich der nichteingetragene Verein und die bürgerlich-rechtliche Gesellschaft (§§ 54, 705 BGB.).

[4] Die Anerkennung der Aufsichtsratsmitglieder als Arbeitgebervertreter stellt eine wesentliche Neuerung gegenüber der üblichen Stellung des Aufsichtsrats dar, der sonst nicht als Organ der Gesellschaft in sozialrechtlicher Hinsicht gilt. Die

Bestimmung soll auf der Arbeitgeberseite den Kreis der zum Beisitzeramt geeigneten Personen erweitern. Über die vom Betriebsrat entsandten Aufsichtsratsmitglieder vgl. § 70 BRG. und das Ausführungsgesetz vom 15. 2. 1922.

[5] Die Aufzählung der Körperschaften lehnt sich an § 14 Abs. 1 Nr. 2 BRG. an. Doch ist der Kreis der berufungsfähigen Personen erweitert, indem nicht nur die „Dienstvorstände", wie in § 14 BRG., sondern allgemein „öffentliche Beamte" nach näherer Anordnung der Behörde berufen werden können. Die Behörde hat also weitgehende Freiheit für ihre Vorschläge. „Angestellte" kann sie nicht in Vorschlag bringen. Wegen des Begriffes „öffentlicher Beamter" vgl. die Erläuterungen zu § 10 Abs. 2 Nr. 1 BRG.

Als Körperschaften öffentlichen Rechts seien genannt z. B. die Träger der Sozialversicherung (Landesversicherungsanstalten, Berufsgenossenschaften usw.), die Reichsbahn, die Religionsgemeinschaften, die Feuerversicherungssozietäten.

[6] Zwei Personengruppen sind den eigentlichen Arbeitgebern gleichgestellt: einmal der in der folgenden Nr. 1 näher umschriebene Kreis gewisser leitender Angestellten, sodann die aus der Entwicklung des modernen Organisationswesens zu besonderer Bedeutung gelangten Verbandsangestellten, die das GGG. und KGG. nicht zuließen.

[7] Die Vorschrift, die die Arbeitgeber der großen Betriebe vor persönlicher Überlastung schützen soll, lehnt sich an § 12 Abs. 2 BRG. und — noch enger — an § 3 Abs. 3 Satz 2 der 2. AVO. zur SchlVO. an. Hier wie dort muß es sich handeln um „Geschäftsführer und Betriebsleiter", die außerdem entweder

a) gewisse Befugnisse im Bereich der Personalveränderungen haben oder
b) Prokura oder Generalvollmacht besitzen.

Die Abweichung vom BRG. insbesondere besteht bezüglich der in a genannten näheren Regelung der Befugnisse im Bereich der Personalveränderungen: im BRG. ist es einerseits genügend, daß diese „Geschäftsführer und Betriebsleiter" „zur selbständigen Einstellung oder Entlassung (also nicht nur Einstellung) der übrigen im Betrieb oder in der Betriebsabteilung beschäftigten Arbeitnehmer berechtigt sind" andererseits ist es, wie die oben wiedergegebenen Worte zeigen, nach dem BRG. erforderlich, daß die Befugnis sich auf „die übrigen im Betrieb oder in der Betriebsabteilung beschäftigten Arbeitnehmer bezieht", es genügt also nicht, wie nach dem Arbeitsgerichtsgesetz, daß die Einstellungsbefugnis sich auf „Arbeitnehmer" im allgemeinen bezieht, ohne Rücksicht darauf, wieviel oder wie wenige es sind. Das Arbeitsgerichtsgesetz stellt also zum Teil strengere, zum Teil geringere Anforderungen an die Gleichstellung mit den Arbeitgebern: es genügt einerseits, daß ein „Geschäftsführer oder Betriebsleiter" irgendwelche Arbeitnehmer selbständig einstellen darf, um ihn als Arbeitgeberbeisitzer vorschlagen zu können, es ist andererseits erforderlich, daß es sich um Einstellungen handelt, während eine noch so weitgehende selbständige Entlassungsbefugnis nicht ausreichen würde.

Die Praxis kann zunächst unbedenklich von dem Wahlrecht dieser Personengruppe zum Angestelltenrat ausgehen, das ja durch den Angestelltenbegriff des § 12 BRG. bestimmt ist; nur daß Personen, denen die Angestellteneigenschaft zukommt, weil ihre selbständige Einstellungs- und Entlassungsbefugnis nicht den im BRG. geforderten Umfang erreicht, unter Umständen trotzdem als Arbeitgeberbeisitzer tätig werden können, wenn sie wenigstens irgendwelche Arbeitnehmer einstellen dürfen. Ein Betriebsleiter z. B., der nicht so weit selbständig ist, daß er die Angestellteneigenschaft des BRG. verliert, kann trotzdem als Beisitzer vorgeschlagen und berufen werden, wenn er eine Anzahl Arbeiter selbständig einstellen darf.

Praktisch wird für die Beisitzerbestellung die Abweichung vom BRG. um deswillen keine große Rolle spielen, weil die Arbeitgeber nicht geneigt sein werden, den Kreis der aus der Angestelltenschaft berufungsfähigen Beisitzer über das unbedingt notwendige Maß hinaus auszudehnen.

Über die Begriffe „Geschäftsführer" und „Betriebsleiter", „Prokura" und „Generalvollmacht" vgl. Flatow, Kommentar § 12 Anm. 7.

Die in dieser Nummer umschriebenen Personen können gemäß § 21 Abs. 4 nicht zugleich Arbeitnehmerbeisitzer sein (Anm. 10 daselbst); in einer Fachkammer ihrer eigenen Gruppe können sie ferner nicht Arbeitgeberbeisitzer sein (§ 30 Abs. 2 Satz 2).

8 Der in Nr. 2 umschriebene Personenkreis deckt sich mit den vertretungsberechtigten Personen des § 11 (siehe Anm. 7, 8 daselbst).

Auf die Stellung dieser Personen im Verbandsbureau kommt es, anders als bei den in Nr. 1 genannten Personen, nicht an.

Die Verweisung auf die „Mitglieder" als den Arbeitgebern gleichstehende Personen ist überflüssig, da die Mitglieder wirtschaftlicher Vereinigungen von Arbeitgebern regelmäßig Arbeitgeber und daher, sei es als natürliche, sei es als juristische Personen, bereits in Abs. 1 und 2 des Paragraphen mitbehandelt sind.

Eines Nachweises der Vertretungsbefugnis gelegentlich der Einreichung der Vorschlagslisten — etwa durch Beifügung der Satzung oder einer schriftlichen Vollmacht — bedarf es nicht.

Die Verbandsvertreter müssen — entsprechend § 21 Anm. 4 — ihren räumlichen Tätigkeitsbereich im Gerichtsbezirk haben.

§ 23[1]

Besonderheiten für Arbeitnehmerbeisitzer

(1) **Arbeitnehmerbeisitzer kann auch sein, wer erwerbslos ist[2].**

(2) **Den Arbeitern stehen für die Berufung zum Beisitzer Mitglieder und Angestellte wirtschaftlicher Vereinigungen von Arbeitern oder von Verbänden solcher Vereinigungen gleich, die kraft Satzung oder Vollmacht zur Vertretung befugt sind; den Angestellten stehen Mitglieder und Angestellte wirtschaftlicher Vereinigungen von Angestellten oder von Verbänden solcher Vereinigungen gleich, die kraft Satzung oder Vollmacht zur Vertretung befugt sind[3].**

1 § 23 enthält — zum Teil in Anlehnung an § 3 Abs. 4 der 2. AVO. zur SchlVO. — einige Besonderheiten für Arbeitnehmerbeisitzer. Über die Bedeutung dieser Voraussetzungen für Vorschlag und Berufung siehe § 20 Anm. 5 und § 21 Anm. 1.

2 Die in der Schlichtungsverordnung ausgesprochene selbstverständliche Voraussetzung des Vorhandenseins der Arbeitnehmereigenschaft selbst (im Sinne von § 5 hier) spricht das Gesetz nur zwischen den Zeilen aus, indem es sagt, wer „auch" Arbeitnehmerbeisitzer sein kann.

Der Arbeitnehmer, der zur Zeit des Vorschlages erwerbslos ist oder im vergangenen Jahre es gewesen ist, kann als Arbeitnehmerbeisitzer vorgeschlagen werden, ebenso gibt der Eintritt der Erwerbslosigkeit keinen Enthebungsgrund wegen Fortfalls der Amtsvoraussetzungen nach § 21 Abs. 5. Die Dauer der Erwerbslosigkeit ist unerheblich; auch der in der sogenannten Krisenfürsorge befindliche, bereits lange Zeit Erwerbslose kann vorgeschlagen werden. Bezüglich der Berufsangehörigkeit als Voraussetzung der Amtsausübung in einer Fachkammer ist der letzte Beruf entscheidend (vgl. den Preußischen Ministerialerlaß vom 30. 4. 27).

3 Ebenso wie auf Arbeitgeberseite die Verbandsangestellten als Beisitzer vorgeschlagen werden können, können dies auch die Angestellten der Arbeitnehmerverbände, und zwar der gleiche Personenkreis, der nach § 11 die Vertretung vor den Arbeitsgerichten übernehmen kann. Nur sind die Arbeiter und Angestellten insofern geschieden, als die Angestellten der Arbeiterverbände nur als Arbeiterbeisitzer vorgeschlagen werden können, obwohl sie arbeitsrechtlich Angestellte sind, und die Angestellten der Angestelltenverbände nur als Angestelltenbeisitzer. Eines Nachweises der Vertretungsbefugnis gelegentlich der Einreichung der Vorschlagslisten — etwa durch Beibringung der Satzung oder einer schriftlichen Vollmacht — bedarf es hier so wenig wie im Falle des § 22 Abs. 3 Nr. 2 (Anm. 8 daselbst). Auch hier (vgl. § 22 Anm. 8) müssen die Verbandsvertreter ihren räumlichen Tätigkeitsbereich im Gerichtsbezirk haben.

§ 24

Ablehnung des Beisitzeramts[1]

(1) **Die Übernahme des Beisitzeramts kann ablehnen:**

1. **wer das fünfundsechzigste Lebensjahr vollendet hat;**
2. **wer durch Krankheit oder Gebrechen verhindert ist, das Amt ordnungsmäßig zu führen[2];**
3. **wer durch andere ehrenamtliche Tätigkeit für die Allgemeinheit[3] so in Anspruch genommen ist, daß ihm die Übernahme des Amtes nicht zugemutet werden kann;**
4. **wer in den sechs der Berufung vorhergehenden Jahren als Beisitzer einer Arbeitsgerichtsbehörde tätig gewesen ist[4];**
5. **Frauen, die glaubhaft machen, daß ihnen die Fürsorge für ihre Familie die Ausübung des Amtes in besonderem Maße erschwert[5].**

(2) **Über die Berechtigung zur Ablehnung entscheidet die höhere Verwaltungsbehörde im Einvernehmen mit dem Präsidenten des Landgerichts endgültig[6].**

1 Da die Beisitzer nur auf Vorschlag berufen werden und die vorschlagenden Stellen sich im allgemeinen mit den vorzuschlagenden Personen über die Geneigtheit zur Amtsübernahme vorher verständigen werden, wird das Ablehnungsrecht kaum große praktische Bedeutung gewinnen. Theoretisch gilt gegenüber Beisitzern, die grundlos ablehnen und sodann ihren Pflichten nicht nachkommen, das Ordnungsstrafrecht des § 28. Ein beliebiges Niederlegungsrecht gibt es im übrigen nicht.

2 Vgl. § 1786 Abs. 1 Nr. 4 BGB. bezüglich der Ablehnung des Vormundschaftsamts.

3 Vgl. § 4 Abs. 4 Nr. 3 der 2. AVO. zur SchlVO. Die Führung von Vormundschaften und Pflegschaften ist auch als „ehrenamtliche Tätigkeit für die Allgemeinheit" zu betrachten, wenn sie auch unmittelbar zum Nutzen einzelner Personen bestimmt ist.

4 Vgl. § 4 Abs. 4 Nr. 4 der 2. AVO. zur SchlVO. und § 20 Abs. 1 Satz 4 GVG.

5 Vgl. § 35 Nr. 6 GVG. bezüglich des Schöffenamtes. Die Nummer ist im Reichstagsausschuß eingefügt worden.

6 Wann die Ablehnung erfolgen muß, ist im Gesetz nicht gesagt. Sie kann gegenüber der zur Berufung zuständigen Stelle in beliebiger Form, schriftlich oder mündlich, in jedem Stadium des Berufungsverfahrens erfolgen, also schon vor der Listeneinreichung, aber auch noch unmittelbar nach der Berufung, aber nicht erst während der Amtsperiode, da nur die „Übernahme" abgelehnt werden kann. Über das Zusammenwirken von Verwaltungsbehörde und Landgerichtspräsident vgl. § 20 Anm. 2, 3.

§ 25
Stellung der Beisitzer

(1) **Das Amt des Beisitzers ist ein Ehrenamt[1].**

(2) **Die Beisitzer erhalten eine angemessene Entschädigung für den ihnen aus der Wahrnehmung des Beisitzeramts erwachsenden Verdienstausfall und Aufwand sowie Ersatz der Fahrkosten. Die nähere Regelung trifft der Reichsarbeitsminister im Einvernehmen mit dem Reichsminister der Justiz nach Anhörung der wirtschaftlichen Vereinigungen der Arbeitgeber und der Arbeitnehmer[2].**

(3) **Die Entschädigung und die erstattungsfähigen Fahrkosten setzt der Vorsitzende des Arbeitsgerichts endgültig fest[3] [4].**

1 Das Beisitzeramt ist ein öffentliches Ehrenamt, gleich dem Amt des Schöffen, des Schlichtungsausschußbeisitzers, der ehrenamtlichen Mitglieder einer Sozialversicherungsbehörde usw. Sein Inhaber genießt — abgesehen von § 26 hier — den allgemeinen verfassungsrechtlichen Schutz des Art. 160 der Verfassung, d. h. er hat, „soweit dadurch der Betrieb nicht erheblich geschädigt wird", Anspruch „auf die zur Ausübung ihm übertragener öffentlicher Ehrenämter nötige freie Zeit". Ein Lohn- und Gehaltsminderungsverbot, wie in § 35 BRG., ist nicht ausgesprochen. Die Berechtigung zu Lohn- und Gehaltsabzügen richtet sich daher im Einzelfall nach § 616 BGB. Danach wird „der zur Dienstleistung Verpflichtete des Anspruchs auf die Vergütung dadurch nicht verlustig, daß er für eine verhältnismäßig nicht erhebliche Zeit durch einen in seiner Person liegenden Grund ohne sein Verschulden an der Dienstleistung verhindert wird".

Der der vertraglichen Änderung zugängliche § 616 BGB. hat in Tarifverträgen vielfach eine nähere Ausgestaltung erfahren, meist zugunsten der Arbeitnehmer.

Das Beisitzeramt ist auch ein öffentliches Amt im Sinne der §§ 33, 34 StrGB. (vgl. § 21 Anm. 6).

[2] Hierzu ist die in Anhang 1 abgedruckte Verordnung vom 24. 6. 1927, RGBl. I, S. 129 (auch RABl. 1927, S. 254) ergangen.

[3] Die Festsetzung erfolgt durch den Kammervorsitzenden unter Zugrundelegung der versäumten Zeit und der aufgewandten Fahrkosten. Gegen die Festsetzung gibt es keine Beschwerde (a. A. Dersch-Volkmar, Anm. 5).

[4] Ein Verbot der Zurückweisung der Entschädigung (wie in § 20 Abs. 2 Satz 4 GGG.) ist nicht ausgesprochen, wohl weil es doch mehr theoretischer Natur wäre, da der Annahmezwang praktisch nicht durchsetzbar ist (Begr. S. 33).

§ 26

Schutz der Arbeitnehmerbeisitzer[1]

(1) Den Arbeitgebern und ihren Angestellten[2] ist es untersagt, Angestellte oder Arbeiter in der Übernahme oder Ausübung des Beisitzeramts zu beschränken oder sie wegen der Übernahme oder Ausübung des Amts zu benachteiligen[3].

(2) Arbeitgeber oder ihre Angestellten, die den Vorschriften des Abs. 1 vorsätzlich zuwiderhandeln, werden mit Geldstrafe bestraft[4].

[1] § 26 enthält eine im Reichstagsausschuß nach mannigfachen Erörterungen schließlich in der vorliegenden Form beschlossene Schutzbestimmung, die sich eng an § 95 BRG. und §§ 139, 140 RVO. anlehnt. Weitergehende Anträge, die einen den Mitgliedern der Betriebsvertretung gleichen Kündigungsschutz schaffen wollten, sind abgelehnt worden, zum Teil mit der Begründung, daß dadurch die Einstellung der so geschützten Arbeitnehmer erschwert und der Schutz ihnen zum Schaden gereichen würde.

[2] Das Verbot richtet sich an den Arbeitgeber selbst (bei juristischen Personen und Personengesamtheiten an die gesetzlichen Vertreter, bei Behörden an die Dienstvorstände — vgl. § 23 Abs. 2) und seine Angestellten, z. B. Werkmeister, Prokuristen, nicht auch an seine Arbeiter.

[3] Die Wirkung der Zuwiderhandlung liegt nicht nur auf strafrechtlichem Gebiet (Abs. 2 hier), sondern auch auf zivilrechtlichem Gebiet, indem vor allem rechtsgeschäftliche Handlungen, die sich als Beschränkung oder Benachteiligung darstellen, nach § 134 BGB. nichtig sind (vgl. Bericht S. 28), mögen sie in einem Vertragsschluß oder in einer einseitigen Handlung bestehen. Insbesondere ist eine Kündigung, obwohl nach Zivilrecht an sich keiner Begründung bedürftig, nichtig, wenn sie sich nachweislich als eine wegen Übernahme oder Ausübung des Amtes erfolgende Benachteiligung darstellt, z. B. wenn sie wegen vielen Fehlens eines Beisitzers im Betrieb oder wegen der Rechtsprechung der Kammer erfolgt oder wenn sich sonst aus den Umständen ergibt, daß die Kündigung im Zusammenhang mit einer schwebenden oder vollzogenen Berufung zum Beisitzer steht. Die Geltendmachung der Nichtigkeit erfolgt im Wege der Klage auf Feststellung des Fortbestandes des Arbeitsverhältnisses oder auf Fortzahlung von Lohn oder Gehalt. Unabhängig von diesem Kündigungsschutz besteht selbstverständlich der allgemeine Kündigungsschutz des BRG., des Schwerbeschädigtengesetzes, der Stillegungsverordnung usw.

Andere beschränkende Maßnahmen, die unter das Verbot fallen und zivilrechtlich von dem betroffenen Arbeitnehmer nicht beachtet zu werden brauchen, sind z. B. ein Verbot der Amtsübernahme, die Versetzung an einen schlechteren Arbeitsplatz, die Verweigerung freier Zeit zur Sitzung usw.; erfolgt daran anschließend eine Kündigung, so ist sie nach den obigen Ausführungen nichtig. Wegen der Lohn- oder Gehaltsfortzahlung vgl. § 25 Anm. 1, 2; nicht ergibt sich aus dem Benachteiligungs- und Beschränkungsverbot ein Verbot der Lohn- oder Gehaltskürzung.

Im übrigen aber stellt die Bestimmung zugleich ein Schutzgesetz im Sinne von § 823 Abs. 2 dar (Bericht S. 28), das z. B. dann unter Umständen Rechtswirkungen haben kann, wenn ein Arbeitgeber die Einstellung eines Arbeitnehmers nachweislich wegen seiner Tätigkeit im Arbeitsgericht ablehnt; der Nachweis eines solchen Motives der Ablehnung wird allerdings schwer zu erbringen sein (vgl. Flatow, Kommentar § 81 Anm. 1). Über die gleichartige Vorschrift des § 95 BRG. vgl. Flatow, Kommentar zu § 95.

Der etwaige Zivilprozeß gehört nach § 2 Nr. 2 vor die Arbeitsgerichte.

4 Wegen des Strafmaßes siehe die Verordnung vom 6. 2. 1924 (RGBl. 44). Ein Antrag ist, anders als im Falle des § 99 BRG., nicht erforderlich.

§ 27

Amtsenthebung der Beisitzer

Wenn ein Beisitzer seine Amtspflicht grob verletzt[1], so ist er seines Amtes zu entheben. Für die Entscheidung ist eine Kammer zuständig, die aus dem Präsidenten des Landgerichts[2] und je zwei Beisitzern der Arbeitgeber und der Arbeitnehmer des Landarbeitsgerichts besteht[3]. Vor der Entscheidung ist der Beisitzer und der Vorsitzende des Arbeitsgerichts[4] zu hören. Die Entscheidung ist endgültig.

1 Wann materiell eine „grobe Pflichtverletzung" vorliegt, ist im Gesetz nicht gesagt, sondern von der enthebenden Kammer (Anm. 2, 3) im Einzelfalle nach pflichtgemäßem Ermessen zu entscheiden. Einen Anhaltspunkt bietet die Auslegung des § 52 RVO.

Selbstverständlich ist die Verpflichtung zu unparteiischer richterlicher Tätigkeit (welche objektive Meinungsverschiedenheiten über die Richtigkeit des einzelnen Spruches nicht ausschließt) und zu einem der Würde des Gerichtes entsprechenden Benehmen. Ausdrücklich ausgesprochen ist die Pflicht zur Eidesleistung (§ 20 Abs. 3), zum rechtzeitigen Erscheinen in der Sitzung (§ 28), sowie die Pflicht, die Urteilsformel zu unterschreiben (§ 60 Abs. 3 Satz 2, § 69). Mittelbar anwendbar ist gemäß § 9 Abs. 1 der Abschnitt des Gerichtsverfassungsgesetzes über „Beratung und Abstimmung", darunter insbesondere die Verpflichtung zur Verschwiegenheit „über den Hergang bei der Beratung und Abstimmung", wie sie in § 198 daselbst für die Schöffen und Geschworenen ausgesprochen ist. Vgl. im übrigen § 28 Anm. 1.

Gewerkschaftliche, politische und sozialpolitische Betätigung bilden keinen Enthebungsgrund.

2 Nämlich des Landgerichts, bei dem das dem Arbeitsgericht übergeordnete Landesarbeitsgericht errichtet ist (vgl. § 14 Anm. 13).

[3] Welche Beisitzer hinzuzuziehen sind, sagt das Gesetz nicht, ebenso nicht, ob etwa regelmäßig für die ganze Amtsperiode dieselben Beisitzer zur Bildung der Kammer heranzuziehen sind. Letzteres dürfte zu verneinen sein. Um den Vorwurf einer willkürlichen Heranziehung auszuschließen, wird es zweckmäßig sein, diejenigen Beisitzer heranzuziehen, die nach der allgemeinen Liste für die Beisitzerheranziehung zu den Sitzungen des Landesarbeitsgerichts (§ 39 Abs. 2) für die nächste Sitzung heranzuziehen sind; wo mehrere Kammern vorhanden sind, wird es sich empfehlen, die Beisitzer nach der Reihenfolge der gesamten Beisitzerliste des Landesarbeitsgerichts heranzuziehen. Über das Verfahren ist nichts gesagt, auch nicht darüber, wie es überhaupt in Gang gebracht wird. Es ist anzunehmen, daß jede beliebige Anregung, z. B. auch eine Preßkritik, den Landgerichtspräsidenten berechtigt, die Angelegenheit aufzugreifen, die Kammer zusammenzuberufen und ihre Entscheidung herbeizuführen. Die Kammer ist in der Gestaltung des Verfahrens vollkommen frei. Sie hat nach pflichtgemäßem Ermessen den Tatbestand aufzuklären und dann ihre Entscheidung zu treffen, die unanfechtbar ist.

Bis zur Amtsenthebung besteht, wie im Falle des § 21 Abs. 5 (Anm. 11 daselbst), das Amt fort.

[4] Gemeint ist wohl nicht der die Dienstaufsicht führende Vorsitzende, sondern der Vorsitzende derjenigen Kammer, um deren Beisitzer es sich handelt.

§ 28[1]

Ordnungsstrafen gegen Beisitzer

Beisitzer, die ohne genügende Entschuldigung nicht oder nicht rechtzeitig zu den Sitzungen erscheinen oder sich ihren Obliegenheiten in anderer Weise entziehen[2], werden vom Vorsitzenden mit einer Ordnungsstrafe in Geld bestraft[3]. Bei nachträglicher genügender Entschuldigung ist die Strafe aufzuheben oder zu ermäßigen[4]. Gegen den eine Bestrafung aussprechenden Beschluß ist Beschwerde zulässig[5].

[1] Die Vorschrift lehnt sich eng an § 23 GGG., § 56 GVG. und § 5 Abs. 4 der 2. AVO. zur SchlVO. an.

[2] Die Beisitzer müssen natürlich rechtzeitig ordnungsmäßig geladen sein. Eines Hinweises auf die gesetzlichen Folgen des Ausbleibens bedarf es nicht. Der Fall, daß Beisitzer, die zur Sitzung erschienen sind, aber vor Erlaß des Urteils die Sitzung verlassen oder bei der Abstimmung nicht mitwirken, unterliegt ebenso der Bestrafung wie das Nichterscheinen. Weiterhin sind die Beisitzer verpflichtet, im Falle des § 60 Abs. 3 Satz 3, § 69 die Urteilsformel zu unterschreiben. Über „grobe Amtspflichtverletzungen", die nicht nur unter § 27, sondern erst recht unter § 28 fallen, siehe im übrigen § 27.

Ist ein Ablehnungsgrund geltend gemacht, aber noch nicht nach § 24 als berechtigt anerkannt, so besteht das Beisitzeramt noch fort.

[3] Wegen der Höhe der Strafe vgl. Art. II der V. vom 6. 2. 1924 (RGBl. S. 44). Die Anordnung erfolgt durch Beschluß des Vorsitzenden der Kammer. Der Beschluß ist dem nicht erschienenen Beisitzer von Amts wegen zuzustellen. Er bedarf gegenüber dem erschienenen Beisitzer bloß der Verkündung (vgl. § 329 Abs. 3 ZPO.). Eine Mitwirkung der unbeteiligten Beisitzer ist nicht vorgesehen.

4 Es ist Sache des Vorsitzenden, wann er eine Entschuldigung als genügend ansieht und welche Beweismittel er zur Glaubhaftmachung der tatsächlichen Angaben des sich Entschuldigenden fordert. „In der Regel ist die Strafe aufzuheben, wenn die Verfehlung nachträglich entschuldigt wird oder sich aus der Entschuldigung ergibt, daß sie früher nicht angebracht werden konnte; die Strafe ist zu ermäßigen, wenn eine frühere Entschuldigung möglich gewesen wäre" (Begründung S. 58). Auch wenn die Strafe inzwischen bereits gezahlt ist, kann sie vom Vorsitzenden wieder aufgehoben oder ermäßigt und das Geld zurückerstattet werden.

5 Wegen des Beschwerdeverfahrens siehe § 78. Die Beschwerde hat aufschiebende Wirkung (vgl. § 78 ArbGG. in Verbindung mit § 572 ZPO. und dem ähnlichen Fall des § 380 ZPO.).

§ 29

Beisitzerausschüsse[1]

(1) **Bei jedem Arbeitsgerichte mit mehr als einer Kammer[2] wird ein Beisitzerausschuß gebildet. Er besteht aus mindestens je drei Beisitzern der Arbeitgeber und der Arbeitnehmer in gleicher Zahl, die von den Beisitzern der Arbeitgeber und der Arbeitnehmer in getrennter Wahl gewählt werden[3]. Der Beisitzerausschuß tagt unter der Leitung des aufsichtführenden oder dienstältesten Vorsitzenden des Arbeitsgerichts[4].**

(2) **Der Beisitzerausschuß ist vor der Bildung von Kammern[5], vor der Geschäftsverteilung[6], vor der Verteilung der Beisitzer auf die Kammern[7] und vor der Aufstellung der Listen über die Heranziehung der Beisitzer zu den Sitzungen[8] zu hören[9]. Er kann auch im übrigen den Vorsitzenden des Arbeitsgerichts und den die Verwaltung und Dienstaufsicht führenden Behörden Wünsche der Beisitzer übermitteln[10].**

1 Ziel der Beisitzerausschüsse ist, „den Einfluß der Beisitzer aus den Kreisen der Arbeitgeber und Arbeitnehmer nicht nur bei den Entscheidungen im Einzelfalle, sondern auch bei der Verwaltung der Arbeitsgerichtsbehörden geltend zu machen" (Begr. S. 33). Die Tätigkeit im Beisitzerausschuß fällt unter die §§ 25—28.

2 Also praktisch bei den meisten Arbeitsgerichten, da durch die Einrichtung der obligatorischen Handwerksgerichte neben der sonstigen Kammer regelmäßig mehr als eine Kammer vorhanden ist; eine Ausnahme gilt nur dann, wenn bei einem Arbeitsgericht gemäß § 17 Abs. 2 eine gemeinsame Kammer für Arbeiter und Angestellte gebildet und gleichzeitig gemäß § 17 Abs. 4 von der Errichtung eines Handwerksgerichts mit Rücksicht auf die Erstreckung der Zuständigkeit eines anderen Handwerksgerichts auf diesen Gerichtsbezirk abgesehen worden ist.

3 Weitere Einzelheiten über die Bildung des Ausschusses sind im Gesetz nicht vorgeschrieben. Dies ist der Verwaltungsanordnung der aufsichtführenden Behörden oder der Praxis des einzelnen Gerichts überlassen. Zweckmäßigerweise wird der die Dienstaufsicht führende Vorsitzende des Arbeitsgerichts die Beisitzer, die die höhere Verwaltungsbehörde ihm nach der Berufung auf einer Liste mitteilt (vgl. den preußischen Ministerialerlaß vom 23. 6. 1927), alsbald zu einer

Sitzung laden und sie veranlassen, den Ausschuß zu wählen. Nach den Grundsätzen, die auch der Beisitzerbestellung und der Bildung aller sonstigen kollektiven Körperschaften des neuen Arbeitsrechts zugrunde liegen, erscheint es nur sinngemäß, mangels freiwilliger formloser Einigung auch hierbei die Verhältniswahl anzuwenden, jedoch nicht etwa mit weiterer Bindung bezüglich der Vertretung aller Kammern im Ausschuß. Mangels anderweiter gesetzlicher Bestimmung ist anzunehmen, daß der Ausschuß für die dreijährige Amtsperiode der Beisitzer gewählt wird.

4 Wie oft der Beisitzerausschuß tagt, hängt unter Berücksichtigung der ihm im 2. Absatz gesetzten Aufgaben vom pflichtgemäßen Ermessen des Leiters ab. Das Wort „aufsichtführenden oder dienstältesten Vorsitzenden" besagt offenbar nicht, daß die Wahl zwischen beiden Personen beliebig ist, sondern daß da, wo ein aufsichtführender Vorsitzender für die Geschäfte des Beisitzerausschusses vorhanden ist, dieser, mangels eines solchen der dienstälteste Vorsitzende die Leitung hat. Diese Form der Tagung gilt auch dann, wenn die Maßnahmen, vor der der Ausschuß zu hören ist, nicht ausschließlich zur Zuständigkeit des Leiters gehören (vgl. § 30 Abs. 1 Satz 1). Wegen der Übertragung der Geschäfte der Dienstaufsicht und Verwaltung vgl. § 15 Anm. 3.

5 Unter „Bildung von Kammern" ist (Bericht S. 17) die Bildung von mehreren Kammern überhaupt (§ 17 Anm. 1) sowie im besonderen die Bildung von Fachkammern und Arbeiter- und Angestelltenkammern, wo solche gelegentlich der ersten Errichtung nicht gebildet sind, zu verstehen. Bei der ersten Errichtung der Gerichte konnte allerdings der noch nicht bestehende Beisitzerausschuß über die Errichtung von Fachkammern und Arbeiter- und Angestelltenkammern noch nicht gehört werden. Dagegen sind ihm künftig diesbezügliche Anträge, z. B. auf Errichtung einer Fachkammer oder auf Aufhebung der Anordnung aus § 17 Abs. 2 Satz 3, von den für diese Maßnahme zuständigen Behörden zur Begutachtung vorzulegen.

Sinngemäß ist der Ausschuß auch vor der Aufhebung bestehender Kammern zu hören.

6 Die — nach § 30 alljährlich vorzunehmende — Geschäftsverteilung betrifft die Frage, nach welchen Grundsätzen die Geschäfte beim Vorhandensein mehrerer gleichartiger Kammern, also vornehmlich in den größeren Städten, auf die Kammern zu verteilen sind. Es sind verschiedene Systeme möglich: die eingehenden Sachen können, wie vor den ordentlichen Gerichten meist üblich, nach dem Buchstaben des Beklagten verteilt werden, es können ferner die Kammern territorial den gesamten Gerichtsbezirk untereinander verteilen, aber auch eine Verteilung nach Stoffgebieten ist — trotz Fehlens von Fachkammern — durchaus zulässig; der Unterschied gegenüber den Fachkammern bleibt im letzteren Falle die nicht fachliche Besetzung, das Merkmal ist die Zusammenfassung gleichartiger Materien in der Hand eines Vorsitzenden und einer — allerdings beruflich gemischten — Zahl von Beisitzern, die immerhin kleiner ist, als wenn die Sachen desselben Stoffes sich auf die Gesamtzahl aller bei demselben Gericht in mehreren Kammern tätigen Beisitzer verteilen. So können z. B. bei einem Arbeitsgericht mit zwei Kammern alle Tarifstreitigkeiten aus § 2 Nr. 1 oder alle Erfinderstreitigkeiten aus § 2 Nr. 2 oder alle Beschlußsachen aus dem Betriebsrätegesetz (§ 2 Nr. 5) oder alle Landarbeitersachen oder alle Hausangestelltensachen einer der mehreren Kammern im Wege dieser inneren Geschäftsverteilung zugewiesen werden.

7 Die Verteilung der Beisitzer auf die Kammern spielt nur eine beschränkte Rolle, da der Vorsitzende die Beisitzer schon in erheblichem Umfange spezialisiert von der höheren Verwaltungsbehörde mitgeteilt bekommt (vgl. den preußischen Ministerialerlaß vom 30. 4. 27 und § 20 Anm. 6).

Gibt es nur eine Arbeiter- und eine Angestelltenkammer und ein Handwerksgericht, so folgt aus der Berufung durch die höhere Verwaltungsbehörde bereits, wer Beisitzer in diesen Kammern auf Arbeitnehmer- und auf Arbeitgeberseite ist. Denn die vorschlagenden Vereinigungen müssen getrennte Listen einreichen und die Behörde beruft die notwendige Beisitzerzahl nach diesen Listen getrennt. Wegen der verwaltungsmäßigen, gesetzlich nicht vorgeschriebenen Einreichung getrennter Arbeitgeberlisten für die Arbeiter- und Angestelltenkammern vgl. § 20 Anm. 6 letzter Absatz. Ebenso bekommt der Vorsitzende des Arbeitsgerichts bezüglich der Fachkammern die Listen unabänderlich nach Arbeitgeber- und Arbeitnehmerbeisitzern getrennt.

Eine Verteilung bleibt also nur dort übrig, wo mehrere gleichartige Kammern errichtet sind, was vorzugsweise in einigen Großstädten der Fall ist, sei es, daß mehrere Arbeiterkammern, mehrere Angestelltenkammern, mehrere Handwerksgerichte oder mehrere Fachkammern für dasselbe Fach bestehen. Sind z. B. wie in Berlin zwei Metallkammern oder zwei Angestelltenkammern vorhanden, so bekommt der Richter von der die Beisitzer berufenden Behörde je eine einheitliche Arbeitgeber- und Arbeitnehmerbeisitzerliste für die zwei Metallkammern oder die zwei Angestelltenkammern.

Die Verteilung innerhalb der mehreren gleichartigen Kammern kann z. B. nach dem Buchstaben erfolgen, indem die 16 Arbeitgeberbeisitzer, die zusammen für die zwei Metallkammern berufen sind, derart verteilt werden, daß eine alphabetische Liste aufgestellt wird und die 8 ersten Namen der ersten, die 8 letzten Namen der zweiten Metallkammer zugeteilt werden (die Zahl der Beisitzer für jede Kammer wird in einem früheren Stadium bestimmt, vgl. § 20 Anm. 4, Abs. 3); in der gleichen Weise können 21 Arbeiterbeisitzer auf drei Arbeiterkammern, 14 Angestelltenbeisitzer auf zwei Angestelltenkammern verteilt werden. Die Verteilung kann aber auch in Verbindung mit Spezialaufgaben, die nach Anm. 6 einer Kammer übertragen werden, erfolgen; werden z. B. die Erfindersachen einer der beiden Angestelltenkammern übertragen, so können 2 vorgeschlagene technische Angestellte oder 2 Arbeitgeber technischer Betriebe einer der beiden Angestelltenkammern übertragen werden, um die Möglichkeit zu schaffen, daß gerade sie gelegentlich in Erfindersachen mitwirken. Schließlich ist auch eine Verteilung nach dem Lose statthaft, indem die Namen auf Zettel geschrieben, in einen Lostopf getan und dann mit der Maßgabe gezogen werden, daß zunächst die eine Kammer, sodann die andere Kammer besetzt wird oder abwechselnd ein Los für die eine oder für die andere Kammer gilt. Eine Verteilung nach wirtschaftlichen Vereinigungen, denen die Beisitzer angehören, ist für unzulässig zu halten, etwa derart, daß bei gleicher Zahl der Beisitzer zweier Gewerkschaftsrichtungen die eine Richtung der einen Kammer, die andere der anderen Kammer zugewiesen wird.

8 Die Aufstellung der Liste des § 31 innerhalb der einzelnen Kammer, also zeitlich nach Vornahme der in Anm. 6, 7 behandelten Verteilung, kann ebenfalls unter verschiedenen Gesichtspunkten erfolgen, z. B. nach dem Alphabet oder nach dem Los. Diese Liste enthält nur die Namen der dann in dieser Reihenfolge heran-

zuziehenden Beisitzer, nicht auch die noch unbekannten einzelnen Sitzungstage (a. A. Dersch-Volkmar, § 31 Anm. 1, daß dies zulässig sei, und ferner die einzelnen Beisitzer im voraus hintereinander für mehrere Sitzungen bestimmt werden könnten, wenn ihnen dies beruflich angenehmer ist).

9 Der „Begriff des Hörens" ist der gleiche wie überall sonst (§ 14 Anm. 6). Der Ausschuß äußert sich gutachtlich. Sache der für die einzelnen Maßnahmen zuständigen Stellen bleibt es, wieweit sie von dem Gutachten abweichen oder ihm Rechnung tragen wollen.

10 Der letzte Satz enthält eine Generalklausel für das Aufgabengebiet des Ausschusses, die Übermittlung von Wünschen an den Vorsitzenden und die übrigen mit der Verwaltung und Dienstaufsicht (§ 15) betrauten Behörden. Das Gesetz sagt nichts darüber, ob der Ausschuß ein Selbstversammlungsrecht hat oder auf die Einberufung durch den Vorsitzenden (Abs. 1 Satz 3) angewiesen ist. Da der Ausschuß keinen eigenen gewählten Vorsitzenden, sondern einen gesetzlich bestimmten Leiter hat, ist anzunehmen, daß dieser etwaigen Einberufungswünschen einzelner Mitglieder nach pflichtgemäßem Ermessen Folge zu leisten hat, andererseits ein Selbstversammlungsrecht, für das die §§ 25ff. anwendbar wären, nicht besteht.

Die Wünsche können sich auf die verschiedenartigsten Dinge beziehen, z. B. auf die Fristen für die Terminsanberaumung, die Tagesstunden der Sitzungen, die Handhabung der Klageaufnahme, die Einrichtung der Geschäftsräume und der Warteräume für das Publikum, die Ausstattung des Gerichts mit Literatur (Büchern, Zeitschriften), das Formularwesen usw.

§ 30

Geschäftsverteilung, Kammerbesetzung[1]

(1) **Vor Beginn des Geschäftsjahres[2] werden durch den Vorsitzenden, bei Vorhandensein mehrerer Vorsitzenden durch diese, die Geschäfte auf die einzelnen Kammern verteilt; einigen sich die Vorsitzenden nicht, so entscheidet der Präsident des Landgerichts[3]. In gleicher Weise erfolgt die Verteilung der Vorsitzenden, der stellvertretenden Vorsitzenden und der Beisitzer auf die einzelnen Kammern[4]. Die Vorsitzenden, die stellvertretenden Vorsitzenden und die Beisitzer können mehreren Kammern angehören[5].**

(2) **Die Beisitzer einer Fachkammer sollen den Beisitzern aus den Kreisen der Berufe, Gewerbe oder Gruppen entnommen werden, für die die Fachkammer gebildet ist[6]. Werden für die Streitigkeiten der im § 22 Abs. 3 bezeichneten Angestellten Fachkammern gebildet, so dürfen ihnen diese Angestellten nicht als Arbeitgeberbeisitzer angehören[7].**

(3) **In den Fällen des § 17 Abs. 4 sind die Beisitzer den Beisitzerlisten der Arbeitsgerichte zu entnehmen, für deren Bezirke die Kammer zuständig ist[8].**

1 Der sachliche Inhalt des Paragraphen ist zum größten Teil bereits in § 29 im Zusammenhang mit der dort vorgeschriebenen „Anhörung" des Beisitzerausschusses behandelt.

2 Das Geschäftsjahr läuft vom 1. 7. ab, da das Gesetz im Jahre 1927 an diesem Tage in Kraft tritt; in Preußen ist durch Erlaß vom 15. 6. 27 (JMBl. S. 191) als erstes Geschäftsjahr der Zeitraum vom 1. 7.—31. 12, dann jeweils das Kalenderjahr bestimmt.

3 Über die Bedeutung der Geschäftsverteilung vgl. § 29 Anm. 6. Es handelt sich, wie wiederholt sei, hier nur um die Verteilung innerhalb mehrerer gleichartiger Kammern (mehrere Arbeiterkammern, mehrere Angestelltenkammern, mehrere Metallkammern usw.). Vor der Verteilung ist der Beisitzerausschuß nach § 29 zu hören. Vorsitzende in diesem Sinne sind Haupt- und nebenamtliche, dagegen nicht stellvertretende Vorsitzende.

Zuständig ist der Präsident des Landgerichts, bei dem das dem Arbeitsgericht übergeordnete Landesarbeitsgericht errichtet ist.

4 Über die Verteilung der Beisitzer auf die einzelnen Kammern vgl. näheres zu § 29 Anm. 7.

5 Der Vorsitzende wird z. B. bei einem kleinen Arbeitsgericht regelmäßig zugleich der Arbeiterkammer, der Angestelltenkammer, dem Handwerksgericht und einer etwaigen Fachkammer vorsitzen. Dies ist nicht nur zulässig, sondern sogar unbedingt notwendig, da eine Verteilung der Kammern auf verschiedene, nicht voll beschäftigte Richter eines kleineren oder mittleren Arbeitsgerichts dem Sinn der §§ 14ff., besonders § 18, völlig widersprechen würde.

Daß die Beisitzer zugleich mehreren Kammern angehören können, ist bereits in § 20 gelegentlich der Berufung (Anm. 6 daselbst) ausführlich dargelegt. Insbesondere werden häufig die Arbeitnehmerbeisitzer der Fachkammern zugleich der allgemeinen Arbeiter- oder Angestelltenkammer angehören. Dies liegt im Interesse der Qualität der Beisitzer, die um so besser ist, je weniger weit die vorschlagenden Vereinigungen den Kreis der vorzuschlagenden Personen zu ziehen gezwungen sind; aber auch im Interesse einer einheitlichen Rechtspraxis und des Vertrautwerdens mit dem Arbeitsrecht ist es nur zu begrüßen, wenn die verschiedenen Kammern eines Gerichts wenigstens zum Teil dieselben Beisitzer aufweisen und nicht streng voneinander geschieden und allein durch die Person des Richters personell miteinander verbunden sind.

6 Wegen der Besetzung der Fachkammern aus Fachangehörigen, die zu diesem Zweck bereits getrennt der höheren Verwaltungsbehörde gegenüber in Vorschlag zu bringen sind, vgl. § 20 Anm. 6 und — wegen der Sollvorschrift — § 21 Anm. 4. Der Satz hätte gesetzestechnisch richtiger nach § 20 gehört.

7 Vergleiche hierzu § 21 Anm. 10, § 22 Anm. 7. Dieser Satz hätte gesetzestechnisch besser nach § 22 gehört, als Besonderheit für Arbeitgeberbeisitzer in einer Fachkammer für Angestellte der in § 22 Abs. 3 bezeichneten Art.

8 Der Absatz beruht auf einem gesetzgeberischen Irrtum über die Technik der Beisitzerberufung; denn nach den Ausführungen zu § 20 Anm. 5, 6 gibt es im Falle der Ausdehnung einer Angestelltenkammer, z. B. beim Arbeitsgericht in A. auf den Bezirk des Arbeitsgerichts in B. beim Arbeitsgericht in B. in dessen Beisitzerlisten überhaupt nicht Angestellte, die zwecks Berufung zu Angestelltenbeisitzern

beim Arbeitsgericht in A. „entnommen" werden könnten. Die Beisitzer für die Angestelltenkammer des Arbeitsgerichts in A. können vielmehr nur einheitlich für den ganzen Bereich der Kammer von der für A. zuständigen höheren Verwaltungsbehörde berufen werden. In diesem Sinne hat den Absatz auch der preußische Ministerialerlaß vom 30. 4. 27 ausgelegt.

§ 31

Heranziehung der Beisitzer[1]

Die Beisitzer sollen zu den Sitzungen nach der Reihenfolge einer Liste herangezogen werden, die der Vorsitzende vor Beginn des Geschäftsjahres gemäß § 29 Abs. 2 aufstellt.

1 Die Beisitzerliste ist bereits gelegentlich der „Anhörung" des Beisitzerausschusses behandelt worden (§ 29 Anm. 8). Die Beisitzerliste ist ebenfalls vor Beginn des Geschäftsjahres (vgl. § 30 Anm. 2) aufzustellen und dann für die Reihenfolge der Zuziehung zu den Sitzungen maßgebend. Die Sollvorschrift ist für den Vorsitzenden unter allen Umständen bindend. Er handelt pflichtwidrig, wenn er dagegen verstößt; nur soll — und deshalb ist diese Formulierung gewählt — ein dennoch vorkommender Verstoß das Urteil nicht nichtig oder anfechtbar machen (fälschlich nehmen die Erläuterungen des ArbGG., herausgegeben vom Deutschnationalen Handlungsgehilfenverband S. 29, 34, und anscheinend auch Nörpel-Aufhäuser zu § 29 an, daß eine Abweichung von der Reihenfolge der Liste zulässig sei). Die Vorschrift bezweckt, jede Willkür in der Zusammensetzung des Gerichts für den einzelnen Sitzungstag auszuschließen (Begr. S. 58). Zur Entstehungsgeschichte vgl. Franke, Arbeitsgericht 1927, 279 ff. Über die verschiedenen Wege, die Liste aufzustellen, vgl. § 29 Anm. 8, über die statthafte Heranziehung zu jeweils mehreren Sitzungen hintereinander, z. B. für je 1 Monat, vgl. Schmincke, Arbeitsgericht 1927, 197 ff. und Franke daselbst 1927, 284, über die zulässige Aufstellung von Sonderlisten für Gerichtstagsbezirke aus bezirksangehörigen Beisitzern Franke a. a. O. 282.

Bei Verhinderung im Einzelfalle, über die der Vorsitzende befindet (Krankheit, Urlaub, Dienstreise), ist jeweilig der Nächstfolgende auf der Liste heranzuziehen, ohne daß eine Nachberufung des Behinderten stattfindet, (ebenso Franke a. a. O.; a. A. Krönig, Arbeitsgericht 1927, 332).

In den Fällen des § 2 Nr. 1 sind, wie erinnert sei, nach § 16 Abs. 2 Satz 2 zwei Beisitzer zuzuziehen. Es sind also, wenn an einem Sitzungstage Sachen aus § 2 Nr. 1 neben anderen Arbeitssachen anstehen, für letztere Sachen der nächste Beisitzer auf Arbeitgeber- und Arbeitnehmerseite zu laden, außerdem für die Sachen aus § 2 Nr. 1 noch ein weiterer Beisitzer von beiden Seiten. Auch für diese zweiten Beisitzer ist, mögen sie auch nur an einer Sache an dem Tage tätig werden, ihre Sitzungsteilnahme in diesem Turnus (Aufeinanderfolge) erledigt; zu der nächsten Sitzung sind wiederum die folgenden Beisitzer zu laden.

Wie aus dem Vorhergehenden sich ergibt, bewirkt jede Vertagung auch einen Wechsel der Beisitzer zum nächsten Termin in derselben Sache, soweit nicht nach dem Vorschlag von Schmincke — siehe Abs. 1 der Anm. am Ende — verfahren wird und nicht im Einzelfall wiederum die Sitzungsperiode überschritten wird. (Beispiel: 12 Beisitzer sitzen jeweils einen Monat; wird im Januar auf einen anderen Tag im Januar vertagt, so findet kein Beisitzerwechsel statt; anders auch hier, wenn am 28. 1. auf den 5. 2. vertagt wird.) Vgl. zur Anwendung des § 31 auch den preuß. Min.-Erl. v. 23. 6. 27 über Beisitzerausschüsse zu III.

§ 32

Geschäftsstelle

Bei jedem Arbeitsgerichte besteht eine Geschäftsstelle[1], deren Einrichtung die Landesjustizverwaltung im Einvernehmen mit der obersten Landesbehörde für die Sozialverwaltung[2] bestimmt.

1 Diese „Geschäftsstelle" entspricht der Geschäftsstelle der ordentlichen Gerichte (Begr. S. 58), mit der die Geschäftsstelle des Arbeitsgerichts überall dort personell und sachlich verknüpft ist, wo nicht die Notwendigkeit einer eigenen Geschäftsstelle besteht. Die Geschäftsordnung für die Geschäftsstelle ist geregelt in Preußen durch AV. d. JM. v. 15. 6. 1927 (JMBl. S. 190).

Über die Verpflichtung der Justizbeamten zur nebenamtlichen Tätigkeit vgl. auch hier (wie im Fall des § 18 Anm. 7) § 12 des Preuß. Personalabbau-Abwicklungsgesetzes vom 25. 3. 1926 (GesS. S. 103). Wegen der Vergütungsregelung siehe auch hier § 19 Anm. 4.

Die Aufgaben der Beamten und Angestellten der Geschäftsstelle sind die gleichen wie die des Gerichtsschreibereipersonals in Prozeßsachen (vgl. die Verweisung auf das amtsgerichtliche Verfahren in § 46 Abs. 2).

Bei den Gewerbe- und Kaufmannsgerichten, namentlich in den größeren Städten hat die sachgemäße Klageaufnahme durch erfahrene Beamte (vgl. § 47 Abs. 1 Satz 1) stets eine große Rolle gespielt. Sache der für das Arbeitsgerichtsgesetz zuständigen Behörden wird es sein, der Pflege dieser Tätigkeit der Beamten der Geschäftsstelle ihre besondere Aufmerksamkeit zuzuwenden und die Beamten durch Fortbildungskurse zu schulen, damit sie die bewährte Tradition in gleicher Weise fortführen.

2 Vgl. § 14 Anm. 2, 3.

Zweiter Abschnitt

Landesarbeitsgerichte[1]

1 Der Abschnitt über die Landesarbeitsgerichte ist in vielen Punkten dem Abschnitt über die Arbeitsgerichte (1. Instanz) nachgebildet. Die dortigen Bemerkungen sind daher im großen ganzen zur Auslegung auch dieses Abschnittes verwendbar.

§ 33

Errichtung[1]

(1) **Die Landesarbeitsgerichte werden durch die Landesjustizverwaltung im Einvernehmen mit der obersten Landesbehörde für die Sozialverwaltung bei den Landgerichten[2] nach Anhörung der wirtschaftlichen**

Vereinigungen der Arbeitgeber und Arbeitnehmer errichtet[3]. Die Vorschriften des § 14 Abs. 2 finden entsprechende Anwendung[4].

(2) **Das Landesarbeitsgericht kann seinen Sitz auch an einem anderen Orte seines Bezirkes haben als das Landgericht, bei dem es errichtet ist[5].**

1 Vergleiche zu der Errichtung die grundlegenden, hier an den einschlägigen Stellen abgedruckten Erlasse des preußischen Justizministers vom 3. 2. und des preußischen Handelministers vom 11. 2. 1927, veröffentlicht im Handelsministerialblatt 1927, S. 54.

2 Wie bereits in der Anmerkung zu der Überschrift des 2. Teils des Gesetzes (hier S. 132) hervorgehoben ist, sind die Gerichte 1. Instanz „selbständige" Gerichte. Bei den Landesarbeitsgerichten fehlt dieses Wort, vielmehr ist ausdrücklich hervorgehoben, daß sie „bei dem Landgericht" errichtet werden. Sie sind mithin grundsätzlich Teile des Landgerichts, wie die Zivilkammern, Strafkammern und die Kammern für Handelssachen, wenngleich für sie einige Sonderbestimmungen über die Mitwirkung der Sozialverwaltung, über die Besetzung (besondere Art der Bestellung des Vorsitzenden und Mitwirkung von Beisitzern) und über die Geschäftsverteilung gelten, wie ja auch für die anderen Kammern, insbesondere die Kammern für Handelssachen, gewisse Besonderheiten vorgeschrieben sind (vgl. ebenso die ausdrückliche Bestimmung des § 35 Abs. 3).

3 Der Vorgang der Errichtung ist der gleiche wie bei den Arbeitsgerichten: Zusammenwirken von Justiz- und Sozialverwaltung, Anhörung der wirtschaftlichen Vereinigungen; näheres siehe § 14 Anm. 3—6.

4 Vergleiche über die sich hieraus ergebenden allgemeinen Gesichtspunkte folgende Ausführungen des in Anm. 1 erwähnten preußischen Ministerialerlasses:

„Die Landesarbeitsgerichte sind nach § 33 des Arbeitsgerichtsgesetzes bei den Landgerichten zu errichten. Sie sind im Gegensatz zu den Arbeitsgerichten keine selbständigen Gerichte, sondern den Landgerichten eingegliedert. Auch bei den Landesarbeitsgerichten wird sich vielfach das Bedürfnis ergeben, hinsichtlich ihres Bezirks von dem Bezirk des entsprechenden ordentlichen Gerichts abzuweichen. Da die Berufungssumme dreihundert Mark beträgt (§ 8 Abs. 3), ist anzunehmen, daß die Zahl der berufungsfähigen Sachen verhältnismäßig gering sein wird. Es muß aber jedem Landesarbeitsgericht eine genügende Zahl von Berufungen zufallen, damit es die ihm neben dem Reichsarbeitsgericht zugewiesene Aufgabe, für die Rechtsprechung der Arbeitsgerichte seines Bezirks richtunggebend zu wirken, erfüllen kann. Die Landesarbeitsgerichte haben nicht so sehr neue Tatsachen festzustellen, als vielmehr der Pflege der Rechtseinheit auf dem Gebiete des Arbeitsrechts zu dienen (vgl. den Ausschluß der Revision gemäß § 8 Abs. 4 in den Fällen des § 2 Nr. 4, die Zulassung der Berufung wegen grundsätzlicher Bedeutung nach § 8 Abs. 3, die fast ausschließliche Zuständigkeit der Landesarbeitsgerichte in den Rechtsbeschwerdesachen nach § 85 Abs. 1 Satz 1 und die Beschränkung des Tatsachenvorbringens in § 67); diese Aufgabe werden sie nur dann praktisch erfüllen können, wenn sie in nicht allzu großer Zahl vorhanden sind; nur dann wird ihre Tätigkeit die notwendige Beachtung im Bezirk finden und das Fehlen der Oberlandesgerichte in der arbeitsgerichtlichen Organisation ohne Schaden für die Rechtspflege sein. Wenn daher eine ausreichende Tätigkeit für das Landesarbeitsgericht aus einem Landgerichtsbezirk nicht zu erwarten ist, muß von der durch

§ 33 Abs. 1 Satz 2 in Verbindung mit § 14 Abs. 2 gebotenen Möglichkeit Gebrauch gemacht werden, ein gemeinsames Landesarbeitsgericht für die Bezirke mehrerer Landgerichte oder für Teile von ihnen zu errichten. Eine solche Zusammenlegung mehrerer Landgerichtsbezirke oder von Teilen solcher wird auch dann in Frage kommen, wenn sich ein größeres einheitliches Wirtschaftsgebiet herausgebildet hat und das Bedürfnis besteht, die aus diesem Gebiet erwachsenden gleichartigen Streitigkeiten wenigstens in der Berufungsinstanz von demselben Gericht erledigen zu lassen.

Bei Prüfung der Frage, wieviel Kammern bei den einzelnen Landesarbeitsgerichten zu errichten sind, darf nicht unberücksichtigt bleiben, daß nach §§ 58 Abs. 1 Satz 1, § 64 Abs. 3 jede Beweisaufnahme, die am Sitze des Landesarbeitsgerichts möglich ist, vor der Kammer erfolgen muß, und daß ferner eine Beweisaufnahme, die zwar nicht am Sitze, aber im Bezirk des Landesarbeitsgerichts vorzunehmen ist, nur dessen Vorsitzenden übertragen werden kann, während der Vorsitzende des für den Ort der Beweisaufnahme zuständigen Arbeitsgerichts oder das entsprechende Amtsgericht im Berufungsverfahren nur dann um die Beweisaufnahme ersucht werden können, wenn sie außerhalb des Bezirks des Landesarbeitsgerichts zu bewirken ist."

Selbstverständlich und vom Gesetz nicht erst hervorgehoben ist, daß ein Landesarbeitsgericht immer nur für den Bezirk ganzer Arbeitsgerichte errichtet werden und ein arbeitsgerichtlicher Bezirk nicht etwa im Bezirk verschiedener Landesarbeitsgerichtsbezirke liegen kann. Erstreckt sich eine Angestelltenkammer oder Fachkammer nach § 17 Abs. 4 über den Bezirk eines Arbeitsgerichts hinaus, so erweitert sich allerdings insofern automatisch auch der Bezirk des Landesarbeitsgerichts fachlich. Ist also eine Eisenbahnfachkammer bei dem Arbeitsgericht in A. für die Arbeitsgerichtsbezirke A.—D. errichtet, so ist das dem Arbeitsgericht in A. übergeordnete Landesarbeitsgericht X. für alle Eisenbahnsachen in den arbeitsgerichtlichen Bezirken A.—D. zuständig, ohne daß es darauf ankommt, ob die Arbeitsgerichte B., C. und D. zu diesem oder jenem Landesarbeitsgericht gehören.

In Preußen sind regelmäßig die Landesarbeitsgerichte für den Bezirk mehrerer Landgerichte errichtet, zum Teil auch, was durch den Hinweis auf die „entsprechende" Anwendung des § 14 Abs. 2 statthaft ist, unter Durchschneidung der Landgerichtsgrenzen. Die errichtenden Behörden haben hier jede Freiheit, Teile von Landgerichtsbezirken oder volle Landgerichtsbezirke mit Teilen von solchen zusammenzulegen, je nachdem wie die wirtschaftlichen Bedürfnisse es zweckmäßig erscheinen lassen. Auch an den Landesgrenzen braucht die Einteilung nicht haltzumachen; im Wege der Vereinbarung zwischen den Verwaltungen der beteiligten Länder, ohne daß ein Gesetz notwendig ist, können Landesarbeitsgerichte für die arbeitsgerichtlichen Bezirke mehrerer Länder errichtet werden. Solche Fälle sind im Verhältnis Preußen-Bremen, -Thüringen, -Braunschweig, -Anhalt, -Württemberg denkbar, zum Teil auch praktisch in Anlehnung an schon vorhandene Gerichtsgemeinschaften durchgeführt.

5 Dieses Landesarbeitsgericht hat dann zwar einen vom Sitz des Landgerichts abweichenden Sitz, gehört aber trotzdem zu einem Landgericht, was die Auslegung des Wortes „Landgericht" in § 14 Abs. 4, § 33 ff. betrifft. Ein Beispiel ist der Fall des preußisch. Landesarbeitsgerichts Harburg, welches im Landgerichtsbezirk Stade liegt. Die Bestimmungen über den Vorsitzenden (§ 36) gelten auch für ein solches außerhalb des Landgerichtssitzes gelegenes Gericht.

§ 34

Verwaltung und Dienstaufsicht

(1) **Die Geschäfte der Verwaltung und Dienstaufsicht führt die Landesjustizverwaltung im Einvernehmen mit der obersten Landesbehörde für die Sozialverwaltung. § 15 Abs. 1 Satz 2 gilt entsprechend**[1].

(2) **Die Landesjustizverwaltung kann im Einvernehmen mit der obersten Landesbehörde für die Sozialverwaltung Geschäfte der Verwaltung und Dienstaufsicht nachgeordneten Dienststellen übertragen, insbesondere dem Präsidenten des Landgerichts und dem Vorsitzenden des Landesarbeitsgerichts oder, wenn mehrere Vorsitzende vorhanden sind, einem von ihnen**[2].

[1] Vgl. zu dem Satz 2 die Anm. 2 in § 14 in entsprechender Anwendung auf allgemeine Anordnungen betreffend die Landesarbeitsgerichte.

[2] Vgl. auch hier § 14 Anm. 3 und den preußischen Erlaß vom 14. 6. 1927, abgedruckt im JMBl. S. 192.

§ 35

Zusammensetzung, Bildung von Kammern

(1) **Das Landesarbeitsgericht besteht aus der erforderlichen Anzahl von Vorsitzenden und stellvertretenden Vorsitzenden und von Beisitzern. Die Beisitzer werden je zur Hälfte aus den Kreisen der Arbeitgeber und der Arbeitnehmer entnommen**[1].

(2) **Jede Kammer des Landesarbeitsgerichts wird in der Besetzung mit einem Vorsitzenden und je einem Beisitzer der Arbeitgeber und der Arbeitnehmer tätig. In den Fällen des § 2 Nr. 1 wird jede Kammer in der Besetzung mit einem Vorsitzenden und je zwei Beisitzern der Arbeitgeber und der Arbeitnehmer tätig**[2].

(3) **Im übrigen stehen die Kammern des Landesarbeitsgerichts den Zivilkammern des Landesgerichts im Sinne des Gerichtsverfassungsgesetzes gleich**[3].

(4) **Die Zahl der Kammern bestimmt die Landesjustizverwaltung im Einvernehmen mit der obersten Landesbehörde für die Sozialverwaltung**[4].

[1] Vgl. auch hier § 16 Anm. 1.

[2] Vgl. auch hier § 16 Anm. 2—4. Die Besetzung der 1. und 2. Instanz ist mithin gleichartig, und die größere Güte der zweitinstanzlichen Rechtsprechung kann im wesentlichen nur in der Qualität des Vorsitzenden und der Beisitzer erstrebt werden.

[3] Vgl. § 33 Anm. 2. Der Vorsitzende des Landesarbeitsgerichts nimmt also, falls er Direktor oder ältester Rat ist, unter den Richtern des Landgerichts die gleiche Stellung ein, wie jeder sonstige Kammervorsitzende, etwa im Hinblick auf § 64 GVG.

4 Das Landesarbeitsgericht kennt von Gesetzes wegen keine Fachkammern und keine besonderen Kammern für Arbeiter und Angestellte (Begr. S. 30), sondern nur einheitliche Kammern für alle Arbeitsstreitigkeiten, die unter das Gesetz fallen. Das schließt nicht aus, daß im Wege der inneren Geschäftsverteilung dort, wo mehrere Kammern wegen des Geschäftsandranges errichtet werden (was aber selten praktisch werden wird), nach § 39 Spezialkammern gebildet werden in der gleichen Weise wie bei den Landgerichten Spezialkammern für Berufungssachen, Patentsachen, Ehescheidungen, fiskalische Sachen, bisher auch für arbeitsrechtliche Sachen 1. oder 2. Instanz usw. bestehen. Auf diese Weise kann eine Kammer alle Tarifstreitigkeiten aus § 2 Nr. 1 übertragen bekommen oder alle Angestelltensachen, Schwerbeschädigtensachen usw. Die Abweichung gegenüber der üblichen Geschäftsverteilung mit Buchstaben, Bezirken oder dergleichen besteht darin, daß, wenn auch die Beisitzer hier nicht fachlich bestellt sind, so doch in der Person des Vorsitzenden die einheitliche Praxis des Landesarbeitsgerichts in den Spezialsachen ermöglicht wird (weitergehend, im Sinne der Zulassung der gesetzgeberisch gerade nicht beabsichtigten Schaffung von Fachkammern Krönig, Arbeitsgericht 1927, 331). Auch bei den Landesarbeitsgerichten können Gerichtstage eingerichtet werden.

§ 36

Vorsitzende

(1) **Die Vorsitzenden und die stellvertretenden Vorsitzenden beruft die Landesjustizverwaltung im Einvernehmen mit der obersten Landesbehörde für die Sozialverwaltung aus den Direktoren und den ständigen Mitgliedern des Landgerichts. Befindet sich am Sitz des Landesarbeitsgericht ein Oberlandesgericht, so kann auch ein Oberlandesgerichtsrat berufen werden. Die Berufung erfolgt für die Dauer der Zugehörigkeit zum Landgericht oder Oberlandesgericht. Sie kann nur mit Zustimmung des Berufenen widerrufen werden[1].**

(2) **Zu Vorsitzenden und stellvertretenden Vorsitzenden sollen nur Richter berufen werden, die auf arbeitsrechtlichem und sozialem Gebiete Kenntnisse und Erfahrungen besitzen[2]. Sind beim Landgericht oder Oberlandesgericht solche nicht vorhanden, so sind geeignete Personen, die die Befähigung zum Richteramte haben, einzuberufen[3].**

1 Während der Vorsitz in den einzelnen Zivil- und Strafkammern des Landgerichts nach § 62 Abs. 2 GVG. durch den Präsidenten selbst und ferner durch ihn und die Direktoren nach Stimmenmehrheit bestimmt wird, bestellt den Vorsitzenden und den stellvertretenden Vorsitzenden (in letzterer Hinsicht also auch anders als im Falle des § 67 GVG.) des Landesarbeitsgerichts die Landesjustizverwaltung im Einvernehmen mit der Sozialverwaltung. Sie ist hierbei — anders als im Falle des § 18 Abs. 2, 3 — in der Auswahl beschränkt auf ordentliche Richter, und zwar auf die Direktoren und ständigen Mitglieder (nicht Hilfsrichter!) des Landgerichts; bei den Landesarbeitsgerichten, die sich am Sitze eines Oberlandesgerichts befinden, kann sie auch einen Oberlandesgerichtsrat bestellen. Nach der Begründung (S. 31,

59) geht der Entwurf davon aus, „daß nach Möglichkeit Landgerichtsdirektoren als Vorsitzende berufen werden, um die Kammern auch in dieser Beziehung den Zivilkammern der Landgerichte gleichzustellen". Ein Amtsrichter kann also nicht zum Vorsitzenden oder stellvertretenden Vorsitzenden berufen werden, wenn er nicht etwa gleichzeitig nach § 59 Abs. 2 GVG. dem Landgericht angehört. Zwecks Sicherung der Stellung des Vorsitzenden und stellvertretenden Vorsitzenden ist hier — anders als im Falle des § 18 Abs. 4 in Verbindung mit § 19 Abs. 1 Satz 2, 3, Abs. 2 — die Bestellung für die Dauer der Zugehörigkeit zum Landgericht bzw. Oberlandesgericht vorgeschrieben, so daß, da diese Stellung durch Verfassung (Art. 104) und Gerichtsverfassungsgesetz (§ 8) geschützt ist, mittelbar auch die Vorsitzendenstellung auf diese Weise in ihrer Unabhängigkeit geschützt und weit stärker als jeder andere Vorsitz in der Kammer eines Landgerichts Maßnahmen der inneren Geschäftsverteilung nach §§ 62, 63 GVG. entzogen ist. Mit Recht betont daher die Begründung (S. 31) die besondere Verantwortung der Verwaltung für „eine sorgfältige Auswahl" bei der Berufung, da die einmal geschehene Berufung ohne besondere Umstände nicht wieder zu ändern ist. Nur mit Zustimmung des Berufenen kann, solange er nicht die Zugehörigkeit zum Landgericht oder Oberlandesgericht aufgibt, die Berufung widerrufen werden. Der Vorsitz am LArbG. schließt bei nicht voller Inanspruchnahme eine andere richterliche Tätigkeit beim LG. keineswegs aus.

2 Vgl. § 18 Anm. 3.

3 Durch diesen im Reichstagsausschuß beschlossenen Zusatz ist der Verwaltung noch besonders die Pflicht auferlegt, für eine sachgemäße Besetzung des Landgerichts bzw. Oberlandesgerichts zu sorgen und nötigenfalls einen Richter an eines dieser beiden Gerichte zum Zweck der anschließenden Bestellung zum Vorsitzenden oder stellvertretenden Vorsitzenden des Landesarbeitsgerichts zu berufen. Nur auf diesem Wege der vorherigen Berufung in das Landgericht oder Oberlandesgericht können z. B. bisherige Gewerbegerichts- und Kaufmannsgerichtsvorsitzende, die nach § 117 Abs. 2 zu übernehmen sind, als Vorsitzende oder stellvertretende Vorsitzende eines Landesarbeitsgerichts berufen werden (ebenso Volkmar, Arbeitsgericht 1927, 151).

§ 37

Beisitzer[1]

(1) **Die Beisitzer müssen das dreißigste Lebensjahr vollendet haben und sollen mindestens drei Jahre Beisitzer einer Arbeitsgerichtsbehörde gewesen sein.**

(2) **Im übrigen gelten für die Berufung und Stellung der Beisitzer und für die Amtsenthebung die Vorschriften des § 20 Abs. 1 und 3 und der §§ 21 bis 28 entsprechend[2].**

1 Grundsätzlich gelten für die nach § 6 Abs. 2 die Amtsbezeichnung „Landesarbeitsrichter" führenden Beisitzer die gleichen Vorschriften wie für die Beisitzer 1. Instanz, die „Arbeitsrichter". Nur ist hier, um die Gewähr größerer Lebenserfahrung zu schaffen, ein Alter von 30 Jahren (in 1. Instanz 25 Jahre) vorgeschrieben und ferner als Sollvorschrift eine dreijährige, nicht notwendig ununterbrochene

Tätigkeit als Beisitzer einer „Arbeitsgerichtsbehörde" (§ 1); doch entfällt dies Erfordernis nach § 120 für die erste Berufung nach dem Inkrafttreten des Gesetzes, sie wird mithin erst im Jahre 1930 praktisch. Die Sollvorschrift hat im übrigen die gleiche Bedeutung wie die ähnliche Sollvorschrift des § 21 Abs. 1 Satz 2 (siehe daselbst Anm. 4).

2 Wegen des Berufungsverfahrens sei auf den preußischen Ministerialerlaß vom 30. 4. 27 hingewiesen. Der Erlaß geht zutreffend davon aus, daß die wirtschaftlichen Vereinigungen und öffentlich-rechtlichen Körperschaften gleichzeitig mit der Liste für die Arbeitsgerichtsbeisitzer entsprechend einer Aufforderung der berufenden Behörde eine Liste zum Landesarbeitsgericht ohne jede zwingliche berufliche, fachliche oder sonstige Gliederung einzureichen haben, wobei auch hier jede Einigung der Interessenten untereinander nur zu begrüßen und behördlich zu fördern ist. Der Präsident des Landgerichts, bei dem das Landesarbeitsgericht errichtet ist, wirkt auch hier in gleicher Weise mit wie bei der Berufung der Beisitzer 1. Instanz.

Für die Verteilung der Sitze auf die verschiedenen Listen, die von Arbeitgeber- oder Arbeitnehmerseite eingehen, ist auch hier das Stärkeverhältnis der dahinterstehenden im Bezirk beschäftigten Arbeitnehmer (auf der Arbeitgeberseite) und der im Bezirk vorhandenen Verbandsmitglieder (auf der Arbeitnehmerseite) entscheidend, wobei ebenfalls, wie in 1. Instanz, die Minderheiten über das reine Verhältnisverteilungsprinzip hinaus Berücksichtigung erfahren sollen.

Bezüglich der Tätigkeit im Bezirk (§ 21 Abs. 1 Satz 2) ist hier der Landesarbeitsgerichtsbezirk entscheidend.

Über die Frage der Vereinbarkeit des Beisitzeramtes beim Arbeitsgericht und Landesarbeitsgericht vgl. § 20 Anm. 5.

Die in § 28 letzter Satz erwähnte Beschwerde gibt es hier nicht, da nach § 70 gegen Beschlüsse und Verfügungen des Vorsitzenden des Landesarbeitsgerichts — von einem hier nicht in Betracht kommenden Ausnahmefalle abgesehen — kein Rechtsmittel statthaft ist.

§ 38

Beisitzerausschüsse[1]

Bei jedem Landesarbeitsgerichte wird ein Beisitzerausschuß gebildet. Die Vorschriften des § 29 Abs. 1 Satz 2 und 3 und Abs. 2 gelten entsprechend.

1 Die Bestimmung ist erst im Reichstagsausschuß eingefügt worden. Die Reichstagsvorlage hatte beim Landesarbeitsgericht keinen Ausschuß vorgesehen. Alle Bemerkungen zu § 29 gelten entsprechend.

Da es Fachkammern sowie Arbeiter- und Angestelltenkammern beim Landesarbeitsgericht nicht gibt, bezieht sich die Anhörung bezüglich der „Bildung von Kammern" nur auf deren Zahl. Bei der „Geschäftsverteilung" sind die zu § 35 Anm. 4 behandelten Möglichkeiten der Übertragung bestimmter Materien auf die eine von mehreren Kammern wichtig. Die „Verteilung der Beisitzer auf die Kammern" spielt praktisch nur ganz selten dort eine Rolle, wo es mehrere Kammern beim Landesarbeitsgericht geben wird (Berlin, Köln usw.).

§ 39

Besetzung der Kammern, Geschäftsverteilung

(1) **Vor Beginn des Geschäftsjahres verteilt das Präsidium des Landgerichts unter stimmberechtigter Mitwirkung der Vorsitzenden des Landarbeitsgerichts die Geschäfte auf die einzelnen Kammern des Landarbeitsgerichts[1]. In gleicher Weise erfolgt die Verteilung der Vorsitzenden, der stellvertretenden Vorsitzenden und der Beisitzer auf die einzelnen Kammern[2]. Die Vorsitzenden und die Beisitzer können mehreren Kammern angehören[3].**

(2) **Die Beisitzer sollen zu den Sitzungen nach der Reihenfolge einer Liste herangezogen werden, die der Vorsitzende vor Beginn des Geschäftsjahres gemäß § 38 Satz 2 aufstellt[4].**

1 Das Präsidium des Landgerichts, das nach §§ 63, 64 GVG. die Geschäfte vor Beginn des Geschäftsjahres auf die einzelnen Zivil- und Strafkammern verteilt, verteilt auch die Geschäfte des Landesarbeitsgerichts auf dessen einzelne Kammern, z. B. nach Buchstaben oder nach örtlichen, fachlichen usw. Gesichtspunkten (vgl. hierzu auch § 35 Anm. 4). Praktisch wird die Bestimmung nur bei den verhältnismäßig seltenen Landesarbeitsgerichten mit mehreren Kammern. Unabhängig von der sonstigen Zusammensetzung des Präsidiums (§ 64 Abs. 2 GVG.) wirken hierbei unter allen Umständen die Vorsitzenden (nicht auch die stellvertretenden Vorsitzenden) des Landesarbeitsgerichts stimmberechtigt mit. Wegen der Anhörung des Beisitzerausschusses vgl. § 38 in Verbindung mit § 29 Abs. 2; wegen einer Änderung der Geschäftsverteilungen im Laufe des Geschäftsjahres vgl. § 63 Abs. 2 in Verbindung mit § 35 Abs. 3.

2 Es handelt sich hierbei um die Frage, welche Kammer jeder der mehreren Vorsitzenden übernimmt und wie die für die mehreren Kammern einheitlich berufenen Beisitzer auf diese Kammern zu verteilen sind, z. B. alphabetisch oder nach dem Los. Es besteht auch kein Hindernis, falls etwa eine Kammer alle Angestelltensachen im Wege der inneren Geschäftsverteilung zugewiesen bekommt, auch die vorhandenen Beisitzer aus der Angestelltenschaft oder die vorzugsweise Angestellte beschäftigenden Arbeitgeber (Großhandel, Einzelhandel) dann der die Angestelltensachen übernehmenden Kammer zuzuteilen. Wegen der Anhörung des Beisitzerausschusses vgl. § 38 in Verbindung mit § 29 Abs. 2.

3 Die Bestimmung dürfte auf einem gesetzestechnischen Fehler, der zur schematischen Übernahme des § 30 Abs. 1 Satz 3 ArbGG. und des § 63 Abs. 1 Satz 2 GVG., beruhen; außer wegen Geschäftsandranges ist die Errichtung mehrerer Kammern unzulässig, so daß tatsächlich die Zugehörigkeit eines Vorsitzenden zu mehreren Kammern des Landesarbeitsgerichts praktisch nie wirksam werden kann. Ebenso ist die Zugehörigkeit eines Beisitzers zu mehreren Kammern hier praktisch nicht denkbar.

4 Vgl. § 31 sowie wegen der Anhörung des Beisitzerausschusses § 38 in Verbindung mit § 29 Abs. 2.

Dritter Abschnitt

Reichsarbeitsgericht

§ 40

Errichtung

Das Reichsarbeitsgericht wird bei dem Reichsgericht errichtet[1].

1 Wie in den Anmerkungen zu der Überschrift des zweiten Teiles des Gesetzes (S. 132) bemerkt ist, sind die Arbeitsgerichtsbehörden 2. und 3. Instanz nicht selbständige Gerichte, sondern den entsprechenden ordentlichen Gerichten eingegliedert. Das Reichsarbeitsgericht, das berufen ist, der Pflege der Rechtseinheit auf dem Gebiete des Arbeitsrechts zu dienen, ist ein Teil des Reichsgerichts, mit dem Sitz in Leipzig, gleich dessen Zivil- und Strafsenaten, wenngleich für es einige Sonderbestimmungen betreffend die Mitwirkung des Reichsarbeitsministeriums und die Besetzung (Vorhandensein von Laienbeisitzern) gelten (siehe auch die ausdrückliche Bestimmung des § 41 Abs. 3).

§ 41

Zusammensetzung, Bildung von Senaten

(1) **Das Reichsarbeitsgericht besteht aus der erforderlichen Zahl von Senatspräsidenten beim Reichsgericht als Vorsitzenden, von Senatspräsidenten oder Reichsgerichtsräten als stellvertretenden Vorsitzenden, von Reichsgerichtsräten als richterlichen Beisitzern und von nichtrichterlichen Beisitzern. Die nichtrichterlichen Beisitzer werden je zur Hälfte aus den Kreisen der Arbeitgeber und Arbeitnehmer entnommen.**

(2) **Jeder Senat des Reichsarbeitsgerichts wird in der Besetzung mit einem Vorsitzenden, zwei richterlichen Beisitzern und je einem Beisitzer der Arbeitgeber und der Arbeitnehmer tätig[1].**

(3) **Im übrigen stehen die Senate des Reichsarbeitsgerichts den Zivilsenaten des Reichsgerichts im Sinne des Gerichtsverfassungsgesetzes gleich[2].**

(4) **Die Zahl der Senate bestimmt der Reichsminister der Justiz im Einvernehmen mit dem Reichsarbeitsminister**

1 Während die Vorsitzenden und stellvertretenden Vorsitzenden der Arbeitsgerichte und Landesarbeitsgerichte kraft ausdrücklicher Bestimmung des Arbeitsgerichtsgesetzes durch die Landesjustizverwaltung im Einvernehmen mit der obersten Landesbehörde für die Sozialverwaltung unmittelbar berufen werden und dadurch ihr Vorsitzendenamt der sonstigen, für die Gerichte 1. und 2. Instanz üblichen Geschäftsverteilung entzogen ist, gilt für das Reichsarbeitsgericht keine von der sonstigen Geschäftsverteilung beim Reichsgericht abweichende Bestimmung (vgl. aber § 42). Nach § 131 GVG. in Verbindung mit § 62 GVG. bestimmen über den Vorsitz (einschließlich Stellvertretung) in den Senaten des Reichsarbeitsgerichts für jedes Geschäftsjahr der Präsident des Reichsgerichts und die Senatspräsidenten

nach Stimmenmehrheit (bei Stimmengleichheit gibt der Präsident den Ausschlag), während über die Verteilung der erforderlichen Zahl der richterlichen Beisitzer auf die Senate im Geschäftsjahr das Präsidium nach § 131 GVG. in Verbindung mit § 63 GVG. befindet. Die Zahl der Senate bestimmt nach Abs. 4 des Paragraphen der Reichsjustizminister im Einvernehmen mit dem Reichsarbeitsminister, entsprechend dem Zusammenwirken von Landesjustizverwaltung und oberster Landesbehörde für die Sozialverwaltung in den unteren Instanzen. Der einzelne Senat selbst besteht — in Abweichung von der für die übrigen Senate vorgeschriebenen Fünfzahl der richterlichen Mitglieder — aus dem Vorsitzenden, zwei richterlichen Beisitzern und je einem Beisitzer der Arbeitgeber und der Arbeitnehmer. Aus der so bestimmten Zahl der Senate des Reichsarbeitsgerichts und ihrer Zusammensetzung ergibt sich die notwendige Zahl von Senatspräsidenten als Vorsitzenden, von Senatspräsidenten oder Reichsgerichtsräten als stellvertretenden Vorsitzenden, von Reichsgerichtsräten als richterlichen Beisitzern und von nichtrichterlichen Beisitzern. Dabei ist zu beachten, daß in der Praxis einem Senat eine größere Zahl von richterlichen Beisitzern als die für die einzelne Sitzung notwendige Zahl von zwei Beisitzern zugewiesen wird.

Die Ernennung der Präsidenten und Räte des Reichsgerichts findet auf Vorschlag des Reichsrats durch den Reichspräsidenten gemäß § 125 GVG. statt; sie setzt die „Befähigung zum Richteramt" (§ 18 Anm. 6) in einem deutschen Lande und ein Lebensalter von mindestens 35 Jahren voraus; eine unmittelbare Ernennung zum Mitglied des Reichsarbeitsgerichts gibt es, wie eingangs erwähnt, nicht.

Über die besondere Qualifikation der richterlichen Mitglieder vgl. § 42, über die Berufung der nichtrichterlichen Beisitzer vgl. § 43.

Voraussichtlich wird das Reichsarbeitsgericht zunächst nur aus einem Senat bestehen.

2 Dies hat besondere Bedeutung für die Einholung der sogenannten Plenarentscheidungen nach § 136 GVG., welche Bestimmung der Einheit der Rechtspflege dient:

Will ein Senat des Reichsarbeitsgerichts in einer Rechtsfrage — auch außerhalb des Arbeitsrechts — „von der Entscheidung eines anderen Zivilsenats oder der vereinigten Zivilsenate . . . abweichen, so ist über die streitige Rechtsfrage eine Entscheidung der vereinigten Zivilsenate . . . einzuholen. Einer Entscheidung der Rechtsfrage durch das Plenum bedarf es, wenn ein Zivilsenat von der Entscheidung eines Strafsenats oder der vereinigten Strafsenate oder ein Strafsenat von der Entscheidung eines Zivilsenats oder der vereinigten Zivilsenate oder ein Senat von der früher eingeholten Entscheidung des Plenums abweichen will.

Die Entscheidung der Rechtsfrage durch die vereinigten Senate oder das Plenum ist in der zu entscheidenden Sache bindend . . ."

In all diesen Fällen steht jeder Senat des Reichsarbeitsgerichts, also auch sein vermutlich vorläufig einziger Senat, einem Zivilsenat gleich.

Sollte es später zwei Senate des Reichsarbeitsgerichts geben, so bilden sie nicht unter sich eine Sondergruppe, die etwa bei beabsichtigter Abweichung voneinander in Rechtsfragen zusammenzutreten hätte, vielmehr müßte, wenn ein Senat des Reichsarbeitsgerichts von einem anderen Senat des Reichsarbeitsgerichts abweichen wollte, genau so die Entscheidung der vereinigten Zivilsenate eingeholt werden, wie wenn zwei beliebige andere Zivilsenate voneinander in Rechtsfragen abweichen wollen.

Aus der Sonderregelung des § 45 folgt, daß die Laienbeisitzer des Reichsarbeitsgerichts an den Entscheidungen der vereinigten Zivilsenate oder des Plenums außer in arbeitsrechtlichen Fragen nicht mitwirken, wohl aber die richterlichen Beisitzer des Reichsarbeitsgerichts.

Von seiner eigenen Rechtsprechung darf jeder Senat in einer späteren Entscheidung ohne weiteres wieder abweichen.

§ 42

Richterliche Mitglieder

Zu Vorsitzenden, stellvertretenden Vorsitzenden und richterlichen Beisitzern des Reichsarbeitsgerichts sollen nur Richter berufen werden, die auf arbeitsrechtlichem und sozialem Gebiete besondere Kenntnisse und Erfahrungen besitzen[1].

[1] Diese Vorschrift, die im Gegensatz zu § 18, 36 „besondere" Kenntnisse und Erfahrungen verlangt, richtet sich einmal an die Stellen, die bei der Ernennung von Senatspräsidenten und Reichsgerichtsräten nach § 125 GVG. mitwirken (vgl. § 41 Anm. 1), sodann aber, da nach den Bemerkungen oben zu § 41 Anm. 1 diese richterlichen Beamten nicht unmittelbar zu Mitgliedern des Reichsarbeitsgerichts berufen werden, sondern in dieses erst auf dem für die innere Geschäftsverteilung des Reichsgerichts üblichen Wege hineingelangen, an diejenigen inneren Organe des Reichsgerichts, die nach § 131 in Verbindung mit §§ 62, 63 GVG. die Verteilung der Vorsitzenden, stellvertretenden Vorsitzenden und richterlichen Mitglieder auf die Senate vorzunehmen haben (vgl. § 41 Anm. 1).

§ 43

Nichtrichterliche Beisitzer[1]

(1) **Die nichtrichterlichen Beisitzer werden vom Reichsarbeitsminister im Einvernehmen mit dem Reichsminister der Justiz[2] auf die Dauer von drei Jahren berufen. Sie sind in angemessenem Verhältnis aus den Vorschlagslisten zu entnehmen, die von den Spitzenverbänden der wirtschaftlichen Vereinigungen der Arbeitgeber und der Arbeitnehmer und von den im § 22 Abs. 2 Nr. 2 bezeichneten Körperschaften eingereicht werden[3].**

(2) **Die Beisitzer müssen das fünfunddreißigste Lebensjahr[4] vollendet haben und sollen seit längerer Zeit im Deutschen Reiche als Arbeitgeber oder als Arbeitnehmer tätig gewesen sein[5]. Für die Amtsenthebung ist der Präsident des Reichsgerichts zuständig[6].**

(3) **Im übrigen gelten für die Berufung und Stellung der nichtrichterlichen Beisitzer die Vorschriften des § 20 Abs. 3 und der §§ 21 bis 28 entsprechend[7].**

[1] Die Beisitzer heißen nach § 6 Abs. 2 Reichsarbeitsrichter.

[2] Dies entspricht dem bei den unteren Instanzen vorgeschriebenen Zusammenwirken von Landesjustiz- und Sozialverwaltung.

[3] Der Zusatz „unter billiger Berücksichtigung der Minderheiten" fehlt hier, was kaum versehentlich geschehen ist. „Spitzenverbände" sind die zentralen Zusammenschlüsse der einzelnen wirtschaftlichen Vereinigungen oder ihrer Verbände, z. B. der Allgemeine Deutsche Gewerkschaftsbund und die Vereinigung der Deutschen Arbeitgeberverbände.

[4] Das Lebensalter entspricht dem Mindestalter der Reichsgerichtsräte (§ 125 Abs. 2 GVG.).

[5] Soweit die wirtschaftlichen Vereinigungen nicht Verbandsangestellte vorschlagen, die unter § 22 Abs. 3, § 23 Abs. 2 fallen, können sie neben gegenwärtigen Arbeitnehmern oder Arbeitgebern (vorbehaltlich der Erleichterungen der § 22 Abs. 1, § 23 Abs. 1) auch frühere Arbeitnehmer oder Arbeitgeber vorschlagen; z. B. könnten aus der Arbeitnehmerschaft hervorgegangene Parlamentarier, Journalisten usw. als Beisitzer vorgeschlagen werden, wenn sie nur „längere Zeit im Deutschen Reiche" Arbeitnehmer gewesen sind; das gleiche würde für einen zum reinen Wirtschaftspolitiker gewordenen früheren Industriellen gelten (vgl. Begr. S. 59).

[6] Damit ist der Reichsgerichtspräsident sowohl an die Stelle des Landgerichtspräsidenten nach § 21 als auch an die Stelle des in der Sonderkammer entscheidenden Landgerichtspräsidenten im Falle des § 27 gesetzt. Trotz des nicht ganz klaren Wortlauts folgt dies aus der Tatsache, daß im Reichstagsausschuß ein sozialdemokratischer Antrag, der die entsprechende Anwendung des jetzigen § 27 wünschte, abgelehnt worden ist (Bericht S. 20).

[7] Siehe die Erläuterungen daselbst; wegen der Unanwendbarkeit des § 28 letzter Satz vgl. die entsprechenden Ausführungen zu § 37 Anm. 2 am Ende.

§ 44

Besetzung der Senate, Geschäftsverteilung

(1) **Vor Beginn des Geschäftsjahrs verteilt das Präsidium des Reichsgerichts[1] die Geschäfte auf die einzelnen Senate des Reichsarbeitsgerichts. In gleicher Weise erfolgt die Verteilung der Vorsitzenden, der stellvertretenden Vorsitzenden, der richterlichen Beisitzer und der nichtrichterlichen Beisitzer auf die einzelnen Senate. Die Vorsitzenden, die stellvertretenden Vorsitzenden und die nichtrichterlichen Beisitzer können mehreren Senaten angehören. Vor der Verteilung der Geschäfte und der nichtrichterlichen Beisitzer auf die Senate sind je zwei Beisitzer der Arbeitgeber und der Arbeitnehmer zu hören[2].**

(2) **Die nichtrichterlichen Beisitzer sollen zu den einzelnen Sitzungen nach der Reihenfolge einer Liste herangezogen werden, die der Vorsitzende vor Beginn des Geschäftsjahrs aufstellt[3].**

[1] Über die Zusammensetzung des Präsidiums vgl. § 131 GVG. in Verbindung mit § 64 GVG.

2 Da voraussichtlich zunächst nur ein Senat vorhanden sein dürfte, haben die Vorschriften des Absatzes bis auf weiteres keine praktische Bedeutung; vgl. im übrigen die Bemerkungen zu § 39.

3 Vgl. § 31, 39 Abs. 2.

§ 45

Vereinigte Zivilsenate und Plenum des Reichsgerichts

Bei Entscheidungen der vereinigten Zivilsenate oder des Plenums des Reichsgerichts, bei denen es sich um arbeitsrechtliche Fragen handelt, wirken je ein Arbeitgeberbeisitzer und je ein Arbeitnehmerbeisitzer von jedem Senat des Reichsarbeitsgerichts mit[1]. Sie gelten als Mitglieder des Reichsgerichts im Sinne des § 138 des Gerichtsverfassungsgesetzes[2].

1 Die allgemeinen Voraussetzungen der Entscheidungen der vereinigten Zivilsenate und des Plenums sind in § 41 Anm. 2 dargestellt. Hier ist nur die besondere Frage der Mitwirkung der Laienbeisitzer geregelt, deren Zuziehung das Gesetz, wenn es sich um „arbeitsrechtliche Fragen handelt", in bestimmter Weise vorschreibt. Daraus folgt, wie zu § 41 Anm. 2 bereits bemerkt, daß im übrigen die Laienbeisitzer an diesen Entscheidungen der vereinigten Zivilsenate und des Plenums nicht teilnehmen, ganz gleich ob die Entscheidung durch das Reichsarbeitsgericht oder einen anderen Zivilsenat herbeigeführt worden ist. Wenn z. B. der allgemeine Begriff des „Zuganges" (§ 130 BGB.) oder der „Drohung" (§ 123 BGB.), eine familienrechtliche, erbrechtliche oder steuerrechtliche Frage oder eine Aufwertungsfrage streitig wird, wirken die Arbeitgeber- und Arbeitnehmerbeisitzer auch dann nicht mit, wenn die Entscheidung eines Tarifstreites davon abhängt. Umgekehrt wirken sie mit, wenn die Streikklausel in einem handelsrechtlichen Lieferungsvertrage zur Entscheidung der vereinigten Zivilsenate über den Begriff des „Streiks" zwingt oder der Streit über das Wesen des Tarifvertrags in einer Strafentscheidung eine Plenarentscheidung erfordert. Es entscheidet mithin über die Zuziehung der Laienbeisitzer ausschließlich der stoffliche Charakter eines Rechtsstreites, nicht die rechtliche Einkleidung, in der die arbeitsrechtliche Frage zufällig zum Austrag gelangt.

Die Mitwirkung der Laienbeisitzer ist auf je einen Beisitzer von Arbeitgeber- und Arbeitnehmerseite beschränkt; nicht etwa wirken sämtliche Reichsarbeitsrichter mit. Welche Beisitzer mitwirken, ergibt sich aus der Liste des § 44 Abs. 2; es sind die für die jeweilig nächste Sitzung fälligen Beisitzer zu dieser großen Sitzung des Reichsgerichts zu laden, ohne daß es darauf ankommt, ob diese Beisitzer dieselben sind, in deren Senat sich vielleicht zufällig der der Gesamtentscheidung zugrundeliegende Rechtsstreit entzündet hat (Begr. S. 59).

2 Sie zählen also gleich den übrigen Reichsgerichtsmitgliedern bei der Berechnung der Beschlußfähigkeit für die Plenarentscheidung oder für die Entscheidung der vereinigten Zivilsenate mit (§ 138 GVG.). Die Bestimmung des § 138 Abs. 3 über den Verlust des Stimmrechts betrifft die nichtrichterlichen Beisitzer nicht.

Dritter Teil

Verfahren vor den Arbeitsgerichtsbehörden[1]

Erster Abschnitt

Urteilsverfahren[2]

Erster Unterabschnitt

Erster Rechtszug[3]

1 Über die Einteilung des Arbeitsgerichtsgesetzes im allgemeinen vgl. Anm. 1 zur Überschrift des Ersten Teils.

Der dritte Teil des Gesetzes gibt die Prozeßordnung für das arbeitsgerichtliche Verfahren d. h. für das Verfahren in Arbeitssachen nach §§ 2, 3. Arbeitsgerichtliches Verfahren ist aber nur das Verfahren, das sich vor den Behörden der Arbeitsgerichtsbarkeit abspielt (vgl. aber § 62). Wird die Arbeitsgerichtsbarkeit durch Schiedsvertrag oder auf andere Weise durch Vereinbarung ganz oder teilweise ausgeschlossen, so gelten sowohl für die Fragen der Zulässigkeit und der Art des Ausschlusses wie für das Verfahren vor den vereinbarten Stellen an gesetzlichen Vorschriften nur die des vierten Teils des Arbeitsgerichtsgesetze und gewisse Vorschriften seines ersten Teils (vgl. Anm. 1 Abs. 7, 8 zur Überschrift des Vierten Teils).

Das arbeitsgerichtliche Verfahren ist je nach der Art der in Betracht kommenden Arbeitssache — bürgerliche Rechtsstreitigkeit nach § 2 Abs. 1 Nr. 1—4, Abs. 2, § 3 oder Fall des § 2 Abs. 1 Nr. 5 — Urteilsverfahren oder Beschlußverfahren (vgl. Anm. 2 zu § 8). Weder für das Urteilsverfahren noch für das Beschlußverfahren gibt das Arbeitsgerichtsgesetz eine vollständige Regelung, vielmehr gelten daneben, soweit nicht eine besondere Regelung Platz greift, die Vorschriften der Zivilprozeßordnung entsprechend. Dies ist für das Urteilsverfahren ausdrücklich ausgesprochen (§ 46 Abs. 2 Satz 1, § 62 Abs. 2, § 64 Abs. 2 Satz 1, § 72 Abs. 2, §§ 78, 79). Die Bezugnahme auf die Zivilprozeßordnung ist zwar nicht allgemein erfolgt, sondern für das Verfahren der einzelnen Rechtszüge, das Zwangsvollstreckungsverfahren, das Beschwerdeverfahren und das Wiederaufnahmeverfahren je besonders. Gleichwohl ist aber stets zu beachten, daß Grundlage des gesamten arbeitsgerichtlichen Urteilsverfahrens — wie des bisherigen gewerbegerichtlichen und kaufmannsgerichtlichen Verfahrens (GGG. § 26, KGG. § 16) — die Vorschriften der Zivilprozeßordnung sind; das Arbeitsgerichtsgesetz regelt nur die Abweichungen von ihr. Zahl und Bedeutung dieser Abweichungen sind allerdings erheblich. Ihre Notwendigkeit ergibt sich aus der besonderen Natur der Arbeitssachen, die ein einfaches, schnelles und billiges Verfahren erfordern, das der Eigenart des Arbeitslebens gerecht wird (vgl. Begr. B V 1, Abs. 2).

Das Beschlußverfahren ist der Zivilprozeßordnung fremd, weil sie nur das Verfahren in bürgerlichen Rechtsstreitigkeiten regelt. Der Aufbau des Beschlußverfahrens ist infolgedessen selbständig im Arbeitsgerichtsgesetz gegeben (§ 80—90). Allgemeine Verfahrensbestimmungen der Zivilprozeßordnung gelten aber auch hier, und zwar infolge der Bezugnahme der Vorschriften über das Beschlußverfahren auf die Regelung des Urteilsverfahrens (§ 80 Abs. 2, § 85 Abs. 2, § 90).

2 Über den Begriff des Urteilsverfahrens vgl. Anm. 2 zu § 8. Das Urteilsverfahren ist danach das arbeitsgerichtliche Verfahren in bürgerlichen Rechtsstreitigkeiten, das dem Verfahren der Zivilprozeßordnung für allgemeine bürgerliche Rechtsstreitigkeiten entspricht. Es findet Anwendung auf die Streitigkeiten nach § 2 Abs. 1 Nr. 1—4, Abs. 2 und nach § 3. Es ist im ersten Abschnitt des dritten Teils des Arbeitsgerichtsgesetzes — unter vielfacher Bezugnahme auf die Zivilprozeßordnung (vgl. Anm. 1 Abs. 2) — abschließend geregelt, soweit nicht bereits im ersten Teil allgemeine Bestimmungen dafür in den §§ 2—5, 9—12 gegeben sind (vgl. über die Bedeutung des ersten Teils Anm. 1 zur Überschrift des ersten Teils).

3 Der erste Unterabschnitt entspricht dem zweiten Buch der Zivilprozeßordnung. Jedoch spielt sich der erste Rechtszug im arbeitsgerichtlichen Verfahren immer vor dem Arbeitsgericht ab (vgl. Anm. 3 zu § 8), während er in der allgemeinen Gerichtsbarkeit je nach der sachlichen Zuständigkeit (ZPO. § 1) teils vor die Amtsgerichte, teils vor die Landgerichte gehört. Soweit für das arbeitsgerichtliche Verfahren des ersten Rechtszuges Vorschriften der Zivilprozeßordnung entsprechende Anwendung finden, gelten, wie für das bisherige gewerbegerichtliche und kaufmannsgerichtliche Verfahren (GGG. § 26, KGG. § 16), die für das amtsgerichtliche Verfahren maßgebenden Vorschriften entsprechend (vgl. Näheres Anm. 5 zu § 46).

§ 46

Grundsatz[1]

(1) Das Urteilsverfahren[2] findet in den im § 2 Nr. 1—4 und im § 3 bezeichneten bürgerlichen Rechtsstreitigkeiten Anwendung[3].

(2) Für das Urteilsverfahren des ersten Rechtszugs[4] gelten die für das amtsgerichtliche Verfahren maßgebenden Vorschriften der Zivilprozeßordnung entsprechend, soweit nichts anderes bestimmt ist[5]. An die Stelle der Vorschriften über das Güteverfahren vor Erhebung der Klage treten die Vorschriften der §§ 54 und 55[6]. Die Vorschriften über den Urkunden- und Wechselprozeß finden keine Anwendung[7]. Ebensowenig findet die Verordnung zur Entlastung der Gerichte in der Fassung der Bekanntmachung vom 13. Mai 1924 (Reichsgesetzbl. I S. 552) Anwendung[8 9].

1 Zum besseren Verständnis, insbesondere für rechtlich nicht vorgebildete Personen, ist bei der Verfahrensregelung jedem Abschnitt der darin geltende „Grundsatz" vorausgestellt (vgl. auch §§ 64, 72, 80, 85). Dies entspricht auch der Vorausschickung allgemeiner grundsätzlicher Vorschriften für das ganze Gesetz im ersten Teil (vgl. Anm. 1 Abs. 2 zur Überschrift des ersten Teils).

Grundsatz für das Urteilsverfahren des ersten Rechtszuges ist neben dem Anwendungsbereich des Urteilsverfahrens (vgl. Anm. 2 Abs. 3) die Anlehnung an das allgemeine Zivilprozeßverfahren.

2 Das Urteilsverfahren umfaßt das gesamte arbeitsgerichtliche Verfahren in bürgerlichen Rechtsstreitigkeiten, zum Unterschied von dem Beschlußverfahren, das für die freiwillige Gerichtsbarkeit in Arbeitssachen gilt (vgl. Anm. 2 zur Überschrift des ersten Abschnitts des dritten Teils; Anm. 2 zu § 8). Das Urteilsverfahren ist also das Zivilprozeßverfahren des Arbeitsgerichtsgesetzes. Der Namen ist aus der 1. AVO. SchlVO. vom 10. 12. 1923 (vgl. § 4) übernommen. Er ist damit zu erklären, daß das Verfahren in bürgerlichen Rechtsstreitigkeiten regelmäßig zu einem Urteil führt, d. h. zu einer Entscheidung über den in der Klage geltend gemachten zivilprozessualen Anspruch. Die Entscheidung kann, sofern sie nicht den Anspruch des Klägers aus formalen oder materiellen Gründen abweist, je nach der Art des geltend gemachten Anspruchs entweder die staatliche Feststellung des Bestehens oder Nichtbestehens eines Rechtsverhältnisses oder der Echtheit oder Unechtheit einer Urkunde sein (Feststellungsurteil, ZPO. § 256), oder der staatliche Befehl zu einer Leistung des Beklagten an den Kläger (Leistungsurteil), oder eine staatliche rechtsgestaltende Einwirkung auf das zwischen den Prozeßparteien bestehende Rechtsverhältnis (Gestaltungsurteil). Das in den §§ 46—79 geregelte Urteilsverfahren findet sowohl auf Leistungsklagen wie auf Feststellungs- und Gestaltungsklagen Anwendung, soweit sie nach den § 2 Abs. 1 Nr. 1—4, Abs. 2 und § 3 zum Aufgabenkreis der Arbeitsgerichtsbarkeit gehören.

Die Bezeichnung des arbeitsgerichtlichen Zivilprozeßverfahrens als „Urteilsverfahren"—im Gegensatz zum „Beschlußverfahren" der freiwilligen Gerichtsbarkeit in Arbeitssachen — hat nicht etwa die Bedeutung, daß das Arbeitsgerichtsgesetz nur Zivilprozeßverfahren kennt, die mit einem Urteil abschließen. Vielmehr sind zivilprozessuale Verfahren, die nach dem Gesetz in anderer Weise beendet werden, auch in der Arbeitsrechtspflege an sich möglich. Ein solches Verfahren ist das Mahnverfahren der Zivilprozeßordnung (ZPO. §§ 683—703). Nach der herrschenden Auffassung (vgl. Wilhelmi-Bewer, Anm. 5 Abs. 4 zu § 26) war das Mahnverfahren vor den Gewerbegerichten nicht zugelassen, weil es dem Grundsatz der Mündlichkeit widersprach. Dieser Grundsatz ist für das arbeitsgerichtliche Verfahren schon insoweit durchbrochen, als die Entscheidung nach Lage der Akten (ZPO. §§ 251a, 331a) durch § 46 Abs. 2 Satz 1 zugelassen ist (vgl. Begr. zu B V, 3a, bb; S. 39). Auch das Mahnverfahren soll, wie die Beratungen der gesetzgebenden Körperschaften ergeben, in der Arbeitsrechtspflege zulässig sein (vgl. Begr., a. a. O.; ebenso Dersch-Volkmar, Anm. 6 zu § 46; a. A. Schmincke-Soll, Anm. 6 zu § 46). Denn der ursprünglich in der Regierungsvorlage an den Reichsrat (§ 44 Abs. 2 Satz 3; Reichsratsdrucksache Nr. 125/1925, S. 7) vorgesehene Ausschluß ist dort beseitigt und im Reichstag nach eingehender Erörterung im Ausschuß nicht wiederhergestellt worden. Praktisch wird das Mahnverfahren in der Arbeitsrechtspflege bei der Schnelligkeit, Einfachheit und Billigkeit des eigentlichen Prozesses, der gleichwohl die Möglichkeit der sachlichen Klärung bietet, ohne erhebliche Bedeutung sein (wegen verschiedener Einzelheiten vgl. Anm. 1 Abs. 1 zu § 47).

Abs. 1 des § 46 gehört logisch nicht nur zum Urteilsverfahren des ersten Rechtszuges, sondern umgrenzt die Anwendung des ganzen ersten Abschnittes des dritten Teils des Gesetzes.

3 Von den in den §§ 2, 3 aufgeführten Arbeitssachen (vgl. § 1 Abs. 1) sind bürgerliche Rechtsstreitigkeiten alle außer den Fällen des § 2 Abs. 1 Nr. 5 (vgl. Anm. 19 zu § 2). Der verschiedenartige Charakter der zum Aufgabenkreis der Arbeitsrechtspflege gehörenden bürgerlichen Rechtsstreitigkeiten ist in den § 2 Abs. 1 Nr. 1—4 und § 3 Abs. 1 und 2 umschrieben (vgl. die Anm. dort). Die Vorschrift des § 2 Abs. 2 erweitert den Aufgabenkreis insofern, als er unter Umständen eine Verschiedenheit der Prozeßpartei und der Partei des dem Rechtsstreit zugrunde liegenden Rechtsverhältnisses des Arbeitslebens zuläßt. Da der Abs. 2 des § 2 inhaltlich nur eine Ergänzung zu den Vorschriften des § 2 Abs. 1 Nr. 1 bis 4 darstellt, ist diese Erweiterung auf der Parteiseite durch die Anführung der die Arbeitsrechtsstreitigkeiten charakterisierenden Vorschriften („§ 2 Nr. 1 bis 4") mit gedeckt.

4 Die Bezugnahme auf das allgemeine Zivilprozeßverfahren erfolgt für jeden Rechtszug, für die Zwangsvollstreckung, für das Beschwerdeverfahren und für das Wiederaufnahmeverfahren je besonders (vgl. Anm. 1 Abs. 3 zur Überschrift des dritten Teils). Diese Regelung erklärt sich durch den eigenartigen Aufbau des arbeitsgerichtlichen Urteilsverfahrens (vgl. § 8 und die Anm. dort), nach dem das Verfahren des ersten Rechtszuges zwar, wie das gewerbegerichtliche Verfahren, dem amtsgerichtlichen Verfahren nachgebildet ist, die Rechtsmittel der Berufung und der Revision aber denen gegen Urteile der Landgerichte und Oberlandesgerichte entsprechen, während die Beschwerde wiederum wie eine Beschwerde gegen Entscheidungen der Amtsgerichte behandelt ist.

5 Die Vorschrift ergibt, daß das Urteilsverfahren des ersten Rechtszuges im Arbeitsgerichtsgesetz (§ 46—63) nicht erschöpfend geregelt ist (vgl. Anm. 1 Abs. 3 zur Überschrift des dritten Teils). Sie entspricht der Vorschrift des § 26 GGG. Auch auf das gewerbegerichtliche Verfahren waren grundsätzlich, abgesehen von allerdings praktisch sehr wichtigen Sondervorschriften des GGG., die für das amtsgerichtliche Verfahren geltenden Vorschriften der Zivilprozeßordnung entsprechend anzuwenden.

Ebenso ist die Regelung des arbeitsgerichtlichen Urteilsverfahrens des ersten Rechtszuges an die des amtsgerichtlichen im allgemeinen Zivilprozeß angelehnt. Die Arbeitsrechtspflege verlangt ein schnelles, billiges und einfaches Verfahren, das den besonderen Bedürfnissen des Arbeitslebens entspricht. Wäre dieses Verfahren im Arbeitsgerichtsgesetz erschöpfend geregelt worden, so hätte die Regelung weitgehend die des amtsgerichtlichen Verfahrens wiederholen müssen, die ebenfalls den Prozeßbedürfnissen des täglichen Lebens, wenn auch nicht den besonderen des Arbeitslebens, dient. Aus dieser Überlegung sieht das Arbeitsgerichtsgesetz von einer erschöpfenden Regelung des Verfahrens ab und regelt im § 46 Abs. 2 Satz 2 bis 4 und in den §§ 47—63 nur die — freilich sehr bedeutsamen — Abweichungen vom amtsgerichtlichen Verfahren.

Die Regelung des amtsgerichtlichen Verfahrens ist grundsätzlich in der Zivilprozeßordnung getroffen. Soweit sie in anderen Gesetzen enthalten ist (z. B. im Gerichtsverfassungsgesetz), ist sie auf das arbeitsgerichtliche Urteilsverfahren des ersten Rechtszuges auf Grund des § 46 Abs. 2 Satz 1 nicht anwendbar (a. A. Dersch-Volkmar, Anm. 2 Abs. 2 zu § 46). Solche Vorschriften sind vielmehr, soweit das erforderlich erschien, besonders für anwendbar erklärt (vgl. § 9 Abs. 1, 2).

Die Vorschriften der **Zivilprozeßordnung**, die für das amtsgerichtliche Verfahren maßgebend sind, sind, soweit nichts anderes bestimmt ist, **sämtlich** auf das arbeitsgerichtliche Urteilsverfahren des ersten Rechtszuges entsprechend anwendbar. Nach § 495 ZPO. sind für das amtsgerichtliche Verfahren maßgebend die Vorschriften über das Verfahren vor den Landgerichten mit den sich aus den allgemeinen Bestimmungen des ersten Buchs der Zivilprozeßordnung, aus den Vorschriften des §§ 495a bis 510b ZPO. und aus der Verfassung der Amtsgerichte ergebenden Abweichungen; daneben gelten die Vorschriften über den Urkunden- und Wechselprozeß (ZPO. §§ 592—605) und über das Mahnverfahren (ZPO. §§ 688—703). **Die so ermittelten Vorschriften der Zivilprozeßordnung bilden also die Grundlage der Regelung des arbeitsgerichtlichen Urteilsverfahrens des ersten Rechtszuges** (vgl. aber wegen des Urkunden- und Wechselprozesses die Vorschrift des § 46 Abs. 2 Satz 3, dazu Anm. 7 hier; wegen des Mahnverfahrens Anm. 2 Abs. 2)[1] *).

Diese Vorschriften sind aber auf das arbeitsgerichtliche Urteilsverfahren des ersten Rechtszuges nicht unmittelbar, sondern nur „entsprechend" anwendbar, d. h. insoweit als ihre Anwendung mit der Eigenart der Zusammensetzung der Arbeitsgerichte aus einem rechtsgelehrten Vorsitzenden und Beisitzern aus den Kreisen der Arbeitgeber und der Arbeitnehmer und mit der Eigenart des arbeitsgerichtlichen Verfahrens vereinbar ist. Infolgedessen gelten z. B. die sich aus der Verfassung der Amtsgerichte für das amtsgerichtliche Verfahren ergebenden Abweichungen von dem Verfahren vor den Landgerichten (ZPO. § 495) für das arbeitsgerichtliche Urteilsverfahren des ersten Rechtszuges nicht. Denn das Arbeitsgericht ist wie das Landgericht ein sogenanntes Kollegialgericht, während das Amtsgericht in Zivilsachen grundsätzlich nur mit einem Einzelrichter besetzt ist (vgl. auch § 53 Abs. 2). Ebenso treten z. B. bei der „entsprechenden" Anwendung des § 504 Abs. 1 ZPO. auf das arbeitsgerichtliche Urteilsverfahren des ersten Rechtszuges an die Stelle der „Einrede, daß die Entscheidung des Rechtsstreits durch Schiedsrichter zu erfolgen habe", die prozeßhindernden Einreden des Schiedsvertrages in Arbeitsstreitigkeiten (vgl. § 92) und des Gütevertrages (vgl. § 101 Abs. 2).

Auch die entsprechende Anwendung der bezeichneten zivilprozessualen Vorschriften greift schließlich nur insoweit Platz, als im Arbeitsgerichtsgesetz nichts anderes bestimmt ist. Diese anderen Vorschriften sind in den § 9 Abs. 4, § 10, § 11 Abs. 1, § 46 Abs. 2 Satz 2, 3, §§ 47—63 des Arbeitsgerichtsgesetzes enthalten (wegen der Einzelheiten vgl. die Anm. dort). Sie geben dem arbeitsgerichtlichen Urteilsverfahren des ersten Rechtszuges durch die Anwendung des ihrer Gesamtheit zugrunde liegenden Sinnes das besondere Gepräge der Arbeitsrechtspflege. Von einschneidender Bedeutung ist besonders die Regelung der Parteifähigkeit (§ 10), der Prozeßvertretung (§ 11 Abs. 1), des arbeitsgerichtlichen Güteverfahrens (§ 54), der Vorbereitung der streitigen Verhandlung (§ 56 in Verbindung mit § 54), des Urteilsinhalts (§ 61) und der Zwangsvollstreckung (§ 62). Die Eigenart der Regelung ist zum Teil aus dem gewerbegerichtlichen Verfahren übernommen, zum erheblichen Teil aber auch durch das Arbeitsgerichtsgesetz neu geschaffen.

---

*) **Zu ihrer Auslegung sind in Zweifelsfällen die Kommentare zur Zivilprozeßordnung heranzuziehen; hier sind nur die Besonderheiten des arbeitsgerichtlichen Verfahrens erörtert.**

Bei der Vornahme einer Prozeßhandlung im arbeitsgerichtlichen Verfahren des ersten Rechtszuges ist daher zunächst zu prüfen, ob für diesen Fall eine der einzelnen Sonderregelungen des Arbeitsgerichtsgesetzes Platz greift (z. B. bei der Klageerhebung, beim Güteverfahren, bei der Beweisaufnahme, bei der Urteilsfassung usw.). Ist das nicht der Fall, so ist die entsprechende Vorschrift der Zivilprozeßordnung für das amtsgerichtliche Verfahren zu ermitteln und zu prüfen, ob und gegebenenfalls wie ihre Anwendung im arbeitsgerichtlichen Verfahren der Gesamtheit der dort geltenden Vorschriften entspricht. Dieser bei der Vornahme jeder einzelnen Prozeßhandlung erforderliche Gedankengang mag theoretisch kompliziert erscheinen; in der Praxis bietet die gegebene Regelung, wie die gleichartige des § 26 GGG. gezeigt hat, keine übermäßigen Schwierigkeiten. Sie hat dabei den Vorzug der unbedingten Vollständigkeit und der grundsätzlichen Einheit für das im deutschen Prozeßrecht geltende Verfahren in bürgerlichen Rechtsstreitigkeiten. Zweifelsfragen der Anwendung zivilprozessualer Vorschriften auf das arbeitsgerichtliche Urteilsverfahren des ersten Rechtszuges sind hier bei den einzelnen Vorschriften des Unterabschnitts erörtert.

6 Die Vorschrift des § 46 Abs. 2 Satz 2 ist an sich bereits durch die des § 46 Abs. 2 Satz 1 in Verbindung mit §§ 54, 55 gedeckt (vgl. Anm. 5 Abs. 6). Die nochmalige besondere Erwähnung dieser Sonderregelung ist einerseits aus ihrer besonders einschneidenden Bedeutung zu erklären, andererseits daraus, daß das zivilprozessuale Güteverfahren (ZPO. §§ 495a ff.) ja dem eigentlichen Klageverfahren vorangeht und deshalb theoretisch vielleicht auch, trotz der Regelung der §§ 54, 55 ArbGG., dem arbeitsgerichtlichen Urteilsverfahren des ersten Rechtszuges vorangehen könnte, da § 54 Abs. 1 Satz 1 nur das vorangegangene vereinbarte Güteverfahren berücksichtigt. Das Nähere über die Regelung des arbeitsgerichtlichen Güteverfahrens vgl. in den Anm. zu § 54.

7 Die Vorschriften der Zivilprozeßordnung über den Urkunden- und Wechselprozeß (ZPO. §§ 592—605) geben die Möglichheit eines summarischen Verfahrens auf Grund von Urkunden zur Vermeidung eines langwierigen ordentlichen Prozesses. Doch ist dieses summarische Verfahren nicht endgültig, wenn der Beklagte Einwendungen erhebt (ZPO. §§ 599, 600). Im gewerbegerichtlichen Verfahren war das Urkunden- und Wechselprozeß nicht ausgeschlossen (vgl. Wilhelmi-Bewer, Anm. 5 Abs. 3 zu § 26), doch wurde von der Möglichkeit seiner Anstrengung kein Gebrauch gemacht, weil das Gewerbegerichtsgesetz eine schnelle endgültige Austragung des Rechtsstreits ermöglichte. Diese Möglichkeit ist in demselben Maße im arbeitsgerichtlichen Verfahren gegeben. Der Ausschluß des Urkunden- und Wechselprozesses im arbeitsgerichtlichen Verfahren dient deshalb der Vereinfachung des Arbeitsprozeßrechts, ohne praktische Möglichkeiten der Rechtsverfolgung zu versagen.

8 Die Anwendung der Verordnung zur Entlastung der Gerichte dürfte an sich auch ohne besondere Erwähnung ausgeschlossen sein, da nach § 46 Abs. 2 Satz 1 für das arbeitsgerichtliche Urteilsverfahren des ersten Rechtszuges nur die für das amtsgerichtliche Verfahren maßgebenden Vorschriften der Zivilprozeßordnung entsprechend gelten und die Verordnung ein Nebengesetz zur Zivilprozeßordnung darstellt (vgl. Anm. 5 Abs. 3). Um irrtümliche Auslegungen auszuschließen, ist ihre Unanwendbarkeit gleichwohl ausdrücklich ausgesprochen.

Nachdem die Vorschriften der §§ 1, 2 der Verordnung über das obligatorische Mahnverfahren im amtsgerichtlichen Verfahren durch VO. vom 19. 6. 1925 (RGBl. I S. 88) aufgehoben sind, enthält sie an Vorschriften, die an sich auch für das arbeitsgerichtliche Urteilsverfahren des ersten Rechtszuges gelten könnten, die über die Entscheidung ohne mündliche Verhandlung (§§ 7, 8) und über das Schiedsurteil (§§ 18—20). Die §§ 3, 4 über den Urkunden- und Wechselzahlungsbefehl kommen für das arbeitsgerichtliche Verfahren nicht in Betracht, weil es auch einen ordentlichen Urkunden- und Wechselprozeß nicht kennt; § 5 regelt die Rechtsanwaltsgebühren im Mahnverfahren und ist deshalb mangels Zulassung von Rechtsanwälten vor den Arbeitsgerichten ohne Bedeutung; § 6 ist ebenfalls ohne Belang; §§ 9—17 regeln Urteile und Zwangsvollstreckung bei Geldforderungen, die nicht in der Reichswährung bemessen sind, kommen also für den Arbeitsrechtsstreit ebenfalls nicht in Betracht.

Was die Entscheidung ohne mündliche Verhandlung anlangt (§§ 7, 8), so würde diese dem Wesen des Urteilsverfahrens des ersten Rechtszuges widersprechen (vgl. jedoch § 64 Abs. 2 Satz 3 und Anm. 13 dazu). Die Sachaufklärung soll hier mündlich erfolgen; tatsächlich dürfte ausreichendes schriftliches Material zur Urteilsfällung auch kaum jemals vorliegen. (Die auch im arbeitsgerichtlichen Urteilsverfahren des ersten Rechtszuges zugelassene sogenannte Entscheidung nach Lage der Akten — vgl. Anm. 2 Abs. 2 — ergeht nach §§ 251a, 331a nicht auf Grund schriftlichen Materials, sondern nur auf Grund des Ergebnisses früherer mündlicher Verhandlungen.)

Ebensowenig würde das Schiedsurteilsverfahren der §§ 18—20 der VO. dem Sinn des arbeitsgerichtlichen Urteilsverfahrens des ersten Rechtszuges entsprechen (vgl. Begr. zu B V, 3a, bb; S. 39). Die gegenüber dem ordentlichen Zivilprozeß freiere Gestaltung des Verfahrens ist, soweit möglich, im arbeitsgerichtlichen Verfahren ohnehin durchgeführt. Wenn in Streitigkeiten unter 50 RM. das Schiedsurteil von einem Einzelrichter, in höherwertigen Streitigkeiten unter Zuziehung von Laien gefällt wird, so ist diese Scheidung nach dem Streitwert für das arbeitsgerichtliche Verfahren schon an sich unangebracht. Die Entscheidung durch einen Einzelrichter soll hier nur in den Fällen des § 55 möglich sein; die Zuziehung von Laienbeisitzern ist an sich gesetzlich geregelt.

[9] Von dem hier nicht erwähnten Gesetz zur Entlastung der Gerichte vom 11.3.1921 (RGBl. S. 229) wäre an sich für die Arbeitsrechtspflege lediglich Art. VI von Bedeutung, der die Möglichkeit der Übertragung richterlicher Geschäfte auf Urkundsbeamten der Geschäftsstellen durch die Landesjustizverwaltungen regelt. Die Vorschriften betreffen also nicht das Verfahren, sondern die Organisation der Gerichtsbarkeit. Mangels besonderer Vorschrift sollen sie an sich auf die Arbeitsgerichtsbarkeit nicht anwendbar sein. Gleichwohl wird man annehmen müssen, daß die auch für die Arbeitsrechtspflege der Landesarbeitsgerichte verwendeten Urkundsbeamten der Geschäftsstellen der Landgerichte, falls ihnen gemäß Art. VI a. a. O. richterliche Befugnisse übertragen sind, diese, soweit sie im Verfahren vor den Landesarbeitsgerichten überhaupt in Betracht kommen, auch dort ausüben können, weil die Übertragung für den ganzen Geschäftskreis der landgerichtlichen Geschäftsstelle gilt und zu ihm nach dem Arbeitsgerichtsgesetz auch die Wahrnehmung der Geschäfte der Geschäftsstelle des Landesarbeitsgerichts gehört (a. A. Baumbach, Anm. 3d zu § 32); erhebliche praktische Bedeutung

dürfte die Übertragung richterlicher Geschäfte auf die Urkundsbeamten der Geschäftsstelle im Verfahren vor den Landesarbeitsgerichten kaum haben.

Dagegen sind die Geschäftsstellen der Arbeitsgerichte (§ 32) selbständig und ihre Beamten im arbeitsgerichtlichen Verfahren an sich nicht als Urkundsbeamten der Geschäftsstelle im Sinne des allgemeinen Zivilprozesses anzusehen. Eine Übertragung richterlicher Geschäfte der Arbeitsrechtspflege auf sie gemäß Art. VI des erwähnten Gesetzes durch die Landesjustizverwaltung dürfte daher nicht möglich sein (ebenso Baumbach, Anm. 3d zu § 32); dem würde auch schon die gemeinsame Verwaltung der Arbeitsgerichtsbarkeit durch Justiz- und Sozialverwaltung entgegenstehen. Soweit ein Bedürfnis für die Übertragung richterlicher Geschäfte der Arbeitsrechtspflege auf Beamte der Geschäftsstelle bestehen sollte, was angesichts der Besonderheit der Arbeitsrechtspflege eingehend geprüft werden müßte, wäre hierfür wohl der Erlaß einer besonderen gesetzlichen Vorschrift erforderlich. Sie könnte gegebenenfalls als Ausführungsverordnung zum Arbeitsgerichtsgesetz gemäß § 108 ArbGG. erlassen werden (ebenso Baumbach, Anm. 3d zu § 32), die Übertragung könnte aber im Sinne des Gesetzes immer nur durch die Landesjustizverwaltung im Einvernehmen mit der obersten Landesbehörde für die Sozialverwaltung erfolgen. Die Justizministerien der Länder haben sich jedoch z. T. auf einen anderen Rechtsstandpunkt gestellt und haben vielfach Geschäftsübertragungen auf Beamte der Geschäftsstellen der Arbeitsgerichte entsprechend Art. VI des Entlastungsgesetzes vorgenommen, allerdings, soweit bekannt, im Einvernehmen mit den Sozialministerien (vgl. z. B. die preußische Allg. Verfügung vom 7. 10. 1927, JMBl. S. 318).

§ 47

Erhebung der Klage, Einlassungs- und Ladungsfrist[1]

(1) **Die Klage ist bei dem Arbeitsgerichte schriftlich einzureichen oder bei seiner Geschäftsstelle mündlich zur Niederschrift anzubringen[2 3]. Sie gilt, unbeschadet der Vorschrift des § 496 Abs. 3 Satz 1 der Zivilprozeßordnung, erst mit der Zustellung an den Beklagten als erhoben[4]. Eine Aufforderung an den Beklagten, sich auf die Klage schriftlich zu äußern, erfolgt in der Regel nicht[5].**

(2) **An den ordentlichen Gerichtstagen können die Parteien zur Verhandlung eines Rechtsstreits auch ohne Ladung vor dem Arbeitsgericht erscheinen[6]. In diesem Falle wird die Klage durch mündlichen Vortrag erhoben. Der wesentliche Inhalt der Klage ist in eine Niederschrift aufzunehmen, wenn die Sache streitig bleibt[7].**

(3) **Wohnt die beklagte Partei am Sitze des Arbeitsgerichts, so muß die Klage mindestens am zweiten Tage vor dem Termin zugestellt werden[8]. Das gleiche gilt für die Ladungen[9].**

1 § 47 behandelt nur den Regelfall der Erhebung der Klage. Wird der Anspruch im Wege des Mahnverfahrens geltend gemacht (vgl. Anm. 2 Abs. 2 zu § 46), so gelten hierfür gemäß § 46 Abs. 2 Satz 1 die Vorschriften der Zivilprozeßordnung

(§§ 688—703) entsprechend. Wo in ihnen Vorschriften des ordentlichen Verfahrens für anwendbar erklärt sind, gelten deshalb im arbeitsgerichtlichen Mahnverfahren die entsprechenden Sondervorschriften des Arbeitsgerichtsgesetzes (z. B. in § 692 Satz 2 bezüglich der Einlassungsfrist, im § 700 Satz 2 bezüglich der Einspruchsfrist). Ebenso sind infolge der nur entsprechenden Anwendbarkeit der Vorschriften der Zivilprozeßordnung solche Vorschriften, die für das arbeitsgerichtliche Verfahren nach dessen Aufbau nicht passen, durch die hier in Frage kommende Regelung zu ersetzen (z. B. im § 696 Abs. 2 bezüglich des Verhandlungstermins nach Erhebung des Widerspruchs; dieser ist im arbeitsgerichtlichen Verfahren gemäß §§ 54, 55 ArbGG. zu gestalten). Wegen der praktischen Bedeutung des arbeitsgerichtlichen Mahnverfahrens vgl. Anm. 2 Abs. 2 a. E. zu § 46.

Die Sonderregelung des § 47 bezieht sich auf die Erhebung der Klage, die für das amtsgerichtliche Verfahren in den § 495a, § 496 Abs. 2, §§ 498, 500, 500a geregelt ist, und nur auf diese. Der notwendge Inhalt der Klage bestimmt sich gemäß § 46 Abs. 2 Satz 1 ArbGG. nach ZPO. § 253 Abs. 2 in Verbindung mit ZPO. § 497. Danach muß die Klage die Bezeichnung der Parteien und des Gerichts und die bestimmte Angabe des Gegenstandes und des Grundes des erhobenen Anspruchs sowie einen bestimmten Antrag erhalten; ein bestimmter Antrag liegt nur vor, wenn auf Grund dieses Antrages ohne weiteres ein unmißverständliches, gegebenenfalls der Vollstreckung fähiges Urteil gefällt werden kann. Mängel in der Form der Klage können jedoch gemäß ZPO. § 295 geheilt werden; hierauf hat das Gericht insbesondere im arbeitsgerichtlichen Verfahren, gegebenenfalls in der Gütebehandlung (§ 54 ArbGG.), mit Rücksicht auf die vielfach vorliegende rechtliche Ungewandtheit der Parteien hinzuwirken. Außerdem aber wird der Vorsitzende des Arbeitsgerichts schon nach dem Eingang einer formell nicht einwandfreien Klage den Kläger in geeigneter Weise zur Ergänzung der Klage zu veranlassen haben, etwa durch Anheimstellen der Erklärung zur Niederschrift der Geschäftsstelle (vgl. § 47 Abs. 1 Satz 1; Anm. 2). Die Verweigerung der Terminansetzung durch den Vorsitzenden des Arbeitsgerichts ist nur möglich, wenn die eingereichte Schrift überhaupt nicht als Klage anzusehen ist und auch eine Klärung durch die Geschäftsstelle versagt; in diesem Fall entspricht es aber der staatlichen Pflicht des Arbeitsgerichts, den Einsender entsprechend zu benachrichtigen.

2 Die Vorschrift des § 47 Abs. 1 ist inhaltlich aus dem § 36 Abs. 1 GGG. übernommen; sie stimmt auch mit dem durch sie ersetzten § 496 Abs. 2 Satz 1 ZPO. überein. Der Kläger hat die Wahl, ob er die Klage schriftlich einreichen oder zur Niederschrift der Geschäftsstelle erklären will. Zur Beifügung von Abschriften — bei schriftlicher Einreichung — ist er nicht verpflichtet; § 496 Abs. 2 ZPO. ist durch § 47 Abs. 1 ArbGG. ganz ersetzt (a. A. Baumbach, Anm. 3 zu § 47). Eine derartige Verpflichtung würde den Kläger, wenn er Arbeiter oder Angestellter ist, meist über Gebühr belasten.

Die Klage ist bei dem örtlich zuständigen Arbeitsgericht (vgl. Anm. 1, b zu § 48) einzureichen oder anzubringen. Ein anderes Gericht wird eine ihm unter Bezeichnung der zuständigen Arbeitsgerichts eingereichte oder bei seiner Geschäftsstelle oder Gerichtsschreiberei angebrachte Klage zwar weiterzureichen haben; die Wirkung der Einreichung (§ 47 Abs. 1 Satz 2; vgl. Anm. 3) tritt aber erst mit dem Eingang bei dem zuständigen Arbeitsgericht ein. Das ist von Bedeutung, weil die Arbeitsgerichte in einer großen Zahl von Ländern gemäß § 14 Abs. 2, 3 ArbGG. einen verhältnismäßig großen Bezirk haben. Unter diesen Umständen sind in vielen Ländern die Geschäftsstellen der Amtsgerichte ermächtigt worden, Klagen für die Arbeitsgerichte aufzunehmen und weiterzuleiten. Wird darüber hinaus bei einem Amtsgericht eine Zweigstelle der Geschäftsstelle des Arbeitsgerichts errichtet, so erfüllt die Erklärung zur Niederschrift dort das Erfordernis der Anbringung bei der Geschäftsstelle des Arbeitsgerichts.

3 Für die Behandlung der schriftlich eingereichten oder bei der Geschäftsstelle zur Niederschrift angebrachten Klage durch das Arbeitsgericht gibt das Arbeitsgerichtsgesetz keine Sonderregelung. Infolgedessen gelten hierfür gemäß § 46 Abs. 2 Satz 1 ArbGG. die für das amtsgerichtliche Verfahren maßgebenden Vorschriften der Zivilprozeßordnung entsprechend, d. h.: der Vorsitzende des Arbeitsgerichts hat binnen 24 Stunden nach dem Eingang der Klage den Termin zur mündlichen Verhandlung des Rechtsstreits zu bestimmen (ZPO. § 497 Abs. 1 Satz 1, 2; § 495; § 216 Abs. 2). Der Termin soll nur so weit hinausgerückt werden, als es zur Wahrung der Einlassungsfrist (vgl. Anm. 8) geboten erscheint (ZPO. § 261 Abs. 2). Diese Sollvorschrift ist im arbeitsgerichtlichen Verfahren entsprechend der Vorschrift des § 9 Abs. 3 Satz 1 ArbGG. besonders gewissenhaft zu beachten; um eine Abweichung von ihr im Ausnahmefall zu rechtfertigen, müssen ganz besondere Umstände vorliegen (nicht so bestimmt Baumbach, Anm. 7 a. E. zu § 47). Nach der Terminsbestimmung durch den Vorsitzenden erfolgt die Ladung der Parteien durch die Geschäftsstelle des Arbeitsgerichts (ZPO. § 497 Abs. 1 Satz 3 in Verbindung mit § 46 Abs. 2 Satz 1), und zwar grundsätzlich schriftlich, die des Beklagten zugleich mit der Zustellung der Klageschrift bzw. der die Klage enthaltenden Niederschrift (ZPO. § 498 Abs. 1 Satz 1), die von Amts wegen veranlaßt wird (ZPO. § 496 Abs. 1 Satz 1; vgl. auch Anm. 1 zu § 50). Von einer schriftlichen Ladung des Klägers kann abgesehen werden, wenn ihm der Termin bei der Einreichung oder Anbringung der Klage mitgeteilt worden ist (ZPO. § 497 Abs. 2); es dürfte sich jedoch empfehlen, von dieser Vorschrift im arbeitsgerichtlichen Verfahren mit Rücksicht auf die den Parteien meist mangelnde Erfahrung in Prozeßangelegenheiten nur sehr vorsichtig Gebrauch zu machen.

4 Die Klage ist grundsätzlich erst dann „erhoben", wenn sie dem Beklagten — von Amts wegen (vgl. Anm. 3) — zugestellt ist. Erst mit diesem Zeitpunkt treten grundsätzlich die wichtigen Wirkungen ein, welche sowohl das Prozeßrecht wie das materielle Recht an die Klageerhebung knüpfen. Prozeßrechtlich begründet die Klageerhebung die sogenannte Rechtshängigkeit des Streites (§ 263 Abs. 1 ZPO. in Verbindung mit § 46 Abs. 2 Satz 1 ArbGG., § 495 ZPO.). Nach dem Eintritt der Rechtshängigkeit kann insbesondere einer anderweitigen Anhängigmachung des Streites die Einrede der Rechtshängigkeit entgegengesetzt werden, während eine Änderung der Klage nur noch zulässig ist, wenn der Beklagte einwilligt oder das Arbeitsgericht sie für sachdienlich erachtet (ZPO. §§ 263, 264; vgl. dazu ZPO. §§ 268—270). An materiellrechtlichen Wirkungen der Klageerhebung (ZPO. § 267) ist besonders der Beginn des Zinsenlaufs bei Geldforderungen (BGB. § 291) zu erwähnen.

An sich tritt auch die Wirkung der Unterbrechung der Verjährung einer Forderung (BGB. §§ 209 ff.) und der Wahrung einer Frist (z. B. der wichtigen Frist des § 86 Abs. 1 Satz 3 BRG.) erst mit der Erhebung der Klage, also mit ihrer Zustellung an den Beklagten, ein. Für diese Fälle ist aber zugunsten des Klägers durch § 47 Abs. 1 Satz 2 ArbGG. in Verbindung mit § 496 Abs. 3 Satz 1 ZPO., ebenso wie im amtsgerichtlichen Verfahren, eine Ausnahme dahin getroffen, daß diese Wirkungen, aber nur sie, nicht die prozessuale Wirkung der Rechtshängigkeit, schon mit der Einreichung oder Anbringung der Klage eintreten, sofern deren Zustellung demnächst erfolgt. Diese Vorschrift ist insbesondere für die Klagen aus BRG. § 86 Abs. 1 Satz 3 von besonderer Bedeutung, weil die Wahrung der Fünftagefrist sonst erheblich erschwert sein würde; zu beachten ist bei der Anbringung dieser Klage für die Fristwahrung aber auch das in Anm. 2 Abs. 2 Gesagte. Die Zustellung ist „demnächst" erfolgt, wenn sie „innerhalb einer nach den jedesmaligen Umständen zu bestimmenden angemessenen Frist erfolgt" (RGZ. Bd. 105, S. 422). Der Kläger wird also seinerseits alles tun müssen, damit die Klage unverzüglich zugestellt werden kann.

5 Im amtsgerichtlichen Verfahren ist nach ZPO. § 498 Abs. 2 mit der Zustellung der Klage an den Beklagten die Aufforderung zu einer etwaigen Klagebeantwortung zu verbinden. Dieser Aufforderung braucht der Beklagte allerdings nicht Folge zu leisten, ohne Rechtsnachteile zu gewärtigen. Im arbeitsgerichtlichen Verfahren wäre jedoch auch die bloße Aufforderung aus verschiedenen Gründen nicht angebracht. Einmal wird es das Gericht hier häufiger als im amtsgerichtlichen Verfahren mit prozeßungewandten Parteien zu tun haben, die eine sachdienliche Gegenerklärung ohne fremde Hilfe gar nicht abgeben könnten. Andererseits ist aber auch das arbeitsgerichtliche Verfahren in noch höherem Maße als das amtsgerichtliche auf den Grundsatz der Mündlichkeit eingestellt. Der Sachaufklärung dient hier insbesondere die nach der Klageerhebung erfolgende Güteverhandlung (§ 54 ArbGG.; vgl. die Anm. dazu), in der der Vorsitzende des Arbeitsgerichts selbst mit den Parteien das Streitverhältnis zu erörtern hat, so daß für eine etwaige strittige Verhandlung vor der Kammer die Aufklärung geschaffen wird, die sonst der Schriftsatzwechsel herbeiführen soll.

Deshalb ist nach § 47 Abs. 1 Satz 3 in der Regel von der Aufforderung zur Gegenerklärung abzusehen. Für Ausnahmefälle ist sie auf Grund eines auch vom Reichstag gebilligten Reichsratsbeschlusses, dem sich die Reichsregierung angeschlossen hatte, zugelassen. Solche Ausnahmefälle liegen aber nur dann vor, wenn einerseits nach der Beschaffenheit des Beklagten (großer Arbeitgeber, höherer Angestellter, Arbeitgeber- oder Arbeitnehmervereinigung) erwartet werden kann, daß er in der kurzen Zeit bis zum Verhandlungstermin eine sachdienliche Klagebeantwortung einreichen kann, und wenn andererseits eine solche Klagebeantwortung aus besonderen Gründen prozeßförderlich erscheint, etwa weil es sich um eine sachlich komplizierte Klage handelt, bei der voraussichtlich in der Güteverhandlung dem Vorsitzenden aus der Klage nicht bekannte Beweismittel (z. B. Zeugen) zur Aufklärung herangezogen werden müssen. Eine Pflicht zur Gegenerklärung seitens des Beklagten besteht auch dann nicht, wenn das Arbeitsgericht ausnahmsweise dazu aufgefordert hatte (vgl. Abs. 1 a. A. der Anm.).

6 Die Vorschrift des § 47 Abs. 2 ist aus dem § 37 GGG. übernommen, der mit § 500 der Zivilprozeßordnung alter Fassung übereinstimmte; § 500 ZPO. ist jetzt gemäß der Einführung eines Güteverfahrens vor Erhebung der Klage im allgemeinen Zivilprozeß abgeändert. Im Falle des § 47 Abs. 2 ArbGG. müssen beide Parteien vor Gericht erscheinen.

In seiner Bedeutung entspricht § 47 Abs. 2 nicht völlig dem § 37 GGG. Denn dort mußten die Parteien zur Verhandlung vor dem voll — mit Vorsitzendem und Beisitzern — besetzten Gericht erscheinen, wie § 54 Abs. 1 GGG. ergibt, nachdem die Zuziehung der Beisitzer in dem ersten Termin nach der Klageerhebung unterbleiben konnte (vgl. Wilhelmi-Bewer, Anm. 1 zu § 37). Dagegen ist nach dem Arbeitsgerichtsgesetz die Anwesenheit der Beisitzer an dem Gerichtstag nach § 47 Abs. 2 nicht erforderlich, soweit kein Güteverfahren vor einer Gütestelle vereinbart (§ 54 Abs. 1 Satz 1 ArbGG.) oder vor einem Innungsausschuß vorgeschrieben (§ 111 Nr. 2 ArbGG.) ist. Denn im Regelfall beginnt nach § 54 Abs. 1 Satz 1 ArbGG. die mündliche Verhandlung mit einer Güteverhandlung vor dem Vorsitzenden allein. Andererseits können die Parteien auch in einer Sitzung des vollbesetzten Arbeitsgerichts entsprechend der Vorschrift des § 47 Abs. 2 erscheinen (a. A. Dersch-Volkmar, Anm. 4 zu § 47); denn es ist immer die Möglichkeit gegeben, daß der Vorsitzende nach Erledigung der zum Termin angesetzten Verfahren — sei es in einer Pause, sei es am Schluß der Sitzung mit den Parteien allein — gemäß § 54 Abs. 1 Satz 1 verhandelt; übrigens besteht kein grundsätzliches Bedenken, daß dies in Gegenwart der Beisitzer geschieht (vgl. § 52 Satz 2 Halbsatz 2). Als „ordentliche Gerichtstage" werden daher alle Tage zu gelten haben, an denen entweder der Vorsitzende oder die Kammer, vor die die Klage zuständigkeitsgemäß oder nach der Geschäftsordnug gehört (Arbeiterkammer, Angestelltenkammer, Fachkammer, Handwerksgericht), nach dem Geschäftsplan Sitzung hat. Möglich ist auch die Einführung besonderer Gerichtstage für die Fälle des § 47 Abs. 2, doch werden solche Gerichtstage — mit Rücksicht auf ihre nach den bisherigen Erfahrungen geringe Bedeutung — kaum eingerichtet werden. Gegebenenfalls braucht an ihnen nur der Vorsitzende anwesend zu sein; erübrigt sich nach § 54 Abs. 1 Satz 1 eine Güteverhandlung, so hat er die Parteien zur nächsten Vollsitzung der in Betracht kommenden Kammer zu bestellen oder die Aufnahme der Klage durch die Geschäftsstelle gemäß Abs. 1 Satz 1 zu veranlassen.

7 Durch den mündlichen Vortrag der Klage werden alle Wirkungen der Klageerhebung ausgelöst (vgl. Anm. 4). Dieser Fall der Klageerhebung stellt also eine Ausnahme von der Vorschrift des Abs. 1 Satz 1, 2 dar.

Nur wenn die Sache streitig bleibt, ist der wesentliche Inhalt der Klage zu protokollieren. Streitig bleibt sie dann, wenn sie nicht in demselben Termin vor dem Vorsitzenden durch Vergleich oder auf Grund Verzichts, Anerkenntnisses, Zurücknahme der Klage oder Versäumnisses (wenn eine Partei sich nach der Klageerhebung wieder entfernt), sei es auch durch Urteil, erledigt wird, also auch bei Entscheidung durch kontradiktorisches Endurteil in demselben Termin durch den Vorsitzenden allein (vgl. §§ 54, 55). Die Vorschrift bedeutet nicht, daß im Falle nicht streitiger Erledigung überhaupt keine Niederschrift zu fertigen wäre; diese ist vielmehr immer vorgeschrieben, wie sich aus § 54 Abs. 2, § 55 Abs. 2 Satz 2 ergibt. Es ist nur, falls die Sache ohne streitige Verhandlung erledigt wird, nicht erforderlich, daß der „wesentliche Inhalt der Klage" in die Niederschrift aufgenommen wird, d. h. praktisch: die Niederschrift braucht in diesen Fällen nicht den Erfordernissen des § 253 Abs. 2 Nr. 1 und 2 zu genügen (vgl. Anm. 1 Abs. 2), es genügt also eine allgemeine Angabe des geltendgemachten Anspruchs in der Niederschrift, ohne Substanzierung und ohne bestimmten Antrag, welche Angaben dann allerdings in dem etwa ergehenden nicht kontradiktorischen Urteil nachgeholt werden müssen; auch ein etwa geschlossener Vergleich muß so genau protokolliert werden, daß aus ihm die Zwangsvollstreckung stattfinden kann (§ 62 Abs. 2 ArbGG. in Verbindung mit § 794 Abs. 1 Nr. 1 ZPO.).

[8] Unterschiedlich von GGG. § 35 Abs. 2 sind die Vorschriften über Einlassungsfrist (§ 47 Abs. 3 Satz 1) und Ladungsfrist (§ 47 Abs. 3 Satz 2) im ArbGG. nicht erschöpfend geregelt, es gilt vielmehr grundsätzlich die Bezugnahme des § 46 Abs. 2 Satz 1 auf die Vorschriften der Zivilprozeßordnung. Dies ist mit der allgemeineren Bedeutung zu erklären, die jetzt dem arbeitsgerichtlichen Verfahren zukommt. Für den Regelfall gibt jedoch § 47 Abs. 3 eine von der Zivilprozeßordnung abweichende Regelung.

Die Einlassungsfrist ist der Zeitraum, der zwischen der Zustellung der Klage (vgl. § 47 Abs. 1; in den Fällen des § 47 Abs. 2 gibt es keine Einlassungsfrist) und dem Termin zur mündlichen Verhandlung liegen muß (ZPO. § 262). Vor Ablauf dieser Frist braucht sich der Beklagte nicht auf den Rechtsstreit einzulassen, ein Versäumnisverfahren ist also vorher nicht möglich. Die Einlassungsfrist beträgt im amtsgerichtlichen Verfahren nach § 499 ZPO. mindestens drei Tage, wenn die Zustellung der Klage am Sitz oder im Bezirk des Amtsgerichts erfolgt, mindestens eine Woche, wenn sie außerhalb des Bezirks, aber im Gebiet des Deutschen Reichs, erfolgt; erfolgt sie im Ausland, so bestimmt das Amtsgericht die Einlassungsfrist bei der Festsetzung des Termins. Diese Vorschriften gelten gemäß § 46 Abs. 2 Satz 1 auch im arbeitsgerichtlichen Verfahren, aber mit der bedeutsamen Ausnahme des § 47 Abs. 3 Satz 1. Wohnt nämlich die beklagte Partei am Sitze des Arbeitsgerichts, was im arbeitsgerichtlichen Verfahren die Regel sein dürfte, so daß also die Klage am Sitze des Arbeitsgerichts zuzustellen ist, so beträgt die Einlassungsfrist nicht 3 Tage, wie nach ZPO. § 499 im amtsgerichtlichen Verfahren, sondern die Klage muß mindestens am zweiten Tage vor dem Termin zugestellt werden; das bedeutet, daß zwischen der Zustellung und dem Termin mindestens ein voller Tag liegen muß, im Sprachgebrauch der Zivilprozeßordnung (§ 499) würde die Einlassungsfrist des § 47 Abs. 3 Satz 1 also mindestens einen Tag betragen (vgl. ZPO. § 222 Abs. 1 in Verbindung mit BGB. § 187 Abs. 1). Für die Berechnung der Fristen gelten allgemein auf Grund der Bezugnahme des § 46 Abs. 2 Satz 1 ArbGG. die Vorschriften des § 222 ZPO. in Verbindung mit BGB. §§ 186—193.

Nach § 226 ZPO. in Verbindung mit § 46 Abs. 2 Satz 1 ArbGG. kann die Einlassungsfrist, gleichgültig, ob es eine der allgemeinen Einlassungsfristen des § 499 ZPO. oder die besonders kurze des § 47 Abs. 3 Satz 1 ArbGG. ist, auf bloßen Antrag des Klägers durch Verfügung des Vorsitzenden des Arbeitsgerichts abgekürzt werden; den Beteiligten muß hiervon Mitteilung gemacht werden. Die Abkürzung ist durch die Einfügung des Wortes „mindestens" in § 47 Abs. 3 Satz 1 ebensowenig gehindert wie gegenüber der gleichartigen Vorschrift des § 499 ZPO. Die Abkürzung der Einlassungsfrist nach § 47 Abs. 3 Satz 1 kann insbesondere von Bedeutung sein, wenn der zwischen der Zustellung der Klage und dem Termin liegende Tag ein Sonn- oder Feiertag ist, der nach § 222 Abs. 2 ZPO. nicht gerechnet werden würde.

Für die Anwendung des § 47 Abs. 3 Satz 1 ist es nicht erforderlich, daß der Beklagte am Sitze des Arbeitsgerichts seinen Wohnsitz im Sinne der §§ 7—11 BGB. hat; es genügt vielmehr, daß er dort zur Zeit der Zustellung wohnt, so daß die

Zustellung dort möglich ist (ebenso Baumbach, Anm. 7 zu § 47). Im Bezirk des Prozeßgerichts gemäß ZPO. § 499 Abs. 1 in Verbindung mit § 46 Abs. 2 Satz 1 ArbGG. erfolgt die Zustellung auch in den Fällen, in denen der Bezirk der zuständigen Kammer des Arbeitsgerichts gemäß § 17 Abs. 4 ArbGG. über den allgemeinen Bezirk des Arbeitsgerichts hinaus ausgedehnt ist und der Zustellungsort in dem durch diese Ausdehnung betroffenen Gebiet liegt; denn Prozeßgericht im Sinne des § 499 ZPO. ist hier die zuständige Kammer des Arbeitsgerichts (a. A. Baumbach, Anm. 7 zu § 47). Dagegen ist eine Einschränkung des Bezirks einer Kammer gegenüber dem allgemeinen Bezirk des Arbeitsgerichts gesetzlich nicht vorgesehen, so daß auch bei örtlicher Zuständigkeitsverteilung mehrerer Kammern das Arbeitsgerichts für die Einlassungsfrist nach § 499 ZPO. der ganze Arbeitsgerichtsbezirk als Bezirk des Prozeßgerichts gilt.

9 Ladungsfrist ist nach ArbGG. § 46 Abs. 2 Satz 1 in Verbindung mit ZPO. §§ 495, 217 die Frist, welche in einer anhängigen Sache zwischen der Zustellung der Ladung und dem Terminstag liegen soll. Sie beträgt nach § 217 ZPO. mindestens 3 Tage, nach § 47 Abs. 3 Satz 2, wenn der Beklagte am Sitze des Arbeitsgerichts wohnt, aber wie die Einlassungsfrist nur einen Tag (vgl. Anm. 8 Abs. 2). Wegen der Berechnung der Ladungsfrist, der Möglichkeit ihrer Verkürzung und der Bedeutung des Begriffs des „Wohnens" vgl. das in Anm. 8 Gesagte. Wird ein Termin in einer verkündeten Entscheidung bestimmt, so bedarf es keiner Ladung, so daß auch keine Ladungsfrist einzuhalten ist, es sei denn, daß das persönliche Erscheinen einer Partei zu dem Termin angeordnet wird (ArbGG. § 46 Abs. 2 Satz 1 in Verbindung mit ZPO. § 218, § 141 Abs. 2) in Verbindung mit ArbGG. § 51 Abs. 1 Satz 2).

§ 48

Zuständigkeit[1]

(1)[2] **Die Vorschriften des § 11 der Zivilprozeßordnung über die bindende Wirkung der rechtskräftigen Entscheidung, durch die ein Gericht sich für sachlich unzuständig erklärt hat[3], und des § 276 der Zivilprozeßordnung über die Verweisung des Rechtsstreits an das örtlich oder sachlich zuständige Gericht[4] finden auf das Verhältnis der Arbeitsgerichte und der ordentlichen Gerichte zueinander entsprechende Anwendung[5].**

(2)[6] **Für Streitigkeiten[7] aus einem Arbeits- oder Lehrverhältnis und aus Verhandlungen über die Eingehung eines Arbeits- oder Lehrverhältnisses[8], das sich nach einem Tarifvertrage bestimmt[9], können unbeschadet der Vorschriften der §§ 38—40 der Zivilprozeßordnung[10] die Parteien des Tarifvertrags die Zuständigkeit eines an sich örtlich unzuständigen Arbeitsgerichts[11] vereinbaren[12].**

1 Die Regelung der Zuständigkeit des § 48 ist keine vollständige, sie ist vielmehr im weitesten Umfange durch die Vorschriften der §§ 2, 3, 5, § 8 Abs. 2, § 47 Abs. 1 Satz 1 ArbGG. (sachliche Zuständigkeit) und durch die §§ 12—40 ZPO. — in Verbindung mit § 46 Abs. 2 Satz 1 — (örtliche Zuständigkeit) zu ergänzen. In

§ 48 sind nur — in Abs. 1 — das Verhältnis der Zuständigkeit der ordentlichen Gerichte und der Arbeitsgerichte zueinander und — in Abs. 2 — die Möglichkeit einer weiteren Vereinbarung über die örtliche Zuständigkeit der Arbeitsgerichte gegenüber den §§ 38—40 ZPO., die nach § 46 Abs. 2 Satz 1 ArbGG. entsprechend anwendbar sind, geregelt.

a) Die sachliche Zuständigkeit innerhalb der Arbeitsgerichtsbarkeit ist unterschiedlich von der allgemeinen Gerichtsbarkeit in bürgerlichen Rechtsstreitigkeiten sehr einfach geregelt: alle Arbeitssachen gehören im ersten Rechtszuge zur sachlichen Zuständigkeit der Arbeitsgerichte (§ 8 Abs. 2; §§ 2, 3, § 47 Abs. 1 Satz 1; vgl. Anm. 3 zu § 8). Entschiede gleichwohl im ersten Rechtszug ein Landesarbeitsgericht, so unterläge das Urteil, falls dagegen die Revision stattfindet, gemäß § 551 Nr. 4 ZPO. in Verbindung mit § 46 Abs. 2 Satz 1 ArbGG. der Aufhebung. Eine entsprechende Anwendung des § 10 ZPO. kommt nicht in Betracht, weil eine Zuständigkeit des Landesarbeitsgerichts im ersten Rechtszug überhaupt ausgeschlossen ist.

b) Die örtliche Zuständigkeit des Arbeitsgerichts im einzelnen Fall bestimmt sich gemäß § 46 Abs. 2 Satz 1 — mangels einer anderen Vorschrift im Arbeitsgerichtsgesetz — entsprechend nach den allgemeinen Vorschriften der Zivilprozeßordnung (§§ 12—40), die nur durch § 48 Abs. 2 in einem Punkte ergänzt werden. Die Zivilprozeßordnung regelt die örtliche Zuständigkeit der Gerichte unter dem Titel „Gerichtsstand". Jede parteifähige Person hat einen allgemeinen Gerichtsstand (ZPO. § 12) nach ihrem Wohnsitz — bei der natürlichen Person (ZPO. §§ 13 bis 16) — oder nach ihrem Sitz — bei der juristischen Person oder der sonst parteifähigen Personengesamtheit (ZPO. §§ 17—19). Daneben gelten für einzelne Arten von bürgerlichen Rechtsstreitigkeiten besondere Gerichtsstände, von denen für die Arbeitsrechtsprechung der des Aufenthaltsorts (§ 20), der gewerblichen Niederlassung (§ 21), des Vermögens (§ 23), des Erfüllungsorts (§ 29), der unerlaubten Handlung (§ 32), der Widerklage (§ 33) und des Hauptrechtsstreits (§ 34) im allgemeinen in Betracht kommen. Für das gewerbegerichtliche und das kaufmannsgerichtliche Verfahren gaben GGG. § 27 Abs. 1 und KGG. § 16 Abs. 1 in Verbindung mit GGG. § 27 Abs. 1 eine besondere Regelung der örtlichen Zuständigkeit in dem Sinne, daß für gewerbegerichtliche und kaufmannsgerichtliche Streitigkeiten nur das Gewerbegericht bzw. Kaufmannsgericht des Erfüllungsorts der streitigen Verpflichtung, der gewerblichen Niederlassung des Arbeitgebers oder des Wohnsitzes beider Parteien zuständig war. Von einer solchen praktisch übrigens nicht sehr bedeutsamen Sonderregelung hat das Arbeitsgerichtsgesetz mit Rücksicht auf die erhebliche Erweiterung des arbeitsgerichtlichen Aufgabenkreises abgesehen.

Unter mehreren örtlich zuständigen Arbeitsgerichten hat der Kläger die Wahl (ZPO. § 35). Bei Zweifel über die örtliche Zuständigkeit und im Falle der rechtlichen oder tatsächlichen Verhinderung des örtlich zuständigen Gerichts entscheidet nach ZPO. §§ 36, 37 das im Instanzenzuge zunächst höhere Gericht. Sofern die Entscheidung gegenüber der arbeitsgerichtlichen Zuständigkeit erforderlich wird, entscheidet daher das Landesarbeitsgericht, und zwar, wenn die Entscheidung, wie im Regelfall, ohne vorgängige mündliche Verhandlung erfolgt (ZPO. § 37, Abs. 1), dessen Vorsitzender (ArbGG. § 53 Abs. 1 in Verbindung mit § 64 Abs. 3). Ist ein Landesarbeitsgericht an der Ausübung seines Richteramts rechtlich oder tatsächlich verhindert (z. B. bei Ausscheiden des Vorsitzenden und des stellvertretenden Vorsitzenden wegen Befangenheit) oder bestehen Zweifel über die Zuständigkeit zweier Arbeitsgerichte, die nicht im Bezirk desselben Landesarbeitsgerichts, aber im gleichen Oberlandesgerichtsbezirk liegen, so muß auch hier, wie in der ordentlichen Zivilgerichtsbarkeit, das Oberlandesgericht, nicht das Reichsarbeitsgericht entscheiden, obwohl das Oberlandesgericht nicht in die Arbeitsgerichtsbarkeit eingegliedert ist. Denn auch hier handelt es sich, wie bei den Entscheidungen in Rechtshilfesachen (vgl. Anm. 4 Abs. 4 zu § 13) nicht um eine sachliche arbeitsgerichtliche Entscheidung, sondern um eine Entscheidung über Fragen der Gerichtsorganisation, von denen das Reichsarbeitsgericht ebenso wie das Reichsgericht, nach Möglichkeit entlastet sein soll (ebenso, wenn auch mit anderer Begründung, Baumbach, Anm. 3B, c zu § 2). Das Reichsarbeitsgericht ist also für die Entscheidung nach §§ 36, 37 ZPO. nur zuständig, wenn die in Betracht kommenden Arbeitsgerichte auch nicht zum Bezirk eines Oberlandesgerichts gehören.

Nach §§ 38—40 ZPO. in Verbindung mit § 46 Abs. 2 Satz 1 kann die örtliche Zuständigkeit eines an sich örtlich unzuständigen Arbeitsgerichts für ein bestimmtes Rechtsverhältnis und die aus ihm entspringenden Rechtsstreitigkeiten von den Streitparteien ausdrücklich oder stillschweigend, insbesondere durch mündliche Verhandlung zur Hauptsache ohne Geltendmachung der örtlichen Unzuständigkeit, vereinbart werden. Wegen der Ausdehnung der Vereinbarungsbefugnis durch § 48 Abs. 2 ArbGG. vgl. Anm. 6 ff.

Auf die unrechtmäßige Annahme der örtlichen Zuständigkeit durch die Arbeitsgerichtsbehörde kann die Revision nicht gestützt werden (§ 73 Abs. 2).

2 Das allgemeine Verhältnis der Arbeitsgerichtsbarkeit zur ordentlichen Gerichtsbarkeit ergibt sich aus dem Sinn der Vorschriften des § 48 Abs. 1 und des § 2. An sich wäre es vielleicht denkbar, daß das Gesetz die Arbeitsgerichtsbarkeit und die ordentliche Zivilgerichtsbarkeit als zwei voneinander öffentlich-rechtlich getrennte Gerichtsbarkeiten bestehen lassen wollte, wie die ordentliche Zivilgerichtsbarkeit und die Strafgerichtsbarkeit oder die Verwaltungsgerichtsbarkeit. Eine derartige Regelung würde zur Folge haben, daß die Anbringung einer zum Aufgabenkreis der ordentlichen Gerichtsbarkeit gehörenden Klage bei einem Arbeitsgericht und umgekehrt wegen Unzulässigkeit des Rechtswegs ausgeschlossen wäre, und daß ein etwa gleichwohl in Verkennung der Grenzen der Gerichtsbarkeit ergehendes Urteil rechtlich ein Nichturteil wäre, aus dem — ohne Erfordernis der Anfechtung — keine Rechtsfolgen hergeleitet werden könnten, ebenso wie wenn ein Arbeitsgericht oder ein ordentliches Gericht irrtümlich in einem in die Verwaltungsgerichtsbarkeit gehörenden Verwaltungsstreitverfahren entschieden hätte.

Das wäre für das Verhältnis der Arbeitsgerichtsbarkeit zur ordentlichen Gerichtsbarkeit schon aus praktischen Gründen außerordentlich bedenklich. Denn die Fälle der Überschreitung des Aufgabenkreises der Arbeitsgerichtsbarkeit gegenüber der ordentlichen Zivilgerichtsbarkeit und umgekehrt sind bei der Regelung der §§ 2, 3 und 5 ArbGG nicht völlig ausgeschlossen, wie denn überhaupt eine absolute Trennung der Arbeitsgerichtsbarkeit von der ordentlichen Zivilgerichtsbarkeit im übrigen nicht möglich sein dürfte. Sowohl die Vorschriften des § 2 Nr. 2 und 3, die dem Aufgabenkreis der Arbeitsgerichtsbarkeit auch die Entscheidung in bürgerlichen Rechtsstreitigkeiten aus unerlaubten Handlungen zuweisen, soweit sie mit dem Arbeitsverhältnis im Zusammenhang stehen, wie die des § 3 — erweiterte Zuständigkeit bei „rechtlichen oder unmittelbarem wirtschaftlichem Zusammenhange“ —

und die des § 5, die arbeitnehmerähnliche Personen den Arbeitnehmern gleichstellt, können im Einzelfall Anlaß zu Zweifeln geben, ob die in Frage stehende Rechtsstreitigkeit von den Arbeitsgerichtsbehörden oder von den ordentlichen Gerichten zu entscheiden ist. In derartigen Fällen würde also die Annahme einer völlig von der ordentlichen Zivilgerichtsbarkeit getrennten Arbeitsgerichtsbarkeit eine schwer erträgliche Rechtsunsicherheit zur Folge haben.

Die völlige Trennung der Arbeitsgerichtsbarkeit von der ordentlichen Zivilgerichtsbarkeit dürfte aber auch dem rechtlichen Wesen der Arbeitsgerichtsbarkeit nicht entsprechen. Denn zu ihrem Aufgabenkreis gemäß §§ 2, 3 ArbGG. gehört lediglich die Behandlung bürgerlicher Rechtsstreitigkeiten, wenn man von den hier nicht in Betracht kommenden Fällen der — im übrigen ebenfalls zur Zivilgerichtsbarkeit gehörenden — freiwilligen Gerichtsbarkeit absieht. Die Schaffung zweier voneinander getrennter Gerichtsbarkeiten für bürgerliche Rechtsstreitigkeiten, die sich nicht dem Rechtsschutzanspruch nach, sondern nur wirtschaftlich und soziologisch voneinander unterscheiden, wäre staatsrechtlich nicht zu begründen. Das hindert zwar nicht, daß nach der verschiedenen soziologischen Struktur der Streitigkeiten dieser jeweils entsprechende verschiedene Gerichtsorganisationen geschaffen werden, die auch in verschiedenen Verfahren tätig sind; dabei ist aber die Gerichtsbarkeit im öffentlichrechtlichen Sinn für beide Arten von Streitigkeiten dieselbe Gerichtsbarkeit für bürgerliche Rechtsstreitigkeiten.

Dieser Auffassung folgt die Regelung des Arbeitsgerichtsgesetzes (ebenso Dersch-Volkmar, Anm. 11 zu § 1; Jonas in JW. 1928, S. 265 ff. Die Gegenauffassung wird vertreten von Kaskel, Die neue Arbeitsgerichtsbarkeit, S. 22 f., Schmincke-Sell, Anm. 1, a zu § 2, und von Baumbach, Anm. 4D zu § 2). Das ergibt sich einerseits daraus, daß der Aufgabenkreis der Arbeitsgerichtsbarkeit in der gesetzlichen Überschrift der §§ 2 und 3 als „Zuständigkeit" bezeichnet wird, ein Ausdruck, der nur dann gebraucht werden kann, wenn eine gemeinsame Gerichtsbarkeit in bürgerlichen Rechtsstreitigkeiten besteht, aus der der Arbeitsgerichtsbarkeit ein Ausschnitt im Wege der Verteilung der sachlichen Zuständigkeit — im weiteren Sinne — zugewiesen wird. Entscheidend für die hier vertretene Auffassung aber dürfte gerade die Regelung des § 48 Abs. 1 ArbGG. sprechen. Denn danach sind die Arbeitsgerichtsbehörden (vgl. Anm. 5. Abs. 3) und die ordentlichen Gerichte praktisch als Gerichtsbehörden einer Gerichtsbarkeit zu behandeln, deren Entscheidungen über sachliche und örtliche Zuständigkeit einander wechselseitig ebenso binden wie die entsprechenden Entscheidungen der ordentlichen Gerichte der Zivilgerichtsbarkeit untereinander. Diese Vorschrift galt dem allgemeinen Sinne nach auch schon für das Verhältnis der Gewerbegerichtsbarkeit und Kaufmannsgerichtsbarkeit zur ordentlichen Zivilgerichtsbarkeit (GGG. § 28, KGG. § 16 Abs. 1 in Verbindung mit GGG. § 28); doch spielte die hier gezogene Folgerung wegen des engen Aufgabenkreises der Gewerbegerichte und der Kaufmannsgerichte praktisch damals keine so erhebliche Rolle.

Das Verhältnis der Arbeitsgerichtsbehörden zu den ordentlichen Gerichten ist also entsprechend den in der ordentlichen Zivilgerichtsbarkeit geltenden Grundsätzen der sachlichen Zuständigkeit zu beurteilen. Urteile, die in Überschreitung der Zuständigkeit der Arbeitsgerichtsbehörden gemäß §§ 2, 3 ArbGG. seitens dieser oder unter Nichtbeachtung dieser Vorschriften seitens der ordentlichen Gerichte ergehen, sind daher nicht als Nichturteile, sondern wie Urteile sachlich unzuständiger Gerichte der ordentlichen Zivilgerichtsbarkeit oder der Arbeitsgerichtsbarkeit (vgl. Anm. 1a) zu behandeln, d. h. sie sind, da die Vorschrift des § 10 ZPO. in diesem Falle nicht entsprechend angewendet werden kann, gegebenenfalls gemäß § 551 Nr. 4 ZPO. mit der Revision anfechtbar.

3 Im bisherigen gewerbegerichtlichen und kaufmannsgerichtlichen Verfahren galt die Vorschrift des § 11 ZPO. für das Verhältnis zu den ordentlichen Gerichten mit der Erweiterung, daß auch die für die Entscheidung des ordentlichen Gerichts etwa maßgebende Annahme der örtlichen Zuständigkeit eines bestimmten Gewerbegerichts oder Kaufmannsgerichts für dieses bindend war (GGG. § 28, KGG. § 16 Abs. 1 in Verbindung mit GGG. § 28). Diese Erweiterung ist im § 48 Abs. 1 ArbGG. nicht mehr vorgesehen, weil jetzt die Möglichkeit der Verweisung gemäß ZPO. § 276 besteht (vgl. Anm. 4). Das ordentliche Gericht bindet also jetzt das später mit der Sache befaßte Arbeitsgericht durch die rechtskräftige Abweisung der Klage wegen sachlicher Unzuständigkeit mit Rücksicht auf die Zuständigkeitsvorschriften des Arbeitsgerichtsgesetzes (§§ 2, 3) nur noch bezüglich der sachlichen Zuständigkeit der Arbeitsgerichtsbarkeit überhaupt, wie die Klageabweisung wegen Unzuständigkeit nach den Vorschriften des Arbeitsgerichtsgesetzes seitens einer Arbeitsgerichtsbehörde das später mit der Sache befaßte Amts- oder Landgericht nur bezüglich der sachlichen Zuständigkeit der ordentlichen Zivilgerichtsbarkeit bindet, nicht aber bezüglich der Zuständigkeit eines bestimmten Amts- oder Landgerichts.

Zu einer Abweisung der Klage wegen sachlicher Unzuständigkeit auf Grund der Zuständigkeitsvorschriften der §§ 2, 3 des Arbeitsgerichtsgesetzes durch rechtskräftiges Urteil, wie es § 11 ZPO. voraussetzt, wird es im allgemeinen nicht kommen, weil regelmäßig die Verweisung gemäß § 276 ZPO. in Verbindung mit § 48 Abs. 1 ArbGG. beantragt und ausgesprochen werden wird (vgl. Anm. 4), es sei denn, daß dem Kläger an einer rechtskräftigen Entscheidung, insbesondere eines höchsten Gerichts (des Reichsgerichts oder des Reichsarbeitsgerichts) aus grundsätzlichen Erwägungen der Auslegung des Arbeitsgerichtsgesetzes gelegen ist; in diesen Fällen würde im arbeitsgerichtlichen Verfahren auch ohne Vorliegen des Streitwerts Berufung und Revision wegen der grundsätzlichen Bedeutung des Rechtsstreits zwecks Erlangung einer Entscheidung des Reichsarbeitsgerichts zugelassen werden (vgl. ArbGG. § 8 Abs. 3, 4). Nur die Klageabweisung gemäß § 11 ZPO. kommt ferner in Betracht, wenn das zuständige Gericht nicht bestimmt werden kann (ZPO. § 276 Abs. 1; vgl. Anm. 4).

4 Die jetzige Fassung des § 276 ZPO. entstammt der am 1. 6. 1924 in Kraft getretenen Novellengesetzgebung zur Zivilprozeßordnung. Im Verhältnis der Gewerbegerichte und Kaufmannsgerichte und der ordentlichen Gerichte zueinander war sie nicht anwendbar. ZPO. § 276 bestimmt, daß ein Gericht im Falle seiner örtlichen oder sachlichen Unzuständigkeit diese auf Antrag des Klägers statt durch klageabweisendes Urteil durch unanfechtbaren Beschluß gleichzeitig mit der Verweisung des Rechtsstreits an das bestimmbare zuständige Gericht aussprechen kann. Dieser Beschluß bindet das Gericht, an das verwiesen wird, der Rechtsstreit gilt als mit der Verkündung dieses Beschlusses bei ihm anhängig. Die vor dem angegangenen Gericht entstandenen Kosten werden als Teil der Kosten des zuständigen Gerichts behandelt; die aus der falschen Anrufung entstandenen Mehrkosten sind dem Kläger in jedem Falle aufzuerlegen.

Diese Vorschrift gilt nach § 48 Abs. 1 ArbGG. auch für die Fälle, in denen der Kläger trotz Zuständigkeit eines Arbeitsgerichts das Amts- oder Landgericht oder trotz Zuständigkeit eines Amts- oder Landgerichts das Arbeitsgericht angerufen hat, weil er die Zuständigkeitsvorschriften der §§ 2, 3 ArbGG. nicht beachtet oder falsch ausgelegt hat. Wegen der grundsätzlichen öffentlich-rechtlichen Bedeutung dieser Vorschrift vgl. Anm. 2 Abs. 4, 5.

Das Gericht wird also, sobald es bei seiner Prüfung der Zuständigkeit zu der Auffassung kommt, daß Unzuständigkeit vorliegt, den Kläger hierauf mit dem Anheimstellen der Stellung des Antrags aus § 276 Abs. 1 ZPO. hinweisen (ZPO. § 139; für die sachliche Unzuständigkeit in ZPO. § 504 Abs. 2 besonders vorgeschrieben; beide Vorschriften gelten gemäß § 46 Abs. 2 Satz 1 ArbGG. auch im arbeitsgerichtlichen Verfahren). Ist ein Arbeitsgericht zu Unrecht angerufen, so wird der Vorsitzende in der Güteverhandlung im allgemeinen den Kläger zur Zurücknahme der Klage veranlassen (kostenlos nach § 12 Abs. 2 Satz 2 Halbsatz 2). Wird die Klage nicht auf Grund der Güteverhandlung zurückgenommen und beantragt der Kläger gemäß § 276 Abs. 1 ZPO. die Verweisung des Rechtsstreits an ein bestimmtes Amts- oder Landgericht, so erläßt der Vorsitzende den Beschluß allein im Anschluß an die Güteverhandlung, wenn beide Parteien dies übereinstimmend beantragen; andernfalls muß der Beschluß von der Kammer erlassen werden (ArbGG. § 55 Abs. 2).

Die Wirkungen der Rechtshängigkeit bei dem zuständigen Gericht (vgl. Anm. 4 zu § 47) treten mit der Verkündung des Verweisungsbeschlusses ein (ZPO. § 276 Abs. 2; wichtig für etwaige Fristwahrung). Die bereits vor dem fälschlich angegangenen Gericht erwachsenen Kosten sind auf die Kosten des zuständigen Gerichts anzurechnen. „Angegangenes" Gericht ist aber nur das Gericht des ersten Rechtszuges; Kosten des Berufungs- und des Revisionsrechtszuges sind, wenn die Verweisung etwa erst in ihm erfolgt, nicht auf die Kosten des zuständigen Gerichts anzurechnen, sondern, wie die übrigen Mehrkosten (§ 276 Abs. 3 Satz 2 ZPO.), dem Kläger gesondert aufzuerlegen (ebenso Sydow-Busch-Krantz, Anm. 10 zu § 276 ZPO.). Ist fälschlich das Arbeitsgericht angerufen und verweist es den Rechtsstreit an ein ordentliches Gericht, so sind bei dem angegangenen Gericht keine Kosten erwachsen, da die Gerichtskosten nach § 12 Abs. 3 ArbGG. erst mit der Beendigung des Rechtszugs fällig und Kostenvorschüsse nicht erhoben werden. Wird der Rechtsstreit nach Angehung eines ordentlichen Gerichts an ein Arbeitsgericht verwiesen, so wird der bei dem angegangenen Gericht gezahlte Vorschuß auf die Kosten angerechnet; gegebenenfalls wenn der Kläger obsiegt oder der Vorschuß größer war als die beim Arbeitsgericht entstehenden Kosten, muß bei Kostenfälligkeit eine Rückzahlung an den Kläger erfolgen.

5 § 48 Abs. 1 bestimmt nur, daß die Vorschriften der §§ 11, 276 ZPO. auf das Verhältnis der Arbeitsgerichte und der ordentlichen Gerichte zueinander entsprechende Anwendung finden; wegen der allgemeinen öffentlich-rechtlichen Folgerungen hieraus vgl. Anm. 2. Im Verhältnis der Arbeitsgerichtsbehörden zueinander gilt die Vorschrift des § 276 ZPO. schon auf Grund der allgemeinen Bezugnahme auf die Vorschriften der Zivilprozeßordnung; die Vorschrift des § 11 ZPO. kommt für das arbeitsgerichtliche Verfahren praktisch nicht in Betracht, da nach dem Gesetz für alle Arbeitssachen die Arbeitsgerichte im ersten Rechtszug sachlich zuständig sind (vgl. Anm. 1a).

Innerhalb eines Arbeitsgerichts zwischen zwei verschiedenen Kammern (Arbeiter- und Angestelltenkammer, Fachkammer, Handwerksgericht) können die §§ 11, 276 ZPO. nicht zur Anwendung kommen, da sachlich und örtlich zuständig nur das Gericht, nicht die einzelne Kammer ist, auch wenn die Verteilung der Geschäfte auf verschiedenartige Kammern gemäß § 17 ArbGG. durch die Errichtungsbehörden erfolgt ist. An eine andere Kammer desselben Arbeitsgerichts wird eine Sache vielmehr formlos von Amts wegen abgegeben, sobald sich herausstellt, daß die Voraussetzungen hierfür vorliegen (a. A. Held-Lieb-Gift, Anm. 1 zu § 48); Schmincke-Sell, Anm. 2 zu § 48 und ihm folgend ArbG. Berlin — 23 A. C. 231—235/27 vom 13. 12. 1927 — abgedruckt in der Rechtspr. in ArbSachen, S. 125). Für die gegenteilige Auffassung kann auch nicht auf § 16 Abs. 3 KGG. verwiesen werden, dem der § 505 ZPO. früherer Fassung und damit der jetzige § 276 ZPO. im wesentlichen nachgebildet ist. Denn wenn dort für die Abgabe vom Kaufmannsgericht an das Gewerbegericht und umgekehrt ein Überweisungsbeschluß der im § 276 ZPO. umschriebenen Art verlangt wurde, so beruht das eben darauf, daß Gewerbegericht und Kaufmannsgericht auch derselben Gemeinde verschiedene Gerichte waren, während das Arbeitsgericht ein einheitliches Gericht ist.

Die Bezeichnung „Arbeitsgerichte" im § 48 Abs. 1 ist ungenau; es müßte heißen „Arbeitsgerichtsbehörden", da die Verweisung auf Grund der §§ 523, 557, 565 Abs. 3 Nr. 1 auch noch im höheren Rechtszug erfolgen kann (vgl. Sydow-Busch-Krantz, Anm. 5 zu § 276; Baumbach, Anm. 3 zu § 48). Es dürfte mit dieser Ausdrucksweise des Gesetzes nicht beabsichtigt sein, eine von der Zivilprozeßordnung abweichende Regelung zu geben.

6 Die Vorschrift des § 48 Abs. 2 ist vom Reichstag auf Grund eines Beschlusses des sozialen Ausschusses eingefügt worden. Sie entspricht in mancher Beziehung der Vorschrift des § 91 Abs. 1 ArbGG. über den Ausschluß der Arbeitsgerichtsbarkeit für Streitigkeiten aus dem Arbeitsverhältnis durch Tarifvertrag, weist aber auch manche Besonderheiten auf.

Die Tatsache der kollektiven Regelung des Arbeitsverhältnisses durch Tarifvertrag, die die materiellrechtlichen Beziehungen zwischen den einzelnen tarifgebundenen Arbeitgebern und Arbeitnehmern weitgehend vereinheitlicht, führt zu dem Wunsche, Streitigkeiten, die aus den tarifgebundenen Einzelarbeitsverhältnissen entstehen, an einer Stelle zur Entscheidung zu bringen, um eine einheitliche Auslegung des Tarifvertrages im Interesse aller Beteiligten zu erreichen. Dieses Ziel ist auf dem Wege der Ersetzung der staatlichen Arbeitsgerichtsbarkeit durch ein Tarifschiedsgericht nunmehr zweifelsfrei durch die Vorschrift des § 91 Abs. 1 ArbGG. zu erreichen; praktisch sind in dieser Weise auch bisher schon Tarifschiedsgerichte — ohne ausdrückliche Vorschrift über die Zulässigkeit des Ausschlusses der Gerichtsbarkeit im Tarifvertrag mit normativer Wirkung — in großer Zahl errichtet worden. Sehr häufig wünschen aber die Tarifvertragsparteien nicht, die staatliche Gerichtsbarkeit auszuschließen. In diesen Fällen wäre es, um die Rechtsprechung in Streitigkeiten aus den tarifvertragsgebundenen Einzelarbeitsverhältnissen bei einem Arbeitsgericht zu konzentrieren, erforderlich, daß die einzelnen Streitparteien jeweils die Zuständigkeit dieses Gerichts vereinbaren, ein praktisch kaum gangbarer Weg. § 48 Abs. 2 gibt deshalb über die Vorschriften der §§ 38—40 ZPO. hinaus auch den Tarifvertragsparteien selbst das

Recht der Zuständigkeitsvereinbarung für die Streitigkeiten aus tarifvertragsgebundenen Einzelarbeitsverhältnissen.

7 Daß es sich hier nur um bürgerliche Rechtsstreitigkeiten handeln kann, ergibt sich aus § 46 Abs. 1 ArbGG.

8 Die Fassung weicht etwas von der des § 2 Abs. 1 Nr. 2 ArbGG. ab. Gleichwohl dürften auch hier alle im § 2 Abs. 1 Nr. 2 erwähnten Streitigkeiten mit Ausnahme der aus unerlaubten Handlungen erfaßt werden, weil die ausführliche Fassung dieser Vorschrift nur erklärende Bedeutung hat (vgl. Anm 10 zu § 2). Auch die Streitigkeiten über das Bestehen oder Nichtbestehen eines Arbeits- oder Lehrvertrages und die Streitigkeiten aus den Nachwirkungen eines Arbeits- oder Lehrverhältnisses sind Streitigkeiten aus dem Arbeits- und Lehrverhältnis, nicht dagegen Streitigkeiten aus unerlaubten Handlungen, die mit dem Arbeits- oder Lehrverhältnis nur „im Zusammenhang" stehen.

9 Das Arbeits- oder Lehrverhältnis bestimmt sich nach einem Tarifvertrag, wenn seine Parteien Vertragsparteien des Tarifvertrags (auf der Arbeitgeberseite) oder Mitglieder der vertragschließenden wirtschaftlichen Vereinigungen sind oder bei Eingehung des Arbeits- oder Lehrverhältnisses gewesen sind oder das Arbeits- oder Lehrverhältnis unter Berufung auf den Tarifvertrag eingegangen sind (§ 1 der Tarifvertragsverordnung vom 23. 12. 1918) oder wenn ein Tarifvertrag für Arbeits- oder Lehrverhältnisse dieser Art für allgemeinverbindlich erklärt worden ist (§ 2 a. a. O.). Auch für Streitigkeiten aus einem Arbeits- oder Lehrverhältnis, das dem Tarifvertrage nur infolge einer Allgemeinverbindlichkeitserklärung untersteht, können die Tarifvertragsparteien eine Zuständigkeitsvereinbarung gemäß § 48 Abs. 2 schließen. Hierin unterscheidet sich die Zuständigkeitsvereinbarung nach § 48 Abs. 2 von der Schiedsgerichtsvereinbarung unter Ausschluß der Arbeitsgerichtsbarkeit, denn deren Wirkung erstreckt sich nach § 91 Abs. 1 Satz 2 ArbGG. nicht auf solche Parteien eines Arbeits- oder Lehrverhältnisses, die dem Tarifvertrage nur durch die Erklärung seiner allgemeinen Verbindlichkeit unterworfen sind (vgl. Anm. 6 Abs. 1). Der Grund für diese unterschiedliche Regelung liegt einmal darin, daß die Streitigkeiten durch die Vereinbarung nach § 91 Abs. 1 der staatlichen Gerichtsbarkeit überhaupt entzogen werden, was nicht über den Kopf der Streitparteien zulässig sein soll, während die Zuständigkeitsvereinbarung nur die Zuständigkeit eines andern staatlichen Arbeitsgerichts begründet, dann aber darin, daß die Vereinbarung nach § 91 Abs. 1 unabdingbar ist (vgl. Anm. 5 Abs. 4 zu § 91), während hier eine Gegenvereinbarung der Streitparteien gemäß §§ 38—40 ZPO. zugelassen ist (vgl. Anm. 10).

10 Die Geltung der Vorschriften der §§ 38—40 ZPO., die gemäß § 46 Abs. 2 Satz 1 ArbGG. entsprechend anwendbar sind, bleibt auch neben der Vorschrift des § 48 Abs. 2 ArbGG. aufrechterhalten. Das bedeutet zunächst, daß außer der Zuständigkeitsvereinbarung durch Tarifvertragsparteien nach § 48 Abs. 2 auch die Zuständigkeitsvereinbarung durch die Streitparteien nach der Regelung der §§ 38—40 ZPO. zugelassen ist. Haben also die Tarifvertragsparteien wegen der Zuständigkeit für Streitigkeiten aus den tarifvertragsgebundenen Einzelarbeitsverhältnissen nichts vereinbart, so ist es den Parteien des Einzelarbeitsverhältnisses unbenommen, allgemein oder für den Einzelfall, ausdrücklich oder stillschweigend Zuständigkeitsvereinbarungen für ihre Streitigkeiten im Rahmen der Vorschrift

des § 40 Abs. 1 ZPO. zu schließen; § 40 Abs. 2 ZPO. kommt für Arbeitssachen nicht in Frage.

Die weitere Wirkung der Erwähnung, daß §§ 38—40 ZPO. aufrechterhalten bleiben, besteht darin, daß beim Vorliegen einer Zuständigkeitsvereinbarung durch die Tarifvertragsparteien die Parteien des Einzelarbeitsverhältnisses nicht gehindert sind, eine widersprechende Zuständigkeitsvereinbarung abzuschließen (ebenso Dersch-Volkmar, Anm. 2 zu § 48; Schmincke-Sell, Anm. 5 zu § 48; Held-Lieb-Gift, Anm. 2 zu § 48; a. A. für den Regelfall: Baumbach, Anm. 4 zu § 48). Die öffentlich-rechtliche Notwendigkeit einer derartigen Regelung folgt schon daraus, daß auch die Parteien des Einzelarbeitsverhältnisses der Zuständigkeitsvereinbarung der Tarifvertragsparteien unterfallen, für die der Tarifvertrag nur infolge Allgemeinverbindlichkeitserklärung gilt (vgl. Anm. 9). Wenn aber Schmincke-Sell a. a. O. daraus schließen, daß der Tarifvertrag insofern also abdingbar ist, so erscheint das nicht zutreffend. Denn die Zuständigkeitsvereinbarung gehört nicht wie die für die Regelung der Arbeitsbedingungen grundsätzlich bedeutungsvolle Vereinbarung des Ausschlusses der Arbeitsgerichtsbarkeit (§ 91 Abs. 1 ArbGG.) zum Tarifvertrag, sondern ist eine Nebenvereinbarung der Tarifvertragsparteien aus Zweckmäßigkeitsgründen (vgl. Anm. 6), so daß die nur für normative Bestimmungen des Tarifvertrages in Betracht kommende Unabdingbarkeit hier nicht in Frage steht. Dies ist im § 48 Abs. 2 dadurch ausgedrückt, daß hier im Gegensatz zu § 91 Abs. 1 Satz 1 nicht gesagt ist, daß die Vereinbarung „im Tarifvertrage" zu schließen ist.

Theoretisch bedeutet die besondere Bezugnahme auf die §§ 38—40 ZPO. schließlich, daß auch die Zuständigkeitsvereinbarung der Tarifvertragsparteien diese Vorschriften berücksichtigen muß. Praktisch ist aber diese Bedeutung ohne Belang, weil die §§ 38, 39 nach ihrer Fassung nur auf eine Vereinbarung der Streitparteien anzuwenden sind — eine stillschweigende Vereinbarung der Tarifvertragsparteien ist nicht vorstellbar — und weil sich die Vereinbarung der Tarifvertragsparteien immer auf bestimmte Rechtsverhältnisse und die aus ihnen entspringenden Wirkungen bezieht und nur vermögensrechtliche Ansprüche ohne ausschließlichen Gerichtsstand betrifft (ZPO. § 40).

11 Wegen der entsprechenden Geltung des § 40 ZPO. vgl. Anm. 10 Abs. 3. Die Vereinbarung eines sachlich unzuständigen Gerichts kommt nicht in Frage, weil alle Streitigkeiten im ersten Rechtszug vor die Arbeitsgerichte gehören (§ 8 Abs. 2 ArbGG.); daher „eines an sich örtlich unzuständigen Arbeitsgerichts". Vereinbart werden kann nur ein Arbeitsgericht, bei dem Arbeitssachen der in Betracht kommenden Art behandelt werden, also nicht z. B. für Angestelltensachen oder Handwerkssachen ein Arbeitsgericht, aus dessen Bezirk die Angestellten oder Handwerkssachen bei einem andern Arbeitsgericht mit erstreckter Angestelltenkammer oder erstrecktem Handwerksgericht (§ 17 Abs. 4 ArbGG.) behandelt werden, da die Einrichtung dieser Kammern mit erstrecktem Geltungsbereich dadurch ihre Wirkung verlieren würde oder jede Sache an die erstreckte Kammer des andern Arbeitsgerichts abgegeben werden müßte (vgl. Anm. 5 Abs. 2). Ist die Kammereinteilung auch nur ein Akt der Geschäftsverteilung, nicht der Zuständigkeitsverteilung, auch wenn sie durch die errichtenden Behörden erfolgt, so ist sie doch gleichwohl öffentlich-rechtlich bindend.

12 Über den Rechtscharakter der Vereinbarung vgl. Anm. 10 Abs. 2.

§ 49

Ablehnung von Gerichtspersonen[1]

(1) **Über die Ablehnung von Gerichtspersonen[2] entscheidet die Kammer des Arbeitsgerichts[3].**

(2) **Wird sie durch das Ausscheiden des abgelehnten Mitglieds[4] beschlußunfähig[5], so entscheidet das Landesarbeitsgericht[6].**

(3) **Gegen den Beschluß findet kein Rechtsmittel statt[7] [8].**

1 Das Arbeitsgerichtsgesetz regelt im § 49 nur die Zuständigkeit zur Entscheidung über die Ablehnung von Gerichtspersonen; im übrigen sind gemäß § 46 Abs 2 Satz 1 ArbGG. die Vorschriften der Zivilprozeßordnung zur Ergänzung entsprechend anzuwenden. Dies gilt auch von der Ausschließung von Richtern kraft Gesetzes, die das Arbeitsgerichtsgesetz überhaupt nicht besonders regelt. Von dem die „Ausschließung und Ablehnung der Gerichtspersonen" behandelnden vierten Titel des ersten Abschnittes des ersten Buchs der Zivilprozeßordnung gelten daher für das arbeitsgerichtliche Urteilsverfahren des ersten Rechtszuges neben der Vorschrift des § 49 ArbGG. die §§ 41—44, § 46 Abs. 1 und §§ 47—49 ZPO. Für den zweiten Rechtszug sind Ausschließung und Ablehnung der Gerichtspersonen nach § 64 Abs. 2 Satz 1, Abs. 3 ArbGG. durch die gleichen Vorschriften der Zivilprozeßordnung und durch § 49 Abs. 1, 3 ArbGG. geregelt, für den dritten Rechtszug nach § 72 Abs. 2, 3 ArbGG. außer durch die angeführten Vorschriften der Zivilprozeßordnung durch § 49 Abs. 1 ArbGG.

Die entsprechend anwendbaren Vorschriften der Zivilprozeßordnung bezeichnen die Gründe, aus denen ein Richter im Einzelfall von der Ausübung des Richteramts kraft Gesetzes ausgeschlossen ist (§ 41 ZPO.), sie regeln ferner das Vorliegen des Ablehnungsrechts (§§ 42, 43), seine Geltendmachung (§ 44), das Verfahren bei der Entscheidung (§ 46 Abs. 1), die Pflichten des abgelehnten Richters (§ 47), die etwaige Ausschließung durch das Gericht ohne Parteiantrag (§ 48) und die Erstreckung aller Vorschriften auf den Urkundsbeamten der Geschäftsstelle (§ 49).

Gerichtspersonen, die im Einzelfall ausgeschlossen oder abgelehnt werden können, sind also die an der Entscheidung mitwirkenden Richter und der in der Sache tätige Beamte der Geschäftsstelle (vgl. ZPO. § 163 Abs. 3, nach welcher Vorschrift ein Protokollführer nicht in jedem Fall zugezogen zu werden braucht). „Richter" des Arbeitsgerichts sind der Vorsitzende und die Beisitzer (§ 6, § 53 Abs. 2 ArbGG.; vgl. die Anm. zu § 6, insbesondere Anm. 3).

Nach ZPO. § 406 und § 191 GVG. können Sachverständige und Dolmetscher aus denselben Gründen wie Richter abgelehnt werden, mit Ausnahme des aus der früheren Zeugenschaft fließenden Ablehnungsgrundes (ZPO. § 406 Abs. 1 Satz 2, § 41 Nr. 5). Diese Vorschriften gelten gemäß § 46 Abs. 2 Satz 1 bzw. § 9 Abs. 1 ArbGG. für das arbeitsgerichtliche Urteilsverfahren entsprechend. Das Verfahren ist in § 406 Abs. 2—5 ZPO. geregelt; auch diese Regelung gilt entsprechend, dabei ist aber die Vorschrift des § 406 Abs. 5 ebenso wie die gleichlautende für die Gerichtspersonen des § 46 Abs. 2 ZPO. durch § 49 Abs. 3 ArbGG. ersetzt.

2 Vgl. Anm. 1 Abs. 3. Der Ablehnung stehen die Fälle des § 48 ZPO. gleich (vgl. Anm. 1 Abs. 2).

3 Zur Entscheidung berufen ist die mit dem Streit befaßte Kammer des Arbeitsgerichts, und zwar in ihrer vollen Besetzung gemäß § 16 Abs. 2, § 31 ArbGG. Für die Fälle, in denen die Entscheidung gemäß § 46 Abs. 1, § 48 Abs. 2 ZPO. ohne mündliche Verhandlung erfolgt, ist die Vorschrift des § 49 Abs. 1 ArbGG. eine Ausnahme von der Vorschrift des § 53 Abs. 1 ArbGG., nach der der Vorsitzende allein die nicht auf Grund einer mündlichen Verhandlung ergehenden Beschlüsse erläßt. Diese Ausnahme bestand für das gewerbegerichtliche und für das kaufmannsgerichtliche Verfahren nicht (GGG. § 29 in Verbindung mit § 53 Abs. 1 KGG. § 16 Abs. 1 in Verbindung mit diesen Vorschriften des GGG.). Sie ist auch hier erst durch den Reichstag eingefügt worden, um die Beisitzer an diesen für das Vertrauen der Beteiligten in die Arbeitsrechtspflege besonders wichtigen Entscheidungen zu beteiligen.

Das Ablehnungsgesuch kann unter Glaubhaftmachung schriftlich oder zur Niederschrift der Geschäftsstelle (ZPO. § 44) oder in der mündlichen Verhandlung, dann aber, bei Kenntnis des Ablehnungsgrundes, nur vor dem Eintritt in die Verhandlung (ZPO. § 43), angebracht werden. Für die Entscheidung muß der entscheidenden Kammer eine dienstliche Äußerung der abgelehnten Gerichtsperson in jedem Falle vorgelegt werden (ZPO. § 44 Abs. 3).

4 Bei der Entscheidung über das Ablehnungsgesuch darf der abgelehnte Richter nicht mitwirken, gleichviel ob er sich für befangen hält oder nicht. Für ihn muß also, damit die Kammer voll besetzt ist, ein Ersatzmitglied eintreten. Wird der Vorsitzende abgelehnt, so tritt an seiner Stelle für die Entscheidung über das Ablehnungsgesuch sein geschäftsordnungsmäßiger Stellvertreter ein; an Stelle eines abgelehnten Beisitzers tritt der nächste auf der Liste des § 31 ArbGG. stehende Beisitzer ein. Das Ersatzmitglied bleibt auch für die sachliche Verhandlung des Rechtsstreits tätig, wenn dem Ablehnungsgesuch stattgegeben wird; wird es für unbegründet erklärt, so scheidet das Ersatzmitglied für die sachliche Verhandlung wieder aus und das abgelehnte Mitglied tritt wieder ein.

5 Da für jeden Vorsitzenden geschäftsordnungsmäßig ein Stellvertreter vorhanden sein wird — notfalls von einem benachbarten Gericht (vgl. Anm. 2 zu § 18) — und für jeden Beisitzer der nächste Beisitzer der Liste des § 31 ArbGG. eintreten kann, wird Beschlußunfähigkeit der Kammer nur in Ausnahmefällen eintreten, wenn auch der Stellvertreter des Vorsitzenden oder sämtliche Beisitzer abgelehnt werden.

Durch Ablehnung des Beamten der Geschäftsstelle kann die Kammer des Arbeitsgerichts niemals beschlußunfähig werden, weil er an dem Beschluß nicht mitwirkt. Ebenso ist Beschlußunfähigkeit im Falle der Ablehnung eines Sachverständigen oder eines Dolmetschers (vgl. Anm. 1 Abs. 4) nicht möglich.

6 In den in Anm. 5 Abs. 1 bezeichneten Ausnahmefällen ist das Landesarbeitsgericht zur Entscheidung berufen, und zwar stets, auch wenn das abgelehnte Mitglied das Ablehnungsgesuch für begründet hält (ebenso die Regelung der Zivilprozeßordnung für Kollegialgerichte, anders für das Amtsgericht — § 45 ZPO.). Nach dem Wortlaut des § 49 Abs. 2 entscheidet jedoch, falls der Beschluß über das Ablehnungsgesuch nicht auf Grund einer mündlichen Verhandlung ergeht, gemäß § 64 Abs. 3, § 53 Abs. 1 ArbGG. der Vorsitzende des Landesarbeitsgerichts allein. Da dieselben Gründe wie im § 49 Abs. 1 auch hier für eine Entscheidung durch die Kammer sprechen (vgl. Anm. 3 Abs. 1), dürfte die unterschiedliche Rege-

lung auf einem Versehen des Reichstags beruhen (a. A. Baumbach, Anm. 4 zu § 49). Praktische Bedeutung dürfte sie nicht in erheblichem Maße erlangen, weil einmal das Landesarbeitsgericht eben nur in Ausnahmefällen zur Entscheidung berufen sein wird, zudem aber gerade in diesen Fällen, falls beachtliche Ablehnungsgründe vorgebracht sind, meist über das Ablehnungsgesuch mündlich verhandelt werden wird; im Falle des § 48 ZPO. ist allerdings eine mündliche Verhandlung gemäß § 48 Abs. 2 ZPO. ausgeschlossen.

7 Anders als im allgemeinen Verfahren in bürgerlichen Rechtsstreitigkeiten nach § 46 Abs. 2 ZPO. und im bisherigen gewerbegerichtlichen und kaufmannsgerichtlichen Verfahren (GGG. § 26 in Verbindung mit § 46 Abs. 2 ZPO.; KGG. § 16 Abs. 1 in Verbindung mit diesen Vorschriften). Die Vorschrift des § 49 Abs. 3 ArbGG. dient der Beschleunigung des Verfahrens (Begr. C„ zu § 47, S. 59); sie gilt, gleichviel ob der Beschluß vom Arbeitsgericht (Abs. 1) oder vom Landesarbeitsgericht (Abs. 2) erlassen worden ist.

8 Hat an einem Verfahren ein kraft Gesetzes ausgeschlossener oder mit Erfolg abgelehnter Richter mitgewirkt, so begründet das außer der Berufung auch die Revision (im Falle der Mitwirkung bei der Entscheidung des Landesarbeitsgerichts unter den allgemeinen Voraussetzungen der Revision absoluter Revisionsgrund gemäß ZPO. § 551 Nr. 2, 3 in Verbindung mit § 72 Abs. 2 ArbGG.) und bei Rechtskräftigwerden des Urteils die Nichtigkeitsklage gemäß ZPO. § 579 Nr. 2, 3, Abs. 2 in Verbindung mit ArbGG. § 79. Die Mitwirkung eines ausgeschlossenen oder mit Erfolg abgelehnten Beamten der Geschäftsstelle und die Verletzung der Vorschriften des § 49 ArbGG. können außer der Berufung auch die Revision, nicht aber die Nichtigkeitsklage, begründen.

§ 50

Zustellung[1]

Urteile[2] sind[3] von Amts wegen zuzustellen[4] [5].

1 Zustellung ist die in bestimmter gesetzlich vorgeschriebener Form erfolgende Übergabe eines Schriftstückes zur Benachrichtigung eines Prozeßbeteiligten, die den Nachweis des Empfanges und der Zeit des Empfanges erbringt. Nach dem geltenden Prozeßrecht ist diese Form der Benachrichtigung für wichtige Prozeßakte grundsätzlich vorgeschrieben. Für die Arbeitsrechtspflege war es erforderlich, eine möglichst einfache Form der Zustellung zu wählen und sie nach Möglichkeit in die Hand der Behörde zu legen, um Unklarheiten zu vermeiden, wie sie bei prozeßungewandten Parteien sonst entstehen könnten.

Nach der ursprünglichen Fassung der Zivilprozeßordnung erfolgten die Zustellungen grundsätzlich auf Betreiben der Parteien und, soweit sie von Amts wegen erfolgten, in den Formen der Parteizustellung. Das Gewerbegerichtsgesetz legte für das gewerbegerichtliche Verfahren im § 32 Abs. 1 die Zustellung von Amts wegen fest und fand für sie wesentlich vereinfachte Formen (§§ 32—34). Ihm folgte das Gesetz betreffend Kaufmannsgerichte, das im § 16 Abs. 1 die entsprechende Anwendung der §§ 32—34 GGG. vorschrieb. Nach dem Muster dieser Vorschriften wurde die Zivilprozeßordnung durch die Novellen von 1898 und 1909 insbesondere für das amtsgerichtliche Verfahren geändert. Nach der jetzt geltenden Fassung der Zivilprozeßordnung erfolgen auch im amtsgerichtlichen Verfahren die Zustellungen grundsätzlich von Amts wegen (ZPO. § 499 Abs. 1 Satz 1); für die Form der Zustellung sind die §§ 208—213 ZPO. und die im § 208 ZPO. für entsprechend anwendbar erklärten Vorschriften aus dem Abschnitt über „Zustellungen auf Betreiben der Parteien" (ZPO. §§ 166—207) maßgebend. Auf Betreiben der Parteien sind im eigentlichen amtsgerichtlichen Verfahren nach § 496 Abs. 1 Satz 1, § 317 Abs. 1 ZPO. nur Urteile zuzustellen, von ihnen die Versäumnisurteile aber grundsätzlich durch Vermittlung der Geschäftsstelle (ZPO. § 508 Abs. 1, §§ 168, 196). Ebenso sind im Mahnverfahren Vollstreckungsbefehle zwar auf Betreiben des Gläubigers, aber grundsätzlich durch Vermittlung der Geschäftsstelle zuzustellen. Im übrigen sind nach der Zivilprozeßordnung auf Betreiben der Parteien im allgemeinen die Entscheidungen des Amtsgerichts als Vollstreckungsgerichts zuzustellen und stets die Anordnungen von Arresten und einstweiligen Verfügungen, die in Beschlußform ergehen, auch wenn sie von einem Amtsgericht erlassen werden (ZPO. § 922 Abs. 2, § 936).

Das Arbeitsgerichtsgesetz brauchte deshalb, wenn es die sachliche Regelung der §§ 32—34 GGG. übernehmen wollte, eine Sonderregelung gegenüber den Vorschriften der Zivilprozeßordnung nur noch in Einzelheiten, nicht grundsätzlich zu geben, da die für das amtsgerichtliche Verfahren maßgebenden Vorschriften der Zivilprozeßordnung gemäß § 46 Abs. 2 Satz 1 ArbGG. auf das arbeitsgerichtliche Urteilsverfahren des ersten Rechtszuges entsprechend anwendbar sind, soweit nichts anderes bestimmt ist. Diesem Gedanken entspricht die Regelung des § 50 ArbGG.

2 Im amtsgerichtlichen Verfahren sind Urteile auf Betreiben der Parteien zuzustellen (ZPO. § 496 Abs. 1 Satz 1, § 317 Abs. 1; vgl. Anm. 1 Abs. 2), im arbeitsgerichtlichen Verfahren dagegen wie im gewerbegerichtlichen (GGG. § 32 Abs. 1) von Amts wegen. Auf die Art des Urteils kommt es nicht an, maßgebend ist vielmehr die Einkleidung der arbeitsgerichtlichen Entscheidung in die Urteilsform. Es sind also auch z. B. Anordnungen von Arresten oder einstweiligen Verfügungen, wenn sie in Urteilsform ergehen (ZPO. § 922 Abs. 1), und Entscheidungen über ihre Rechtmäßigkeit (ZPO. § 925) von Amts wegen zuzustellen. Es kommt auch, und zwar in Abweichung von der bisherigen Regelung des Gewerbegerichtsgesetzes (GGG. § 32 Abs. 2), nicht darauf an, ob gegen das Urteil ein Rechtsmittel stattfindet oder ob es in Anwesenheit der Partei verkündet ist.

Für die Zustellung anderer gerichtlicher Entscheidungen des arbeitsgerichtlichen Urteilsverfahrens erster Instanz sind gemäß § 46 Abs. 2 Satz 1 ArbGG. die für das amtsgerichtliche Verfahren maßgebenden Vorschriften entsprechend anzuwenden. Das ergibt, daß nicht verkündete Beschlüsse und Verfügungen des Arbeitsgerichts oder seines Vorsitzenden und des beauftragten oder ersuchten Arbeitsgerichtsvorsitzenden (z. B. gemäß § 58 Abs. 1 ArbGG.) den Parteien gemäß § 329 Abs. 3 ZPO. ebenfalls von Amts wegen zuzustellen sind. Im arbeitsgerichtlichen Mahnverfahren ist der Zahlungsbefehl dem Schuldner gemäß ZPO. § 693 Abs. 1 von Amts wegen zuzustellen. Fraglich ist dagegen die Zustellung des Vollstreckungsbefehls. Nach ZPO. § 699 Abs. 1 Satz 4, 5 erfolgt die Zustellung des Vollstreckungsbefehls im amtsgerichtlichen Verfahren auf Betreiben des Gläubigers, aber grundsätzlich durch Vermittlung des Gerichtsschreibers (vgl. Anm. 1, Abs. 2). Die nur entsprechende Anwendbarkeit dieser Vorschrift auf das arbeitsgerichtliche Mahnverfahren dürfte dazu führen, daß hier die Zustellung des Vollstreckungsbefehls ebenfalls von Amts wegen erfolgt (a. A. Baumbach. Anm. 1A, a, Anm. 2 zu § 50). Denn der Vollstreckungsbefehl ist in der Zivilprozeßordnung einem durch ein Amtsgericht erlassenen Versäumnisurteil gleich behandelt (ZPO. § 700 Satz 1 Halbsatz 1; gleiche Regelung in § 699 Abs. 1 Satz 5 und in § 508 Abs. 1) und dieses wird im arbeitsgerichtlichen Verfahren gemäß § 50 ArbGG. von Amts wegen zugestellt (vgl. Abs. 1 dieser Anm.).

Auf die Zwangsvollstreckung einschließlich des Arrests und der einstweiligen Verfügung finden nach ArbGG. § 62 Abs. 2, abgesehen von den Vorschriften des § 62 Abs. 1 ArbGG., die Vorschriften des Achten Buches der Zivilprozeßordnung unmittelbare Anwendung. Das bedeutet, daß Vollstreckungsgericht nicht das Arbeitsgericht, sondern das Amtsgericht ist (ZPO. § 764; vgl. Anm. 1 Abs. 3 zu § 62). Die Frage der Zustellung der Entscheidungen des Vollstreckungsgerichts kommt danach für das arbeitsgerichtliche Urteilsverfahren des ersten Rechtszuges nicht in Betracht. Arreste und einstweilige Verfügungen sind jedoch gemäß ZPO. § 919, § 937 Abs. 1, § 942 Abs. 1 — Arreste auch, einstweilige Verfügungen grundsätzlich — vom Gericht der Hauptsache anzuordnen. Dies ist im arbeitsgerichtlichen Urteilsverfahren des ersten Rechtszuges das Arbeitsgericht. Soweit seine Entscheidungen betreffend Arrest oder einstweilige Verfügung in Urteilsform ergehen, sind sie gemäß § 50 ArbGG. von Amts wegen zuzustellen (vgl. Abs. 1 dieser Anm.). Dagegen wird der eine Arrest oder eine einstweilige Verfügung anordnende Beschluß des Arbeitsgerichts gemäß § 922 Abs. 2 ZPO. in Verbindung mit § 62 Abs. 2 ArbGG. nur auf Betreiben der Partei zuzustellen sein, die ihn erwirkt hat (ebenso Baumbach, Anm. 1A, b zu § 50). Hierin besteht also die einzige Ausnahme von dem Grundsatz der Zustellung von Amts wegen im arbeitsgerichtlichen Urteilsverfahren des ersten Rechtszuges. Diese Ausnahme erscheint insofern gerechtfertigt, als das Bekanntwerden des anordnenden Beschlusses, der ohne Kenntnis des Gegners erwirkt ist (ZPO. § 922 Abs. 1), am besten von dem Willen des Erwirkenden allein abhängig zu machen ist.

3 Die Fassung der Vorschrift ergibt, daß die Zustellung in jedem Falle erfolgen muß. Selbst ein Verzicht auf die Zustellung ist demnach unwirksam (ebenso Schmincke-Sell, Anm. 3 Abs. 1 zu § 50; a. A. Baumbach, Anm. 2 zu § 50).

4 Die zuzustellende Urteilsausfertigung enthält, soweit nichts anderes beantragt ist, Tatbestand und Entscheidungsgründe nicht (ZPO. § 317 Abs. 2 Satz 2, 3 in Verbindung mit § 46 Abs. 2 Satz 1 ArbGG.).

5 Alle Zustellungen erfolgen, soweit ein Prozeßbevollmächtigter bestellt ist, an diesen (ZPO. § 176), nur im Falle des § 51 ArbGG. gemäß der dort in bezug genommenen Vorschrift des § 141 Abs. 2 ZPO. auch bei Vorhandensein eines Prozeßbevollmächtigten an die Partei selbst.

§ 51

Persönliches Erscheinen der Parteien[1]

(1) Der Vorsitzende[2] kann das persönliche Erscheinen der Parteien[3] in jeder Lage des Rechtsstreits[4] anordnen[5]. Im übrigen[6] finden die Vorschriften des § 141 Abs. 2 und 3 der Zivilprozeßordnung[7] entsprechende Anwendung[6].

(2) **Der Vorsitzende[2] kann die Zulassung eines Prozeßbevollmächtigten ablehnen[8], wenn[9] die Partei trotz Anordnung ihres persönlichen Erscheinens unbegründet ausgeblieben ist[10] und hierdurch der Zweck der Anordnung vereitelt wird[11]. § 141 Abs. 3 Satz 2 der Zivilprozeßordnung findet entsprechende Anwendung[12 13].**

1 Durch die Regelung des § 11 Abs. 1 ArbGG. ist die Prozeßvertretung im arbeitsgerichtlichen Urteilsverfahren des ersten Rechtszuges keineswegs grundsätzlich ausgeschlossen (vgl. Anm. zu § 11). Vielmehr wird insbesondere die Prozeßvertretung durch Vertreter wirtschaftlicher Vereinigungen eine erhebliche Rolle spielen, wo die Partei in weiterer Entfernung vom Gerichtssitz wohnt oder besonders ungewandt ist oder wo es sich um rechtlich schwierigere oder grundsätzlich bedeutsame Fälle handelt. Eine derartige Entwicklung hatte sich schon unter der Geltung des Gewerbegerichtsgesetzes und des Gesetzes betr. Kaufmannsgerichte angebahnt, die zunächst wohl auf die Prozeßführung durch die Parteien selbst abgestellt waren. Diese Entwicklung hatte zur ausdrücklichen Änderung des maßgeblichen § 31 GGG. in der Novelle vom 14. Januar 1922 geführt.

Unter der Zulässigkeit der Prozeßvertretung darf aber gerade im Verfahren über Streitigkeiten des täglichen Arbeitslebens die Unmittelbarkeit der Streitverhandlung nicht leiden. Es muß vielmehr möglich sein, die Streitparteien auch persönlich vor das Gericht zu ziehen, sei es um sie zu einer Einigung zu veranlassen, zu der die Prozeßvertreter sich nicht für befugt halten, sei es um von ihnen eine Sachaufklärung zu erhalten, die die Vertreter in der erforderlichen Genauigkeit nicht geben können. Das Gewerbegerichtsgesetz bestimmte deshalb mit der — auch im kaufmannsgerichtlichen Verfahren gemäß § 16 Abs. 1 KGG. anwendbaren — Vorschrift des § 42 Abs. 1 Satz 4, 5, daß der Vorsitzende das persönliche Erscheinen der Parteien jederzeit unter Strafandrohung anordnen kann.

Für das allgemeine Verfahren in bürgerlichen Rechtsstreitigkeiten sah die Zivilprozeßordnung in ihrer früheren Fassung zwar die Möglichkeit der Anordnung des persönlichen Erscheinens der Parteien zur Sachaufklärung (§ 141 alter Fassung) und zur Vornahme eines Sühneversuchs (§ 296 Abs. 2) vor, versagte aber die Anwendung von Zwangsstrafmitteln; das Nichterscheinen konnte vielmehr nur allgemein bei der Wertung des Verhandlungsergebnisses gewürdigt werden (ZPO. § 286). Die Novelle zur Zivilprozeßordnung vom 13. Februar 1924 hat die Regelung der des Gewerbegerichtsgesetzes durch Einfügung des § 141 Abs. 3 ZPO. insofern angenähert, als nunmehr auch im allgemeinen Zivilprozeß für die Anordnung des persönlichen Erscheinens der Parteien zwecks Sachaufklärung, nicht aber zwecks Vornahme eines Sühneversuchs, Zwangsstrafbefugnisse zur Verfügung stehen.

Die Vorschrift des § 51 ArbGG. gibt im arbeitsgerichtlichen Urteilsverfahren des ersten Rechtszuges einmal dem Vorsitzenden des Arbeitsgerichts die Möglichkeit der Anordnung des persönlichen Erscheinens der Parteien zu jedem Zwecke und in jeder Prozeßlage unter Anwendung von Strafzwang (Abs. 1). Anderseits gibt sie im Abs. 2 — über die allgemeine Möglichkeit des § 286 ZPO. hinaus — die Möglichkeit einer besonderen prozessualen Benachteiligung der nichterschienenen Partei von erheblicher Wirksamkeit.

Gegenüber dieser Sonderegelung sind die §§ 141, 296 ZPO., soweit sie nicht im § 51 ArbGG. in Bezug genommen sind, nicht entsprechend anzuwenden. Dies gilt auch gegenüber dem Beschlußverfahren des ersten Rechtszuges, in dem die Vorschrift des § 51 gemäß § 80 Abs. 2 entsprechend anzuwenden ist, gegenüber dem Berufungsverfahren, in dem gemäß § 64 Abs. 3 ArbGG. nur § 51 Abs. 1 entsprechend anzuwenden ist, und gegenüber dem Revisions- und dem Rechtsbeschwerdeverfahren, in denen § 51 gemäß § 72 Abs. 3, § 85 Abs. 2 ArbGG. nicht angewendet wird (a. A. teilweise Schmincke-Sell, Anm. 4 zu § 51). Nachdem der Gegenstand des persönlichen Erscheinens der Parteien im Arbeitsgerichtsgesetz besonders geregelt ist, kann nicht angenommen werden, daß dort, wo die Geltung dieser Sonderregelung ausdrücklich ausgeschlossen ist, die allgemeine Regelung Platz greifen soll; wegen der Gründe der Vorschrften für die höheren Rechtszüge und für das Beschlußverfahren vgl. Anm. 16 zu § 64, Anm. 15 zu § 72, Anm. 10 zu § 80, Anm. 6a. 7. zu § 85.

2 Die Befugnis, das persönliche Erscheinen der Parteien vor Gericht herbeizuführen, ist in jedem Falle in die Hände des Vorsitzenden, nicht der Kammer, gelegt, auch sofern die Anordnung auf Grund einer mündlichen Verhandlung ergeht (Abweichung von dem Grundsatz des § 53 Abs. 1 ArbGG.). Die Vorschrift beruht auf dem Gedanken, daß es sich hier um im wesentlichen prozeßleitende Maßnahmen handelt, deren Vornahme durch den Vorsitzenden allein der Beschleunigung und Vereinfachung des Verfahrens dient, ohne die Bildung einer gemeinsamen Entschließung der Kammer in sachlichen Fragen zu beeinträchtigen. Die Regelung entspricht der allgemeinen Auffassung des Gesetzes, daß die Stellung des Vorsitzenden zwecks rascher Durchführung des Prozesses überall da zu stärken ist, wo es sich nicht um die Sachentscheidung handelt (vgl. §§ 54 bis 56 ArbGG.). Sie hindert nicht ein Benehmen des Vorsitzenden mit den Beisitzern, soweit seine Anordnung in der Kammersitzung ergeht; dieses dürfte vielmehr die natürliche Voraussetzung seiner Anordnung sein.

Aus diesen allgemeinen Gedanken und aus der Tatsache, daß alle im § 51 geregelten Maßnahmen zur Herbeiführung des persönlichen Erscheinens der Parteien nach dem Gesetz von dem Vorsitzenden ausgehen (Abs. 1 Satz 1, Abs. 2 Satz 1), daß ferner die Vorschriften des § 141 Abs. 2 und 3 nur entsprechende, nicht unmittelbare Anwendung finden (Abs. 1 Satz 2, Abs. 2 Satz 2), ist zu schließen, daß auch die für das allgemeine Zivilprozeßverfahren dem Gericht vorbehaltenen Maßnahmen im arbeitsgerichtlichen Verfahren vom Vorsitzenden allein getroffen werden, gleichviel ob auf Grund einer mündlichen Verhandlung oder nicht. Auch die Verhängung einer Strafe im Falle des Ausbleibens der persönlich geladenen Partei (ZPO. § 141 Abs. 3 Satz 1) ist daher Sache des Vorsitzenden allein, wenngleich er sich mit den Beisitzern darüber ins Benehmen setzen wird (a. A. Dersch-Volkmar, Anm. 2 a. E. zu § 51; Schmincke-Sell, Anm. 8 Abs. 1 zu § 51; Held-Lieb-Gift, Anm. 2 Abs. 6 zu § 51; in der Begründung abweichend: Baumbach, Anm. 5b zu § 51). Vgl. Anm. 6, 7.

3 Es kann auch, falls das zweckmäßig erscheint, das persönliche Erscheinen nur einer Partei angeordnet werden, wie nach ZPO. § 141 Abs. 1, wo es sich auch aus der Fassung ergibt.

Unter dem persönlichen Erscheinen einer Partei ist auch das Erscheinen des gesetzlichen Vertreters zu verstehen, wenn die Partei nicht prozeßfähig ist. Es kann also z. B. auch das persönliche Erscheinen einer Partei angeordnet werden, die Gesellschaft mit beschränkter Haftung ist. In diesem Falle ist die Anordnung dahin zu verstehen, daß der Geschäftsführer zu erscheinen hat. Eine andere Auslegung der Vorschrift würde ihrem Sinne, eine unmittelbare Verhandlung mit den Streitparteien herbeizuführen, nicht gerecht werden.

4 Der Vorsitzende kann das persönliche Erscheinen der Parteien in jeder Lage des Rechtsstreites anordnen. Das bedeutet zweierlei. Einmal kann die Anordnung sowohl im vorbereitenden schriftlichen Verfahren, bei der Terminsanberaumung und Ladung ergehen (vgl. für die streitige Verhandlung § 56 Satz 2) wie auf Grund der mündlichen Verhandlung, in der sich vielleicht erst herausstellt, daß die Anwesenheit der Parteien für die Förderung des Prozesses erforderlich ist. Zum anderen bedeutet die Vorschrift aber auch, daß die Anordnung für jeden der verschiedenen Abschnitte des Verfahrens einzeln oder für das ganze Verfahren erfolgen kann, also sowohl für das Güteverfahren (§ 54 ArbGG.) wie für die streitige Verhandlung und in dieser wieder für bestimmte Abschnitte. Die Anordnung muß erkennen lassen, inwieweit das persönliche Erscheinen gefordert wird; insoweit muß die persönliche Ladung an die Partei ergehen (ZPO. § 141 Abs. 2; vgl. Anm. 7 Abs. 1). Insbesondere für das Güteverfahren dürfte die Anordnung des persönlichen Erscheinens der Parteien praktisch eine erhebliche Rolle spielen.

5 Ergeht die Anordnung im schriftlichen Verfahren, so stellt sie eine prozeßleitende Verfügung des Vorsitzenden dar; ergeht sie in der mündlichen Verhandlung, so ist sie ein zu verkündender Beschluß, der in die Niederschrift aufzunehmen ist. In beiden Fällen ist die Anordnung endgültig; es findet keine Beschwerde statt (ArbGG. § 78 Abs. 1 Satz 1 in Verbindung mit ZPO. § 567 Abs. 1).

Die Entscheidung über die Anordnung ist nach der Fassung der Vorschrift — „kann anordnen" — in das pflichtmäßige Ermessen des Vorsitzenden über die prozessuale Zweckmäßigkeit der Anordnung gestellt. In Anwendung dieses Ermessens wird er sich, falls die Frage in einer mündlichen Verhandlung der Kammer praktisch wird, vor der Anordnung mit den Beisitzern beraten (vgl. Anm. 2 Abs. 1). Bei der Prüfung der Zweckmäßigkeit ist er, anders als das ordentliche Gericht nach § 141 Abs. 1 Halbsatz 2, an keine gesetzliche Regelung gebunden. Er kann das persönliche Erscheinen auch bei weiter Entfernung des Aufenthaltsorts der Partei vom Gerichtssitz anordnen, falls er es für erforderlich hält, wenngleich er in solchen Fällen regelmäßig aus Billigkeitsgründen davon absehen wird.

6 Soweit das Verfahren nicht durch § 51 Abs. 1 Satz 1 geregelt ist, sind die Vorschriften des § 141 Abs. 2 und 3 ZPO. entsprechend anzuwenden, d. h. soweit die Anwendung nicht dem Gedanken des § 51 Abs. 1 Satz 1 widerspricht (vgl. Anm. 2 Abs. 2). Die Vorschriften des § 141 Abs. 2, 3 ZPO. gelten im arbeitsgerichtlichen Verfahren also für die Anwendung des persönlichen Erscheinens der Parteien, gleichviel zu welchem Zweck sie erfolgt, während sie im Zivilprozeß nach § 141 Abs. 1 nur für die Anordnung zur Aufklärung des Sachverhalts gelten (vgl. Anm. 1 Abs. 4).

7 Nach ZPO. § 141 Abs. 2 ist die Partei, deren persönliches Erscheinen angeordnet ist, von Amts wegen zu laden. Die Ladung ist ihr selbst zuzustellen, auch wenn sie einen Prozeßbevollmächtigten bestellt hat. Die Geschäftsstelle des Arbeitsgerichts hat also auf Grund der Anordnung des Vorsitzenden (vgl. Anm. 4, Anm. 5 Abs. 1)

die Ladung vorzunehmen, und zwar hat sie die Partei selbst zu laden, gegebenenfalls zu Händen des gesetzlichen Vertreters (vgl. Anm. 3 Abs. 2). Ob die Ladung der Partei selbst zugestellt werden kann oder ob eine Ersatzzustellung erforderlich ist (ZPO. §§ 181 bis 187), ist ohne Belang. Die persönliche Ladung der Partei entspricht aber nur der Anordnung des persönlichen Erscheinens, daneben ist die Terminsladung als solche dem Prozeßbevollmächtigten zuzustellen.

Aus § 141 Abs. 3 Satz 3 ZPO. ergibt sich, daß mit der Ladung eine Strafandrohung für den Fall des Nichterscheinens zu verbinden ist. Erscheint die Partei alsdann nicht, so kann sie wie ein trotz ordnungsmäßiger Ladung nicht erschienener Zeuge vom Vorsitzenden (vgl. Anm. 2 Abs. 2) mit einer Ordnungsgeldstrafe von 1 RM bis zu 1000 RM, nicht aber mit Haft bestraft werden (ZPO. § 141 Abs. 3 Satz 1, § 380, § 377 Abs. 2 Nr. 3). Gegen den die Strafe verhängenden Beschluß des Vorsitzenden ist gemäß § 78 ArbGG. in Verbindung mit § 380 Abs. 3 ZPO. die Beschwerde an das Landesarbeitsgericht zugelassen.

Die Bestrafung kann aber nur eintreten, wenn die Partei sich überhaupt auf den Rechtsstreit eingelassen hat, andernfalls kann nur Versäumnisurteil ergehen. Einen Zwang zur Einlassung bedeutet § 141 Abs. 3 ZPO. nicht.

In jedem Fall hat der Vorsitzende pflichtgemäß zu prüfen, ob eine Bestrafung angemessen ist; er kann auch von ihr absehen, wenn er glaubt, daß sie in dem besonderen Fall unbillig wäre oder daß die Maßnahme des § 51 Abs. 2 ArbGG. genügt (vgl. Anm. 8 ff.). Die Bestrafung muß unterbleiben, wenn das Ausbleiben genügend entschuldigt ist, was der Vorsitzende ebenfalls pflichtgemäß zu prüfen hat. Bei nachträglicher genügender Entschuldigung ist die Strafe aufzuheben (ZPO. § 141 Abs. 3 in Verbindung mit § 381).

Nach § 141 Abs. 3 Satz 2 ist die Partei nicht straffällig, wenn sie zu der Verhandlung einen Vertreter entsendet, der sowohl zur Aufklärung des Tatbestandes in der Lage wie zur Abgabe der gebotenen Erklärungen, insbesondere zu einem Vergleichsabschluß, ermächtigt ist. Besser hätte das Gesetz gesagt, daß in diesem Falle der Anordnung des persönlichen Erscheinens genügt ist, was offenbar der Sinn der Regelung ist. Die persönlich geladene Partei kann also einen Vertreter zu der Verhandlung an ihrer Stelle schicken. Dieser Vertreter kann aber nicht etwa der Prozeßvertreter sein, der bisher den Rechtsstreit geführt hat und trotz dessen Prozeßführung die Anordnung des persönlichen Erscheinens ergangen ist. Gemeint kann vielmehr nach der Fassung der Vorschrift nur ein besonderer Vertreter sein, der entweder aus eigener Kenntnis oder aus anderen Gründen an sich über den streitigen Tatbestand unterrichtet ist. Der Gedanke der nicht sehr glücklich gefaßten Vorschrift geht offenbar dahin, zu ermöglichen, daß anstelle der Streitpartei insbesondere eine Person erscheint, die sie auch hinsichtlich des dem Streit zugrunde liegenden Rechtsgeschäft vertreten hat, also z. B. der dem Kläger vorgesetzte leitende Angestellte des Beklagten bei einem Streit aus dem Arbeitsvertrag in einem großen Unternehmen; eine solche Person wird häufig besser unterrichtet sein als die Partei selbst. Andererseits aber muß der Vertreter nach § 141 Abs. 3 Satz 2 ZPO. auch ermächtigt sein, alle Erklärungen namens der Partei abzugeben, die in der Verhandlung geboten sein können, er muß also von ihr umfassend ermächtigt sein, auch zum etwaigen Abschluß eines Vergleichs. Soweit nicht gegebenenfalls der Prozeßbevollmächtigte der Partei den Erklärungen des Vertreters auf Grund seiner allgemeinen Prozeßvollmacht beitritt, dürfte für Prozeßhandlungen des Vertreters eine besondere Prozeßvollmacht zu fordern sein (ebenso Dersch-Volkmar, Anm. 2 Abs. 6 zu § 51). Nur wenn beide Voraussetzungen für den Vertreter zutreffen, was der Vorsitzende zu prüfen hat, ist der Anordnung des persönlichen Erscheinens auch durch die Entsendung des Vertreters genügt.

8 Neben der Bestrafung der ausgebliebenen Partei ist — über die Vorschriften des § 141 ZPO. hinaus — auch eine unmittelbare Prozeßbenachteiligung zugelassen. Mittelbar kann sie auch im allgemeinen Zivilprozeßverfahren auf Grund des § 286 ZPO. eintreten, indem das Ausbleiben der Partei zur sachlichen Würdigung ihres Vorbringens mit herangezogen wird. Die in § 51 Abs. 2 zugelassene Benachteiligung wirkt aber erheblich stärker. Wird nämlich die Zulassung des Prozeßbevollmächtigten abgelehnt, so ist die Partei im Verfahren nicht vertreten, so daß auf Antrag des Gegners Versäumnisurteil bzw. Entscheidung nach Lage der Akten (§ 46 Abs. 2 Satz 1 ArbGG. in Verbindung mit ZPO. §§ 331a, 251a) ergehen kann.

Von dieser Prozeßbenachteiligung der ausgebliebenen Partei kann sowohl neben der Bestrafung nach Abs. 1 wie ohne diese Gebrauch gemacht werden. Die „Kann"-Vorschrift stellt die Anwendung in das pflichtmäßige Ermessen der entscheidenden Stelle (vgl. Abs. 3) über Zulässigkeit und prozessuale Zweckmäßigkeit der Maßnahme. Eines Antrages zu ihrer Anwendung bedarf es nicht; das Gericht muß selbst über die zweckmäßige und schleunige Prozeßführung wachen.

Zuständig für die Ablehnung ist in jeder Lage des Verfahrens der Vorsitzende allein, dem die Prozeßleitung obliegt (vgl. im übrigen Anm. 2). Gegen die Entscheidung, die durch Beschluß ergeht, der in die Niederschrift aufzunehmen ist, findet keine Beschwerde statt. Sobald die Entscheidung über die Ablehnung gefällt ist, steht es der erschienenen Partei frei, Versäumnisurteil oder Urteil nach Lage der Akten zu beantragen. Hierüber entscheidet das Gericht in seiner vollen Besetzung, also im Verfahren vor der Kammer, die Kammer; in dem sich an die Güteverhandlung unmittelbar anschließenden Verfahren vor dem Vorsitzenden (§ 55) erläßt dieser allein gemäß § 55 Abs. 2 ArbGG. auch das Versäumnisurteil oder das Urteil nach Lage der Akten.

9 Die Zulässigkeit der Ablehnung des Prozeßbevollmächtigten ist von zwei Voraussetzungen abhängig, die beide vorliegen müssen und deren Vorliegen der Vorsitzende vor seiner Entscheidung prüfen muß (Anm. 10, 11).

10 Das persönliche Erscheinen der ausgebliebenen Partei muß gemäß den Vorschriften des § 51 ArbGG. in Verbindung mit § 141 Abs. 2 ZPO. ordnungsmäßig angeordnet sein. Entgegen dieser Anordnung muß die Partei „unbegründet" ausgeblieben sein. Unbegründetheit liegt nicht nur vor, wenn die Partei sich zur Begründung ihres Ausbleibens überhaupt nicht entschuldigt, sondern auch dann, wenn die etwa vorgebrachte Entschuldigung nach dem pflichtmäßigen Ermessen des entscheidenden Vorsitzenden das Ausbleiben nicht rechtfertigt. Dem pflichtmäßigen Ermessen des Vorsitzenden ist also auch hier Raum gelassen.

11 Die Ablehnung des Prozeßbevollmächtigten ist weiter nur zulässig, wenn zugleich durch das Ausbleiben der Partei der Zweck der Anordnung vereitelt wird. Da das persönliche Erscheinen zu jedem Zweck angeordnet werden kann (vgl. Anm. 1 Abs. 4), so hat der Vorsitzende zu prüfen, ob der spezielle Zweck, der mit seiner Anordnung erreicht werden sollte, durch das Ausbleiben vereitelt wird.

Hatte er das persönliche Erscheinen zum Zwecke schleuniger Sachaufklärung angeordnet, so muß er prüfen, ob nunmehr die beabsichtigte Aufklärung unmöglich ist; ist das nicht der Fall, etwa weil inzwischen der Prozeßbevollmächtigte so umfassend unterrichtet ist, daß er auf alle Fragen antworten kann, so kann er den Prozeßbevollmächtigten nicht ablehnen, auch wenn die Partei trotz Anordnung unbegründet ausgeblieben ist. Hatte er das Erscheinen zwecks Vornahme eines Einigungsversuchs, insbesondere zur Güteverhandlung (§ 54 ArbGG.) angeordnet, so ist die Ablehnung nicht zulässig, wenn der Einigungsversuch mit dem erschienenen Vertreter den gleichen Erfolg verspricht wie ein Einigungsversuch mit der Partei selbst. Die hier behandelte Voraussetzung kann also zu einer nochmaligen Nachprüfung der bei der Anordnung des persönlichen Erscheinens berücksichtigten Umstände führen.

12 Die Vorschrift des § 51 Abs. 2 Satz 2 dürfte neben der des § 51 Abs. 2 Satz 1 genau genommen überflüssig sein; sie dient aber zur Erläuterung der in der Anm. 11 behandelten Voraussetzung. Wird nämlich der im § 141 Abs. 3 Satz 2 ZPO. beschriebene Vertreter zu der Verhandlung entsandt, so ist durch das Nichterscheinen der Partei der Zweck der Anordnung des persönlichen Erscheinens nicht vereitelt. § 141 Abs. 3 Satz 2 ZPO. geht sogar weiter, als dies für die Vorschrift des § 51 Abs. 2 Satz 1 ArbGG. erforderlich ist, weil dort Fähigkeit des Vertreters zur Aufklärung des Tatbestandes und zum Vergleichsabschluß verlangt wird, gleichgültig, zu welchem Zweck das persönliche Erscheinen angeordnet worden war (vgl. Anm. 1 Abs. 4).

13 Aus dem Gesagten ergibt sich, daß die Befugnisse des Vorsitzenden aus § 51 Abs. 1 theoretisch weitergehen als die aus § 51 Abs. 2; die Bestrafung der nicht erschienenen Partei kann ohne erneute Nachprüfung erfolgen, ob die Erreichung des Zwecks der Anordnung des persönlichen Erscheinens möglich ist, sofern der entsandte Vertreter nicht allen Voraussetzungen des § 141 Abs. 3 Satz 2 ZPO. entspricht, die Ablehnung des Prozeßbevollmächtigten dagegen nicht. Die Verhängung der Prozeßstrafe ist in dem Ungehorsam gegen die Anordnung des Vorsitzenden begründet, die im allgemeinen bedeutsamere prozessuale Benachteiligung der nichterschienenen Partei dagegen in der Unmöglichkeit, den Prozeß ohne ihr Erscheinen zu fördern. Da beide Vorschriften „Kann"-Vorschriften sind, wird in der Praxis dieser Unterschied allerdings nur in Ausnahmefällen eine Rolle spielen.

§ 52

Öffentlichkeit[1]

Die Verhandlung vor dem erkennenden Gericht einschließlich der Beweisaufnahme und der Verkündung der Entscheidungen ist öffentlich[2]. Das Arbeitsgericht kann die Öffentlichkeit für die Verhandlung oder für einen Teil der Verhandlung ausschließen, wenn durch die Öffentlichkeit eine Gefährdung der öffentlichen Ordnung, insbesondere der Staatssicherheit, oder eine Gefährdung der Sittlichkeit zu besorgen ist[3] oder wenn eine Partei den Ausschluß der Öffentlichkeit beantragt, weil Betriebs-, Geschäfts- oder Erfindungsgeheimnisse zum Gegen-

stande der Verhandlung oder der Beweisaufnahme gemacht werden[4]; im Güteverfahren kann es die Öffentlichkeit auch aus Zweckmäßigkeitsgründen ausschließen[5]. Die Vorschriften der §§ 173 bis 175 des Gerichtsverfassungsgesetzes finden entsprechende Anwendung[6].

1 Das Prozeßverfahren ist grundsätzlich öffentlich, doch erleidet dieser Grundsatz gewisse Einschränkungen. Für den allgemeinen Prozeß sind die einschlägigen Vorschriften in den §§ 169 bis 175 GVG. gegeben. Diese Regelung hatte das Gewerbegerichtsgesetz, soweit sie für das gewerbegerichtliche Verfahren in Betracht kam, in § 38 Abs. 1, 2 GGG. übernommen, der nach § 16 Abs. 1 KGG. auch für das kaufmannsgerichtliche Verfahren galt.

2 Das Arbeitsgerichtsgesetz schließt sich dem Grundsatz ebenfalls an, paßt die Vorschriften aber den möglichen Besonderheiten der Arbeitssachen weiter an (vgl. Anm. 4, 5).

§ 52 Satz 1 entspricht mit Ausnahme der Worte „der Beweisaufnahme und" im Wortlaut der Vorschrift des § 169 GVG. Gleichwohl geht die Vorschrift des Arbeitsgerichtsgesetzes inhaltlich weiter. Denn Verhandlung „vor dem erkennenden Gericht" ist im arbeitsgerichtlichen Urteilsverfahren nach dessen Aufbau auch die Güteverhandlung (ArbGG. § 54), die im amtsgerichtlichen Verfahren des Zivilprozesses der Erhebung der Klage und damit der Verhandlung vor dem erkennenden Gericht vorangeht (ZPO. § 495a Abs. 1 Satz 1). Infolgedessen schreibt § 52 Satz 1 nach seiner Fassung auch für das Güteverfahren grundsätzlich die öffentliche Verhandlung vor; wegen der möglichen Ausnahme vgl. § 52 Satz 2 Halbsatz 2. (Anm. 5).

Gegenüber dem Wortlaut des § 169 GVG. schreibt § 52 Satz 1 ArbGG. ausdrücklich auch die Öffentlichkeit der Beweisaufnahme vor dem erkennenden Gericht vor. Diese Änderung hat bereits Anlaß zu Mißverständnissen gegeben. Dersch-Volkmar (An. 1 zu § 52) halten sie für sachlich belanglos, da die vor dem erkennenden Gericht stattfindende Beweisaufnahme nur ein Teil der Verhandlung vor diesem Gericht sei. Zu demselben Schluß kommt auch Baumbach (Anm. 2B zu § 52), doch rügt er die Einfügung, weil sie nach seiner Auffassung unnötig Unklarheit schaffe. In Wirklichkeit dürfte die Einfügung jedoch nicht ohne Bedeutung sein; ihr Sinn ergibt sich vielmehr aus dem von dem allgemeinen Verfahren teilweise verschiedenen Aufbau des arbeitsgerichtlichen Verfahrens. Im Zivilprozeß ist das Verfahren der Beweisaufnahme nach § 169 GVG., wenn es vor dem beauftragten oder dem ersuchten Richter stattfindet, nicht öffentlich, weil es alsdann kein Verfahren vor dem erkennenden Gericht ist; der beauftragte Richter ist ein Mitglied der Kammer, der ersuchte Richter ein auswärtiger Amtsrichter. Im arbeitsgerichtlichen Urteilsverfahren findet die Beweisaufnahme gemäß § 58 Abs. 1 ArbGG. in weiterem Ausmaß als im Zivilprozeß vor der Kammer statt. Sie kann dem Vorsitzenden eines auswärtigen Arbeitsgerichts oder einem auswärtigen Amtsgericht als ersuchten Richter übertragen werden, wenn sie außerhalb des Bezirks des Arbeitsgerichts stattfinden muß (§ 58 Abs. 1 Satz 3); in diesem Falle findet sie nicht vor dem erkennenden Gericht statt und ist deshalb nach § 52 Satz 1 nicht öffentlich. Erfolgt dagegen die Beweisaufnahme nicht am Sitze, aber im Bezirke des Arbeitsgerichts, so kann sie dem Vorsitzenden des Gerichts übertragen werden (§ 58 Abs. 2 ArbGG.). Der Vorsitzende des Arbeitsgerichts ist aber nicht in demselben Sinne beauftragter Richter wie das Kammermitglied des ordentlichen Gerichts, denn ihm obliegen nach der Regelung des arbeitsgerichtlichen Urteilsverfahrens auch sonst Aufgaben des Arbeitsgerichts als solchen (vgl. § 53 Abs. 1, §§ 54, 55 ArbGG.). Die Beweisaufnahme vor dem gemäß § 58 Abs. 1 Satz 2 beauftragten Vorsitzenden ist deshalb als Beweisaufnahme „vor dem erkennenden Gericht" anzusehen, sie ist deshalb wie die vor der Kammer öffentlich (a. A. Schmincke-Sell, Anm. 2 a. E.; anscheinend auch Dersch-Volkmar, Anm. 1, und Baumbach, Anm. 2B). Diesen Unterschied gegenüber dem allgemeinen Zivilprozeßverfahren deutet die Fassung des § 52 Satz 1 — vielleicht nicht sehr glücklich — an. Die verschiedene Behandlung der Beweisaufnahme vor dem sog. beauftragten Vorsitzenden und vor dem ersuchten Richter hinsichtlich der Öffentlichkeit des Verfahrens erklärt sich daraus, daß außerhalb des Bezirks des Arbeitsgerichts im allgemeinen ein Interesse an öffentlicher Verhandlung, d. h. an der Möglichkeit des Zuhörens nicht unmittelbar am Verfahren beteiligter Personen, nicht bestehen wird, während das im Bezirk des Arbeitsgerichts — bei der häufig einen größeren Personenkreis des Arbeitslebens ergreifenden Bedeutung einer Arbeitssache — angenommen werden kann.

Wo die Verhandlung vor dem erkennenden Gericht stattfindet, ist für die Anwendung des § 52 Satz 1 ohne Bedeutung.

[3] Die Möglichkeit des Ausschlusses der Öffentlichkeit wegen Gefährdung der öffentlichen Ordnung oder der Sittlichkeit entspricht der Vorschrift des § 172 GVG. für das allgemeine Zivilprozeßverfahren. Sie ist zum Schutze der Allgemeinheit, nicht der Prozeßbeteiligten gegeben. Von ihr ist deshalb gegebenenfalls von Amts wegen, nicht nur auf Antrag einer Partei, Gebrauch zu machen. Mangels Abweichungen von der allgeimenen Regelung des Zivilprozesses bedarf die Vorschrift hier keiner weiteren Erläuterung. Doch muß gesagt werden, daß im arbeitsgerichtlichen Verfahren die Frage des Ausschlusses der Öffentlichkeit wegen Gefährdung der Allgemeinheit vielleicht noch vorsichtiger geprüft werden muß als im Zivilprozeßverfahren, weil jenes grundsätzlich Vorgänge des Arbeitslebens und damit des täglichen Lebens der Allgemeinheit betrifft, deren Nachprüfung der Öffentlichkeit im allgemeinen nicht entzogen werden sollte.

[4] Diese Möglichkeit des Ausschlusses der Öffentlichkeit ist nicht im Interesse der Allgemeinheit, sondern im Interesse Einzelner, grundsätzlich einzelner Prozeßbeteiligter, gegeben. Sie ist vom Arbeitsgerichtsgesetz neu eingeführt; ihrem Charakter nach — als Schutz berechtigter Interessen Einzelner — schließt sie sich den Ausschlußmöglichkeiten der §§ 170, 171 GVG. für das Verfahren in Familienrechtsstreitigkeiten an. Es handelt sich aber hier nur um eine „Kann"-Vorschrift, während §§ 170, 171 GVG. zum erheblichen Teil „Muß"-Vorschriften enthalten.

Dem Charakter der Ausschlußmöglichkeit entsprechend findet der Ausschluß der Öffentlichkeit nur auf Antrag einer Partei statt. Ob die Partei den Antrag im eigenen Interesse oder aus Rücksicht auf andere Interessen stellt, ist ohne Bedeutung (ebenso Baumbach, Anm. 5 zu § 52); in der Praxis wird sie ihn kaum anders als zum Schutz eigener Interessen stellen.

Als schutzwürdig erkennt § 52 ArbGG. Betriebsgeheimnisse, Geschäftsgeheimnisse und Erfindungsgeheimnisse an. Es sind dies die spezifischen Geheimnisse, die durch das Verfahren in Streitigkeiten des Arbeitslebens offenbart werden können, und zwar Betriebs- und Geschäftsgeheimnisse auf seiten des Arbeitgebers,

Erfindungsgeheimnisse auf seiten des Arbeitnehmers. Der Begriff der Geschäfts- und Betriebsgeheimnisse ist auch anderen Gesetzen bekannt, insbesondere dem Gesetz über den unlauteren Wettbewerb (§ 9). Geschäftsgeheimnisse sind alle typischen geschäftlichen Maßnahmen des inneren Betriebes eines Unternehmens, die von ihm geheimgehalten werden, weil ihr Bekanntwerden das besondere Wohlergehen dieses Unternehmens infolge Nachahmung durch andere Unternehmen schädigen könnte (z. B. besondere Arten der Kalkulation). Betriebsgeheimnisse dürften demgegenüber mehr die technische Seite der Betätigung des Unternehmens betreffen (Herstellung gewisser Stoffe, Anordnung von Maschinen usw.). Das Erfindungsgeheimnis umfaßt das gesamte, eine Erfindung betreffende Wissen und seine praktische Anwendung; es kann im Zusammenhang des § 52 ArbGG. nur für Arbeitnehmer in Betracht kommen, da es auf seiten des Arbeitgebers als Betriebs- oder Geschäftsgeheimnis anzusehen ist. Das Erfindungsgeheimnis kann im arbeitsgerichtlichen Verfahren insbesondere insofern eine Rolle spielen, als Streitigkeiten über Arbeitnehmererfindungen gemäß § 2 Abs. 1 Nr. 2 Halbsatz 2 ArbGG. teilweise zur arbeitsgerichtlichen Zuständigkeit gehören. Im allgemeinen Zivilprozeßverfahren, das für den erheblicheren Teil der Erfindungsstreitigkeiten zuständig ist, besteht die Möglichkeit des Ausschlusses der Öffentlichkeit mit bezug auf Erfindungsgeheimnisse nicht.

Ob auf den Parteiantrag die Öffentlichkeit für die ganze Verhandlung oder für einen Teil der Verhandlung ausgeschlossen wird, liegt im pflichtmäßigen Ermessen des Arbeitsgerichts („Kann"-Vorschrift). Es soll von der Möglichkeit nur da Gebrauch machen, wo von einer öffentlichen Verhandlung nach sorgfältiger Prüfung eine ernste Schädigung der berechtigten Interessen des Geheimnisberechtigten zu besorgen ist; nur in diesen Fällen rechtfertigt der Schutz des Einzelinteresses die Ausschließung der Allgemeinheit des Arbeitslebens vom Zugang zu dem Prozeß, der grundsätzlich aufrechterhalten werden soll.

5 Da das Güteverfahren im arbeitsgerichtlichen Verfahren „vor dem erkennenden Gericht", nämlich vor dem Vorsitzenden des Arbeitsgerichts stattfindet (§ 54 ArbGG.), ist es an sich, anders als nach der Zivilprozeßordnung, gemäß § 52 Satz 1 ArbGG. öffentlich (vgl. Anm. 2 Abs. 1). So wünschenswert diese weitgehende Öffentlichkeit aus allgemeinen Gründen ist, darf sie doch nicht dazu führen, den Hauptzweck des Güteverfahrens, die Herbeiführung einer Einigung zwischen den Prozeßparteien, zu vereiteln. Dieser Fall kann aber nach der Erfahrung mitunter durch das Zuhören Dritter bei der Güteverhandlung eintreten, weil die Parteien sich in deren Gegenwart nicht frei in ihren Entschließungen fühlen; solche psychologischen Bindungen sind gerade im Arbeitsleben nicht selten. Um ungerechtfertigte Einwirkungsmöglichkeiten dieser Art auszuschließen, kann der Vorsitzende des Arbeitsgerichts, der in der Güteverhandlung das Arbeitsgericht verkörpert, auch ohne Vorliegen der vorher genannten besonderen Gründe für den Ausschluß der Öffentlichkeit diese aus dem reinen Zweckmäßigkeitsgrunde der besseren Erfolgsaussichten des Verfahrens ausschließen. Ob er sich hierzu entschließt, ist in sein pflichtmäßiges Ermessen gestellt, das von einer anderen Stelle nicht nachgeprüft werden kann. Bei diesem Ermessen wird er in jedem Falle zu prüfen haben, ob tatsächlich in dem ihm vorliegenden Fall so starke Zweckmäßigkeitsgründe der bezeichneten Art für den Ausschluß der Öffentlichkeit sprechen, daß sie eine Abweichung von dem Grundsatz des öffentlichen Verfahrens rechtfertigen.

Ist die Öffentlichkeit für die Güteverhandlung ausgeschlossen worden, so ist besonders zu beachten, daß sie vor Eintritt in die sich etwa unmittelbar anschließende Verhandlung vor dem Vorsitzenden gemäß § 55 ArbGG. wiederhergestellt werden muß, es sei denn, daß der Ausschluß aus den allgemeinen Gründen des § 52 Satz 2 Halbsatz 1 für das ganze Verfahren erfolgte.

6 Soweit die Vorschriften der §§ 173 bis 175 GVG. unmittelbar anzuwenden sind, bedürfen sie hier — als nicht dem arbeitsgerichtlichen Urteilsverfahren eigentümlich — keiner Erläuterung. Dies gilt insbesondere auch für die Folge einer Verletzung dieser Vorschriften. Die entsprechende Anwendung der Vorschriften bringt jedoch gewisse Veränderungen für das arbeitsgerichtliche Urteilsverfahren des ersten Rechtszuges mit sich.

So wird durch einen besonderen Beschluß des Arbeitsgerichts in entsprechender Anwendung des § 173 Abs. 2 GVG. für die Verkündung der Urteilsgründe oder eines Teiles von ihnen die Öffentlichkeit auch dann ausgeschlossen werden können, wenn die öffentliche Verkündung eine Bekanntgabe von Betriebs-, Geschäfts- oder Erfindungsgeheimnissen besorgen läßt. Eines besonderen Antrages hierzu wird es, falls in der Verhandlung die Öffentlichkeit aus diesem Grunde ausgeschlossen war, nicht bedürfen, vielmehr wird das Gericht von Amts wegen zu prüfen haben, ob für die zu verkündende Urteilsbegründung dieselben Bedenken fortbestehen, die auf Antrag einer Partei zur nichtöffentlichen Verhandlung geführt haben. Ebenso wird auch bei der Verkündung des Ausschlußbeschlusses für die Verhandlung in entsprechender Anwendung des § 174 Abs. 1 Satz 3 GVG. anzugeben sein, ob der Ausschluß wegen Besorgnis der Bekanntgabe von Betriebs-, Geschäfts- oder Erfindungsgeheimnissen erfolgt (ebenso für beide Fälle Dersch-Volkmar, Anm. 5 zu § 52).

Besonders vorsichtig wird im arbeitsgerichtlichen Verfahren auch in der entsprechenden Anwendung des § 175 Abs. 1 GVG. zu verfahren sein. Der Begriff der „unerwachsenen Person" dürfte hier enger auszulegen sein als im allgemeinen Zivilprozeß. Seine Anwendung darf nicht dazu führen, daß Personen, die bereits im Arbeitsleben stehen, von der Anhörung des Verfahrens ausgeschlossen werden. Ferner kann es jedenfalls im arbeitsgerichtlichen Verfahren nicht als „der Würde des Gerichts nicht entsprechend" angesehen werden, wenn Zuhörer in ihrer Arbeitskleidung erscheinen.

In entsprechender Anwendung des § 175 Abs. 3 GVG. in Verbindung mit § 15 Ab. 1 Satz 1 ArbGG. ist auch bei Ausschluß der Öffentlichkeit die Anwesenheit der die Dienstaufsicht führenden Beamten der Sozialverwaltung neben denen der Justizverwaltung bei den Verhandlungen vor dem erkennenden Gericht (nicht bei der Beratung) zugelassen.

§ 53

Befugnisse des Vorsitzenden und der Beisitzer[1]

(1) Die nicht auf Grund einer mündlichen Verhandlung ergehenden Beschlüsse und Verfügungen[2] erläßt, soweit nichts anderes bestimmt ist[3], der Vorsitzende allein[4].

(2) **Im übrigen[5] gelten für die Befugnisse des Vorsitzenden und der Beisitzer die Vorschriften der Zivilprozeßordnung über das landgerichtliche Verfahren[6] entsprechend[7].**

1 Nach § 46 Abs. 2 Satz 1 gelten an sich für das arbeitsgerichtliche Urteilsverfahren des ersten Rechtszuges die für das amtsgerichtliche Verfahren maßgebenden Vorschriften der Zivilprozeßordnung entsprechend. Diese Vorschrift findet jedoch ihre Grenze darin, daß das Amtsgericht mit einem Einzelrichter besetzt ist, während das Arbeitsgericht Kollegialgericht ist. Infolgedessen muß das Gesetz besondere Vorschriften für die Befugnisse des Vorsitzenden und der Beisitzer im Verhältnis zueinander geben, wie dies auch das Gewerbegerichtsgesetz in § 53 GGG. getan hat, der gemäß § 16 Abs. 1 KGG. auch im kaufmannsgerichtlichen Verfahren entsprechend anzuwenden war. § 53 ArbGG. entspricht, abgesehen von sprachlichen Änderungen ohne sachliche Bedeutung, den Absätzen 1 und 2 des § 53 GGG.; GGG. § 53 Abs. 3 ist für das arbeitsgerichtliche Verfahren durch § 9 Abs. 1 ArbGG. (vgl. Anm. 6 zu § 9) ersetzt.

Die Schwierigkeiten, die sich für die Abgrenzung der Befugnisse des Vorsitzenden und der Beisitzer untereinander im arbeitsgerichtlichen Urteilsverfahren ergeben, sind nicht lediglich die gleichen, die bei jedem Kollegialgericht, also bei jedem höheren Gericht des allgemeinen Prozeßrechts, entstehen. Für die Arbeitsgerichtsbarkeit kommt hinzu, daß die Beisitzer keine ständigen Mitglieder des Gerichts sind, sondern grundsätzlich sitzungsweise wechseln (vgl. § 31 ArbGG. und die Anm. dort), so daß die für eine Gerichtshandlung etwa in Betracht kommenden Beisitzer nicht jederzeit am Gerichtsort anwesend sind. Auf der anderen Seite ist ihre Zuziehung nach dem Sinn des Gesetzes um so erforderlicher, als es sich hier nicht, wie bei den Beisitzern der allgemeinen Zivilgerichtsbarkeit, um dem Vorsitzenden gleichartige Beisitzer, sondern um Vertreter der beteiligten gesellschaftlichen Parteien des Arbeitslebens neben dem rechtsgelehrten Vorsitzenden handelt (vgl. wegen des Näheren: Joachim, Die justizpolitische Bedeutung des Arbeitsgerichtsgesetzes, in der Zeitschrift „Die Justiz", Bd. 2, Heft 3 [Februar 1927], S. 255ff.). Während deshalb der Grundsatz der Schaffung einer dem Arbeitsleben nahestehenden Rechtspflege weitgehende Beteiligung der Arbeitgeber- und Arbeitnehmerbeisitzer verlangt, steht dem der gerade für Arbeitssachen nicht minder wichtige Grundsatz der Beschleunigung des Verfahrens in mancher Beziehung entgegen.

Das Arbeitsgerichtsgesetz versucht nun das Problem in der Weise zu lösen, daß es die sachliche und rechtliche Prüfung und Entscheidung des Rechtsstreits, sofern nicht besondere Gründe entgegenstehen (vgl. ArbGG. § 55 Abs. 2, § 58 Abs. 1), der Kammer in der vollen Besetzung mit dem Vorsitzenden und den Beisitzern zuweist, die prozeßvorbereitenden und prozeßleitenden Maßnahmen aber in weitestem Ausmaße, weiter auch als im allgemeinen Zivilprozeß für das Kollegialgericht, dem Vorsitzenden. Diese Regelung macht die sorgfältige Auswahl der Vorsitzenden der Arbeitsgerichte durch die Bestellungsbehörden (§ 18) ganz besonders zu einer wichtigen Voraussetzung für ein reibungsloses Arbeiten der Arbeitsrechtspflege.

Soweit die Arbeitgeber- und die Arbeitnehmerbeisitzer in der Rechtsprechung mitwirken, sind sie nach den Vorschriften der § 6, § 53 Abs. 2 ArbGG. dem Vorsitzenden völlig gleichberechtigte Mitglieder des Gerichts (vgl. Anm. 6).

§ 53 ArbGG. gibt nur die grundsätzliche Regelung des Verhältnisses des Vorsitzenden und der Beisitzer zueinander im arbeitsgerichtlichen Urteilsverfahren des ersten Rechtszuges; in einzelnen Fragen sind auch Sondervorschriften gegeben, so in den §§ 51, 54, 55, 56, § 60 Abs. 3, 4 ArbGG. Die grundsätzliche Verteilung der Befugnisse des § 53 gilt entsprechend auch im Berufungs- und im Revisionsrechtszug (§ 64 Abs. 3, § 72 Abs. 3 ArbGG.), in diesem übrigens auch für das Verhältnis des Vorsitzenden zu den richterlichen Beisitzern (vgl. Anm. 18 zu § 72); die Sonderregelungen gelten im Berufungsrechtszuge nur, soweit sie mit den dortigen Verfahren im Einklang stehen (vgl. Anm. 16, 19, 22 zu § 64), im Revisionsverfahren kommen sie nicht in Betracht.

2 Beschlüsse und Verfügungen, die nicht auf Grund einer mündlichen Verhandlung ergehen, sind nach der Regelung des Arbeitsgerichtsgesetzes, von Ausnahmen abgesehen, nur sogenannte prozeßleitende Beschlüsse und Verfügungen. Bei ihnen bedarf es der Mitwirkung der Beisitzer im allgemeinen nicht, sie würde nur geeignet sein, das Verfahren zu verzögern (vgl. Anm. 1). Gleichwohl kann die Entscheidung in den in Betracht kommenden Fällen für den Rechtsstreit von erheblicher Bedeutung sein. In diesen Fällen, z. B. für die Entscheidung über die Bewilligung oder Entziehung des Armenrechts, ist aber schon in der Zivilprozeßordnung die Möglichkeit einer mündlichen Verhandlung vorgesehen (vgl. für das angeführte Beispiel § 126 ZPO.). Der Vorsitzende hat also, wenn er die Verantwortung für die zu fassende Entschließung unter den im Einzelfall obwaltenden Umständen nicht glaubt allein tragen zu können, die mündliche Verhandlung anzuordnen. Zu dieser aber müssen die Beisitzer zugezogen werden, weil sie nach § 53 Abs. 1 nur vor der Kammer erfolgen kann; die Entschließung ist dann von der Kammer, d. h. von dem Vorsitzenden und den Beisitzern gemeinsam zu fassen. Die Befugnis des Vorsitzenden zum alleinigen Erlaß eines Beschlusses oder einer Verfügung gemäß § 53 Abs. 1 reicht nur so weit, als tatsächlich keine mündliche Verhandlung über den Gegenstand des Beschlusses oder der Verfügung stattgefunden hat. Ob das der Fall war, kann mitunter zweifelhaft sein, wenn der Beschluß oder die Verfügung in einer mündlichen Verhandlung ergeht, diese aber nicht zur Verhandlung und Entscheidung darüber angesetzt war. In diesen Fällen wird im Zweifel anzunehmen sein, daß der Beschluß oder die Verfügung auch auf Grund der mündlichen Verhandlung ergeht, so daß die Entschließung nur der Kammer im ganzen zusteht; das ergibt sich schon aus dem Sinn der Vorschrift des § 53 Abs. 1 ArbGG., eine unnötige Verzögerung des Verfahrens zu vermeiden (vgl. Anm. 1); diese kann im geschilderten Fall durch die Beschlußfassung seitens der Kammer nicht herbeigeführt werden, weil diese ja versammelt ist.

Soweit Beschlüsse und Verfügungen im arbeitsgerichtlichen Urteilsverfahren des ersten Rechtszuges nicht auf Grund mündlicher Verhandlung ergehen, sind die Befugnisse des Vorsitzenden des Arbeitsgerichts größer als die des Kammervorsitzenden des Landgerichts. Denn dieser hat nach der Zivilprozeßordnung im allgemeinen nur rein formale Anordnungen, wie Anberaumung von Terminen, Verkürzung der Einlassungsfrist usw. zu treffen, der Vorsitzende des Arbeitsgerichts dagegen auch solche, die im allgemeinen Zivilprozeßverfahren der Kammer ohne mündliche Verhandlung bzw. fakultativ ohne mündliche Verhandlung (vgl. Abs. 1 dieser Anm.) zugewiesen sind, wie die Bewilligung oder Entziehung des Armenrechts, Einstellung der Zwangsvollstreckung, Anordnung der mündlichen Verhandlung über den Antrag auf Erlaß eines Arrestes oder einstweiligen Verfügung usw. Ein Verzeichnis der Beschlüsse und Verfügungen, die danach vom Arbeitsgerichtsvorsitzenden allein erlassen werden können, läßt sich mit einigem Anspruch auf Genauigkeit nur in einer sehr langen Aufzählung aufstellen, die sich nach dem Gesagten erübrigen dürfte (vgl. Schmincke-Sell, Anm. 2 zu § 53; für das GGG.: Wilhelmi-Bewer, Anm. 1 zu § 53 GGG.).

3 Die anderweitige Bestimmung kann sowohl im Arbeitsgerichtsgesetz getroffen sein wie in den gemäß § 46 Abs. 2 Satz 1 ArbGG. entsprechend anwendbaren Vorschriften der Zivilprozeßordnung. Daraus, daß diese Vorschriften nur entsprechend, nicht unmittelbar gelten (vgl. Anm. 5 Abs. 5 zu § 46), ist nicht zu schließen, daß an Stelle der Kammerentscheidung nach der Zivilprozeßordnung, soweit die Entscheidung nicht auf Grund mündlicher Verhandlung ergeht, im arbeitsgerichtlichen Verfahren in jedem Fall die Entscheidung durch den Vorsitzenden tritt; es ist vielmehr die Zuständigkeit zum Erlaß der Entscheidung sinngemäß zu prüfen und dort für den Vorsitzenden zu verneinen, wo die Zivilprozeßordnung die Entscheidung ohne mündliche Verhandlung als Sachentscheidung — als Ausnahme von der Vorschrift des § 128 ZPO. — zuläßt. Dieser Fall liegt z. B. beim Erlaß eines Arrestbeschlusses oder einer einstweiligen Verfügung gemäß ZPO. § 921 Abs. 1 vor (im arbeitsgerichtlichen Urteilsverfahren entsprechend anwendbar gemäß § 62 Abs. 2 ArbGG.); derartige Beschlüsse sind auch im arbeitsgerichtlichen Urteilsverfahren des ersten Rechtszuges grundsätzlich von der Kammer in voller Besetzung zu erlassen. Die Richtigkeit dieser Auslegung ergibt sich schon aus der gemäß § 62 Abs. 2 ArbGG. ebenfalls entsprechend anwendbaren Vorschrift des § 944 ZPO. nach der in dringenden Fällen der Vorsitzende anstatt das Gerichts entscheiden kann (vgl. Anm. 10, a, Abs. 2 zu § 62; a. A. Baumbach, Anm. 4 zu § 53).

Im Arbeitsgerichtsgesetz selbst ist eine von der grundsätzlichen Vorschrift des § 53 Abs. 1 abweichende anderweitige Bestimmung z. B. im § 49 Abs. 1 betreffend die Ablehnung von Gerichtspersonen getroffen (vgl. Anm. 3 Abs. 1 zu § 49; Dersch-Volkmar, Anm. 2 zu § 53).

4 Soweit der Vorsitzende nach § 53 Abs. 1 Beschlüsse und Verfügungen erlassen kann, vertritt er allein das Arbeitsgericht. Der Ausdruck „Arbeitsgericht" ist also in den Verfahrensvorschriften des Gesetzes nicht nur für die vollbesetzte Kammer gebraucht; es muß vielmehr in jedem Fall geprüft werden, wer nach den in Betracht kommenden Vorschriften des Gesetzes in dem vorliegenden Fall als „Arbeitsgericht" anzusehen ist (vgl. Anm. 7; auch Anm. 6 Abs. 2 zu § 47). Wo ausdrücklich von dem vollbesetzten Arbeitsgericht gesprochen werden soll, ist der Ausdruck „Kammer" gewählt (vgl. z. B. § 49 Abs. 1, § 57).

Rechtsmittel gegen die Entscheidungen des Vorsitzenden gehen daher grundsätzlich nicht an die Kammer, sondern an das übergeordnete Landesarbeitsgericht (vgl. ArbGG. § 78). Nur in dem gesetzlich besonders geregelten Ausnahmefall des § 140 ZPO. unterstehen Maßnahmen des Vorsitzenden in der mündlichen Verhandlung der Nachprüfung durch die Kammer (vgl. Anm. 6 Abs. 5).

5 Für die auf Grund einer mündlichen Verhandlung ergehenden Beschlüsse und Verfügungen, für die — stets auf Grund mündlicher Verhandlung ergehenden — Urteile und für die mündliche Verhandlung selbst.

[6] Die in Betracht kommenden Vorschriften der Zivilprozeßordnung finden sich im wesentlichen im 1. Titel des dritten Abschnitts des ersten Buchs (§§ 128 bis 165 ZPO.) und im ersten Abschnitt des zweiten Buchs der Zivilprozeßordnung (§§ 253—494 ZPO.). Diese Vorschriften werden für das allgemeine Zivilprozeßverfahren ergänzt durch Vorschriften des vierzehnten und sechzehnten Titels des Gerichtsverfassungsgesetzes (§§ 176—183, 192—198 GVG.), die im § 9 Abs. 1 ArbGG. für das gesamte arbeitsgerichtliche Verfahren für entsprechend anwendbar erklärt sind.

Danach sind bei der Findung der Entscheidungen (abgesehen von den Fällen des § 53 Abs. 1 ArbGG.) sämtliche Mitglieder des Arbeitsgerichts, der Vorsitzende und die Beisitzer, völlig gleichberechtigt (vgl. Anm. 3 zu § 6); die Stimme des Vorsitzenden gibt lediglich in dem für die Regelung der Sachentscheidungen bedeutungslosen Fall des § 320 Abs. 4 Satz 3 ZPO. den Ausschlag. Im übrigen kommt auch ein Stichentscheid des Vorsitzenden nicht in Betracht, da die Zahl der Kammermitglieder ungerade ist und die Entscheidung nur seitens der vollbesetzten Kammer ergehen kann.

In der mündlichen Verhandlung leitet zwar der Vorsitzende. Die Beisitzer haben aber gleichwohl jeden von ihnen gewünschten sachlichen Einfluß auf die Verhandlung. Der Vorsitzende hat gemäß § 136 ZPO. die Pflicht zur erschöpfenden Erörterung der Streitsache, er hat insbesondere in erster Linie die Befugnisse des § 139 ZPO., die nicht nur ein Fragerecht, sondern auch eine Fragepflicht enthalten. Die Beisitzer haben aber auch ihrerseits die Befugnis zur Fragestellung an die Parteien (ZPO. § 139 Abs. 3), an die Zeugen (ZPO. § 396 Abs. 3) und an die Sachverständigen (ZPO. § 402 in Verbindung mit § 396 Abs. 3), die für sie, falls sie der Aufklärung für ihre Entschließung zu bedürfen glauben, ebenfalls sinngemäß auch eine Frage**pflicht** ist. Will ein Beisitzer eine Frage stellen, so muß er dies dem Vorsitzenden mitteilen. Dieser muß die Fragestellung durch den Beisitzer gestatten, er hat also keine Möglichkeit der Kritik an der Frage und hat deshalb auch nicht das Recht, sich vorher nach dem Inhalt der Frage zu erkundigen.

Die Entscheidung darüber, ob die Sache vollständig erörtert ist oder ob noch Fragen gestellt oder Beweise erhoben werden müssen, steht **nur der Kammer**, nicht dem Vorsitzenden zu (ZPO. § 136 Abs. 4, § 357a). Es muß hierüber also notfalls eine besondere Beratung der Kammer stattfinden. Der Vorsitzende hat nur formell den Prozeßbeteiligten den Verhandlungsschluß mitzuteilen.

Bei Beanstandung der Sachleitung des Vorsitzenden oder einer Frage des Vorsitzenden oder eines der Beisitzer als unzulässig entscheidet die Kammer über die Zulässigkeit der Maßnahmen oder der Frage (ZPO. § 140; vgl. Anm. 4 Abs. 2). Die Beanstandung kann nur durch „eine bei der Verhandlung beteiligte Person" erfolgen, d. h. wie sich schon aus dem Vergleich mit § 158 ZPO. und § 177 GVG. ergibt, durch eine Partei, einen Zeugen oder einen Sachverständigen, nicht etwa durch ein anderes Gerichtsmitglied (ebenso **Dersch-Volkmar**, Anm. 3 zu § 53; **Stein-Jonas**, Anm. 1 Abs. 2 zu § 140 ZPO.; a. A. **Schmincke-Sell**, Anm. 4, 2g zu § 53).

[7] Die in Betracht kommenden Vorschriften der Zivilprozeßordnung gelten nur **entsprechend**, d. h. nur insoweit, als sie mit dem sich aus dem Gesetz ergebenden Charakter des arbeitsgerichtlichen Urteilsverfahrens des ersten Rechtszuges im Einklang stehen. Abweichungen ergeben sich insbesondere aus der Regelung der

§§ 51, 54, 55, des § 58 Abs. 1 und des § 60 Abs. 3 und 4 ArbGG., die im allgemeinen im Sinne des in Anm. 1 Gesagten die Befugnisse des Vorsitzenden des Arbeitsgerichts gegenüber denen des Kammervorsitzenden des Landgerichts verstärken. Eine besondere Bedeutung kommt dem § 58 Abs. 1 ArbGG. zu, der einmal allgemein die Zulässigkeit der Beweisaufnahme durch beauftragte Richter einschränkt, anderseits aber die Beauftragung eines Beisitzers mit der Beweisaufnahme ausschließt (vgl. die Anm. 7 Abs. 1 zu § 58). Das Arbeitsgericht wird entweder als Kammer oder durch den Vorsitzenden tätig, niemals aber durch einen Beisitzer allein. Auch die Übertragung des Versuchs einer gütlichen Einigung an einem Beisitzer ist gesetzlich ausgeschlossen, weil das Verfahren zum Zwecke der gütlichen Einigung in den § 54 und § 57 Abs. 2 — vor dem Vorsitzenden und vor der Kammer — abschließend geregelt ist (a. A. Baumbach, Anm. 6 zu § 53).

§ 54

Güteverfahren[1]

(1) **Die mündliche Verhandlung beginnt[2] [3], falls kein Güteverfahren vor einer anderen Stelle (§§ 101 bis 105) vereinbart ist[4], mit einer Verhandlung vor dem Vorsitzenden[5] zum Zwecke der gütlichen Einigung der Parteien (Güteverhandlung)[6]. Der Vorsitzende hat zu diesem Zwecke[6] das gesamte Streitverhältnis mit den Parteien unter freier Würdigung aller Umstände zu erörtern[7]. Zur Aufklärung des Sachverhaltes kann er alle Handlungen vornehmen, die sofort erfolgen können[8]. Eidliche Vernehmungen und die Auferlegung von Parteieiden sind jedoch ausgeschlossen[9].**

(2) **Das Ergebnis der Güteverhandlung, insbesondere der Abschluß eines Vergleichs, ist in die Niederschrift aufzunehmen[10].**

1 G ü t e v e r f a h r e n ist ein V e r f a h r e n in b ü r g e r l i c h e n R e c h t s - s t r e i t i g k e i t e n zum Z w e c k e der E r l e d i g u n g des R e c h t s s t r e i t e s o h n e gerichtliche E n t s c h e i d u n g, also durch gütliche Einigung der S t r e i t p a r t e i e n (V e r g l e i c h) o d e r g ü t l i c h e s N a c h g e b e n e i n e r P a r t e i (Z u r ü c k n a h m e der K l a g e o d e r A n e r k e n n t n i s). Im arbeitsgerichtlichen Verfahren kommt das Güteverfahren daher n u r in den Arbeitssachen nach § 2 Abs. 1 Nr. 1—4, Abs. 2 und nach § 3 — i m U r t e i l s v e r f a h r e n — in Betracht. Das Güteverfahren ist nicht zu verwechseln mit der Schlichtung. Denn diese ist kein Verfahren in bürgerlichen Rechtsstreitigkeiten, sondern Hilfe zum Abschluß von Gesamtvereinbarungen (SchlVO. Art. I § 3). Die Verwechselung ist häufig bei Streit über den Inhalt von Tarifverträgen. Wird hier von den Tarifvertragsparteien um die A u s l e g u n g des bestehenden Tarifvertrages gestritten, so ist eine bürgerliche Rechtsstreitigkeit nach § 2 Abs. 1 Nr. 1 ArbGG. gegeben, die im arbeitsgerichtlichen Urteilsverfahren, gegebenenfalls im Güteverfahren, zu erledigen ist. Streiten die Tarifvertragsparteien dagegen um die E r g ä n z u n g des Tarifvertrages, so ist keine bürgerliche Rechtsstreitigkeit gegeben, es ist vielmehr zwecks Hilfe zum Abschluß der Ergänzungsgesamtvereinbarung nur der Schlichtungsweg zulässig. Der Gebrauch des Ausdrucks

„Schlichtung" für das Güteverfahren, wie er im Schrifttum und insbesondere in Tarifverträgen mitunter vorkommt, ist deshalb als irreführend unbedingt zu vermeiden; es stammt aus einer Zeit, in der das Wesen der Schlichtung noch nicht erkannt war (vgl. näher Flatow-Joachim SchlVO., Anm. 3 zu Art. I § 3 SchlVO.).

Der Gütegedanke ist ein alter Gedanke des deutschen Zivilprozeßrechts. Er ist sowohl in psychologischen Überlegungen wie in Überlegungen der Prozeßökonomie begründet. Einmal ist es eine anerkannte Tatsache des täglichen Lebens, daß die gütliche Erledigung eines Rechtsstreits im Endergebnis meist beiden Streitparteien mehr bringt als ein unter vielen Mühen und Ärgernissen erstrittenes Urteil, das zu seiner Verwirklichung bei dem hartnäckigen Gegner der wirksamen Zwangsvollstreckung bedarf. Andererseits wird die Rechtspflege ihren Aufgaben nur dann gerecht werden können, wenn sie nicht mit unnötigen Prozessen überlastet ist.

Gleichwohl ist das moderne deutsche Zivilprozeßrecht, in Anlehnung an übernommene römisch-rechtliche Gedanken, nur zögernd an die Verwirklichung des Gütegedankens herangegangen. Die frühere Zivilprozeßordnung sah ein Güteverfahren („Sühneversuch") fakultativ sowohl vor dem Rechtsstreit (ZPO. früherer Fassung § 510 c) wie im Laufe eines Rechtsstreites (ZPO. früherer und jetziger Fassung § 296) vor. Wirksam sind jedoch diese Vorschriften des allgemeinen Zivilprozeßrechts bei dem gänzlichen Mangel eines Zwanges zur Anwendung des Güteverfahrens nur in sehr beschränktem Ausmaß geworden. Vielfach ist hieraus geschlossen worden, daß dem Güteverfahren trotz allseitiger gedanklicher Billigung ein praktischer Wert jedenfalls für unsere Zeit nicht innewohnt.

Was das Verfahren in Arbeitssachen anlangt, ist diese Auffassung durch die Entwicklung widerlegt worden. Bei den auf napoleonisches — und damit auf altes deutsches — Recht zurückgehenden rheinischen Gewerbegerichten bestand, wie in der französischen Gewerbegerichtsbarkeit, von Anfang an die Einrichtung der „Vergleichskammer" (bureau de conciliation), durch die eine große Zahl von Rechtsstreitigkeiten gütlich erledigt wurde. Im Anschluß daran wurde bei der Schaffung des Gewerbegerichtsgesetzes erwogen, die Tendenz zur gütlichen Einigung der Streitparteien gegenüber dem allgemeinen Zivilprozeßrecht — damals bestand nur die Vorschrift des § 296 ZPO. — zu verstärken. Schon der Regierungsentwurf ging in dieser Beziehung über die Zivilprozeßordnung hinaus; im Laufe der Reichstagsberatungen wurde der Ausdruck des Gütegedankens in dem Entwurf noch verstärkt, so daß schließlich in der Vorschrift des § 41 GGG., ergänzt durch § 54 GGG., ein teilweise obligatorisches Güteverfahren geschaffen wurde (vgl. näher Wilhelmi-Bewer, Anm. 1 zu § 41 GGG.).

Die Rechtslage nach diesen Vorschriften des Gewerbegerichtsgesetzes, die später auf das Verfahren der Kaufmannsgerichte entsprechend anwendbar wurden (§ 16 Abs. 1 KGG.), war folgende: Das Gewerbegericht hatte bei Anwesenheit beider Parteien beim Beginn der mündlichen Verhandlung auf die Klage tunlichst auf eine gütliche Erledigung des Rechtsstreites hinzuwirken und mußte den „Sühneversuch", unter dieser Voraussetzung, am Schluß der Verhandlung wiederholen. In der Zwischenzeit konnte es ihn in jeder Lage des Rechtsstreites erneuern (§ 41 Abs. GGG.). Fand die erste mündliche Verhandlng vor dem Vorsitzenden allein statt und erschienen beide Parteien, so mußte der Vorsitzende zu Beginn in jedem Falle einen Sühneversuch vornehmen (§ 54 Abs. 3 GGG.). Das persönliche Erscheinen der Parteien war nicht Voraussetzung der Güteverhandlung.

Das bisherige arbeitsgerichtliche Güteverfahren lag also, in Abweichung von der Vorschrift des § 510c ZPO. früherer Fassung, im eigentlichen Prozeßverfahren, das auf die Klageerhebung folgte.

Mit diesem Güteverfahren sind in der Gewerbegerichtsbarkeit und in der Kaufmannsgerichtsbarkeit, wie die sehr genau geführten, in den „Vierteljahrsheften zur Statistik des deuschen Reichs" veröffentlichten amtlichen Übersichten ergeben, außerordentliche Erfolge erzielt worden. Mehr als die Hälfte aller anhängig gemachten Streitigkeiten sind durchschnittlich ohne Streitentscheidung im gütlichen Wege erledigt worden. Diese Form der Erledigung hat zweifellos günstig auf das allgemeine Arbeitsleben gewirkt. Die mitunter geäußerte Auffassung, daß von den Gerichten häufig ein unzulässiger psychologischer Zwang auf eine gütliche Beilegung der Streitigkeiten ausgeübt worden sei, der die hohe Verhältniszahl der ohne Streitentscheidung erledigten Fälle verursacht habe, ist in der Öffentlichkeit an bestimmten Einzelfällen nicht dargetan worden; für eine derartige Annahme dürfte auch keine innere Veranlassung vorliegen. Es kann vielmehr grundsätzlich, jedenfalls für das Arbeitsleben, angenommen werden, daß viele Streitigkeiten schon dadurch ihre Erledigung finden, daß sie von den Parteien mit einem unparteiischen, rechtskundigen und lebenserfahrenen Dritten ruhig nach allen Richtungen hin durchgesprochen werden. Bei dieser Aussprache wird der einen oder der anderen Partei oft das Irrtümliche ihres Standpunktes klar oder beide Parteien überzeugen sich soweit von der Gutgläubigkeit ihres Gegners und der Zweifelhaftigkeit der Rechtslage, daß sie eine gütliche Beilegung der Streitentscheidung vorziehen.

Die beachtlichen Erfolge des gewerbegerichtlichen und des kaufmannsgerichtlichen Güteverfahrens haben, neben der Tätigkeit privater Gütestellen, seit langer Zeit auf eine stärkere Anwendung des Gütegedankens auch im allgemeinen Zivilprozeß hingewirkt. In der Zivilprozeßnovelle des Jahres 1924 sind diese Bestrebungen praktisch wirksam geworden. Durch sie wurde für den Amtsgerichtsprozeß, abgesehen von der erhalten gebliebenen Vorschrift des § 296 ZPO., ein grundsätzlich obligatorisches Güteverfahren (ZPO. § 495a) eingeführt. Es unterscheidet sich jedoch in seiner Struktur wesentlich von dem des Gewerbegerichtsgesetzes; denn es liegt nicht nach der Klageerhebung wie dieses, sondern es muß der Klageerhebung vorangehen, wenngleich es vor dem Amtsgericht stattfindet. Grundsätzlich kann also keine Klage beim Amtsgericht erhoben werden, wenn nicht vorher — außerhalb des Prozesses — ein erfolgloses Güteverfahren vor dem Amtsgericht stattgefunden hat. Der Eintritt in die streitige Verhandlung aus der erfolglosen Güteverhandlung ist zulässig (§ 499e ZPO.), alsdann gilt für das weitere Verfahren hinsichtlich der Möglichkeiten einer gütlichen Einigung die Vorschrift des § 296 ZPO. Für das amtsgerichtliche Verfahren ist ferner zu berücksichtigen, daß Güteverhandlung und streitige Verhandlung vor dem Amtsgericht in gleicher Besetzung — mit einem Richter — stattfinden (vgl. Dersch-Volkmar, Anm. 1 Abs. 2). Ein Güteverfahren vor einem Richter des Kollegialgerichts kann nach §§ 348, 340 ZPO. stattfinden.

Das Arbeitsgerichtsgesetz behält grundsätzlich das Güteverfahren des Gewerbegerichtsgesetzes in seiner dortigen Form bei: das eigentliche Prozeßverfahren — nach der Klageerhebung — beginnt mit der Güteverhandlung, an die sich im Falle ihrer Erfolglosigkeit die streitige Verhandlung nach Möglichkeit unmittelbar anschließt (ArbGG. §§ 54, 55). Das

Güteverfahren ist aber für alle Fälle zwingend vorgeschrieben und findet stets vor dem Vorsitzenden allein statt, soweit nicht ein Güteverfahren vor einer außergerichtlichen Stelle stattgefunden hat (§ 54 Abs. 1 Satz 1). Diese Regelung hat den Zweck, trotz der obligatorischen Güteverhandlung eine Überlastung des Arbeitsgerichtes und damit eine Verlangsamung der Erledigung der arbeitsgerichtlichen Streitigkeiten und eine zu häufige Inanspruchnahme der Beisitzer aus dem Arbeitsleben zu vermeiden. Sie versucht, den Gütegedanken auf sparsamste Weise zu verwirklichen, auf Grund der Erfahrung des gewerbegerichtlichen und des kaufmannsgerichtlichen Verfahrens, daß die besten Einigungsmöglichkeiten durch eine eingehende Aussprache der Streitparteien mit einer unparteiischen geeigneten Person gegeben sind. Durch den Anschluß der streitigen Verhandlung bzw. des Versäumnisverfahrens an die Güteverhandlung (§ 55 ArbGG.) soll eine Verzögerung des Verfahrens durch den obligatorischen Einigungsversuch vermieden werden.

Das Güteverfahren des Arbeitsgerichtsgesetzes hat aber neben dem ursprünglichen Einigungszweck noch einen anderen, kaum weniger beachtlichen Zweck: die möglichst umfassende Vorbereitung der streitigen Verhandlung vor der Kammer, falls der Gütezweck in ihm nicht erreicht werden kann. Das arbeitsgerichtliche Verfahren ist, schon mit Rücksicht auf die an ihm im allgemeinen beteiligten Streitparteien, noch in erheblich höherem Maße als der allgemeine Zivilprozeß ein mündliches Verfahren (vgl. Anm. 8 zu § 46, Anm. 5 zu § 47). Im Verfahren der Zivilgerichtsbarkeit ist, auch soweit es sich vor dem Amtsgericht abspielt, im allgemeinen ein Schriftsatzwechsel zur Vorbereitung der mündlichen Verhandlung üblich, wenigstens ergeht auf die Klage gewöhnlich eine schriftliche Klagebeantwortung (ZPO. § 498 Abs. 2). Hiermit kann im arbeitsgerichtlichen Verfahren grundsätzlich nicht gerechnet werden (ArbGG. § 47 Abs. 1 Satz 3; vgl. Anm. 5 zu § 47). Die streitige Verhandlung vor der Kammer könnte also auf Grund der Akten, die im wesentlichen aus einer bei der Beschaffenheit des Klägers vielfach auch nicht aufschlußreichen Klage bestehen werden, nur in sehr geringem Ausmaß vorbereitet werden, was regelmäßig zu Vertagungen, d. h. zur Verzögerung der Streiterledigung und zu übermäßig häufiger Heranziehung der Beisitzer aus dem Arbeitsleben führen würde. Die sorgfältige Besprechung des Streits in der Güteverhandlung gibt nun nach der Regelung des Arbeitsgerichtsgesetzes dem Vorsitzenden des Arbeitsgerichts die Möglichkeit, im Falle der Erfolglosigkeit des Güteverfahrens die streitige Verhandlung vor der Kammer so vorzubereiten, daß sie von ihr in einem Termin erledigt werden kann (ArbGG. § 56).

Unter diesen Gesichtspunkten bedeutet das obligatorische Güteverfahten des Arbeitsgerichtsgesetzes keine Verzögerung, sondern im Ergebnis eine Beschleunigung der Streiterledigung. Die Erfahrungen mit dieser neuen Form des Güteverfahrens dürften auch für die kommende große Reform des allgemeinen Zivilprozesses von Bedeutung sein.

2 Mit der Güteverhandlung beginnt die mündliche Verhandlung des Rechtsstreits. Durch diesen Satz wird einmal die von der Regelung des allgemeinen Zivilprozesses unterschiedliche Konstruktion des arbeitsgerichtlichen Güteverfahrens als eines nach der Klageerhebung stattfindenden Teiles des eigentlichen Prozeß-

verfahrens ausgedrückt (vgl. Anm. 1 Abs. 7, 8). Die Klage ist also bereits erhoben, wenn es zur Güteverhandlung kommt, die Wirkungen der Rechtshängigkeit sind eingetreten (vgl. Anm. 4 zu § 47). Die Vorschrift bedeutet weiter, daß auf die Güteverhandlung, soweit die andere Konstruktion des Verfahrens nach den ausdrücklichen Vorschriften des Arbeitsgerichtsgesetzes oder nach deren offenbarem Sinn das zuläßt, die Vorschriften der Zivilprozeßordnung über die mündliche Verhandlung gemäß § 46 Abs. 2 Satz 1 ArbGG. entsprechende Anwendung finden (a. A. Baumbach, Anm. 2 zu § 54).

Die Güteverhandlung wird deshalb durch die Stellung der Anträge der Parteien eingeleitet (ZPO. § 137 Abs. 1), die durch die Sitzungsniederschrift, möglicherweise im Wege der Bezugnahme auf die Klage und, falls vorhanden, die Klagebeantwortung, festgestellt werden (PZO. § 510a). Eine solche Festlegung ist auch erforderlich, um der Güteverhandlung den Rahmen zu geben, in dem sie sich als Teil des Rechtsstreites zu halten hat; bei aller Freiheit des Güteverfahrens kann es doch über die durch das eigene Parteiverlangen gezogenen Grenzen nicht hinausgehen. Die Klageänderung ist daher, schon im Güteverfahren, nur unter den Voraussetzungen der §§ 264, 268 ff. ZPO. zulässig. Hierbei ist aber zu beachten, daß die Klageänderung nach der neuen Vorschrift des § 264 ZPO. auch ohne Einwilligung des Beklagten möglich ist, wenn das Gericht sie für sachdienlich erachtet; das bedeutet hier, wenn der Vorsitzende des Arbeitsgerichts nach der Besprechung des Streites mit den Parteien in der Güteverhandlung die Überzeugung gewonnen hat, daß der ursprünglich gestellte Klageantrag den sachlichen Wünschen des Klägers nicht entspricht und daß der Kläger die Durchsetzung dieser Wünsche notfalls in einem neuen Prozeß versuchen würde.

Dagegen ist die Zurücknahme der Klage ohne Einwilligung des Beklagten, unterschiedlich von der Vorschrift des § 271 Abs. 1 ZPO., nicht nur bis zum Beginn der Güteverhandlung, sondern auch am Schlusse der Güteverhandlung, wenn nur vor Beginn der streitigen Verhandlung, möglich. Häufig wird die Erkenntnis, daß die Klage, weil ungerechtfertigt, zurückgenommen werden muß, gerade das Ergebnis der Güteverhandlung sein. Hier auf einer Klageabweisung, also auf streitiger Erledigung des tatsächlich ohne streitige Verhandlung beigelegten Rechtsstreits, zu bestehen, würde den Sinn des auf möglichst gütliche Erledigung der Streitigkeiten abgestellten arbeitsgerichtlichen Verfahrens, wie es sich aus der Vorschrift des § 54 ArbGG. ergibt, widersprechen (im Ergebnis ebenso Dersch-Volkmar, Anm. 8 zu § 55; Schmincke-Sell, Anm. 5 zu § 55).

Die Vorbereitung schon der Güteverhandlung durch vorbereitende Schriftsätze der Parteien (ZPO. §§ 129 ff., 510a Abs. 1) ist zugelassen, doch wird hiervon kaum Gebrauch gemacht werden (vgl. Anm. 5 zu § 47). Sie ist auch nicht einmal zu empfehlen, weil sie die Parteien psychologisch allzusehr auf ihren ursprünglichen Standpunkt festlegt, bevor sie Gelegenheit gehabt haben, sich unter Vermittlung des Arbeitsgerichtsvorsitzenden über den Streit auszusprechen. Anders liegt es mit der Vorbereitung der Güteverhandlung durch den Vorsitzenden selbst. Sie ist im Arbeitsgerichtsgesetz, abgesehen von der auch hierfür geltenden und gerade hier sehr bedeutsamen Vorschrift des § 51 ArbGG. (vgl. Anm. 4 zu § 51), nur mittelbar erwähnt (§ 54 Abs. 1 Satz 3); die ausdrückliche Regelung des § 56 ArbGG. bezieht sich nur auf die streitige Verhandlung, nicht auf das Güteverfahren. Für dieses als Beginn der mündlichen Verhandlung gelten daher ergänzend die allgemeinen

Vorschriften der Zivilprozeßordnung (§ 272b ZPO.) entsprechend. Wie weit er danach insbesondere von seiner Befugnis zur Herbeiziehung von Zeugen zur Güteverhandlung auf Grund der Klage oder auf Grund einer Klagebeantwortung bzw. einer Anfrage bei dem Beklagten Gebrauch machen soll, muß der Vorsitzende nach pflichtmäßigem Ermessen in Hinsicht auf den Zweck des Güteverfahrens und die besondere Lage des ihm vorliegenden Einzelfalls entscheiden. In der Regel wird er sich mit der Ladung der Parteien, gegebenenfalls unter Anordnung ihres persönlichen Erscheinens, und mit der Aufforderung an sie begnügen, Beweismittel, soweit möglich und nach ihrer Auffassung schon in der Güteverhandlung erforderlich (z. B. Urkunden, wie Anstellungsverträge usw.) mitzubringen (vgl. Anm. 8).

Auch die Vorschriften des § 295 ZPO. über die sogenannten Verfahrensrügen sind auf die Güteverhandlung als den ersten Teil der mündlichen Verhandlung des Rechtsstreits entsprechend anzuwenden (a. A. Baumbach, Anm. 2, a. E., zu 54). Die Einlassung des Beklagten auf die Güteverhandlung ist Einlassung auf die Klage, denn die Güteverhandlung ist eben im arbeitsgerichtlichen Verfahren, im Unterschied zum Verfahren des allgemeinen Zivilprozesses, Teil des eigentlichen Prozeßverfahrens.

Aus demselben Grunde sind auch die prozeßhindernden Einreden der Unzuständigkeit und des Schiedsvertrages und Gütevertrages zu Beginn der Güteverhandlung vorzubringen (§ 46 Abs. 2 Satz 1 ArbGG. in Verbindung mit § 504 Abs. 1 ZPO. und § 92 und § 101 Abs. 2 ArbGG.). Das entspricht auch den praktischen Erfordernissen, denn sonst würde eine unnötige, im Falle der Vereinbarung eines Gütevertrages sogar eine unzulässige Güteverhandlung stattfinden (vgl. Anm. 4).

3 Zur Einleitung der mündlichen Verhandlung einer Arbeitssache, die im Urteilsverfahren zu erledigen ist, muß, abgesehen von den Fällen, in denen das Güteverfahren vor einer anderen Stelle stattzufinden hat (vgl. Anm. 4), eine Güteverhandlung vor dem Vorsitzenden anberaumt werden. Das Güteverfahren ist also für das Arbeitsgericht obligatorisch. Auch bei voraussichtlicher Aussichtslosigkeit des Güteverfahrens kann von der Abhaltung des Gütetermins, anders als im allgemeinen Zivilprozeß (§ 495a Abs. 1 Nr. 6), nicht abgesehen werden. Eine unnötige Verlangsamung des Verfahrens durch die obligatorische Güteverhandlung liegt aber auch in diesen Fällen nicht vor, einmal wegen das in der Anm. 1 Abs. 9 dargestellten wichtigen Nebenzweckes der Vorbereitung der streitigen Verhandlung, zum anderen aber auch, weil die Struktur des arbeitsgerichtlichen Urteilsverfahrens als eines in besonderem Maße mündlichen Verfahrens dem Vorsitzenden vor der mündlichen Aussprache mit den Parteien kaum jemals die Möglichkeit geben wird, die Aussichten eines Güteversuches einwandfrei zu beurteilen (ebenso Dersch-Volkmar, Anm. 2 zu § 54). Weiter muß das Güteverfahren stets in der Form der mündlichen Verhandlung der Parteien vor dem Vorsitzenden („Güteverhandlung") anberaumt werden. Es genügt also nicht, daß das Arbeitsgericht dem Beklagten die Klage zur schriftlichen oder auch mündlichen Äußerung zustellt und das Ergebnis mit dem Kläger bespricht; der Begriff der Verhandlung erfordert die gleichzeitige Anwesenheit der Parteien vor dem Vorsitzenden.

Der Verpflichtung des Arbeitsgerichts zur Ansetzung der Güteverhandlung entspricht aber nicht die Unzulässigkeit einer weiteren Förderung des Verfahrens, falls die Parteien die Abhaltung einer wirklichen Güteverhandlung unmöglich machen

(§ 55 Abs. 1, 3 ArbGG.; vgl. Anm. 2, 13 zu § 55). Eine solche Überspannung des Gütegedankens würde praktisch ungesund sein, weil sie die Austragung tatsächlich bestehender Streitigkeiten verhinderte und dadurch das Arbeitsleben nicht von den aufgetretenen Reibungen befreite. Liegt der Grund für die Unmöglichkeit der Güteverhandlung im Nichterscheinen oder Nichtverhandeln einer Partei, so folgt aus der Konstruktion der Güteverhandlung als Teil der mündlichen Verhandlung im Rahmen des Prozeßverfahrens die Zulässigkeit des Versäumnisurteils gegen sie; das Arbeitsgerichtsgesetz trifft diese Regelung ausdrücklich im § 55 Abs. 1, 2. Erscheinen beide Parteien nicht oder erscheinen sie zwar, verweigern aber eine gütliche Aussprache, so könnte das Arbeitsgericht nach der Regelung des allgemeinen Zivilprozesses (§ 251a Abs. 2 ZPO.) das Ruhen des Verfahrens anordnen, so daß die Austragung des Rechtsstreits regelmäßig für einige Zeit unmöglich gemacht würde (ZPO. § 251 Abs. 2). Dies mag für das allgemeine Verfahren zweckmäßig, jedenfalls aber erträglich sein. Im arbeitsgerichtlichen Verfahren würde eine solche Regelung aus Gründen des öffentlichen Interesses an der Beruhigung des Arbeitslebens Bedenken erregen. Infolgedessen bestimmt § 55 Abs. 2 ArbGG., daß in diesen Fällen sofort Termin zur Austragung des Streits in streitiger Verhandlung bestimmt werden muß. Es ergibt sich also, daß zwar die Ansetzung der Güteverhandlung obligatorisch ist, nicht aber ihre wirkliche Durchführung.

4 Da bei aller Bedeutung der Güteverhandlung für die Vorbereitung der streitigen Verhandlung (vgl. Anm. 1 Abs. 9) ihr Hauptzweck in der Herbeiführung einer gütlichen Einigung liegt, entfällt das arbeitsgerichtliche Güteverfahren, wenn für den Einigungsversuch in anderer Weise gesorgt ist. Dies ist in erster Linie dann der Fall, wenn ein für den Streitfall geltender Gütevertrag vorliegt (ArbGG. §§ 101 ff.). In diesem Fall muß das Güteverfahren vor der vereinbarten Stelle stattfinden. Der Einleitung des arbeitsgerichtlichen Güteverfahrens steht die prozeßhindernde Einrede des Gütevertrages (ArbGG. § 101 Abs. 2) entgegen. Aber selbst wenn sie entfällt, weil das vereinbarte Güteverfahren nicht durchgeführt worden ist (§ 101 Abs. 2 Satz 2 in Verbindung mit § 92 Abs. 2 Nr. 1—3), kann das arbeitsgerichtliche Güteverfahren nicht mehr stattfinden. Der Grund für diese Regelung, die also in den hier vorliegenden Ausnahmefällen von einem Güteverfahren überhaupt absieht, liegt in der Besorgnis, daß die schon durch den vergeblichen Versuch der Herbeiführung einer Güteverhandlung vor der vereinbarten Stelle hinausgezogene Austragung des Streits durch ein weiteres arbeitsgerichtliches Güteverfahren allzusehr verzögert werden könnte. Gelangt das Arbeitsgericht in einer Klagesache zu der Überzeugung, daß ein für sie geltender Gütevertrag vorliegt, so hat es auf die Klage Termin zur streitigen Verhandlung anzusetzen (§ 55 Abs. 3 Satz 2, 3 ArbGG.); ob diese stattfinden kann, hängt davon ab, ob die prozeßhindernde Einrede des Gütevertrages gemäß § 101 Abs. 2 ArbGG. beseitigt ist. Von Amts wegen braucht das Gericht sich über das Vorliegen eines Gütevertrages nicht zu versichern (vgl. die Anm. zu § 105, ebenso Dersch-Volkmar, Anm. 3 zu § 54).

§ 54 Abs. 1 Satz 1 enthält aber insofern eine Ungenauigkeit, als der Fall des Gütevertrages nicht der einzige Fall ist, in dem von der arbeitsgerichtlichen Güteverhandlung abzusehen ist. Streitigkeiten zwischen Innungsmitgliedern und ihren Lehrlingen gemäß § 2 Abs. 1 Nr. 2 ArbGG. sind nach § 111 ArbGG. (vgl. die Anm.

dort) zunächst zwecks Erledigung vor einen Ausschuß der Innung zu bringen. Nur nach Verhandlung dort kann Klage im arbeitsgerichtlichen Verfahren erhoben werden. Hinsichtlich des Vorverfahrens vor dem Innungsausschuß gilt alsdann § 105 ArbGG. entsprechend, der für den Fall des Vorliegens eines Gütevertrages das arbeitsgerichtliche Güteverfahren ausschließt (§ 111 Nr. 2 Abs. 2, 3). Wird von einem Innungsmitglied gegen seinen Lehrling oder umgekehrt Klage nach § 2 Abs. 1 Nr. 2 ArbGG. erhoben, so kann daher das Arbeitsgericht zur Sache nur verhandeln und entscheiden, wenn das Vorverfahren erledigt ist. Ist das der Fall, was von Amts wegen zu prüfen ist, so hat es sofort Termin zur streitigen Verhandlung anzusetzen; das arbeitsgerichtliche Güteverfahren ist in diesen Fällen durch das Verfahren vor dem Innungsausschuß ersetzt. Die Fassung des § 54 Abs. 1 Satz 1 ArbGG. ist trotz ihrer offenbaren Ungenauigkeit rechtlich nicht zweifelhaft, da sie ausdrücklich auf § 105 ArbGG. Bezug nimmt, der für das Innungsausschußverfahren gemäß § 111 Nr. 2 Abs. 3 Satz 2 entsprechend gilt.

Hat in einer Arbeitssache eines der beiden außergerichtlichen Güteverfahren erfolglos stattgefunden, so entfällt zwar die Möglichkeit der Vorbereitung der streitigen Verhandlung vor dem Arbeitsgericht auf Grund der vor ihm stattfindenden Güteverhandlung. Der Vorsitzende wird aber in diesen Fällen den Versuch zu machen haben, die außergerichtliche Güteverhandlung entsprechend zur Vorbereitung auszuwerten. Er wird also die Akten dieser Verhandlung nach Möglichkeit vor Ansetzung des Termins zur streitigen Verhandlung heranziehen, um sich aus ihnen zu unterrichten. Allerdings wird diese nachträgliche mittelbare Unterrichtung nur selten gleich aufschlußreich für ihn sein wie die unmittelbare durch die Güteverhandlung mit den Parteien, insbesondere weil die andere Stelle in der Regel hierüber keine ausführliche Niederschrift fertigen wird. Andererseits kann den Parteien nicht zugemutet werden, das Güteverfahren, das bereits vor einer anderen Stelle stattgefunden hat, vor dem Arbeitsgerichtsvorsitzenden zu wiederholen. In beiden Fällen trägt das Gesetz Bedenken, die Güteverhandlung vor dem Arbeitsgericht nur wegen ihres Nebenzweckes, der Unterrichtung des Gerichts, stattfinden zu lassen.

[5] Vgl. Anm. 1 Abs. 8, 9. Es widerspricht jedoch der Vorschrift nicht, wenn die Beisitzer bei der Verhandlung anwesend sind, ohne an der Verhandlung selbst teilzunehmen. Dies kann z. B. vorkommen, wenn das Gericht Vorsorge getroffen hat, daß sich bei erfolgloser Güteverhandlung die streitige Verhandlung unmittelbar anschließen soll und die Beisitzer, die bereits an Gerichtsstelle anwesend sind, sich aus Raummangel oder aus Interesse an der Sache im Verhandlungszimmer aufhalten. Die Anwesenheit der Beisitzer ist auch zulässig, wenn der Vorsitzende die Öffentlichkeit gemäß § 52 Satz 2 Halbsatz 1 oder Halbsatz 2 ausgeschlossen hat, denn der Ausschluß der Öffentlichkeit kann sich niemals gegen Mitglieder des Gerichts richten, auch dann nicht, wenn er aus Zweckmäßigkeitsgründen angeordnet ist (§ 52 Satz 2 Halbsatz 2). Dabei sind aber als Mitglieder des Gerichts nur die Kammermitglieder anzusehen, also die Beisitzer, die etwa zu der Sitzung an diesem Tage als Beisitzer gemäß § 31 ArbGG. herangezogen sind; andere Personen sind, auch wenn sie an sich Beisitzer des Arbeitsgerichts sind, für diese Sitzung nicht Mitglieder des Arbeitsgerichts. Da die Beisitzer an der Verhandlung nicht beteiligt sind, ist es für die Zulässigkeit ihrer Anwesenheit belanglos, ob dabei die Parität der Arbeitgeber und Arbeitnehmer gewahrt ist.

Empfehlenswert erscheint die Anwesenheit von Beisitzern bei der Güteverhandlung mit Rücksicht auf den Gütezweck nicht (vgl. Anm. 1 Abs. 8). Auch die Möglichkeit der Unterrichtung über den Rechtsstreit rechtfertigt demgegenüber ihre Anwesenheit nicht, da die Unterrichtung vor der streitigen Verhandlung nur für den Vorsitzenden prozessual erforderlich ist (§ 56; vgl. Anm. 6).

6 Die Vorschrift des § 54 Abs. 1 Satz 1 und Satz 2 gibt ausdrücklich nur den Hauptzweck der Güteverhandlung, von dem sie ihren Namen erhalten hat, an; der bedeutsame Nebenzweck (Anm. 1 Abs. 9) ergibt sich mittelbar, insbesondere aus den Vorschriften des § 55 Abs. 2 und des § 56. Weder die Entscheidung durch den Vorsitzenden allein im unmittelbaren Anschluß an die Güteverhandlung noch insbesondere die Vorbereitung der streitigen Verhandlung vor der Kammer durch ihn wäre bei dem regelmäßigen Fehlen schriftlicher Unterlagen ohne die sachliche Unterrichtung des Vorsitzenden durch die Güteverhandlung möglich. Aus der Fassung der Vorschrift ist aber der wichtige Schluß zu ziehen, daß die Aufklärungstätigkeit des Güterichters (vgl. Anm. 7) durch den Gütezweck der Verhandlung umgrenzt wird. Danach ist also eine weitere Erörterung des Streites in der Güteverhandlung und zur Vorbereitung der streitigen Verhandlung nicht mehr zulässig, wenn die Erreichung einer gütlichen Einigung ausgeschlossen erscheint. Diese Regelung soll eine übermäßige Ausdehnung des Güteverfahrens auf Kosten der Prüfung des Streits durch die Kammer vermeiden. Praktisch wird sie deshalb nicht sehr bedeutsam sein, weil vor voller Aufklärung des Tatbestandes im allgemeinen auch die Güteaussichten nicht abschließend beurteilt werden können.

7 Die Vorschrift des § 54 Abs. 1 Satz 2, die sich in Inhalt und Wortlaut an die Vorschrift des § 499c ZPO. anschließt und ihrem Inhalt nach auf Regelung und Übung des gewerbegerichtlichen Verfahrens zurückgeht, ist für den Charakter des arbeitsgerichtlichen Verfahrens von größter Bedeutung. Denn sie verpflichtet den richterlichen Vorsitzenden, den Parteien *nicht nur als auf Grund staatlicher Autorität entscheidende Stelle gegenüberzutreten, sondern auch mit ihnen ihre Streitigkeiten menschlich durchzusprechen.* Eine besondere justizpolitische Bedeutung dieser Vorschrift auch gegenüber der des § 499c ZPO, ist darin zu erblicken, daß im arbeitsgerichtlichen Verfahren eine derartige Aussprache im *Prozeß selbst* durch den vorsitzenden Prozeßrichter erfolgt, nicht vor dem Prozeß, wenn auch durch eine richterliche Person, wie im Zivilprozeß. Diese Regelung dürfte bei völliger Ausschöpfung in der Praxis geeignet sein, ein Vertrauensverhältnis zwischen den streitenden Staatsbürgern und der Richterschaft zu fördern und auch den streitentscheidenden Richter selbst den beteiligten Kreisen menschlich näher zu bringen. Zudem bietet sie dem Richter die Möglichkeit eines Eindringens in die Lebensverhältnisse, die ihm die streitentscheidende Tätigkeit nicht in diesem Maße geben kann. Für die Arbeitsgerichtsbarkeit insbesondere erhält der Richter so die Gelegenheit, auch in die außerrechtlichen sozialen Strömungen und Lebensauffassungen auf Arbeitgeber- und auf Arbeitnehmerseite hineinzusehen, sich in ihnen über den Rahmen des für die Entscheidung des einzelnen Streitfalls hinaus unbedingt Erforderlichen zu unterrichten und dadurch ein Weltbild zu erhalten, das ihn in ganz anderer Weise als sonst befähigt, das Recht im Sinne der Auffassungen des Arbeitslebens auszulegen und anzuwenden. Auf der anderen Seite können die Parteien des Arbeitslebens gerade aus diesen gütlichen Aussprachen, wenn sie richtig geführt

werden, den Eindruck gewinnen, daß ihnen in der Person des richterlichen Vorsitzenden des Arbeitsgerichts ein wirklich Unparteiischer als menschlicher Helfer in ihren Streitigkeiten vom Staate dargeboten wird.

Voraussetzung für die richtige Wahrnehmung der durch die Vorschrift des § 54 Abs. 1 Satz 2 begründeten Rechte und Pflichten des Arbeitsgerichtsvorsitzenden ist allerdings, daß er über die hierfür erforderliche Zeit verfügt. Die Vorschrift erfordert deshalb, daß der Arbeitsgerichtsvorsitzende nicht überlastet ist, und sollte eine unzweckmäßige Sparsamkeit bei der Besetzung der Arbeitsgerichte mit Vorsitzenden verhindern, die sich vom Standpunkte des Staatswohles, das das Vertrauen des Volkes in die Rechtspflege verlangt, nicht rechtfertigen ließe. In dieser Beziehung wird die bisherige Organisation der Gewerbegerichte und Kaufmannsgerichte für die Verwaltung der Arbeitsgerichtsbarkeit richtunggebend sein müssen.

Für den Inhalt der Güteverhandlung hat die Vorschrift des § 54 Abs. 1 Satz 2 folgende Bedeutung: Aus der Stellung der Anträge seitens der Parteien (vgl. Anm. 2 Abs. 2) zu Beginn der Güteverhandlung erhält der Vorsitzende den allgemeinen Rahmen des Streits soweit die einseitige Klage und eine etwaige Klagebeantwortung (vgl. Anm. 5 zu § 47) hierüber noch keine Klarheit geschaffen hat. Er hat sich nunmehr aber nicht auf die Anhörung des von den Parteien zur Begründung ihrer Anträge Vorgetragenen zu beschränken und erforderlichenfalls durch Fragen auf die Erläuterung der Anträge und die Ergänzung des Sachvortrags hinzuwirken, wie dies § 129 Abs. 1 ZPO. alter Fassung dem Gericht für die streitige Verhandlung vorschrieb, oder zur Stellung sachdienlicher Anträge und zur Ergänzung des Sachvortrages, „soweit erforderlich, das Sach- und Streitverhältnis mit den Parteien nach der tatsächlichen und der rechtlichen Seite zu erörtern" (§ 139 Abs. 1 ZPO. in neuer Fassung); die jetzige Form des § 139 Abs. 1 ZPO. entspricht den Aufklärungspflichten des Gerichtes in der streitigen Verhandlung, die durch sie verhältnismäßig weit, aber immer im Rahmen der Prüfung des Streits zwecks Herbeiführung einer Entscheidung „von Rechts wegen" gefaßt sind. Die Pflichten des Güterichters gehen — dies darf über dem der Vorschrift des § 139 Abs. 1 ZPO. äußerlich ähnlichen Wortlaut des § 54 Abs. 1 Satz 2 ArbGG. wie des § 499c Satz 1 ZPO. nicht übersehen werden — hierüber erheblich hinaus, weil die Aufklärung durch ihn in erster Linie nicht eine Entscheidung von Rechts wegen, sondern eine gütliche Einigung vorbereiten soll, die sich zwar auf der Ebene des Rechtes aufbauen, aber durchaus auch außerhalb der rein rechtlichen Betrachtungsweise gefunden werden kann. Diese Abweichung des Güteverfahrens von den Aufgaben der streitigen Verhandlung kommt im 54 Abs. 1 Satz § 2 ArbGG, wie im § 499c Satz 1 ZPO. gegenüber dem § 139 Abs. 1 ZPO. dadurch zum Ausdruck, daß zunächst als Zweck der Erörterung mit den Parteien deren gütliche Einigung — anstatt der Stellung sachdienlicher Anträge und der Klärung des Sachvortrags — bezeichnet wird, daß aber weiter die Erörterung des „gesamten Streitverhältnisses" — nicht des „Sach- und Streitverhältnisses" — „unter freier Würdigung aller Umstände" — anstatt „nach der tatsächlichen und der rechtlichen Seite" — vorgeschrieben ist. Die Ausdrucksweise des § 54 Abs. 1 Satz 2 ArbGG. sieht damit, im Anschluß an die des § 499c Satz 1 ZPO., förmlich von der dem § 139 Abs. 1 ZPO. zugrunde liegenden rein rechtlichen Betrachtungsweise ab (im Ergebnis ebenso: Dersch-Volkmar, Anm. 5 zu § 54; Baumbach, Anm. 5 zu § 54);

in dieser ist das gesamte „Streitverhältnis" in das „Sach- und Streitverhältnis" zerlegt und die Erörterung mit den Parteien „unter freier Würdigung aller Umstände" kann in ihr nur „nach der tatsächlichen und der rechtlichen Seite" erfolgen, weil der Streit, juristisch betrachtet, eben nur eine rechtliche und eine außerrechtliche, d. h. tatsächliche Seite hat.

Der Vorsitzende des Arbeitsgerichts muß also in der Güteverhandlung mit den Parteien in eine in ihrem Rahmen und Ausmaß nicht durch die etwaige künftige Rechtsentscheidung bedingte Besprechung ihres Streites eintreten. Er hat dabei den Charakter des Streits, zunächst losgelöst von der rechtlichen Betrachtungsweise, in seiner allgemeinen Bedeutung zu erforschen und den Parteien gegenüber zu beleuchten; in Arbeitssachen wird hier am stärksten die wirtschaftliche und soziale Seite des Streits ins Gewicht fallen, wie sie sich nach den Auffassungen, insbesondere nach der Moral der Parteien des Arbeitslebens darstellt. Aus diesen Gesichtspunkten, die die „Billigkeit" im Arbeitsleben ergeben, wird der Vorsitzende den Streitparteien, falls sie bei der Erörterung nicht selbst den Boden der Verständigung finden, einen Einigungsvorschlag unterbreiten. Aber die Möglichkeit der Verständigung ohne einen formulierten Einigungsvorschlag des Vorsitzenden darf nicht unterschätzt werden; es ist dabei zu berücksichtigen, daß die Streitparteien häufig erst durch die Besprechung in der Güteverhandlung sich vollkommen über Inhalt und Bedeutung ihres Streits klar werden und alsdann von selbst hieraus die Folgerung in Gestalt der Zurücknahme einer ungerechtfertigten Klage, der Anerkennung eines berechtigten Anspruches oder des gegenseitigen Nachgebens im Vergleich ziehen, schon weil unter diesen Umständen für die bisherige Inanspruchnahme des Arbeitsgerichts gemäß § 12 Abs. 2 ArbGG. eine Gebühr nicht erhoben wird (vgl. Anm. 7, 8a zu § 12). Bedarf es eines weiteren Eingreifens der Vorsitzenden durch Vorlegung eines Einigungsvorschlages, so wird er die Parteien nunmehr auf die rechtlichen Gesichtspunkte besonders hinweisen, um seinen Vorschlag gegenüber einer im Falle seiner Ablehnung erforderlich werdenden Entscheidung zu begründen. Der Einigungsvorschlag braucht also nicht etwa ein Vergleichsvorschlag im technischen bürgerlich-rechtlichen Sinne (BGB. § 779) zu sein, sondern er kann und muß, wenn dies dem Vorsitzenden nach Lage der Sache erforderlich erscheint, auch die Zurücknahme der Klage oder die Anerkennung des Klageanspruchs empfehlen (vgl. Anm. 10 Abs. 2 hier, Anm. 3 Abs. 2 zu § 55). Die grundsätzliche Empfehlung gegenseitigen Nachgebens im Vergleichswege wäre, was wohl kaum einer Erwähnung bedarf, als dem Sinn des Gesetzes zuwider auf das schärfste zu verurteilen, sie ist zur Herstellung eines wirklichen Rechtsfriedens keineswegs geeignet.

Die gegebene Darstellung der Güteverhandlung setzt die Gütewilligkeit der Streitparteien voraus, denn ohne diese ist dem Vorsitzenden die Erörterung des Streitverhältnisses nicht möglich. Die Gütewilligkeit der Parteien wird vom Gesetz nicht unmittelbar erzwungen, wohl aber mittelbar stark gefördert. Das Erscheinen der Parteien zur Güteverhandlung wird durch die Vorschriften des § 55 Abs. 1, 2 ArbGG,. die in der unmittelbar anschließenden streitigen Verhandlung dem Nichterschienenen gegenüber dem Erschienenen Prozeßnachteile bringen, praktisch durchgesetzt. Es ist jedoch der Fall denkbar, daß zwar beide Parteien in der Güteverhandlung erscheinen, d. h. auch ihre Anträge stellen, die eine Partei aber an der sachlichen Erörterung nicht mitwirkt. Dieser gedachten Möglichkeit gegenüber ist folgendes zu sagen: Der Kläger wird sich der Güteverhandlung, auch wenn er keine Einigungsmöglichkeit sieht, schon aus der Überlegung stellen, daß sie zugleich die Vorbereitung der streitigen Verhandlung darstellt und ihre sorgfältige Wahrnehmung deshalb dem schleunigen Ablauf des Verfahrens dienlich ist. Beide Parteien aber müssen sich sagen, daß sie sich dem Versuch des Arbeitsgerichtes, zu einer gütlichen Einigung zu gelangen, schon wegen der Vorschrift des § 57 Abs. 2 ArbGG. nicht entziehen können, daß jede Partei aber, falls ihr Verhalten in der Güteverhandlung später eine Vertagung erforderlich macht, gemäß § 95 ZPO. in Verbindung mit § 46 Abs. 2 Satz 1 ArbGG. die etwa dadurch verursachten Kosten, d. h. die erstattungsfähigen Auslagen (vgl. Anm. 6 Abs. 2 zu § 12), zu tragen hat und daß ihr zudem in diesem Falle gemäß § 39 GKG. in Verbindung mit § 12 Abs. 6 ArbGG. eine Strafgebühr von einem Viertel bis zur vollen Höhe der nach § 12 Abs. 1 ArbGG. entstehenden Gebühr auferlegt werden kann (ebenso Dersch-Volkmar, Anm. 4 zu § 54). Hierauf wird der Güterichter die Parteien gegebenenfalls hinweisen müssen; das erkennende Gericht wird, gerade nach dem Sinn des arbeitsgerichtlichen Verfahrens, von diesen Möglichkeiten im Urteil Gebrauch machen müssen (ArbGG. § 61 Abs. 1).

[8] Vorbedingung einer Verständigung der Parteien ohne Entscheidung des Gerichts ist grundsätzlich die Aufklärung des Sachverhalts. Soll deshalb ein erfolgreiches Güteverfahren stattfinden können, so muß der Vorsitzende des Arbeitsgerichts, ebenso wie der Güterichter des allgemeinen Zivilprozesses (ZPO. § 499c), die Möglichkeit zur Sachaufklärung haben, wenn diese bei Streit über erhebliche Tatsachen zwischen den Parteien durch die Erörterung des Streitverhältnisses mit ihnen (vgl. Anm. 7 Abs. 4) nicht herbeigeführt werden kann. Aber diese Sachaufklärung hat im arbeitsgerichtlichen Verfahren nicht den Charakter der Beweiserhebung (ZPO. § 499c Satz 3), weil das arbeitsgerichtliche Güteverfahren nicht wie das zivilprozessuale ein selbständiges Verfahren, sondern nur ein Teill der mündlichen Verhandlung ist, in dem das Gericht regelmäßig anders besetzt ist wie in der etwa nachfolgenden streitigen Verhandlung. Die Sachaufklärung ist daher nur informatorisch für die Zwecke der Güteverhandlung, als Beweiserhebung muß sie gegebenenfalls gemäß § 58 Abs. 1 ArbGG. vor der Kammer oder vor dem beauftragten oder ersuchten Ruchter wiederholt werden (ebenso: Schmincke-Sell, Anm. 3 zu § 54; Dersch-Volkmar, Anm. 6 zu § 54); sie kann ferner nicht weiter ausgedehnt werden, als es die erforderliche Beschleunigung des Verfahrens zuläßt, d. h. sie muß in demselben Termin erfolgen können; das förmliche Beweisverfahren durch eidliche Vernehmung und Parteieid ist ausgeschlossen (§ 54 Abs. 1 Satz 4; vgl. Anm. 9).

Im übrigen ist der Vorsitzende in der Vornahme der Sachaufklärung nicht beschränkt. Er kann also alle Mittel anwenden, die dem erkennenden Gericht zur Beweiserhebung zur Verfügung stehen, die Augenscheinseinnahme, die Vorlegung von Urkunden und die Vernehmung von Auskunftspersonen (Zeugen und Sachverständigen). Alles dies aber nur dann, wenn die Aufklärungsmittel in der Güteverhandlung bereits zur Verfügung stehen oder zur Verfügung gestellt werden können. Der Vorsitzende wird deshalb den Parteien bei der Ladung aufgeben, die ihnen erforderlich erscheinenden Aufklärungsmittel tunlichst zur Verhandlung mitzubringen. Glaubt er schon nach den ihm vorliegenden Schriftsätzen — falls eine Klagebeantwortung eingegangen ist —, daß zur Aufklärung eines bestrittenen Tatbestandes ein in ihnen benannter Zeuge erforderlich ist, so kann er ihn auch selbst gemäß § 272b ZPO. zur Güteverhandlung laden oder eine schriftliche Auskunft von ihm einholen (vgl. Anm. 2 Abs. 4; ebenso im Ergebnis, aber mit anderer Begründung Dersch-Volkmar, Anm. 6 zu § 54). Sofern Aufklärungsmittel zwar bei Beginn der Güteverhandlung nicht zur Verfügung stehen, aber in ihrem Laufe herbeigeschafft werden können (etwa durch telephonische Herbeiziehung oder durch Boten), kann von ihnen ebenfalls Gebrauch gemacht werden; das Wort „sofort" bedeutet nur, daß die Vornahme der Aufklärungshandlung ohne Vertagung möglich sein muß (ebenso Baumbach, Anm. 6 zu § 54). Ebenso besteht auch kein Bedenken, daß sich der Vorsitzende ausnahmsweise im Laufe der Güteverhandlung mit den Parteien an einen anderen Ort zur Einnahme des Augenscheins begibt (a. A. Dersch-Volkmar, Anm. 6 zu § 54, die dies mit Rücksicht auf den Unterschied der Fassung des § 54 Abs. 1 Satz 3 ArbGG. und des § 499c Satz 2, 3 ZPO. ablehnen).

9 Die Vorschrift des § 54 Abs. 1 Satz 4 erklärt sich, wie in Anm. 8 Abs. 1 angedeutet, aus dem informatorischen Charakter der Sachaufklärung in der Güteverhandlung. Mit Rücksicht hierauf sind förmliche Beweishandlungen nicht möglich. Den eidlichen Vernehmungen stehen auch hier schriftliche Erklärungen der Auskunftspersonen unter eidesstattlicher Versicherung ihrer Richtigkeit gleich (ZPO. § 377 Abs. 3, 4, § 402 in Verbindung mit dieser Vorschrift).

Die Unzulässigkeit eines förmlichen Beweisverfahrens dient auch insofern dem Gütezweck, als sie der Güteverhandlung nach außen jeden Schein eines förmlichen Gerichtsverfahrens nimmt.

10 Daß eine Niederschrift zu fertigen ist, ergibt sich aus dem gemäß § 46 Abs. 2 Satz 1 ArbGG. entsprechend anwendbaren § 159 ZPO.; die Güteverhandlung ist nach § 54 Abs. 1 Satz 1 ein Teil der mündlichen Verhandlung. Aus diesem Grunde spricht § 54 Abs. 2 davon, daß das Ergebnis der Güteverhandlung in „die Niederschrift" aufzunehmen ist. Schließt sich die weitere Verhandlung gemäß § 55 Abs. 1, 2 ArbGG. unmittelbar an die Güteverhandlung an, so ist nur eine Niederschrift für die Güteverhandlung und die weitere Verhandlung aufzunehmen, da beide zusammen die mündliche Verhandlung an diesem Tage bilden (Dersch-Volkmar, Anm. 7 Abs. 2 zu § 54 halten die Fertigung nur einer Niederschrift für zulässig, aber nicht für zwingend vorgeschrieben); falls die weitere Verhandlung vor der Kammer in voller Besetzung stattfindet, ist die Verstärkung der Besetzung des Gerichts während der Verhandlung nach § 159 Abs. 2 Nr. 2 ZPO. in der Niederschrift zu vermerken.

Was von der Güteverhandlung in die Niederschrift aufgenommen werden muß, ist durch § 54 Abs. 2 abschließend, in Abweisung von der Vorschrift des zweiten Absatzes des im übrigen anwendbaren § 160 und von § 161 ZPO. geregelt. Nur die Feststellung des Ergebnisses der Güteverhandlung in der Niederschrift ist zwingend vorgeschrieben. Hierzu gehört aber auch die Feststellung der zu Beginn der mündlichen Verhandlung gestellten Anträge der Parteien (vgl. Anm. 2 Abs. 2), da ohne diese das Ergebnis nicht verständlich ist. Ob im Einzelfall aus Gründen prozessualer Zweckmäßigkeit noch weiteres aufgenommen werden soll, bestimmt der die Güteverhandlung abhaltende Vorsitzende. Falls Aufklärungshandlungen (vgl. Anm. 8) vorgenommen worden sind, wird er das aus diesem Gesichtspunkt häufig in die Niederschrift aufnehmen, Parteierklärungen und Aussagen von Auskunftspersonen dagegen in der Regel nicht; ein Vermerk über das Ergebnis einer Augenscheinsaufnahme wird sich dagegen in der Regel empfehlen. (Dersch-Volkmar,

Anm. 7 zu § 54 und Held-Lieb-Gift, Anm. 5 Abs. 1 zu § 54, kommen im allgemeinen zu den gleichen Ergebnissen; a. A. Baumbach, Anm., 9 B zu § 54.)

Das Ergebnis der Güteverhandlung kann entweder eine gütliche Einigung der Parteien oder die Erfolglosigkeit der Güteverhandlung sein. Ist die Güteverhandlung erfolglos gewesen, so ist dies — neben den Parteianträgen — in der Niederschrift zu vermerken. Ist eine gütliche Einigung zustande gekommen, so muß auch die Art dieser Einigung aufgenommen werden. Die Einigung kann in einem Vergleich, aber auch in der Verständigung über die Zurücknahme der Klage oder den Verzicht auf den Klageanspruch oder über das Anerkenntnis des Klageanspruchs bestehen (vgl. Anm. 7 Abs. 4 hier, Anm. 3 Abs. 2 zu § 55). In den Fällen der Klagerücknahme, des Klageverzichts und des Anerkenntnisses kann jedoch das Güteverfahren auch im Sinne des § 55 Abs. 1 Halbsatz 1 ArbGG. erfolglos sein, wenn nämlich der Gegner auf Grund einer dieser Prozeßhandlungen ein Urteil beantragt (§ 55 Abs. 2 ArbGG.); alsdann ist die betreffende Prozeßhandlung gleichwohl als Ergebnis der Güteverhandlung in die Niederschrift aufzunehmen, der ebenfalls aufzunehmende Antrag des Gegners auf Erlaß des Urteils bezeichnet dann den Übergang zur streitigen Verhandlung. Ist in der Güteverhandlung ein Vergleich geschlossen, so findet aus ihm als aus einem vor einem deutschen Gericht geschlossenen Vergleich gemäß § 794 Abs. 1 Nr. 1 ZPO, in Verbindung mit § 62 Abs. 2 ArbGG. die Zwangsvollstreckung statt.

Die Niederschrift über die Güteverhandlung ist, soweit sie die Anträge der Parteien, Anerkenntnisse, Verzichtleistungen und Vergleiche betrifft, den Beteiligten vorzulesen oder zur Durchsicht vorzulegen; ein Vermerk hierüber und über die Genehmigung der Niederschrift durch sie oder über ihre Einwendungen gehört ebenfalls in die Niederschrift (§ 162 ZPO. in Verbindung mit § 46 Abs. 2 Satz 1 ArbGG.; in der Form etwas abweichend bisher § 41 Abs. 2 GGG.). Entsprechend dem in Abs. 1 Ausgeführten ist dieser Vorschrift bei unmittelbarem Anschluß der streitigen Verhandlung auch genügt, wenn die Vorlesung usw. erst nach der gesamten mündlichen Verhandlung erfolgt. Erfolgt sie überhaupt nicht, so ist die Niederschrift insofern prozeßrechtlich ungültig, ein etwa beurkundeter Vergleich kann also nur wie ein außergerichtlicher Vergleich behandelt werden (ebenso Held-Lieb-Gift, Anm. 5 Abs. 3 zu § 54).

Hat eine Güteverhandlung wegen Nichterscheinens einer oder beider Parteien nicht stattfinden können (ArbGG. § 55 Abs. 1, 3), so muß auch dieses Ergebnis, um den Gang des Verfahrens festzuhalten, in die Niederschrift aufgenommen werden.

Im übrigen gelten für die Niederschrift über die Güteverhandlung auch die §§ 163, 163a, 164 gemäß § 46 Abs. 2 Satz 1 ArbGG. entsprechend; der Vorsitzende kann also insbesondere von der Zuziehung eines besonderen Niederschriftführers absehen und die Niederschrift selbst fertigen (ZPO. § 165 ist nicht anwendbar, weil der Güterichter nicht „außerhalb der Sitzung" oder als beauftragter Richter verhandelt).

Die Wirksamkeit des Vergleichs in der Güteverhandlung ist als Wirksamkeit eines Prozeßvergleichs von keinen anderen Formvorschriften wie den angeführten abhängig; Unterschrift der Parteien ist also nicht erforderlich. Wird Rechtsunwirksamkeit aus Formgründen oder aus anderen Gründen behauptet, so wird der Rechtsstreit als anhängig geblieben behandelt und in ihm über die Frage der Wirksamkeit des Vergleichs entschieden (ebenso Baumbach, Anm. 8b zu § 54; Held-Lieb-Gift, Anm. 5 Abs. 5 zu § 54).

§ 55

Verhandlung vor dem Vorsitzenden[1].

(1) Erscheint eine Partei in der Güteverhandlung nicht[2] oder ist die Güteverhandlung erfolglos[3], so schließt sich die weitere Verhandlung[4] unmittelbar an; falls dem Hinderungsgründe entgegenstehen, soll sie binnen drei Tagen stattfinden[5].

(2) Der Vorsitzende entscheidet allein[6], wenn das Urteil[7] ohne streitige Verhandlung[8] auf Grund des Versäumnisses[9], des Anerkenntnisses, der Zurücknahme der Klage oder des Verzichts[10] einer Partei ergeht oder wenn die Entscheidung[11] in der an die Güteverhandlung sich unmittelbar anschließenden Verhandlung erfolgen kann und die Parteien sie übereinstimmend beantragen. Dieser Antrag ist in der Niederschrift aufzunehmen[12].

(3) Erscheinen beide Parteien zur Güteverhandlung nicht[13], so ist ein Termin zur streitigen Verhandlung zu bestimmen[14]. Das gleiche gilt, falls ein Güteverfahren vor einer anderen Stelle vereinbart ist[15]. Die Vorschriften des zweiten Absatzes finden in diesen Fällen auf die erste Verhandlung Anwendung[16].

§ 55 regelt die Befugnisse des Vorsitzenden des Arbeitsgerichts zur Entscheidung ohne Zuziehung von Beisitzern auf Grund einer mündlichen Verhandlung, im Gegensatz zu § 53 Abs. 1 ArbGG. (vgl. Anm. 1, 4 dort), im Anschluß an § 54 GGG. Diese Befugnisse bestehen nur in der ersten streitigen (vgl. jedoch § 55 Abs. 2 Satz 1, Anm. 8) Verhandlung, die sich an die Güteverhandlung nach § 54 ArbGG. anschließt oder beim Entfallen einer Güteverhandlung (§ 55 Abs. 1 Halbsatz 1; § 55 Abs. 3) stattfindet. Die Befugnisse des Vorsitzenden gemäß § 55 können demnach nur praktisch werden:

a) wenn die Güteverhandlung stattgefunden, aber nicht zur Erledigung des Rechtsstreits geführt hat;
b) wenn die Güteverhandlung nicht stattgefunden hat,
   aa) weil eine Partei im Gütetermin ausgeblieben ist,
   bb) weil beide Parteien im Gütetermin ausgeblieben sind,
   cc) weil eine Güteverhandlung vor dem Arbeitsgericht gesetzlich nicht zulässig war (§ 54 Abs. 1 Satz 1).

In allen anderen Fällen sind die Entscheidungen des Arbeitsgerichts nach dem Grundsatz des Gesetzes von der Kammer zu fällen (vgl. Anm. 1 zu § 53). Die Abweichung von diesem Grundsatz in § 55 ArbGG. erklärt sich aus dem Interesse an einem möglichst schleunigen, einfachen, Kosten und Kräfte sparenden Verfahren.

2 Das Erscheinen der Partei in der Güteverhandlung kann an sich nicht erzwungen werden (vgl. Anm. 1 Abs. 8, Anm. 3 zu § 54). Praktisch ist die Partei aber zum Erscheinen durch den ihr nach § 55 Abs. 1, 2 drohenden Rechtsnachteil, den Erlaß des Versäumnisurteils, gezwungen, weil die zu dem Versäumnisurteil führende weitere Verhandlung sich grundsätzlich unmittelbar an die Güteverhandlung

anschließt. Durch diese Verknüpfung der Verhandlung ist es der Partei unmöglich gemacht, das Güteverfahren zu versäumen, an der weiteren Verhandlung aber teilzunehmen.

Dem Nichterscheinen der Partei steht es nach ZPO. § 333, der gemäß § 46 Abs. 2 Satz 1 ArbGG. entsprechend anwendbar ist, gleich, wenn eine Partei zwar erscheint, aber nicht verhandelt. Ein Nichtverhandeln der Partei ist nur dann gegeben, wenn sie in der mündlichen Verhandlung keinen Sachantrag stellt (ZPO. § 334). Da die Güteverhandlung im arbeitsgerichtlichen Verfahren den Beginn der mündlichen Verhandlung bildet (§ 54 Abs. 1 Satz 1) und die Anträge dementsprechend zu Beginn der Güteverhandlung gestellt werden müssen (vgl. Anm. 2 Abs. 2 zu § 54), ist es nicht möglich, daß eine Partei ihren Antrag erst nach Abschluß der Güteverhandlung stellt, um ein Versäumnisurteil zu vermeiden, vorher aber eine Güteverhandlung durch Nichtverhandeln verhindert. Vielmehr würde im Falle der nachträglichen Antragstellung der Vorsitzende diese entweder als unwirksam betrachten und das von der anderen Partei beantragte Versäumnisurteil erlassen oder erneut unter dem Gesichtspunkt in die Güteverhandlung eintreten müssen, daß diese bisher nicht beendet war, wie wenn eine Partei sich im Güteverfahren verspätet, aber noch rechtzeitig vor der Entscheidung des Vorsitzenden gemäß § 55 Abs. 2 erscheint.

Verhandelt eine Partei im technischen Sinne des Zivilprozeßrechts, erklärt sich aber nicht sachlich über die Behauptungen des Gegners (ZPO. § 334), so kann sie einerseits ein erfolgreiches Güteverfahren gemäß § 54 ArbGG. verhindern, andererseits setzt sie sich aber nicht der Folge des sofortigen durch den Vorsitzenden zu erlassenden Versäumnisurteils gemäß ArbGG. § 55 Abs. 1, 2 aus. Vielmehr ist eine Entscheidung durch den Vorsitzenden allein dann nur zulässig, wenn sie auch von ihr beantragt wird (§ 55 Abs. 2 Satz 1), was nicht geschehen wird, wenn bei der Partei Verschleppungsabsicht vorliegt. In diesem Fall kann also eine schleunige Entscheidung nur durch baldiges Stattfinden der streitigen Verhandlung vor der Kammer herbeigeführt werden; dem Einigungsversuch würde sich aber die Partei auch durch ein derartiges Verhalten nicht entziehen, da er gemäß § 57 Abs. 2 ArbGG., insbesondere in einem solchen Falle, vor der Kammer zu wiederholen wäre.

Den Fall, daß beide Parteien nicht zur Güteverhandlung erscheinen, behandelt Abs. 3 des § 55 (vgl. Anm. 13, 14).

3 Die Güteverhandlung ist im Sinne dieser Vorschrift immer dann erfolglos, wenn sie nicht zu einer völligen Erledigung des Rechtsstreits im Wege der Güte geführt hat. Die völlige Erledigung des Rechtsstreits tritt ein (vgl. Anm. 10 Ab. 3 zu § 54):

a) durch den Abschluß eines den ganzen Rechtsstreit erledigenden Vergleichs;

b) durch Anerkenntnis des ganzen Klageanspruchs, ohne daß ein Anerkenntnisurteil beantragt wird (ZPO. § 307). Der Fall wird im arbeitsgerichtlichen Verfahren häufiger vorkommen als im Verfahren des allgemeinen Zivilprozesses, weil hier gemäß ArbGG. § 12 Abs. 2 Satz 2 Halbsatz 2 keine Gerichtsgebühren erhoben werden und außergerichtliche Kosten nur selten entstehen werden, andererseits aber die Zahlung der Klagesumme, sofern es sich um eine Klage auf Geldleistung handelt, nach der Übung des arbeitsgerichtlichen Verfahrens im allgemeinen sofort im Termin erfolgt;

c) durch Zurücknahme der Klage, ohne daß ein Urteil über die Kostentragung beantragt wird (ZPO. § 271 Abs. 3). Hier gilt für die Praxis des arbeitsgerichtlichen Verfahrens das zu b Gesagte entsprechend;
d) durch Klageverzicht mangels Antrag des Beklagten auf Klageabweisung (ZPO. § 306). Der Klageverzicht unterscheidet sich von der Zurücknahme der Klage dadurch, daß durch ihn endgültig auf den Klageanspruch verzichtet wird, so daß also eine nochmalige Anhängigmachung nicht möglich ist und die zweite Klage zur Abweisung schon auf Grund des früheren Verzichts führt, während die Zurücknahme der Klage nur die — rein prozessuale — Wirkung hat, daß der Rechtsstreit als nicht anhängig geworden anzusehen ist (ZPO. § 271 Abs. 3 Satz 1 Halbsatz 1) und einer nochmaligen Klage wegen desselben Anspruchs sachlich nichts entgegensteht (vgl. aber ZPO. § 271 Abs. 4). Der Fall der Streiterledigung durch Klageverzicht im Güteverfahren wird aber praktisch kaum eine Rolle spielen, da er wegen der Kosten nicht durch § 12 Abs. 2 ArbGG. privilegiert ist und die Beklagte ein Interesse daran haben wird, die Wirkung des Klageverzichts durch ein klageabweisendes Urteil gemäß ZPO. § 306 vom Arbeitsgericht ausgesprochen zu sehen.

Nach der hier vertretenen Auffassung (vgl. auch Anm. 7 Abs. 4, Anm. 10 Abs. 2 zu § 54) erübrigt sich für das arbeitsgerichtliche Verfahren eine Stellungnahme zu der von Dersch-Volkmar, Anm. 8 zu § 55, und von Baumbach, Anm. 3 zu § 55, berührten Frage, ob der Prozeßvergleich im Güteverfahren wie der bürgerlichrechtliche Vergleich (BGB. § 779) ein gegenseitiges Nachgeben erfordert oder ob in der Form des Prozeßvergleichs auch eine Anerkenntnis und eine Klagezurücknahme aufgenommen werden können, sie hätte theoretische Bedeutung vielleicht für den praktisch unerheblichen Fall des Prozeßverzichts. Dagegen war diese Frage für das gewerbegerichtliche und für das kaufmannsgerichtliche Verfahren wichtig, weil dort die Gebühren nur im Fall der Aufnahme eines Vergleichs fortfielen (GGG. § 58 Abs. 3, KGG. § 16 Abs. 1 in Verbindung mit GGG. § 58 Abs. 3; dagegen ArbGG. § 12 Abs. 2 Satz 2, vgl. Anm. 8a zu § 12). Daß die erfolgreiche Beendigung der Güteverhandlung nur durch den Abschluß eines Vergleichs erfolgen könnte, ist aus keiner Vorschrift des Arbeitsgerichtsgesetzes zu entnehmen. Vielmehr sieht § 54 Abs. 1 Satz 1 ArbGG. den Hauptzweck der Güteverhandlung (vgl. aber Anm. 1 Abs. 9 zu § 54) in der „gütlichen Einigung der Parteien", die nicht gleichbedeutend mit dem Prozeßvergleich, sondern ein weiterer, auch die Fälle zu b bis d umfassender Begriff ist. Von dem „Abschluß eines Vergleichs" als Ergebnis der Güteverhandlung spricht § 54 nur im zweiten Absatz; er wird aber hier gerade nur „insbesondere" als Ergebnis der Güteverhandlung erwähnt. Die Erwägungen von Dersch-Volkmar und Baumbach dürften durch die andersartige Regelung des Gewerbegerichtsgesetzes beeinflußt sein.

4 Die mündliche Verhandlung vor dem Arbeitsgericht zerfällt nach der zwingenden Regelung des Arbeitsgerichtsgesetzes in zwei begrifflich voneinander zu trennende Teile, die Güteverhandlung und die „weitere Verhandlung". Eine solche Zweiteilung gab es im gewerbegerichtlichen und im kaufmannsgerichtlichen Verfahren obligatorisch nicht. Es konnte allerdings nach § 54 GGG., der gemäß § 16 Abs. 1 KGG. auch im kaufmannsgerichtlichen Verfahren galt, im ersten auf die Klage angesetzten Termin die Zuziehung der Beisitzer unterbleiben; doch

ist von dieser Möglichkeit durchaus nicht überall Gebrauch gemacht worden. Geschah dies, so war der erste Termin theoretisch nicht nur zu einem Güteverfahren, sondern zur möglichst weitgehenden Förderung des Verfahrens bestimmt; blieb die Sache streitig und konnte sie nicht auf Antrag der beiden Parteien vom Vorsitzenden allein entschieden werden, so mußte sie vertagt werden; zu dem neuen Termin waren die Beisitzer zuzuziehen. Die Zivilprozeßordnung kannte bis zur Novellengesetzgebung von 1924 eine Zweiteilung der mündlichen Verhandlung überhaupt nicht. Nach der neuen Fassung der Zivilprozeßordnung findet zwar das Güteverfahren vor der Klageerhebung statt, gleichwohl aber beginnt die mündliche Verhandlung in einem vor einem Kollegialgericht anhängigen Rechtsstreit grundsätzlich mit einer Verhandlung zur Vorbereitung der Entscheidung des Prozeßgerichts vor dem Einzelrichter, der zunächst die gütliche Beilegung des Rechtsstreits zu versuchen hat (ZPO. §§ 348—350). Diese Zweiteilung der mündlichen Verhandlung verfolgt also umgekehrt wie die des arbeitsgerichtlichen Verfahrens als Hauptzweck eine gute Vorbereitung des kollegialgerichtlichen Verfahrens und nur als Nebenzweck die gütliche Einigung der Parteien. Gleichwohl würde sie praktisch der Zweiteilung des arbeitsgerichtlichen Verfahrens vergleichbar sein, wenn sie zwingend vorgeschrieben wäre.

Der begriffliche Unterschied der zwingenden Zweiteilung der mündlichen Verhandlung nach dem Arbeitsgerichtsgesetz und der zulässigen Zweiteilung nach dem Gewerbegerichtsgesetz und nach der neuen Fassung der Zivilprozeßordnung liegt darin, daß das Arbeitsgerichtsgesetz die Zäsur mit der Beendigung der Güteverhandlung eintreten läßt, gleichviel ob sich schon damit die Besetzung des Gerichts ändert. Im Interesse der Klarheit und Übersichtlichkeit des Verfahrens, auch für die — im allgemeinen rechtlich nicht vorgebildeten — Parteien, des Arbeitsrechtsstreits wird es dem Sinn des Gesetzes entsprechen, wenn der Vorsitzende des Arbeitsgerichts den Übergang von der Güteverhandlung zu der „weiteren Verhandlung" ihnen gegenüber ausdrücklich kenntlich macht, insbesondere dann, wenn die Angelegenheit sachlich streitig bleibt.

Die „weitere Verhandlung" ist grundsätzlich streitige Verhandlung, doch ist sie das nicht immer im engeren Sinne des Begriffs. Sie ist es dann nicht, wenn die Güteverhandlung zum Anerkenntnis, zur Klagezurücknahme oder zum Klageverzicht geführt hat, von der gegnerischen Partei aber ein Urteil in diesem Sinne beantragt wird, so daß die Güteverhandlung mangels gütlicher Erledigung erfolglos geblieben ist (vgl. Anm. 3). Alsdann besteht ein sachlicher Streit nicht und die weitere Verhandlung besteht lediglich in dem Erlaß des beantragten Urteils durch den Vorsitzenden (§ 55 Abs. 2 Satz 1). Ebenso ist die weitere Verhandlung keine streitige, wenn sie auf Grund der Säumnis einer Partei in der Güteverhandlung eintritt und die Säumnis in der weiteren Verhandlung fortbesteht (vgl. Anm. 2); in diesen Fällen beruht allerdings der Begriff der „weiteren Verhandlung" auf der Fiktion einer einseitigen Güteverhandlung. In allen anderen Fällen ist die „weitere Verhandlung" gemäß § 55 Abs. 1 streitige Verhandlung, und zwar gleichviel, ob sie vor dem Vorsitzenden des Arbeitsgerichts allein oder vor der Kammer in voller Besetzung stattfindet.

5 Die Zweiteilung der mündlichen Verhandlung vor dem Arbeitsgericht darf nach dem allgemeinen Beschleunigungsgrundsatz des Arbeitsgerichtsgesetzes (§ 9 Abs. 3 Satz 1) nicht zu einer Verzögerung des Verfahrens führen. Infolge-

dessen ist, anders als im gewerbegerichtlichen und im kaufmannsgerichtlichen Verfahren (GGG. § 54 Abs. 4 Satz 2), für die weitere Verhandlung kein besonderer neuer Verhandlungstermin anzusetzen, sondern die Güteverhandlung geht in die weitere Verhandlung über. Dies tritt tatsächlich in Erscheinung, wenn sich die weitere Verhandlung unmittelbar an die Güteverhandlung anschließen kann, ist aber rechtlich auch dann nicht anders zu beurteilen, wenn sie wegen äußerer Gründe erst einen Tag oder einige Tage später stattfindet. Es bedarf also für die weitere Verhandlung keiner erneuten Ladung der Parteien unter Einhaltung der Ladungsfrist, auch über die Vorschrift des § 218 ZPO., die sonst gelten würde, hinaus. Diese Folgerung ergibt sich aus dem Wortlaut und dem Sinn der Vorschrift des § 55 Abs. 1, der die unmittelbar anschließende und die spätere weitere Verhandlung einander gleichstellt, und daraus, daß gemäß der Vorschrift des zweiten Halbsatzes die weitere Verhandlung binnen 3 Tagen stattfinden soll, was sonst jedenfalls in den Fällen nicht möglich wäre, in denen das persönliche Erscheinen der Parteien dazu angeordnet würde (ZPO. § 218 in Verbindung mit ZPO. § 141 Abs. 2 und § 51 Abs. 1 ArbGG.). Die gegenteilige Auffassung von Schmincke-Sell, Anm. 1, I, 2 Abs. 2 zu § 55 und Anm. 6 Abs. 5 zu § 47 erscheint schon nach dem Wortlaut des § 55 Abs. 1 in Verbindung mit § 46 Abs. 2 Satz 1 ArbGG. nicht annehmbar. — Als praktische Folge aus dem Gesagten ergibt sich, daß der Vorsitzende beim Vorliegen von Hinderungsgründen für den unmittelbaren Anschluß der weiteren Verhandlung diese nicht vertagt, wie dies in anderen Fällen geschieht, sondern daß er einen im Hinblick auf die vorliegenden Hinderungsgründe möglichst nahen, nicht über 3 Tage hinausliegenden, Zeitpunkt zur Fortsetzung der mündlichen Verhandlung zu bestimmen hat, an dem die Parteien ohne Ladung erscheinen müssen, — soweit das persönliche Erscheinen einer Partei angeordnet ist, auf Ladung ohne Einhaltung einer Ladungsfrist.

Grundsätzlich schließt sich die weitere Verhandlung unmittelbar an die Güteverhandlung an; eine Unterbrechung der mündlichen Verhandlung auf einen oder einige Tage soll nur stattfinden, wenn dem unmittelbaren Anschluß Hinderungsgründe entgegenstehen, und zwar gleichviel, ob die weitere Verhandlung vor dem Vorsitzenden oder vor der Kammer stattfindet. Die Fortsetzung der Verhandlung an demselben Tage nach kurzer Pause wird als unmittelbarer Anschluß anzusehen sein; sie wird insbesondere dort vorkommen, wo das Arbeitsgericht an einem Tage zunächst Güteverhandlungen vor dem Vorsitzenden angesetzt hat, während zu einer späteren Stunde Kammerverhandlungen stattfinden, die Beisitzer also später erscheinen.

Als Hinderungsgrund für den unmittelbaren Anschluß der weiteren Verhandlung im Sinne des § 55 Abs. 1 ist die im Einzelfall sich aus der Güteverhandlung ergebende Notwendigkeit der weiteren Vorbereitung der streitigen Verhandlung gemäß § 56 ArbGG. anzusehen. Hat die Güteverhandlung nicht zum Erfolg geführt, so hat der Vorsitzende sich doch aus ihr über den Streit unterrichtet (vgl. Anm. 1 Abs. 9 zu § 54). Kommt er auf Grund dieser Unterrichtung zu dem Schluß, daß eine streitige Verhandlung vor der Kammer stattfinden muß und daß zu ihr Beweismittel herangezogen werden müssen, die, auch bei Ausnützung aller Hilfsmittel (Fernsprecher, Boten usw.), nicht sofort zur Verfügung stehen, so bestimmt er einen Zeitpunkt binnen 3 Tagen, an dem die Verhandlung fortgesetzt werden soll; in der Zwischenzeit hat er die notwendigen Vorbereitungsmaßnahmen zu treffen. Vor der Bestimmung des Zeitpunkts hat er zu prüfen, wieviel Zeit die Vorbereitung gemäß § 56 erfordern wird; unter Berücksichtigung des Ergebnisses dieser Prüfung ist der Zeitpunkt für die Fortsetzung der Verhandlung gemäß § 9 Abs. 3 Satz 1 ArbGG. so nah als möglich zu bestimmen, die dreitägige Frist bildet also eine obere Grenze, nicht den Grundsatz. Eine Überschreitung dieser Grenze kann im Aufsichtswege gerügt werden, da es sich um eine sog. „Sollvorschrift" handelt, Rechtsfolgen für das Verfahren ergeben sich aus ihr nicht; es wird Pflicht der Aufsichtsbehörden sein, auf die grundsätzliche Einhaltung der Frist hinzuwirken.

Zweifelhaft kann sein, ob als Hinderungsgrund im Sinne der Vorschrift auch nicht aus dem einzelnen Fall entspringende Umstände, sondern die besonderen örtlichen Verhältnisse eines Arbeitsgerichts und seine darauf beruhende Organisation angesehen werden können, z. B. also der Umstand, daß Kammersitzungen mit Beisitzern nur an bestimmten Tagen stattfinden, während die Güteverhandlungen an anderen Tagen vorgenommen werden. Man wird annehmen müssen, daß die allgemeine Organisation der Arbeitsgerichte grundsätzlich darauf eingestellt werden muß, eine Unterbrechung der mündlichen Verhandlung, wo sie nicht aus sachlichen Gründen erforderlich ist, zu vermeiden. Dies wird sich im allgemeinen dadurch erreichen lassen, daß, wie im Abs. 2 dieser Anmerkung dargelegt, die Kammerverhandlungen zu späterer Stunde, aber an demselben Tage wie die Güteverhandlungen anberaumt werden; dagegen erscheint es im Interesse einer vollen Ausschöpfung der Möglichkeiten der Güteverhandlung nicht empfehlenswert, diese grundsätzlich schon in Gegenwart der Beisitzer stattfinden zu lassen. Eine Unterbrechung der mündlichen Verhandlung ohne Notwendigkeit in der Sache ist auch schon darum unzweckmäßig, weil sie den Parteien zumutet, nochmals an Gerichtsstelle zu erscheinen. Ist jedoch nach den besonderen örtlichen Verhältnissen der unmittelbare Anschluß der weiteren Verhandlung vor der Kammer an die Güteverhandlung bei einem Arbeitsgericht nicht durchzuführen, so dürfte nach der Fassung des § 55 Abs. 1 die grundsätzliche Trennung der beiden Teile der mündlichen Verhandlung nicht unzulässig sein.

Hinderungsgründe irgendeiner Art für den unmittelbaren Anschluß der weiteren Verhandlung können aber nur dann vorliegen, wenn diese vor der Kammer stattfinden muß. Die Entscheidung durch den Vorsitzenden kann und muß deshalb, soweit sie im § 55 Abs. 2 zugelassen ist, stets im unmittelbaren Anschluß an die Güteverhandlung ergehen, wie sich aus der Aufzählung im § 55 Abs. 2 ergibt. Andernfalls hätte die Vorschrift, die nur der Beschleunigung der Herbeiführung einer Entscheidung dient, auch keinen Sinn, da dann eine Entscheidung durch die Kammer ebenso schnell herbeigeführt werden könnte.

6 Aus dem Zusammenhang der Vorschrift ergibt sich — unter Berücksichtigung des im letzten Absatz der Anm. 5 Ausgeführten —, daß die Entscheidung durch den Vorsitzenden allein, die § 55 Abs. 2 vorsieht, nur in der ersten Verhandlung im Anschluß an die Güteverhandlung oder beim Fehlen einer Güteverhandlung (§ 55 Abs. 3) zulässig ist, nicht auch in einer späteren Verhandlung, in der etwa die Voraussetzungen des § 55 Abs. 2 vorliegen sollten (z. B. in dem Falle, daß streitige Verhandlung vor der Kammer zur Fortsetzung der mündlichen Verhandlung angeordnet ist und eine Partei in dieser Verhandlung ausbleibt, oder in einer zwei-

ten Kammerverhandlung in demselben Falle, wenn die erste ohne streitige Verhandlung vertagt worden ist). Dies entspricht auch der bisherigen Regelung des § 54 Abs. 2, 3 GGG., der die Vorschrift des § 55 Abs. 2 ArbGG. nach der Begr. (zu § 53 — jetzt § 55 —, S. 59) nachgebildet ist. Diese Zusammenhänge scheint die gegenteilige Auffassung von Baumbach (Anm. 7, A zu § 55) zu verkennen.

Die Entscheidung durch den Vorsitzenden allein gemäß § 55 Abs. 2 bildet nach der Regelung des Arbeitsgerichtsgesetzes, ebenso wie nach der des Gewerbegerichtsgesetzes, eine Ausnahme von dem Grundsatze der Rechtsprechung durch rechtsgelehrte Richter und Beisitzer aus den Kreisen der Arbeitgeber und Arbeitnehmer, der in § 6 ArbGG. ausgesprochen ist und der einen der wesentlichsten Grundsätze der Arbeitsrechtspflege darstellt (vgl. Joachim, Die justizpolitische Bedeutung des Arbeitsgerichtsgesetzes in „Die Justiz", Bd. II, Heft 3, S. 255 ff.). Dieser Grundsatz soll nur insoweit durchgeführt werden, als bei der Entscheidung die Auffassungen des Arbeitslebens, die die Beisitzer zu vertreten haben, sachlich überhaupt ins Gewicht fallen können, nicht also bei solchen Entscheidungen, die sich aus dem Streittatbestand zwangsläufig ergeben und bei denen die Zuziehung der Beisitzer deshalb nur eine sachlich ungerechtfertigte Kräftevergeudung, in den meisten Fällen aber auch eine Verzögerung, bedeuten würde. Ebensowenig soll die Mitwirkung der Beisitzer gegen den übereinstimmenden Willen der Parteien erzwungen werden, wenn diese sich von der Entscheidung durch den Vorsitzenden allein eine Beschleunigung der Erledigung versprechen.

Unter diesen Gesichtspunkten ist die Aufzählung des § 55 Abs. 2 zu werten. Eine ausdehnende Auslegung der Vorschrift, wie sie Baumbach (Anm. 7 B zu § 55) vorschlägt, ist deshalb als der Grundauffassung des Gesetzes widersprechend abzulehnen. In den von ihm beispielsweise angeführten weiteren Fällen einer Entscheidung durch den Vorsitzenden allein — Entscheidung über Ordnungsmäßigkeit der Klageerhebung, Zuständigkeit, prozeßhindernde Einrede des Schieds- oder Gütevertrages — ist eine aus dem Tatbestand zwangläufige Entscheidung, bei der auf die Beratung mit den Vertretern des Arbeitslebens ohne übereinstimmenden Antrag der Parteien verzichtet werden könnte, nicht gegeben (wie hier, wenn auch in nicht ganz klarer Fassung, Dersch-Volkmar, Anm. 6 Abs. 1 zu § 55). — Es kann weiter nicht angenommen werden, daß unter die Regelung des § 55 Abs. 2 andere als sachabschließende Entscheidungen, d. h. Urteile, fallen. Der Erlaß von Beweisbeschlüssen, soweit er nach ZPO. § 358 erforderlich ist, bedarf nach dem Ausgeführten der Erwägung unter Beteiligung der Beisitzer, er würde auch, vom Vorsitzenden allein im unmittelbaren Anschluß an das Güteverfahren ausgehend, keine Beschleunigung herbeiführen, da die Beweisaufnahme, wenn die Kammer entscheidet, vor ihr stattfinden muß oder doch von ihr übertragen werden muß (§ 58 Abs. 1 ArbGG.) und die Vorbereitung der Kammerverhandlung, einschließlich einer etwa erforderlichen Beweisaufnahme, ohnedies gemäß § 56 ArbGG. dem Vorsitzenden obliegt. Eine Vorschrift, daß nur das Verfahren selbst betreffende Entscheidungen grundsätzlich vom Vorsitzenden allein zu erlassen sind oder auch nur erlassen werden können, kennt das Arbeitsgerichtsgesetz nicht (abweichend, aber ohne Begründung, Dersch-Volkmar, Anm. 6 Abs. 2, Anm. 7 a. E. zu § 55).

Gegen ein von dem Vorsitzenden allein erlassenes Urteil findet Berufung bzw. sofortige Beschwerde oder Einspruch in derselben Weise und unter denselben Voraussetzungen statt wie gegen ein Urteil der Kammer, dem es in jeder Beziehung prozeßrechtlich gleich steht. Die §§ 59—64 ArbGG. unterscheiden nicht zwischen beiden Arten des Urteils eines Arbeitsgerichts. Die Auffassung von Baumbach (Anm. 7, A zu § 55), daß gegen ein vom Vorsitzenden allein in Überschreitung des durch § 55 Abs. 2 gezogenen Rahmens seiner Zuständigkeit erlassenes Urteil auch ohne Vorliegen der Voraussetzungen des § 64 Abs. 1 ArbGG. stets die Berufung stattfinde, hat im Gesetz keine Stütze und widerspricht seinem Grundsatz, das arbeitsgerichtliche Verfahren so schnell wie möglich rechtskräftig zu erledigen. Dagegen findet gegen ein an sich rechtskräftiges Urteil des Vorsitzenden in Überschreitung seiner Zuständigkeit nach § 79 ArbGG. in Verbindung mit § 579 Abs. 1 Nr. 1 ZPO. die Nichtigkeitsklage — wegen nicht vorschriftsmäßiger Besetzung des erkennenden Gerichts — statt. Nach dem im Abs. 2, 3 Gesagten kann auf die Innehaltung der Vorschrift des § 55 Abs. 2 hinsichtlich der Entscheidungsbefugnis des Vorsitzenden von den Parteien nicht verzichtet werden, eine Heilung des Mangels ist also nicht möglich (ZPO. § 295). Hat jedoch in einem Falle, in dem gemäß § 55 Abs. 2 ArbGG. der Vorsitzende allein entscheiden mußte, die Kammer entschieden, so ist das prozeßrechtlich ohne Bedeutung, weil das vollbesetzte Arbeitsgericht immer als vorschriftsmäßig besetzt anzusehen ist (ebenso Baumbach, Anm. 7, A zu § 55, unter Hinweis auf § 10 ZPO.).

7 Die Entscheidung des Vorsitzenden allein auf Grund Versäumnisses, Anerkenntnisses, Klagezurücknahme oder Verzichts kann nur ein Urteil sein. Eine andere Entscheidung kann der Vorsitzende allein nicht fällen, weil dadurch der Zweck der Abweichung von der Regel der Beisitzermitwirkung, das Verfahren beschleunigt, ohne Termin vor der Kammer, zu Ende zu führen, doch nicht erreicht werden würde (vgl. Anm. 6 Abs. 2, 3. A. A.: Dersch-Volkmar, Anm. 7b, a. E. zu § 55; Baumbach, Anm. 9 E, b und c, zu § 55; Schmincke-Sell, Anm. 6 a. E. [zu §§ 335, 337 ZPO.] zu § 55). Stellt der Vorsitzende bei Beendigung der Güteverhandlung bzw. wenn zu dieser eine Partei nicht erschienen ist, fest, daß ein Urteil auf Grund Versäumnisses usw. nicht erfolgen kann und daß auch die Parteien nicht übereinstimmend den sofortigen Erlaß eines kontradiktorischen Urteils durch ihn allein beantragen, so hat er unter entsprechender Belehrung der Parteien bzw. der erschienenen Partei den Zeitpunkt zur Fortsetzung der Verhandlung vor der Kammer zu bestimmen, und zwar so, daß die etwa hervorgetretenen Mängel der bisherigen Prozeßführung (z. B. Nichtmitteilung wesentlicher Anträge an den Gegner) bis dahin behoben sein können, soweit das innerhalb der 3-Tage-Frist des § 55 Abs. 1 Halbsatz 2 möglich ist. Es handelt sich hierbei, wie in Anm. 4, 5 dargelegt, nicht um einen Vertagungsbeschluß im technischen Sinne.

Wegen der wichtigen Fälle der Unmöglichkeit des Erlasses eines Versäumnisurteils vgl. Anm. 9 Abs. 3.

8 Das Urteil ergeht „ohne streitige Verhandlung“, wenn der Sachverhalt in der Güteverhandlung hinreichend für den Erlaß eines Urteils auf Grund Versäumnisses, Anerkenntnisses, Zurücknahme der Klage oder Verzichts geklärt ist, und ein entsprechender Antrag am Ende der Güteverhandlung gestellt wird (vgl. Anm. 4 Abs. 3). Die eigentlichen Sachanträge sind bereits zu Beginn der Güteverhandlung gestellt (vgl. Anm. 2 Abs. 2 zu § 54). Die Stellung des Prozeßantrags auf Erlaß des Urteils auf Grund Versäumnisses, Anerkenntnisses, Klagezurücknahme oder Verzichts bedingt keine streitige Verhandlung.

Dies scheinen Held-Lieb-Gift (Anm. 2, letzter Abs. zu § 55) zu verkennen. Bei Annahme ihrer Auffassung würde die Vorschrift des § 55 Abs. 2 Satz 1, Anfang, so gut wie unpraktisch werden; tatsächlich will diese Vorschrift der Kammer die Befugnis zur Entscheidung aber nur bei Sachstreit wahren (vgl. Anm. 6 Abs. 2, 3).

9 Auf Grund des Versäumnisses einer Partei ergeht das Urteil nur, wenn entweder der nichterschienene Kläger wegen der Säumnis mit der Klage abgewiesen wird (ZPO. § 330) oder wenn der nichterschienene Beklagte auf Grund des tatsächlichen mündlichen Vorbringens des erschienenen Klägers verurteilt wird (ZPO. § 331 Abs. 1, Abs. 2 Halbsatz 1). In allen übrigen Fällen ergeht ein etwaiges Urteil trotz Säumnis einer Partei nicht „auf Grund des Versäumnisses"; es ist, trotz der Regelung im 2. Buch, 1. Abschnitt, 3. Titel der Zivilprozeßordnung — „Versäumnisurteil" — kein echtes Versäumnisurteil. Das unechte Versäumnisurteil kann aber nach der Vorschrift des § 55 Abs. 2 Satz 1, Anfang, nicht vom Vorsitzenden allein erlassen werden, weil hier die von den Beisitzern vertretenen Auffassungen des Arbeitslebens zur Fällung des Urteils gehört werden sollen.

Nicht vom Vorsitzenden allein kann sonach das Urteil gemäß § 331 Abs. 2 Halbsatz 2 erlassen werden, das den Kläger mit der Klage abweist, weil sein tatsächliches mündliches Vorbringen den Klageantrag nicht rechtfertigt. Ebensowenig kann der Vorsitzende allein entscheiden, wenn den zwingenden Verfahrensvoraussetzungen nicht genügt ist (z. B. Zuständigkeit der Arbeitsgerichtsbarkeit, nicht der ordentlichen Gerichtsbarkeit) oder wenn mangels Vorliegens dieser Voraussetzungen die Abweisung des säumigen Klägers auf Antrag des erschienenen Beklagten (ZPO. § 330) nicht im Versäumniswege erfolgen kann. In diesen Fällen wird der Vorsitzende die erschienene Partei dahin belehren, die Klage zurückzunehmen bzw. die Voraussetzungen zunächst zu erfüllen; besteht die Partei jedoch auf Entscheidung, so muß er einen Zeitpunkt für die Kammerverhandlung gemäß § 55 Abs. 1 bestimmen (ebenso Dersch-Volkmar, Anm. 7a zu § 55; a. A. Baumbach, Anm. 9 E, c zu § 55, der den „Geist der Vorschrift" willkürlich auslegen dürfte).

Auch einen Beschluß gemäß § 335 bzw. gemäß § 337 ZPO. kann der Vorsitzende allein nicht erlassen, da ArbGG. § 55 Abs. 2 Satz 1, Anfang, nur den Erlaß eines Urteils vorsieht (vgl. Anm. 7 und das dort für die gegenteilige Auffassung angeführte Schrifttum). Für einen derartigen Beschluß im Verfahren vor dem Vorsitzenden besteht auch nach der Regelung des Arbeitsgerichtsgesetzes kein Bedürfnis, weil der Vorsitzende im vorliegenden Falle im Rahmen der Vorschrift des § 55 Abs. 1 Halbsatz 2 einen Zeitpunkt zur Fortsetzung der mündlichen Verhandlung vor der Kammer bestimmt, wodurch der gesetzgeberische Zweck der §§ 335, 337 ZPO. erreicht wird. Da somit §§ 335, 337 ZPO. gemäß § 46 Abs. 2 Satz 1 ArbGG. nicht anwendbar sind, bedarf es auch der erneuten Ladung der nichterschienenen Partei (ZPO. § 335 Abs. 2, § 337 Satz 2) nicht, es gilt vielmehr das in Anm. 5 Abs. 1 Gesagte.

Ebensowenig kann der Vorsitzende allein an Stelle des Versäumnisurteils eine Entscheidung nach Lage der Akten gemäß ZPO. § 331a erlassen (im Ergebnis ebenso, aber mit anderer Begründung: Baumbach, Anm. 9 E, b zu § 55; Schmincke-Sell, Anm. 6 — zu § 331a ZPO. — zu § 55; a. A. offenbar: Held-Lieb-Gift, Anm. 2 — zu § 331a — zu § 55; Dersch-Volkmar, Anm. 3 Abs. 3 zu § 55). Abgesehen davon, daß der Sachverhalt hierfür kaum hinreichend geklärt

(§ 331a Satz 1 Halbsatz 2 ZPO.) sein dürfte und daß eine mündliche Verhandlung im Sinne des § 251a Abs. 1 Satz 2 ZPO. nicht vorangegangen ist, könnte vom Vorsitzenden nur wieder ein Beschluß erlassen werden, da für die Verkündung des Urteils nach § 251a Abs. 1 Satz 2 ein besonderer Termin angesetzt werden muß. Die Anwendung des § 331a ZPO. ist daher im Verfahren vor dem Vorsitzenden nach ArbGG. § 46 Abs. 2 Satz 1 in Verbindung mit § 55 Abs. 2 Satz 1, Anfang, nicht möglich. Vielmehr muß der Vorsitzende einen Zeitpunkt zur Fortsetzung der mündlichen Verhandlung vor der Kammer gemäß § 55 Abs. 1 ansetzen.

10 Über das Ergehen eines Urteils auf Grund des Anerkenntnisses (ZPO. § 307), der Klagezurücknahme (ZPO. § 271; vgl. Anm. 2 Abs. 3 zu § 55) oder des Verzichts (ZPO. § 306) einer Partei ohne streitige Verhandlung vgl. Anm. 8. Das Verfahren ist, falls das Urteil auf Grund Anerkenntnisses oder Klagezurücknahme ergeht, nach § 12 Abs. 2 Satz 2 Halbsatz 2 — im ersten Rechtszug — ebenso wie im Falle der Beendigung durch Vergleich gebührenfrei; das verkennen Dersch-Volkmar (Anm. 8 Abs. 1 zu § 55) und Schmincke-Sell (Anm. 2 zu § 55).

Ergibt sich beim Erlaß eines Anerkenntnisurteils noch ein sachlicher Streit darüber, ob die Kosten dem Beklagten oder, weil dieser zur Erhebung der Klage keine Veranlassung gegeben und sofort anerkannt habe, gemäß § 93 ZPO. dem Kläger aufzuerlegen sind, so kann das Urteil wegen der Kosten nicht ohne streitige Verhandlung auf Grund des Anerkenntnisses ergehen, der Vorsitzende muß daher einen Zeitpunkt für die Fortsetzung der Verhandlung vor der Kammer ansetzen und das Urteil obliegt ihr, nicht dem Vorsitzenden allein, es sei denn, daß die Parteien übereinstimmend den Antrag auf sofortige Streitentscheidung durch ihn allein stellen (ebenso Dersch-Volkmar, Anm. 8 Abs. 5 zu § 55; Schmincke-Sell, Anm. 2 a. E. zu § 55). In diesen Fällen wird jedoch nicht nur die Kostenentscheidung, sondern die ganze Entscheidung der Kammer zu überlassen sein, da der innere Grund für die Regelung des § 55 Abs. 2 ArbGG. (beschleunigte Erledigung ohne Zuziehung der Beisitzer) hier nicht gegeben ist (a. A. die beiden angeführten Kommentare).

11 Daß auch diese „Entscheidung" nur ein Urteil sein kann, ergibt sich aus dem Sinne der Vorschrift des § 55 Abs. 2, wie er in Anm. 6 Abs. 2, 3 dargelegt ist. Wie dort bereits ausgeführt, würde eine nicht sachabschließende Entscheidung des Vorsitzenden bei der Regelung des Verfahrens im Arbeitsgerichtsgesetz (§§ 55 bis 57) keine beschleunigende Wirkung gegenüber dem normalen Verfahren ausüben können, weswegen der gesetzgeberische Grund für die Zulässigkeit einer solchen Entscheidung entfällt.

12 Der Vorsitzende kann von der Zuziehung der Beisitzer gemäß § 55 Abs. 1 zur weiteren Verhandlung nur absehen, wenn er nach dem Ergebnis der Güteverhandlung annehmen muß, daß das Urteil von ihm ohne Unterbrechung der mündlichen Verhandlung erlassen werden kann und wenn beide Parteien dies wünschen (sachlich ebenso für das gewerbegerichtliche und kaufmannsgerichtliche Verfahren: GGG. § 54 Abs. 4 Satz 1 und KGG. § 16 Abs. 1 in Verbindung mit dieser Vorschrift). In der sich unmittelbar an die Güteverhandlung anschließenden streitigen Verhandlung kann das Urteil gefällt werden, wenn der Sachverhalt — sei es auf Grund des Parteivorbringens, sei es unter Zuhilfenahme der Aufklärungshandlungen gemäß § 54 Abs. 1 Satz 3, 4 ArbGG. — in der Güteverhandlung geklärt worden ist oder wenn diese Klärung jedenfalls in der weiteren streitigen Verhandlung vor dem Vorsitzenden allein — etwa durch eidliche Vernehmung

von Auskunftspersonen oder durch Auferlegung von Parteieiden — wahrscheinlich erscheint. Zur eidlichen Vernehmung von Zeugen und Sachverständigen und zur Auferlegung von Parteieiden ist der Vorsitzende in der streitigen Verhandlung vor ihm in den Fällen des § 55 Abs. 2 Satz 1, zweiter Satzteil, befugt, sofern die Eidesleistung in derselben Verhandlung erfolgen kann; er ist also nicht zur Auferlegung eines richterlichen Eides befugt (ZPO. § 477 Abs. 3). Das Verbot des § 54 Abs. 1 Satz 4 gilt nur für die Güteverhandlung, die Vorschrift des § 58 Abs. 1 Satz 1 ArbGG. schon nach ihrer Stellung nur dann, wenn die streitige Verhandlung vor der Kammer stattfindet (ebenso Dersch-Volkmar, Anm. 9b Abs. 2). Auf das Beweisverfahren vor dem Vorsitzenden gemäß § 55 Abs. 2 sind jedoch die für das Verfahren vor dem Arbeitsgericht allgemein geltenden Vorschriften des § 58 Abs. 2, 3 anwendbar. — Der Vorsitzende muß, wenn er mit den Parteien auf deren Antrag nach Abschluß der Güteverhandlung weiter streitig verhandelt, bestimmt annehmen, daß eine Unterbrechung der Verhandlung nicht erforderlich sein wird, sonst muß er die Parteien entsprechend belehren und einen Zeitpunkt für die Kammerverhandlung ansetzen. Sieht er gleichwohl ausnahmsweise erst in der weiteren Verhandlung, daß diese nicht in demselben Termin zu Ende geführt werden kann, so muß er alsdann den Zeitpunkt für die Kammerverhandlung gemäß § 55 Abs. 1 ansetzen. Vor der Kammer sind in diesem Falle die Beweisaufnahmen gemäß § 58 Abs. 1 zu wiederholen, wenn die Kammer den Sachverhalt nicht für genügend geklärt hält. Der Vorsitzende wird also beim Übergang in die streitige Verhandlung vor ihm mit äußerster Vorsicht verfahren müssen.

Die streitige Verhandlung vor dem Vorsitzenden allein ist ferner nur zugelassen, wenn die Parteien ein solches Verfahren übereinstimmend beantragen. Der Antrag muß von allen Personen ausgehen, die in dem Verfahren eine Parteirolle spielen. Eine stillschweigende Zustimmung genügt nicht, da es sich um den Verzicht auf die einen wesentlichen Grundsatz des arbeitsgerichtlichen Verfahrens bildende Beteiligung der Beisitzer aus dem Arbeitsleben handelt (vgl. Anm. 6 Abs. 2, 3); in ihr könnte auch kein „Antrag" erblickt werden. Zur jederzeit nachweisbaren Feststellung des Antrags ist seine Protokollierung in § 55 Abs. 2 Satz 2 vorgeschrieben, die gemäß ZPO. § 162 in Verbindung mit § 160 Abs. 2 Nr. 2 die Bekanntgabe der Protokollierung an die Parteien bedingt. Die Zurücknahme des Antrags ist mangels einer entsprechenden Vorschrift des Gesetzes nicht zulässig. Die Parteien müssen sich also wohl überlegen, ob sie durch Stellung des Antrages ausdrücklich auf Entscheidung unter Mitwirkung der Beisitzer aus dem Arbeitsleben verzichten wollen. Mit Rücksicht auf die allgemeine Bedeutung der Beisitzermitwirkung wird der Vorsitzende sich jeden Einwirkens auf die Stellung des Antrags zu enthalten haben.

13 Dem Nichterscheinen steht nach ZPO. § 333 das Nichtverhandeln gleich. Nichtverhandeln liegt nach § 334 ZPO. nur vor, wenn die Partei keinen Sachantrag stellt. In diesem Falle ist die Güteverhandlung gescheitert und es muß nunmehr in die weitere mündliche Verhandlung eingetreten werden.

14 Die Terminsbestimmung erfolgt nach § 55 Abs. 1. Sind beide Parteien zugegen, haben aber keine Anträge gestellt, so kann sich die streitige Verhandlung unmittelbar anschließen; sonst gilt § 55 Abs. 1 Halbsatz 2. Einer erneuten Ladung der Parteien bedarf es nicht (vgl. Anm. 5 Abs. 1). Der Termin wird „zur streitigen Verhandlung" bestimmt, d. h. er ist entsprechend einem solchen Termin vorzu-

bereiten (Zuziehung der Beisitzer, Vorbereitung gemäß § 56 ArbGG., soweit sie möglich ist); ob in dem Termin tatsächlich streitig verhandelt wird oder ob ein Urteil ohne streitige Verhandlung (§ 55 Abs. 2 Satz 1, Anfang) ergehen kann, läßt sich jedoch im voraus nicht übersehen.

Nach der Vorschrift des § 55 Abs. 3 Satz 1 ArbGG. sind die Vorschriften des § 251a ZPO. hier nicht anzuwenden. Das Ruhen des Verfahrens kann also in diesem Falle ebensowenig angeordnet werden, wie eine Entscheidung nach Lage der Akten ergehen kann.

15 Der Vereinbarung eines Güteverfahrens vor einer anderen Stelle steht in Streitigkeiten zwischen Innungsmitgliedern und ihren Lehrlingen die gesetzmäßige Einschaltung der Verhandlung vor einem Innungsausschuß gemäß ArbGG. § 111 Nr. 2 Abs. 3 Satz 2 in Verbindung mit § 105 gleich (vgl. Anm. 4 Abs. 2 zu § 54). Ist ein Güteverfahren vereinbart oder die Vorverhandlung vor dem Innungsausschuß gesetzlich vorgeschrieben, so erwächst daraus im arbeitsgerichtlichen Verfahren eine prozeßhindernde Einrede (ArbGG. § 101 Abs. 2). Über ihr Vorliegen oder Nichtvorliegen kann nur streitig verhandelt werden, weswegen auch hier Termin zur streitigen Verhandlung zu bestimmen ist. Stellt sich das Vorliegen eines Gütevertrages oder der Notwendigkeit der Vorverhandlung vor dem Innungsausschuß erst in der ohne vorherige Kenntnis gemäß § 54 Abs. 1 Satz 1 anberaumten Güteverhandlung heraus, so ergibt sich bei Streit über die prozeßhindernde Einrede der Übergang zur streitigen Verhandlung zwangläufig. Diese Rechtslage scheint Baumbach (Anm. 15 zu § 55) zu verkennen.

16 Die Vorschrift des § 55 Abs. 3 Satz 3 gewinnt nur dann praktisch beschleunigende Bedeutung, wenn bei dem Arbeitsgericht an demselben Tage Verhandlungen vor dem Vorsitzenden und Kammerverhandlungen stattfinden. Alsdann kann der Vorsitzende zunächst mit den Parteien kurz prüfen, ob einer der Fälle des § 55 Abs. 2 vorliegt, in denen er allein entscheiden kann und gegebenenfalls das Urteil fällen. Ist dies nicht der Fall, so hat er die Beisitzer hinzuzurufen und es wird vor der Kammer verhandelt (a. A. Baumbach, Anm. 16 zu § 55). Der von Schmincke-Sell (Anm. 10 zu § 55) und von Dersch-Volkmar (Anm. 13 zu § 55) aus § 54 Abs. 1 Satz 1 gezogene Schluß, daß die Verhandlung hier nicht vor dem Vorsitzenden allein beginnen kann, ist gegenüber dem Wortlaut der Vorschrift irrig; allerdings muß gemäß § 55 Abs. 3 Satz 1 (vgl. Anm. 14 Abs. 1) die streitige Verhandlung vor der Kammer vorbereitet sein und sich sofort anschließen können. Die im ersten Satz dieser Anmerkung angegebene Voraussetzung kann bei jedem Arbeitsgericht mühelos geschaffen werden. Die von Dersch-Volkmar und Schmincke-Sell (a. a. O.) für die Möglichkeit der Entscheidung durch den Vorsitzenden dem § 55 Abs. 3 Satz 3 gegebene Auslegung trifft nur einen Teil der möglichen Fälle und wird der Vorschrift nicht voll gerecht.

§ 56

Vorbereitung der streitigen Verhandlung[1]

Der Vorsitzende[2] hat[3] die streitige Verhandlung[4] so vorzubereiten, daß sie möglichst in einem Termin zu Ende geführt werden kann[5]. Er kann zu diesem Zwecke[5] insbesondere[6] die Ladung von Zeugen

und Sachverständigen veranlassen[7], amtliche Äußerungen herbeiführen[8], schriftliche Unterlagen beiziehen[9] und das persönliche Erscheinen der Parteien anordnen[10]; von diesen Maßnahmen soll er die Parteien benachrichtigen[11].

1 § 56 regelt nur die Vorbereitung der streitigen Verhandlung. Die Möglichkeiten der Vorbereitung der Güteverhandlung ergeben sich, soweit diese erforderlich, aus § 54 Abs. 1 Satz 3 (vgl. Anm. 2 Abs. 4, Anm. 8 Abs. 2 zu § 54; einschränkend Schmincke-Sell, Anm. 3 zu § 56). Da die streittige Verhandlung grundsätzlich in einem Termin zu Ende geführt werden soll (§ 56 Satz 1, § 57 Abs. 1 Satz 1, § 9 Abs. 3 Satz 1 ArbGG.), ist dabei in erster Linie an die Vorbereitung der ersten — und grundsätzlich einzigen — streitigen Verhandlung gedacht. Jedoch gilt § 56 auch für die Vorbereitung jeder etwaigen weiteren Verhandlung (§ 57 Abs. 1 Satz 2 ArbGG.).

Eine Vorbereitung der streitigen Verhandlung kann auch in Betracht kommen, wenn diese in der unmittelbar an die Güteverhandlung anschließenden weiteren Verhandlung stattfindet (§ 55 Abs. 1 Halbsatz 1), indem der Vorsitzende fernmündlich oder durch Boten z. B. etwa erforderliche Beweismittel heranzieht oder das persönliche Erscheinen der Parteien anordnet (vgl. Anm. 5 Abs. 3 zu § 55). Die hauptsächliche Bedeutung der Vorschrift tritt jedoch dann zutage, wenn der Vorsitzende, weil der unmittelbaren Fortsetzung der mündlichen Verhandlung Hindernisgründe entgegenstehen, gemäß § 55 Abs. 1 Halbsatz 2 ArbGG. einen späteren Zeitpunkt für die Fortsetzung der Verhandlung bestimmen muß. In diesen Fällen hat er die kommende streitige Verhandlung auf Grund der Ergebnisse des Güteverfahrens gemäß § 56 ArbGG. vorzubereiten. Um die Vorbereitung zu ermöglichen, muß deshalb die Aufklärungsfunktion des Güteverfahrens voll ausgeschöpft sein (vgl. Anm. 1 Abs. 9 zu § 54).

Hat keine Güteverhandlung vor dem Arbeitsgericht stattgefunden (§ 54 Abs. 1 Satz 1, § 55 Abs. 3 ArbGG.), so ist die Vorbereitung gemäß § 56 ArbGG. gleichwohl, soweit dann möglich, durchzuführen, um die streitige Verhandlung in einem Termin durchführen zu können. Das wird sich, falls ein Güteverfahren vor einer anderen Stelle vereinbart ist, auch meist erreichen lassen, wenn auch nicht in dem Maße, wie wenn der Vorsitzende selbst die Güteverhandlung geführt hat. Alsdann kann das Gericht regelmäßig mit Erfolg nur angerufen werden, wenn das Güteverfahren dort durchgeführt ist (ArbGG. § 101 Abs. 2). In diesem Falle kann der Vorsitzende zur Aufklärung die schriftlichen Vorgänge der vereinbarten Gütestelle herbeiziehen und auf ihrer Grundlage Vorbereitungshandlungen vornehmen. Ist das Güteverfahren versucht, aber nicht durchgeführt worden, so werden ihm freilich die Unterlagen gewöhnlich fehlen. Dagegen wird wegen Vorliegens der prozeßhindernden Einrede des Gütevertrags eine Vorbereitung der streitigen Verhandlung praktisch im allgemeinen nicht erforderlich sein, wenn die Durchführung des vereinbarten Güteverfahrens vom Kläger gar nicht versucht worden ist. Sind ohne Vorliegen eines Gütevertrages, beide Parteien nicht zur Güteverhandlung vor dem Arbeitsgericht erschienen (§ 55 Abs. 3 Satz 1 ArbGG.), so wird allerdings eine ausreichende Vorbereitung der streitigen Verhandlung gemäß § 56 ArbGG. nur selten möglich sein (vgl. Anm. 6 Abs. 3). Das wird dazu führen, daß die Erledigung des Verfahrens in einem Termin gefährdet wird; diese Wirkung erscheint aber in dem vorliegenden Sonderfall erträglich, weil die dadurch eintretende Verzögerung mindestens von dem Kläger durch Erscheinen in der Güteverhandlung hätte vermieden werden können.

Die Sonderregelung des § 56 ArbGG. schließt für die Vorbereitung der streitigen Verhandlung die entsprechende Anwendung des § 272b ZPO. im arbeitsgerichtlichen Verfahren gemäß § 46 Abs. 2 Satz 1 ArbGG. aus. Die Grundgedanken beider Vorschriften sind die gleichen (vgl. Begr. S. 59), doch weicht § 56 ArbGG. in der Gestaltung der Vorbereitungsbefugnisse des Arbeitsgerichtsvorsitzenden wohl im einzelnen von der Regelung des § 272b ZPO. ab (vgl Anm. 6). Die Regelung des § 56 ArbGG. ist zwar nicht so ausführlich wie die des § 272b ZPO., verlangt aber die Vornahme aller überhaupt in Betracht kommenden Vorbereitungshandlungen (§ 56 Satz 1), so daß es einer Aufzählung der Möglichkeiten nicht bedarf; die Aufzählung des Satz 2 ist deshalb auch mit dem Worte „insbesondere" eingeleitet, das ausdrückt, daß es sich hier nur um Beispiele handelt (ebenso im Ergebnis: Dersch-Volkmar, Anm. 1, 2 zu § 56; Baumbach, Anm. 1, 3 zu § 56; Schmincke-Sell, Anm. 3 zu § 56; a. A. offenbar Held-Lieb-Gift, Anm. zu § 56; die Ausführung von Siefart, Anm. 3 zu § 56, daß die ausführlichen Vorschriften des § 272b ZPO. nicht zur Ergänzung herangezogen werden können, scheint zu verkennen, daß eine solche Ergänzung gegenüber der umfassenden Vorschrift des § 56 ArbGG. nicht möglich und nicht erforderlich ist). Soweit die Aufzählung des § 272b ZPO. über eigentliche Vorbereitungsmaßnahmen hinausgeht, wie hinsichtlich der Ausführung der Augenscheinnahme oder der Begutachtung (§ 272b Abs. 2 Nr. 5), ist eine entsprechende Regelung im arbeitsgerichtlichen Verfahren wegen des Grundsatzes der Mitwirkung der Beisitzer an der Tatbestandsprüfung nicht vorgesehen.

§ 56 ArbGG., nicht § 272b ZPO., gilt gemäß § 64 Abs. 3 ArbGG. auch im Berufungsverfahren; für das Revisionsverfahren kommt eine Sachvorbereitung nicht in Betracht.

² Die Vorbereitung der streitigen Verhandlung liegt entsprechend dem gesamten System des Verfahrens vor dem Arbeitsgericht, anders als nach § 272b ZPO., nur in der Hand des Vorsitzenden. Die Beisitzer wirken dabei nicht mit, denn ihre Mitwirkung liegt lediglich in der Prüfung des Tatbestandes und der Findung des Rechts in der streitigen mündlichen Verhandlung (vgl. Anm. 3 zu § 6; Joachim in der „Justiz", a. a. O.). Jedoch kann ihnen die von ihnen etwa zur Vorbereitung ihrer Tätigkeit in der streitigen Verhandlung verlangte Akteneinsicht nicht verwehrt werden, weil hierin eine Beschränkung ihrer Mitwirkung an der Rechtsfindung liegen könnte.

Andererseits bedeutet die Vorschrift des § 56 nur, daß der Vorsitzende allein die Verantwortung für die Vorbereitung der streitigen Verhandlung trägt. Er kann zu Hilfsmaßnahmen, wie im übrigen Verfahren, die Mitwirkung der Geschäftsstelle, auch über den Kreis rein technischer Geschäfte (Ladungen usw.) hinaus, heranziehen, z. B. zur Aufnahme einer Erklärung der Partei.

³ Die Vorbereitung der streitigen Verhandlung ist durch „Muß-Vorschrift" angeordnet. Der Vorsitzende hat also nicht etwa nur das Recht, sondern die Pflicht der Vorbereitung, die im arbeitsgerichtlichen Verfahren — entsprechend der neuen Regelung der Zivilprozeßordnung (§ 272b Abs. 1) — eine Ergänzung

der durch § 139 ZPO. angeordneten Fragepflicht und der Aufklärungspflicht im Güteverfahren (§ 54 Abs. 1 Satz 2) bildet. Ein Revisionsgrund wird gleichwohl aus der Verletzung der Vorbereitungspflicht, im Gegensatz zur Verletzung der Fragepflicht, nicht hergeleitet werden können, weil die mangelnde Vorbereitung in dem dadurch allerdings verzögerten Verfahren vor der Urteilsfällung nachgeholt werden muß. Die Verletzung dieser „Muß-Vorschrift" wird deshalb wie die einer „Soll-Vorschrift" nur eine disziplinare Verantwortung des Vorsitzenden begründen.

4 Vgl. Anm. 1 Abs. 1—3.

5 Die Vorbereitung muß auf das prozessuale Ziel, die Erledigung der streitigen Verhandlung in einem Termin, eingestellt sein. Unter diesem Gesichtspunkt sind die Vorbereitungsmaßnahmen durchzuführen. Daraus ergibt sich, was bereits in Anm. 1 Abs. 4 gesagt ist, daß der Vorsitzende jede vorbereitende Maßnahme treffen darf und muß (vgl. Anm. 3), die geeignet ist, dieses Ziel herbeizuführen. Zweck des § 56 ist, eine Vertagung aus dem Grunde des Nichtvorliegens des gesamten Prozeßstoffs zu vermeiden. Der Prozeßstoff muß also vom Vorsitzenden möglichst so vollkommen herbeigeschaft werden, daß die Kammer in ihrem ersten Termin den Streittatbestand festlegen, streitige Tatsachen aufklären, sachverständige Beratungen entgegennehmen und auf Grund dieser Feststellungen ihr Urteil fällen bzw. nochmals die gütliche Erledigung des Streits anstreben kann (vgl. auch Anm. 5 Abs. 5 zu § 58).

Schwierigkeiten können sich in den Fällen ergeben, in denen die Vorbereitung dem Vorsitzenden nach pflichtmäßigem Ermessen nicht innerhalb der dreitägigen Frist des § 55 Abs. 1 Halbsatz 2 möglich erscheint. Diese Fälle spielen im arbeitsgerichtlichen Verfahren nach der Erfahrung eine geringe Rolle. Gleichwohl kann ein solcher Fall etwa vorliegen, wenn eine amtliche Auskunft von einer an entferntem Ort befindlichen Behörde herbeigezogen oder wenn die Anschrift eines zu ladenden Zeugen oder Sachverständigen ermittelt werden muß. Dann muß der Vorsitzende prüfen, ob bei einer Überschreitung der Dreitagefrist die Erledigung des Rechtsstreits in einer streitigen Verhandlung möglich sein wird. Kommt er zu dieser Auffassung, so wird er ausnahmsweise den Zeitpunkt für die streitige Verhandlung weiter als 3 Tage hinausschieben, denn dem Beschleunigungsgedanken des Gesetzes wird so eher genügt, als wenn die streitige Verhandlung binnen 3 Tagen stattfindet, dann aber vertagt werden muß (vgl. Anm. 5 Abs. 3 zu § 55). Gewinnt er dagegen die Überzeugung, daß die streitige Verhandlung auch bei Durchführung der von ihm geplanten Vorbereitungsmaßnahmen nicht in einem Termin wird zu Ende geführt werden können, so darf er die Frist des § 55 Abs. 1 Satz 2 nicht überschreiten.

Welche Vorbereitungsmaßnahmen zu treffen sind, hat der Vorsitzende jeweils für den einzelnen Fall nach pflichtmäßigem Ermessen zu entscheiden.

6 Für die Feststellung, welche Vorbereitungsmaßnahmen in Auslegung der Vorschrift des § 56 in Betracht kommen können, darf die ausführlichere Aufzählung des § 272b ZPO. nicht ohne weiteres zum Vergleich herangezogen werden; denn die Abweichung von dieser Aufzählung ist wesentlich durch das gegenüber dem amts- und landgerichtlichen Verfahren teilweise in seinen Grundzügen anders geartete Verfahren vor dem Arbeitsgericht, insbesondere durch die den Beginn der mündlichen Verhandlung bildende Güteverhandlung und die stärkere Betonung der

Mündlichkeit (z. B. in § 47 Abs. 1 Satz 2 ArbGG.), bedingt (dieser Erwägung scheinen Dersch-Volkmar (Anm. 2 zu § 56) und Baumbach (Anm. 1, 3 zu § 56) nicht hinreichend Rechnung zu tragen). Es ist vielmehr zunächst zu prüfen, welche Vorbereitungsmaßnahmen nach dem Aufbau und Geist des arbeitsgerichtlichen Verfahrens in ihm überhaupt in Frage kommen können.

Bei dieser Prüfung ergibt sich, daß die im Abs. 2 Nr. 1 der Aufzählung des § 272b ZPO angeführten Maßnahmen im Verfahren vor dem Arbeitsgericht nur eine geringe Rolle spielen können, denn diese Vorschrift ist für ein Verfahren mit Schriftsatzwechsel gedacht, wie es vor den Arbeitsgerichten grundsätzlich nicht stattfinden soll (vgl. § 47 Abs. 1 Satz 2). Andererseits kann angenommen werden, daß in besonderen Ausnahmefällen auch diese Art der Aufklärung verwandt werden kann, entsprechend wie in der angezogenen Vorschrift des § 47 Abs. 1 Satz 2 von der Aufforderung zur Einreichung einer Klagebeantwortung auch nur „in der Regel" abzusehen ist. Ist solche Aufforderung ergangen und wird dadurch in dem Einzelfall eine schriftliche Vorbereitung vorgenommen, so steht in diesem Falle auch der Anwendung einer der Nr. 1 des § 272b Abs. 2 ZPO. entsprechenden Vorbereitungsmaßnahmen für die streitige Verhandlung nichts im Wege; auch die Ausschlußfrist des § 279a ZPO. dürfte dann zulässig sein (ebenso Dersch-Volkmar, Anm. 2 Abs. 3 a. E. zu § 56). Dabei ist aber immer im Auge zu behalten, daß dieses Verfahren, wie in Anm. 5 zu § 47 näher ausgeführt, nur eine seltene Ausnahme bleiben darf. Im Regelfall erfolgt die Aufklärung des Parteivorbringens gemäß § 54 Abs. 1 Satz 2—4 ArbGG. im Güteverfahren (vgl. die grundsätzlichen Ausführungen in Anm. 1 Abs. 9 zu § 54). Es kann dann höchstens noch die Anordnung der Vorlage von Urkunden usw. in Betracht kommen, die auch in der Beispielsaufzählung in § 56 Satz 2 — „schriftliche Unterlagen beiziehen" — erwähnt ist.

Hat keine Güteverhandlung vor dem Arbeitsgericht stattgefunden, weil ein Güteverfahren vor einer anderen Stelle vereinbart (§ 54 Abs. 1 Satz 1, § 55 Abs. 3 Satz 2) oder das Verfahren des § 111 ArbGG. vorgeschrieben war, so wird der Vorsitzende, falls der Kläger in der Klageschrift keine Angaben über den Ausgang dieses Verfahrens gemacht hat, eine Anfrage hierüber an ihn richten, auf Grund seiner Antwort die „schriftlichen Unterlagen" herbeiziehen und auf ihrer Grundlage die streitige Verhandlung weiter vorbereiten (vgl. Anm. 1 Abs. 3). Sind die Parteien zur Güteverhandlung vor dem Arbeitsgericht nicht erschienen (§ 55 Abs. 3 Satz 1), so ist die Vorbereitung stark gehemmt (vgl. Anm. 1 Abs. 3); es wird dann zu prüfen sein, ob noch in der Vorbereitungszeit von der Ausnahmebefugnis des § 47 Abs. 1 Satz 2 Gebrauch gemacht werden soll.

Maßnahmen, wie in Nr. 5 des § 272b Abs. 2 ZPO. vorgesehen, kommen für das Verfahren vor dem Arbeitsgericht, abgesehen von der Ladung von Sachverständigen (§ 55 Satz 2), nicht in Betracht. Denn sie stellen nicht Vorbereitungshandlungen, sondern die Vorwegnahme eines Teils der Beweisaufnahme dar (vgl. Anm. 1 Abs. 4). Diese ist, wie in § 58 Abs. 1 ArbGG. ausdrücklich ausgesprochen, hier nicht möglich, weil sie eine Ausschaltung der Beisitzer von der Prüfung des Sachverhaltes bedeuten würde.

Im übrigen vgl. die folgenden Anm. 7—10.

7 Diese Maßnahme wird den Hauptfall der erforderlichen Vorbereitungshandlungen darstellen. Die Vorschrift weicht in der Fassung insofern von der ent-

sprechenden in § 272b Abs. 2 Nr. 4, 5 ab, als dort nur die Ladung von Zeugen zugelassen ist, auf die sich eine Partei berufen hat. Sachlich besteht im Regelfall kaum ein Unterschied. Hat eine Güteverhandlung stattgefunden, so hat der Vorsitzende bei dieser Gelegenheit auch die Beweismittel mit den Parteien besprochen (§ 54 Abs. 1 Satz 2) und die Vorbereitung gemäß § 56 findet auf der Grundlage der Parteiangaben dort statt. Fehlt die vorbereitende Güteverhandlung, so soll der Vorsitzende Zeugen, die aus den ihm vorliegenden Unterlagen ersichtlich sind, auch ohne ausdrückliche Berufung einer Partei auf sie, laden können, wenn er annimmt, daß die Partei sich in der streitigen Verhandlung auf diesen Zeugen berufen wird; ohne daß dies in einer mündlichen Verhandlung oder — im Falle eines Beweisbeschlusses nach Lage der Akten — schriftlich geschieht, ist die Beweiserhebung durch Vernehmung solcher Zeugen allerdings nach § 373 ZPO. in Verbindung mit § 46 Abs. 2 Satz 1 ArbGG. nicht zulässig (vgl. Baumbach, Anm. 4 zu § 56). Die Auswahl der Sachverständigen erfolgt nach den §§ 403, 404 ZPO., die auch hier gelten, durch das Gericht, so daß hierfür eine Berufung der Partei nicht in Frage kommt.

Mit Rücksicht darauf, daß die durch die Ladung von Zeugen und Sachverständigen entstehenden Auslagen von den Parteien — grundsätzlich von der verlierenden Partei — als Teil der Prozeßkosten erstattet werden müssen (§ 12 Abs 6 ArbGG. in Verbindung mit § 72 Nr. 4 GKG.), muß der Vorsitzende jedoch bei der Vorbereitung der streitigen Verhandlung sorgfältig prüfen, welche Zeugen und Sachverständigen für die Durchführung des Verfahrens erforderlich sein werden, um den Parteien nicht unnötige Kosten zu verursachen. Doch sollte der Vorsitzende nicht, wie das manchmal geschieht, lediglich die Parteien auffordern, die ihnen erforderlich erscheinenden Zeugen zur Verhandlung mitzubringen; denn die auf diese Weise von der Partei herbeigezogenen Zeugen sind nicht als solche geladen und haben darum, jedenfalls wenn sie nicht vernommen werden, keinen Anspruch auf Zeugengebühren obwohl sie ihre Zeit für die Sache geopfert haben.

Wegen der Möglichkeit der Beiziehung schriftlicher Auskünfte von Zeugen und Sachverständigen vgl. Anm. 9 Abs. 2.

8 Die Einziehung amtlicher Äußerungen ist ein Beweismittel des Zivilprozesses (ZPO. § 272b Abs. 2 Nr. 2 spricht im Anschluß an den früheren § 501 Abs. 1 Nr. 3 ZPO vom Ersuchen „um Erteilung einer amtlichen Auskunft") und als solches als Herbeiführung einer schriftlichen Aussage der befragten Behörde als eines Zeugen oder als eines Sachverständigen aufzufassen (Baumbach, Anm. 5 zu § 56 hält die Äußerung — ohne Angabe eines Grundes — stets für eine Zeugenaussage). Von der gewöhnlichen, gegebenenfalls ebenfalls schriftlichen Vernehmung (ZPO. § 377 Abs. 3, 4, § 402 in Verbindung hiermit, § 411) eines Zeugen oder Sachverständigen unterscheidet sich die amtliche Äußerung dadurch, daß im allgemeinen der Zeuge oder der Sachverständige eine natürliche Person ist. Die Herbeiführung der Äußerung ist als Vorbereitungsmaßnahme im § 56 Satz 2 zugelassen, weil die Beweisaufnahme selbst erst in der Kenntnisnahme des Beweisgerichts von der Äußerung liegt (entsprechend für schriftliche Äußerungen privater Zeugen: Dersch-Volkmar, Anm. 2 Abs. 2 zu § 56).

Den Gegenstand amtlicher Äußerungen können Tatsachen bilden, von denen die zu befragende Behörde amtlich Kenntnis erlangt hat, oder sachliche Urteile

(Gutachten), die die Behörde auf Grund ihrer besonderen amtlichen Vertrautheit mit der Sache abgeben kann, niemals aber die Auslegung deutscher Gesetze, auch dann nicht, wenn es sich um Spezialgesetze handelt; denn das deutsche Gesetzesrecht muß das Gericht selbst kennen (vgl. ZPO. § 293). Ob und wieweit die angegangene Behörde zur Äußerung verpflichtet und berechtigt ist, muß sie selbst nach den maßgebenden öffentlichrechtlichen Vorschriften prüfen, sie muß also z. B. nach dem Gesagten eine Äußerung über die Auslegung eines arbeitsrechtlichen Gesetzes ablehnen; bei ungerechtfertigter Weigerung kommt Beschwerde bei der vorgesetzten Behörde in Frage (ebenso: Schmincke-Sell, Anm. 3 Nr. 2 zu § 56).

9 Zum Zwecke der Beiziehung schriftlicher Unterlagen kann sich der Vorsitzende sowohl an die Parteien um Herausgabe von Akten wenden, die die Streitsache betreffen (z. B. Akten eines vereinbarten Güteverfahrens, vorbereitende Anordnung im Sinne des § 143 ZPO.), als auch an dritte Stellen, insbesondere Behörden, die im Besitz schriftlicher Unterlagen sind. Ob die angegangene dritte Stelle zur Herausgabe der Unterlagen verpflichtet ist, bestimmt sich nach den §§ 429, 432, 422 ZPO.

Über diesen engen Kreis der schriftlichen Unterlagen in Gestalt von Urkunden hinaus kann der Vorsitzende aber auch schriftliche Unterlagen in Gestalt von schriftlichen Äußerungen von Zeugen oder Sachverständigen (vgl. Anm. 7 Abs. 3) in entsprechender Anwendung der Vorschriften des § 377 Abs. 3, 4 und des § 411 ZPO. herbeiziehen. Auch diese Maßnahme dient der Vorbereitung der streitigen Verhandlung und ist nicht eine vorweggenommene Beweiserhebung (vgl. Anm. 8 Abs. 1; Dersch-Volkmar, Anm. 2 Abs. 2 zu § 56; a. A. Schmincke-Sell, Anm. 3 Nr. 1 zu § 56). Im § 272b Abs. 2 ZPO. ist diese Möglichkeit in Nr. 4 für Zeugenauskünfte besonders erwähnt, weil die Vorschrift der Zivilprozeßordnung die allgemeine Möglichkeit der Beiziehung schriftlicher Unterlagen nicht gibt. Es kann jedoch nur die schriftliche Aussage, nicht auch die eidesstattliche Versicherung ihrer Richtigkeit (§ 377 Abs. 3 a. E. ZPO., § 402 in Verbindung hiermit, § 410 Abs. 2) vom Vorsitzenden als Vorbereitungshandlung verlangt werden, weil das Verlangen der eidesstattlichen Versicherung bereits eine Handlung der Beweisaufnahme wäre, die nach § 58 Abs. 2 Satz 2 ArbGG. ausdrücklich der Kammer des Arbeitsgerichts als Beweisgericht vorbehalten ist (ebenso: Baumbach, Anm. 4 zu § 56). Auch kann ein Zeuge, der gemäß § 56 Satz 2 zur schriftlichen Aussage aufgefordert ist, mit Rücksicht auf § 377 Abs. 3, 4 ZPO. erklären, daß er an ihrer Stelle in der streitigen Verhandlung zur Vernehmung erscheinen wolle, worauf er bei der Anfrage hingewiesen werden muß.

10 Die Möglichkeit der Anordnung des persönlichen Erscheinens ist im § 56 nur erwähnt, weil hier die am häufigsten vorkommenden Vorbereitungshandlungen beispielsweise aufgezählt werden. An sich hätte es dieser Erwähnung nicht bedurft, da bereits im § 51 ArbGG. dem Vorsitzenden allein — nicht wie im § 141 ZPO. dem Gericht — das Recht gegeben ist, das persönliche Erscheinen der Parteien in jeder Lage des Rechtsstreits anzuordnen. Wegen der Einzelheiten vgl. deshalb § 51 und die Anm. dort.

11 Die Benachrichtigung der Parteien ist — anders als im § 272b Abs. 4 ZPO. — für alle Fälle vorgeschrieben, damit diese sich auf die Verwertung der Vorbereitung

einstellen können. Die Fassung der Vorschrift als „Soll"-Vorschrift soll verhindern, daß Vorbereitungsmaßnahmen des Vorsitzenden etwa dadurch unwirksam werden, daß eine Partei bis zur streitigen Verhandlung keine Nachricht erhalten hat, was bei der kurzfristigen Ansetzung der Verhandlung vielleicht in Ausnahmefällen vorkommen kann. Gleichwohl ist der Vorsitzende verpflichtet, alles zu tun, damit die Parteien von seinen Maßnahmen Kenntnis erhalten; die Art der Benachrichtigung ist nicht vorgeschrieben; in großen Städten wird er zweckmäßig die Geschäftsstelle anweisen, nach Möglichkeit den Fernsprecher zu benutzen und die erfolgte Ansage in den Akten zu vermerken. Die Einschränkung der Benachrichtigungspflicht bei Dersch-Volkmar (Anm. 4, letzter Satz) erscheint nicht gerechtfertigt.

Andererseits folgt aus der Fassung als „Soll"-Vorschrift nach dem Gesagten, daß die Vernehmung von Zeugen und Sachverständigen in der streitigen Verhandlung auch dann zulässig ist, wenn eine Partei von ihrer Ladung keine Kenntnis erhalten hat. Der Auffassung von Baumbach (Anm. 8 zu § 56), daß eine Beweisaufnahme nach § 357 ZPO. nur nach vorheriger ausdrücklicher Benachrichtigung der Parteien hiervon erfolgen darf, ist jedenfalls für das arbeitsgerichtliche Verfahren nicht beizutreten, da die Parteien mit einer Beweisaufnahme in der streitigen Verhandlung vor dem Arbeitsgericht nach dem Aufbau des Verfahrens stets rechnen müssen und ihnen die Möglichkeit der Anwesenheit durch die Benachrichtigung vom Termin gegeben ist.

§ 57

Verhandlung vor der Kammer[1]

(1) **Die Verhandlung ist möglichst in einem Termin zu Ende zu führen[2]. Ist das nicht durchführbar[3], insbesondere weil eine Beweisaufnahme nicht sofort stattfinden kann[4], so ist der weitere Termin sofort zu verkünden[5].**

(2) **Die gütliche Erledigung des Rechtsstreits soll während des ganzen Verfahrens angestrebt werden[6].**

1 Die Besetzung der Kammer ergibt sich aus § 16 Abs. 2 ArbGG. Danach ist die Kammer, was die Zahl der Beisitzer anlangt, verschieden besetzt in der Verhandlung der bürgerlichen Rechtsstreitigkeiten nach § 2 Abs. 1 Nr. 1 ArbGG. und in den übrigen Fällen des Urteilsverfahrens. Über die Heranziehung der Beisitzer zu der Kammerverhandlung handelt § 31 ArbGG.; wegen der Einzelheiten vgl. die Anm. dort. Über die Frage der Heranziehung eines Vorsitzenden zu der Kammerverhandlung — bei Arbeitsgerichten mit mehreren Vorsitzenden — sagt das Gesetz nichts. Es beruht jedoch, wie der Zusammenhang der Vorschriften ergibt, auf dem Gedanken, daß die *gesamte Verhandlung eines Streites vor demselben Vorsitzenden* vor sich geht. Kann der Vorsitzende, der die erste oder die ersten Verhandlungen geführt hat, aus einem nicht zu beseitigenden Hinderungsgrunde eine spätere Verhandlung nicht leiten, z. B. weil er verstorben oder schwer erkrankt ist oder weil seine Tätigkeit als Arbeitsgerichtsvorsitzender beendet ist, so muß gleichwohl der Stellvertreter für ihn eintreten. Abgesehen von nicht zu beseitigenden Hinderungsgründen muß aber dafür gesorgt werden, daß der-

selbe Vorsitzende den ganzen Rechtsstreit verhandelt, insbesondere die Güteverhandlung und die streitige Verhandlung, da sonst die Verfahrensgrundsätze des Arbeitsgerichtsgesetzes nicht zur Auswirkung gelangen können.

Unter welchen Voraussetzungen im Urteilsverfahren die Verhandlung vor der Kammer, d. h. unter Mitwirkung der Beisitzer aus dem Arbeitsleben, stattfindet, ergibt sich mittelbar aus der Aufzählung der Ausnahmen von dem Grundsatz der Kammerverhandlung in den §§ 54, 55 ArbGG. Danach findet vor der Kammer jede streitige Verhandlung statt, es sei denn, daß sie in unmittelbarem Anschluß an die Güteverhandlung zur Entscheidung führen kann und die Parteien Entscheidung durch den Vorsitzenden allein übereinstimmend beantragen.

Das Verfahren der Kammerverhandlung ist im Arbeitsgerichtsgesetz in den §§ 57—60 geregelt. Diese Regelung ist aber nicht erschöpfend, sondern gibt nur die Besonderheiten an, die im arbeitsgerichtlichen Urteilsverfahren des ersten Rechtszuges gelten. Im übrigen sind gemäß § 46 Abs. 2 Satz 1 die für das amtsgerichtliche Verfahren maßgebenden Vorschriften der Zivilprozeßordnung entsprechend anwendbar (vgl. Anm. 5 zu § 46). Infolgedessen beschränkt sich die Regelung des § 57 ArbGG. für das allgemeine Verfahren der Kammerverhandlung auf wenige Sätze, die hier richtunggebend sind. Unter dem Gesichtspunkt dieser Anordnungen sind die Vorschriften der Zivilprozeßordnung für ihre entsprechende Anwendung auf das Urteilsverfahren des ersten Rechtszuges vor der Kammer zu werten.

Auf das Berufungs- und das Revisionsverfahren sind die besonderen Vorschriften des § 57 ArbGG. nicht anwendbar, hier gelten vielmehr die allgemeinen Vorschriften des Zivilprozeßrechts (ArbGG. § 64 Abs. 2, 3; § 72 Abs. 2, 3).

2 § 57 Abs. 1 Satz 1 enthält die schon im § 56 Satz 1 angedeutete sogenannte „Konzentrationsmaxime" (Ausdruck von Baumbach, Anm. 1 zu § 56, Anm. 1, A zu § 57) als obersten Grundsatz des arbeitsgerichtlichen Verfahrens des ersten Rechtszuges. Diese Maxime, die in § 42 GGG. noch nicht so scharf herausgearbeitet war, ist gegenüber dem allgemeinen Zivilprozeßverfahren, wie es sich insbesondere nach der Novellengesetzgebung von 1924 darstellt, nichts absolut Neues; auch die § 272b Abs. 1, § 349 Abs. 2 ZPO. haben sie zur Grundlage. Doch findet sich im allgemeinen Zivilprozeß kein obligatorisches Aufklärungsverfahren vor der streitigen Verhandlung des entscheidenden Gerichts, wie dies die Güteverhandlung des § 54 ArbGG. vor der Kammerverhandlung ist (vgl. Anm. 1 Abs. 9 zu § 54). Die im arbeitsgerichtlichen Urteilsverfahren des ersten Rechtszuges nach der Art der in ihm zu verhandelnden Streitigkeiten besonders notwendige Konzentrationsmaxime konnte deshalb hier viel schärfer betont werden. Die Ausschöpfung der Konzentrationsmaxime in Verbindung mit dem Aufklärungsverfahren nach § 54 ArbGG. ist aber nicht nur im Interesse des arbeitsgerichtlichen Verfahrens, sondern auch aus allgemeinen justizpolitischen Gründen dringend erforderlich; denn das Beispiel eines so geförderten und rasch und reibungslos beendeten Prozesses wird für die Einschätzung des gerichtlichen Güteverfahrens überhaupt von Bedeutung sein.

Außer dem wichtigen Mittel des Aufklärungsverfahrens in der Güteverhandlung gibt das Gesetz dem Arbeitsgericht zur Durchführung der Konzentrationsmaxime keine von der Regelung des allgemeinen Zivilprozeßrechts abweichenden Mittel in die Hand. Die Mittel der Zivilprozeßordnung stammen im wesentlichen aus der Novellengesetzgebung des Jahres 1924 und bestehen in der Möglichkeit der Zurückweisung nachträglich vorgebrachter Angriffs- oder Verteidigungsmittel (ZPO. § 279), gegebenenfalls in der Auferlegung einer besonderen Gebühr wegen des nachträglichen Vorbringens (GKG. § 39), in der alleinigen Zuständigkeit des Gerichts für Entscheidungen über Vertagungen (ZPO. § 227) und über die Anordnung des Ruhens des Verfahrens (ZPO. § 251) und in der Möglichkeit einer Entscheidung nach Lage der Akten (ZPO. §§ 251a, 331a). Sie sind im arbeitsgerichtlichen Verfahren des ersten Rechtszuges sämtlich gemäß § 46 Abs. 2 Satz 1 ArbGG. entsprechend anwendbar.

a) Die Zurückweisung nachträglich vorgebrachter Angriffs- oder Verteidigungsmittel kann nach ZPO. § 279 in Verbindung mit § 46 Abs. 2 Satz 1 ArbGG. erfolgen, wenn ihre Zulassung die Erledigung des Rechtsstreits verzögern würde und das Arbeitsgericht zu der Überzeugung gelangt, daß sie in Verschleppungsabsicht oder aus grober Nachlässigkeit nicht früher vorgebracht worden sind. Die Vorschrift kann insbesondere auch praktisch werden, wenn trotz ausführlicher Güteverhandlung eine Partei neue tatsächliche Anführungen, die Beweiserhebungen erfordern, erst im Laufe der streitigen Verhandlung vor der Kammer macht, so daß diese, falls ihnen nachgegangen werden soll, der Vertagung anheimfallen würde. Kommt das Arbeitsgericht alsdann zu der Überzeugung, daß eine Verschleppungsabsicht oder eine grobe Nachlässigkeit der Partei vorliegt, so wird es mit Rücksicht auf § 57 Abs. 1 Satz 1 ArbGG. im Regelfall das neue Vorbringen zurückweisen müssen, es ist also durch die besondere Vorschrift des § 57 Abs. 1 Satz 1 ArbGG. zu einer schärferen Handhabung des § 279 gehalten. Bei der verhältnismäßig hohen regelmäßigen Berufungsgrenze des Arbeitsgerichtsgesetzes ist danach eine nicht erschöpfende Verhandlung der Partei im Güteverfahren mit erheblicher Gefahr verbunden.

Ist das nachträgliche Vorbringen nicht zurückgewiesen worden, etwa weil es dem Gericht für die Entscheidung des Rechtsstreits als so wesentlich erschien, daß es auf seine Nachprüfung trotz der dadurch eintretenden Verzögerung nicht verzichten wollte, so kann das Arbeitsgericht der Partei, die dadurch die Verzögerung veranlaßt hat, eine besondere Gebühr gemäß § 39 Abs. 1 GKG. auferlegen (vgl. Anm. 3 Abs. 2 zu § 12). Soweit die Auferlegung der Sondergebühr, wie nach § 61 Abs. 1 Satz 1 ArbGG. regelmäßig, im Urteil selbst erfolgt, ist die Beschwerde nach § 39 Abs. 2 GKG. gegen diese Maßnahme nicht gegeben.

b) Terminaufhebung, Terminverlegung und Vertagung können nach ZPO. § 227 (VO. vom 13. 2. 1924) nur mehr aus erheblichen Gründen vom Arbeitsgericht beschlossen werden; eine Vereinbarung der Parteien hierüber ist nicht mehr zugelassen. Ein erheblicher Grund zur Vertagung liegt dann nicht vor, wenn das Verfahren durch eine Entscheidung nach Lage der Akten an Stelle der Vertagung (vgl. c Abs. 2) gefördert werden kann. Die Vorschrift des § 57 Abs. 1 Satz 1 ArbGG. zwingt das Arbeitsgericht, in jedem Falle zu prüfen, ob eine solche Möglichkeit gegeben ist, und läßt die Vertagung nur bei ihrem Versagen zu.

c) Die durch die Novellengesetzgebung von 1924 in das Zivilprozeßverfahren eingeführte Entscheidung nach Lage der Akten (ZPO. §§ 251a,

331 a) wird auch im arbeitsgerichtlichen Urteilsverfahren des ersten Rechtszuges eine Rolle spielen, da sie tatsächlich nicht eine Entscheidung nach Lage der schriftlichen Akten, sondern nach Lage des gesamten bisherigen Verfahrens ist. Eine Entscheidung nach Lage der Akten kann bei Säumnis beider Parteien ergehen, ein Urteil jedoch nur in einem besonderen Verkündungstermin (vgl. § 60 Abs. 1 Satz 3 ArbGG.) und wenn bereits in einem früheren Termin eine mündliche Verhandlung stattgefunden hat; die Verkündung kann jedoch von einer nicht erschienenen Partei abgewendet werden (ZPO. § 251a Abs. 1). Das gleiche gilt bei Säumnis einer Partei, wenn die erschienene eine Entscheidung nach Lage der Akten statt eines Versäumnisurteils beantragt und der Sachverhalt dafür hinreichend geklärt erscheint (ZPO. § 331 a).

Danach wird ein Urteil nach Lage der Akten für das Arbeitsgericht unter Wahrung des Verfahrensgrundsatzes des § 57 Abs. 1 Satz 1 ArbGG. kaum in Betracht kommen. Wenn auch die Güteverhandlung als frühere mündliche Verhandlung gemäß § 251a Abs. 1 Satz 2 anzusehen ist (a. A. Dersch-Volkmar, Anm. 3, Ziffer II, B, a, Abs. 1), da nach der Natur der Güteverhandlung als mündlicher Verhandlung Gegengründe nicht zu ersehen sind, so fördert die Ansetzung eines Verkündungstermins für das Urteil nach Lage der Akten, zumal gegebenenfalls der Verkündung später widersprochen werden kann, das arbeitsgerichtliche Verfahren im allgemeinen nicht mehr als eine einfache Vertagung; im Falle des § 331 a ZPO. wird auch die hinreichende Klärung meist nicht gegeben sein. Wohl aber können auch im arbeitsgerichtlichen Verfahren des ersten Rechtszuges andere Entscheidungen nach Lage der Akten, insbesondere Beweisbeschlüsse, zweckmäßig und nach § 57 Abs. 1 Satz 1 ArbGG. erforderlich (vgl. b) sein. Sind z. B. auf Grund der Güteverhandlung Zeugen oder Sachverständige zur ersten streitigen Verhandlung geladen worden und erscheinen in ihr die Parteien nicht, so wird das Arbeitsgericht die Vernehmung dieser Personen „nach Lage der Akten", d. h. in Wirklichkeit nach Lage des Verfahrens auf Grund der bisherigen Verhandlung und etwaiger schriftsätzlicher Unterlagen, beschließen (ebenso Baumbach, Anm. 4 zu § 56); denn auf diese Weise wird das Verfahren gefördert und ein nochmaliges Erscheinen der Auskunftspersonen vermieden. Das Urteil muß allerdings im nächsten Termin ergehen.

Kann bei Säumnis beider Parteien keine Entscheidung nach Lage der Akten ergehen, so muß das Arbeitsgericht einen neuen Termin bestimmen oder das Ruhen des Verfahrens (vgl. d) anordnen (ZPO. § 251a Abs. 2).

d) Auch das Ruhen des Verfahrens kann, wie die Vertagung, nach § 251 ZPO. nur mehr vom Arbeitsgericht angeordnet, nicht von den Parteien vereinbart werden. Von der Möglichkeit seiner Anordnung wird das Arbeitsgericht nur in seltenen Fällen Gebrauch machen, wenn es nämlich zu der sicheren Überzeugung gelangt, daß zur Zeit eine Förderung des Verfahrens, insbesondere wegen außergerichtlicher Vergleichsverhandlungen, nicht im Interesse der Sache liegt. Derartige Fälle werden im arbeitsgerichtlichen Verfahren Ausnahmen sein. Wegen der Kostenfolge vgl. § 12 Abs. 3 Satz 1 (Anm. 9 a. E. zu § 12).

3 Die Durchführbarkeit der Vorschrift des § 57 Abs. 1 Satz 1 ArbGG. entfällt nur, wenn die in Anm. 2 geschilderten Förderungsmöglichkeiten sämtlich ver-

sagen. Nur dann liegt ein „erheblicher Grund" für die Vertagung im Sinne des § 227 ZPO. in Verbindung mit § 46 Abs. 2 Satz 1 ArbGG. vor.

4 Das Gesetz führt hier den in der Praxis am häufigsten vorkommenden Vertagungsgrund — im Anschluß an die frühere Regelung des § 42 Abs. 2 Satz 1 GGG. — besonders an. Dabei ist aber das in Anm. 2 zu a, Abs. 1 Gesagte zu beachten. Im Regelfalle haben die Parteien die Beweismittel in der Güteverhandlung anzugeben, damit die Beweisaufnahme für die erste streitige Verhandlung gemäß § 56 ArbGG. vorbereitet werden kann. Hier ist an Beweisaufnahmen gedacht, deren Erforderlichkeit sich ohne Verschleppung oder grobe Nachlässigkeit seitens der Parteien erst aus der streitigen Verhandlung ergeben hat, z. B. aus den Aussagen von Zeugen in ihr oder wenn keine Güteverhandlung stattgefunden hat oder — ausnahmsweise — bei nicht genügend erschöpfender Aufklärung des Prozeßstoffs in der Güteverhandlung durch den Vorsitzenden oder an auswärtige Beweisaufnahmen, die auf Grund der streitigen Verhandlung erforderlich werden.

Ob eine Beweisaufnahme sofort stattfinden kann, ist eine Tatfrage, die das Arbeitsgericht nach pflichtmäßigem Ermessen zu entscheiden hat. Der Mangel der Vorladung eines Zeugen zu der Verhandlung verhindert das Stattfinden der Beweisaufnahme dann nicht, wenn der Zeuge, wie häufig, durch Fernsprecher oder Boten noch zu dieser Verhandlung herangeholt werden kann; dies wird stets zu versuchen sein.

5 Die Vorschrift ist, ebenso wie die entsprechende frühere Regelung des § 42 Abs. 2 Satz 1 GGG., zwingend (a. A. Baumbach, Anm. 3 zu § 57), sofern überhaupt ein weiterer Termin angesetzt werden soll, also nicht das Ruhen des Verfahrens (vgl. Anm. 2d) angeordnet wird; daß die Anordnung des Ruhens des Verfahrens trotz des Wortlauts des § 57 Abs. 1 Satz 2 zulässig ist, ergibt sich schon aus § 12 Abs. 3 Satz 1 ArbGG.

Das Arbeitsgericht hat also, abweichend von ZPO. § 370 Abs. 2 Satz 2, einen bestimmten Termin auch dann zu verkünden, wenn eine auswärtige Beweisaufnahme oder die Herbeiziehung auswärtiger Unterlagen beschlossen worden ist, damit die Parteien über den schleunigen Fortgang des Verfahrens unterrichtet sind und danach ihre Dispositionen treffen können. Der Termin für die Fortsetzung der Verhandlung ist in diesen Fällen mit einer solchen Frist anzusetzen, daß mit der Erledigung des Beweisbeschlusses in der Zwischenzeit bei der notwendigen Beschleunigung gerechnet werden kann; das etwa um die auswärtige Beweisaufnahme ersuchte Gericht, regelmäßig ebenfalls ein Arbeitsgericht (vgl. § 58 Abs. 1 Satz 3 ArbGG., vgl. Anm. 9 dort), wird auf die Notwendigkeit der Beschleunigung zweckmäßig im Ersuchungsschreiben besonders hinzuweisen sein. Ist die Beweisaufnahme wider Erwarten bis zu dem neuen Verhandlungstermin nicht erledigt, so ist dieser gemäß ZPO. § 227 in Verbindung mit § 46 Abs. 2 Satz 1 aufzuheben und ein neuer Termin anzusetzen; die Parteien sind hiervon möglichst zeitig zu benachrichtigen.

6 Es entspricht dem allgemeinen Charakter des arbeitsgerichtlichen Verfahrens, daß auch nach Abschluß der Güteverhandlung gemäß § 54 ArbGG. und nach Eintritt in die streitige Verhandlung der gütlichen Erledigung des Rechtsstreits vor der Streitentscheidung der Vorzug zu geben ist. Dabei ist unter „gütlicher Erledigung" dasselbe zu verstehen wie unter „güt-

licher Einigung" in § 54 Abs. 1 Satz 1 ArbGG. (vgl. Anm. 10 Abs. 3 zu § 54), also **nicht** nur der Prozeßvergleich im technischen Sinne. Die Regelung wird dem wirtschaftlichen und sozialen Erfordernis nach möglichst gütlicher Erhaltung des Arbeitsfriedens im Verhältnis der Kollektivparteien zueinander wie im Einzelarbeitsverhältnis gerecht. Sie knüpft an die Vorschrift des § 41 Abs. 1 Satz 2 GGG. an, sieht aber von einem formalen Zwang des Gerichts zur Wiederholung des Güteversuchs am Schlusse der mündlichen Verhandlung bei Anwesenheit beider Parteien, wie er dort vorgesehen war, ab. Die Prüfung der Zweckmäßigkeit eines erneuten Güteversuchs ist vielmehr im Interesse einer vom Vertrauen der Parteien des Arbeitslebens getragenen, wirksamen Tätigkeit der Arbeitsgerichte deren pflichtmäßigem Ermessen überlassen (vgl. Begr. S. 41). Um so mehr werden diese im Sinne der Vorschrift des § 57 Abs. 2 ArbGG. bestrebt sein müssen, jede geeignete Gelegenheit zur gütlichen Erledigung des Streites in allen seinen Phasen auszunützen und alle hierzu zweckmäßigen Maßnahmen anzuwenden. Diese Tätigkeit darf aber niemals zu einem psychischen Zwange gegen die Parteien führen.

§ 58
Beweisaufnahme[1]

(1) **Soweit die Beweisaufnahme[2] am Sitze des Arbeitsgerichts[3] möglich ist[4], erfolgt sie vor der Kammer[5]. Erfolgt sie nicht am Sitze, aber im Bezirke des Arbeitsgerichts[6], so kann sie dem Vorsitzenden übertragen werden[7]. Muß sie außerhalb des Bezirkes des Arbeitsgerichts stattfinden[8], so kann sie dem Vorsitzenden desjenigen Arbeitsgerichts oder, falls dies aus Gründen der örtlichen Lage zweckmäßiger ist, demjenigen Amtsgericht[9] übertragen werden[10], in dessen Bezirk die Beweisaufnahme erfolgen soll.**

(2) **Zeugen und Sachverständige werden nur beeidigt[11], wenn die Kammer dies zur Herbeiführung einer wahrheitsgemäßen Äußerung für notwendig erachtet[12]. In den Fällen des § 377 Abs. 3 und 4 der Zivilprozeßordnung ist die eidesstattliche Versicherung nur erforderlich, wenn die Kammer sie aus dem gleichen Grunde für notwendig hält[13].**

(3) **Die Leistung eines zugeschobenen oder zurückgeschobenen Eides wird durch Beweisbeschluß angeordnet[14].**

(4) [15] **Erscheint in dem zur Leistung eines Parteieides bestimmten Termin[16] der Schwurpflichtige nicht[17], so ist der Eid als verweigert anzusehen[18] und das Verfahren fortzusetzen[19]. Der Schwurpflichtige kann sich jedoch binnen einer Notfrist von drei Tagen zur nachträglichen Leistung des Eides erbieten[20]. Ein inzwischen ergangenes Urteil ist, wenn der Eid nachträglich geleistet wird, insoweit aufzuheben, als es auf der Annahme der Eidesverweigerung beruht[21]. Hinsichtlich der Zwangsvollstreckung aus diesem Urteil finden die Vorschriften**

des § 707 der Zivilprozeßordnung entsprechende Anwendung[22]. Erscheint der Schwurpflichtige auch in dem zur nachträglichen Eidesleistung bestimmten Termin nicht, so ist ein nochmaliges Erbieten zur Eidesleistung unzulässig[23].

1 Die Vorschriften des § 58 ArbGG. über die Beweisaufnahme im arbeitsgerichtlichen Urteilsverfahren des ersten Rechtszuges werden gemäß § 46 Abs. 2 Satz 1 ArbGG. ergänzt durch die entsprechend anwendbaren für das amtsgerichtliche Verfahren maßgebenden Vorschriften der Zivilprozeßordnung über diesen Gegenstand. Entsprechend dem gesetzestechnischen Grundsatz des Arbeitsgerichtsgesetzes werden in ihm nur die Abweichungen von den in Betracht kommenden Vorschriften des allgemeinen Zivilprozeßrechts behandelt. Für die Regelung der Beweisaufnahme gelten im amtsgerichtlichen Verfahren die §§ 282—294 und der 5.—12. Titel des Ersten Abschnitts des Zweiten Buchs der Zivilprozeßordnung mit den Maßgaben der §§ 510, 510a ZPO. Diese Vorschriften gelten demnach gemäß § 46 Abs. 2 Satz 1 entsprechend für die Beweisaufnahme vor den Arbeitsgerichten, soweit in § 58 nichts Abweichendes bestimmt ist.

Die angeführten Titel der Zivilprozeßordnung behandeln die allgemeinen Bestimmungen über die Beweisaufnahme (ZPO. §§ 355—370), den Beweis durch Augenschein (§§ 371—372), den Zeugenbeweis (§§ 373—401), den Beweis durch Sachverständige (§§ 402—414), den Beweis durch Urkunden (§§ 415—444), den Beweis durch Eid (§§ 445—477), das Verfahren bei der Abnahme von Eiden (§§ 478—484) und die Sicherung des Beweises (§§ 485—494). ZPO. § 510 regelt eine Einzelheit des Urkundenbeweises abweichend vom Verfahren vor dem Landgericht für das amtsgerichtliche Verfahren, ZPO. § 510a, ebenso die Protokollierung der Zuschiebung und Zurückschiebung von Eiden und etwaiger Geständnisse. ZPO. §§ 282—294 enthalten die allgemeinen Prozeßregeln für das Beweisverfahren.

Was das Beweissicherungsverfahren (ZPO. §§ 485—494) anlangt, so wird es im arbeitsgerichtlichen Verfahren wegen seiner besonderen Beschleunigung keine erhebliche Rolle spielen. Wird es ausnahmsweise in einem bei einem Arbeitsgericht oder bei einem Landesarbeitsgericht anhängigen Rechtsstreit praktisch (ZPO. § 485), so ist es bei diesem durchzuführen (ZPO. § 486 Abs. 1) bzw. — in Fällen dringender Gefahr — bei dem gemäß § 486 Abs. 2 ZPO. örtlich zuständigen Amtsgericht; ist der Rechtsstreit noch nicht anhängig, so ist dieses Amtsgericht, nicht das Arbeitsgericht, für das Beweissicherungsverfahren ausschließlich zuständig (ZPO. § 486 Abs. 3).

Die in § 58 ArbGG. geregelten Abweichungen von den Vorschriften des allgemeinen Zivilprozeßrechts betreffen verschiedene Gegenstände der Beweisaufnahme, und zwar Abs. 1 die für die Beweisaufnahme zuständigen gerichtlichen Stellen, Abs. 2 die Beeidigung von Zeugen und Sachverständigen, Abs. 3 die Anordnung der Leistung zugeschobener oder zurückgeschobener Parteieide, und Abs. 4 das Verfahren bei Säumnis in der Leistung eines Parteieides. Sie sind nur insofern innerlich miteinander verbunden, als sie sämtlich die Beweisaufnahme betreffen. Im übrigen beruhen sie z. T. auch auf verschiedenen leitenden Grundsätzen des arbeitsgerichtlichen Verfahrens: Abs. 1 auf dem Grundsatz der Unmittelbarkeit der Verhandlung vor dem entscheidenden Gericht, Abs. 2 auf dem der Formfreiheit und der freien Beweiswürdigung, Abs. 3 und 4 auf den Grundsätzen der Vereinfachung und Beschleunigung des Verfahrens. Die von der Regelung der Zivilprozeßordnung abweichenden Vorschriften sind teilweise aus dem bisherigen gewerbegerichtlichen und kaufmannsgerichtlichen Verfahren übernommen, für das die Beweisaufnahme in den §§ 43—46 GGG. und im § 16 Abs. 1 KGG. in Verbindung damit geregelt war. Jedoch sind die dort vorgesehenen Ausnahmen im § 58 ArbGG. mit Rücksicht auf die Erfahrungen der Praxis und auf berechtigte Forderungen neuzeitlicher Prozeßreform erheblich ausgebaut. Wegen der Einzelheiten vgl. die folgenden Anm. zu den einzelnen Vorschriften.

Nach seiner Stellung im Zusammenhang der Vorschriften über das arbeitsgerichtliche Urteilsverfahren des ersten Rechtszuges behandelt § 58 ArbGG. in erster Linie die Beweisaufnahme in der streitigen Verhandlung vor der Kammer. Doch kann kein Zweifel darüber bestehen, daß seine Vorschriften auch für die etwaige Beweisaufnahme in der streitigen Verhandlung vor dem Vorsitzenden allein gemäß § 55 Abs. 2 Satz 1 a. E. gelten, soweit sie Maßnahmen der Beweisaufnahme betreffen, die auch dort in Betracht kommen. Das ist bei der Vorschrift des Abs. 2 für die Vernehmung von Zeugen und Sachverständigen der Fall und theoretisch auch bei der des Abs. 3 über die Anordnung eines Parteieides, obwohl diese im Verfahren vor dem Vorsitzenden kaum eine Rolle spielen wird; Abs. 4 kommt dagegen für dieses überhaupt nicht in Betracht, da seine Vorschriften eine Erledigung in mehreren Terminen voraussetzen. Die Vorschriften des ersten Absatzes gehen von der Voraussetzung aus, daß die Verhandlung vor der Kammer stattfindet, gelten also nicht für das Verfahren vor dem Vorsitzenden gemäß § 55 Abs. 2 Satz 1 a. E.; ihre Anwendung dort wäre im Hinblick auf ihren Zweck, die Förderung der Unmittelbarkeit des Verfahrens, sinnlos.

Sämtliche Vorschriften des § 58 gelten gemäß § 64 Abs. 3 ArbGG. entsprechend auch im Berufungsverfahren vor dem Landesarbeitsgericht. Für das Revisionsverfahren kommen sie nicht in Betracht, da dort keine Beweisaufnahme stattfindet. Im Beschlußverfahren gibt es keine Beweisaufnahme, sondern nur eine Aufklärung des Sachverhalts (§ 83 Abs. 3; vgl. die Anm. dort).

2 Die Arten der Beweisaufnahme ergeben sich aus den Titeln 6—10 des Ersten Abschnitts des Zweiten Buchs der Zivilprozeßordnung: möglich ist Beweis durch Augenschein, durch Zeugen, durch Sachverständige, durch Urkunden und durch Parteieid, im letzten Falle entweder durch einen von der einen Partei der anderen zugeschobenen oder zurückgeschobenen Eid (auch „Schiedseid" genannt) oder durch den vom Gericht auferlegten sogenannten richterlichen Eid. Diese sämtlichen Beweismittel sind auch im arbeitsgerichtlichen Verfahren durch die Vorschrift des § 46 Abs. 2 Satz 1 in Verbindung mit § 58 ArbGG. zugelassen. § 58 Abs. 1 gilt für alle Arten der Beweisaufnahme.

3 Sitz des Arbeitsgerichts ist die politische Gemeinde, in der das entscheidende Arbeitsgericht errichtet ist (vgl. Baumbach, Anm. 2 zu § 58), in Berlin also z. B. die Stadtgemeinde Groß-Berlin, bei abgezweigten Kammern die politische Gemeinde, in der die Kammer errichtet ist, bei auswärtigen Ge-

richtstagen eines Arbeitsgerichts die politische Gemeinde des Gerichtstages. Nach der am 1. 7. 1927 in Kraft getretenen Organisation der Arbeitsgerichte auf Grund des § 14 ArbGG. (vgl. RABl. 1927, Nr. 21, I, S. 295 ff.) sind in keiner politischen Gemeinde mehrere Arbeitsgerichte errichtet worden, anders als dies vielfach bei den Amtsgerichten in großen Städten, z. B. in Berlin, der Fall ist. Am Sitze des Arbeitsgerichts findet deshalb eine Beweisaufnahme nicht nur statt, wenn sie in den Räumen des Gerichts vorgenommen wird, sondern immer dann, wenn sie überhaupt in der politischen Gemeinde des entscheidenden Gerichts erfolgt, z. B. die Augenscheinseinnahme in einer Fabrik in Berlin-Schöneberg durch das Arbeitsgericht Berlin, die Vernehmung eines kranken Zeugen in seiner Wohnung in Berlin-Pankow durch dasselbe Gericht.

4 Ob die Beweisaufnahme im einzelnen Fall am Sitze des Arbeitsgerichts möglich ist, ist eine von der Kammer des Arbeitsgerichts nach pflichtmäßigem Ermessen zu prüfende Tatfrage. Rechtlich besteht die Möglichkeit zur Beweisaufnahme am Sitz des Arbeitsgerichts, mindestens wenn sich das Beweismittel im Inland befindet, immer (ebenso Baumbach, Anm. 2 zu § 58); daraus ergibt sich, daß die Vorschrift sich nicht auf die rechtliche Möglichkeit beziehen kann. Es ist vielmehr in jedem Fall der Beweisaufnahme selbständig nach den tatsächlichen Verhältnissen zu prüfen, ob unter Berücksichtigung aller Umstände eine praktische Möglichkeit besteht, die Beweisaufnahme vor der Kammer stattfinden zu lassen. Dabei ist von den Verhältnissen des Beweismittels auszugehen, ob nämlich eine Herbeiziehung ohne übermäßige Auslagen, die schließlich von einer der Parteien zu erstatten sind, erfolgen kann. Handelt es sich um die Vernehmung eines Zeugen oder Sachverständigen, so ist auch zu prüfen, ob ihm die etwaige Reise zum Sitz des Arbeitsgerichts nach seinen persönlichen Verhältnissen zugemutet werden kann. Die Vernehmung des Reichspräsidenten oder des Präsidenten eines Landes kann nach der auch hier geltenden Vorschrift des § 375 Abs. 2 ZPO. nur dann am Sitz des Arbeitsgerichts erfolgen, wenn er an seinem Sitze wohnt; alsdann erfolgt sie aber durch die Kammer, nicht durch ein Mitglied des Prozeßgerichts, in seiner Wohnung (vgl. Anm. 5). Damit abzuwägen sind die Bedeutung des Rechtsstreits im allgemeinen und die Bedeutung dieser Beweisaufnahme für den Rechtsstreit. Es ist danach möglich, daß auf Grund desselben Beweisbeschlusses eine Beweisaufnahme am Sitze des Arbeitsgerichts stattfinden soll, während um eine andere ein auswärtiges Gericht ersucht wird, z. B.: es soll ein auswärtiger Zeuge wegen der besonderen Bedeutung seiner Aussage durch das Prozeßgericht vernommen werden, während ein anderer Zeuge von dem Vorsitzenden eines auswärtigen Arbeitsgerichts vernommen werden soll, der gleichzeitig um die Einnahme eines Augenscheins ersucht wird.

Die schriftliche Vernehmung eines Zeugen oder Sachverständigen gemäß ZPO. § 377 Abs. 3, 4, § 402 in Verbindung hiermit, § 411 ist stets am Sitz des Arbeitsgerichts möglich, weil die Beweisaufnahme hier in der Kenntnisnahme des Gerichts von der Äußerung des Zeugen oder Sachverständigen besteht (vgl. Anm. 8 Abs. 1 zu § 56). Da die schriftliche Äußerung nicht erzwungen werden kann, sondern nach dem Belieben der Auskunftsperson an die Stelle ihrer mündlichen Vernehmung tritt (ZPO. § 377 Abs. 3, 4), muß auch in diesen Fällen über die etwaige mündliche Vernehmung Beschluß gefaßt werden. Dies kann in der Weise geschehen, daß das Gericht der Auskunftsperson bei der Einholung der Auskunft auf Grund seines Beschlusses mitteilt, wo sie mangels schriftlicher Äußerung vernommen werden soll, und gegebenenfalls das auswärtige Gericht um die Vernehmung ersucht, es kann aber auch der Auskunftsperson nur allgemein mitgeteilt werden, daß sie mangels schriftlicher Äußerung mündlich vernommen werden würde, und der Beschluß über das vernehmende Gericht vorbehalten werden.

Daraus, daß die Vorschrift des § 58 Abs. 1 Satz 1 ArbGG. auf die Möglichkeit der Beweisaufnahme am Sitz des Arbeitsgerichts abstellt, ergibt sich, daß diese Art der Beweisaufnahme den Regelfall bilden soll. Eine Beweisaufnahme soll nur dann außerhalb des Sitzes des Arbeitsgerichts stattfinden, wenn dieses, d. h. die Kammer des Arbeitsgerichts, die Beweisaufnahme am Sitz des Arbeitsgerichts unter Berücksichtigung aller Umstände (vgl. Abs. 1) für unmöglich hält. Diese von der Regelung des allgemeinen Zivilprozeßrechts (ZPO. § 355 Abs. 1, insbesondere § 375 Abs. 1) abweichende Vorschrift beruht auf der starken Betonung des Grundsatzes der Unmittelbarkeit der Verhandlung vor dem entscheidenden Gericht (vgl. Anm. 5). Eine Anfechtung des die Beweisaufnahme auf die eine oder andere Art anordnenden Beschlusses des Arbeitsgerichts findet nicht statt (ZPO. § 355 Abs. 2 in Verbindung mit § 46 Abs. 2 Satz 1 ArbGG.).

5 Am Sitz des Arbeitsgerichts können Beweisaufnahmen nur vor der vollbesetzten Kammer des Arbeitsgerichts, niemals vor einem „beauftragten" Richter gemäß § 355 Abs. 1 Satz 2, § 361 Abs. 1 ZPO. erfolgen, gleichviel ob die Beweisaufnahme in den Räumen des Gerichts oder an anderer Stelle in der Sitzgemeinde stattfindet. Damit wird das Beweisverfahren des Arbeitsgerichts praktisch wesentlich anders gestaltet als das des Landgerichts; denn hier finden Beweisaufnahmen, insbesondere Zeugenvernehmungen, in weitestem Ausmaß unter stark ausdehnender Auslegung besonders des § 375 Abs. 1 Nr. 2 ZPO., vor einem Mitglied des Prozeßgerichts als beauftragtem Richter statt, um die Kammer in ihrer Arbeit zu entlasten. Es mag dahingestellt bleiben, ob diese Übung für das allgemeine Verfahren in bürgerlichen Rechtsstreitigkeiten vom prozeßpolitischen Standpunkt zweckmäßig oder doch erträglich ist, im arbeitsgerichtlichen Verfahren würde ihre Einführung eine weitgehende Ausschaltung des die Parteien des Arbeitslebens verkörpernden Beisitzerelements von der Rechtsfindung bedeutet haben. Aber auch aus allgemeinen Gründen ist hier die möglichst unmittelbare Teilnahme aller Gerichtsmitglieder am gesamten Verfahren, insbesondere auch an der Feststellung des Tatbestandes, besonders wünschenswert. Die Verlesung der von anderer Seite über eine Beweisaufnahme gefertigten Niederschrift und die Verhandlung hierüber kann nicht den unmittelbaren Eindruck der Beweisaufnahme, insbesondere der Vernehmung eines Zeugen oder Sachverständigen, ersetzen, aus dem für die Beweiswürdigung (ZPO. § 286) wichtigste Schlüsse gezogen werden können. Werden im Kollegialgericht der allgemeinen Gerichtsbarkeit dessen richterliche Mitglieder, abgesehen von rein menschlich verschiedenen Einstellungen, der Würdigung der Beweisaufnahme im allgemeinen auf Grund Vorbildung und gesellschaftlicher Einstellung gleich gegenüberstehen, so daß die Vornahme der Beweisaufnahme durch ein Mitglied des Prozeßgerichts grundsätzlich keine wesentlichen Verluste an Momenten der Beweiswürdigung mit sich bringt, so erschwert doch die Ersetzung der Kammer des Arbeitsgerichts durch eines ihrer Mitglieder für die Beweisaufnahme ihre Wertung von dem besonderen gesellschaftlichen Standpunkt der übrigen Mitglieder. Wird die Beweisaufnahme dem rechtskundigen

Vorsitzenden allein überlassen, so können in diesem wichtigen Teil des Verfahrens die durch die Beisitzer im Arbeitsgericht vertretenen Auffassungen des Arbeitslebens nicht voll zur Auswirkung gelangen. Um diese unerwünschte Abweichung von der justizpolitischen Linie der Arbeitsrechtspflege nach Möglichkeit zu vermeiden, ist die Regelung des § 58 Abs. 1 Satz 1 ArbGG. getroffen. Auf der anderen Seite konnte aber nicht verkannt werden, daß in gewissen Fällen die Rücksicht auf andere prozessuale Notwendigkeiten eine solche Abweichung erzwingt (§ 58 Abs. 1 Satz 2, 3 ArbGG.; vgl. Anm. 6 bis 10).

Hat das Arbeitsgericht sich auf den Standpunkt gestellt, daß die Beweisaufnahme am Sitz des Arbeitsgerichts möglich ist (vgl. Anm. 4), und zwar durch ausdrücklichen Beschluß oder durch Beiziehung der Beweismittel so kann die Beweisaufnahme nur vor der Kammer erfolgen. Eine Beweisaufnahme vor dem Vorsitzenden wäre als solche unbeachtlich. Da es sich um eine Vorschrift öffentlichen Rechts handelt, auf deren Befolgung die Parteien nicht verzichten können, weil sie nicht in ihrem, sondern im allgemeinen justizpolitischen Interesse gegeben ist, ist ein Verzicht auf die Verfahrensrüge gegenüber einer solchen unzulässigen Beweisaufnahme nicht möglich (ZPO. § 295; a. A. Baumbach, Anm. 2 zu § 58).

Ist in der Annahme, daß die Entscheidung in der an die Güteverhandlung sich unmittelbar anschließenden Verhandlung würde ergehen können, mit Zustimmung der Parteien von dem Vorsitzenden streitig verhandelt worden (ArbGG. § 55 Abs. 2 Satz 1 a. E.) und hat der Vorsitzende Beweisaufnahmen vorgenommen und stellt sich alsdann heraus, daß eine Vertagung nötig ist, so daß Verhandlung und Entscheidung vor der Kammer erfolgen müssen, so muß auch die Beweisaufnahme, wenn sie als solche gewertet werden soll, vor der Kammer wiederholt werden.

Jede Beweisaufnahme muß von der Kammer beschlossen werden, auch die von dem Vorsitzenden gemäß § 56 ArbGG. pflichtmäßig vorbereitete. Denn nur die Kammer hat die Verfügung über die Gestaltung des Verfahrens auf Grund der mündlichen Verhandlung, auch dann, wenn diese Verfügung „nach Lage der Akten" erfolgt (vgl. Anm. 2c zu § 57).

Um die Teilnahme der Beisitzer aus den Kreisen des Arbeitslebens am Beweisverfahren im Sinne der Unmittelbarkeit der Verhandlung vor dem entscheidenden Gericht wirksam zu gestalten, ist aber mit Rücksicht auf die Organisation der Arbeitsgerichte noch ein Weiteres erforderlich. Gemäß § 31 ArbGG. (vgl. Anm. 1 Abs. 4 zu § 31) wechseln die Beisitzer der Kammer regelmäßig mit jeder Sitzung. Wird daher nach der Beweisaufnahme oder nach einem Teil der Beweisaufnahme die weitere Verhandlung vertagt und ergeht das Urteil erst in der nächsten Sitzung, so haben zwar die Beisitzer gemäß § 58 Abs. 1 Satz 1 an dieser Beweisaufnahme teilgenommen, was ihnen die Möglichkeit gab, gestaltend auf sie einzuwirken, die Würdigung der Beweisaufnahme muß aber durch andere Beisitzer erfolgen, die an ihr nicht teilgenommen haben. In einem solchen Falle wird also nur ein Teil des Zweckes der Vorschrift des § 58 Abs. 1 Satz 1 verwirklicht. Um ihn in vollem Ausmaß zu verwirklichen, muß eine solche Vorbereitung der streitigen Verhandlung vor der Kammer angestrebt werden, daß eine Vertagung vor der Urteilsfällung nicht erforderlich ist. Aus diesem Gesichtspunkt gewinnen die Vorschriften des § 56 ArbGG. eine besondere Bedeutung für die sinngemäße Gestaltung der Arbeitsrechtspflege (vgl. Anm. 5 Abs. 1 zu § 56).

6 Ob die Beweisaufnahme außerhalb des Sitzes des Arbeitsgerichts erfolgen soll, entscheidet die Kammer entsprechend dem in Anm. 4 Abs. 1 Ausgeführten nach der tatsächlichen Möglichkeit. Ihre Entscheidung ist nicht anfechtbar (ZPO. § 355 Abs. 2; vgl. Anm. 4 Abs. 3).

7 Wie in Anm. 5 Abs. 1 a. E. angedeutet, läßt sich die an sich wünschenswerte Beweisaufnahme vor der Kammer nicht in allen Fällen durchführen, wenn z. B. weite Reisen hierzu notwendig wären, die die Parteien mit dem Auslagenersatz übermäßig belasteten. Findet die Beweisaufnahme gemäß Kammerbeschluß außerhalb der Sitzgemeinde, aber im Bezirk des Arbeitsgerichts statt, so kann sie dem Vorsitzenden als beauftragtem Richter übertragen werden. Auch diese Übertragung muß durch Kammerbeschluß erfolgen; er wird zweckmäßig die Terminbestimmung für die Beweisaufnahme enthalten, doch kann diese auch später durch den Vorsitzenden erfolgen (ZPO. § 361 in Verbindung mit ArbGG. § 46 Abs. 2 Satz 1 und § 58 Abs. 1 Satz 2). Der Vorsitzende hat dann zur Beweisaufnahme an den Beweisort zu reisen, diese zu erledigen und dem Arbeitsgericht und den Parteien Gelegenheit zur Kenntnis von ihrem niederschriftlich festgelegten Ergebnis, insbesondere auch durch Vortrag in der nächsten mündlichen Verhandlung, zu geben. Die Beauftragung eines anderen Mitglieds des Arbeitsgerichts wie des Vorsitzenden kommt nicht in Betracht, weil das Arbeitsgerichtsgesetz mit Rücksicht auf die Sonderstellung der Beisitzer als Vertreter der Parteien des Arbeitslebens im Gericht ein Tätigwerden des Arbeitsgerichts nur in der vollen Besetzung oder durch den Vorsitzenden allein kennt. Die Auffassung von Siefart (Anm. 4 Abs. 2 zu § 58), daß die Beauftragung eines Beisitzers mit der Beweisaufnahme deshalb nicht in Betracht komme, weil diese Aufgabe die Befähigung zum Richteramt erfordere, erscheint im Gesetz nicht begründet; im allgemeinen Verfahren in bürgerlichen Rechtsstreitigkeiten können auch Handelsrichter als beauftragte Richter tätig werden; die Arbeitsrichter sind an sich gleichberechtigte Mitglieder des Gerichts wie diese.

Auch die Beweisaufnahme außerhalb der Sitzgemeinde im Bezirk des Arbeitsgerichts kann jedoch von der vollbesetzten Kammer vorgenommen werden, die Vorschrift des § 58 Abs. 1 Satz 2 ist nur eine „Kann"-Vorschrift. Das Arbeitsgericht muß sich also, auch wenn es die Beweisaufnahme am Gerichtssitz gemäß § 58 Abs. 1 Satz 1 nicht für möglich hält, darüber schlüssig werden, ob es den nach seiner Auffassung erforderlichen Lokaltermin in voller Besetzung wahrnehmen oder mit seiner Wahrnehmung den Vorsitzenden beauftragen will. Es wird die Beweisaufnahme vor der Kammer außerhalb der Sitzgemeinde dann beschließen, wenn die Bedeutung der Beweisaufnahme für den Rechtsstreit unter Abwägung aller Umstände das verlangt. In diesem Fall findet die weitere mündliche Verhandlung nach der Beweisaufnahme, möglichst mit Einschluß der Urteilsfällung, soweit angängig, ebenfalls in dem Lokaltermin statt (ZPO. § 370 Abs. 1).

8 Vgl. entsprechend Anm. 6.

9 Geht der die Beweisaufnahme regelnde Kammerbeschluß dahin, daß diese außerhalb des Arbeitsgerichtsbezirks stattfinden muß, so kann Rechtshilfe gemäß § 13 ArbGG. in Anspruch genommen werden (vgl. die Anm. zu § 13). Entsprechend den Vorschriften des § 13 Abs. 1 ArbGG. ist die Rechtshilfe in erster Linie von dem bezirkszuständigen (vgl. § 158 Abs. 2 GVG.)

Arbeitsgericht zu leisten (vgl. Anm. 2 zu § 13). Dieses Arbeitsgericht wird als Rechtshilfegericht für die Beweisaufnahme nur durch seinen Vorsitzenden tätig; die Hinzuziehung der Beisitzer ist, da es sich bei dem Rechtshilfegericht um ein fremdes, im übrigen nicht mit dem Rechtsstreit befaßtes Gericht handelt, nach dem justizpolitischen Grundgedanken des Arbeitsgerichtsgesetzes hier nicht erforderlich und darum, weil sie im übrigen verzögernd wirken würde, nicht vorgesehen.

Aus Gründen der örtlichen Lage kann statt des Arbeitsgerichts das bezirkszuständige Amtsgericht um die Beweisaufnahme ersucht werden. Da die Bezirke der Arbeitsgerichte in den meisten Ländern mehrere Amtsgerichtsbezirke umfassen, kann es nämlich im Einzelfall, insbesondere mit Rücksicht auf einen zu vernehmenden Zeugen oder Sachverständigen, zweckmäßig erscheinen, zur Vermeidung weiter Reisen das Amtsgericht zu ersuchen, in dessem — kleinerem — Bezirk sich das Beweismittel befindet. Doch sollte von dieser Möglichkeit nur in Ausnahmefällen Gebrauch gemacht werden, weil auch für die Beweisaufnahme zweckmäßiger der in den Fragen des Arbeitslebens erfahrene Vorsitzende des Arbeitsgerichts verwendet wird. Befindet sich am Ort der Beweisaufnahme ein Arbeitsgericht, so kann nur dieses ersucht werden, was sich aus § 58 Abs. 1 Satz 3 ergibt, aber auch in § 13 Abs. 1 Satz 2 ausdrücklich ausgesprochen ist (vgl. Anm. 3 zu § 13). Ein gleichwohl ersuchtes Amtsgericht müßte gemäß dem nach § 13 Abs. 2 ArbGG. entsprechend anwendbaren § 158 Abs. 2 GVG. das Ersuchen ablehnen, da die vorzunehmende Beweisaufnahme nach § 13 Abs. 1 Satz 2 ArbGG. verboten ist (ebenso, aber gestützt auf § 58: Baumbach, Anm. 4 zu § 58).

Ob gegebenenfalls der Vorsitzende des Arbeitsgerichts oder das Amtsgericht ersucht werden soll, entscheidet die Kammer des Arbeitsgerichts als Prozeßgericht unanfechtbar im Beweisbeschluß.

10 Wie in den Fällen des § 58 Abs. 1 Satz 2 kann auch hier die Kammer des Prozeßgerichts an Stelle der Übertragung die Beweisaufnahme selbst in einem Lokaltermin vornehmen. Das zu Anm. 7 Abs. 2 Gesagte gilt dafür entsprechend. Jedoch handelt es sich dann um eine Amtshandlung außerhalb des Bezirks des Arbeitsgerichts, die nach der gemäß § 13 Abs. 2 ArbGG. entsprechend anwendbaren Vorschrift des § 166 GVG. ohne Zustimmung des örtlich zuständigen Gerichts nur bei Gefahr im Verzug vorgenommen werden kann. Die Zustimmung muß jedoch, in Abweichung vom § 166 GVG., nicht von dem örtlich zuständigen Amtsgericht, sondern von dem örtlich zuständigen Arbeitsgericht eingeholt werden, da dieses an sich gemäß § 58 Abs. 1 Satz 3 und gemäß § 13 Abs. 1 Satz 1 an Stelle des Amtsgerichts für eine Rechtshilfehandlung in seinem Bezirk zuständig wäre und das örtlich zuständige Amtsgericht dessen Amtshandlung in seinem Bezirk dulden müßte (abweichend Dersch-Volkmar, Anm. 3 a. E. zu § 58).

11 Grundsatz ist in Anlehnung an § 44 Abs. 2 Satz 1 GGG., abweichend vom § 391 ZPO., die uneidliche Vernehmung der Zeugen und Sachverständigen. Dieser Grundsatz entspricht vielfachen Forderungen auch für die allgemeine Zivilprozeßreform. Die eidliche Vernehmung soll „durch die gerichtliche Wertung der freien Aussage" ersetzt werden (Begr. S. 41), die um so eher erschöpfend möglich sein wird, als die Vernehmung grundsätzlich — gemäß § 58 Abs. 1 ArbGG. — vor dem entscheidenden Gericht erfolgt. Die über-

mäßige Wertung der beschworenen Aussage und das in ihr liegende beweisförmliche Moment sollen aus dem arbeitsgerichtlichen Verfahren verschwinden, nachdem die Brauchbarkeit der anderen Regelung durch die Übung der Gewerbegerichte und der Kaufmannsgerichte auf Grund des § 44 Abs. 2 Satz 1 GGG. erwiesen ist. Das Arbeitsgerichtsgesetz geht aber in der Anwendung des Grundsatzes der uneidlichen Vernehmung noch weiter als das Gewerbegerichtsgesetz und das Gesetz betreffend Kaufmannsgerichte, indem es auch den Antrag einer Partei für die Anordnung der Beeidigung nicht genügen läßt (vgl. Anm. 12).

12 Die Beeidigung erfolgt nur, wenn die Kammer sie zur Herbeiführung einer wahrheitsgemäßen Äußerung für notwendig erachtet, wenn sie also befürchtet, daß der in Betracht kommende Zeuge oder Sachverständige in dem vorliegenden Falle unbeeidigt nicht wahrheitsgemäß aussagen würde. Die Kammer hat diese Frage nach pflichtmäßigem Ermessen zu prüfen, und zwar gestützt auf alle Umstände, die für ihre Entscheidung hierüber, nach der allgemeinen Lage des Falles, nach den persönlichen Verhältnissen des Zeugen oder Sachverständigen und nach dem bei der Vernehmung gewonnenen Eindruck in Betracht kommen. Die Prüfung muß, schon zur Bewahrung der Auskunftsperson vor einem falschen Verdacht, mit größter Sorgfalt vorgenommen werden und darf zur Beeidigung nur dann führen, wenn die Kammer überzeugt ist, daß sonst eine Ermittelung der Wahrheit nicht möglich, durch die Beeidigung aber gewährleistet ist. Kommt die Kammer zu diesem Ergebnis, so kann sie die Beeidigung nach der Fassung des § 58 Abs. 2 Satz 1 ArbGG., abweichend vom § 391 Abs. 2 ZPO., auch anordnen, wenn die Parteien auf die Beeidigung verzichten (a. A. Baumbach, Anm. 5C, c zu § 58), da die Bestimmung über die Beeidigung hier lediglich in ihre Hand gelegt ist; aus diesem Grunde begründet auch ein Parteiantrag nicht die Notwendigkeit der Beeidigung (vgl. Anm. 11 a. E.).

Der Beschluß zur Beeidigung eines Zeugen oder Sachverständigen kann nur von der Kammer gefaßt werden, auch dann, wenn die Vernehmung gemäß § 58 Abs. 1 Satz 2, 3 ArbGG. vor dem beauftragten oder vor dem ersuchten Richter erfolgt. Wird die Beweisaufnahme dem Vorsitzenden des Prozeßgerichts oder dem Vorsitzenden eines anderen Arbeitsgerichts oder einem Amtsgericht übertragen, so kann die Kammer die Beeidigung auf Grund ihr etwa bekannt gewordenen Umstände (vgl. Abs. 1 dieser Anm.) schon bei der Übertragung der Beweisaufnahme anordnen; der beauftragte oder ersuchte Richter hat sich, ohne Möglichkeit der Nachprüfung, an diese Anordnung zu halten. Es kann aber auch die Vernehmung abgewartet werden und erst später die — nachträgliche — Beeidigung beschlossen werden. Beide Wege erscheinen im allgemeinen für das arbeitsgerichtliche Verfahren nicht als voll befriedigend. Gegen das erstbeschriebene Verfahren spricht, daß die Kammer die Überzeugung von der Notwendigkeit der Beeidigung gemäß § 58 Abs. 2 Satz 1 nur selten im voraus, vor der Vernehmung der Auskunftsperson, wird gewinnen können; das zweite Verfahren aber muß zu einer Verzögerung der Erledigung des Rechtsstreits führen. Das Arbeitsgericht wird es deshalb bei Beweisaufnahmen vor dem beauftragten und ersuchten Richter im allgemeinen bei der uneidlichen Vernehmung bewenden lassen und zweifelhafte Fälle nach Möglichkeit — entweder gemäß § 58 Abs. 1 Satz 1 (vgl. Anm. 4) oder gemäß § 58 Abs. 1 Satz 2 oder 3 (vgl. Anm. 7 Abs. 2, Anm. 10) — vor der Kammer erledigen.

Im übrigen gelten für die Vernehmung und Beeidigung von Zeugen und Sachverständigen die Vorschriften des 7. und 8. Titels des Ersten Abschnitts des Zweiten Buchs der Zivilprozeßordnung entsprechend (vgl. jedoch § 58 Abs. 2 Satz 2, Anm. 13).

13 Auf die Zulässigkeit schriftlicher Aussagen von Zeugen und Sachverständigen auch im arbeitsgerichtlichen Verfahren gemäß ZPO. § 377 Abs. 3, 4 und § 402 in Verbindung hiermit ist bereits in Anm. 9 Abs. 2 zu § 56 und in Anm. 4 Abs. 2 hier hingewiesen worden. Dieses Beweismittel wird jedoch im Verfahren vor dem Arbeitsgericht im allgemeinen zweckmäßig nur benutzt werden, wenn es sich um einfache Auskünfte an der Hand schriftlicher Belege handelt (ZPO. § 377 Abs. 3), in welchen Fällen es auch ohne Zustimmung der Parteien verwandt werden kann. Im übrigen wird grundsätzlich die mündliche Vernehmung vorzuziehen sein, es sei denn, daß durch schriftliche Vernehmung die Übertragung der Beweisaufnahme an ein anderes Gericht vermieden werden kann (vgl. Anm. 4 Abs. 2 hier).

Die Aufforderung zur schriftlichen Auskunft wird regelmäßig schon seitens des Vorsitzenden im Wege der Vorbereitung der streitigen Verhandlung vor der Kammer gemäß § 56 Satz 2 ArbGG. ergehen (vgl. Anm. 9 Abs. 2 zu § 56). Eine eidesstattliche Versicherung über die Richtigkeit der Auskunft kann er jedoch nicht verlangen, ihre Einforderung kann vielmehr — wie die Beeidigung eines Zeugen oder Sachverständigen, der sie gleichsteht — nur von der Kammer und nur zur Herbeiführung einer wahrheitsgemäßen Äußerung beschlossen werden. Das in Anm. 12 Abs. 1 Gesagte gilt hierfür entsprechend. Da das Erfordern der eidesstattlichen Versicherung seitens der Kammer gewöhnlich eine Vertagung der Verhandlung bedingen wird, empfiehlt es sich, daß der Vorsitzende schriftliche Äußerung dann nicht anordnet, wenn er nach den Umständen annimmt, daß die eidesstattliche Versicherung der Richtigkeit gemäß § 58 Abs. 2 Satz 2 ArbGG. erforderlich sein wird. Erzwingbar ist die schriftliche Äußerung und damit auch die eidesstattliche Versicherung ihrer Richtigkeit gemäß ZPO. § 377 Abs. 3, 4 nicht; vielmehr kann die Auskunftsperson stets verlangen, mündlich vernommen und, falls dies für notwendig erachtet wird, auf die mündliche Aussage beeidigt zu werden (vgl. Anm. 4 Abs. 2).

14 Der Beweis durch Parteieid als subsidiäres Beweismittel nach dem 10. Titel des Ersten Abschnitts des Zweiten Buchs der Zivilprozeßordnung ist auch im Verfahren vor den Arbeitsgerichten gemäß § 46 Abs. 2 Satz 1 ArbGG. — wie bisher im gewerbegerichtlichen und kaufmannsgerichtlichen Verfahren — zugelassen (vgl. Anm. 2). Doch sollte von diesem formalen, aus früheren Anschauungen stammenden Beweismittel, das auch nach der Erfahrung keineswegs als zuverlässig angesehen werden kann (vgl. auch Baumbach, Anm. 7 F), in dem neuzeitlichen arbeitsgerichtlichen Verfahren, das den Rechtsstreit in seinen innersten gesellschaftlichen und psychologischen Wurzeln zu erfassen und aus ihnen möglichst beizulegen sucht, nur im äußersten Notfall Gebrauch gemacht werden. Dies gilt schon von dem von einer Partei der anderen zugeschobenen oder zurückgeschobenen Eid (ZPO. §§ 445—474), besonders aber von dem seitens des Gerichts zur Ergänzung der aus der Verhandlung und Beweisaufnahme gewonnenen Unterlagen für seine Überzeugung einer Partei auferlegten sogenannten richterlichen Eid (ZPO. §§ 475 bis 477).

Abgesehen von seiner starken Anfechtbarkeit als Beweismittel überhaupt bedeutet der Parteieid im allgemeinen Zivilprozeßverfahren mit Rücksicht auf seine grundsätzliche Anordnung im bedingten Endurteil, die wegen der gesetzlichen, der freien Würdigung nicht unterliegenden Beweiswirkung (ZPO. § 463) vorgeschrieben ist, eine erhebliche Verzögerung der Streiterledigung. Von der Anordnung durch bedingtes Endurteil kann im Zivilprozeß beim richterlichen Eid überhaupt nicht (ZPO. § 477 Abs. 3), beim zugeschobenen oder zurückgeschobenen Eid im wesentlichen nur unter der Voraussetzung der Einigkeit der Parteien über Norm und Erheblichkeit des Eides oder der Unanfechtbarkeit des Endurteils abgesehen werden; in diesen Fällen wird der Eid durch Beweisbeschluß auferlegt (ZPO. § 461). Soweit es sich um den richterlichen Eid handelt, ist hieran für das arbeitsgerichtliche Verfahren, im Anschluß an die Regelung des gewerbegerichtlichen und kaufmannsgerichtlichen Verfahrens, nichts geändert, weil die Notwendigkeit des Erlasses eines bedingten Endurteils das Gericht dazu zwingt, die Voraussetzungen für die Anwendung dieses Notbeweismittels nochmals sorgfältigst zu prüfen (vgl. Begr. S. 41). Dagegen hatte schon das Gewerbegerichtsgesetz (§ 45 GGG.) die Erhebung des angebotenen Parteieids dadurch vereinfacht, daß es die Anordnung durch bedingtes Urteil oder durch Beweisbeschluß in das freie Ermessen des Gerichts stellte. Das Arbeitsgerichtsgesetz geht in der Vorschrift des § 58 Abs. 3 insofern noch weiter, als es die Anordnung dieses Eides durch gewöhnlichen Beweisbeschluß zwingend vorschreibt. Dadurch ist, falls es zur Verwendung dieses Beweismittels kommt, wenigstens die Verzögerung der Streiterledigung nach Möglichkeit vermieden. Der sofortigen Abnahme des Eides steht die Vorschrift des § 357a Satz 2 ZPO. regelmäßig nicht entgegen, weil bei ihrer entsprechenden Anwendung auf das arbeitsgerichtliche Verfahren an die Stelle der Erklärung über Zuschiebung und Annahme in vorbereitenden Schriftsätzen die Erklärung hierüber in der Güteverhandlung (vgl. Anm. 1 Abs. 9 zu § 54) oder in einer der streitigen Verhandlung, in der der Beweisbeschluß ergeht, vorangehenden mündlichen Verhandlung tritt. Für die Eidesleistung in einem besonderem Termin gilt § 58 Abs. 4 (vgl. Anm. 15 bis 23).

15 Die Vorschriften des § 58 Abs. 4 ArbGG. sind mit geringen Abweichungen in der Fassung, die sachlich jedoch ohne Bedeutung sind, aus dem Gewerbegerichtsgesetz (§ 46) übernommen. Sie ändern die für entsprechende Fälle im Verfahren der allgemeinen Zivilgerichtsbarkeit geltenden Vorschriften der §§ 465—468 ZPO. erheblich ab. Die Änderung entspringt dem Grundsatz der Verfahrensbeschleunigung im arbeitsgerichtlichen Verfahren und ist in der Praxis in diesem Sinne auszulegen. Das Verfahren bei Eidessäumnis wickelt sich vor dem Arbeitsgericht erheblich schneller und vor allem zwangsläufig, ohne Rücksicht auf Parteianträge, ab. Dabei nimmt die Regelung in den Kauf, daß bei diesem Verfahren die Möglichkeit eintreten kann, ein auf der Annahme der Eidesweigerung beruhendes Urteil bei zulässiger nachträglicher Eidesleistung wieder aufzuheben, weil diese Notwendigkeit erfahrungsgemäß viel seltener eintritt als die endgültige Erledigung des Rechtsstreits durch das Urteil und deshalb vor allem dieser Regelfall zweckmäßig im Sinne der arbeitsgerichtlichen Grundsätze erledigt werden muß. Die Anregung von Baumbach (Anm. 10, Anm. 13 a. E. zu § 58), solche auflösend bedingte Urteile nicht sofort zu erlassen, sondern lieber, entsprechend der Vorschrift des § 467 Abs. 1 ZPO., einen Verkündungstermin, und zwar im Widerspruch

zu § 60 Abs. 1 Satz 2, 3 ArbGG. über mehr als 3 Tage hinaus, anzusetzen, widerspricht daher der Absicht des Gesetzes.

16 Der besondere (vgl. Anm. 14 Abs. 3) Termin zur Leistung des Parteieides ist im Falle des zugeschobenen oder zurückgeschobenen Eides im Beweisbeschluß oder auf seiner Grundlage angesetzt, im Falle des richterlichen Eides auf Grund des rechtskräftig gewordenen bedingten Endurteils (§ 58 Abs. 3 ArbGG., Anm. 14). Ob er vor der Kammer als Prozeßgericht stattfindet oder vor dem Vorsitzenden der Kammer als beauftragtem Richter oder vor dem Vorsitzenden eines anderen Arbeitsgerichts oder vor einem Amtsgericht als ersuchtem Richter, bestimmt sich nach den Vorschriften des § 58 Abs. 1 ArbGG. § 58 Abs. 4 gilt für alle diese Fälle, seine Auswirkungen sind entsprechend verschieden.

17 Die in § 58 Abs. 4 Satz 1 ausgesprochene Folge des Nichterscheinens kann nur eintreten, wenn der Schwurpflichtige zum Erscheinen prozessual verpflichtet war. Da schwurpflichtig für einen Parteieid nur eine Prozeßpartei bzw. ihr gesetzlicher Vertreter (ZPO. § 473) an ihrer Stelle ist, bestimmt sich die prozessuale Verpflichtung zum Erscheinen des Schwurpflichtigen als Parteiverpflichtung; er muß also als Partei — nicht persönlich — geladen sein, es sei denn, daß der Termin zur Eidesleistung verkündet worden ist (ZPO. § 218; ebenso Baumbach, Anm. 8 B zu § 58; Held-Lieb-Gift, Anm. 6 Abs. 1 zu § 58). Dem Nichterscheinen steht es gleich, wenn der Schwurpflichtige auf Befragen keine Erklärung abgibt.

18 Diese Wirkung tritt nicht nur auf Antrag ein, wie gemäß § 465 ZPO., sondern zwangläufig (vgl. Anm. 15). Sie hat gemäß der nach § 46 Abs. 2 Satz 1 ArbGG. entsprechend geltenden Vorschrift des § 464 Abs. 2 ZPO. zur Folge, daß das Gegenteil der zu beschwörenden Tatsache als voll bewiesen gilt.

19 Die Fortsetzung des Verfahrens ist verschiedener Gestalt, je nachdem es sich um einen durch Beweisbeschluß angeordneten zugeschobenen oder zurückgeschobenen Eid oder um einen durch bedingtes Endurteil angeordneten richterlichen Eid handelt, ob der Eid vor dem Prozeßgericht oder vor einem beauftragten oder ersuchten Richter geleistet werden sollte.

a) Eidessäumnis vor der Kammer als Prozeßgericht. War der Eid durch Beweisbeschluß angeordnet und ist die schwurpflichtige Partei an sich vertreten, so wird auf der Grundlage der angenommenen Eidesweigerung verhandelt und, falls die Sache entscheidungsreif ist, entschieden (abweichend Baumbach, Anm. 10, A, a, aa; vgl. Anm. 15 a. E.). Ist die schwurpflichtige Partei nicht erschienen, so ergeht auf Antrag der anderen Partei Versäumnisurteil oder eine Entscheidung nach Lage der Akten; falls die andere Partei keine Anträge stellt, eine Entscheidung nach Lage der Akten, ein Vertagungsbeschluß oder die Anordnung des Ruhens des Verfahrens; ein Urteil nach der Lage der Akten nur in einem Verkündungstermin (ZPO. §§ 331a, 251a; ArbGG. § 60 Abs. 1; vgl. Anm. 2 zu § 57).

War der Eid durch bedingtes Endurteil angeordnet, so ist auf Antrag des Gegners das Läuterungsurteil auf Grund der angenommenen Eidesweigerung zu erlassen (ZPO. § 462), gleichviel ob die schwurpflichtige Partei vertreten ist oder nicht.

b) Eidessäumnis vor dem beauftragten oder ersuchten Richter. Dieser hat die Angelegenheit mit der protokollarischen Feststellung, daß der Schwurpflichtige nicht erschienen ist, dem Prozeßgericht zurückzureichen, damit dieses das Verfahren fortsetzen kann. Sollte die Eidesleistung vor dem ersuchten Richter stattfinden, so wird es sich aber mit Rücksicht auf § 58 Abs. 4 Satz 2 (vgl. Anm. 20) empfehlen, wenn er vor der Rückgabe der Sache den Ablauf der Dreitagefrist abwartet, um eine etwaige nochmalige Übersendung der Sache auf Grund eines nachträglichen Erbietens zur Eidesleistung zu vermeiden. Dagegen entspricht die Anberaumung eines neuen Termins für den Fall des Erbietens, wie Baumbach (Anm. 10 B zu § 58) sie vorschlägt, dem Gesetz nicht.

Die Frage, ob die Eidesleistung durch Beweisbeschluß oder durch bedingtes Urteil angeordnet war, spielt für das Verfahren vor dem beauftragten oder ersuchten Richter keine Rolle.

20 Die einmalige Eidessäumnis führt noch nicht zur unanfechtbaren Annahme der Eidesweigerung. Die schwurpflichtige Partei hat vielmehr die Möglichkeit, diese durch Erbieten zur nachträglichen Eidesleistung abzuwenden. Das Erbieten ist grundsätzlich an das Prozeßgericht zu richten, kann aber, falls die Eidesleistung vor dem ersuchten Richter stattfinden sollte, auch an diesen gerichtet werden (vgl. Anm. 19b Abs. 1). Es ist nur binnen einer Notfrist von 3 Tagen zulässig. Die Notfrist beginnt mit dem Eintritt der Säumnisfolge — daß der Eid als verweigert anzusehen ist, d. h. wenn der Eid vor dem Prozeßgericht geleistet werden sollte, mit dem Beginn der weiteren Verhandlung, wenn er vor dem beauftragten oder ersuchten Richter geleistet werden sollte, mit der niederschriftlichen Festlegung der Eidessäumnis.

Gegen die Versäumung der Notfrist ist im Rahmen des § 233 Abs. 1 ZPO. die Wiedereinsetzung in den vorigen Stand gegeben. Der Antrag auf Wiedereinsetzung ist an das Prozeßgericht zu richten. Das Verfahren bestimmt sich in entsprechender Anwendung des § 238 Abs. 4 ZPO., obwohl dort an sich auf den hier nicht geltenden § 466 ZPO. bezug genommen ist; denn § 58 Abs. 4 Satz 2 ArbGG. entspricht dem § 466 ZPO. (ebenso Baumbach, Anm. 12 C zu § 58).

Ist in Fortsetzung des Verfahrens nach der Eidessäumnis ein Versäumnisurteil gegen die schwurpflichtige Partei ergangen, so muß mit dem Erbieten zur nachträglichen Eidesleistung auch der Einspruch gegen dieses Versäumnisurteil eingelegt werden, um den erneuten Fortgang des Verfahrens zu ermöglichen; denn das Versäumnisurteil beruht nicht auf der Eidessäumnis, sondern auf der Terminsäumnis (ebenso Dersch-Volkmar, Anm. 7 zu § 58, S. 358 f.).

21 Die nachträgliche Eidesleistung bewirkt, daß die Annahme der Eidesweigerung auf Grund der ursprünglichen Eidessäumnis wieder entfällt. Das Verfahren muß also auf Grund der nunmehrigen Folge der Eidesleistung (ZPO. § 463) fortgesetzt werden. War noch kein Urteil ergangen, so kann das ohne weiteres geschehen. War inzwischen ein Urteil ergangen, so muß das Prozeßgericht prüfen, ob und inwieweit es auf der hinfällig gewordenen Annahme der Eidesweigerung beruhte. Diese Prüfung wird zweckmäßig schon beim Eingang des Erbietens zur nachträglichen Eidesleistung erfolgen; denn wenn das Gericht zu dem Ergebnis kommt, daß sein Urteil nicht auf der Annahme der Eidesweigerung beruht, ein Ergebnis, das bei Läuterungsurteilen ausgeschlossen ist, so hat es bereits das Erbieten zur nachträglichen Eidesleistung mangels prozessualer Bedeutung des Eides abzulehnen (ebenso Baumbach, Anm. 13 zu § 58; Dersch-Volkmar, Anm. 7 zu § 58, S. 358).

Soweit es auf der Annahme der Eidesweigerung beruhte, ist das Urteil aufzuheben und auf die Anträge der Parteien erneut auf der Grundlage der Eidesleistung zu entscheiden. Ist der Rechtsstreit noch nicht zur Entscheidung reif, so ist zweckmäßig zunächst das Urteil durch Beschluß aufzuheben und in der Verhandlung fortzufahren. War ein Versäumnisurteil ergangen (vgl. Anm. 19a), so kann dieses nur aufgehoben werden, wenn, abgesehen von der Eidesleistung, auch der Einspruch dagegen eingelegt ist (vgl. Anm. 20 Abs. 3).

22 Erbietet sich die schwurpflichtige Partei zur nachträglichen Eidesleistung, so ist damit die Aufhebung des auf Grund der Annahme der Eidesweigerung ergangenen Urteils möglich geworden. Die verurteilte Partei kann deshalb die einstweilige Einstellung der Zwangsvollstreckung in entsprechender Anwendung des § 707 ZPO. verlangen. Dabei ist aber zu berücksichtigen, daß § 707 ZPO. bezüglich der Einstellung der Zwangsvollstreckung durch § 62 Abs. 1 Satz 3, 2 ArbGG. abgeändert ist. Die verurteilte Partei konn deshalb Einstellung der Zwangsvollstreckung nur verlangen, wenn sie glaubhaft macht, daß die Vollstreckung ihr einen nicht zu ersetzenden Nachteil bringen würde; alsdann kann die Einstellung nur ohne Sicherheitsleistung erfolgen. Die Aufhebung erfolgter Maßnahmen ist nicht zulässig. (Vgl. Näheres in Anm. 8 Abs. 2 zu § 62; wie hier: Schmincke-Sell, Anm. 8 zu § 58; wegen der Einstellung auch Dersch-Volkmar, Anm. 8 zu § 58; a. A. Baumbach, Anm. 14 zu § 58, der die Vorschrift des § 62 Abs. 1 Satz 3, 2 hier nicht anwenden will.)

Die Entscheidung kann gemäß § 707 Abs. 2 ZPO. ohne mündliche Verhandlung, also seitens des Vorsitzenden des Arbeitsgerichts allein erfolgen.

23 Nur die nachträgliche Eides*leistung* führt zum Hinfälligwerden eines Urteils, das infolge der ersten Eidessäumnis auf der Annahme der Eidesweigerung beruhte. Wird im zweiten Eidestermin der Eid verweigert oder erscheint der Schwurpflichtige wieder nicht, so hat es grundsätzlich bei dem gefällten Urteil sein Bewenden, der Schwurpflichtige aber hat sich seiner prozessualen Rechte aus der Anordnung der Eidesleistung endgültig begeben. War ein kontradiktorisches, insbesondere ein Läuterungsurteil ergangen, so ist nach der niederschriftlichen Feststellung der Eidesweigerung oder der Eidessäumnis im zweiten Eidestermin nichts mehr zu veranlassen; der Rechtsstreit ist auf Grund des unangefochtenen ersten Urteils für diesen Rechtszug beendet. War als erstes Urteil ein Versäumnisurteil ergangen, gegen das zugleich mit dem Erbieten zur nachträglichen Eidesleistung der Einspruch eingelegt worden war (vgl. Anm. 20 Abs. 3), so ist bei Säumnis der schwurpflichtigen Partei in dem auf den Einspruch angesetzten neuen Termin der Einspruch zu verwerfen (ZPO. § 345). Ist die Partei in der Einspruchsverhandlung vertreten, obwohl sie zur Eidesleistung nicht erschienen war oder den Eid verweigert hatte, so ist auf Grund der Eidesweigerung streitig zu verhandeln und zu entscheiden.

War es noch nicht zum Urteil gekommen, so ist ebenfalls auf Grund der Eidesweigerung streitig zu verhandeln und zu entscheiden.

Etwaige Maßnahmen betreffend die Zwangsvollstreckung aus dem ersten Urteil gemäß § 58 Abs. 4 Satz 4 ArbGG. in Verbindung mit § 707 ZPO. und § 62 Abs. 1 Satz 3, 2 ArbGG. (vgl. Anm. 22) sind nach der Eidessäumnis oder der Eidesweigerung im zweiten Eidestermin wegen Fortfalls der Voraussetzungen — von Amts wegen — unverzüglich wiederaufzuheben.

§ 59

Versäumnisverfahren[1]

Gegen ein Versäumnisurteil[2] kann die Partei, gegen die das Urteil ergangen ist, binnen einer Notfrist von drei Tagen nach seiner Zustellung[3] Einspruch einlegen[4]. Der Einspruch wird beim Arbeitsgerichte schriftlich oder durch Abgabe einer Erklärung zur Niederschrift der Geschäftsstelle eingelegt[5]. Hierauf[6] ist die Partei zugleich mit der Zustellung des Urteils schriftlich hinzuweisen[7].

1 Die Regelung des § 59 ArbGG. lehnt sich stark an die bisherige des § 40 GGG. an, stimmt aber mit ihr nicht völlig überein, insofern nach ihr weitergehend als nach § 40 GGG. die Vorschriften der Zivilprozeßordnung über das Versäumnisurteil (ZPO. §§ 330—347, § 508) entsprechend anwendbar sind (vgl. die folgende Anm.). Die entsprechende Anwendbarkeit der Vorschriften der Zivilprozeßordnung beruht wiederum auf § 46 Abs. 2 Satz 1 ArbGG.

Abweichend von der Zivilprozeßordnung werden nur die Einspruchsfrist (Satz 1) und die Belehrungspflicht (Satz 3) geregelt. Wegen des zweiten Satzes vgl. Anm 5.

Die Vorschriften des § 59 ArbGG. gelten sowohl für das vom Vorsitzenden des Arbeitsgerichts gemäß § 55 Abs. 2 Satz 1 ArbGG. als auch für das von der Kammer des Arbeitsgerichts erlassene Versäumnisurteil, immer aber nur, wie die entsprechenden Vorschriften der Zivilprozeßordnung, für das sogenannte echte Versäumnisurteil, also nicht für das klageabweisende Urteil nach § 331 Abs. 2 Halbsatz 2 ZPO., das ein kontradiktorisches Urteil ist.

Die Möglichkeit, gemäß § 331 a ZPO. statt eines Versäumnisurteils eine Entscheidung nach Lage der Akten zu beantragen (vgl. Anm. 2c zu § 57), wird durch § 59 ArbGG. nicht berührt. § 59 behandelt auch, wie die §§ 230 ff. ZPO., nur den Fall der Säumnis einer Partei, nicht den Fall, daß beide Parteien nicht erscheinen oder verhandeln; er ist in dem für das arbeitsgerichtliche Verfahren gemäß § 46 Abs. 2 Satz 1 ArbGG. entsprechend anwendbaren § 251 a ZPO. behandelt (vgl. ebenfalls Anm. 2c zu § 57).

Die Vorschriften des § 59 gelten im Berufungsverfahren entsprechend, nicht aber im Revisionsverfahren; dort ist vielmehr die Regelung der Zivilprozeßordnung entsprechend anwendbar (vgl. Anm. 15 zu § 72).

2 Nur gegen ein echtes Versäumnisurteil (vgl. Anm. 1 Abs. 3).

3 Die Einspruchsfrist ist eine Notfrist wie bisher im § 40 Abs. 1 Satz 1 GGG. und wie im § 339 ZPO. Das bedeutet für das arbeitsgerichtliche Verfahren im wesentlichen, daß die Frist durch Vereinbarung der Parteien nicht abgekürzt werden kann (ZPO. § 224 Abs. 1) und daß gegen ihre Versäumung im Rahmen des § 233 ZPO. die Wiedereinsetzung in den vorigen Stand gegeben ist.

Wie in § 40 Abs. 1 Satz 1 GGG. beträgt die Einspruchsfrist 3 Tage, während sie im amtsgerichtlichen Verfahren nach § 508 Abs. 2 ZPO. eine Woche beträgt. Die Abkürzung erklärt sich aus dem Beschleunigungsgrundsatz des Arbeitsgerichtsgesetzes.

Bereits für die Regelung des § 40 Abs. 1 Satz 1 GGG. wurde angenommen, daß sie nur für den Normalfall gelte, den § 339 Abs. 2 ZPO. aber, der die Einspruchsfrist bei Zustellung des Versäumnisurteils im Ausland oder durch öffentliche Bekanntmachung regelt, nicht abändere. Dasselbe wird auch für die Vorschrift des § 59 Satz 1 gelten müssen. Erfolgt die Zustellung des Versäumnisurteils im Ausland oder durch öffentliche Bekanntmachung, so bestimmt das Arbeitsgericht die Einspruchsfrist im Urteil; die im § 339 Abs. 2 ZPO. weiter vorgesehene Möglichkeit der Bestimmung der Einspruchsfrist durch besonderen Beschluß — möglicherweise ohne vorherige mündliche Verhandlung — ist dagegen mit Rücksicht auf die Vorschrift des § 59 Satz 3 ArbGG. nicht anwendbar (für ausnahmslose Anwendung des § 339 Abs. 2 ZPO.: Dersch-Volkmar, Anm. 2 zu § 59; Baumbach, Anm. 2 zu § 59; Schmincke-Sell, Anm. 2 zu § 59 und andere Kommentare).

4 Die Ausdrucksweise ist anders als in § 40 Abs. 1 Satz 1 GGG. Sie schließt sich unmittelbar an die der Zivilprozeßordnung an, so daß die Vorschriften des § 340 Abs. 2 ZPO. über den Inhalt der Einspruchsschrift entsprechende Anwendung finden. Danach muß die Einspruchsschrift ergeben, welches Urteil angegriffen wird und daß dagegen Einspruch eingelegt wird; der Gebrauch dieses Ausdrucks ist allerdings nicht erforderlich, wenn nur die Absicht, das Versäumnisurteil zu beseitigen, klar hervorgeht. Die Vorschrift des § 340 Abs. 3 ZPO., daß die Einspruchsschrift zugleich enthalten soll, was zur Vorbereitung der Verhandlung über die Hauptsache erforderlich ist, kann dagegen wegen des grundsätzlichen Fehlens schriftlicher Terminvorbereitung im Verfahren vor dem Arbeitsgericht nicht angewendet werden; selbstverständlich bleibt es aber der Partei unbenommen, derartige Darlegungen zu machen.

5 Die Vorschrift des § 59 Satz 2 ArbGG. ist hier nur aus Gründen der Deutlichkeit, in Anlehnung an § 40 Abs. 1 Satz 2 GGG., eingefügt. Inhaltlich weicht sie von der durch ZPO. § 340 Abs. 1 in Verbindung mit § 496 Abs. 2 Satz 1 für das amtsgerichtliche Verfahren maßgebenden, gemäß § 46 Abs. 2 Satz 1 ArbGG. entsprechend anwendbaren Regelung nicht ab.

Der Einspruch ist eingelegt, wenn die Niederschrift der Geschäftsstelle gefertigt ist oder wenn die Schrift in die Hände des für den Empfang zuständigen Beamten der Geschäftsstelle gelangt ist, also nicht schon mit dem Einwurf der Schrift in den Briefkasten des Arbeitsgerichts (ebenso Dersch-Volkmar, Anm. 2 a. E. zu § 59).

Für die Bestimmung des Termins auf den Einspruch und seine Bekanntmachung gelten die Vorschriften des § 340a Satz 1, 2 ZPO. Dagegen gilt die Vorschrift des § 340a Satz 3, nach der die Partei mit der Einspruchsschrift die erforderliche Zahl von beglaubigten Abschriften einreichen soll, im Verfahren vor dem Arbeitsgericht ebensowenig wie die allgemeine entsprechende Vorschrift des § 496 Abs. 2 Satz 2 (vgl. Anm. 2 Abs. 1 zu § 47; ebenso Dersch-Volkmar, Anm. 4 a. E. zu § 59).

Erscheint die Partei, die den Einspruch eingelegt hat, zu der Verhandlung über den Einspruch wiederum nicht, so gilt der Einspruch nicht, wie nach § 40 Abs. 4 Satz 1 GGG., als zurückgenommen, sondern er wird gemäß ZPO. § 345 durch Versäumnisurteil verworfen. Gegen dieses zweite Versäumnisurteil steht der Partei ein weiterer Einspruch nicht zu, vielmehr ist es nur bei Vorliegen der allgemeinen Voraussetzungen (ArbGG. § 64 Abs. 1) mit der Berufung anfechtbar, aber nur mit der Begründung, daß der Fall der Versäumung nicht vorgelegen habe (ZPO. § 513). Ist dagegen über den Einspruch streitig verhandelt worden und ergeht später wieder ein Versäumnisurteil, so findet dagegen wieder der Einspruch statt.

Die Vorschrift des § 344 ZPO., nach der die durch die Versäumnis veranlaßten Kosten der säumigen Partei grundsätzlich auch dann aufzuerlegen sind, wenn infolge des Einspruchs eine abändernde Entscheidung erlassen wird, hat im Verfahren vor dem Arbeitsgericht keine praktische Bedeutung, da in ihm nach § 12 Abs. 1 ArbGG. nur eine einmalige Gebühr — ohne Schreibgebühren — erhoben wird und erstattungsfähige Auslagen nach der Regelung des § 61 Abs. 2 ArbGG. nicht entstanden sein dürften; dagegen kommt auch hier die Vorschrift des § 39 GKG in Betracht.

6 Die Vorschrift des dritten Satzes bezieht sich auf die beiden vorangehenden Sätze, wie sich schon aus dem Vergleich mit § 9 Abs. 4 ArbGG. ergibt (vgl. Anm. 12 zu § 9).

7 Die Soll-Vorschrift des § 9 Abs. 4 ArbGG. ist beim Versäumnisurteil, mit Rücksicht auf die sehr kurze Einspruchsfrist, entsprechend der bisherigen Vorschrift des § 40 Abs. 2 zu einer Muß-Vorschrift verstärkt. Die Einspruchsfrist des ersten Satzes wird also nur in Lauf gesetzt, wenn der schriftliche Hinweis mit der Zustellung erfolgt ist, die gemäß § 50 ArbGG. von Amts wegen bewirkt wird (ebenso Dersch-Volkmar, Anm. 4 Abs. 1 zu § 59; Schmincke-Sell, Anm. 4 zu § 59; a. A. Baumbach, Anm. 4 zu § 59). Der Hinweis braucht nicht im Urteil selbst zu stehen, doch kann er das; zweckmäßig wird dieselbe Form gewählt werden, wie sie gemäß § 9 Abs. 4 ArbGG. allgemein eingehalten wird.

Ist der Hinweis bei der Zustellung versäumt, so muß das Urteil nochmals von Amts wegen mit dem Hinweis gemäß § 59 Satz 3 zugestellt werden. Diese zweite Zustellung ist ohne weiteres zulässig, ohne daß es der unmittelbaren oder entsprechenden Anwendung des § 319 ZPO. — über die Berichtigung eines Urteils — bedarf (a. A. Dersch-Volkmar, Anm. 4 zu § 59; Schmincke-Sell, Anm. 4 zu § 59), weil der Hinweis an sich nicht zum Urteil gehört.

§ 60

Verkündung des Urteils[1]

(1) Zur Verkündung des Urteils kann ein besonderer Termin nur bestimmt werden, wenn die sofortige Verkündung in dem Termin, auf Grund dessen es erlassen wird, aus besonderen Gründen nicht möglich ist[2]. Der Verkündungstermin darf nicht über drei Tage hinaus angesetzt werden[3]. Dies gilt auch dann, wenn ein Urteil nach Lage der Akten erlassen wird[4].

(2) Bei der Verkündung des Urteils[5] ist, sofern nicht beide Parteien abwesend sind, der wesentliche Inhalt der Entscheidungsgründe mitzuteilen[6].

(3) Die Wirksamkeit der Verkündung ist von der Anwesenheit der Beisitzer nicht abhängig[7]. Wird ein von der Kammer gefälltes Urteil

ohne Zuziehung der Beisitzer verkündet, so ist die Urteilsformel vorher von dem Vorsitzenden und den Beisitzern zu unterschreiben[8].

(4) Das Urteil nebst Tatbestand und Entscheidungsgründen ist vom Vorsitzenden zu unterschreiben[9]. War es bei der Verkündung noch nicht vollständig schriftlich niedergelegt, so soll es binnen drei Tagen nach der Verkündung in vollständiger Abfassung der Geschäftsstelle übergeben werden[10].

1 Im GGG. wurde das Urteil in den §§ 48—52 behandelt, die gemäß § 16 Abs. 1 KGG. auch für das kaufmannsgerichtliche Verfahren gelten. Das Arbeitsgerichtsgesetz regelt das Urteil im Anschluß an die Vorschriften der Zivilprozeßordnung, aber mit einer Reihe bedeutsamer Abänderungen, teilweise in Anlehnung an die Vorschriften des GGG. Danach sind gemäß § 46 Abs. 2 Satz 1 ArbGG. die Vorschriften des 2. Titels des Ersten Abschnitts des Zweiten Buchs der Zivilprozeßordnung (§§ 300—329) im Verfahren vor dem Arbeitsgericht entsprechend anzuwenden, soweit sich nicht aus den §§ 60, 61 ArbGG. eine andere Regelung ergibt.

§ 60 ArbGG. gibt die besonderen Vorschriften für die Momente, mit denen das Urteil des Arbeitsgerichts nach außen in die Erscheinung tritt, während § 61 die besonderen Vorschriften für seinen Inhalt enthält. Nach außen tritt das Urteil durch die Verkündung in Erscheinung, die zwingend vorgeschrieben ist (ZPO. §§ 310—312). Vor der Verkündung ist es lediglich eine innere Angelegenheit des Gerichts, die keine Wirkung nach außen hat, nach ihr ist es existent; das Arbeitsgericht ist seinerseits an das verkündete Urteil gebunden, wenn auch im Rahmen der §§ 319—321 ZPO. noch offenbare Unrichtigkeiten, insbesondere im Urteilstatbestand, berichtigt und fehlende Entscheidungen ergänzt werden können.

Von der Verkündung ist die Fällung des Urteils zu unterscheiden. Sie ist der innere, auf der Beratung des Gerichts beruhende Vorgang; sie hat nach den §§ 300ff. ZPO. zu erfolgen, sobald die Entscheidungsreife vorliegt, gegebenenfalls auch zum Erlaß eines Teil- oder Zwischenurteils oder eines Vorbehaltsurteils. Das Arbeitsgericht hat also, wie jedes ordentliche Gericht, stets zu prüfen, ob und inwieweit der Rechtsstreit zur Entscheidung reif ist (ZPO. § 300); einer besonderen Beschleunigungsvorschrift im Arbeitsgerichtsgesetz bedurfte es dazu nicht. Ob zunächst ein Urteil erlassen werden soll, das den Rechtsstreit nur teilweise abschließt (ZPO. § 300 Abs. 2, §§ 301—304), ist mit besonderer Sorgfalt nach den Bedürfnissen des Arbeitslebens für den einzelnen Fall zu prüfen; wegen der Vorabentscheidung über den Grund eines Anspruchs vgl. die den § 304 Abs. 2 ZPO. abändernde Vorschrift des § 61 Abs. 5 ArbGG.

Das Urteil wird — wegen des Grundsatzes der Mündlichkeit (ZPO. § 128) — auf der Grundlage der letzten mündlichen Verhandlung gefällt (vgl. ZPO. § 309). Eine Ausnahme bildet nur das Urteil nach Lage der Akten (ZPO. § 251a), in dem auch nach der mündlichen Verhandlung zu den Akten gelangte schriftliche Äußerungen berücksichtigt werden können (wegen seiner Bedeutung im Verfahren vor dem Arbeitsgericht vgl. Anm. 2c zu § 57). Es können deshalb — mit Ausnahme des Urteils nach Lage der Akten — nur die Richter das Urteil fällen, die an der letzten mündlichen Verhandlung teilgenommen haben (ZPO. § 309).

Abs. 2 und Abs. 4 des § 60 gelten auch für die Verkündung des vom Vorsitzenden allein gemäß § 55 Abs. 2 ArbGG. erlassenen Urteils, Abs. 1 und Abs. 3 kommen dafür nicht in Betracht.

Die Vorschriften des § 60 ArbGG. gelten, mit Ausnahme des Abs. 4 Satz 1, der dort durch § 69 Abs. 1 ersetzt ist, gemäß § 64 Abs. 3 auch im Berufungsverfahren entsprechend, dagegen nicht im Revisionsverfahren, für das § 75 eine selbständige Regelung gibt.

2 Die Regel bildet im Verfahren vor dem Arbeitsgericht, wie nach § 48 Abs. 1 GVG., abweichend von § 310 ZPO., die Verkündung des Urteils in dem Termin, auf Grund dessen mündlicher Verhandlung es erlassen wird. Damit ist nicht vorgeschrieben, daß das Urteil im unmittelbaren Anschluß an die Verhandlung verkündet werden muß. Es ist vielmehr zulässig, die Verhandlung mehrerer Rechtsstreitigkeiten des Termintages vorzunehmen, alsdann die verhandelten Sachen zu beraten und die Urteile bzw. sonstigen Entscheidungen, etwa am Schluß des Termins, zu verkünden, wie das vielfach in der allgemeinen Zivilgerichtsbarkeit geschieht; doch ist dies Verfahren für den Arbeitsrechtsstreit im allgemeinen nicht zu empfehlen, weil die Parteien erfahrungsgemäß die Urteilsverkündung im Anschluß an die Verhandlung erwarten, sie anhören und alles noch Notwendige (Kostenbegleichung usw.) im Anschluß daran erledigen wollen, so daß es die schleunige Abwicklung des Prozeßgeschäfts für die Parteien behindern würde.

Die Fassung der Vorschrift des § 60 Abs. 1 Satz 1 zeigt deutlich, daß die Bestimmung eines Verkündungstermins **n u r** im Falle des Vorliegens der in dem Nebensatz angegebenen Voraussetzung zulässig ist. Die Vorschrift ist eine Muß-Vorschrift, stellt also, mit Rücksicht auf den Beschleunigungsgrundsatz des Arbeitsgerichtsgesetzes, die stärkste Form der gesetzlichen Anordnung dar. Das Gericht hat sich daher, bei Vermeidung eines Einschreitens im Dienstaufsichtswege, unbedingt an die Vorschrift zu halten. Dagegen kann die Unwirksamkeit des in Verletzung der Vorschrift verkündeten Urteils oder auch nur die Möglichkeit der Begründung der Revision mit dieser Verletzung, wie bei anderen Muß-Vorschriften, nach ihrem alleinigen Zweck, das Verfahren zu beschleunigen, nicht angenommen werden (ebenso Dersch-Volkmar, Anm. 1 a. E. zu § 60; Baumbach, Anm. 2 B zu § 60).

Für die Abweichung von dem Grundsatz der Verkündung im Termin der mündlichen Verhandlung müssen **b e s o n d e r e** Gründe vorliegen. Mit Rücksicht auf das im vorigen Absatz Gesagte sind diese Gründe vom Gericht in dem Beschluß, der den besonderen Verkündungstermin bestimmt, mitzuteilen, da sonst die Einhaltung der Vorschrift des § 60 Abs. 1 Satz 1 nicht dargetan werden kann.

Die besonderen Gründe für die Anberaumung eines Verkündungstermins können — beim Urteil nach Lage der Akten — in der gesetzlichen Vorschrift liegen (ZPO. § 251a Abs. 1 Satz 2, abgeändert durch § 60 Abs. 1 Satz 3, 2 ArbGG.; vgl. Anm. 2c zu § 57; Anm. 4 hier) oder z. B. darin, daß ausnahmsweise eine so eingehende Beratung, möglicherweise nach Herbeiziehung von Schrifttum, stattfinden muß, daß die Verkündung im Termin nicht mehr möglich ist. Das Gericht soll aber stets prüfen, ob es nicht im Interesse der Erledigung des Rechtsstreits angemessener ist, auch in diesem Fall die Verkündung bei erheblicher Verlängerung des Termins noch in diesem vorzunehmen; auch ein Benehmen mit den Parteien über diese Frage als Grundlage der Prüfung wird sich oft empfehlen.

Dagegen wird der von Dersch-Volkmar (Anm. 1 zu § 60) angegebene, aus der Anwendung des § 272a ZPO. fließende Grund für die Bestimmung eines Verkündungstermins nicht in Betracht kommen. Denn die Vorschrift des § 272a ZPO. widerspricht dem ganz auf Mündlichkeit und auf Vorbereitung durch die Güteverhandlung an Stelle von Schriftsätzen aufgebauten Verfahren vor dem Arbeitsgericht so sehr, daß seine entsprechende Anwendbarkeit gemäß § 46 Abs. 2 Satz 1 nicht angenommen werden kann (unbestimmt Schmincke-Sell, Anm. 2 zu § 60).

Ob nach dem Gesagten die sofortige Verkündung möglich ist, ist schließlich Sache der Prüfung durch das Arbeitsgericht nach seinem pflichtmäßigen Ermessen (vgl. aber Abs. 3 dieser Anm.).

Beim Erlaß des Urteils durch den Vorsitzenden allein gemäß § 55 Abs. 2 ArbGG. ist die Ansetzung eines Verkündungstermins nicht zulässig, da die Regelung des § 55 Abs. 2 darauf beruht, daß das Urteil im unmittelbaren Anschluß an die Güteverhandlung ergehen kann. Ist das nicht möglich, so muß der Vorsitzende die streitige Verhandlung der Kammer überlassen.

3 Entsprechend der bisherigen Vorschrift des § 48 Abs. 1 Satz 2 GGG. ist hier der § 310 ZPO. abgeändert worden, der die Ansetzung des Verkündungstermins bis zu einer Woche hinaus zuläßt. Dagegen findet die weitere Vorschrift des § 310 ZPO., daß der Verkündungstermin sofort, im Termin der letzten mündlichen Verhandlung, angesetzt werden muß, Anwendung.

Auch die Vorschrift des § 60 Abs. 1 Satz 2 ist eine Muß-Vorschrift, ihre Innehaltung für das Gericht also zwingend. Die weitere Hinausschiebung des Verkündungstermins ist unbedingt verboten. Die Auffassung von Baumbach (Anm. 3 zu § 60), daß diese Hinausschiebung gar nicht immer zu vermeiden ist, ist abzulehnen (vgl. Anm. 15 zu § 58). Gleichwohl dürfte die etwaige Verletzung der Vorschrift, aus denselben Gründen wie die des Abs. 1 Satz 1 (vgl. Anm. 2 Abs. 2), keine prozessualen Folgen haben, sondern nur ein dienstaufsichtliches Einschreiten herbeizuführen geeignet sein.

4 Die Vorschrift des § 60 Abs. 1 Satz 3 ArbGG. ändert § 251a Abs. 1 Satz 2 ZPO. ab, der bestimmt, daß der Verkündungstermin für ein Urteil nach Lage der Akten auf mindestens eine Woche hinaus anzusetzen ist. Ein solches Verfahren würde, wenn es im Verfahren vor dem Arbeitsgericht überhaupt zu einem Urteil nach Lage der Akten kommt (vgl. Anm. 2c zu § 57), zu einer hier meist unerträglichen Verzögerung der Prozeßerledigung führen. Das wird durch § 60 Abs. 1 Satz 3 ArbGG. vermieden. Auch hier ist die Auffassung Baumbachs (Anm. 4 zu § 60), daß von dieser Muß-Vorschrift mitunter abgewichen werden kann und soll, um den säumigen Parteien ausreichende Gelegenheit zur Äußerung gemäß § 251a Abs. 1 Satz 3, 4 ZPO. zu geben, als dem Sinn des Arbeitsgerichtsgesetzes widersprechend abzulehnen. Die Möglichkeit zur Äußerung (telegraphisch, schriftlich, mündlich) besteht für die äußerungswillige Partei auch bei strikter Durchführung der Vorschrift, zumal sie nach ihrer Haltung im Prozeß auf ein derartiges Verfahren gefaßt sein muß; auf Nachlässigkeit der Partei oder gar auf eine Verschleppungsabsicht darf aber das Gesetz keine Rücksicht nehmen.

5 Die eigentliche Verkündung des Urteils besteht gemäß § 311 Abs. 1 ZPO. grundsätzlich in der Verlesung der bereits schriftlich gefaßten Urteilsformel, bei Versäumnis- und Anerkenntnisurteilen, bei Urteilen auf Klagezurücknahme und

bei Läuterungsurteilen in der Bekanntgabe der Urteilsformel, auch wenn diese noch nicht schriftlich abgefaßt ist. Der Sinn der Ausnahme ist, die Parteien nicht erst auf die schriftliche Abfassung warten zu lassen, wenn der Inhalt der Urteilsformel nicht zweifelhaft sein kann. Die Vorschrift des § 311 Abs. 1 ZPO. ist auch zu beachten, wenn der Vorsitzende das Urteil gemäß § 55 Abs. 2 ArbGG. allein erläßt.

Ein nicht rechtmäßig verkündetes Urteil hat keine Urteilswirkung.

6 Sofern auch nur eine Partei bei der Verkündung anwesend ist, hat das Arbeitsgericht bei der Verkündung auch die Begründung des Urteils im wesentlichen mitzuteilen. Diese Vorschrift weicht von der des § 311 Abs. 2 ZPO. insofern ab, als dieser es dem Ermessen des Gerichts überläßt, ob auch die Entscheidungsgründe oder ihr wesentlicher Inhalt verkündet werden sollen. Sie soll es den anwesenden Parteien ermöglichen, das Urteil sofort in seiner ganzen Bedeutung kennen zu lernen und ihnen das Abwarten der schriftlichen Begründung ersparen; sie ist einerseits darauf berechnet, den Frieden zwischen den Streitparteien so schnell wie möglich wiederherzustellen, andererseits soll sie ihnen aber bei Zulässigkeit eines Rechtsmittels mit Rücksicht auf die kurze Frist des Arbeitsgerichtsgesetzes für seine Einlegung so schnell wie möglich Gelegenheit zur Überlegung über die Einlegung, gegebenenfalls ihre Begründung, geben. Sie ist ferner ein Ausfluß des gesteigerten Grundsatzes der Mündlichkeit auch in dieser Phase des Prozesses und dürfte zu einem stärkeren Interesse der Parteien an der mündlichen Verhandlung führen, die im prozeßpolitischen Interesse nur wünschenswert ist.

Aus der Fassung der Vorschrift — Muß-Vorschrift — ist zu schließen, daß die Verkündung bei Anwesenheit auch nur einer Partei nur dann rechtsgültig erfolgt ist, wenn außer der Bekanntgabe der Urteilsformel auch die Mitteilung des wesentlichen Inhalts der Gründe erfolgt ist. Ist das nicht geschehen, so hat eine Verkündung noch nicht stattgefunden, von dem Urteil kann also nicht Gebrauch gemacht werden, insbesondere können auch gemäß § 317 Abs. 2 Ausfertigungen usw. nicht erteilt werden (a. A. Baumbach, Anm. 5 zu § 60). Die Verkündung muß also in vorschriftsmäßiger Form wiederholt werden. Doch ist der Mangel, abweichend von dem Mangel der Verkündung der Urteilsformel selbst, gemäß § 295 ZPO. heilbar, weil die durch das Fehlen der mündlichen Mitteilung der Gründe beschwerten Parteien auf die Rüge verzichten können. Die Heilung des Mangels steht einem Einschreiten im Dienstaufsichtswege nicht entgegen (a. A. Baumbach, Anm. 5 zu § 60).

Was als „wesentlicher Inhalt der Entscheidungsgründe" mitzuteilen ist, entscheidet das Arbeitsgericht — die Kammer (vgl. aber Abs. 5 dieser Anm.) — nach pflichtmäßigem Ermessen. Nähere Vorschriften sind hierfür im Gesetz nicht gegeben, weil die Entscheidung von der Lage des Einzelfalls abhängt. Das Gericht braucht mündlich nicht auf alle Einzelheiten einzugehen, die die bereits vorliegenden oder noch zu fertigenden schriftlichen Entscheidungsgründe enthalten. Es muß aber aus dem Mitgeteilten in großen Zügen ersichtlich sein, wie das Gericht zu seinem Urteil gekommen ist. Dies gilt auch für die Urteile, in denen die Begründung zwangläufig gegeben ist, also für Versäumnis-, Anerkenntnis-, Klagerücknahme-, Klageverzichts- und Läuterungsurteile, wenn es hier auch nur eines ganz kurzen Hinweises bedarf. Dieser ist aber schon mit Rücksicht darauf erforderlich, daß es das Arbeitsgericht häufig mit rechts- und verfahrensunkundigen Parteien zu tun hat, auch wenn es der schriftlichen Fassung — bei Versäumnis- und Anerkenntnisurteilen (§ 313 Abs. 3 Satz 3 ZPO. —) nicht bedarf. Eine Abweichung der mündlichen Mitteilung von den schriftlichen Entscheidungsgründen ist deshalb zwar im Ausmaß des Eingehens auf die rechtliche Würdigung des Tatbestands, niemals aber in den leitenden Gedanken der Begründung zulässig. Beim Vorkommen einer solchen Abweichung wäre das Urteil mangels Mitteilung der wesentlichen Gründe nicht rechtmäßig verkündet (vgl. Abs. 2 dieser Anm.). Es ist deshalb erforderlich, daß die Kammer im ganzen sich bei der Urteilsfällung über die Begründung klar wird und diese nicht lediglich dem Vorsitzenden überläßt, der für ihre schriftliche Abfassung die Verantwortung trägt (§ 60 Abs. 4 Satz 1). Ein solches Verfahren entspricht aber auch allein einer wirklichen Mitwirkung der Beisitzer aus den Kreisen des Arbeitslebens, andernfalls muß die wesentlich auf dieser Mitwirkung beruhende Vertrauenswirkung des arbeitsgerichtlichen Verfahrens versagen.

Die Mitteilung des wesentlichen Inhalts der Entscheidungsgründe erfolgt ebenso wie die Verkündung der Urteilsformel durch den Vorsitzenden. Er ist aber nach dem Gesagten in jeder Hinsicht nur der Verkünder der Auffassung des Gerichts, die durch Mehrheitsbeschluß (ArbGG. § 9 Abs. 1 in Verbindung mit GVG. § 196) zustande kommt.

Die Vorschrift des § 60 Abs. 2 ArbGG. gilt auch für die Fälle, in denen der Vorsitzende gemäß § 55 Abs. 2 ArbGG. das Urteil allein erläßt. In diesen Fällen bildet er allein das Arbeitsgericht, er hat das Urteil zu fällen und zu begründen und seine Gründe im wesentlichen mitzuteilen.

7 Daß die Parteien bei der Verkündung nicht anwesend zu sein brauchen, worauf auch § 60 Abs. 2 Bezug nimmt, ergibt sich schon aus § 312 Abs. 1 ZPO., der gemäß § 46 Abs. 2 Satz 1 ArbGG. entsprechend anwendbar ist. Im § 48 Abs. 2 GGG. war das noch besonders hervorgehoben.

Die ebenfalls aus § 48 Abs. 2 GGG. übernommene Vorschrift, daß auch die Beisitzer bei der Verkündung nicht anwesend zu sein brauchen, ist von erheblicher Bedeutung. Gemeint sind die Beisitzer, die an der Urteilsfällung mitgewirkt haben. Sie könnten, falls ein besonderer Verkündungstermin anberaumt ist, bei der Verkündung wegen des grundsätzlich sitzungsmäßigen Beisitzerwechsels (ArbGG. § 31) im allgemeinen nur zugegen sein, wenn sie hierzu besonders zugezogen würden. Diese unnütze (vgl. Anm. 8) Belastung soll durch die Vorschrift vermieden werden (vgl. Begr. S. 41).

Aus der Vorschrift, in Verbindung mit § 136 Abs. 4 ZPO. und mit § 60 Abs. 2 ArbGG., ist weiter zu entnehmen, daß die Verkündung durch den bei der Urteilsfällung beteiligten Vorsitzenden erfolgen muß. Andernfalls würde die Verkündung zu einer leeren Formalität werden und eine Mitteilung der wesentlichen Entscheidungsgründe, wenigstens sofern sie nicht bereits schriftlich vorliegen, unmöglich sein (a. A. Baumbach, Anm. 2 zu § 60).

8 Gemeint sind wiederum die Beisitzer, die bei der Urteilsfällung mitgewirkt haben. Die Unterschrift der Beisitzer soll nach außen die Gewähr dafür geben, daß die verkündete Urteilsformel mit der von der Kammer gefaßten Entschließung übereinstimmt. Eine solche auch nach außen wirkende Klarstellung ist um so wünschenswerter, als das Urteil nebst Tatbestand und Entscheidungsgründen gemäß

§ 60 Abs. 4 Satz 1 nur vom Vorsitzenden unterschrieben wird. Sind die an der Urteilsfällung beteiligten Beisitzer auch bei der Verkündung zugegen, so liegt die Gewähr in ihrer Anwesenheit.

Die Vorschrift sichert zugleich die notwendige gemeinsame Fassung der Urteilsformel.

Sie ist eine Muß-Vorschrift. Die Verkündung einer Urteilsformel ohne Unterschrift der Beisitzer in deren Abwesenheit wäre keine rechtmäßige Verkündung. Es müßte also die Verkündung nachgeholt werden. Rügeverzicht der Parteien gemäß § 295 ZPO. ist gegenüber diesem Mangel nicht möglich, weil auf die Befolgung der im öffentlichen Interesse gegebenen Vorschrift nicht verzichtet werden kann.

9 Die Vorschrift des § 60 Abs. 4 Satz 1 ersetzt die im allgemeinen Zivilprozeß geltende des § 315 Abs. 1 ZPO. vollständig. Das vollständige Urteil — nebst Tatbestand und Entscheidungsgründen — ist demnach, zum Unterschied von der Urteilsformel, nur von dem an der Urteilsfällung beteiligten Vorsitzenden zu unterschreiben. Von diesem muß es aber unterschrieben werden, eine Ersatzunterschrift, wie nach § 315 Abs. 1 Satz 2 ZPO., ist hier nicht zugelassen. Solange das vollständige Urteil nicht von dem Vorsitzenden unterschrieben ist, liegt ein vollgültiges Urteil nicht vor, Ausfertigungen davon können nicht erteilt, die Zustellung kann nicht bewirkt werden (ZPO. § 317 Abs. 2 Satz 1). Ist es als Urteil verkündet, so kann aber dagegen bei Vorliegen der Voraussetzungen (ArbGG. § 64 Abs. 1) Berufung eingelegt werden, weil die Einlegung der Berufung von der Zustellung des Urteils nicht abhängt (ZPO. § 518 Abs. 3).

Die Unterschrift der Beisitzer unter dem vollständigen Urteil ist, im Gegensatz zu § 315 Abs. 1 Satz 1 ZPO. und zu der Regelung des Arbeitsgerichtsgesetzes für das Verfahren vor dem Landesarbeitsgericht (§ 69 Abs. 1 ArbGG.), nicht vorgesehen, um zwecks Ermöglichung einer schleunigen Zustellung die durch das Herumschicken des Urteils bei den Beisitzern zur Unterschrift notwendig entstehende Verzögerung zu vermeiden; da die Beisitzer grundsätzlch in jeder Sitzung wechseln (ArbGG. § 31), könnte sonst eine sofortige Unterzeichnung an Gerichtsstelle nur herbeigeführt werden, wenn das Urteil nebst Tatbestand und Entscheidungsgründen noch in der Sitzung abgefaßt würde, was in den meisten Fällen nicht angängig sein wird. Auf die Unterschrift der Beisitzer kann hier um so eher verzichtet werden, als sie entweder bei der Verkündung anwesend sind oder die Urteilsformel unterschreiben (§ 60 Abs. 3, vgl. Anm. 8) und sie die leitenden Grundsätze der Begründung mit dem Vorsitzenden in der Beratung festlegen (vgl. Anm. 6 Abs. 3; wegen der anderen Regelung im Berufungsverfahren vgl. Anm. 2, 3 zu § 69).

Die Fassung des § 60 Abs. 4 Satz 1 besagt ferner in Verbindung mit § 313 ZPO., der gemäß § 46 Abs. 2 Satz 1 entsprechend anwendbar ist, daß das Urteil neben der Urteilsformel Tatbestand und Entscheidungsgründe enthalten muß, sofern es nicht als Versäumnis- oder Anerkenntnisurteil nach dem Antrag des Klägers in abgekürzter Form abgefaßt werden darf. Hierin liegt eine Abweichung von der bisherigen Vorschrift des § 49 Nr. 3 GGG., nach dem aus dem Urteil nur „das Sach- und Streitverhältnis in gedrängter Darstellung nebst den wesentlichen Entscheidungsgründen ersichtlich" sein mußte, eine Abhebung des Tatbestandes von den Entscheidungsgründen also nicht erforderlich war. Die Änderung ist zum Zwecke einer klareren Fassung der Urteile und der einfacheren Nachprüfung des Urteils im Berufungsverfahren getroffen. Das arbeitsgerichtliche Urteil stellt sich danach in seiner äußeren Form wie ein erstinstanzliches Urteil der allgemeinen Gerichtsbarkeit dar.

10 § 60 Abs. 4 Satz 2 ersetzt nach seiner Fassung den ganzen zweiten Absatz des § 315 ZPO. für das Verfahren vor dem Arbeitsgericht. Die durch die Novelle von 1924 eingefügte Ausnahmevorschrift des § 315 Abs. 2 Satz 2, 3 ZPO., nach der Tatbestand und Entscheidungsgründe notfalls später angefertigt und nachgereicht werden können, gilt also hier nicht. Diese Vorschrift stände mit dem in der Verkürzung der Übergabefrist auf 3 Tage zum Ausdruck gebrachten Beschleunigungsgrundsatz des Arbeitsgerichtsgesetzes nicht im Einklang (ebenso Dersch-Volkmar, Anm. 6 Abs. 3 zu § 60; Schmincke-Sell, Anm. 7 zu § 60; Held-Lieb-Gift, Anm. 7 zu § 60).

Daß das Urteil schon bei der Verkündung vollständig schriftlich niedergelegt ist, wird in den Regelfällen, in denen es im unmittelbaren Anschluß an die mündliche Verhandlung ergeht, selten vorkommen. Dagegen erscheint es sehr wünschenswert, das Urteil vollständig vor der Verkündung abzufassen, wenn ein besonderer Verkündungstermin angesetzt ist, damit aus der Abfassung des Urteils nicht eine erneute Verzögerung des Verfahrens neben der durch die Ansetzung des Verkündungstermins bedingten entsteht. Das wird auch meist möglich und schon wegen der Schwierigkeit des Falles, die zur Ansetzung des Verkündungstermins geführt hat, zweckmäßig sein.

Die dem Vorsitzenden nach der Verkündung zur Abfassung des vollständigen Urteils zur Verfügung stehende Zeit beträgt 3 Tage, während sie im allgemeinen Zivilprozeßverfahren, abgesehen von der in Abs. 1 dieser Anm. erwähnten Ausnahme, eine Woche beträgt. Die Verkürzung der Frist erklärt sich ebenfalls aus dem Beschleunigungsgrundsatz. Sie war besonders notwendig, um den Rechtsstreit, der stets eine Beeinträchtigung des ruhigen Ablaufs des Arbeitslebens mit sich bringt, so schnell wie möglich zu erledigen oder wenigstens seinen Ablauf, falls er in den Berufungsrechtszug geht, zu beschleunigen. Die Vorschrift ist als Soll-Vorschrift gefaßt, um prozessuale Schwierigkeiten zu vermeiden, falls sie in einem Ausnahmefall nicht eingehalten wird. Ihre Einhaltung ist aber für das Arbeitsgericht bindend; Verletzung der Vorschrift gibt Anlaß zu dienstaufsichtlichem Einschreiten. Auf die genaue Beachtung der Vorschrift muß mit allem Nachdruck im Interesse eines reibungslosen Ablaufs der Arbeitsrechtsprechung geachtet werden.

Nach Eingang des vollständigen Urteils bei der Geschäftsstelle ist es den Parteien von dieser unverzüglich von Amts wegen zuzustellen (§ 50 ArbGG.; vgl. Anm. 3 zu § 50). Die zuzustellende Ausfertigung enthält, falls die Parteien nichts anderes beantragen, Tatbestand und Entscheidungsgründe nicht (ZPO. § 317 Abs. 2 Satz 2; vgl. Anm. 4 Abs. 1 zu § 50). Gleichwohl kann sie nach § 317 Abs. 2 Satz 1 erst gefertigt werden, wenn das Urteil verkündet ist und der Geschäftsstelle in vollständiger Abfassung, vom Vorsitzenden unterschrieben, vorliegt. Kommt die Sprungrevision gemäß § 76 ArbGG. in Betracht, so werden die Parteien aus Zweckmäßigkeitsgründen gut tun, Zustellung des Urteils in vollständiger Abfassung zu beantragen. (vgl. aber Anm. 3 Abs. 2 zu § 76). Überhaupt wird ein derartiger Antrag im Zweifelsfalle zweckmäßig sein, um die Parteien schon durch die Urteilszustellung über den Inhalt des Tatbestands und der Entscheidungsgründe zu unterrichten, sofern nicht ein besonderes Interesse an schnellerer Zustellung — z. B. wegen der Vollstreckung — besteht. Kosten entstehen den Parteien aus der Fertigung der vollständigen Ausfertigung nach § 12 Abs. 1 Satz 3 nicht. Auf der zur Zustellung bestimmten Ausfertigung ist gemäß § 9 Abs. 4 ArbGG. in jedem Fall die Rechtsmittelbelehrung zu vermerken (vgl. Anm. 12 zu § 9).

§ 61

Inhalt des Urteils[1]

(1) **Der Betrag der Kosten[2] ist, soweit er sofort ermittelt werden kann[3], im Urteil festzustellen[4]; die Entscheidung ist endgültig, soweit nicht die ihr zugrunde liegende Entscheidung über die Kosten des Rechtsstreits abgeändert wird[5]. Ein Anspruch der obsiegenden Partei auf Entschädigung wegen Zeitversäumnis und auf Erstattung der Kosten für die Zuziehung eines Prozeßbevollmächtigten oder Beistandes besteht nicht[6].**

(2) **Den Wert des Streitgegenstandes setzt das Arbeitsgericht im Urteil fest[7].**

(3) **Findet nach dem Werte des Streitgegenstandes[8] die Berufung nicht statt, so kann sie das Arbeitsgericht im Urteil zulassen[10], wenn der Rechtsstreit grundsätzliche Bedeutung hat[9] [11]. Das Arbeitsgericht soll die Berufung wegen der grundsätzlichen Bedeutung des Rechtsstreits zulassen, wenn es in der Auslegung einer Rechtsvorschrift von einem ihm im Verfahren vorgelegten Urteil abweicht, das für oder gegen eine Partei des Rechtsstreits ergangen ist, oder wenn über die Auslegung eines Tarifvertrags entschieden wird, den eine Partei des Rechtsstreits abgeschlossen hat und dessen Geltungsbereich sich über den Bezirk des Arbeitsgerichts hinaus erstreckt[11].**

(4) **Spricht das Urteil die Verpflichtung zur Vornahme einer Handlung[12] aus, so ist[13] der Beklagte auf Antrag des Klägers[14] zugleich für den Fall, daß die Handlung nicht binnen einer bestimmten Frist vorgenommen ist[15], zur Zahlung einer vom Arbeitsgerichte nach freiem Ermessen festzusetzenden[16] Entschädigung zu verurteilen[17]. Die Zwangsvollstreckung nach §§ 887, 888 der Zivilprozeßordnung ist ausgeschlossen[18].**

(5) **Ein über den Grund des Anspruchs vorab entscheidendes Zwischenurteil ist wegen der Rechtsmittel nicht als Endurteil anzusehen[19].**

1 Für das gewerbegerichtliche und für das kaufmannsgerichtliche Verfahren war der Inhalt des Urteils im engeren Sinne im § 49 GGG., im weiteren Sinne

in den §§ 49—52 GGG. abschließend geregelt. Nach der Regelung des arbeitsgerichtlichen Verfahrens gelten gemäß § 46 Abs. 2 Satz 1 ArbGG. grundsätzlich die Vorschriften der Zivilprozeßordnung (insbesondere ZPO. § 313), soweit sie nicht durch Vorschriften des Arbeitsgerichtsgesetzes abgeändert sind oder ihre Anwendung im Zusammenhang mit der Regelung des Arbeitsgerichtsgesetzes nicht möglich ist. § 61 ArbGG. gibt deshalb im wesentlichen nur eine zusätzliche Regelung über den Inhalt des Urteils, die die besondere Gestaltung des Urteils des Arbeitsgerichts behandelt. Sie enthält insbesondere die bedeutsamen neuartigen Vorschriften, nach denen die Berufungsfähigkeit des Urteils, abweichend von der Regelung der Zivilprozeßordnung, von dem Arbeitsgericht als dem unteren Gericht bindend für das Landesarbeitsgericht als das höhere Gericht festgelegt wird und nach denen nicht mehr lediglich der Streitwert für die Berufungsfähigkeit maßgebend ist (§ 61 Abs. 2, 3), daneben Vorschriften, die der Beschleunigung und Vereinfachung des arbeitsgerichtlichen Verfahrens im allgemeinen dienen und die im wesentlichen aus der Regelung des Gewerbegerichtsgesetzes übernommen sind (§ 61 Abs. 1, 4, 5).

§ 61 Abs. 1—4 gilt auch für die Urteile, die der Vorsitzende des Arbeitsgerichts gemäß § 55 Abs. 2 ArbGG. allein erläßt. § 61 Abs. 5 kann im Verfahren vor dem Vorsitzenden allein gemäß § 55 Abs. 2 keine Rolle spielen, weil er nur Platz greift, wenn die Gesamtentscheidung in der sich unmittelbar an die Güteverhandlung anschließenden Verhandlung erfolgen kann.

Die Absätze 4 und 5 des § 61 gelten auch für das Berufungs- und für das Revisionsverfahren entsprechend. Die Vorschriften des Abs. 1 sind dort nicht anwendbar, weil die Kostenberechnung nach anderen Gesichtspunkten erfolgt (§ 12 Abs. 6; vgl. Anm. 15 Abs. 2 zu § 12). Die den Absätzen 2 und 3 zugrunde liegenden Gedanken sind für das Berufungsverfahren im § 69 Abs. 2, 3 besonders zum Ausdruck gebracht, im Revisionsverfahren kommt ihre Anwendung nicht mehr in Betracht.

2 Daß das Arbeitsgericht auch ohne Antrag über die Verpflichtung zur Tragung der Prozeßkosten zu entscheiden hat, ergibt sich aus dem gemäß § 46 Abs. 2 Satz 1 im arbeitsgerichtlichen Verfahren geltenden § 308 Abs. 2 ZPO. Die Verpflichtung bestimmt sich nach den §§ 91—102 ZPO., soweit diese im arbeitsgerichtlichen Verfahren, insbesondere mit Rücksicht auf § 61 Abs. 1 Satz 2 ArbGG., anwendbar sind. Es handelt sich hier um den als Geldsumme ausgedrückten Betrag der Kosten, und zwar sowohl der gerichtlichen wie der außergerichtlichen Kosten, soweit diese erstattungsfähig sind. Es sind also in den nach § 61 Abs. 1 Satz 1 festzustellenden Betrag einzurechnen: 1. die nach § 12 ArbGG. entstandenen Gebühren; 2. die danach erstattungsfähigen gerichtlichen Auslagen im Sinne des Gerichtskostengesetzes (z. B. die sogenannten Zeugen- und Sachverständigengebühren); 3. die außergerichtlichen Kosten der nichtkostenpflichtigen Partei, soweit sie ihr unter Berücksichtigung des § 61 Abs. 1 Satz 2 zu ersetzen sind (vgl. Anm. 6). Es empfiehlt sich, die gerichtlichen und die etwaigen außergerichtlichen Kosten getrennt aufzuführen, wie dies auch auch vielfach bereits in amtlichen Urteilsformularen vorgesehen ist.

Im Verfahren der allgemeinen Gerichtsbarkeit erfolgt die Feststellung dieses Betrages, soweit er die Gerichtskosten betrifft, durch Aufstellung einer Kostenrechnung der Geschäftsstelle soweit er die außergerichtlichen Kosten betrifft, durch besonderen Kostenfestsetzungsbeschluß ebenfalls der Geschäftsstelle. Gegen beide Feststellungen ist die Erinnerung an das Gericht zulässig (GKG. § 4; ZPO. § 104 Abs. 3), gegen dessen Entscheidung im ersten Fall die einfache Beschwerde (GKG. § 4 Abs. 2), im zweiten Fall die sofortige Beschwerde (ZPO. § 104 Abs. 3 Satz 5).

3 Der Betrag kann im Verfahren vor dem Arbeitsgericht, notfalls unter Zuhilfenahme des Beamten der Geschäftsstelle, in aller Regel sofort ermittelt werden. Die Gerichtsgebühren stehen mit der Streitwertfestsetzung gemäß Abs. 2 nach der Regelung des § 12 Abs. 1, 2 ArbGG. ohne weiteres fest (vgl. Anm. 7). Die Auslagen des Gerichts an Zeugengebühren usw. sind ebenfalls sofort festzustellen, das gleiche dürfte von den außergerichtlichen Kosten der obsiegenden Partei gelten, soweit diese etwa erstattungsfähig sind (vgl. Anm. 6). Der Fall, daß der Kostenbetrag sich nicht ohne weiteres ermitteln läßt, dürfte also eine ganz seltene Ausnahme darstellen. Das hat auch die Erfahrung bei den Gewerbegerichten und Kaufmannsgerichten gezeigt, für die im § 49 Abs. 1 Nr. 4 GGG. eine dem § 61 Abs. 1 Satz 1 Halbsatz 1 gleichartige Regelung galt.

4 Kann der Kostenbetrag sofort ermittelt werden, so ist er im Urteil festzustellen, sofern das Urteil eine unbedingte Kostenentscheidung enthält (also nicht im bedingten Endurteil und im Zwischenurteil; so auch Baumbach, Anm. 4 zu § 61). Es bedarf also dann keines besonderen Feststellungsverfahrens, so daß der Streit auch geldlich unmittelbar nach Ergehen des Urteils bereinigt wird, eine Wirkung von starker psychologischer Bedeutung. Die Feststellung des Kostenbetrags im Urteil ist, unter der geschilderten Voraussetzung, durch Muß-Vorschrift gesichert. Das Arbeitsgericht hat also beim Erlaß des Urteils gegebenenfalls sorgfältig zu prüfen, ob wirklich ein Umstand vorliegt, der die sofortige Ermittelung des Kostenbetrages unmöglich macht. Ist das nicht der Fall, so ist es zur Feststellung im Urteil verpflichtet.

Nach der Fassung des § 61 Abs. 1 Satz 1 ist der Betrag im Urteil festzustellen, soweit er sofort ermittelt werden kann. Möglicherweise trifft das nur auf einen Teil des Kostenbetrages zu, nämlich auf die gerichtlichen Kosten; dann ist die Feststellung insoweit zu treffen.

Die Feststellung erfolgt in der Urteilsformel; sie ist in den Entscheidungsgründen, wenn sie sich nicht ohne weiteres aus der allgemeinen Kostenentscheidung ergibt, kurz zu begründen. Hält das Gericht die Feststellung des Kostenbetrages in der Urteilsformel im Ausnahmefall nicht für möglich, so ist dies, weil von der Regel abweichend, in den Entscheidungsgründen zu begründen.

Ist die Feststellung in dem Urteil, ausweislich der Urteilsformel und der Entscheidungsgründe, übergangen, so ist für das arbeitsgerichtliche Verfahren gemäß § 61 Abs. 1 ein Teil des Kostenpunktes übergangen, so daß das Urteil auf Antrag einer Partei in entsprechender Anwendung des § 321 ZPO. durch nachträgliche Entscheidung zu ergänzen ist, wie wenn im Verfahren der allgemeinen Zivilgerichtsbarkeit die sachliche Entscheidung über die Kosten gemäß §§ 91 ff. ZPO. übergangen worden wäre (ebenso Dersch-Volkmar, Anm. 2 Abs. 2 zu § 61; Schmincke-Sell, Anm. 3 zu § 61; a. A. Baumbach, Anm. 4 zu § 61).

Soweit ausnahmsweise der Kostenbetrag nicht im Urteil festgestellt werden kann, greift in dieser Beziehung das langwierigere Verfahren der allgemeinen

Gerichtsbarkeit gemäß § 46 Abs. 2 Satz 1 und § 12 Abs. 6 ArbGG. Platz (vgl. Anm. 2 Abs. 2).

5 Die Endgültigkeit bezieht sich nur auf die Feststellung des Kostenbetrages im Urteil. Während also der Gerichtskostenansatz und der Festsetzungsbeschluß bezüglich der außergerichtlichen Kosten der Geschäftsstelle, soweit sie im arbeitsgerichtlichen Verfahren vorkommen, mit der Erinnerung und die darauf ergehende Entscheidung des Arbeitsgerichts mit der Beschwerde bzw. der sofortigen Beschwerde anfechtbar sind (vgl. Anm. 4 Abs. 5, Anm. 2 Abs. 2), ist die regelmäßige Feststellung im Urteil unanfechtbar. Dagegen bestimmt sich die Anfechtbarkeit der Urteilsentscheidung über die Tragung der Prozeßkosten und ihre Verteilung gemäß §§ 91 ff. ZPO. nach der Vorschrift des 99 ZPO. Diese Entscheidung kann also im Regelfall nur mit der Hauptentscheidung unter den für diese geltenden Voraussetzungen (§ 64 Abs. 1 ArbGG.) mit der Berufung angefochten werden. Im Falle einer Verurteilung durch Anerkenntnisurteil kann sie auch selbständig, ebenfalls mit der Berufung — unter den Voraussetzungen des § 64 Abs. 1 ArbGG. — angefochten werden. Ist eine Entscheidung in der Hauptsache nicht ergangen (ZPO. § 99 Abs. 3), so kann die Entscheidung über die Kostentragung nach §§ 91 ff. selbständig mit der sofortigen Beschwerde angefochten werden, wenn die Beschwerdesumme 30 Reichsmark, gleichzeitig aber der Wert des ursprünglichen Streitgegenstandes 300 Reichsmark übersteigt (ZPO. § 99 Abs. 3, § 567 Abs. 2 in Verbindung mit der Bekanntmachung vom 13. 5. 1924 — Reichsgesetzbl. I S. 437); hierin liegt eine Abweichung von dem allgemeinen Grundsatz des Arbeitsgerichtsgesetzes, nach dem die Zulässigkeit der Rechtsmittel grundsätzlich von dem Streitwert, nicht von dem Beschwerdewert abhängt (vgl. Anm. 8), die aber durch die Fassung des § 64 Abs. 1 ArbGG. („soweit nicht nach § 78 das Rechtsmittel der Beschwerde gegeben ist") in Verbindung mit § 78 ArbGG. bedingt ist und dem allgemeinen Prinzip des Arbeitsgerichtsgesetzes, unnötige Rechtsmittel zu vermeiden, insofern entspricht, als die sofortige Beschwerde nach § 99 Abs. 3 ZPO. auch nur zulässig ist, wenn das über die Hauptsache ergangene Urteil berufungsfähig gewesen wäre, so daß also die Einführung der Beschwerdesumme von 30 Reichsmark nur als eine Einschränkung der Anfechtbarkeit wirkt; die Auffassung von Baumbach (Anm. 5 a. E. zu § 61), daß in diesem Falle die allein anfechtbaren Kosten 300 Reichsmark übersteigen müßten, läßt sich aus dem Gesetz nicht begründen.

Wird die Entscheidung über die Kostentragung, sei es auf Einspruch gegen ein Versäumnisurteil durch das Arbeitsgericht, sei es auf Berufung durch das Landesarbeitsgericht, abgeändert, so kann dabei eine neue Feststellung des Kostenbetrages überhaupt erforderlich werden, wenn eine andere Partei obiegt und dadurch die Frage des Ersatzes der außergerichtlichen Kosten, soweit er nach § 61 Abs. 1 ArbGG. in Betracht kommt, erneut geprüft werden muß, es kann aber auch nur eine neue zahlenmäßige Feststellung der von jeder Partei zu tragenden Kosten erforderlich werden. Wird dagegen die Entscheidung über die Kostentragung in dem auf Einspruch oder Berufung ergangenen Urteil nicht geändert, so kann auch die vom Arbeitsgericht erstmalig getroffene Feststellung des Kostenbetrages nicht abgeändert werden, auch wenn das Arbeitsgericht bei der Entscheidung auf den Einspruch oder das Landesarbeitsgericht bei der Berufungsentscheidung zu der Auffassung gelangen sollte, daß diese Feststellung auf unrichtigen Voraussetzungen beruhe. Das gleiche gilt für eine etwaige Revisionsentscheidung des Reichsarbeitsgerichts bezüglich der Kostenfeststellung im arbeitsgerichtlichen Urteil.

Der Sinn der Vorschrift ist, daß die Parteien schon nach Ergehen des Urteils des Arbeitsgerichts über die Kosten des Verfahrens vor dem Arbeitsgericht klar sehen sollen, soweit dies möglich ist.

6 Die Regelung des § 61 Abs. 1 Satz 2 weicht von der des § 91 Abs. 1, 2 ZPO. sowohl wie von der des § 49 Abs. 1 Nr. 4, § 52 GGG. erheblich ab. Sie ist vom Reichstag in dieser Form beschlossen worden, während der Entwurf (Reichstagsdrucks. Nr. 2065/26) in seinem § 59 Abs. 1 Ersatz nach billigem Ermessen des Arbeitsgerichts vorsah. Der bei der Beratung im Ausschuß des Reichstags für soziale Angelegenheiten angeführte Grund für die Abänderung war, daß die Fassung des Entwurfs in der Praxis zu unnötigen, verzögerlichen Auseinandersetzungen vor dem Arbeitsgericht führen würde, die vermieden werden sollten (Bericht des 9. Ausschusses — Reichstagsdrucks. Nr. 3019/27 —, S. 23, zu § 59).

Bei der Feststellung des Kostenbetrages sind nunmehr außergerichtliche Kosten der obsiegenden Partei nur in Ausnahmefällen zu berücksichtigen, was diese Feststellung allerdings sehr vereinfacht. Zieht die Partei einen Prozeßbevollmächtigten oder Beistand hinzu, so könnte sie die Erstattung eines diesem für die Vertretung zu zahlenden Entgelts schon nach der Regelung des § 11 Abs. 1 ArbGG. nicht verlangen, da diese Vorschrift nach ihrem Sinn von der Partei für die Vertretung bezahlte Prozeßbevollmächtigte und Beistände ausschließt; wohl aber könnte sie nach der Fassung des Entwurfs die Erstattung etwaiger Reisekosten des Vertreters verlangen, die nunmehr von ihr selbst getragen werden müssen, soweit hier nicht etwa im Innenverhältnis der Verbandsrechtsschutz, z. B. der gewerkschaftliche Rechtsschutz, eingreift.

Auch die Kosten der Zeitversäumnis der Partei selbst, z. B. Lohnverlust, insbesondere bei Reisen zum Arbeitsgericht, müssen von der Partei selbst getragen werden und sind nicht erstattungsfähig. Dagegen sind die baren Auslagen der obsiegenden Partei für die Eisenbahnfahrt zum Arbeitsgericht auch nach der Regelung des § 61 Abs. 1 Satz 2 ArbGG., soweit die Reise zum Arbeitsgericht erforderlich war, erstattungsfähig; denn die Vorschrift des § 61 Abs. 1 Satz 2 ArbGG. schränkt die an sich gemäß § 46 Abs. 2 Satz 1 ArbGG. entsprechend anwendbare Vorschrift des § 91 Abs. 1 ZPO. insofern nicht ein. Dies dürften allerdings im wesentlichen die einzigen erstattungsfähigen außergerichtlichen Kosten der Partei sein.

7 Die Festsetzung des Streitwertes im Urteil des Arbeitsgerichts hat eine doppelte Bedeutung: einmal gibt sie die Unterlage für die Kostenfeststellung auf Grund des § 61 Abs. 1 unter Anwendung der Vorschriften des § 12 ArbGG. für die Gerichtsgebühren, andererseits bestimmt sich nach ihr grundsätzlich die Berufungsfähigkeit bzw. die Revisionsfähigkeit des Urteils gemäß § 64 Abs. 1 bzw. § 72 Abs. 1 ArbGG. (vgl. Anm. 8). Beides richtet sich nach der Streitwertfestsetzung im Urteil des Arbeitsgerichts, so daß mit ihr sowohl über die Kosten als auch — regelmäßig — über das weitere Schicksal des Rechtsstreits endgültig entschieden ist, eine neuartige Regelung, die für die Parteien schon mit dem Erlaß des erstinstanzlichen Urteils Sicherheit über prak-

tisch wichtige Fragen des Prozesses schafft, insbesondere über die Frage seines etwaigen Fortgangs.

Unter diesem Zweckgesichtspunkt der Vorschrift ist ihre Anwendung im Verfahren des Arbeitsgerichts zu betrachten. Vorschriften über die Art der Streitwertfestsetzung fehlen im Arbeitsgerichtsgesetz, infolgedessen ist auf die für das arbeitsgerichtliche Verfahren entsprechend anwendbaren Vorschriften auf dem Gebiete der allgemeinen Gerichtsbarkeit in bürgerlichen Rechtsstreitigkeiten zurückzugehen und zu prüfen, wieweit sie nach dem Sinn der Vorschrift des § 61 Abs. 2 ArbGG. angewendet werden können (vgl. Anm. 4 zu § 12). Hierbei ergibt sich folgendes: Die Vorschriften der §§ 3—9 ZPO. über die Ermittelung des Streitwertes sollen nach § 2 ZPO. gelten, soweit die sachliche Zuständigkeit der Gerichte vom Streitwert abhängt. Da in der Arbeitsrechtspflege eine verschiedene sachliche Zuständigkeit der Arbeitsgerichtsbehörden nach dem Streitwert nicht besteht, vielmehr alle Arbeitssachen im ersten Rechtszug zur sachlichen Zuständigkeit der Arbeitsgerichte gehören, sind die Vorschriften der §§ 3—9 ZPO. unmittelbar hier nicht anwendbar (ebenso Baumbach, Anm. 8A a. E. zu § 61; nicht ganz klar: Dersch-Volkmar, Anm. 6 Abs. 4 — S. 376 — zu § 61; Schmincke-Sell, Anm. 6 zu § 61; Siefart, Anm. 4 zu § 61). Sachlich ergibt sich ihre unmittelbare Unanwendbarkeit auch schon daraus, daß sie für die Wertsberechnung gemäß § 4 Abs. 1 Halbsatz 1 ZPO. auf den Zeitpunkt der Erhebung der Klage abstellen, während aus der geschilderten Zweckbestimmung des § 61 Abs. 2 ArbGG. folgt, daß hier auf den Zeitpunkt der letzten mündlichen Verhandlung als den allgemein für das Urteil maßgebenden Zeitpunkt abgestellt werden muß (sachlich ebenso auch Dersch-Volkmar, Schmincke-Sell, Siefart a. a. O.; Held-Lieb-Gift, Anm. 4 zu § 61; Wölbling, Anm. 6 zu § 61).

Dagegen sind die Vorschriften der §§ 9—13 GKG. nach ihrer Zweckbestimmung in Verbindung mit § 12 Abs. 6 ArbGG. für die Berechnung des Streitwerts entsprechend anwendbar und über sie mittelbar auch die Vorschriften der §§ 3 bis 9 ZPO., soweit die besondere Regelung des Arbeitsgerichtsgesetzes nicht Abweichungen notwendig macht.

Als oberster Grundsatz ist festzustellen, daß die Berechnung des Streitwerts sich, wie schon erwähnt, nach dem Zeitpunkt der letzten mündlichen Verhandlung, auf die das den Streitwert feststellende Urteil ergeht, richten muß. Dieser Satz ergibt sich insbesondere aus der Vorschrift des § 69 Abs. 2 ArbGG., nach der im Urteil des Landesarbeitsgerichts eine Neufestsetzung erfolgt, wenn sich der Streitwert nach der Verkündung des Urteils des Arbeitsgerichts geändert hat, woraus hervorgeht, daß der vom Arbeitsgericht festzusetzende Streitwert auf diesen Zeitpunkt, genauer auf den Zeitpunkt der letzten mündlichen Verhandlung vor dem Urteil, abgestellt ist (ebenso Dersch-Volkmar, Anm. 6 Abs. 6 — S. 377 — zu § 61). Dadurch wird § 9 Abs. 2 GKG. unanwendbar, soweit er für die Wertfeststellung die Berücksichtigung nur einer Erhöhung, nicht aber einer Verminderung des Streitwerts nach der Klageerhebung und für die Wertberechnung in der Zwangsvollstreckung einen anderen Zeitpunkt als maßgebend vorschreibt. Im übrigen sind auf Grund des § 9 Abs. 1 GKG. die Vorschriften des § 4 Abs. 1 Halbsatz 2 und des § 5 Halbsatz 1 ZPO., letztere mit der Einschränkung des § 12 GKG., entsprechend anwendbar, an Stelle des § 5 Halbsatz 2 ZPO. die Vorschrift des § 13 Abs. 1 GKG., schließlich die Vorschriften der §§ 6, 9 ZPO., letztere mit der wichtigen Änderung des § 10 Abs. 3 GKG. Ebenso gilt die allgemeine Vorschrift des § 3 ZPO., nach der der Streitwert nach freiem Ermessen festgesetzt wird, notfalls nach einer auf Antrag vorgenommener Beweisaufnahme oder einer von Amts wegen erfolgten Augenscheinseinnahme oder Sachverständigenbegutachtung (ebenso Dersch-Volkmar, Anm. 6 Abs. 5—8 — S. 376 f. — zu § 61). Nach ständiger berechtigter Rechtsübung wird der Wert bei geldlichen Ansprüchen nach dem verlangten Geldbetrag, bei Sachleistungsansprüchen nach dem Verkehrswert festgesetzt (ebenso Baumbach, Anm. 8 zu § 61), bei Klagen nach §§ 86, 87 BRG. nach der geforderten Entschädigung, weil nur diese durch das Urteil vollstreckbar zuerkannt wird und auch nur über sie — grundsätzlich — das Berufungsverfahren stattfindet (§ 63 Abs. 1 Satz 2; vgl. Anm. 1, b zu § 63; ebenso, aber mit teilweise anderer Begründung: Gerstel in Bensh. Samml. Bd. 1 Nr. 7 S. 12; a. A. Schmincke-Sell, die den Streitwert, ohne Begründung, stets nach der nach § 87 BRG. zulässigen Höchstentschädigung bemessen).

Der Streitwert wird nach diesen Maßgaben im Urteil festgesetzt, d. h. in der Urteilsformel, neben der Entscheidung in der Hauptsache, der Entscheidung über die Kostentragung und der Feststellung des Kostenbetrages. § 61 Abs. 2 ArbGG. ist insofern, wie § 61 Abs. 1 Satz 1 Halbsatz 1, eine Ergänzung des § 308 ZPO., der in seinem zweiten Absatz für die allgemeine Rechtspflege die Pflicht des Gerichts festlegt, im Urteil in jedem Falle, auch ohne Antrag, über die Kosten zu erkennen. Auch die Streitwertfestsetzung im Urteil erfolgt nach der Muß-Vorschrift des § 61 Abs. 2 ArbGG. von Amts wegen. Daraus folgt, daß eine Urteilsergänzung durch nachträgliche Entscheidung in entsprechender Anwendung des § 321 ZPO. auch dann ergehen muß, wenn in dem Urteil die Streitwertfestsetzung übergangen ist; jedoch muß diese Ergänzung auch ohne Antrag der Parteien erfolgen, da es sich im § 61 Abs. 2 ArbGG. um eine Muß-Vorschrift handelt, deren Verletzung das Urteil des Arbeitsgerichts wegen der Unmöglichkeit der Kostenberechnung und der Feststellung der Berufungsfähigkeit undurchführbar macht (a. A. Baumbach, Anm. 8B zu § 61, der im Widerspruch zum Sinn der Vorschrift subsidiär einen Wertfestsetzungsbeschluß nach § 18 GKG. zulassen will, über die Frage der Berufungsfähigkeit eines Urteils ohne Wertfestsetzung aber nichts sagt). Die Streitwertfestsetzung ist in den Entscheidungsgründen, ebenso wie die Kostenentscheiung, zu begründen.

Die Vorschrift des § 61 Abs. 2 in Verbindung mit den Vorschriften des § 61 Abs. 1 Satz 1, des § 64 Abs. 1, des § 69 Abs. 2 und des § 72 Abs. 1 ArbGG. ergibt, daß die Festsetzung des Streitwerts im Urteil des Arbeitsgerichts unanfechtbar ist. Dies entspricht der im Abs. 1 dieser Anm. dargelegten wichtigen Zweckbestimmung der Vorschrift. Die Annahme einer Beschwerdemöglichkeit (so Baumbach, Anm. 8B zu § 61) gegen die Wertfestsetzung im Urteil widerspricht dem Wortlaut und dem Sinn des Gesetzes; auch die Auffassung Baumbachs (a. a. O.), daß die Festsetzung „ein mit dem Urteil äußerlich verbundener Beschluß" ist, „der mit der Entscheidung gar nichts zu tun hat", ist nach dem Gesagten nicht verständlich. Ist die Berufung nach dem festgesetzten Streitwert oder gemäß § 61 Abs. 3 zulässig, so kann die Streitwertfestsetzung des Arbeitsgerichts im Berufungsverfahren gleichwohl nicht nachgeprüft werden, weil nach § 69 Abs. 2 ArbGG. eine anderweite Festsetzung nur zugelassen ist, wenn der Streitwert sich nach der Verkündung des Urteils des Arbeitsgerichts geändert hat. Überschreitet der Streitwert nach der Festsetzung im Urteil des Arbeitsgerichts nicht den Betrag von 300 Reichsmark und ist die Berufung auch nicht nach § 61 Abs. 3 vom Arbeitsgericht zugelassen, so ist eine Nachprüfung ausgeschlossen, weil gemäß § 64 Abs. 1 ArbGG. in diesem Falle eine Berufung nicht stattfindet. Da im Revisionsverfahren eine Neufestsetzung des Streitwerts nicht erfolgen kann, gilt mithin der vom Arbeitsgericht in seinem Urteil festgesetzte Streitwert, abgesehen von dem Ausnahmefall des § 69 Abs. 2 ArbGG., endgültig für das gesamte arbeitsgerichtliche Verfahren aller Rechtszüge.

Die Streitwertfestsetzung erfolgt jedoch nach ihrer Zweckbestimmung (vgl. Abs. 1 dieser Anm.) nur in Urteilen, die die Instanz — mindestens teilweise — beenden, also nicht in Zwischenurteilen (ZPO. § §71, 135, 303, 304 in Verbindung mit § 61 Abs. 5 ArbGG., 387), seien sie auch mit der sofortigen Beschwerde anfechtbar. Dagegen ist die Art des die Instanz beendenden Urteils (streitiges Urteil, Versäumnisurteil, Anerkenntnisurteil, Kostenurteil nach § 99 Abs. 3 ZPO.) für die Verpflichtung des Arbeitsgerichts zur Streitwertfeststellung belanglos. Auch der Vorsitzende des Arbeitsgerichts hat die Vorschrift, wenn er gemäß § 55 Abs. 2 ArbGG. allein urteilt, zu beachten.

8 Die Festsetzung des Streitwerts im Urteil des Arbeitsgerichts gibt, wie in Anm. 7 Abs. 1 ausgeführt, grundsätzlich die Unterlage für die Möglichkeit der Einlegung von Berufung und Revision (vgl. jedoch Anm. 9). Denn die Zulässigkeit der Berufung und der Revision hängt im arbeitsgerichtlichen Verfahren, soweit eine Wertgrenze in Betracht kommt, nicht wie nach § 511a Abs. 1, § 546 Abs. 1 ZPO. von dem Wert des Beschwerdegegenstandes, sondern, wie nach der bisherigen Regelung des § 55 Abs. 1 Satz 2 GGG., der gemäß § 16 Abs. 1 KGG. auch für das kaufmannsgerichtliche Verfahren galt, von dem Wert des Streitgegenstandes ab (ArbGG. § 8 Abs. 3, 4; § 61 Abs. 3 Satz 1; § 64 Abs. 1; § 72 Abs. 1; § 76 Abs. 1; vgl. jedoch Anm. 5 Abs. 1). Da der Streitwert im Urteil des Arbeitsgerichts grundsätzlich endgültig festgesetzt wird (§ 61 Abs. 2 ArbGG.; vgl. Anm. 7), so wird bei dieser Regelung durch den Erlaß des Urteils des Arbeitsgerichts im allgemeinen Klarheit über die Rechtsmittelmöglichkeiten geschaffen. Bei Abhängigkeit der Rechtsmittelzulässigkeit vom Beschwerdewert wäre dies nicht in gleicher Weise möglich, da dieser jeder Partei gegenüber verschieden und im Urteil des Arbeitsgerichts kaum feststellbar ist. Zudem würde eine solche Regelung — im Anschluß an die Zivilprozeßordnung — für Rechtsstreitigkeiten von gleicher wirtschaftlicher Bedeutung verschiedene Möglichkeiten der Rechtsmittelzulässigkeit nach der jeweiligen Beschwerung der Partei durch das Urteil geben, was jedenfalls für den übersichtlichen Aufbau der Arbeitsrechtspflege nicht erwünscht wäre. Wegen der allgemeinen Bedeutung des Unterschieds vgl. Anm. 9.

Die grundsätzliche Abhängigkeit der Rechtsmittelzulässigkeit von dem allgemeinen Streitwert ermöglicht die Ansetzung einer im Verhältnis zum allgemeinen Verfahren in bürgerlichen Rechtsstreitigkeiten hohen Wertgrenze für die Berufung; sie ist in Übernahme der bisherigen Regelung des Gewerbegerichtsgesetzes bei einem Streitwert von mehr als 300 Reichsmark gezogen (§ 8 Abs. 3, § 64 Abs. 1 ArbGG.). Dies entspricht auch dem Grundgedanken des Arbeitsgerichtsgesetzes, Streitigkeiten von geringerer wirtschaftlicher Bedeutung so schnell wie möglich, d. h. in einem Rechtszuge, zu beenden (vgl. jedoch Anm. 9).

Dagegen ist für die Zulässigkeit der Revision die sehr hohe Grenze der ordentlichen Gerichtsbarkeit — Beschwerdewert von 4000 Reichsmark (ZPO. § 546 Abs. 1) — dadurch gemildert, daß nur der Streitwert diese Geldgrenze übersteigen muß, so daß die Revision auch dann stattfindet, wenn bei einem Streitwert von 4000 Reichsmark der Beschwerdewert erheblich geringer ist; andernfalls würde eine Revisionsmöglichkeit durch Erreichung der Wertgrenze im arbeitsgerichtlichen Verfahren nur sehr selten erreicht werden und die Revision dadurch an praktischer Bedeutung verlieren.

9 Die Frage der Zulassung von Rechtsmitteln in einem Zivilprozeßverfahren kann allgemein von verschiedenen Gesichtspunkten aus betrachtet werden. Sieht man den Zweck des Rechtsmittels darin, daß die durch das Urteil beschwerte Partei im Einzelfall die Möglichkeit erhält, diese Beschwerung von sich abzuwehren, so muß die Statthaftigkeit des Rechtsmittels von der Erreichung einer Geldgrenze abhängig gemacht werden, bei deren Vorliegen es der Partei im allgemeinen wirtschaftlich nicht mehr zugemutet werden kann, die Beschwerung ohne die Möglichkeit des Verlangens nochmaliger Nachprüfung hinzunehmen. Für die Arbeitsrechtspflege ließe sich eine einheitliche Geldgrenze dieser Art nicht festlegen. Denn es leuchtet ohne weiteres ein, daß sie praktisch anders für einen Fabrikarbeiter wie für einen großen Unternehmer, aber auch wie für einen gehobenen Angestellten liegen müßte. Bei der angenommenen Zweckbestimmung des Rechtsmittels müßte auch der Beschwerdewert, nicht der Streitwert, maßgebend sein.

Dieser rein individualistische Standpunkt zur Frage der Rechtsmittelzulassung kann jedoch für die Arbeitsrechtspflege nicht entscheidend sein,; ihm gegenüber würde schon das in den meisten Arbeitsrechtsstreitigkeiten vorhandene berechtigte Interesse mindestens einer Partei an schnellster Erledigung des Streits grundsätzlich zur Versagung der Rechtsmittel führen müssen. Dagegen ist es aber von größter justizpolitischer Bedeutung, daß die Allgemeinheit des Arbeitslebens ein dringendes Interesse an der Zulassung von Rechtsmitteln hat, um eine einheitliche, gut durchgearbeitete Rechtsprechung für wichtige Fragen des Arbeitslebens zu erreichen. Mittelbar ist daran auch die einzelne Partei interessiert, weil nur so die Rechtssicherheit in den einzelnen Beziehungen des Arbeitslebens herbeigeführt werden kann, die durch verschiedene unanfechtbare Entscheidungen verschiedener Gerichte in der gleichen Rechtsfrage empfindlich gestört werden würde.

Geht man von diesem Gesichtspunkt aus, so ist es Aufgabe der Gesetzgebung, die Rechtsmittelfähigkeit der Urteile in Streitigkeiten von allgemeiner Bedeutung zu gewährleisten, während der Einzelwunsch nach Wiederaufrollung des ungünstig entschiedenen Prozesses mit Rücksicht auf das Interesse an einer schnellen Rechtspflege unberücksichtigt bleiben kann und muß. Das Arbeitsgerichtsgesetz stellt diesen allgemeinen Gesichtspunkt für die Zulassung von Rechtsmitteln in den Vordergrund (vgl. Begr. S. 38, 42, 43). Es war danach zu prüfen, welchen Arbeitsrechtsstreitigkeiten eine solche allgemeine Bedeutung innewohnt, daß sie der Nachprüfung in mehreren Rechtszügen unterliegen sollten. Für diese Bedeutung ist in erster Linie der Streitwert, also die allgemein zu fassende wirtschaftliche Bedeutung des Arbeitsrechtsstreits, maßgebend, nicht der Beschwerdewert (vgl. Anm. 8 Abs. 1). Allein die Streitwertgrenze reicht zur Erfassung der bedeutsamem Arbeitsrechtsstreitigkeiten nicht aus, wie Beispiele zeigen, in denen um den Arbeitslohn eines oder weniger Tage gestritten wird, also um einen Betrag, der nicht die allgemeine Grenze der Berufungsfähigkeit, geschweige denn der Revisionsfähigkeit, erreichen wird, gleichwohl aber die Entscheidung für die Allgemeinheit von größtem Interesse ist. Es mußte deshalb, sollte die Rechtsmittelfähigkeit allgemein bedeutsamer Rechtsstreitigkeiten tatsächlich erreicht werden, abgesehen von der Erreichung der Streitwertgrenze die grundsätzliche Bedeutung des Rechtsstreits an sich zum Kriterium der Rechtsmittelfähigkeit gemacht werden. Um dabei die Übersichtlichkeit des arbeitsgerichtlichen Verfahrens zu wahren, die es verlangt, daß die Streitparteien aus dem Urteil des Arbeitsgerichts selbst entnehmen können, ob ein Rechtsmittel dagegen statthaft ist oder nicht (vgl. Anm. 4 Abs. 3 zu § 8; Anm. 7 Abs. 1 zu § 61), konnte die Entscheidung über die grundsätzliche Bedeutung des Rechtsstreits nicht dem Rechtsmittelgericht überlassen werden, dem auch bezüglich der Wertgrenze eine Nachprüfung der Zulässigkeit des Rechtsmittels nicht zusteht (§ 64 Abs. 1, § 72 Abs. 1 ArbGG.), sondern sie mußte, wie die Festsetzung des Streitwerts, in dem etwa anzufechtenden Urteil selbst getroffen werden (ArbGG. § 61 Abs. 3, § 69 Abs. 3). Das untere Gericht bindet also mit seiner Auffassung über die grundsätzliche Bedeutung des Rechtsstreits das obere Gericht. Eine ähnliche Regelung hatte — zwecks Entlastung des Reichsgerichts — § 2 der Verordnung zur Entlastung des Reichsgerichts vom 15. 1. 1924 (Reichsgesetzbl. I S. 29) für einige Zeit für die Zulassung der Revision in Ehesachen gegeben. In der hier dargelegten allgemeinen Begründung für die Dauer ist diese Regelung für die bürgerliche Rechtspflege neuartig.

10 Die Zulassung der Berufung wegen grundsätzlicher Bedeutung kommt nur in Betracht, wenn der im Urteil des Arbeitsgerichts gemäß § 61 Abs. 2 f. festgesetzte Streitwert die Wertgrenze des § 64 Abs. 1 ArbGG. nicht erreicht, und nur in solchen Urteilen, gegen die die Berufung an sich stattfindet, also nicht in Zwischenurteilen, die nicht selbständig mit der Berufung anfechtbar sind, in Versäumnisurteilen und in Kostenurteilen nach ZPO. § 99 Abs. 3. Ob das Urteil von der Kammer oder gemäß § 55 Abs. 2 ArbGG. von dem Vorsitzenden allein erlassen wird, kommt für die Frage der Möglichkeit der Zulassung nicht in Betracht.

Das Arbeitsgericht hat stets zunächst den Streitwert festzulegen. Überschreitet er die Berufungsgrenze von 300 Reichsmark, so ist für eine Prüfung der grundsätzlichen Bedeutung kein Raum, denn die Zulässigkeit der Berufung ist dann in jedem Falle gesichert. Die etwaige Zulassung der Revision wegen grundsätzlicher Bedeutung des Rechtsstreits ist nicht Sache des Arbeitsgerichts, obliegt vielmehr allein dem Landesarbeitsgericht (§ 69 Abs. 3 ArbGG.). Das Arbeitsgericht legt also zwar grundsätzlich (vgl. § 69 Abs. 2) die Zulässigkeit auch der Revision fest, soweit sie sich nach dem Streitwert bestimmt, nicht aber, soweit sie sich unabhängig vom Streitwert nach der grundsätzlichen Bedeutung des Rechtsstreits richtet (vgl. auch die Anwendung dieses Grundsatzes bei der Regelung der Sprungrevision in § 76 Abs. 1 Satz 1 ArbGG.).

Das Arbeitsgericht kann die Berufung zulassen, wenn der Rechtsstreit grundsätzliche Bedeutung hat. In der üblichen Gesetzessprache bedeutet diese Fassung, daß es die Berufung nach pflichtmäßigem Ermessen zulassen **muß**, wenn die Voraussetzung vorliegt. Das Arbeitsgericht hat deshalb in jedem Fall, in dem die Berufungswertgrenze nach seinem Spruch über den Streitwert nicht erreicht ist, pflichtmäßig zu prüfen, ob der Rechtsstreit grundsätzliche Bedeutung hat. Des Antrags einer Partei bedarf es für diese Prüfung nicht, vielmehr hat sie **von Amts wegen** zu erfolgen. Auch einer besonderen mündlichen Verhandlung über diesen Gegenstand bedarf es nicht, ebensowenig wie über den Kostenpunkt. Doch wi d das Arbeitsgericht gut tun, die Frage mit den Parteien zu erörtern, falls die Zulassung der Berufung wegen grundsätzlicher Bedeutung nach seiner Auffassung in Betracht kommen kann. Auch eine Partei wird die Erörterung zweckmäßig anregen, falls ihr die Zulassung erwünscht erscheint. Da es sich nur um eine Anregung handelt, kann sie bis zum Schluß der mündlichen Verhandlung und auch in Abwesenheit der Gegenpartei erfolgen.

Kommt das Arbeitsgericht nach pflichtmäßiger Prüfung in seiner Mehrheit zu der Überzeugung, daß die Berufung wegen der grundsätzlichen Bedeutung des Rechtsstreits zuzulassen ist so hat es das im Urteil zu tun, d. h. **in der Urteilsformel**, etwa mit den Worten: „Wegen der grundsätzlichen Bedeutung des Rechtsstreits wird die Berufung zugelassen.“ Auch dieser Teil des Erkenntnisses ist in den Entscheidungsgründen zu begründen; jedoch macht der Mangel der näheren Begründung die Zulassung nicht unwirksam (a. A. Baumbach, Anm. 9 zu § 61). Dagegen bedarf es im Regelfall keiner Begründung, wenn die Berufung nicht zugelassen wird, weil die Zulassung eine **Ausnahme** darstellt; ist die Zulassung von einer Partei angeregt oder ist sonst über sie verhandelt worden, so wird sich allerdings auch eine Begründung der Ablehnung empfehlen. In der Urteilsformel ist im Ablehnungsfalle **nichts** zu sagen.

Die Entscheidung über die Zulassung der Berufung wegen grundsätzlicher Bedeutung im Urteil des Arbeitsgerichts ist **unanfechtbar**: Wird die Berufung nicht zugelassen, so ist das Urteil rechtskräftig; wird die Berufung zugelassen, so ist das Landesarbeitsgericht an diese Entscheidung gemäß § 64 Abs. 1 ArbGG. gebunden.

Hat das Urteil die Berufung nicht zugelassen, so kann eine Ergänzungsentscheidung gemäß ZPO. § 321 **nicht** beantragt werden, da die Zulassung in das pflichtmäßige Ermessen des Gerichts gestellt ist und die Partei auf die Zulassung keinen Anspruch hat (ebenso Baumbach, Anm. 9 zu § 61); die Nichtzulassung, ohne Begründung, bildet vielmehr nach dem Gesagten den Regelfall. Im Wege der Berichtigung nach § 319 ZPO. kann die Urteilsformel um die Zulassung der Berufung ergänzt werden, wenn sich aus den Entscheidungsgründen ergibt, daß das Arbeitsgericht die Berufung zugelassen hat, ein entsprechender Ausspruch in der Formel aber versehentlich unterblieben ist.

11 Wann einem Rechtsstreit grundsätzliche Bedeutung beizulegen ist, hat das Arbeitsgericht im allgemeinen nach seinem freien, pflichtmäßigen Ermessen zu entscheiden. Nur in den beiden Fällen des § 61 Abs. 3 Satz 2 schreibt das Arbeitsgerichtsgesetz dem Gericht die Zulassung der Berufung wegen der grundsätzlichen Bedeutung des Rechtsstreits vor. Die Sollvorschrift des § 61 Abs. 3 Satz 2 bedeutet wiederum, daß das Arbeitsgericht an sich zur Zulassung der Berufung verpflichtet ist, daß aber eine Verletzung der Vorschrift die Wirksamkeit des Urteils nicht beeinträchtigt; mangelt es also infolge Verletzung der Vorschrift des § 61

Abs. 3 Satz 2 ArbGG. an der Zulassung der Berufung, so ist das Urteil des Arbeitsgerichts gleichwohl rechtskräftig.

Die grundsätzliche Bedeutung eines Rechtsstreits wird das Arbeitsgericht im allgemeinen anzunehmen haben, wenn seine Entscheidung entweder wirtschaftlich oder rechtlich von besonderer Bedeutung für das Arbeitsleben, also über die Streitparteien hinaus, ist. Der erste Fall liegt z. B. vor, wenn ein auf derselben Rechtsfrage beruhender Streit im Arbeitsleben häufig und in verschiedenen Arbeitsgerichtsbezirken vorkommt, und zwar auch dann, wenn die Rechtsfrage als solche nicht besonders schwierig erscheint. Der zweite Fall ist beispielsweise gegeben, wenn das Urteil auf der Entscheidung einer neuen Rechtsfrage des Arbeitslebens beruht, die möglicherweise auch sonst auftauchen kann, oder wenn eine Rechtsfrage anders als bisher entschieden worden ist. Doch sind das nur Beispiele; das Arbeitsgericht wird auch darüber hinaus stets sorgfältig prüfen müssen, ob die Einheit der Rechtsprechung und die Rechtssicherheit in dem ihm vorliegenden Rechtsstreit die Nachprüfbarkeit des Urteils durch höhere Instanzen mit weiterem Gerichtsbezirk erfordern (vgl. Anm. 9).

Zu den beiden Fällen, in denen § 61 Abs. 3 Satz 2 ArbGG. dem Arbeitsgericht die Zulassung der Berufung wegen der grundsätzlichen Bedeutung des Rechtsstreits zur Pflicht macht, ist folgendes zu sagen (vgl. Begr. S. 42):

a) Abweichung von einem vorgelegten Urteil. Die Verpflichtung des Arbeitsgerichts zur Zulassung der Berufung setzt einmal voraus, daß das andere Urteil ihm im Verfahren, also bis zur letzten mündlichen Verhandlung vor dem Urteil, von einer Streitpartei vorgelegt wird, sodann daß das vorgelegte Urteil für oder gegen eine Partei des derzeitigen Rechtsstreits ergangen ist, daß es also geeignet ist, ihm gegenüber Rechtskraft zu schaffen (ZPO. § 325); ob die Rechtskraft bereits eingetreten ist, ist belanglos, die Verpflichtung des Arbeitsgerichts besteht auch dann, wenn das andere Urteil noch angefochten werden kann oder angefochten ist, weil auch in diesem Fall ein Interesse an einer einheitlichen Entscheidung besteht. Es ist auch belanglos, ob das andere Urteil in der Arbeitsrechtsprechung ergangen ist oder in der allgemeinen Gerichtsbarkeit; selbst ein Strafurteil oder ein Urteil der Verwaltungsgerichtsbarkeit, sofern es nur die fragliche Rechtsvorschrift einer Partei des derzeitigen Rechtsstreits gegenüber auslegt, kommt nach der Vorschrift in Betracht.

Erforderlich ist aber, daß das Urteil des Arbeitsgerichts auf der abweichenden Auslegung einer Rechtsvorschrift beruht, die für die Entscheidung in dem anderen Urteil maßgebend gewesen ist (ebenso Baumbach, Anm 10a, aa zu § 61; Schmincke-Sell, Anm. 8a zu § 61), da andernfalls die Zweckbestimmung der Vorschrift, die Förderung der Einheit der Rechtsprechung und der Rechtssicherheit, die Nachprüfbarkeit des Urteils nicht erfordert.

b) Entscheidung über die Auslegung eines Tarifvertrages. Über die Auslegung eines Tarifvertrages wird nicht nur in den Arbeitsrechtsstreitigkeiten gemäß § 2 Abs. 1 Nr. 1 ArbGG. entschieden (vgl. Anm. 6, A zu § 2), sondern möglicherweise mittelbar auch in einem Streit aus dem Arbeitsverhältnis, das sich nach dem Tarifvertrage bestimmt (ebenso Schmincke-Sell, Anm. 8b zu § 61; a. A. Wölbling, Anm. 7 Abs. 3 zu § 61). Da es sich jedoch um einen Tarifvertrag handeln muß, den eine Partei des Rechtsstreits abgeschlossen hat, so kommen Urteile in Streitigkeiten aus dem Einzelarbeitsverhältnis nur in Betracht, wenn der Tarifvertrag, der durch das Urteil ausgelegt wird, auf Arbeitgeberseite von dem einzelnen Arbeitgeber, nicht von einer Vereinigung von Arbeitgebern, abgeschlossen worden ist. Der Geltungsbereich des Tarifvertrages muß sich ferner über den Bezirk des Arbeitsgerichts hinaus erstrecken, da sonst zu seiner Auslegung grundsätzlich nur dieses Arbeitsgericht tätig wird, die Einheit der Rechtsprechung und die Rechtssicherheit also nicht gefährdet sind. Bezirk des Arbeitsgerichts ist der Bezirk der für Rechtsstreitigkeiten, die sich unmittelbar oder mittelbar aus dem Tarifvertrag ergeben, zuständigen Kammer, also auch einer etwa bezirklich (§ 17 Abs. 4) ausgedehnten Angestellten- oder Fachkammer; die gegenteilige Auffassung Baumbachs (Anm. 10b, bb zu § 61) stimmt mit der Zweckbestimmung der Vorschrift nicht überein.

12 Die Vorschrift bezieht sich ebenso wie die entsprechenden Vorschriften des § 51 GGG. und des § 510b ZPO. nur auf Urteile, die „die Verpflichtung zur Vornahme einer Handlung" im technischen Sinne der §§ 887, 888 ZPO., z. B. auf Erteilung eines Zeugnisses, aussprechen, nicht auf Urteile, die die Verpflichtung zur Herausgabe oder Leistung von Sachen (ZPO. §§ 883—886), zur Duldung oder Unterlassung (ZPO. § 890) oder zu einer Willenserklärung (ZPO. §§ 894—898) aussprechen Das ergibt sich aus der alleinigen Erwähnung der §§ 887, 888 ZPO. in § 61 Abs. 4 Satz 2 ArbGG., entsprechend wie es sich aus § 51 Abs. 2 GGG. ergab und aus § 888a ZPO. für die Fälle des § 510b ZPO. ergibt (ebenso Baumbach, Anm. 11 A zu § 61; Schmincke-Sell, Anm. 9 Abs. 3 zu § 61; a. A. Held-Lieb-Gift, Anm. 7 Abs. 1 zu § 61; Wölbling, Anm. 8 Abs. 1 zu § 61). Die im Urteil ausgesprochene Verpflichtung zur Leistung eines Offenbarungseides ist gemäß § 889 Abs. 2 Satz 1 ZPO. für die Vollstreckung als Verpflichtung zur Vornahme einer nicht vertretbaren Handlung zu behandeln, ist also von der Vorschrift des § 61 Abs. 4 ArbGG. mit getroffen (ebenso Baumbach, Anm. 11 D zu § 61).

13 Während im amtsgerichtlichen Verfahren nach ZPO. §§ 510b, 888a anstelle einer Vollstreckung nach §§ 887, 888 ZPO. und anstelle der nachträglichen Zubilligung eines Schadenersatzes auf erneute Klage gemäß ZPO. § 893, auf Antrag des Klägers für den Fall, daß die Handlung nicht binnen einer bestimmten Frist vorgenommen ist, die gleichzeitige Verurteilung zur Zahlung einer Entschädigung in dem zur Vornahme der Handlung verurteilenden Urteil erfolgen kann, schreibt § 61 Abs. 4 ArbGG. eine solche Verurteilung beim Vorliegen eines klägerischen Antrags, ebenso wie bisher das Gewerbegerichtsgesetz in § 51, zwingend vor. Das Arbeitsgericht muß also dem Antrag des Klägers stattgeben. Ist dieser Antrag im Urteil übergangen, so ist das Urteil auf Antrag gemäß § 321 ZPO. zu ergänzen. Der Ersatz der Vollstreckung durch Verurteilung zur Entschädigung entspricht auch der Regelung des § 87 Abs. 1 BRG.; doch kann dort, im Gegensatz zu dem Fall des § 61 Abs. 4 ArbGG. (vgl. Anm. 17 Abs. 2) nach § 63 Abs. 1 Satz 2, 3 die Entschädigung nur dann im Vollstreckungswege beigetrieben werden, wenn die Ablehnung der Weiterbeschäftigung nachgewiesen ist.

14 Der Antrag braucht nicht schon in der Klage gestellt, er kann vielmehr bis zur letzten mündlichen Verhandlung nachgeholt werden. Doch empfiehlt sich die Antragstellung in der Klage wegen der Vorschrift des § 335 Abs. 1 Nr. 3 ZPO. Der Vorsitzende wird den Kläger schon in der Güteverhandlung, falls die Sache streitig bleibt, oder, wenn keine Güteverhandlung vor dem Arbeitsgericht stattgefunden hat, in der ersten Verhandlung zur Stellung des Antrags anzuregen haben, und zwar insbesondere deshalb, weil nach § 61 Abs. 4 Satz 2 ArbGG. die Zwangsvollstreckung nach §§ 887, 888 ZPO. ausgeschlossen ist (vgl. Anm. 18), das Unterlassen der Antragstellung dem Kläger also möglicherweise schweren Schaden bringt. Eines zahlenmäßig bestimmten Antrages bedarf es nach herrschender Meinung nicht.

15 Die Frist ist, anders als im § 87 Abs. 2 BRG., vom Arbeitsgericht zu bestimmen, und zwar entweder kalendermäßig oder als von einem bestimmten Zeitpunkt (etwa der Verkündung des Urteils oder der Zustellung an den Beklagten — wie die gesetzliche Frist des § 87 Abs. 2 Satz 1 BRG. —) ab laufend.

16 Das Arbeitsgericht hat das Interesse des Klägers an der Vornahme der Handlung pflichtmäßig abzuschätzen. Für das Verfahren ist ZPO. § 287 Abs. 1 gemäß § 46 Abs. 2 Satz 1 entsprechend anwendbar (ebenso Baumbach, Anm. 11 C, c zu § 61).

17 Die im Urteil festgesetzte Entschädigung für den Fall der Nichtvornahme der Handlung tritt an die Stelle der Zwangsvollstreckung in die Handlung (§ 61 Abs. 4 Satz 2 ArbGG.) und an die Stelle eines sonst später durch besondere Klage gemäß ZPO. § 893 zu erstreitenden Schadenersatzes. Die Vorschrift des § 61 Abs. 4 Satz 1 ArbGG. ermöglicht wie die bisherige des § 51 Abs. 1 GGG. und die des § 510b ZPO. die Vorwegnahme dieser Schadenersatzklage in demselben Prozeß, in dem auf die Vornahme der Handlung geklagt wird. Sie vereinfacht und beschleunigt also wesentlich die Prozeßführung. Sie ist auch da anwendbar, wo eine Zwangsvollstreckung nach § 888 ZPO. nicht möglich wäre und deshalb nur eine Klage auf Schadenersatz in Betracht käme, z. B. bei Verurteilung zur Leistung von Arbeit aus dem Arbeitsvertrag (ZPO. § 888 Abs. 2).

Ist die vom Arbeitsgericht bestimmte Frist für die Vornahme der Handlung abgelaufen, so ist dem Kläger auf Antrag eine vollstreckbare Ausfertigung des Urteils hinsichtlich der Entschädigung gemäß ZPO. § 751 Abs. 1 zu erteilen, ohne daß er nachweist, daß der verurteilte Beklagte die Handlung nicht vorgenommen hat (anders im Falle des § 63 Abs. 1 Satz 2, 3 ArbGG.; vgl. Anm. 13 a. E.). Die Voraussetzung für die Anwendung des § 726 Abs. 1 ZPO. ist hier nicht gegeben, weil die Nichtvornahme der Handlung innerhalb der Frist nicht nach dem Inhalt des Urteils von dem obsiegenden Kläger als Vollstreckungsgläubiger zu beweisen ist; Einwendungen des verurteilten Beklagten sind nach §§ 732 Abs. 1, 767 ZPO. geltend zu machen (ebenso Baumbach, Anm. 11 D zu § 61; Held-Lieb-Gift, Anm. 7 Abs. 3 zu § 61; für § 51 GGG.: Wilhelmi-Bewer, Anm. 5 Abs. 2 zu § 51). Eine andere Regelung würde die Vorteile des Urteils aus § 61 Abs. 4 Satz 1 ArbGG. zunichte machen, da die Nichtvornahme der Handlung nicht durch öffentliche oder öffentlich beglaubigte Urkunden bewiesen werden könnte (§ 726 Abs. 1 ZPO.) und der Kläger somit gemäß § 731 ZPO. nochmals auf Erteilung der Vollstreckungsklausel klagen müßte.

18 § 61 Abs. 4 Satz 2 ArbGG. weicht von der bisherigen Regelung des § 51 Abs. 2 GGG. und von der Regelung der §§ 888a, 510b ZPO. ab (in dieser Beziehung ist die Begr. zu § 59 Abs. 4, S. 60, nicht genau gefaßt). Nach der Fassung der Vorschrift ist die Zwangsvollstreckung nach §§ 887, 888 ZPO. in jedem Falle ausgeschlossen, auch dann, wenn der Kläger den Antrag auf ersatzweise Verurteilung zur Entschädigung nicht gestellt hat und die Verurteilung zur Entschädigung demgemäß nicht erfolgen konnte (ebenso Held-Lieb-Gift, Anm. 7 Abs. 3 zu § 61; a. A. Baumbach, Anm. 11 D zu § 61; Schmincke-Sell, Anm. 9 Abs. 1 zu § 61; Wölbling, Anm. 8 Abs. 1 zu § 61; offenbar auch Dersch-Volkmar, Anm. 11 zu § 61). In diesem Falle bleibt dem Kläger aber die nachträgliche Klage auf Schadenersatz (ZPO. § 893).

Diese Abweichung der Vorschrift vom § 51 Abs. 2 GGG. und von §§ 888a, 510b ZPO. bezweckt, die umständliche mittelbare Zwangsvollstreckung nach §§ 887, 888 ZPO., die vielfach doch nicht zum Erfolge führt, aus dem arbeitsgerichtlichen Verfahren ganz auszuscheiden, und beruht nicht etwa auf einem Versehen des Gesetzgebers. Sie macht allerdings die sorgfältige Beachtung der Vorschriften des § 54 Abs. 1 Satz 2 ArbGG. und des § 139 Abs. 1 ZPO. durch den Vorsitzenden in derartigen Rechtsstreitigkeiten besonders erforderlich (vgl. Anm. 14).

19 Die Vorschrift des § 61 Abs. 5 ArbGG. ist aus der bisherigen Regelung des gewerbegerichtlichen und des kaufmannsgerichtlichen Verfahrens (GGG. § 50, KGG. § 16 Abs. 1 in Verbindung damit) übernommen; sie ändert die Vorschrift des § 304 Abs. 2 ZPO. für das Verfahren der Arbeitsgerichte und der Landesarbeitsgerichte (im Revisionsverfahren kommt sie trotz des Hinweises im § 72 Abs. 3 ArbGG. nicht in Betracht). Da § 304 Abs. 1 ZPO. gemäß § 46 Abs. 2 Satz 2 ArbGG. im arbeitsgerichtlichen Verfahren entsprechend anwendbar ist, kann jedoch ein über den Grund eines Anspruchs vorab entscheidendes Zwischenurteil ergehen; ein Bedürfnis hierfür wird im allgemeinen nicht gegeben sein. Ist es erlassen worden, so bindet es die Arbeitsgerichtsbehörde, die es erlassen hat, gemäß ZPO. § 318, angefochten werden kann es nur gemeinsam mit dem Endurteil. Diese Regelung ist getroffen, um die Verzögerung des Prozesses im arbeitsgerichtlichen Verfahren zu vermeiden, die aus dem zweimaligen Durchlaufen der Rechtszüge entstehen muß, wie es § 304 Abs. 2 ZPO. ermöglicht (vgl. Begr. zu § 59 Abs. 5, S. 60). Aus dem Beschleunigungsgrundsatz des Arbeitsgerichtsgesetzes folgt weiter, daß im Falle des Ergehens einer Vorabentscheidung über den Grund des Anspruchs über den Betrag soweit wie möglich in demselben Termin weiter zu verhandelt ist.

§ 62

Zwangsvollstreckung[1]

(1) **Urteile der Arbeitsgerichte [2] [3] [4], gegen die der Einspruch oder die Berufung zulässig ist[5], sind vorläufig vollstreckbar[6]. Macht der Beklagte glaubhaft, daß die Vollstreckung ihm einen nicht zu ersetzenden Nachteil bringen würde, so hat das Arbeitsgericht auf seinen Antrag die vorläufige Vollstreckbarkeit im Urteil auszuschließen[7]. In den Fällen des § 707 Abs. 1 und des § 719 Abs. 1 der Zivilprozeßordnung**

kann die Zwangsvollstreckung nur unter derselben Voraussetzung eingestellt werden[8].

(2) **Im übrigen finden auf die Zwangsvollstreckung[9] einschließlich des Arrestes und der einstweiligen Verfügung[10] die Vorschriften des Achten Buches der Zivilprozeßordnung Anwendung[9].**

1 Die Zwangsvollstreckung bildet im Zivilprozeß ein besonderes Verfahren, das von dem Entscheidungsverfahren getrennt ist. Sie ist in der Zivilprozeßordnung im Achten Buche (ZPO. §§ 704—945) geregelt. Zu ihr gehört nach der Zivilprozeßordnung auch das Verfahren betreffend Arreste und einstweilige Verfügungen, obwohl diese, mindestens die einstweiligen Verfügungen, sachlich kaum als Zwangsvollstreckungsverfahren anzusehen sind.

In dem Zwangsvollstreckungsverfahren der Zivilgerichtsbarkeit spielen die Prozeßgerichte, die im Urteilsverfahren tätig gewesen sind, nur eine beschränkte Rolle, die Zwangsvollstreckung obliegt im wesentlichen dem „Vollstreckungsgericht", das nach § 764 ZPO. das Amtsgericht ist, in dessen Bezirk die Vollstreckung stattfindet, und dem Gerichtsvollzieher (ZPO. § 753), einer besonderen behördlichen Stelle, die von dem Vollstreckungsgläubiger unmittelbar oder durch Vermittelung der „Geschäftsstelle" angegangen werden kann.

Schon aus den §§ 2, 3 ArbGG. ergibt sich, daß die Arbeitsgerichtsbehörden nur Prozeßgerichte, nicht aber Vollstreckungsgerichte sind. Die Vorschrift des § 62 Abs. 2 spricht diesen Gedanken nochmals aus, indem sie für die Zwangsvollstreckung einschließlich des Arrests und der einstweiligen Verfügung die Vorschriften des Achten Buches der Zivilprozeßordnung für unmittelbar, nicht nur für entsprechend anwendbar erklärt, soweit nicht die Ausnahmen des § 62 Abs. 1 ArbGG. bezüglich der vorläufigen Vollstreckbarkeit Platz greifen; soweit diese Ausnahmen reichen, müssen die Vorschriften der Zivilprozeßordnung entsprechend angewendet werden.

Die Arbeitsgerichtsbehörden werden danach im Zwangsvollstreckungsverfahren nur insoweit tätig, als im Achten Buch der Zivilprozeßordnung den Prozeßgerichten Tätigkeiten zugewiesen sind; im wesentlichen handelt es sich dabei um das Prozeßgericht des ersten Rechtszuges, also um das Arbeitsgericht. Sonst ist für die Vollstreckung der Urteile der Arbeitsrechtsprechung als Vollstreckungsgericht in unmittelbarer Anwendung des § 764 ZPO. nach § 62 Abs. 2 ArbGG. ebenfalls das Amtsgericht, in den Fällen des § 771 ZPO. bei entsprechend hohem Streitwert gegebenenfalls das Landgericht, zuständig, als Vollstreckungsbehörde im übrigen der allgemeine Gerichtsvollzieher, der jedoch nach § 753 ZPO. auch durch Vermittelung der Geschäftsstelle des Arbeitsgerichts angegangen werden kann.

Diese Regelung ist aus der bisherigen des gewerbegerichtlichen und des kaufmannsgerichtlichen Verfahrens übernommen. Sie erklärt sich daraus, daß die eigentliche Vollstreckungstätigkeit auch in den Rechtsstreitigkeiten des Arbeitslebens keine Besonderheiten gegenüber den allgemeinen bürgerlichen Rechtsstreitigkeiten bietet, so daß der Aufbau eines besonderen Vollstreckungsapparats für Arbeitssachen vermieden werden konnte.

Wegen der Anwendung des Achten Buches der Zivilprozeßordnung in Einzelheiten vgl. Anm. 9, 10.

Die Vorschrift des § 62 Abs. 2 ArbGG. gehört logisch nicht in das Verfahren des ersten Rechtszuges, da sie ihrem Inhalt nach für das Urteilsverfahren der Arbeitsrechtspflege im ganzen gilt. § 62 Abs. 1 ArbGG. gilt entsprechend auch im Berufungsverfahren (ArbGG. § 64 Abs. 3), während er im Revisionsverfahren, als nur die vorläufige Vollstreckbarkeit behandelnd, nicht in Betracht kommt. Im Verfahren vor dem Arbeitsgericht gilt § 62 ohne Rücksicht darauf, ob das Urteil von der Kammer oder gemäß § 55 Abs. 2 ZPO. von dem Vorsitzenden allein erlassen wird.

2 Die Vollstreckung der Endurteile ist nach § 704 ZPO. möglich, wenn das Urteil entweder rechtskräftig oder vorläufig vollstreckbar ist. Die vorläufige Vollstreckbarkeit eines noch nicht rechtskräftigen Urteils soll dem obsiegenden Kläger als Vollstreckungsgläubiger die Möglichkeit geben, seinen Anspruch vorläufig zu verwirklichen. Doch ist er im Falle der späteren Aufhebung oder Abänderung des Urteils dem Vollstreckungsschuldner grundsätzlich voll schadenersatzpflichtig, weil er alsdann objektiv zu Unrecht vollstreckt hat; handelt es sich um das Urteil eines Oberlandesgerichts, das nur noch mit der Revision anfechtbar ist, so tritt an die Stelle der Schadenersatzpflicht die Pflicht zur Rückerstattung des auf Grund des Urteils Geleisteten nach den Vorschriften über die Herausgabe einer ungerechtfertigten Bereicherung (ZPO. § 717, BGB. §§ 812ff.). Die vorläufige Vollstreckung ist also für den Vollstreckungsgläubiger nicht gefahrlos. Sie kann in der allgemeinen Gerichtsbarkeit gegebenenfalls nur gegen Sicherheitsleistung des Vollstreckungsgläubigers zugelassen oder durch Sicherheitsleistung des Vollstreckungsschuldners abgewendet werden (ZPO. §§ 710, 713); bei Glaubhaftmachung eines durch die Vollstreckung dem Schuldner entstehenden unersetzlichen Nachteils ist von der vorläufigen Vollstreckbarkeit abzusehen (ZPO. § 712). Bei Einlegung eines Rechtsmittels gegen das Urteil kann, wie im Falle der Wiederaufnahme und der Wiedereinsetzung in den vorigen Stand, das neu mit der Sache befaßte Gericht, bei Rechtsmitteln also das Rechtsmittelgericht, im Rahmen der Vorschriften der §§ 719, 707 ZPO. nachträglich die einstweilige Einstellung der Vollstreckung gegen oder ohne Sicherheitsleistung, die Vollstreckung nur bei Sicherheitsleistung oder die Aufhebung erfolgter Vollstreckungshandlungen gegen Sicherheitsleistung anordnen.

Wann ein Urteil rechtskräftig, also endgültig vollstreckbar ist, bestimmt für die allgemeine Zivilgerichtsbarkeit § 705 ZPO. Danach wird es erst rechtskräftig, wenn die Rechtsmittelfrist oder — bei ersten Versäumnisurteilen — di Einspruchsfrist ohne Einlegung des Rechtsmittels oder des Einspruchs verstrichen ist. Dies ist von der zuständigen Geschäftsstelle durch das sogenannte Rechtskraftszeugnis zu bescheinigen (ZPO. § 706).

Diese Vorschriften über die Rechtskraft und damit über die endgültige Vollstreckbarkeit des Urteils sind durch das Arbeitsgerichtsgesetz für die Urteile der Arbeitsgerichtsbehörden abgeändert. Nach den § 64 Abs. 1, § 72 Abs. 1 ArbGG. findet Berufung und Revision nur unter den vom unteren Gericht festzustellenden Voraussetzungen statt; ein Rechtsmittel ist also ausgeschlossen, wenn es nicht durch das untere Gericht in seinem Urteil durch die Streitwertfeststellung oder durch die Zulassung wegen grundsätzlicher Bedeutung des Rechtsstreits zugelassen worden ist (vgl. Anm. 6 zu § 64,

Anm. 6 zu § 72). Infolgedessen sind andere Urteile, abgesehen von ersten Versäumnisurteilen, im arbeitsgerichtlichen Verfahren im Gegensatz zum allgemeinen Zivilprozeß (ZPO. § 705) schon mit ihrer Verkündung rechtskräftig, was den Parteien in der Belehrung gemäß § 9 Abs. 4 ArbGG. mitzuteilen ist, und darum endgültig vollstreckbar (ebenso Dersch-Volkmar, Anm. 1a zu § 62; a. A. Baumbach, Anm. 2 zu § 62); eines Rechtskraftszeugnisses gemäß § 706 ZPO. bedarf es bei ihnen mit Rücksicht auf den Inhalt des Urteils, der durch die Belehrung der Partei noch näher erklärt wird, nicht (vgl. aber Anm. 7 Abs. 5). Erste Versäumnisurteile sind auch im arbeitsgerichtlichen Verfahren erst rechtskräftig, wenn die Einspruchsfrist ohne Einlegung eines Einspruchs verstrichen ist; zweite Versäumnisurteile der Arbeitsgerichts stehen nach den im arbeitsgerichtlichen Verfahren gemäß § 46 Abs. 2 Satz 1 ArbGG. entsprechend anwendbaren Vorschriften der § 345, § 513 Abs. 2 ZPO. wegen der Anfechtbarkeit mit der Berufung unter Einschränkung der Berufungsgründe den streitigen Urteilen gleich; eine entsprechende Belehrung erhalten die Parteien ebenfalls mit der Zustellung von Amts wegen gemäß § 9 Abs. 4 ArbGG.

Während also im allgemeinen Verfahren bürgerlicher Rechtsstreitigkeiten nur letztinstanzliche Urteile mit der Verkündung rechtskräftig werden, ist das im arbeitsgerichtlichen Verfahren bei jedem Urteil der Fall, das nicht nach seinem ausdrücklichen Inhalt der Anfechtung unterliegt. Dadurch ist die Zahl der endgültig vollstreckbaren Urteile gegenüber der der vorläufig vollstreckbaren Urteile im arbeitsgerichtlichen Verfahren erheblich größer als im allgemeinen Zivilprozeßverfahren, was das Verfahren vereinfacht und praktisch beschleunigt, weil die sofortige Vollstreckung der rechtskräftigen Urteile durch die obsiegende Partei keine Gefahren bietet.

Wegen der vorläufigen Vollstreckbarkeit im arbeitsgerichtlichen Verfahren vgl. die Anm. 6, 7.

3 Die Zwangsvollstreckung findet, außer aus Endurteilen, nach §§ 794, 928, 936 ZPO. auch aus einer Reihe anderer „Vollstreckungstitel" statt. Für das arbeitsgerichtliche Verfahren kommen davon die folgenden in Betracht (die vollstreckbare Urkunde — ZPO. § 794 Abs. 1 Nr. 5 — dürfte hier nicht in Frage kommen):

a) Vergleich (ZP. § 794 Abs. 1 Nr. 1). Der Vergleich muß nach Klageerhebung vor dem Gericht geschlossen sein, sei es im Güteverfahren gemäß § 54 ArbGG., sei es nach streitiger Verhandlung. Ist er außergerichtlich vor einem vereinbarten Schiedsgericht (ArbGG. § 97) oder vor einer vereinbarten Gütestelle (ArbGG. § 104) geschlossen worden, so muß er zunächst von dem Vorsitzenden des zuständigen Arbeitsgerichts für vollstreckbar erklärt werden (ArbGG. § 99).

b) Kostenfestsetzungsbeschluß (ZPO. § 794 Abs. 1 Nr. 2). Er spielt im Verfahren vor dem Arbeitsgericht nach dem in Anm. 4 Abs. 5 zu § 61 Gesagten nur eine geringe Rolle, bedeutsam ist er in den weiteren Rechtszügen; vgl. dazu ZPO. §§ 795a, 798.

c) Entscheidung, gegen die das Rechtsmittel der Beschwerde stattfindet (ZPO. § 794 Abs. 1 Nr. 3). Praktisch bedeutsam für das arbeitsgerichtliche Verfahren ist im wesentlichen nur das Kostenurteil gemäß § 99 Abs. 3 ZPO. (vgl. Anm. 5 Abs. 1 zu § 61).

d) **Vollstreckungsbefehl** (ZPO. § 794 Abs. 1 Nr. 4). Da das Mahnverfahren im arbeitsgerichtlichen Verfahren zulässig ist (vgl. Anm. 2 Abs. 2 zu § 46), kommt er für das arbeitsgerichtliche Verfahren in Betracht, wenn er auch praktisch hier selten sein wird. Er steht gemäß § 700 ZPO. einem vorläufig vollstreckbaren Versäumnisurteil gleich, ist ihm also auch für die Zwangsvollstreckung gleich zu behandeln. Vgl. im übrigen ZPO. § 796.

e) **Arrest und einstweilige Verfügung.** Sie sind gemäß §§ 928, 936 ZPO. Vollstreckungstitel, gleichgültig ob sie durch Urteil oder durch Beschluß erlassen sind, soweit nach ihrem Inhalt zu ihrer Vollziehung die Zwangsvollstreckung in Betracht kommen kann. Vgl. §§ 929—934, 938, 941 f. ZPO. Wegen des Näheren über Arrest und einstweilige Verfügung im arbeitsgerichtlichen Verfahren vgl. Anm. 10.

4 Die hier für die vorläufige Vollstreckbarkeit der Urteile der Arbeitsgerichte gegebenen Vorschriften gelten **entsprechend auch für die Urteile der Landesarbeitsgerichte** (ArbGG. § 64 Abs. 3; vgl. Anm. 1 Abs. 7).

5 Andere Endurteile sind mit der Verkündung rechtskräftig und darum endgültig vollstreckbar (vgl. Anm. 2 Abs. 3, 4). Bedingte Endurteile, durch die ein richterlicher Eid auferlegt wird, sind der Vollstreckung nicht fähig. Zwischenurteile sind, soweit sie nur gemeinsam mit dem Endurteil angefochten werden können (z. B. Vorabentscheidung über den Grund des Anspruchs gemäß § 304 Abs. 1 ZPO., § 61 Abs. 5 ArbGG.), ebenfalls für sich allein nicht vollstreckungsfähig. Sind sie selbständig mit der Beschwerde anfechtbar, so gilt § 794 Abs. 1 Nr. 3 ZPO. (vgl. Anm. 3c).

6 Diese Regelung bedeutet eine weitere **bedeutsame Änderung** der für das allgemeine Verfahren in bürgerlichen Rechtsstreitigkeiten geltenden Vorschriften der Zivilprozeßordnung und weicht auch von der bisherigen Regelung des § 57 Abs. 2 GGG. ab. Denn während in der allgemeinen Zivilgerichtsbarkeit nicht endgültig vollstreckbare Urteile im Urteil besonders, sei es von Amts wegen, sei es auf Antrag, gegen oder ohne Sicherheit, für **vorläufig vollstreckbar zu erklären** sind, und während § 57 Abs. 2 GGG. für die in Betracht kommenden Urteile ebenfalls die besondere Erklärung der vorläufigen Vollstreckbarkeit vorschrieb, sind nicht rechtskräftige Endurteile der Arbeitsgerichte und — gemäß § 64 Abs. 3 ArbGG. — der Landesarbeitsgerichte **von Gesetzes wegen vorläufig vollstreckbar, so daß ein Ausspruch darüber im Urteil nicht in Frage kommt**, eine Regelung, die in der deutschen Gesetzgebung neuartig ist. Ein besonderer Ausspruch im Urteil über die Vollstreckbarkeit erfolgt nur, wenn die vorläufige Vollstreckbarkeit im Ausnahmefalle gemäß § 62 Abs. 1 Satz 2 ausgeschlossen wird (vgl. Anm. 7). Enthält das unbedingte Endurteil also keinen Ausspruch über die Vollstreckbarkeit, so ist es **vollstreckbar**, sei es endgültig (vgl. oben Anm. 2), sei es vorläufig. Die Geschäftsstelle **hat** die vollstreckbare Ausfertigung, auf Grund deren die Zwangsvollstreckung erfolgt (ZPO. §§ 724, 725) — gegebenenfalls unter den Voraussetzungen der §§ 726—733 — zu erteilen.

Diese Regelung erspart für das arbeitsgerichtliche Verfahren mancherlei Weiterungen, die im allgemeinen Zivilprozeß eintreten können. Besonders bedeutsam ist, daß die Abhängigmachung der vorläufigen Vollstreckung von einer Sicherheitsleistung (wie in ZPO. § 710 Abs. 1, § 713 Abs. 1) bei dieser Regelung nicht zulässig ist, was auch dem Vollstreckungsgläubiger, der nicht über die hierzu erforderlichen Mittel verfügt, die Vornahme der Vollstreckung in jedem Fall ermöglicht, und daß das Gericht dem Vollstreckungsschuldner nicht allgemein nachlassen kann, die Vollstreckung durch Sicherheitsleistung oder Hinterlegung abzuwenden (wie für den allgemeinen Zivilprozeß im § 713 Abs. 2 ZPO. vorgesehen). Die Regelung des § 62 Abs. 1 Satz 1 ArbGG. macht die §§ 708—715, 720, § 751 Abs. 2, § 839 ZPO. und die Vorschrift des Nebensatzes im § 819 ZPO. — „sofern nicht ... abzuwenden" — für das arbeitsgerichtliche Verfahren unanwendbar; ZPO. § 716 erhält durch sie eine geänderte Bedeutung (vgl. Anm. 7 Abs. 2).

7 Die Vorschrift des § 62 Abs. 1 Satz 2 ArbGG. bezweckt gegenüber dieser weitgehenden Regelung den Schutz des Beklagten als Vollstreckungsschuldners in Notfällen. Ihr Grundgedanke entspricht dem § 712 ZPO. und der Regelung der Zivilprozeßordnung für die einstweilige Einstellung der Zwangsvollstreckung im Revisionsverfahren gegenüber einem vorläufig vollstreckbaren Urteil, gegen das Revision eingelegt ist (ZPO. § 719 Abs. 2). Befürchtet der Beklagte, daß die Vollstreckung auf Grund des vorläufig vollstreckbaren Urteils ihm einen nicht zu ersetzenden Nachteil bringen werde, so kann er im Urteilsverfahren beantragen, daß die vorläufige Vollstreckbarkeit im Urteil ausgeschlossen wird. Der Antrag muß also spätestens in der letzten mündlichen Verhandlung, auf die das Urteil ergeht, gestellt werden (ebenso wie die Anträge nach § 714 ZPO.), wird aber zweckmäßig möglichst schon bei der Klagebeantwortung — sei es schriftlich, sei es in der Güteverhandlung oder in der streitigen Verhandlung — zu stellen sein. Das Gericht muß dem Antrag stattgeben, wenn die Behauptung einer unersetzlichen Schädigung durch die vorläufige Vollstreckung von dem Beklagten glaubhaft gemacht wird (vgl. Abs. 4 dieser Anm.), und zwar ohne Sicherheitsleistung (ähnlich § 712 ZPO.). Die Glaubhaftmachung erfolgt gemäß § 294 ZPO., wenn die tatsächlichen Behauptungen des Beklagten über den Eintritt der Nachteile vom Kläger bestritten werden und die Tatsachen nicht bei dem Gericht offenkundig sind (ZPO. § 291), in derselben Weise wie eine Beweisführung, nur muß die Beweisaufnahme sofort erfolgen können; jedoch darf der Eid nicht zur Glaubhaftmachung zugeschoben werden; dagegen ist eine eidesstattliche Versicherung des Antragstellers zur Glaubhaftmachung zulässig.

Wird der Antrag gestellt, so muß die Urteilsformel eine Entscheidung über ihn enthalten, sei es, daß dem Antrag stattgegeben, sei es daß er abgelehnt wird. Voraussetzung ist aber, daß das Urteil vorläufig und nicht als — rechtskräftig — endgültig vollstreckbar ist; in diesem Falle bedarf es keiner Ablehnung des Antrags, weil er nur für den Fall der vorläufigen Vollstreckbarkeit gestellt sein kann. Enthält das vorläufig vollstreckbare Urteil keinen Ausspruch über den gestellten Antrag, so ist es auf Antrag gemäß ZPO. §§ 716, 321 (vgl. Anm. 6 a. E.) durch nachträgliche Entscheidung zu ergänzen (ebenso Baumbach, Anm. 3 zu § 62). Die Entscheidung über den Antrag muß in jedem Falle in den Entscheidungsgründen begründet werden. Der Ausspruch in der Urteilsformel hat bei Stattgabe etwa zu lauten: „Die vorläufige Vollstreckbarkeit wird ausgeschlossen", bei Ablehnung des Antrags: „Der Antrag des Beklagten, die vorläufige Vollstreckbarkeit auszuschließen, wird abgelehnt."

Nach der Fassung der Vorschrift kann der Antrag nur von dem Beklagten gestellt werden; Beklagter ist aber auch der Widerbeklagte. Dagegen kann der

Antrag nicht von dem Kläger wegen der Prozeßkosten für den Fall der Abweisung der Klage gestellt werden. Die Vorschrift des § 62 Abs. 1 Satz 2 ArbGG. stellt eine Ausnahme dar, die nur im Notfall angewendet werden soll; ein solcher Notfall hinsichtlich der im allgemeinen schon mit Rücksicht auf den Streitgegenstand nicht sehr hohen Prozeßkosten wird vom Gesetz nicht angenommen (a. A. Baumbach, Anm. 3 a. E. zu § 62).

Wann der Fall vorliegt, daß die vorläufige Vollstreckung dem Beklagten einen nicht zu ersetzenden Nachteil bringen würde, hat das Arbeitsgericht nach pflichtmäßigem Ermessen zu entscheiden; es muß dabei davon ausgehen, daß die Regelung des § 62 Abs. 1 Satz 2 ArbGG. nur für besondere Ausnahmefälle geschaffen ist. Nicht zu ersetzen ist ein Nachteil nur dann, wenn die Wirkung der Vollstreckung nicht wieder rückgängig gemacht werden kann oder wenn für den Beklagten unter Berücksichtigung aller Umstände keine Möglichkeit besteht, bei Aufhebung oder Abänderung des Urteils den beigetriebenen Urteilsbetrag im Wege des § 717 ZPO., der gemäß § 62 Abs. 2 ArbGG. für das arbeitsgerichtliche Verfahren unmittelbar gilt, wiederzuerlangen. Es genügt also nicht etwa die Schwierigkeit der Wiedererlangung, die vom Beklagten z. B. allgemein damit begründet wird, daß der Kläger als Arbeiter oder Angestellter mit geringem Gehalt die Urteilssumme nicht werde zurückzahlen können; es muß vielmehr in diesem Falle geprüft werden, ob und inwieweit anzunehmen ist, daß der Kläger vor Rechtskraft des Urteils den auf Grund des vorläufig vollstreckbaren Urteils erlangten Betrag angreifen wird, und ob insoweit nicht eine Rückbeitreibung von ihm, notfalls im Wege der Lohn- oder Gehaltspfändung, wenn auch nicht sofort, so doch in absehbarer Zeit möglich sein wird (ebenso im Ergebnis: Dersch-Volkmar, Anm. 2 zu § 62; Baumbach, Anm. 3 zu § 62). Die Regelung soll — bei aller Berücksichtigung schutzbedürftiger Interessen des Beklagten — doch verhindern, daß die endgültige Entscheidung des Rechtsstreits durch Einlegung eines Rechtsmittels oder des Einspruchs lediglich zur vorläufigen Abwendung der Zwangsvollstreckung verschleppt wird (Begr. S. 42).

Wird die vorläufige Vollstreckbarkeit gemäß § 62 Abs. 1 Satz 2 ausgeschlossen, so kann die Vollstreckung erst nach Rechtskraft der Entscheidung erfolgen. Ergibt sich deren Vorliegen nicht aus dem Urteil selbst, so bedarf es hier des Rechtskraftszeugnisses gemäß § 706 ZPO. (ebenso Dersch-Volkmar, Anm. 4, II, A, a zu § 62).

[8] Die Vorschriften der §§ 707, 719 ZPO. regeln die Möglichkeit der nachträglichen einstweiligen Einstellung der Zwangsvollstreckung oder Aufhebung von Vollstreckungsmaßnahmen durch das nunmehr mit der Sache befaßte Gericht bei Beantragung der Wiedereinsetzung in den vorigen Stand (z. B. wenn die Frist zum Einspruch gegen ein Versäumnisurteil versäumt ist) oder Wiederaufnahme des Verfahrens (ArbGG. § 79 in Verbindung mit §§ 578ff. ZPO.) gegen ein rechtskräftiges Urteil (ZPO. § 707) oder bei Einlegung des Einspruchs oder der Berufung gegen ein nicht rechtskräftiges, aber vorläufig vollstreckbares Urteil (ZPO. § 719). Sie gehen von dem Grundsatz aus, daß das jetzt mit der Sache befaßte Gericht die Möglichkeit haben soll, zu entscheiden, ob die Zwangsvollstreckung auch gegenüber dem neuen Verfahren, das zu einer Aufhebung oder Abänderung des ursprünglichen Urteils führen kann, fortgesetzt werden soll.

Diese Möglichkeit wird durch ArbGG. § 62 Abs. 1 Satz 3 im Sinne der Vorschrift des § 62 Abs. 1 Satz 2 eingeschränkt. Die nachträgliche einstweilige Einstellung ist ebenfalls nur auf Antrag des in dem Urteil als Beklagten aufgeführten Vollstreckungsschuldners zulässig, wenn er glaubhaft macht, daß die Fortführung der Zwangsvollstreckung ihm einen nicht zu ersetzenden Nachteil bringen würde (vgl. Anm. 7 Abs. 4). Alsdann kann sie ohne Sicherheitsleistung erfolgen, das Erfordern einer Sicherheitsleistung ist auch hier wegen der Bezugnahme auf § 62 Abs. 1 Satz 2 nicht zugelassen, ebensowenig aus demselben Grunde das Abhängigmachen der Zwangsvollstreckung von einer Sicherheitsleistung des Vollstreckungsgläubigers (ebenso Dersch-Volkmar, Anm. 3 zu § 62; a. A. Baumbach, Anm. 5 zu § 62). Die Fassung der Vorschrift besagt aber auch weiter, daß nur die Zwangsvollstreckung eingestellt werden kann, daß also die weiter im § 707 ZPO. vorgesehene Aufhebung erfolgter Vollstreckungsmaßregeln nicht zulässig ist (a. A. Dersch-Volkmar, Anm. 3 zu § 62, Anm. 8 a. E. zu § 58; Baumbach, Anm. 5 zu § 62). Die Auslegung entspricht auch der entsprechenden, auch für das arbeitsgerichtliche Verfahren unmittelbar anwendbaren Muß-Vorschrift des § 719 Abs. 2 ZPO. für den Fall der Einlegung der Revision gegen ein vorläufig vollstreckbares Urteil.

Im einzelnen ist zu den verschiedenen Fällen der §§ 707, 719 ZPO. folgendes zu sagen:

a) Wird der Einspruch gegen ein Versäumnisurteil oder einen Vollstreckungsbefehl (ZPO. § 700) des Arbeitsgerichts eingelegt, so kann der Antrag auf einstweilige Einstellung der Zwangsvollstreckung bei der Einlegung des Einspruchs gestellt werden. Über den Antrag entscheidet gemäß § 62 Abs. 1 Satz 3 ArbGG., § 719 Abs. 1, § 707 Abs. 2 ZPO. der Vorsitzende des Arbeitsgerichts allein, falls die Entscheidung, wie zulässig, aber kaum zweckmäßig, ohne vorgängige mündliche Verhandlung erfolgt, sonst die Kammer; die Entscheidung ist endgültig. Entsprechendes gilt, wenn es sich um ein Versäumnisurteil des Landesarbeitsgerichts oder des Reichsarbeitsgerichts handelt (ArbGG. § 64 Abs. 3, § 72 Abs. 3 in Verbindung mit § 53 Abs. 1).

b) Wird Berufung gegen ein vorläufig vollstreckbares Urteil des Arbeitsgerichts eingelegt, so kann auf Antrag die einstweilige Einstellung beim Vorliegen der Voraussetzungen des § 62 Abs. 1 Satz 3 ArbGG. durch das Landesarbeitsgericht endgültig beschlossen werden, und zwar gemäß § 64 Abs. 3 in Verbindung mit § 53 Abs. 1 ArbGG. durch den Vorsitzenden allein, wenn über den Antrag keine mündliche Verhandlung stattfindet (vgl. a). Wird die Berufung gemäß ArbGG. § 66 Abs. 2 Satz 1, ZPO. § 519b als unzulässig verworfen, so ist gleichzeitig der Antrag zurückzuweisen.

c) Im Falle der Revision gegen ein vorläufig vollstreckbares Urteil des Landesarbeitsgerichts oder der Sprungrevision (ArbGG. § 76) gegen ein Urteil des Arbeitsgerichts gelten die Vorschriften des § 719 Abs. 2, 3 ZPO. in Verbindung mit § 72 Abs. 3, § 53 Abs. 1 ArbGG. und § 74 Abs. 2 Satz 1 ArbGG. in Verbindung mit § 554a ZPO. (vgl. a).

d) Bei Stellung des Antrags in Verbindung mit dem Antrag auf Wiedereinsetzung in den vorigen Stand oder auf Wiederaufnahme des Verfahrens entscheidet die für den Hauptantrag zuständige Arbeitsgerichtsbehörde (für die Wiederaufnahme vgl. § 584 ZPO.); Entscheidung durch den

Vorsitzenden der Arbeitsgerichtsbehörde allein, falls ohne mündliche Verhandlung, gemäß § 707 Abs. 2 Satz 1 ZPO. in Verbindung mit ArbGG. § 53 Abs. 1, § 64 Abs. 3, § 72 Abs. 3; Entscheidung endgültig gemäß ZPO. § 707 Abs. 2 Satz 2.

Wird das ursprüngliche Urteil bestätigt, so tritt die einstweilige Einstellung ohne weiteres außer Kraft (ebenso Baumbach, Anm. 5 a. E. zu § 62).

9 Die Vorschrift des § 62 Abs. 2 ArbGG. entspricht der bisherigen des § 57 Abs. 4 Satz 1 GGG. (vgl. Anm. 1 Abs. 5). Wegen der Auslegung der unmittelbar anwendbaren Vorschriften des Achten Buchs der Zivilprozeßordnung (vgl. Anm. 1 Abs. 1—5) vgl. die Fußnote bei Anm. 5 Abs. 4 zu § 46. Hier sind nur die für die Vollstreckung arbeitsgerichtlicher Urteile besonders bedeutsamen Einzelheiten der Vollstreckungsregelung zu erörtern.

a) Vollstreckungsbehörden. Vgl. hierzu Anm. 1.

b) Voraussetzungen der Zwangsvollstreckung. Voraussetzung der Zwangsvollstreckung ist vor allem das Vorliegen eines vollstreckbaren Titels, also eines rechtskräftigen oder vorläufig vollstreckbaren Urteils oder eines der in Anm. 3 zu a bis e genannten Titels; wegen der Vollstreckung für und gegen Rechtsnachfolger der im Urteil genannten Parteien vgl. ZPO. §§ 727 bis 729, wegen der Vollstreckung in besondere Vermögensmassen vgl. ZPO. §§ 735—749.

Von diesem Titel muß dem die Vollstreckung betreibenden Gläubiger gemäß ZPO. §§ 724, 725 eine mit der Vollstreckungsklausel versehene Ausfertigung — vollstreckbare Ausfertigung — erteilt sein, soweit die §§ 795a, 796, 929 Abs. 1 ZPO. nichts anderes vorschreiben; wegen der Vollstreckungsvoraussetzungen bei Vergleichen vor vereinbarten Schiedsgerichten oder Gütestellen vgl. Anm. 3, a. Die vollstreckbare Ausfertigung wird bei Urteilen der Arbeitsgerichtsbehörden grundsätzlich, aber mit gewissen Ausnahmen (ZPO. § 726 Abs. 1, §§ 727—729, 733, 738, 742, 744, 745, 749), selbständig von der Geschäftsstelle des Arbeitsgerichts oder, wenn sich die Akten bei der Arbeitsgerichtsbehörde eines weiteren Rechtszuges (Landesarbeitsgericht, Reichsarbeitsgericht) befinden, von deren Geschäftsstelle erteilt, in den Ausnahmefällen auf Anordnung des Vorsitzenden der Arbeitsgerichtsbehörde (ZPO. § 730; vgl. Anm. 9 Abs. 2 zu § 46); notfalls muß bei dem Arbeitsgericht auf Erteilung der Vollstreckungsklausel geklagt werden (ZPO. § 731).

Eine weitere Voraussetzung der Zwangsvollstreckung ist die Zustellung des Vollstreckungstitels (ZPO. § 750 Abs. 1), gegebenenfalls auch der Vollstreckungsklausel (ZPO. § 750 Abs. 2) bzw. auch der Ablauf des Kalendertages, von dessen Eintritt die Geltendmachung des Anspruchs abhängig ist (ZPO. § 751 Abs. 1; vgl. Anm. 17 Abs. 2 zu § 61). Die Urteile der Arbeitsgerichte sind nach § 50 ArbGG. von Amts wegen zuzustellen, infolgedessen ist bei ihnen die mit dem Beginn der Zwangsvollstreckung gleichzeitige Zustellung auf Betreiben des Gläubigers durch den Gerichtsvollzieher nicht möglich, ihre Zustellung muß vielmehr vor Beginn der Zwangsvollstreckung abgewartet werden; um so notwendiger ist eine rasche Zustellung nach Erlaß des Urteils. Dagegen können die Vollstreckungsklausel, wo es ihrer Zustellung bedarf (ZPO. § 750 Abs. 2), und die Urteile der Landesarbeitsgerichte und des Reichsarbeitsgerichts, gleichzeitig mit dem Beginn der Zwangsvollstreckung vom Gerichtsvollzieher zugestellt werden, da hier mangels anderweiter Regelung des Arbeitsgerichtsgesetzes für die Zustellung der Parteibetrieb gilt (ebenso Dersch-Volkmar, Anm. 4, II, B zu § 62)

Der Auftrag zur Zwangsvollstreckung muß vom Gläubiger, möglicherweise durch Vermittelung der Geschäftsstelle des Arbeitsgerichts als Prozeßgerichts (vgl. Anm. 1 Abs. 4) oder des Amtsgerichts als Vollstreckungsgerichts, an den Gerichtsvollzieher erteilt werden, soweit die Vollstreckung nicht auf Antrag des Gläubigers durch das Vollstreckungsgericht erfolgen muß (ZPO. § 753). Die gesamte Zwangsvollstreckung erfolgt nur auf Betreiben des Gläubigers. Soweit hierbei nicht das Arbeitsgericht angegangen werden muß, kann sich der Gläubiger auch eines Rechtsanwalts als Prozeßbevollmächtigtem bedienen (ebenso Dersch-Volkmar, Anm. 4, II, D a. E zu § 62).

c) Besondere Verfahren innerhalb der Zwangsvollstreckung. Daß der Zwangsvollstreckungsgläubiger gemäß ZPO. § 731 notfalls beim Arbeitsgericht auf Erteilung der Vollstreckungsklausel klagen muß, ist schon zu b, Abs. 2 a. E. erwähnt. Der Schuldner kann Einwendungen, welche die Zulässigkeit der Vollstreckungsklausel betreffen, bei der Arbeitsgerichtsbehörde, deren Geschäftsstelle die Klausel erteilt hat, erheben. Diese entscheidet darüber durch Beschluß, möglicherweise ohne mündliche Verhandlung, also durch den Vorsitzenden allein (ZPO. § 732, ArbGG. § 53 Abs. 1, § 64 Abs. 3, § 72 Abs. 3). Bestreitet der Schuldner den bei der Erteilung der Vollstreckungsklausel als bewiesen angenommenen Eintritt der Voraussetzung dafür, so kann er statt dessen auch Klage beim Arbeitsgericht erheben (ZPO. § 768).

Besonders wichtig ist die sogenannte Vollstreckungsgegenklage des Schuldners (ZPO. §§ 767, 769, 770). Sind nach Schluß der letzten mündlichen Verhandlung durch Einspruch nicht mehr geltend zu machende Einwendungen gegen den durch das Urteil festgestellten Anspruch entstanden (z. B.: der Schuldner hat die Urteilssumme gezahlt, sie ist ihm gestundet worden, er hat — bei Urteilen gemäß ArbGG. § 61 Abs. 2 — die Handlung vorgenommen — vgl. Anm. 17 Abs. 2 zu § 61 — usw.), so muß sie der Kläger, und zwar sämtliche Einwendungen gleichzeitig, im Wege der Klage beim Arbeitsgericht geltend machen (ZPO. § 767). Das Arbeitsgericht, in besonders dringenden, praktisch aber wohl kaum vorkommenden Fällen das Amtsgericht als Vollstreckungsgericht, kann in diesem Falle gemäß § 769 ZPO. auf Antrag nach Glaubhaftmachung anordnen daß „bis zur Erlassung des Urteils die Zwangsvollstreckung gegen oder ohne Sicherheitsleistung eingestellt oder nur gegen Sicherheitsleistung fortgesetzt werde und daß die erfolgten Vollstreckungsmaßregeln gegen Sicherheitsleistung aufzuheben seien"; entsprechende Anordnungen kann es auch im Urteil treffen (ZPO. § 770). Diese Vorschriften sind im Arbeitsgerichtsgesetz nicht, wie die entsprechenden der § 707 Abs. 1 § 719 Abs. 1 ZPO. in § 62 Abs. 1 Satz 3, abgeändert, obwohl das wohl sinnentsprechend gewesen wäre; es wird sich daher, da es Kann-Vorschriften sind, empfehlen, sie praktisch nur in der gleichen Weise anzuwenden wie die des § 707 Abs. 1, § 719 Abs. 1 ZPO. in ihrer durch § 62 Abs. 1 Satz 3 ArbGG. geänderten Form.

Behauptet ein Dritter, daß ihm an dem Gegenstand der Vollstreckung ein die Veräußerung hinderndes Recht zustehe (z. B., daß die gepfändete Sache sein Eigentum sei), so hat er gegen die Zwangsvollstreckung die Widerspruchsklage beim Amtsgericht, in dessen Bezirk die Vollstreckung erfolgt, als Vollstreckungsgericht oder — bei Überschreitung der Wertgrenze — bei dem übergeordneten Landgericht zu erheben (sog. Vollstreckungsintervention, ZPO. §§ 771—774). Die Klage richtet sich gegen den Vollstreckungsgläubiger oder gegen den Gläubiger und den Schuldner als Streitgenossen (ZPO. § 771 Abs. 2). Die Einstellung der Zwangsvollstreckung ist im allgemeinen entsprechend gemäß §§ 769, 770 ZPO. zulässig (ZPO. § 771 Abs. 3; vgl. den vorigen Absatz dieser Anm.). Für die Widerspruchsklage ist also, anders als für die Vollstreckungsgegenklage, nicht das Arbeitsgericht, sondern das allgemeine Gericht zuständig; denn ihr Gegenstand, die Frage, ob dem Dritten an dem Gegenstand ein dingliches Recht zusteht, ist keine Frage des Arbeitsrechts, sondern das allgemeinen Rechts.

Alle übrigen Anträge, Erinnerungen und Einwendungen des Gläubigers oder des Schuldners oder eines Dritten, betreffend die Art und Weise der Zwangsvollstreckung oder das Verfahren des Gerichtsvollziehers, sind an das Amtsgericht als Vollstreckungsgericht zu richten. Dieses entscheidet über sie durch Beschluß (ZPO. § 766). Gegen den Beschluß findet gemäß ZPO. § 793 auch dann sofortige Beschwerde an das Landgericht statt, wenn der Beschluß auf mündliche Verhandlung ergangen ist.

10 Wenngleich das Verfahren auf Erlaß eines Arrests oder einer einstweiligen Verfügung sachlich nicht zur Zwangsvollstreckung gehört, was in der Fassung des § 57 Abs. 4 Satz 1 GGG. zum Ausdruck gebracht wurde, finden nach § 62 Abs. 2 ArbGG. die maßgebenden Vorschriften des Achten Buchs der Zivilprozeßordnung (ZPO. §§ 916—945) auch bezüglich des Arrests und der einstweiligen Verfügung in bürgerlichen Rechtsstreitigkeiten nach § 2 Nr. 1—4 und § 3 ArbGG. nicht nur entsprechende, sondern unmittelbare Anwendung. Infolgedessen sind auch hier die Arbeitsgerichtsbehörden nur insoweit zuständig, als nach den Vorschriften der Zivilprozeßordnung das „Gericht der Hauptsache" zuständig ist (ZPO. § 943). Soweit diese ausdrücklich das Amtsgericht für zuständig erklären, geschieht dies wegen seiner allgemeinen Zuständigkeit als Vollstreckungsgericht, so daß die Zuständigkeit auch in Arbeitsrechtsstreitigkeiten gegeben ist (ebenso Dersch-Volkmar, Anm. 4 F Abs. 3, 4 zu § 62; Schmincke-Sell, Anm. 7 Abs. 2, Anm. 8 Abs. 3 zu § 62; Held-Lieb-Gift, Anm. 5 Abs. 2, 7 zu § 62; a. A. Baumbach, Anm. 7 C a. A. zu § 62). Praktisch wird jedoch ein Verfahren vor dem Amtsgericht kaum in Frage kommen, da das Verfahren vor dem Arbeitsgericht keineswegs langsamer ist und zweckmäßig nur dort, vor dem Gericht der Hauptsache, geführt wird. Ist im Arrestverfahren die Hauptsache nicht anhängig, so muß das Arrestgericht auf Antrag gemäß § 926 ZPO. eine Frist zur Erhebung der Klage in der Hauptsache vor dem Arbeitsgericht setzen. Die einstweilige Verfügung kann gemäß § 942 vom Amtsgericht nur in dringenden Fällen und nur unter Bestimmung einer Frist erlassen werden, innerhalb welcher der Gegner zur mündlichen Verhand-

lung über die Rechtmäßigkeit der einstweiligen Verfügung vor das Gericht der Hauptsache zu laden ist; ein solcher dringender Fall kann aber nur angenommen werden, wenn das zuständige Arbeitsgericht besonders schwer zu erreichen sein sollte (ebenso Dersch-Volkmar, Anm. 4 F Abs. 4 a. E. zu § 62; Held-Lieb-Gift, Anm. 5 Abs. 7 a. E.).

Im einzelnen ist über Arrest und einstweilige Verfügung in Arbeitssachen folgendes zu sagen:

a) Arrest. Der Arrest findet nach ZPO. § 916 zur Sicherung der Zwangsvollstreckung grundsätzlich wegen einer Geldforderung statt. Er wird deshalb bei der Möglichkeit der schleunigen Erlangung eines mindestens vorläufig vollstreckbaren Titels in Form des Urteils das Arbeitsgericht in der Arbeitsrechtspflege kaum eine Rolle spielen, wie von ihm auch im bisherigen gewerbegerichtlichen und kaufmannsgerichtlichen Verfahren so gut wie nie Gebrauch gemacht worden ist. Er ist in der Gestalt des dinglichen Arrestes (ZPO. §§ 917, 930—932) in bewegliche Sachen durch deren Pfändung, in unbewegliche Sachen durch Eintragung einer Sicherheitshypothek durchführbar, in Gestalt des persönlichen Arrestes (ZPO. §§ 918, 933) durch Haft oder Beschränkung der persönlichen Freiheit des Arrestgegners.

Das prozeßgerichtliche Verfahren ist in den §§ 919—927 ZPO., das Vollziehungsverfahren in den §§ 928—934 ZPO. geregelt. Anspruch und Arrestgrund sind im Gesuch um Anordnung des Arrestes glaubhaft zu machen; dieses kann zur Niederschrift der Geschäftsstelle gestellt werden (ZPO. § 920). Ob die Entscheidung ohne mündliche Verhandlung erfolgt oder auf mündliche Verhandlung, bestimmt der Vorsitzende der Arbeitsgerichtsbehörde nach pflichtmäßigem Ermessen (ZPO. § 921 Abs. 1 in Verbindung mit ArbGG. § 53 Abs. 1, § 64 Abs. 3, § 72 Abs. 3). Auch wenn keine mündliche Verhandlung stattgefunden hat, erfolgt sie, außer in den Fällen des § 944 ZPO, durch Beschluß der Kammer, nicht des Vorsitzenden allein (vgl. Anm. 3 Abs. 1 zu § 53). Nach mündlicher Verhandlung muß die Entscheidung als Urteil ergehen; es gelten dann alle Vorschriften des Arbeitsgerichtsgesetzes für das Urteilsverfahren, auch die Vorschriften über die Güteverhandlung, nur bedarf es statt des Beweises lediglich der Glaubhaftmachung. Gegen den anordnenden Beschluß kann der Gegner Widerspruch erheben, der zur mündlichen Verhandlung vor dem Arrestgericht und zu dessen Urteil führt (ZPO. §§ 924, 925). Gegen das anordnende Urteil findet unter denselben Voraussetzungen wie gegen ein anderes Endurteil des Arbeitsgerichts (ArbGG. § 64 Abs. 1) die Berufung statt; dagegen ist die Revision im arbeitsgerichtlichen Arrestverfahren gemäß ArbGG. § 72 Abs. 1 Satz 2 nicht zulässig.

Erweist sich die Anordnung eines Arrestes später als von Anfang an ungerechtfertigt oder wird er aufgehoben, weil die Haup sache nicht fristgemäß anhängig gemacht worden ist (ZPO. § 926), so ist die Partei, die den Arrest erwirkt hat, der anderen zu vollem Schadenersatz verpflichtet (ZPO. § 954).

b) Einstweilige Verfügungen (ZPO. §§ 935—942) sind in Beziehung auf den Streitgegenstand zulässig, wenn eine Veränderung des bestehenden Zustandes die Vereitelung oder wesentliche Erschwerung der Verwirklichung des Rechts einer Partei befürchten läßt (ZPO. § 935) oder zum Zwecke der Regelung eines einstweiligen Zustandes in bezug auf ein streitiges Rechtsverhältnis, sofern die Regelung, insbesondere bei dauernden Rechtsverhältnissen, aus wichtigen Gründen nötig erscheint (ZPO. § 940). Diese unklare auf die Verhältnisse des Arbeitslebens jedenfalls schwer anwendbare Regelung der Zivilprozeßordnung gibt in der Praxis Anlaß zu vielen Zweifeln über die Zulässigkeit einer einstweiligen Verfügung. Zusammenfassend läßt sich nur sagen, daß die einstweilige Verfügung nach ihrer Zweckbestimmung niemals die Befriedigung eines Anspruchs vorwegnehmen darf, sondern daß sie nur dazu dienen kann, die Möglichkeit einer späteren Befriedigung, abgesehen von der Sicherung der Zwangsvollstreckung, der der Arrest dient, zu erhalten. Die von Baumbach, Anm. 7 B, b und C a. E. erwähnte angebliche Ausnahme von diesem Grundsatz — gemeint ist wohl die einstweilige Verfügung auf Unterhaltsgewährung im Familienprozeß — ist in Wirklichkeit keine Ausnahme, denn auch hier dient die einstweilige Verfügung nicht der Befriedigung, sondern der Wahrung des Rechts auf Unterhalt vom Beginn des Prozesses an, im übrigen aber kommt sie nur für den Familienprozeß, insbesondere den Eheprozeß, in Betracht, ist also im arbeitsgerichtlichen Verfahren jedenfalls ohne Bedeutung.

In Arbeitsrechtsstreitigkeiten kann die einstweilige Verfügung, anders als der Arrest (vgl. a, Abs. 1), mit Rücksicht auf die Regelung des Tarifvertragsverhältnisses oder des Arbeitsverhältnisses als Dauerverhältnisses eine gewisse Rolle spielen. Doch wird hier besonders zu beachten sein, daß die etwa zu erlassende einstweilige Verfügung nicht die Befriedigung des Hauptanspruchs nach seiner besonderen Natur vorwegnehmen kann. Wird z. B. von einer Tarifvertragspartei gegen die andere gemäß § 2 Abs. 1 Nr. 1 ArbGG. auf Schadenersatz wegen Tarifvertragsverletzung durch Streik oder Aussperrung geklagt, so kann nicht inzwischen durch einstweilige Verfügung der beklagten Partei die Unterstützung des Streiks oder der Aussperrung verboten werden, wie das mitunter geschehen ist, denn eine derartige Anordnung würde praktisch den Rechtsstreit im voraus beenden. Solange die Vorschriften der §§ 935, 940 ZPO. in ihrer jetzigen Fassung bestehen, werden die Arbeitsgerichtsbehörden also in ihrer Auslegung sehr vorsichtig verfahren müssen.

Grundsätzlich finden auf das Verfahren bei Anträgen auf Anordnung einer einstweiligen Verfügung die Vorschriften über das Arrestverfahren entsprechende Anwendung (ZPO. § 936; vgl. a, Abs. 2, 3), jedoch ist für die Erlassung, abgesehen von dem Falle des § 942 ZPO. (vgl. Abs. 1 a. E. dieser Anm.), das Gericht der Hauptsache zuständig (ZPO. § 937 Abs. 1), also, falls der Hauptstreit noch nicht oder vor dem Arbeitsgericht anhängig ist, das Arbeitsgericht, falls er vor dem Landesarbeitsgericht anhängig ist, dieses (ZPO. § 943). Wegen der Form der Anordnung vgl. a, Abs. 2. Ihrem Inhalte nach kann die einstweilige Verfügung jede Maßnahme enthalten, die das Gericht nach freiem Ermessen für erforderlich hält (ZPO. § 938).

§ 63

Verfahren in besonderen Fällen[1]

(1) Hat in den Fällen der §§ 86, 87 des Betriebsrätegesetzes die Betriebsvertretung die Klage erhoben[2], so wird die vollstreckbare Aus-

fertigung[3] eines der Klage stattgebenden Urteils[4] dem beteiligten Arbeitnehmer erteilt[5]. Sie wird nur erteilt[6], wenn der Arbeitnehmer nachweist[7], daß der Arbeitgeber die Weiterbeschäftigung abgelehnt oder sich binnen der in dem § 87 Abs. 3 des Betriebsrätegesetzes festgesetzten Frist nicht erklärt hat[8]. Der Nachweis kann auch durch Versicherung an Eides Statt geführt werden[9].

(2) **Wird die Klage der Betriebsvertretung abgewiesen, so bleiben die Kosten außer Ansatz.[10]**

1 Die Vorschriften über das Verfahren in besonderen Fällen des § 63 ArbGG. wie des § 71 ArbGG. beziehen sich lediglich auf die bürgerlichen Rechtsstreitigkeiten nach § 2 Abs. 1 Nr. 4 ArbGG., also auf die sog. Einspruchsverfahren nach §§ 86, 87 BRG. Diese Vorschriften des Betriebsrätegesetzes sind durch § 112 Abs. 1 Nr. 7, 8 ArbGG. entsprechend geändert, weil sie in ihrer ursprünglichen Fassung auf ein Einspruchsverfahren vor dem Schlichtungsausschuß zugeschnitten waren. Praktisch ist diese Änderung — ohne ausdrückliche Änderung des Wortlauts der §§ 86, 87 BRG. — schon durch Art. II § 1 Nr. 1 der SchlVO. und durch § 4 Abs. 2, 3 der 1. AVOSchlVO. vorgenommen worden, die die Einspruchsverfahren vor die vorläufigen Arbeitsgerichte an Stelle der bis dahin zuständigen Schlichtungsausschüsse verwiesen und damit das Einspruchsverfahren, soweit es sich vor dem vorläufigen Arbeitsgericht abspielt, zu einem gerichtlichen Verfahren machte. Das Arbeitsgerichtsgesetz hat die sachlichen Änderungen des Betriebsrätegesetzes durch die Schlichtungsverordnung und die Erste Ausführungsverordnung zu ihr vollinhaltlich übernommen und lediglich einerseits die Verfahrensvorschriften in den Rahmen des Arbeitsgerichtsgesetzes eingebaut (ArbGG. § 2 Abs. 1 Nr. 4, § 10, § 63), andererseits die Vorschriften des Betriebsrätegesetzes ausdrücklich abgeändert (ArbGG. § 112 Abs. 1 Nr. 7, 8); außerdem hat es die bisher endgültigen erstinstanzlichen Urteile im Einspruchsverfahren (SchlVO. Art. II § 2 Abs. 1 Satz 2, 1. AVOSchlVO. § 3 Abs. 1) berufungsfähig, aber nicht revisionsfähig gemacht (ArbGG. § 8 Abs. 3, 4, § 64 Abs. 1, § 71, § 72 Abs. 1 Satz 1; Näheres vgl. in Anm. 5 zu § 8).

Über die materiellrechtliche Natur des etwaigen Anspruchs des gekündigten Arbeitnehmers auf Weiterbeschäftigung oder Entschädigung vgl. die Anmerkungen von Flatow zu §§ 84ff. BRG., insbesondere Anm. 4 zu § 87 BRG. Hier ist nur die entsprechende Gestaltung des arbeitsgerichtlichen Verfahrens zu behandeln. Das Verfahren in den bürgerlichen Rechtsstreitigkeiten aus den §§ 86, 87 BRG. bietet Besonderheiten, die sich nach ihrer Entstehung in drei Gruppen einteilen lassen: a) Besonderheiten aus der Zulässigkeit der Anrufung des Arbeitsgerichts durch den Gruppenrat (BRG. § 86 Abs. 1 Satz 3), b) Besonderheiten aus der Wahlbefugnis des verurteilten Arbeitgebers zwischen Weiterbeschäftigung und Entschädigung (BRG. § 87 Abs. 1 Satz 1), c) Besonderheiten aus dem verschiedenen Rechtsmittelzug (vgl. Abs. 1 dieser Anm.) bei Verbindung von Einspruchsklagen mit anderen Klagen aus dem Arbeitsverhältnis. Diese Besonderheiten sind im Arbeitsgerichtsgesetz nur zu einem Teil im § 63 behandelt, zu einem weiteren Teil im § 10 und im § 71

ArbGG., zu erheblichen Teilen muß jedoch ihre Regelung aus der Auslegung allgemeiner Vorschriften des Arbeitsgerichtsgesetzes entnommen werden. Um eine Übersicht zu erlangen, sollen sie hier im Zusammenhang erörtert werden.

a) Zulässigkeit der Anrufung des Arbeitsgerichts durch den Gruppenrat. Die Zulässigkeit ergibt sich aus BRG. § 86 Abs. 1 Satz 3, der auch durch das Arbeitsgerichtsgesetz nicht geändert ist. Auf diese Vorschrift nehmen vielmehr ArbGG. § 10, § 63 Abs. 1 Satz 1, Abs. 2, § 71 Bezug. ArbGG. § 10 erklärt für Klagen aus §§ 86, 87 BRG. die Arbeiterschaft und die Angestelltenschaft der Betriebe für parteifähig, so daß der entsprechende Gruppenrat im Prozeß nur als gesetzlicher Vertreter der Arbeiterschaft oder der Angestelltenschaft anzusehen sein dürfte; gleichwohl ist die Ausdrucksweise des § 86 Abs. 1 Satz 3 vom Arbeitsgerichtsgesetz unverändert gelassen und die des § 63 Abs. 1 Satz 1, Abs. 2 und des § 71 ihr angepaßt. Aus § 10 ArbGG. ist zu entnehmen, daß durch seine Regelung die alte Streitfrage, ob die Gruppe der Arbeitnehmerschaft oder der Gruppenrat selbst Inhaber des Rechts sei, im Sinne der ersten Alternative entschieden werden sollte; zuzugeben ist aber, daß die erwähnten weiteren Fassungen wieder zu Zweifeln Anlaß geben (vgl. Anm. 5 zu § 10; Flatow-Joachim, Anm. 3 Abs. 2 zu § 4 der 1. AVOSchlVO.; Flatow, Anm. 7 Abs. 3 zu § 86 BRG.). Für das arbeitsgerichtliche Verfahren ist die Entscheidung der Frage im allgemeinen ohne wesentliche Bedeutung; es dürfte jedoch nach § 10 ArbGG. erforderlich sein, daß in der Klage als Partei die Arbeiterschaft oder die Angestelltenschaft des Betriebs bezeichnet wird (vgl. Anm. 5 zu § 10; ebenso Dersch-Volkmar, Anhang, V, 2; V, 4, a). Auch im folgenden wird die Gruppe als Partei bezeichnet werden.

Der der Klage zugrundeliegende materiellrechtliche Anspruch ist ein Anspruch des gekündigten Arbeitnehmers aus dem Arbeitsverhältnis (vgl. Begr, S. 24f.; Flatow, Anm. 4 — S. 384 — zu § 87; Flatow-Joachim, Anm. 3, b, Abs. 1 zu § 4 der 1. AVOSchlVO.). Jedoch entsteht dieser Anspruch des Arbeitnehmers nach der eigenartigen Verknüpfung kollektivrechtlicher und individualrechtlicher Momente in der Regelung des Betriebsrätegesetzes grundsätzlich (Ausnahme: vgl. Flatow, Anm. 6 Abs. 2 zu § 84 BRG.) erst durch die Billigung seines Einspruchs durch die zuständige Betriebsvertretung, die über die Billigung endgültig erst nach Führung der Verständigungsverhandlungen mit dem Arbeitgeber entscheiden kann (ebenso Flatow-Joachim, Anm. 1, B, Abs. 1 zu Art. II § 1 SchlVO.; a. A. Dersch-Volkmar, Anhang, IV, 4).

Während also der materiellrechtliche Anspruch in den Klagen aus BRG. §§ 86, 87 allein ein Anspruch des gekündigten Arbeitnehmers ist, steht das Klagerecht, also das Recht, diesen Anspruch im Prozeßwege zu verfolgen, sowohl ihm wie der Gesamtpersönlichkeit der in Betracht kommenden Gruppe der Arbeitnehmerschaft zu. Gleichwohl besteht nur ein Klagerecht, so daß es jedenfalls für die Instanz verbraucht ist, wenn eine der beiden klageberechtigten Personen es durch Klageerhebung geltend macht; dies folgt aus der Fassung der § 86 Abs. 1 Satz 3 BRG.

Das Klagerecht des Arbeitnehmers als der anspruchsberechtigten Person ist jedoch stärker als das der Arbeitnehmergruppe.

Während diese im Berufungs- verfahren nur dann Partei sein kann, wenn sie auch die Klage erhoben hatte, kann der Arbeitnehmer im Berufungsverfahren auch dann die Parteirolle übernehmen, wenn im ersten Rechtszug nicht er, sondern die Arbeiterschaft oder Angestelltenschaft Partei gewesen war (ArbGG. § 71; vgl. Anm. 1 dazu; dahin dürfte auch die Begr., S. 44f. zu verstehen sein; ebenso: Aufhäuser-Nörpel, Abs. 6 der Anm. zu § 63; a. A. Schmincke-Sell, Anm. 3 zu § 71; Baumbach, Anm. 1 zu § 71; nicht ganz klar, aber wohl wie hier: Dersch-Volkmar, Anm. 1 Abs. 2 zu § 71; Anm. 5,c Abs. 3 zu § 10; Anm. V, 2. Abs. 5 des Anhangs).

Erhebt der Gruppenrat namens seiner Gruppe die Klage, so ist diese im Prozeß Partei (§ 10 ArbGG.), nicht der Arbeitnehmer als Anspruchsinhaber. Das Verhältnis der Gruppe gegenüber dem Arbeitnehmer wird am besten nach dem Vorgang Kohlers und Hellwigs für ähnliche Fälle als „Prozeßstandschaft" bezeichnet: die Gruppe, vertreten durch die Betriebsvertretung, prozessiert im eigenen Namen über einen fremden Anspruch. Vielfach wird eine derartige Prozeßstellung nach dem Vorgang des Reichsgerichts auch als die Stellung einer „Partei kraft Amtes" bezeichnet, weil der Parteistellung eine öffentlichrechtliche Verpflichtung zugrunde liegt. Die Bezeichnung des Verhältnisses als „gesetzliche Prozeßvertretung" (Flatow-Joachim, Anm. 3b Abs. 1 zu § 4 der 1. AVOSchlVO.) ist nach der Regelung des § 10 ArbGG. allerdings irreführend) ebenso, aber mit nicht ganz klarer Begründung: Dersch-Volkmar, Anhang, V, 2 Abs. 4). Der Gruppenrat allein — als Vertreter der Gruppe — betreibt in diesem Falle den Prozeß; der Arbeitnehmer ist von der Einflußnahme auf das Verfahren ausgeschlossen; doch kann er materiell über seinen Anspruch verfügen, z. B. auf ihn verzichten, wodurch der Prozeß in der Hauptsache erledigt wird.

Hat die Gruppe durch die Betriebsvertretung — vertreten durch deren Vorsitzenden (BRG. §§ 28, 38) — die Klage erhoben, so kann in dem Verfahren ferner der Arbeitnehmer an sich als Zeuge vernommen werden, da er nicht Partei ist (Abs. 5 in Verbindung mit Abs. 3 dieser Anm.); doch muß das Arbeitsgericht bei der Würdigung seiner Aussage im Auge behalten, daß der Prozeß materiell um sein Recht geführt wird und wird ihn gemäß ArbGG. § 58 Abs. 2 in Verbindung mit ZPO. § 393 Abs. 1 Nr. 4, Abs. 2 im allgemeinen nicht beeidigen, zumal er möglicherweise im zweiten Rechtszug Partei ist (vgl. Abs. 6 dieser Anm., Anm. 1 Abs. 2, Anm. 3 zu § 71). Die Mitglieder der Betriebsvertretung sind nicht als zeugnisfähig anzusehen, da sie das Organ der Gruppe für die Klageerhebung sind. Klagt der Arbeitnehmer selbst, so können die Mitglieder des Gruppenrats gemäß § 58 Abs. 2 ArbGG. gegebenenfalls auch eidlich als Zeugen vernommen werden, weil bei ihnen ein rechtliches Interesse am Obsiegen des Arbeitnehmers nicht angenommen werden kann (ZPO. § 393 Abs. 1 Nr. 4). Entsprechend regelt sich vorkommendenfalls die Zulässigkeit des Parteieides. (Im wesentlichen ebenso: Schmincke-Sell, Anm. 2 Abs. 2 zu § 63.)

Eine Streitgenossenschaft zwischen Arbeitnehmer und Gruppe ist, obwohl jeder für sich Partei des Rechtsstreits aus §§ 86, 87 BRG. sein kann, schon nach der Fassung des § 86 Abs. 1 Satz 3 BRG. unzulässig. Sie könnte aber auch abgesehen hiervon nicht auf die Vorschriften der §§ 59, 60 ZPO. gestützt werden, weil Streitgegenstand ein einziger Anspruch des Arbeitnehmers ist, hinsichtlich dessen sie nicht in „Rechtsgemeinschaft" stehen oder beide berechtigt sind. Von einer Rechtsgemeinschaft könnte nur gesprochen werden, wenn zwischen der Gruppe und dem einzelnen Arbeitnehmer ein privatrechtliches Verhältnis bestände; dies ist aber nicht der Fall; das Klagerecht der Gruppe beruht vielmehr auf öffentlichrechtlichen Grundsätzen der Betriebsverfassung. Aus demselben Grunde ist auch die Nebenintervention der einen Person zur Unterstützung der andern (ZPO. §§ 66ff.) ausgeschlossen, denn das in § 66 Abs. 1 ZPO. vorausgesetzte „rechtliche Interesse" muß ein privatrechtliches sein.

Die Erteilung der vollstreckbaren Ausfertigung des der Klage stattgebenden Urteils erfolgt trotz der Parteistellung der Gruppe in dem Streitverfahren an den Arbeitnehmer (§ 63 Abs. 1 Satz 1 ArbGG.), weil ihre Parteistellung aus Zweckmäßigkeitsgründen auf das Vollstreckungsverfahren, das der Verwirklichung des Anspruchs des Arbeitnehmers dient, nicht ausgedehnt ist (vgl. Anm. 5).

Wegen der Kostentragung vgl. Anm. 10.

b) Wahlbefugnis des verurteilten Arbeitgebers zwischen Weiterbeschäftigung und Entschädigung. Diese Wahlbefugnis ist dem verurteilten Arbeitgeber durch die Regelung des § 87 BRG. gegeben. Nach ihr geht die eigentliche Verpflichtung des Arbeitgebers auf die Zahlung der Abgangsentschädigung; jedoch kann er sich von dieser durch die Weiterbeschäftigung des Arbeitnehmers befreien (facultas alternativa des verurteilten Arbeitgebers; so mit Recht: Flatow, Anm. 4 zu § 87 BRG.; vgl. auch das dort angeführte Schrifttum).

Solange wie, noch nach der Schlichtungsverordnung, kein Rechtsmittel gegen die zur Weiterbeschäftigung oder Entschädigung verpflichtende Entscheidung stattfand, konnten sich aus dieser Wahlbefugnis wesentliche Schwierigkeiten nicht ergeben; nachdem nunmehr im Arbeitsgerichtsgesetz die Berufung auch gegen Urteile auf Klagen aus BRG. §§ 86, 87 zugelassen worden ist (ArbGG. § 8 Abs. 3, § 64 Abs. 1), war die Frage zu lösen, ob dem Arbeitgeber diese Wahlbefugnis auch weiterhin, wie nach der ursprünglichen Fassung des § 87 Abs. 3 Satz 1 BRG., bis zur rechtskräftigen Entscheidung zustehen sollte. In diesem Falle wäre einmal die vorläufige Vollstreckbarkeit des Urteils ausgeschlossen gewesen, zum andern aber wäre die Frage der Zugehörigkeit des Arbeitnehmers zum Betriebe möglicherweise längere Zeit in der Schwebe geblieben, was wirtschaftlich bedenklich sein kann. Infolgedessen hat das Arbeitsgerichtsgesetz durch die Vorschrift des § 112 Abs. 1 Nr. 8, Halbsatz 2 den bisherigen Abs. 3, jetzigen Abs. 2 (in § 112 Abs. 1 Nr. 8 ArbGG. irrtümlich als Abs. 3 bezeichnet) des § 87 BRG. dahin abgeändert, daß der Arbeitgeber sich innerhalb dreier Tage nach der Zustellung des Urteils, auch des nicht rechtskräftigen, zu entschließen hat.

Lehnt er innerhalb dieser drei Tage die Weiterbeschäftigung ab oder erklärt er sich nicht, so ist nur noch die Entschädigung geschuldet. Insofern ist das Urteil vorläufig vollstreckbar (ArbGG. § 63 Abs. 1 Satz 2; vgl. Anm. 6); nur über sie kann aber auch in diesem Falle die weitere Entscheidung der Arbeitsgerichtsbehörden ergehen, sei es, daß sie durch das Arbeitsgericht auf Einspruch des

Arbeitgebers gegen ein verurteilendes Versäumnisurteil erlassen wird, sei es durch das Landesarbeitsgericht auf Berufung gegen das verurteilende Erkenntnis des Arbeitsgerichts.

Erklärt der verurteilte Arbeitgeber sich in der Frist für die Weiterbeschäftigung und führt sie durch, legt aber gleichwohl Einspruch oder Berufung ein, so ist die Weiterbeschäftigung nur eine vorläufige, wie es die Zahlung auf Grund des nicht rechtskräftigen aber vorläufig vollstreckbaren Urteils wäre; in diesem Fall erhält sich der Arbeitgeber die Wahlbefugnis für das rechtskräftige Urteil (ebenso LArbG. Frankfurt [Main] in Bensh. Samml., Bd. 1 Nr. 68 [LAG.], S. 208 f.). Weist dieses die Klage ab, so endet damit die Weiterbeschäftigung sofort, falls dem nicht etwa vertragliche Gründe entgegenstehen; hatte der Arbeitgeber die Weiterbeschäftigung abgelehnt und die Entschädigung auf Grund des vorläufig vollstreckbaren Urteils bezahlt, so ist der Arbeitnehmer gemäß § 717 Abs. 2 zum Ersatz an den Arbeitgeber verpflichtet (vgl. Anm. 2 Abs. 1 zu § 62; Flatow, Anm. 10 — S. 387 — zu § 87 BRG.).

Wird gegen ein die Klage aus §§ 86, 87 BRG. abweisendes nicht rechtskräftiges Urteil Einspruch oder Berufung eingelegt und wird das Urteil darauf rechtskräftig abgeändert und der Arbeitgeber verurteilt, so eröffnet erst dieses rechtskräftige Urteil dem Arbeitgeber die facultas alternativa der Weiterbeschäftigung oder Entschädigung.

Die insbesondere von Schmincke-Sell (Anm. 4 zu § 71) im Anschluß an die Begründung des Entwurfs eines Arbeitsgerichtsgesetzes (S. 45) geäußerten Zweifel über die Auslegung des § 87 BRG. in Verbindung mit den in Betracht kommenden Vorschriften des Arbeitsgerichtsgesetzes dürften durch diese dem Wortlaut und Sinn der Vorschriften entsprechende Auslegung behoben sein.

c) Verbindung von Einspruchsklagen mit andern Klagen aus dem Arbeitsverhältnis. Klagt der Arbeitnehmer aus den §§ 86, 87 BRG., so kann er gemäß § 260 ZPO. mit diesem Anspruch auch andere Ansprüche gegen den Arbeitgeber in einer Klage verbinden, z. B. einen etwa noch bestehenden Lohnanspruch. Auf Anordnung des Gerichts können diese Ansprüche jedoch in getrennten Prozessen verhandelt werden (ZPO. § 145 Abs. 1). Andererseits kann das Gericht auch gemäß § 147 ZPO. die Verbindung anordnen, wenn der Arbeitnehmer die Ansprüche in mehreren getrennten Prozessen anhängig gemacht hat; diese Verbindung durch das Gericht ist auch zulässig, wenn die Einspruchsklage von der durch die Betriebsvertretung vertretenen Arbeiterschaft oder Angestelltenschaft erhoben worden ist, wenn also in den verschiedenen Prozessen verschiedene Parteien als Kläger in Betracht kommen. Das Gericht kann die von ihm angeordnete Verbindung oder Trennung bis zum Urteil jederzeit wieder aufheben (ZPO. § 150); es kann weiter, wenn die Prozesse getrennt sind und die Entscheidung des einen Rechtsstreits von dem Bestehen oder Nichtbestehen eines Rechtsverhältnisses abhängt, das den Gegenstand des andern Rechtsstreits bildet, die Entscheidung bis zur Erledigung dieses Rechtsstreits aussetzen (ZPO. § 148).

Diese Vorschriften der Zivilprozeßordnung, die nach § 46 Abs. 2 Satz 1, § 64 Abs. 2 Satz 1 ArbGG. im arbeitsgerichtlichen Urteilsverfahren entsprechend anwendbar sind, erlangen hier insbesondere dann Bedeutung, wenn der

Arbeitnehmer fristlos entlassen ist und einmal, die Berechtigung hierzu bestreitend, auf den Restlohn klagt, außerdem aber gegen die in der fristlosen Kündigung liegende allgemeine Kündigung die Einspruchsklage erhebt (vgl. Flatow, Anm. 13, 14 zu § 84, Anm. 8 zu § 86 BRG.). In diesem Fall hängt die Entscheidung über die Einspruchsklage von der Entscheidung über die Berechtigung zur fristlosen Entlassung ab, weil der Einspruch dann nicht durchgreifen kann, wenn sogar die fristlose Entlassung berechtigt war, andererseits aber auch die Einspruchsklage möglicherweise zur Verurteilung führt, wenn die Berechtigung zur fristlosen Entlassung verneint wird. Schwierigkeiten können nun daraus entstehen, daß das Verfahren über die Berechtigung zur fristlosen Entlassung durch alle drei Rechtszüge gehen kann, während die Einspruchsklage spätestens im Berufungsrechtszuge vom Landesarbeitsgericht endgültig entschieden wird. Es kann deshalb im ersten Rechtszuge über beide Ansprüche gemeinsam verhandelt und entschieden werden; im Berufungsrechtszuge werden jedoch die beiden Verfahren gemäß ZPO. § 145 Abs. 1 bzw. § 150 getrennt werden müssen, um die Aussetzung des Verfahrens auf die Einspruchsklage bis zur rechtskräftigen, möglicherweise erst auf Revision ergehenden Entscheidung über die Berechtigung der fristlosen Entlassung gemäß § 148 ZPO. zu ermöglichen. Die ursprüngliche Fassung des § 86 BRG. hatte in ihrem Abs. 2 eine derartige Aussetzung besonders vorgesehen, weil damals das Einspruchsverfahren nicht vor dem Gericht, sondern vor dem Schlichtungsausschuß stattfand. Dieser schon durch die Regelung des Art. II § 1 SchlVO. entbehrlich gewordene Abs. 2 des § 87 BRG. ist durch § 112 Abs. 1 Nr. 7 a. E. gestrichen worden.

2 Wegen der Zulässigkeit der Klageerhebung durch die „Betriebsvertretung" (§ 86 Abs. 1 Satz 3 BRG.) und wegen der rechtlichen Konstruktion der Klage vgl. Anm. 1, a. Die Klagen aus §§ 86, 87 BRG. können nach der Art des materiellrechtlichen Anspruchs nur von dem Arbeitnehmer oder von der Gruppe, vertreten durch die Betriebsvertretung, erhoben werden, eine Klage des Arbeitgebers aus diesen Vorschriften ist nicht möglich.

3 Daß die vollstreckbare Ausfertigung des Urteils gemäß der unmittelbar anwendbaren Vorschrift (ArbGG. § 62 Abs. 2) des § 724 Abs. 1 ZPO. die Grundlage der Zwangsvollstreckung bildet, ist in Anm. 9, b Abs. 2 zu § 62 näher ausgeführt. Die Frage, unter welchen Voraussetzungen im vorliegenden Fall die vollstreckbare Ausfertigung erteilt wird, ist in § 63 Abs. 1 Satz 2, 3 geregelt (vgl. Anm. 6 bis 9).

4 Der Begriff des „der Klage stattgebenden Urteils" ist nicht zu eng zu fassen. Es ist darunter nicht nur der Fall zu verstehen, daß die Klage voll durchdringt, der Arbeitgeber also zur Weiterbeschäftigung oder Entschädigung verurteilt wird, sondern außer dem, daß er nur zur Entschädigung verurteilt wird — bei Bestätigung eines verurteilenden Versäumnisurteils durch das Arbeitsgericht oder eines verurteilenden Erkenntnisses des Arbeitsgerichts durch das Berufungsgericht, wenn der beklagte Arbeitgeber nach der Zustellung des ersten Urteils die Weiterbeschäftigung abgelehnt oder sich nicht fristgemäß erklärt hat (vgl. Anm. 1b, Abs. 3) —, auch der Fall des Obsiegens nur hinsichtlich der Kosten nach Erledigung der Hauptsache (a. A. Baumbach, Anm. 3 zu § 63). Ein solcher Fall kann insbesondere eintreten, wenn der Arbeitgeber sich in den Verhandlungen gemäß § 86 Abs. 1 Satz 2 BRG. nicht mit der Betriebsvertretung verständigt hat, so daß diese gemäß § 86 Abs. 1 Satz 3 BRG. zu Recht die Klage er-

hoben hat, nach der Klageerhebung aber den gekündigten Arbeitnehmer wieder einstellt oder sich mit ihm auf der Grundlage einer Entschädigung außergerichtlich vergleicht; in diesem Fall trägt der Beklagte, da die Klage materiell zu Recht erhoben war, die Kosten des Rechtsstreits (Sydow-Busch-Krantz, Anm. 1 — S. 130f. — zu § 91 ZPO.). Wegen der Bedeutung des § 63 Abs. 1 Satz 2 in diesen Fällen vgl. Anm. 6 Abs. 1.

Verurteilt das der Klage stattgebende Urteil — im Regelfall — den Beklagten zur Weiterbeschäftigung oder Entschädigung, so ist es hinsichtlich des Hauptausspruchs (vgl. im übrigen § 61 ArbGG. und die Anm. dort) etwa so zu fassen: „Der Beklagte wird verurteilt, dem ..... [„Kläger" nur, wenn der Arbeitnehmer selbst die Klage erhoben hatte] eine Entschädigung von ... Reichsmark zu zahlen, falls er seine Weiterbeschäftigung innerhalb dreier Tage nach Zustellung dieses Urteils ablehnt oder sich binnen dieser Frist nicht erklärt." (Vgl. im übrigen: Flatow, Anm. 4 zu § 87 BRG.) Eines besonderen Ausspruchs im Urteil, daß der Einspruch gegen die Kündigung gerechtfertigt ist (BRG. § 87 Abs. 1 Satz 1), wie ihn Flatow (a. a. O.) und Schmincke-Sell (Anm. 3 zu § 63) für zweckmäßig halten, wird es nicht bedürfen, weil die dahingehende Entscheidung sachlich in der Verurteilung liegt. Jedenfalls ist das Urteil ein reines Leistungsurteil (a. A. Baumbach, Anm. 1 zu § 63, nach dem die „Kündigung für unbegründet erklärt" wird, was auch im Wortlaut des § 87 BRG. keine Stütze findet).

5 Obsiegt die durch die Betriebsvertretung vertretene Gruppe (vgl. Anm. 4 Abs. 1), so wird die vollstreckbare Ausfertigung des Urteils gleichwohl nicht ihr, sondern dem beteiligten Arbeitnehmer, d. h. dem gekündigten Arbeitnehmer, um dessen materiellrechtlichen Anspruch aus §§ 86, 87 BRG. es sich im Prozeß handelt, erteilt (vgl. Anm. 1, a Abs. 8). Die gesetzliche Prozeßstandschaft der Gruppe ist nur für das Entscheidungsverfahren, nicht aber für das Vollstreckungsverfahren vorgesehen. Im Vollstreckungsverfahren im Falle des Obsiegens wird der Anspruchsinhaber zur betreibenden Partei, auch dann, wenn er den Prozeß nicht angestrengt hatte; eine andere Regelung würde auch wegen der Rechts- und Vermögensunfähigkeit der Gruppe der Arbeitnehmerschaft des Betriebes zu Schwierigkeiten führen müssen. Die Vorschrift beruht auf dem Grundsatz des Arbeitsgerichtsgesetzes und des Betriebsrätegesetzes, daß das zwischen der Gruppe und dem Arbeitgeber ergangene Urteil in der Hauptsache in vollem Ausmaß für und gegen den beteiligten Arbeitnehmer wirkt (vgl. Begr. S. 42 unten).

6 § 63 Abs. 1 Satz 2 bezieht sich nur auf den Regelfall, daß der Arbeitgeber zur Weiterbeschäftigung oder Entschädigung verurteilt worden ist. Geht das Urteil nur auf Entschädigung (vgl. Anm. 1b Abs. 3; Anm. 4 Abs. 1), so bedarf es des Nachweises nicht, da die Ablehnung der Weiterbeschäftigung Grundlage des Urteils ist. Der Nachweis kann nicht in Betracht kommen, wenn es sich nur um ein Kostenurteil, nach Erledigung der Hauptsache, handelt (vgl. Anm. 4 Abs. 1).

In dem im Abs. 1 geschilderten Regelfall einer Verurteilung zur Weiterbeschäftigung oder Entschädigung ist nur die Verurteilung zur Entschädigung vollstreckbar, nicht die zur Weiterbeschäftigung, denn nach § 87 BRG. steht dem verurteilten Arbeitgeber die facultas alternativa zu; zur Weiterbeschäftigung kann er nach dem Sinn des § 87 BRG. nicht gezwungen werden (vgl. Anm. 1, b; Flatow, Anm. 4 zu § 87 BRG.).

7 Wegen der Art des Nachweises vgl. Anm. 9

8 Die Erteilung der vollstreckbaren Ausfertigung regelt sich also hier, im Gegensatz zu den Fällen des § 61 Abs. 4 ArbGG. (vgl. Anm. 17 Abs. 2 zu § 61), kraft der positiven gesetzlichen Bestimmung des § 63 Abs. 1 Satz 2, die inhaltlich aus § 4 Abs. 3 der 1. AVOSchlVO. übernommen ist, grundsätzlich nach § 726 Abs. 1 ZPO. Ohne die Vorschrift des § 63 Abs. 1 Satz 2 könnte es sehr zweifelhaft erscheinen, ob hier ZPO. § 726 Abs. 1 oder nicht vielmehr, wie in den Fällen des § 61 Abs. 4 ArbGG., die Vorschrift des § 751 Abs. 1 ZPO. anwendbar wäre. Das Arbeitsgerichtsgesetz will offenbar dem Sinne des § 87 BRG. dadurch entsprechen, daß es die Vollstreckung erst zuläßt, wenn der Mangel der Bereitschaft des verurteilten Arbeitgebers zur Weiterbeschäftigung des gekündigten Arbeitnehmers nachgewiesen ist. An der Zweckmäßigkeit der Vorschrift für das Arbeitsleben ist nicht zu zweifeln.

Der Arbeitnehmer muß nachweisen, daß der verurteilte Arbeitgeber die Weiterbeschäftigung abgelehnt oder sich nicht fristgemäß erklärt hat. Im ersten Falle kann der Nachweis ohne weiteres geführt werden (vgl. jedoch Anm. 9), im zweiten Fall aber nur mittelbar, denn die Erklärung kann mündlich oder durch Aufgabe zur Post erfolgen (BRG. § 87 Abs. 2). Ist sie nicht mündlich abgegeben, so kann der Arbeitnehmer nur nachweisen, daß er eine Erklärung durch die Post in der Zeit, in der er sie bei rechtzeitiger Aufgabe erfahrungsgemäß noch erwarten konnte, nicht erhalten hat; dieser Nachweis genügt (ebenso Schmincke-Sell, Anm. 5 Abs. 1). Der Arbeitnehmer trägt aber die Gefahr der Vollstreckung, d. h. er ist bei unrechtmäßiger Vollstreckung in die Entschädigung schadenersatzpflichtig, denn der Arbeitgeber kommt seiner Verpflichtung durch eine Aufgabe zur Post, bei der er mit dem Eingehen beim Arbeitnehmer rechnen kann, nach; zweckmäßig sollte er deshalb seine Erklärung durch eingeschriebenen Brief abgeben, wenngleich er hierzu gesetzlich nicht verpflichtet ist (vgl. Flatow, Anm. 11 zu § 87 BRG.).

Da die Erteilung der vollstreckbaren Ausfertigung im vorliegenden Fall nach § 726 Abs. 1 ZPO. erfolgt, ist dazu nach ZPO. § 730 eine Anordnung des Vorsitzenden der Arbeitsgerichtsbehörde einzuholen (wegen der Zulässigkeit der Anwendung einer landesverwaltungsmäßigen Übertragung dieser Aufgabe auf die Geschäftsstelle auf Grund des Art. VI § 1 des Gesetzes zur Entlastung der Gerichte vom 11. 3. 1921 vgl. Anm. 9 zu § 46). Vor der Entscheidung über die Erteilung kann gemäß § 730 Abs. 2 ZPO. der Arbeitgeber gehört werden; dies wird sich empfehlen, wenn die Frage seiner Erklärung über die Weiterbeschäftigung nicht geklärt ist (ebenso Schmincke-Sell, Anm. 5 Abs. 2 zu § 63).

Gemäß § 750 Abs. 2 ZPO. muß außer dem Urteil auch die Vollstreckungsklausel mindestens gleichzeitig mit dem Beginn der Zwangsvollstreckung zugestellt werden (vgl. Anm. 9, b Abs. 3 zu § 62; wegen der Notwendigkeit der Zustellung von Abschriften der Nachweisurkunden vgl. Anm. 9 a. E.).

9 Nach § 726 Abs. 1 ZPO., der an sich hier gilt (vgl. Anm. 8 Abs. 1), kann der für die Erteilung der vollstreckbaren Ausfertigung erforderliche Nachweis des Eintritts der die Vollstreckung begründenden Tatsache nur durch öffentliche oder öffentlich beglaubigte Urkunden geführt werden, andernfalls muß der Vollstreckungs-

gläubiger gemäß § 731 ZPO. besonders beim Prozeßgericht des ersten Rechtszuges auf Erteilung der Vollstreckungsklausel klagen (vgl. Anm. 9, b Abs. 2 zu § 62). Da der Arbeitnehmer vorliegendenfalls den Nachweis kaum jemals in dieser Weise führen könnte, würde er nach den Vorschriften der §§ 726, 731 ZPO. im Regelfall auf die Klage angewiesen sein. Um diese für das Arbeitsleben schwer erträgliche Verzögerung und Erschwerung der Vollstreckung zu vermeiden, läßt § 63 Abs. 1 Satz 3, dem Vorbild des § 4 Abs. 3 der 1. AVOSchlVO. folgend, den Nachweis auch auf andere Weise zu, und zwar durch Versicherung an Eides Statt, sei es, daß sie, was regelmäßig erforderlich sein wird, der betreibende Arbeitnehmer abgibt oder ein Dritter (etwa eine Person, der gegenüber der Arbeitgeber die Ablehnung der Weiterbeschäftigung zur Bestellung an den Arbeitnehmer erklärt hat). Die Versicherung an Eides Statt kann mündlich oder schriftlich abgegeben werden. Bei schriftlicher Abgabe bedarf es keiner Beglaubigung, bei mündlicher Abgabe muß über sie von der Geschäftsstelle, der gegenüber sie erfolgt, eine Niederschrift aufgenommen werden, schon mit Rücksicht auf die Vorschrift des § 750 Abs. 2 ZPO. Denn in entsprechender Anwendung dieser Vorschrift (abgeändert durch die Erleichterung des § 63 Abs. 1 Satz 3 ArbGG.) muß mindestens gleichzeitig mit dem Beginn der Zwangsvollstreckung außer der Vollstreckungsklausel auch eine Abschrift der Versicherung an Eides Statt oder der über sie aufgenommenen Niederschrift zugestellt werden (vgl. Anm. 8 Abs. 4; ebenso Baumbach, Anm. 4 zu § 63; dagegen kann ihm darin — vgl. dieselbe Anm. — nicht beigetreten werden, daß außer der Versicherung an Eides Statt auch jedes andere Beweismittel der Zivilprozeßordnung zugelassen sei).

10 Sofern der Arbeitnehmer selbst geklagt hat oder der Arbeitgeber verurteilt wird, gelten die allgemeinen Vorschriften der §§ 91 ff. ZPO. mit der Maßgabe des § 61 Abs. 1 Satz 2 ArbGG. Hat die Gruppe der Arbeitnehmerschaft, vertreten durch die Betriebsvertretung, geklagt und wird die Klage abgewiesen, so muß eine Sonderregelung eintreten, weil die Gruppe und ihre Vertretung nach dem Betriebsrätegesetz nicht vermögensfähig sind und darum weder die gerichtlichen noch etwaige sonst erstattungsfähige außergerichtliche Kosten (vgl. Anm. 2 zu § 61) tragen können, dem Arbeitnehmer aber die Kostentragung nicht zugemutet werden kann, weil er auf die Erhebung der Klage und auf das Verfahren rechtlich ohne Einfluß ist. Dieser Sachlage trägt § 63 Abs. 2, im Anschluß an § 4 Abs. 2 Satz 3 Halbsatz 2, der 1. AVOSchlVO. Rechnung. Er bezieht sich sowohl auf die gerichtlichen wie auf die außergerichtlichen Kosten (a. A. Baumbach, Anm. 5 zu § 63); der Ausdruck „außer Ansatz" bezieht sich auf die nach § 61 Abs. 1 Satz 1 Halbsatz 1 regelmäßig im Urteil erfolgende Gesamtkostenfeststellung. Der entsprechende Ausspruch über die Kostentragung erfolgt in der Urteilsformel.

Da die Prozeßführung nach §§ 86, 87 BRG. zu den Aufgaben der Betriebsvertretung gehört, muß sich der Arbeitgeber ferner gemäß BRG. §§ 35, 36, 38 der Lohnminderung gegenüber dem im Prozeß beschäftigten Betriebsvertretungsmitglied enthalten und ihm Auslagenersatz gewähren (vgl. Flatow, Anm. 5b — S. 162 — zu § 35; Anm. 3 zu § 36). Wegen der Kosten eines Prozeßbevollmächtigten der durch die Betriebsvertretung vertretenen Gruppe im Berufungsrechtszuge vgl. Anm. 1 Abs. 3 zu § 71.

Zweiter Unterabschnitt

Berufungsverfahren[1]

1 Das Berufungsverfahren bildet grundsätzlich den zweiten Rechtszug des arbeitsgerichtlichen Urteilsverfahrens (vgl. jedoch § 76 ArbGG.). Es findet stets vor den Landesarbeitsgerichten statt (ArbGG. § 64 Abs. 1), wie der erste Rechtszug nur die Arbeitsgerichte beschäftigen kann (ArbGG. § 8 Abs. 2, 3; vgl. Anm. 3, 4 zu § 8).

§ 64

Grundsatz[1]

(1) Gegen die Urteile[2] der Arbeitsgerichte[3] findet, soweit nicht nach § 78 das Rechtsmittel der Beschwerde gegeben ist[4], die Berufung an die Landesarbeitsgerichte statt[5], wenn[6] der vom Arbeitsgerichte festgesetzte Wert des Streitgegenstandes den Betrag von dreihundert Reichsmark übersteigt[7] oder wenn das Arbeitsgericht die Berufung wegen der grundsätzlichen Bedeutung des Rechtsstreits zugelassen hat[8].

(2) Für das Verfahren vor den Landesarbeitsgerichten[9] gelten, soweit das Arbeitsgerichtsgesetz nichts anderes bestimmt[10], die Vorschriften der Zivilprozeßordnung über die Berufung entsprechend[11]. Die Vorschriften über das Verfahren vor dem Einzelrichter finden keine Anwendung[12]. Die Verordnung zur Entlastung der Gerichte, in der Fassung der Bekanntmachung vom 13. Mai 1924 (Reichsgesetzbl. I S. 552), findet mit Ausnahme ihrer §§ 7, 8 keine Anwendung[13].

(3) [14] Die Vorschriften des § 49 Abs. 1 und 3[15], des § 51 Abs. 1[16], der §§ 52[17], 53[18], 56[19], 58[20], 59[21], des § 60 Abs. 1 bis 3 und Abs. 4 Satz 2[22], des § 61 Abs. 4 und 5[23] und der §§ 62[24] und 63[25] über Ablehnung von Gerichtspersonen, persönliches Erscheinen der Parteien, Öffentlichkeit, Befugnisse des Vorsitzenden und der Beisitzer, Vorbereitung der streitigen Verhandlung, Beweisaufnahme, Versäumnisverfahren, Verkündung des Urteils, Inhalt des Urteils, Zwangsvollstreckung und Verfahren in besonderen Fällen gelten entsprechend.

1 Vgl. Anm. 1 Abs. 1 zu § 46.

Als grundsätzliche Vorschriften sind der Regelung des Berufungsverfahrens im einzelnen vorausgeschickt:

a) die Vorschriften über die Statthaftigkeit der Berufung und die sachliche Zuständigkeit für sie (§ 64 Abs. 1 ArbGG.);

b) die Vorschriften über die Anwendbarkeit der Regelung des Berufungsverfahrens des allgemeinen Zivilprozesses auf das arbeitsgerichtliche Berufungsverfahren (§ 64 Abs. 2 ArbGG.);

c) die Vorschriften über die Anwendbarkeit der Sonderregelung des arbeitsgerichtlichen Urteilsverfahrens des ersten Rechtszuges auf das arbeitsgerichtliche Berufungsverfahren (§ 64 Abs. 3 ArbGG.).

Die Vorschriften zu a (ArbGG. § 64 Abs. 1) nehmen die allgemeine Regelung des § 8 Abs. 3 ArbGG. auf, führen sie aber näher aus (vgl. Anm. 4 zu § 8, Anm. 2 bis 8 hier). Diese Ausführung entspricht, da sich die Statthaftigkeit der Berufung aus dem Inhalt des Urteils des Arbeitsgerichts ergibt, den bei dessen Regelung gegebenen Vorschriften (ArbGG. § 61 Abs. 3).

2 Der Ausdruck „Urteil" ist hier, wie in § 8 Abs. 3, 4 ArbGG., im Sinne des „Endurteils" der Zivilprozeßordnung (ZPO. § 511) gebraucht. Der Ausdruck „Endurteil" findet sich im Arbeitsgerichtsgesetz nur im § 61 Abs. 5, während ihn das Gewerbegerichtsgesetz ebenfalls allgemein verwendete (z. B. in § 57 Abs. 1). Diese Abweichung vom allgemeinen Sprachgebrauch der Zivilprozeßgesetze ist nicht sehr glücklich, kann aber zu sachlichen Zweifeln keinen Anlaß geben, weil schon die Verwendung des Begriffs der „Berufung" und die entsprechende Anwendbarkeit der Vorschriften der Zivilprozeßordnung über sie (§ 64 Abs. 2 ArbGG.) ergibt, daß es sich bei den „Urteilen" des § 64 Abs. 1 ArbGG. nur um solche handeln kann, die den ersten Rechtszug beenden oder solchen Urteilen gleichgestellt sind (ZPO. § 275 Abs. 2, § 302 Abs. 3; nicht nach ArbGG. § 61 Abs. 5 das Zwischenurteil des § 304 ZPO.), nicht dagegen um erste Versäumnisurteile und gewöhnliche Zwischenurteile (mit Ausnahme des Zwischenurteils nach ZPO. § 275 Abs. 2); wegen der zweiten Versäumnisurteile vgl. ZPO. § 513 Abs. 2 (Anm. 11,a hier), wegen des Kostenurteils nach § 99 Abs. 3 ZPO. vgl. den Nebensatz „soweit ... gegeben ist" in § 64 Abs. 1 ArbGG. (Anm. 4 hier).

Ob eine Entscheidung als berufungsfähiges Endurteil anzusehen ist, ergibt ihr Inhalt. Die etwa unrichtige Bezeichnung der Entscheidung und auch eine falsche Belehrung (§ 9 Abs. 4 ArbGG.) hindern die nach dem Inhalt statthafte Berufung nicht; doch muß der Streitwert in der Entscheidung festgesetzt oder die Berufung wegen grundsätzlicher Bedeutung zugelassen sein (ArbGG. § 64 Abs. 1; vgl. Anm. 6 bis 8; wegen der Möglichkeit der Ergänzungsentscheidung bezüglich der übergangenen Streitwertfestsetzung vgl. Anm. 7 Abs. 5 zu § 61).

3 Es kommen nur Urteile der Arbeitsgerichte in Betracht, da im ersten Rechtszug gemäß § 8 Abs. 2 ArbGG. nur die Arbeitsgerichte sachlich zuständig sind.

4 Die Bezugnahme auf § 78 ArbGG. bedeutet, daß auch im arbeitsgerichtlichen Urteilsverfahren nicht die Berufung, sondern die Beschwerde gegen ein Urteil stattfindet, wenn gegen dies Urteil, wenn es im amtsgerichtlichen Verfahren ergangen wäre, nach den Vorschriften der Zivilprozeßordnung die Beschwerde stattfinden würde. Der Beschwerde, und zwar der sofortigen Beschwerde, unterliegen im amtsgerichtlichen Verfahren die reinen Kostenurteile nach Erledigung der Hauptsache gemäß ZPO. § 99 Abs. 3 und die Zwischenurteile in Zwischenstreitigkeiten zwischen den Parteien und Dritten gemäß ZPO. §§ 71, 135, 387 oder gemäß ZPO. § 402 in Verbindung mit § 387; davon werden im arbeitsgerichtlichen Verfahren von Bedeutung im wesentlichen nur die Kostenurteile nach § 99 Abs. 3 ZPO. sein. Solche Urteile der Arbeitsgerichte sind nach ArbGG. § 78 ebenfalls mit der sofortigen Beschwerde, nicht mit der Berufung, anfechtbar (vgl. Anm. 5 Abs. 1 zu § 61); über die Beschwerde ent-

scheidet endgültig das Landesarbeitsgericht, eine weitere Beschwerde findet nicht statt (§ 78 Abs. 2).

5 Gegen alle Endurteile, die nicht mit der Beschwerde anfechtbar sind (vgl. Anm. 4), findet unter den Voraussetzungen des folgenden Nebensatzes „wenn ... zugelassen hat" (vgl. Anm. 6 bis 8) die Berufung statt, also dasselbe Rechtsmittel, das im allgemeinen Verfahren in bürgerlichen Rechtsstreitigkeiten nach § 511 ZPO. gegen die im ersten Rechtszug ergangenen Endurteile vorgesehen ist. Die Berufung eröffnet nach deutschem Zivilprozeßrecht grundsätzlich eine Nachprüfung des angefochtenen Urteils im vollen Ausmaße, sowohl nach der tatsächlichen wie nach der rechtlichen Seite, zum Unterschied von der Revision, die nur die rechtliche Nachprüfung des Vorderurteils ermöglicht.

Die Ermöglichung einer vollkommenen Nachprüfung, auch nach der tatsächlichen Seite, kann aber leicht zum Mißbrauch des Berufungsverfahrens durch eine völlig neue Tatsachendarstellung seitens einer Partei führen, wenn es ihr überlassen ist, im Berufungsrechtszuge unbeschränkt neue Tatsachen und Beweismittel geltend zu machen; auf diese Weise könnte in zweifellos berufungsfähigen Sachen der erste Rechtszug lediglich zu einem praktisch bedeutungslosen Vorverfahren gemacht werden, während die Feststellung des wirklich maßgebenden Streittatbestandes für das Berufungsverfahren aufgespart würde.

Aus diesem Gedankengang heraus hat bereits die Zivilprozeßordnung in ihrer neuen Fassung vom Jahre 1924 das Vorbringen neuer Tatsachen und Beweismittel im Berufungsverfahren trotz grundsätzlicher Erhaltung der rechtlichen Natur der Berufung nicht unerheblich eingeschränkt (ZPO. § 529), um die Prozeßverschleppung und die grob nachlässige Prozeßverzögerung zu verhindern; freilich wird der praktische Erfolg der neuen Vorschriften des § 529 ZPO., die als Kann-Vorschriften gefaßt sind, im allgemeinen nicht günstig beurteilt. Das Arbeitsgerichtsgesetz ist, mit Rücksicht auf den für seine Streitigkeiten besonders betonten Beschleunigungsgrundsatz (ArbGG. § 9 Abs. 3 Satz 1; vgl. Anm. 10 zu § 9) mit der Vorschrift des § 67 ArbGG. in dieser Beziehung noch einen Schritt weitergegangen (vgl. die Anm. zu § 67). Jedoch ist auch hier das Vorbringen neuer Tatsachen und Beweismittel im zweiten Rechtszug grundsätzlich nicht ausgeschlossen, so daß auch vor dem Landesarbeitsgericht im Urteilsverfahren eine tatsächliche Neuaufrollung des Streits möglich ist.

Der zweite Rechtszug des arbeitsgerichtlichen Urteilsverfahrens ist deshalb eine Berufung im Sinne des deutschen Zivilprozeßrechts. Die Vorschriften des Ersten Abschnitts des Dritten Buchs der Zivilprozeßordnung über die „Berufung" sind deshalb im § 64 Abs. 2 grundsätzlich für entsprechend anwendbar erklärt (vgl. Anm. 10 ff.).

Wegen der sachlichen Zuständigkeit der Landesarbeitsgerichte für das Berufungsverfahren vgl. Anm. 1 zur Überschrift des Zweiten Unterabschnitts.

6 Die Voraussetzungen der Statthaftigkeit der Berufung sind in dem Nebensatz „wenn ... zugelassen hat" erschöpfend festgelegt; die Zulässigkeit des Rechtsmittels hängt im Einzelfall noch von der form- und fristgerechten Einlegung (ArbGG. § 66 Abs. 1; ZPO. §§ 518—519a) durch

den Beschwerten ab. Neben der Vorschrift des § 64 Abs. 1 ArbGG. sind für die Statthaftigkeit der Berufung weder Vorschriften der Zivilprozeßordnung (z. B. ZPO. § 511a Abs. 4) noch allgemeine rechtliche Erwägungen zu berücksichtigen, weder solche, die die Berufungsfähigkeit einschränken, noch solche, die sie ausdehnen. Das ergibt sich, abgesehen von dem Wortlaut des § 64 Abs. 1 ArbGG., auch aus dem Sinn der Vorschrift im Zusammenhang des Arbeitsgerichtsgesetzes, insbesondere im Zusammenhang mit § 61 Abs. 3: Einerseits soll die Berufung im arbeitsgerichtlichen Verfahren grundsätzlich eingeschränkt werden, um die endgültige Austragung der Streitigkeiten so sehr wie möglich zu beschleunigen, andererseits aber soll die Berufungsfähigkeit in jedem Falle aus dem arbeitsgerichtlichen Urteil selbst hervorgehen, damit der Prozeß einfach und übersichtlich, auch für rechts- und prozeßungewandte Parteien, gestaltet wird (vgl. Anm. 9 ff. zu § 61).

Infolgedessen ist weder neben dem vom Arbeitsgericht im Urteil festgesetzten Streitwert der Wert des Beschwerdegegenstandes zu berücksichtigen, noch kann die Berufung ohne Vorliegen der Voraussetzungen des § 64 Abs. 1 ArbGG. gegen ein Urteil eingelegt werden, das unter Verletzung wesentlicher Verfahrensvorschriften zustande gekommen ist; die entgegengesetzte Auffassung Baumbachs (Anm. 3, B, c, d zu § 64) ist mit den Vorschriften des Gesetzes nicht vereinbar und würde zum Aufgeben der geschilderten Grundsätze des Arbeitsgerichtsgesetzes über die Rechtsmittelfähigkeit führen (wie hier: Dersch-Volkmar, Anm. 1 zu § 64; Schmincke-Sell, Anm. 2 zu § 64).

Ist ein nichtberufungsfähiges Urteil des Arbeitsgerichts unter Verletzung wesentlicher Verfahrensvorschriften zustande gekommen, so findet dagegen beim Vorliegen der Voraussetzungen der § 79 ArbGG., § 579 ZPO. die Nichtigkeitsklage statt (vgl. die Anm. zu § 79). Sind diese Voraussetzungen nicht gegeben, so ist zu prüfen, ob überhaupt ein Urteil vorliegt oder ob die Verstöße so weitgehend sind, daß der vorliegende Ausspruch des Arbeitsgerichts ein gerichtliches Urteil nicht darstellt. In diesem — seltenen — Falle wäre er rechtlich nicht zu beachten, das Verfahren also fortzusetzen (z. B. wenn der Ausspruch keine Urteilsformel oder keine Entscheidungsgründe enthält — ZPO. § 313). Andernfalls wird er als arbeitsgerichtliches Urteil rechtskräftig, auch wenn im Verfahren schwere Verstöße vorgekommen sind, z. B. wenn gegen den Grundsatz der mündlichen Verhandlung verstoßen ist. Diese mit der herrschenden Meinung im allgemeinen übereinstimmende Auffassung (vgl. Dersch-Volkmar, Anm. 4b zu § 79) ist allein geeignet, die Rechtssicherheit zu gewährleisten.

Für die Statthaftigkeit der Berufung unterscheidet § 64 Abs. 1 ArbGG. entsprechend dem § 61 Abs. 3 ArbGG. (vgl. Anm. 9 ff. zu § 61) die allgemeine (vgl. Anm. 7) und die besondere Berufungsfähigkeit (vgl. Anm. 8).

7 Die allgemeine Berufungsfähigkeit wird durch den Wert des Streitgegenstandes bestimmt, zum Unterschied von der Vorschrift des § 511a Abs. 1 ZPO., nach der der Wert des Beschwerdegegenstandes maßgebend ist (vgl. Anm. 7 Abs. 1, Anm. 8 zu § 61). Ist deshalb in einer Arbeitssache der Streitwert 320 Reichsmark, so ist die Berufung gegen jedes in der Sache ergangene Urteil des Arbeitsgerichts zulässig, auch dann, wenn die Partei, die die Berufung einlegt, durch das Urteil nur zu einem geringen Werte beschwert ist; wenn also z. B. in Höhe von 310 Reichsmark Verurteilung erfolgt ist, so kann der Kläger mit Rücksicht auf die

Abweisung der Klage in Höhe von 10 Reichsmark Berufung einlegen, was er im allgemeinen Verfahren in bürgerlichen Rechtsstreitigkeiten nach § 511a Abs. 1 ZPO. nicht könnte, weil der Wert des Beschwerdegegenstandes — 10 Reichsmark — hinter der Berufungsgrenze von 50 Reichsmark zurückbleibt. Es ergibt sich daraus, daß die Regelung des Arbeitsgerichtsgesetzes, die die Statthaftigkeit der Berufung im allgemeinen von einem Streitwert von 300 Reichsmark abhängig macht, gegenüber der der Zivilprozeßordnung nicht ohne weiteres eine Einschränkung der Berufung bedeutet; wesentlich ist vielmehr für sie vor allem die Feststellbarkeit des Streitwerts im Urteil des Arbeitsgerichts, die eine Klärung der Berufungsfähigkeit schon in diesem Urteil ermöglicht (vgl. Anm. 6 Abs. 1).

Maßgebend für die allgemeine Berufungsfähigkeit nach dem Streitwert ist nur dessen Feststellung im Urteil des Arbeitsgerichts gemäß § 61 Abs. 2 ArbGG. Eine Nachprüfung dieser Feststellung durch das Berufungsgericht zwecks Entscheidung über die Zulässigkeit der Berufung ist nicht zugelassen (ebenso Baumbach, Anm. 3B, a zu § 64), ebensoweng wie eine solche Nachprüfung etwa auf Beschwerde möglich ist (vgl. Anm. 7 Abs. 6 zu § 61; a. A. Baumbach, Anm. 3B, a zu § 64). Die Streitwertfeststellung des unteren Gerichts (des Arbeitsgerichts) bindet also das obere Gericht (das Landesarbeitsgericht). Auch hierin liegt eine wesentliche Abweichung von der Regelung der Zivilprozeßordnung (ZPO. § 511a Abs. 1), nach der das Berufungsgericht über die Zulässigkeit der Berufung auf Grund seiner eigenen Schätzung des Beschwerdewerts entscheidet. Der Grund für diese Abweichung liegt wiederum in dem Bestreben des Arbeitsgerichtsgesetzes, die Frage der Statthaftigkeit der Berufung schon in dem anzufechtenden Urteil des Arbeitsgerichts zu entscheiden. Eine Neufestsetzung des Streitwerts durch das Landesarbeitsgericht erfolgt nach § 69 Abs. 2 ArbGG. nur in den Fällen, in denen sich der Streitwert nach der Verkündung des Urteils des Arbeitsgerichts geändert hat (vgl. Anm. 4ff. zu § 69). Auch in diesen Fällen ist aber nach der Vorschrift des § 64 Abs. 1 ArbGG. für die Frage der Statthaftigkeit der Berufung nur der ursprünglich vom Arbeitsgericht gemäß § 61 Abs. 2 ArbGG. festgesetzte Streitwert maßgebend; hat also der Beklagte, der vom Arbeitsgericht zur Zahlung von 320 Reichsmark unter Festsetzung des Streitwerts auf 320 Reichsmark verurteilt ist, nach der Verkündung dieses Urteils 300 Reichsmark bezahlt und bestreitet er nur noch seine Verpflichtung zur Zahlung der weiteren 20 Reichsmark, so kann er gleichwohl deswegen Berufung einlegen, das Landesarbeitsgericht wird aber in seinem Urteil auf die Berufung den Streitwert gemäß § 69 Abs. 2 ArbGG. neu auf 20 Reichsmark festsetzen.

8 Die besondere Berufungsfähigkeit eines Urteils des Arbeitsgerichts ist gegeben, wenn dieses die Berufung wegen der grundsätzlichen Bedeutung des Rechtsstreits zugelassen hat, obwohl die Streitwertgrenze der allgemeinen Berufungsfähigkeit nicht erreicht ist (vgl. Anm. 9 bis 11 zu § 61). Auch diese besondere Zulassung der Berufung kann nur durch das Arbeitsgericht in seinem Urteil erfolgen; sie ist, falls dies geschehen, für das Landesarbeitsgericht bindend. Hat das Arbeitsgericht die Berufung nicht zugelassen und legt die beschwerte Partei gleichwohl Berufung ein, so muß sie das Landesarbeitsgericht als unzulässig verwerfen (ZPO. § 519b), auch wenn es selbst, im Gegensatz zum Arbeitsgericht, den Rechtsstreit für grundsätzlich bedeutsam hält. Andererseits muß das Landesarbeitsgericht, wenn die Berufung vom Arbeits-

gericht zugelassen ist, über die Berufung bei form- und fristgerechter Einlegung sachlich entscheiden, auch wenn es die Ansicht des Arbeitsgerichts über die grundsätzliche Bedeutung des Rechtsstreits nicht teilt. Seine eigene Auffassung über die Frage der grundsätzlichen Bedeutung ist dagegen nach § 69 Abs. 3 ArbGG. maßgebend dafür, ob auch die Revision wegen der grundsätzlichen Bedeutung des Rechtsstreits zugelassen sein soll; für diese von ihm im Urteil zu treffende Entscheidung ist es an die Auffassung des Arbeitsgerichts nicht gebunden (vgl. Anm. 11 a. E. zu § 69).

9 Der Ausdruck „Verfahren" ist im weitesten Sinne zu verstehen, ebenso wie die Überschrift „Berufungsverfahren" des zweiten Unterabschnitts hier und die Überschrift „Berufung" des Ersten Abschnitts des Dritten Buchs der Zivilprozeßordnung. Zu den Vorschriften über das Verfahren gehören also auch die Vorschriften über Stattfinden und Zulässigkeit der Berufung, soweit sie nicht eben durch das Arbeitsgerichtsgesetz abgeändert sind (vgl. Anm. 11, a).

10 Die abweichenden Vorschriften des Arbeitsgerichtsgesetzes ergeben sich einmal unmittelbar aus dem § 64 Abs. 1, Abs. 2 Satz 2, 3, §§ 65—71 ArbGG., zum andern mittelbar aus der entsprechenden Anwendung des § 49 Abs. 1, 3, § 51 Abs. 1, der §§ 52, 53, 56, 58, 59, der § 60 Abs. 1, 3, Abs. 4 Satz 2, § 61 Abs. 4, 5, §§ 62, 63 ArbGG. im Berufungsverfahren auf Grund der Vorschrift des § 64 Abs. 3 ArbGG. (vgl. Anm. 14 bis 25).

11 Soweit das Arbeitsgerichtsgesetz keine abweichenden Vorschriften enthält (vgl. Anm. 10), gelten die Vorschriften der Zivilprozeßordnung über die Berufung entsprechend. Diese Vorschriften finden sich einmal in dem Ersten Abschnitt des Dritten Buchs der Zivilprozeßordnung (ZPO. §§ 511—544), andererseits aber im Rahmen der Vorschrift des § 523 ZPO. auch im Ersten Buch und im Ersten Abschnitt des Zweiten Buchs der Zivilprozeßordnung, die das Verfahren vor den Landgerichten im ersten Rechtszug regeln. Während also für das arbeitsgerichtliche Verfahren des ersten Rechtszuges hinter den besonderen Vorschriften des Arbeitsgerichtsgesetzes die Vorschriften der Zivilprozeßordnung für das amtsgerichtliche Verfahren entsprechend gelten, kommen für das Berufungsverfahren vor den Landesarbeitsgerichten hinter den Sondervorschriften nicht diese, sondern die Vorschriften über das landgerichtliche Verfahren zur entsprechenden Anwendung, eine Regelung, die erhebliche Abweichungen des arbeitsgerichtlichen Verfahrens des zweiten Rechtszuges von dem ersten Rechtszug bedingt (z. B. für Zustellungen). Alle Vorschriften der Zivilprozeßordnung gelten aber im arbeitsgerichtlichen Berufungsverfahren nicht unmittelbar, sondern nur entsprechend, d. h. sie sind nur insofern anzuwenden, als sie mit den Vorschriften des Arbeitsgerichtsgesetzes in ihrem gesamten Zusammenhang, insbesondere mit den Vorschriften der § 64 Abs. 1, Abs. 2 Satz 2, 3, Abs. 3, §§ 65—71 ArbGG. vereinbar sind, und es treten an die Stelle der in der Zivilprozeßordnung genannten Gerichte erster Instanz die Arbeitsgerichte, an die Stelle des Berufungsgerichts der Zivilprozeßordnung das Landesarbeitsgericht. Danach ergibt sich für die Anwendung der wesentlichen Vorschriften der Zivilprozeßordnung über die Berufung folgendes:

a) Zulässigkeit der Berufung. Daß die Vorschrift des § 511 ZPO. auch im arbeitsgerichtlichen Urteilsverfahren gilt, ist bereits in der Anm. 2 hier ausgeführt. Dagegen sind die Vorschriften des § 511a ZPO. vollkommen durch § 64 Abs. 1 ArbGG. ersetzt (vgl. Anm. 6). ZPO. §§ 512 und 512a gelten auch hier. Daß die Berufung nicht auf die unrichtige Annahme der örtlichen Zuständigkeit eines Arbeitsgerichts gestützt werden kann (ZPO. § 512a), ist besonders mit Rücksicht auf den Beschleunigungsgrundsatz des arbeitsgerichtlichen Verfahrens von Bedeutung; um „vermögensrechtliche Ansprüche" (ZPO. § 512a) handelt es sich im arbeitsgerichtlichen Verfahren stets (vgl. Sydow-Busch-Krantz, Anm. 1 zu § 546 ZPO.). Eine weitere Einschränkung der Berufung ergibt sich im arbeitsgerichtlichen Verfahren aus § 65 ArbGG. (vgl. die Anm. dort). Die Frage der Zulässigkeit der Berufung gegen ein Versäumnisurteil ist, mangels anderer Regelung durch das Arbeitsgerichtsgesetz, nach ZPO. § 513 zu beurteilen, zumal ein Unterschied der Behandlung durch die Eigenart des arbeitsgerichtlichen Verfahrens nicht bedingt ist; Berufung kann also nur gegen ein zweites Versäumnisurteil (ZPO. § 345) eingelegt werden, wenn die Berufung darauf gestützt wird, daß der Fall der Versäumnis nicht vorgelegen habe. Verzicht auf die Berufung, Zurücknahme der Berufung und Anschlußberufung sind auch für das arbeitsgerichtliche Verfahren durch die entsprechend anwendbaren §§ 514, 515, 521, 522, 522a ZPO. geregelt. Dagegen sind die Vorschriften über die Berufungsfrist (ZPO. §§ 515, 517) nur mit der Änderung des § 66 Abs. 1 ArbGG. für die Berufungsfrist (zwei Wochen statt einem Monat) anwendbar.

Wegen der Entscheidung des Landesarbeitsgerichts über die Zulässigkeit der Berufung vgl. c, aa dieser Anm.

b) Einlegung der Berufung. Die Vorschriften der §§ 518, 519a ZPO. sind im arbeitsgerichtlichen Verfahren in vollem Ausmaß anwendbar. Der Grundsatz des § 519 ZPO., daß jede Berufung begründet werden muß, gilt hier ebenfalls; die Begründungspflicht ist sogar praktisch durch die Vorschrift des § 67 ArbGG. verstärkt (vgl. Anm. 1 Abs. 4, Anm. 5 zu § 67). Das Berufungsverfahren vor dem Landesarbeitsgericht kann nur dann mit der erforderlichen Beschleunigung durchgeführt werden, wenn die Arbeitsgerichtsbehörden an den Inhalt der Berufungsbegründung weitestgehende Anforderungen stellen (insofern sind die Ausführungen von Baumbach, Anm. 3, C zu § 64, nur zu billigen). Eine inhaltlich vollständige schriftliche Berufungsbegründung kann auch im arbeitsgerichtlichen Verfahren ohne unbillige Belastung der die Berufung einlegenden Partei verlangt werden, weil für das gesamte Berufungsverfahren als Verfahren vor dem Landesarbeitsgericht durch ArbGG. § 11 Abs. 2 Vertretungszwang vorgeschrieben ist. In der Person der Rechtsanwälte und der an ihrer Stelle zugelassenen Vereinigungsvertreter muß die Gewähr gesehen werden, daß die Begründung sachlich und rechtlich vollkommen erfolgen kann; das legt allerdings der die Vertretung übernehmenden Person erhebliche Verpflichtungen auf, was sorgfältig beachtet werden sollte.

Im einzelnen gelten von den Vorschriften des § 519 ZPO. im arbeitsgerichtlichen Verfahren die Vorschriften des Abs. 1, des Abs. 2 Satz 1 und Satz 2 Halbsatz 2, des Abs. 3 und des Abs. 5. Abs. 2 Satz 2 Halbsatz 1 ist durch § 66 Abs. 1 ArbGG. ersetzt, Abs. 4 ist mit Rücksicht auf die Regelung des § 64 Abs. 1 ArbGG. gegenstandslos, Abs. 6 durch ArbGG. § 66 Abs. 2 Satz 2 für unanwendbar erklärt (dies wäre übrigens schon nach ArbGG. § 12 Abs. 3 Satz 2 Halbsatz 1 anzunehmen, nach dem Kostenvorschüsse allgemein **nicht** erhoben werden dürfen; vgl. Anm. 10, Anm. 9 Abs. 1 zu § 12).

Die **Berufungsbegründung** wird grundsätzlich am zweckmäßigsten mit der Einlegung der Berufung verbunden. Wo dies nicht möglich ist, z. B. weil eine sehr eingehende rechtliche Kritik an den Entscheidungsgründen des angefochtenen Urteils geübt werden soll, kann sie gemäß § 66 Abs. 1 ArbGG. binnen zwei Wochen, gerechnet von der Einlegung der Berufung, nachgereicht werden. Doch muß, da dies durch § 66 Abs. 1 ArbGG. nicht ausdrücklich ausgeschlossen ist, angenommen werden, daß die Begründungsfrist, wie im allgemeinen Zivilprozeßverfahren, gemäß § 519 Abs. 2 Satz 2 Halbsatz 2 auf Antrag vom Vorsitzenden verlängert werden kann (ebenso Dersch-Volkmar, Anm. 1 zu § 66; Baumbach, Anm. 3 zu § 66); dabei ist aber zu bemerken, daß eine solche Verlängerung **nur in besonderen Notfällen** bewilligt werden darf, wenn nicht gegen den Beschleunigungsgrundsatz des Gesetzes, eine seiner wichtigsten Grundlagen, verstoßen werden soll (vgl. Anm. 3 Abs. 1 zu § 66). Die **Berufungsanträge** (ZPO. § 519 Abs. 3 Nr. 1) sind klarzustellen, um Schwierigkeiten, gegebenenfalls Abweisung oder teilweise Abweisung zu vermeiden. Die Beachtung der Vorschrift des § 519 Abs. 3 Nr. 2 ZPO. über den „Muß"-Inhalt der Begründungsschrift ist mit Rücksicht auf § 67 ArbGG. im arbeitsgerichtlichen Verfahren von erheblich größerer praktischer Bedeutung als in allgemeinen Zivilprozeßverfahren gemäß ZPO. § 529 Abs. 3.

c) **Verfahren vor dem Landesarbeitsgericht auf die Berufung.**

aa) **Prüfung der Zulässigkeit der Berufung.** Hier gilt ZPO. § 519b in vollem Ausmaße. Wird die **Berufung** gemäß § 519b Abs. 2 ZPO. **ohne mündliche Verhandlung als unzulässig verworfen**, so ist für diese Entscheidung (Beschluß) gemäß ArbGG. § 53 Abs. 1 der **Vorsitzende** des Landesarbeitsgerichts **allein** zuständig; die Entscheidung ergeht im schriftlichen Verfahren, ohne Ansetzung eines Termins. Wegen der Revisionsbeschwerde gegen diesen Beschluß vgl. § 77 ArbGG.

bb) **Terminsbestimmung.** Hierfür gilt ZPO. § 520, zu Abs. 1 Satz 1 mit der Maßgabe des § 66 Abs. 2 ArbGG. (vgl. Anm. 4 zu § 66), zu Abs. 1 Satz 2 mit der Maßgabe, daß das Landesarbeitsgericht den Berufungsbeklagten entsprechend den Vorschriften des § 11 Abs. 2 ArbGG. darauf hinzuweisen hat, daß er sich vor dem Berufungsgericht, d. h. im gesamten Berufungsverfahren, durch einen bei einem deutschen Gericht zugelassenen Rechtsanwalt oder durch einen den Vorschriften des § 11 Abs. 2 Satz 2 entsprechenden Vereinigungsvertreter vertreten lassen muß. Gemäß ZPO. § 520 Abs. 3 muß bei der Terminsbestimmung die **Einlassungsfrist** des § 62 ZPO. gewahrt werden; die Sondervorschrift des § 47 Abs. 3 ArbGG. für die Einlassungsfrist gilt hier nicht, weil sie im § 64 Abs. 3 ArbGG. nicht aufgeführt ist.

cc) **Verfahren bis zum Urteil.** Die Bedeutung des § 523 ZPO. für das arbeitsgerichtliche Verfahren ist im ersten Absatz dieser Anm. dargestellt. ZPO. § 523a ist gemäß § 64 Abs. 2 Satz 2 unanwendbar (vgl. Anm. 12). Dagegen sind die Vorschriften der §§ 525—527 ZPO. voll anwendbar. Das Gleiche gilt für ZPO. § 528 Satz 1. Die entsprechende Anwendung des Satzes 2 des § 528 ZPO. bedeutet, daß die zu **Unrecht angenommene** sachliche Zuständigkeit des Arbeitsgerichts im Verhältnis zum ordentlichen Gericht (vgl. die eingehenden Ausführungen in Anm. 2 zu § 48) bei mündlicher Verhandlung des Beklagten zur Hauptsache vor dem Arbeitsgericht und dem Fehlen der Glaubhaftmachung der Schuldlosigkeit des Nichtvorbringens der Einrede der Unzuständigkeit dort vor dem Landesarbeitsgericht nicht mehr gerügt werden kann (vgl. Sydow-Busch-Krantz, Anm. 4 zu § 528 ZPO.). Es liegt also nicht nur keine Nichtigkeit des Urteils des Arbeitsgerichts vor, sondern es wird sogar in diesem Falle für den zweiten Rechtszug die Zuständigkeit der Arbeitsgerichtsbehörden fingiert. Hat dagegen der Beklagte vor dem Arbeitsgericht nicht mündlich verhandelt, d. h. auch nicht im Güteverfahren (ArbGG. § 54 Abs. 1 Satz 1; vgl. Anm. 2 zu § 54), oder kann er glaubhaft machen, daß er die Einrede der Unzuständigkeit vor dem Arbeitsgericht ohne sein Verschulden nicht geltend machen konnte, und erhebt er nunmehr diese Einrede, so ist das Vorderurteil aufzuheben und die Klage wegen Unzuständigkeit der Arbeitsgerichtsbehörden abzuweisen.

Die Vorschriften des § 529 ZPO. gelten mit der Maßgabe, daß § 529 Abs. 3 durch § 67 ArbGG. ersetzt ist (vgl. Anm. 1 Abs. 4 zu § 67). Die §§ 530—533 sind voll anwendbar. Ebenso ist ZPO. § 534 anwendbar, der dem Berufungsgericht zwingend vorschreibt, ein angefochtenes Urteil, das nicht vorläufig vollstreckbar ist, auf Antrag in der mündlichen Verhandlung — gemäß § 718 ZPO. vorab — insoweit für vorläufig vollstreckbar zu erklären, als es nicht angefochten ist, oder in vollem Ausmaß, wenn das Berufungsgericht der Überzeugung ist, daß der Berufungskläger neue Tatsachen und Beweismittel, soweit zulässig und nicht gemäß § 529 Abs. 2 ZPO. zurückgewiesen, zur Verschleppung oder aus Nachlässigkeit erst im Berufungsrechtszuge vorbringt. Im arbeitsgerichtlichen Verfahren kommt die Anwendung dieser Vorschriften in Betracht, wenn das Arbeitsgericht die vorläufige Vollstreckbarkeit gemäß § 62 Abs. 1 Satz 2 ArbGG. ausgeschlossen hat; insoweit kann also die vorläufige Vollstreckbarkeit angeordnet werden, obwohl die Vollstreckung dem Schuldner einen nicht zu ersetzenden Nachteil bringen kann (vgl. Sydow-Busch-Krantz, Anm. 1—3 zu § 534 ZPO.).

ZPO. § 542 Abs. 2 gilt für das arbeitsgerichtliche Verfahren, § 542 Abs. 1 mit der sich aus der entsprechenden Anwendbarkeit des § 59 ArbGG. ergebenden Maßgabe (ArbGG. § 64 Abs. 3). ZPO. § 544 findet ebenfalls Anwendung.

dd) Urteil. Die Vorschriften der §§ 536, 537 ZPO. sind auch im arbeitsgerichtlichen Berufungsverfahren voll anwendbar. Sie enthalten einmal den Grundsatz, daß nur im Rahmen der Berufungsanträge verhandelt und entschieden werden kann, zum andern den Grundsatz, daß in diesem Rahmen über alle Streitpunkte verhandelt und entschieden werden muß, selbst wenn über sie im ersten Rechtszug nicht verhandelt oder nicht entschieden ist, daß also im Berufungsverfahren eine volle Aufrollung des Streits erfolgt. Die Sätze 2 und 3 des § 537 ZPO. spielen im arbeitsgerichtlichen Verfahren praktisch nur eine geringe Rolle, weil gemäß § 58

Abs. 3, § 64 Abs. 3 ArbGG. nur der seltene richterliche Eid durch bedingtes Endurteil angeordnet wird (vgl. Anm. 14 Abs. 2 zu § 58). Weiter gilt auch im arbeitsgerichtlichen Verfahren die prozeßtechnische Vorschrift des § 543 ZPO.

Die in den §§ 538, 539 ZPO. vorgesehene Zurückverweisung der Sache in den ersten Rechtszug durch Urteil des Berufungsgerichts bringt in jedem Falle eine Verzögerung der Erledigung des Rechtsstreits mit sich. Das Arbeitsgerichtsgesetz hat aus dem Beschleunigungsgrundsatz heraus die Zurückverweisung deshalb in das arbeitsgerichtliche Verfahren nur für die Fälle übernommen, in denen sie nach der Art des angefochtenen Urteils und des Berufungsurteils notwendig ist, weil der Rechtsstreit noch nicht zu Ende verhandelt ist (ZPO. § 538), nicht dagegen für die Fälle, in denen die Zivilprozeßordnung die Zurückverweisung nur ermöglicht, um den Parteien ein mangelfreies Verfahren in jedem Rechtszuge zu gewährleisten (ZPO. § 539); ArbGG. § 68 schließt die Anwendung des § 539 ZPO im arbeitsgerichtlichen Verfahren aus (vgl. Anm. 1 zu § 68).

Von den fünf Fällen, in denen nach dem im arbeitsgerichtlichen Berufungsverfahren entsprechend anwendbaren § 538 ZPO. die Zurückverweisung an das Arbeitsgericht erfolgen muß, sofern das Urteil des Landesarbeitsgerichts die Sache nicht beendigt (vgl. Sydow-Busch-Krantz, Anm. 1 zu § 538 ZPO.), kommt hier Abs. 1 Nr. 4 überhaupt nicht in Betracht, weil es einen Urkunden- und Wechselprozeß in der Arbeitsrechtspflege nach ArbGG. § 46 Abs. 2 Satz 3 nicht gibt. Die Vorschrift des Abs. 1 Nr. 3 kommt — mit der durch die Novelle zur Zivilprozeßordnung von 1924 eingefügten Einschränkung „es sei denn, daß .... reif ist" — nur bei Klageabweisung durch das Arbeitsgericht in Betracht, da ein vorabentscheidendes Zwischenurteil über den Grund des Anspruchs nach ArbGG. § 61 Abs. 5 nicht selbständig berufungsfähig ist.

12 Das Verfahren vor dem Einzelrichter, wie es seit der Novellengesetzgebung des Jahres 1924 im Zivilprozeß durch §§ 348—350 ZPO. vorgesehen ist, ist schon nach § 523a ZPO. für das allgemeine Berufungsverfahren dahin eingeschränkt, daß der Einzelrichter auch nicht im Einverständnis der Parteien an Stelle des Prozeßgerichts die sachliche Endentscheidung treffen kann. Seine übrigen Befugnisse der Vorbereitung der Verhandlung, der Güteverhandlung und der Entscheidung in den Fällen des § 349 Abs. 1 Nr. 1—5 ZPO. hat er im allgemeinen Zivilprozeß auch im Berufungsverfahren. Das Arbeitsgerichtsgesetz kennt das zivilprozessuale Verfahren vor dem Einzelrichter im Sinne der Zivilprozeßordnung überhaupt nicht; im ersten Rechtszug ist es — als Teil des landgerichtlichen Verfahrens — durch die Bezugnahme auf die für das amtsgerichtliche Verfahren maßgebenden Vorschriften der Zivilprozeßordnung als entsprechend geltend ausgeschlossen, im Berufungsverfahren durch die besondere Vorschrift des § 64 Abs. 2 Satz 2 ArbGG. Dieser Ausschluß erklärt sich aus der von der Besetzung der allgemeinen Zivilgerichte abweichenden Besetzung der Arbeitsgerichtsbehörden und aus dem Grundsatz der Mitwirkung der Parteien des Arbeitslebens an der Arbeitsrechtsprechung (ArbGG. § 6; vgl. Anm. 1, 3 zu § 6). Wie unter Wahrung dieses Grundsatzes im Interesse der Beschleunigung des Verfahrens der Vorsitzende der

Arbeitsgerichtsbehörde allein tätig werden kann, ist für das Verfahren vor allen Arbeitsgerichtsbehörden durch die Vorschrift des § 53 Abs. 1 ArbGG. in Verbindung mit § 64 Abs. 3 und § 72 Abs. 3 ArbGG. geregelt, für das Verfahren des ersten Rechtszuges und für das Berufungsverfahren weiter durch die Vorschriften des § 56 und des § 58 Abs. 1 Satz 2 (vgl. § 64 Abs. 3 ArbGG.) und für das Verfahren des ersten Rechtszuges allein noch durch die Vorschriften der §§ 54, 55 ArbGG.

Durch diese Vorschriften wird insbesondere eine erschöpfende Anwendung des Gütegedankens und des Gedankens der beschleunigten Entscheidung im ersten Rechtszuge erreicht, der Vorsitzende wird durch sie zur Vorbereitung der streitigen Verhandlung auf Grund des ihm vorliegenden Materials verpflichtet und alle Verfügungen und Beschlüsse, die nicht auf Grund einer mündlichen Verhandlung ergehen, also z. B. auch Zurückweisungen der Berufung bzw. der Revision als unzulässig ohne mündliche Verhandlung (ZPO. §§ 519b, 554a), werden von ihm allein getroffen. Eine weitergehende beschleunigende Wirkung dürfte auch dem zivilprozessualen Verfahren vor dem Einzelrichter, insbesondere im Berufungsrechtszuge, nicht zukommen.

13 Von der Verordnung zur Entlastung der Gerichte vom 13. Mai 1924 finden nur die Vorschriften über die Entscheidung ohne mündliche Verhandlung (§§ 7, 8) Anwendung (vgl. im übrigen Anm. 8 zu § 46). Nach § 7 EntlVO. kann das Gericht mit Einverständnis der Parteien eine solche Entscheidung treffen, es ist aber nicht dazu gezwungen. Zweckmäßig wird von dieser Möglichkeit im arbeitsgerichtlichen Berufungsverfahren grundsätzlich kein Gebrauch zu machen sein, weil auch das Berufungsverfahren in seinem ganzen Zuschnitt auf mündliche Verhandlung eingestellt ist. Die Möglichkeit der Anwendung geht auf einen Beschluß des Reichsrats zurück (vgl. Begr. S. 44).

Soll eine Entscheidung ohne mündliche Verhandlung erlassen werden, so müssen die Streitparteien mit dem Erlaß dieser Entscheidung ohne mündliche Verhandlung einverstanden sein, d. h. es bedarf für jede Entscheidung (Beweisbeschluß, Urteil) des gesonderten Einverständnisses (ebenso Dersch-Volkmar, Anm. 4 zu § 64; Schmincke-Sell, Anm. 6 zu § 64; die Auffassung von Baumbach, Anm. 7 zu § 64, daß es lediglich eines Einverständnisses im zweiten Rechtszuge bedarf, erscheint zu unbestimmt). Das Einverständnis der Parteien muß bis zum Erlaß der Entscheidung fortbestehen (ebenso Dersch-Volkmar, Schmincke-Sell, a. a. O.). Wann die Entscheidung ohne mündliche Verhandlung erlassen ist, ist schon für das Zivilprozeßverfahren streitig; als herrschend dürfte jetzt die Ansicht anzusehen sein, nach der die Erlassung in der Übergabe an die Geschäftsstelle zwecks Mitteilung an die Parteien liegt (ebenso Dersch-Volkmar, Schmincke-Sell, a. a. O.). Ob der Vorsitzende allein oder die Kammer die Entscheidung zu erlassen haben, bestimmt sich nach § 64 Abs. 3 in Verbindung mit § 53 Abs. 1 ArbGG.; danach kann der Vorsitzende allein lediglich Beweisbeschlüsse erlassen, während Urteile von der Kammer erlassen und unterzeichnet werden müssen (§ 69 Abs. 1 ArbGG.). Auch im übrigen gelten für derartige Urteile die Vorschriften des § 69, § 61 Abs. 4, 5 ArbGG. Ebenso gilt entsprechend die Vorschrift des § 60 Abs. 4 Satz 2; an die Stelle der Verkündung wird hier wieder die Übergabe an die Geschäftsstelle zu treten haben.

Urteile, die ohne mündliche Verhandlung ergangen sind, werden nicht verkündet, sondern den Parteien nach § 7 Satz 2 Halbsatz 2 EntlVO. durch Zustellung — von Amts wegen — mitgeteilt. Diese Zustellung ersetzt aber nicht die Zustellung des Urteils durch die Partei, wie sie im Berufungsverfahren durch § 64 Abs. 2 Satz 1 ArbGG. in Verbindung mit ZPO. § 317 Abs. 1 vorgeschrieben ist; diese muß vielmehr gesondert später erfolgen (ebenso Schmincke-Sell, Anm. 6 u. f. zu § 64; Dersch-Volkmar, Anm. 4 zu § 64, wo auch Näheres zur Entscheidung ohne mündliche Verhandlung im allgemeinen).

14 Ein großer Teil der von der allgemeinen Regelung der Zivilprozeßordnung abweichenden Vorschriften des Arbeitsgerichtsgesetzes für den ersten Rechtszug gilt auch im Berufungsverfahren entsprechend, weil die (in der Anm. zu den Paragraphen für den ersten Rechtszug behandelten) Besonderheiten des arbeitsgerichtlichen Urteilsverfahrens auch im zweiten Rechtszuge gegeben sind. Ebenso gelten für das Berufungsverfahren auch die allgemeinen Vorschriften der §§ 5, 9, 10, 11, 13 und des § 12 Abs. 2, 3, 5, 6 ArbGG. (vgl. die Anm. dort). Dagegen gelten hier nicht einige Vorschriften des Urteilsverfahrens des ersten Rechtszuges, die auf dessen besondere Struktur zugeschnitten sind. Abgesehen von Einzelheiten, die in der folgenden Anm. 15 bis 25 behandelt werden, sind dies die §§ 46, 47, 48 (z. T.), 50, 54, 55, 57 ArbGG.

§ 46 ArbGG. behandelt die Grundsätze des Urteilsverfahrens des ersten Rechtszuges, die für den zweiten Rechtszug in § 64 ArbGG. behandelt sind. § 47 gibt Vorschriften für die Klage, die im Berufungsverfahren begrifflich nicht anwendbar sind und verkürzt — im Abs. 3 — auch die Ladungsfrist in einzelnen Fällen stärker, als dies im Berufungsrechtszuge, in dem Vertretungszwang herrscht, zweckdienlich wäre. Auch die Vorschrift des § 48 Abs. 2 ArbGG. kommt begrifflich nur für den ersten Rechtszug in Betracht, da die örtliche Zuständigkeit des Landesarbeitsgerichts durch die Entscheidung des Arbeitsgerichts festgelegt ist. Das Gleiche gilt für die Vorschrift des § 48 Abs. 1, soweit sie die örtliche Zuständigkeit betrifft. Dagegen dürfte § 48 Abs. 1 ArbGG. für die sachliche Zuständigkeit im Verhältnis der Arbeitsgerichtsbehörden zu den ordentlichen Gerichten auch für den zweiten Rechtszug, trotz Fehlens eines Hinweises, anwendbar sein, da auch in der allgemeinen Zivilgerichtsbarkeit die Verweisung an das sachlich zuständige Gericht gemäß § 276 ZPO. noch in der Berufungsinstanz möglich ist und hier sonst eine entsprechende Bestimmung überhaupt fehlte (vgl. Anm. 5 Abs. 3 zu § 48; Sydow-Busch-Krantz, Anm. 5 zu § 276 ZPO.). Insofern enthält also die Fassung des § 64 Abs. 3 eine Ungenauigkeit.

Aus der Nichtanwendbarkeit des § 50 ArbGG. im Berufungsverfahren ergibt sich, daß die Urteile der Landesarbeitsgerichte gemäß § 317 Abs. 1 ZPO., wie stets in der allgemeinen Gerichtsbarkeit, auf Betreiben der Parteien zuzustellen sind. Die §§ 54, 55 ArbGG. geben Vorschriften, die entsprechend dem Beschleunigungsgrundsatz des Arbeitsgerichtsgesetzes nur im ersten Rechtszuge in Betracht kommen, da ein besonderes Güteverfahren mit Rücksicht auf seine doppelte Zweckbestimmung (vgl. Anm. 1 zu § 54) nur dort erfolgversprechend ist. ArbGG. § 57 hätte auch im Berufungsverfahren für anwendbar erklärt werden können, da seine Grundsätze zweifellos auch dort gelten; das Gesetz hat jedoch die allgemeinen Vorschriften der Zivilprozeßordnung in Verbindung mit dem entsprechend anwendbaren § 56 ArbGG. hier für ausreichend gehalten.

15 Über die Ablehnung von Gerichtspersonen (vgl. Anm. 1 ff. zu § 49) entscheidet im Berufungsverfahren die Kammer des Landesarbeitsgerichts, in der der Abgelehnte — falls Mitglied der Kammer, nicht Beamter

der Geschäftsstelle — durch einen Ersatzmann ersetzt ist, endgültig. Die Möglichkeit, daß durch das Ausscheiden des abgelehnten Gerichtsmitgliedes die Kammer beschlußunfähig wird, ist hier, anders als im Verfahren des ersten Rechtszugs, nicht vorgesehen. Das Gesetz setzt vielmehr voraus, daß bei den Landesarbeitsgerichten stets für ausreichende Vertretung auch des Vorsitzenden gesorgt ist (vgl. Anm. 4, 5 zu § 49). Die Regelung beruht ferner auf dem Gedanken, daß das Reichsarbeitsgericht, das im Falle der entsprechenden Anwendung auch des Abs. 2 des § 49 entscheiden müßte, mit derartigen Entscheidungen nicht belastet werden darf. Die gegenteilige Auffassung Baumbachs (Anm. 8 zu § 64) erscheint gegenüber dem Wortlaut der Vorschrift nicht haltbar.

16 Vgl. Anm. 1, 2 zu § 51. Die Vorschrift des § 51 Abs. 2 ArbGG., nach der der Vorsitzende die Zulassung eines Prozeßbevollmächtigten unter gewissen Umständen ablehnen kann, ist für das Berufungsverfahren nicht für entsprechend anwendbar erklärt, weil sie mit dem hier gemäß § 11 Abs. 2 ArbGG. herrschenden Vertretungszwang nicht im Einklang stände. Die rechtliche Stellung des Prozeßbevollmächtigten ist danach hier anders als im Verfahren des ersten Rechtszuges. Die Strafbefugnis des Vorsitzenden gemäß § 51 Abs. 1 ArbGG. in Verbindung mit ZPO. § 141 Abs. 3 gilt auch hier.

17 Die Vorschriften des § 52 ArbGG. über die Öffentlichkeit gelten entsprechend auch für das Berufungsverfahren vor dem Landesarbeitsgericht (vgl. die Anm. zu § 52).

18 Das gleiche gilt für die Vorschriften des § 53 ArbGG. über die Befugnisse des Vorsitzenden und der Beisitzer (vgl. die Anm. zu § 53) Wichtig ist insbesondere, daß auch im Berufungsverfahren vor dem Landesarbeitsgericht, soweit nichts anderes bestimmt ist, der Vorsitzende allein Beschlüsse und Verfügungen erläßt, die nicht auf Grund einer mündlichen Verhandlung ergehen, z. B. den Beschluß, durch den die Berufung als unzulässig verworfen wird, gemäß ZPO. § 519b.

19 Die entsprechende Anwendung des § 56 ArbGG. (vgl. die Anm. dort) im Berufungsverfahren bedeutet, daß auch der Vorsitzende des Landesarbeitsgerichts die streitige Verhandlung so vorzubereiten hat, daß sie möglichst in einem Termin zu Ende geführt werden kann (vgl. Anm. 14 Abs. 3). Seine Vorbereitung stützt sich aber nicht auf die Güteverhandlung, wie die des Vorsitzenden des Arbeitsgerichts, sondern auf das Urteil des Arbeitsgerichts, auf die Berufungsbegründung (ArbGG. § 64 Abs. 2 Satz 1 in Verbindung mit ZPO. § 519; vgl. Anm. 11b) und auf eine etwaige schriftliche Entgegnung des Berufungsbeklagten. Die Vorschriften des § 272b ZPO. sind auch im Berufungsverfahren nicht anwendbar (vgl. Anm. 1 Abs. 4, 5 zu § 56).

20 Wegen der einzelnen Vorschriften des § 58 ArbGG. vgl. die Anm. dort. Bemerkenswert ist, daß nach der Regelung des § 64 Abs. 2 in Verbindung mit § 58 ArbGG. auch im Berufungsverfahren vor dem Landesarbeitsgericht die Beweisaufnahme, wenn sie am Sitz des Prozeßgerichts, also des Landesarbeitsgerichts, möglich ist, vor der Kammer dieses Gerichts erfolgt (vgl. Anm. 4, 5 zu § 58). Erfolgt sie im Bezirk des Landesarbeitsgerichts, aber nicht an seinem Sitz, so kann sie von der Kammer, aber auch von dem Vorsitzenden allein, vorgenommen werden, niemals aber von einem anderen Kammermitglied oder von einem

„ersuchten Richter" (vgl. Anm. 7 zu § 58). Diese Regelung bedeutet, daß der Vorsitzende des Landesarbeitsgerichts, im Interesse möglichster Unmittelbarkeit des arbeitsgerichtlichen Verfahrens, anders als die Mitglieder eines Berufungsgerichts der allgemeinen Gerichtsbarkeit, zu Reisen innerhalb des Landesarbeitsgerichtsbezirks gezwungen ist, wenn eine erneute Beweisaufnahme vor dem Berufungsgericht erforderlich ist und sie nicht am Sitze des Landesarbeitsgerichts stattfinden kann. Nur wenn die Beweisaufnahme außerhalb des Bezirks des Landesarbeitsgerichts stattfinden muß, ist sie, falls das Prozeßgericht sich nicht an den Beweisort begibt, dem Vorsitzenden des örtlich zuständigen Arbeitsgerichts oder dem Amtsgericht gemäß § 64 Abs. 3 in Verbindung mit § 58 Abs. 1 Satz 3 und § 13 ArbGG. zu übertragen (vgl. Anm. 9, 10 zu § 58).

Für die Frage der Beeidigung der Zeugen und Sachverständigen ist die im § 58 Abs. 2 vorgeschriebene Prüfung (vgl. Anm. 11, 12 zu § 58) erforderlich. Ist der Zeuge oder Sachverständige bereits im ersten Rechtszuge vernommen und gemäß § 58 Abs. 2 beeidigt worden, so wird diese Tatsache bei der Prüfung ins Gewicht fallen (vgl. Baumbach, Anm. 8 zu § 58).

Hinsichtlich der Anordnung und Leistung eines Parteieides gelten die Vorschriften des § 58 Abs. 3, 4 ArbGG. unverändert (vgl. Anm. 14—23 zu § 58).

21 Für die Einlegung des Einspruchs gegen Versäumnisurteile der Landesarbeitsgerichte gilt ArbGG. § 59 entsprechend (vgl. die Anm. dort und Anm. 11c, cc, Abs. 3 hier). Die Einspruchsfrist beträgt also nur 3 Tage. Der Einspruch wird beim Landesarbeitsgericht schriftlich oder durch Abgabe einer Erklärung zur Niederschrift seiner Geschäftsstelle eingelegt. Das bedeutet nach ZPO. § 78 Abs. 2, daß für die Einlegung des Einspruchs, entgegen der Regelung für das Berufungsverfahren, im übrigen (§ 11 ArbGG.) kein Vertretungszwang herrscht; die Einspruchsschrift kann also sowohl von den Prozeßbevollmächtigten wie von der Partei selbst unterzeichnet werden (ebenso Dersch-Volkmar, Anm. 5e zu § 64). Die Vorschrift ist mit Rücksicht auf die kurze Einspruchsfrist als Erleichterung für die Einlegung des Einspruchs gedacht; die Auffassung Baumbachs (Anm. 8 zu § 64), daß § 59 Satz 2 ArbGG. nach dem „System des Anwaltszwangs" nicht anwendbar sein kann, widerspricht dem Gesetzeswortlaut und wird ihrem Sinn nicht gerecht.

22 Die Beschleunigungs- und Sicherungsvorschriften des § 60 ArbGG. (vgl. die Anm. dort) finden mit Ausnahme des § 60 Abs. 4 Satz 1 auf die Verkündung des Urteils des Landesarbeitsgerichts unverändert Anwendung. Die Bedenken Baumbachs (Anm. 8 zu § 64) gegen den kurzen Verkündungstermin werden auch hier den Grundsätzen des Gesetzes nicht gerecht (vgl. Anm. 3 zu § 60). Die Unanwendbarkeit des § 60 Abs. 4 Satz 1 ArbGG. im Berufungsverfahren ist durch die besondere Sicherungsvorschrift des § 69 Abs. 1 ArbGG. bedingt (vgl. Anm. 2, 3 zu § 69).

23 Von den Vorschriften über den Inhalt des Urteils im ersten Rechtszuge (ArbGG. § 61) sind für das Urteil des Landesarbeitsgerichts nur die Absätze 4 und 5 des § 61 unverändert anwendbar (vgl. Anm. 1 Abs. 3, Anm. 12—19 zu § 61). Die Anwendbarkeit des Abs. 4 bedeutet eine weitere Abweichung von der Regelung des allgemeinen Zivilprozeßrechts (ZPO. § 510b, vgl. Anm. 13 zu § 61), weil diese ein solches Urteil im Berufungsverfahren überhaupt nicht kennt.

Die Unanwendbarkeit des § 61 Abs. 1 Satz 1 ArbGG. auf das Urteil des Landesarbeitsgerichts erklärt sich aus der andersartigen Kostenregelung gegenüber dem Verfahren des ersten Rechtszuges (vgl. Anm. 15 Abs. 2 zu § 12), die des Abs. 1 Satz 2 aus der Schaffung größerer Bezirke für die Landesarbeitsgerichte und aus dem Vertretungszwang im Verfahren hier; es gelten deshalb für das Berufungsverfahren die Vorschriften der §§ 91 ff. ZPO. entsprechend ohne die Ausnahme des § 61 Abs. 1 Satz 2 ArbGG.

Der Wert des Streitgegenstandes wird grundsätzlich für das Verfahren aller Rechtszüge im Urteil des Arbeitsgerichts festgesetzt, eine Ausnahme, die eine Neufestsetzung des Urteils des Landesarbeitsgerichts erforderlich macht, gilt nur im Falle des § 69 Abs. 2 ArbGG. (vgl. Anm. 7 zu § 61, Anm. 4 bis 8 zu § 69).

Die Zulassung der Revision wegen grundsätzlicher Bedeutung des Rechtsstreits im Urteil des Landesarbeitsgerichts ist in § 69 Abs. 3 ArbGG. besonders geregelt (vgl. Anm. 9 bis 12 zu § 69); eine entsprechende Anwendung der Vorschriften des § 61 Abs. 3 ArbGG. kommt deshalb nicht in Betracht.

24 Daß die Vorschrift des § 62 Abs. 2 ArbGG. für das gesamte Urteilsverfahren gilt, ist in Anm. 1 Abs. 7 zu § 62 erörtert. Die entsprechende Anwendung des § 62 Abs. 1 ArbGG. auf die Urteile der Landesarbeitsgerichte bedeutet, daß sie, von der Ausnahme des § 62 Abs. 1 Satz 2 abgesehen, ohne besonderen Ausspruch vorläufig vollstreckbar sind, wenn gegen sie Einspruch oder Revision zulässig ist, im übrigen endgültig vollstreckbar (vgl. Anm. 1—8 zu § 62). Von der Vorschrift des § 62 Abs. 1 Satz 3 ist der auf § 719 Abs. 1 ZPO. bezügliche Teil hier nur für den Einspruch von Bedeutung, da für die Revision die — inhaltlich mit § 62 Abs. 1 Satz 3 ArbGG. gleichbedeutende — Vorschrift des § 719 Abs. 2 ZPO. gilt.

25 Für die entsprechende Anwendung des § 63 ArbGG. im Berufungsverfahren vgl. die Anm. zu § 63.

§ 65

Beschränkung der Berufung[1]

Auf Mängel des Verfahrens bei der Berufung der Beisitzer[2] oder auf Umstände, die die Berufung eines Beisitzers[2] zu seinem Amte ausschließen[3], kann die Berufung nicht gestützt werden[4].

1 Die Vorschrift ist inhaltlich der des § 56 GVG. nachgebildet, die gemäß § 16 Abs. 1 KGG. auch im kaufmannsgerichtlichen Verfahren galt. Doch hat sie hier eine andere Bedeutung, weil die Beisitzer nicht gewählt, sondern gemäß § 20 ArbGG. berufen werden. Von der Berufung durch die höhere Verwaltungsbehörde als Sozialbehörde im Einvernehmen mit dem Landgerichtspräsidenten als Justizbehörde nimmt das Gesetz an, daß sie grobe Verstöße in der Auswahl der Arbeitsrichter ausschließt. Aus diesem Grunde ist § 56 Abs. 2 GVG., der die Stützung der Berufung auf Mitwirkung eines schöffenunfähigen Beisitzers zuläßt, nicht mitübernommen.

Es handelt sich in § 65 ArbGG. um eine Beschränkung der Berufung gegenüber den allgemeinen Vorschriften der Zivilprozeßordnung, die im übrigen gemäß § 64 Abs. 2 Satz 1 ArbGG. entsprechend anwendbar sind (vgl. § 512a ZPO., Anm. 11, a zu § 64). Der in Betracht kommende Tatbestand kann im allgemeinen Zivilprozeßverfahren nicht vorkommen, weil dort im ersten Rechtszuge nur ordentliche Richter mitwirken. Das Arbeitsgericht besteht aus einem Vorsitzenden, der zwar nicht ordentlicher Richter zu sein braucht, aber grundsätzlich zum Richteramt befähigt sein muß (ArbGG. § 18 Abs. 2, 3; § 117 Abs. 1—3) und der von der Landesjustizverwaltung im Einvernehmen mit der Sozialverwaltung bestellt ist, und aus Beisitzern, die auf Grund von Vorschlagslisten der wirtschaftlichen Vereinigungen berufen werden. Hinsichtlich der Beisitzer wirken also außer den Bestellungsbehörden außeramtliche Stellen mit, so daß eine volle Gewähr für das Vorliegen der Voraussetzungen für die Berufung zum Beisitzer nicht übernommen werden kann, wenngleich die Gewähr durch die Einrichtung der Berufung größer ist als bei der Wahl der Beisitzer im früheren Verfahren (vgl. Begr., S. 60, zu § 63 — jetzt § 65). Gleichwohl bilden aber Umstände, die in der Besetzung des Arbeitsgerichts mit fehlerhaft berufenen Beisitzern liegen, keine Unterlage für die Berufung gegen ein Urteil dieses Arbeitsgerichts. Die Berufung kann vielmehr nur auf Umstände gestützt werden, die im Verfahren des Gerichts selbst liegen. Diese Regelung bedeutet für die Parteien des einzelnen Rechtsstreits eine Wahrung der Rechtssicherheit und einen Schutz des Vertrauens in die Arbeitsrechtspflegebehörde. Die Aufsicht der zuständigen Behörde über die rechtmäßige Besetzung des Arbeitsgerichts ist, soweit das erforderlich ist, durch die Vorschrift des § 21 Abs. 5 ArbGG. gewährleistet, die aber in den einzelnen Rechtsstreit nicht eingreift (vgl. Anm. 11 zu § 21).

Dieser Gedanke ist auch für das Revisionsverfahren und für die Wiederaufnahme des Verfahrens und im Beschlußverfahren für das Rechtsbeschwerdeverfahren durchgeführt. Auch dort kann das Rechtsmittel bzw. die Richtigkeitsklage nicht auf die fehlerhafte Besetzung der Arbeitsgerichtsbehörde mit Beisitzern gestützt werden (vgl. § 73 Abs. 2, § 79 Satz 2, § 86 Abs. 2 ArbGG.).

2 Die Beschränkung der Berufung bezieht sich nur auf die Besetzung des Arbeitsgerichts mit Beisitzern. Für den Vorsitzenden verbleibt es bei den Vorschriften der Zivilprozeßordnung, weil er den ordentlichen Richtern gleichgeachtet wird. Die Bestellung des Vorsitzenden dürfte jedoch kaum jemals einen Grund zur Berufung gegen ein von ihm miterlassenes Urteil geben können.

3 Bei der Besetzung des Arbeitsgerichts mit Beisitzern sind, entsprechend der früheren Vorschrift des § 56 GGG. zwei Fehlerquellen unterschieden: Fehlerhaftigkeit des Beisitzerberufungsverfahrens der Behörde und Amtsunfähigkeit des Beisitzers. Beide sind als Stützungsgründe für die Berufung nicht verwertbar. Die nachträglich bekannt werdende oder nachträglich eintretende Amtsunfähigkeit führt dagegen gemäß § 21 Abs. 5 ArbGG. zur Amtsenthebung durch den Landgerichtspräsidenten; Urteile, bei deren Erlaß der Enthobene mitgewirkt hat, werden dadurch nicht berührt. Fehlerhaftigkeit des Berufungsverfahrens, z. B. Berufung eines Arbeitnehmers von der Liste einer Vereinigung, die nicht wirtschaftliche Vereinigung im Sinne des Gesetzes ist, kann während der Amtsdauer des berufenen Beisitzers nicht wiedergutgemacht werden (vgl. Anm. 4 zu § 20, Anm. 11 zu § 21).

4 Auch das an sich gemäß § 64 Abs. 1 ArbGG. berufungsfähige Urteil des Arbeitsgerichts kann also nicht mit der Behauptung angefochten werden, daß bei seinem Erlaß ein Arbeitsrichter mitgewirkt hat, dem die bürgerlichen Ehrenrechte aberkannt sind oder der von der Liste einer nicht tariffähigen wirtschaftlichen Vereinigung, z. B. einer wirtschaftsfriedlichen Arbeitnehmervereinigung, berufen

worden ist. Auch die Anführung derartiger Umstände neben anderen Berufungsgründen kann von dem Landesarbeitsgericht nicht für die Stützung der Berufung verwertet werden; es kann also über die Richtigkeit derartiger Behauptungen des Berufungsklägers auch kein Beweis erhoben werden, weil sie für die Entscheidung nicht von Belang sind.

§ 66

Einlegung der Berufung, Terminsbestimmung[1]

(1) **Die Berufungsfrist[2] und die Frist für die Berufungsbegründung[3] betragen je zwei Wochen.**

(2) **Die Bestimmung des Termins zur mündlichen Verhandlung[4] muß, wenn nicht die Berufung nach § 519b der Zivilprozeßordnung ohne mündliche Verhandlung als unzulässig verworfen wird[5], unverzüglich[6] erfolgen. Die Vorschriften des § 519 Abs. 6 der Zivilprozeßordnung über die vorherige Zahlung der Prozeßgebühr finden keine Anwendung[7].**

1 Die Vorschriften des § 66 ArbGG. regeln die Abweichungen des arbeitsgerichtlichen Berufungsverfahrens von dem in der Zivilprozeßordnung geregelten Verfahren der allgemeinen Zivilgerichtsbarkeit hinsichtlich der Berufungseinlegung und der Terminsbestimmung durch das Landesarbeitsgericht. Im übrigen gelten gemäß § 64 Abs. 2 Satz 1 ArbGG. die Vorschriften der §§ 516—522a ZPO. entsprechend, wie dies in Anm. 11, a, b; 11, c, aa, bb zu § 64 näher ausgeführt ist.

Die Sondervorschriften des § 66 ArbGG. beruhen auf dem Beschleunigungsgrundsatz des Arbeitsgerichtsgesetzes. Sie kehren entsprechend in § 74 ArbGG. für das Revisionsverfahren wieder.

Neben ihnen ist für die Einlegung der Berufung § 11 Abs. 2 ArbGG. zu beachten, aus dem sich ergibt, daß schon Berufungsschrift und Berufungsbegründungsschrift zu ihrer Rechtswirksamkeit von dem Prozeßbevollmächtigten unterzeichnet sein müssen (vgl. Anm. 11 Abs. 3, Anm. 2 Abs. 2 zu § 11).

2 Für die Berufungsfrist gelten an sich die Vorschriften der §§ 516, 517 ZPO. (vgl. Anm. 11, a Abs. 1 a. E. zu § 64). Statt eines Monats beträgt die Frist aber nur zwei Wochen. Sie beginnt mit der Zustellung des Urteils. Da dieses nach § 50 ArbGG. von Amts wegen zugestellt wird, und da es möglich ist, daß die Zustellung an die verschiedenen Parteien an verschiedenen Tagen erfolgt, z. B., weil eine Partei am Sitze des Arbeitsgerichts wohnt, einer andern aber in einem andern Orte zugestellt werden muß, kann die Berufungsfrist für jede Partei an einem andern Tage beginnen; dies ist bei der Prüfung der Zulässigkeit der Berufung an der Hand der bei den Gerichtsakten befindlichen Zustellungsurkunden besonders zu beachten. Die Ausschlußfrist von fünf Monaten nach der Verkündung des Urteils des Arbeitsgerichts für den Beginn der Berufungsfrist (ZPO. § 516) ist im arbeitsgerichtlichen Verfahren wegen der Vornahme der Zustellung von Amtswegen ohne praktische Bedeutung.

Die Vorschriften über die Berufungsfrist haben nicht die Bedeutung, daß die Berufung vor dem Beginn der Frist nicht eingelegt werden könnte. Sie begrenzen vielmehr nur die zeitliche Möglichkeit der Einlegung, schließen aber nicht aus, daß die Berufung alsbald nach der Verkündung des Urteils des Arbeitsgerichts, noch vor seiner Zustellung, eingelegt wird. Das ist sogar, soweit möglich, im Interesse der Beschleunigung des Verfahrens wünschenswert.

3 Für die Berufungsbegründung werden die im übrigen gemäß § 64 Abs. 2 Satz 1 ArbGG. auch im arbeitsgerichtlichen Berufungsverfahren mit Ausnahme des vierten und sechsten Absatzes geltenden Vorschriften des § 519 ZPO. durch die Vorschrift des § 66 Abs. 1 hinsichtlich der Begründungsfrist abgeändert (vgl. Anm. 11, b zu § 64). Ist die Berufungsbegründung nicht schon in der Berufungsschrift enthalten und muß deshalb gemäß § 519 Abs. 2 ZPO. eine besondere Berufungsbegründung erfolgen, so muß die Berufungsbegründung spätestens innerhalb zwei Wochen nach dem Eingang der Berufungsschrift beim Landesarbeitsgericht dort eingehen (ZPO. § 519 Abs. 2 Satz 2, § 518 Abs. 1), wenn die Berufung nicht gemäß § 519b ZPO. als unzulässig verworfen werden soll, es sei denn, daß die Begründungsfrist ausnahmsweise auf Antrag vom Vorsitzenden verlängert worden ist (ZPO. § 519 Abs. 2 Satz 2 Halbsatz 2; vgl. Anm. 11, b Abs. 3 zu § 64).

Obwohl die Begründungsfrist nicht, wie die Berufungsfrist, eine „Notfrist" ist, ist durch die besondere Vorschrift des § 233 ZPO. gegen ihre durch unabwendbare Zufälle verursachte Versäumung die Wiedereinsetzung in den vorigen Stand zugelassen. Es ist jedoch zu beachten, daß der Kreis der unabwendbaren Zufälle eng gezogen ist; ein Rechtsirrtum des Prozeßbevollmächtigten über die Dauer der Begründungsfrist ist z. B. für die Partei kein unabwendbarer Zufall.

Solange die Begründungsfrist nach ZPO. § 519 Abs. 2 Satz 2 in Verbindung mit ArbGG. § 66 Abs. 1 noch läuft, kann die Begründung ergänzt werden. Dies ist von Bedeutung, wenn der Partei nach Einreichung der Begründungsschrift Bedenken über ihre Vollständigkeit entstehen. Es erscheint wünschenswert, daß der Vorsitzende des Landesarbeitsgerichts die Partei gegebenenfalls auf eine von ihm angenommene Unvollständigkeit hinweist.

Über den notwendigen Inhalt der Berufungsbegründung auf Grund der Vorschriften des § 519 Abs. 3 ZPO. herrscht schon für den allgemeinen Zivilprozeß Streit. Für das arbeitsgerichtliche Berufungsverfahren jedenfalls ist der Auffassung Baumbachs (Anm. 3, c zu § 64) beizutreten, daß die Erfordernisse des § 519 Abs. 3 ZPO. möglichst streng auszulegen sind, um eine wirkliche Förderung des Prozesses durch die Begründungspflicht zu erreichen (vgl. § 67 ArbGG.; Anm. 11, b Abs. 1 zu § 64). Doch ist Dersch-Volkmar (Anm. 1 zu § 66) zuzugeben, daß die Frage, ob die geltendzumachenden neuen Tatsachen und Beweismittel in der Berufungsbegründung angegeben sind, bei der Prüfung der Zulässigkeit der Berufung gemäß § 519b ZPO. regelmäßig nicht entschieden werden kann, weil diese Tatsachen und Beweismittel möglicherweise eben erst im weiteren Verfahren vorgebracht werden. In diesem Falle kommt alsdann eine nachträgliche Verwerfung der Berufung als unzulässig nicht in Frage, sondern nur eine Zurückweisung des neuen Vorbringens gemäß § 67 ArbGG.

4 Mit der Maßgabe des § 66 Abs. 2 Satz 1 ArbGG. gilt für die Terminsbestimmung ZPO. § 520 entsprechend (vgl. Anm. 11c, bb zu § 64).

5 Vgl. Anm. 11c, aa zu § 64. Wird die Berufung ohne mündliche Verhandlung verworfen, weil es nach § 64 Abs. 1 ArbGG. an der Statthaftigkeit fehlt oder weil

sie nicht innerhalb der gesetzlichen Frist oder in der gesetzlichen Form eingelegt oder begründet ist, so erfolgt dies durch *Beschluß des Vorsitzenden allein* im schriftlichen Verfahren gemäß § 64 Abs. 3, § 53 Abs. 1 ArbGG. Der Bestimmung eines Termins zur mündlichen Verhandlung bedarf es *nur*, wenn der Vorsitzende die Zulässigkeit der Berufung annimmt (vgl. Anm. 6) oder wenn er glaubt, die Frage der Zulässigkeit der Berufung durch die Kammer des Landesarbeitsgerichts prüfen lassen zu sollen; die Entscheidung liegt in seinem pflichtmäßigen Ermessen. Wird über die Berufung sei es zur Frage der Zulässigkeit sei es zur Sache selbst *auf mündliche Verhandlung* entschieden, so ergeht die Entscheidung *stets durch Urteil* des Landesarbeitsgerichts.

[6] „Unverzüglich" bedeutet: ohne eine nach der Sachlage im Einzelfall nicht erforderliche Verzögerung. Der Vorsitzende muß also den Termin zur mündlichen Verhandlung anberaumen, sobald er das nach den Voraussetzungen für die Terminsbestimmung tun kann. Da die von ihm gemäß § 66 Abs. 2 Satz 1 ArbGG. in Verbindung mit § 519b ZPO. vorzunehmende Prüfung der Zulässigkeit sich auch auf die form- und fristgerechte Einlegung der Berufungsbegründung erstreckt, wird er regelmäßig, falls die Begründung nicht vorher eingeht, *vor der Terminsbestimmung den Ablauf der Berufungsbegründungsfrist abwarten*, da möglicherweise durch den Mangel einer fristgerechten Berufungsbegründung die Ansetzung eines Verhandlungstermins unnötig wird. Doch kann eine Regel für den Geschäftsgang gemäß § 66 Abs. 2 ArbGG. nicht aufgestellt werden, da dies dem Sinne des Ausdrucks „unverzüglich" widersprechen und dem hierin liegenden Beschleunigungsgrundsatz zuwiderlaufen würde. Der Vorsitzende des Landesarbeitsgerichts muß vielmehr *in jedem Einzelfall prüfen*, wann die notwendigen Voraussetzungen für die Terminsbestimmung gemäß § 66 Abs. 2 Satz 1 ArbGG. vorliegen und alsdann den Termin *sofort* bestimmen; er darf dann insbesondere nicht mehr weitere Schriftsätze, z. B. eine Erwiderung des Berufungsbeklagten, abwarten. Ebenso im wesentlichen: Dersch-Volkmar, Anm. 2 zu § 66; abweichend Baumbach, Anm. 4 zu § 66; ungenau sind in dieser Beziehung die Ausführungen der *Begründung*, S. 44, nach denen der Termin „sofort nach Einlegung der Berufung" anzusetzen ist. Der Termin ist nicht weiter anzusetzen, als dies *zur Wahrung der Einlassungsfrist von zwei Wochen* (vgl. Anm. 11c, bb zu § 64) erforderlich ist.

In diesem Sinne dürfte die Vorschrift des § 66 Abs. 2 Satz 1, entgegen der Annahme Baumbachs (Anm. 8 u. 9 zu § 66), klar sein. Der *Unterschied zu der Regelung des § 520 Abs. 1 Satz 1 ZPO.* liegt im wesentlichen darin, daß dort, abgesehen von der Vorschrift des § 519 Abs. 6 ZPO., die im arbeitsgerichtlichen Berufungsverfahren gemäß ArbGG. § 66 Abs. 2 Satz 2 nicht gilt (vgl. Anm. 7), eine Verzögerung der Terminsbestimmung zur schriftsätzlichen Vorbereitung des Verfahrens oder aus anderen Zweckmäßigkeitsgründen nicht ausgeschlossen ist.

[7] Nach ZPO. § 519 Abs. 6 hat der Vorsitzende des Berufungsgerichts dem Berufungskläger, sofern er an sich gebührenpflichtig ist, eine Frist für die Zahlung der Prozeßgebühr zu setzen, nach deren fruchtlosem Ablauf die Berufung als nicht in der gesetzlichen Form begründet gilt. Die Zahlung der Gebühr oder der Ablauf dieser Frist muß also im allgemeinen Zivilprozeßverfahren ebenfalls abgewartet werden, ehe die Berufung als unzulässig verworfen oder ein Termin zur münd-

lichen Verhandlung angesetzt werden kann. Da nach § 12 Abs. 3 ArbGG. Gebühren erst mit der Beendigung des Verfahrens in dem Rechtszuge oder mit der Anordnung des Ruhens des Verfahrens fällig und Kostenvorschüsse nicht erhoben werden, kann die Vorschrift des § 519 Abs. 6 ZPO. im arbeitsgerichtlichen Berufungsverfahren nicht zur Anwendung kommen. Die Vorschrift des § 66 Abs. 2 Satz 2 ArbGG. stellt nur eine Anwendung des Grundsatzes des § 12 Abs. 3 ArbGG. dar und wäre deshalb streng genommen nicht erforderlich; sie dient lediglich der Deutlichkeit im Zusammenhang mit § 66 Abs. 2 Satz 1.

§ 67

Neue Tatsachen und Beweismittel[1]

Soweit das Vorbringen neuer Tatsachen und Beweismittel[2] nach § 529 Abs. 1 und 2 der Zivilprozeßordnung zulässig ist[3], sind sie vom Berufungskläger in der Berufungsbegründung[5], vom Berufungsbeklagten spätestens in der ersten mündlichen Verhandlung[6] anzubringen[4]. Werden sie später angebracht[7], so sind sie nur zuzulassen[8], wenn sie nach der Berufungsbegründung oder nach der ersten mündlichen Verhandlung[9] entstanden sind[10] oder das verspätete Vorbringen nach der freien Überzeugung des Landesarbeitsgerichts nicht auf Verschulden der Partei beruht[11 12].

1 Das Berufungsverfahren der allgemeinen Gerichtsbarkeit läßt, im Gegensatz zum Revisionsverfahren, neben der rechtlichen Nachprüfung des Vorderurteils grundsätzlich auch eine erneute Aufrollung der Verhandlung nach der tatsächlichen Seite zu. Dieser Grundsatz war im früheren Zivilprozeßrecht vollständig durchgeführt, so daß also die Berufungsverhandlung ein ganz anderes Bild des streitigen Sachverhalts ergeben konnte wie die dem erstinstanzlichen Urteil zugrunde liegende Verhandlung. Diese Regelung beruhte auf den Gedanken, daß die Sicherheit der Entscheidung durch eine mehrmalige Aufrollung des Prozeßtatbestandes gefördert werde und daß den Streitparteien im Zivilprozeß ein möglichst weitgehendes Bestimmungsrecht über den Prozeßstoff auch in seiner Verteilung auf mehrere Rechtszüge gegeben sein solle. Von dieser Auffassung hat sich die Zivilprozeßwissenschaft und mit ihr die neuere Gesetzgebung in steigendem Maße entfernt. Die österreichische Zivilprozeßordnung hat bereits das Berufungsverfahren im wesentlichen als Rechtsnachprüfungsverfahren ohne erneute Tatsachenverhandlung gestaltet. Auch die Novelle zur deutschen Zivilprozeßordnung vom 13. 2. 1924 hat sich diesem Standpunkt um einiges genähert; durch sie sind in den § 529 ZPO. die jetzigen Absätze 2 und 3 eingefügt worden, deren Vorschriften die Zurückweisung eines Tatsachen- oder Beweisvorbringens im Berufungsrechtszuge, das in erster Instanz nicht oder nicht rechtzeitig vorgebracht worden ist, in einem gewissen Ausmaß ermöglichen, aber nicht erzwingen. Praktisch hat diese Neuerung allerdings bisher, wegen ihrer fakultativen Gestaltung, kaum erhebliche Wirkung auf das allgemeine Zivilprozeßverfahren ausgeübt.

Bei der Schaffung des Arbeitsgerichtsgesetzes ist der Gedanke erwogen worden, im arbeitsgerichtlichen Berufungsverfahren in der Ausschaltung der Tatsachenverhandlung in der Richtung der österreichischen Regelung vorzugehen. Dieser Gedanke lag mit Rücksicht auf den Beschleunigungsgrundsatz in der Arbeitsrechtspflege sehr nahe. Es kann sehr zweifelhaft erscheinen, ob im arbeitsgerichtlichen Urteilsverfahren überhaupt eine andere wie die rechtliche Nachprüfung des Urteils des ersten Rechtszuges, also die Revision, zweckmäßig ist; es ist deshalb auch angeregt worden, gegenüber dem Urteil des Arbeitsgerichts lediglich die Revision zu gewähren. Dieser Gedanke hat jedoch keine Aufnahme in den Regierungsentwurf des Gesetzes und auch nicht in das Gesetz selbst gefunden, weil im Interesse der Einheit der Rechtsprechung die Revisionsentscheidung durch das Reichsarbeitsgericht — beim Reichsgericht — gefällt werden sollte und befürchtet wurde, daß ein nur in einem Rechtszuge verhandelter Prozeß häufig nicht genügend vorbereitet an dieses gelangen würde. Dabei ist aber zu bemerken, daß im Beschlußverfahren nach § 85 Abs. 1 ArbGG. nur die der Revision nachgebildete Rechtsbeschwerde gegen den das Verfahren beendenden Beschluß des Arbeitsgerichts stattfindet, die allerdings in der Mehrzahl der Fälle an des Landesarbeitsgericht, nicht an das Reichsarbeitsgericht, geht.

Für das Urteilsverfahren sah jedoch der Regierungsentwurf ein in tatsächlicher Hinsicht stark beschränktes Berufungsverfahren vor, in dem Sinne, daß neue Tatsachen und Beweismittel im Berufungsverfahren nur vorgebracht werden konnten, wenn sie nach der letzten mündlichen Verhandlung des Arbeitsgerichts entstanden waren oder doch ohne Parteiverschulden erst später vorgebracht wurden. Diese Regelung sollte an die Stelle des § 529 Abs. 2 ZPO. treten, während ZPO. § 529 Abs. 3 inhaltlich durch die jetzt den § 67 ArbGG. bildende Vorschrift ersetzt werden sollte. Die gesetzgebenden Körperschaften haben diesen Vorschlag als nach der Auffassung ihrer Mehrheit zu weitgehend nicht gebilligt. Einerseits erschien ihren Mehrheiten diese starke Abweichung von der Regelung des allgemeinen Verfahrens in bürgerlichen Rechtsstreitigkeiten nicht zweckmäßig, andererseits befürchtete man von der vorgeschlagenen Regelung auch eine erhebliche Belastung des Landesarbeitsgerichts mit der Nachprüfung rein prozessualer Fragen, was gerade der allgemeinen Richtung des arbeitsgerichtlichen Verfahrens zuwiderlaufe. Dagegen entschied sich der Reichstag für die Einführung der Beschränkung des jetzigen § 67 ArbGG.

Die Vorschrift des § 67 ArbGG. tritt nunmehr für das arbeitsgerichtliche Berufungsverfahren an die Stelle des § 529 Abs. 3 ZPO., während die übrigen Absätze des § 529 ZPO. auch hier gemäß § 64 Abs. 2 Satz 1 ArbGG. entsprechend anzuwenden ist (vgl. Anm. 11 c, cc Abs. 2 zu § 64). Das Vorbringen neuer Tatsachen und Beweismittel und damit die Wiederaufrollung der tatsächlichen Verhandlung ist damit auch im arbeitsgerichtlichen Berufungsverfahren grundsätzlich zugelassen. Es unterliegt aber zwei Einschränkungen; einmal der formellen des § 67 ArbGG., nach der es im Berufungsverfahren in bestimmter Form und binnen bestimmter Frist vorgebracht werden muß, um den Prozeßstoff grundsätzlich in der ersten auf die Berufung angesetzten mündlichen Verhandlung vollständig zum Vortrag zu bringen und die Durchführung des gemäß § 64 Abs. 3 ArbGG. im Berufungsverfahren entsprechend anwendbaren § 56 ArbGG. (vgl. Anm. 19 zu § 64) zu ermöglichen, zum anderen der materiellen Einschränkung des § 529 Abs. 2 ZPO., nach der formell gemäß § 67 ArbGG. einwandfrei geltendgemachtes neues Vorbringen aus Gründen der in sich geschlossenen, schleunigen Prozeßführung zurückgewiesen werden kann, d. h. nicht berücksichtigt zu werden braucht (vgl. Anm. 3).

Bezüglich der etwa im Berufungsverfahren neu erhobenen prozessualen Ansprüche und bezüglich der Einwendungen auf Grund einer erst jetzt geltendgemachten Aufrechnung gelten im arbeitsgerichtlichen Berufungsverfahren die Vorschriften des § 529 Abs. 4, 5 ZPO. unverändert.

2 Die Fassung unterscheidet sich von der des in Bezug genommenen § 529 Abs. 1, 2 ZPO. Hier ist nur von „neuen Tatsachen und Beweismitteln" die Rede, während § 529 Abs. 1 ZPO. von „Angriffs- und Verteidigungsmitteln, insbesondere neuen Tatsachen und Beweismitteln" spricht. Gleichwohl haben beide Fassungen die gleiche Bedeutung. Die Ausdrucksweise des § 529 ZPO. entspricht der in der Zivilprozeßordnung im allgemeinen üblichen, erscheint aber weniger scharf als die des Arbeitsgerichtsgesetzes. Denn nach der feststehenden Auslegung der Zivilprozeßordnung sind unter „Angriffs- und Verteidigungsmitteln" ebenfalls „nur die Elemente der klagend geltendgemachten Ansprüche, das zur Rechtfertigung bzw. Abwehr des Klageanspruchs geltend gemachte tatsächliche Vorbringen" zu verstehen (vgl. Sydow-Busch-Krantz, Anm. 1 zu § 278; Anm. 4 zu § 461; Anm. 1 zu § 529 ZPO.). Die Fassung des § 529 Abs. 1 ZPO. ist also insofern irreführend. Ebenso bedarf es nicht der Unterscheidung von „Beweismitteln" und „Beweiseinreden", wie sie ZPO. § 529 Abs. 2 vorsieht; denn der Ausdruck „Beweismittel" deckt sowohl das vom Kläger wie das vom Beklagten Vorgebrachte.

3 Die Fassung des Nebensatzes ist nicht ganz genau, wenn er von dem nach ZPO. § 529 Abs. 1 und 2 „zulässigen" Vorbringen neuer Tatsachen und Beweismittel spricht. Denn nach den angezogenen Vorschriften der Zivilprozeßordnung ist das Vorbringen neuer Tatsachen und Beweismittel im Berufungsrechtszuge zwar grundsätzlich zulässig (ZPO. § 529 Abs. 1), es kann aber unter bestimmten Voraussetzungen zurückgewiesen werden (ZPO. § 529 Abs. 2). Der Sinn der Vorschrift des § 67 ArbGG. ist, daß das neue Vorbringen, abgesehen von den Ausnahmen des § 67 Satz 2 ArbGG., jedenfalls in den im Hauptsatz des § 67 Satz 1 vorgeschriebenen Zeitpunkten erfolgen muß und daß für eine Nachprüfung des Vorbringens gemäß § 529 Abs. 2 ZPO. dann und nur dann Raum ist, wenn die Vorschriften des Hauptsatzes befolgt sind.

Das Landesarbeitsgericht hat also zunächst zu prüfen, ob das Vorbringen einer Tatsache oder eines Beweismittels neu ist. Es ist neu, wenn es im Verfahren des ersten Rechtszuges von der Partei nicht vorgebracht worden war, was vom Berufungsgericht nicht immer leicht festgestellt werden kann. Für die Feststellung hat sich das Landesarbeitsgericht grundsätzlich an den ihm vorliegenden schriftlichen Tatbestand des Vorderurteils zu halten, er kann nur durch die Sitzungsniederschrift ergänzt oder berichtigt werden (ZPO. § 314); das bedingt, daß der Tatbestand des Urteils von dem Arbeitsgericht mit größter Sorgfalt angefertigt wird. Dem neuen Vorbringen gleichzuachten ist jedoch nach ZPO. § 529 Abs. 2 Satz 2 das erneute Vorbringen im ersten Rechtszuge zurückgewiesener Tatsachen und Beweismittel.

Gelangt danach das Landesarbeitsgericht zu der Überzeugung, daß ein neues oder ein einem neuen gemäß § 529 Abs. 2 Satz 2 gleichzuachtendes Vorbringen der Partei vorliegt, so ist zu prüfen, ob die formellen Voraussetzungen (vgl. Anm. 1 Abs. 4) des § 67 ArbGG. gewahrt sind; ist das nicht der Fall, so muß das Vorbringen zurückgewiesen werden (vgl. Anm. 4). Sind dagegen die Vorschriften des § 67 ArbGG. erfüllt, so hat das Landesarbeitsgericht in die Prüfung gemäß § 529 Abs. 2 ZPO. einzutreten. Nach dieser Vorschrift kann das Vorbringen unter der doppelten Voraussetzung zurückgewiesen werden, daß einmal seine Zulassung die Erledigung des Rechtsstreits verzögern, also mindestens eine Vertagung, etwa zur Beweiserhebung, erforderlich machen würde, und daß es zudem nach der freien Überzeugung des Gerichts in Verschleppungsabsicht oder aus grober Nachlässigkeit nicht früher vorgebracht worden ist. Bei der Prüfung dieser Voraussetzungen wird das Landesarbeitsgericht nach dem Sinn des das Arbeitsgerichtsgesetz beherrschenden Beschleunigungsgrundsatzes besonders streng zu verfahren und von der Möglichkeit der Zurückweisung des Vorbringens in weitestem Ausmaße Gebrauch zu machen haben. Nur durch eine ständige Praxis der Landesarbeitsgerichte in diesem Sinne wird sich eine straffe Prozeßführung und eine beschleunigte Erledigung des Berufungsverfahrens erreichen lassen, die im Verfahren der allgemeinen Gerichtsbarkeit infolge einer sehr milden Anwendung der Vorschriften des § 529 Abs. 2 ZPO. bisher nicht in ausreichendem Maße erzielt worden ist (vgl. Dersch-Volkmar, Anm. 3 a. E. zu § 67).

4 Anders als nach § 529 Abs. 3 ZPO. darf das Berufungsgericht ein an sich nach § 529 Abs. 1, 2 ZPO. zuzulassendes Vorbringen nur dann berücksichtigen, wenn die prozessualen Vorschriften des § 67 ArbGG. für das Vorbringen in der Berufungsinstanz erfüllt sind (vgl. Anm. 3 Abs. 3). Die Vorschrift des § 529 Abs. 3 ZPO. gilt einmal nur für den Berufungskläger, während der Berufungsbeklagte nur an die allgemeinen Vorschriften über das rechtzeitige Vorbringen von Tatsachen und Beweismitteln gebunden ist. Der Berufungskläger soll zwar nach § 519 Abs. 3 Nr. 2 ZPO. neue Tatsachen und Beweismittel, die er geltend machen will, in der Berufungsbegründung anführen — irrtümlich ist diese Vorschrift dort als „Muß"-Vorschrift gefaßt —; hat er dies aber nicht getan, so kann das neue Vorbringen nur zurückgewiesen werden, und auch nur, wenn die Voraussetzungen des „Wenn"-Satzes im § 529 Abs. 2 Satz 1 gegeben sind. Nach § 67 ArbGG. dagegen müssen sowohl der Berufungskläger wie der Berufungsbeklagte etwa nach § 529 Abs. 2 ZPO. zugelassene neue Vorbringen in bestimmter Form und zu bestimmter Zeit anbringen; andernfalls dürfen sie nach § 67 Satz 2 ArbGG. nicht berücksichtigt werden, auch wenn ihre Berücksichtigung keine Prozeßverzögerung mit sich bringen würde, sofern die vorgebrachten Umstände nicht später entstanden sind oder die Partei nach der Überzeugung des Landesarbeitsgerichts an der Verspätung keinerlei Verschulden — nicht nur kein grobes Verschulden, wie nach § 529 Abs. 3, 2 ZPO. — trifft. Da es sich hier um „Muß"-Bestimmungen handelt, so begründet ihre Verletzung, unterschiedlich von der Regelung des § 529 Abs. 2, 3 ZPO., die Revision, soweit es sich nicht um eine Entscheidung handelt, die nach der freien Überzeugung des Landesarbeitsgerichts (bezüglich des Verschuldens, § 67 Satz 2 a. E.) ergeht. Durch die Vorschrift will das

Gesetz erreichen, daß das Berufungsverfahren grundsätzlich straff auf einen Verhandlungstermin konzentriert wird, indem den Parteien das Interesse an weiteren Verhandlungsterminen genommen wird. Sie ist von den Landesarbeitsgerichten mit aller Schärfe durchzuführen, auch soweit die freie Überzeugung des Gerichts verwendet werden kann, damit der Konzentrations- und Beschleunigungszweck erreicht wird. Es ist zu wünschen, daß das Reichsarbeitsgericht die Durchführung der Vorschrift, soweit sie seiner Entscheidung unterliegt, streng überwacht.

5 Da die Berufungsbegründung auch in mehreren Schriftsätzen erfolgen kann, sofern sie nur innerhalb der Begründungsfrist beim Landesarbeitsgericht eingehen (ArbGG. § 66 Abs. 1 in Verbindung mit § 519 ZPO.; vgl. Anm. 3 Abs. 3 zu § 66), ist die Vorschrift erfüllt, wenn das neue Vorbringen vom Berufungskläger innerhalb der Begründungsfrist schriftsätzlich beim Gericht angebracht wird; auch eine innerhalb der Frist nachgereichte Ergänzung der allgemeinen Berufungsbegründung genügt (im Ergebnis ebenso: Baumbach, Anm. 3 zu § 67).

6 Der Berufungsbeklagte hat Nachteile in der Sache nicht zu gewärtigen, wenn er sich zu der Berufung nicht schriftsätzlich äußert, wenn auch möglicherweise Kostennachteile wegen verschuldeter Verzögerung oder eine Vertagung (ArbGG. § 64 Abs. 2 Satz 1 in Verbindung mit § 523, § 129 Abs. 1, § 132 Abs. 1, § 272 ZPO.; vgl. Baumbach, Anm. 4 zu § 67). Infolgedessen verlangt auch § 67 ArbGG. von ihm nicht die Geltendmachung seines neuen Vorbringens in einem vorbereitenden Schriftsatz, obwohl diese Form der Anbringung wegen der sonst möglichen Prozeßnachteile die Regel sein wird. Es genügt für ihn zur Einhaltung der prozessualen Voraussetzung des neuen Vorbringens nach § 67 ArbGG. die Anbringung in der ersten mündlichen Verhandlung. Unter der „mündlichen Verhandlung" ist aber hier nur eine streitige Verhandlung zu verstehen, da im Falle eines Versäumnisverfahrens in der ersten mündlichen Verhandlung das Vorbringen des Berufungsbeklagten für den Zweck des Versäumnisurteils belanglos ist, ihm also nicht zugemutet werden kann, nur für den Fall späteren streitigen Verfahrens schon jetzt sein neues Vorbringen geltend zu machen (ebenso Dersch-Volkmar, Anm. 2b zu § 67); dagegen muß er dies in jeder streitigen ersten Verhandlung tun, auch wenn zunächst nur um prozessuale Fragen, wie die Zulässigkeit der Berufung, gestritten wird, da die streitige Verhandlung vom Gesetz einheitlich angesehen wird und ein Abwarten des Eingehens auf das sachliche Vorbringen den Konzentrationszweck der Vorschrift vereiteln würde (a. A. Baumbach, Anm. 4 zu § 67). Die Geltendmachung kann jedoch bis zum Schluß der ersten streitigen Verhandlung erfolgen. Am Schluß dieser Verhandlung muß also das Landesarbeitsgericht grundsätzlich (vgl. § 67 Satz 2 ArbGG.) den gesamten Prozeßstoff des Berufungsverfahrens kennen.

7 D. h. später als zu dem im § 67 Satz 1 für den Berufungskläger und für den Berufungsbeklagten verschieden angegebenen Zeitpunkt.

8 Die Vorschrift des § 67 Satz 2 ArbGG. hat eine dreifache Bedeutung: Einerseits wiederholt sie die Muß-Vorschrift des § 67 Satz 1, der vom Standpunkt der Parteien ausgeht, vom Standpunkte des Gerichts; das

verspätete Vorbringen darf, abgesehen von den Fällen des „Wenn"-Satzes, vom Gericht nicht berücksichtigt werden (vgl. Anm. 4), diese Bedeutung liegt in dem Worte „nur". Sodann läßt die Vorschrift durch den „Wenn"-Satz zwei Gruppen von Ausnahmen von dem Grundsatz des Zwanges zur Nichtzulassung verspäteten neuen Vorbringens zu. Schließlich gestaltet sie die Regelung dieser Ausnahmefälle ebenfalls nicht zu einer bloßen „Kann"-, sondern zu einer „Muß"-Vorschrift, so daß das Landesarbeitsgericht beim Vorliegen einer der Voraussetzungen des „Wenn"-Satzes das an sich verspätete neue Vorbringen, wenn auch im Rahmen der Vorschrift des § 529 Abs. 1, 2 ZPO., zulassen muß. Nach der Fassung der Vorschrift ist jedoch die Nichtzulassung die Regel; umgekehrt wie nach § 529 Abs. 3, 2 ZPO. müssen die Voraussetzungen des „Wenn"-Satzes besonders dargetan werden, wenn die Zulassung ausnahmsweise erfolgen soll; Zweifel des Gerichts über das Vorliegen der Voraussetzungen gehen also hier zuungunsten der Zulassung (ebenso Dersch-Volkmar, Anm. 2a a. E. zu § 67).

9 Die Alternative bezieht sich auf den vorhergehenden Satz: Vom Berufungskläger können neue Tatsachen und Beweismittel noch nach der Berufungsbegründung vorgebracht werden, wenn sie nach ihr entstanden sind, vom Berufungsbeklagten nach der ersten streitigen (vgl. Anm. 6) Verhandlung, wenn sie danach entstanden sind. Die Vorschrift soll, solange das Berufungsverfahren noch schwebt, die Berücksichtigung der während dieses Verfahrens erst erwachsenden neuen Tatsachen und Beweismittel im Interesse der Prozeßwahrheit ermöglichen. Ihre Berücksichtigung ist in diesen Fällen auch im Rahmen des § 529 Abs. 2 ZPO. stets zulässig. Jedoch müssen die Tatsachen oder Beweismittel nach ihrer Entstehung im Berufungsverfahren unverzüglich geltend gemacht werden, da sonst die Zurückweisungsmöglichkeit des § 279 ZPO. (in Verbindung mit ArbGG. § 64 Abs. 2 Satz 1, ZPO. § 523) gegeben wäre.

10 Der Ausdruck „entstanden sind" wird von Baumbach (Anm. 5a zu § 67) bemängelt. Zuzugeben ist, daß er im sprachlichen Sinne nicht ganz scharf ist. Doch ist seine Bedeutung klar: es handelt sich um neu erwachsene Tatsachen und Beweismittel. Baumbach sieht (a. a. O.) auch Schwierigkeiten für das Landesarbeitsgericht bei der Feststellung, ob die in Betracht kommende Tatsache bzw. das Beweismittel nach dem Anbringungszeitpunkt des § 67 Satz 1 entstanden ist. Diese Schwierigkeiten dürften jedoch nicht bestehen. Die Partei hat dem Landesarbeitsgericht das spätere Erwachsen der Tatsache oder des Beweismittels nach dem Sinn der Vorschrift glaubhaft darzutun, und das Gericht hat auf Grund der nach der Darlegung der Partei gewonnenen Überzeugung zu entscheiden, ob es das Vorbringen nach § 67 Satz 2 ArbGG. berücksichtigen darf oder nicht. Es kann notfalls die Glaubhaftmachung gemäß § 294 ZPO. verlangen; eine förmliche Beweiserhebung über die Frage des Zeitpunktes der Entstehung der Tatsache oder des Beweismittels ist nach dem Sinn der Vorschrift, das Verfahren zu beschleunigen, ausgeschlossen (ebenso Baumbach, a. a. O.), aber auch prozessual nicht erforderlich.

11 Auch wenn das neue Vorbringen objektiv verspätet und seine Verspätung nicht durch Entstehung der Unterlage nach dem Anbringungszeitpunkt des § 67 Satz 1 ArbGG. gerechtfertigt ist (vgl. Anm. 9, 10), ist es noch zuzulassen, wenn

die verspätet vorbringende Partei keinerlei subjektives Verschulden trifft, d. h. wenn sie die Sorgfalt ordentlicher Prozeßführung in keiner Weise außer acht gelassen hat. Der hauptsächliche Vorkommensfall für die Anwendung dieser Vorschrift ist dann gegeben, wenn die Partei nach dem Verlauf des Rechtsstreits bisher nicht annehmen konnte, daß es auf dieses Vorbringen ankommen würde, wenn sie also erst nach der Berufungsbegründung bzw. nach der ersten streitigen Verhandlung die Erheblichkeit des Vorbringens ersehen konnte. Der Fall wird selten eintreten, im allgemeinen nur bei unzweckmäßiger Prozeßführung durch das Arbeitsgericht oder das Landesarbeitsgericht, da diese auf die vollständige Klärung des Sachverhalts hinzuwirken haben. Hat das Arbeitsgericht das in der Verhandlung versäumt, so wird im allgemeinen schon sein Urteil und dessen Begründung die Partei auf die Erforderlichkeit des Vorbringens der bisher nicht geltend gemachten Tatsachen und Beweismittel hinweisen. Bei der Prüfung, ob dies geschehen ist, das neue Vorbringen also in der Berufungsbegründung bzw. in der ersten streitigen Verhandlung erfolgen konnte, ist ein strenger Maßstab anzulegen, da für das Berufungsverfahren gemäß § 11 Abs. 2 ArbGG. Vertretungszwang besteht und von dem Prozeßvertreter, dessen Verschulden der Partei zuzurechnen ist, Rechtskunde vorausgesetzt werden muß; auch diese Vorschrift zwingt also die Partei, mit ihrer Prozeßvertretung im Berufungsverfahren nur eine geeignete Person zu betrauen. Nur wo auch das Urteil des Arbeitsgerichts versagt, kann hinsichtlich des Berufungsklägers der hier behandelte Fall des unverschuldeten verspäteten Vorbringens praktisch werden; hinsichtlich des Berufungsbeklagten setzt dies im allgemeinen weiter voraus, daß auch das Landesarbeitsgericht die erforderliche Aufklärung bis zum Ende der ersten streitigen Verhandlung versäumt.

Ob ein schuldloses verspätetes Vorbringen vorliegt, entscheidet das Landesarbeitsgericht nach freier Überzeugung. Das bedeutet, daß seine Entscheidung zu diesem Punkte mit der Revision nicht anfechtbar ist, da in ihr nach dieser Fassung der Vorschrift niemals eine Rechtsverletzung liegen kann. Wie sich das Landesarbeitsgericht seine Überzeugung verschafft, ist nicht ausdrücklich geregelt. Es kann auch hier von der Partei die Glaubhaftmachung ihrer tatsächlichen Angaben verlangen, nicht aber förmlich Beweis erheben (vgl. Anm. 10).

12 Die Entscheidungen des Landesarbeitsgerichts über die Frage der Zulassung neuer Tatsachen und Beweismittel gemäß ArbGG. § 67, ZPO. § 529, brauchen nicht vorab durch besonderen Beschluß zu ergehen, sie können auch unmittelbar oder mittelbar in dem Urteil des Landesarbeitsgerichts getroffen werden. Sie müssen jedoch alsdann, als wichtige Bestandteile des Erkenntnisses, in den Urteilsgründen begründet werden, da dieses sonst nicht voll verständlich ist. Die Begründung ist insbesondere erforderlich, soweit die Entscheidung nicht gemäß ArbGG. § 67 Satz 2 a. E. oder gemäß ZPO. § 529 Abs. 2 auf Grund der freien Überzeugung des Gerichts ergeht. Denn insofern sind die Urteilsgründe gegebenenfalls für die Frage der Revision gegen das Urteil wegen Verletzung der Vorschriften des § 67 ArbGG. oder des § 529 Abs. 2 ZPO. von Bedeutung.

Die Revision kann auf eine Verletzung des § 67 ArbGG. gestützt werden, wenn das Landesarbeitsgericht ein neues Vorbringen entgegen den Vorschriften des § 67 ArbGG. zugelassen hat, aber auch dann, wenn es das Vorbringen im gegebenen Fall entgegen den Vorschriften des § 67 nicht zugelassen hat, es sei denn, daß das Landesarbeitsgericht nach der ausdrücklichen Vorschrift des Gesetzes nach freier Überzeugung, also ohne die Möglichkeit einer Nachprüfung, zu entscheiden hatte. Auf eine Verletzung des § 529 Abs. 2 ZPO. kann die Revision nur gestützt werden, wenn das Landesarbeitsgericht ein neues Vorbringen ohne Vorliegen der dort umschriebenen Voraussetzungen nicht zugelassen hat; hat es dagegen das Vorbringen im Rahmen des § 529 Abs. 2 ZPO. zugelassen, so kann darauf die Revision nicht gestützt werden, weil es zur Zurückweisung des neuen Vorbringens nach § 529 Abs. 2 zwar befugt, aber nicht verpflichtet ist (ebenso Dersch-Volkmar Anm. 4 zu § 67).

§ 68

Zurückverweisung[1]

Wegen eines Mangels im Verfahren des Arbeitsgerichts ist die Zurückverweisung nicht zulässig.[1]

1 Die Vorschrift des § 68 ArbGG. regelt die Materie der Zurückverweisung des Rechtsstreits an das Arbeitsgericht nicht erschöpfend (vgl. Anm. 11c, dd zu § 64). Er behandelt vielmehr nur die Zurückverweisung wegen Verfahrensmangels, die für das allgemeine Zivilprozeßverfahren durch § 539 ZPO. zugelassen, aber nicht zwingend vorgeschrieben ist. Diese Vorschrift ist durch den § 68 ArbGG. ersetzt, der die Zurückverweisung wegen Verfahrensmangels für das arbeitsgerichtliche Urteilsverfahren verbietet. Das mangelfreie Verfahren kann also hier gegebenenfalls erst im Berufungsrechtszuge durchgeführt werden, der insofern auch an die Stelle des ersten Rechtszuges tritt, was z. B. für die Zulassung des Vorbringens neuer Tatsachen und Beweismittel im Rahmen des § 67 ArbGG., § 529 Abs. 2 ZPO., von Bedeutung sein kann. Durch diese Regelung wird den Parteien zwar, beim Vorliegen eines mangelhaften Verfahrens im ersten Rechtszuge, zwar eine Instanz genommen, andererseits wird aber die durch die Zurückverweisung entstehende unliebsame Verzögerung vermieden, was für das arbeitsgerichtliche Verfahren stärker ins Gewicht fällt.

Die entsprechende Anwendung des § 538 ZPO., der die Fälle der notwendigen Zurückverweisung an das Gericht erster Instanz regelt, gemäß ArbGG. § 64 Abs. 2 Satz 1, wird durch § 68 ArbGG. nicht berührt (vgl. hierzu Anm. 11c, dd zu § 64). Soweit die Anwendung des § 538 ZPO. im arbeitsgerichtlichen Verfahren in Betracht kommt ist das Landesarbeitsgericht also gegebenenfalls zur Zurückverweisung an das Arbeitsgericht verpflichtet.

Auf die unrichtige Anwendung der Vorschrift des § 68 ArbGG. kann die Revision gestützt werden, also sowohl in dem Falle, daß das Landesarbeitsgericht den Rechtsstreit an das Arbeitsgericht zurückverwiesen hat, obwohl lediglich ein Verfahrensmangel, aber keiner der Gründe des § 538 ZPO., vorlag, wie dann, wenn die Zurückverweisung fälschlich nicht erfolgte, obwohl ohne Vorliegen eines Verfahrensmangels oder neben diesem ein zwingender Grund zur Zurückverweisung gemäß ZPO. § 538 gegeben war.

§ 69

Urteil[1]

(1) Das Urteil[2] ist von den Mitgliedern der Kammer zu unterschreiben[3].

(2) Hat sich der Wert des Streitgegenstandes[4] nach der Verkündung des Urteils des Arbeitsgerichts[5] geändert[6], so setzt ihn das Landesarbeitsgericht im Urteil[7] neu fest[8].

(3) Findet nach dem Werte des Streitgegenstandes[9] die Revision nicht statt[10], so kann sie das Landesarbeitsgericht im Urteil zulassen[11], wenn der Rechtsstreit grundsätzliche Bedeutung hat[12].

1 Die besonderen Vorschriften über das Urteil des Landesarbeitsgerichts sind im § 69 zusammengefaßt; § 69 entspricht damit den §§ 60, 61 ArbGG. über Verkündung und Inhalt des Urteils des Arbeitsgerichts. Diese Vorschriften sind im Berufungsverfahren gemäß § 64 Abs. 3 nur teilweise entsprechend anwendbar (vgl. Anm. 22, 23 zu § 64). Soweit nicht ArbGG. § 69 und die gemäß § 64 Abs. 3 entsprechend anwendbaren Vorschriften der §§ 60, 61 etwas anderes bestimmen, gelten für das Urteil des Landesarbeitsgerichts im Berufungsverfahren die Vorschriften des allgemeinen Zivilprozeßrechts für Berufungsurteile.

Die Besonderheiten des landesarbeitsgerichtlichen Urteils bestehen nach § 69 ArbGG. darin, daß das Urteil nicht wie das Urteil des Arbeitsgerichts nur vom Vorsitzenden zu unterschreiben ist, sondern von allen mitwirkenden Richtern, dem Vorsitzenden und den Landesarbeitsrichtern (vgl. Anm. 2, 3), und daß regelmäßig der Wert des Streitgegenstandes nicht neu festgesetzt wird (vgl. Anm. 7 Abs. 1, 6 zu § 61; Anm. 23 Abs. 3 zu § 64; Anm. 4 bis 8 hier). Daneben enthält § 69 ArbGG. die dem § 61 Abs. 3 ArbGG. entsprechende Vorschrift, daß das Landesarbeitsgericht die Revision wegen der grundsätzlichen Bedeutung des Rechtsstreites zulassen kann, wenn die zahlenmäßige Revisionsgrenze nicht erreicht ist (vgl. Anm. 8 bis 11 zu § 61; Anm. 9 bis 12 hier). Unterschiedlich von der Regelung des § 61 Abs. 1 ArbGG. für das Urteil des Arbeitsgerichts sind hier die Kosten nicht zahlenmäßig im Urteil festzustellen; es verbleibt vielmehr bei dem Kostenfestsetzungsverfahren des allgemeinen Zivilprozesses. Entschädigung für Zeitversäumnis und Erstattung der Kosten für die Zuziehung eines Prozeßbevollmächtigten sind im Rahmen der §§ 91 ff. ZPO. zu gewähren (vgl. Anm. 23 Abs. 2 zu § 64).

2 Unter dem Begriff „Urteil" ist hier das vollständige, aus Urteilsformel, Tatbestand und Entscheidungsgründen bestehende Urteil zu verstehen (ebenso Baumbach, Anm. 2 zu § 69; Siefart, Anm. 2 zu § 69; Held-Lieb-Gift, Anm. 1 zu § 69; a. A. Schmincke-Sell, Anm. 2 zu § 69). Das ergibt sich sowohl äußerlich daraus, daß die Vorschrift des § 69 Abs. 1 den allein von der entsprechenden Geltung im Berufungsverfahren ausgenommenen Abs. 4 Satz 1 des § 61 ArbGG. ersetzen soll, der die Unterschrift unter dem vollständigen Urteil behandelt, wie insbesondere aus dem Sinn der Vorschrift. Er kann nicht dahin gehen, die Unterschrift der Beisitzer unter die Urteilsformel über die auch hier anwendbare Vorschrift des § 60 Abs. 3 Satz 2 hinaus auch dann zwingend vorzuschreiben, wenn diese in ihrer Anwesenheit verkündet wird, denn eine solche Anordnung würde praktisch ohne

Bedeutung sein (vgl. Anm. 8 Abs. 1 zu § 60). Die Vorschrift ist vielmehr vom Reichstag, wie in den Verhandlungen im sozialen Ausschuß zum Ausdruck gekommen (vgl. Bericht des 9. Ausschusses, Reichstagsdrucksache Nr. 3019/1926, S. 33, zu §§ 58, 66), eingefügt worden, um die Mitwirkung der Landesarbeitsrichter auch an der Fassung des Tatbestandes und der Entscheidungsgründe zu sichern, weil diese gegebenenfalls die Grundlage für die Prüfung des Revisionsgerichts abgeben. Unter diesen Umständen wäre es wohl zweckmäßiger gewesen, auch hier, wie im § 60 Abs. 4 Satz 1, von dem Sprachgebrauch der Zivilprozeßordnung (§ 315 ZPO.) abzuweichen und ausdrücklich von dem „Urteil nebst Tatbestand und Entscheidungsgründen" zu sprechen; doch kann die gegenüber § 60 Abs. 4 Satz 1 veränderte Ausdrucksweise die hier gegebene Auslegung um so weniger erschüttern, als für die besondere Ausdrucksweise des § 60 Abs. 4 Satz 1 offenbar der Gegensatz zu dem unmittelbar vorangehenden § 60 Abs. 3 Satz 2 maßgebend war.

3 Die Vorschrift des § 69 Abs. 1 ArbGG. deckt sich, anders wie die des § 60 Abs. 4 Satz 1 für das Verfahren des Arbeitsgerichts, inhaltlich mit § 315 Abs. 1 Satz 1 ZPO. Es haben die Mitglieder der Kammer zu unterschreiben, die bei der Entscheidung mitgewirkt haben; wegen der Bedeutung der Vorschrift vgl. Anm. 2. Zur Unterschrift sind die mitwirkenden Richter verpflichtet, soweit das Urteil dem Ergebnis der Beratung entspricht. Ob das der Fall ist, ist gegebenenfalls von der Kammer in der Besetzung wie bei der Urteilsfällung durch Mehrheitsbeschluß zu entscheiden. Gegenüber der danach unberechtigten Weigerung eines Landesarbeitsrichters ist die Bestrafung gemäß § 28 ArbGG. zulässig und geboten.

Diese Regelung ermöglicht und erfordert, unterschiedlich von der für das Urteil des Arbeitsgerichts im § 60 Abs. 4 Satz 1 gegebenen (vgl. Anm. 9 Abs. 1 zu § 60), die entsprechende Anwendung des § 315 Abs. 1 Satz 2 ZPO. bezüglich des landesarbeitsgerichtlichen Urteils auf Grund des § 64 Abs. 2 Satz 1 ArbGG. in Verbindung mit § 523 ZPO. (ebenso Dersch-Volkmar, Anm. 1 zu § 69; Baumbach, Anm. 2 zu § 69). Ist also ein Landesarbeitsrichter an der Unterschrift verhindert, so ist das unter Angabe des Hinderungsgrundes von dem Vorsitzenden unter dem Urteil zu bemerken. Als Verhinderung ist aber, wegen des Zwecks der Vorschrift, nur eine solche anzusehen, die die Unterschrift des Landesarbeitsrichters tatsächlich unmöglich macht. Daß der Vorsitzende an der Unterschrift verhindert ist, wird im allgemeinen nur vorkommen, wenn er ausnahmsweise nicht der Urteilsfasser ist, was immerhin zulässig ist; in diesen seltenen Fällen würde die Unterschrift der Landesarbeitsrichter genügen, wobei der älteste Landesarbeitsrichter die Verhinderung des Vorsitzenden zu vermerken hätte. Ein nicht entsprechend der gesetzlichen Vorschrift unterschriebenes Urteil ist noch nicht vollgültig (ZPO. § 317 Abs. 2 Satz 1; vgl. Anm. 9 Abs. 1 zu § 60).

Die Annahme Baumbachs (Anm. 2 zu § 69), daß auf das landesarbeitsgerichtliche Urteil auch die Vorschriften des § 315 Abs. 2 ZPO. anwendbar seien, trifft nicht zu; vielmehr gilt statt ihrer nach der ausdrücklichen Vorschrift des § 64 Abs. 3 ArbGG. die Vorschrift des § 60 Abs. 4 Satz 2 ArbGG. auch für das landesarbeitsgerichtliche Urteil entsprechend (vgl. Anm. 10 zu § 60). Die Abfassung des Urteils und die Unterschrift durch die Kammermitglieder muß also stark beschleunigt werden; da § 60 Abs. 4 Satz 2 eine „Soll"-Vorschrift ist, kann jedoch aus der

Nichteinhaltung der Dreitagefrist im Falle der Unmöglichkeit der Unterzeichnung binnen dieser Frist für die Wirksamkeit des Urteils kein Schaden entstehen.

ZPO. § 315 Abs. 3 gilt hier ebenso wie im Verfahren des ersten Rechtszuges (ArbGG. § 64 Abs. 2 Satz 1, ZPO. § 523).

4 Grundsätzlich wird der Streitwert im Urteil des Arbeitsgerichts für das Verfahren aller Rechtszüge festgesetzt (Anm. 23 Abs. 3 zu § 64); über die Art der Festsetzung und über die Bedeutung dieser, von den Vorschriften des allgemeinen Zivilprozeßrechts abweichenden Regelung vgl. Anm. 7 zu § 61. Für die Frage der Berufungsfähigkeit ist gemäß § 64 Abs. 1 ArbGG. in jedem Falle nur der vom Arbeitsgericht festgesetzte Streitwert maßgebend, auch dann, wenn die Berufung nur wegen eines Teils des Streites eingelegt wird (vgl. Anm. 7 zu § 64). Die Festsetzung des Arbeitsgerichts ist unanfechtbar (vgl. Anm. 7 Abs. 6 zu § 61; a. A. Baumbach, Anm. 8B zu § 61; Anm. 3 zu § 69).

5 Da die Streitwertfestsetzung im Urteil des Arbeitsgerichts nach dem Stande zur Zeit der letzten mündlichen Verhandlung erfolgt (vgl. Anm. 7 Abs. 4 zu § 61), ist die Ausdrucksweise hier ungenau. Maßgebender Zeitpunkt für eine Änderung des Streitwerts, die eine Neufestsetzung durch das Landesarbeitsgericht erforderlich macht, ist nicht die Verkündung des Urteils des Arbeitsgerichts, sondern die letzte mündliche Verhandlung vor dem Arbeitsgericht, auf die dessen Urteil ergeht (ebenso Baumbach, Anm. 3 zu § 69); doch wird diese Ungenauigkeit des Gesetzeswortlauts praktisch kaum jemals von Bedeutung sein.

Vom Landesarbeitsgericht ist jede Änderung zu berücksichtigen, die im Streitwert bis zum Schluß der mündlichen Verhandlung eintritt, auf die sein Urteil ergeht. Es gelten hier dieselben Grundsätze wie bei der Streitfestsetzung durch das Arbeitsgericht (vgl. Anm. 7 Abs. 4 zu § 61; Anm. 8 Abs. 2 hier).

6 Eine Änderung des Streitwerts liegt einmal vor, wenn sich der Wert des gleichen im Streit bleibenden zivilprozessualen Anspruchs tatsächlich ändert, ebenso aber auch, wenn der im Berufungsverfahren geltend gemachte Anspruch selbst sich gegenüber dem ersten Rechtszug verändert hat, also wenn nach dem Ergehen des erstinstanzlichen Urteils ein Teil der Klageforderung bezahlt worden ist und nur wegen des Überschusses die Berufung eingelegt worden ist oder wenn in anderen Fällen die Berufung nur wegen eines Teils des Anspruchs eingelegt ist oder wenn das Landesarbeitsgericht im Falle einer Berufung wegen der ganzen Streitsumme zu Teilurteilen kommt, bezüglich des Streitwerts in den Teilurteilen, oder wenn Berufung gegen mehrere Teilurteile eingelegt und gemeinsam entschieden wird usw. (ebenso Dersch-Volkmar, Anm. 2 zu § 69; Baumbach, Anm. 3 zu § 69). In allen diesen Fällen hat sich der Streitwert nach der letzten mündlichen Verhandlung des ersten Rechtszuges geändert, und zwar in einzelnen von ihnen vor der Einlegung der Berufung (z. B. bei Zahlung eines Teils der Klageforderung nach Erlaß des erstinstanzlichen Urteils). Gleichwohl ist für die Berufungsfähigkeit gemäß § 64 Abs. 1 ArbGG. der vom Arbeitsgericht festgesetzte Streitwert maßgebend (vgl. Anm. 4), und die Änderung wird erst im Urteil des Landesarbeitsgerichts berücksichtigt, so daß sie dann allerdings für die Revisionsfähigkeit gemäß § 72 Abs. 1 Satz 1 von Bedeutung ist (vgl. Anm. 7, Anm. 8 Abs. 2 hier, Anm. 7 zu § 72). Dagegen kommt eine von der Auffassung des arbeitsgerichtlichen Urteils abweichende Auf-

fassung des Landesarbeitsgerichts über den Streitwert für die Anwendung der Vorschrift des § 69 Abs. 2 ArbGG. nicht in Betracht, denn sie bedeutet keine „Änderung" des Streitwerts.

7 Wo das Landesarbeitsgericht den Streitwert neu festzusetzen hat, geschieht das in derselben Weise wie bei der Festsetzung seitens des Arbeitsgerichts, also im Urteil, und zwar in der Urteilsformel, mit Begründung in den Entscheidungsgründen; auch diese Festsetzung ist unanfechtbar und für das Revisionsgericht gemäß § 72 Abs. 1 Satz 1 bindend. Wegen der Einzelheiten sind die Erläuterungen zu § 61 Abs. 2 ArbGG. (Anm. 7 zu § 61) zu vergleichen, die für die Streitwertfestsetzung im Urteil des Landesarbeitsgerichts in allen Punkten entsprechend gelten.

8 Die Neufestsetzung hat nach dem Gesagten nur zu erfolgen, wenn sich der Streitwert „geändert" hat. Sonst besagt das Urteil nichts über den Streitwert. Das bedeutet aber nicht etwa, daß er zu irgendeinem Zweck außerhalb des Urteils vom Landesarbeitsgericht geprüft und festgesetzt werden könnte. Vielmehr ist der Streitwert mangels Änderung nach der letzten mündlichen Verhandlung des Arbeitsgerichts der Prüfung des Landesarbeitsgerichts entzogen und die Festsetzung des Arbeitsgerichts bleibt maßgebend. Aus Zweckmäßigkeitsgründen wird es sich empfehlen, auf der Urschrift, den Ausfertigungen und Abschriften des Urteils, mindestens aber in der Rechtsmittelbelehrung gemäß § 9 Abs. 4 ArbGG., in diesem Falle einen Vermerk anzubringen, der etwa besagt: „Vom Arbeitsgericht festgesetzter Wert des Streitgegenstandes ... RM.".

Wird der Streitwert vom Landesarbeitsgericht gemäß § 69 Abs. 2 ArbGG. neu festgesetzt, so gilt für die Berechnung des Streitwerts das in Anm. 7 Abs. 4 zu § 61 Ausgeführte entsprechend (vgl. Anm. 5 Abs. 2). Der neue Streitwert ist dann einmal für die Berechnung der Kosten des Berufungsverfahrens vor dem Landesarbeitsgericht maßgebend, und zwar sowohl für die gerichtlichen wie für die außergerichtlichen Kosten (hier insbesondere gemäß § 11 Abs. 2 ArbGG. auch Anwaltsgebühren). Die weitere Bedeutung der neuen Festsetzung liegt darin, daß sich nach ihr gemäß § 72 Abs. 1 Satz 1 ArbGG. (vgl. Anm. 7 zu § 72) die Revisionsfähigkeit des Rechtsstreits richtet, soweit es dabei auf die Wertgrenze ankommt (vgl. § 69 Abs. 3, § 72 Abs. 1 ArbGG.). Der vom Arbeitsgericht festgesetzte Streitwert hat mit dem Erlaß des Urteils des Landesarbeitsgerichts in diesem Falle seine Bedeutung verloren. Der neu festgesetzte Streitwert ist ferner auch für das etwaige Revisionsverfahren vor dem Reichsarbeitsgericht im ganzen, also auch wegen der Kosten des Verfahrens, maßgebend, da beim Reichsarbeitsgericht eine Neufestsetzung des Streitwerts nach dem Gesetz nicht erfolgen kann (vgl. Anm. 1 Abs. 1 zu § 75).

9 Vgl. die entsprechenden Ausführungen in Anm. 8 zu § 61.

10 Damit die Revision nach dem Werte des Streitgegenstandes, der für die Revisionsfähigkeit maßgebend ist (vgl. Anm. 4, 6, 8), stattfindet, muß dieser gemäß § 72 Abs. 1 Satz 1 ArbGG. „die in der ordentlichen bürgerlichen Gerichtsbarkeit geltende Revisionsgrenze übersteigen", d. h. er muß derzeit höher sein als viertausend Reichsmark. Denn die Revision ist zur Zeit in der allgemeinen Zivilgerichtsbarkeit zugelassen, wenn der Be-

schwerdewert viertausend Reichsmark übersteigt; wegen der unterschiedlichen Bedeutung von Streit- und Beschwerdewert vgl. die in Anm. 9 in Bezug genommene Anm. 8 zu § 61. Wird die Revisionsgrenze der allgemeinen Gerichtsbarkeit später gesetzlich geändert, so ändert sich damit automatisch auch die Revisionsgrenze nach dem Streitwert in der Arbeitsgerichtsbarkeit (vgl. Anm. 8 zu § 72).

Die Vorschrift des § 69 Abs. 3 ArbGG. ist nur anwendbar, wenn die Revision „nach dem Wert des Streitgegenstandes" nicht stattfindet, also nicht in solchen Fällen, in denen sie aus anderen Gründen nicht zugelassen ist. Solche Fälle liegen nach § 72 Abs. 1 ArbGG. in den bürgerlichen Rechtsstreitigkeiten nach § 2 Abs. 1 Nr. 4 ArbGG. und im Verfahren auf Anordnung eines Arrests oder einer einstweiligen Verfügung vor. Hier ist die Revision ausgeschlossen und kann auch nicht etwa wegen der grundsätzlichen Bedeutung des Rechtsstreits zugelassen werden.

11 Auch für die Revisionsfähigkeit gilt das in Anm. 9 zu § 61 allgemein für die Rechtsmittelfähigkeit Ausgeführte. Eine bloße Abhängigkeit des Stattfindens der Revision vom Streitwerte würde die Zweckbestimmung der Revision, der Wahrung der Rechtseinheit, jedenfalls für die Arbeitsrechtspflege nicht gerecht werden, zumal die Revisionsgrenze außer in den Streitigkeiten nach § 2 Abs. 1 Nr. 1 ArbGG. nur in seltenen Fällen erreicht werden wird. Gerade hier muß die wirtschaftliche und rechtliche Bedeutung eines Rechtsstreits neben der Höhe des Streitwerts für die Möglichkeit maßgebend sein, das Urteil des Landesarbeitsgerichts nach der rechtlichen Seite im Hinblick auf die Einhaltung der allgemeinen Grundsätze des Rechts nachzuprüfen. Im Interesse der Klarheit und Übersichtlichkeit des Rechtszuges muß sich die Statthaftigkeit der Revision wiederum aus dem Urteil des Landesarbeitsgerichts ergeben und kann nicht dem Befinden des Revisionsgerichts überlassen bleiben. Auch hier ist die Zulassung des Rechtsmittels im Urteil unanfechtbar; sie ist von Amts wegen, ohne daß es eines Parteiantrages bedarf, in der Urteilsformel auszusprechen und in den Entscheidungsgründen zu begründen. Alles in der Anm. 10 zu § 61 Gesagte gilt hier entsprechend.

12 Für den Begriff der grundsätzlichen Bedeutung gilt auch hier grundsätzlich das in Anm. 11 Abs. 1, 2 zu § 61 Ausgeführte. Richtlinien für die Zulassung der Revision gemäß § 69 Abs. 3 ArbGG. wie im § 61 Abs. 3 Satz 2 ArbGG. sind jedoch für das Landesarbeitsgericht nicht gegeben. Es ist vielmehr in der Prüfung des Vorliegens der grundsätzlichen Bedeutung lediglich auf sein pflichtmäßiges Ermessen angewiesen. An die Auffassung des Arbeitsgerichts über die Bedeutung des Rechtsstreits ist das Landesarbeitsgericht nicht gebunden. Dazu ist zu bemerken, daß auch die Zulassung der Revision sowohl wegen der wirtschaftlichen wie wegen der rechtlichen Bedeutung des Rechtsstreits möglich ist (vgl. Anm. 11 Abs. 2 zu § 61), da sie in beiden Fällen dem Zwecke der Schaffung oder Wahrung der Rechtseinheit dienen kann. Jedoch wird das Landesarbeitsgericht noch sorgfältiger als das Arbeitsgericht prüfen müssen, ob dem Vorteil der Endgültigkeit seines Urteils für die Parteien bei Zulassung der Revision so überwiegende Vorteile für die Allgemeinheit des Arbeitslebens gegenüberstehen, daß von der das Verfahren verlängernden Revisionszulassung Gebrauch gemacht werden soll. Leichtfertige Revisionszulassungen, etwa aus einer gewissen Unsicherheit des Urteils heraus, könnten bei der Empfindlichkeit

des Arbeitslebens von erheblichem Schaden sein. Andererseits darf das Landesarbeitsgericht ein wirklich bedeutendes Interesse der Allgemeinheit an der Möglichkeit einer höchstrichterlichen Entscheidung einer Rechtsfrage des Arbeitslebens nicht dem mindestens bei der klagenden Partei regelmäßig vorhandenen Wunsche nach schleuniger Erledigung des Rechtsstreits opfern (vgl. wegen der grundsätzlichen Stellung zur Rechtsmittelfrage Anm. 9 zu § 61). Ein solches Interesse der Allgemeinheit wird z. B. häufig in den im § 61 Abs. 3 Satz 2 ArbGG. angeführten Fällen des Streits über die Auslegung eines Tarifvertrages gegeben sein, wenn es sich um einen für weitere Kreise und über den Bezirk des Landesarbeitsgerichts hinaus, insbesondere für das ganze Reich, geltenden Tarifvertrag handelt, im übrigen aber regelmäßig dann, wenn neue, noch nicht vom Reichsarbeitsgericht entschiedene Fragen des Arbeitsrechts die Grundlage des Rechtsstreits bilden, die voraussichtlich häufig zwischen den Parteien des Arbeitslebens streitig werden dürften (z. B. die Frage der Anrechenbarkeit der als Arbeiter im Betrieb verbrachten Zeit auf die Dienstzeit eines Angestellten nach dem Kündigungsschutzgesetz, jetzt in einer Reihe von Fällen vom RArbG. im bejahenden Sinne entschieden — z. B. Urteil vom 7. 12. 1928, RAG. 12/27—). Ist die grundsätzliche Rechtsfrage nach Auffassung des Landesarbeitsgerichts bereits vom Reichsarbeitsgericht entschieden und will das Landesarbeitsgericht von dieser Entscheidung nicht abweichen, so wird ein Anlaß für die Zulassung der Revision nicht vorliegen. Anders, wenn das Landesarbeitsgericht von der Entscheidung abweicht; dann wird es zweckmäßig, falls die Streitwertgrenze der Revision nicht erreicht wird, durch Zulassung der Revision gemäß § 69 Abs. 3 ArbGG. dem Reichsarbeitsgericht seinerseits die Möglichkeit zur Nachprüfung eröffnen.

Bei alledem ist jedoch zu berücksichtigen, daß die Zulassung der Revision gemäß § 69 Abs. 3 ArbGG. nur die Statthaftigkeit der Revision begründet, die sonst durch die Erreichung der Streitwertgrenze bedingt ist. Ob es zu einer Revisionsentscheidung des Reichsarbeitsgerichts kommt, hängt davon ab, ob im vorliegenden Fall ein Revisionsgrund (vgl. ArbGG. § 73) gegeben ist und ob die Revision form- und fristgerecht eingelegt wird.

§ 70

Ausschluß der Beschwerde[1]

Gegen Beschlüsse und Verfügungen des Landesarbeitsgerichts oder seines Vorsitzenden[2] findet außer im Falle der Verwerfung der Berufung nach § 519b Abs. 2 der Zivilprozeßordnung[3] kein Rechtsmittel[4] statt.

[1] Das Landesarbeitsgericht hat im arbeitsgerichtlichen Verfahren eine entsprechende Stellung wie im Verfahren der allgemeinen Gerichtsbarkeit das Oberlandesgericht. Gegen seine Endurteile findet die Revision statt. Entsprechend ist auch die Vorschrift des § 567 Abs. 3 ZPO. für die Behandlung der an sich nicht der Revision, sondern der Beschwerde unterliegenden Entscheidungen des Landesarbeitsgerichts übernommen. Nach ZPO. § 567 Abs. 3 ist nun die Beschwerde gegen solche Entscheidungen der Oberlandesgerichte ausgeschlossen, es sei denn, daß es sich um Beschlüsse gemäß § 519b ZPO. handelt. Dabei enthält § 567 Abs. 3 ZPO. allerdings eine Ungenauigkeit, denn kraft ausdrücklicher Vor-

schrift des GVG. § 159 Abs. 1 Satz 2, 3 ist die Beschwerde gegen Entscheidungen des Oberlandesgerichts auch dann zugelassen, wenn es sich um gewisse Entscheidungen über die Zulässigkeit der Rechtshilfe handelt (vgl. auch Anm. 4 Abs. 4 zu § 13). Da derartige Rechtshilfeentscheidungen auch im arbeitsgerichtlichen Verfahren nicht von den Landesarbeitsgerichten, sondern von den Oberlandesgerichten getroffen werden (vgl. Anm. a. a. O.), kommt dieser Fall hier nicht in Betracht. Infolgedessen konnte hier, abgesehen von dem Fall der Verwerfung der Berufung nach § 519b Abs. 2 ZPO. (vgl. Anm. 3), jedes Rechtsmittel gegen Entscheidungen der Landesarbeitsgerichte, die nicht der Revision unterliegen, ausgeschlossen werden. Zu diesen Entscheidungen gehören allerdings neben „Beschlüssen und Verfügungen" auch urteilsmäßige Entscheidungen der Landesarbeitsgerichte (z. B. in den Fällen der §§ 135, 387, 402 ZPO.). Insofern ist die Fassung ungenau. Daß auch gegen diese Entscheidungen kein Rechtsmittel stattfinden soll, ergibt sich aus dem Sinn der Vorschrift, wie er in der Überschrift zum Ausdruck kommt.

Die Vorschrift des § 70 ArbGG. bezieht sich auf die Behandlung der erstinstanzlichen Entscheidungen des Landesarbeitsgerichts im Berufungsverfahren, die nicht der Revision unterliegen. Ihr entspricht die weitere Vorschrift des § 78 Abs. 2 ArbGG., nach der auch gegen Beschlüsse des Landesarbeitsgerichts im Beschwerdeverfahren eine weitere Beschwerde nicht stattfindet. Durch diese beiden Vorschriften wird also das Reichsarbeitsgericht von allen Beschwerdeverfahren, ausgenommen das der Revisionsbeschwerde gemäß ArbGG. § 77, entlastet, ebenso wie im allgemeinen Zivilprozeßverfahren das Reichsgericht hiervon entlastet ist. Reichsgericht und Reichsarbeitsgericht sollen nur solche Entscheidungen fällen, die ihnen im Interesse der Wahrung der Rechtseinheit unbedingt überlassen werden müssen.

2 Nach § 70 ArbGG. sind sämtliche nicht der Revision unterliegende Entscheidungen des Landesarbeitsgerichts oder seines Vorsitzenden, ausgenommen der Verwerfungsbeschluß gemäß ZPO. § 519b Abs. 2, endgültig. Die abweichende Auffassung von Baumbach (Anm. 1b zu § 70; Anm. 3a, c der Vorbemerkung vor dem Dritten Abschnitt) entbehrt gegenüber dem Wortlaut und Sinn des Gesetzes der Begründung. Das Oberlandesgericht ist im arbeitsgerichtlichen Verfahren nur in den Fällen des § 159 GVG. (vgl. Anm. 4 Abs. 4 zu § 13) und des § 36 ZPO. (vgl. Anm. 1b Abs. 2 zu § 48) zuständig; im übrigen, nämlich soweit es sich um eigentliche Angelegenheiten des arbeitsgerichtlichen Verfahrens handelt, nimmt das Landesarbeitsgericht die Stelle des Oberlandesgerichts im allgemeinen Zivilprozeß ein (vgl. Anm. 1). Zu den unanfechtbaren Beschlüssen des Vorsitzenden des Landesarbeitsgerichts gehören daher auch die Verhängung sitzungspolizeilicher Strafen gemäß § 178 GVG., § 53 Abs. 1 ArbGG. und die Verhängung von Ordnungsstrafen gegen Beisitzer gemäß ArbGG. § 37 Abs. 2, § 28; im letzteren Fall ist die Anwendung des § 28 Satz 3 ArbGG. ausgeschlossen, weil § 28 nach § 37 Abs. 2 nur „entsprechend" anwendbar ist und die Anwendung seines Satzes 3 gemäß § 70 ArbGG. entfällt.

3 Das Rechtsmittel gegen einen die Berufung nach § 519b ZPO. verwerfenden Beschluß ist die sogenannte „Revisionsbeschwerde" des § 77 ArbGG. Über die Voraussetzungen für ihre Einlegung, insbesondere über die entsprechende An-

wendung der Vorschriften des § 69 Abs. 2, 3 ArbGG. auf den Beschluß des Landesarbeitsgerichts (vgl. Dersch-Volkmar, Anm. zu § 70; Schmincke-Sell, Anm. 1 zu § 70) und über das Verfahren auf die Revisionsbeschwerde vgl. die Anm. zu § 77 ArbGG.

[4] Als Rechtsmittel käme an sich nur die Beschwerde bzw. die sofortige Beschwerde in Betracht (vgl. Anm. 1).

§ 71

Verfahren in besonderen Fällen[1]

In den Fällen der §§ 86, 87 des Betriebsrätegesetzes kann die Betriebsvertretung[2] nur dann[3] die Berufung einlegen oder für den Berufungsbeklagten eintreten[4], wenn sie die Klage beim Arbeitsgericht erhoben hatte[5].

1 Die Vorschrift bezieht sich nur auf das Einspruchsverfahren nach §§ 86, 87 BRG. Die grundsätzlichen Fragen dieses besonderen Verfahrens sind in der Anm. 1 zu § 63 behandelt, und zwar auch, soweit sie im Berufungsverfahren in Betracht kommen. Von den dort erörterten Fragen des Berufungsverfahrens in den Fällen der §§ 86, 87 BRG. behandelt § 71 nur die Parteirolle in ihm (vgl. dazu insbesondere Anm. 1a zu § 63). Die Vorschrift wird vielfach, auch mit Rücksicht auf die hier nicht sehr klare amtliche Begründung (S. 44f.), mißverstanden; daraus dürften sich im wesentlichen die von Baumbach (Anm. 1 zu § 71) und insbesondere von Schmincke-Sell (Anm. 3 Abs. 1 zu § 71) geltend gemachten erheblichen Bedenken erklären (vgl. Anm. 1a Abs. 3, 4 zu § 63).

Der Vorschrift dürfte folgender Gedankengang zugrunde liegen: An sich kann das Klagerecht für den materiell-rechtlichen Anspruch des Arbeitnehmers aus BRG. § 86 für den ersten und den zweiten Rechtszug je getrennt von diesem oder von der Gruppe der Arbeitnehmerschaft in Anspruch genommen werden, so daß, wer auch als Partei im ersten Rechtszug aufgetreten war, für das Berufungsverfahren nochmals beiden nach § 86 Abs. 1 Satz 3 BRG. in Betracht kommenden Parteien die Möglichkeit gegeben wäre, die Berufung auf Arbeitnehmerseite einzulegen oder für den Arbeitnehmer als Berufungsbeklagten einzutreten. Durch die ausdrückliche Vorschrift des § 71 ArbGG. wird es aber der Gruppe der Arbeitnehmerschaft, vertreten durch die zuständige Betriebsvertretung, verwehrt, ihrerseits die Berufung einzulegen oder für den berufungsbeklagten Arbeitnehmer einzutreten, wenn im ersten Rechtszug der Arbeitnehmer und nicht die Gruppe die Parteirolle innegehabt hatte. Dagegen ist der Arbeitnehmer selbst in der Lage, noch im Berufungsrechtszuge nach eigenem Ermessen als Partei aufzutreten, auch wenn im ersten Rechtszuge die Gruppe der Arbeitnehmerschaft geklagt hatte, er sogar möglicherweise als Zeuge vernommen worden war (vgl. Anm. 1a zu Abs. 6 § 63); in diesem Falle soll der Wechsel der Prozeßpartei nicht als unzulässige Klageänderung gelten.

Der Sinn dieser Regelung ist darin zu sehen, daß der Arbeitnehmer in dem arbeitsgerichtlichen Einspruchsverfahren gegenüber der Gruppe der Arbeitnehmerschaft als Partei bevorzugt sein soll, weil es sich materiellrechtlich um seinen Anspruch handelt. Demgegenüber wird das Klagerecht der Gruppe im Rahmen des § 86 Abs. 1 Satz 3 BRG. so weit wie möglich zurückgedrängt und bleibt für das Berufungsverfahren nur dort bestehen, wo es durch die Klageerhebung ausdrücklich erworben ist (vgl. Anm. 1a Abs. 3, 4 zu § 63). Diese Regelung ist insbesondere wegen der durch § 64 Abs. 3 ArbGG. im Berufungsverfahren für entsprechend anwendbar erklärten Kostenvorschrift des § 63 Abs. 2 ArbGG., die die gerichtlichen und die außergerichtlichen Kosten (z. B. Anwaltskosten des Gegners) betrifft (vgl. Anm. 10 zu § 63), praktisch, aber auch darum, weil die Frage der Kostentragung für die eigene notwendige Prozeßvertretung der Gruppe der Arbeitnehmerschaft im Berufungsverfahren nach § 11 Abs. 2 ArbGG. zu großen Schwierigkeiten führen kann. Da die Gruppe der Arbeitnehmerschaft nach dem Betriebsrätegesetz nicht vermögensfähig ist, vermag sie auch keine Anwaltskosten zu tragen; ob sie vom Arbeitgeber Ersatz oder gar Vorstreckung dieser Kosten (nach BRG. § 36) verlangen kann, ist zweifelhaft. Da auch die Erteilung des Armenrechts an die Gruppe nach den Vorschriften der Zivilprozeßordnung, jedenfalls nach der herrschenden Auffassung, nicht in Betracht kommen dürfte, wird sie sich im Berufungsverfahren praktisch durch einen Vereinigungsvertreter im Rahmen des § 11 ArbGG. vertreten lassen müssen (vgl. Anm. 13 Abs. 1 a. E. zu § 11; sehr zweifelhaft: Schmincke-Sell, Anm. 3 Abs. 2 zu § 71).

2 Die Ausdrucksweise ist auch hier, wie im § 63 ArbGG., nicht sehr glücklich und gibt zu Zweifeln Anlaß, weil als Partei in § 10 ArbGG. die betreffende Gruppe der Arbeitnehmerschaft bezeichnet ist (vgl. Anm. 1a Abs. 1 zu § 63).

3 Aus dieser Fassung ist zu entnehmen, daß es das Gesetz an sich für möglich hält, daß das Klagerecht in diesem Falle in den beiden Rechtszügen von verschiedenen Personen, einmal von dem Arbeitnehmer, das andere Mal von der Gruppe ausgeübt wird, wie dies in Anm. 1 Abs. 2 dargelegt ist; denn sonst wäre die Vorschrift überflüssig und sinnlos. Daraus ist auch, wie oben, zu schließen, daß diese Einschränkung für den Arbeitnehmer selbst nicht gelten soll, daß also er im Berufungsverfahren die Parteirolle übernehmen kann, auch wenn im ersten Rechtszug die Gruppe geklagt hatte.

4 Hat der Arbeitnehmer selbst geklagt und ist seine Klage abgewiesen worden, so kann die Gruppe, vertreten durch die Betriebsvertretung, nicht die Berufung einlegen; dies kann vielmehr nur er selbst. Hat der Arbeitnehmer geklagt und obgesiegt und legt nunmehr der Arbeitgeber Berufung ein, so muß der Arbeitnehmer den Rechtsstreit auch im zweiten Rechtszug als Partei führen, die in Betracht kommende Gruppe der Arbeitnehmerschaft kann ihn jetzt nicht mehr als Partei übernehmen.

5 Vgl. Anm. 2.

Dritter Unterabschnitt.

Revisionsverfahren[1]

1 Das Revisionsverfahren bildet grundsätzlich den dritten Rechtszug des arbeitsgerichtlichen Urteilsverfahrens (vgl. jedoch § 76 ArbGG.). Es findet stets vor dem Reichsarbeitsgericht statt. Von dem Berufungsverfahren unter-

scheidet es sich wie in der allgemeinen Gerichtsbarkeit dadurch, daß es lediglich der rechtlichen Nachprüfung des Vorderurteils mit Bezug auf die Anwendung des Gesetzes dient (vgl. § 73 ArbGG.), während im Berufungsverfahren sowohl die rechtliche als auch die tatsächliche Nachprüfung des angefochtenen Urteils stattfindet. Das Revisionsverfahren dient in der Hauptsache der Wahrung der Rechtseinheit im Interesse der Allgemeinheit (vgl. Anm. 9 zu § 61; ebenso Baumbach, Anm. 1 der Übersicht vor § 72); daraus erklärt sich die Begrenzung seiner Statthaftigkeit in § 72 Abs. 1 ArbGG.

§ 72

Grundsatz[1]

(1) Gegen die Urteile[2] der Landesarbeitsgerichte im Berufungsverfahren[3] in Rechtsstreitigkeiten nach § 2 Nr. 1—3 und nach § 3[4] findet die Revision an das Reichsarbeitsgericht statt[5], wenn[6] der vom Arbeitsgericht oder vom Landesarbeitsgerichte festgesetzte Wert des Streitgegenstandes[7] die in der ordentlichen bürgerlichen Gerichtsbarkeit geltende Revisionsgrenze übersteigt[8] oder wenn das Landesarbeitsgericht die Revision wegen der grundsätzlichen Bedeutung des Rechtsstreits zugelassen hat[9]. Gegen Urteile, durch welche über die Anordnung, Abänderung oder Aufhebung eines Arrestes oder einer einstweiligen Verfügung entschieden wird, ist die Revision nicht zulässig[10].

(2) Für das Verfahren vor dem Reichsarbeitsgerichte[11] gelten, soweit das Arbeitsgerichtsgesetz nichts anderes bestimmt[12], die für die Revision maßgebenden Vorschriften der Zivilprozeßordnung[13] entsprechend[14].

(3) [15]Die Vorschriften des § 49 Abs. 1[16], der §§ 52[17] und 53[18] und des § 61 Abs. 4 und 5[19] über Ablehnung von Gerichtspersonen, Öffentlichkeit, Befugnisse des Vorsitzenden und der Beisitzer und Inhalt des Urteils gelten entsprechend.

1 Der Aufbau der grundsätzlichen Vorschriften des § 72 ArbGG. entspricht dem des § 64 ArbGG. für das Berufungsverfahren; vgl. Anm. 1 zu § 64. Die Vorschriften des § 72 Abs. 1 über die Statthaftigkeit der Revision und über die sachliche Zuständigkeit für sie führen wiederum nur die allgemeinen Vorschriften des § 8 Abs. 4 ArbGG. näher aus.

2 „Urteile" sind auch hier, wie im § 64 Abs. 1 ArbGG., nur „Endurteile" und ihnen gleichgestellte Urteile im Sinne der Zivilprozeßordnung; vgl. die näheren Ausführungen in Anm. 2 zu § 64. Gegen Urteile, die ihrer Art nach gemäß den Vorschriften der Zivilprozeßordnung mit der sofortigen Beschwerde anfechtbar sind, findet, sofern sie von Landesarbeitsgerichten im Berufungsverfahren erlassen sind, kein Rechtsmittel statt. Dies muß mit Rücksicht auf den Zweck des § 70

ArbGG., das Reichsarbeitsgericht grundsätzlich von Beschwerdeentscheidungen, entsprechend wie das Reichsgericht nach ZPO. § 567 Abs. 3., zu entlasten, im Sinne der Überschrift des § 70 angenommen werden, obwohl sein Wortlaut nur vom Ausschluß der Beschwerde gegen „Beschlüsse und Verfügungen des Landesarbeitsgerichts oder seines Vorsitzenden" spricht (vgl. Anm. 1, 2 zu § 70; ebenso Siefart, Anm. 3 Abs. 4 zu § 72; a. A. Urteil des RArbG. v. 21. 12. 1927 — 18/27 —).

3 Außer gegen die Berufungsurteile der Landesarbeitsgerichte (vgl. § 64 Abs. 1, § 8 Abs. 3, 4 ArbGG.) findet die Revision in den Fällen des § 76 ArbGG. auch — als Sprungrevision — gegen erstinstanzliche Urteile der Arbeitsgerichte statt (vgl. Anm. 1 zu § 76). Dagegen findet sie gegen gewisse Berufungsurteile der Landesarbeitsgerichte gemäß § 72 Abs. 1 Satz 2 nicht statt (vgl. Anm. 10).

4 Der dritte Rechtszug ist auch grundsätzlich nicht für alle Arbeitssachen gegeben, die im Urteilsverfahren entschieden werden. Die im Urteilsverfahren durchzuführenden Arbeitssachen sind im § 2 Abs. 1 Nr. 1—4, Abs. 2 und im § 3 ArbGG. aufgeführt. Die Vorschrift des § 2 Abs. 1 Nr. 5 behandelt die Fälle des Beschlußverfahrens, kommt also hier nicht in Betracht. Wohl aber gehören zu den im Urteilsverfahren durchzuführenden Arbeitssachen auch die infolge der erweiterten Zuständigkeit nach § 3 Abs. 1, 2 ArbGG. vor die Arbeitsgerichte gebrachten Streitigkeiten, obwohl sie an sich keine arbeitsrechtlichen Streitigkeiten sind. Die erweiterte Zuständigkeit bezieht sich auf alle Rechtszüge (ArbGG. § 8 Abs. 1; vgl. Anm. 2 zu § 3); ist also eine bürgerliche Rechtsstreitigkeit, die an sich keine arbeitsrechtliche ist, auf Grund Verbindung mit einem Streit der im § 2 Abs. 1 Nr. 1—4, Abs. 2 bezeichneten Art (§ 3 Abs. 1) oder auf Grund Vereinbarung (§ 3 Abs. 2) vor das Arbeitsgericht gebracht, so wird sie im arbeitsgerichtlichen Urteilsverfahren erledigt, sie gelangt also im Berufungsrechtszug vor das Landesarbeitsgericht, im Revisionsrechtszug vor das Reichsarbeitsgericht.

An sich wäre es wünschenswert, grundsätzlich für alle Arbeitssachen des Urteilsverfahrens auch die Revision im Interesse der Wahrung der Rechtseinheit zu eröffnen (vgl. Anm. 1 vor § 72, Anm. 9 zu § 61). Diesem Grundsatz widerspricht aber in gewisser Beziehung das Erfordernis der schleunigen Erledigung von Streitigkeiten des Arbeitslebens. Auch bei wirksamster Anwendung des Beschleunigungsgrundsatzes im Gesetz selbst und in seiner Anwendung läßt sich eine nicht unerhebliche Verzögerung der endgültigen Entscheidung durch das Stattfinden des Revisionsverfahrens nicht vermeiden. Es war deshalb vom Gesetzgeber zu prüfen, welchem Gesichtspunkt der Vorzug zu geben sei. Das Gesetz hat sich dahin entschieden, nur die Streitigkeiten nach § 2 Abs. 1 Nr. 4 ArbGG., also die Einspruchsklagen auf Grund der §§ 86, 87 BRG., von der Statthaftigkeit der Revision auszunehmen. Es geht dabei von der Annahme aus, daß hier die Beschleunigung aus wirtschaftlichen Gründen so dringend ist, daß prozeßrechtliche Gegengründe dahinter zurückstehen müssen (vgl. Begr., S. 39). Die Frage, ob ein gekündigter Arbeitnehmer gleichwohl weiterbeschäftigt werden muß, soll so schnell wie möglich für beide Parteien bindend und unanfechtbar entschieden sein. Die bisherige Gesetzgebung (SchlVO. Art. II § 2 Abs. 1 Satz 2, 1. AVOSchlVO. § 3 Abs. 1) hatte aus diesem Grunde gegen das Urteil des vorläufigen Arbeitsgerichts in diesen Streitigkeiten nicht einmal die Berufung zugelassen; diesen Standpunkt verläßt das Arbeitsgerichtsgesetz mit Rücksicht auf die Bedenken der Praxis, die gegen die Unanfechtbarkeit der erstinstanzlichen Urteile in wirtschaftlich so wichtigen Streitigkeiten erhoben worden sind; von der Zulassung auch der Revision sieht es jedoch ab, und zwar um so eher, als angenommen werden kann, daß grundsätzlich bedeutsame streitige Rechtsfragen in den sogenannten Entlassungsstreitigkeiten auf Grund der §§ 86, 87 BRG. kaum noch zur Entscheidung kommen dürften, daß der Streit hier vielmehr in Zukunft im allgemeinen um wirtschaftliche, also um tatsächliche Fragen gehen dürfte (vgl. Anm. 5 zu § 8).

Es darf dabei nicht verkannt werden, daß die Regelung des Arbeitsgerichtsgesetzes prozessual zu Schwierigkeiten führen kann, wenn eine Klage aus § 2 Abs. 1 Nr. 4 ArbGG. mit einer andern arbeitsgerichtlichen Klage, insbesondere also mit einer Klage aus § 2 Abs. 1 Nr. 2, verbunden wird, d. h. wenn der gekündigte Arbeitnehmer z. B. einmal mit der Begründung, daß die gesetzliche oder vertragliche Kündigungsfrist nicht eingehalten sei, Fortzahlung des Arbeitsentgelts bis zum Ablauf der Kündigungsfrist verlangt, damit verbunden aber für den Fall, daß eine wirksame Kündigung vorliegt, die das Einspruchsrecht nach dem Betriebsrätegesetz nicht ausschließt, Weiterbeschäftigung oder Entschädigungszahlung gemäß §§ 86, 87 BRG. In diesen Fällen hängt die Entscheidung auf den Klageantrag gemäß §§ 86, 87 BRG. von der Entscheidung über den Charakter der Kündigung ab; diese ist möglicherweise in einem Verfahren zu fällen, in dem auch die Revision zugelassen ist. Das Landesarbeitsgericht wird dann sein Verfahren hinsichtlich der Einspruchsklage nach §§ 86, 87 BRG. gemäß § 148 ZPO. aussetzen müssen, bis über den Charakter der Kündigung im Revisionsverfahren entschieden ist; bis zum Landesarbeitsgericht aber können die beiden Klageanträge verbunden behandelt werden (vgl. im einzelnen Anm. 1, c zu § 63). Tatsächlich wird in solchen Fällen der Zweck der Beschleunigung des Einspruchsverfahrens, dem zuliebe die Revision in den Streitigkeiten nach § 2 Abs. 1 Nr. 4 ArbGG. ausgeschlossen ist, nicht erreicht, weil die Revisionsentscheidung der Verbindungssache gegebenenfalls doch abgewartet werden muß. Da aber derartige Fälle gegenüber der großen Masse der Einspruchsklagen eine Minderheit bilden, dürfte die Regelung des Arbeitsgerichtsgesetzes im allgemeinen der Beschleunigung dienen; der Reichsrat hatte mit Rücksicht auf die geschilderten prozessualen Schwierigkeiten eine gleiche Behandlung der Klagen aus § 2 Abs. 1 Nr. 4 mit den übrigen im Urteilsverfahren zu erledigenden Arbeitssachen verlangt (vgl. Begr., S. 39).

5 Vgl. Anm. 1 zur Überschrift des Dritten Unterabschnitts; Anm. 2 hier.

6 Auch hier werden, entsprechend wie im § 64 Abs. 1 ArbGG., die Voraussetzungen des Rechtsmittels — hier der Revision — durch den Nebensatz „wenn ... zugelassen hat" erschöpfend geregelt (vgl. die grundsätzlichen Ausführungen in Anm. 6 zu § 64). Liegt keine der beiden Voraussetzungen vor, so findet die Revision nicht statt. Die Vorschriften der §§ 545—547 ZPO. über die Voraussetzungen der Revision sind also nicht anwendbar (vgl. Anm. 14, a Abs. 1); insbesondere kann im arbeitsgerichtlichen Urteilsverfahren der § 547 Nr. 1 ZPO. auch nicht entsprechend angewendet werden, nach dem die Revision ohne Rücksicht auf den Wert des Beschwerdegegenstandes stattfindet, „insoweit es sich um die Unzulässigkeit des Rechtsweges oder die Unzulässigkeit der Berufung handelt" (ebenso Dersch-Volkmar, Anm. 1 Abs. 5 zu § 72; a. A. Baumbach, Anm. 2B, c zu

§ 72). Diese Auslegung ergibt sich sowohl aus dem Wortlaut der Vorschrift wie aus dem Sinne der Rechtsmittelregelung des Arbeitsgerichtsgesetzes, die einerseits die Tendenz zur Einschränkung der Rechtsmittel enthält, andererseits aber vor allem die Übersichtlichkeit, auch hinsichtlich des Stattfindens von Rechtsmitteln gewährleisten will (vgl. Anm. 6 Abs. 1 zu § 64). Die unbeschränkte Zulassung der Revision bei gewissen Gruppen von Beanstandungen des Urteils des Landesarbeitsgerichts — ohne Rücksicht auf Streitwert oder besondere Zulassung im Urteil — würde diese Übersichtlichkeit vernichten, ohne daß eine prozessuale Notwendigkeit hierfür gegeben wäre.

7 Die allgemeine Revisionsfähigkeit wird, ebenso wie die allgemeine Berufungsfähigkeit (vgl. Anm. 7 zu § 64) durch den Wert des Streitgegenstandes, nicht wie nach § 546 ZPO. durch den Wert des Beschwerdegegenstandes, bestimmt. Die Revision findet also schon dann statt, wenn der Streitwert 4000 Reichsmark übersteigt (vgl. Anm. 8), mag auch die Revision selbst nur einen viel geringeren Betrag betreffen. Ist also z. B. in einem Streit um 4010 Reichsmark nach dem Berufungsurteil des Landesarbeitsgerichts Verurteilung in Höhe von 4005 Reichsmark erfolgt, in Höhe von 5 Reichsmark aber die Abweisung der Klage, so kann der Kläger wegen seines behaupteten Anspruchs in Höhe von 5 Reichsmark Revision einlegen, während er dies nach ZPO. § 546 nicht könnte. Die Einführung des Streitwertes an Stelle des Beschwerdewertes als Maßstab für die Revisionsfähigkeit wirkt also im Sinne einer stärkeren Zulassung der Revision. Dies war darum zweckmäßig, weil ein großer Teil der Arbeitsstreitigkeiten um verhältnismäßig geringe Geldwerte gehen wird. Andererseits ist der Streitwert ein Anhalt für die wirtschaftliche Bedeutung der Streitigkeit, während der Beschwerdewert zu ihr bestenfalls in einem mittelbaren Verhältnis steht. Schließlich läßt sich allein der Streitwert schon mit dem Ergehen des angefochtenen Urteils übersehen, ermöglicht also die wegen der Übersichtlichkeit des Verfahrens notwendige Festlegung der Zulässigkeit des Rechtsmittels in ihm, die auch für die Revision, wie für die Berufung, zwingend vorgeschrieben ist, soweit sie nicht im erstinstanzlichen Urteil endgültig erfolgen konnte (vgl. die grundsätzlichen Ausführungen in Anm. 8, 9 zu § 61).

Die Vorschrift des § 72 Abs. 1 Satz 1 erklärt den „vom Arbeitsgericht oder vom Landesarbeitsgerichte festgesetzten" Streitwert für die Zulässigkeit der Revision für maßgebend. Die Alternative wird näher erklärt durch die Vorschriften des § 61 Abs. 2 und des § 69 Abs. 2 ArbGG. Diese ergeben, daß der Streitwert grundsätzlich vom Arbeitsgericht, in dem erstinstanzlichen Urteil, endgültig für das gesamte Verfahren aller Rechtszüge festgesetzt wird; nur wenn er sich nach diesem Urteil geändert hat, setzt ihn das Landesarbeitsgericht in seinem Urteil neu fest (vgl. Anm. 4, 8 zu § 69). Für das Stattfinden der Revision ist also regelmäßig der vom Arbeitsgericht festgesetzte Streitwert maßgebend; nur wo er durch eine erneute Festsetzung seitens des Landesarbeitsgerichts gemäß § 69 Abs. 2 ArbGG. für das weitere Verfahren seine Bedeutung verloren hat, ist die an seine Stelle getretene Neufestsetzung maßgebend. Diese Rechtslage scheint Baumbach (Anm. 2 B, a zu § 72) zu verkennen.

8 Während § 64 Abs. 1 ArbGG. die Streitwertgrenze für das Stattfinden der Berufung zahlenmäßig bestimmt, setzt die Vorschrift des § 72 Abs. 1 die Streitwertgrenze der Revision im arbeitsgerichtlichen Verfahren zu der Revisions-

grenze der allgemeinen Gerichtsbarkeit in Beziehung. Von einer gleichen zahlenmäßigen Grenze kann gleichwohl nicht gesprochen werden, da sich die Grenze der allgemeinen Gerichtsbarkeit eben auf den Beschwerdewert bezieht, der hier maßgebende auf den Streitwert. Die Verknüpfung der beiden verschiedenartigen Grenzen hat aber die Bedeutung, daß ein Steigen der Beschwerdewertgrenze der allgemeinen Gerichtsbarkeit zugleich ein entsprechendes Steigen der Streitwertgrenze hier mit sich bringt und umgekehrt. Diese Regelung ist darum zweckmäßig, weil die Revisionsgrenze des Gesetzes auf die praktischen Möglichkeiten der Arbeit des Revisionsgerichts Rücksicht nehmen muß und das Revisionsgericht der Arbeitsrechtspflege eine besondere, aber doch verbundene Abteilung des Revisionsgerichts der allgemeinen Rechtspflege ist. Wird eine neue gesetzliche Regelung der Revisionsgrenze der allgemeinen Gerichtsbarkeit erforderlich oder möglich, so bedarf es daher nur des einmaligen Ausspruches im Gesetz, um die Verbindung auch mit der Arbeitsrechtspflege zu wahren.

Die Revisionsgrenze „der ordentlichen bürgerlichen Gerichtsbarkeit" liegt z. B. — nach der VO. vom 21. 12. 1925 (RGBl. I S. 476) — bei einem Beschwerdewert von viertausend Reichsmark. Überschreitet der Streitwert eines Arbeitsstreits (vgl. Anm. 7 Abs. 2) diese Grenze von viertausend Reichsmark, so findet die Revision gegen das in ihm ergehende Urteil des Landesarbeitsgerichts statt.

9 Neben der allgemeinen Revisionsfähigkeit gibt es, entsprechend wie hinsichtlich der Berufungsfähigkeit, auch eine besondere Revisionsfähigkeit wegen der grundsätzlichen Bedeutung des Rechtsstreits (vgl. die Anm. 9—12 zu § 69). Für sie gilt das in Anm. 8 zu § 64 Gesagte entsprechend. Die grundsätzliche Bedeutung des Rechtsstreits kommt für die Statthaftigkeit der Revision nur dann in Betracht, wenn das Landesarbeitsgericht die Revision deswegen in seinem Urteil zugelassen hat. Die Zulassung der Berufung wegen grundsätzlicher Bedeutung durch das Arbeitsgericht schafft also keine Revisionsfähigkeit. Ebensowenig aber kann das Reichsarbeitsgericht selbst eine Revision wegen der von ihm angenommenen grundsätzlichen Bedeutung eines Rechtsstreits zulassen, wenn die Zulassung nicht bereits vom Landesarbeitsgericht in seinem Urteil ausgesprochen worden ist. Auch hier ist also das obere Gericht, das Revisionsgericht, an die Auffassung des unteren Gerichts, des Berufungsgerichts, gebunden, weil der weitere Rechtszug nach dem Arbeitsgerichtsgesetz stets durch das Urteil klargestellt wird, gegen das das Rechtsmittel in Betracht kommt. Da das Landesarbeitsgericht die Revision wegen grundsätzlicher Bedeutung aber nach § 69 Abs. 3 ArbGG. nur in den Fällen zulassen kann, in denen sie „nach dem Werte des Streitgegenstandes" nicht stattfindet, nicht in Fällen, in denen sie aus andren Gründen nicht statthaft ist, nämlich in den Fällen des § 2 Abs. 1 Nr. 4 ArbGG. und bei Arresten und einstweiligen Verfügungen (§ 72 Abs. 1), so ist das Reichsarbeitsgericht an etwaige irrtümliche Zulassungen in Fällen des allgemeinen Ausschlusses der Revision nicht gebunden; es muß vielmehr hier die Revision auch dann als unzulässig verwerfen, wenn das Urteil des Landesarbeitsgerichts die irrtümliche Zulassung enthält (vgl. Anm. 10 Abs. 2 zu § 69; ebenso Baumbach, Anm. 2 B, b zu § 72, der aber, wie seine Anm. 4 a. E. zu § 69 ergibt, den allgemeinen Ausschluß der Revision im arbeitsgerichtlichen Ver-

fahren zu Unrecht auch auf die im § 549 Abs. 1 ZPO. von der Revision im allgemeinen Zivilprozeß ausgenommenen Fälle erstreckt [vgl. Anm. 14, a Abs. 2]).

10 Die Vorschrift des § 72 Abs. 1 Satz 2 stimmt wörtlich mit der des § 545 Abs. 2 ZPO. überein. Sie nimmt auch für die Arbeitsrechtspflege allen Urteilen der Landesarbeitsgerichte im Verfahren des Arrests oder der einstweiligen Verfügung die Rechtsmittelfähigkeit, ebenso wie in der allgemeinen Rechtspflege. Die Zweckmäßigkeit dieser sowohl aus Beschleunigungsgründen als auch zur Entlastung des Revisionsgerichts eingeführten Regelung ist für die Arbeitsrechtspflege allerdings nicht unbestreitbar, weil gerade hier in diesem Verfahren eine Reihe von Entscheidungen von größter grundsätzlicher Bedeutung ergehen können, wie die einstweiligen Verfügungen zur Regelung streitiger Verhältnisse während eines Arbeitskampfes (vgl. Anm. 10b Abs. 2 zu § 62). Nach der ausdrücklichen Vorschrift des § 72 Abs. 1 Satz 2 ArbGG. ist in diesen Fragen die Urteilsentscheidung des Landesarbeitsgerichts endgültig und unanfechtbar, so daß der Herbeiführung einer einheitlichen Rechtsprechung in ihnen erhebliche Schwierigkeiten entgegenstehen dürften. Die Zulassung der Revision wegen der grundsätzlichen Bedeutung des Rechtsstreits durch das Landesarbeitsgericht ist ausgeschlossen (vgl. Anm. 10 Abs. 2 zu § 69; Anm. 9 a. E. hier).

11 Vgl. entsprechend Anm. 9 zu § 64.

12 Die abweichenden Vorschriften des Arbeitsgerichtsgesetzes sind im § 72 Abs. 1 in den §§ 73—77 und in den gemäß § 72 Abs. 3 entsprechend anwendbaren § 49 Abs. 1, §§ 52, 53, § 61 Abs. 4, 5 enthalten (vgl. entsprechend Anm. 10 zu § 64). Das Revisionsverfahren der Arbeitsrechtsprechung ist dem der allgemeinen Gerichtsbarkeit, wie sich aus den angeführten Abweichungen ergibt, erheblich mehr angenähert als das Verfahren des ersten und des zweiten Rechtszuges.

13 Nur „die für die Revision maßgebenden Vorschriften der Zivilprozeßordnung" sind entsprechend anwendbar, nicht auch die Vorschriften der prozeßrechtlichen Nebengesetze (vgl. Anm. 8 Abs. 1 zu § 46; a. A. Dersch-Volkmar, Anm. 3 a. E. zu § 72). Das ist bezüglich der Verordnung zur Entlastung der Gerichte vom 13. 5. 1924 belanglos, denn die Anwendung der §§ 7, 8 dieser Verordnung dürfte im Revisionsverfahren praktisch nicht in Betracht kommen; ihre übrigen Vorschriften beziehen sich zum Teil nur auf das Verfahren des ersten und des zweiten Rechtszuges, zum Teil haben sie ihre Bedeutung überhaupt verloren. Dagegen begründet die Unzulässigkeit der entsprechenden Anwendung des „Weiteren Gesetzes zur Entlastung des Reichsgerichts" vom 17. 12. 1926 (RGBl. I S. 503) im arbeitsgerichtlichen Revisionsverfahren eine erhebliche Abweichung dieses Verfahrens von dem der allgemeinen Gerichtsbarkeit. Nach dem genannten Gesetz in Verbindung mit Artikel I des Gesetzes zur Entlastung des Reichsgerichts vom 21. 12. 1925 (RGBl. I S. 475) kann zunächst bis zum 30. 6. 1928 — doch erscheint eine nochmalige Verlängerung der Geltungsdauer der Vorschrift keineswegs ausgeschlossen — die Revision nicht auf die Verletzung der Vorschriften der §§ 139, 286 oder 287 ZPO. gestützt werden, d. h. auf die Verletzung der Vorschriften über Fragerecht und -pflicht des Gerichts, über Beweiswürdigung und über Schadensermittlung durch das Gericht. Das Gesetz verfolgt, nach seinem Namen, den Zweck, das je-

denfalls z. B. sehr stark beschäftigte Reichsgericht zu entlasten. Da seine entsprechende Anwendung für das arbeitsgerichtliche Revisionsverfahren nicht vorgeschrieben ist, so kann in diesem die Revision gemäß § 73 Abs. 1 ArbGG. auch auf die Verletzung dieser im arbeitsgerichtlichen Verfahren gemäß § 46 Abs. 2 Satz 1, § 64 Abs. 2 Satz 1 entsprechend geltenden Vorschriften der Zivilprozeßordnung gestützt werden. Diese Regelung beruht einmal auf dem Gedanken, daß einer etwaigen Überlastung des durch das Arbeitsgerichtsgesetz errichteten Reichsarbeitsgerichts durch Bildung weiterer Senate zu begegnen wäre, zum andern aber darauf, daß das neue arbeitsgerichtliche Verfahren zu seinem dem Geist des Gesetzes entsprechenden Ausbau der rechtlichen Nachprüfbarkeit gerade auch in so wichtigen Punkten, wie in der Handhabung von Fragerecht- und pflicht durch die Arbeitsgerichtsbehörden nicht entraten kann.

14 Die für die Revision maßgebenden Vorschriften der Zivilprozeßordnung, die für das Verfahren vor dem Reichsarbeitsgericht „entsprechend" anwendbar sind, sind einmal im Zweiten Abschnitt des Dritten Buchs der Zivilprozeßordnung (ZPO. §§ 545—566a) enthalten, zum andern, im Rahmen des § 556 Abs. 2 Satz 3, § 566 ZPO., in einzelnen Paragraphen der Regelung der Berufung in der Zivilprozeßordnung und schließlich, im Rahmen des mit § 523 ZPO. gleichlautenden § 557 ZPO., im Ersten Buch und im Ersten Abschnitt des Zweiten Buchs der Zivilprozeßordnung, die das Verfahren des ersten Rechtszuges vor den Landgerichten regeln (vgl. entsprechend Anm. 11 Abs. 1 zu § 64). Daraus, daß diese Vorschriften zur Ergänzung der Sondervorschriften des Arbeitsgerichtsgesetzes (vgl. Anm. 12) entsprechend anwendbar sind, ergibt sich für das arbeitsgerichtliche Revisionsverfahren folgendes:

a) Zulässigkeit der Revision. Durch die Vorschriften des § 72 Abs. 1 ArbGG. werden die Vorschriften der §§ 545—547 ZPO. voll ersetzt. § 72 Abs. 1 regelt das Stattfinden der Revision ausschließlich (ebenso Dersch-Volkmar, Anm. 1a, f zu § 72; a. A. teilweise Baumbach, Anm. 3, Anm. 2 B, c zu § 72). Die Unanwendbarkeit der §§ 545, 546 folgt ohne weiteres schon aus dem Wortlaut des § 72 Abs. 1. Aber auch über die Unanwendbarkeit des § 547 ZPO. können nach dem Sinn der Regelung des Arbeitsgerichtsgesetzes Zweifel nicht bestehen. Für die Anwendbarkeit der Nr. 1 des § 547 ZPO. findet sich hier kein Anhalt, sie erscheint auch nicht notwendig, da vom Standpunkte der Rechtsmittelregelung des Arbeitsgerichtsgesetzes aus (vgl. Anm. 9 zu § 61) ein erhebliches Interesse an der allgemeinen Zulassung der Revision in diesen Fällen gegenüber dem Interesse an möglichster Verkürzung und Beschleunigung des Verfahrens nicht besteht. Nr. 2 des § 547 ZPO. ist im arbeitsgerichtlichen Verfahren dem Sinne nach unanwendbar, weil es Ansprüche, für die die ausschließliche Zuständigkeit der Landesarbeitsgerichte ohne Rücksicht auf den Streitwert begründet ist, nicht gibt, vielmehr alle Ansprüche des § 2 Abs. 1 Nr. 1—4 und des § 3 ArbGG. gleicherweise im ersten Rechtszug vor den Arbeitsgerichten geltend gemacht werden müssen (unverständlich demgegenüber Baumbach, Anm. 2 B, c zu § 72). § 548 ZPO. gilt auch im arbeitsgerichtlichen Revisionsverfahren.

Worauf die Revision gestützt werden kann, regelt § 73 ArbGG. wiederum ausschließlich, und zwar teilweise abweichend von der Zivilprozeßordnung (vgl. die Anm. zu § 73; ebenso Dersch-Volkmar, Anm. 2 zu § 72; a. A., wenn auch schwankend, Baumbach, Anm. 3 zu § 72, Anm. 1 zu § 73). ZPO. § 549 ist durch die Regelung des § 73 ersetzt. Daraus ergibt sich, daß die arbeitsgerichtliche Revision auch auf die Verletzung eines ausländischen Gesetzes oder eines Gesetzes gestützt werden kann, dessen Geltungsbereich sich nicht über den Bezirk des Landesarbeitsgerichts hinaus erstreckt, falls solche Gesetze hier im Einzelfall in Betracht kommen. Diese Regelung erklärt sich aus dem Bedürfnis einer höchstrichterlichen Auslegung arbeitsrechtlicher Rechtssätze, das auch gegenüber Landes- oder Provinz-Arbeitsrecht mit Rücksicht auf die Neuartigkeit des Rechts gegeben ist (vgl. Anm. 6 Abs. 2 zu § 73); daß dadurch in den Fällen des § 3 ArbGG. Rechtssätze durch die Wahl des Klägers zur Revisionsbeurteilung gebracht werden können, die ihr sonst — im allgemeinen Verfahren — nicht unterliegen, ist kein schwerwiegender Grund gegen die allgemeine Bedeutung der Regelung (Baumbach, Anm. 1 zu § 73). § 550 ZPO. gibt nur eine Erklärung zu § 549 ZPO., die im Arbeitsgerichtsgesetz bereits in die Vorschrift des § 73 hineingenommen ist; § 550 ZPO. ist daher nicht anwendbar. Anders verhält es sich mit der Vorschrift des § 551 ZPO. Sie besagt, wann stets eine Gesetzesverletzung anzunehmen ist. Diese zwingende Auslegungsregel gilt auch gegenüber der Vorschrift des § 73 ArbGG. entsprechend, mit der Einschränkung zu Nr. 4, die sich aus § 73 Abs. 2 ArbGG. ergibt (ebenso Dersch-Volkmar, Anm. 1 Abs. 2 zu § 73).

b) Einlegung der Revision. ZPO. § 552 gilt mit der Änderung, die sich aus § 74 Abs. 1 ArbGG. ergibt (Revisionsfrist zwei Wochen statt einem Monat) § 553 ZPO. findet unbeschränkte Anwendung, ebenso § 553a. ZPO. § 554 — über die Revisionsbegründung — gilt mit Ausnahme seines vierten und siebenten Absatzes, mit der Maßgabe in Abs. 2 Satz 2 Halbsatz 1, daß auch die Revisionsbegründungsfrist im arbeitsgerichtlichen Verfahren nicht einen Monat, sondern zwei Wochen beträgt (ArbGG. § 74 Abs. 1); § 554 Abs. 4 ist mit Rücksicht auf die Regelung des § 72 Abs. 1 ArbGG. gegenstandslos, Abs. 7 ist durch § 74 Abs. 2 ArbGG. ersetzt. ZPO. § 556 — die Anschlußrevision betreffend — gilt auch im arbeitsgerichtlichen Revisionsverfahren. (Vgl. im übrigen, insbesondere für die Frage der Revisionsbegründung, die Ausführungen in Anm. 11b zu § 64 entsprechend.)

c) Verfahren vor dem Reichsarbeitsgericht auf die Revision.

aa) Prüfung der Zulässigkeit der Revision und Terminsbestimmung. ZPO. § 554a gilt in vollem Ausmaße. Ergeht die Entscheidung ohne vorgängige mündliche Verhandlung durch Beschluß, so hat gemäß § 72 Abs. 3 in Verbindung mit § 53 Abs. 1 ArbGG. der Vorsitzende des Reichsarbeitsgerichts allein zu entscheiden, auch ohne die beiden richterlichen Beisitzer (a. A., ohne überzeugende Begründung gegen den Gesetzeswortlaut, Baumbach, Anm. 3, Anm. 4 zu § 52); er wird eine solche Entscheidung nur in ganz zweifelsfreien Fällen erlassen, im übrigen aber Termin zur mündlichen Verhandlung bestimmen.

Die Terminsbestimmung erfolgt gemäß ZPO. § 555 mit der Maßgabe des § 74 Abs. 2 ArbGG.; ZPO. § 554 Abs. 7 gilt nicht. Auf die unverzügliche Bestimmung eines nahen Termins ist größtes Gewicht zu legen, da das arbeitsgerichtliche Verfahren sonst durch Einlegung der Revision übermäßig verzögert werden würde, was praktisch zur Folge haben könnte, daß in Fällen, die der Revisionsentscheidung zur Wahrung der Rechtseinheit bedürfen, deren Herbeiführung von den Parteien vermieden würde.

bb) Verfahren bis zum Urteil. Die allgemeinen Vorschriften der §§ 557, 556 ZPO. über die Anwendung der Vorschriften des landgerichtlichen Verfahrens und des Berufungsverfahrens gelten auch hier, soweit diese Vorschriften mit der Regelung des arbeitsgerichtlichen Verfahrens im Einklang stehen (vgl. Anm. 11 Abs. 1 zu § 64). ZPO. § 557a über den Ausschluß des Verfahrens vor dem Einzelrichter ist unmittelbar anwendbar; mit Rücksicht darauf ist dieses Verfahren im § 72 ArbGG. nicht wie in § 64 Abs. 2 Satz 2 ArbGG. besonders erwähnt.

Anwendbar sind im arbeitsgerichtlichen Revisionsverfahren auch die Vorschriften der §§ 558, 559, 561 ZPO., die den Rahmen der Revisionsnachprüfung bestimmen. Ihre Geltung ergibt sich daraus, daß die arbeitsgerichtliche Revision ihrer Natur als Rechtsmittel nach der Revision der allgemeinen Gerichtsbarkeit wesensgleich ist. Dagegen kann ZPO. § 562 nicht angewendet werden, weil ZPO. § 549, der die Verletzung gewisser Rechtssätze für die Begründung der Revision als untauglich erklärt, hier durch § 73 ArbGG. ersetzt ist, der solche Rechtssätze nicht kennt (vgl. a Abs. 2).

ZPO. § 560, der die nachträgliche Erklärung der vorläufigen Vollstreckbarkeit durch das Revisionsgericht zuläßt, ist theoretisch auch in arbeitsgerichtlichen Revisionsverfahren anwendbar, wenngleich er praktisch mit Rücksicht auf die Regelung des § 64 Abs. 3 in Verbindung mit § 62 Abs. 1 ArbGG. (vgl. Anm. 24 zu § 64) kaum Bedeutung haben wird (a. A. Dersch-Volkmar, Anm. 2 zu § 72, die die Vorschrift für unanwendbar halten; Baumbach, Anm. 3 zu § 72; Schmincke-Sell, Anm. 6 zu § 72).

cc) Urteil. Die Vorschriften der §§ 563, 564, 565 ZPO., letztere mit Ausnahme ihres vierten Absatzes, sind für das arbeitsgerichtliche Revisionsverfahren anwendbar. Sie enthalten die Regelung über den Charakter der Entscheidung des Revisionsgerichts: Zurückweisung der Revision, Stattgabe unter Zurückverweisung an das Berufungsgericht zur gesetzmäßigen Entscheidung, Stattgabe unter eigener Entscheidung des Revisionsgerichts. Die Zurückverweisung erfolgt also hier gegebenenfalls auch wegen eines Mangels im Verfahren des Vordergerichts, anders als im Berufungsverfahren (§ 68 ArbGG.). Wann zurückverwiesen werden muß und wann das Revisionsgericht selbst entscheiden muß, ist zwingend festgelegt; die Zurückverweisung kommt nur in Betracht, wenn das Sachverhältnis noch zu klären ist, was das Revisionsgericht nach seiner Bestimmung nicht kann (ZPO. § 565 Abs. 3). In entsprechender Anwendung des § 565 Abs. 1 Satz 2 ZPO. kann die Zurückverweisung an eine andere Kammer des Landesarbeitsgerichts erfolgen; diese Vorschrift wird praktisch selten anwendbar sein, weil nur wenige Landesarbeitsgerichte mehrere Kammern haben, es bedarf ihrer Anwendung aber auch mit Rücksicht auf den Wechsel der

Landesarbeitsrichter nicht in demselben Maße wie im allgemeinen Verfahren. ZPO. § 565 Abs. 4 ist unanwendbar, weil ZPO. § 549 in arbeitsgerichtlichen Revisionsverfahren nicht gilt.

Form und Verkündung des Revisionsurteils sind in § 75 ArbGG. geregelt; dahinter gelten die Vorschriften der §§ 310—312, 315 ZPO. entsprechend (vgl. Anm. 1 zu § 75).

d) Sprungrevision. Die Sprungrevision ist auch im arbeitsgerichtlichen Verfahren durch § 76 ArbGG. zugelassen, jedoch teilweise unter anderen Voraussetzungen wie die des allgemeinen Verfahrens. Gemäß § 76 Abs. 3 ArbGG. gelten für sie die Absätze 3 und 5 bis 7 des § 566a ZPO. entsprechend, die übrigen Absätze sind durch § 76 Abs. 1, 2 ArbGG. ersetzt. Vgl. näher in den Anm. zu § 76.

15 Außer den allgemeinen Vorschriften der §§ 5, 9, 10, 11 und § 12 Abs. 2, 3, 5, 6 ArbGG. gelten im Revisionsverfahren nur verhältnismäßig wenige Vorschriften des Verfahrens des ersten Rechtszuges entsprechend, die Abweichungen von dem Verfahren der allgemeinen Gerichtsbarkeit enthalten; ihre Zahl ist bedeutend geringer als im Berufungsverfahren (vgl. Anm. 14 zu § 64). Dies erklärt sich daraus, daß das reine Rechtsnachprüfungsverfahren der Arbeitsrechtsprechung im allgemeinen dem der ordentlichen Gerichtsbarkeit angenähert werden soll und hier die Besonderheiten der Arbeitsrechtsprechung, die sich im wesentlichen aus der Behandlung des tatsächlichen Prozeßstoffs ergeben, nicht hervortreten können. Insbesondere sind im Revisionsverfahren nicht anwendbar die noch im Berufungsverfahren geltenden besonderen Vorschriften für den ersten Rechtszug über persönliches Erscheinen der Parteien, Vorbereitung der streitigen Verhandlung, Beweisaufnahmen, Versäumnisverfahren, Verkündung des Urteils, Zwangsvollstreckung und Verfahren in besonderen Fällen (ArbGG. § 51 Abs. 1; §§ 56, 58, 59; § 60 Abs. 1—3, Abs. 4 Satz 2; §§ 62, 63). Die Anwendung des persönlichen Erscheinens der Parteien spielt hier keine Rolle. Vorbereitung der streitigen Verhandlung auf Grund des Tatsachenmaterials und Beweisaufnahme kommen im Revisionsverfahren nicht in Betracht. Das Versäumnisverfahren, das hier ebenfalls kaum eine Rolle spielt, ist wie in der allgemeinen Gerichtsbarkeit geregelt. Für die Urteilsverkündung gelten die besonderen Vorschriften des § 75 ArbGG. Vorläufige Vollstreckbarkeit des Revisionsurteils und Verfahren in besonderen Fällen können, letzteres wegen der Regelung in § 72 Abs. 1 Satz 1 ArbGG., nicht in Frage kommen. Im übrigen vgl. die folgende Anm.

16 Die entsprechende Anwendung des § 49 Abs. 1 ArbGG. für die Ablehnung von Gerichtspersonen des Reichsarbeitsgerichts bedeutet, daß über die Ablehnung der Senat des Reichsarbeitsgerichts entscheidet. Ein Rechtsmittel gegen dessen Beschluß kann es nicht geben, weil das Reichsarbeitsgericht höchstes Gericht der Arbeitsrechtsprechung ist. Für das etwa abgelehnte richterliche Senatsmitglied tritt bei der Entscheidung über die Ablehnung sein Stellvertreter ein, was praktisch keine Schwierigkeiten macht, da der Senat des Reichsarbeitsgerichts mit Stellvertretern für jedes richterliche Mitglied besetzt ist; für den abgelehnten Reichsarbeitsrichter tritt der nächste Reichsarbeitsrichter der Liste ein (vgl. Anm. 4 zu § 49).

17 Die Sondervorschriften des Arbeitsgerichtsgesetzes über die Öffentlichkeit des Verfahrens gelten auch für das Verfahren vor dem Reichsarbeitsgericht. Auch

hier kann also die Öffentlichkeit auf Parteiantrag, anders als im allgemeinen Verfahren, ausgeschlossen werden, weil Betriebs-, Geschäfts- oder Erfindungsgeheimnisse zum Gegenstand der Verhandlung gemacht werden. Praktisch wird dieser Ausschlußgrund, da lediglich über Rechtsfragen verhandelt wird, nur eine geringe Rolle spielen.

18 Die entsprechende Anwendung des § 53 ArbGG. im Revisionsverfahren ist insofern von erheblicher Bedeutung, als sie ergibt, daß die richterlichen und die nichtrichterlichen Beisitzer des Reichsarbeitsgerichts einander völlig gleich zu behandeln sind. Das Gesetz kennt nur Vorsitzenden und Beisitzer. Alle Beschlüsse und Verfügungen, die nicht auf Grund einer mündlichen Verhandlung ergehen, erläßt der Vorsitzende des Reichsarbeitsgerichts allein, also auch ohne Mitwirkung der richterlichen Beisitzer, mit alleiniger Ausnahme der Entscheidung über die Revisionsbeschwerde gemäß der besonderen Vorschrift des § 77 Satz 3 ArbGG. Der Vorsitzende entscheidet also auch allein über die Verwerfung der Revision als unzulässig gemäß ZPO. § 554a Abs. 2 (vgl. Anm. 14c, aa, Abs. 1; ebenso Dersch-Volkmar, Anm. 3 zu § 72; Schmincke-Sell, Anm. 7c zu § 72; a. A. Baumbach, Anm. 4 zu § 72).

19 Auch das Reichsarbeitsgericht hat als Vollstreckungsersatz auf eine Entschädigung zu erkennen, wenn das Urteil die Verpflichtung zur Vornahme einer Handlung ausspricht (vgl. Anm. 12—18 zu § 61). Die entsprechende Anwendung des § 61 Abs. 5 ArbGG. im Revisionsverfahren ist, wie Baumbach (Anm. 4 zu § 72) feststellt, gegenstandslos; die Vorschrift ist daher insofern offenbar irrtümlich.

§ 73

Revisionsgründe[1]

(1) **Die Revision kann nur darauf gestützt werden[2], daß das Urteil[3] des Landesarbeitsgerichts[4] auf der Nichtanwendung oder der unrichtigen Anwendung[5] einer gesetzlichen Bestimmung[6] oder einer die Regelung der einzelnen Arbeitsverträge betreffenden Bestimmung eines Tarifvertrags[7] beruhe[8].**

(2) **Auf die unrichtige Annahme der örtlichen Zuständigkeit[9], auf Mängel des Verfahrens bei der Berufung der Beisitzer oder auf Umstände, die die Berufung eines Beisitzers zu seinem Amte ausschließen[10], kann die Revision nicht gestützt werden.**

1 Während mit der Berufung ein Urteil aus jedem tatsächlichen oder rechtlichen Grunde angegriffen werden kann, liegt die Eigenart des Rechtsmittels der Revision darin, daß die Wiederaufrollung des Verfahrens mit ihr nur wegen einer angeblich falschen rechtlichen Würdigung des Streitstoffes verlangt werden kann. Der Revisionskläger muß also behaupten, daß das angegriffene Urteil auf einer Rechtsverletzung beruhe. Die Regelung der allgemeinen Gerichtsbarkeit schränkt das Stattfinden der Revision in ZPO. § 549 Abs. 1 weiter dahin ein, „daß die Entscheidung auf der Verletzung eines Reichsgesetzes oder eines Ge-

setzes, dessen Geltungsbereich sich über den Bezirk des Berufungsgerichts hinaus erstreckt", beruhen muß. Danach ist eine Entscheidung im allgemeinen Zivilprozeß nicht revisibel, wenn sie auf Verletzung ausländischen Rechts, das etwa für das Streitverhältnis maßgebend ist, oder auf der Verletzung lokalen Rechts des Oberlandesgerichtsbezirks beruht. Das Arbeitsgerichtsgesetz, das ZPO. § 549 und den seiner Erklärung dienenden § 550 durch § 73 ArbGG. voll ersetzt (vgl. Anm. 14a Abs. 2 zu § 72; a. A. Baumbach, in den Anm. zu § 73, insbesondere Anm. 1), geht in den Revisionsgründen erheblich weiter (vgl. die folgenden Anm.), um mit Rücksicht auf die neue Entwickelung des Arbeitsrechts möglichst weitgehend die Nachprüfung und damit die Vereinheitlichung des Rechts durch das höchste Gericht zuzulassen. Von der Änderung unberührt bleibt jedoch die Vorschrift des § 551 ZPO. (vgl. Anm. 14a Abs. 2 a. E. zu § 72); denn sie gibt lediglich eine zwingende Auslegungsregel dafür, unter welchen Umständen in jedem Falle die Entscheidung auf einer Verletzung des Gesetzes, nämlich des Verfahrensgesetzes, beruhend anzusehen ist, welche Verfahrensfehler also nach der zwingenden Auslegung des Gesetzes die Entscheidung stets beeinflussen müssen, so daß die Nachprüfung des Einflusses nicht, wie sonst, erforderlich ist (ebenso Dersch-Volkmar, Anm. 1 Abs. 2 a. E. zu § 73).

2 Die Stützung der Revision muß in der Revisionsbegründung erfolgen (ZPO. § 554 Abs. 3 Nr. 2, Abs. 6); solange die Begründungsfrist läuft, können jedoch noch neue Gründe in Ergänzung der ursprünglichen Revisionsbegründung angegeben werden. Nach Ablauf der Begründungsfrist sind weiter vorgebrachte Revisionsgründe unbeachtlich, soweit sie nicht nach ZPO. § 559 Satz 2 als Verletzung materiellen Rechts von Amts wegen zu beachten sind.

3 Die Revision braucht nicht auf eine Rechtsverletzung durch das angefochtene Endurteil (vgl. Anm. 2 zu § 72) selbst gestützt zu werden. Diese kann vielmehr auch als in einem nicht selbständig anfechtbaren Zwischenurteil, z. B. in dem Zwischenurteil über den Grund des Anspruchs (vgl. ArbGG. § 61 Abs. 5), liegend angesehen werden (ZPO. § 548), so daß das Endurteil als auf diesem Zwischenurteil beruhend nur mittelbar auf der Rechtsverletzung beruht.

4 Die Revision gegen das Urteil des Landesarbeitsgerichts als des Berufungsgerichts, von der hier allein gesprochen wird, ist nur der Regelfall. Zulässig ist unter den Voraussetzungen des § 76 ArbGG. auch die Sprungrevision gegen ein Urteil des Arbeitsgerichts. In diesem Fall gilt für die Revisionsgründe ebenfalls die Vorschrift des § 73 ArbGG., obwohl das im Gesetz nicht besonders zum Ausdruck gebracht ist.

5 Während die Zivilprozeßordnung in § 549 von der „Verletzung" eines Gesetzes spricht und die „Verletzung" in § 550 als „Nichtanwendung" oder „nicht richtige Anwendung" definiert, zieht § 73 ArbGG. beide Vorschriften in eine zusammen, ohne jedoch hierin einen anderen Sinn zu legen. Die die Revision begründende Gesetzesverletzung kann sowohl darin liegen, daß eine gesetzliche Bestimmung, sei es absichtlich auf Grund einer falschen Einschätzung ihrer Bedeutung, sei es versehentlich, von dem Vordergericht nicht angewendet worden ist, obwohl sie auf den streitigen Tatbestand angewendet werden mußte, als auch darin, daß die Bestimmung unrichtig angewendet worden ist, d. h. in unrichtiger Auslegung ihres Sinnes. Eine andere Art der Gesetzesverletzung ist nicht denkbar.

Der Revisionskläger ist nach ZPO. § 554 Abs. 3 Nr. 2 nicht verpflichtet, die Art der „Verletzung" in der Revisionsbegründung anzugeben; es genügt vielmehr die Angabe der verletzten Bestimmung bzw. bei Verletzung einer Verfahrensbestimmung diese und die Angabe der Tatsachen, die den Verfahrensmangel ergeben. Die weitere Prüfung ist als rein rechtliche Prüfung Sache des Revisionsgerichts. Es empfiehlt sich jedoch sehr, die Begründung auch in rechtlicher Beziehung so eingehend wie möglich zu geben, um dem Revisionsgericht die Prüfung gerade in der Richtung des Gedankengangs des Revisionsklägers zu ermöglichen. Diese Darlegung wird dem Revisionskläger im arbeitsgerichtlichen Verfahren dadurch besonders erleichtert, daß er mit der Vertretung vor dem Reichsarbeitsgericht gemäß § 11 Abs. 2 ArbGG. den Rechtsanwalt beauftragen kann, der ihn auch im Berufungsrechtszuge vertreten hat; die Vertretung durch einen beim Reichsgericht zugelassenen Rechtsanwalt wird nicht erfordert.

6 Der Ausdruck „gesetzliche Bestimmung" ist, wie Dersch-Volkmar (Anm. 1 Abs. 1 zu § 73) richtig betonen, nur eine Verdeutschung des in der Zivilprozeßordnung, insbesondere im § 550 ZPO., gebrauchten Ausdrucks „Rechtsnorm", er hat also dieselbe Bedeutung wie dieser: jede materielle oder prozessuale Rechtsvorschrift (ebenso auch Baumbach, Anm. 2 A zu § 73). Gesetzliche Bestimmung heißt jede Bestimmung mit Gesetzeskraft, nicht etwa nur die Bestimmung eines Gesetzes im engeren Sinne, sondern auch die einer Verordnung, die Gesetzeskraft hat, eines dem formellen Gesetz gleichstehenden Gewohnheitsrechts usw., kurz gesagt, jede Vorschrift, die „Gesetz im materiellen Sinne" im Sinne der Staatsrechtslehre ist.

Während die Zivilprozeßordnung im § 549 Abs. 1 nur die Verletzung einer solchen gesetzlichen Bestimmung als Revisionsgrund annimmt, die in Deutschland als Reichsgesetz gilt oder wenigstens als deutsches Recht über den Bezirk des Berufungsgerichts hinaus, macht das Arbeitsgerichtsgesetz diese Einschränkung nicht. Revisionsgrund ist vielmehr nach § 73 Abs. 1 ArbGG. die Verletzung jeder gesetzlichen Bestimmung, die nach deutschem Recht auf den streitigen Tatbestand anzuwenden ist, also gegebenenfalls auch die Verletzung lokalen Rechts und ausländischen Rechts, soweit dieses nach deutschem Recht in dem in Betracht kommenden Fall anwendbar ist. Die von Baumbach (Anm. 1, Anm. 2 B zu § 73) gegen diese Auslegung des § 73 Abs. 1 ArbGG. vorgebrachten Gründe erscheinen weder gegen den Wortlaut der Vorschrift durchschlagend, noch vermögen sie davon zu überzeugen, daß das der wirkliche Inhalt der Vorschrift sein müsse. Denn es erscheint durchaus als im Gedankengang des Arbeitsgerichtsgesetzes liegend, daß das Reichsarbeitsgericht zur Herstellung und Wahrung der arbeitsgerichtlichen Rechtseinheit die Möglichkeit der Nachprüfung gegenüber der Verletzung jedes Rechts auf dem Gebiete des Arbeitslebens haben soll (vgl. Anm. 14a Abs. 2 zu § 72). Diese weitgehenden Befugnisse des höchsten Gerichts sind auf dem verhältnismäßig neuen Rechtsgebiet des Arbeitsrechts außerordentlich zu begrüßen.

Verletzung einer gesetzlichen Bestimmung ist auch die unrichtige Auslegung eines Vertrages, insoweit hierdurch die zwingende Auslegungsvorschrift des § 157 BGB. — Auslegung nach Treu und Glauben mit Rücksicht auf die Verkehrssitte — verletzt ist. Die im allgemeinen schon vom Reichsgericht hierin befolgte Praxis ist also nicht, wie Baumbach (Anm. 2 B a. E. zu § 73) sagt, „theoretisch sehr bedenklich", wenn auch mit dem Bedürfnis nach einheitlicher Auslegung gerechtfertigt, sondern sie liegt durchaus im Rahmen des § 549 Abs. 1 ZPO. (vgl. Dersch-Volkmar, Anm. 1 Abs. 1 a. E. zu § 73). Dieselbe Stellung wird zu dieser Frage das Reichsarbeitsgericht auf Grund der Vorschrift des § 73 ArbGG. einzunehmen haben. Hier wird insbesondere die Auslegung der die Tarifvertragsparteien verpflichtenden Bestimmungen eines Tarifvertrages (der sogenannten obligatorischen Bestimmungen) von Bedeutung sein (vgl. Anm. 7).

Die arbeitsgerichtliche Revision kann ferner — anders als z. B. die Revision der allgemeinen Zivilgerichtsbarkeit — auf die Verletzung der Vorschriften der §§ 139, 286 und 287 ZPO. gestützt werden (vgl. näher Anm. 13 zu § 72).

7 Während die Verletzung verpflichtender Tarifvertragsbestimmungen durch ein Urteil in demselben Ausmaß wie die unrichtige Auslegung von Vertragsbestimmungen überhaupt einen Revisionsgrund darstellt, ist die Verletzung einer die Regelung der einzelnen Arbeitsverträge betreffenden Tarifvertragsbestimmung (einer sogenannten normativen Bestimmung) im § 73 Abs. 1 ArbGG. ausdrücklich als ein besonderer Revisionsgrund neben dem allgemeinen der Verletzung einer gesetzlichen Bestimmung aufgeführt. Es kann zweifelhaft sein, ob diese besondere Anführung mit Rücksicht auf das in Anm. 6 Abs. 3 Gesagte notwendig war oder nur eine Klarstellung bedeutet (so Dersch-Volkmar, Anm. 1 Abs. 1 zu § 73). Bedeutsam ist jedenfalls, daß es sich bei der Auslegung der normativen Bestimmungen nicht um Auslegung vertraglicher Bestimmungen im eigentlichen Sinne handelt, da ihre Anwendung nicht nur die Vertragsparteien, sondern vor allem dritte Personen betrifft. Insofern sind sie vertraglich für Dritte gesetztes Recht, im Geltungsbereich des Tarifvertrages also Gesetz im materiellen Sinne („Verbandssatzung"). Diese von der Rechtslehre aufgestellte Theorie erkennt das Arbeitsgerichtsgesetz im § 73 Abs. 1 ausdrücklich an. Daß die Anführung der Verletzung normativer Tarifvertragsbestimmungen als Revisionsgrund „völlig überflüssig" war (so Baumbach, Anm. 3 zu § 73), kann unter diesen Umständen nicht zugegeben werden.

Welche Bestimmungen eines Tarifvertrages die Regelung der einzelnen Arbeitsverträge betreffen, welche dagegen nur die Tarifvertragsparteien untereinander verpflichten, ist keineswegs immer zweifelsfrei. Doch ist dies eine Frage des materiellen Tarifvertragsrechts und deshalb hier nicht zu behandeln. Zweifelsfrei normativ sind z. B. alle Bestimmungen des Tarifvertrages über Lohn oder Gehalt, Arbeitszeit, Urlaub.

8 Die Revision kann sich nur darauf stützen, daß das angefochtene Urteil auf der behaupteten Rechtsverletzung unmittelbar oder auch mittelbar (vgl. Anm. 3) beruhe. Es genügt also nicht, daß sich aus dem Inhalt des Urteils ergibt, daß es eine gesetzliche Bestimmung nicht oder unrichtig angewendet hat. Es ist vielmehr erforderlich, daß die Rechtsverletzung für die Entscheidung des Urteils ursächlich gewesen ist. Dies ist auf Grund einer zwingenden Präsumtion immer anzunehmen, wenn einer der Tatbestände des § 551 ZPO. vorliegt (vgl. Anm. 1), im übrigen ist es zu prüfen. Der Revisionskläger ist jedoch prozessual gemäß § 554 Abs. 3 Nr. 2 ZPO. nicht verpflichtet, diesen Sachverhalt neben der Angabe der Rechtsverletzung ausdrücklich darzutun.

9 Die Vorschrift übernimmt nur die Regelung des § 549 Abs. 2 ZPO., die an sich hier nicht gilt, weil § 549 ZPO. ganz durch § 73 ArbGG. ersetzt ist (vgl.

Anm. 1). Auf die unrichtige Annahme der sachlichen Zuständigkeit kann die Revision gestützt werden. Doch ist die Revision in dem wichtigsten hier in Betracht kommenden Fall der unrichtigen Annahme der Zuständigkeit der Arbeitsgerichtsbarkeit gegenüber der ordentlichen Gerichtsbarkeit durch die entsprechende Anwendung der §§ 566, 528 ZPO. ebenfalls sehr stark eingeschränkt (vgl. die Ausführungen in Anm. 11c, cc, Ab. 1 zu § 64; ebenso Dersch-Volkmar, Anm. 2 zu § 73). Auf die nach der Geschäftsverteilung unrichtige Annahme der Zuständigkeit der Kammer, auch im Verhältnis zum Handwerksgericht, kann die Revision nicht gestützt werden, weil es sich hier um keine Frage der sachlichen Zuständigkeit, sondern um eine Frage der Geschäftsverteilung in dem einheitlichen Gericht handelt (vgl. Anm. 1 Abs. 5 zu § 17; a. A. Schmincke-Sell, Anm. 3a zu § 73). Die unrichtige Annahme der sachlichen Zuständigkeit braucht nicht in einer besonderen Entscheidung ausgesprochen zu sein, es genügt, daß sich die angefochtene Entscheidung offenbar darauf stützt.

10 Die Vorschrift entspricht wörtlich der des § 65 für das Berufungsverfahren; vgl. die Anm. dort.

§ 74

Einlegung der Revision, Terminsbestimmung[1]

(1) **Die Revisionsfrist[2] und die Frist für die Revisionsbegründung[3] betragen je zwei Wochen.**

(2) **Die Bestimmung des Termins zur mündlichen Verhandlung[4] muß, wenn nicht die Revision nach § 554a der Zivilprozeßordnung ohne mündliche Verhandlung als unzulässig verworfen wird[5], unverzüglich erfolgen[6]. Die Vorschriften des § 554 Abs. 7 der Zivilprozeßordnung über die vorherige Zahlung der Prozeßgebühr finden keine Anwendung[7].**

1 Wie in Anm. 14, b und c, aa zu § 72 ausgeführt, gelten für die Einlegung der Revision und die Terminsbestimmung im arbeitsgerichtlichen Revisionsverfahren die Vorschriften der §§ 552—556 ZPO. entsprechend. Sie werden durch das Arbeitsgerichtsgesetz lediglich in einzelnen Punkten, insbesondere durch § 74 ArbGG., abgeändert, und zwar: ZPO. § 552 hinsichtlich der Revisionsfrist durch § 74 Abs. 1 ArbGG.; ZPO. § 554 Abs. 2 Satz 2 Halbsatz 1 hinsichtlich der Revisionsbegründungsfrist durch § 74 Abs. 1 ArbGG.; ZPO. § 554 Abs. 4 fällt fort gemäß § 72 Abs. 1 ArbGG.; ZPO. § 554 Abs. 7 fällt fort gemäß § 74 Abs. 2 Satz 2 ArbGG. (vgl. § 12 Abs. 3 ArbGG.); ZPO. § 555 Abs. 1 wird durch § 74 Abs. 2 Satz 1 ArbGG. modifiziert. Weiter ist zu beachten, daß die Einlegung der Revision nach § 11 Abs. 2 Satz 1 ArbGG. zwar durch einen Rechtsanwalt erfolgen muß, daß aber bei dem Reichsarbeitsgericht, anders als beim Reichsgericht, jeder bei einem deutschen Gerichte zugelassene Rechtsanwalt zugelassen ist.

Wie die Vorschriften des § 66 ArbGG. für das Berufungsverfahren beruhen auch die des § 74 ArbGG. auf dem Beschleunigungsgrundsatz des Arbeitsgerichtsgesetzes. Die zur Herstellung und Wahrung der Rechtseinheit auf den

Gebieten des Arbeitsrechts geschaffene Revision darf nicht zu einer übermäßigen Verzögerung der endgültigen Entscheidung führen, zumal durch die Vorschriften des § 69 Abs. 3, § 72 Abs. 1 ArbGG. bei Zulassung der Revision wegen der grundsätzlichen Bedeutung des Rechtsstreits auch Streitigkeiten „um das tägliche Brot" in den Revisionsrechtszug gelangen können. Ebenso wie durch die Vorschriften des § 74 Abs. 1 ArbGG. die Parteien zur Beschleunigung gezwungen werden sollen, wird auch das Reichsarbeitsgericht es — entsprechend dem Sinn des § 74 Abs. 2 ArbGG. — als eine seiner vornehmsten Pflichten ansehen müssen, durch schnelle und nahe Ansetzung des Verhandlungstermins den Streit in kürzester Zeit zur Erledigung zu bringen.

2 Gemäß dem im übrigen geltenden § 552 ZPO. ist die Revisionsfrist eine Notfrist. Sie beginnt mit der Zustellung des in vollständiger Form abgefaßten Urteils, während zur Inlaufsetzung der Berufungsfrist nach ZPO. § 516 auch die Zustellung einer verkürzten Ausfertigung nach § 317 Abs. 2 Satz 2, 3 ZPO. genügt. Der Unterschied erklärt sich daraus, daß die Partei zur Prüfung der Frage, ob sie gegen das Urteil rechtliche Angriffe erheben kann, der Kenntnis des Tatbestandes und der Entscheidungsgründe bedarf. Da die Urteile der Landesarbeitsgerichte im Parteibetrieb zugestellt werden, hat auch die Ausschlußfrist von fünf Monaten nach der Verkündung des Urteils (ZPO. § 552) praktische Bedeutung. Auch die Revision kann jedoch, wie die Berufung, vor Zustellung des Urteils des Landesarbeitsgerichts eingelegt werden (vgl. entsprechend Anm. 2 zu § 66).

3 Auch die Frist für die Revisionsbegründung ist, wie die Revisionsfrist, gegenüber der Vorschrift der Zivilprozeßordnung (ZPO. § 554 Abs. 2 Satz 2 Halbsatz 1) auf zwei Wochen verkürzt. Im übrigen gelten die Vorschriften des § 554 Abs. 1—3, 5, 6 ZPO. auch hier.

Die Revisionsbegründung kann schon in der Revisionsschrift enthalten sein, dies ist sogar, soweit durchführbar, im Interesse der Beschleunigung sehr wünschenswert. Glaubt die Partei ihre Begründung nicht so rechtzeitig fertigstellen zu können, daß sie sie binnen zwei Wochen nach Zustellung des angefochtenen Urteils — in der Revisionsschrift — einreichen kann, so muß sie von der besonderen Revisionsbegründungsfrist Gebrauch machen, die weitere zwei Wochen vom Eingang der Revision beim Reichsarbeitsgericht an läuft. Aber auch für die Revisionsbegründungsfrist gilt ZPO. § 225. Der Vorsitzende des Reichsarbeitsgerichts kann also die Frist — erstmalig ohne den Gegner zu hören — verlängern; doch muß dies möglichst vermieden werden und nur in besonderen Ausnahmefällen erfolgen, da sonst dem offenbaren Sinn des § 74 ArbGG., der die zivilprozessualen Fristen verkürzt, entgegengehandelt würde (so auch Baumbach, Anm. 2 B zu § 74). Da dem Revisionskläger praktisch vier Wochen von der Zustellung des Urteils des Landesarbeitsgerichts an zur Verfügung stehen und er einen beliebigen, ihm leicht erreichbaren Rechtsanwalt mit seiner Vertretung vor dem Reichsarbeitsgericht betrauen kann, müssen die Fristen des § 74 Abs. 1 ArbGG. im allgemeinen genügen. Im übrigen vgl. entsprechend Anm. 3 Abs. 1 bis 3 zu § 66.

Was die Angabe der Revisionsgründe in der Begründung anlangt (ZPO. § 554 Abs. 3 Nr. 2), so sollte das Reichsarbeitsgericht im Interesse der Beschleunigung der Erledigung möglichst scharfe Anforderungen stellen; denn nur so kann der Streitstoff so geklärt werden, daß das Urteil nach einer mündlichen Verhandlung ergehen kann. Der Revisionskläger muß in der Begründung, sofern er die Verletzung materiellen Rechts rügt, die verletzte gesetzliche Bestimmung — im weiteren Sinne der Ausführungen in Anm. 6 zu § 73 — so deutlich bezeichnen, daß ein Irrtum in dieser Beziehung ausgeschlossen ist. Dazu gehört allerdings nicht die Angabe des Gesetzesparagraphen; die Revision kann aber nicht etwa dahin begründet werden, daß lediglich „die Verletzung der in Betracht kommenden arbeitsrechtlichen Vorschriften" oder Ähnliches gerügt wird. Bei Rügen, die sich auf das Verfahren des Gerichts in dem Streit beziehen, müssen weiter alle Tatsachen angegeben werden, aus denen die Verletzung der zu bezeichnenden Verfahrensbestimmung geschlossen wird. Da im Revisionsverfahren Anwaltszwang herrscht (ArbGG. § 11 Abs. 2 Satz 1), kann die genaue Ausführung der Revisionsgründe dem Revisionskläger ohne weiteres zugemutet werden.

Ergänzungen zur Revisionsbegründung, seien es weitere Ausführungen zu vorgebrachten Gründen, sei es die Anführung neuer Revisionsgründe, sind nur zulässig, solange die Begründungsfrist noch läuft (ZPO. § 554 Abs. 6). Dabei ist aber zu bemerken, daß Verletzungen materiellen Rechts vom Reichsarbeitsgericht nach der Vorschrift des auch hier geltenden § 559 ZPO. bei der Entscheidung auch verwendet werden können, wenn sie nicht zur Begründung der Revisionen angeführt worden sind, sofern nur überhaupt eine wirksame Revisionsbegründung vorliegt.

4 Neben der besonderen Vorschrift des § 74 Abs. 2 ArbGG. gilt ZPO. § 555 in vollem Ausmaß. Der Termin ist also von Amts wegen zu bestimmen und den Parteien bekanntzumachen; er ist so anzusetzen, daß die Einlassungsfrist von zwei Wochen gewahrt ist (ZPO. § 555 Abs. 2, § 262).

5 Vgl. Anm. 14, c, aa Abs. 1 zu § 72 und entsprechend Anm. 5 zu § 66. Da der Vorsitzende des Reichsarbeitsgerichts gemäß § 554a Abs. 2 ZPO. in Verbindung mit § 53 Abs. 1 ArbGG. allein entscheidet, wenn keine mündliche Verhandlung stattgefunden hat, wird er in allen Zweifelsfällen — bei der Wichtigkeit der Entscheidung — mündliche Verhandlung anordnen, so daß der volle Senat durch Urteil über die Zulässigkeit erkennt. Eine Entscheidung durch den Vorsitzenden und die beiden richterlichen Beisitzer ohne mündliche Verhandlung, wie im Falle des § 77 ArbGG., ist unzulässig (a. A. Baumbach, Anm. 3, 4 zu § 72); sie dürfte unwirksam sein, da der Vorsitzende allein zuständig ist und die Möglichkeit besteht, daß er von den Beisitzern bei der Entscheidung überstimmt worden ist.

6 Wie in §§ 66 ArbGG. für das Berufungsverfahren ist die „Muß"-Vorschrift durch die die Berücksichtigung des Einzelfalls zulassende Bedeutung des Wortes „unverzüglich" gemildert. Die Ausführungen der Anm. 6 zu § 66 sind hier entsprechend zu beachten. Insbesondere wird der Vorsitzende des Reichsarbeitsgerichts vor der Bestimmung des Verhandlungstermins keinen Schriftsatzwechsel abzuwarten haben (vgl. Anm. 1 Abs. 2).

7 Das in Anm. 7 zu § 66 Gesagte gilt hier entsprechend.

§ 75

Urteil[1]

(1) **Die Wirksamkeit der Verkündung des Urteils ist von der Anwesenheit der nichtrichterlichen Beisitzer nicht abhängig. Wird ein Urteil ohne Zuziehung der nichtrichterlichen Beisitzer verkündet, so ist die Urteilsformel vorher von dem Vorsitzenden und den Beisitzern zu unterschreiben[2].**

(2) **Das Urteil nebst Tatbestand und Entscheidungsgründen ist von dem Vorsitzenden und den Beisitzern zu unterschreiben[3] [4].**

1 Für das Urteil des Arbeitsgerichts gelten gegenüber der Regelung der allgemeinen Gerichtsbarkeit die Sondervorschriften der §§ 60, 61 ArbGG. hinsichtlich seiner Form und Verkündung und seines Inhalts. Form und Verkündung der Urteile der Landesarbeitsgerichte sind durch die entsprechende Anwendbarkeit des § 60 (ArbGG. § 64 Abs. 3), modifiziert durch § 69 Abs. 1 ArbGG., teilweise abweichend von der Zivilprozeßordnung geregelt, ihr Inhalt durch die entsprechende Anwendbarkeit der Absätze 4 und 5 des § 61 (ArbGG. § 64 Abs. 3) und durch § 69 Abs. 2 und 3 ArbGG. Für den Inhalt der Urteile des Reichsarbeitsgerichts — im Revisionsverfahren — bestimmt § 72 Abs. 3 ArbGG. besonders — neben den Vorschriften der Zivilprozeßordnung — lediglich die entsprechende Anwendung der Absätze 4 und 5 des § 61 ArbGG. (vgl. Anm. 19 zu § 72). Insbesondere kann eine Neufestsetzung des Streitwerts durch das Reichsarbeitsgericht nicht mehr erfolgen, weil hier eine Tatsachenverhandlung nicht stattfindet. Form und Verkündung sind, ohne Bezugnahme auf die entsprechenden Vorschriften für die Urteile der Arbeitsgerichte und der Landesarbeitsgerichte, durch ArbGG. § 75 gesondert geregelt; daneben gelten die Vorschriften der Zivilprozeßordnung entsprechend (vgl. Anm. 14, c, cc zu § 72). Diese Regelung bezweckt eine stärkere Annäherung an die in der allgemeinen Gerichtsbarkeit für die Urteile des Reichsgerichts geltenden Vorschriften.

Ob das Urteil in dem Termin verkündet werden soll, in dem die mündliche Verhandlung geschlossen wird, oder in einem besonderen Verkündungstermin, ist dem Ermessen des Reichsarbeitsgerichts überlassen. Der Verkündungstermin soll nicht über eine Woche hinaus angesetzt werden, eine „Soll"-Bestimmung, über deren Einhaltung im Interesse der Beschleunigung des Verfahrens sorgfältig zu wachen sein wird (Abweichung vom § 60 Abs. 1 ArbGG. gemäß § 72 Abs. 2 ArbGG. in Verbindung mit §§ 557, 310 ZPO.). Die Mitteilung der Entscheidungsgründe erfolgt nach Ermessen des Reichsarbeitsgerichts (Abweichung vom § 60 Abs. 2 ArbGG. gemäß § 72 Abs. 2 ArbGG. in Verbindung mit § 557, § 311 Abs. 2 ZPO.). Für die Übergabe des Urteils des Reichsarbeitsgerichts an dessen Geschäftsstelle gelten, abweichend vom § 60 Abs. 4 Satz 2 ArbGG., gemäß § 72 Abs. 2 ArbGG. in Verbindung mit § 557 ZPO. die Vorschriften des § 315 Abs. 2 ZPO.; doch wird sich das Reichsarbeitsgericht — ebenfalls im Interesse der Beschleunigung des Verfahrens — bemühen, die vollständige Abfassung des Urteils sobald wie irgend möglich der Geschäftsstelle zu übergeben. (Vgl. Anm. 2, 3, 6, 10 zu § 60.)

[2] Die Vorschriften des ersten Absatzes werden insbesondere praktisch, wenn das Urteil in einem besonderen Verkündungstermin verkündet wird. Da mit den „nichtrichterlichen Beisitzern" diejenigen Reichsarbeitsrichter gemeint sind, die an der Urteilsfällung mitgewirkt haben (vgl. Anm. 7, 8 zu § 60), würde ihre Zuziehung eine erhebliche Belastung bedeuten, weil sie beim nächsten Termin als Beisitzer nach dem Turnus des § 44 Abs. 2 ArbGG. nicht in Betracht kommen. Diese Belastung soll als unnütz vermieden werden. An die Stelle der Anwesenheit der Reichsarbeitsrichter bei der Verkündung tritt ihre Unterschrift unter der Urteilsformel, die die Gewähr dafür gibt, daß die verkündete Entscheidung ihrem Willen entspricht (vgl. Anm. 7, 8 zu § 60); die Unterschrift auch der übrigen Mitglieder des erkennenden Gerichts in diesem Falle ist zur Vollständigkeit der Urteilsformel erforderlich.

Sämtliche richterliche Mitglieder des Senats des Reichsarbeitsgerichts, nicht nur sein Vorsitzender, müssen jedoch bei der Verkündung anwesend sein, und zwar diejenigen Mitglieder, die bei der Urteilsfällung mitgewirkt haben (vgl. entsprechend Anm. 7 Abs. 3 zu § 60; a. A. Baumbach, Anm. 1 zu § 75; anscheinend wie hier Dersch-Volkmar, Anm. 2 zu § 75).

Daß die Parteien bei der Verkündung nicht anwesend zu sein brauchen, ergibt sich aus dem gemäß § 72 Abs. 2 ArbGG. in Verbindung mit § 557 ZPO. entsprechend anwendbaren § 312 Abs. 1 ZPO. (vgl. Anm. 7 Abs. 1 zu § 60).

[3] Die Vorschrift entspricht inhaltlich der des § 69 Abs. 1 ArbGG., nur ist hier, wie im § 60 Abs. 4 Satz 1 ArbGG., die genauere Ausdrucksweise gewählt, die Zweifel ausschließt (vgl. Anm. 2 zu § 69). Sämtliche Mitglieder des Senats, die an der Entscheidung mitgewirkt haben, sowohl die richterlichen wie die Reichsarbeitsrichter, müssen das vollständige Urteil unterschreiben. Diese Vorschrift entspricht der Bedeutung des unanfechtbaren Urteils des Reichsarbeitsgerichts und der Mitwirkung der Reichsarbeitsrichter an ihm; die Verzögerung, die die Herbeiführung der Unterschrift der meist auswärtigen Reichsarbeitsrichter mit sich bringt, soll demgegenüber in den Kauf genommen werden, weil dadurch eine Verzögerung des Verfahrens nicht mehr eintritt (vgl. Begr., S. 60, zu § 72). Für die Auslegung der Vorschrift des § 75 Abs. 2 gilt im übrigen das in Anm. 3 Abs. 1, 2 zu § 69 Ausgeführte.

ZPO. § 315 Abs. 3 gilt hier ebenso wie für das Urteil des ersten und zweiten Rechtszugs (vgl. Anm. 3 Abs. 4 zu § 69).

[4] Der Beschluß gemäß ZPO. § 554a Abs. 2 (vgl. Anm. 5 zu § 74) ist nur von dem Vorsitzenden zu unterschreiben, der Beschluß gemäß § 77 ArbGG. (vgl. Anm. 5 zu § 77) nur von dem Vorsitzenden und den beiden richterlichen Beisitzern.

§ 76

Sprungrevision[1]

(1) **Gegen die Urteile der Arbeitsgerichte kann[2] unter Übergehung des Berufungsverfahrens unmittelbar die Revision beim Reichsarbeitsgericht eingelegt werden (Sprungrevision)[3], wenn der Wert des Streitgegenstandes die Revisionsgrenze übersteigt[4] und wenn[5] der Gegner**

einwilligt[6] oder der Reichsarbeitsminister die sofortige Entscheidung des Rechtsstreits durch das Reichsarbeitsgericht im Interesse der Allgemeinheit für notwendig erklärt[7]. Die Erklärung des Gegners oder des Reichsarbeitsministers ist der Revisionsschrift beizufügen[8].

(2) [9] **Die Sprungrevision ist unzulässig, wenn vor dem Tage ihrer Einlegung die Berufung beim Landesarbeitsgericht eingelegt war[10]. Ist die Sprungrevision zulässig, so schließt ihre Einlegung die Berufung für beide Parteien aus[11].**

(3) **Die Vorschriften des § 566a Abs. 3 und 5 bis 7 der Zivilprozeßordnung gelten entsprechend[12].**

1 Durch die Zivilprozeßnovelle vom 13. Februar 1924 ist im § 566a ZPO. die sogenannte „Sprungrevision" zwecks Abkürzung des gerichtlichen Verfahrens für die Fälle geschaffen worden, in denen der der Beurteilung zugrunde liegende Tatbestand spätestens durch das erstinstanzliche Urteil voll geklärt ist und lediglich eine rechtliche Nachprüfung des Urteils verlangt wird. In diesen Fällen kann nach ZPO. § 566a, wenn der Gegner einwilligt, der Berufungsrechtszug übergangen werden und unmittelbar die Revision beim Reichsgericht eingelegt werden; es bedarf also einer Vereinbarung der Parteien über die Übergehung des Berufungsrechtszuges, andernfalls kann nur die Berufung eingelegt werden. Unter der Wirkung der neuen Fassung der Zivilprozeßordnung sind Sprungrevisionen zwar nicht häufig vorgekommen; die Zulassung dieses neuartigen Rechtsmittels erscheint aber begrüßenswert und jedenfalls für die seine Anwendung ablehnenden Parteien unschädlich.

Bei der Einstellung des Arbeitsgerichtsgesetzes zum Problem der Rechtsmittel (vgl. Anm. 9 zu § 61) erhält die Frage der Sprungrevision im arbeitsgerichtlichen Verfahren eine besondere Bedeutung. Geht man davon aus, daß die Zulassung von Rechtsmitteln insbesondere auch vom Standpunkt des Interesses der Allgemeinheit geprüft werden muß, so wirkt sich diese Auffassung einmal in einer positiven Stellungnahme zur Sprungrevision überhaupt aus, weil sie die Möglichkeit rechtlicher Nachprüfung gibt, ohne einen praktisch unnötigen Rechtszug einzuschalten. Andererseits aber muß sie zur Nachprüfung insofern führen, ob das Einverständnis der Parteien zur Übergehung des praktisch unnötigen Rechtszugs auch dann erfordert werden muß, wenn die Allgemeinheit an der beschleunigten Erledigung des Rechtsstreits ein starkes Interesse hat. Daß solche Fälle auf dem Gebiete der bürgerlichen Rechtsstreitigkeiten des Arbeitslebens vorkommen, kann nach den praktischen Erfahrungen der vergangenen Jahre nicht bestritten werden; die logische Darlegung der Unmöglichkeit solches Vorkommens bei Schmincke-Sell (Anm. 2, vorletzter Absatz zu § 76) erscheint demgegenüber rein theoretisch. Es sind Fälle bekannt geworden, in denen, wie die Begr. (S. 45) richtig ausführt, die Verhütung oder die Beilegung schwerer Arbeitskämpfe von der Auslegung eines Tarifvertrages (ArbGG. § 2 Abs. 1 Nr. 1) abhängig war; derartige Streitigkeiten lassen sich auch nicht durch den Erlaß einstweiliger Verfügungen (Schmincke-Sell, a. a. O.) meistern, selbst wenn diese insofern rechtlich zulässig sein sollten (vgl. Anm. 10b zu § 62).

Das Arbeitsgerichtsgesetz läßt deshalb die Einlegung der Sprungrevision durch den Anfechtenden zu, wenn die allgemeine Voraussetzung der Revision vorliegt (vgl. Anm. 4) und wenn entweder der Gegner einwilligt oder die Notwendigkeit der sofortigen Entscheidung des Reichsarbeitsgerichts im Interesse der Allgemeinheit von einer unparteiischen Stelle, nämlich dem Reichsarbeitsminister, erklärt wird. Im übrigen schließt es sich so eng wie möglich an die Regelung der Zivilprozeßordnung (ZPO. § 566a) an.

2 Die Sprungrevision kann eingelegt werden, sie muß aber niemals eingelegt werden. Die Partei, die das Urteil des Arbeitsgerichts anfechten will, weil sie dadurch beschwert ist, hat also beim Vorliegen der Voraussetzungen der Sprungrevision mit der Maßgabe des Abs. 2 Satz 1 die Wahl, ob sie das regelmäßige Rechtsmittel der Berufung oder das besondere Rechtsmittel der Sprungrevision einlegen will. Praktisch kommt die Sprungrevision nur dann in Betracht, wenn tatsächliche Ausführungen gegenüber dem Urteil des Arbeitsgerichts nicht mehr zu machen sind; andernfalls würde die Sprungrevision statt einer Abkürzung des Rechtsmittelzuges eine Verlängerung bedeuten, da das Reichsarbeitsgericht im Revisionsverfahren auf die Sprungrevision (vgl. Anm. 3) tatsächliche Feststellungen nicht vornehmen kann (vgl. Anm. 1 vor § 72) und der Rechtsstreit deshalb, falls die Sprungrevision Erfolg hätte, gemäß § 76 Abs. 3 ArbGG. in Verbindung mit ZPO. § 566a Abs. 5 an das Arbeitsgericht oder das Landesarbeitsgericht zur weiteren Aufklärung zurückgewiesen werden müßte. Die anfechtende Partei muß also vor ihrer Entschließung sorgfältig prüfen, ob der Rechtsstreit tatsächlich geklärt ist; kommt es für die Zulässigkeit der Einlegung auf die Erklärung des Reichsarbeitsministers an, so kann auch diese nur abgegeben werden, wenn der Reichsarbeitsminister nach den ihm vorliegenden Unterlagen eine weitere Sachaufklärung nicht für erforderlich hält (vgl. Anm. 7).

3 Die Sprungrevision ist eine Art der Revision. Es gelten daher grundsätzlich auch für das arbeitsgerichtliche Sprungrevisionsverfahren alle für das Revisionsverfahren maßgebenden Vorschriften des Arbeitsgerichtsgesetzes, sofern nicht, wie für die Voraussetzungen der Sprungrevision (ArbGG. § 76 Abs. 1, Abs. 2 Satz 1), besondere Bestimmungen getroffen sind. Gegen solche Urteile, gegen die die Revision ihrer Art nach nicht eingelegt werden kann (Urteile im Verfahren auf Arrest und einstweilige Verfügung), kann auch keine Sprungrevision eingelegt werden. Anwendbar sind danach § 72 Abs. 1 Satz 2, Abs. 2, 3 und die §§ 73—75 ArbGG.

Allein die grundsätzliche Anwendung der Revisionsvorschriften erleidet insofern eine Ausnahme, als die Berechnung der Sprungrevisionsfrist nach den Bedingungen der Einlegung der Sprungrevision eine andere sein muß als die der Revisionsfrist. An sich rechtsmittelfähige Urteile der Arbeitsgerichte werden nach dem allgemeinen Aufbau des Verfahrens rechtskräftig, wenn innerhalb der Berufungsfrist keine Berufung eingelegt ist. Da nach § 66 Abs. 1 und nach § 74 Abs. 1 ArbGG. Berufungs- und Revisionsfrist gleichermaßen je zwei Wochen betragen, würde diese Vorschrift auch die Einlegung der Sprungrevision binnen der Revisionsfrist nicht unmöglich machen, wenn die Frist für Berufung und Sprungrevision an demselben Zeitpunkt zu laufen beginnt; denn die Einlegung der Sprungrevision ist nach § 76 Abs. 3 ArbGG. in Verbindung mit § 566a Abs. 7 sofort mitzuteilen (vgl. Anm. 12, c). Tatsächlich kann aber der Lauf der Revisionsfrist zu einem andern Zeitpunkt beginnen wie der der Berufungsfrist, da nach dem auch im arbeitsgerichtlichen Verfahren anwendbaren § 552 Halbsatz 2 ZPO. die Revisionsfrist mit der Zustellung des in vollständiger Form abgefaßten Urteils beginnt, während die Berufungsfrist gemäß der ebenfalls anwendbaren Vorschriften der § 516 Halbsatz 2, § 317 Abs. 2 Satz 2, 3 ZPO. schon mit der Zustellung einer abgekürzten Ausfertigung des Urteils beginnt. Daraus ergibt sich, daß für die Berechnung der Sprungrevisionsfrist die für die Berechnung der Berufungsfrist maßgebenden Vorschriften, nicht die für die Revisionsfrist, anwendbar sein müssen, da eine die Rechtskraft des arbeitsgerichtlichen Urteils aufhaltende Vorschrift nicht gegeben ist (ebenso Dersch-Volkmar, Anm. 2 Abs. 3 zu § 76; Baumbach, Anm. 1 B zu § 76; die dort für die entgegengesetzte Auffassung zitierte, für einen Fall der Sprungrevision im allgemeinen Zivilprozeßverfahren erlassene Entscheidung des Reichsgerichts (Jur. Wochenschr. Bd. 25, S. 1453) ist nicht ganz klar, sie würde aber jedenfalls für die arbeitsgerichtliche Sprungrevision nach deren Voraussetzungen — gegebenenfalls Ersatz der Einwilligung des Gegners durch Erklärung des Reichsarbeitsministers — nicht in jedem Fall passen). Die Sprungrevisionsfrist beginnt also, wie die Berufungsfrist, mit der Zustellung auch einer abgekürzten Ausfertigung des Urteils des Arbeitsgerichts; vgl. aber Anm. 10 Abs. 4 zu § 60.

4 Voraussetzung für die Einlegung der Sprungrevision ist, anders als gemäß § 72 Abs. 1 Satz 1 ArbGG. für die allgemeine Revision, nur die Überschreitung der zahlenmäßigen Revisionsgrenze durch den vom Arbeitsgericht im Urteil gemäß § 61 Abs. 2 ArbGG. festgesetzten Streitwert. Die Zulassung der Sprungrevision wegen der grundsätzlichen Bedeutung des Rechtsstreits im Urteil des Arbeitsgerichts ist nicht möglich; die Zulassung der Berufung gemäß § 61 Abs. 3 ArbGG. bedeutet nach dem Gesetz nicht zugleich auch die Zulassung der Sprungrevision, da für beide verschiedene Gesichtspunkte maßgebend sein können. Die Sprungrevision ist demnach z. B. auf Streitigkeiten mit einem Streitwert von mehr als viertausend Reichsmark beschränkt, was in der Praxis auch genügen dürfte, da ein Interesse an der Sprungrevision im allgemeinen nur in Tarifvertragsstreitigkeiten gemäß § 2 Abs. 1 Nr. 1 ArbGG. bestehen dürfte. Die Einführung der Zulassung auch der Sprungrevision in Streitigkeiten von geringerem Streitwert hätte eine zur Seltenheit des Interesses an der Sprungrevision in keinem Verhältnis stehende Komplizierung des Verfahrens bedeutet.

5 Auch die Einwilligung des Gegners oder die Erklärung des Reichsarbeitsministers sind Voraussetzungen des Stattfindens der Sprungrevision. Bei ihrem Fehlen muß deshalb die Sprungrevision als unzulässig verworfen werden. Wegen der Form der Erklärungen und der Frist für ihre Abgabe vgl. Anm. 6 bis 8.

6 Das Erfordernis der Einwilligung des Gegners entspricht der Regelung für das allgemeine Zivilprozeßverfahren (ZPO. § 566a Abs. 2 Satz 1). Sie ist auch im arbeitsgerichtlichen Verfahren die normale Voraussetzung für die Sprungrevision, weil diese dem Gegner einen Rechtszug des regelmäßigen Rechtsgangs abschneidet. Wegen dieser Bedeutung der Sprungrevision wird für die Einwilligung dazu die Schriftform gefordert, wie § 76 Abs. 1 Satz 2 ergibt (vgl. ZPO. § 566a Abs. 2).

Aus dem Gebrauch des Wortes „einwilligt" ist ferner zu schließen, daß die Zustimmung des Gegners vor der Einlegung der Sprungrevision erteilt werden muß, und daß eine nachträgliche Genehmigung nicht genügt (vgl. Anm. 8).

7 Im Ausnahmefall, wenn das Interesse der Allgemeinheit die sofortige Entscheidung des Rechtsstreits durch das Reichsarbeitsgericht erfordert, d. h. also die sofortige endgültige Entscheidung, kann die Einwilligung des Gegners durch die Erklärung des Reichsarbeitsministers — als Sachwalters des öffentlichen Interesses — ersetzt werden. Auch hier zeigt sich die mehr öffentlich-rechtliche Einstellung des Arbeitsgerichtsgesetzes zur Rechtsmittelfrage (vgl. Anm. 1 hier, Anm. 9 zu § 61); der Vertreter des öffentlichen Interesses vermag den Rechtsmittelzug zu beschränken, eine Möglichkeit, die im allgemeinen Zivilprozeßverfahren nach § 566a ZPO. nicht gegeben ist.

Auch die Erklärung des Reichsarbeitsministers bedarf, wie die Einwilligung des Gegners, gemäß § 76 Abs. 1 Satz 2 der Schriftform. Voraussetzung für das Stattfinden der Sprungrevision ist aber neben der Überschreitung der zahlenmäßigen Revisionsgrenze (vgl. Anm. 4) nur das Vorliegen dieser schriftlichen Erklärung an Stelle der Einwilligung des Gegners. Liegen diese beiden Voraussetzungen vor, so ist die Sprungrevision zulässig. Das Vorliegen der tatsächlichen Voraussetzungen für die Erklärung des Reichsarbeitsministers vermag das Reichsarbeitsgericht nicht nachzuprüfen, sie liegen außerhalb des Prozeßstoffs.

Um so sorgfältiger muß die Prüfung des Reichsarbeitsministers vor Abgabe seiner Erklärung sein. Im allgemeinen wird er sich auf den Standpunkt stellen müssen, daß der Ablauf des regelmäßigen Rechtsmittelzuges abgewartet werden muß. Ein Anlaß, zu der Frage Stellung zu nehmen, wird für ihn nur vorliegen, wenn eine Partei darauf anträgt; alsdann wird er grundsätzlich den Nachweis verlangen müssen, daß der Gegner seine Einwilligung zur Einlegung der Sprungrevision verweigert. Ist dies der Fall, so muß er prüfen, ob das Interesse der Allgemeinheit an der sofortigen endgültigen Erledigung des Rechtsstreits so weit geht, daß es den Ausschluß des Berufungszugsrechts gegen den Willen einer Partei rechtfertigt. Diese Voraussetzung ist aber nur dann gegeben, wenn mit einer endgültigen Erledigung des Rechtsstreits im Revisionsverfahren durch das Reichsarbeitsgericht auch gerechnet werden kann, d. h. wenn die Notwendigkeit einer tatsächlichen Nachprüfung des erstinstantzlichen Ureils, die eine Zurückverweisung des Rechtsstreits erforderlich machen würde, nicht voraussehbar ist. Die Prüfung des Reichsarbeitsministers muß sich deshalb nach zwei Richtungen erstrecken: einmal, ob ein überwiegendes Interesse der Allgemeinheit an der besonders beschleunigten Erledigung des Rechtsstreits besteht, zum andern, ob diesem Interesse durch die Einlegung der Sprungrevision nach dem vorliegenden Sachverhalt gedient wird; das eine sind wirtschaftliche, das andere dagegen rechtliche Erwägungen. Die Entscheidung steht im pflichtmäßigen Ermessen des Reichsarbeitsministers.

8 Da die Einwilligung des Gegners oder die Erklärung des Reichsarbeitsministers Voraussetzung der Sprungrevision ist, ist eine Sprungrevision, die nicht eine dieser beiden Erklärungen in schriftlicher Form enthält, als unzulässig zu verwerfen. Mit Rücksicht darauf, daß die Revision zulässig bis zum Ablauf der Revisionsfrist eingelegt werden kann (§ 74 Abs. 1 ArbGG. in Verbindung mit § 552 ZPO.), kann jedoch eine

dieser Erklärungen bis zum Ablauf der Revisionsfrist nachgereicht werden. Die Revision gilt dann als erst mit der Nachreichung der Erklärung eingelegt. Für den Fall, daß die Sprungrevision von der Einwilligung des Gegners abhängt, ergibt sich übrigens schon aus dem Gebrauch des Wortes „einwilligt", daß die Erklärung des Gegners nicht nach Ablauf der Revisionsfrist nachgereicht werden kann, weil „Einwilligung" nach gesetzlichem Sprachgebrauch die vorherige Zustimmung ist (vgl. Anm. 6). Da die Erklärung des Gegners und die des Reichsarbeitsministers einander im § 76 Abs. 1 Satz 1 und 2 ArbGG. völlig gleichgestellt sind, muß das auch für die Erklärung des Reichsarbeitsministers gelten. Die Ausdrucksweise des § 76 Abs. 1 Satz 2 „der Revisionsschrift beizufügen" ist also zwar nicht ganz scharf, sie kann aber nicht derart erweiternd ausgelegt werden, daß eine Nachreichung der Erklärung noch nach Ablauf der Revisionsfrist möglich ist, solange die Revision nicht als unzulässig verworfen ist (a. A. Baumbach, Anm. 3 zu § 76; im Ergebnis wie hier: Dersch-Volkmar, Anm. 4 zu § 76).

9 Da nach § 64 Abs. 1 und nach § 76 Abs. 1 ArbGG. unter Umständen gegen dasselbe Urteil des Arbeitsgerichts zwei verschiedene Rechtsmittel bei verschiedenen Gerichten stattfinden, nämlich die Berufung an das Landesarbeitsgericht und die Sprungrevision an das Reichsarbeitsgericht, mußte das Verhältnis der beiden Rechtsmittel zueinander eindeutig geregelt werden, insbesondere für den Fall, daß beide Parteien ein Rechtsmittel gegen das Urteil einlegen können. Für das Zivilprozeßverfahren, in dem die Sprungrevision nur mit Einwilligung des Gegners zugelassen ist, ist das durch § 566a Abs. 4 ZPO. dahin geschehen, daß sowohl die Einlegung der Sprungrevision als auch die Einwilligung dazu als Verzicht auf das Rechtsmittel der Berufung gelten, so daß diese immer dann an sich unzulässig ist, wenn die Sprungrevision zugelassen ist. Diese einfache Regelung war hier nicht möglich, weil die Sprungrevision im arbeitsgerichtlichen Verfahren nach § 76 Abs. 1 Satz 1 ArbGG. auch gegen den Willen des Gegners eingelegt werden kann, ein Verzicht auf die Berufung bei ihm also nicht konstruiert werden kann. Unter diesen Umständen blieb nur übrig, das von beiden Rechtsmitteln zeitlich zuerst zulässig eingelegte Rechtsmittel für wirksam und das später eingelegte Rechtsmittel für unzulässig zu erklären; dies ist durch die Vorschriften des § 76 Abs. 2 ArbGG. geschehen.

10 Die Vorschrift des § 76 Abs. 2 Satz 1 ArbGG. geht davon aus, daß im Fall des Zweifels, welches Rechtsmittel vorgeht, die Berufung jedenfalls stattfindet. Sie wird nur ausgeschlossen, wenn die Sprungrevision zulässig eingelegt ist (§ 76 Abs. 2 Satz 2). Im übrigen kann sie immer eingelegt werden. Geschieht dies vor der Einlegung der Sprungrevision, so ist diese damit unzulässig; sie muß, falls sie gleichwohl später eingelegt wird, vom Reichsarbeitsgericht als unzulässig verworfen werden. Dies gilt prozeßrechtlich auch dann, wenn etwa der — ebenfalls durch das Urteil beschwerte — Gegner der Sprungrevision zunächst in deren Einlegung eingewilligt hatte, später aber vor der Einlegung der Sprungrevision seinerseits die Berufung einlegt; denn § 566a Abs. 4 ZPO. ist nicht entsprechend anwendbar (a. A. Baumbach, Anm. 4, 5 zu § 76). Die unbedingte Abhängigkeit der Zulässigkeit der Sprungrevision von der zeitlichen Priorität entspricht auch dem Sinn des Gesetzes, nach dem die Sprungrevision nur ausnahmsweise in Betracht kommt. Der Gegner soll die Möglichkeit haben, einer Sprungrevision mit der Einlegung der Berufung zuvorzukommen, was insbe-

sondere dann von Bedeutung ist, wenn er glaubt, noch neue Tatsachen vortragen oder Beweismittel anbringen zu können.

Durch eine etwaige Zurücknahme der Berufung innerhalb der Berufungs- und Sprungrevisionsfrist (vgl. Anm. 3 Abs. 2) lebt die Zulässigkeit der Sprungrevision nicht wieder auf. Über das zulässige Rechtsmittel wird vielmehr durch die erstmalige Einlegung endgültig entschieden (im Ergebnis ebenso Schmincke-Sell, Anm. 3a zu § 76).

11 Für den Fall, daß die Sprungrevision zuerst eingelegt wird, mußte berücksichtigt werden, daß sie möglicherweise unzulässig ist und deshalb verworfen wird, während die Berufung gegen das Urteil noch zulässig ist. Für diesen Fall ist die Berufung durch § 76 Abs. 2 Satz 2 nicht ausgeschlossen. Vielmehr lebt dann die Möglichkeit der Einlegung der Berufung wieder auf. Das ist aber nur von Bedeutung, wenn die Berufung innerhalb der Berufungsfrist eingelegt worden ist, wenn also die Sprungrevision entweder vor Ablauf der Berufungsfrist als unzulässig verworfen wird und die Berufung alsdann noch fristgemäß eingelegt wird oder wenn die Berufung bereits vor der Verwerfung der Sprungrevision, wenn auch nach ihrer Einlegung, eingelegt worden ist. Im letzten Fall kann das Landesarbeitsgericht die Berufung nicht als unzulässig verwerfen, bevor über die Zulässigkeit der Sprungrevision vom Reichsarbeitsgericht entschieden ist. Der Verwerfung der Sprungrevision als unzulässig wird nach allgemeinen Prozeßgrundsätzen bei der Fassung des § 76 Abs. 2 Satz 2 hier ihre Zurücknahme gleichzustellen sein (vgl. Anm. 10 Abs. 2, ebenso im Ergebnis Schmincke-Sell, Anm. 3b zu § 76), doch dürfte das Wiederaufleben des Berufungsrechts hier kaum von praktischer Bedeutung sein.

12 Die Vorschriften des § 76 Abs. 3 ArbGG. sind an sich mit Rücksicht auf ArbGG. § 72 Abs. 2 überflüssig. Sie sind hier nur der größeren Deutlichkeit wegen angeführt.

a) Unzulässigkeit der Stützung der Sprungrevision auf Mängel des Verfahrens (ZPO. § 566a Abs. 3). Eine Sprungrevision wegen Mängel des Verfahrens würde den Beschleunigungszweck der Sprungrevision nicht erreichen, weil das Reichsarbeitsgericht den Rechtsstreit grundsätzlich an ein Tatsachengericht zurückverweisen müßte.

b) Zurückverweisung auf Sprungrevision (ZPO. § 566a Abs. 5, 6). An sich ist zwar die Sprungrevision nur für solche Fälle gedacht, in denen das Reichsarbeitsgericht endgültig entscheiden kann. Doch kann sich natürlich im Sprungrevisionsverfahren vor dem Reichsarbeitsgericht die Notwendigkeit der Zurückverweisung herausstellen, weil die Sache wider Erwarten nicht zur Endentscheidung reif ist. Das Reichsarbeitsgericht hat dann die Wahl, ob es den Rechtsstreit an das Arbeitsgericht zurückverweisen will, das das angefochtene Urteil gefällt hat, oder an das Landesarbeitsgericht, das für die Berufung zuständig gewesen wäre. Im letzten Fall hat das Landesarbeitsgericht auf sein Verfahren die Vorschriften über das Berufungsverfahren anzuwenden. Sowohl das Arbeitsgericht wie das Landesarbeitsgericht hat aber die rechtliche Beurteilung des Reichsarbeitsgerichts, die zur Aufhebung des angefochtenen Urteils geführt hat, seiner Entscheidung zugrunde zu legen. Ist an das Arbeitsgericht zurückverwiesen, so kann gegen dessen Urteil erneut

Sprungrevision nur beim Vorliegen der Voraussetzungen des § 76 Abs. 1 Satz 1 eingelegt werden (a. A. Baumbach, Anm. 6b zu § 76).

c) Benachrichtigung der Geschäftsstelle des Arbeitsgerichts von der Einlegung der Sprungrevision (ZPO. § 566a Abs. 7). Die Geschäftsstelle des Reichsarbeitsgerichtes muß die des Arbeitsgerichts binnen 24 Stunden von der Einlegung der Sprungrevision benachrichtigen, damit dieses nicht etwa auf Grund des Zeugnisses des Landesarbeitsgerichts, daß keine Berufung eingelegt ist, ein Rechtskraftszeugnis erteilt (vgl. ZPO. § 706 Abs. 2). Empfehlenswert ist auch eine sofortige Benachrichtigung der Geschäftsstelle des Landesarbeitsgerichts wegen der Vorschriften des § 76 Abs. 2 ArbGG. Hierdurch kann schneller als bei der weiter erforderlichen Einforderung der Prozeßakten (ZPO. § 566 in Verbindung mit § 544 Abs. 1) festgestellt werden, ob und wann etwa auch die Berufung von einer Partei eingelegt worden ist.

§ 77

Revisionsbeschwerde[1]

Für die Entscheidung über die sofortige Beschwerde nach § 519b Abs. 2 der Zivilprozeßordnung[2] ist das Reichsarbeitsgericht zuständig[3]. Die Vorschriften der Zivilprozeßordnung über die sofortige Beschwerde gelten entsprechend[4]. Die Entscheidung ergeht ohne Zuziehung der nichtrichterlichen Beisitzer[5].

1 Als „Revisionsbeschwerde" bezeichnet das Arbeitsgerichtsgesetz die „sofortige Beschwerde" gegen einen Beschluß des Landesarbeitsgerichts, der die Berufung als unzulässig verwirft (ZPO. § 519b). Die besondere, der Zivilprozeßordnung fremde Bezeichnung soll anzeigen, daß es sich hier um eine Beschwerde eigener Art handelt. Es gelten zwar für sie die Vorschriften über die sofortige Beschwerde (ZPO. § 577), doch ist ihr Wesen dadurch gekennzeichnet, daß sie nur stattfindet, wenn gegen ein Urteil gleichen Inhalts die Revision zulässig wäre (ZPO. § 519b Abs. 2); damit ist zum Ausdruck gebracht, daß diese Beschwerde gegen den Beschluß des Landesarbeitsgerichts auf Verwerfung der Berufung an die Stelle der Revision gegen ein nach § 519b ZPO. ebenfalls zulässiges Urteil gleichen Inhalts tritt. So erklärt sich auch die Zulassung dieser Beschwerde gegen einen Beschluß des Landesarbeitsgerichts — der gemäß ZPO. § 519b Abs. 2 in Verbindung mit § 53 Abs. 1 ArbGG. allein zu erlassen ist (vgl. Anm. 11, c, aa zu § 64) —, während im übrigen Rechtsmittel gegen Beschlüsse des Landesarbeitsgerichts ausgeschlossen sind (ArbGG. § 70).

2 Der Tatbestand des § 519b Abs. 2 ZPO. ist der, daß der Vorsitzende des Landesarbeitsgerichts (vgl. Anm. 11, c, aa zu § 64) eine Berufung gegen ein Urteil des Arbeitsgerichts durch Beschluß als unzulässig verworfen hat, weil die Berufung nach § 64 Abs. 1 ArbGG. nicht statthaft oder weil sie nicht in der gesetzlichen Frist und Form eingelegt oder begründet war. In diesem Fall kommt die Revision als Rechtsmittel nicht in Betracht, weil sie nur gegen ein Urteil des Landesarbeitsgerichts eingelegt werden kann. Dagegen ist nach § 519b Abs. 2 Halbsatz 2 ZPO. die sofortige Beschwerde — Revisionsbeschwerde — gegen den verwerfenden Be-

schluß gegeben, wenn die Revision gegeben wäre, falls die Verwerfung der Berufung durch Urteil — wie ebenfalls zulässig — erfolgt wäre. Die Revisionsbeschwerde findet also gemäß § 72 Abs. 1 ArbGG. niemals statt, wenn der Beschluß des Landesarbeitsgerichts die Berufung gegen ein Urteil im Verfahren betreffend Arrest oder einstweilige Verfügung oder nach § 2 Abs. 1 Nr. 4 ArbGG. verwirft, weil hier auch gegen ein entsprechendes Urteil des Landesarbeitsgerichts die Revision nicht gegeben wäre. Diese Regelung entspricht der des allgemeinen Zivilprozeßverfahrens gemäß ZPO. § 519b Abs. 2 Halbsatz 2 in Verbindung mit § 545 Abs. 2.

Im übrigen aber weicht die Regelung des Arbeitsgerichtsgesetzes inhaltlich von der der Zivilprozeßordnung ab. Im allgemeinen Zivilprozeßverfahren findet nach ZPO. § 547 Nr. 1 die Revision, soweit es sich um Unzulässigkeit der Berufung handelt, ohne Rücksicht auf den Wert des Streitgegenstandes statt, ebenso also auch die sofortige Beschwerde gemäß § 519b Abs. 2 ZPO. Im arbeitsgerichtlichen Verfahren gilt die Vorschrift des § 547 Nr. 1 ZPO. nicht (vgl. Anm. 14, a Abs. 1 zu § 72); die Revision findet vielmehr nur unter den Voraussetzungen des § 72 Abs. 1 Satz 1 ArbGG. statt, d. h. wenn der Streitwert die Revisionsgrenze — 4000 Reichsmark — übersteigt oder wenn das Landesarbeitsgericht die Revision wegen der grundsätzlichen Bedeutung des Rechtsstreites zugelassen hat. Infolgedessen findet die Revisionsbeschwerde im arbeitsgerichtlichen Verfahren nach der Regelung des § 519b Abs. 2 Halbsatz 2 auch nur unter diesen Voraussetzungen statt. Dies hat der Vorsitzende des Landesarbeitsgerichts in seinem Beschluß ebenso zu berücksichtigen, wie es das Landesarbeitsgericht in seinem Urteil gemäß § 69 Abs. 2, 3 ArbGG. — für die Revision — zu berücksichtigen hätte; er muß also die Vorschriften des § 69 Abs. 2, 3 ArbGG. auf seinen die Berufung verwerfenden Beschluß entsprechend anwenden (ebenso im Ergebnis Dersch-Volkmar, Anm. zu § 70; Schmincke-Sell, Anm. 1 zu § 70). Das bedeutet, daß er den Streitwert, falls er sich nach der Verkündung des Urteils des Arbeitsgerichts geändert hat (vgl. Anm. 4—6 zu § 69), im Beschluß neu festsetzen muß, und daß er, wenn nach dem Streitwert auf Grund des arbeitsgerichtlichen Urteils bzw. seiner Neufestsetzung die Revisionsbeschwerde nicht stattfindet, sie im Beschluß wegen der grundsätzlichen Bedeutung des Rechtsstreits zulassen kann. Dieser Auffassung hat sich auch das Reichsarbeitsgericht angeschlossen, nachdem bereits früher das Reichsgericht entsprechend zu der ähnlichen Vorschrift des jetzt nicht mehr geltenden Art. I § 2 der VO. zur Entlastung des Reichsgerichts vom 15. 1. 1924 (RGBl. I S. 29) Stellung genommen hatte (RGZ. Bd. 108, S. 383).

3 Daß für die Entscheidung über die Revisionsbeschwerde das Reichsarbeitsgericht zuständig ist, ergibt sich aus ihrer Gleichstellung mit der Revision. Vgl. jedoch Anm. 5.

4 Die entsprechende Anwendung der Vorschriften der Zivilprozeßordnung über die sofortige Beschwerde ergibt, daß folgende Vorschriften der Zivilprozeßordnung auf die Revisionsbeschwerde anwendbar sind: ZPO. § 577 Abs. 1—3; ferner gemäß § 577 Abs. 1 ZPO.: der § 569 Abs. 2, mit der Maßgabe, daß die Einlegung der Beschwerde zur Niederschrift der Geschäftsstelle immer möglich ist, weil der Rechtsstreit beim Arbeitsgericht anhängig war, das dem Amtsgericht im Sinne des § 569 Abs. 2 Satz 2 ZPO. — Gericht

ohne Anwaltszwang — gleichsteht; § 570; § 573 mit der Maßgabe, daß die Erklärung stets zur Niederschrift der Geschäftsstelle abgegeben werden darf; § 574.

Die Revisionsbeschwerde ist also binnen einer Notfrist von zwei Wochen nach Zustellung des die Berufung verwerfenden Beschlusses des Landesarbeitsgerichts bei diesem oder bei dem Reichsarbeitsgericht einzulegen. Sie kann zur Niederschrift der Geschäftsstelle oder durch Einreichung einer Beschwerdeschrift eingelegt werden; für diese besteht gemäß § 78 Abs. 2 ZPO. kein Anwalts- oder auch nur Vertretungszwang (a. A. Dersch-Volkmar, Anm. 3 zu § 77; Baumbach, Anm. 2 a. E. zu § 77); doch dürfte sich die Einlegung der Revisionsbeschwerde, da sie lediglich rechtliche Fragen behandelt, ohne Zuziehung eines Rechtsanwalts im allgemeinen nicht empfehlen. Die Entscheidung auf die Revisionsbeschwerde muß durch das Reichsarbeitsgericht erfolgen; der Vorsitzende des Landesarbeitsgerichts kann seine Entscheidung nicht mehr abändern. Er kann dies übrigens auch dann nicht, wenn die Revisionsbeschwerde nicht gegeben ist; ZPO. § 577 Abs. 3 steht nur im Gegensatz zu § 571 ZPO. (ebenso Dersch-Volkmar, Anm. 3 a. E. zu § 77; a. A. Baumbach, Anm. 2 zu § 77, RArbG. in Rechtspr. in Arb.Sachen S. 107).

Die Entscheidung des Reichsarbeitsgerichts kann ohne mündliche Verhandlung ergehen, gegebenenfalls können schriftliche Erklärungen der Parteien angeordnet werden, für die ebenfalls kein Anwaltszwang gilt (ZPO. § 573 Abs. 2 Satz 2 in Verbindung mit ZPO. § 569 Abs. 2 Satz 2 und § 78 Abs. 2). Ordnet das Reichsarbeitsgericht mündliche Verhandlung an, so müssen die Parteien, um in der mündlichen Verhandlung gehört werden zu können, gemäß der Regelung des § 11 Abs. 2 Satz 1 ArbGG. für die Prozeßvertretung vor dem Reichsarbeitsgericht jede durch einen bei einem deutschen Gericht zugelassenen Rechtsanwalt vertreten sein.

Ist die Revisionsbeschwerde gemäß ZPO. § 519b Abs. 2 in Verbindung mit ArbGG. § 72 Abs. 1 nicht statthaft oder ist sie nicht form- und fristgerecht eingelegt, so muß sie, ohne Erörterung mit den Parteien, durch Beschluß als unzulässig verworfen werden. Im übrigen ist zu prüfen, ob sie begründet ist. Ist das nicht der Fall, so wird sie durch Beschluß zurückgewiesen; ist sie begründet, so wird der Beschluß des Landesarbeitsgerichts durch Beschluß aufgehoben und die Sache im übrigen an das Landesarbeitsgericht zur weiteren Verhandlung und Entscheidung zurückverwiesen.

5 Die Entscheidung ergeht unter Mitwirkung des Vorsitzenden und der beiden richterlichen Mitglieder des Senats des Reichsarbeitsgerichts; sämtliche mitwirkenden Richter müssen den Beschluß unterschreiben. Die Reichsarbeitsrichter sind nicht zuzuziehen, auch dann nicht, wenn der Beschluß auf Grund mündlicher Verhandlung ergeht. Diese Sonderregelung ist getroffen, um eine möglichst schnelle Entscheidung auf die Revisionsbeschwerde zu ermöglichen, die durch die Herbeiziehung der Reichsarbeitsrichter, die im allgemeinen nicht am Sitz des Reichsarbeitsgerichts — in Leipzig — wohnen werden, gehindert werden könnte. Sie unterlag darum keinen Bedenken, weil es sich bei der Entscheidung über die Revisionsbeschwerde nicht um arbeitsrechtliche, sondern um reine Verfahrensfragen handelt.

Vierter Unterabschnitt

Beschwerdeverfahren[1]

1 Im Verfahren des allgemeinen Zivilprozesses gibt es neben den Rechtsmitteln der Berufung und der Revision auch das Rechtsmittel der „Beschwerde" (vgl. ZPO. § 567 Abs. 1). Auch dieses Rechtsmittel ist, wie Berufung und Revision, in die Regelung des arbeitsgerichtlichen Urteilsverfahrens übernommen; es findet übrigens gemäß ArbGG. § 90 auch im arbeitsgerichtlichen Beschlußverfahren Anwendung. Das Beschwerdeverfahren des Arbeitsgerichtsgesetzes ist deshalb im Vierten Unterabschnitt des Urteilsverfahrens (bzw. im Dritten Unterabschnitt des Beschlußverfahrens) als besonderes Rechtsmittelverfahren geregelt, und zwar unter starker Anlehnung an das zivilprozessuale Beschwerdeverfahren (ZPO. §§ 567 bis 577, vgl. Anm. 2 zu § 78). Dagegen sind Vorschriften des Arbeitsgerichtsgesetzes aus dem Ersten bis Dritten Unterabschnitt des Urteilverfahrens nicht für anwendbar erklärt; etwa hier vorgeschriebene Abweichungen des Verfahrens von der Regelung der Zivilprozeßordnung gelten also, soweit sie sich nicht ohne weiteres aus der anderen Zusammensetzung des Gerichts ergeben, im Beschwerdeverfahren nicht (vgl. insbesondere Anm. 3 zu § 78).

Das Rechtsmittel der Beschwerde dient im arbeitsgerichtlichen Urteilsverfahren wie im allgemeinen Zivilprozeß der Anfechtung solcher gerichtlicher Entscheidungen, die kein Endurteil zur Hauptsache darstellen, also im wesentlichen der Beschlüsse und Verfügungen der Gerichte oder ihrer Vorsitzenden, daneben auch der Anfechtung von Zwischenurteilen (ZPO. §§ 71, 135, 387, 402) und von selbständigen Kostenurteilen (ZPO. § 99 Abs. 3; vgl. Anm. 4 zu § 64). Nach den besonderen Vorschriften der §§ 70, 78 ArbGG. findet die Beschwerde, mit Ausnahme der Revisionsbeschwerde des § 77, nur gegen Entscheidungen der Arbeitsgerichte statt (vgl. Anm. zu § 70; Anm. zu § 78).

§ 78

(1) **Hinsichtlich der Beschwerden gegen Entscheidungen der Arbeitsgerichte oder ihrer Vorsitzenden[1] gelten die für die Beschwerden gegen Entscheidungen der Amtsgerichte maßgebenden Vorschriften der Zivilprozeßordnung entsprechend[2]. Über die Beschwerde entscheidet das Landesarbeitsgericht[3].**

(2) **Eine weitere Beschwerde findet nicht statt[4].**

1 Hier ist, anders als in § 70 ArbGG. (vgl. Anm. 1 Abs. 1 a. E. zu § 70), der genaue Ausdruck „Entscheidungen" gebraucht, da außer Beschlüssen und Verfügungen auch gewisse urteilsmäßige Entscheidungen in Betracht kommen (vgl. Anm. 1 Abs. 2 vor diesem Paragraph). Daß in § 78 ArbGG. nur die Beschwerde gegen Entscheidungen der Arbeitsgerichte oder ihrer Vorsitzenden geregelt zu werden braucht, ergibt sich aus § 70 ArbGG., der die Beschwerde gegen Entscheidungen der Landesarbeitsgerichte oder ihrer Vorsitzenden ausscheidet (vgl. Anm. 1, 2 zu § 70).

2 Die Regelung des Beschwerdeverfahrens ist in der Weise erfolgt, daß sämtliche Vorschriften der Zivilprozeßordnung über die Beschwerde gegen die Entscheidungen der Amtsgerichte für entsprechend anwendbar erklärt werden.

Ausdrückliche Abweichungen von der dortigen Regelung des Beschwerdeverfahrens enthalten nur die Vorschriften des § 78 Abs. 1 Satz 2 und Abs. 2. Anwendbar sind danach nicht nur die Vorschriften des Dritten Abschnittes des Dritten Buches der Zivilprozeßordnung über die Beschwerde (ZPO. §§ 567 bis 577), sondern auch alle anderen Vorschriften, die für die Beschwerde gegen amtsgerichtliche Entscheidungen maßgebend sind; diese Vorschriften finden sich in der Zivilprozeßordnung zerstreut, z. B. die Vorschriften über das Stattfinden der Beschwerde, auf die § 567 Abs. 1 ZPO. Bezug nimmt. Daß die Regelung der Beschwerde gegen Entscheidungen der Amtsgerichte für anwendbar erklärt ist, stimmt mit dem z. B. in § 46 Abs. 2 Satz 1 ausgesprochenen Grundsatz des Arbeitsgerichtsgesetzes überein, daß das arbeitsgerichtliche Urteilsverfahren des ersten Rechtszuges im allgemeinen dem amtsgerichtlichen Verfahren gleichsteht, und entspricht der früheren Regelung des Gewerbegerichtsgesetzes (GGG. § 55 Abs. 1 Satz 1) und des Gesetzes, betreffend Kaufmannsgerichte (KGG. § 16 Abs. 1 in Verbindung mit § 55 GGG.).

Die Vorschrift des § 78 Abs. 1 Satz 1 ArbGG. ergibt demnach folgendes Bild des Beschwerdeverfahrens in der Arbeitsrechtsprechung:

a) Stattfinden der Beschwerde. Wann die Beschwerde stattfindet, ergibt die Vorschrift des durch § 78 ArbGG. für entsprechend anwendbar erklärten § 567 Abs. 1:

aa) Gegen solche eine vorgängige mündliche Verhandlung nicht erfordernde Entscheidungen, durch welche ein das Verfahren betreffendes Gesuch zurückgewiesen ist. Diese Vorschrift ist die Generalklausel des Gesetzes. Ein „das Verfahren betreffendes Gesuch" ist jedes den Rechtsstreit betreffende Gesuch, aber nur dann, wenn die Stattgabe nicht in das freie Ermessen des Gerichts gestellt ist. Das Gesuch braucht auch nicht in eine bestimmte Form, etwa die eines Antrags, gekleidet zu sein; es kann vielmehr stillschweigend in der Prozeßhandlung der Partei liegen. Z. B. liegt in der Einreichung der Klage durch eine andere Person das Gesuch, diese Person als Prozeßbevollmächtigten auftreten zu lassen; infolgedessen findet gegen die Zurückweisung des Prozeßbevollmächtigten durch das Arbeitsgericht die Beschwerde statt, da diese Entscheidung eine mündliche Verhandlung nicht erfordert (vgl. Anm. 1 Abs. 4, Anm. 2 Abs. 3 zu § 11; ebenso für das GGG.: Wilhelmi-Bewer, Anm. 4c zu § 31; im allgemeinen Zivilprozeß ist gegen die Zurückweisung des Prozeßbevollmächtigten — die hier aus anderen Gründen erfolgt — gemäß § 157 Abs. 3 die Beschwerde ausgeschlossen). Ob die Entscheidung ohne mündliche Verhandlung oder nach einer solchen erfolgt ist, ist belanglos, sofern sie nur ohne mündliche Verhandlung erfolgen konnte. Dagegen ist die Beschwerde nur gegen eine Entscheidung gegeben, die das Gesuch zurückweist, nicht dagegen, wenn dem Gesuch stattgegeben wird. In einzelnen Fällen, die an sich beschwerdefähig wären, ist die Beschwerde im Gesetz ausgeschlossen, und zwar sowohl im Arbeitsgerichtsgesetz (z. B. ArbGG. § 49 Abs. 3) wie in den entsprechend anwendbaren Vorschriften der Zivilprozeßordnung.

bb) In den in der Zivilprozeßordnung besonders hervorgehobenen Fällen, soweit sie auch im arbeitsgerichtlichen Verfahren vorkommen. Im Arbeitsgerichtsgesetz selbst sind keine besonderen Fälle des Stattfindens der Beschwerde geschaffen. Ein wichtiger Fall der Beschwerde, und zwar der „sofortigen Beschwerde" (vgl. Buchstabe b dieser Anm.), nach dieser Vorschrift ist die Beschwerde gegen Entscheidungen, die im Zwangsvollstreckungsverfahren ohne vorgängige mündliche Verhandlung erfolgen können, gemäß ZPO. § 793. Ein fernerer wichtiger Fall ist die sofortige Beschwerde gegen das reine Kostenurteil des Arbeitsgerichts nach ZPO. § 99 Abs. 3 (vgl. Anm. 5 Abs. 1 zu § 61; Anm. 4 zu § 64). Andere Fälle finden sich in der Zivilprozeßordnung verstreut.

b) Arten der Beschwerde. Wie im Zivilprozeß gibt es zwei Arten der Beschwerde, die sog. „einfache Beschwerde" (ZPO. §§ 567 bis 576) und die sog. „sofortige Beschwerde" (ZPO. § 577 in Verbindung mit den §§ 567 bis 576 ZPO.). Die sofortige Beschwerde unterscheidet sich von der einfachen Beschwerde im wesentlichen dadurch, daß sie binnen einer Notfrist von zwei Wochen nach Zustellung, ausnahmsweise, im Falle der Zurückweisung des Antrags auf Versäumnisurteil durch Beschluß (ZPO. § 336), nach Verkündung der Entscheidung, eingelegt werden muß, daß die Einlegung der Beschwerde beim Landesarbeitsgericht stets zur Wahrung der Notfrist genügt und daß das Arbeitsgericht bzw. sein Vorsitzender die der Beschwerde unterliegende Entscheidung nicht ändern darf (ZPO. § 577); die einfache Beschwerde ist unbefristet, sie wird, außer in dringenden Fällen, beim Arbeitsgericht eingelegt (ZPO. § 569 Abs. 1) und führt, falls sie von der Stelle, gegen deren Entscheidung sie sich richtet, für begründet gehalten wird, zur Abänderung der Entscheidung schon durch diese (ZPO. § 571).

Wann die einfache oder wann die sofortige Beschwerde gegeben ist, ergibt sich aus der Regelung der Zivilprozeßordnung, in § 567 Abs. 1 ZPO. oder bei den einzelnen Fällen; das Arbeitsgerichtsgesetz hat auch hier keine besonderen Vorschriften getroffen.

Eine weitere Beschwerde gegen die von dem Beschwerdegericht, hier dem Landesarbeitsgericht, getroffene Entscheidung findet im arbeitsgerichtlichen Verfahren nicht statt (§ 78 Abs. 2 ArbGG.; vgl. Anm. 4).

Über die Revisionsbeschwerde (ArbGG. § 77) vgl. Anm. 1 zu § 77.

Die im § 78 ArbGG. und in den §§ 567 bis 577 ZPO. geregelte prozessuale Beschwerde ist nicht mit der formlosen und an keine Regeln gebundenen Dienstaufsichtsbeschwerde zu verwechseln. Die prozessuale Beschwerde ist ein wirkliches Rechtsmittel, d. h. ein Mittel der Anfechtung einer Entscheidung des Arbeitsgerichts bei dem im Rechtsmittelzuge höheren Landesarbeitsgericht mit dem Zwecke, im Prozeß eine Abänderung der angefochtenen Entscheidung herbeizuführen; sie steht deshalb dem durch die Entscheidung Beschwerten, im allgemeinen also einer Prozeßpartei, mitunter einem Dritten, wie dem Zeugen im Falle des § 387 ZPO., zu. Die Dienstaufsichtsbeschwerde bezweckt nicht die Abänderung der Entscheidung im Prozeß, sie ist vielmehr auf das Verfahren selbst ohne Einfluß. Sie richtet sich an die Aufsichtsbehörde und will allgemein die Abstellung eines Mißstandes erreichen, z. B. die übermäßige Hinausschiebung von Terminen. Sie kann deshalb von jedermann erhoben werden, der sich interessiert glaubt.

c) Einlegung und Stützung der Beschwerde. Die einfache Beschwerde gegen eine Entscheidung des Arbeitsgerichts oder seines Vorsitzenden wird beim Arbeitsgericht eingelegt; nur in dringenden Fällen kann sie auch beim Landesarbeitsgericht eingelegt werden; eine Frist für die Einlegung ist nicht bestimmt (ZPO. § 569 Abs. 1). Hat der Vorsitzende als „beauftragter Richter" gehandelt (im Falle des § 58 Abs. 1 Satz 2 ArbGG.), so ist vor der Beschwerde gegen seine Entscheidung die Entscheidung des Arbeitsgerichts nachzusuchen; die Beschwerde findet erst gegen dessen Entscheidung statt (ZPO. § 576 Abs. 1, 2). Der gleiche Weg ist einzuschlagen, wenn eine Entscheidung des Vorsitzenden eines Arbeitsgerichts als „ersuchten Richters" (ArbGG. § 58 Abs. 1 Satz 3) oder des Beamten der Geschäftsstelle angefochten werden soll (ZPO. § 576 Abs. 1, 2).

Die sofortige Beschwerde gegen eine Entscheidung des Arbeitsgerichts ist grundsätzlich binnen der Notfrist von zwei Wochen (vgl. Buchstabe b, Abs. 1 dieser Anm.) beim Arbeitsgericht oder beim Landesarbeitsgericht einzulegen (ZPO. § 577 Abs. 2). Wird die Entscheidung des Vorsitzenden eines Arbeitsgerichts als beauftragten oder ersuchten Richters oder des Beamten der Geschäftsstelle des Arbeitsgerichts angefochten, so ist die Notfrist bei der Angehung des Arbeitsgerichts als Prozeßgerichts zu wahren; dieses legt das Gesuch, wenn es ihm nicht entsprechen will, alsdann von selbst dem Landesarbeitsgericht zur Entscheidung auf die Beschwerde vor (ZPO. § 577 Abs. 4).

Die Einlegung der Beschwerde erfolgt durch Einreichung einer Beschwerdeschrift oder zur Niederschrift der Geschäftsstelle, da der Rechtsstreit bei einem Arbeitsgericht, das dem Amtsgericht gleichgestellt ist, anhängig ist (ZPO. § 569 Abs. 2). Infolgedessen gilt für die Beschwerdeschrift gemäß ZPO. § 78 Abs. 2, abweichend von dem Grundsatz des § 11 Abs. 2 ArbGG., auch dann kein Vertretungszwang, wenn sie beim Landesarbeitsgericht eingereicht wird.

Die Beschwerde kann, anders wie die Revision und auch als die Berufung im arbeitsgerichtlichen Verfahren, unbeschränkt auch auf neue Tatsachen und Beweismittel gestützt werden, auch dann, wenn diese erst nach der Entscheidung entstanden sind (ZPO. § 570). Diese Regelung erklärt sich daraus, daß die Beschwerde, anders wie Berufung und Revision, soweit sie Gegenstände des eigentlichen Verfahrens zwischen den Parteien betrifft, grundsätzlich keine aufschiebende Wirkung hat (ZPO. § 572).

d) Verfahren auf die Beschwerde. Auf die einfache Beschwerde hat das Arbeitsgericht, dessen Entscheidung angefochten ist, bzw. der Vorsitzende, dessen nicht als vom beauftragten Richter gefällte Entscheidung angefochten ist, zu prüfen, ob die Beschwerde begründet ist; bejahendenfalls ist ihr sofort abzuhelfen, verneinendenfalls ist die Beschwerde vor Ablauf einer Woche dem Landesarbeitsgericht zur Entscheidung vorzulegen (ZPO. § 571). Die sofortige Beschwerde muß das Arbeitsgericht, wenn sie bei ihm eingelegt ist, ohne Prüfung unverzüglich dem Landesarbeitsgericht zur Entscheidung vorlegen (ZPO. § 577 Abs. 3).

Das Landesarbeitsgericht hat zunächst von Amts wegen zu prüfen, ob die Beschwerde statthaft ist (vgl. Buchstabe a dieser Anm.) und ob sie form-

und fristgemäß eingelegt ist. Ist dies nicht der Fall, so hat es sie als unzulässig zu verwerfen (ZPO. § 574). Andernfalls muß es die Begründetheit der Beschwerde prüfen. Falls diese Prüfung nicht sofort zum Ergebnis führt, kann es die Vollziehung der angefochtenen Entscheidung vorläufig aussetzen (ZPO. § 572 Abs. 2, 3). Zur Prüfung der Begründetheit der Beschwerde kann das Landesarbeitsgericht eine mündliche Verhandlung anordnen. In dieser müssen die Parteien gemäß ArbGG. § 11 Abs. 2 vertreten sein. Es kann aber auch, und das dürfte praktisch die Regel sein, von der mündlichen Verhandlung absehen. Braucht es dann noch Aufklärungen von dem Beschwerdeführer oder vom Beschwerdegegner oder ist Anhörung des Beschwerdegegners im Einzelfall gesetzlich vorgeschrieben, so kann es schriftliche Erklärung anordnen; diese schriftliche Erklärung steht nicht unter Vertretungszwang, sie kann auch zur Niederschrift der Geschäftsstelle abgegeben werden (ZPO. § 573).

Die Entscheidung über die Beschwerde ergeht durch Beschluß (vgl. Anm. 3). Der Beschluß kann die Beschwerde voll erledigen — durch Abweisung oder Stattgabe —, er kann aber auch die Beschwerde für begründet erklären, die notwendige weitere Anordnung aber der Stelle übertragen, die die angefochtene Entscheidung erlassen hat (ZPO. § 575). Der Beschluß ist dem Beschwerdeführer und, falls er gehört ist, auch dem Beschwerdegegner zuzustellen, sofern er nicht verkündet ist.

3 Beschwerdegericht ist stets das Landesarbeitsgericht als das dem Arbeitsgericht im Instanzenzuge des arbeitsgerichtlichen Verfahrens übergeordnete Gericht. Eine Beschwerde, die an das Oberlandesgericht geht, kennt das Arbeitsgerichtsgesetz nicht (a. A. Baumbach, Anm. 2 vor § 78). Im Falle des § 159 ZPO. entscheidet zwar das Oberlandesgericht, aber, ohne daß eine Beschwerde eingelegt wird, lediglich auf Anregung (vgl. Anm. 4 Abs. 4 zu § 13).

Das Landesarbeitsgericht entscheidet durch Beschluß in voller Kammerbesetzung, und zwar auch dann, wenn keine mündliche Verhandlung stattgefunden hat. Die Vorschrift des § 53 Abs. 1 ArbGG. ist auf das Beschwerdeverfahren mangels Erwähnung nicht anwendbar (vgl. Anm. 1 vor § 78; schwankend, aber ohne Begründung, Baumbach, Anm. 1, E zu § 78). Der Grund ist, daß die sachliche Entscheidung über ein Rechtsmittel — nicht nur die über die Zulässigkeit, wie nach ZPO. § 519 b Abs. 2 und § 554 a Abs. 2 in Verbindung mit § 53 Abs. 1 ArbGG. — dem vollbesetzten Gericht überlassen werden muß.

4 Die Vorschrift ist dem § 567 Abs. 3 Satz 1 ZPO. nachgebildet. Die weitere Beschwerde müßte nach dem Instanzenzug des Arbeitsgerichtsgesetzes an das Reichsarbeitsgericht gehen, dieses aber soll von Entscheidungen auf Beschwerden entlastet werden, wie auch § 70 ArbGG. ergibt. Eine Ausnahme bildet lediglich die Revisionsbeschwerde des § 77 ArbGG., die einer Revision gleichgeachtet wird (vgl. Anm. 1 zu § 77).

Fünfter Unterabschnitt

Wiederaufnahme des Verfahrens[1]

1 Der Gedanke des Rechtsstaates verlangt, daß staatliche Akte, die mit gesetzlichen Rechtsmitteln nicht mehr anfechtbar oder, wie das Gesetz dies für die Urteile der Gerichte ausdrückt, „rechtskräftig“ geworden sind, überhaupt nicht mehr angreif-

bar sind, weil andernfalls eine Rechtssicherheit, d. h. ein unbedingter Verlaß auf den Machtspruch des Staates nicht bestände. Aus diesem Grunde können Staatsakte hinsichtlich ihrer Wirksamkeit oder Nichtigkeit nicht wie Rechtsakte privater Personen behandelt werden. Besonders gilt dies von den Urteilen des Staates, insofern sie Ausfluß der staatlichen Machtbefugnis zur endgültigen Entscheidung der Streitigkeiten der Staatsbürger sind und diese Machtbefugnis auf der Fiktion der stets gesetzmäßigen und richtigen Entscheidung durch die Rechtsprechungsorgane des Staates beruht.

Infolgedessen sind „nichtige Urteile", die nichtigen Rechtsakten Privater entsprächen, staatsrechtlich nicht denkbar. Davon zu scheiden sind jedoch sog. „Nichturteile", die, wenn auch selten, vorkommen, sich aber auch nach außen nicht als staatliche Urteile darstellen. Nichturteile haben keine Urteilswirkung. Sie liegen vor, wenn entweder kein staatliches Gericht oder ein staatliches Gericht einer andern staatlichen Gerichtsbarkeit, die nach den Gesichtspunkten der Zivil-, Straf- und Verwaltungsrechtspflege geordnet ist, gesprochen hat oder wenn keine Parteien gestritten haben oder wenn diese beiden Voraussetzungen zwar vorliegen, der Spruch aber nicht die wesentlichen Merkmale eines Urteils erkennen läßt. Dagegen kann von einem Nichturteil nicht gesprochen werden, wenn besondere Gerichte in Überschreitung der ihnen vom Gesetz zugeteilten Gerichtsbarkeit und unter Einbruch auf das Gebiet der allgemeinen Gerichtsbarkeit oder allgemeine Gerichte im umgekehrten Fall geurteilt haben, z. B. wenn Arbeitsgerichtsbehörden geurteilt haben, wo die ordentliche Gerichtsbarkeit zuständig war und umgekehrt (praktisch möglich insbesondere in den Fällen des § 2 Abs. 1 Nr. 2 Halbsatz 2 und des § 3 ArbGG.; vgl. die Ausführungen in Anm. 2 zu § 48).

Von dem Grundsatze der Ablehnung an sich nichtiger Urteile ausgehend, hat die Zivilprozeßordnung die Möglichkeit geschaffen, rechtskräftige Zivilurteile, denen besonders schwere Mängel anhaften, im Wege der „Wiederaufnahme des Verfahrens" durch ein neues Urteil zu vernichten und durch ein neues Urteil zu ersetzen. Die Wiederaufnahme ist im Wege der „Nichtigkeitsklage" möglich bei einigen besonders schweren Verfahrensmängeln, im Wege der „Restitutionsklage" beim nachträglichen Fortfall besonders wichtiger Urteilsgrundlagen. Immer muß sie durch eine besondere Klage, auf die gegebenenfalls das vernichtende Urteil ergeht, durchgeführt werden; sie ist also kein Rechtsmittel, sondern ein Rechtsbehelf, und zwar ein aus praktischen Gründen geschaffener Ausnahmebehelf. Dem entspricht auch die außerordentlich vorsichtige Regelung der Zivilprozeßordnung im einzelnen, die sich in den §§ 578—591 ZPO. findet.

Diese Regelung ist durch § 79 ArbGG. grundsätzlich in das arbeitsgerichtliche Urteilsverfahren übernommen. Im Beschlußverfahren gibt es mit Rücksicht auf den Mangel der materiellen Rechtskraft seiner Endbeschlüsse, der die Wiederaufrollung des Falles ohne weiteres gestattet (vgl. Anm. 1 zu § 84), ein Wiederaufnahmeverfahren nicht.

§ 79

Die Vorschriften der Zivilprozeßordnung über die Wiederaufnahme des Verfahrens gelten für Rechtsstreitigkeiten nach § 2 Nr. 1 bis 4 und

nach § 8 entsprechend. Die Nichtigkeitsklage kann jedoch nicht auf Mängel des Verfahrens bei der Berufung der Beisitzer oder auf Umstände, die die Berufung eines Beisitzers zu seinem Amte ausschließen, gestützt werden[1].

1 Die Wiederaufnahme des Verfahrens findet gegen alle im arbeitsgerichtlichen Urteilsverfahren — dem Verfahren für die bürgerlichen Rechtsstreitigkeiten nach § 2 Abs. 1 Nr. 1–4, Abs. 2, § 3 ArbGG. — ergangenen rechtskräftigen Urteile nach der Regelung der §§ 578—591 ZPO. statt. Diese Regelung ist lediglich dem arbeitsgerichtlichen Instanzenzug — Gericht des ersten Rechtszuges: Arbeitsgericht, Berufungsgericht: Landesarbeitsgericht, Revisionsgericht: Reichsarbeitsgericht — und der Tatsache, daß hier als „Richter" auch Beisitzer aus den Kreisen der Arbeitgeber und der Arbeitnehmer tätig sind, angepaßt; weiter gilt auch hier als Besonderheit gegenüber der zivilprozessualen Regelung der im Satz 2 des § 79 wiedergegebene Grundsatz, der schon die Rechtsmittelanfechtung gemäß § 65, § 73 Abs. 2 ArbGG. beherrscht, nach dem die mangelhafte Bestellung von nichtrichterlichen Beisitzern durch die diese berufenden Behörden gemäß §§ 20—23, 37 und 43 keinen Anfechtungsgrund gegen das einzelne unter ihrer Mitwirkung erlassene Urteil abgibt.

Zu den einzelnen für anwendbar erklärten Vorschriften der Zivilprozeßordnung ist darum hier besonders für das arbeitsgerichtliche Wiederaufnahmeverfahren nur zu bemerken:

Zu ZPO. § 579 Abs. 1 Nr. 1: Die erkennende Arbeitsgerichtsbehörde war insbesondere dann nicht vorschriftsmäßig besetzt, wenn an der streitigen Verhandlung, auf die das Urteil erging, außer im Falle des § 55 Abs. 2 ArbGG. keine Beisitzer aus den Kreisen der Arbeitgeber und der Arbeitnehmer teilgenommen haben oder wenn die zahlenmäßigen Besetzungsvorschriften der § 16 Abs. 2, § 35 Abs. 2, § 41 Abs. 2 nicht befolgt worden sind. Dies ist besonders wegen der Vorschriften für die Besetzung des Arbeitsgerichts und des Landesarbeitsgerichts in Rechtsstreitigkeiten nach § 2 Abs. 1 Nr. 1 ArbGG. zu beachten. Vgl. jedoch ZPO. § 579 Abs. 2.

Zu ZPO. § 579 Abs. 1 Nr. 2: Hier greift die Ausnahmevorschrift des § 79 Satz 2 ArbGG. ein; die Tatsache, daß ein Beisitzer nicht als solcher hätte berufen werden dürfen, bildet keinen Nichtigkeitsgrund. Dagegen trifft die Vorschrift des § 579 Abs. 1 Nr. 2 ZPO. auch im arbeitsgerichtlichen Urteilsverfahren den Tatbestand, daß der Vorsitzende oder ein Beisitzer nach der Vorschrift des § 41 ZPO. von der Ausübung des Richteramts im Einzelfall ausgeschlossen war (vgl. Anm. 1 zu § 49).

Zu ZPO. § 579 Abs. 1 Nr. 4: Da die Vorschrift nach ihrem Inhalt nur den Schutz der Partei bezweckt, nicht die Einhaltung der prozessualen Vertretungsvorschriften, bildet eine mit Willen der Partei begangene Verletzung des § 11 ArbGG. keinen Nichtigkeitsgrund.

Zu ZPO. § 584 Abs. 2: Zuständig ist hier bei entsprechender Anwendung stets das Arbeitsgericht.

Zweiter Abschnitt
Beschlußverfahren[1]

Erster Unterabschnitt
Erster Rechtszug[2]

1 Vgl. Anm. 4 Abs. 3, Anm. 19 zu § 2; Anm. 2 zu § 8; Anm. 1 vor § 46. Das Beschlußverfahren des Arbeitsgerichtsgesetzes ist kein Verfahren der Rechtsprechung, sondern ein Verfahren der Verwaltung in Arbeitssachen. Es ist gleichwohl den Arbeitsgerichtsbehörden zugewiesen, weil andere für die in Betracht kommende Tätigkeit geeignete Arbeitsverwaltungsbehörden nicht vorhanden sind. Dieser Vorgang der Zuweisung von Verwaltungstätigkeit an die Gerichte ist nichts Neues. Auch die Zivilgerichte, im ersten Rechtszuge die Amtsgerichte, sind zum Teil mit verwaltender Tätigkeit beschäftigt; diese Tätigkeit wird als „freiwillige Gerichtsbarkeit" bezeichnet. Entsprechend wird auch die verwaltende Tätigkeit der Arbeitsgerichtsbehörden — im Beschlußverfahren — als „freiwillige Gerichtsbarkeit in Arbeitssachen" bezeichnet.

Die Zuweisung von Arbeitsverwaltungssachen an die Arbeitsgerichtsbehörden geht bereits auf die Verordnung über das Schlichtungswesen vom 30. Oktober 1923 zurück. Hier hatten die Vorschriften des Artikels II § 1 Nr. 4, 5 für diese Angelegenheiten die „Arbeitsgerichte" als ausschließlich zuständig erklärt, als die gemäß Artikel II § 2 der Schlichtungsverordnung und gemäß §§ 1, 2 der 1. Ausführungsverordnung dazu vom 10. Dezember 1923 noch die vorläufigen Arbeitsgerichte (Gewerbegerichte, Kaufmannsgerichte und arbeitsgerichtliche Kammern der Schlichtungsausschüsse) galten. Das Verfahren in diesen Sachen wurde ebenfalls „Beschlußverfahren" (§ 5 der 1. AVOSchlVO. vom 10. Dezember 1923) genannt; es war im § 5 der 1. AVOSchlVO. in Verbindung mit ihrem § 3 geregelt. Für die Charakteristik dieses Verfahrens nach der Schlichtungsverordnung vgl. Flatow-Joachim, SchlVO., Anm. 4 zu Art. II § 1 SchlVO.; Anm. 1 zu § 5 der 1. AVOSchlVO.

Da das Beschlußverfahren kein Rechtsprechungs- sondern ein Verwaltungsverfahren ist, die Tätigkeit der Arbeitsgerichtsbehörden hier also, wie die der ordentlichen Gerichte in der freiwilligen Gerichtsbarkeit, eine in ihrem Wesen andere ist als die Rechtsprechungstätigkeit im Urteilsverfahren, ergibt sich, daß die Grundsätze des Urteilsverfahrens als eines Streitentscheidungsverfahrens über privatrechtliche „Ansprüche" in bürgerlichen Rechtsstreitigkeiten im Beschlußverfahren nicht ohne weiteres gelten können. Das Arbeitsgerichtsgesetz mußte also für die Behandlung der Arbeitsverwaltungssachen in der sog. freiwilligen Gerichtsbarkeit, ebenso wie die Erste Ausführungsverordnung zur Schlichtungsverordnung ein besonderes Verfahren schaffen. Es hat das unter Anlehnung an die bisherigen, sehr summarischen Vorschriften des § 5 der 1. AVOSchlVO. getan (ArbGG. §§ 80 bis 90), jedoch auch mit wesentlichen Änderungen. Die wichtigsten dieser Änderungen sind die Vereinheitlichung der sachlichen Zuständigkeit durch Fortfall der §§ 94, 103 BRG. (ArbGG. § 112 Abs. 1 Nr. 11, 14), — die Arbeitsgerichte sind nunmehr für alle Arbeitsverwaltungssachen aus dem

Betriebsrätegesetz zuständig, gleichviel welche Betriebe oder Unternehmungen sie betreffen — und die Einführung einer Anfechtungsmöglichkeit gegenüber den Entscheidungen der Arbeitsgerichte im Beschlußverfahren mit der sog. „Rechtsbeschwerde" (ArbGG. §§ 85—89).

Gleichwohl hat das Arbeitsgerichtsgesetz gewisse für das Urteilsverfahren maßgebende Vorschriften auch für das Beschlußverfahren ausdrücklich für anwendbar erklärt, soweit dessen besondere Regelung dem nicht entgegensteht (ArbGG. § 80 Abs. 2, § 85 Abs. 2 Satz 1, § 90), andere Verfahrensvorschriften gelten in gleicher Weise für das Beschlußverfahren wie für das Urteilsverfahren auf Grund ihrer Regelung unter den „Allgemeinen Bestimmungen" des Gesetzes (ArbGG. §§ 9—11, § 13; § 12 enthält in seinem Abs. 4 eine Sonderregelung für das Beschlußverfahren — vgl. Anm. 12 zu § 12). Diese Vorschriften betreffen aber nur allgemeine Fragen, die für jedes Verfahren vor einer Behörde so oder so geregelt werden müssen, ohne daß es dabei wesentlich auf die Art des Verfahrens ankommt, wie ja auch in das allgemeine Verwaltungsverfahren gewisse Regeln des Zivilprozeßrechts übernommen worden sind. Über diese einzelnen kraft besonderer Vorschrift für das Beschlußverfahren geltenden Regeln hinaus können die für das Urteilsverfahren maßgebenden Vorschriften des Arbeitsgerichtsgesetzes oder der Zivilprozeßordnung auf das Beschlußverfahren nicht angewendet werden, soweit sich nicht etwa ihre Anwendung aus der Geltung der „Allgemeinen Bestimmungen" mittelbar ergibt. Denn das Beschlußverfahren ist ein richtiges Verwaltungsverfahren, das auf Antrag eines „Beteiligten" eingeleitet wird, im übrigen aber keine „Parteien" im zivilprozessualen Sinne (vgl. aber Anm. 1 zu § 10) kennt, weil es nicht über zivilrechtliche Ansprüche zu entscheiden hat; es ist beherrscht von dem verwaltungsmäßigen Aufklärungsgrundsatz an Stelle der Verhandlungsmaxime, die grundsätzlich im Urteilsverfahren gilt; es endet mit einem Beschluß, der der zivilprozessualen „Rechtskraft" seinem Wesen nach nichtfähig ist.

Die Arbeitsgerichtsbehörden müssen sich deshalb bewußt werden, daß sie im Beschlußverfahren, ebenso wie die Gerichte in der freiwilligen Gerichtsbarkeit, als Verwaltungsbehörden tätig sind, und müssen sich im Beschlußverfahren aller nicht durch das Arbeitsgerichtsgesetz vorgeschriebenen Anlehnungen an das Rechtsprechungsverfahren sorgsam enthalten.

Kosten werden im Beschlußverfahren nach § 12 Abs. 4 a. A. ArbGG. von den Beteiligten nicht erhoben, weder Gebühren noch Auslagen (vgl. Anm. 12 zu § 12). Über etwaige außergerichtliche Kosten wird in ihm nicht entschieden.

2 Es kann zweifelhaft erscheinen, ob der Ausdruck „Rechtszug" bei der Verwaltungsnatur des Beschlußverfahrens glücklich gewählt ist (vgl. auch § 8 Abs. 2). Mindestens ist er hier nur einer entsprechenden Anwendung fähig. „Erster Rechtszug" bedeutet im Beschlußverfahren das Verfahren vor der ersten Arbeitsverwaltungsinstanz, die, wie die erste Arbeitsrechtsprechungsinstanz gemäß § 8 Abs. 2 ArbGG., das Arbeitsgericht ist. Zweiter „Rechtszug" ist das Rechtsbeschwerdeverfahren (ArbGG. §§ 85—89). Gegen die Entscheidungen des Arbeitsgerichts im Beschlußverfahren, die nicht Endbeschlüsse sind, findet, soweit sie überhaupt anfechtbar sind, gemäß § 90 in Verbindung mit § 78 ArbGG. entsprechend wie im Urteilsverfahren eine „Beschwerde" statt (vgl. die Anm. zu § 90).

§ 80

Grundsatz[1]

(1) **Das Beschlußverfahren[2] findet in den im § 2 Nr. 5 bezeichneten Fällen Anwendung[3].**

(2) **Für das Beschlußverfahren des ersten Rechtszugs[4] gelten die für das Urteilsverfahren des ersten Rechtszugs maßgebenden Vorschriften[5] über Öffentlichkeit[6], Ausschließung[7] und Ablehnung von Gerichtspersonen[8], Prozeßfähigkeit[9], persönliches Erscheinen der Parteien[10], Zustellungen[11], Ladungen, Termine und Fristen[12], Befugnisse des Vorsitzenden und der Beisitzer[13], Beweisaufnahme[14] und Wiedereinsetzung in den vorigen Stand[15] entsprechend, soweit sich aus den §§ 81 bis 84 nichts anderes ergibt.**

1 Vgl. Anm. 1 zu § 46. Die Überschrift „Grundsatz" trifft den Inhalt des § 80 ArbGG. nicht sehr genau. Besser hieße die Überschrift „Allgemeine Bestimmungen", denn unter der Überschrift „Grundsatz" wird man die Grundregeln des Beschlußverfahrens suchen, die aber hier nicht gegeben sind. Vielmehr enthält § 80 ArbGG. nur die Abgrenzung des Aufgabenkreises des Beschlußverfahrens und eine praktische — nicht aus dem Wesen des Verfahrens fließende (vgl. Anm. 1 vor § 80) — Bezugnahme auf die Vorschriften des Urteilsverfahrens.

2 Vgl. Anm. 1 vor § 80.

3 Vgl. Anm. 19 zu § 2. Das Anwendungsgebiet des arbeitsgerichtlichen Beschlußverfahrens ist durch die Vorschrift des § 80 Abs. 1 ArbGG. ausschließlich umschrieben. In anderen als den in § 2 Abs. 1 Nr. 5 ArbGG. bezeichneten Fällen findet es nicht statt, auch nicht in dem Falle des § 23 Abs. 3 u. 5 BRG, in der Fassung des Gesetzes zur Abänderung des Betriebsrätegesetzes, vom 28. 2. 1928 RGBl. I S. 46 (vgl. Anm. 19 zu § 2). § 2 Abs. 1 Nr. 5 betont zunächst, daß es sich lediglich um Fälle des Betriebsrätegesetzes handelt, d. h. um solche Fälle, für die im Betriebsrätegesetz eine behördliche Entscheidung vorgesehen ist, die nunmehr auf Grund der Vorschriften des § 2 Abs. 1 Nr. 5, § 112 ArbGG. auf die Arbeitsgerichtsbehörden übergegangen ist. Um die einzelnen möglichen Fälle anzugeben, zählt § 2 Abs. 1 Nr. 5 ArbGG. ebenso wie Art. II § 1 Nr. 4, 5 SchlVO., dem die Vorschrift des Arbeitsgerichtsgesetzes nachgebildet ist (vgl. Anm. 1 Abs. 2 vor § 80), die einzelnen Paragraphen des Betriebsrätegesetzes auf, in denen dort behördliche Entscheidung vorgesehen ist. Um die Bedeutung der Vorschrift des § 2 Abs. 1 Nr. 5 ArbGG. klarer zu machen, ist aber das Gesetz, anders als Art. II § 1 Nr. 4, 5 SchlVO., dazu übergegangen, vor die Aufzählung der Paragraphen des Betriebsrätegesetzes kurze Inhaltsangaben dieser Vorschriften zu setzen. Das darf aber nicht zu der Annahme verleiten, als ob dadurch die Zuständigkeit der Arbeitsgerichtsbehörden im Beschlußverfahren weiter begründet sei als der in den einzelnen Vorschriften des Betriebsrätegesetzes vorgesehene behördliche Eingriff (a. A. Schmincke-Sell, Anm. 23 zu § 2; Baumbach, Anm. 27 zu § 2). Allerdings ist die Zitierung der

Vorschriften des Betriebsrätegesetzes in § 2 Abs. 1 Nr. 5 ArbGG. nicht so genau wie in Art. II § 1 Nr. 4, 5 SchlVO., es fehlt z. B. im ersten Absatz die Angabe des § 44 Abs. 1 BRG. hinter § 39 BRG. Gleichwohl dürfte eine Unklarheit bei Würdigung der Bedeutung des § 2 Abs. 1 Nr. 5 ArbGG. nicht bestehen, weil das Arbeitsgerichtsgesetz nur ein Verfahrensgesetz ist, das zu seinem Verständnis und zur Abgrenzung von der allgemeinen Gerichtsbarkeit auch die Zuständigkeit regeln muß, in die zugrundeliegenden materiellrechtlichen Verhältnisse — zivilrechtlicher oder öffentlicher Art —, die in anderen Gesetzen geregelt sind, aber nicht eingreift.

Das Betriebsrätegesetz, auf das § 2 Abs. 1 Nr. 5 ArbGG. als auf die materielle Regelung zurückgreift, regelt das öffentlichrechtliche Gebiet der Betriebsverfassung und damit der Beziehungen zwischen Arbeitgeber und Arbeitnehmer des Betriebs sowie der durch das Gesetz geschaffenen Betriebsvertretungen. Zivilrechtliche Beziehungen, die zur Entstehung von zivilprozessualen Ansprüchen führen könnten, bestehen innerhalb der Betriebsverfassung zwischen ihren Gliedern nicht. Wohl aber können innerhalb der Betriebsverfassung Verhältnisse entstehen — das Betriebsrätegesetz nennt sie häufig, z. B. im § 93 BRG., „Streitigkeiten" —, die das regelnde Eingreifen einer Behörde im Verwaltungswege notwendig machen, wie dies auch sonst auf dem Gebiete des öffentlichen Rechts erforderlich wird. Die Fälle der möglichen Verwaltungseingriffe in die Betriebsverfassung sind im Betriebsrätegesetz aufgeführt; sie sind nunmehr den Arbeitsgerichtsbehörden zugewiesen, die hierfür insbesondere dadurch geeignet sind, weil sie außer aus Beamten, und zwar richterlichen Beamten, aus Vertretern der Arbeitgeber und der Arbeitnehmer bestehen.

Die Fälle des Betriebsrätegesetzes, in denen ein Verwaltungseingriff seitens der Arbeitsgerichtsbehörden im Beschlußverfahren stattfindet (vgl. Anm. 3 a. A.), sind im § 2 Abs. 1 Nr. 5 ArbGG. zusammengestellt. Für ihre materiellrechtliche Bedeutung sind die Anmerkungen in Flatow, BRG., an den entsprechenden Stellen zu vergleichen. Nach § 81 ArbGG. greifen jedoch die Arbeitsgerichtsbehörden nur auf Antrag ein. In den meisten angezogenen Vorschriften des Betriebsrätegesetzes ist ausdrücklich vorgeschrieben, wer den Antrag stellen kann (Arbeitgeber, wahlberechtigte Arbeitnehmer in ihrer Mehrheit, ein Viertel der wahlberechtigten Arbeitnehmer, Arbeiterrat als Organ der Arbeiterschaft, Angestelltenrat als Organ der Angestelltenschaft, Einzelbetriebsrat als Organ der Arbeitnehmerschaft des einzelnen Betriebes; im Falle des § 43 Abs. 2 BRG. deckt der Antrag gemäß § 41 BRG. auch die Berufung eines vorläufigen Betriebsrats). Wo dies nicht der Fall ist, d. h. in den Fällen des § 93 BRG., kann jeder an dem zu regelnden Betriebsverhältnis Beteiligte den Antrag stellen (vgl. Anm. 1 Abs. 2 zu § 81).

Im Beschlußverfahren gibt es keine „Parteien" im Sinne des Urteilsverfahrens (vgl. Anm. 1 zu § 10), weil es sich in ihm nicht um die Entscheidung über „Ansprüche" handelt. Es gibt nur Personen und Personengesamtheiten, die an der von der Arbeitsgerichtsbehörde verwaltungsmäßig zu treffenden Regelung „beteiligt" sind (vgl. Anm. 2, a zu § 83).

4 Auch für das Beschlußverfahren werden die entsprechend anwendbaren Vorschriften anderer Verfahren für jeden Rechtszug gesondert behandelt,

ebenso wie dies in der Regelung des Urteilsverfahrens für die entsprechende Anwendung der Vorschriften der Zivilprozeßordnung geschieht (vgl. Anm. 4 zu § 46).

5 Für die praktische Regelung des Beschlußverfahrens wird eine ganze Reihe von Vorschriften, die für das Urteilsverfahren maßgebend sind, für entsprechend anwendbar erklärt. Diese Zweckmäßigkeitsmaßnahme darf aber nicht dazu verleiten, die beiden Verfahren als innerlich wesensgleich zu behandeln (vgl. Anm. 1 vor § 80). Auf die innere Verschiedenheit deutet die Einschränkung am Schluß des § 80 Abs. 2 ArbGG. — „soweit ... ergibt" — hin. Es soll also nur die Wiederholung von Vorschriften vermieden werden, die aus allgemein verfahrensrechtlichen Gründen im Urteils- wie im Beschlußverfahren gelten.

Ebenso erklärt sich auch die Verweisung einiger in beiden Verfahren geltenden Vorschriften in die gemeinsamen „Allgemeinen Bestimmungen" des Arbeitsgerichtsgesetzes. Wie schon in Anm. 1 Abs. 4 vor § 80 erwähnt, gelten die Verfahrensvorschriften der §§ 9—11, 13 ArbGG. sowohl für das Urteilsverfahren wie für das Beschlußverfahren. Es ist also für die Regelung des Beschlußverfahrens im Auge zu behalten, daß die Vorschriften der §§ 80—90 ArbGG. nicht erschöpfend sind. ArbGG. § 9 gibt zunächst eine Reihe von „Allgemeinen Verfahrensvorschriften", aus denen insbesondere für das Beschlußverfahren hervorzuheben ist, daß jetzt auch hier, anders als nach der bisherigen Regelung des § 5 der 1. AVO. SchlVO. (vgl. Flatow-Joachim, SchlVO., Anm. 2 zu GGG. §§ 43, 44), für die Vernehmung von Auskunftspersonen gemäß ArbGG. § 83 Abs. 3 die Gebührenordnung für Zeugen und Sachverständige gilt. Die Vorschrift des § 10 ArbGG. über „Parteifähigkeit" behandelt, wie ihr Inhalt ergibt, auch die Fähigkeit, „Beteiligter" im Beschlußverfahren zu sein (vgl. Anm. 1 zu § 10). Über die Anwendbarkeit des § 11 ArbGG. im Beschlußverfahren vgl. Anm. 1 zu § 11. ArbGG. § 12 regelt die Kostenfrage im Beschlußverfahren im Abs. 4 a. A. besonders. ArbGG. § 13 gilt im Beschlußverfahren, wenngleich er hier nur von geringerer Bedeutung ist, weil der Hauptfall der Rechtshilfe, die Vernehmung von Auskunftspersonen durch den sogenannten ersuchten Richter, gemäß § 83 Abs. 3 Satz 2 ArbGG. entfällt (vgl. Anm. 10 Abs. 4 zu § 83; a. A. Baumbach, Anm. 5 zu § 83; Dersch-Volkmar, Anm. 9, a Abs. 1 zu § 83).

Was die Verweisung des § 80 Abs. 2 ArbGG. anlangt, so sind für entsprechend anwendbar erklärt nicht, wie im Urteilsverfahren, Vorschriften der Zivilprozeßordnung, sondern „die für das Urteilsverfahren des ersten Rechtszugs maßgebenden Vorschriften". Welche das sind, ergibt sich aus der Regelung des Urteilsverfahrens. Sie finden sich zum Teil in den Vorschriften des Arbeitsgerichtsgesetzes über das Urteilsverfahren des ersten Rechtszugs, zum Teil aber sind es Vorschriften der Zivilprozeßordnung, die für das amtsgerichtliche Verfahren maßgebend sind, in der Form, in der sie gemäß § 46 Abs. 2 Satz 1 ArbGG. für das Urteilsverfahren des ersten Rechtszugs gelten. Es sind sämtlich nur allgemeine verfahrensrechtliche Vorschriften. Gleichwohl ist, abgesehen von der nur „entsprechenden" Anwendbarkeit, die besondere Einschränkung in dem Hinweis auf etwa entgegenstehende Vorschriften der §§ 81—84 ArbGG. gemacht. Es ist also auch bei der Anwendung dieser allgemeinen Vorschriften stets zu beachten, ob sie nach der besonderen Regelung des ersten Rechtszuges des Beschlußverfahrens in den

§§ 81—84 ArbGG. zulässig ist. Über die einzelnen für entsprechend anwendbar erklärten Vorschriften vgl. die Anm. 6—15.

6 Anwendbar sind § 52 ArbGG. und §§ 173—175 GVG. (vgl. die Anm. zu § 52). Die Anwendung des § 52 Satz 2 Halbsatz 2 kommt nicht in Betracht, weil es ein Güteverfahren im Beschlußverfahren nicht gibt (vgl. Anm. 1 Abs. 6 zu § 83).

7 § 46 Abs. 2 Satz 1 ArbGG. in Verbindung mit §§ 41, 49 ZPO. (vgl. Anm. 1 zu § 49 ArbGG.). In entsprechender Anwendung des § 41 Nr. 1 ZPO. ist insbesondere ein Arbeitsrichter von der Ausübung des Richteramts ausgeschlossen, wenn er in dem den Gegenstand des Beschlußverfahrens bildenden Fall selbst „beteiligt" ist (vgl. Anm. 2, a zu § 83).

8 § 49 ArbGG., § 46 Abs. 2 Satz 1 ArbGG. in Verbindung mit §§ 42—44, § 46 Abs. 1, §§ 47—49 ZPO. (vgl. die Anm. zu § 49 ArbGG.). Im Falle des § 49 Abs. 2 ArbGG. entscheidet das Landesarbeitsgericht auch dann, wenn für die Rechtsbeschwerde gemäß § 85 Abs. 1 Satz 3 das Reichsarbeitsgericht zuständig ist. Die entsprechende Anwendung des § 43 ZPO. bedeutet im Zusammenhang mit § 83 Abs. 1 ArbGG., daß ein Beteiligter einen Richter nicht mehr ablehnen kann, wenn er von ihm mündlich gehört worden ist. Wird ein Beteiligter schriftlich gehört, so hat er das Ablehnungsrecht gegen die an der Fassung des Beschlusses gemäß § 84 Abs. 1 Satz 1 ArbGG. mitwirkenden Kammermitglieder grundsätzlich bis zur Fassung des Beschlusses (vgl. Anm. 5 Abs. 3 zu § 84); da er hinsichtlich der Arbeitsrichter kaum wissen wird, wer an dem Beschluß mitwirkt, muß er mit Bezug auf sie die Ablehnung gegebenenfalls vorsorglich für den Fall ihrer Mitwirkung aussprechen. Gegenüber dem Vorsitzenden entfällt das Ablehnungsrecht schon vorher, wenn er in Kenntnis der Person des Vorsitzenden sich schriftlich geäußert hat. Die Stellung des Antrags auf Einleitung des Beschlußverfahrens gemäß § 81 Abs. 1 ArbGG. erfolgt beim Arbeitsgericht, nicht bei einem bestimmten Richter, sie gilt also nicht als Antragstellung im Sinne des § 43 ZPO.

9 Die Parteifähigkeit ist durch § 10 ArbGG. allgemein für das gesamte arbeitsgerichtliche Verfahren geregelt (vgl. Anm. 5 Abs. 2 und die Anm. zu § 10, insbesondere Anm. 1 und Anm. 4—6).

Für die Prozeßfähigkeit im Beschlußverfahren gelten gemäß § 46 Abs. 2 Satz 1 ArbGG. die §§ 51—56 ZPO. entsprechend (vgl. Anm. 7 zu § 10). Sind nicht prozeßfähige Personen im Verfahren beteiligt, so müssen sie von ihrem gesetzlichen Vertreter vertreten werden. Betriebsvertretungen, die ihrerseits nur Organe der Arbeitnehmerschaft, Arbeiterschaft oder Angestelltenschaft des Betriebes sind (vgl. Anm. 5 zu § 10), werden durch ihren Vorsitzenden oder seinen Stellvertreter vertreten (BRG. § 28). Erfolgt die gesetzliche Vertretung im Verfahren trotz Hinweis seitens des Gerichts nicht, so daß eine Anhörung nicht möglich ist, so dürfte § 83 Abs. 2 ArbGG. entsprechend gelten. ZPO. § 57 ist nicht anwendbar, weil er einen bürgerlichen Rechtsstreit voraussetzt und in dem Verwaltungsverfahren ohne Bedeutung ist.

10 § 51 ArbGG. (vgl. die Anm. dort) gilt, soweit gemäß § 83 Abs. 1 ArbGG. mündliche Anhörung erfolgt. Der Vorsitzende des Arbeitsgerichts kann beim Vorliegen der Voraussetzungen auch von den Befugnissen des § 51 Abs. 2 ArbGG. — Ablehnung des Prozeßbevollmächtigten — Gebrauch machen, so daß der Be-

teiligte als unentschuldigt ausgeblieben — mit der Folge des § 83 Abs. 2 ArbGG. — gilt; doch wird dieser Fall praktisch kaum vorkommen.

11 ArbGG. § 46 Abs. 2 Satz 1 in Verbindung mit ZPO. § 496 Abs. 1 Satz 1, §§ 208—213, 170—197, 199—207 (vgl. Anm. 1 zu § 50 ArbGG.). Für die das Verfahren beendenden Beschlüsse gilt die Sonderregelung des § 84 Abs. 4 ArbGG. Es erfolgen also, wie im Urteilsverfahren des ersten Rechtszuges, alle Zustellungen von Amts wegen.

12 Für Ladungen, Termine und Fristen gelten gemäß § 46 Abs. 2 Satz 1 ArbGG. die Vorschriften der §§ 187, 214—222, 224—227, 497 ZPO., aber mit der bedeutsamen, auch hier wohl den Regelfall treffenden Änderung des § 47 Abs. 3 Satz 2 ArbGG.; von einer Einlassungsfrist (ArbGG. § 47 Abs. 3 Satz 1) kann im Beschlußverfahren, in dem es keine Klage gibt, nicht gesprochen werden (vgl. Anm. 8, 9 zu § 47). Alle Ladungen ergehen von Amts wegen.

13 § 53 ArbGG. (vgl. die Anm. dort). Daneben sind aber die teilweise abweichenden Vorschriften der §§ 83, 84 ArbGG. im Auge zu behalten.

14 Neben der Vorschrift des § 83 Abs. 3 ArbGG. gilt im allgemeinen (vgl. aber Anm. 8 Abs. 1 zu § 83) nur der Abs. 2 Satz 1 des § 58 ArbGG. (vgl. Anm. 1, 11—13 zu § 58; Anm. 10 Abs. 4 zu § 83). Daneben gelten ergänzend die Vorschriften der Zivilprozeßordnung über die Beweisaufnahme entsprechend; doch sind im Beschlußverfahren viele dieser Vorschriften nicht anwendbar, weil sie für bürgerliche Rechtsstreitigkeiten mit Verhandlungsmaxime gegeben sind, nicht für ein Verwaltungsverfahren mit gerichtlicher Aufklärungspflicht. Anwendbar sind entsprechend ZPO. § 357, § 357a Satz 1, § 372 Abs. 1 § 375 Abs. 2 (vgl. Anm. 4 zu § 58), § 376, § 377 Abs. 1, 2 (Abs. 3 und 4 sind nicht anwendbar, wenn das Arbeitsgericht die Vernehmung beschlossen hat, die Einholung von Auskünften ist besonders in § 83 Abs. 3 Satz 1 ArbGG. — vgl. Anm. 9 zu § 83 — geregelt), § 378, §§ 380, 381, 383—388, 390, 393, 394—398, 401, 402, 404, 406—414, 478, § 479 Abs. 2, §§ 480—484 (vgl. Anm. 6 zu § 83).

15 Entsprechende Geltung der §§ 233—238 ZPO. in Verbindung mit ArbGG. § 46 Abs. 2 Satz 1, soweit die Vorschriften der Zivilprozeßordnung hier in Betracht kommen.

§ 81
Antrag[1]

(1) **Das Verfahren wird nur auf Antrag eingeleitet[2]; der Antrag ist bei dem Arbeitsgerichte schriftlich einzureichen oder bei seiner Geschäftsstelle mündlich zur Niederschrift anzubringen[3].**

(2) **Der Antrag[4] kann jederzeit[5] in derselben Form[6] zurückgenommen werden[7]. In diesem Falle ist das Verfahren vom Vorsitzenden des Arbeitsgerichts einzustellen[8]. Von der Einstellung ist den Beteiligten Kenntnis zu geben, soweit ihnen der Antrag vom Arbeitsgericht mitgeteilt worden ist[9].**

1 Die verwaltungsmäßige Tätigkeit des Arbeitsgerichts wird durch einen Antrag an das Arbeitsgericht veranlaßt, wie die rechtsprechende durch eine Klage. Der Antrag ist ein nur an die Form des § 81 Abs. 1 Halbsatz 2 ArbGG. gebundenes

Ersuchen an das Arbeitsgericht, das Beschlußverfahren einzuleiten, die Geltendmachung des dem Beschlußverfahren zugrunde liegenden öffentlichrechtlichen Anspruchs auf regelndes Eingreifen. Da das Beschlußverfahren nur in den im § 2 Abs. 1 Nr. 5 ArbGG. angeführten Fällen des Betriebsrätegesetzes stattfindet (vgl. Anm. 3 zu § 80), ist die Frage, ob ein Antragsrecht vorliegt, nach der zugrunde liegenden Vorschrift des Betriebsrätegesetzes zu entscheiden; das Arbeitsgerichtsgesetz als reines Verfahrensgesetz sagt darüber nichts.

In den meisten in Betracht kommenden Vorschriften des Betriebsrätegesetzes ist ausdrücklich angegeben, wer antragsberechtigt ist (BRG. § 39 Abs. 2, § 41, § 43 Abs. 2 in Verbindung mit § 41, § 44 Abs. 1, 4, § 52 Abs. 1, 2, § 53, § 56 Abs. 2, § 60, § 80 Abs. 2 — denn der Streit geht nur zwischen dem Arbeitgeber und dem Arbeiterrat oder dem Angestelltenrat als Organ der Gruppe der Arbeitnehmerschaft —, § 82 Abs. 3, §§ 97, 98). Keine ausdrückliche Angabe über den Antragsberechtigten findet sich in § 93 BRG. Hier muß deshalb aus dem Sinne der Vorschrift entnommen werden, wer antragsberechtigt ist. Dies ist jede an der Regelung des in Frage kommenden Betriebsverhältnisses beteiligte Person oder Personenzusammenfassung innerhalb der Betriebsverfassung; es kann also sowohl der Arbeitgeber wie einzelne Arbeitnehmer, auch mehrere zusammen, wie die Arbeitnehmerschaft, Arbeiterschaft oder Angestelltenschaft des Betriebes sein, die, soweit es sich in dem zu beantragenden Verfahren nicht gerade um die Errichtung der Betriebsvertretung handelt (BRG. § 93 Nr. 1, § 52 Abs. 2, § 53 in Verbindung damit), durch die zuständige Betriebsvertretung als Organ vertreten wird (vgl. Anm. 3 Abs. 3 zu § 80; Flatow, BRG., Anm. 3 Abs. 3 zu § 93 BRG.).

Da es sich auch bei dem das Beschlußverfahren in Gang setzenden Antrag um die Geltendmachung eines öffentlichrechtlichen Anspruchs an den Staat auf Tätigkeit der staatlichen Rechtspflegeorgane zur Verwirklichung gesetzlichen, hier öffentlichen Rechts, handelt, muß die antragstellende Person oder Personenzusammenfassung prozessual zur Geltendmachung eines solchen Anspruchs in der hier allein in Betracht kommenden Arbeitsgerichtsbarkeit fähig sein, d. h. sie muß „parteifähig" im Sinne des § 10 des Arbeitsgerichtsgesetzes sein (vgl. Anm. 1 Abs. 3 zu § 10). Der Antrag auf Einleitung des Beschlußverfahrens kann also nur von natürlichen Personen und von juristischen Personen (ZPO. § 50 Abs. 1, der infolge der Bezugnahme im § 10 ArbGG. — „parteifähig ... sind auch ..." — auch im Beschlußverfahren entsprechend anwendbar ist), sei es von einer oder von mehreren zusammen, und von solchen Personenzusammenfassungen gestellt werden, die nach § 10 ArbGG. parteifähig sind. Da die wirtschaftlichen Vereinigungen von Arbeitgebern und von Arbeitnehmern im Beschlußverfahren als Beteiligte und als Antragsteller regelmäßig ausscheiden, weil es sich in ihm nur um die Regelung von Betriebsverhältnissen handelt, bleiben als an sich parteifähige Personenzusammenfassungen für das Beschlußverfahren im allgemeinen nur die Arbeitnehmerschaft, Arbeiterschaft und Angestelltenschaft des Betriebes, die grundsätzlich durch die zuständige Betriebsvertretung als ihr Organ vertreten werden. Ausnahmsweise — in den Fällen der §§ 31, 47 BRG. — hat die Praxis auch die wirtschaftlichen Vereinigungen als beteiligt angesehen (vgl. Flatow, Anm. 3 Abs. 3, Anm. 6 Abs. 2 zu § 93 BRG. und die dort angeführte Rechtsprechung). Der Wortlaut des § 83 Abs. 1 Satz 1 ArbGG. berücksichtigt diese Ausnahmefälle allerdings nicht (vgl. Anm. 2a zu § 83).

Nach den in § 2 Abs. 1 Nr. 5 ArbGG. angeführten Vorschriften des Betriebsrätegesetzes (vgl. Abs. 2 dieser Anm.) kommen für die Stellung des Antrags auf Einleitung des Beschlußverfahrens in Betracht: der Arbeitgeber, einzelne Arbeitnehmer, die Arbeitnehmerschaft, Arbeiterschaft und Angestelltenschaft des Betriebes, im allgemeinen durch ihre Betriebsvertretung organisch vertreten, und eine Mehrzahl von Arbeitnehmern, ein Viertel der wahlberechtigten Arbeitnehmer, sowie ausnahmsweise die wirtschaftlichen Vereinigungen (vgl. Abs. 3 dieser Anm. a. E.). Nach dem im Abs. 3 dieser Anm. Gesagten sind davon nur der Arbeitgeber, ein einzelner Arbeitnehmer, die Arbeitnehmerschaft, die Arbeiterschaft und die Angestelltenschaft und die wirtschaftlichen Vereinigungen als solche antragsfähig, das Viertel der wahlberechtigten Arbeitnehmer dagegen nur als Zusammenfassung parteifähiger Einzelpersonen. Will deshalb in den Fällen des § 39 Abs. 2, § 41 BRG. oder der § 43 Abs. 2, § 44 Abs. 1, 4, § 56 Abs. 2, § 60 BRG. in Verbindung mit einer dieser Vorschriften ein Viertel der wahlberechtigten Arbeitnehmer die Einleitung des Beschlußverfahrens beantragen, so muß der Antrag gemeinsam von den das Viertel ausmachenden einzelnen Arbeitnehmern gestellt werden (vgl. Anm. 3 Abs. 3, Anm. 7 Abs. 2). In den Fällen des § 93 BRG. werden sich auch sonst mehrere Arbeitnehmer zur Antragstellung zusammenfinden können (vgl. Flatow, BRG., Anm. 3 Abs. 3 zu § 93).

Der Antrag auf Einleitung eines Beschlußverfahrens ist jedoch in seinem Wesen nicht einem Antrag im Zivilprozeßverfahren, z. B. dem in der Zivilprozeßordnung (ZPO. § 920 Abs. 1, § 922 Abs. 1) als „Gesuch" bezeichneten Antrag auf Anordnung eines Arrests oder auf Erlaß einer einstweiligen Verfügung, gleichzuachten. Denn der zivilprozessuale Antrag richtet sich, gemäß der Natur des Zivilprozeßverfahrens, grundsätzlich gegen einen bestimmten Antragsgegner, meist die andere Partei. Im Beschlußverfahren dagegen, das als Verwaltungsverfahren im Kleide des gerichtlichen Verfahrens keine Parteien im Prozeßsinne, sondern nur Beteiligte kennt, gibt es keinen Antragsgegner (a. A. Schmincke-Sell, Anm. 1 zu § 81, und in seiner Übung das Reichsarbeitsgericht, teilweise auch Flatow, BRG., Anm. 3 Abs. 2 zu § 93 BRG). Das muß insbesondere auch im Rubrum der Akten des Beschlußverfahrens, insbesondere der das Verfahren beendenden Beschlüsse und der Beschlüsse auf Rechtsbeschwerde beachtet werden; das Rubrum wird etwa heißen: „In der Beschlußsache betreffend ... in dem Betriebe ..., Antragsteller: ..., ...".

Der Antrag ist stets beim Arbeitsgericht zu stellen (§ 81 Abs. 1 Halbsatz 2), da dieses allein im ersten Rechtszug zuständig ist (§ 8 Abs. 2 ArbGG.).

2 Vgl. Anm. 1. Zur Einleitung des Beschlußverfahrens bedarf es in jedem Falle eines Antrages; ohne einen solchen ist die Einleitung nicht möglich. Der Antrag bzw. seine Zurücknahme (vgl. Anm. 4ff., insbesondere Anm. 8) ist aber auch der einzige Akt der Einwirkung eines Beteiligten auf das Verfahren. Sobald es — auf Antrag — eingeleitet worden ist, hat das Arbeitsgericht von Amts wegen das Verfahren zu fördern und zu Ende zu führen, wenn ihm nicht durch Zurücknahme das Antrags die Grundlage entzogen wird; es herrschen auch insofern die Grundsätze der Verwaltung, nicht die des Zivilprozesses (ebenso Baumbach, Anm. 1 zu § 81).

Wird die Einleitung eines Beschlußverfahrens in einem Falle, in dem dieses nach § 80 Abs. 1 ArbGG. nicht stattfindet, oder von einer Person, die nach der in Betracht kommendem Vorschrift des Betriebsrätegesetzes nicht antragsberechtigt ist, oder von einer Personenzusammenfassung, die nach § 10 ArbGG. nicht parteifähig ist, verlangt, so hat der Vorsitzende des Arbeitsgerichts auf die Unzulässigkeit des Verfahrens hinzuweisen. Besteht der Anregende jedoch auf seiner Anregung, so ist das Verfahren einzuleiten, das dann ohne weiteres zu einem ablehnenden Endbeschluß aus dem Rechtsgrunde des mangelnden rechtswirksamen Antrags führen muß (vgl. Anm. 8 Abs. 2 a. E., Anm. 2, a Abs. 4 zu § 83). Lehnt der Vorsitzende die Einleitung des Verfahrens trotz Bestehens auf der Anregung unzulässigerweise ab, so ist für den Anregenden gemäß § 90 ArbGG. in Verbindung mit § 78 ArbGG. und § 567 Abs. 1 ZPO. die Beschwerde an das Landesarbeitsgericht gegeben, weil es sich um die Zurückweisung eines das Verfahren betreffenden Gesuchs handelt. Da es sich um eine einfache Beschwerde handelt, kann sie unbefristet erhoben werden, sobald dem Beschwerten die Ablehnung bekanntgeworden ist (a. A. Baumbach, Anm. 3 zu § 81).

Ein bestimmter Inhalt, wie für die Klage des Zivilprozesses (ZPO. § 253), ist für den Antrag auf Einleitung eines Beschlußverfahrens nicht vorgeschrieben. Unklarheiten des Inhalts des Antrags müssen daher durch Rückfrage seitens des Arbeitsgerichtsvorsitzenden, gegebenenfalls auch mündlich vor der Kammer, geklärt werden (§ 83 Abs. 1 ArbGG.). Häufig wird es sich auch bei unklaren Anträgen empfehlen, den Antragsteller zur Anbringung bzw. Erläuterung seines Antrages zur Niederschrift der Geschäftsstelle zu veranlassen.

Die Einleitung des Verfahrens erfolgt formlos seitens des Vorsitzenden durch die erste Verfahrenshandlung; einen besonderen Einleitungsbeschluß gibt es nicht. Eine Benachrichtigung des Antragstellers von der Einleitung des Verfahrens wird zweckmäßig sein, sofern er die Einleitung nicht ohnehin durch die ersten Verfahrenshandlungen (Anhörung gemäß § 83 Abs. 1 ArbGG.) erfährt; vorgeschrieben ist die Benachrichtigung nicht. Eine besondere Mitteilung von der Einleitung des Verfahrens an die übrigen Beteiligten, die ebenfalls im Gesetz nicht vorgeschrieben ist, kommt nicht in Betracht, da die Bekanntgabe an sie vor der durch § 83 Abs. 1 ArbGG. vorgeschriebenen Anhörung zwecklos wäre. Für die von Baumbach (Anm. 3 zu § 81) vertretene gegenteilige Auffassung ist eine Begründung nicht ersichtlich.

3 § 81 Abs. 1 Halbsatz 2 enthält die für den Antrag geltenden Formvorschriften; andere Formvorschriften bestehen nicht. Es ist also lediglich schriftliche Antragstellung oder Antragstellung zur Niederschrift der Geschäftsstelle vorgeschrieben. Anders als bei der entsprechenden Regelung für die Erhebung der Klage (ArbGG. § 47 Abs. 1 Satz 1, 2) ist der Antrag schon dann rechtswirksam gestellt, wenn er schriftlich bei Gericht eingereicht oder dort zur Niederschrift der Geschäftsstelle erklärt ist, da ja eine Zustellung des Antrags an die andern Beteiligten nicht in Betracht kommt (vgl. Anm. 2 Abs. 4). Die schriftliche Einreichung ist erfolgt, wenn die Schrift, die den Antrag enthält, bei dem zuständigen Arbeitsgericht (vgl. § 82 ArbGG.) in der für Briefsachen üblichen Form eingegangen ist. Wird der Antrag also etwa bei einem andern Gericht (Amtsgericht), das verwaltungsmäßig zur Aufnahme derartiger Anträge ermächtigt ist, zur Niederschrift der Geschäftsstelle angebracht und von dort an das zuständige Arbeitsgericht übersandt, so ist der Antrag erst mit dem Eingang bei dem zuständigen Gericht gestellt (vgl. Anm. 2 Abs. 2 zu § 47).

Dem Erfordernis der schriftlichen Einreichung ist nur genügt, wenn die den Antrag enthaltende Schrift auch unterschrieben ist (BGB. § 126). Das ist aber nicht dahin zu verstehen, daß die Unterschrift sich nur örtlich unter der Schrift befinden darf; vielmehr ist nur erforderlich, daß das ganze Schriftstück ergibt, daß es von der zeichnenden Person als Antrag gewollt ist. Die Unterschrift muß handschriftlich oder mittels gerichtlich oder notariell beglaubigten Handzeichen vollzogen sein. Im übrigen gelten für die Art der Unterschrift die allgemeinen Vorschriften.

Die Prozeßvertretung gemäß § 11 Abs. 1 ArbGG. ist, wie bei der Klage, auch bei der Stellung des Antrags im Beschlußverfahren zugelassen, sofern sich nur aus dem Schriftstück ergibt, daß der Unterzeichnende von dem Antragsberechtigten oder von den Antragsberechtigten bevollmächtigt ist. Der Antragsberechtigte braucht also den Antrag nicht selbst zu schreiben oder zur Niederschrift der Geschäftsstelle zu erklären, sondern er kann damit eine zur Prozeßvertretung vor dem Arbeitsgericht zugelassene Person, z. B. einen Vertreter der wirtschaftlichen Vereinigung von Arbeitgebern oder von Arbeitnehmern, der er angehört, oder einen Arbeitsgenossen betrauen. Die Stellung des Antrags in Vollmacht anderer Personen kommt insbesondere in den Fällen in Betracht, in denen antragsberechtigt die Zusammenfassung einer Mehrzahl von Personen, z. B. eines Viertels der Arbeitnehmerschaft ist. Hier wird das Viertel der Arbeitnehmerschaft, insbesondere in großen Betrieben, häufig einen aus seiner Mitte zur Stellung des Antrags bevollmächtigen, um die zeitraubende Unterzeichnung durch alle Angehörige des Viertels zu vermeiden; dieser Arbeitnehmer wird auch im übrigen als Prozeßvertreter der sämtlichen beteiligten Arbeitnehmer auftreten. Die Betrauung einer nach § 11 Abs. 1 ArbGG. nicht zur Prozeßvertretung zugelassenen Person, wie etwa eines Rechtsanwalts, mit der Stellung des Antrags ist jedoch unzulässig, da die Antragstellung eine Prozeßhandlung ist. Die Vertretung durch gesetzlich allgemein zur Stellvertretung berufene Personen ist, auch wo sie nicht als gesetzliche Vertretungprozeß unfähiger Personen notwendig ist, zugelassen, z. B. die Vertretung des Arbeitgebers durch seinen Prokuristen oder gemäß § 14 BRG.

4 Ist kein rechtswirksamer Antrag gestellt, weil entweder die Formvorschrift des § 81 Abs. 1 Halbsatz 2 nicht eingehalten ist oder einer der in Anm. 2 Abs. 2 a. A. angeführten Fälle vorliegt, so kann auch von einer Zurücknahme des Antrags nicht gesprochen werden. Hat also der Arbeitsgerichtsvorsitzende z. B. einer Person auf ihr Gesuch mitgeteilt, daß sie nicht antragsberechtigt ist, und hat diese dann „ihren Antrag zurückgenommen“, so liegt keine Zurücknahme im Sinne des § 81 Abs. 2 ArbGG. vor, so daß auch eine Einstellung des Verfahrens durch den Vorsitzenden gemäß § 81 Abs. 2 Satz 2, 3 nicht in Betracht kommt. Zweckmäßig wird der Vorsitzende aber in diesem Falle dem Gesuchsteller bestätigen, daß er von seiner Erklärung Kenntnis genommen habe.

5 Die Zurücknahme des Antrags ist zulässig, solange das Arbeitsgericht den auf ihn ergangenen Endbeschluß noch nicht in Wirksamkeit gesetzt hat. Wirksam wird der Endbeschluß nach ArbGG. § 84 Abs. 1 Satz 3, Abs. 4 mit der Verkündung oder, falls er nach § 84 Abs. 1 Satz 3 Halbsatz 1 nicht verkündet wird, mit der Zustellung an die Beteiligten (vgl. Anm. 7, Anm. 12 zu § 84). Der Antrag kann daher zurückgenommen werden, solange das Gericht den Beschluß noch nicht verkündet oder seine Zustellung an einen der Beteiligten veranlaßt hat. Da die Zurücknahme des Antrags nicht in der Lage ist, einen einmal in

die Öffentlichkeit gelangten Endbeschluß abzuändern, ist eine spätere Zurücknahme, z. B. eine Zurücknahme nach der Verkündung des Beschlusses, aber vor seiner auch § 81 Abs. 4 ArbGG. in jedem Fall erforderlichen Zustellung, nicht möglich (grundsätzlich ebenso Schmincke-Sell, Anm. 3 zu § 89; etwas abweichend Dersch-Volkmar, Anm. 8 zu § 81). Daß in dem Verfahren bereits andere Beteiligte gehört worden sind, hindert die Zurücknahme des Antrags nicht; es bedarf auch, anders als im Urteilsverfahren für die Zurücknahme der Klage (ZPO. § 271), nicht etwa der Zustimmung der Beteiligten zur Zurücknahme, denn diese haben eben in dem Beschlußverfahren nach seiner Natur als Verwaltungsverfahren keine Parteistellung in zivilprozessualen Sinne (vgl. Anm. 7).

6 Die Fassung „in derselben Form" bedeutet nur, daß die Zurücknahme ebenfalls durch Einreichung einer Schrift oder durch Anbringung zur Niederschrift der Geschäftsstelle erfolgen kann. Sie soll nicht etwa besagen, daß ein schriftlich eingereichter Antrag nur schriftlich, ein zur Niederschrift angebrachter Antrag nur zur Niederschrift der Geschäftsstelle zurückgenommen werden kann. Für die Formvorschrift gilt alles in Anm. 3 für die Vorschrift des § 81 Abs. 1 Halbsatz 2 Gesagte.

7 Die Zurücknahme des Antrags enthebt das Arbeitsgericht von der Fortführung des Verwaltungsverfahrens, das es auf den Antrag einleiten und von Amts wegen bis zur Entscheidung fördern mußte. Da die übrigen Beteiligten an dem Verfahren nicht, wie im Urteilsverfahren, aktiv teilnehmen, werden sie auch zur Zurücknahme des Antrags nicht gehört (vgl. Anm. 5a. E.). Die Zurücknahme des Antrags hindert nicht eine spätere erneute Stellung des Antrags, da der Antrag die Verwirklichung öffentlichen Rechts im Wege des Beschlußverfahrens bezweckt und darum die Frage der Erforderlichkeit der beantragten Regelung stets von dem angegangenen Arbeitsgericht geprüft werden muß (vgl. Anm. 8 Abs. 1).

Daß der Antrag nur von dem Antragsteller selbst zurückgenommen werden kann, bedarf an sich keiner Erörterung. Praktisch können jedoch Zweifel entstehen, wenn der Antragsteller keine natürliche oder juristische Einzelperson ist, sondern eine Mehrheit von Personen, sei es daß dieser Personenmehrheit in ihrer Zusammenfassung nach § 10 ArbGG. Parteifähigkeit zukommt, sei es daß es sich nur um eine Mehrzahl für sich allein parteifähiger Personen handelt (vgl. Anm. 1 Abs. 4). Ist der Antrag von der gemäß § 10 ArbGG. parteifähigen Arbeitnehmerschaft, Arbeiterschaft oder Angestelltenschaft des Betriebes gestellt, so kann er von ihr zurückgenommen werden und es kommt nicht darauf an, ob inzwischen persönliche Veränderungen in ihr eingetreten sind. Grundsätzlich wird die Arbeiterschaft usw. durch die zuständige Betriebsvertretung organisch vertreten; zur Zurücknahme genügt dann, ebenso wie zur Stellung des Antrags, Mehrheitsbeschluß der zuständigen Betriebsvertretung, wobei auch ein Wechsel in ihrer Zusammensetzung seit der Antragstellung belanglos ist. Hatte ein Viertel der wahlberechtigten Arbeitnehmer den Antrag gestellt, so ist dagegen der Antrag von einer Mehrzahl einzelner parteifähiger Personen in ihrer Zusammenfassung gestellt (vgl. Anm. 1 Abs. 4). Er muß deshalb auch von denselben Personen gemeinsam zurückgenommen werden, es genügt hier nicht etwa ein Mehrheitsbeschluß; wegen der Möglichkeit der Bevollmächtigung zur Zurücknahme vgl. Anm. 3 Abs. 3.

8 Wird der Antrag zurückgenommen, so ist damit dem Beschlußverfahren die Grundlage entzogen (vgl. Anm. 2 Abs. 1); es kann also nicht weitergeführt werden

und endet ohne einen das Verfahren beendenden Beschluß, gleichviel in welchem Stadium sich das Verfahren zur Zeit der Zurücknahme befindet. Diese Wirkung müßte an sich ohne weiteres eintreten, da ja beim Mangel des Antrags ein weiteres Verfahren nicht möglich ist. Um jedoch Rechtsunsicherheit zu vermeiden, schreibt das Arbeitsgerichtsgesetz vor, daß der Abbruch des Verfahrens infolge der Zurücknahme des Antrags durch den Vorsitzenden des Arbeitsgerichts festzustellen ist. Diese Bedeutung allein hat die „Einstellung" des Verfahrens durch den Vorsitzenden; sie ist kein „das Verfahren beendender Beschluß" im Sinne des § 85 Abs. 1 Satz 1 ArbGG. (a. A. Dersch-Volkmar, Anm. 7, d, Abs. 2, Anm. 9 zu § 81, Baumbach, Anm. 5 zu § 81; Schmincke-Sell, Anm. 4 zu § 81). Das ergibt sich aus der verschiedenartigen Behandlung, die die Einstellung des Verfahrens und der das Verfahren sachlich beendende Beschluß im Arbeitsgerichtsgesetz gefunden haben (ArbGG. § 81 Abs. 2, § 84). Für die Einstellung ist nicht die Beschlußform vorgeschrieben, sie ergeht vielmehr formlos. Während der Sachbeschluß stets von der Kammer in voller Besetzung zu erlassen ist, auch wenn das Verfahren im übrigen schriftlich war, stellt der Vorsitzende allein in jedem Falle das Verfahren ein, und zwar auch dann, wenn eine mündliche Anhörung der Beteiligten vor der Kammer stattgefunden hat; die entgegengesetzte Ansicht von Dersch-Volkmar (Anm. 10 zu § 87) steht mit dem Wortlaut des § 81 Abs. 2 Satz 2 im Widerspruch, sie erklärt sich offenbar aus ihrer Auffassung, daß die Einstellung ein das Verfahren beendender Beschluß sei. Während für den Sachbeschluß in § 84 Abs. 4 ArbGG. die Zustellung an alle Beteiligten vorgeschrieben ist, ist von der Einstellung nach § 81 Abs. 2 Satz 3 lediglich den andern Beteiligten „Kenntnis zu geben"; auch hier kommen Dersch-Volkmar (Anm. 11 zu § 81), ebenso wie Baumbach (Anm. 5 zu § 81) und Schmincke-Sell (Anm. 5 zu § 81), im Widerspruch zu dem Gesetzeswortlaut auf Grund ihrer Auffassung von der Natur der Einstellung zu dem Ergebnis, daß der „Einstellungsbeschluß" den Beteiligten zuzustellen ist. Für die Annahme, daß die verschiedene gesetzliche Regelung in § 81 Abs. 2 und im § 84 ArbGG. auf einem Irrtum oder einer Flüchtigkeit des Gesetzgebers beruht, liegt aber kein Anlaß vor. Die Regelung des Gesetzes paßt vielmehr durchaus in die Konstruktion des Beschlußverfahrens als eines Verwaltungsverfahrens. Denn das Beschlußverfahren kann — als Verwaltungsverfahren —, wenn es infolge der Zurücknahme des Antrags nicht zu Ende geführt worden ist, jederzeit auf einen neuen Antrag hin wieder eingeleitet werden (vgl. Anm. 7 Abs. 1), eine Rechtskraft nach der Art der zivilprozessualen ist hier nicht vorhanden (vgl. Anm. 1 zu § 84). Der Antragsteller ist also durch die Einstellung des Verfahrens selbst dann nicht beschwert, wenn sie etwa irrtümlich, unter falscher Würdigung seiner Erklärung als Zurücknahme des Antrags, erfolgt sein sollte. Infolgedessen ist eine Rechtsbeschwerde gegen die Einstellung, die nach dem Wortlaut des Gesetzes nicht zugelassen ist, auch nicht erforderlich. Sie wäre im übrigen immer nur für den Antragsteller denkbar; andere Beteiligte könnten, da sie nicht Parteien des Verfahrens sind, durch die Einstellung in keinem Falle beschwert sein (a. A. Dersch-Volkmar, Anm. 11 zu § 81; Schmincke-Sell, Anm. 5 zu § 81).

Der Vorsitzende des Arbeitsgerichts stellt also, wenn der Antrag rechtswirksam zurückgenommen wird, das lediglich aktenmäßig im Interesse der Rechtssicherheit durch Einstellung des Verfahrens fest, ohne daß damit die Kammer des Arbeitsgerichts befaßt wird. Damit ist der vorliegende Fall des Beschlußverfahrens ohne Endbeschluß erledigt. Das Gesetz hat kein Bedenken getragen, mit der Einstellung lediglich den Vorsitzenden zu betrauen, weil es sich eben um eine bloße Feststellung unter der Autorität des Gerichts, nicht aber um eine Entscheidung handelt. Nur diese Feststellung der Antragsrücknahme wird im Arbeitsgerichtsgesetz als „Einstellung" des Verfahrens bezeichnet. In allen andern Fällen ist eine „Einstellung" nach dem Gesetz nicht möglich, es muß vielmehr ein das Verfahren beendender Beschluß der Kammer ergehen, auch dann, wenn der Antrag auf Einleitung des Beschlußverfahrens unzulässig war, der Beschluß also den Antrag als prozessual unzulässig ablehnen muß, ohne daß es zu einem Eingehen auf die Sache gekommen ist (vgl. Anm. 2 Abs. 2 hier, Anm. 2, a, Abs. 4 zu § 83; Anm. 1 zu § 84).

Im Falle der Antragsrücknahme muß das Verfahren nach der Vorschrift des § 81 Abs. 2 Satz 2 eingestellt werden. Die Versäumung der Einstellung bringt aber keinen prozessualen Schaden, sie kann jederzeit nachgeholt werden. Ein das Verfahren beendender Beschluß mangels Einstellung trotz Antragsrücknahme ist unzulässig; ergeht er, so ist er wegen Gesetzesverletzung mit der Rechtsbeschwerde anfechtbar (ArbGG. §§ 85, 86).

9 Vorgeschrieben ist lediglich eine formlose Benachrichtigung derjenigen Beteiligten (vgl. Anm. 2, a, zu § 83), die von dem Antrag seitens des Arbeitsgerichts Kenntnis erlangt haben. Die Benachrichtigung dient nur der Aufklärung dieser Personen darüber, daß das Beschlußverfahren nicht weiter verfolgt wird; sie setzt, wie in Anm. 8 Abs. 1 ausgeführt, keine Fristen in Lauf. Infolgedessen bedarf sie auch keiner Zustellung. Zu unterrichten sind ferner nur die Beteiligten, denen der Antrag vom Arbeitsgericht mitgeteilt worden ist. Als Mitteilung ist aber nicht nur die wörtliche Mitteilung des Antrags, sondern jede Benachrichtigung über die Antragsstellung seitens des Gerichts anzusehen, insbesondere die Aufforderung zur schriftlichen Äußerung oder die Ladung zur mündlichen Anhörung (ArbGG. § 83 Abs. 1). Diese Beteiligten müssen benachrichtigt werden; die Versäumung hat aber auch hier keine prozessualen Folgen, sondern ist nur wie die Verletzung einer Soll-Vorschrift gegebenenfalls disziplinarisch zu ahnden. Andere Beteiligte, die von dem Antrag nicht durch das Gericht in Kenntnis gesetzt worden waren, erhalten keine Nachricht; eine Mitteilung wäre bei ihnen eine unnütze Belastung des Gerichts.

Auch eine Benachrichtigung des Antragstellers, der den Antrag zurückgenommen hat, von der Einstellung ist im Gesetz nicht vorgeschrieben. Sie ist also an sich nicht erforderlich, was sich aus den in Anm. 8 geschilderten Sinn der Vorschriften des § 81 Abs. 2 Satz 1, 2 erklärt. Es erscheint jedoch zweckmäßig, auch dem Antragsteller eine Nachricht zukommen zu lassen, um Zweifel über den Eingang seiner Zurücknahme und der darauf folgenden Einstellung des Verfahrens bei ihm auszuschließen, die häufig zu Rückfragen führen würden.

§ 82

Örtliche Zuständigkeit[1]

Zuständig[1] ist das Arbeitsgericht[1], in dessen Bezirk die Betriebsvertretung[2] ihre Geschäfte führt oder führen soll[2].

1 Die sachliche Zuständigkeit ist in § 8 Abs. 2 ArbGG. geregelt; sachlich zuständig ist im ersten Rechtszug stets das Arbeitsgericht.

Die örtliche Zuständigkeit für das Beschlußverfahren ist durch § 82 ArbGG. — in Übernahme der bisherigen Vorschrift des § 5 Abs. 2 der 1. AVOSchlVO. — abschließend geregelt (so auch Baumbach, Anm. 1 a. A. zu § 82, obwohl er in der Folge von dieser Auffassung abgeht). Die Bestimmungen der Zivilprozeßordnung über die örtliche Zuständigkeit sind nicht für anwendbar erklärt, weil sie für das Beschlußverfahren, das ein Verwaltungsverfahren ohne Parteien ist, nicht passen (so für das bisherige Recht: Flatow-Joachim, Anm. 4 Abs. 1 a. A. zu § 5 der 1. AVOSchlVO.), und zwar weder in der Bestimmung der „Gerichtsstände" (ZPO. §§ 12—37), noch in den Vorschriften über die Zulässigkeit der Vereinbarung über die Zuständigkeit der Gerichte (ZPO. §§ 38—40) und die Möglichkeit der Verweisung (ZPO. §§ 276). Die Vorschrift des § 48 ArbGG. ist schon darum unanwendbar, weil eine Verweisung zwischen Arbeitsgerichtsbehörden und ordentlichen Gerichten (ArbGG. § 48 Abs. 1) wegen der Unzulässigkeit des ordentlichen Rechtswegs für Fälle des Beschlußverfahrens nicht in Betracht kommt und § 48 Abs. 2 ArbGG. ebenfalls die Fälle des § 2 Abs. 1 Nr. 5 ArbGG. nicht trifft.

Danach müssen die Fälle des § 2 Abs. 1 Nr. 5 ArbGG. stets bei dem nach § 82 ArbGG. zuständigen Arbeitsgericht anhängig gemacht werden. Geht der Antrag bei einem nach dieser Vorschrift örtlich unzuständigen Gericht ein, so hat der Vorsitzende den Antragsteller formlos auf die Unzuständigkeit hinzuweisen. Der Antragsteller wird alsdann seinen Antrag, falls er ihn bereits formgerecht gestellt hat (ArbGG. § 81 Abs. 1) mit der Folge des § 81 Abs. 2 ArbGG. zurücknehmen. Nimmt er den Antrag nicht zurück, so muß von der Kammer durch Endbeschluß entschieden werden, ohne daß es eines Eingehens auf die Sache bedarf (vgl. Anm. 2 Abs. 2 zu § 81). Der Beschluß muß den Antrag wegen Unzuständigkeit des Gerichts zurückweisen; eine Verweisung an das örtlich zuständige Arbeitsgericht, wie im Urteilsverfahren in entsprechender Anwendung des § 276 ZPO., ist nicht zugelassen, auch bei der Gestaltung des Beschlußverfahrens nicht erforderlich (a. A. Baumbach, Anm. 1 zu § 82). Der Antragsteller kann den Antrag alsdann bei dem zuständigen Arbeitsgericht nochmals stellen; doch ist sorgfältige Beachtung der Zuständigkeitsvorschrift für den Antragsteller wegen der etwaigen Befristung seines Antragsrechts auf Grund des materiellen Rechts (z. B. BRG. § 82 Abs. 3) geboten.

Hat das örtliche unzuständige Arbeitsgericht gleichwohl durch Endbeschluß zur Sache entschieden, so ist der Beschluß gemäß § 86 Abs. 2 ArbGG. nicht deswegen mit der Rechtsbeschwerde anfechtbar, geschweige denn nichtig. Das Gesetz geht also davon aus, daß die Entscheidung des örtlich unzuständigen Arbeitsgerichts, ebenso wie im Urteilsverfahren (ArbGG. § 73 Abs. 2), keine so starke Gesetzesverletzung darstellt, daß sie nicht in der Lage wäre, das Verfahren zu beendigen (ebenso Schmincke-Sell, Anm. 1 a. E. zu § 82).

2 Da das Arbeitsgerichtsgesetz die örtliche Zuständigkeit für Fälle des § 2 Abs. 1 Nr. 5 ArbGG. ohne Rücksicht auf Vorschriften der Zivilprozeßordnung (vgl. Anm. 1) frei regeln konnte, hat es sie rein nach der Zweckmäßigkeit für die im Beschlußverfahren zu behandelnden Fälle bestimmt; es hat dabei die Regelung der bisherigen Gesetzgebung — § 5 Abs. 2 der AVOSchVO. — übernommen, die sich während der dreiundeinhalb Jahre ihrer Geltung bewährt hat.

Die im Beschlußverfahren zu behandelnden Fälle des § 2 Abs. 1 Nr. 5 ArbGG. **betreffen** sämtlich die Regelung **von Verhältnissen des einzelnen Betriebes**, an der stets auch eine Betriebsvertretung beteiligt ist, sei es der Betriebsrat, der Arbeiterrat, der Angestelltenrat, der Betriebsobmann, der gemeinsame Betriebsrat, der Gesamtbetriebsrat usw. (eine ausführliche Aufzählung aller Betriebsvertretungen findet sich bei Flatow, BRG., Vorbemerkung III (S. 19f) vor § 1 BRG.). Es schien daher zweckmäßig, für die örtliche Zuständigkeit grundsätzlich den **Sitz der im einzelnen Fall beteiligten Betriebsvertretung** entscheiden zu lassen. Der Sitz ist an dem Ort, an dem sie ihre Geschäfte führt. Besteht keine Betriebsvertretung, betrifft etwa der Fall gerade die Notwendigkeit ihrer Errichtung oder die Wahlen zu ihr (BRG. § 93 Nr. 1, 5), so ist **das Arbeitsgericht** örtlich zuständig, in dessen Bezirk die Betriebsvertretung ihre Geschäfte führen **soll**. Es können danach auch für Fälle desselben Betriebes verschiedene Arbeitsgerichte zuständig sein, wenn die verschiedenen in ihm bestehenden Betriebsvertretungen ihre Geschäfte an verschiedenen Orten führen oder führen sollen, die auch in Bezirken verschiedener Arbeitsgerichte liegen. „Die Betriebsvertretung" in § 82 ArbGG. ist die an dem Fall **beteiligte** Betriebsvertretung.

§ 83

Verfahren[1]

(1) **In dem Verfahren sind der Arbeitgeber, die Arbeitnehmer und die Betriebsvertretungen zu hören, die nach dem Betriebsrätegesetz im einzelnen Falle beteiligt sind[2]. Der Vorsitzende des Arbeitsgerichts entscheidet, ob die Beteiligten mündlich oder schriftlich zu hören sind[3]. Die mündliche Anhörung erfolgt vor der Kammer[4].**

(2) **Äußert sich ein Beteiligter trotz Aufforderung nicht oder bleibt er auf Ladung unentschuldigt aus, so ist der Pflicht zur Anhörung genügt[5].**

(3) **Zur Aufklärung des Sachverhalts[6] können[7] Urkunden eingesehen[8], Auskünfte eingeholt[9], Zeugen und Sachverständige vernommen[10] und der Augenschein eingenommen werden[11]. Die Vernehmung von Zeugen und Sachverständigen und die Einnahme des Augenscheins erfolgt durch die Kammer[10 11]. Der Vorsitzende kann diese Maßnahmen vorbereiten[10 11].**

1 Die Vorschriften des § 83 ArbGG. enthalten **nicht die gesamte Regelung** des Beschlußverfahrens, sondern nur die Regelung des Verfahrens, wie es sich nach dem Befinden über seine Einleitung bis zur Fällung des Endbeschlusses darstellt. Sie entsprechen also denen der Zweiten Buches der Zivilprozeßordnung, mit Ausnahme des zweiten und dritten Titels des Ersten Abschnitts dort. § 83 ArbGG. wird ergänzt durch die auch im Beschlußverfahren anwendbaren „Allgemeinen Bestimmungen" des Gesetzes (vgl. Anm. 1 Abs. 4 vor § 80; Anm. 5 Abs. 2 zu § 80) und durch die gemäß § 80 Abs. 2 ArbGG. entsprechend anwendbaren Vorschriften aus dem Urteilsverfahren (vgl. Anm. 5—15 zu § 80).

Für die Regelung des **Verfahrens** gilt vor allem der in Anm. 1 vor § 80 erörterte Grundsatz, nach dem es sich im Beschlußverfahren nicht um ein zivilprozessuales Verfahren zwischen Parteien über zivilprozessuale Ansprüche handelt, sondern um ein Verwaltungsverfahren, in dem von der Behörde über die Regelung eines öffentlichrechtlichen Rechtsverhältnisses auf Grund des öffentlichrechtlichen Anspruchs eines Beteiligten — des Antragstellers — entschieden wird, ohne daß darüber „Parteien" im zivilprozessualen Sinne — mit Verfügungsgewalt über das Rechtsverhältnis — streiten. Aus diesem Gesichtspunkt ist die Regelung des Beschlußverfahrens im Arbeitsgerichtsgesetz zu erklären, er ist auch stets für die Auslegung der Vorschriften zu beachten.

Die andere Natur des Beschlußverfahrens gegenüber dem Urteilsverfahren machte eine grundsätzlich besondere Regelung erforderlich. Diese Regelung konnte aber weniger eingehend sein als die des Urteilsverfahrens, weil das Verwaltungsverfahren dem freien Befinden der zuständigen Behörde, die hier das Arbeitsgericht darstellt, einen erheblich größeren Spielraum läßt als das zivilprozessuale Verfahren. Es waren deshalb nur die in jedem Falle bindenden Grundsätze des Beschlußverfahrens festzulegen, im Rahmen dieser bindenden Grundsätze ist es dem Arbeitsgericht, anders als im Urteilsverfahren, entsprechend wie der Verwaltungsbehörde sonst, überlassen, nach Zweckmäßigkeitserwägungen vorzugehen. Demgegenüber können für das Verfahren nicht allgemeine Zivilprozeßgrundsätze, über den Kreis der durch die „Allgemeinen Bestimmungen" und die Vorschrift des § 80 Abs. 2 ArbGG. gegebenen Vorschriften hinaus, im Beschlußverfahren zur Anwendung herangezogen werden (vgl. Anm. 1 Abs. 4 vor § 80). Dies ist besonders wichtig für die Anwendung der Rechtsbeschwerde, des revisionsähnlichen Rechtsmittels des Beschlußverfahrens; sie kann nur darauf gestützt werden, daß der Endbeschluß des Arbeitsgerichts auf der Nichtanwendung oder der unrichtigen Anwendung einer gesetzlichen Bestimmung beruhe, die tatsächlich auch für das Beschlußverfahren bindend ist, ihr Anwendungsgebiet ist also praktisch erheblich enger als das der Revision (vgl. Anm. 1 zu § 86).

Da die Einrichtung des Beschlußverfahrens aus der Schlichtungsverordnung und der Ersten Ausführungsverordnung zu ihr übernommen ist, war in erster Linie die Frage zu prüfen, inwieweit die dort gegebene Regelung (§§ 3, 5 der 1. AVOSchlVO.) im Arbeitsgerichtsgesetz verwendet werden konnte. Grundsätzlich ist sie übernommen worden, in Einzelheiten sind Ergänzungen und Änderungen vorgenommen worden, die die Praxis des Beschlußverfahrens während der Geltung der Schlichtungsverordnung als erforderlich ergeben hat; die Fassung der Vorschriften mußte erheblich verändert werden, weil die früheren Vorschriften großenteils auf die des Gewerbegerichtsgesetzes Bezug nahmen.

Im allgemeinen ist das Beschlußverfahren so formlos wie möglich gestaltet, um das Zweckmäßigkeitsermessen des Arbeitsgerichts nicht unnötig einzuschränken. Daneben ist gerade hier der Grundsatz der Beschleunigung, der im § 9 Abs. 3 Satz 1 ArbGG. allgemein ausgesprochen ist, maßgebend. Denn das Beschlußverfahren dient fast stets der Regelung von Betriebsverhältnissen, von der das wirtschaftlich gesunde Arbeiten des Betriebes abhängt. Die Arbeitsgerichtsbehörden werden darum den Gesichtspunkt besonders beschleunigter Erledigung des Verfahrens niemals aus dem Auge lassen dürfen; sie werden sich besonders bei den Maßnahmen, die in ihr freies Ermessen nach Zweckmäßigkeitsgründen gestellt sind, in erster Linie von ihm leiten lassen müssen.

Besonders zu bemerken ist, daß nach den Vorschriften des § 83 ArbGG. im Beschlußverfahren ein **mündliches Verfahren** bis zum Endbeschluß überhaupt **nicht vorgeschrieben** ist, daß also in geeigneten Fällen der Endbeschluß der Kammer auf Grund schriftlicher Anhörung der Beteiligten und gegebenenfalls von Auskunftspersonen durch den Vorsitzenden ergehen kann. Auch **ein Güteverfahren** gibt es im Beschlußverfahren **nicht**, weil hier nicht zivilrechtliche Ansprüche von Parteien gegeneinander behandelt werden. Möglich ist aber, daß der Antragsteller auf Grund einer etwaigen mündlichen Anhörung und Erörterung des Falles mit ihm seinen Antrag zurücknimmt.

2 Während im Urteilsverfahren, wie im allgemeinen Zivilprozeßverfahren, auf die Klage eine mündliche Verhandlung anberaumt wird, in der die Parteien vor dem Arbeitsgericht über ihren Streit verhandeln und durch ihre Verhandlung dem Gericht selbst die Unterlage für seine Entscheidung geben, soweit nicht eine gütliche Einigung erfolgt, werden im Beschlußverfahren nach seiner Einleitung auf den Antrag des Antragsberechtigten (ArbGG. § 81 Abs. 1) die „**Beteiligten gehört**".

a) **Beteiligte.** Die Vorschrift des § 83 Abs. 1 Satz 1 ArbGG. gibt die einzige Erläuterung des in der Regelung des Beschlußverfahrens an vielen Stellen verwendeten Begriffs der „Beteiligten" (vgl. ArbGG. § 81 Abs. 2 Satz 3; § 83 Abs. 1 Satz 2, Abs. 3; § 84 Abs. 1 Satz 3 Halbs. 2, Abs. 4; § 87 Abs. 4 Satz 3; § 88 Abs. 1 Satz 1, Satz 3; § 89 Abs. 2 Satz 1), der aus der bisherigen Regelung des Beschlußverfahrens (§ 5 Abs. 3 der 1. AVOSchlVO.) übernommen ist. Der Begriff ist in der Vorschrift nach zwei Richtungen umschrieben.

Einmal besagt sie, daß im Beschlußverfahren im allgemeinen nur **Arbeitgeber, Arbeitnehmer und Betriebsvertretungen beteiligt sein können**, d. h. Glieder und Organe des einzelnen Betriebes. Der von Wissenschaft und Rechtsprechung für die §§ 31, 47 BRG. angenommene **Ausnahmefall** der Beteiligung wirtschaftlicher Vereinigungen als Antragsteller ist hier nicht erwähnt. Doch dürfte es sich dabei um ein unbeabsichtigtes gesetzgeberisches Versehen handeln, das im Wege der Analogie **für diese Fälle** auszugleichen ist (vgl. Flatow, BRG., Anm. 3 Abs. 3, Anm. 6 Abs. 2 zu § 93 BRG.).

Für den einzelnen Fall des Beschlußverfahrens erklärt § 83 Abs. 1 Satz 1 ArbGG. die Personen und Personengesamtheiten im Rahmen der allgemein möglichen Beteiligung für **beteiligt**, die **nach der materiellen Regelung des Betriebsrätegesetzes für diesen Fall** beteiligt sind. Es ist also für jeden der im § 2 Abs. 1 Nr. 5 ArbGG. angeführten Fälle des Betriebsrätegesetzes zu prüfen, wer in ihnen nach der in Betracht kommenden Vorschrift des Betriebsrätegesetzes beteiligt ist. Allgemein kann nur gesagt werden, daß der Antragsteller selbst immer beteiligt ist, wer er auch sein mag, daß aber darüber hinaus **grundsätzlich auch** der Arbeitgeber beteiligt ist, weil die Regelung der Betriebsverhältnisse, von Ausnahmen im Einzelfall (z. B. hinsichtlich der inneren Geschäftsordnung der Betriebsvertretung) abgesehen, auch ihn als den Inhaber des Betriebes angeht (noch weitergehend: Dersch-Volkmar, Anm. 2, a, zu § 83; Schmincke-Sell, Anm. 1

zu § 83; unklar Baumbach, Anm. 2 zu § 83; für das frühere Recht: Flatow-Joachim, SchlVO., Anm. 6 zu § 5 der 1. AVOSchlVO.). Außer dem Arbeitgeber sind beteiligt:

aa) In den Fällen des § 39 BRG.: das Mitglied des Betriebsrats, für dessen Mitgliedschaft das Erlöschen beantragt ist, der Betriebsrat als Organ der Arbeitnehmerschaft selbst; die Mitglieder des Viertels der wahlberechtigten Arbeitnehmer, wenn sie den Antrag gestellt haben.

bb) In den Fällen des § 44 in Verbindung mit § 39 BRG. gilt das Entsprechende für den Arbeiter- oder Angestelltenrat.

cc) In den Fällen des § 56 Abs. 2 in Verbindung mit § 39 BRG. gilt das Entsprechende für den Gesamtbetriebsrat.

dd) In den Fällen des § 60 in Verbindung mit § 39 BRG.: der Betriebsobmann, zugleich als Organ der Arbeitnehmerschaft, die Mitglieder des Viertels der wahlberechtigten Arbeitnehmer, wenn sie den Antrag gestellt haben.

ee) In den Fällen der § 41, § 43 Abs. 2 BRG.: der Betriebsrat als Organ der Arbeitnehmerschaft; die Mitglieder des Viertels der wahlberechtigten Arbeitnehmer, wenn sie den Antrag gestellt haben; die Arbeitnehmer, die das Arbeitsgericht etwa als Mitglieder des vorläufigen Betriebsrats berufen will.

ff) In den Fällen des § 44 in Verbindung mit §§ 41, 43 BRG. gilt das Entsprechende für den Arbeiter- oder Angestelltenrat.

gg) In den Fällen des § 56 Abs. 2 in Verbindung mit §§ 41, 43 BRG. gilt das Entsprechende für den Gesamtbetriebsrat.

hh) In den Fällen des § 52 Abs. 1, § 53 BRG.: außer dem Antragsteller die übrigen Einzelbetriebsräte und der Gesamtbetriebsrat als Organ der Arbeitnehmerschaft.

ii) In den Fällen des § 52 Abs. 2, § 53 BRG.: außer den Antragstellern — der Mehrheit der wahlberechtigten Arbeitnehmer eines der zusammengeschlossenen Betriebe — die Arbeitnehmerschaften der übrigen Betriebe und der gemeinsame Betriebsrat als Organ der Arbeitnehmerschaft.

kk) In den Fällen des § 80 Abs. 2 BRG.: der Arbeiterrat oder der Angestelltenrat als Organ der Arbeiter- oder Angestelltenschaft und der betroffene Arbeitnehmer.

ll) In den Fällen der §§ 82, 83 BRG.: außer dem antragstellenden Arbeiterrat oder Angestelltenrat als Organ der Arbeiter oder Angestelltenschaft der richtlinienwidrig eingestellte Arbeitnehmer.

mm) In den Fällen des § 93 BRG. richtet sich die Beteiligung je nach dem Einzelfall; vgl. a, Abs. 2 dieser Anm. und die Aufzählung bei Flatow, BRG., Anm. 3 Abs. 3 zu § 93.

nn) In den Fällen des § 97 BRG.: die Betriebsvertretung als Organ der Arbeitnehmerschaft, Arbeiterschaft oder Angestelltenschaft und das betroffene Mitglied der Betriebsvertretung.

oo) In den Fällen des § 98 Abs. 1 BRG. tritt an Stelle der Betriebsvertretung die in Betracht kommende Vertretung gemäß BRG. §§ 62, 63.

pp) In den Fällen des § 98 Abs. 2 BRG.: der Betriebsobmann und die wahlberechtigten Arbeitnehmer.

Die Beteiligung dieser Personen in dem Verfahren erleidet weiter dann eine Einschränkung, wenn der Antrag auf Einleitung des Beschlußverfahrens in einem Falle gestellt ist, der nicht zu den in § 2 Abs. 1 Nr. 5 ArbGG. aufgezählten Fällen des Beschlußverfahrens (ArbGG. § 80 Abs. 1) gehört, oder wenn er von einer nicht antragsberechtigten Person oder Personenmehrheit oder von einer nicht parteifähigen Personenmehrheit gestellt ist (vgl. Anm. 2 Abs. 2, Anm. 8 Abs. 2 zu § 81). In diesen Fällen ist, wenn der Antrag nicht zurückgenommen wird, zwar das Beschlußverfahren bis zum Endbeschluß durchzuführen, es muß aber die Zurückweisung lediglich aus Verfahrensgründen erfolgen. Unter diesen Umständen ist außer dem Antragsteller niemand beteiligt, weil die Voraussetzung für die Beteiligung anderer Personen, das Vorliegen eines im Beschlußverfahren sachlich zu erledigenden Falles, nicht gegeben ist. Es ist also, falls die Zurückweisung des Antrages als unzulässig erfolgen muß. nur der Antragsteller zu hören. Stellt sich auf Grund der Anhörung nachträglich für die Kammer die Zulässigkeit des Antrags heraus, so ist der zurückweisende Beschluß nicht zu erlassen und die Anhörung auf die dann sonst Beteiligten auszudehnen, damit ein Sachbeschluß erlassen werden kann.

b) Prozeßvertretung. Wie die Parteien im Urteilsverfahren, so können sich auch die Beteiligten im Beschlußverfahren im Rahmen des § 11 Abs. 1 ArbGG. vertreten lassen, sofern nicht gemäß § 80 Abs. 2 in Verbindung mit § 51 ArbGG. die persönliche mündliche Anhörung angeordnet ist (vgl. Anm. 10 zu § 80). Wo die Beteiligten eine Mehrheit von Arbeitnehmern darstellen, die nicht an sich gemäß § 10 ArbGG. parteifähig ist, wird eine Prozeßvertretung sogar besonders zweckmäßig sein.

Abgesehen von der Prozeßvertretung gemäß § 11 Abs. 1 ArbGG. werden Beteiligte, die zwar parteifähig, aber keine natürliche Person sind, durch ihre gesetzlichen Vertreter vertreten, insbesondere die Betriebsvertretungen gemäß BRG. §§ 28, 38, 55 durch ihren Vorsitzenden oder seinen Stellvertreter, der Arbeitgeber gemäß § 14 Abs. 1 BRG.

Die allgemeine Befugnis des Arbeitgebers, sich durch Bevollmächtigte vertreten zu lassen (§ 14 Abs. 2 BRG.), gilt für das arbeitsgerichtliche Verfahren nur im Rahmen des § 11 Abs. 1 ArbGG. (ebenso Flatow, BRG., Anm. 9 Abs. 8 zu § 14 BRG.).

c) Anhörungspflicht. Die Beteiligten „sind" zu hören; ihre Anhörung ist also zwingend vorgeschrieben, so daß eine Verletzung dieser Vorschrift nach § 86 Abs. 1 ArbGG. einen Rechtsbeschwerdegrund darstellt (vgl. Anm. 3 zu § 88). Dagegen liegt es im Ermessen des Arbeitsgerichts, ob die Beteiligten mündlich oder schriftlich zu hören sind (vgl. Anm. 3). Hinsichtlich des Antragstellers kann die Anhörung gegebenenfalls schon in der Entgegennahme des Antrags liegen, falls das Gericht diesen für genügend ausführlich und den gesamten Verfahrensgegenstand erschöpfend hält; doch wird sich im allgemeinen eine nochmalige Anhörung auch des Antragstellers zu seinem Antrag empfehlen, um Erörterungen über die Erfüllung der Anhörungspflicht insofern zu vermeiden.

Die Anhörungspflicht schließt jedoch nicht die Pflicht des Arbeitsgerichts ein, die Beteiligten miteinander verhandeln zu lassen oder den einen Beteiligten zu den Erklärungen eines anderen zu hören oder auch nur bei mündlicher Anhörung die Beteiligten gemeinsam zu hören. Es kommt vielmehr, da das Beschlußverfahren kein Parteiverfahren wie das Urteilsverfahren ist, nur darauf an, daß das Arbeitsgericht die Auffassungen der Beteiligten zu dem Antrag kennenlernt, um diese Auffassungen gegebenenfalls für die Beschlußfassung verwenden zu können (a. A. Baumbach, Anm. 3 a. E. zu § 83). Ebenso wenig sind, aus derselben Erwägung, die Beteiligten nochmals zum Ergebnis der etwa vorgenommenen Sachaufklärung (ArbGG. § 83 Abs. 3) zu hören (a. A. Dersch-Volkmar, Anm. 13 a. E. zu § 83); eine solche Anhörung würde auch das Verfahren unerträglich verzögern, ohne im Sinne seines Aufbaus als Verwaltungsverfahren in der Hand des Arbeitsgerichts zu liegen. Der Anhörungspflicht ist also genügt, wenn jedem Beteiligten für sich die Möglichkeit zur Äußerung gegeben worden ist.

3 Darüber, ob die Beteiligten mündlich oder schriftlich zu hören sind, entscheidet „zunächst" (vgl. Begr., S. 46) der Vorsitzende des Arbeitsgerichts. Die Entscheidung ist in sein pflichtmäßiges Ermessen gestellt. Er wird sich dabei von der Erwägung leiten lassen, einmal erschöpfende Äußerungen der Beteiligten zu dem Antrage zu erhalten, zum anderen das Verfahren möglichst schnell zu fördern. Eine allgemeine Richtlinie läßt sich nicht aufstellen, auch kann die mündliche Anhörung nicht, wie Schmincke-Sell (Anm. 2 zu § 83) dies wollen, grundsätzlich als zweckmäßiger angesehen werden als die schriftliche. Für die Entscheidung wird es vielmehr unter anderem darauf ankommen, ob angenommen werden kann, daß der in Betracht kommende Beteiligte fähig ist, beschleunigt eine erschöpfende schriftliche Erklärung abzugeben, ob ihm das Erscheinen zur mündlichen Anhörung angesichts seiner Arbeitslast, der Entfernung seines Wohnorts vom Gerichtsort, der Unmöglichkeit, ihm Auslagenersatz für das Erscheinen vor Gericht zu zahlen, zugemutet werden kann usw. Entscheidet sich der Vorsitzende für die mündliche Anhörung, so kann er zugleich das persönliche Erscheinen des Beteiligten anordnen (ArbGG. § 80 Abs. 2 in Verbindung mit § 51), andernfalls kann sich der Beteiligte bei der mündlichen Anhörung vertreten lassen (vgl. Anm. 2, b). Der Vorsitzende kann auf Grund seiner Erwägungen dazu kommen, einzelne Beteiligte schriftlich zu hören, andere aber zur mündlichen Anhörung zu laden. Er kann auch, nachdem er einen Beteiligten zunächst schriftlich gehört hat, wenn ihm dessen Erklärung nicht genügt, nachträglich die mündliche Anhörung anordnen und ihn dazu laden.

Daß, nach Eingang des Antrags, der Vorsitzende über die Art der Anhörung zu entscheiden hat, ergibt sich an sich schon aus der gemäß § 80 Abs. 2 entsprechend anwendbaren Vorschrift des § 53 Abs. 1 ArbGG.; denn die Anhörung der Beteiligten muß angeordnet werden, ohne daß es einer Kammerverhandlung bedarf. Infolgedessen hatte auch das bisherige Recht in § 5 Abs. 3 Satz 1 Halbsatz 2 der 1. AVOSchlVO. bestimmt, daß „das Arbeitsgericht" hierüber zu entscheiden hat. Mit Rücksicht darauf, daß hieraus irrtümliche Schlüsse gezogen worden sind, hat das Arbeitsgerichtsgesetz eine unmißverständliche Fassung gewählt. Diese soll aber, wie auch die oben erwähnte Stelle der Begründung des Gesetzes besagt, nicht bedeuten, daß der Vorsitzende seinen Willen auch gegenüber einer etwa entgegenstehenden Auffassung der Kammer durchsetzen könnte, wenn dies dazu führen könnte, die Beschlußfassung zu gefährden. Der Vorsitzende hat vielmehr nur vorläufig über die Form der Anhörung zu entscheiden. Ordnet er mündliche Anhörung an, so kann daran allerdings die Kammer nichts ändern, denn die mündliche Anhörung versetzt sie in die Lage, alles ihr für die Erscheinung erforderlich Erscheinende zu erfragen. Hatte er dagegen schriftliche Anhörung angeordnet und eine schriftliche Erklärung des Beteiligten erhalten, die die Kammer als Unterlage für die Beschlußfassung nicht genügt, so muß die Kammer in der Lage sein, nachträglich die mündliche Anhörung zu verlangen, wenngleich ein solches Verlangen als das Verfahren verzögernd, weil zu einer Vertagung führend, nach Möglichkeit vermieden werden sollte (ebenso Baumbach, Anm. 3 a. A. zu § 83). Die Kammer kann sich in solchen Fällen auch dadurch helfen, daß sie den Vorsitzenden ersucht, eine weitere schriftliche Anhörung des Beteiligten unter Hinweis auf die noch aufklärungsbedürftigen Punkte zu veranlassen.

Seitens der Beteiligten ist die Anordnung des Vorsitzenden über die mündliche oder schriftliche Anhörung, die keiner Form bedarf, unanfechtbar.

4 Die schriftliche Erklärung der Beteiligten ist der Kammer, sobald sie zur Beschlußfassung (ArbGG. § 84 Abs. 1 Satz 1), zur mündlichen Anhörung anderer Beteiligter oder zu Aufklärungshandlungen (ArbGG. § 83 Abs. 3) zusammentritt, vorzulegen. Damit erfolgt die eigentliche Anhörung, die in der Kenntnisnahme von der schriftlichen Erklärung besteht, auch bei schriftlicher Anhörung durch die Kammer, die nach § 84 Abs. 1 Satz 1 in jedem Falle den Beschluß zu fassen hat.

Die mündliche Anhörung der Beteiligten erfolgt, auf Ladung durch den Vorsitzenden, vor der Kammer, weil diese für die Beschlußfassung unter der unmittelbaren Wirkung des Gehörten stehen soll (Begr., S. 46). Diese Wirkung läßt sich allerdings nur erreichen, wenn der Endbeschluß in derselben Sitzung wie die Anhörung ergeht, weil sonst inzwischen gemäß der Vorschrift des § 31 ArbGG. regelmäßig die Arbeitsrichter gewechselt haben. Das ist aber der Wille des Gesetzes; auch im Beschlußverfahren hat der Vorsitzende nach dem Sinne der Vorschriften des § 83 ArbGG. die Kammersitzung so vorzubereiten, daß der Endbeschluß in ihr ohne Vertagung ergehen kann (vgl. das in Anm. 3 Abs. 2 Gesagte). Mit der mündlichen Anhörung der Beteiligten sind gegebenenfalls Aufklärungshandlungen der Kammer gemäß § 83 Abs. 3 ArbGG. zu verbinden. Die mündliche Anhörung der Beteiligten kann auch, aus den dargelegten Gründen, nicht etwa einem beauftragten oder einem ersuchten Richter übertragen werden.

Bei der Natur des Beschlußverfahrens als eines Verwaltungsverfahrens ohne Parteibetrieb ist es nicht Pflicht der Beteiligten, von sich aus die sachdienlichen Angaben erschöpfend zu machen, wenngleich sie sich im Interesse der schleunigen Abwicklung des Verfahrens ebenfalls in dieser Richtung bemühen sollen. Vielmehr ist das Gericht verpflichtet, durch Hinweise und Fragen alles als Unterlage für seinen Endbeschluß Erforderliche von den Beteiligten in Erfahrung zu bringen. Auch die Anhörung der Beteiligten gehört im weiteren Sinne zur Sachaufklärung (vgl. Anm. 2, c, Abs. 2).

5 Ein unmittelbarer Zwang zur schriftlichen oder mündlichen Äußerung im Verfahren ist für die Beteiligten nicht eingeführt, weil er in der Praxis nicht durchführbar wäre. Wird allerdings das persönliche Erscheinen vom Vorsitzenden angeordnet, so kann der Beteiligte, wenn er gleichwohl ausbleibt und auch keinen Vertreter entsendet, der in der Lage ist, die erforderlichen Erklärungen und Aus-

künfte abzugeben, mit einer Ordnungsgeldstrafe bestraft werden (ArbGG. § 80 Abs. 2 in Verbindung mit § 51 Abs. 1 ArbGG. und ZPO. § 141 Abs. 2, 3, § 380).

Im Urteilsverfahren hat das Ausbleiben einer Partei die Säumnisfolge, daß das Vorbringen der anderen Partei als zugestanden gilt. Diese Folge kommt im Beschlußverfahren seiner Natur nach und nach der Bedeutung der Anhörung der Beteiligten hier (vgl. Anm. 2c) nicht in Betracht. Hier hat vielmehr die Säumnis eines Beteiligten die Folge, daß er in dem Verfahren nicht mehr gehört zu werden braucht. Säumnis liegt bei mündlicher Anhörung nur vor, wenn er auf Ladung unentschuldigt ausbleibt. Hat er sein Ausbleiben entschuldigt und wird die Entschuldigung von der Kammer (ArbGG. § 83 Abs. 1 Satz 3) für ausreichend gehalten, so besteht die Anhörungspflicht für das Gericht fort; es muß also vertagt werden, um dem entschuldigt Ausgebliebenen nochmals Gelegenheit zur mündlichen Äußerung zu geben, sofern der Vorsitzende nicht etwa nunmehr schriftliche Anhörung veranlaßt. Bei schriftlicher Anhörung liegt Säumnis vor, wenn der Beteiligte sich auf die Aufforderung des Vorsitzenden nicht äußert; diese Aufforderung wird zwecks Nachweises der Zugangs zuzustellen oder gegen Rückschein zu übersenden sein (ebenso Baumbach, Anm. 4 zu § 83).

Die Säumnis eines Beteiligten erledigt aber nur die Anhörungspflicht des Arbeitsgerichts ihm gegenüber. Die Befugnis, den säumigen Beteiligten zu hören, hat das Gericht auch weiterhin; es kann von ihr erneut Gebrauch machen, wenn ihm die Anhörung dieses Beteiligten besonders wichtig erscheint und es sich von der Wiederholung der Ladung Erfolg verspricht; es kann auch beschließen, den Säumigen nunmehr zur schriftlichen Äußerung aufzufordern. Auf die Anhörungspflicht gegenüber den anderen Beteiligten hat die Säumnis keinerlei Wirkung.

Kann das Gericht von einem oder mehreren Beteiligten keine Äußerung erlangen, trotzdem es seiner Anhörungspflicht ihnen gegenüber nachgekommen ist, so muß es gleichwohl zu einem Endbeschluß kommen. Häufig wird es durch Aufklärungshandlungen gemäß ArbGG. § 83 Abs. 3 die fehlende Unterrichtung durch die Beteiligten ersetzen können. Ist dies nicht der Fall, so muß es seine Entscheidung auf Grund des Antrags „nach freier Überzeugung" fällen (ArbGG. § 84 Abs. 1 Satz 1; vgl. Anm. 4 zu § 84). Es wird dabei gegebenenfalls aus der Weigerung der Äußerung des säumigen Beteiligten und aus den Umständen dieser Weigerung Schlüsse ziehen können.

6 In vielen Fällen wird der Sachverhalt durch die Anhörung der Beteiligten allein für das Gericht nicht so weit geklärt sein, daß es sich bereits in der Lage sieht, den Endbeschluß zu erlassen. Unter diesen Voraussetzungen kann es weitere Aufklärungshandlungen vornehmen, d. h. es kann sich weitere Unterlagen für seine Entscheidung „nach freier Überzeugung" (ArbGG. § 84 Abs. 1 Satz 1) verschaffen. Diese Sachaufklärung seitens des Arbeitsgerichts im Beschlußverfahren ist aber von der Beweiserhebung im Urteilsverfahren wesensverschieden, obwohl die Mittel der Aufklärung äußerlich weitgehend denen der Beweiserhebung entsprechen. Im Urteilsverfahren erhebt das Gericht Beweis, wenn Tatfragen, die für die Entscheidung erheblich sind, nach der Parteiverhandlung streitig sind und die Parteien für ihre Behauptungen Beweis anbieten. Die Beweiserhebung hängt also einmal von einem Streit der Parteien über die Tatfrage und weiter von ihrem Willen, ihre Behauptung zu beweisen, ab; für jede streitige Behauptung trifft eine Partei die sogenannte Beweislast, so

daß bei Beweisfälligkeit die Tatfrage als zu ihren Ungunsten entschieden gilt. Alle diese Regeln können im Beschlußverfahren, in dem es seiner Natur nach keine Parteien im zivilprozessualen Sinne und keinen Parteibetrieb gibt, nicht gelten. Das Arbeitsgericht muß sich vielmehr für die Entscheidung, die es nach freier Überzeugung zu fällen hat, die tatsächlichen Unterlagen über die Fragen, die es für erheblich hält und die ihm nach dem Antrag und nach der Anhörung der Parteien nicht geklärt erscheinen, von Amts wegen zu verschaffen suchen. Es erhebt nicht Beweise über Parteibehauptungen auf Antrag einer Partei, sondern es klärt den Sachverhalt von sich aus auf, um entscheiden zu können. Dabei ist es für seine Entscheidung an keinerlei Regeln über die Würdigung der Ergebnisse seiner Aufklärungstätigkeit gebunden, während im Urteilsverfahren, wie im neuzeitlichen Zivilprozeß überhaupt, zwar der Grundsatz der freien Beweiswürdigung herrscht, aber doch mit gewissen Ausnahmen (betr. den Urkunden- und Parteieidesbeweis). Im Beschlußverfahren beschließt die Kammer des Arbeitsgerichts auf Grund der Ergebnisse des Verfahrens nach „freier Überzeugung" (ArbGG. § 84 Abs. 1 Satz 1; vgl. Anm. 4 zu § 84); diese Vorschrift fließt aus der freieren Gestaltung des Verwaltungsverfahrens gegenüber dem zivilprozessualen Verfahren.

Diese verschiedene Grundeinstellung des Verfahrens wirkt sich sowohl für die Zulässigkeit der einzelnen Aufklärungsmittel wie für die Art ihrer Anwendung aus. Zunächst kann es danach den Parteieid, der im Urteilsverfahren ein zulässiges Beweismittel darstellt, im Beschlußverfahren nicht geben, auch nicht in der Form des Eides eines Beteiligten; denn die Entscheidung hängt nicht unmittelbar von dem tatsächlichen Vorbringen des Beteiligten ab. Infolgedessen gibt das Arbeitsgerichtsgesetz dem Gericht im § 83 Abs. 3 nicht die Befugnis, den Eid eines Beteiligten zur Sachaufklärung anzuordnen. Aber auch für die zugelassenen Aufklärungsmittel gelten nicht schlechthin die Vorschriften der Zivilprozeßordnung über die entsprechenden Beweismittel, wie in Anm. 14 zu § 80 ausgeführt; insbesondere tritt im Beschlußverfahren an die Stelle des förmlichen Urkundenbeweises des Urteilsverfahrens die bloße Urkundeneinsicht zum Zwecke der Aufklärung (vgl. Anm. 8). Vernehmungen von Auskunftspersonen — Zeugen und Sachverständigen — und Augenscheinseinnahmen, bei denen eine verschiedene Würdigung möglich ist, können allein von der Kammer des Arbeitsgerichts vorgenommen werden (vgl. Anm. 10), andere Aufklärungshandlungen, deren Ergebnis der entscheidenden Kammer schriftlich vorgelegt werden kann, stehen im Interesse der Beschleunigung des Verfahrens dem Vorsitzenden bzw. einem ersuchten Richter zu (vgl. Anm. 8, 9). Wegen der einzelnen Aufklärungsmittel vgl. die Anm. 8—11.

7 Das Gesetz gibt dem Arbeitsgericht die Befugnis, zu seiner Aufklärung außer der Anhörung der Beteiligten auch die im § 83 Abs. 3 ArbGG. vorgesehenen Handlungen vorzunehmen. Ob es einer solchen Maßnahme im einzelnen Fall und gegebenenfalls welcher Maßnahmen es bedarf, steht im pflichtmäßigen Ermessen des Gerichts. Die Rechtsbeschwerde kann also auf die Tatsache, daß bestimmte Aufklärungshandlungen nicht vorgenommen worden sind, nicht gemäß § 86 Abs. 1 ArbGG. gestützt werden (a. A. Dersch-Volkmar, Anm. 6 a. E. zu § 83). Das folgt sowohl aus der Fassung des § 83 Abs. 3 Satz 1: „Zur Aufklärung des Sachverhalts können..." wie insbesondere aus der Vorschrift des § 84 Abs. 1

Satz 1, nach der die Kammer „auf Grund der Ergebnisse des Verfahrens ... nach freier Überzeugung" beschließt. Dagegen kann die Rechtsbeschwerde darauf gestützt werden, daß zwingende Vorschriften für die Sachaufklärung des § 83 Abs. 3 Satz 2 oder entsprechend anwendbare Vorschriften der Zivilprozeßordnung über die Beweisaufnahme verletzt sind, wenn diese Möglichkeit auch praktisch bei dem Charakter der Rechtsbeschwerde (vgl. insbesondere § 89 Abs. 1 Satz 2 ArbGG.) kaum bedeutungsvoll sein dürfte.

Die Entscheidung darüber, ob und welche Aufklärungsmaßnahmen außer der Anhörung der Beteiligten erforderlich sind, hat stets die Kammer des Arbeitsgerichts, die den Endbeschluß zu fassen hat. Auch in den Fällen, in denen der Vorsitzende allein Aufklärungshandlungen vornimmt, obliegt ihr die Würdigung ihres Ergebnisses, ebenso obliegt ihr, falls eine Vertagung stattgefunden hat, die Würdigung der von der Kammer im Vortermin vorgenommenen Vernehmungen von Auskunftspersonen und Augenscheinseinnahmen auf Grund der ihr vorliegenden schriftlichen Feststellungen hierüber. Erscheinen ihr die Unterlagen zu einer entscheidenden Würdigung nicht ausreichend, so muß sie selbst noch die erforderliche Aufklärung nachholen oder die Verhandlung vertagen, damit der Vorsitzende Gelegenheit hat, die neue Sitzung so vorzubereiten, daß in ihr der Endbeschluß gefaßt werden kann. Eine gründliche Vorbereitung durch den Vorsitzenden muß jedoch anstreben, daß der Endbeschluß in der Sitzung erlassen wird, in der die mündlich zu hörenden Beteiligten vernommen und etwaige Aufklärungsmaßnahmen durch die Kammer erledigt werden; unter der Herrschaft des bisherigen Rechts hat sich diese allein zweckdienliche Übung im allgemeinen erreichen lassen.

8 Für die Urkundeneinsicht ist nicht vorgeschrieben, daß sie durch die Kammer erfolgen oder auch nur angeordnet werden muß (ArbGG. § 83 Abs. 3 Satz 2). Das erklärt sich aus der Natur dieses Aufklärungsmittels. „Urkunde" ist jede Feststellung eines Tatbestandes in einer für andere Menschen erkennbaren Form; meist erfolgt eine solche Feststellung durch Niederschrift oder Druck, sie kann aber auch in anderer Weise, etwa durch automatische Anzeigung, vorgenommen werden. Die Aufklärungshandlung der Urkundeneinsicht besteht in der Kenntnisnahme von dieser Feststellung, in der noch keine Würdigung des Urkundeninhalts liegt. Die Überlassung der Urkundeneinsicht an eine andere Person wie die, die auf Grund ihres Ergebnisses zu entscheiden hat, nimmt den entscheidenden Personen also nicht die Möglichkeit des Befindens über die Bedeutung der vorgenommenen Aufklärung für das Verfahren. Daraus ergibt sich, daß die Urkundeneinsicht im Beschlußverfahren nicht nur vom Vorsitzenden vorgenommen werden kann, wie sich dies ohne weiteres aus der Fassung des § 83 Abs. 3 ArbGG. ergibt, sondern daß für sie — anders wie für die anderen Aufklärungshandlungen — auch gemäß § 80 Abs. 2 ArbGG. die Vorschrift des § 58 Abs. 1 Satz 3 ArbGG. anwendbar ist, so daß sie vom Vorsitzenden des entscheidenden Arbeitsgerichts im Rahmen des § 58 Abs. 1 Satz 3 einem ersuchten Richter übertragen werden kann (vgl. Anm. 14 zu § 80). Der bei der Urkundeneinsicht festgestellte Inhalt der Urkunde ist von dem die Aufklärungshandlung vornehmenden Richter schriftlich, im allgemeinen also durch Abschrift, niederzulegen, damit er der entscheidenden Kammer des Arbeitsgerichts als Unterlage für ihren Endbeschluß vorgelegt werden kann.

Die Vorschrift bedeutet weiter, daß das Arbeitsgericht jede Urkunde, deren Kenntnis es für das Verfahren für erforderlich hält, einsehen kann, gleichviel, bei wem sie sich befindet und wessen Eigentum sie ist. Diese weitgehende Ermächtigung gestattet aber gleichwohl nur die Einsicht an Ort und Stelle, sie verpflichtet den Urkundeninhaber nicht zur Übersendung der Urkunde an Gerichtsstelle (ebenso Dersch-Volkmar, Anm. 7 zu § 83).

9 Auch die Einholung von Auskünften steht, als Beiziehung schriftlicher Unterlagen für die Entscheidung der Kammer, dem Vorsitzenden zu, ohne daß es eines Kammerbeschlusses bedarf (ArbGG. § 83 Abs. 3 Satz 2); die Übertragung an einen ersuchten Richter kommt hier nach der Art des Aufklärungsmittels nicht in Betracht. Auf diese Weise können Auskunftspersonen schriftlich gehört werden, ohne daß es einer Vernehmung vor der Kammer (§ 83 Abs. 3 Satz 2) bedarf. Die Auskunft ist der Kammer bei ihrem Zusammentreten vorzulegen. Genügt sie ihr nicht, so kann sie die Auskunftsperson vernehmen. Der Vorsitzende kann, wenn er die schriftlich bei ihm eingehende Auskunft nicht für ausreichend erachtet, die Auskunftsperson zur Vernehmung durch die Kammer laden (ArbGG. § 83 Abs. 3 Satz 3; vgl. Anm. 10). Das gleiche gilt, wenn der um die Auskunft Angegangene die Erteilung verweigert. Eine Versicherung an Eidesstatt bezüglich der Äußerung kann der Vorsitzende nicht verlangen, da ein solches Verlangen durch die Ermächtigung zur Auskunftseinholung nicht gedeckt ist (vgl. Anm. 14 zu § 80), der Zweck der Sachaufklärung auch eine solche Versicherung in den Fällen, in denen das Gericht sich mit einer schriftlichen Auskunft begnügt, nicht erfordert (vgl. Anm. 10 Abs. 2).

Die Auskunftspersonen haben gegebenenfalls Anspruch auf Entschädigung gemäß § 80 Abs. 2 ArbGG. in Verbindung mit § 401 Abs. 2, § 413 ZPO. (vgl. Anm. 10 Abs. 6).

10 Die Vernehmung von Zeugen und Sachverständigen erfolgt durch die Kammer. Dem Vorsitzenden liegt lediglich die Vorbereitung ob, die in der Auswahl und Ladung besteht. Die Kammer kann jedoch beschließen, daß die geladenen Zeugen oder Sachverständigen nicht vernommen werden, weil die Vernehmung ihr unnötig erscheint; sie kann auch die Vernehmung anderer Zeugen oder Sachverständigen wie der geladenen beschließen. Dies ist die Bedeutung der Vorschriften des § 83 Abs. 3 Satz 2, 3. Wenn es in Satz 3 heißt, daß der Vorsitzende die Maßnahmen vorbereiten „kann", so will das besagen, daß er sie vorbereiten soll, wenn die Vernehmung ihm erforderlich erscheint; die Vernehmung ist aber nicht durch die Vorbereitung seitens des Vorsitzenden bedingt.

Für die Vernehmung von Zeugen und Sachverständigen ist gemäß § 80 Abs. 2 ArbGG. die Vorschrift des § 58 Abs. 2 Satz 1 ArbGG. anwendbar (vgl. Anm. 14 zu § 80). Die Vernehmung ist also grundsätzlich uneidlich; die Auskunftspersonen werden nur beeidigt, wenn die Kammer das zur Herbeiführung einer wahrheitsgemäßen Äußerung für notwendig erachtet. Noch mehr als im Urteilsverfahren (vgl. Anm. 11, 12 zu § 58) soll in diesem Verfahren der Sachaufklärung seinem Sinne nach (vgl. Anm. 6) eine unnötige Beeidigung vermieden werden; im allgemeinen wird die uneidliche Vernehmung dem Zweck der Sachaufklärung, einen Beschluß nach freier Überzeugung des Gerichts zu ermöglichen, durchaus genügen (vgl. Anm. 4 zu § 84). Wird die Beeidigung ausnahmsweise für erforderlich gehalten, so muß die Kammer sie beschließen, denn sie gehört alsdann zur Vernehmung der Auskunftspersonen.

Die Anordnung einer schriftlichen Äußerung von Auskunftspersonen durch die Kammer an Stelle der mündlichen Vernehmung kommt nicht in Betracht, sie ist vielmehr, wie in Anm. 9 ausgeführt, Sache des Vorsitzenden (a. A. Dersch-Volkmar, Anm. 9a Abs. 2 a. E. zu § 83). Theoretisch könnte zwar die Kammer beschließen, die vom Vorsitzenden gemäß § 83 Abs. 3 Satz 3 ArbGG. geladenen Zeugen nicht zu vernehmen, sondern dem Vorsitzenden die Herbeiführung schriftlicher Äußerungen von ihnen zu überlassen; praktisch wird die Kammer dies aber schon aus Beschleunigungsgründen nicht tun, wenn die geladenen Auskunftspersonen zur Stelle sind.

Nicht zugelassen ist nach der Vorschrift des § 83 Abs. 3 Satz 2 ArbGG. die Vernehmung von Auskunftspersonen durch den ersuchten Richter (vgl. Anm. 14 zu § 80). Die von Baumbach (Anm. 5 zu § 83) und von Dersch-Volkmar (Anm. 9a Abs. 1 a. E. zu § 83) vertretene gegenteilige Auffassung, nach der § 83 Abs. 3 Satz 2 ArbGG. nur die Vernehmung von Auskunftspersonen durch den Vorsitzenden an Stelle der Kammer verbietet, dürfte schon darum nicht zutreffen, weil für eine Vernehmung durch den ersuchten Richter mit Rücksicht auf die Möglichkeit der schriftlichen Auskunftseinholung in Fällen weiter Entfernung der Auskunftspersonen in diesem Verfahren kein Bedürfnis besteht.

Die Teilnahme der Beteiligten an der mündlichen Vernehmung der Auskunftspersonen durch die Kammer ist im Gesetz nicht ausdrücklich zugelassen. Sie ist deshalb nur im Rahmen der nach § 80 Abs. 2 ArbGG. entsprechend anwendbaren Vorschriften des § 52 ArbGG. über Öffentlichkeit oder im Falle der besonderen Zuziehung zur Anhörung in der Aufklärungsverhandlung zulässig. Diese Regelung wird dem besonderen Charakter des Beschlußverfahrens, das eben kein Parteiverfahren ist, gerecht.

Zeugen und Sachverständige haben auf Grund der gemäß § 80 Abs. 2 ArbGG. anwendbaren Vorschriften des § 401 Abs. 1, § 413 ZPO. Anspruch auf Entschädigung. Dies ist eine Neuerung gegenüber dem bisherigen Recht des § 5 der 1. AVOSchlVO. (vgl. Flatow-Joachim, SchlVO., Anm. 2, zu GGG. §§ 43, 44, Abs. 1 a. E.), die sich praktisch als notwendig erwiesen hat, wenngleich das Beschlußverfahren nach § 12 Abs. 4 ArbGG. für die Beteiligten kostenfrei ist.

11 Auch die Einnahme des Augenscheins erfolgt durch die Kammer. Der Vorsitzende kann sie lediglich vorbereiten, d. h. er wird in geeigneten Fällen die Sitzung am Augenscheinsort anberaumen oder die Beförderungsmöglichkeiten bereitstellen, gegebenenfalls auch Auskunftspersonen für die Teilnahme an der Augenscheinseinnahme laden. Beschlossen werden muß die Augenscheinseinnahme ebenfalls von der Kammer.

Das in Anm. 10 Abs. 4 und 5 Gesagte gilt entsprechend auch hier.

Die Einnahme des Augenscheins muß von den über ihren Gegenstand verfügungsberechtigten Personen, also z. B. von dem Betriebsinhaber bei Besichtigung des Betriebs zum Zwecke der Sachaufklärung im Verfahren, gestattet werden.

§ 84

Beschluß[1]

(1) Auf Grund der Ergebnisse des Verfahrens[2] beschließt die Kammer[3] nach freier Überzeugung[4]. Der entscheidende Teil des Beschlusses ist

schriftlich abzufassen[5]. Wird er auf Grund mündlicher Anhörung erlassen[6], so ist er vom Vorsitzenden zu verkünden[7]; falls hierbei Beteiligte anwesend sind, ist dabei der wesentliche Inhalt der Gründe mitzuteilen[8].

(2) Die Wirksamkeit der Verkündung ist von der Anwesenheit der Beisitzer nicht abhängig. Wird der Beschluß ohne Zuziehung der Beisitzer verkündet, so ist der entscheidende Teil des Beschlusses vorher von dem Vorsitzenden und den Beisitzern zu unterschreiben[9].

(3) Der Beschluß nebst Gründen ist vom Vorsitzenden zu unterschreiben[10]. War er bei der Verkündung noch nicht vollständig schriftlich niedergelegt, so soll er binnen drei Tagen nach der Verkündung in vollständiger Abfassung der Geschäftsstelle übergeben werden[11].

(4) Der Beschluß ist den Beteiligten von Amts wegen zuzustellen[12].

1 Die Überschrift „Beschluß" des § 84 ArbGG. ist insofern nicht ganz scharf, als in § 84 nur die das Beschlußverfahren abschließende Entscheidung auf den Antrag, der „das Verfahren beendende Beschluß", wie sich § 85 Abs. 1 Satz 1 ArbGG. ausdrückt, behandelt wird, also die Entscheidung, die dem Endurteil des Urteilsverfahrens entspricht. Zwischenanordnungen, die in Beschlüssen ergehen — z. B. Vertagungsbeschlüsse —, werden durch § 84 nicht betroffen. Prozeßhandlungen des Arbeitsgerichts, durch die das Verfahren zwar zum Abschluß kommt, die aber keine Entscheidung auf den Antrag enthalten, sind ebenfalls keine „das Verfahren beendenden Beschlüsse" im Sinne des Arbeitsgerichtsgesetzes, fallen also nicht unter die Regelung des § 84; aus diesem Grunde ist die Einstellung des Verfahrens auf Grund der Zurücknahme des Antrags im § 81 Abs. 2 ArbGG. besonders und abweichend von § 84 geregelt (vgl. Anm. 8 zu § 81).

Der das Verfahren beendende Beschluß kann verschiedener Natur sein; er kann — im Regelfall — auf den Antrag eine sachliche Entscheidung treffen, die die notwendige Regelung des Betriebsverhältnisses trifft, er kann aber auch den Antrag wegen Mangels der formalen Voraussetzungen für ihn zurückweisen (vgl. Anm. 2 Abs. 2, Anm. 8 Abs. 2 zu § 81). Bei Zurückweisung des Antrags wegen Mangels formaler Voraussetzungen ist zwar das Verfahren gemäß § 83 ArbGG. praktisch einfacher als im Regelfalle, weil eine Beteiligung anderer Personen als des Antragstellers nicht vorliegt (vgl. Anm. 2, a Abs. 4 zu § 83) und eine weitere Sachaufklärung nicht erforderlich ist, ein Endbeschluß muß aber erlassen werden; für ihn gelten wie für jeden Endbeschluß die Vorschriften des § 84 ArbGG. Auch dieser Endbeschluß ergeht daher „auf Grund der Ergebnisse des Verfahrens... „nach freier Überzeugung" seitens der „Kammer". Die abweichende Auffassung Baumbachs (Anm. 1 zu § 84), nach der die Vorschriften des § 81 Abs. 2 ArbGG. ergäben, daß „die Prüfung der Prozeßfragen dem Vorsitzenden zusteht", beruht auf einer irrtümlichen Auslegung des § 81 Abs. 2 ArbGG., die mit dem Gesamtsinn der Vorschriften über das Beschlußverfahren nicht im Einklang steht (vgl. Anm. 8 zu § 81).

Die Vorschriften des § 84 ArbGG. enthalten nichts über die Wirkung des Beschlusses, insbesondere darüber, ob dem Endbeschluß des Beschlußverfahrens eine der zivilprozessualen Rechtskraft vergleichbare Wirkung und ob ihm Vollstreckbarkeit zukommt. Die vom Gesetz gewollte Regelung ist daher aus dem Gesamtsinn der Vorschriften über das Beschlußverfahren im Zusammenhang mit den allgemeinen Regeln des öffentlichen Rechts zu entnehmen.

Unter Rechtskraft versteht man zweierlei Wirkungen eines entscheidenden Staatsaktes: Einmal bedeutet die sog. formelle Rechtskraft, daß die Entscheidung mit Rechtsmitteln nicht mehr anfechtbar ist, zum anderen die sog. materielle Rechtskraft, daß in einem künftigen Verfahren über denselben Gegenstand eine erneute Entscheidung unter Berufung auf die frühere Entscheidung abgelehnt werden muß. Dem Urteil des Zivilprozesses kommt die formelle Rechtskraft, daneben die materielle Rechtskraft im Verhältnis der Parteien zueinander hinsichtlich des durch Klage oder Widerklage erhobenen Anspruchs zu (ZPO. §§ 322bis 327). Außer der Rechtskraft haben die rechtsgestaltenden Zivilurteile (z. B. das Ehescheidungsurteil) ebenso wie verwaltungsmäßige Staatsakte noch die sog. Tatbestandswirkung, die darin besteht, daß sie das Rechtsverhältnis, über das das Verfahren angestrengt war, mit Wirkung für jedermann in einer bestimmten Weise regeln. Diese Wirkung ist von der materiellen Rechtskraft streng zu scheiden. Ein Staatsakt kann Tatbestandswirkung haben, ohne materielle Rechtskraft zu besitzen, wenn nämlich zwar das Rechtsverhältnis mit Wirkung für jedermann geregelt, eine Wiederaufrollung des Streits zwischen den Beteiligten aber zulässig ist; umgekehrt kann ein Staatsakt zwar materielle Rechtskraft haben, aber keine Tatbestandswirkung, wenn zwar eine Wiederaufrollung des Streits zwischen den Beteiligten unzulässig ist, das Rechtsverhältnis aber nicht mit Wirkung für jedermann geregelt ist (z. B. beim zivilprozessualen Feststellungsurteil).

Die Frage, welchen Staatsakten formelle oder materielle Rechtskraft, welchen Tatbestandswirkung zukommt, ist in der deutschen Gesetzgebung mangels eines „Allgemeinen Teils" des öffentlichen Rechts nicht einheitlich und abschließend geregelt und in der Wissenschaft stark bestritten. Sie wird, grundsätzlich in Übereinstimmung mit der herrschenden Auffassung, folgendermaßen zu beantworten sein: Formelle Rechtskraft ist eine Wirkung, die jedem Staatsakt zukommt, der nicht noch in demselben Verfahren angefochten werden kann, also Urteilen nach Ablauf der Rechtsmittelfrist, Anordnungen der Verwaltungsbehörden, gegen die Rechtsmittel nicht gegeben sind oder hinsichtlich derer die Rechtsmittelfrist abgelaufen ist, nicht dagegen z. B. den Beschlüssen des Zivilprozesses und des arbeitsgerichtlichen Urteilsverfahrens, die mit der einfachen — unbefristeten — Beschwerde anfechtbar sind, solange der Hauptstreit, in dem sie ergangen sind, nicht formell rechtskräftig erledigt ist. Tatbestandswirkung haben alle Rechtsakte, die regelnd in das Rechtsleben eingreifen, also in erster Linie Verwaltungsakte, aber auch die ihnen innerlich nahestehenden rechtsgestaltenden Zivilurteile. Materielle Rechtskraft dagegen kommt nur solchen Staatsakten zu, die auf Grund der Aufgabe des Staates zur Entscheidung von Streitigkeiten über „Ansprüche" zwischen Staatsbürgern untereinander oder zwischen Staatsbürgern und dem Staat als Parteien ergehen, also den Urteilen des Zivilprozesses einschließlich des arbeitsgerichtlichen Urteilsverfahrens und den Urteilen des verwaltungsgerichtlichen Verfahrens.

Hieraus ergibt sich, daß die Endbeschlüsse des arbeitsgerichtlichen Beschlußverfahrens zwar formelle Rechtskraftwirkung haben, sofern sie nicht mehr mit der Rechtsbeschwerde anfechtbar sind (ArbGG. §§ 85—87), und daß sie von diesem Zeitpunkt ab auch Tatbestandswirkung haben (ArbGG. § 85 Abs. 3; vgl. Anm. 12 Abs. 2 zu § 84). Dagegen sind sie nicht der materiellen Rechtskraft fähig, weil durch sie keine Streitentscheidung zwischen Parteien über „Ansprüche", sondern eine verwaltungsmäßige Regelung auf Antrag, aber ohne Vorhandensein von Parteien im zivilprozessualen Sinne getroffen wird (ebenso grundsätzlich Flatow, BRG., Anm. 3 Abs. 8, 9 zu § 93 BRG.; a. A. teilweise Baumbach, Anm. 2 zu § 84, Anm. 2 zu § 89, offenbar ohne Unterscheidung der Tatbestands- und der Rechtskraftswirkung; anscheinend a. A. auch Dersch-Volkmar, Anm. 5 a. E. zu § 89, ohne nähere Begründung). Danach wirkt also der formell rechtskräftige Endbeschluß des Beschlußverfahrens zwar für und gegen alle; diese Wirkung muß auch in einem gerichtlichen Verfahren jeder Art zwischen beliebigen Parteien berücksichtigt werden. Das Beschlußverfahren kann aber von jedem nach dem Betriebsrätegesetz antragsberechtigten Beteiligten (vgl. Anm. 1 zu § 81) wieder aufgerollt werden. Das Arbeitsgericht hat den Sachverhalt und die Rechtslage dann erneut zu prüfen und auf Grund der Ergebnisse des Verfahrens nach seiner Überzeugung zu beschließen; es kann dabei, nach Anhörung der Beteiligten zu dem neuen Antrag, gegebenenfalls weitgehend die Akten des früheren Verfahrens als urkundsmäßiges Aufklärungsmittel (vgl. Anm. 8 zu § 83) verwenden, ebenso auch die etwa aus dem früheren Verfahren stammenden Kenntnisse seiner Mitglieder von dem Sachverhalt, sofern er sich nicht geändert hat, bei dem nach freier Überzeugung zu fassenden Beschluß. Eine übermäßige Belastung der Arbeitsrechtspflege durch die Möglichkeit der Wiederaufrollung des Beschlußverfahrens mangels materieller Rechtskraft seiner Endbeschlüsse dürfte nicht zu befürchten sein, weil einmal Fälle der Wiederaufrollung bei gleichgebliebenem Sachverhalt selten und wohl nur dann vorkommen werden, wenn gegen das erste Verfahren des Arbeitsgerichts Bedenken bestehen, die im Wege der Rechtsbeschwerde infolge der Vorschrift des § 89 Abs. 1 Satz 2 ArbGG. (vgl. Anm. 4 Abs. 2 zu § 89) nicht auszuräumen sind, zum anderen das zweite Verfahren nach den dargelegten Möglichkeiten im allgemeinen besonders kurz und einfach verlaufen wird.

Vollstreckbarkeitswirkung können die Endbeschlüsse des Beschlußverfahrens ihrer Natur nach nicht haben. Diese kann nur Urteilen zukommen, die in einem Verfahren zwischen zwei Parteien ergehen und die eine Partei zu einer Leistung an die andere verpflichten.

2 Die Ergebnisse des Verfahrens sind dem Antrag (ArbGG. § 81 Abs. 1), den Äußerungen der Beteiligten (ArbGG. § 83 Abs. 1, 2) und dem Erfolg der Aufklärungshandlungen (ArbGG. § 83 Abs. 3) zu entnehmen. Soweit das Verfahren vollkommen schriftlich gewesen ist (vgl. Anm. 2, c, Anm. 3, Anm. 8, Anm. 9 zu § 83), liegen die Ergebnisse ohne weiteres aktenmäßig vor. Ihre schriftliche Fixierung ist aber auch in den Fällen mündlicher Anhörung der Beteiligten, Vernehmung von Auskunftspersonen und der Einnahme des Augenscheins schon deshalb erforderlich, weil möglicherweise — bei Vertagungen — an der Beschlußfassung andere Arbeitsrichter mitwirken als an den Aufklärungshandlungen im weiteren Sinne, ebenso auch zweckmäßig wegen der Möglichkeit der Nachprüfung des Beschlusses auf Rechtsbeschwerde. Daraus ergibt sich, was im Gesetz nicht ausdrücklich

vorgeschrieben ist, daß über alle nicht schriftlich eingezogenen Äußerungen der Beteiligten und Aufklärungen eine Niederschrift, wie in der mündlichen Verhandlung des arbeitsgerichtlichen Urteilsverfahrens, zu fertigen ist, die die Ergebnisse des nicht schriftlich erledigten Verfahrens enthält und zur Beschlußfassung bei den Akten vorliegen muß. Zur Fertigung der Niederschrift braucht ein besonderer Niederschriftsführer nicht zugezogen zu werden; wird er zugezogen, so muß er die Niederschrift, ebenso wie der Vorsitzende der Kammer, unterzeichnen.

Ergebnisse des Verfahrens sind die Aufklärungen des Sachverhalts, die das Arbeitsgericht bei pflichtmäßigem Vorgehen hat vornehmen können. Sie liegen dann abgeschlossen vor, wenn der Sachverhalt nach Auffassung des Gerichts völlig geklärt ist, aber auch dann, wenn, obwohl das nicht der Fall ist, eine weitere Aufklärung nicht zu erreichen ist, z. B. weil ein Beteiligter sich trotz Aufforderung oder Ladung nicht äußert. Auch in diesen Fällen muß das Arbeitsgericht den Endbeschluß — nach freier Überzeugung — erlassen.

Aus dem allgemeinen Grundsatz der Beschleunigung des arbeitsgerichtlichen Verfahrens, der in § 9 Abs. 3 Satz 1 ArbGG. ausgesprochen ist, ergibt sich, daß der Beschluß unverzüglich zu erlassen ist, sobald die Ergebnisse des Verfahrens vorliegen. Findet also eine Sitzung der Kammer zur Klärung des Sachverhalts durch mündliche Anhörung oder Vernehmung oder durch Einnahme des Augenscheins statt, so soll der Beschluß, soweit dies irgend möglich ist, in dieser Sitzung nach erfolgter Klärung ergehen. Ist das Verfahren schriftlich, so hat der Vorsitzende, sobald er die Aufklärung für abgeschlossen hält, die Sitzung der Kammer einzuberufen, um ihr die Ergebnisse zur Beschlußfassung vorzulegen; die Kammer hat dann den Endbeschluß zu fassen, sofern sie nicht etwa weitere Aufklärungshandlungen für erforderlich hält.

3 Der Endbeschluß ist stets von der vollbesetzten Kammer des Arbeitsgerichts zu erlassen (vgl. Anm. 1 Abs. 2). Ihr gehören nach der Vorschrift des § 16 Abs. 2 ArbGG. der Vorsitzende und je ein Arbeitsrichter aus den Kreisen der Arbeitgeber und der Arbeitnehmer an, die in der im § 31 ArbGG. festgesetzten Reihenfolge zu den einzelnen Sitzungen herangezogen werden; eine stärkere Besetzung, wie im Urteilsverfahren in den Streitigkeiten des § 2 Abs. 1 Nr. 1 ArbGG., ist im Beschlußverfahren nicht zulässig, ihr Stattfinden ist Grund zur Rechtsbeschwerde (ArbGG. § 86 Abs. 1). Es ist möglich und in der Praxis auch üblich, daß dieselbe Kammer in derselben Sitzung sowohl im Urteilsverfahren wie im Beschlußverfahren tätig wird, obwohl ihre Tätigkeit in beiden Verfahren innerlich verschieden ist.

4 Die besondere Betonung der Entscheidung „nach freier Überzeugung" erklärt sich einmal daraus, daß im Beschlußverfahren weder der Parteibetrieb noch irgend welche Beweisregeln gelten. Die Kammer ist für ihre Beschlußfassung, anders als im Urteilsverfahren für das Urteil, weder an die übereinstimmenden Äußerungen aller Beteiligten gebunden, noch gibt es förmliche Aufklärungsmittel, wie es der Parteieid und — in weitem Ausmaß — der Urkundenbeweis im Zivilprozeßverfahren sind (vgl. Anm. 6 Abs. 2 zu § 83). Anhörung der Beteiligten und Aufklärungshandlungen nach § 83 Abs. 3 ArbGG. sind vielmehr nur Unterrichtungsmittel für das Arbeitsgericht, die bei der Beschlußfassung auf den Antrag frei zu werten sind.

Zum anderen weisen die Worte „nach freier Überzeugung" darauf hin, daß die Kammer in diesem Verwaltungsverfahren auch in die Lage kommen kann, einen Endbeschluß zu erlassen, obwohl ihr der Sachverhalt nicht vollkommen geklärt erscheint (vgl. Anm. 2 Abs. 2). In diesem Falle tritt an die Stelle der im Zivilprozeß und im Urteilsverfahren zulässigen Auferlegung des richterlichen Parteieides für eine Partei die Entscheidung „nach freier Überzeugung".

Schließlich verhindert die Vorschrift, daß die Frage, ob das Arbeitsgericht zur Aufklärung des Sachverhalts noch Aufklärungshandlungen hätte vornehmen können, im Rechtsbeschwerdeverfahren nachgeprüft werden kann (vgl. Anm. 7 Abs. 1 zu § 83).

Die „freie Überzeugung" kann sich das Gericht jedoch nicht willkürlich bilden. Vielmehr hat es die Ergebnisse des Verfahrens (vgl. Anm. 2) für die Bildung seiner Überzeugung pflichtmäßig zu verwerten. Es muß sie also kennen und würdigen. Jedes Mitglied des Gerichts hat sich auf Grund seiner Würdigung der Ergebnisse seine Überzeugung über den Erfolg des Antrages zu bilden. Der Beschluß entsteht dann aus der gleichberechtigten Beratung sämtlicher Mitglieder, falls sie sich nicht einigen, im Wege der Mehrheitsentscheidung.

5 Der entscheidende Teil des Beschlusses entspricht der „Urteilsformel", er enthält die eigentliche Regelung des fraglichen Betriebsverhältnisses durch das Arbeitsgericht, zu der — gegebenenfalls später — auch eine schriftliche Begründung zu geben ist (ArbGG. § 84 Abs. 3 Satz 1). Eine Streitwertfestsetzung kommt hier nicht in Betracht, da weder Kosten entstehen noch die Rechtsbeschwerde von einem Streitwert abhängt; ein Streitwert wäre auch bei der Art der Fälle nicht festzustellen. Der entscheidende Teil des Beschlusses ist sofort nach der Beschlußfassung schriftlich niederzulegen. Hat ein mündliches Verfahren stattgefunden, so ist er in die dann schon vorhandene Terminsniederschrift (vgl. Anm. 2 Abs. 1), gegebenenfalls, wenn in dem Termin nur die Verkündung des Beschlusses stattfindet, in die Verkündungsniederschrift (ArbGG. § 84 Abs. 1 Satz 2 Halbsatz 1), aufzunehmen. Im schriftlichen Verfahren liegt eine Niederschrift nicht vor und ist auch nicht über die Beschlußfassung anzufertigen, weil diese keine öffentliche Gerichtshandlung darstellt. In diesem Fall muß daher der entscheidende Teil des Beschlusses gesondert schriftlich niedergelegt werden. Das erfordert aber, um aktenmäßige Klarheit über die Art des Beschlusses zu schaffen, daß dem entscheidenden Teil der sog. Kopf des Beschlusses vorgesetzt wird, der den Verfahrensfall und das entscheidende Gericht zweifelsfrei bezeichnet. Er muß überall dort über den Beschluß gesetzt werden, wo sich nicht, wie in der Sitzungsniederschrift, die fraglichen Angaben im übrigen aus der Urkunde ergeben, also auch in der besonderen Urschrift des Beschlusses nebst Gründen und in den Ausfertigungen, entsprechend wie der Urteilskopf bei Urteilen.

Der Kopf des Endbeschlusses muß die Angaben enthalten, die sich aus der besonderen Art des Beschlußverfahrens als notwendig ergeben; er wird deshalb vom Urteilskopf (ZPO. § 313 Abs. 1 Nr. 1 und 2) teilweise abweichen. Aufgeführt werden müssen auch hier die Bezeichnung des Gerichts — „Arbeitsgericht in ...."— und die Namen sämtlicher Richter, die an der Entscheidung mitgewirkt haben (ZPO. § 313 Abs. 1 Nr. 2). An die Stelle der Bezeichnung der Parteien usw. im Urteilsverfahren (ZPO. § 313 Abs. 1 Nr. 1) treten jedoch hier die Bezeichnung des Antragstellers, gegebenenfalls auch seines gesetzlichen Vertreters oder Prozeßbevollmächtigten, nach Namen, Beruf, Stellung im Betrieb und Wohnort, soweit es sich nicht um eine Betriebsvertretung handelt, und mit dem Zusatz „Antragsteller", und die Bezeichnung des Falles, der Gegenstand des Beschlußverfahrens ist, unter Angabe des betroffenen Betriebes nach dem Arbeitgeber; die Bezeichnung aller Beteiligten würde für den Zweck der Angaben im Beschlußkopf, den Fall genau zu bezeichnen, weder ausreichen noch erforderlich sein (ebenso Baumbach, Anm. 2 a. A. zu § 84; a. A. Schmincke-Sell, Anm. 2 zu § 84; a. A. auch für das frühere Recht Flatow-Joachim, SchlVO., Anm. 10 Abs. 1 zu § 5 der 1. AVOSchlVO.). Der Kopf wird also z. B. lauten: „Auf Antrag des ..... in ....., Straße ....., Arbeitgebers, betreffend das Erlöschen der Mitgliedschaft des Drehers ..... in ....., Straße ....., im Betriebsrat der Metallwarenfabrik ..... in ....., Straße ....., hat das Arbeitsgericht in ..... unter Mitwirkung des ..... als Vorsitzendem und des ..... und des .... als Arbeitsrichtern aus den Kreisen der Arbeitgeber und der Arbeitnehmer am ..... 1928 beschlossen:"

Die Bedeutung der Vorschrift, daß der entscheidende Teil des Beschlusses schriftlich abgefaßt werden muß, liegt im wesentlichen im schriftlichen Verfahren. Hat keine mündliche Anhörung, d. h. keine Unterrichtungshandlung vor der Kammer stattgefunden, so tritt diese erst zur Beschlußfassung in voller Besetzung zusammen (vgl. Anm. 2 Abs. 3). Der Beschluß gilt dann in dem Augenblicke als gefaßt, in dem sein entscheidender Teil schriftlich abgefaßt ist. Von diesem Zeitpunkt ab ist er für das Arbeitsgericht unabänderlich, wenn er auch der Außenwelt gegenüber erst später wirksam wird (vgl. Anm. 12 Abs. 2). Im schriftlichen Verfahren tritt somit die schriftliche Abfassung des Beschlusses für die Bindung des Gerichts an ihn an die Stelle der Verkündung im mündlichen Verfahren. Die Regelung des § 84 Abs. 1 Satz 2 ArbGG. soll Zweifel über den Zeitpunkt der Beschlußfassung im schriftlichen Verfahren ausschließen, die sonst entstehen könnten und tatsächlich für den ähnlichen Fall der Entscheidung ohne mündliche Verhandlung im Zivilprozeß gemäß § 7 der Verordnung zur Entlastung der Gerichte vom 13. Mai 1924 entstanden sind (vgl. Anm. 13 Abs. 2 zu § 64). Für das mündliche Verfahren ist sie insofern ohne besondere Bedeutung, als die schriftliche Abfassung des entscheidenden Teils des Beschlusses vor seiner Verkündung ohne weiteres erfolgen wird (a. A., wenn auch zweifelnd, zu der ganzen Frage der Bedeutung des § 84 Abs. 1 Satz 2 ArbGG.: Baumbach, Anm. 3 zu § 84; wie hier: Dersch-Volkmar, Anm. 3 zu § 85).

Fraglich kann erscheinen, wer die schriftliche Abfassung des entscheidenden Teils des Beschlusses im schriftlichen Verfahren zu unterschreiben hat. Für das mündliche Verfahren ist im Abs. 2 Satz 2 des § 84, in Anlehnung an die Vorschrift des § 60 Abs. 3 Satz 2 ArbGG. für das Urteil (vgl. Anm. 8 zu § 60), vorgeschrieben, daß der entscheidende Teil des Beschlusses vor der Verkündung nur dann auch von den Arbeitsrichtern — außer dem Vorsitzenden — zu unterschreiben ist, wenn diese bei der Verkündung nicht zugegen sind; andernfalls genügt die Unterschrift des Vorsitzenden, die ja in jedem Fall unter die Verkündungsniederschrift zu setzen ist. Dersch-Volkmar (Anm. 2a, Abs. 2 zu § 84) schließen aus dieser Sonderregelung, daß auch im schriftlichen Verfahren die Unterschrift des Vorsitzenden unter der schriftlichen Abfassung genügt. Dieser Auffassung kann jedoch nicht beigetreten werden. Schon aus dem Zusammenhang der Sätze 1 und 2 des § 84 Abs. 1 erscheint es wahrscheinlich, daß die Beschlußschrift von allen Richtern unterschrieben werden muß, die den Beschluß gefaßt haben. Hierfür spricht aber auch der Sinn der Ausnahmevorschrift des § 84 Abs. 2 Satz 2 ArbGG. Denn danach ist die Unterschrift der Arbeitsrichter unter den Beschluß nur dann nicht erforderlich, wenn sich ihre Zustimmung aus ihrer Anwesenheit bei der Verkündung ohne weiteres ergibt (vgl. Anm. 9 hier, Anm. 8 zu § 60). Die Übertragung dieses Gesichtspunkts auf das schriftliche Verfahren muß gerade zur Annahme der Erforderlichkeit der Unterschrift der Arbeitsrichter führen, die hier sonst überhaupt nicht nach außen in Erscheinung treten.

6 Die Fassung „auf Grund mündlicher Anhörung" ist nicht ganz scharf. Gemeint ist im mündlichen Verfahren. Der Beschluß ist also immer dann zu verkünden, wenn die Kammer des Arbeitsgerichts nach außen als solche tätig geworden ist, d. h. wenn entweder die Beteiligten mündlich gehört oder Aufklärungshandlungen gemäß § 83 Abs. 3 ArbGG. von der Kammer vorgenommen worden sind. In diesen Fällen ist das Verfahren des Arbeitsgerichts der mündlichen Verhandlung im Urteilsverfahren vergleichbar, auf Grund deren das Urteil verkündet werden muß.

7 Wegen des Aktes der Verkündung vgl: entsprechend Anm. 5 zu § 60. Während aber ein nicht verkündetes Urteil überhaupt keine Urteilswirkung hat (vgl. Anm. 5 Abs. 2 zu § 60), kann das Entsprechende von einem nach § 84 Abs. 1 Satz 3 Halbsatz 1 zu Unrecht nicht verkündeten Beschluß, falls er schriftlich abgefaßt und später zugestellt wird (ArbGG. § 84 Abs. 4), im Interesse der Rechtssicherheit nicht angenommen werden, vielmehr ist dieser Beschluß lediglich wegen Nichtanwendung einer gesetzlichen Bestimmung mit der Rechtsbeschwerde anfechtbar (ebenso Dersch-Volkmar, Anm. 5b Abs. 2 zu § 84; Baumbach, Anm. 4 zu § 84). Der Mangel jeder Wirkung wäre nur annehmbar, wenn Endbeschlüsse im Beschlußverfahren ebenso wie Urteile im Urteilsverfahren des Arbeitsgerichts stets verkündet werden müßten.

8 Die Vorschrift entspricht der des § 60 Abs. 2 ArbGG. Die Ausführungen in Anm. 6 zu § 60 gelten deshalb entsprechend auch hier.

9 Die Vorschriften des § 84 Abs. 2 ArbGG. entsprechen denen des § 60 Abs. 3 ArbGG.; vgl. die Ausführungen in Anm. 7, 8 zu § 60 entsprechend.

10 Die Vorschrift des § 84 Abs. 3 Satz 1 ergibt zunächst, daß dem entscheidenden Teil des Endbeschlusses in jedem Fall eine schriftliche Begründung beizufügen ist, wie dies schon im früheren Recht (§ 5 Abs. 4 Satz 2 der 1. AVOSchlVO.) vorgeschrieben war. Ein besonderer Tatbestand braucht nicht abgefaßt zu werden. Die Gründe müssen ausreichend erkennen lassen, wie die Kammer zu ihrem Beschluß gekommen ist, eine besondere Form ist aber für sie nicht vorgeschrieben. Die Unterschrift des Vorsitzenden unter dem vollständigen Beschluß einschließlich der Gründe bescheinigt, daß die Begründung sich tatsächlich mit den Gründen deckt, die die Kammer zu ihrer Entscheidung geführt haben. Eine Divergenz zwischen der schriftlichen Begründung und ihrem gegebenenfalls gemäß § 84 Abs. 1 Satz 3 Halbsatz 2 den Beteiligten mitgeteilten wesentlichen Inhalt darf nicht vorkommen; läßt sich eine solche Divergenz nachweisen,

so ist die Rechtsbeschwerde wegen Verletzung des § 84 Abs. 1 Satz 3 Halbsatz 2 ArbGG. gegeben (a. A. Dersch-Volkmar, Anm. 8 Abs. 3 zu § 84). Vgl. im übrigen entsprechend Anm. 9 Abs. 1, 2 zu § 60.

11 Die Vorschrift entspricht der des § 60 Abs. 4 Satz 2 ArbGG. für das Urteil; die Ausführungen der Anm. 10 Abs. 1—3 zu § 60 sind entsprechend zu vergleichen. Dabei ist aber hier noch folgendes zu bemerken: Die Vorschrift des § 84 Abs. 3 Satz 2 ArbGG. behandelt nur den Fall, daß der Endbeschluß verkündet worden ist; für den Fall des schriftlichen Verfahrens, in dem die Beschlußfassung nur durch schriftliche Abfassung des Beschlusses niedergelegt wird, setzt die Vorschrift für die Übergabe des vollständigen Beschlusses an die Geschäftsstelle keine Frist. Das ist offenbar ein Versehen, da nicht angenommen werden kann, daß im schriftlichen Verfahren, das häufig zur besonderen Beschleunigung gewählt wird, der Beschleunigungsgrundsatz, der in § 84 Abs. 3 Satz 2 ArbGG. zum Ausdruck kommt, versagen soll. Es wird deshalb der Verkündung im mündlichen Verfahren die schriftliche Abfassung des entscheidenden Teils des Beschlusses im schriftlichen Verfahren gleichzuachten sein, so daß hier der vollständige Beschluß — mit Gründen — der Geschäftsstelle binnen drei Tagen nach der schriftlichen Abfassung des entscheidenden Teils durch die Kammer übergeben werden soll, wie es für den Beschluß des Rechtsbeschwerdegerichts in § 89 Abs. 2 Satz 2 ausdrücklich vorgeschrieben ist (vgl. Anm. 10 zu § 89).

12 Zuzustellen ist der Beschluß in vollständiger Abfassung, also mit den Gründen. Selbst wenn nach dem Wortlaut Zweifel darüber bestehen könnten, ergibt sich dies aus der Bedeutung der Zustellung. Sie setzt die Frist für die Rechtsbeschwerde in Lauf (ArbGG. § 87 Abs. 1 Satz 2). Diese wird im allgemeinen, wie die Revision im Urteilsverfahren (vgl. ZPO. § 552), erst auf Grund der Kenntnis der Gründe eingelegt werden können, obwohl auch hier, wie beim Urteil, angenommen werden muß, daß sie auch schon vor Zustellung des Beschlusses eingelegt werden kann, wenn der Beschluß vorher bekanntgegeben, d. h. verkündet ist (ArbGG. § 84 Abs. 1 Satz 3).

Ist der Beschluß nicht verkündet worden, so beginnt mit der Zustellung, und zwar bei Zustellungen, die zu verschiedener Zeit bewirkt werden, wie das bei Zustellung von Amts wegen möglich ist, mit der ersten Zustellung (ebenso Schmincke-Sell, Anm. 7 zu § 84; a. A. offenbar: Baumbach, Anm. 7 zu § 84), die Wirksamkeit des Beschlusses (vgl. Anm. 1 Abs. 3—7). Sie bleibt jedoch mit Rücksicht auf die aufschiebende Wirkung einer etwaigen Rechtsbeschwerde (ArbGG. § 85 Abs. 3; vgl. Anm. 17 zu § 85) so lange in der Schwebe, bis feststeht, daß alle Beteiligten auf die Rechtsbeschwerde verzichtet haben oder daß eine Rechtsbeschwerde in der Frist des § 87 Abs. 1 Satz 2 ArbGG. nicht eingelegt ist, das Rechtsbeschwerdeverfahren eingestellt (ArbGG. § 87 Abs. 4) oder durch zugestellten, die Rechtsbeschwerde verwerfenden oder zurückweisenden Beschluß erledigt ist (ArbGG. § 87 Abs. 3, § 89). Von diesem Zeitpunkt wird der Schwebezustand aufgehoben und der Beschluß des Arbeitsgerichts gilt rückwirkend vom Tage der ersten Zustellung. Das ist insbesondere für die Fälle des Ersatzes zur Zustimmung zur Kündigung usw. von Mitgliedern einer Betriebsvertretung durch das Arbeitsgericht (BRG. §§ 97, 98) von Bedeutung. Bei verkündeten Beschlüssen tritt an die Stelle des Zeitpunktes der ersten Zustellung im Sinne des ersten Satzes dieses Absatzes der Zeitpunkt der Verkündung. (Vgl. auch Anm. 17 zu § 85.)

Für die Unabänderlichkeit des Beschlusses für das Gericht ist die Zustellung ohne Bedeutung. Sie beginnt beim verkündeten Beschluß mit der Verkündung, bei dem im schriftlichen Verfahren ergangenen Beschluß mit der schriftlichen Abfassung gemäß § 84 Abs. 1 Satz 2 ArbGG. (vgl. Anm. 5 Abs. 3; a. A. Baumbach, Anm. 7 zu § 84).

Der Beschluß ist allen Beteiligten zuzustellen, denen gegenüber gemäß § 83 Abs. 1 Satz 1 ArbGG. im einzelnen Fall die Anhörungspflicht besteht (vgl. Anm. 2, a zu § 83), denn jedem von ihnen steht gegebenenfalls die Rechtsbeschwerde zu (vgl. Anm. 4 Abs. 3—5 zu § 85). Die Zustellung an eine beteiligte Betriebsvertretung erfolgt an den gemäß BRG. §§ 28, 38 Vertretungsberechtigten, falls ein Beteiligter sich im Verfahren gemäß § 11 Abs. 1 ArbGG. hat vertreten lassen (vgl. Anm. 2, b zu § 83), an den Prozeßvertreter.

Die Zustellung hat von Amts wegen zu erfolgen, weil es sich um ein Verwaltungsverfahren handelt, das keinen Parteibetrieb kennt (vgl. Anm. 11 zu § 80). Sie ist seitens der Geschäftsstelle unverzüglich nach Eingang des vollständigen Beschlusses bei ihr zu veranlassen (vgl. ArbGG. § 9 Abs. 3 Satz 1). Auf den zuzustellenden Ausfertigungen soll gemäß § 9 Abs. 4 ArbGG. die Rechtsmittelbelehrung vermerkt werden. Dies ist gerade im Beschlußverfahren wegen der Neuartigkeit der Regelung der §§ 85 ff. ArbGG. besonders wichtig; auf eine unrichtige Rechtsmittelbelehrung können sich aber die Beteiligten nicht berufen.

Zweiter Unterabschnitt

Rechtsbeschwerdeverfahren[1]

1 Nach dem bisherigen — vorläufigen — Recht waren die Endbeschlüsse des Beschlußverfahrens endgültig; ein Rechtsmittel fand nicht statt (SchlVO. Art. II § 2 Abs. 1 Satz 2; 1. AVOSchlVO. § 3 Abs. 1). Auch nach der ursprünglichen Regelung des Betriebsrätegesetzes waren die in Betracht kommenden Fälle im allgemeinen in einer Instanz zu erledigen. Der Grund hierfür lag einmal in der besonderen Eilbedürftigkeit der verwaltungsmäßigen Regelung in diesen Fällen im allgemein wirtschaftlichen Interesse, zum andern aber auch in der rechtlichen Schwierigkeit der Findung und Ausgestaltung eines geeigneten Rechtsmittels gegenüber den hier in einem gerichtlichen Verfahren ergehenden Verwaltungsentscheidungen. Es kann zweifelhaft erscheinen, ob gegenüber diesen Gesichtspunkten die Einführung eines „zweiten Rechtszuges" (vgl. Anm. 2 vor § 80) im Beschlußverfahren bei seiner endgültigen Regelung im Arbeitsgerichtsgesetz zweckmäßig war und ob es gelungen ist, die „Rechtsbeschwerde" als ein den Bedürfnissen dieses Verwaltungsverfahren entsprechendes Rechtsmittel auszugestalten; gerade in den Kreisen der Beteiligten aber bestand der Wunsch, die Möglichkeit einer zwar nicht tatsächlichen, wohl aber rechtlichen Nachprüfung der Beschlüsse mit Rücksicht auf ihre erhebliche Bedeutung für das Wirtschaftsleben zu eröffnen.

Das Rechtsmittel der Rechtsbeschwerde ist der Revision des Zivilprozesses und des arbeitsgerichtlichen Urteilsverfahrens nachgebildet; es ermöglicht keine tatsächliche Wiederaufrollung des Verfahrens in einer zweiten Instanz, wohl aber eine Nachprüfung des Beschlusses des Arbeitsgerichts auf seine Gesetzmäßigkeit, wenn auch in engeren Grenzen als die Revision (vgl. Anm. 2 zu § 89). Es unterscheidet sich weiter in seiner Ausgestaltung wesentlich von der Revision mit Rücksicht darauf, daß es nicht der Anfechtung eines Urteils dient, das sonst nicht nur formell, sondern auch materiell rechtskräftig wird, sondern der Anfechtung eines Beschlusses, dem materielle Rechtskraft nicht zukommt (vgl. Anm. 1 zu § 84). Infolgedessen muß zwar auch die Rechtsbeschwerde die Wirksamkeit des Beschlusses bis zur Entscheidung über sie aufhalten (ArbGG. § 85 Abs. 3; vgl. Anm. 17 zu § 85), sie braucht aber nicht, wie diese, auch die tatsächliche Wiederaufrollung des Verfahrens auf dem Umwege über die Zurückverweisung des Verfahrens an eine Tatsacheninstanz zu ermöglichen (ArbGG. § 89 Abs. 1 Satz 2; vgl. Anm. 4 zu § 89); denn die Beteiligten sind nach Erledigung des Verfahrens nicht gehindert, ein neues Verfahren zur Regelung des fraglichen Betriebsverhältnisses zu beantragen, wenn das erste mangels vollkommener tatsächlicher Klärung nicht zu einem befriedigenden Ergebnis geführt hat (vgl. Anm. 1 Abs. 6 zu § 84). Schließlich ist das Rechtsbeschwerdeverfahren als reines Rechtsnachprüfungsverfahren, anders als die Revision und auch anders als das Beschlußverfahren des ersten Rechtszuges, stets schriftlich und kann deshalb schneller zum Ergebnis des Beschlusses (ArbGG. § 89) führen, als wenn ein Termin zur mündlichen Anhörung erforderlich wäre. Die Nachprüfung erfolgt im allgemeinen durch das Landesarbeitsgericht, nur in den Fällen, in denen eine Entscheidung durch die Reichsinstanz im Interesse der Einheitlichkeit des Rechts unbedingt erforderlich ist, durch das Reichsarbeitsgericht (ArbGG. § 85 Abs. 1 Satz 2, 3; vgl. Anm. 5 zu § 85).

Die Rechtsbeschwerde findet nur gegen die das Verfahren beendenden Beschlüsse statt (vgl. Anm. 2 zu § 85). Der Anfechtung der im Laufe des ersten Rechtszuges ergehenden Entscheidungen des Arbeitsgerichts dient, soweit sie nach den entsprechend geltenden allgemeinen Grundsätzen der Zivilprozeßordnung anfechtbar sind, wie im Zivilprozeß die Beschwerde (ArbGG. § 90 in Verbindung mit § 78; vgl. die Anm. 1 zu § 90). Damit ist die für das bisherige Recht des Beschlußverfahrens streitige Frage, ob derartige Entscheidungen überhaupt der Anfechtung unterliegen können, im bejahenden Sinne beantwortet.

§ 85

Grundsatz[1]

(1) Gegen die das Verfahren beendenden Beschlüsse[2] der Arbeitsgerichte[3] findet die Rechtsbeschwerde statt[4]. Für die Entscheidung über Rechtsbeschwerden sind die Landesarbeitsgerichte zuständig[5]. Betrifft das Beschlußverfahren Unternehmungen oder Verwaltungen, die sich über den Bezirk eines Landes hinaus erstrecken oder die hinsichtlich der dienstlichen Verhältnisse der Arbeitnehmer der Aufsicht des Reichs unterstehen, so ist für die Entscheidung über Rechtsbeschwerden das Reichsarbeitsgericht zuständig[5].

(2) [6]Für das Rechtsbeschwerdeverfahren gelten die für das Revisionsverfahren maßgebenden Vorschriften über Öffentlichkeit[7], Ausschließung[8] und Ablehnung der Gerichtspersonen[9], Prozeßfähigkeit[10], Zu-

stellungen[11], Ladungen, Termine[12] und Fristen[13], Befugnisse des Vorsitzenden und der Beisitzer[14] und Wiedereinsetzung in den vorigen Stand[15] entsprechend, soweit sich aus den §§ 86 bis 89 nichts anderes ergibt. Zustellungen und Ladungen erfolgen im Rechtsbeschwerdeverfahren von Amts wegen[16].

(3) **Die Einlegung der Rechtsbeschwerde hat aufschiebende Wirkung[17].**

1 Der mit „Grundsatz" überschriebene § 85 ArbGG. enthält die Vorschriften über das Stattfinden der Rechtsbeschwerde, das Rechtsbeschwerdegericht, die Bezugnahme auf die Vorschriften des Revisionsverfahrens der Arbeitsgerichtsbarkeit, die auch im Rechtsbeschwerdeverfahren gelten, mit den Ausnahmen von ihnen und die besonders wichtige Vorschrift über die aufschiebende Wirkung der Rechtsbeschwerde.

2 Über den Charakter der „das Verfahren beendenden Beschlüsse" vgl. Anm. 1 Abs. 1, 2 zu § 84; insbesondere ist die Einstellung des Beschlußverfahrens nach Zurücknahme des Antrags (ArbGG. § 81 Abs. 2) kein das Verfahren beendender Beschluß (vgl. Anm. 8 zu § 81). Der den Antrag wegen Mangels prozessualer Voraussetzungen zurückweisende und darum keine sachliche Regelung treffende Beschluß ist ein das Verfahren beendender Beschluß im Sinne des § 85 Abs. 1 Satz 1 ArbGG. (vgl. Anm. 1 Abs. 2 zu § 84) und darum mit der Rechtsbeschwerde ebenso anfechtbar wie ein eigentlicher Sachbeschluß. Wirkliche Teilentscheidungen — Zwischenbeschlüsse — sind keine Endbeschlüsse. Geht aber ein Antrag auf mehrere Regelungen, z. B. auf die Zustimmung zur Kündigung mehrerer Betriebsratsmitglieder oder in den Fällen der § 41, § 43 Abs. 2 BRG. auf Auflösung des Betriebsrats und Berufung eines vorläufigen Betriebsrats, so handelt es sich um mehrere miteinander verbundene Verfahren, in denen die Endbeschlüsse nicht nur in einer Entscheidung, sondern auch nacheinander, zu verschiedenen Zeitpunkten, ergehen können; in diesem Fall ist jeder Endbeschluß für sich mit der Rechtsbeschwerde anfechtbar. Insbesondere ist es in den Fällen des § 41, § 43 Abs. 2 BRG. denkbar, daß erst der Beschluß auf Auflösung des Betriebsrats ergeht, und nur, wenn er nicht angefochten wird, oder die eingelegte Rechtsbeschwerde versagt, der weitere Beschluß auf Berufung eines vorläufigen Betriebsrats, der dann seinerseits ebenfalls mit der Rechtsbeschwerde anfechtbar ist (inhaltlich ebenso: Dersch-Volkmar, Anm. 2, c zu § 85; Baumbach, Anm. 2 zu § 85).

3 Die Rechtsbeschwerde kann nur gegen einen Endbeschluß des Arbeitsgerichts eingelegt werden, weil nur die Arbeitsgerichte gemäß § 8 Abs. 2 ArbGG. im ersten Rechtszug sachlich zuständig sind. Hätte irrtümlich im ersten Rechtszug ein Landesarbeitsgericht entschieden, so wäre dessen Endbeschluß, unterschiedlich von der Regelung des Zivilprozesses (vgl. § 10 ZPO.) und des Urteilsverfahrens, nichtig und bedürfte keiner Anfechtung (ebenso in der freiwilligen Gerichtsbarkeit gemäß § 32 FGG.). Denn es handelt sich hier, wie dargelegt, nicht um einen Rechtsprechungs-, sondern um einen Verwaltungsakt einer unzuständigen Behörde, bei dem absolute Nichtigkeit mitunter angenommen werden kann (vgl. Anm. 1 vor § 79). Der Antragsteller könnte den Antrag bei dem zuständigen Arbeitsgerichte wiederholen, um zu einer wirksamen Regelung zu gelangen (a. A. anscheinend Dersch-Volkmar, Anm. 4 zu § 85).

Die Fassung des § 85 Abs. 1 Satz 1 ArbGG. ist der der entsprechenden Vorschriften der Zivilprozeßordnung (z. B. § 545 Abs. 1 ZPO.) nachgebildet. Die Vorschrift gibt nur den allgemeinen Rahmen der Zulässigkeit; („findet ... statt"); für die Zulässigkeit im einzelnen Fall kommt es auf das Vorliegen der Voraussetzungen der §§ 86, 87 ArbGG. an. Die Rechtsbeschwerde kann an sich gegen jeden Endbeschluß eines Arbeitsgerichts eingelegt werden. Ihr Stattfinden ist also weder, wie bei der Revision des Zivilprozeßrechts und grundsätzlich bei den Rechtsmitteln des arbeitsgerichtlichen Urteilsverfahrens, von einem bestimmten Streitwert abhängig — einer Voraussetzung, die im Beschlußverfahren nicht aufgestellt werden könnte, weil ein Streitwert nicht gegeben ist (vgl. Anm. 5 zu § 84), noch etwa von der vom unteren Gericht festzustellenden grundsätzlichen Bedeutung des Falles; die Einführung dieser zweiten Voraussetzung wäre vielleicht im Interesse der Beschleunigung und Vereinfachung des Beschlußverfahrens zweckmäßig gewesen.

Wegen des Wesens der Rechtsbeschwerde vgl. Anm. 1 Abs. 2 vor § 85.

Über die Frage, wer die Rechtsbeschwerde einlegen kann, enthält das Arbeitsgerichtsgesetz keine Vorschrift, ebenso wie die Zivilprozeßordnung nicht ausdrücklich bestimmt, wer die dort gegebenen Rechtsmittel einlegen kann. Sie muß also aus allgemeinen Grundsätzen mit Rücksicht auf die Natur des Beschlußverfahrens als Verwaltungsverfahrens zur Regelung von Betriebsverhältnissen und besonders mit Rücksicht auf die Natur der Rechtsbeschwerde als Mittel zur Herbeiführung der rechtlichen Nachprüfung des Regelungsbeschlusses beantwortet werden.

Daraus ist zunächst zu schließen, daß die Rechtsbeschwerde von allen im Einzelfall „Beteiligten" (vgl. Anm. 2a zu § 83) eingelegt werden kann, nicht etwa nur vom Antragsteller (ebenso Baumbach, Anm. 3 a. E. zu § 85). Denn das Verfahren kann zwar nur auf Antrag eingeleitet werden, regelt aber das Betriebsverhältnis mit Tatbestandswirkung für alle Beteiligten (vgl. Anm. 1 zu § 84), so daß diese, als durch die im Beschluß getroffene Regelung betroffen, ein Interesse an seinem gesetzmäßigen Zustandekommen haben. Dies gilt, obwohl der Beschluß, wie in Anm. 1 zu § 84 ausgeführt, der materiellen Rechtskraft nicht fähig ist, also in einem späteren Verfahren eine andere Regelung beantragt werden könnte. Denn die Rechtsnachprüfung durch das Rechtsmittelgericht dient auch hier, wie im Urteilsverfahren (vgl. Anm. 9 zu § 61), vor allem der Wahrung der Rechtseinheit im Interesse der Allgemeinheit und der Klärung des geltenden Rechts in Anwendung auf den einzelnen Fall, nicht lediglich der praktischen Verbesserung der Rechtslage des durch eine Entscheidung betroffenen Staatsbürgers, der hier gegebenenfalls auch durch erneute Aufrollung des Falles in einem zweiten Verfahren zum Ziel kommen könnte. Wer am Beschlußverfahren des ersten Rechtszugs nicht beteiligt worden ist, kann, auch wenn die Beteiligung zu Unrecht unterblieben ist, die Rechtsbeschwerde nicht einlegen, weil das Rechtsbeschwerdeverfahren nicht über den Kreis des erstinstanzlichen Verfahrens hinausgeht. Ihm bleibt es überlassen, falls er antragsberechtigt ist, einen neuen Antrag auf Regelung des Betriebsverhältnisses zu stellen (vgl. Anm. 1 Abs. 6 zu § 84, Anm. 3 zu § 88).

Fraglich ist, ob hinsichtlich der Rechtsbeschwerde im Beschlußverfahren der auch für das Zivilprozeßverfahren nicht ganz unbestrittene Grundsatz angewendet werden kann, daß das Rechtsmittel nur von einem Beteiligten eingelegt werden kann, der durch die Entscheidung „beschwert" ist. Das wird grundsätzlich abzulehnen sein; denn von einer Beschwerung kann nur da gesprochen werden, wo, wie im Zivilprozeß und im Urteilsverfahren, ein Anspruch zwischen zwei Parteien im Streit ist, über den so oder so, zugunsten der einen und zu ungunsten der andern Partei entschieden wird, nicht aber, wo ein öffentlichrechtliches Verhältnis mit Tatbestandswirkung für alle Beteiligten geregelt wird und subjektive materielle Rechte der Beteiligten von der Entscheidung nicht ergriffen werden. Die Beteiligten können daher bei Vorliegen der gesetzlichen Voraussetzungen in jedem Falle die Rechtsbeschwerde gegen den Endbeschluß des Arbeitsgerichts einlegen. Eine Ausnahme gilt nur für den Antragsteller, wenn der Beschluß seinem Antrag entspricht; in diesem Falle kann er selbst eine rechtliche Nachprüfung des im Ergebnis seinem Wunsch entsprechenden Beschlusses billigerweise nicht von der staatlichen Gerichtsbarkeit verlangen, seine Beschwerde wäre unstatthaft (vgl. Anm. 8 Abs. 1 zu § 87). Die Einlegung verschiedener Rechtsbeschwerden durch mehrere Beteiligte aus verschiedenen Gründen ist nicht ausgeschlossen.

5 Obwohl es an sich, im Interesse der Rechtseinheit, sehr wünschenswert gewesen wäre, wenn über die Rechtsbeschwerde stets das Reichsarbeitsgericht entschiede, hat sich dies doch nicht durchführen lassen, wenn das Reichsarbeitsgericht nicht allzu stark überlastet werden sollte. Es sind deshalb durch § 85 Abs. 1 Satz 2 ArbGG. grundsätzlich die Landesarbeitsgerichte für zuständig erklärt worden. Nur in den Fällen, in denen besondere Gründe für die Entscheidung einer Reichsinstanz vorliegen, ist das Reichsarbeitsgericht zuständig. Als solche besondere Gründe gibt das Arbeitsgerichtsgesetz (§ 85 Abs. 1 Satz 3 ArbGG.) die Tatsache an, daß das Beschlußverfahren Unternehmungen oder Verwaltungen betrifft, die sich über den Bezirk eines Landes hinaus erstrecken, oder solche Unternehmungen oder Verwaltungen, die hinsichtlich der dienstlichen Verhältnisse der Arbeitnehmer der Aufsicht des Reiches unterstehen. Diese Fixierung ist von dem durch das Arbeitsgerichtsgesetz (§ 112 Abs. 1 Nr. 11 ArbGG.) aufgehobenen § 94 Satz 2 BRG. übernommen, nach dem — in Verbindung mit § 103 Satz 2 BRG. und der Verordnung zur Ausführung des Betriebsrätegesetzes, vom 24. Februar 1920 (Reichsgesetzbl. S. 147) — für die Entscheidung derartiger Fälle bisher in einziger Instanz der Vorläufige Reichswirtschaftsrat zuständig war. Nunmehr werden auch diese Fälle im ersten Rechtszug von dem nach § 82 ArbGG. örtlich zuständigen Arbeitsgericht erledigt. Für die Entscheidung über Rechtsbeschwerden ist jedoch das Reichsarbeitsgericht zuständig.

Der Sinn der Regelung des § 85 Abs. 1 Satz 3 ArbGG. geht dahin, daß es für Unternehmungen und Verwaltungen, die Betriebe in mehreren Ländern haben, oder die sich in der Regelung der Verhältnisse ihrer Arbeitnehmer nach einheitlichen Vorschriften einer Reichsstelle richten müssen, billig ist, daß auch alle Rechtsnachprüfungen von arbeitsgerichtlichen Betriebsregelungen von einer einheitlichen Reichsinstanz, nicht von verschiedenen höheren Gerichten durchgeführt werden, um die sonst mögliche Aufstellung von Rechtsgrundsätzen zu vermeiden, die je nach dem Ort des im Einzelfall betroffenen Betriebes voneinander abweichen und so die einheitliche Führung des Unternehmens oder der Verwaltung erschweren, wenn nicht unmöglich machen. Daraus ergibt sich, daß die Rechtsbeschwerde nicht etwa nur in solchen Fällen an das Reichsarbeitsgericht geht, in denen der fragliche Fall mehrere in verschiedenen Ländern gelegene Betriebe des Unternehmens oder der Verwaltung betrifft, sondern auch dann, wenn es sich nur um einen einzigen, ganz in einem Lande liegenden Betrieb handelt; denn es soll vermieden werden, daß in diesem Fall andere Rechtsgrundsätze maßgebend werden als in einem andern gleichliegenden Fall des gleichen Unternehmens oder der gleichen Verwaltung. Deshalb ist die von Flatow (BRG., Anm. 3 Abs. 2, Anm. 6 zu § 93 BRG.) für § 94 BRG. vertretene Auffassung, daß zur Zuständigkeit des Vorläufigen Reichswirtschaftsrats nur Fälle gehören, in denen es sich um mehrere in verschiedenen Ländern liegende Betriebe des Unternehmens oder der Verwaltung handelt, jedenfalls für die Auslegung der Vorschrift des § 85 Abs. 1 Satz 3 ArbGG. nicht verwendbar (a. A. Schmincke-Sell, Anm. 3 Abs. 2 zu § 85).

Zu den im § 85 Abs. 1 Satz 3 bezeichneten Unternehmungen und Verwaltungen gehören alle Reichsverwaltungen, die Reichsunternehmungen, die Reichsbahn und die Einrichtungen der Sozialversicherung, die der Reichsaufsicht unterstehen, daneben aber auch alle privaten Unternehmungen, die sich über den Bezirk eines Landes hinaus erstrecken, wie Großbanken, große Industriefirmen und -konzerne usw. Von einer Erstreckung kann aber nur gesprochen werden, wenn in dem anderen Land ein Betrieb oder der Teil eines Betriebes gelegen ist, nicht etwa auch dann, wenn dort vorübergehend Arbeiten ausgeführt werden, z. B. Montagearbeiten (ebenso Dersch-Volkmar, Anm. 7, b Abs. 2 zu § 85).

6 Wegen der Bedeutung der Verweisung des § 85 Abs. 2 Satz 1 ArbGG. vgl. entsprechend Anm. 5 Abs. 1, 3 zu § 80. Auch hier wird aus Zweckmäßigkeitsgründen, soweit nicht eine besondere Regelung in § 85 Abs. 2 Satz 2 ArbGG. und in den §§ 86—89 ArbGG. Platz greift, für gewisse allgemeine Verfahrensvorschriften auf die Regelung des arbeitsgerichtlichen Urteilsverfahrens, hier des Revisionsverfahrens in ihm, verwiesen; das bedeutet, daß insoweit auch Vorschriften der Zivilprozeßordnung, die durch ArbGG. § 72 Abs. 2 für entsprechend anwendbar erklärt, also „maßgebend" sind, entsprechend gelten. Über den im § 85 Abs. 2 Satz 1 ArbGG. umschriebenen Kreis hinaus sind aber auch hier die Vorschriften des Urteilsverfahrens und des Zivilprozesses mit Rücksicht auf die andere Natur des Beschlußverfahrens nicht anwendbar (vgl. Anm. 1 vor § 80; a. A., wenn auch nicht im Ergebnis: Baumbach, Anm. 5 zu § 85). Zu den einzelnen Punkten vgl. die folgenden Anm. 7—15. Persönliches Erscheinen der Beteiligten und Beweisaufnahmen (vgl. § 80 Abs. 2 ArbGG.) kommen im Rechtsbeschwerdeverfahren nicht in Betracht.

7 Die Bezugnahme dürfte irrtümlich sein, da das Verfahren schriftlich ist und seine Öffentlichkeit deshalb nicht in Betracht kommt.

8 ZPO. §§ 41, 49 in Verbindung mit ArbGG. § 72 Abs. 2; vgl. Anm. 7 zu § 80.

9 Es gilt § 49 Abs. 1 ArbGG. in Verbindung mit § 72 Abs. 3 ArbGG. Daß gegen den Beschluß kein Rechtsmittel stattfindet, ergibt sich schon daraus, daß das Rechtsbeschwerdegericht, sei es nun das Reichsarbeitsgericht oder auch das Landesarbeitsgericht, in diesem Verfahren letzte Instanz ist. Weiter gelten entsprechend ZPO. § 42, § 44 Abs. 1—3, § 46 Abs. 1, §§ 47—49. Die Anwendung des § 43 und des § 44 Abs. 4 ZPO. kommt hier nicht in Betracht, weil eine mündliche Anhörung nicht stattfindet (vgl. Anm. 8 zu § 80).

10 Gemäß § 72 Abs. 2 ArbGG. gelten die Vorschriften der §§ 51—56 ZPO. entsprechend; vgl. im übrigen Anm. 9 Abs. 2 zu § 80.

11 Sämtliche Zustellungen im Rechtsbeschwerdeverfahren erfolgen nach § 85 Abs. 2 Satz 2 ArbGG. von Amts wegen. Für die Zustellungen gelten weiter entsprechend in Verbindung mit § 72 Abs. 2 ArbGG. die Vorschriften der §§ 208 bis 213, 170—197, 199—207 ZPO.

12 Da das Rechtsbeschwerdeverfahren ein schriftliches Verfahren ist, kommen Ladungen und Termine in ihm nicht in Betracht. Die Bezugnahme auf die für das Revisionsverfahren maßgebenden Vorschriften über Ladungen und Termine im § 85 Abs. 2 Satz 1 ArbGG. ist daher ebenso wie die Erwähnung der Ladungen im § 85 Abs. 2 Satz 2 ArbGG. offenbar irrtümlich (vgl. Anm. 16); a. A. ohne Begründung: Dersch-Volkmar, Anm. 8 Abs. 2, e, f, Anm. 9 zu § 85; Baumbach, Anm. 5, e, f zu § 85; Schmincke-Sell, Anm. 4 Nr. 5, 6, Anm. 5 zu § 85).

13 Neben § 9 Abs. 3 ArbGG. gelten in Verbindung mit § 72 Abs. 2 ArbGG. Vorschriften der §§ 221—222, 224, 225, 226 Abs. 1 ZPO. entsprechend, soweit Fristen hier in Betracht kommen, insbesondere also für die Rechtsbeschwerdefrist des § 87 Abs. 1 Satz 2 und für die Fristen, die das Gericht den Beteiligten gemäß § 88 Abs. 1 ArbGG. zur schriftlichen Äußerung auf die Rechtsbeschwerde setzt (vgl. Anm. 4 zu § 88).

14 In Verbindung mit § 72 Abs. 3 ArbGG. ist die Vorschrift des § 53 ArbGG. anwendbar; vgl. aber daneben die Vorschrift des § 89 Abs. 1 Satz 1 ArbGG.

15 In Verbindung mit § 72 Abs. 2 ArbGG. gelten die Vorschriften der §§ 233 bis 238 ZPO. entsprechend, soweit sie hier in Betracht kommen.

16 Daß hier auch von „Ladungen" gesprochen wird, ist offenbar ein Irrtum des Gesetzes, vgl. Anm. 12. Die Zustellungen müssen von Amts wegen erfolgen, weil das Rechtsbeschwerdeverfahren als Teil des Beschlußverfahrens keinen Parteibetrieb kennt. Insbesondere sind auch die Beschlüsse gemäß § 87 Abs. 3 und § 89 ArbGG. von Amts wegen zuzustellen. Vgl. im übrigen § 11.

17 Die Vorschrift ist nicht glücklich gefaßt. Im Interesse der Rechtssicherheit muß angenommen werden, daß die Wirksamkeit des Endbeschlusses des Arbeitsgerichts, wie in Anm. 12 Abs. 2 zu § 84 ausgeführt, zunächst in der Schwebe bleibt (ebenso im Ergebnis Baumbach, Anm. 6 zu § 85); denn sonst würde es bei der Art der Tatbestandswirkung im Einzelfall ganz unsicher sein, ob die Einlegung der Rechtsbeschwerde seine Wirksamkeit noch aufschieben kann (vgl. Begr. S. 47). Die Bedeutung der Vorschrift des § 85 Abs. 3 ArbGG. entspricht also der des § 705 ZPO. für das zivilprozessuale Urteil. Ob diese Regelung, die die Erledigung der Fälle des § 2 Abs. 1 Nr. 5 ArbGG. stark verzögert, hier zweckmäßig war, ist allerdings fraglich (vgl. Anm. 1 vor § 85).

Mit Rücksicht auf das Vorliegen des Schwebezustandes nach Zustellung des Arbeitsgerichts werden die Geschäftsstellen der Arbeitsgerichte den Beteiligten auf Verlangen Auskunft erteilen müssen, ob der Beschluß infolge ungenutzten Ablaufs der Rechtsbeschwerdefrist oder auf andere Weise (vgl. Anm. 12 Abs. 2 zu § 84) wirksam geworden ist und das Wirksamwerden gegebenenfalls, entsprechend wie die Rechtskraft eines Urteils (ZPO. § 706), bescheinigen müssen (ebenso im Ergebnis Baumbach, Anm. 2 a. E. zu § 84), wenngleich eine

Vollstreckung des Beschlusses nicht in Betracht kommt (vgl. Anm. 1 Abs. 7 zu § 84; irrtümlich offenbar Dersch-Volkmar, Anm. 10 zu § 85).

Die vorläufige Wirksamkeit des Beschlusses des Arbeitsgerichts kann nicht angeordnet werden. Die Auffassung von Dersch-Volkmar (Anm. 10 zu § 85), daß sie gegebenenfalls durch einstweilige Verfügung herbeigeführt werden könnte, ist darum irrtümlich, weil ein Verfahren auf einstweilige Verfügung in den im Beschlußverfahren zu behandelnden Fällen des § 2 Abs. 1 Nr. 5 ArbGG. nach dem Charakter dieses Verfahrens nicht stattfinden kann.

§ 86

Rechtsbeschwerdegründe[1]

(1) Die Rechtsbeschwerde kann nur darauf gestützt werden[2], daß der Beschluß des Arbeitsgerichts[3] auf der Nichtanwendung oder der unrichtigen Anwendung[4] einer gesetzlichen Bestimmung[5] beruhe[6].

(2) Auf die unrichtige Annahme der örtlichen Zuständigkeit, auf Mängel des Verfahrens bei der Berufung der Beisitzer oder auf Umstände, die die Berufung eines Beisitzers zu seinem Amte ausschließen, kann die Rechtsbeschwerde nicht gestützt werden[7].

1 Der Wortlaut des § 86 ArbGG. entspricht — mit einer Änderung, die sich aus dem anderen Rechtsmittelzug ergibt, und unter Auslassung einer hier nach der Art der Fälle des Beschlußverfahrens nicht in Betracht kommenden Vorschrift — im allgemeinen dem des § 73 ArbGG. für die „Revisionsgründe". Dies beruht darauf, daß auch die Rechtsbeschwerde, ebenso wie die Revision, nur aus rechtlichen Gründen eingelegt werden kann, weil sie wie diese nur eine Rechtsnachprüfung der Vorderentscheidung herbeiführt, nicht auch eine tatsächliche Nachprüfung (vgl. Anm. 1 vor § 85). Dieser Gleichlaut der beiden Vorschriften bedingt jedoch nicht ein völlig gleiches Verfahren auf Grund des § 73 und des § 86 ArbGG. Denn für das Revisionsverfahren gelten die für die Revision maßgebenden Vorschriften der Zivilprozeßordnung entsprechend, soweit das Arbeitsgerichtsgesetz nichts anderes bestimmt (ArbGG. § 72 Abs. 2), während für das Rechtsbeschwerdeverfahren nur die ausdrücklich für entsprechend anwendbar erklärten Vorschriften der Zivilprozeßordnung und die Vorschriften gelten, die in den „Allgemeinen Bestimmungen" des Arbeitsgerichtsgesetzes unmittelbar oder mittelbar zum Ausdruck gebracht sind (vgl. Anm. 6 zu § 85); grundsätzlich ist das Rechtsbeschwerdeverfahren in den §§ 85—89 ArbGG. besonders und abschließend geregelt. Infolgedessen gilt im Rechtsbeschwerdeverfahren z. B. die Auslegungsregel des § 551 ZPO. nicht (vgl. Anm. 6 Abs. 1 a. E.; a. A., aber ohne Begründung: Baumbach, Anm. 1 zu § 86).

Diese zum Teil andere Gestaltung des Rechtsbeschwerdeverfahrens hinsichtlich der Rechtsbeschwerdegründe gegenüber dem Revisionsverfahren beruht nicht etwa auf irrtümlicher Fassung des Gesetzes, sondern auf dem Grundgedanken des Beschlußverfahrens (vgl. Anm. 1 vor § 80), nach dem es kein Rechtsprechungs-, sondern ein Verwaltungsverfahren im Kleide der Rechtspflege — wie das Verfahren der freiwilligen Gerichtsbarkeit im übrigen — ist. Deshalb soll die Rechtsnachprüfung des Rechtsbeschwerdegerichts freier erfolgen als die des Revisionsgerichts im Urteilsverfahren. Das bedeutet aber nicht, daß das Rechtsbeschwerdegericht sich auch auf eine Tatsachenprüfung einlassen könnte; im Gegenteil ist diese hier mit Rücksicht auf den Mangel der Rechtskraft des Endbeschlusses noch weniger erforderlich als im Revisionsverfahren und darum, wie die Vorschriften der §§ 88, 89 ArbGG. ergeben, schlechterdings ausgeschlossen. Auch die Rechtsnachprüfung ist nicht uneingeschränkt möglich (vgl. Anm. 2 bis 6); denn wie die Revision dient die Rechtsbeschwerde der gesetzentsprechenden, aber möglichst beschleunigten Erledigung des Einzelfalls, wenn auch aus dem Bedürfnis der Allgemeinheit (vgl. Anm. 9 zu § 61), nicht aber der Aufstellung allgemeiner, für den Einzelfall nicht unbedingt erforderlicher Regeln.

Gemäß den Vorschriften des § 85 Abs. 1 ArbGG. ist im Beschlußverfahren regelmäßig das Landesarbeitsgericht und nur ausnahmsweise das Reichsarbeitsgericht Rechtsnachprüfungsinstanz.

2 Die Stützung der Rechtsbeschwerde erfolgt in der Rechtsbeschwerdeschrift selbst, nicht, wie bei der Revision, gegebenenfalls in einer besonderen Begründung (ArbGG. § 87 Abs. 2). Gleichwohl kann sie bis zum Ablauf der Rechtsbeschwerdefrist (ArbGG. § 87 Abs. 1 Satz 2) nachgeholt werden, weil die Rechtsbeschwerde bis dahin erneut eingelegt werden kann. Enthält die Rechtsbeschwerdeschrift nicht die nach § 87 Abs. 2 ArbGG. zur Stützung erforderlichen Angaben, so ist sie nicht „in der gesetzlichen Form" eingelegt und wird gemäß § 87 Abs. 3 ArbGG. „als unzulässig" verworfen. Enthält die im übrigen form- und fristgerechte Rechtsbeschwerde diese Angaben, sind die Angaben aber nicht stichhaltig, so ist gemäß § 88 ArbGG. zu verfahren und die Rechtsbeschwerde alsdann als unbegründet zurückzuweisen.

Die Rechtsbeschwerde kann nur auf die im § 86 Abs. 1 angegebenen Gründe, die noch durch die Vorschrift des § 86 Abs. 2 eingeschränkt werden, gestützt werden. Sie kann also nicht auf eine seit dem Endbeschluß des Arbeitsgerichts eingetretene Veränderung der tatsächlichen Verhältnisse im Betriebe gestützt werden, diese ist vielmehr gegebenenfalls in einem späteren neuen Verfahren geltend zu machen. Ebensowenig kann die Rechtsbeschwerde aber mit einer inzwischen eingetretenen Veränderung des maßgebenden Rechts begründet werden; denn auch in diesem Fall beruht der Beschluß des Arbeitsgerichts nicht auf Rechtsverletzung. Die andere Auffassung von Tersch-Volkmar (Anm. 3a Abs. 2 zu § 86) mag für das Zivilprozeßverfahren, für das die dort zitierte Entscheidung des Reichsgerichts ergangen ist, mit Rücksicht auf die in ihm geltende materielle Rechtskraftwirkung sinngemäß sein; dem Wesen dieses Verwaltungsverfahrens dürfte sie nicht entsprechen. Eine Rechtsbeschwerde, die auf tatsächliche oder rechtliche Änderungen nach Ergehen des arbeitsgerichtlichen Beschlusses gestützt wird, wäre nach ArbGG. § 87 Abs. 3 in Verbindung mit Abs. 2 als unzulässig zu verwerfen.

3 Gemeint ist, in Verbindung mit der Vorschrift des § 85 Abs. 1 Satz 1 ArbGG., der das Verfahren beendende Beschluß des Arbeitsgerichts im Sinne dieser Vorschrift (vgl. Anm. 2 zu § 85; vgl. jedoch Anm. 6 Abs. 2 hier). Dafür, daß nur ein Endbeschluß des Arbeitsgerichts in Betracht kommen kann, vgl. Anm. 3 zu § 85.

4 Über die Bedeutung der Worte „auf der Nichtanwendung oder der unrichtigen Anwendung" vgl. Anm. 5 Abs. 1 zu § 73, die dieselbe Fassung im Revisions-

verfahren behandelt. Unterschiedlich vom Revisionsverfahren (ArbGG. § 72 Abs. 2 in Verbindung mit ZPO. § 554 Abs. 3 Nr. 2; vgl. Anm. 5 Abs. 2 zu § 73) muß aber hier zur Stützung der Rechtsbeschwerde gemäß § 87 Abs. 2 ArbGG. auch angegeben werden, worin die Nichtanwendung oder die unrichtige Anwendung erblickt wird. Diese Vorschrift soll in dem neueingeführten Verfahren einen stärkeren Druck auf eine schlüssige Rechtsbeschwerdebegründung ausüben und damit Rechtsbeschwerden, die nicht völlig schlüssig sind, durch die Gefahr der Verwerfung als unzulässig von vornherein ausschalten (vgl. Anm. 7 zu § 87).

5 Vgl. Anm. 6 zu § 73. Als gesetzliche Bestimmungen kommen auch hier sowohl Vorschriften des materiellen wie des Verfahrensrechts, also dieses Gesetzes, der Zivilprozeßordnung, des Gerichtsverfassungsgesetzes usw., soweit letztere im Beschlußverfahren anwendbar sind, in Betracht. Doch schließt die Vorschrift des § 84 Abs. 1 Satz 1 ArbGG. die Verletzung vom Verfahrensrecht in weiterem Ausmaß aus, als dies im Zivilprozeß der Fall ist (vgl. Anm. 4 zu § 84); sie hindert aber nicht, daß eine Rechtsbeschwerde damit begründet wird, daß der Beschluß nicht „nach freier Überzeugung", also etwa willkürlich oder mit Rücksicht auf äußere Umstände gefaßt sei, wenn sich dies auch praktisch schwer beweisen lassen dürfte (ebenso im Ergebnis wohl Dersch-Volkmar, Anm. 3a Abs. 3 zu § 86). Weitere Ausnahmen von der Anfechtbarkeit des Beschlusses wegen Verletzung von Verfahrensrecht — im weiteren Sinne — begründet die Vorschrift des § 86 Abs. 2 ArbGG., ebenso wie die des § 73 Abs. 2 ArbGG. für die Revision (vgl. Anm. 7). Doch bleibt der Grundsatz der Anfechtbarkeit wegen Verletzung des Verfahrensrechts unberührt, so daß die Ausführungen der Anm. 2, b a. E. bei Dersch-Volkmar nicht recht verständlich erscheinen. Als verletztes materielles Recht kommt hier, unterschiedlich von der Revision, im allgemeinen das öffentliche Recht des Betriebsrätegesetzes einschließlich der für die Regelung der Betriebsverfassung auf Grund des Betriebsrätegesetzes im übrigen maßgebenden Normen (vgl. z. B. §§ 12, 62, 96 BRG.) in Betracht. Die Stützung der Rechtsbeschwerde auf die Verletzung „einer die Regelung der einzelnen Arbeitsverträge betreffenden Bestimmung eines Tarifvertrages" ist, als grundsätzlich für das Beschlußverfahren nach der Art seines Gegenstandes nicht vorkommend, anders als in § 73 Abs. 2 ArbGG. bei der Revision (vgl. Anm. 7 zu § 73), nicht vorgesehen. Sollte deshalb der Beschluß eines Arbeitsgerichts in einem einzelnen Falle, etwa wie in dem Falle der §§ 97, 96 BRG., als auf der unrichtigen Anwendung einer normativen Tarifbestimmung (BRG. § 96 Abs. 2 Nr. 1) beruhend angesehen werden, so müßte, falls nicht Verletzung des § 96 Abs. 2 Nr. 1 BRG. angenommen wird, geprüft werden, ob nach allgemeinen Grundsätzen darin die Verletzung einer gesetzlichen Bestimmung erblickt werden kann (vgl. Anm. 6, 7 zu § 73; unklar Dersch-Volkmar, Anm. 3a a. E. zu § 86).

6 Für den Erfolg der Rechtsbeschwerde ist, ebenso wie für den der Revision gemäß § 73 Abs. 1 ArbGG., § 549 Abs. 1 ZPO. (vgl. Anm. 8 zu § 73), Voraussetzung, daß der angefochtene Endbeschluß des Arbeitsgerichts auf der Rechtsverletzung beruht. Es kann deshalb vorkommen, daß die Rechtsbeschwerde erfolglos ist, obwohl Rechtsverletzungen im Verfahren des Arbeitsgerichts vom Rechtsbeschwerdegericht als vorliegend angenommen werden, weil sie nach dessen Auffassung für das Zustandekommen des Beschlusses nicht ursächlich waren. Die Rechtsbeschwerde dient eben nur der im Ergebnis rechtlich richtigen

Erledigung des einzelnen Falles, und diese ist in solchen Fällen durch das Verfahren des Arbeitsgerichts nicht in Frage gestellt. Eine zwingende Präsumtion dafür, daß der Beschluß auf einer Rechtsverletzung beruht, wie im § 551 ZPO. für die Revision, gibt es hier nicht (vgl. Anm. 1). Die Rechtsbeschwerdemöglichkeit ist dadurch gemäß der Natur des Beschlußverfahrens noch weiter eingeschränkt als im Revisionsverfahren, weil hier infolgedessen auch in den im § 551 ZPO. angegebenen Fällen geprüft werden muß, ob der Beschluß auf der Rechtsverletzung beruht. Auch hier braucht jedoch der Endbeschluß nicht unmittelbar auf der Rechtsverletzung zu beruhen, es genügt vielmehr auch ein mittelbarer ursächlicher Einfluß (vgl. Anm. 3, 8 zu § 73).

7 Vgl. entsprechend die Anm. 9 und 10 zu § 73; der Wortlaut des § 86 Abs. 2 stimmt mit dem des § 73 Abs. 2 ArbGG. überein. Wegen der Folge der unrichtigen Annahme der sachlichen Zuständigkeit im Beschlußverfahren — abweichend von der Regelung des Urteilsverfahrens — vgl. Anm. 3 zu § 85.

§ 87

Einlegung[1]

(1) [2]**Die Rechtsbeschwerde wird durch Einreichung einer Beschwerdeschrift beim Beschwerdegericht[3] oder durch Erklärung zur Niederschrift der Geschäftsstelle des Arbeitsgerichts, das den angefochtenen Beschluß erlassen hat[4], eingelegt[2]. Sie ist binnen einer Notfrist von zwei Wochen nach der Zustellung des angefochtenen Beschlusses einzulegen[5].**

(2) **Die die Rechtsbeschwerde enthaltende Schrift muß angeben[6], inwieweit die Abänderung des angefochtenen Beschlusses beantragt wird, welche Bestimmungen verletzt sein sollen und worin die Verletzung bestehen soll[7].**

(3) **Ist die Rechtsbeschwerde nicht in der gesetzlichen Form oder Frist eingelegt[8], so verwirft sie der Vorsitzende des Beschwerdegerichts als unzulässig[9]. Der Beschluß ist endgültig[10]. Er ist dem Beschwerdeführer zuzustellen[11].**

(4) [12] **Die Rechtsbeschwerde[13] kann jederzeit in der für ihre Einlegung vorgeschriebenen Form zurückgenommen werden[14]. Im Falle der Zurücknahme stellt der Vorsitzende das Verfahren ein. Er gibt hiervon den Beteiligten Kenntnis, soweit ihnen die Rechtsbeschwerde zugestellt worden ist[15].**

1 Die Vorschriften des § 87 ArbGG. behandeln die Einlegung der Rechtsbeschwerde, die Erfordernisse ihrer Zulässigkeit — statthaft ist sie gemäß § 85 Abs. 1 Satz 1 ArbGG. gegen jeden Endbeschluß des Arbeitsgerichts —, die Folgen der unzulässigen Einlegung und die Möglichkeit und Form der Zurücknahme der Rechtsbeschwerde. Die Regelung ist ausschließlich, ohne daß Vorschriften der Zivilprozeßordnung in Bezug genommen werden, soweit sie nicht

etwa durch die Geltung der „Allgemeinen Bestimmungen" des Arbeitsgerichtsgesetzes entsprechend anwendbar sind (vgl. Anm. 1 vor § 80, Anm. 5 zu § 80). Jedoch sind die Vorschriften über die Einlegung der Rechtsbeschwerde an die des Urteilsverfahrens und damit auch der Zivilprozeßordnung über die Einlegung der Revision angelehnt; die Regelung der Zurücknahme (§ 87 Abs. 4) entspricht der der Antragszurücknahme in § 81 Abs. 2 ArbGG. und weicht von den Vorschriften der Zivilprozeßordnung (ZPO. §§ 566, 515) mit Rücksicht auf die andere Natur des Verfahrens erheblich ab.

Für die Frage, **wer** die Rechtsbeschwerde einlegen kann, vgl. Anm. 4 Abs. 3 bis 5 zu § 85.

2 Während die Revision im Urteilsverfahren nur durch Einreichung der Revisionsschrift beim Reichsarbeitsgericht eingelegt werden kann (ArbGG. § 72 Abs. 2 in Verbindung mit § 553 Abs. 1 Satz 1 ZPO.), sind hier **zwei** Möglichkeiten der Einlegung gegeben, die **Einreichung** der Rechtsbeschwerdeschrift **beim Rechtsbeschwerdegericht** — Landesarbeitsgericht oder Reichsarbeitsgericht (ArbGG. § 85 Abs. 1 Satz 2, 3) — oder die **Erklärung zur Niederschrift der Geschäftsstelle des Arbeitsgerichts**, das den angefochtenen Beschluß erlassen hat. Diese Abweichung vom Urteilsverfahren erklärt sich folgendermaßen (vgl. Begr., S. 47 — B, V, 3, b, cc, Abs. 4): Gemäß § 11 Abs. 2 ArbGG. herrscht im Verfahren vor dem Rechtsbeschwerdegericht an sich Vertretungszwang, vor dem Reichsarbeitsgericht sogar Anwaltszwang. Dieser Zwang würde im Rechtsbeschwerdeverfahren insbesondere dann zu Schwierigkeiten führen, wenn Rechtsbeschwerdeführer im Verfahren vor dem Reichsarbeitsgericht eine vermögenslose und nicht vermögensfähige Personengesamtheit ist, wie die Arbeitnehmerschaft, Arbeiterschaft oder Angestelltenschaft des Betriebes, die durch die Betriebsvertretung organisch vertreten ist (vgl. Anm. 4 Abs. 3—5 zu § 85, Anm. 2a zu § 83). Hinzukommt, daß das Rechtsbeschwerdeverfahren ein **schriftliches Verwaltungsverfahren** ist, für das der **Vertretungszwang**, insbesondere der Anwaltszwang, nicht in gleicher Weise erforderlich und zweckmäßig ist wie für das Urteilsverfahren. Das Gesetz will deshalb die **Möglichkeit** dafür schaffen, daß die im Rechtsbeschwerdeverfahren vorkommenden, stets schriftlichen Erklärungen der Beteiligten (ArbGG. § 87 Abs. 1, Abs. 4; § 88 Abs. 1) nicht dem Vertretungszwang unterliegen. Diese Möglichkeit wird dadurch herbeigeführt, daß sie, statt durch Einreichung einer Schrift beim Rechtsbeschwerdegericht, die dem Vertretungszwang unterliegen würde, auch durch Erklärung zur Niederschrift der Geschäftsstelle des Arbeitsgerichts abgegeben werden können, für die gemäß § 11 Abs. 1 ArbGG. kein Vertretungszwang besteht.

Die Vorschrift des § 87 Abs. 1 Satz 1 ArbGG. hat jedoch Anlaß zu einem Zweifel gegeben. Die Anwendung des § 11 ArbGG. auf das Beschlußverfahren bedingt, da § 11 keine abschließende Regelung der Prozeßvertretung bietet, die entsprechende Anwendung einiger Vorschriften der §§ 78—90 ZPO. auch im Beschlußverfahren (vgl. Anm. 1 Abs. 2, 3 zu § 11). Zu den danach entsprechend anwendbaren Vorschriften gehört an sich auch der § 78 Abs. 2 ZPO., nach dem ein Anwaltszwang nicht Platz greift, wenn es sich um das Verfahren vor dem ersuchten oder dem beauftragten Richter handelt oder um **Prozeßhandlungen, die vor der Geschäftsstelle vorgenommen werden können.** Die entsprechende

Anwendbarkeit der Vorschrift im arbeitsgerichtlichen Verfahren würde bedeuten, daß insofern ein Vertretungszwang nicht besteht. Da ein Verfahren vor dem ersuchten oder beauftragten Richter im Rechtsbeschwerdeverfahren nicht stattfindet, würde die Vorschrift des § 78 Abs. 2 ZPO. hier nur bedeutungsvoll sein, soweit sie sich auf Prozeßhandlungen bezieht, die vor der Geschäftsstelle vorgenommen werden können. Wäre sie hier anwendbar, so könnte die Einlegung der Rechtsbeschwerde, auch wenn sie durch Einreichung einer Schrift beim Rechtsbeschwerdegericht erfolgt, durch den Beteiligten selbst, ohne Vertretungszwang, erfolgen. Denn der Vertretungszwang versagt nach ihr schon dann, wenn die Handlung vor der Geschäftsstelle vorgenommen werden kann, nicht etwa nur in dem Falle, in dem sie tatsächlich so vorgenommen wird (vgl. Sydow-Busch-Krantz, Anm. 6 zu § 78 ZPO.). Die Vorschrift des § 87 Abs. 1 Satz 1 ArbGG. würde also besagen, daß für die Einlegung der Rechtsbeschwerde kein Vertretungszwang besteht, gleichviel bei welcher Arbeitsgerichtsbehörde sie eingelegt wird. Diese Auffassung dürfte aber weder dem Wortlaut des § 87 Abs. 1 Satz 1 ArbGG. noch der amtlichen Begründung zu dieser Vorschrift (a. a. O.) entsprechen. Denn es wäre nicht verständlich, warum die Einlegung zur Niederschrift der Geschäftsstelle des Arbeitsgerichts besonders vorgeschrieben ist, wenn die Möglichkeit der Einlegung zur Niederschrift der Geschäftsstelle jeder Arbeitsgerichtsbehörde dieselbe Wirkung des Ausschlusses der Vertretungszwanges hervorgebracht hätte. Zudem betont die Begründung ausdrücklich, daß die Möglichkeit der Einlegung zur Niederschrift der Geschäftsstelle des Arbeitsgerichts vorgesehen ist, um die Einlegung ohne Anwalt durchführen zu können, „da für das Verfahren vor dem Reichsarbeitsgericht stets, für das Verfahren vor den Landesarbeitsgerichten grundsätzlich (vgl. § 11 des Entwurfs) die Vertretung der Beteiligten durch Rechtsanwälte vorgeschrieben ist". Daraus muß entnommen werden, daß es die Absicht des Gesetzes ist, daß die Einlegung der Rechtsbeschwerde, soweit sie beim Rechtsbeschwerdegericht selbst, also beim Landesarbeitsgericht oder beim Reichsarbeitsgericht, erfolgt, dem Vertretungszwang des § 11 Abs. 2 ArbGG. unterliegen soll und daß die Einlegung zur Niederschrift der Geschäftsstelle des Arbeitsgerichts zugelassen ist, weil dort gemäß ArbGG. § 11 Abs. 1 kein Vertretungszwang herrscht. Die Vorschrift des § 87 Abs. 1 Satz 1 ArbGG. gibt also für die Einlegung der Rechtsbeschwerde eine abschließende Regelung und schließt dadurch die entsprechende Anwendung des § 78 Abs. 2 ZPO. hierfür aus. Der Rechtsbeschwerdeführer muß demnach die Rechtsbeschwerde, wenn er sie ohne Prozeßvertretung einlegen will, zur Niederschrift der Geschäftsstelle des Arbeitsgerichts erklären, das den anzufechtenden Endbeschluß erlassen hat; andernfalls muß er gemäß § 11 Abs. 2 ArbGG. einen Prozeßvertreter mit der Einlegung der Rechtsbeschwerde durch Beschwerdeschrift beim Landesarbeitsgericht oder beim Reichsarbeitsgericht betrauen (im Ergebnis ebenso, wenn auch mit teilweise anderer Begründung, die Praxis des Reichsarbeitsgerichts; a. A. Baumbach, Anm. 2 a. E. zu § 87).

Diese Auslegung des § 87 Abs. 1 Satz 1 ArbGG. dürfte auch den praktischen Bedürfnissen entsprechen. Denn die rechtmäßige Einlegung der Rechtsbeschwerde gemäß den Vorschriften des § 87 Abs. 1, 2 ArbGG. erfordert gewisse Vorkenntnisse, die den Beteiligten nicht immer haben werden, die aber der Prozeßvertreter nach § 11 Abs. 2 ArbGG. haben muß und die auch von den damit befaßten Beamten der Geschäftsstelle erwartet werden müssen. Würde der

Rechtsbeschwerdeführer seine Beschwerde ohne Hilfe einlegen können, so würde er Gefahr laufen, daß diese aus formalen Gründen gemäß § 87 Abs. 3 ArbGG. zurückgewiesen wird; das würde eine nicht gerechtfertigte Unsicherheit in das Rechtsbeschwerdeverfahren hineintragen.

3 Über den Inhalt der Rechtsbeschwerdeschrift vgl. Anm. 7. Die Einreichung der Rechtsbeschwerdeschrift muß durch einen gemäß § 11 Abs. 2 ArbGG. zugelassenen Prozeßvertreter (vgl. Anm. 2 Abs. 2) bei dem nach § 85 Abs. 1 Satz 2, 3 zuständigen Rechtsbeschwerdegericht erfolgen; die Einlegung ist erst erfolgt, wenn die Schrift dort eingegangen ist. Die Ausdrücke „Beschwerdeschrift" und „Beschwerdegericht" sind aus Gründen der Einfachheit gewählt, da ein Zweifel darüber, daß es sich nur um die die Rechtsbeschwerde enthaltende Schrift und um das Rechtsbeschwerdegericht nach § 85 Abs. 1 Satz 2, 3 ArbGG. handeln kann, nicht möglich ist. Wichtig ist, daß die Schrift stets bei dem Rechtsbeschwerdegericht eingereicht werden muß, d. h. bei dem Gericht, das nach § 85 Abs. 1 Satz 2, 3 ArbGG. im Einzelfall für das Rechtsbeschwerdeverfahren zuständig ist. Die Einlegung beim Landesarbeitsgericht, wenn das Reichsarbeitsgericht zuständig ist, und umgekehrt, genügt also nicht; hierin könnte auch mitunter eine Umgehung des Anwaltszwanges beim Reichsarbeitsgericht liegen. Will der Rechtsbeschwerdeführer die Rechtsbeschwerde durch Einreichung einer Schrift einlegen, so muß er vorher sorgfältig prüfen, welches Gericht für seinen Fall als Rechtsbeschwerdegericht in Betracht kommt, da er sonst Gefahr läuft, daß die Rechtsbeschwerde als unzulässig, weil nicht in der gesetzlichen Form eingelegt, verworfen wird (ArbGG. § 87 Abs. 3; vgl. Anm. 8 Abs. 3; a. A. Baumbach, Anm. 2b zu § 87). Allerdings wird anzunehmen sein, daß der Vorsitzende des Rechtsbeschwerdegerichts, der die eingehende Rechtsbeschwerde gemäß § 87 Abs. 3 Satz 1 ArbGG. sofort nach ihrem Eingang zu prüfen hat (vgl. Anm. 9 Abs. 2), falls die Rechtsbeschwerdefrist noch nicht abgelaufen ist, den Rechtsbeschwerdeführer auf den Mangel hinweist, damit dieser noch rechtzeitig die Rechtsbeschwerde bei dem zuständigen Gericht einlegt und die unzulässige Rechtsbeschwerde gemäß § 87 Abs. 4 zurücknimmt. Da dies jedoch bei der verhältnismäßig kurzen Frist des § 87 Abs. 1 Satz 2 ArbGG. nicht immer möglich sein wird, dürfte es sich empfehlen, in Fällen einer zweifelhaften Zuständigkeit nach § 85 Abs. 1 Satz 2, 3 ArbGG. die Rechtsbeschwerde zur Niederschrift der Geschäftsstelle des Arbeitsgerichts einzulegen (vgl. Anm. 4).

4 Zur Niederschrift der Geschäftsstelle des Arbeitsgerichts, das den anzufechtenden Endbeschluß erlassen hat, kann die Rechtsbeschwerde stets eingelegt werden. Die Einlegung ist in diesem Falle erfolgt, wenn die Niederschrift bei der Geschäftsstelle abgeschlossen vorliegt. Es ist dann Sache dieser Geschäftsstelle, sie dem zuständigen Rechtsbeschwerdegericht zu übersenden; die Übersendung braucht, wenn auch nach dem allgemeinen Grundsatz Beschleunigung erforderlich ist, nicht innerhalb der Rechtsbeschwerdefrist bewirkt zu werden, da die Frist nach der Vorschrift des § 87 Abs. 1 ArbGG. durch die Einlegung bei der Geschäftsstelle gewahrt ist. Übersendet die Geschäftsstelle des Arbeitsgerichts die Schrift an ein in diesem Falle nicht zuständiges Rechtsbeschwerdegericht, so wird der Rechtsbeschwerdeführer dadurch nicht geschädigt, da er seinerseits

alles Erforderliche getan hat. Der Vorsitzende des angegangenen Gerichts muß vielmehr die Schrift unverzüglich an das zuständige Rechtsbeschwerdegericht abgeben; er wird davon zweckmäßig die Geschäftsstelle des Arbeitsgerichts und den Rechtsbeschwerdeführer benachrichtigen oder die Geschäftsstelle des Arbeitsgerichts um dessen Benachrichtigung ersuchen.

Fraglich ist, ob auch die Erklärung zur Niederschrift der Geschäftsstelle eines andern Gerichts als zulässige Einlegung der Rechtsbeschwerde anzusehen ist, wenn nur die Niederschrift innerhalb der Notfrist des § 87 Abs. 1 Satz 2 ArbGG. bei der Geschäftsstelle des zuständigen Arbeitsgerichts eingeht. Dersch-Volkmar (Anm. 7 Abs. 2 zu § 87) und Baumbach (Anm. 2a zu § 87) nehmen dies an (vgl. allerdings Dersch-Volkmar, Anm. 7 zu § 88). Dieser Auffassung kann jedoch nicht beigetreten werden. Nach dem in Anm. 2 Abs. 2, 3 Gesagten ist die Erklärung zur Niederschrift der Geschäftsstelle des Arbeitsgerichts an Stelle der Einreichung der Rechtsbeschwerdeschrift beim Rechtsbeschwerdegericht zugelassen worden, um dem Beschwerdeführer die Möglichkeit zur vertretungslosen Einlegung der Rechtsbeschwerde zu geben, ihn aber gleichzeitig vor Formfehlern zu bewahren, die die Rechtsbeschwerde unzulässig machen müßten. Dieser Zweck würde, wie in Anm. 2 Abs. 3 dargelegt, nicht erreicht werden, wenn er die Rechtsbeschwerdeschrift ohne Hilfe der Geschäftsstelle des Arbeitsgerichts selbständig einlegen könnte; derselbe Gesichtspunkt spricht aber auch gegen die Möglichkeit der Einlegung durch Übersendung einer Erklärung zur Niederschrift der Geschäftsstelle eines Gerichts, das mit der Sache nicht befaßt ist und die Akten des erstinstanzlichen Verfahrens nicht hat. Aber auch der Wortlaut des § 87 Abs. 1 Satz 1 ArbGG. dürfte einer solchen Möglichkeit entgegenstehen. Denn die Übersendung der bei einem andern Gericht aufgenommenen Niederschrift an das zuständige Arbeitsgericht steht nicht der Aufnahme der Niederschrift bei diesem gleich, sondern der schriftlichen Einreichung der Rechtsbeschwerde bei dem Arbeitsgericht (vgl. Anm. 2 Abs. 2 zu § 47; Anm. 3 Abs. 1 zu § 81); diese ist aber nicht zugelassen. Der Rechtsbeschwerdeführer muß also, wenn er für die Einlegung der Rechtsbeschwerde nicht die Form der Einreichung einer Schrift bei dem Rechtsbeschwerdegericht wählt, die Erklärung bei dem Arbeitsgericht abgeben, das den anzufechtenden Beschluß erlassen hat; weder ein anderes Arbeitsgericht noch ein Amtsgericht noch etwa das Rechtsbeschwerdegericht selbst kann die Erklärung rechtsgültig aufnehmen. Dagegen braucht er die Erklärung nicht persönlich abzugeben. Er kann vielmehr mit der Abgabe der Erklärung zur Niederschrift der Geschäftsstelle jede Person betrauen, die nach § 11 Abs. 1 ArbGG. zur Prozeßvertretung befugt ist, da die Form der Einlegung der Erklärung zur Niederschrift der Geschäftsstelle nur den Vertretungszwang ausschließt, nicht aber die Zulässigkeit der Prozeßvertretung (vgl. Anm. 3 Abs. 3 zu § 81); doch wird der Rechtsbeschwerdeführer den Prozeßbevollmächtigten in geeigneter Form — regelmäßig schriftlich — über seine Prozeßvollmacht ausweisen müssen. Die Erklärung zur Niederschrift durch einen Prozeßbevollmächtigten ist insbesondere dann zweckmäßig, wenn die Rechtsbeschwerde von einer Mehrheit von Personen als gemeinsam Beteiligten eingelegt wird (vgl. Anm. 4 Abs. 4 zu § 85; Anm. 2, a zu § 83).

5 Die Rechtsbeschwerdefrist des § 87 Abs. 1 Satz 2 ArbGG. ist zwingend vorgeschrieben. Für sie gelten gemäß § 85 Abs. 2 ArbGG. alle Vorschriften der Zivilprozeßordnung über Notfristen entsprechend, insbesondere

auch die der §§ 233—238 ZPO. über die Zulässigkeit der Wiedereinsetzung in den vorigen Stand (vgl. Anm. 13, Anm. 15 zu § 85).

Die Rechtsbeschwerdefrist von zwei Wochen läuft für jeden Beteiligten von der Zustellung des Endbeschlusses an ihn ab (vgl. Anm. 12 Abs. 2 zu § 84). Sie begrenzt die Zulässigkeit der Einlegung; dagegen hat sie, wie die Berufungsfrist und die Revisionsfrist, nicht die Bedeutung, daß die Einlegung der Rechtsbeschwerde vor ihrem Laufbeginn nicht möglich wäre. Die Möglichkeit der Einlegung beginnt vielmehr mit der Bekanntgabe des Beschlusses, d. h. wenn er verkündet worden ist (ArbGG. § 84 Abs. 1 Satz 3), mit der Verkündung. Ist er nicht verkündet worden, so kann die Rechtsbeschwerde erst nach der Zustellung eingelegt werden, weil seine schriftliche Abfassung (ArbGG. § 84 Abs. 1 Satz 2) nach außen nicht bekannt wird (vgl. Anm. 5 Abs. 3 zu § 84), jedoch bereits nach der ersten Zustellung an einen Beteiligten, wenn die Zustellung zu verschiedenen Zeiten erfolgt, auch dann, wenn dem Rechtsbeschwerdeführer erst später zugestellt worden ist. Gegen einen noch nicht durch Verkündung oder durch Zustellung bekannt gegebenen Beschluß kann die Rechtsbeschwerde noch nicht eingelegt werden (ebenso Dersch-Volkmar, Anm. 8b zu § 87; Baumbach, Anm. 3 zu § 87).

Ist vor Ablauf der Rechtsbeschwerdefrist die Rechtsbeschwerde gemäß § 87 Abs. 3 ArbGG. wegen Formverletzung als unzulässig verworfen worden, so kann sie innerhalb der Frist erneut eingelegt werden; das kann insbesondere bedeutsam sein, wenn ein falsches Gericht als Rechtsbeschwerdegericht angerufen worden war und dieses die Rechtsbeschwerde deswegen als unzulässig verworfen hatte (vgl. Anm. 3).

6 „Die die Rechtsbeschwerde enthaltende Schrift" ist je nach der Einlegungsform gemäß § 87 Abs. 1 Satz 1 ArbGG. die beim Rechtsbeschwerdegericht eingereichte Rechtsbeschwerdeschrift oder die Niederschrift der Geschäftsstelle des Arbeitsgerichts. Daß sich die Vorschrift des § 87 Abs. 2 ArbGG. nur auf die beim Rechtsbeschwerdegericht eingereichte Schrift bezieht, wie Dersch-Volkmar (Anm. 9b zu § 87) annehmen, ergibt weder der Wortlaut noch der Sinn der Vorschrift (vgl. auch Anm. 2 zu § 88). Der Wortlaut dürfte vielmehr gerade so gewählt sein, daß beide Arten der Schrift durch ihn betroffen werden. Es ist aber auch sinngemäß nicht anzunehmen, daß an die eingereichte Rechtsbeschwerdeschrift andere inhaltliche Anforderungen gestellt werden wie an die von der Geschäftsstelle aufgenommene. Würde die zur Niederschrift aufgenommene Rechtsbeschwerde die inhaltlichen Angaben des § 87 Abs. 2 ArbGG. nicht zu enthalten brauchen, so würde für das Verfahren in diesem Fall die Begründung der Rechtsbeschwerde fehlen. Sie müßte alsdann im weiteren Verfahren nach § 88 Abs. 1 ArbGG. herbeigezogen werden, indem die Schrift auch dem Rechtsbeschwerdeführer als „Beteiligten" zur Äußerung zugestellt wird. Abgesehen davon, daß dies kaum der Sinn der Vorschrift des § 88 Abs. 1 sein dürfte, würde ein solches Verfahren die Erledigung der Rechtsbeschwerde unnötig verzögern und auch dem Charakter des Rechtsbeschwerdeverfahrens, das nur bei dargetaner Rechtsverletzung Platz greifen soll, nicht entsprechen (vgl. auch Anm. 2 zu § 88). Die Auffassung von Dersch-Volkmar (a. a. O.), daß die Erfordernisse des § 87 Abs. 2 ArbGG. bei Einlegung der Rechtsbeschwerde zur Niederschrift der Geschäftsstelle schon darum bedeutungslos wären, weil bei ihrem Fehlen Wiedereinsetzung in den vorigen Stand zu gewähren wäre, greift gegenüber diesen prozessualen Notwendigkeiten nicht durch, selbst wenn,

was recht fraglich ist, die Nichtaufnahme der erforderlichen Angaben als „unabwendbarer Zufall" anzusehen wäre, der den Rechtsbeschwerdeführer verhindert hätte, rechtzeitig eine zulässige Rechtsbeschwerde einzulegen. (Im Ergebnis wie hier: Schmincke-Sell, Anm. 3 Abs. 2 zu § 87.)

Der Beamte der Geschäftsstelle des Arbeitsgerichts, der die Rechtsbeschwerde aufnimmt, wird also darauf zu achten haben, daß der Rechtsbeschwerdeführer ihm alle nach § 87 Abs. 2 ArbGG. erforderlichen Angaben macht, und wird diese Angaben in die Niederschrift aufnehmen. Um das zu erreichen, ist die Aufnahme der Rechtsbeschwerde nur der Geschäftsstelle des Arbeitsgerichts überlassen, das den angefochtenen Beschluß erlassen hat und über die Akten des erstinstanzlichen Verfahrens verfügt (vgl. Anm. 4 Abs. 2).

7 § 87 Abs. 2 ArbGG. zählt drei Erfordernisse der rechtsgültigen Rechtsbeschwerde auf, von denen die beiden ersten denen der Revisionsbegründung im Zivilprozeß in § 554 Abs. 3 Nr. 1 und 2, a entsprechen, während das dritte mindestens teilweise über die entsprechenden Erfordernisse der Revisionsbegründung hinausgeht (vgl. Anm. 4 zu § 86). Die Rechtsbeschwerde muß danach, anders wie die Revision, die Begründung mitenthalten. Dadurch wird das Rechtsbeschwerdeverfahren gegenüber dem Revisionsverfahren erheblich abgekürzt, zugleich aber die Einlegung sachlich unbegründeter Rechtsbeschwerden, soweit möglich, hintangehalten.

Daß die Rechtsbeschwerde den Beschluß des Arbeitsgerichts bezeichnen muß, gegen den sie eingelegt wird, ist als selbstverständlich vom Gesetz nicht besonders erwähnt. Die Bezeichnung muß so gehalten sein, daß ein Irrtum nicht möglich ist. Am besten wird also das Arbeitsgericht angegeben, das den Beschluß erlassen hat, das Datum des Beschlusses, sein Aktenzeichen und, wenn möglich der sog. Kopf des Beschlusses (vgl. Anm. 5 Abs. 2 zu § 84). Weiter muß angegeben werden, „inwieweit die Abänderung ..... beantragt wird", d. h. die Rechtsbeschwerde muß einen Antrag enthalten. Dieser braucht aber nicht in bestimmter Antragsform gehalten zu sein, es genügt vielmehr, wenn die Schrift in ihrem ganzen Zusammenhang ergibt, was der Rechtsbeschwerdeführer verlangt; doch sollte dieser sich so klar wie möglich ausdrücken, etwa: „Es wird beantragt, in Aufhebung des Beschlusses des Arbeitsgerichts in ..... vom .... usw. die Zustimmung des Betriebsrats zur Kündigung des Mitglieds des Betriebsrats Schlossers ..... zu ersetzen" oder „Es wird beantragt, den die Zustimmung zur Kündigung des Mitglieds des Betriebsrats Schlossers ..... ersetzenden Beschluß des Arbeitsgerichts in ..... vom ..... usw. aufzuheben".

Weitet muß die Rechtsbeschwerde erkennen lassen, auf welche Rechtsverletzungen sie gemäß § 86 ArbGG. gestützt wird (vgl. die Anm. zu § 86). Sie muß angeben, welche gesetzlichen Bestimmungen (vgl. Anm. 5 zu § 86) nach der Auffassung des Rechtsbeschwerdeführers verletzt sind und worin die Verletzung nach seiner Auffassung besteht (vgl. Anm. 4 zu § 86). Daß der angefochtene Beschluß auf diesen Verletzungen beruht, braucht die Rechtsbeschwerde nicht darzutun, denn die Prüfung dieser Frage ist als Prüfung einer Rechtsfolge Sache des Rechtsbeschwerdegerichts. Auch die verletzten Bestimmungen brauchen nur in der Weise angegeben zu werden, daß es für das Rechtsbeschwerdegericht klar ist, welche einzelnen Bestimmungen gemeint sind; die Angabe des Paragraphen eines Gesetzes ist nicht erforderlich, wenn auch zur Abkürzung der Angabe oft zweckmäßig. Eine ganz allgemeine Angabe, daß ein bestimmtes Gesetz verletzt sei, wird aber regelmäßig nicht genügen. Wenn § 87 Abs. 2 ArbGG. weiter die Angabe verlangt, worin die Verletzung bestehen soll, so entspricht diese Vorschrift einmal der des § 554 Abs. 3 Nr. 2, b ZPO. für die Revision, nach der bei behaupteter Verletzung von Verfahrensvorschriften die Tatsachen bezeichnet werden müssen, welche den Mangel ergeben; sie geht aber insofern weiter als § 554 Abs. 3 Nr. 2 ZPO., als hier auch bei Verletzungen materiellen Rechts anzugeben ist, worin die Rechtsverletzung gesehen wird (vgl. Anm. 4 zu § 86).

Schon die Tatsache, daß die Rechtsbeschwerde zur Niederschrift der Geschäftsstelle des Arbeitsgerichts eingelegt werden kann, zeigt aber, daß für die Zulässigkeit der Rechtsbeschwerde keine allzu scharfen Anforderungen an ihren Inhalt gestellt werden dürfen. Es ist deshalb Baumbach (Anm. 4a, E zu § 87) dahin beizutreten, daß die Erfordernisse des § 87 Abs. 2 ArbGG. nicht zu formal ausgelegt werden dürfen. Es muß vielmehr genügen, wenn sich das Rechtsbeschwerdegericht aus der die Rechtsbeschwerde enthaltenden Schrift ein Bild davon machen kann, was der Rechtsbeschwerdeführer verlangt und welche Rechtsmängel er in dem von ihm angefochtenen Beschluß sieht. Dies ist allerdings stets nötig, da die Rechtsnachprüfung des Rechtsbeschwerdegerichts in ihrem Umfang durch die Angaben der Rechtsbeschwerde bedingt ist (vgl. Anm. 2 zu § 89).

8 Die Zulässigkeit der Rechtsbeschwerde erfordert ihre Einlegung in gesetzlicher Form und Frist. Ist Form oder Frist nicht gewahrt, so ist sie gemäß § 87 Abs. 3 ArbGG. als unzulässig zu verwerfen. Nicht erwähnt ist in § 87 Abs. 3 ArbGG. die nicht statthafte Rechtsbeschwerde. Auch sie muß jedoch, wie die nicht statthafte Revision (ZPO. § 554a) als unzulässig verworfen werden, da sonst eine Unklarheit der Rechtslage eintreten könnte. Nicht statthaft ist einmal die Rechtsbeschwerde gegen eine Entscheidung des Arbeitsgerichts im Beschlußverfahren, die keinen Endbeschluß darstellt, z. B. gegen die Einstellung des Verfahrens gemäß § 81 Abs. 2 ArbGG. (vgl. Anm. 8 zu § 81), zum andern die Rechtsbeschwerde gegen einen etwa irrtümlich von einem Landesarbeitsgericht erstinstanzlich erlassenen Beschluß (vgl. Anm. 3 zu § 85) und schließlich die Rechtsbeschwerde des Antragstellers, wenn das Arbeitsgericht antragsgemäß beschlossen hat (vgl. Anm. 4 Abs. 5 zu § 85).

Wegen Fristverletzung ist die Rechtsbeschwerde als unzulässig zu verwerfen, wenn sie nach Ablauf der Rechtsbeschwerdefrist eingelegt ist (vgl. Anm. 3, 4) und Wiedereinsetzung in den vorigen Stand nicht erfolgt.

Wegen Formverletzung muß die Verwerfung als unzulässig erfolgen, wenn die Vorschriften des § 87 Abs. 1 Satz 1, Abs. 2 nicht gewahrt sind (vgl. Anm. 2,3,4,6,7).

9 Die Verwerfung der Rechtsbeschwerde als unzulässig erfolgt, entsprechend wie bei der Revision, wenn eine mündliche Verhandlung nicht vorangegangen ist, (ArbGG. § 72 Abs. 2, 3 in Verbindung mit § 53 Abs. 1 und mit ZPO. § 554a; vgl. Anm. 14c, aa, Abs. 1 zu § 72) durch den Vorsitzenden des Rechtsbeschwerdegerichts allein, gleichviel ob dieses das Landesarbeitsgericht oder das Reichsarbeitsgericht ist (a. A. gegen den Wortlaut: Baumbach, Anm. 5 zu § 87); eine mündliche Verhandlung findet im Rechtsbeschwerdeverfahren niemals statt.

Der Vorsitzende des Rechtsbeschwerdegerichts hat Statthaftigkeit (vgl. Anm. 8 Abs. 1) und Zulässigkeit der Rechtsbeschwerde sofort nach ihrem Eingang von Amts wegen zu prüfen (vgl. auch Anm. 3); er muß dazu die Akten des Arbeitsgerichts des ersten Rechtszuges herbeiziehen. Mangelt es an einem der Erfordernisse und kann die Behebung des Mangels innerhalb der Rechtsbeschwerdefrist nicht mehr erwartet werden, so verwirft er die Rechtsbeschwerde ohne sachliche Prüfung allein durch Beschluß als unzulässig. Der Beschluß ist in der Weise kurz zu begründen, daß der Mangel oder die Mängel angegeben werden, die zur Verwerfung als unzulässig geführt haben; eine besondere Vorschrift enthält das Gesetz über die Begründung nicht. Der Beschluß ist etwa folgendermaßen zu fassen: „Die Rechtsbeschwerde des ..... in ..... gegen den auf den Antrag des ..... in ..... am ..... 1928 ergangenen Beschluß des Arbeitsgerichts in ..... betreffend ..... wird als unzulässig verworfen" (vgl. Anm. 5 Abs. 2 zu § 84).

10 Gegen den Beschluß des Vorsitzenden des Rechtsbeschwerdegerichts, der die Rechtsbeschwerde als unzulässig verwirft, gibt es kein Rechtsmittel. Er tritt also mit seiner Bekanntgabe sofort in Kraft. Die Bekanntgabe erfolgt durch die Zustellung an den Rechtsbeschwerdeführer (vgl. Anm. 11). Der angefochtene Endbeschluß des Arbeitsgerichts wird deshalb, falls die Rechtsbeschwerdeschrift im Zeitpunkt der Zustellung des Unzulässigkeitsbeschlusses des Rechtsbeschwerdegerichts bereits abgelaufen ist, mit dieser endgültig wirksam; läuft die Rechtsbeschwerdefrist noch, so bleibt seine Wirksamkeit weiter in der Schwebe (vgl. Anm. 12 Abs. 2 zu § 84).

11 Die Zustellung des die Rechtsbeschwerde als unzulässig verwerfenden Beschlusses an den Rechtsbeschwerdeführer läßt den Beschluß in Wirksamkeit treten, da er vorher nach außen nicht bekannt ist (vgl. Anm. 10). Sie erfolgt gemäß § 85 Abs. 2 Satz 2 ArbGG. von Amts wegen. Wegen des Zustellungsempfängers vgl. Anm. 12 Abs. 4 zu § 84. Eine Benachrichtigung der übrigen Beteiligten des Beschlußverfahrens ist im Gesetz nicht vorgeschrieben. Gleichwohl wird sie, wenn auch in formloser Weise und ohne Einfluß auf die Wirksamkeit des Beschlusses, mit Rücksicht auf die Wirkung des Verwerfungsbeschlusses, der regelmäßig den mit dem Endbeschlusse des Arbeitsgerichts eingetretenen Schwebezustand aufhebt, zweckmäßig zu erfolgen haben (vgl. Anm. 10 hier, Anm. 12 Abs. 2 zu § 84, Anm. 17 zu § 85). Andernfalls würde das Bekanntwerden der Beendigung des Schwebezustandes unnötig hinausgeschoben werden, was insbesondere aus wirtschaftlichen Gründen unerwünscht wäre. (Ebenso im Ergebnis Baumbach, Anm. 6 zu § 87.)

12 Die Vorschriften über die Zurücknahme der Rechtsbeschwerde sind, wie in Anm. 1 dargelegt, denen über die Zurücknahme des Antrages im ersten Rechtszuge des Beschlußverfahrens nachgebildet, nicht den Vorschriften der Zivilprozeßordnung über die Zurücknahme der Revision (ZPO. § 566 in Verbindung mit § 515). Gleichwohl ergeben sich trotz des dem § 81 Abs. 2 ArbGG. entsprechenden Wortlauts des § 87 Abs. 4 einzelne Abweichungen, die dadurch bedingt sind, daß es sich hier um den zweiten Rechtszug handelt, in dem ein Endbeschluß des Arbeitsgerichts über den Gegenstand des Verfahrens bereits vorliegt.

13 Da sowohl die nicht statthafte wie die nicht zulässige Rechtsbeschwerde durch Beschluß als unzulässig zu verwerfen ist (vgl. Anm. 8), können auch solche Rechtsbeschwerden mit den im § 87 Abs. 4 ArbGG. ausgesprochenen Wirkungen zurückgenommen werden (vgl. dagegen Anm. 4 zu § 81).

14 Vgl. entsprechend Anm. 5—7 zu § 81. Jedoch muß zur rechtsgültigen Zurücknahme nach dem Wortlaut der Vorschrift eine der Formen des § 87 Abs. 1 Satz 1 gewahrt sein; die Auffassung Baumbachs (Anm. 7 zu § 87), nach der die Zurücknahme nicht der genauen Einhaltung dieser Formen bedarf, findet im Gesetz keine Stütze.

15 Auch die Einstellung des Rechtsbeschwerdeverfahrens ist, wie die des Beschlußverfahrens des ersten Rechtszuges (vgl. Anm. 8 zu § 81), ein nicht in Beschlußform, sondern in Form einer einfachen Aktenverfügung des Vorsitzenden des Rechtsbeschwerdeverfahrens ergehender Akt (a. A. teilweise Baumbach, Anm. 8 zu § 87; Dersch-Volkmar, Anm. 16 zu § 87; Schmincke-Sell, Anm. 8 zu § 87). Da aber durch die Einstellung des Rechtsbeschwerdeverfahrens, falls die Rechtsbeschwerdefrist bereits abgelaufen ist, der Schwebezustand hinsichtlich der Wirksamkeit des Endbeschlusses des Arbeitsgerichts beendet wird (vgl. Anm. 12 Abs. 1 zu § 84), wird der Vorsitzende hiervon zweckmäßig allen Beteiligten, einschließlich des Rechtsbeschwerdeführers, Kenntnis geben (vgl. Anm. 11 Abs. 2). Vorgeschrieben ist die Benachrichtigung nur hinsichtlich der Beteiligten, denen die Rechtsbeschwerde bereits gemäß § 88 Abs. 1 Satz 1 zugestellt worden war (vgl. Anm. 9 zu § 81).

§ 88

Verfahren[1]

(1) **Die die Rechtsbeschwerde enthaltende Schrift[2] wird den Beteiligten[3] zur Äußerung zugestellt[4]. Die Äußerung[5] erfolgt durch Einreichung eines Schriftsatzes beim Beschwerdegericht oder durch Erklärung zur Niederschrift der Geschäftsstelle des Arbeitsgerichts, das den angefochtenen Beschluß erlassen hat[6]. Geht von einem Beteiligten die Äußerung nicht rechtzeitig ein, so steht dies dem Fortgang des Verfahrens nicht entgegen[7].**

(2) **Gegen Beschlüsse und Verfügungen des Landesarbeitsgerichts oder seiner Vorsitzenden findet kein Rechtsmittel statt[8].**

1 Die Vorschriften des § 88 ArbGG. regeln den Gang des weiteren Verfahrens bei dem Rechtsbeschwerdegericht (Landesarbeitsgericht oder Reichsarbeitsgericht) auf die Rechtsbeschwerde, sofern sie vom Vorsitzenden für zulässig erachtet worden ist (vgl. § 87 Abs. 3 ArbGG.). Zu ihrer Ergänzung sind jedoch die Vorschriften des § 85 Abs. 2 ArbGG. herbeizuziehen. Wie § 88 Abs. 1 ergibt, handelt es sich lediglich um ein schriftliches Verfahren, das der Klärung der Auffassung der Beteiligten zu der Rechtsbeschwerde dient. Diese wird nur nach der rechtlichen Seite erörtert. Tatsächliches Vorbringen scheidet hier aus. Denn das Verfahren des § 88 Abs. 1 dient nur der Vorbereitung des Endbeschlusses des Rechtsbeschwerdegerichts auf die Rechtsbeschwerde gemäß § 89 ArbGG. Das Verfahren ist somit außerordentlich einfach gestaltet. Dies war möglich, weil die Rechtsnachprüfung sich lediglich auf die Punkte beschränkt, die in der Rechtsbeschwerde angegeben sind (vgl. Anm. 2 zu § 89).

§ 88 Abs. 2 ArbGG. stellt fest, daß Gerichtshandlungen des Rechtsbeschwerdegerichts, die im Laufe des Verfahrens vorgenommen werden, ebensowenig anfechtbar sind wie solche des Berufungsgerichts (ArbGG. § 70).

[2] Darüber, was als „die die Rechtsbeschwerde enthaltende Schrift" anzusehen ist, vgl. Anm. 6 zu § 87. Der Wortlaut ist hier und in § 87 Abs. 2 ArbGG. der gleiche. Daß hier sowohl die schriftlich eingereichte Rechtsbeschwerdeschrift wie die Niederschrift über die mündlich erklärte Rechtsbeschwerde gemeint sein muß, geben auch Dersch-Volkmar (Anm. 2 zu § 88) zu, weil es offenbar sinnlos wäre, die Rechtsbeschwerde den Beteiligten nur dann zur Kenntnis zu geben, wenn sie schriftlich eingereicht worden ist. Die zuzustellende Schrift kann auch aus mehreren Eingaben oder Niederschriften bestehen, wenn die ursprünglich eingelegte Beschwerde während des Laufs der Rechtsbeschwerdefrist ergänzt worden ist. Darüber hinaus muß aber angenommen werden, daß auch etwa später eingereichte Erläuterungsschriftsätze oder -niederschriften, die von dem Rechtsbeschwerdeführer ausgehen, den anderen Beteiligten vom Rechtsbeschwerdegericht zur Kenntnis gebracht werden können, wenn dies auch nicht zwingend vorgeschrieben ist. Ob es geschieht oder unterbleibt, z. B. weil die neuerlichen Eingaben offenbar in Verschleppungsabsicht gemacht sind oder das Verfahren sonst unnötig verzögern, entscheidet gemäß § 85 Abs. 2 in Verbindung mit § 53 Abs. 1 ArbGG. der Vorsitzende des Rechtsbeschwerdegerichts unanfechtbar (weitergehend Dersch-Volkmar, Anm. 2 zu § 88).

[3] Die Schrift ist allen Beteiligten zur Äußerung zuzustellen, d. h. allen den Personen oder Personengesamtheiten, die im Beschlußverfahren des ersten Rechtszugs beteiligt waren (vgl. Anm. 2a zu § 83) und denen deshalb auch der dortige Endbeschluß zugestellt worden war (ebenso Baumbach, Anm. 2 zu § 88). Die Beteiligung im Rechtsbeschwerdeverfahren ist also durch die Maßnahmen des erstinstanzlichen Gerichts bestimmt, obwohl die Frage der Beteiligung eine Rechts-, nicht eine Tatsachenfrage ist. Denn das Rechtsbeschwerdeverfahren betrifft nur die Nachprüfung des Beschlußverfahrens des ersten Rechtszuges und kann darum nicht über den Kreis der dort Beteiligten ausgedehnt werden. Zu Unrecht vom Arbeitsgericht nicht beteiligte Personen oder Personengesamtheiten haben nur die Möglichkeit, einen neuen Antrag beim Arbeitsgericht auf Regelung des in Betracht kommenden Betriebsverhältnisses zu stellen, falls sie antragsberechtigt sind (vgl. Anm. 1 Abs. 6 zu § 84, Anm. 4 Abs. 4 zu § 85). Wird die Rechtsbeschwerde gerade darauf gestützt, daß ein Beteiligter im Verfahren des ersten Rechtszuges zu Unrecht nicht gehört worden ist, so hat das Rechtsbeschwerdegericht darüber zu befinden, ob in der Nichtanhörung dieses Beteiligten eine Rechtsverletzung liegt und ob der Endbeschluß des Arbeitsgerichts auf dieser Rechtsverletzung beruht; bejahendenfalls hat es den Beschluß des Arbeitsgerichts aufzuheben, es kann aber nicht selbst den fraglichen Beteiligten nachträglich hören. Das Arbeitsgericht muß deshalb, um eine schleunige endgültige Erledigung des Falles herbeizuführen, mit besonderer Sorgfalt auf die Zuziehung aller Beteiligten zum Verfahren achten (vgl. Anm. 2c zu § 83).

[4] Den Beteiligten ist eine beglaubigte Abschrift von Amts wegen zuzustellen (ArbGG. § 85 Abs. 2 Satz 1, 2; vgl. Anm. 11, Anm. 16 zu § 85). Aus der Vorschr.ft des § 88 Abs. 1 Satz 3 ArbGG. ergibt sich, daß den einzelnen Beteiligten zur Äußerung eine Frist zu setzen ist, da sonst das Wort „rechtzeitig" in § 88

Abs. 1 Satz 3 nicht verständlich wäre; die Notwendigkeit der Fristsetzung folgt auch aus dem allgemeinen Beschleunigungsgrundsatz des § 9 Abs. 3 Satz 1 ArbGG. Die Zustellung mit Fristsetzung ist vom Vorsitzenden des Rechtsbeschwerdegerichts zu veranlassen (ArbGG. § 85 Abs. 2 Satz 1 in Verbindung mit § 53 Abs. 1). Die Fristsetzung wird zweckmäßig dahin zu fassen sein, daß dem Beteiligten anheimgestellt wird, sich zu der Rechtsbeschwerde binnen einer Frist von .... zu äußern, nach deren Ablauf das Verfahren seinen Fortgang nehmen werde. Die Frist muß zwar kurz sein, um das Verfahren nicht aufzuhalten, aber doch so geräumig, daß es dem Beteiligten in jedem Fall möglich ist, sich in der in § 88 Abs. 1 Satz 2 ArbGG. (vgl. Anm. 6) vorgeschriebenen Form zu äußern.

5 Die Äußerung der Beteiligten kann sich nur auf die in der Rechtsbeschwerde angeschnittenen Rechtsfragen beziehen und den Rechtsstandpunkt des Rechtsbeschwerdeführers erörtern. Tatsächliches Vorbringen ist unbeachtlich, auch wenn es, bei Stützung der Rechtsbeschwerde auf Verfahrensmängel, zu den Angaben des Rechtsbeschwerdeführers über die Tatsachen, die den Mangel ergeben, Stellung nimmt; diese Angaben sind vielmehr lediglich an der Hand der Akten des erstinstanzlichen Verfahrens nachzuprüfen.

Die Beteiligten werden deshalb häufig zu der Rechtsbeschwerde nichts Sachliches zu äußern haben, sondern ihre Prüfung dem Rechtsbeschwerdegericht überlassen. Auch in diesem Fall wäre es zur beschleunigten Klärung des Verfahrens sehr erwünscht, wenn sie alsbald in der Form des § 88 Abs. 1 Satz 2 ArbGG. eine dahingehende Mitteilung abgäben, doch wird ihnen dies nicht immer zugemutet werden können; alsdann greift die Vorschrift des § 88 Abs. 1 Satz 3 ArbGG. Platz (vgl. Anm. 7).

6 Für die Äußerung ist im § 88 Abs. 1 Satz 2 ArbGG. dieselbe Form vorgeschrieben, die im § 87 Abs. 1 Satz 1 ArbGG. für die Einlegung der Rechtsbeschwerde vorgeschrieben ist. Die dort in den Anm. 2—4 zu § 87 gemachten Ausführungen sind deshalb hier zu vergleichen. Die Regelung erklärt sich, wie die der Einlegung der Rechtsbeschwerde, daraus, daß für das Verfahren vor dem Rechtsbeschwerdegericht gemäß § 11 Abs. 2 ArbGG. Vertretungszwang herrscht, der hier eingeschränkt werden soll, daß es sich aber andererseits im allgemeinen um Rechtsausführungen handelt, die von den Beteiligten kaum ohne sachverständige Hilfe gemacht werden können.

Wie die Einlegung der Rechtsbeschwerde nach § 87 Abs. 1 Satz 1 ArbGG. ist die Äußerung nach § 88 Abs. 1 Satz 1, 2 ArbGG. rechtswirksam erfolgt, wenn der Schriftsatz beim Rechtsbeschwerdegericht eingeht oder wenn die Niederschrift der Geschäftsstelle des Arbeitsgerichts, die die Erklärung enthält, abgeschlossen ist.

7 Schon im ersten Rechtszug hängt der Fortgang des Beschlußverfahrens nicht von dem Eingang der Äußerungen der Beteiligten ab (ArbGG. § 83 Abs. 2; vgl. Anm. 5 zu § 83). Das gilt auch für das Rechtsbeschwerdeverfahren, um so mehr als hier nur Äußerungen rechtlichen Inhalts in Betracht kommen und das Rechtsbeschwerdegericht selbst von Amts wegen die Rechtsfrage zu prüfen hat (vgl. Anm. 5). Es besteht also zwar auch im Rechtsbeschwerdeverfahren eine Anhörungspflicht des Gerichts gegenüber den Beteiligten; ihr ist aber genügt, wenn die zur Äußerung gesetzte Frist verstrichen ist, auch ohne daß eine

Äußerung in ihr eingegangen ist. Das Rechtsbeschwerdegericht hat alsdann das Verfahren fortzusetzen, d. h. regelmäßig die Entscheidung zu treffen. Es kann allerdings auch hier, wie im erstinstanzlichen Verfahren, nach der Fassung des § 88 Abs. 1 Satz 3 ArbGG., den Beteiligten nochmals zur Äußerung auffordern, doch wird dies praktisch kaum vorkommen, da es seiner rechtlichen Stellungnahme an sich für die Entscheidung nicht bedarf; es kann auch ausnahmsweise noch nach Fristablauf eine Beteiligtenäußerung abwarten, doch wird es das im allgemeinen schon wegen der Geltung des Beschleunigungsgrundsatzes des § 9 Abs. 3 Satz 1 ArbGG. nicht tun. Allerdings muß es vor seiner Entscheidung nach Fristablauf stets so viel Zeit verstreichen lassen, als erfahrungsgemäß für die Versendung der Niederschrift einer von der Geschäftsstelle des Arbeitsgerichts aufgenommenen Erklärung an das Rechtsbeschwerdegericht nötig ist (ebenso Baumbach, Anm. 3 zu § 88); doch handelt es sich hierbei nur um eine kurze, erfahrungsgemäß bestimmbare Zeit, so daß die Bedenken Baumbachs gegen die durch die Regelung des § 88 Abs. 1 Satz 2 ArbGG. hervorgerufene Verzögerung gegenstandslos sein dürften.

8 Soweit das Reichsarbeitsgericht Rechtsbeschwerdegericht ist, versteht sich der Ausschluß von Rechtsmitteln gegen seine Beschlüsse und Verfügungen im Rechtsbeschwerdeverfahren nach dem Aufbau der Arbeitsgerichtsbarkeit von selbst; die Vorschrift des § 88 Abs. 2 ArbGG. trifft deshalb nur das Rechtsbeschwerdeverfahren vor dem Landesarbeitsgericht. Insofern entspricht die Vorschrift dem § 70 ArbGG. über den Ausschluß der Beschwerde im arbeitsgerichtlichen Berufungsverfahren. Sie beruht einmal auf demselben Rechtsgrunde wie diese, das Reichsarbeitsgericht von allen Entscheidungen zu entlasten, die ihm nicht im Interesse der Wahrung der Rechtseinheit unbedingt überlassen werden müssen (vgl. Anm. 1 zu § 70), zum anderen aber auch darauf, daß im Rechtsbeschwerdeverfahren auch gegen den Endbeschluß des Landesarbeitsgerichts kein Rechtsmittel stattfindet (ArbGG. § 89 Abs. 1 Satz 3; vgl. Anm. 5 zu § 89), das Landesarbeitsgericht also, soweit es gemäß § 85 Abs. 1 Satz 2, 3 ArbGG. zuständig ist, die letzte Instanz bildet. Unter den Beschlüssen, von denen § 88 Abs. 2 ArbGG. spricht, ist aber der Endbeschluß auf die Rechtsbeschwerde nicht zu verstehen, wie sich aus der Stellung der Vorschrift und der besonderen Vorschrift des § 89 Abs. 1 Satz 3 ArbGG. ergibt; vielmehr sind hier nur die allerdings praktisch im Rechtsbeschwerdeverfahren wohl selten vorkommenden Zwischenbeschlüsse und -verfügungen im Laufe des Verfahrens gemeint, die an sich der einfachen oder sofortigen Beschwerde unterliegen könnten (a. A. Baumbach, Anm. 4 zu § 88).

Daß gegen Entscheidungen des Landesarbeitsgerichts im Rechtsbeschwerdeverfahren, die auf Beschwerde gegen einen Beschluß oder eine Verfügung des Arbeitsgerichts im erstinstanzlichen Beschlußverfahren ergehen, ebenso wie im Urteilsverfahren gemäß § 78 Abs. 2 ArbGG. (vgl. Anm. 4 zu § 78), kein Rechtsmittel stattfindet, ergibt sich aus ArbGG. § 90 in Verbindung mit ArbGG. § 78 Abs. 2 (vgl. Anm. 1 zu § 90).

Zulässig ist auch gegenüber Beschlüssen und Verfügungen des Landesarbeitsgerichts im Laufe des Rechtsbeschwerdeverfahrens — ebenso wie gegen solche des Reichsarbeitsgerichts — gegebenenfalls gemäß § 85 Abs. 2 ArbGG. die Wiedereinsetzung in den vorigen Stand (vgl. Anm. 15 zu § 85), denn sie ist kein Rechtsmittel.

§ 89

Entscheidung[1]

(1) Über die Rechtsbeschwerde[2] entscheidet die Kammer (der Senat) des Beschwerdegerichts[3] durch Beschluß[4]. Eine Zurückverweisung an das Arbeitsgericht ist nicht zulässig[4]. Der Beschluß ist endgültig[5].

(2) Der Beschluß nebst Gründen[6] ist vom Vorsitzenden zu unterschreiben[7] und den Beteiligten[8] zuzustellen[9]. Er soll der Geschäftsstelle binnen drei Tagen nach der Beschlußfassung in vollständiger Abfassung übergeben werden[10].

1 Die Vorschriften des § 89 ArbGG. behandeln unter der Überschrift „Entscheidung" nur den Endbeschluß der Kammer bzw. des Senats des Rechtsbeschwerdegerichts auf die Rechtsbeschwerde. Sie gelten also nicht für Zwischenentscheidungen im Laufe des Rechtsbeschwerdeverfahrens (vgl. Anm. 8 zu § 88), für die Einstellung des Rechtsbeschwerdeverfahrens nach § 87 Abs. 4 ArbGG. (vgl. insbesondere Anm. 15 zu § 87) und für die Verwerfung der Rechtsbeschwerde als unzulässig durch Beschluß des Vorsitzenden des Rechtsbeschwerdegerichts gemäß § 87 Abs. 3 ArbGG. (vgl. Anm. 9, 10 zu § 87). Die „Entscheidung" des § 89 ArbGG. ist also nur der nach sachlicher Nachprüfung der Rechtsbeschwerde ergehende Beschluß des Rechtsbeschwerdegerichts.

Dieser Beschluß ist äußerlich dem Urteil des Revisionsgerichts im Urteilsverfahren vergleichbar. Doch ist seine rechtliche Bedeutung eine wesentlich andere, weil die Entscheidungen im Beschlußverfahren als einem Verwaltungsverfahren, das sich, wie die freiwillige Gerichtsbarkeit überhaupt, nur des Kleides des gerichtlichen Verfahrens bedient, der materiellen Rechtskraft ebensowenig fähig sind wie der Vollstreckbarkeitswirkung, vielmehr lediglich unanfechtbar (formell rechts-kräftig) werden und Tatbestandswirkung ausüben können (vgl. näher Anm. 1 zu § 84, Anm. 1 vor § 85; a. A. teilweise: Baumbach, Anm. 2 zu § 89). Infolgedessen ist der Endbeschluß des Rechtsbeschwerdegerichts in Ergehen und Wirkungen im § 89 ArbGG. besonders geregelt (vgl. die folgenden Anm.).

2 Das Rechtsbeschwerdegericht entscheidet „über die Rechtsbeschwerde". In dieser Fassung des § 89 Abs. 1 Satz 1 ArbGG. liegt, im Zusammenhang mit § 87 Abs. 2 ArbGG. und dem allgemeinen Sinn des Rechtsbeschwerdeverfahrens, die Regelung der Frage, was der Prüfung des Rechtsbeschwerdegerichts unterliegt; die Vorschrift des § 559 ZPO. ist im Beschlußverfahren nicht für entsprechend anwendbar erklärt. Aus der Natur des Beschlußverfahrens als Verwaltungsverfahrens könnte vielleicht geschlossen werden, daß das Rechtsbeschwerdegericht, wenn es angegangen wird, von Amts wegen in eine vollkommene Rechtsnachprüfung des Beschlusses des Arbeitsgerichts einzutreten, also seine Prüfung noch erheblich weiter zu erstrecken habe als das Revisionsgericht im Revisionsverfahren gemäß § 559 ZPO. Diese Annahme würde aber dem allgemeinen Sinn des Rechtsbeschwerdeverfahrens widersprechen. Denn danach soll die rechtliche Nachprüfung des Endbeschlusses des Arbeitsgerichts in den Fällen des § 2 Abs. 1 Nr. 5 ArbGG., der nach dem bisherigen Recht endgültig und un-

anfechtbar war, nur eine Ausnahme bilden, die zur Behebung schwerer Rechtsmängel des erstinstanzlichen Verfahrens zugelassen ist, nicht aber, was wirtschaftlich unerträglich wäre, von Amts wegen in vollem Ausmaß in jedem Fall eintreten, in dem die Angelegenheit vor das Rechtsbeschwerdegericht gebracht wird. Diesem Gedankengang trägt die Regelung des Arbeitsgerichtsgesetzes in § 87 Abs. 2 und in § 89 Abs. 1 Satz 1 Rechnung. Nach diesen Vorschriften ist die Rechtsnachprüfung des Rechtsbeschwerdegerichts grundsätzlich nur in den Grenzen des Antrages der Rechtsbeschwerde möglich, d. h. das Rechtsbeschwerdegericht hat grundsätzlich nur nachzuprüfen, ob die rechtlichen Ausführungen des Rechtsbeschwerdeführers in bezug auf den angefochtenen Beschluß — gemäß § 87 ArbGG. — zutreffen; darüber hinaus hat es weder nach der materiellrechtlichen noch nach der prozeßrechtlichen Seite Nachprüfungen anzustellen und seinem Beschluß zugrunde zu legen, weil es gemäß § 89 Abs. 1 Satz 1 ArbGG. nur „über die Rechtsbeschwerde" zu entscheiden hat. Dabei gilt allerdings eine Ausnahme: Die in allen behördlichen Verfahren in jedem Stadium von Amts wegen zu prüfenden Voraussetzungen des Verfahrens, also insbesondere die Zulässigkeit des Beschlußverfahrens in dem zur Prüfung stehenden Fall, müssen auch im Rechtsbeschwerdeverfahren von Amts wegen geprüft werden, weil sie auch für seine eigene Statthaftigkeit von Bedeutung sind. Hat also ein Arbeitsgericht in einem Falle einen Beschluß gefaßt, in dem das Beschlußverfahren gemäß ArbGG. § 2 Abs. 1 Nr. 5, § 8 Abs. 1 nicht stattfindet und macht die an sich statthafte und zulässige Rechtsbeschwerde gegen diesen Beschluß nicht die Unzulässigkeit des Beschwerdeverfahrens, sondern lediglich andere angebliche Rechtsverletzungen geltend, so muß das Rechtsbeschwerdegericht den Beschluß des Arbeitsgerichts gleichwohl wegen der von Amts wegen zu berücksichtigenden Unzulässigkeit des Beschlußverfahrens aufheben. Im übrigen sind aber von der Rechtsbeschwerde nicht gerügte Rechtsverletzungen, wie Mangel der Anhörung von Beteiligten, Stellung des Antrags durch einen nicht Antragsberechtigten usw., unberücksichtigt zu lassen. Die einmal vom Arbeitsgericht in den Grenzen der Zulässigkeit des Beschlußverfahrens getroffene verwaltungsmäßige Regelung ist nicht nachprüfbar, soweit nicht ein Beteiligter selbst ihre Nachprüfung beantragt (vgl. Anm. 7 Abs. 4 zu § 87).

3 Sofern die Rechtsbeschwerde nicht gemäß § 87 Abs. 3 ArbGG. vom Vorsitzenden als unzulässig zu verwerfen ist (vgl. Anm. 8—11 zu § 87) oder das Rechtsbeschwerdeverfahren nicht gemäß § 87 Abs. 4 ArbGG. infolge Zurücknahme der Rechtsbeschwerde einzustellen ist (vgl. Anm. 12—15 zu § 87), entscheidet über sie das Rechtsbeschwerdegericht in voller Besetzung der Kammer — beim Landesarbeitsgericht — oder des Senats — beim Reichsarbeitsgericht (ArbGG. § 85 Abs. 1 Satz 2, 3). Die sachliche Entscheidung trifft also stets die Kammer oder der Senat, d. h. an ihr wirken außer den rechtsgelehrten Richtern, wie bei den Urteilen im arbeitsgerichtlichen Revisionsverfahren, auch die Landesarbeitsrichter bzw. die Reichsarbeitsrichter mit. Von der Kammer bzw. dem Senat des Rechtsbeschwerderechts kann aber ausnahmsweise auch die Entscheidung über die Statthaftigkeit und Zulässigkeit der Rechtsbeschwerde getroffen werden, wenn nämlich der Vorsitzende auf Grund seiner Prüfung der Rechtsbeschwerde gemäß § 87 Abs. 3 ArbGG. (vgl. Anm. 9

Abs. 2 zu § 87) ihre Statthaftigkeit und Zulässigkeit angenommen und das weitere Verfahren gemäß § 88 Abs. 1 ArbGG. durchgeführt hatte, die Kammer bzw. der Senat aber bei der darauffolgenden Beratung der Entscheidung dazu kommt, Statthaftigkeit oder Zulässigkeit zu verneinen, also entweder den Vorsitzenden überstimmt oder ihn selbst im Laufe der Beratung zu einer anderen Auffassung bringt. In diesen Fällen muß angenommen werden, daß die Verwerfung der Rechtsbeschwerde von dem vollbesetzten Rechtsbeschwerdegericht ausgesprochen wird, nachdem die Sache einmal zu seiner Beratung gekommen ist (ebenso Baumbach, Anm. 1 zu § 89); in Fällen der Überstimmung des Vorsitzenden würde die andere Auffassung eine Entscheidung über die Rechtsbeschwerde überhaupt unmöglich machen. Praktisch entspricht danach die Rechtslage der im arbeitsgerichtlichen Revisionsverfahren gemäß ArbGG. § 72 Abs. 2 in Verbindung mit § 554a ZPO. und § 53 Abs. 1 ArbGG., obwohl diese Regelung an sich im Rechtsbeschwerdeverfahren nicht für entsprechend anwendbar erklärt ist.

4 Wie die Entscheidung des Arbeitsgerichts zur Regelung des Falles gemäß § 84 ArbGG. ergeht auch die Entscheidung des Rechtsbeschwerdegerichts über die Rechtsbeschwerde als Beschluß. Diese Form, nicht die des Urteils, entspricht der Natur des Beschlußverfahrens als eines Verwaltungsverfahrens in „freiwilliger Gerichtsbarkeit", dessen Entscheidungen zwar Tatbestandswirkung haben, der materiellen Rechtskraft aber nicht fähig sind (vgl. Anm. 1 zu § 84). Das Verfahren der Fertigung des Beschlusses regelt § 89 Abs. 2 ArbGG. Dagegen sagt § 89 nichts über die Form des entscheidenden Teils des Beschlusses. Das Rechtsbeschwerdegericht ist deshalb ebenso wie das erstinstanzliche Gericht bei der Abfassung des entscheidenden Teils seines Beschlusses gemäß § 84 Abs. 1 ArbGG. und wie der Vorsitzende des Rechtsbeschwerdegerichts bei der des Verfügungsbeschlusses gemäß § 87 Abs. 3 ArbGG. nicht an eine starre Form gebunden (vgl. Anm. 5 Abs. 2 zu § 84, Anm. 9 Abs. 2 zu § 87); es hat vielmehr lediglich eine dem Charakter der Entscheidung entsprechende und alle zur deutlichen Bezeichnung der Entscheidung erforderlichen Angaben berücksichtigende Fassung zu wählen. Dabei wird es insbesondere zu berücksichtigen haben, daß es, wie im Verfahren erster Instanz nur ein Antragsteller aber kein Antragsgegner vorhanden ist, auch hier nur einen Rechtsbeschwerdeführer, aber keinen Rechtsbeschwerdegegner gibt. Der Kopf des Beschlusses des Rechtsbeschwerdegerichts wird also etwa lauten: „In dem Beschlußverfahren betreffend ..... im Betriebe ....., eingeleitet auf Antrag des ..... in ....., hat das Landes- (Reichs-)arbeitsgericht auf die Rechtsbeschwerde des ..... in ..... gegen den Beschluß des Arbeitsgerichts in ..... vom ..... unter Mitwirkung ..... am ..... 1928 beschlossen: ....." Die sachliche Entscheidung geht entweder auf Zurückweisung der Rechtsbeschwerde oder auf Aufhebung oder Abänderung des Beschlusses des Arbeitsgerichts, ausnahmsweise auf Verwerfung der Rechtsbeschwerde als unzulässig (vgl. Anm. 3).

Kommt das Rechtsbeschwerdegericht auf Grund seiner Prüfung zu der Überzeugung, daß die vom Rechtsbeschwerdeführer angegebene Rechtsverletzung nicht vorliegt oder daß der angefochtene Beschluß nicht auf ihr beruht (vgl. Anm. 2), so ist, entsprechend wie im Revisionsverfahren die Revision, die Rechtsbeschwerde zurückzuweisen. Damit ist der Schwebezustand bezüglich der Wirksamkeit des angefochtenen Beschlusses beendet und dieser wird rückwirkend wirksam (vgl. Anm. 12 Abs. 2 zu § 84). Das gleiche gilt in dem Ausnahmefall der Verwerfung der Rechtsbeschwerde als unzulässig durch die Kammer bzw. den Senat (vgl. Anm. 3). Kommt das Rechtsbeschwerdegericht zu der Überzeugung, daß die statthafte und zulässige Rechtsbeschwerde auch begründet ist, weil die von Amts wegen zu prüfenden Voraussetzungen des Beschlußverfahrens im gegebenen Fall nicht vorliegen (vgl. Anm. 2 a. E.) oder weil der angefochtene Beschluß auf der von der Rechtsbeschwerde angegebenen Rechtsverletzung beruht, so ist der Beschluß des Arbeitsgerichts aufzuheben. Alsdann hat das Rechtsbeschwerdegericht zu versuchen, auf den Antrag zu entscheiden, d. h. entweder eine Regelung zu treffen oder den Antrag zurückzuweisen. Da das Rechtsbeschwerdeverfahren lediglich der Rechtsnachprüfung dient und Sachaufklärungen in ihm nicht vorgenommen werden können, kann das Rechtsbeschwerdegericht dies aber nur, wenn es die vom Arbeitsgericht vorgenommene Sachaufklärung für vollständig erachtet und lediglich eine andere rechtliche Beurteilung der Ergebnisse des erstinstanzlichen Verfahrens Platz greifen läßt. In diesem Fall wird der Beschluß des Arbeitsgerichts mit dem Ergehen der Entscheidung des Rechtsbeschwerdegerichts unwirksam und diese tritt mit diesem Zeitpunkt — ohne Rückwirkung — an seine Stelle; der Fall liegt stets vor, wenn das Rechtsbeschwerdegericht das Beschlußverfahren für unzulässig erachtet. Ermöglichen dagegen die tatsächlichen Ergebnisse des ersten Rechtszugs bei Aufhebung des Beschlusses des Arbeitsgerichts keine Regelung des Falls durch das Rechtsbeschwerdegericht, hat also das Arbeitsgericht nicht alle Sachaufklärungen geschaffen, die das Rechtsbeschwerdegericht bei seiner anderen rechtlichen Beurteilung des Falles zur Entscheidung für erforderlich hält, so ist eine sachliche Entscheidung des Rechtsbeschwerdegerichts über die Aufhebung des angefochtenen Beschlusses des Arbeitsgerichts hinaus nicht möglich. In dem entsprechenden Fall hat im Urteilsverfahren das Revisionsgericht die Sache an das Berufungsgericht zur anderweiten Verhandlung und Entscheidung unter Zugrundelegung der rechtlichen Beurteilung des Revisionsgerichts zurückzuverweisen (ArbGG. § 72 Abs. 2 in Verbindung mit § 565 ZPO.). Das ist hier nach § 89 Abs. 1 Satz 2 ArbGG. ausgeschlossen. Infolgedessen geht die Entscheidung über die Rechtsbeschwerde in diesem Fall lediglich auf Aufhebung des angefochtenen Beschlusses des Arbeitsgerichts. Um eine sachliche Entscheidung über seinen Antrag zu erreichen, muß daher der Antragsteller nochmals einen Antrag beim Arbeitsgericht stellen; auch ein anderer Antragsberechtigter kann die Regelung des fraglichen Betriebsverhältnisses erneut beantragen. In dem neuen Verfahren muß eine sachliche Entscheidung ergehen, da die frühere Regelung des Arbeitsgerichts aufgehoben ist. (Ebenso: Samter, Anm. 1b zu § 89; Baumbach, Anm. 2a zu § 89; a. A. Dersch-Volkmar, Anm. 5 zu § 89.) Diese von der Regelung des Revisionsverfahrens abweichende Regelung entspricht der anderen Natur des Beschlußverfahrens gegenüber dem Urteilsverfahren (vgl. Anm. 1, insbesondere Abs. 6, zu § 84).

5 Der Beschluß des Rechtsbeschwerdegerichts ist mit Rechtsmitteln nicht anfechtbar, dieses Verfahren ist also abgeschlossen. Es kann auch nicht im Wege der Wiederaufnahme des Verfahrens erneut aufgerollt werden,

wie gegebenenfalls das Urteilsverfahren (ArbGG. § 79). Eine solche Möglichkeit ist nach dem in Anm. 1 zu § 84 Ausgeführten praktisch nicht erforderlich, weil ein neues Verfahren eingeleitet werden kann. Der Beschluß des Rechtsbeschwerdegerichts hat, auch wenn er in der Sache entscheidet, ebensowenig materielle Rechtskraftwirkung wie der unanfechtbar gewordene Endbeschluß des Arbeitsgerichts (a. A. Dersch-Volkmar, Anm. 5 zu § 89; Baumbach, Anm. 2b, Anm. 3 zu § 89). Seine Wirkung besteht vielmehr, wenn er die Rechtsbeschwerde zurückweist oder verwirft, darin, daß er den Beschluß des Arbeitsgerichts rückwirkend in Wirksamkeit setzt (vgl. Anm. 4 Abs. 2 hier; Anm. 12 Abs. 2 zu § 84); entscheidet er unter Aufhebung des angefochtenen Beschlusses abschließend in der Sache, so hat er — ohne Rückwirkung — dieselbe Wirkung wie der unanfechtbar gewordene Endbeschluß des Arbeitsgerichts (vgl. Anm. 1 zu § 84). Hebt er lediglich den angefochtenen Beschluß des Arbeitsgerichts auf, ohne selbst sachlich zu entscheiden, so schafft er denselben Zustand, als ob ein Verfahren über den Fall noch nicht stattgefunden hätte; praktisch wird aber dann das Arbeitsgericht die rechtliche Beurteilung des Rechtsbeschwerdegerichts in dem etwaigen Verfahren regelmäßig berücksichtigen, obwohl es dazu, anders als im Falle der Zurückweisung im Urteilsverfahren gemäß ArbGG. § 72 Abs. 2 in Verbindung mit § 565 ZPO., rechtlich nicht verpflichtet ist.

6 Der Endbeschluß des Rechtsbeschwerdegerichts muß, wie der des Arbeitsgerichts, stets begründet werden; eine bestimmte Form der Begründung, insbesondere eine Teilung nach Tatbestand und Entscheidungsgründen, ist auch hier nicht vorgeschrieben (vgl. Anm. 10 zu § 84).

7 Da das Rechtsbeschwerdeverfahren stets schriftlich ist, kommt eine Verkündung des Beschlusses nicht in Betracht. Er muß statt dessen einschließlich der Gründe schriftlich abgefaßt werden. Dies braucht nicht gleich nach der Beschlußfassung der Kammer bzw. des Senats zu geschehen; zweckmäßig wird aber der entscheidende Teil, wie dies für das Verfahren des ersten Rechtszugs durch § 84 Abs. 1 Satz 2 vorgeschrieben ist, sogleich schriftlich niedergelegt und von allen mitwirkenden Richtern unterschrieben werden. Die Beschlußfassung ist jedenfalls bereits erfolgt, sobald die Beratung des Rechtsbeschwerdegerichts abgeschlossen ist und ihr Ergebnis feststeht; der Beschluß muß deshalb das Datum dieses Tages tragen.

Die Unterschrift des Vorsitzenden allein bezeugt, anders als wie im Revisionsverfahren gemäß § 75 Abs. 2 ArbGG., daß das Gericht die schriftlich niedergelegte Entscheidung getroffen hat und daß es aus den schriftlich angegebenen Gründen zu ihr gekommen ist. Die Sonderregelung erklärt sich aus dem wirtschaftlichen Erfordernis besonderer Beschleunigung.

8 Vgl. entsprechend Anm. 3 zu § 88.

9 Die Zustellung erfolgt gemäß § 85 Abs. 2 Satz 2 ArbGG. von Amts wegen. Sie stellt die Form der Bekanntgabe der Entscheidung im schriftlichen Verfahren dar, das eine Verkündung nicht kennt. Mit ihr beginnt die Wirkung des Beschlusses nach außen (vgl. Anm. 5; a. A. Dersch-Volkmar, Anm. 9 Abs. 3 zu § 89), jedoch unterschiedlich von der Zustellung des Endbeschlusses

des Arbeitsgerichts (vgl. Anm. 12 Abs. 2 zu § 84) erst mit der letzten Zustellung, wenn die Zustellung nicht zu gleicher Zeit an sämtliche Beteiligte erfolgt; denn hier handelt es sich um das endgültige Wirksamwerden, das nicht vor Kenntnis aller Beteiligten eintreten kann.

10 Wegen des Zeitpunktes der Beschlußfassung vgl. Anm. 7 Abs. 1 a. E. Die Einhaltung der Sollbestimmung ist im Interesse der Beschleunigung notwendig. Gemäß Gesetz vom 9. 7. 1927 (RGBl. I S. 175) ist an die Stelle des ursprünglich im § 89 Abs. 2 Satz 1 verwendeten Wortes „Gerichtsschreiberei" das Wort „Geschäftsstelle" gebeten.

Dritter Unterabschnitt

Beschwerdeverfahren[1]

§ 90

Die Vorschriften des § 78 finden Anwendung[1].

1 Die Anwendbarkeit des § 78 ArbGG. im Beschlußverfahren bedeutet, daß gegenüber etwaigen Zwischenentscheidungen der Arbeitsgerichte oder ihrer Vorsitzenden im Beschlußverfahren, die dem Endbeschluß vorausgehen, unter denselben Voraussetzungen und in demselben Verfahren die Beschwerde — einfache oder sofortige — stattfindet wie gegenüber solchen Entscheidungen der Arbeitsgerichte im Urteilsverfahren. Es gelten also auch hier die für die Beschwerden gegen Entscheidungen der Amtsgerichte maßgebenden Vorschriften der Zivilprozeßordnung entsprechend, jedoch findet eine weitere Beschwerde nicht statt. Über die Beschwerde entscheidet in jedem Fall, auch in den Fällen, in denen für die Entscheidung über die Rechtsbeschwerde gemäß § 85 Abs. 1 Satz 3 ArbGG. das Reichsarbeitsgericht zuständig ist, das Landesarbeitsgericht; denn dieses ist das allgemein im Instanzenzug zunächst höhere Gericht im Sinne des § 568 Abs. 1 ZPO., das Reichsarbeitsgericht ist im übrigen auch von Entscheidungen über Beschwerden frei gehalten.

Wegen der Regelung des Beschwerdeverfahrens im einzelnen vgl. die Anm. zu § 78.

Daß gegen die Zwischenentscheidungen der Landesarbeitsgerichte im Rechtsbeschwerdeverfahren keine Beschwerde stattfindet, bestimmt § 88 Abs. 2 ArbGG. (vgl. Anm. 8 zu § 88).

Vierter Teil

Vereinbarter Ausschluß der Arbeitsgerichtsbarkeit. Vereinbarte Vorverfahren[1]

1 Die Zulässigkeit von Vereinbarungen über den Ausschluß der Arbeitsgerichtsbarkeit im ganzen oder in gewissen einzelnen Teilen des Arbeitsrechtsweges zugunsten vereinbarter Stellen, trotz Ausschließlichkeit der Arbeitsgerichtsbarkeit gegenüber den ordentlichen Gerichten (ArbGG. § 2 Abs. 1 a. A.), ist im § 4 ArbGG. allgemein geregelt; die grundsätzlichen Ausführungen in den Anmerkungen zu § 4 sind hier zu vergleichen. Im Vierten Teil des Arbeitsgerichtsgesetzes sind die Einzelheiten des im § 4 in den „Allgemeinen Bestimmungen" zugelassenen Ausschlusses geregelt; § 4 ArbGG. ist deshalb nur als ein Hinweis auf die §§ 91—107 ArbGG. zu verstehen und kann nicht aus sich selbst heraus interpretiert werden (vgl. Anm. 2 zu § 4).

Die Vorschriften des Arbeitsgerichtsgesetzes betonen in ihrer Fassung schärfer als die des entsprechenden Zehnten Buches der Zivilprozeßordnung das Verhältnis der vereinbarten Verfahren in Arbeitsstreitigkeiten zur staatlichen Gerichtsbarkeit: das Charakteristische der in Betracht kommenden Vereinbarungen ist der Ausschluß der staatlichen Arbeitsgerichtsbarkeit. Diese Fassung soll die Situation für die Parteien klären. Ehe sie ein Verfahren vor privaten Stellen zur Behandlung von Arbeitsstreitigkeiten vereinbaren, müssen sie sich darüber klar werden, daß sie diese damit ganz oder teilweise der staatlichen Arbeitsgerichtsbarkeit entziehen; sie müssen zunächst prüfen, ob tatsächlich erhebliche Gründe dafür sprechen, dies zu tun. Im Zweifel sollte, im allgemeinen justizpolitischen Interesse, ein Ausschluß der staatlichen Gerichtsbarkeit für Arbeitsstreitigkeiten nicht erfolgen, nachdem für sie durch das Arbeitsgerichtsgesetz eine umfassende besondere Gerichtsbarkeit geschaffen worden ist. Bisher mag das anders gelegen haben, weil eine große Zahl von Arbeitsstreitigkeiten nach der früheren Gesetzgebung nicht in dem besonderen, einfachen und schleunigen Verfahren der Arbeitsrechtsprechung zu erledigen war. Es wäre aber sicherlich ein Fehler, überall dort, wo bisher eine Schiedsgerichtsbarkeit vereinbart war, auch weiter diese Schiedsgerichtsbarkeit an Stelle der jetzigen umfassenden Arbeitsgerichtsbarkeit zu belassen, ohne das Bedürfnis danach auf Grund des neuen Gesetzes zu prüfen. Die Vorschriften des Vierten Teils des Arbeitsgerichtsgesetzes sollten keinen Anreiz bieten, die Arbeitsgerichtsbarkeit durch Vereinbarungen auszuschließen, sie sollten vielmehr nur das Ventil des Ausschlusses der staatlichen Arbeitsgerichtsbarkeit öffnen, wenn reifliche Prüfung der Beteiligten ergibt, daß für die Behandlung ihrer Streitigkeiten der im Gesetz geschaffene Arbeitsrechtsweg tatsächlich aus irgendeinem Grunde, der in der besonderen Natur dieser Streitigkeiten oder in der Tätigkeit der Arbeitsgerichtsbehörden liegen mag, nicht zweckmäßig ist, ein zweckmäßiger Rechtsweg aber durch Vereinbarung geschaffen werden kann.

Diese Gesichtspunkte werden insbesondere zu beachten sein, wenn es sich darum handelt, daß eine tarifvertragliche Vereinbarung über den völligen oder teilweisen Ausschluß und Ersatz der Arbeitsgerichtsbarkeit nicht in freien Verhandlungen der Tarifvertragsparteien, sondern im Schlichtungswege zustande kommen soll. Die staatliche Schlichtungsbehörde wird grundsätzlich für einen Ausschluß der staatlichen Arbeitsgerichtsbarkeit nicht eintreten können, sie wird also einen Schiedsvertrag, Gütevertrag oder Schiedsgutachtenvertrag nicht in ihrem Schiedsspruch vorschlagen. Sicherlich aber werden Schiedssprüche, insoweit sie die staatliche Arbeitsgerichtsbarkeit ganz oder teilweise ausschließen, nicht nach Art. I § 6 der Schlichtungsverordnung für verbindlich zu erklären sein, weil die für die Verbindlichkeitserklärung zuständige staatliche Behörde sich nicht auf den Standpunkt stellen kann, daß der Ausschluß der staatlichen Arbeitsgerichtsbarkeit „aus wirtschaftlichen und sozialen Gründen erforderlich ist".

Das Arbeitsgerichtsgesetz läßt den Ausschluß der Arbeitsgerichtsbarkeit zwar nach § 4 ArbGG. „ganz oder teilweise" zu. Das bedeutet aber nicht, daß die Beteiligten beliebige Teile des arbeitsgerichtlichen Verfahrens durch vereinbarte Verfahren ersetzen können, während im übrigen der Arbeitsrechtsweg bestehen bleibt. Vielmehr ist der Ausschluß nur in den im Vierten Teil des Arbeitsgerichtsgesetzes geregelten Grenzen möglich, d. h. entweder der völlige Ausschluß der Arbeitsgerichtsbarkeit durch den „Schiedsvertrag in Arbeitsstreitigkeiten" oder der Ausschluß und Ersatz des arbeitsgerichtlichen Güteverfahrens gemäß § 54 ArbGG. durch den „Gütevertrag" oder der Ausschluß und Ersatz der arbeitsgerichtlichen Prüfung gewisser Vorfragen der Entscheidung durch den „Schiedsgutachtenvertrag" (vgl. Anm. 3 Abs. 2 zu § 4). Nicht möglich ist es dagegen, andere Teile des arbeitsgerichtlichen Verfahrens für sich allein auszuschalten und durch private Verfahren zu ersetzen, z. B. einen einzelnen Rechtszug, während im übrigen das arbeitsgerichtliche Verfahren Platz greifen soll.

Nicht zugelassen ist auch der Ausschluß und Ersatz der Arbeitsgerichtsbarkeit als freiwilliger Gerichtsbarkeit, in ihrer Tätigkeit in Verwaltungssachen gemäß § 2 Abs. 1 Nr. 5 ArbGG., weil es sich in ihr nicht um die Entscheidung über Ansprüche handelt, die der staatlichen Gerichtsbarkeit von den Anspruchsberechtigten entzogen werden könnten, sondern um ein Eingreifen der Staatsbehörde kraft öffentlichen Rechts, wenn auch auf Antrag eines an der Regelung im Einzelfall Beteiligten (vgl. Anm. 1 Abs. 1 zu § 4). Ähnlich liegt es auf dem Gebiete des Zwangsvollstreckungsverfahrens. Auch dieses kann der staatlichen Gerichtsbarkeit nicht entzogen werden. Der Ausschluß der Arbeitsgerichtsbarkeit erstreckt sich, auch wenn er völlig ist, nur auf das Entscheidungsverfahren, nicht auf das Zwangsvollstreckungsverfahren.

Dieses findet auch aus dem im privaten Verfahren ergangenen Titel durch die staatliche Zwangsvollstreckungsbehörde in dem im Achten Buch der Zivilprozeßordnung geregelten Verfahren (vgl. Anm. 1 zu § 62) statt, wenn die Vollstreckbarkeit des Titels gemäß § 99 ArbGG. vom Vorsitzenden des zuständigen Arbeitsgerichts ausgesprochen ist. Da das Verfahren auf Erlaß eines Arrests oder einer einstweiligen Verfügung nach der Fassung des § 62 Abs. 2 ArbGG. wie nach der Zivilprozeßordnung zum Zwangsvollstreckungsverfahren gehört, kann es der staatlichen Gerichtsbarkeit ebenfalls nicht entzogen werden, auch dann nicht, wenn für die Behandlung der Hauptklage ein Schiedsgericht zuständig ist (ebenso die herrschende Ansicht; vgl. Lion-Levy in N. Z. f. AR. 1927, Heft 12, Sp. 752; vgl. Stein-Jonas, Vorbem. II, 2 vor § 1025 ZPO. Anm. IV, 1; V, 1 zu § 1025 ZPO).

Wegen Unanwendbarkeit des Vierten Teils des Arbeitsgerichtsgesetzes auf bürgerliche Rechtsstreitigkeiten gemäß § 3 ArbGG. vgl. Anm. 2 Abs. 4 zu § 4.

Unterschiedlich von der Regelung des arbeitsgerichtlichen Verfahrens im Arbeitsgerichtsgesetz ist der Ausschluß und Ersatz der Arbeitsgerichtsbarkeit in ihm — im Vierten Teil — erschöpfend, also ohne Bezugnahme auf das Zehnte Buch der Zivilprozeßordnung, geregelt, weil die Vorschriften der Zivilprozeßordnung nicht auf die charakteristischen Tatbestände der Arbeitsstreitigkeiten abgestellt sind und darum ihre entsprechende Anwendung nicht zweckentsprechend wäre. Die Vorschriften der Zivilprozeßordnung können nach der Regelung des Arbeitsgerichtsgesetzes auch nicht ergänzend herangezogen werden (vgl. Anm. 3 Abs. 1 zu § 4).

Von den „Allgemeinen Bestimmungen" des Ersten Teils des Arbeitsgerichtsgesetzes gelten unmittelbar nur die §§ 4, 5 ArbGG., weil alle andern Vorschriften dort auf Grund ihrer Fassung nur für das arbeitsgerichtliche Verfahren gelten; § 4 ArbGG. behandelt gerade den „Ausschluß der Arbeitsgerichtsbarkeit", § 5 umschreibt den Begriff des Arbeitnehmers im Sinne des ganzen Arbeitsgerichtsgesetzes, also auch im Sinne seines Vierten Teiles. Mittelbar sind aber für die Regelung des Ausschlusses und Ersatzes der Arbeitsgerichtsbarkeit auch andere Vorschriften der Allgemeinen Bestimmungen von Bedeutung. So sind Vorschriften des § 2 ArbGG. sowohl im § 4 ArbGG. in Bezug genommen als auch, teils ausdrücklich teils durch die Wortfassung, im § 91 ArbGG. und damit auch in den §§ 101, 106 ArbGG.; über die Umgrenzung der anwendbaren Vorschriften des § 2 ArbGG. vgl. Anm. 2 zu § 4, Anm. 3, 10, 11 zu § 91. Weiter ist die Vorschrift des § 10 ArbGG., soweit sie sich auf die Parteifähigkeit der wirtschaftlichen Vereinigungen von Arbeitgebern und von Arbeitnehmern bezieht, dadurch auch für die Ersatzverfahren der Arbeitsgerichtsbarkeit anwendbar, weil diese in bürgerlichen Rechtsstreitigkeiten nach § 2 Abs. 1 Nr. 1 ArbGG. stattfinden können, die nur bei Parteifähigkeit dieser Vereinigungen denkbar sind. Die Vorschrift des § 11 Abs. 1 ArbGG. über die Prozeßvertretung vor dem Arbeitsgericht ist im § 95 Abs. 2 Satz 5 ArbGG. für das Schiedsgerichtsverfahren ausdrücklich für entsprechend anwendbar erklärt, soweit der Schiedsvertrag nichts anderes bestimmt; sie gilt unter der entsprechenden Voraussetzung gemäß § 107 Satz 2 ArbGG. auch im Schiedsgutachtenverfahren, im vereinbarten Güteverfahren gilt sie gemäß § 103 Satz 1 ArbGG. nicht.

Erster Abschnitt

Schiedsvertrag in Arbeitsstreitigkeiten[1]

1 „Schiedsvertrag in Arbeitsstreitigkeiten" ist die Vereinbarung, durch die die Arbeitsgerichtsbarkeit für die Entscheidung des betroffenen Arbeitsstreits (vgl. Anm. 1 Abs. 5 zur Überschrift des Vierten Teils) vollständig ausgeschlossen (vgl. Anm. 1 Abs. 4 zur Überschrift des Vierten Teils) und durch ein vereinbartes Verfahren vor einer vereinbarten Stelle oder mehreren vereinbarten Stellen („Schiedsgerichten") ersetzt wird (vgl. jedoch Anm. 4 Abs. 4 zu § 92). Der Erste Abschnitt des Vierten Teils, §§ 91—100 ArbGG., regelt Zulässigkeit und Charakter des Schiedsvertrages (ArbGG. § 91), seine prozessuale Wirkung (§ 92), die bei der Vereinbarung zu beachtenden zwingenden Grundsätze betreffend die Zusammensetzung des Schiedsgerichts (§ 93) und betreffend das Verfahren vor ihm (§§ 94—98), deren Nichtbeachtung dem vereinbarten Verfahren den Charakter eines unparteiischen Entscheidungsverfahrens nehmen würde, die Möglichkeiten der Vollstreckung der in dem Verfahren erwachsenen Titel (§ 99) und der Aufhebung eines Schiedsspruchs (§ 100).

Trotz dieser zwingenden Vorschriften ist den Parteien des Schiedsvertrages ein weiter Spielraum für die Regelung des Verfahrens belassen. Sie können das Verfahren insbesondere auch gliedern, indem sie eine dem Instanzenzug der Gerichtsbarkeit entsprechende Mehrheit von Stellen für die Entscheidung der betroffenen Streitigkeiten vereinbaren (vgl. Anm. 6, c Abs. 2 zu § 91; ebenso Schmincke-Sell, Anm. 4 zu § 91); die Wirkungen des Schiedsspruchs, insbesondere die Fähigkeit, gemäß § 99 ArbGG. für vollstreckbar erklärt zu werden, hat in diesem Falle nur der nach der Vereinbarung endgültige Schiedsspruch. Ein solches Verfahren ist in einer Reihe zur Zeit geltender Tarifverträge vereinbart. Ob es, abgesehen von seiner Zulässigkeit nach den Vorschriften des Arbeitsgerichtsgesetzes, zweckmäßig ist, kann sehr fraglich erscheinen. Denn wenn schon das schiedsgerichtliche Verfahren gegenüber der staatlichen Arbeitsgerichtsbarkeit überhaupt regelmäßig Verzögerungen der Entscheidung mit sich bringen wird, weil private Stellen im allgemeinen nicht mit derselben Beschleunigung tätig sein werden wie die Arbeitsgerichte, so wird eine Art von Instanzenzug privater Stellen die endgültige Entscheidung eines Arbeitsstreites oft unerträglich hinauszögern. Auch dieser Gesichtspunkt sollte für die Frage des Abschlusses eines Schiedsvertrages stets von den Parteien beachtet werden.

Von dem Schiedsvertrag in Arbeitsstreitigkeiten zu scheiden ist die Vereinbarung der Zuständigkeit eines an sich örtlich unzuständigen Arbeitsgerichts gemäß § 48 Abs. 2 ArbGG. Denn hier liegt kein Ausschluß der Arbeitsgerichtsbarkeit vor. Diese Vereinbarung ist vielmehr abschließend, und teilweise abweichend von den Vorschriften über den Schiedsvertrag, in § 48 Abs. 2 ArbGG. geregelt (vgl. Anm. 1 Abs. 5, Anm. 7—12 zu § 48).

Da der Schiedsvertrag stets den Zweck haben muß, die staatliche Arbeitsgerichtsbarkeit auszuschließen, kann nicht in ihm vereinbart werden, daß an Stelle eines Arbeitsgerichts eine andere Arbeitsgerichtsbehörde als Schiedsgericht tätig werden soll (vgl. Anm. 8 zu § 92; ebenso Dersch-Volkmar, Anm. 6a Abs. 1 zu § 91; a. A. Schmincke-Sell, Anm. 4 a. E. zu § 91). Da die Zuständigkeit der Arbeitsgerichtsbehörden gegenüber den ordentlichen Gerichten gemäß § 2 Abs. 1 ArbGG. ausschließlich ist, können ordentliche Gerichte ebenfalls nicht als Schiedsgerichte vereinbart werden.

Kein Schiedsvertrag ist eine tarifvertragliche Vereinbarung, in der für die Schlichtung an Stelle der Schlichtungsbehörden vereinbarte Schlichtungsstellen bestimmt werden (vgl. Begr. B, VII, S. 53). Denn der Schiedsvertrag ersetzt Gerichtsbarkeit, schafft also eine private Rechtsprechung. Schlichtung ist aber eine von der Rechtsprechung wesensverschiedene Tätigkeit, sie ist nach Art. I § 3 der Schlichtungsverordnung „Hilfe zum Abschluß von Gesamtvereinbarungen". Es kann, um Unklarheiten zu vermeiden, die zu schweren Schädigungen der Beteiligten führen können, nicht dringend genug davor gewarnt werden, in Schiedsverträgen Fassungen zu gebrauchen, die das gesetzestechnische Wort „Schlichtung" in einem andern wie dem gesetzlichen Sinne verwenden. Bereits die ersten Monate der Rechtsprechung der Arbeitsgerichtsbehörden haben gezeigt, welche Schäden aus der unklaren Ausdrucksweise vieler Tarifverträge in dieser Beziehung entstehen.

§ 91

Grundsatz[1]

(1) **Für bürgerliche Rechtsstreitigkeiten[2] aus einem Arbeits- oder Lehrverhältnis[3], das sich nach einem Tarifvertrage bestimmt[4], können die Parteien des Tarifvertrags[5] die Arbeitsgerichtsbarkeit im Tarifvertrage[5] durch die ausdrückliche Vereinbarung ausschließen, daß die Entscheidung durch ein Schiedsgericht erfolgen soll[6]. Die Wirkung dieser Vereinbarung erstreckt sich nicht auf solche Parteien eines Arbeits- oder Lehrverhältnisses, die dem Tarifvertrage nur durch die Erklärung seiner allgemeinen Verbindlichkeit unterworfen sind[4].**

(2) **Die Parteien des streitigen Rechtsverhältnisses[7] können allgemein, oder für den Einzelfall, auch im voraus[8], eine derartige Vereinbarung[9] treffen[7]:**

1. **für bürgerliche Rechtsstreitigkeiten nach § 2 Nr. 1[10];**
2. **für bürgerliche Rechtsstreitigkeiten nach § 2 Nr. 2, wenn der beteiligte Arbeitnehmer ein Angestellter ist und sein Jahresarbeitseinkommen die im Angestelltenversicherungsgesetze vorgesehene Grenze für die Versicherungspflicht überschreitet[11].[12]**

[1] Unter der Überschrift „Grundsatz" behandelt § 91 ArbGG. die Zulässigkeit des Schiedsvertrags in Arbeitsstreitigkeiten und seinen besonderen Charakter in erheblicher Abweichung von den entsprechenden Vorschriften der §§ 1025—1027 ZPO. Der dem Reichstag vorgelegte Regierungsentwurf sah — gegen gewisse Bedenken der Mehrheit des sozialpolitischen Ausschusses des Vorläufigen Reichswirtschaftsrats — in seinem § 88 vor, daß für Rechtsstreitigkeiten nach § 2 Abs. 1 Nr. 1 bis 4 ArbGG. die Streitparteien allgemein oder für den Einzelfall, auch im voraus, einen Schiedsvertrag schließen könnten, und für Streitigkeiten

aus einem Arbeits- oder Lehrverhältnis, das sich nach einem Tarifvertrage bestimmt, auch die Tarifvertragsparteien. Diese Regelung sollte also den Schiedsvertrag im weitem Ausmaß zulassen. Die Bedenken des Vorläufigen Reichswirtschaftsrats wurden in der Beratung im Reichstag erneut geltend gemacht und führten hier schließlich zu einer erheblichen Änderung der Vorschrift. Sie wandten sich dagegen, daß ein Schiedsvertrag von den Parteien des Einzelarbeitsvertrags für die Streitigkeiten aus ihm vereinbart werden könnte. Die Mehrheit befürchtete, daß diese Möglichkeit dazu führen könnte, dem Arbeitnehmer auf Grund des wirtschaftlichen Übergewichts des Arbeitgebers die Vorzüge des arbeitsgerichtlichen Verfahrens zu entziehen; es genüge, wenn höhere Angestellte, bei denen diese Befürchtung nicht bestände, selbständig Schiedsverträge schließen könnten. Im übrigen solle ein Schiedsvertrag nur im Tarifvertrag mit Wirkung für die Streitigkeiten der Tarifvertragsparteien oder der von dem Tarifvertrag betroffenen Parteien des Einzelarbeitsverhältnisses geschlossen werden können.

Die auf Grund dieser Gedankengänge neu gefaßte Vorschrift wird der bisherigen Entwicklung des Schiedsvertragswesens in Arbeitsstreitigkeiten gerecht. Auch nach der Aufhebung des ursprünglichen Schiedvertragsverbots im § 6 Abs. 2 KGG. sind unter der Geltung des Gewerbegerichtsgesetzes und des Gesetzes betreffend Kaufmannsgerichte, Schiedsverträge grundsätzlich in Tarifverträgen für die betroffenen Arbeitgeber und Arbeitnehmer geschlossen worden (vgl. Begr. B, VII S. 52). Die verhältnismäßig wenigen Schiedsverträge in Einzelarbeitsverträgen höherer Angestellter, die diesen beiden Gesetzen nicht unterstanden, treten in ihrer Bedeutung demgegenüber zurück, ebenso aber auch die — wenn auch bisher wegen des praktischen Mangels einer staatlichen Gerichtsbarkeit für diese Streitigkeiten häufigen — Schiedsverträge für Streitigkeiten zwischen den Tarifvertragsparteien, d. h. zwischen Gewerkschaften und einzelnen Arbeitgebern oder Arbeitgeberverbänden.

Die Anordnung, die § 91 ArbGG. seinen Vorschriften gibt, entspricht der erfahrungsmäßigen praktischen Bedeutung der Schiedsverträge. Der erste Absatz behandelt den im Tarifvertrag für Streitigkeiten der Parteien des ihm unterfallenden Einzelarbeitsverhältnisses zu schließenden Schiedsvertrag, also einen Schiedsvertrag, bei dem die Vertragsparteien nicht dieselben sind wie die Streitparteien. Der zweite Absatz behandelt den Schiedsvertrag, in dem die Vertragsparteien auch zugleich die Streitparteien sind, d. h. den Schiedsvertrag der Tarifvertragsparteien für Streitigkeiten zwischen ihnen aus dem Tarifvertrag (ArbGG. § 91 Abs. 2 Nr. 1) und den Schiedsvertrag für Streitigkeiten aus dem Einzelarbeitsvertrag höherer Angestellter (§ 91 Abs. 2 Nr. 2). In einem Tarifvertrag können somit zwei Arten von Schiedsverträgen geschlossen werden: ein Schiedsvertrag für Streitigkeiten der Tarifvertragsparteien aus dem Tarifvertrag (§ 91 Abs. 2 Nr. 1) und ein Schiedsvertrag für Streitigkeiten der von dem Tarifvertrag betroffenen Arbeitgeber und Arbeitnehmer aus dem Einzelarbeitsverhältnis (§ 91 Abs. 1). Der Tarifvertrag kann beide Schiedsverträge enthalten oder auch nur einen von ihnen; häufig finden sich beide in derselben Tarifvertragsbestimmung (vgl. jedoch Anm. 10). Für die Parteien des Einzelarbeitsvertrages kommt der Abschluß eines Schiedsvertrages nur im Rahmen des § 91 Abs. 2 Nr. 2 ArbGG., also nur sehr beschränkt, in Betracht.

2 Die Arbeitsgerichtsbarkeit kann nur für die Entscheidung bürgerlicher Rechtsstreitigkeiten ausgeschlossen werden, nicht dagegen, soweit sie als freiwillige Gerichtsbarkeit Verwaltungsfunktionen ausübt (vgl. Anm. 1 Abs. 5 zur Überschrift des Vierten Teils). In diesem Sinn ist die Fassung des § 4 ArbGG. zu verstehen, der den Ausschluß grundsätzlich „in den Fällen des § 2 Nr. 1—4" zuläßt (vgl. Anm. 2 Abs. 1 zu § 4). Wegen der Unanwendbarkeit des § 91 ArbGG. auf bürgerliche Rechtsstreitigkeiten nach § 3 ArbGG. vgl. Anm. 2 Abs. 4 zu § 4. Wegen der Unmöglichkeit des Ausschlusses der Arbeitsgerichtsbarkeit für Verfahren auf Erlaß eines Arrests oder einer einstweiligen Verfügung vgl. Anm. 1 Abs. 5 zur Überschrift des Vierten Teils.

3 In der Vorschrift des § 48 Abs. 2 ArbGG. über die Zuständigkeitsvereinbarung findet sich insofern eine gegenüber § 2 Abs. 1 Nr. 2 ArbGG. verkürzte Fassung, als die Streitigkeiten über das Bestehen oder Nichtbestehen eines Arbeits- oder Lehrvertrages und die Streitigkeiten aus den Nachwirkungen eines Arbeits- oder Lehrverhältnisses nicht ausdrücklich erwähnt sind; das bedeutet aber, wie in Anm. 8 zu § 48 ausgeführt, nicht, daß bezüglich dieser Streitigkeiten eine Zuständigkeitsvereinbarung durch die Tarifvertragsparteien nicht zulässig wäre, weil alle diese Streitigkeiten „Streitigkeiten aus dem Arbeits- oder Lehrverhältnis" sind (vgl. Anm. 10 zu § 2). Das gleiche gilt auch hier; der Schiedsvertrag nach § 91 Abs. 1 ArbGG. kann auch diese Streitigkeiten erfassen, und dies ist schon dann anzunehmen, wenn er für bürgerliche Rechtsstreitigkeiten aus dem Arbeits- oder Lehrverhältnis geschlossen ist. Dagegen hat der Unterschied der Fassung gegenüber dem § 48 Abs. 2 ArbGG. rechtliche Bedeutung: Für die dort erwähnten, im § 91 Abs. 1 ArbGG. aber nicht erwähnten Streitigkeiten aus Verhandlungen über die Eingehung eines Arbeits- oder Lehrverhältnisses kann die Arbeitsgerichtsbarkeit nicht gemäß § 91 Abs. 4 ArbGG. ausgeschlossen und durch eine Schiedsgerichtsbarkeit ersetzt werden. Das erklärt sich daraus, daß der Schiedsvertrag „im Tarifvertrage" geschlossen wird (vgl. Anm. 5) und daß der Tarifvertrag nach § 1 der Tarifvertragsverordnung vom 23. 12. 1918 normativ nur die Arbeitsbedingungen regelt, nicht aber die Vorverhandlungen über die Eingehung von Arbeits- oder Lehrverhältnissen; die Vereinbarung des § 48 Abs. 2 ArbGG. ist eine Nebenabrede zum Tarifvertrag (vgl. Anm. 10 Abs. 2 zu § 48) und kann deshalb auch die dem Tarifvertrag nicht unterfallenden Vorverhandlungen erfassen. Die ebenfalls im § 2 Abs. 1 Nr. 2 aufgeführten „bürgerlichen Rechtsstreitigkeiten aus unerlaubten Handlungen, soweit diese mit dem Arbeits- oder Lehrverhältnis im Zusammenhange stehen", können der Arbeitsgerichtsbarkeit ebenfalls nicht im Wege des § 91 Abs. 1 ArbGG. entzogen werden, weil sie keine Streitigkeiten „aus einem Arbeits- oder Lehrverhältnis" sind.

Streitig ist im bisherigen Schrifttum, ob auch für die bürgerlichen Rechtsstreitigkeiten aus den §§ 86, 87 BRG. (ArbGG. § 2 Abs. 1 Nr. 4) die Arbeitsgerichtsbarkeit durch Schiedsvertrag nach § 91 Abs. 1 ArbGG. ausgeschlossen werden kann (vgl. Anm. 2 Abs. 2, b a. E. zu § 4). Dafür spricht der Wortlaut des § 4 ArbGG. Er kann jedoch für sich allein, wie in Anm. 2 zu § 4 dargelegt, nicht maßgebend sein, da er ausdrücklich auf den § 91 ArbGG. Bezug nimmt. Wenn nun in § 91 Abs. 1 ArbGG. bestimmt ist, daß die Arbeitsgerichtsbarkeit nur für Streitigkeiten aus einem Arbeits- oder Lehrverhältnis ausgeschlossen werden kann, so ist zu prüfen, ob die Streitigkeiten aus §§ 86, 87 BRG. als solche anzusehen sind. Inhaltlich mag dies der Fall sein; die Fassung des § 2 Abs. 1 ArbGG. scheidet sie aber ausdrücklich von ihnen, indem sie sie in einer besonderen Nr. 4 gegenüber den Streitigkeiten der Nr. 2 aufführt. Danach kann nicht angenommen werden, daß sie im § 91 Abs. 1 unter den Begriff der Streitigkeiten aus einem Arbeits- oder Lehrverhältnis fallen sollen. Diese Auffassung wird auch durch die Fassung des § 91 Abs. 2 Nr. 2 und insbesondere durch die Entstehungsgeschichte des § 91 ArbGG. gestützt. Nach dem bisherigen Recht waren für die Streitigkeiten aus §§ 86, 87 BRG. die vorläufigen Arbeitsgerichte ausschließlich zuständig, Schiedsverträge über sie nicht zugelassen (Art. II § 1 SchlVO.). Der Regierungsentwurf des Arbeitsgerichtsgesetzes wollte in seinem § 88 die Zulässigkeit der Schiedsgerichtsbarkeit weiter ausdehnen, der Reichstag ist der Vorlage aber insofern nicht gefolgt, sondern hat den Schiedsvertrag nach eingehender Beratung nur beschränkt zugelassen, und zwar grundsätzlich nur im Tarifvertrag für die Arbeits- und Lehrverhältnisse, die sich nach dem Tarifvertrag bestimmen. Der Schiedsvertrag sollte also insofern ein Teil des normativen Teils des Tarifvertrages werden (vgl. Anm. 5); da nun die Rechte der Arbeitnehmer gemäß §§ 86, 87 BRG. unmittelbar auf dem Gesetz beruhen, ohne daß eine vertragliche Einwirkung auf sie möglich ist, wäre es auch aus diesem Grunde außergewöhnlich, wenn für sie vertraglich die staatliche Arbeitsgerichtsbarkeit ausgeschlossen werden könnte; ohne eine besondere Erwähnung im § 91 Abs. 1 kann dies deshalb nicht angenommen werden.

Die Streitigkeiten zwischen Arbeitnehmern aus gemeinsamer Arbeit und aus unerlaubten Handlungen im Zusammenhang damit (ArbGG. § 2 Abs. 1 Nr. 3) sind schon nach der allgemeinen Gesetzesterminologie keine Streitigkeiten aus dem Arbeits- oder Lehrverhältnis, so daß sie nicht unter die Möglichkeiten des Ausschlusses der Arbeitsgerichtsbarkeit durch Schiedsvertrag nach § 91 Abs. 1 ArbGG. fallen können (a. A. anscheinend Dersch-Volkmar, Anm. 3 Abs. 1 zu § 91; Schmincke-Sell, Anm. 2 zu § 91). Dies ergibt sich aber auch daraus, daß es nicht vorstellbar ist, daß die Tarifvertragsparteien — also die Arbeitgeber- und die Arbeitnehmerseite — in einem Vertrage zwischen einander über Streitigkeiten verfügen, die zwischen Arbeitnehmern untereinander entstehen können.

Es ergibt sich also trotz der ungenauen Fassung des § 4 ArbGG., daß der Ausschluß der Arbeitsgerichtsbarkeit durch Schiedsvertrag nach § 91 Abs. 1 ArbGG. nur für einen Teil der im § 2 Abs. 1 Nr. 2 aufgeführten Streitigkeiten zulässig ist; so ist wohl auch Baumbach (Anm. 2, letzter Satz zu § 91) zu verstehen. Die Geltung des Ausschlusses und Ersatzes der Arbeitsgerichtsbarkeit ist in diesen Fällen jedoch nicht nur auf die ursprüngliche Partei des Arbeits- oder Lehrverhältnisses beschränkt, sondern erstreckt sich auch auf den Rechtsnachfolger als Streitpartei oder auf eine Person, die kraft Gesetzes an ihre Stelle als Streitpartei tritt (ebenso Dersch-Volkmar, Anm. 5d, a. A. zu § 91). Dies ergibt sich daraus, daß § 2 Abs. 2 ArbGG. als Ergänzung zu den einzelnen Nummern des Abs. 1 aufzufassen ist. Eine andere Auslegung des Gesetzes würde auch dem praktischen Bedürfnis nicht entsprechen, wenn die in Betracht kommenden Streitigkeiten aus § 2

Abs. 1 Nr. 2 ArbGG. durch Tarifvertrag der Arbeitsgerichtsbarkeit entzogen und einem tariflichen Schiedsgericht zugewiesen sind.

Wird für die Streitigkeiten aus einem Lehrverhältnis die Arbeitsgerichtsbarkeit durch ein schiedsgerichtliches Verfahren ersetzt, so entfällt damit auch die Vorentscheidung des einzelnen Streits durch den Innungsausschuß, wie sie in § 111 ArbGG. in Verbindung mit GO. § 81a Nr. 4, § 91b geregelt ist. Denn die Vorschaltung des Verfahrens des Innungsausschusses bezieht sich nach der Fassung des § 111 Nr. 2 ArbGG. nur auf das arbeitsgerichtliche Verfahren.

4 Die Tarifvertragsparteien können die Arbeitsgerichtsbarkeit im Tarifvertrag für alle Streitigkeiten aus Arbeits- und Lehrverhältnissen ausschließen, die sich nach dem Tarifvertrag bestimmen (vgl. jedoch § 91 Abs. 1 Satz 2 ArbGG.). Welche Arbeits- und Lehrverhältnisse sich nach dem Tarifvertrag bestimmen, ergibt sich aus der Regelung der Tarifvertragsverordnung in ihrem § 1. Danach handelt es sich um Arbeits- oder Lehrverhältnisse auf Grund von Arbeitsverträgen zwischen Arbeitgebern und Arbeitnehmern, die Mitglieder der tarifvertragschließenden wirtschaftlichen Vereinigungen bzw. — als Arbeitgeber — selbst Tarifvertragspartei sind oder bei Abschluß des Arbeitsvertrages gewesen sind oder die den Arbeitsvertrag unter Berufung auf den Tarifvertrag abgeschlossen haben. Da der Schiedsvertrag nach § 91 Abs. 1 ArbGG. von den Tarifvertragsparteien für alle Streitigkeiten aus einem Arbeits- oder Lehrverhältnis geschlossen werden kann, das sich nach dem Tarifvertrag bestimmt, haben die Tarifvertragsparteien es also nicht nur in der Hand, die Arbeitsgerichtsbarkeit für Streitigkeiten aus dem Arbeitsverhältnis zwischen den ihnen angeschlossenen Arbeitgebern und Arbeitnehmern auszuschließen, sondern der im Tarifvertrag vereinbarte Ausschluß der Arbeitsgerichtsbarkeit und ihre Ersetzung durch Schiedsgerichtsbarkeit gilt auch für alle Streitigkeiten zwischen Arbeitgebern und Arbeitnehmern, die nicht bei den Tarifvertragsparteien organisiert sind, ihren Einzelarbeitsvertrag aber unter Berufung auf den Tarifvertrag, der die Schiedsklausel enthält, geschlossen haben. Wollen diese Arbeitgeber und Arbeitnehmer etwaige spätere Streitigkeiten vor den Arbeitsgerichtsbehörden und nicht vor dem Tarifschiedsgericht austragen, was zu empfehlen ist, da die Tarifschiedsgerichtsbarkeit sich im allgemeinen für Außenseiter nicht eignet, so müssen sie, wenn sie den Arbeitsvertrag im übrigen unter Berufung auf die Bestimmungen des Tarifvertrages abschließen, die tarifvertragliche Schiedsklausel von der Geltung für ihren Arbeitsvertrag ausnehmen. Dies muß, um spätere Schwierigkeiten zu vermeiden, bei der Annahme der Arbeit sorgfältig beachtet werden, da eine nachträgliche Gegenvereinbarung, daß nicht die Schiedsgerichtsbarkeit, sondern die Arbeitsgerichtsbarkeit zuständig sein soll, nur mittels Kündigung des alten und Abschluß eines neuen Arbeitsvertrages möglich sein wird.

Es ist also Tarifvertragsaußenseitern beim Abschlusse ihres Arbeitsvertrages überlassen, zu bestimmen, ob ihre Streitigkeiten aus dem Arbeits- oder Lehrverhältnis unter die tarifvertragliche Schiedsklausel nach § 91 Abs. 1 ArbGG. fallen sollen oder nicht. Gegen ihren Willen kann die Schiedsklausel des Tarifvertrages auch nicht im Wege der Allgemeinverbindlicherklärung des die Schiedsklausel enthaltenden Tarifvertrages auf sie ausgedehnt werden. Das ist im Satz 2 des ersten Absatzes des § 91 ArbGG. ausdrücklich bestimmt, was darum erforderlich war, weil die tarifvertragliche Schiedsklausel an sich auch zu den sogenannten normativen Bestimmungen des Tarifvertrages gehört (vgl. Anm. 5), die durch die Erklärung der allgemeinen Verbindlichkeit gemäß § 2 der Tarifvertragsverordnung auf die Arbeitsverhältnisse der Außenseiter ausgedehnt werden. Eine solche Ausdehnung der Schiedsklausel auf Außenseiter ohne ihre Einwilligung soll nach dem Gesetz nicht stattfinden, zumal sie vielleicht sogar dem Art. 105 Satz 2 der Reichsverfassung widersprechen, würde, nach dem niemand seinem gesetzlichen Richter entzogen werden darf. Organisierte geben mit ihrem Eintritt in die Vereinigung dieser das Recht, die Arbeitsgerichtsbarkeit für sie auszuschließen, weil diese Möglichkeit zu den eingebürgerten Befugnissen der wirtschaftlichen Vereinigungen gehört. Im bisherigen Recht, für das die Zulässigkeit des Ausschlusses der Arbeitsgerichtsbarkeit im Tarifvertrag für Streitigkeiten aus den ihm unterfallenden Arbeitsverhältnissen ohne ausdrückliche gesetzliche Bestimmung ebenfalls angenommen wurde (vgl. Anm. 5 Abs. 1), bestand auch keine Vorschrift, die die Ausnahme der Schiedsklausel von der Allgemeinverbindlicherklärung anordnete; gleichwohl ist sie aus den dargelegten Gründen im Verwaltungswege von der die Allgemeinverbindlicherklärung aussprechenden Behörde ausgenommen worden. Die Ausnahme ist nunmehr im Gesetz selbst vorgeschrieben, so daß es einer ausdrücklichen Ausnahme bei der Allgemeinverbindlicherklärung zu ihrer Herbeiführung nicht mehr bedarf, wenn es auch im Interesse der Unterrichtung der Beteiligten zweckmäßig ist, auch in Zukunft in der Entscheidung über die Allgemeinverbindlicherklärung auf den Inhalt der Vorschrift des § 91 Abs. 1 Satz 2 ArbGG. besonders hinzuweisen.

5 Der Schiedsvertrag wird nach § 91 Abs. 1 ArbGG., anders als nach § 1025 ZPO., grundsätzlich nicht von den Streitparteien, sondern von anderen Personen bzw. Personengesamtheiten mit Wirkung für die Streitparteien abgeschlossen. Streitparteien sind in den Fällen des § 91 Abs. 1 die Parteien des Arbeits- oder Lehrverhältnisses, der Schiedsvertrag aber wird von den Tarifvertragsparteien geschlossen. Diese können auf der Arbeitgeberseite mit der Partei des Arbeitsverhältnisses zusammenfallen, wenn nämlich der Tarifvertrag gemäß § 1 Abs. 1 Satz 1 der Tarifvertragsverordnung auf Arbeitgeberseite von einem einzelnen Arbeitgeber abgeschlossen ist; auf der Arbeitnehmerseite ist Partei des Tarifvertrags und damit auch des Schiedsvertrages stets eine wirtschaftliche Vereinigung von Arbeitnehmern, niemals ein einzelner Arbeitnehmer, der Partei des streitigen Arbeitsverhältnisses ist. Für das bisherige Recht wurde die Zulässigkeit eines solchen Schiedsvertrages der Tarifvertragsparteien mit Wirkung für die Parteien des Einzelarbeitsverhältnisses von der herrschenden Meinung ebenfalls bejaht, doch lag hierin wohl ein Hinausgehen über die sinngemäßen Grenzen des § 1025 ZPO., der bisher maßgebend war (vgl. Begr. B, VII, 1, S. 52). Aus diesem Grunde erschien eine ausdrückliche gesetzliche Regelung erforderlich (a. A., aber ohne Begründung, Baumbach, Anm. 3 zu § 91).

Die Regelung des § 91 Abs. 1 ArbGG. macht nunmehr den Schiedsvertrag der Tarifvertragsparteien, anders als die Zuständigkeitsvereinbarung des § 48 Abs. 2 ArbGG. (vgl. Anm. 10 Abs. 2 zu § 48), zu einem Teil des Tarifvertrages. Der Tarifvertrag ist nach der Tarifvertragsverordnung ein eigenartiger gegenseitiger Vertrag insofern, als er neben der gegenseitigen Verpflichtung der Vertragsparteien (sog. verpflichtender oder obligatorischer Teil des Tarifvertrages) eine für die „beteiligten Personen" im Sinne des § 1 der Tarifvertragsverordnung bindende Satzung (den sogenannten normativen oder in den Einzelarbeitsvertrag übergehenden Teil des Tarifvertrages) enthält. Der tarifvertragliche Schiedsvertrag nach § 91 Abs. 1 ArbGG. gehört überwiegend zum normativen Teil des Tarifvertrages. Seine Bestimmungen über den Ausschluß und Ersatz der Arbeitsgerichtsbarkeit durch Schiedsgerichtsbarkeit gehen in den einzelnen Arbeitsvertrag über, die Arbeitsvertragsparteien sind einander gegenüber verpflichtet, ihre Streitigkeiten an Stelle des Arbeitsgerichts vor das Schiedsgericht zu bringen; daneben hat der Schiedsvertrag für sie die prozessuale Wirkung des § 92 ArbGG., der der Vorschrift des § 274 Abs. 2 Nr. 3 ZPO. entspricht (vgl. Anm. 1 zu § 92). Zu einem Teil gehört der Schiedsvertrag aber, auch abgesehen von der allgemeinen Verpflichtung seiner Parteien, die Innehaltung des Schiedsvertrags zu überwachen, zum obligatorischen Teil des Tarifvertrages, nämlich insoweit, als die Schiedsvertragsparteien einander gegenüber verpflichtet sind, das Schiedsgericht zu bestellen und zu erhalten, wenn nicht ausnahmsweise gemäß § 93 Abs. 2 ArbGG. eine von ihnen unabhängige Einrichtung als Schiedsgericht vereinbart ist (vgl. Anm. 9 zu § 93); auch insofern greifen aber neben der materiellen Verpflichtung der Schiedsvertragsparteien unter einander für die Arbeitsvertragsparteien als Streitparteien die prozessualen Wirkungen des Schiedsvertrags gemäß § 92 ArbGG. ein (vgl. Anm. 1 zu § 92).

Die Auffassung von Dersch-Volkmar (Anm. 3a Abs. 4 zu § 91), daß der Schiedsvertrag zum normativen Teil des Tarifvertrages gehöre, wird daher seinem Charakter nicht voll gerecht. Aber auch die früher mitunter vertretene Auffassung, daß die Tarifvertragsparteien den Schiedsvertrag lediglich als Vertreter der ihnen angeschlossenen Parteien der Einzelarbeitsverträge schließen und daß seine Wirkung nicht materiellrechtlich-tarifvertraglicher Art, sondern, soweit die Streitparteien in Betracht kommen, nur prozessualer Art (vgl. § 92 ArbGG.) sei, entspricht nicht der Regelung des § 91 Abs. 1 ArbGG., nach der der Schiedsvertrag „im Tarifvertrage" geschlossen wird, wenn seine normative Wirkung auch nicht im Wege der Allgemeinverbindlicherklärung ausgedehnt werden kann (vgl. Anm. 4; Anm. 1 zu § 92).

Da der Schiedsvertrag Teil des Tarifvertrages, also eines gegenseitigen Vertrages ist, bestimmt sich seine Wirksamkeit hinsichtlich des obligatorischen Teils abgesehen von den Sondervorschriften des § 91 Abs. 1 ArbGG., wie die des Tarifvertrages überhaupt, nach den allgemeinen Vorschriften des Bürgerlichen Gesetzbuchs über Verträge, insbesondere gegenseitige Verträge (vgl. auch Anm. 1 zu § 92). Als Teil eines Tarifvertrages muß er, um normative Wirkungen zu haben, nach § 1 Abs. 1 Satz 1 der Tarifvertragsverordnung schriftlich abgeschlossen werden. Auch eine Abänderung oder Aufhebung des Schiedsvertrags muß deshalb schriftlich — nämlich wiederum in tarifvertraglicher Form — vereinbart werden (a. A. anscheinend Dersch-Volkmar, Anm. 11c zu § 91). Seine Aufhebung („Abdingung") im einzelnen Arbeitsvertrag für das von ihm geregelte Arbeits- oder Lehrverhältnis ist nicht zulässig, soweit sie nicht etwa im Schiedsvertrag vorgesehen ist (schwächer Dersch-Volkmar, Anm. 3a Abs. 4 zu § 91, Baumbach, Anm. 3 zu § 91; Schmincke-Sell, Anm. 5 zu § 91; vgl. jedoch Anm. 4

Abs. 4 zu § 92). Wenn die Tarifvertragsparteien die Schiedsgerichtsbarkeit vereinbart haben, kann die Aufhebung des Schiedsvertrages nicht als Änderung der Arbeitsbedingungen zugunsten des Arbeitnehmers angesehen werden. Die Zulassung solcher Änderungen im § 1 Abs. 1 Satz 2 der Tarifvertragsverordnung bezieht sich nur auf Änderungen, die objektiv eine unmittelbare Verbesserung des Arbeitsvertrages für den Arbeitnehmer bedeuten; dies kann hier nicht angenommen werden, denn die Beantwortung der Frage, ob die Behandlung einer Streitigkeit im arbeitsgerichtlichen oder im schiedsgerichtlichen Verfahren für den Arbeitnehmer günstiger sei, enthält ein rein subjektives Werturteil (vgl. jedoch Anm. 4 Abs. 4 zu § 92).

Für die Frage, ob der Schiedsvertrag gemeinsam mit dem Tarifvertrag, dessen Teil er ist, seine gesamte Wirkung verliert, muß im Einzelfall geprüft werden, ob die Wirksamkeit des Schiedsvertrags von dem Fortbestehen der mit dem Tarifvertrag untergehenden verpflichtenden Bestimmungen abhängt, insbesondere also von der Verpflichtung der Tarifvertragsparteien zur Erhaltung des Schiedsgerichts. Ist das nicht der Fall, z. B. weil eine außerhalb der Tarifvertragsparteien bestehende Einrichtung als Schiedsgericht vereinbart ist, so wirkt der Schiedsvertrag auch nach Ablauf des Tarifvertrags so lange fort, wie noch Arbeitsverträge bestehen, die unter der Geltung des Tarifvertrages geschlossen worden sind; denn in diese sind die normativen Bestimmungen des Schiedsvertrages, deren Wirkung nicht von der Verpflichtung der Schiedsvertragsparteien unter einander abhängt, übergegangen. Kann dagegen der Schiedsvertrag ohne Fortbestand der obligatorischen Bestimmungen praktisch keine Wirkung ausüben, z. B. weil die Parteien des tarifvertraglichen Schiedsvertrages das Schiedsgericht zu bestellen und zu erhalten hatten und sie dies nach Ablauf des Tarifvertrages nicht mehr tun, so erlischt der Schiedsvertrag mit dem Ablauf des Tarifvertrages, weil vertragswesentliche Teile fortgefallen sind, er kann also auch keine prozessuale Wirkungen gemäß § 92 ArbGG. mehr äußern; die Arbeitsgerichtsbarkeit ist für die fraglichen Streitigkeiten wieder zuständig (ebenso im Ergebnis: RG. Bd. 114 S. 194; Dersch-Volkmar, Anm. 11, b zu § 91; Schminke-Sell, Anm. 6 zu § 91).

Denkbar ist, daß ein Tarifvertrag keine andere Regelung wie den Schiedsvertrag enthält. Ein solcher Fall wird zwar ohne Bezugnahme auf andere tarifvertragliche Regelungen der Parteien praktisch kaum vorkommen, wohl aber mitunter als Nachtrag zu einem bereits bestehenden Tarifvertrag.

6 Da der Schiedsvertrag durch den Ausschluß der Arbeitsgerichtsbarkeit den, abgesehen von einem Gegenvertrag zwischen den Schiedsvertragsparteien, nicht rückgängig zu machenden Verzicht auf das subjektive öffentliche Recht des Rechtsschutzanspruchs gegen den Staat enthält und an die Stelle der staatlichen Gerichtsbarkeit eine Privatgerichtsbarkeit setzt, und zwar in den Fällen des § 91 Abs. 1 ArbGG. mit Wirkung für Dritte, nämlich für die den Schiedsvertragsparteien angeschlossenen Arbeitgeber und Arbeitnehmer und sogar für diejenigen Arbeitgeber und Arbeitnehmer, die ihren Arbeitsvertrag unter Berufung auf den den Schiedsvertrag enthaltenden Tarifvertrag abschließen (vgl. Anm. 4), mußte das Gesetz dafür sorgen, daß die Schiedsvertragsparteien einen so bedeutungsvollen Schritt reiflich überlegen und vor allem, daß sie sich beim Abschluß des Vertrages über dessen

Tragweite im klaren sind. Aus diesem Grunde schreibt § 91 Abs. 1 Satz 1 ArbGG., schärfer als die §§ 1025, 1027 ZPO., vor, daß die Tarifvertragsparteien die Arbeitsgerichtsbarkeit nur „durch die ausdrückliche Vereinbarung ausschließen" können, „daß die Entscheidung durch ein Schiedsgericht erfolgen soll". Da der tarifvertragliche Schiedsvertrag nach § 91 Abs. 1 ArbGG. in die Einzelarbeitsverträge übergehen soll (vgl. Anm. 5 Abs. 2, 3), so muß er nach § 1 Abs. 1 Satz 1 der Tarifvertragsverordnung als Teil des normativen Teils des Tarifvertrages schriftlich abgeschlossen werden. Darüber hinaus muß der Tarifvertrag nach der Vorschrift des § 91 Abs. 1 Satz 1 ArbGG. eindeutig ergeben, daß die Entscheidung der bestimmt zu bezeichnenden Streitigkeiten durch ein Schiedsgericht an Stelle der Arbeitsgerichtsbehörden erfolgen soll.

Ein rechtswirksamer Schiedsvertrag liegt also nur dann vor, wenn der Tarifvertrag den Kreis der von der Arbeitsgerichtsbarkeit auszunehmenden Streitigkeiten unmißverständlich umschreibt und ebenso unmißverständlich bestimmt, daß diese Streitigkeiten im schiedsgerichtlichen Verfahren von einer bestimmt zu bezeichnenden Stelle entschieden werden sollen; fehlt es an einer dieser Voraussetzungen, so ist ein rechtswirksamer Schiedsvertrag nicht zustande gekommen; für die Streitigkeiten aus den sich nach dem Tarifvertrag bestimmenden Arbeits- und Lehrverhältnissen ist also der Arbeitsrechtsweg offen geblieben, die prozeßhindernde Einrede aus § 92 ArbGG. kann dem beim Arbeitsgericht aus dem Arbeits- oder Lehrverhältnis Klagenden nicht entgegengehalten werden.

Die bisherigen tarifvertraglichen Schiedsverträge entsprechen diesen Voraussetzungen vielfach nicht. Infolgedessen häufen sich zur Zeit bei den Arbeitsgerichtsbehörden Streitigkeiten, die darauf beruhen, daß das Vorliegen eines gültigen Schiedsvertrages im Streit steht. Das Gericht muß nach der zwingenden Auslegungsregel des § 91 Abs. 1 Satz 1 ArbGG., wenn irgendein Zweifel an der Erfüllung der gesetzlichen Voraussetzungen besteht, das Vorliegen einer rechtsgültigen Schiedsklausel und damit des Ausschlusses der Arbeitsgerichtsbarkeit verneinen (ebenso: Baumbach, Anm. 4 zu § 91). Die entsprechende Praxis der Arbeitsgerichtsbehörden dürfte sehr bald die erforderliche Aufklärung der Tarifvertragsparteien herbeiführen. Zur Auslegung der einzelnen Voraussetzungen eines rechtswirksamen Schiedsvertrags nach § 91 Abs. 1 Satz 1 ArbGG. ist dabei folgendes zu sagen:

a) Der Kreis der Streitigkeiten, für die die Arbeitsgerichtsbarkeit ausgeschlossen werden soll, muß eindeutig bestimmt sein. Am besten geschieht dies, soweit irgend möglich, mit den Worten des Gesetzes (ArbGG. § 91 Abs. 1 Satz 1, § 2 Abs. 1 Nr. 2, Abs. 2; vgl. Anm. 3) oder unter Hinweis auf die in Betracht kommenden gesetzlichen Vorschriften. Keine ausreichende Bezeichnung der Streitigkeiten liegt vor, wenn der Tarifvertrag z. B., wie dies bisher häufig geschah, bestimmt, daß die Entscheidung „grundsätzlicher" Streitigkeiten durch ein Schiedsgericht erfolgen soll; eine solche Bestimmung ist also wirkungslos, sie schließt die Arbeitsgerichtsbarkeit nicht aus.

b) Es muß eindeutig bestimmt sein, daß die Entscheidung der Streitigkeiten im schiedsgerichtlichen Verfahren erfolgen soll, und zwar am besten mit diesen Worten; d. h. es muß bestimmt sein, daß für die fraglichen Streitigkeiten die

Rechtsprechungsfunktion des Staates, die zur bindenden und vollstreckbaren Entscheidung des Rechtsstreits führt, auf vereinbarte Stellen im gesetzlichen Rahmen voll übergehen soll (vgl. auch Baumbach, Anm. 4 zur Überschrift des Vierten Teils). Die Tarifverträge sprechen häufig, in Verkennung des Unterschieds zwischen Schlichtung und Rechtsprechung (Anm. 1 Abs. 5 zur Überschrift des Ersten Abschnitts), von einem „Schlichtungsverfahren" oder davon, daß die Streitigkeiten von einer vereinbarten Stelle (Tarifamt oder ähnlich) „geschlichtet" werden sollen. Ergibt der Inhalt der Bestimmungen im übrigen zweifelsfrei, daß es sich um eine private, vereinbarte Rechtsprechung handeln soll, so schadet die falsche Bezeichnung nach allgemeiner Rechtsregel nicht. Ist dagegen nicht mit Sicherheit erkennbar, daß an eine wirkliche Rechtsprechung gedacht ist, so ist eine derartige Klausel, soweit sie nicht etwa als Gütevertrag (gemäß ArbGG. § 101) anzusehen ist, unwirksam; die Arbeitsgerichtsbarkeit wird durch sie nicht ausgeschlossen.

c) Es muß eindeutig bestimmt sei, wer an Stelle der staatlichen Arbeitsgerichtsbarkeit Recht sprechen soll. Es genügt also nicht etwa der Hinweis, daß die Entscheidung durch ein Schiedsgericht erfolgen soll, das aber nicht näher bezeichnet ist, da sonst den Parteien die Möglichkeit der Anrufung der Arbeitsgerichte verschlossen wäre, ohne daß ihnen eine andere Gerichtsbarkeit geschaffen würde. Es braucht aber nur erkennbar zu sein, wie das Schiedsgericht gebildet wird, die Bildung selbst braucht der Schiedsvertrag nicht zu enthalten; es genügt also z. B. der Hinweis darauf, daß die Beisitzer von den Tarifvertragsparteien zu bestellen sind und daß sie sich auf einen Vorsitzenden einigen sollen. Ist die Ernennung eines oder mehrerer Mitglieder einem Dritten, etwa einer Behörde überlassen, so ist der Schiedsvertrag nur rechtswirksam, wenn der Dritte sich zur Ernennung bereit erklärt, da die Bildung des Schiedsgerichts sonst von einem Unbeteiligten unmöglich gemacht werden kann. Derartige Bestimmungen sollten im Schiedsvertrag wegen der Unsicherheit der entstehenden Rechtslage vermieden werden (a. A. Baumbach, Anm. 6 zu § 92, der den Fall der Ernennung eines Mitgliedes durch einen Dritten dem der Ernennung durch die Schiedsvertragsparteien, die nicht Streitparteien sind, gleichstellt). Das vereinbarte Schiedsgericht muß ferner den zwingenden Vorschriften des § 93 Abs. 1, 2 ArbGG. entsprechen; ist das nicht der Fall, so ist der Schiedsvertrag nicht rechtsgültig, die Arbeitsgerichtsbarkeit also nicht ausgeschlossen.

Die Vorschrift des § 91 Abs. 1 Satz 1 ArbGG. bedeutet nicht, daß nur ein schiedsgerichtliches Verfahren vereinbart werden könnte, das lediglich in einem Rechtszug besteht (vgl. Anm. 1 Abs. 2 zur Überschrift des Ersten Abschnitts). Die Entscheidung erfolgt auch dann „durch ein Schiedsgericht", wenn die erste schiedsgerichtliche Entscheidung zunächst noch bei einer zweiten schiedsgerichtlichen Instanz angefochten werden kann und deren Nachprüfung unterliegt; „Entscheidung" im Sinne der Vorschrift ist dann erst der letzte Spruch in dem schiedsgerichtlichen Instanzenzug.

Dagegen ist es nicht zulässig, zu vereinbaren, daß zwar im ersten Rechtszug das Arbeitsgericht entscheiden, die Berufung gegen dessen Urteil aber an ein Schiedsgericht gehen soll, und umgekehrt (ebenso Dersch-Volkmar, Anm. 6a Abs. 1 zu § 91; teilweise abweichend Schmincke-Sell, Anm. 4 a. E. zu § 91).

Eine solche Vereinbarung würde einmal in den öffentlichrechtlich zwingend festgelegten Rechtsmittelzug eingreifen, zum andern aber auch nicht darauf abzielen, in jedem Fall die Arbeitsgerichtsbarkeit für die Entscheidung der in Betracht kommenden Streitigkeiten auszuschließen. Sie wäre mithin wirkungslos.

Über die dargelegten Punkte hinaus braucht der tarifvertragliche Schiedsvertrag keine Bestimmungen zu enthalten, er braucht insbesondere nichts über das Verfahren vor dem Schiedsgericht zu besagen, wenngleich er dies nach § 94 ArbGG. darf. Bestimmt er nichts über das Verfahren, so regelt es sich, abgesehen von den zwingenden Vorschriften der §§ 95—100 ArbGG. nach dem freien Ermessen des Schiedsgerichts (ArbGG. § 94). Von diesen Vorschriften darf der Schiedsvertrag im übrigen nur abweichen, soweit Abweichungen im § 95 Abs. 2 und im § 98 Abs. 1 ArbGG. ausdrücklich zugelassen sind; weicht er weitergehend ab, so ist für die Rechtswirksamkeit des ganzen Schiedsvertrages die allgemeine Vorschrift des § 139 BGB. maßgebend.

Häufig schließen die Parteien eines Tarifvertrags in diesem einen Schiedsvertrag für Streitigkeiten aus den betroffenen Arbeits- oder Lehrverhältnissen, vereinbaren dabei aber, die nähere Ausführung des Schiedsvertrags hinsichtlich des Verfahrens vor dem Schiedsgericht in einer späteren Vereinbarung („Geschäftsordnung des Schiedsgerichts") zu treffen (vgl. Anm. 5 Abs. 6). In diesem Fall ist der Ausschluß der Arbeitsgerichtsbarkeit bereits vor dem Abschluß der Nachtragsvereinbarung wirksam, wenn der Tarifvertrag den dargelegten Voraussetzungen des Schiedsvertrags nach § 91 Abs. 2 ArbGG. entspricht; das Schiedsgericht kann dann vorläufig sein Verfahren nach freiem Ermessen bestimmen. Die Tarifvertragsparteien sind jedoch einander gegenüber aus dem verpflichtenden Teil des Tarifvertrags zur Mitwirkung an der Abfassung der sogenannten Geschäftsordnung verpflichtet (vgl. Anm. 5 Abs. 2); es besteht gegebenenfalls die Klagemöglichkeit aus § 2 Abs. 1 Nr. 1 ArbGG.

7 Der zweite Absatz des § 91 ArbGG. umschreibt die Fälle, in denen ein Schiedsvertrag in Arbeitsstreitigkeiten von den Personen oder Personengesamtheiten abgeschlossen werden darf, zwischen denen der Rechtsstreit geht oder gehen wird, also die Fälle, die die §§ 1025ff. ZPO. im Rahmen der allgemeinen bürgerlichen Rechtsstreitigkeiten eigentlich im Auge haben (vgl. Anm. 1). Die Beschränkung der Zulässigkeit solcher Schiedsverträge durch § 91 Abs. 2 ArbGG. fließt nicht aus prozeßrechtlichen, sondern aus sozialen Bedenken (vgl. Anm. 1). Prozeßrechtlich gesehen wäre der Schiedsvertrag zwischen den Beteiligten das Normale, daneben könnte, wegen der normativen Wirkung des Tarifvertrags, auch der Abschluß des Schiedsvertrags durch die Tarifvertragsparteien mit Wirkung für die Parteien des Einzelarbeitsverhältnisses zugelassen werden. Das ist die Auffassung der Wissenschaft und Rechtsprechung für das bisherige Recht gewesen, eine entsprechende Regelung hatte auch der § 88 des dem Reichstag vorgelegten Regierungsentwurfs vorgesehen. Der Reichstag hat jedoch die Vorschrift in ihrem Grundsatze verändert, weil er in seiner Mehrheit befürchtete, daß das gesellschaftliche Abhängigkeitsverhältnis des Arbeitnehmers gegenüber dem Arbeitgeber praktisch die freie Willensentschließung des Arbeitnehmers beeinträchtigen und dazu führen könnte, daß die soziale Gerichtsbarkeit der Arbeitsgerichtsbehörden zugunsten eines weniger

sozialen schiedsgerichtlichen Verfahrens unter dem Druck dieses Abhängigkeitsverhältnisses ausgeschlossen würde. Aus diesem Grunde ist die Entschließung über den Ausschluß der Arbeitsgerichtsbarkeit nur solchen Streitparteien überlassen worden, hinsichtlich derer eine innerlich unfreie Entschließung nicht zu befürchten ist, das sind einmal diejenigen Parteien in Arbeitssachen, zwischen denen ein gesellschaftliches Abhängigkeitsverhältnis nicht besteht, also die Parteien der Streitigkeiten nach § 2 Abs. 1 Nr. 1 ArbGG., im wesentlichen die wirtschaftlichen Vereinigungen der Arbeitgeber und der Arbeitnehmer als Tarifvertragsparteien (ArbGG. § 91 Abs. 2 Nr. 1), zum anderen solche Parteien, bei denen zwar ein Abhängigkeitsverhältnis besteht, aber doch so gemildert ist, daß eine unfreie Entschließung über den Ausschluß der Arbeitsgerichtsbarkeit nicht befürchtet zu werden braucht (ArbGG. § 91 Abs. 2 Nr. 2).

Daß von den an einer Regelung nach § 2 Abs. 1 Nr. 5 ArbGG. Beteiligten die Verwaltungstätigkeit der Arbeitsgerichtsbarkeit nicht ausgeschlossen werden kann, ergibt sich schon daraus, daß sie nicht „Parteien des streitigen Rechtsverhältnisses" sind. Aber auch die Parteien der bürgerlichen Rechtsstreitigkeiten nach § 2 Abs. 1 Nr. 3 und 4 ArbGG. können einen Schiedsvertrag nach der Vorschrift des § 91 Abs. 2 ArbGG. ebensowenig selbst schließen, wie dies mit Wirkung für sie durch Tarifvertragsparteien geschehen kann (vgl. Anm. 3 Abs. 2 und 3).

Wer im einzelnen Partei des streitigen Rechtsverhältnisses im Sinne des § 91 Abs. 2 ArbGG. sein kann, ist in den Anm. 10 und 11 näher ausgeführt. Parteien des streitigen Rechtsverhältnisses in den Streitigkeiten nach § 91 Abs. 2 Nr. 1 und 2 sind gemäß der Regelung in § 2 Abs. 2 ArbGG. auch Rechtsnachfolger der ursprünglichen Partei und solche Personen, die kraft Gesetzes an die Stelle der ursprünglichen Partei treten; auch sie können also in den Fällen des § 91 Abs. 2 ArbGG. einen Schiedsvertrag schließen (ebenso Dersch-Volkmar, Anm. 5d zu § 91; Schmincke-Sell, Anm. 8 zu § 91). Alle Parteien können sich nach allgemeiner Rechtsregel für die Vertretung bei Rechtsgeschäften auch beim Abschluß des Schiedsvertrags durch Bevollmächtigte vertreten lassen (ebenso Dersch-Volkmar, Anm. 5e zu § 91).

8 Die Vorschrift, daß der Schiedsvertrag nach § 91 Abs. 2 ArbGG. „allgemein oder für den Einzelfall, auch im voraus" geschlossen werden kann, geht erheblich weiter als die entsprechende, hier nicht geltende des § 1026 ZPO. Soll durch die Parteien des streitigen Rechtsverhältnisses die Arbeitsgerichtsbarkeit durch Schiedsvertrag ausgeschlossen werden, so geschieht dies, wie die Übung zeigt, regelmäßig beim Abschluß des Vertrages über das Rechtsverhältnis, aus dem die Streitigkeiten entspringen können. Es vereinbaren also z. B. die wirtschaftlichen Vereinigungen von Arbeitgebern und von Arbeitnehmern beim Abschluß eines Tarifvertrags, daß für alle Streitigkeiten, die zwischen ihnen als Tarifvertragsparteien aus dem Tarifvertrag entstehen sollten, die Arbeitsgerichtsbarkeit ausgeschlossen und durch ein schiedsgerichtliches Verfahren vor einer bestimmten Stelle ersetzt wird; oder es vereinbaren Arbeitgeber und Arbeitnehmer beim Abschluß des Arbeitsvertrages, daß alle etwaigen Streitigkeiten aus dem Arbeitsvertrag in einem schiedsgerichtlichen Verfahren an Stelle des arbeitsgerichtlichen Verfahrens erledigt werden sollen. Gegen die Zulässigkeit solcher Schiedsverträge sind nach dem bisherigen Recht mitunter auf Grund des § 1026 ZPO. Bedenken erhoben

worden. Das Arbeitsgerichtsgesetz schreibt deshalb vor, daß, soweit Schiedsverträge zwischen den Parteien des streitigen Rechtsverhältnisses überhaupt zugelassen sind, diese auch allgemein und im voraus geschlossen werden, so daß also dem Abschluß eines Schiedsvertrages für alle etwaigen Streitigkeiten aus einem Vertrage keine rechtlichen Bedenken entgegenstehen. Theoretisch ist danach auch zulässig, die Arbeitsgerichtsbarkeit auch für solche Streitigkeiten aus § 2 Abs. 1 Nr. 1 oder § 2 Abs. 1 Nr. 2 ArbGG. auszuschließen, die nicht aus dem gleichzeitig geschlossenen Vertrag fließen, sondern neben ihm entstehen, z. B. aus unerlaubten Handlungen, soweit sie durch § 2 Abs. 1 Nr. 1 und Nr. 2 mit erfaßt sind, doch wird das praktisch kaum vorkommen und auch wegen der Unübersehbarkeit derartiger Streitverhältnisse nicht empfehlenswert sein.

Neben dem allgemeinen Ausschluß der Arbeitsgerichtsbarkeit im voraus, insbesondere beim Abschluß des Tarif- oder Arbeits- bzw. Lehrvertrages, ist der Ausschluß aber auch für den einzelnen Fall zugelassen. Ein solcher Schiedsvertrag kann wiederum sowohl im voraus als auch nach Eintreten des Streitfalls abgeschlossen werden. Ein Abschluß im voraus liegt hier vor, wenn die Streitparteien, etwa beim Vertragsabschluß, vereinbaren, daß ein bestimmter vielleicht entstehender Streit aus dem Vertrage, bei Tarifverträgen also z. B. der Streit über die Auslegung der Vereinbarung über die Benutzung bestimmter Arbeitsnachweise, bei Arbeitsverträgen z. B. der Streit über Lohn oder Gehalt, schiedsgerichtlich zu entscheiden ist; derartige Schiedsverträge haben praktisch kaum Bedeutung. Es kann aber auch, wenn ein Streit entstanden ist, von den Streitparteien vereinbart werden, daß dieser spezielle Streit statt im arbeitsgerichtlichen Verfahren, vor einem Schiedsgericht entschieden werden soll (wegen der Form vgl. Anm. 9). Derartige Schiedsverträge sind für allgemeine bürgerliche Rechtsstreitigkeiten nicht selten, in Arbeitssachen sind sie bisher kaum geschlossen worden; es stehen ihnen jedoch keine anderen Bedenken entgegen, wie dem Ausschluß der Arbeitsgerichtsbarkeit durch Schiedsvertrag überhaupt (vgl. Anm. 1 Abs. 2 zur Überschrift des Ersten Abschnitts).

9 § 91 Abs. 2 ArbGG. besagt, daß auch andere wie die im Abs. 1 genannten Parteien „eine derartige Vereinbarung" treffen können, und nimmt damit auf die Vorschrift des § 91 Abs. 1 in doppelter Weise Bezug. Einmal besagt diese Fassung, daß die in § 91 Abs. 2 Genannten ebenfalls einen Schiedsvertrag schließen können, zum andern aber auch, daß der Abschluß in derselben Weise vor sich gehen muß wie nach der Vorschrift des § 91 Abs. 1: eine „derartige Vereinbarung" ist nur die „ausdrückliche Vereinbarung, daß die Entscheidung durch ein Schiedsgericht erfolgen soll". Für den Schiedsvertrag nach § 91 Abs. 2 ArbGG. gilt also alles in Anm. 6 Ausgeführte; er muß ausdrücklich dahin geschlossen werden, daß die Entscheidung im schiedsgerichtlichen Verfahren erfolgen soll. Eine stillschweigende Vereinbarung ist auch in den Fällen nicht möglich, in denen der Schiedsvertrag für einen bereits eingetretenen bestimmten Einzelfall geschlossen wird. Die Einlassung auf ein schiedsgerichtliches Verfahren kann also den Ausschluß der Arbeitsgerichtsbarkeit und damit die Zulässigkeit des Verfahrens nur dann herbeiführen, wenn hierbei der beiderseitige Wille der Entscheidung durch das Schiedsgericht ausdrücklich zum Ausdruck gebracht worden ist. Schriftlichkeit des Schiedsvertrages ist nicht vom Gesetz erfordert und kann auch nicht von den

Beteiligten gefordert werden (anders ZPO. § 1027). Das ist hier, im Gegensatz zu dem Schiedsvertrag nach § 91 Abs. 1 ArbGG., von praktischer Bedeutung, weil die Vereinbarungen nach § 91 Abs. 2 nicht „im Tarifvertrage" geschlossen werden und darum nicht schon nach Tarifvertragsrecht schriftlich geschlossen werden müssen (vgl. Anm. 6 Abs. 1; Anm. 10). Jedoch kann nur empfohlen werden, den Schiedsvertrag wegen seiner Bedeutung schriftlich abzuschließen, weil sonst im Streitfall Beweisschwierigkeiten entstehen können. Die etwaige Aufhebung des Schiedsvertrages muß ebenso ausdrücklich vereinbart werden wie der Schiedsvertrag selbst (vgl. Anm. 5 Abs. 4).

10 Als Parteien des streitigen Rechtsverhältnisses können nach § 91 Abs. 2 ArbGG. einen Schiedsvertrag schließen Tarifvertragsparteien, d. h. wirtschaftliche Vereinigungen von Arbeitgebern und von Arbeitnehmern und einzelne Arbeitgeber, die einen Tarifvertrag schließen oder geschlossen haben, miteinander oder mit Dritten über Streitigkeiten aus Tarifverträgen, und tariffähige Parteien miteinander oder mit Dritten über Streitigkeiten aus unerlaubten Handlungen, sofern es sich um Maßnahmen zu Zwecken des Arbeitskampfes oder um Fragen der Vereinigungsfreiheit handelt, ebenso Rechtsnachfolger dieser Parteien und kraft Gesetzes an ihre Stelle getretene Personen (ArbGG. § 2 Abs. 1 Nr. 1, Abs. 2; vgl. Anm. 7 Abs. 3). Praktisch wird, außer für einen einzelnen bereits eingetretenen Streitfall, ein Schiedsvertrag gemäß § 91 Abs. 2 Nr. 1 nur von Tarifvertragsparteien über Streitigkeiten aus dem Tarifvertrag geschlossen werden. Dabei ist aber nicht vorgeschrieben, daß der Schiedsvertrag, wie in Abs. 1, „im Tarifvertrage" geschlossen werden muß; der Schiedsvertrag bildet also rechtlich keinen Teil des Tarifvertrages, auch wenn er mit ihm gleichzeitig und, äußerlich gesehen, in ihm abgeschlossen wird (vgl. Anm. 1 Abs. 3). Von Erheblichkeit ist dieser Unterschied für den Abschluß des Schiedsvertrages allerdings darum nicht, weil im Falle des § 91 Abs. 2 Nr. 1 ArbGG. der Schiedsvertrag in allen seinen Teilen zum obligatorischen Teil des Tarifvertrages gehört und die Formvorschrift des § 1 Abs. 1 Satz 1 der Tarifvertragsverordnung, betreffend die Schriftlichkeit, nach der herrschenden Auffassung nur insoweit gilt, als die Bestimmungen des Tarifvertrages in die einzelnen Arbeitsverträge eingehen sollen.

11 Die Vorschrift des § 91 Abs. 2 Nr. 2 regelt die Zulässigkeit des Schiedsvertrags zwischen einzelnen Arbeitgebern und Arbeitnehmern. Sie ist aus den in Anm. 7 Abs. 1 dargelegten Gründen auf Schiedsverträge beschränkt, bei denen der Arbeitnehmer ein gehobener Angestellter mit einem Jahresarbeitseinkommen von zur Zeit mehr als sechstausend Reichsmark ist. Sofern es sich um einen solchen Arbeitnehmer handelt, kann der Schiedsvertrag zwischen Arbeitgeber und Arbeitnehmer oder deren Rechtsnachfolgern oder den kraft Gesetzes an ihre Stelle getretenen Personen (vgl. Anm. 7 Abs. 3) über alle nach § 2 Abs. 1 Nr. 2 zur Zuständigkeit der Arbeitsgerichte gehörenden bürgerlichen Rechtsstreitigkeiten geschlossen werden. Auch hier sind, abgesehen von Schiedsverträgen über den einzelnen bereits eingetretenen Streitfall, nur die Streitigkeiten aus dem Arbeitsverhältnis selbst von praktischer Bedeutung. Schiedsverträge zwischen Arbeitgeber und Angestelltenlehrling über Streitigkeiten aus dem Lehrverhältnis sind nicht zulässig. Soweit Streitigkeiten zwischen Arbeitgeber und Arbeitnehmer nach § 2 Abs. 1 Nr. 2 Halbsatz 2 nicht zur Zuständigkeit der Arbeitsgerichte gehören, kann auch nach § 91 Abs. 2 Nr. 2 kein Schiedsvertrag über sie abge-

schlossen werden; Schiedsverträge über derartige Streitigkeiten regeln sich vielmehr nach den Vorschriften der §§ 1025ff. ZPO.

12 ArbGG. § 91 regelt nur den eigentlichen Schiedsvertrag, er regelt nicht das Verhältnis zwischen den Parteien des Schiedsvertrags und den Mitgliedern des Schiedsgerichts. Dieses bestimmt sich nach allgemeinen Rechtsregeln, und zwar nicht in allen denkbaren Fällen in der gleichen Weise (vielfach abweichend Baumbach, Anm. 6, B zu § 91). Zwischen den Parteien des streitigen Rechtsverhältnisses, die nicht zugleich Schiedsvertragsparteien sind, und den Mitgliedern des Schiedsgerichts bestehen keine Rechtsbeziehungen.

Werden in den Fällen des § 91 Abs. 1 und Abs. 2 Nr. 1 ArbGG. Mitglieder der Tarifvertragsparteien zu Mitgliedern des Schiedsgerichts bestellt, so bestimmt sich ihre Verpflichtung zur Annahme und Ausübung der Tätigkeit gegenüber der Vereinigung, die sie bestellt, nach den Grundsätzen des Vereinigungsverhältnisses. Zu der anderen Schiedsvertragspartei stehen sie in keinen Rechtsbeziehungen, diese muß sich vielmehr an ihre Gegenpartei, die die Mitglieder tarifvertragsgemäß zu stellen hat, halten. Nicht den Vertragsparteien in den Fällen des § 91 Abs. 1 und Abs. 1 Nr. 1 ArbGG. angehörende Mitglieder des Schiedsgerichts, z. B. unparteiische Vorsitzende, Mitglieder des Schiedsgerichts in den Fällen des § 91 Abs. 2 Nr. 2, treten zu beiden Schiedsvertragsparteien durch die Annahme der schiedsgerichtlichen Tätigkeit in ein besonderes Vertragsverhältnis, aus dem nach herrschender Ansicht auf Erfüllung geklagt werden kann. Das gleiche muß für das Verhältnis zwischen den Schiedsvertragsparteien und dem Träger einer Behörde oder Einrichtung gelten, die gemäß § 93 Abs. 2 ArbGG. als Schiedsgericht vereinbart worden ist und sich zur Übernahme der Tätigkeit bereit erklärt hat.

§ 92

Prozeßhindernde Einrede[1]

(1) **Der Schiedsvertrag in Arbeitsstreitigkeiten[2] begründet im arbeitsgerichtlichen Verfahren[3] eine prozeßhindernde Einrede[4] [5].**

(2) **Die Einrede entfällt[6]:**

1. **wenn in einem Falle, in dem die Streitparteien selbst die Mitglieder des Schiedsgerichts zu ernennen haben[7], der Kläger[8] dieser Pflicht nachgekommen ist[9], der Beklagte[8] aber die Ernennung nicht binnen einer Woche nach der Aufforderung des Klägers[8] vorgenommen hat[10];**
2. **wenn in einem Falle, in dem nicht die Streitparteien, sondern die Parteien des Schiedsvertrags die Mitglieder des Schiedsgerichts zu ernennen haben[11], das Schiedsgericht nicht gebildet ist[12] und die den Parteien des Schiedsvertrags von dem Vorsitzenden des Arbeitsgerichts gesetzte Frist zur Bildung des Schiedsgerichts fruchtlos verstrichen ist[13];**

3. wenn das nach dem Schiedsvertrage gebildete Schiedsgericht[14] die Durchführung des Verfahrens verzögert[15] und die ihm von dem Vorsitzenden des Arbeitsgerichts gesetzte Frist zur Durchführung des Verfahrens fruchtlos verstrichen ist[16];

4. wenn das Schiedsgericht[14] den Parteien des streitigen Rechtsverhältnisses anzeigt, daß die Abgabe eines Schiedsspruchs wegen Stimmengleichheit unmöglich ist[17].

(3) **In den Fällen des Abs. 2 Nr. 2 und 3 erfolgt die Bestimmung der Frist auf Antrag des Klägers[8] durch den Vorsitzenden des Arbeitsgerichts, das für die Geltendmachung des Anspruchs zuständig wäre[13] [16].**

(4) **Liegt eine der Voraussetzungen des zweiten Absatzes für den Fortfall der Einrede vor, so ist eine schiedsgerichtliche Entscheidung des Rechtsstreits auf Grund des Schiedsvertrags in Arbeitsstreitigkeiten ausgeschlossen[18].**

1 Die Vorschriften des § 92 ArbGG. regeln die prozeßrechtliche Wirkung des Schiedsvertrages in Arbeitsstreitigkeiten und die Möglichkeiten des Fortfalls dieser Wirkung. Über die materiellrechtliche Wirkung des Schiedsvertrages sagt das Gesetz ausdrücklich nichts. Gleichwohl ist auch sie vorhanden, da es sich um einen Vertrag handelt (vgl. Anm. 1, 5, 9—11 zu § 91). Doch ist sie mit Rücksicht auf die überwiegenden prozessualen Wirkungen eigenartig gestaltet, wie sich aus den Vorschriften des § 92 ArbGG. mittelbar ergibt. Dabei ist zu unterscheiden, ob der Schiedsvertrag zwischen den Streitparteien selbst geschlossen ist (ArbGG. § 91 Abs. 2) oder mit Wirkung für sie von den Parteien eines Tarifvertrages, dem sie unterstehen (ArbGG. § 91 Abs. 1).

Ist der Schiedsvertrag zwischen den Streitparteien geschlossen (§ 91 Abs. 2), so begründet er für sie die materiellrechtliche Verpflichtung, das schiedsgerichtliche Verfahren ihrerseits zu ermöglichen (vgl. auch Anm. 6, letzter Abs. zu § 2). Auf Feststellung dieses Verpflichtungsverhältnisses kann auch von den Streitparteien vor dem Arbeitsgericht, ebenso wie im Falle eines Schiedsvertrages nach der Zivilprozeßordnung vor dem ordentlichen Gericht (vgl. Sydow-Busch-Krantz, Anm. 3 zur Überschrift des Zehnten Buchs ZPO; Anm. 1 — S. 1073 — zu § 1025 ZPO.), geklagt werden, wenn die Voraussetzungen der Feststellungsklage nach § 256 ZPO. gegeben sind, d. h. wenn der Kläger ein rechtliches Interesse an der Feststellung hat; dies wird allerdings häufig, mit Rücksicht auf die prozeßhindernde Einrede des Schiedsvertrags nach § 92 Abs. 1 ArbGG. — entsprechend ZPO. § 274 Abs. 2 Nr. 3 — nicht gegeben sein. Ebenso kann jede Partei gegebenenfalls Ersatz des ihr durch schuldhafte Nichterfüllung des Schiedsvertrags seitens der anderen Partei etwa entstandenen Schadens im Klagewege verlangen (ebenso für den Schiedsvertrag nach der ZPO.: Sydow-Busch-Krantz, a. a. O.). Dagegen kann die eine Streitpartei gegen die andere nicht auf Erfüllung des Schiedsvertrages klagen; denn hier setzt die stärkere prozessuale Wirkung des Schiedsvertrages ein. Läuft das vereinbarte schiedsgerichtliche Verfahren nicht reibungslos ab, ohne daß den Kläger ein Verschulden trifft, so gibt ihm § 92 ArbGG. wieder den zunächst durch den Schiedsvertrag versperrten Zugang zum Arbeitsgericht (ArbGG. § 92 Abs. 2, 3) und schaltet für diesen Rechtsstreit das schiedsgerichtliche Verfahren völlig aus (ArbGG. § 92 Abs. 4).

Ist der Schiedsvertrag zwischen den Tarifparteien für die Parteien der unterfallenden Arbeits- und Lehrverhältnisse als Streitparteien geschlossen (§ 91 Abs. 1), so treten für diese auf Grund der normativen Wirkung des Schiedsvertrages (vgl. Anm. 5 Abs. 2 zu § 91) die gleichen Wirkungen ein, wie wenn sie den Schiedsvertrag selbst geschlossen hätten (vgl. den vorigen Absatz). Daneben entstehen aber für die Schiedsvertragsparteien auf Grund der obligatorischen Wirkungen des Schiedsvertrages (vgl. Anm. 5 Abs. 2 zu § 91) ebenfalls Verpflichtungen aus dem Schiedsvertrag, nämlich die, die Anwendung des Schiedsvertrags durch Bestellung und Erhaltung des Schiedsgerichts zu ermöglichen. Ohne Bezug auf einen Streit der Parteien des Einzelarbeitsverhältnisses, der vor dem Schiedsgericht auszutragen wäre, können diese Verpflichtungen im Arbeitsrechtswege gemäß § 2 Abs. 1 Nr. 1 ArbGG. geltend gemacht werden, und zwar in jeder auch sonst prozessual zulässigen Form (Erfüllungsklage, Feststellungsklage, Schadenersatzklage). Dagegen können die Schiedsvertragsparteien, die nicht zugleich Streitparteien sind, mit Bezug auf einen zwischen zwei Streitparteien schwebenden Streit keinerlei Ansprüche geltend machen; die Anwendbarkeit des schiedsgerichtlichen Verfahrens im speziellen Rechtsstreit ist vielmehr durch § 92 ArbGG., abgesehen von dem im vorigen Absatz behandelten Rechte der Streitparteien, abschließend geregelt.

Das Rechtsverhältnis zwischen einer Streitpartei und der Tarifvertragspartei, der sie angehört, regelt sich nach den für das Vereinigungsverhältnis geltenden Rechtssätzen. Zu der anderen Tarifvertragspartei steht sie in keinen Rechtsbeziehungen. Wegen des Verhältnisses der Schiedsvertragsparteien zu den Mitgliedern des Schiedsgerichts vgl. Anm. 12 zu § 91.

Die prozeßrechtliche Wirkung des Schiedsvertrages ist in § 92 ArbGG. in Anlehnung an das allgemeine Zivilprozeßrecht in der Weise geregelt, daß auch der Schiedsvertrag in Arbeitsstreitigkeiten wie der Schiedsvertrag nach §§ 1025ff. ZPO. eine „prozeßhindernde Einrede" begründet (vgl. ZPO. § 274 Abs. 2 Nr. 3). Die Regelung der §§ 1025 ZPO. geht jedoch davon aus, daß der Schiedsvertrag im Regelfall für einen bestimmten Streit geschlossen ist und läßt deshalb den Schiedsvertrag grundsätzlich allgemein außer Kraft treten, wenn die schiedsgerichtliche Erledigung des Streits unmöglich wird (ZPO. § 1033). Diese Annahme entspricht nicht dem Wesen des Schiedsvertrags in Arbeitsstreitigkeiten, der sich im Regelfall nicht auf einen einzelnen Streifall bezieht. § 92 ArbGG. läßt deshalb, wenn die schiedsgerichtliche Erledigung eines Streits unmöglich wird, den Schiedsvertrag, soweit die Unmöglichkeit ihn nicht im ganzen Ausmaß trifft, z. B. wenn die in ihm ernannten Mitglieder des Schiedsgerichts fortgefallen sind (vgl. Anm. 2 Abs. 3), nicht außer Kraft treten. Vielmehr entfällt dann nur die prozeßhindernde Einrede des Schiedsvertrags für den Einzelfall und die Schiedsgerichtsbarkeit wird für ihn aufgehoben; der Schiedsvertrag bleibt aber im übrigen bestehen. Über die Verzichtbarkeit der prozeßhindernden Einrede und damit des Ausschlusses der Arbeitsgerichtsbarkeit vgl. Anm. 4 Abs. 3, 4.

[2] „Schiedsvertrag in Arbeitsstreitigkeiten" ist die technische Bezeichnung des im § 91 ArbGG. behandelten Schiedsvertrages, wie schon die Überschrift des Ersten Abschnitts ergibt (vgl. Anm. 1 Abs. 1 dazu). Die prozeßhindernde Einrede im arbeitsgerichtlichen Verfahren entsteht nur, wenn ein solcher Vertrag im Augenblick des Anhängigwerdens des speziellen Rechtsstreits rechtswirksam vorliegt. War der als Schiedsvertrag geschlossene Vertrag von Anfang an unwirksam oder ist er später unwirksam geworden, so wird in dem anhängigen Rechtsstreit die prozeßhindernde Einrede des Schiedsvertrags in Arbeitsstreitigkeiten nicht begründet. Davon zu scheiden sind die Fälle des § 92 Abs. 2 ArbGG., in denen die prozeßhindernde Einrede an sich entstanden ist, aber aus den in Abs. 2 Nr. 1—4 aufgeführten Gründen wieder entfällt. Die praktische Wirkung für den einzelnen Prozeß ist allerdings die gleiche: die prozeßhindernde Einrede des Schiedsvertrags kann nicht geltend gemacht werden.

Ein Schiedsvertrag in Arbeitsstreitigkeiten, der eine prozeßhindernde Einrede begründen könnte, liegt nur vor, wenn die Vereinbarung den Vorschriften des § 91 ArbGG. entspricht. Er liegt also z. B. nicht vor, wenn ein einzelner Arbeitgeber mit einem einzelnen Arbeiter oder versicherungspflichtigen Angestellten eine Vereinbarung über den Ausschluß der Arbeitsgerichtsbarkeit für die Streitigkeiten aus dem Arbeitsvertrag geschlossen hat oder wenn eine zwischen Parteien, die im § 91 ArbGG. als Schiedsvertragsparteien anerkannt sind, abgeschlossene Vereinbarung Streitigkeiten aus der Arbeitsgerichtsbarkeit ausnehmen will, die ihr nicht entzogen werden können, z. B. Streitigkeiten nach § 2 Abs. 1 Nr. 3 oder 4 ArbGG., oder wenn sie nicht ausdrücklich bestimmt, daß die Entscheidung von Rechtsstreitigkeiten im schiedsgerichtlichen Verfahren erfolgen soll (vgl. Anm. 6 zu § 91). Derartige Vereinbarungen sind prozessual wirkungslos, die Arbeitsgerichtsbehörden bleiben also für die in ihr behandelten Streitigkeiten zuständig. Ruft der Kläger das Arbeitsgericht an und wendet der Beklagte das Vorliegen eines Schiedsvertrages ein, so ist diese Einwendung unbeachtlich. Ruft der Kläger das vermeintlich vereinbarte Schiedsgericht an, so muß dieses ihn von Amts wegen wegen Unzulässigkeit des schiedsgerichtlichen Verfahrens abweisen, auch wenn diese vom Beklagten nicht eingewandt wird. Erläßt das Schiedsgericht gleichwohl einen Schiedsspruch zur Sache, so unterliegt dieser der Aufhebung gemäß § 100 Abs. 1 Nr. 1 ArbGG.

Aber auch der anfangs wirksame Schiedsvertrag kann später unwirksam werden, wenn seine Wirkung in ihm selbst befristet ist. So liegt kein Schiedsvertrag mehr vor, wenn die Tarifvertragsparteien im Tarifvertrag den Ersatz der Arbeitsgerichtsbarkeit für Streitigkeiten aus den durch ihn bestimmten Arbeitsverhältnissen durch ein von ihnen gebildetes Schiedsgericht vereinbart haben und der Tarifvertrag abgelaufen, das Schiedsgericht damit fortgefallen ist (vgl. Anm. 5 Abs. 5 zu § 91), ebenso aber auch, wenn der Schiedsvertrag selbst die Mitglieder des Schiedsgerichts bestimmt, ohne Ersatzmitglieder vorzusehen oder Bestimmungen über ihre Bestellung zu treffen, und eines der Mitglieder fortfällt; auch in diesem Fall ist der Ausschluß der Arbeitsgerichtsbarkeit nur für die Zeit vereinbart, in der das ausdrücklich vereinbarte Schiedsgericht besteht. Kommt es zu einem Rechtsstreit, nachdem die Frist für den Lauf des Schiedsvertrags abgelaufen ist, so entsteht in ihm die prozeßhindernde Einrede nicht mehr, die Klage ist also vor dem Arbeitsgericht anhängig zu machen, ohne daß ihr die prozeßhindernde Einrede des Schiedsvertrags entgegengesetzt werden kann.

Die Auffassung Baumbachs (Anm. 4 zu § 92), daß die Aufzählung der Fortfallsgründe der Einrede im § 92 Abs. 2 Nr. 1—4 unvollständig sei, entbehrt danach wohl der Begründung.

3 Der Schiedsvertrag in Arbeitsstreitigkeiten übt seine prozessuale Wirkung nur im arbeitsgerichtlichen Verfahren aus. Wird ein Rechtsstreit, der auf Grund eines Schiedsvertrages in Arbeitsstreitigkeiten der Arbeitsgerichtsbarkeit entzogen ist, bei einem ordentlichen Gericht anhängig gemacht, so kann ihm dort die prozeßhindernde Einrede auf Grund des Schiedsvertrages nicht entgegengesetzt werden. Diese Regelung beruht darauf, daß das angegangene Gericht zunächst von Amts wegen seine sachliche Zuständigkeit gegenüber der gemäß § 2 Abs. 1 ArbGG. ausschließlichen Zuständigkeit des Arbeitsgerichts in Arbeitssachen zu prüfen und auf Grund der sachlichen Unzuständigkeit die Klage abzuweisen bzw. den Rechtsstreit gemäß § 48 Abs. 1 ArbGG. in Verbindung mit ZPO. § 276 an das Arbeitsgericht zu verweisen hat. Erst dieses — als das an sich für Rechtsstreitigkeiten dieser Art zuständige Gericht — kann die Frage prüfen, ob der gerichtlichen Erledigung des Rechtsstreits die prozeßhindernde Einrede des Schiedsvertrags in Arbeitsstreitigkeiten entgegensteht (vgl. Sydow-Busch-Krantz, Anm. 1 zu § 274 ZPO.; ebenso Dersch-Volkmar, Anm. 3 Abs. 1 zu § 92).

4 Der Begriff der „prozeßhindernden Einrede" ist hier der gleiche wie im allgemeinen Zivilprozeßverfahren auf Grund der Zivilprozeßordnung, da der technische Ausdruck der Zivilprozeßordnung gebraucht wird, ohne daß Abweichungen von deren Regelung vorgeschrieben sind, und da die prozeßhindernde Einrede im arbeitsgerichtlichen Urteilsverfahren geltend zu machen ist, für das, soweit das Arbeitsgerichtsgesetz nichts anderes bestimmt, gemäß § 46 Abs. 2 Satz 1 ArbGG. die Vorschriften der Zivilprozeßordnung gelten. Maßgebend sind deshalb für das Recht der prozeßhindernden Einrede auch hier die Vorschriften der § 274 Abs. 1, 3, § 275, § 504 Abs. 1 ZPO.

Eine prozeßhindernde Einrede ist eine Einwendung des Beklagten, daß die notwendigen prozessualen Voraussetzungen für den durch die Klage anhängig gemachten Prozeß nicht vorliegen. Die möglichen prozeßhindernden Einreden zählt die Zivilprozeßordnung in § 274 Abs. 2 ZPO. auf; auch diese Vorschrift ist, abgesehen von der Änderung durch § 92 Abs. 2 ArbGG., gemäß ArbGG. § 46 Abs. 2 Satz 1 im arbeitsgerichtlichen Verfahren anwendbar. Die in § 274 Abs. 2 ZPO. angeführten prozeßhindernden Einreden sind aber in ihrem Charakter verschieden: einzelne der Einreden bedeuten ein Vorbringen seitens des Beklagten, dessen Unterlagen das Gericht an sich auch von Amts wegen zu prüfen hat, andere dagegen weisen das Gericht auf Mängel von Voraussetzungen hin, die es sonst nicht zu prüfen hätte, meist auch nicht prüfen könnte, weil sie ihm nicht bekannt sein werden. Von Amts wegen muß das Gericht seine Zuständigkeit, die Zulässigkeit des Rechtsweges überhaupt und die Parteifähigkeit, Prozeßfähigkeit und gesetzliche Vertretung der Parteien prüfen. Prozeßhindernde Einreden, die in dieser Beziehung auf Mängel hinweisen, sind deshalb auch nicht verzichtbar, wenn nicht im Falle der örtlichen Unzuständigkeit durch zulässige Zuständigkeitsvereinbarung (vgl. Anm. 1 zu § 48). Dagegen hat das Arbeitsgericht die Frage, ob für den anhängig gemachten Rechtsstreit etwa die Arbeitsgerichtsbarkeit durch Schiedsvertrag gemäß § 91 ArbGG. ausgeschlossen ist, nur zu prüfen, wenn der Beklagte die prozeßhindernde Einrede geltend macht, ebenso wie das ordentliche Gericht den Ausschluß seiner Gerichtsbarkeit durch Schiedsvertrag nach §§ 1025 ff. ZPO. nur auf Geltendmachung der prozeßhindernden Einrede aus § 274 Abs. 2 Nr. 3 ZPO. durch den Beklagten zu prüfen hat. Die prozeßhindernde Einrede des Schiedsvertrags gemäß § 92 Abs. 1 ArbGG., die im arbeitsgerichtlichen Verfahren an die Stelle der Einrede aus § 274 Abs. 2 Nr. 3 ZPO. tritt, ist verzichtbar, ebenso wie die prozeßhindernden Einreden aus § 274 Abs. 2 Nr. 4—6 ZPO.

Unbeschadet etwaiger materiellrechtlicher Verpflichtungen (vgl. Anm. 1) können also die Streitparteien, auch wenn mit Wirkung für sie nach § 91 Abs. 1 oder 2 ArbGG. ein wirksamer Schiedsvertrag abgeschlossen ist, im Einverständnis miteinander im Prozeß die Entscheidung ihres Streites durch die Arbeitsgerichtsbehörden an Stelle des vereinbarten Schiedsgerichts herbeiführen, wenngleich sie eine dahingehende Vereinbarung wegen der Unabdingbarkeit des tarifvertraglichen Schiedsvertrages dann nicht schließen können, wenn sie Parteien des Einzelarbeitsverhältnisses sind und der Schiedsvertrag im Tarifvertrag abgeschlossen ist (vgl. Anm. 5 Abs. 4 zu § 91). Denn das Arbeitsgericht entscheidet über den Rechtsstreit, wenn der Beklagte die prozeßhindernde Einrede des Schiedsvertrags nicht geltend macht, und zwar auch dann, wenn ihm das Vorliegen eines solchen Schiedsvertrages bekannt ist; allerdings wird es in diesem Fall den Beklagten auf die Rechtslage aufmerksam machen, um festzustellen, ob er tatsächlich auf die Einrede verzichten will. Insofern ist also der Ausschluß der Arbeitsgerichtsbarkeit durch den Schiedsvertrag nicht unbedingt (vgl. Anm. 1 Abs. 1 zur Überschrift des Ersten Abschnitts).

Gemäß ZPO. § 274 Abs. 1, 3 und § 504 Abs. 1 in Verbindung mit ArbGG. § 46 Abs. 2 Satz 1 muß der Beklagte im arbeitsgerichtlichen Verfahren die prozeßhindernde Einrede gleichzeitig mit der etwa geltend zu machenden Einrede der Unzuständigkeit des Gerichts vor der Verhandlung zur Hauptsache vor dem Arbeitsgericht — im ersten Rechtszug — vorbringen. Später kann er das noch, wenn er glaubhaft macht, daß er zum Vorbringen der Einrede in diesem Zeitpunkte ohne sein Verschulden nicht imstande gewesen sei (ZPO. § 274 Abs. 3, § 528); Unkenntnis des Gesetzes gilt aber nicht als Schuldlosigkeit. Der Beklagte muß also die Einrede des Schiedsvertrags schon zu Beginn der Güteverhandlung, ehe diese auf den eigentlichen Prozeßgegenstand eingeht, vorbringen (vgl. Anm. 2 Abs. 6 zu § 54; a. A. Baumbach, Anm. 3 zu § 92); tut er das nicht, so hat er damit im Regelfall auf die Einrede verzichtet und kann sie nicht mehr geltend machen, insbesondere nicht etwa ein Rechtsmittel darauf stützen, daß für die Entscheidung des Rechtsstreits ein Schiedsgericht zuständig sei.

Wird die prozeßhindernde Einrede vorgebracht, so kann das Arbeitsgericht auf Antrag einer Partei oder auch von Amts wegen anordnen, daß über sie gesondert zu verhandeln und — durch Urteil — zu entscheiden ist (ZPO. § 275 Abs. 1). Die Anordnung steht im Ermessen des Arbeitsgerichts und ist darum nicht anfechtbar (ebenso Dersch-Volkmar, Anm. 4b a. E. zu § 92; a. A. Schmincke-Sell, Anm. 1b a. E. zu § 92). Sie kann auch noch ergehen, nachdem der Sachverhalt auch hinsichtlich der Hauptsache erörtert worden ist. Der Vorsitzende des Arbeitsgerichts kann deshalb die Güteverhandlung gemäß § 54 ArbGG. auch auf die Hauptsache erstrecken, obwohl die Einrede angebracht ist. Führt die Güteverhandlung in der Hauptsache zu einer Einigung, so bedarf es naturgemäß einer Prüfung der prozeßhindernden Einrede nicht. Ist sie erfolglos, so ist die Entscheidung über die prozeßhindernde Einrede der Kammer zu überlassen, da eine Entscheidung durch den Vorsitzenden allein gemäß § 55 Abs. 2 ArbGG. das Verfahren nicht fördern würde (vgl. Anm. 6 Abs. 3, Anm. 11 zu § 55). Die Kammer wird, falls die Einrede des Schiedsvertrags nicht offenbar zu Unrecht vorgebracht ist, über sie vorab entscheiden, um zunächst die Entscheidungsbefugnis des Gerichts zu klären. Die Entscheidung ergeht gegebenenfalls durch Zwischenurteil, das aber „in betreff der Rechtsmittel als Endurteil anzusehen" ist (ZPO. § 275 Abs. 2); es ist also unter den Voraussetzungen des § 64 Abs. 1 ArbGG. berufungsfähig (vgl. Anm. 2 Abs. 1 zu § 64). Gleichwohl kann das Arbeitsgericht auf Antrag einer Partei im Interesse besonderer Beschleunigung — ebenfalls unanfechtbar — anordnen, daß, ohne das Ergebnis der Berufung, gegebenenfalls auch der Revision, gegen das Zwischenurteil abzuwarten, zur Hauptsache zu verhandeln sei (ZPO. § 275 Abs. 2 Halbsatz 2), eine Anordnung, die im allgemeinen mit Rücksicht auf die Klärung der Rechtslage nicht zweckmäßig sein dürfte. Gibt das Urteil der prozeßhindernden Einrede statt, d. h. weist es die Klage als unzulässig ab, so ist es mit seiner Rechtskraft das Endurteil des arbeitsgerichtlichen Verfahrens. Verwirft es die Einrede, so ist es ein Zwischenurteil und es ist nunmehr durch Endurteil sachlich zu entscheiden. Das sachliche Endurteil ist wiederum unter den Voraussetzungen des § 64 Abs. 1 ArbGG. berufungsfähig, das Berufungsurteil unter den Voraussetzungen des § 72 Abs. 1 ArbGG. revisionsfähig; die Frage der prozeßhindernden Einrede kann jedoch in den höheren Rechtszügen nicht mehr geprüft werden, da über sie rechtskräftig entschieden ist.

Wird über die prozeßhindernde Einrede nicht gesondert verhandelt und entschieden, so muß das Endurteil darüber entscheiden, ob sie gegeben war; falls es sie nicht für gegeben hält, entscheidet es über die Hauptsache. In diesen Fällen kann das Vorliegen der vorgebrachten prozeßhindernden Einrede auch noch in der Rechtsmittelinstanz geprüft werden.

5 Wie bei jeder Schiedsgerichtsbarkeit können auch hier aus dem Nebeneinander von staatlicher Gerichtsbarkeit und Schiedsgerichtsbarkeit gewisse prozessuale Schwierigkeiten entstehen, weil zwei Stellen vorhanden sind, die die Zuständigkeit der Schiedsgerichtsbarkeit oder der Arbeitsgerichtsbarkeit zu prüfen haben und die über diese Rechtsfrage verschiedener Auffassung sein können. Hat die Arbeitsgerichtsbehörde oder das Schiedsgericht auf Grund der Annahme der eigenen Zuständigkeit unanfechtbar in der Sache entschieden, so gewährt diese Entscheidung dem erneut vor der anderen Stelle Beklagten die Einrede der rechtskräftig entschiedenen Sache. Ist im arbeitsgerichtlichen Verfahren der prozeßhindernden Einrede des Schiedsvertrags stattgegeben worden, so wird das nunmehr mit der Sache befaßte Schiedsgericht rechtlich

allerdings nicht gezwungen sein, seine Zuständigkeit anzunehmen; praktisch wird es dies tun. Eine Aufhebung des in diesem Falle ergehenden Schiedsspruchs wegen Unzulässigkeit des schiedsgerichtlichen Verfahrens gemäß § 100 Abs. 1 Nr. 1 ArbGG. ist dann jedenfalls nicht mehr möglich. Hat das Schiedsgericht seine Zuständigkeit auf Grund des Schiedsvertrages unanfechtbar verneint, so wird das Arbeitsgericht die etwa in einem spätern Rechtsstreit vor ihm vorgebrachte prozeßhindernde Einrede des Schiedsvertrags zu verwerfen haben, wenngleich auch hierzu ein rechtlicher Zwang nicht bestehen dürfte (vgl. entsprechend für den allgemeinen Zivilprozeß Sydow-Busch-Krantz, Anm. 5 zu § 274 ZPO., Anm. 3 vor § 1025 ZPO. und die dort angeführten Entscheidungen).

6 Die Vorschriften des § 92 Abs. 2 ArbGG. regeln die Prozeßlage in den Fällen, in denen ein rechtswirksamer Schiedsvertrag besteht (vgl. Anm. 2), die Entscheidung im schiedsgerichtlichen Verfahren aber aus tatsächlichen Gründen nicht oder nicht mit der in Arbeitssachen gebotenen Beschleunigung erfolgen kann. Die Zivilprozeßordnung bestimmt für den Teil dieser Fälle, der auch in dem in ihr geregelten schiedsgerichtlichen Verfahren vorkommen kann, im § 1033 ZPO., daß der Schiedsvertrag automatisch außer Kraft tritt. Damit ist zwar die Wirkung erreicht, daß die staatliche Gerichtsbarkeit für den in Betracht kommenden Streit wieder zuständig wird, die Regelung geht aber über den Einzelfall hinaus, indem sie den Schiedsvertrag überhaupt außer Kraft treten läßt. Das mag für die Schiedsverträge, die die Zivilprozeßordnung im Auge hat, nämlich regelmäßig Schiedsverträge über einen Einzelfall oder wenigstens über gewisse innerlich zusammenhängende Streitfälle zwischen den Schiedsvertragsparteien, passen. Dem Gedanken des Schiedsvertrags in Arbeitsstreitigkeiten, der im allgemeinen zwischen Tarifvertragsparteien über alle Streitigkeiten zwischen ihnen aus dem Tarifvertrag (ArbGG. § 91 Abs. 2 Nr. 1) oder insbesondere über die Streitigkeiten der ihnen angeschlossenen Arbeitgeber und Arbeitnehmer aus dem durch ihn geregelten Arbeitsverhältnis (ArbGG. § 91 Abs. 1) geschlossen wird, würde eine solche Regelung nicht gerecht werden; das Unmöglichwerden oder die Verzögerung der schiedsgerichtlichen Entscheidung im Einzelstreit soll nach dem Willen der Schiedsvertragsparteien, der grundsätzlich auf die Einrichtung einer bleibenden Eigengerichtsbarkeit gehen wird, nicht den ganzen Vertrag und damit die durch ihn geschaffene Eigengerichtsbarkeit vernichten. Das Arbeitsgerichtsgesetz nimmt darum in diesen Fällen nur den einzelnen in Betracht kommenden Streit aus der Schiedsgerichtsbarkeit heraus und überträgt ihn an die Arbeitsgerichtsbarkeit zurück, läßt aber den Schiedsvertrag als solchen unberührt. Das geschieht, indem es die prozeßhindernde Einrede des Schiedsvertrags in dem Einzelfall fortfallen läßt, so daß er auch gegen den Willen des Beklagten arbeitsgerichtlich entschieden werden kann (ArbGG. § 92 Abs. 2) und indem es die schiedsgerichtliche Entscheidung in solchen Fällen für unzulässig erklärt (ArbGG. § 92 Abs. 4). Betraf der Schiedsvertrag in Arbeitsstreitigkeiten nach § 91 Abs. 2 ArbGG. nur einen Einzelfall, so ist damit die praktische Wirkung die gleiche wie nach der Zivilprozeßordnung.

Die Fälle, in denen die Einrede des Schiedsvertrags entfällt, will das Gesetz umfassend so umschreiben, daß ein Zweifel über das Bestehen der Einrede nicht möglich ist. Das ist nötig, weil von dem Bestehen oder Nichtbestehen der Einrede die öffentlichrechtliche Frage der Zuständigkeit der staatlichen Arbeitsgerichtsbarkeit oder der vereinbarten Schiedsgerichtsbarkeit abhängt. Zur Vermeidung einer Doppelentscheidung ist die besondere Vorschrift des § 92 Abs. 4 ArbGG. gegeben, die die Schiedsgerichtsbarkeit ausschließt, wenn ein Tatbestand des § 92 Abs. 2 ArbGG. gegeben ist; diese Vorschrift macht es andererseits praktisch erforderlich, daß der Kläger im arbeitsgerichtlichen Verfahren den etwa vorliegenden Tatbestand nach § 92 Abs. 2 Nr. 1—4 vorträgt, da er sonst Gefahr läuft, hier abgewiesen zu werden, im schiedsgerichtlichen Verfahren aber eine Entscheidung ebenfalls nicht zu erlangen (vgl. Anm. 18).

7 Wie das Schiedsgericht zu bilden ist, muß sich aus dem Schiedsvertrag zweifelsfrei ergeben; sonst ist er nach ArbGG. § 91 Abs. 1 Satz 1 und § 91 Abs. 2 in Verbindung damit rechtsunwirksam (vgl. Anm. 6 Abs. 3, c, Abs. 1 zu § 91); der Auffassung von Dersch-Volkmar (Anm. 5a zu § 92; Anm. 2b zu § 93) und Schmincke-Sell (Anm. 3 zu § 92), daß die Streitparteien die Mitglieder des Schiedsgerichts auch dann zu ernennen haben, wenn der Schiedsvertrag über ihre Ernennung nichts besagt, kann deshalb nicht beigetreten werden. Vielmehr haben die Streitparteien die Mitglieder des Schiedsgerichts nur zu ernennen, wenn dies ausdrücklich im Schiedsvertrag vereinbart ist. Sind die Mitglieder des Schiedsgerichts nicht im Schiedsvertrag selbst ernannt, was bei Schiedsverträgen in Arbeitsstreitigkeiten bisher im allgemeinen nicht üblich war, so werden Schiedsverträge gemäß § 91 Abs. 2 ArbGG. grundsätzlich ihre Ernennung durch die Streitparteien, die hier zugleich auch Schiedsvertragsparteien sind, bestimmen. In Schiedsverträgen nach § 91 Abs. 1 ArbGG. behalten sich im allgemeinen die Schiedsvertragsparteien, die hier nicht beiderseits mit den Streitparteien personengleich sind (vgl. Anm. 5 Abs. 1 zu § 91), die Ernennung der Mitglieder des Schiedsgerichts vor; sie können aber auch hier vereinbaren, daß die Streitparteien die Mitglieder zu ernennen haben.

8 Die Ausdrücke „Kläger" und „Beklagter" bezeichnen im § 92 (Abs. 2 Nr. 1 und Abs. 3) ArbGG. die Parteien, die nach dem Schiedsvertrag im schiedsgerichtlichen Verfahren Kläger und Beklagter sind oder sein würden, nicht die Parteien des arbeitsgerichtlichen Verfahrens; der Ausdruck „Kläger" im § 92 ArbGG. entspricht dem Ausdruck „betreibende Partei" im § 1029 ZPO. Infolgedessen können die Handlungen des „Klägers" und des „Beklagten", von denen § 92 Abs. 2 Nr. 1 und Abs. 3 ArbGG. spricht, auch vor dem arbeitsgerichtlichen Verfahren, in dem die prozeßhindernde Einrede des Schiedsvertrags in Betracht kommt und in dem „Kläger" und „Beklagter" des schiedsgerichtlichen Verfahrens ebenfalls Kläger und Beklagter sind, liegen und werden sogar regelmäßig vor ihm liegen, es sei denn, daß die Klage ohne Rücksicht auf den Schiedsvertrag beim Arbeitsgericht anhängig gemacht wird. Wird die Klage sofort beim Arbeitsgericht erhoben, erklärt aber der Kläger im arbeitsgerichtlichen Verfahren auf Vorbringen der prozeßhindernden Einrede seitens des Beklagten dort, daß nach seiner Auffassung praktisch einer der Fälle vorliege, in denen nach § 92 Abs. 2 Nr. 1—3 ArbGG. — der Fall des § 92 Abs. 2 Nr. 4 kommt hier nicht in Betracht — die Einrede entfallen muß, so wird das Arbeitsgericht zweckmäßig die Klage nicht sofort auf die prozeßhindernde Ein-

rede abweisen, sondern die Verhandlung vertagen, um dem Kläger Gelegenheit zu geben, noch jetzt seinerseits die ihm nach § 92 Abs. 2 Nr. 1—3 ArbGG. zustehenden Maßnahmen zu ergreifen, die zum Entfallen der Einrede führen sollen (ebenso Baumbach, Anm. 1 zu § 92; nicht ganz klar aber die auf den Ausdruck „Kläger" bezügliche Ausführung in Anm. 5 zu § 92).

9 Der Kläger im arbeitsgerichtlichen Verfahren muß als „Kläger" im schiedsgerichtlichen Verfahren (vgl. Anm. 8) seiner Pflicht zur Ernennung der Mitglieder des Schiedsgerichts nachgekommen sein, andernfalls steht ihm die prozeßhindernde Einrede des Schiedsvertrags entgegen. Er ist also prozessual gezwungen, seine Verpflichtung aus dem Schiedsvertrag zu erfüllen, da er eine sachliche Entscheidung über den Anspruch sonst nicht herbeiführen kann; er kann seinerseits den Anspruchsgegner nicht zum Verzicht auf das vereinbarte schiedsgerichtliche Verfahren zwingen (ebenso Schmincke-Sell, Anm. 4 Abs. 1 zu § 92; die Ausführungen von Samter — Anm. 3 Abs. 3 und Anm. 8 zu § 92 — verkennen, daß für die sogenannte negative Feststellungeklage über das Nichtbestehen eines Anspruchs der Anspruchsgegner „Kläger" ist und daß er deshalb das Verfahren als solcher in Gang bringen kann).

10 Die Vorschrift des § 92 Abs. 2 Nr. 1 entspricht für den Schiedsvertrag in Arbeitsstreitigkeiten dem § 1029 ZPO. für den in der Zivilprozeßordnung geregelten allgemeinen Schiedsvertrag, weicht aber inhaltlich erheblich von der Vorschrift der Zivilprozeßordnung ab. Zwar muß auch nach ZPO. § 1029 der Kläger dem Beklagten eine einwöchige Frist zur Ernennung des von ihm zu ernennenden Schiedsrichters setzen; nach fruchtlosem Ablauf dieser Frist hat aber auf Antrag des Klägers das nach ZPO. § 1045 Abs. 1 zuständige Gericht den Schiedsrichter zu ernennen. Das Arbeitsgerichtsgesetz stellt sich dagegen auf den Standpunkt, daß, wenn nach dem Schiedsvertrag die Streitparteien die Mitglieder des Schiedsgerichts zu ernennen haben, es allein ihre Sache ist, für die Bildung des Schiedsgerichts zu sorgen. Versäumt der Kläger diese Pflicht, so kann er seine Sache nicht zur Entscheidung bringen (vgl. Anm. 9), versäumt sie der Beklagte, so verliert er damit das Recht, die Austragung des Verfahrens vor dem vereinbarten Schiedsgericht zu verlangen: der Kläger hat dann wieder den Zugang zum staatlichen Arbeitsgericht. Der zugrunde liegende Gedanke ist, daß es nicht Sache der staatlichen Gerichtsbarkeit ist, entgegen dem Willen einer Streitpartei selbst den eigenen Ausschluß zu gewährleisten.

Will eine von dem Schiedsvertrag betroffene Partei gegen die andere klagen und sind die von ihnen zu bestellenden Mitglieder des Schiedsgerichts nicht bereits — etwa ein für allemal — bestellt, so muß der Kläger die von ihm zu ernennenden Mitglieder ernennen und den Beklagten zur Ernennung der von ihm zu ernennenden Mitglieder auffordern. Unter „Ernennung" kann nach dem Sinne der Vorschrift nur die Bestellung solcher Personen verstanden werden, die auch zur Übernahme des Amts bereit sind, da durch die Ernennungen sonst das Schiedsgericht nicht gebildet wäre und das Gesetz offensichtlich von dem praktischen Gesichtspunkt ausgeht, daß die prozeßhindernde Einrede des Schiedsvertrags nur dort besteht, wo tatsächlich ein schiedsgerichtliches Verfahren möglich ist (vgl. § 92 Abs. 2 Nr. 2 ArbGG.). Fällt ein Mitglied des Schiedsgerichts nachträglich durch Tod, Unfähigwerden

(ArbGG. § 93 Abs. 1 Satz 2), Ablehnung (ArbGG. § 93 Abs. 3) oder Niederlegung des Amtes fort, so muß die Partei, die ihn zu ernennen hatte, ein neues Mitglied für ihn ernennen; für die Ernennung gilt ebenfalls die Vorschrift des § 92 Abs. 2 Nr. 1.

Der Beklagte hat zu der ihm zustehenden Ernennung der Schiedsgerichtsmitglieder eine Woche Zeit; die Mitteilung von der Ernennung muß er dem Kläger alsdann unverzüglich zukommen lassen. Die Frist von einer Woche braucht der Kläger jedoch, anders als nach § 1029 Abs. 1 ZPO., nach dem Wortlaut des § 92 Abs. 2 Nr. 1 ArbGG. nicht mit der Aufforderung zu setzen; sie ergibt sich aus dem Gesetz. Doch wird der Kläger zweckmäßig in seinem Schreiben auf die Frist aufmerksam machen. Die Aufforderung wird er aus praktischen Gründen regelmäßig, obwohl diese Form nicht vorgeschrieben ist, durch eingeschriebenen oder zuzustellenden Brief ergehen lassen, um den Ablauf der vom Zugang der Aufforderung an laufenden Frist nachweisen zu können. Erhält er binnen einer für die Mitteilung der erfolgten Ernennung angemessenen Zeit nach Ablauf der Frist keine Nachricht über die Ernennung, so kann er seine Klage beim Arbeitsgericht einreichen, da ihm nun die prozeßhindernde Einrede des Schiedsvertrags nicht mehr entgegengesetzt werden kann. Hatte er bereits dort geklagt und war auf Vorbringen der prozeßhindernden Einrede seitens des Beklagten vertagt worden (vgl. Anm. 8), so kann der Kläger nunmehr in dem neuen Termin darlegen, daß die prozeßhindernde Einrede des Schiedsvertrages entfallen ist, und Entscheidung zur Hauptsache verlangen. Dagegen kann er eine *schiedsgerichtliche Entscheidung* nach § 92 Abs. 4 ArbGG. (vgl. Anm. 18) *nicht mehr* herbeiführen, auch dann nicht, wenn der Beklagte etwa nachträglich seine Mitglieder des Schiedsgerichts ernennt. Die Parteien haben ein Anrecht auf den Ausschluß der Arbeitsgerichtsbarkeit durch den Schiedsvertrag nach dem Gesetz *nur* dann, wenn sie seine Anforderungen genau erfüllen. Sonst tritt die Arbeitsgerichtsbarkeit wieder ein, damit eine schleunige Erledigung des Streites gewährleistet ist.

11 Die Vorschrift des § 92 Abs. 2 Nr. 2 ArbGG. kommt nur in Betracht, wenn die *Parteien des Schiedsvertrags* und *die des streitigen Rechtsverhältnisses nicht die gleichen* sind (vgl. Anm. 5 Abs. 1 zu § 91), wenn also ein Schiedsvertrag nach ArbGG. § 91 Abs. 1 vorliegt, den Tarifvertragsparteien mit Wirkung für die dem Tarifvertrag unterfallenden Parteien des einzelnen Arbeits- oder Lehrverhältnisses geschlossen haben. In diesem Falle vereinbaren die Tarifvertragsparteien erfahrungsgemäß im allgemeinen im Schiedsvertrag, daß sie die Mitglieder des Schiedsgerichts zu ernennen haben; diese Übung erklärt sich daraus, daß die Tarifvertragsparteien die Schiedsgerichtsbarkeit als *Ausfluß ihrer Tarifgemeinschaft*, als tarifvertragliche *Eigengerichtsbarkeit*, auffassen (vgl. aber Anm. 7 a. E.).

12 Das tarifvertragliche Schiedsgericht wird im allgemeinen als eine *ständige Einrichtung* gebildet (vgl. Anm. 11). In der bisherigen Übung wurde es häufig als „Tarifamt", „Tarifausschuß", „Tarifschiedsgericht" bezeichnet. Seine Funktionen wurden von denen einer tarifvertraglich vereinbarten Schlichtungsstelle vielfach nicht scharf abgegrenzt (vgl. Anm. 1 Abs. 5 zur Überschrift des Ersten Abschnitts); das ist jetzt nach der Vorschrift des § 91 Abs. 1 ArbGG. (vgl. Anm. 6 Abs. 3b zu § 91) nicht mehr möglich, wenngleich es nicht ausgeschlossen ist, daß eine tarifvertraglich vereinbarte Stelle auf Grund des Tarifvertrages ebenso als

Schiedsgericht wie als Schlichtungsstelle tätig werden kann. Denkbar, wenn auch bisher nicht üblich und nicht dem Gedanken des tarifvertraglichen Schiedsvertrages entsprechend, ist es auch, daß die Tarifvertragsparteien im Schiedsvertrag vereinbaren, für jeden einzelnen vorkommenden Streitfall zwischen den Parteien des Einzelarbeits- oder Lehrverhältnisses ein Schiedsgericht zu bilden.

Die Vorschrift des § 92 Abs. 2 Nr. 2 ArbGG. deckt beide Fälle, sowohl den, daß das Schiedsgericht ein für allemal, als auch den, daß es für den einzelnen Streitfall gebildet wird. In beiden Fällen haben die Streitparteien auf die Bildung des Schiedsgerichts keinen Einfluß; sie müssen daher davor geschützt werden, daß ihnen durch Nachlässigkeit oder Absicht der Schiedsvertragsparteien die Möglichkeit der Austragung von Streitigkeiten genommen wird. Es muß ihnen also, falls das Schiedsgericht nicht von den Schiedsvertragsparteien zur Verfügung gestellt wird, der Rechtsweg an das Arbeitsgericht wieder eröffnet werden. Dieses Bedürfnis besteht aber immer nur für den gerade in Betracht kommenden Streitfall. Es ist durchaus möglich, daß die Schiedsvertragsparteien später die vereinbarte Schiedsgerichtseinrichtung schaffen; die gegenwärtigen Streitparteien sind an dem Bestehen oder Nichtbestehen dieser Einrichtung im übrigen nicht interessiert. Infolgedessen geht es nicht an, daß beim Versagen der tarifvertraglichen Schiedsgerichtsbarkeit in einem Einzelfall die Einrichtung im ganzen davon berührt wird; § 92 Abs. 2 Nr. 2 läßt darum auch hier wieder lediglich unter gewissen Voraussetzungen (vgl. Anm. 13) die prozeßhindernde Einrede des Schiedsvertrags im einzelnen Streit entfallen, ohne daß dadurch der Schiedsvertrag selbst materiell berührt wird.

Anders verhält es sich, wenn der Schiedsvertrag bestimmt, daß dritte Personen Mitglieder des Schiedsgerichts zu ernennen haben. In diesem Fall hängt die Wirksamkeit des Schiedsvertrages davon ab, daß die im Vertrag bezeichneten Personen hierzu bereit sind. Denn sonst kann der Zweck des Schiedsvertrags überhaupt nicht erreicht werden, da eine Verpflichtung der dritten Personen zur Mitwirkung bei der Bildung des Schiedsgerichts nicht besteht, und es kann nicht im Willen der Schiedsvertragsparteien gelegen haben, die Arbeitsgerichtsbarkeit auszuschließen, ohne einen Ersatz dafür zu schaffen (vgl. Anm. 6 Abs. 3c, Abs. 1 zu § 91). Kann das unter Mitwirkung Dritter zu bildende Schiedsgericht durch Versagen ihrer Mitwirkung nicht gebildet werden, so besteht also kein wirksamer Schiedsvertrag, der eine prozeßhindernde Einrede gewähren könnte. Die ausdehnende Auslegung, die Baumbach (Anm. 6 zu § 92) der Vorschrift des § 92 Abs. 2 Nr. 2 ArbGG. für diesen Fall geben will, kommt danach nicht in Betracht.

13 Ist das von den Parteien des tarifvertraglichen Schiedsvertrages zu bildende Schiedsgericht nicht gebildet, wenn zwischen Parteien eines Arbeits- oder Lehrverhältnisses, das sich nach dem Tarifvertrag bestimmt, ein nach dem Schiedsvertrag vor das Schiedsgericht gehörender Streit entsteht, so muß der „Kläger“ (vgl. Anm. 8) bei dem Vorsitzenden des Arbeitsgerichts, das mangels eines Schiedsvertrages für die Geltendmachung seines Anspruchs zuständig wäre, beantragen, daß er den Schiedsvertragsparteien eine Frist zur Bildung des Schiedsgerichts setzt. Im Regelfall wird der „Kläger“ diesen Antrag vor Erhebung der Klage im arbeitsgerichtlichen Verfahren stellen. Dann muß er das nach den allgemeinen Vorschriften für den Rechtsstreit örtlich zuständige Arbeitsgericht

bzw. eines der danach zuständigen Arbeitsgerichte angehen. Für den Antrag ist eine bestimmte Form nicht vorgeschrieben, er kann also schriftlich oder zur Niederschrift der Geschäftsstelle gestellt werden. Hatte der „Kläger" bereits die Klage erhoben und macht der Beklagte in der Güteverhandlung die prozeßhindernde Einrede des Schiedsvertrags geltend, ohne gleichzeitig, im Falle der örtlichen Unzuständigkeit des angegangenen Arbeitsgerichts, die prozeßhindernde Einrede der Unzuständigkeit zu erheben (vgl. Anm. 4 Abs. 5, 6), so wird damit auch für die Fristsetzung der Vorsitzende des angegangenen Arbeitsgerichts zuständig, da es nunmehr für die Geltendmachung des Anspruchs zuständig wird (a. A. Baumbach, Anm. 9 zu § 92). Der „Beklagte" kann die Fristsetzung nicht beantragen, da er an ihr kein Interesse hat.

Der Vorsitzende des Arbeitsgerichts muß auf Antrag des Klägers den Schiedsvertragsparteien die Frist setzen, wenn das Gericht zuständig ist und der Kläger das Vorliegen der Voraussetzungen des § 92 Abs. 2 Nr. 2 ArbGG. behauptet. Eine Nachprüfung hat er nicht vorzunehmen, sie dürfte weder möglich noch erforderlich sein, da der Vorsitzende sich kaum von den Verhältnissen Kenntnis verschaffen kann und die Festsetzung keinesfalls zu einer Schädigung irgend jemandes führen kann; ob die prozeßhindernde Einrede des Schiedsvertrags besteht oder nicht, ist in dem künftigen arbeitsgerichtlichen Verfahren nachzuprüfen. Lehnt der Vorsitzende die Fristsetzung wegen Unzuständigkeit oder weil der Kläger selbst das Vorliegen der Voraussetzungen nicht behauptet, ab, so hat er dies dem Kläger mitzuteilen, damit er nunmehr das Geeignete veranlassen kann. Die Beschwerde ist gegen die Ablehnung des Antrages nicht statthaft, da es sich um ein Verfahren eigener Art handelt, in dem eine Beschwerde vom Gesetz nicht gegeben ist, nicht um einen Beschluß im Urteils- oder Beschlußverfahren, gegen den § 78 bzw. 90 ArbGG. die Beschwerde zuläßt (a. A. Dersch-Volkmar, Anm. 9 Abs. 3 zu § 92; Baumbach, Anm. 9 Abs. 3 zu § 92; Schmincke-Sell, Anm. 9 zu § 92).

Die Frist ist beiden Schiedsvertragsparteien vom Vorsitzenden des Arbeitsgerichts ausdrücklich zur Bildung des Schiedsgerichts zu setzen, und zwar ist das entsprechende Schreiben zuzustellen, damit der Fristablauf festgestellt werden kann. Der Kläger muß als Antragsteller Nachricht davon erhalten, um über die Rechtslage unterrichtet zu sein. Die Bestimmung der Frist ist dem pflichtmäßigen Ermessen des Arbeitsgerichtsvorsitzenden überlassen; er muß sie so wählen, daß die Schiedsvertragsparteien in dem in Betracht kommenden Fall in der Lage sind, das Schiedsgericht zu bilden. Er kann die Frist auch nachträglich verlängern — die Fassung der Vorschriften des § 92 Abs. 2 Nr. 2 und Abs. 3 steht dem nicht entgegen —, sofern er eine Verlängerung für erforderlich hält; die gesamte danach zur Verfügung stehende Frist ist die nach § 92 Abs. 2 Nr. 2 „zur Bildung des Schiedsgerichts gesetzte Frist"; ZPO. § 224 Abs. 2, 3 ist jedoch hier nicht anwendbar, weil ein entsprechender Hinweis im Gesetz fehlt (a. A. Dersch-Volkmar, Anm. 6b zu § 92; Baumbach, Anm. 6 zu § 92; aber auch Schmincke-Sell, Anm. 9 zu § 92).

Ist die vom Vorsitzenden des Arbeitsgerichts zur Bildung des Schiedsgerichts gestellte Frist fruchtlos verstrichen, ist also das Schiedsgericht von den Tarifvertragsparteien nicht bis zum Ablauf der Frist gebildet worden, so kann dieser Rechtsstreit nicht mehr schiedsgerichtlich entschieden werden (ArbGG.

§ 92 Abs. 4), auch wenn das Schiedsgericht später gebildet wird. Will der „Kläger" eine Sachentscheidung haben, so muß er also, falls nach Ablauf der Frist das Schiedsgericht nicht gebildet ist, im arbeitsgerichtlichen Verfahren klagen. Der Beklagte kann ihm die prozeßhindernde Einrede des Schiedsvertrags dann nicht mehr entgegenhalten. Hatte der Kläger bereits im arbeitsgerichtlichen Verfahren geklagt und war auf die prozeßhindernde Einrede vertagt worden, so ist nunmehr der Weg zur Sachentscheidung durch das Arbeitsgericht frei. Ob die Voraussetzungen des Entfallens der Einrede vorliegen, hat das Prozeßgericht zu prüfen.

Der Schiedsvertrag selbst wird durch den Fortfall der prozeßhindernden Einrede in dem Einzelfall nicht berührt. Die Austragung anderer Streitigkeiten, auch zwischen denselben Streitparteien, muß wiederum zunächst im schiedsgerichtlichen Verfahren versucht werden; gegebenenfalls muß der Kläger denselben Weg gehen, um sie an das Arbeitsgericht zu bringen.

14 Während die Vorschriften des § 92 Abs. 2 Nr. 1 und 2 ArbGG. die Fälle regeln, in denen das vereinbarte Schiedsgericht, das den Streit vertragsgemäß zu entscheiden hätte, überhaupt nicht gebildet ist, so daß das schiedsgerichtliche Verfahren in diesem Streit gar nicht eingeleitet werden kann, behandeln die Nummern 3 und 4 des § 92 Abs. 2 Fälle, in denen das schiedsgerichtliche Verfahren zwar durch Klageerhebung vor dem Schiedsgericht eingeleitet ist, die Durchführung bis zur Sachentscheidung aber in ihm verzögert wird oder unmöglich ist. Beide Vorschriften — § 92 Abs. 2 Nr. 3 und 4 ArbGG. — setzen deshalb voraus, daß das vereinbarte Schiedsgericht an sich vorhanden ist und über den Streit entscheiden könnte; der Ersatz nachträglich fortfallender Mitglieder regelt sich, soweit er im Schiedsvertrag vorgesehen ist, stets nach § 92 Abs. 2 Nr. 1 und 2 (ebenso Dersch-Volkmar, Anm. 7, Abs. 2 zu § 92; Schmincke-Sell, Anm. 7a a. E. zu § 92).

15 Die Vorschrift des § 92 Abs. 2 Nr. 3 ArbGG. ist erheblich schärfer als die ähnlichen Vorschriften des § 1032 Abs. 2 und des § 1033 Nr. 1 ZPO. Jede Verzögerung der Durchführung des Verfahrens läßt unter den in Anm. 16 dargelegten Voraussetzungen die Einrede des Schiedsvertrags in Arbeitsstreitigkeiten entfallen, während nach § 1032 Abs. 2 ZPO. ein nicht im Schiedsvertrag ernannter, das Verfahren ungebührlich verzögernder Schiedsrichter abgelehnt werden kann und nach § 1033 Nr. 1 ZPO. der Schiedsvertrag außer Kraft tritt, wenn ein im Schiedsvertrag ernannter Schiedsrichter die Erfüllung seiner Pflichten ungebührlich verzögert. Über den grundsätzlichen Unterschied zur Regelung der Zivilprozeßordnung, daß nämlich der Schiedsvertrag hier nicht außer Kraft tritt, vgl. Anm. 6. Das schiedsgerichtliche Verfahren ist durchgeführt, wenn ein Vergleich geschlossen oder ein Schiedsspruch gefällt ist (ArbGG. §§ 97, 98). Zu diesem Ende hat das Schiedsgericht nach dem Grundgedanken des Arbeitsgerichtsgesetzes ebenso wie jede Arbeitsgerichtsbehörde mit aller möglichen Beschleunigung zu streben. Die Vorschrift des § 92 Abs. 2 Nr. 3 ArbGG. zeigt, daß das Gesetz nur ein solches schiedsgerichtliches Verfahren als Ersatz des arbeitsgerichtlichen Verfahrens anerkennt. Ob die Verzögerung durch unzweckmäßige Maßnahmen des Schiedsgerichts verschuldet ist oder aus unabwendbaren äußeren Gründen eintritt, wie Schwierigkeiten im Zusammentritt des aus entfernt wohnenden Mitgliedern bestehenden Schiedsgerichts, Krankheit eines Mitglieds usw., ist ohne

Belang. Ob eine Verzögerung der Durchführung des Verfahrens vorliegt, ist nur objektiv zu beurteilen. Sie ist immer dann anzunehmen, wenn das schiedsgerichtliche Verfahren erheblich länger dauern würde als voraussichtlich das arbeitsgerichtliche Verfahren in dem in Betracht kommenden Streitfall und nicht anzunehmen ist, daß die Schiedsvertragsparteien hiermit beim Abschluß des Schiedsvertrages einverstanden waren.

Die Regelung des § 92 Abs. 2 Nr. 3 ArbGG. sollten die Schiedsvertragsparteien beim Abschluß eines Schiedsvertrages stets vor Augen haben und von dem Abschluß grundsätzlich absehen, wenn sie nicht ein schiedsgerichtliches Verfahren gewährleisten können, das im allgemeinen ebenso schleunig zum Ziel führt wie das arbeitsgerichtliche Verfahren.

16 Glaubt der „Kläger", (vgl. Anm. 8), daß das Schiedsgericht die Durchführung des Verfahrens verzögert, so kann er bei dem Vorsitzenden des zuständigen Arbeitsgerichts (ArbGG. § 92 Abs. 3; vgl. Anm. 13) beantragen, daß dieser dem Schiedsgericht eine Frist zur Durchführung des Verfahrens setzt. Für die Voraussetzungen der Fristsetzung und die Anordnung des Arbeitsgerichtsvorsitzenden selbst gilt das in Anm. 13 Ausgeführte entsprechend. Der Vorsitzende hat nicht zu prüfen, ob eine Verzögerung vorliegt. Er kann das im allgemeinen nicht, braucht es aber auch nicht, da die Fristsetzung niemanden schädigt. Er hat lediglich eine angemessene Frist zu setzen, in der nach seinem auf die Erfahrung der Arbeitsgerichtsbarkeit gestützten pflichtmäßigen Ermessen das Verfahren durchgeführt werden kann; wegen der etwaigen Verlängerung dieser Frist gilt das in Anm. 13 Abs. 3 Gesagte entsprechend. Die Frist hat er dem Schiedsgericht zu setzen, d. h. er hat sie in der Weise bekanntzugeben, daß sie dem Schiedsgericht zur Kenntnis kommt; am zweckmäßigsten wird er die Anordnung also allen Mitgliedern des Schiedsgerichts zustellen, doch wird in geeigneten Fällen auch die Zustellung an den Vorsitzenden oder den Geschäftsführer des Schiedsgerichts genügen. Immer aber muß er die Frist ausdrücklich zur Durchführung des Verfahrens setzen, am besten unter Hinweis auf die gesetzliche Vorschrift des § 92 Abs. 2 Nr. 3, Abs. 3 ArbGG.

Ist bis zum Ablauf der Frist das schiedsgerichtliche Verfahren nicht durchgeführt, so gilt das in Anm. 13 Abs. 4 und 5 Ausgeführte hier entsprechend.

17 Die Vorschrift des § 92 Abs. 2 Nr. 4 ArbGG. ist nicht ganz genau auf die Vorschrift des § 98 Abs. 2 ArbGG. über das Zustandekommen des Schiedsspruchs abgestellt. sie muß deshalb offenbar etwas erweiternd ausgelegt werden (ebenso Dersch-Volkmar, Anm. 8 zu § 92; Baumbach, Anm. 8 zu § 92; Schmincke-Sell, Anm. 8 zu § 92). Der Weg zum Arbeitsgericht soll durch Fortfall der prozeßhindernden Einrede des Schiedsvertrags dann und nur dann geöffnet werden, wenn das vereinbarte schiedsgerichtliche Verfahren ohne endgültige Sachentscheidung, also ergebnislos, ausgelaufen ist. In diesem Fall tritt in der in der Zivilprozeßordnung geregelten allgemeinen Schiedsgerichtsbarkeit gemäß § 1033 Nr. 2 ZPO. der Schiedsvertrag überhaupt außer Kraft.

Nach § 93 Abs. 1 Satz 1 ArbGG. kann das Schiedsgericht auch aus einer geraden Zahl von Mitgliedern bestehen, so daß sich bei der Abstimmung über die Entscheidung Stimmengleichheit ergeben kann. Bestimmt der Schiedsvertrag über diesen Fall nichts anderes, so ist nach § 98 Abs. 1 ArbGG. dann ein Schiedsspruch nicht zustande gekommen. Der Schiedsvertrag kann aber auch nach § 98 Abs. 1

ArbGG. bestimmen, daß zum Zustandekommen eines Schiedsspruchs eine qualifizierte Mehrheit erforderlich ist. Ist sie dann bei der Abstimmung über die Entscheidung nicht erreicht, so ist ebenfalls die Abgabe eines Schiedsspruchs unmöglich geworden.

Die Ergebnislosigkeit des schiedsgerichtlichen Verfahrens muß das Schiedsgericht den Streitparteien anzeigen. Eine Form für die Anzeige ist nicht vorgeschrieben, es genügt also z. B. die mündliche Bekanntgabe in der Sitzung des Schiedsgerichts. Ist die Anzeige erfolgt, so ist damit die prozeßhindernde Einrede des Schiedsvertrags entfallen. Der Kläger kann also nunmehr im arbeitsgerichtlichen Verfahren klagen; hat er das bereits getan, so ist der Weg zur Sachentscheidung geöffnet. Ein nochmaliges schiedsgerichtliches Verfahren in demselben Streit ist durch § 92 Abs. 4 ArbGG. ausgeschlossen. Der Schiedsvertrag im Ganzen wird durch den Vorgang nicht berührt.

18 In den vorhergehenden Anmerkungen ist bereits dargelegt, daß durch die nur den einzelnen Streitfall berührende Unmöglichkeit der schiedsgerichtlichen Entscheidung nach dem Schiedsvertrag dieser selbst, anders als nach den Vorschriften der Zivilprozeßordnung, nicht außer Kraft gesetzt wird, daß dem Kläger vielmehr nur in dem Einzelstreit durch Fortfall der prozeßhindernden Einrede des Schiedsvertrages der Weg zur Sachentscheidung im arbeitsgerichtlichen Verfahren geöffnet wird. Um nun eine Doppelentscheidung — durch die Arbeitsgerichtsbehörde und das etwa später doch noch tätig gewordene vereinbarte Schiedsgericht — auszuschließen, schreibt ArbGG. § 92 Abs. 4 vor, daß das Schiedsgericht in dem Rechtsstreit, in dem die Voraussetzungen für den Fortfall der Einrede gegeben sind, nicht mehr entscheiden darf. Die schiedsgerichtliche Entscheidung dieses Rechtsstreits ist also auch dann ausgeschlossen, wenn der „Kläger", nachdem die Voraussetzungen des § 92 Abs. 2 Nr. 1—4 ArbGG. gegeben sind, seinen Anspruch nicht beim Arbeitsgericht geltend macht. Sobald die Voraussetzungen für den Fortfall der prozeßhindernden Einrede gegeben sind, hat er also nicht mehr die Wahl, ob er beim Arbeitsgericht klagen will oder ob er das inzwischen vielleicht arbeitsfähig gewordene Schiedsgericht angehen will, sondern er muß, wenn er eine Sachentscheidung wünscht, im arbeitsgerichtlichen Verfahren klagen. Würde das Schiedsgericht in einem solchen Falle auf Antrag des Klägers durch Schiedsspruch sachlich entscheiden, anstatt ihn wegen Unzulässigkeit des schiedsgerichtlichen Verfahrens abzuweisen, so würde der Schiedsspruch nach § 100 Abs. 1 Nr. 1 der Aufhebung unterliegen. Diese ist allerdings von der Erhebung der Aufhebungsklage gemäß § 100 ArbGG. abhängig, so daß bei Einverständnis der Streitparteien die Aufhebung vermieden werden würde und auch die Vollstreckbarkeitserklärung des Schiedsgerichts gemäß § 99 ArbGG. erfolgen müßte; es ist aber kaum anzunehmen, daß der Beklagte dem Antrag auf Vollstreckbarkeitserklärung eines unzulässig zustande gekommenen Schiedsspruchs nicht die Aufhebungsklage entgegensetzen sollte.

§ 93

Zusammensetzung des Schiedsgerichts[1]

(1) Das Schiedsgericht[2] muß[3], sofern es nicht für einen bestimmten Einzelfall vereinbart ist[4], aus einer gleichen Zahl von Arbeitgebern und

Arbeitnehmern bestehen[5]; außerdem können ihm Unparteiische angehören[6]. Personen, denen die bürgerlichen Ehrenrechte oder die Fähigkeit zur Bekleidung öffentlicher Ämter aberkannt sind, dürfen ihm nicht angehören[7].

(2) **Als Schiedsgericht kann auch eine den Vorschriften des Abs. 1 in ihrer Zusammensetzung entsprechende Behörde oder Einrichtung vereinbart werden[8]. In diesem Falle tritt beim Fortfall eines Mitglieds dessen bestimmungsmäßiger Vertreter an seine Stelle[9].**

(3) **Minderjährige, Taube und Stumme können als Mitglieder des Schiedsgerichts abgelehnt werden. Außerdem können Mitglieder des Schiedsgerichts unter denselben Voraussetzungen abgelehnt werden, die zur Ablehnung eines Richters berechtigen[10].**

(4) [11] **Über die Ablehnung beschließt die Kammer des Arbeitsgerichts, das für die Geltendmachung des Anspruchs zuständig wäre[12]. Vor dem Beschlusse sind die Streitparteien und das abgelehnte Mitglied des Schiedsgerichts zu hören. Der Vorsitzende des Arbeitsgerichts entscheidet, ob sie mündlich oder schriftlich zu hören sind. Die mündliche Anhörung erfolgt vor der Kammer[13]. Gegen den Beschluß findet kein Rechtsmittel statt[14].**

1 § 93 ArbGG. regelt nur die Art der Zusammensetzung des Schiedsgerichts und die Möglichkeiten des Eingreifens der Streitparteien in die erfolgte Zusammensetzung im einzelnen Rechtsstreit durch Ablehnung von Mitgliedern des Schiedsgerichts. Die Vorschriften besagen dagegen nichts darüber, wer das Schiedsgericht zusammenzusetzen hat. Diese Bestimmungen sind vielmehr dem Schiedsvertrag überlassen; eine auch nur entsprechende Heranziehung der Vorschriften der Zivilprozeßordnung (ZPO. §§ 1028—1031) ist ausgeschlossen (vgl. Anm. 1 Abs. 6 zur Überschrift des Vierten Teils).

Der Schiedsvertrag kann die Ernennung der Mitglieder des Schiedsgerichts selbst vornehmen, er kann sie den Streitparteien oder, wenn diese nicht mit den Schiedsvertragsparteien identisch sind (ArbGG. § 91 Abs. 1), den Schiedsvertragsparteien oder schließlich Dritten überlassen. Immer aber muß er, um rechtswirksam zu sein, eine klare Bestimmung hierüber treffen und die Zahl der von jedem zu ernennenden Mitglieder des Schiedsgerichts bestimmen (vgl. Anm. 6 Abs. 3c, Abs. 1 zu § 91). Die gegenteilige Auffassung von Dersch-Volkmar (Anm. 2b Abs. 1 zu § 93), Baumbach (Anm. 1b zu § 93) und Schmincke-Sell (Anm. 2 Abs. 2 zu § 93) dürfte auf einer unzulässigen entsprechenden Anwendung des § 1028 ZPO. beruhen. Das Arbeitsgerichtsgesetz will aber gerade wegen der wirtschaftlichen Bedeutung der Entscheidung von Arbeitsstreitigkeiten für den vertraglichen Ersatz der Arbeitsgerichtsbarkeit strenge Vorschriften aufstellen, die im Zweifel den Ausschluß der Arbeitsgerichtsbarkeit nicht zulassen.

Die Zusammensetzung des Schiedsgerichts in Arbeitsstreitigkeiten entspricht seiner grundsätzlichen vertraglichen Zuständigkeit für Streitigkeiten zwischen einzelnen Arbeitgebern und Arbeitnehmern oder zwischen Vereinigungen von Arbeitgebern und Arbeitnehmern nach § 91 ArbGG. (vgl. Anm. 3, 10, 11 zu § 91). Es muß daher, von einer praktisch seltenen Ausnahme abgesehen (vgl. Anm. 4), paritätisch aus Arbeitgebern und Arbeitnehmern bestehen, wie dies auch schon bisher bei Schiedsgerichten in Arbeitsstreitigkeiten auf Grund des § 6 GGG. und des § 6 KGG. der Fall war. Das Arbeitsgerichtsgesetz spricht darum stets von dem „Schiedsgericht" und von „Mitgliedern des Schiedsgerichts", nicht wie in der Zivilprozeßordnung von „Schiedsrichtern"; denn ein einzelner Schiedsrichter kommt eben nur in einem seltenen Ausnahmefall in Betracht.

Entspricht ein als Schiedsvertrag gedachter Vertrag nach § 91 ArbGG. in der Zusammensetzung des Schiedsgerichts nicht den zwingenden Vorschriften des § 93 Abs. 1, 2 ArbGG., so ist er als Schiedsvertrag nicht rechtswirksam zustande gekommen und begründet deshalb keine prozeßhindernde Einrede (vgl. Anm. 6 Abs. 3, c, Abs. 1 a. E. zu § 91).

2 Vgl. Anm. 1 Abs. 3.

3 Die paritätische Zusammensetzung aus Arbeitgebern und Arbeitnehmern (vgl. Anm. 1 Abs. 3) ist für den Regelfall (vgl. Anm. 4) zwingend vorgeschrieben. Eine Abweichung davon im einzelnen Rechtsstreit macht das schiedsgerichtliche Verfahren unzulässig und begründet die Aufhebungsklage gegen den etwa in ihm zustande gekommenen Schiedsspruch (ArbGG. § 100 Abs. 1 Nr. 1; das Zitat bei Dersch-Volkmar — Anm. 3 und an anderen Stellen zu § 93 — „ArbGG. § 100 Abs. 1 Nr. 3" beruht offenbar auf einem Irrtum). Doch kann Baumbach (Anm. 2 a. E. zu § 93) nicht dahin gefolgt werden, daß die Vollstreckbarkeitserklärung eines solchen Schiedsspruchs gemäß § 99 ArbGG. unzulässig wäre. Denn die Vollstreckbarkeitserklärung muß nach § 99 ArbGG., anders als nach ZPO. § 1042 Abs. 2, erfolgen, es sei denn, daß nachgewiesen wird, daß auf Aufhebung des Schiedsspruchs geklagt ist; die Nachprüfung des Schiedsspruchs und seines Zustandekommens ist vom Arbeitsgerichtsgesetz ganz in das Aufhebungsverfahren verwiesen (vgl. Anm. 1 Abs. 1 zu § 99). Vgl. jedoch Anm. 1 Abs. 4.

4 Die Vereinbarung des Schiedsgerichts für einen bestimmten Einzelfall spielt im Schiedsvertrag für Arbeitsstreitigkeiten bisher kaum eine Rolle und dürfte auch in Zukunft keine erhebliche Bedeutung gewinnen. Sie ist nur möglich in Schiedsverträgen nach § 91 Abs. 2 ArbGG., da die tarifvertraglichen Schiedsverträge begrifflich für alle Streitigkeiten aus den durch den Tarifvertrag bestimmten Arbeits- oder Lehrverhältnissen die Arbeitsgerichtsbarkeit ausschließen; vgl. im übrigen Anm. 8 Abs. 2 zu § 91. Wird für den Einzelfall ein Schiedsgericht vereinbart, so sieht das Arbeitsgerichtsgesetz von dem Zwang zur paritätischen Besetzung des Schiedsgerichts ab, weil in diesen Fällen angenommen werden kann, daß der Schutz der paritätischen Besetzung nicht erforderlich ist und die Entscheidung etwa durch einen einzigen unparteiischen Schiedsrichter ausreichend und zweckmäßig ist. Gleichwohl steht nichts im Wege, auch für derartige Fälle ein paritätisches Schiedsgericht zu vereinbaren.

5 Die regelmäßige Besetzung der Schiedsgerichte mit Arbeitgebern und Arbeitnehmern in gleicher Zahl geht schon auf die Regelung des Gewerbegerichtsgesetzes (GGG. § 6) zurück und entspricht dem Grundsatz des neuen deutschen Arbeitsrechts,

nach dem die Angelegenheiten des Arbeitslebens, soweit irgend möglich, in gleichberechtigter Zusammenarbeit von Arbeitgebern und Arbeitnehmern geregelt werden sollen (vgl. auch RV. Art. 165 Abs. 1). Dieser Grundsatz ist historisch als eine Schutzvorschrift für die Arbeitnehmer zu erklären, soziologisch ist er der bedeutsame Ausdruck der gegenwärtigen Entwicklungsform der Wirtschaftsgesellschaft.

Wer Arbeitgeber und wer Arbeitnehmer ist, ergibt sich aus § 5 ArbGG. (vgl. die Anm. dort). Danach gehören z. B. in einem für Streitigkeiten zwischen Zwischenmeistern und ihren Arbeitnehmern vereinbarten Schiedsgericht die Zwischenmeister dem Schiedsgericht als Arbeitgeber an (ArbGG. § 5 Abs. 1 Satz 2 Halbsatz 2, denn die Zwischenmeister stehen hier nicht im Verhältnis zu ihren Auftraggebern). Die Vorschriften der §§ 22, 23 ArbGG. müssen auch für die Arbeitgeber- und Arbeitnehmermitglieder des Schiedsgerichts entsprechend gelten, wenngleich das Gesetz das nicht ausdrücklich vorschreibt; denn das Bedürfnis ist hier das gleiche wie bei den Arbeitsgerichtsbehörden. Anderweite Regelung durch den Schiedsvertrag ist aber möglich.

6 Die Bezeichnung „Unparteiische" ist aus der Übung des Arbeitslebens zu erklären, damit soll selbstverständlich nichts über die Einstellung der Arbeitgeber- und Arbeitnehmermitglieder zum Rechtsstreit gesagt werden; diesen Gesichtspunkt verkennt Baumbach (Anm. 5 a. A.), wenn er sich gegen die übliche Bezeichnung wendet.

Das Gesetz schreibt die Mitwirkung Unparteiischer, d. h. solcher Personen, die nach ihrer Stellung im Erwerbsleben weder als Arbeitgeber noch als Arbeitnehmer anzusehen sind (vgl. § 18 Abs. 3 ArbGG.), nicht zwingend vor, weil in der bisherigen Praxis auch Tarifschiedsgerichte vereinbart worden sind, die nur aus Arbeitgebern und Arbeitnehmern bestanden und die Beteiligten des Arbeitslebens eine derartige Besetzung auch weiterhin in gewissem Umfang für zweckmäßig halten. Grundsätzlich kann von einer Zusammensetzung des Schiedsgerichts ohne Unparteiische nur abgeraten werden. Einmal dürfte sie in vielen Fällen zur Stimmengleichheit beim Schiedsspruch führen und damit die Erledigung des Rechtsstreits verzögern und die Schiedsgerichtsbarkeit praktisch ausschalten (vgl. ArbGG. § 92 Abs. 2 Nr. 4). Zum andern aber, und das dürfte der wichtigste Einwand gegen das Fehlen Unparteiischer im Schiedsgericht sein, bedarf das Schiedsgericht, ebenso wie die Arbeitsgerichtsbehörde, grundsätzlich eines rechtsgelehrten Mitglieds, um seine Aufgaben der Rechtsprechung erfüllen zu können; ein rechtsgelehrtes Mitglied kann aber zweckmäßig nur als „Unparteiischer" in das Schiedsgericht entsandt werden. Dagegen ist eine Besetzung mit mehreren Unparteiischen nicht erforderlich und meist für das schnelle Arbeiten des Schiedsgerichts nicht zweckmäßig, wie denn überhaupt das Schiedsgericht in der Zahl seiner Mitglieder soweit angängig beschränkt werden sollte.

Es braucht nicht vereinbart zu werden, daß der Unparteiische den Vorsitz führen soll, doch wird dies praktisch wohl stets vereinbart werden. Ist kein Unparteiischer zuzuziehen, so kann der Schiedsvertrag regeln, wer den Vorsitz führen soll; die Regelung kann aber auch dem Schiedsgericht selbst überlassen werden (vgl. § 94 ArbGG.).

7 Die Aberkennung der bürgerlichen Ehrenrechte oder der Fähigkeit zur Bekleidung öffentlicher Ämter erfolgt durch strafgerichtliches Urteil; sie kann für die Lebenszeit oder mit zeitlicher Begrenzung ausgesprochen werden und wirkt in

diesem Fall auch hier nur während der Zeit, für die sie ausgesprochen ist. Auch die Vorschrift des § 93 Abs. 1 Satz 2 ist eine Mußvorschrift; ihre Verletzung im Schiedsvertrag hat daher die in Anm. 1 Abs. 4, im Einzelfall die in Anm. 3 dargelegten Folgen. Die Ernennung einer zur Mitgliedschaft unfähigen Person steht dem Mangel der Ernennung gleich; infolgedessen greift auch § 92 Abs. 2 Nr. 1 bzw. 2 ArbGG. Platz.

Daß Geisteskranke dem Schiedsgericht nicht angehören können, ist als selbstverständlich, ebenso wie für die Gerichte in § 41 ZPO., nicht erwähnt.

[8] Die Vorschrift des § 93 Abs. 2 Satz 1 ArbGG. entspricht ebenfalls einem Wunsche der Beteiligten des Arbeitslebens. Doch ist für ihre Bedeutung zu beachten, daß die Vereinbarung einer Behörde als Schiedsgericht kaum in Betracht kommen wird. Die Behörde muß in ihrer Zusammensetzung den Vorschriften des § 93 Abs. 1 ArbGG. entsprechen, d. h. sie muß für den Regelfall des Schiedsvertrages paritätisch mit Arbeitgebern und Arbeitnehmern besetzt sein. Danach kommen nur wenige Behörden für die Vereinbarung in Betracht. Davon können aber Arbeitsgerichtsbehörden begrifflich nicht als Schiedsgerichte vereinbart werden, denn der Inhalt des Schiedsvertrages ist ja gerade der Ausschluß der Arbeitsgerichtsbarkeit (vgl. Anm. 1 Abs. 4 zur Überschrift des Ersten Abschnitts; a. A. Schmincke-Sell, Anm. 4 zu § 93). Schlichtungsbehörden können nicht als Schiedsgerichte vereinbart werden, weil sie nach der ausdrücklichen Vorschrift des § 8 Abs. 1 der 2. Ausführungsverordnung zur Schlichtungsverordnung andere Aufgaben als die Schlichtung nicht übernehmen dürfen (vgl. Flatow-Joachim, Anm. 1 zu § 8 der 2. AVOSchlVO.; ebenso Schmincke-Sell, Anm. 4 zu § 93; irrtümlich Dersch-Volkmar, Anm. 10 Abs. 2 zu § 93; Baumbach, Anm. 7 zu § 93). Schiedsverträge, die diese Behörden als Schiedsgerichte bestimmen, sind also rechtsunwirksam. Es bleiben nur andere paritätisch zusammengesetzte Behörden, die sich für die Tätigkeit als Schiedsgericht kaum eignen dürften; zudem ist auch der Schiedsvertrag, der eine solche Behörde als Schiedsgericht bestimmt, nur dann rechtswirksam, wenn die Behörde gewillt und nach ihren Dienstweisungen in der Lage ist, die ihr zugedachte Aufgabe zu übernehmen (vgl. Begr. B VII 2 S. 54).

Von Bedeutung ist dagegen die Möglichkeit der Vereinbarung einer anderen „Einrichtung" mit entsprechender Zusammensetzung als Schiedsgericht. Dabei ist an außerbehördliche ständige Einrichtungen (vgl. § 93 Abs. 2 Satz 2) gedacht, z. B. an ständige Einrichtungen auf Grund eines Tarifvertrages, wie tarifvertragliche Schlichtungsstellen und andere. Auch hier ist aber der Schiedsvertrag nur rechtswirksam, wenn die Einrichtung die Aufgabe übernimmt; doch wird dies gerade bei Tarifvertragseinrichtungen meist zu erreichen sein.

[9] Der Wert einer Vereinbarung nach § 93 Abs. 2 Satz 1 ArbGG. liegt insbesondere darin, daß dadurch die Ständigkeit des Schiedsgerichts gewahrt ist. Das spricht § 93 Abs. 2 Satz 2 aus: an die Stelle eines fortfallenden Mitgliedes der Behörde oder Einrichtung tritt der sich aus den für die Behörde oder Einrichtung geltenden Bestimmungen ergebende Vertreter oder Ersatzmann. Denn vereinbart ist die Behörde oder Einrichtung in ihrer jeweiligen Zusammensetzung, ebenso wie der Schiedsvertrag, insbesondere der tarifvertragliche Schiedsvertrag, ein Schiedsgericht mit Ersatzmitgliedern errichten kann.

10 Für die Zulässigkeit der Ablehnung von Mitgliedern des Schiedsgerichts im allgemeinen vgl. Anm. 1 Abs. 2 zu § 49. Da das vereinbarte Schiedsgericht aber eine private Stelle ist, können seinen Mitgliedern gegenüber weitere Ablehnungsgründe gegeben sein, die für Mitglieder der Arbeitsgerichtsbehörden wie der Gerichte nicht in Betracht kommen; hiervon geht auch die entsprechende Vorschrift der Zivilprozeßordnung (ZPO. § 1023) aus, die allerdings wegen der anderweitigen Regelung des Schiedsvertrages in Arbeitsstreitigkeiten nicht vollständig übernommen ist. Auf Grund des Schiedsvertrages können auch Minderjährige, Taube und Stumme als Mitglieder des Schiedsgerichts ernannt werden, insbesondere wird dies mitunter bei minderjährigen Arbeitnehmern vorkommen. Diese Personen können im Einzelfall von den Streitparteien als Mitglied des Schiedsgerichts abgelehnt werden; ihre Mitgliedschaft im allgemeinen wird dadurch nicht berührt. Die im § 114 BGB. den Minderjährigen gleichgestellten wegen Geistesschwäche, Verschwendung oder Trunksucht entmündigten Personen werden ihnen auch hier gleichzustellen sein.

11 Das Verfahren auf die Ablehnung eines Mitglieds des Schiedsgerichts durch eine Streitpartei mußte besonders geregelt werden, da es sich hier um etwas anderes als die Ablehnung des Mitglieds einer Arbeitsgerichtsbehörde (ArbGG. § 49) handelt. Die Regelung ist eingehender als in der entsprechenden Vorschrift der Zivilprozeßordnung (ZPO. § 1045); sie berücksichtigt die besonderen Bedürfnisse des schiedsgerichtlichen Verfahrens in Arbeitsstreitigkeiten insbesondere dadurch, daß sie ein schleuniges Verfahren ermöglicht (vgl. Anm. 13, 14) und daß das Verfahren nach § 12 Abs. 4 ArbGG. kostenfrei ist (vgl. Anm. 13 Abs. 1 zu § 12). Wird die Ablehnung für berechtigt erklärt, so fällt damit das abgelehnte Mitglied des Schiedsgerichts für den Streitfall fort; es muß also ersetzt werden. Geschieht das nicht unverzüglich, so greifen die Vorschriften des § 92 Abs. 2 Nr. 1 bzw. 2 Platz.

12 Die Entscheidung über die Ablehnung ist als eine amtliche Handlung dem zuständigen Arbeitsgericht übertragen. Die Zuständigkeit ist ebenso wie im § 92 Abs. 3 ArbGG. geregelt (vgl. Anm. 13 Abs. 1 zu § 92). Zu entscheiden hat aber hier, mit Rücksicht auf die mitunter weittragende Bedeutung der Entscheidung, die Kammer des Arbeitsgerichts in ihrer vollen Besetzung nach § 16 Abs. 2 ArbGG., also in der Besetzung mit einem Vorsitzenden und zwei bzw. vier Beisitzern, je nachdem, ob es sich in dem vorliegenden Fall um einen Rechtsstreit nach § 2 Abs. 1 Nr. 2 oder Nr. 1 ArbGG. handelt. Die Entscheidung ergeht durch kostenlosen Beschluß der den Streitparteien zuzustellen ist, von dem aber auch dem abgelehnten Mitglied des Schiedsgerichts und dem Schiedsgericht selbst Kenntnis gegeben werden muß, damit das schiedsgerichtliche Verfahren unverzüglich fortgesetzt werden kann.

Darüber, in welcher Weise die Angelegenheit dem Arbeitsgericht zur Entscheidung vorgelegt wird, sagt § 93 Abs. 4 ArbGG. nichts. Es muß danach angenommen werden, daß dies in möglichster Anlehnung an die Regelung des Verfahrens der Ablehnung des Mitglieds eines Arbeitsgerichts erfolgen soll. Daraus ergibt sich, daß die Ablehnung gegenüber dem Schiedsgericht, dem das abgelehnte Mitglied angehört, vorzunehmen ist. Das Schiedsgericht übergibt darauf die Sache dem zuständigen Arbeitsgericht zur Entscheidung. Die abweichende Auffassung von Baumbach (Anm. 9 zu § 93) und von Schmincke-Sell

(Anm. 6 zu § 93), nach der die ablehnende Partei das Arbeitsgericht anrufen muß, findet im Gesetz keine Stütze; vielmehr kennt dieses auch sonst den unmittelbaren Verkehr zwischen Schiedsgericht und Arbeitsgericht (vgl. § 96 Abs. 2 ArbGG.), der allein dem Zweck der schleunigen Erledigung des Rechtsstreits dient. Eine Übereinstimmung der Streitparteien über die Ablehnung macht die arbeitsgerichtliche Entscheidung ebensowenig überflüssig wie im arbeitsgerichtlichen Verfahren (a. A. Baumbach, Anm. 9 zu § 93), sofern sie nicht selbst die Mitglieder des Schiedsgerichts zu ernennen haben und an Stelle des abgelehnten Mitglieds ein anderes ernannt wird.

13 Das Arbeitsgericht verschafft sich die Unterlage für seine Entscheidung durch Anhörung aller Streitparteien und des abgelehnten Mitglieds des Schiedsgerichts. Ob diese Anhörung hinsichtlich jedes zu Hörenden mündlich oder schriftlich erfolgt, entscheidet der Vorsitzende des Arbeitsgerichts unverzüglich nach Eingang der Sache. Entscheidet er sich für schriftliche Anhörung, so zieht er von dem zu Hörenden eine schriftliche Äußerung ein, und zwar unter Fristsetzung. Zur mündlichen Anhörung lädt er vor die Kammer. Wenngleich eine der Vorschrift des § 83 Abs. 2 ArbGG. entsprechende Vorschrift hier nicht gegeben ist, muß doch angenommen werden, daß der Pflicht zur Anhörung dadurch genügt ist, daß die Beteiligten Gelegenheit zur Äußerung erhalten.

Einer Glaubhaftmachung des Ablehnungsgrundes bedarf es nicht. Vielmehr entscheidet die Kammer auf Grund der Unterlagen nach freier Überzeugung.

14 Der Beschluß der Kammer ist, wie der entsprechende Beschluß über die Ablehnung von Gerichtspersonen im arbeitsgerichtlichen Verfahren (ArbGG. § 49 Abs. 3), unterschiedlich von der Entscheidung über eine Ablehnung in dem in der Zivilprozeßordnung geregelten schiedsgerichtlichen Verfahren (ZPO. § 1045 Abs. 3), unanfechtbar; diese Regelung dient der Beschleunigung des Verfahrens. Das Schiedsgericht hat sein Verfahren unverzüglich nach Kenntnis des die Ablehnung zurückweisenden Beschlusses (vgl. Anm. 12 Abs. 1) fortzusetzen; für den Fall, daß die Ablehnung für berechtigt erklärt wird, vgl. Anm. 11 a. E.

§ 94

Verfahren vor dem Schiedsgerichte[1]

Das Verfahren vor dem Schiedsgerichte regelt sich nach dessen freiem Ermessen, soweit der Schiedsvertrag oder die §§ 95—100 nichts anderes bestimmen[1 2 3].

1 Die Vorschrift des § 94 ArbGG. gibt die grundsätzliche Regelung für das Verfahren vor dem Schiedsgerichte. Die Einzelheiten sind in den §§ 95—100 ArbGG. näher ausgeführt. Die §§ 99, 100 ArbGG. enthalten zwar keine Vorschriften für das Verfahren vor dem Schiedsgerichte, sondern für das auf das schiedsgerichtliche Verfahren gegebenenfalls folgende Nachverfahren vor dem Arbeitsgericht (Vollstreckbarkeitserklärungsverfahren und Aufhebungsverfahren). Ihre Bestimmungen sind aber mittelbar auch für das Verfahren vor dem Schiedsgerichte von Bedeutung.

ArbGG. § 94 regelt nur das Verfahren, nicht auch die Frage der Anwendbarkeit des materiellen Gesetzesrechts (a. A. Samter, Anm. 2a Abs. 2 zu § 94). Wieweit dieses von dem Schiedsgericht in seiner Entscheidung angewendet werden muß, ergibt sich mittelbar aus ArbGG. § 100 Abs. 1 Nr. 2. Nach dieser Vorschrift kann auf Aufhebung des Schiedsspruchs geklagt werden, „wenn der Schiedsspruch gegen zwingende gesetzliche Vorschriften verstößt", d. h., im Zusammenhang mit § 100 Abs. 1 Nr. 1 ArbGG., wenn er gegen zwingende materiellrechtliche Gesetze verstößt (vgl. Anm. 4, 5 zu § 100). Das Schiedsgericht muß also, wenn der Schiedsspruch vollwirksam sein soll, die zwingenden Vorschriften des materiellen Rechts beachten. Im übrigen ist es in der Anwendung materiellen Rechts frei gestellt und kann nach Billigkeit entscheiden, soweit nicht etwa der Schiedsvertrag etwas anderes vorschreibt (vgl. näher Anm. 5 zu § 100; ebenso: Dersch-Volkmar, Anm. 4 zu § 100; Baumbach, Anm. 1 zu § 94, Anm. 3 zu § 100; Schmincke-Sell, Anm. 4 zu § 100).

2 Die Verfahrensordnung der §§ 94—100 ArbGG. für das schiedsgerichtliche Verfahren ist, anders als die Verfahrensvorschriften für das arbeitsgerichtliche Verfahren, nicht in allen Punkten zwingend. Vielmehr regelt sie zwingend nur die elementarsten Verfahrensgrundsätze, deren Nichtgeltung im Widerspruch zum Begriff der unparteilichen Rechtsprechung stehen würde, und die Grenzen der privaten Eigengerichtsbarkeit gegenüber den Befugnissen der Staatshoheit (vgl. Anm. 3 Abs. 1, a bis f). Abgesehen von diesen wenigen Vorschriften kann sich das schiedsgerichtliche Verfahren frei entfalten; es ist freier gestellt auch als das arbeitsgerichtliche Verfahren. Das bedeutet aber nicht, daß das Schiedsgericht selbst sein Verfahren in diesen Grenzen völlig frei bestimmen kann. Denn das Schiedsgericht ist eine von den Schiedsvertragsparteien geschaffene oder zur Rechtsprechung bestimmte Einrichtung; es kann deshalb von vornherein von den Schiedsvertragsparteien Weisungen für sein Verfahren erhalten, soweit dieses nicht durch das Gesetz zwingend geregelt ist. Diese Weisungen müssen jedoch, um wirksam zu sein, im Schiedsvertrag gegeben sein, also in dem Vertrag, durch den die Eigengerichtsbarkeit des Schiedsgerichts an die Stelle der Arbeitsgerichtsbarkeit gesetzt wird; dabei gilt als Schiedsvertrag die Gesamtheit der von den Schiedsgerichtsparteien zum Ausschluß und Ersatz der Arbeitsgerichtsbarkeit geschlossenen Vereinbarungen. Da der Schiedsvertrag in Arbeitsstreitigkeiten nach § 91 ArbGG. nicht nur von den Streitparteien, sondern mit Wirkung für sie auch von anderen Personengesamtheiten, den Tarifvertragsparteien, geschlossen werden kann (ArbGG. § 91 Abs. 1), so bedeutet das, daß, abweichend von der Vorschrift des § 1034 Abs. 2 ZPO., die Streitparteien nicht schlechthin Verfahrensbestimmungen vereinbaren können; sie können es nur im Rahmen eines Schiedsvertrags gemäß § 91 Abs. 2 ArbGG. (Ausnahme: ArbGG. § 98 Abs. 2 Satz 1; a. A. Baumbach, Anm. 2, C zu § 94).

In der bisherigen Praxis haben die Parteien tarifvertraglicher Schiedsverträge häufig zugleich in der Schiedsgerichtsvereinbarung oder daneben eine „Verfahrensordnung" vereinbart. Es wird im allgemeinen wünschenswert sein, daß dies auch weiter geschieht. Denn die Zweckmäßigkeit des Ausschlusses und Ersatzes der Arbeitsgerichtsbarkeit durch ein schiedsgerichtliches Verfahren wird vielfach von den Parteien nur beurteilt werden können, wenn sie über gewisse ihnen wichtig erscheinende Einzelheiten des Verfahrens klar sehen. Soweit jedoch der Schiedsvertrag keine Verfahrensregelung enthält, ist das Schiedsgericht an die Regelung der §§ 95—98 ArbGG. gebunden, auch soweit sie gegenüber dem Schiedsvertrag nicht zwingend ist, von ihm also abgeändert werden könnte. Es besteht dann hinsichtlich der nicht zwingenden Vorschriften der §§ 93—98 ArbGG. die unwiderlegliche Vermutung, daß die Schiedsvertragsparteien über ihre Geltung für das schiedsgerichtliche Verfahren einig gewesen sind. Die Vorschriften der §§ 99, 100 ArbGG. über das Nachverfahren vor dem Arbeitsgericht sind zwingendes Recht und können auch von den Schiedsvertragsparteien nicht abgeändert werden.

Erst hinter den zwingenden Vorschriften der §§ 95—100 ArbGG. und hinter dem Schiedsvertrag bzw. den ihm gegenüber nicht zwingenden Vorschriften der §§ 95—98 ArbGG. greift das freie Ermessen des Schiedsgerichts in der Verfahrensregelung Platz.

3 Zwingende Vorschriften für das schiedsgerichtliche Verfahren sind, abgesehen von denen der §§ 99, 100 über das arbeitsgerichtliche Nachverfahren:

a) die Pflicht zur Anhörung der Streitparteien (ArbGG. § 95 Abs. 1, Ab. 3; vgl. Anm. 2,7 zu § 95);
b) die Pflicht zur Erteilung einer schriftlichen Vollmacht an Prozeßvertreter (ArbGG. § 95 Abs. 2 Satz 2; vgl. Anm. 6 zu § 95);
c) die Zulässigkeit der Beweiserhebung durch das Schiedsgericht nach Maßgabe der zur Verfügung gestellten Beweismittel und die Unzulässigkeit des Beweismittels des Parteieides überhaupt (ArbGG. § 96 Abs. 1 Satz 1, Abs. 3; vgl. Anm. 2, 3, 11 zu § 96);
d) die Unzulässigkeit der Beeidigung von Zeugen und Sachverständigen durch das Schiedsgericht (ArbGG. § 96 Abs. 1 Satz 2; vgl. Anm. 4 zu § 96);
e) die Pflicht zur Inanspruchnahme der Rechtshilfe des Arbeitsgerichts für erforderliche, vor dem Schiedsgericht unzulässige Beweiserhebungen und für die erforderlichen Beeidigungen von Zeugen und Sachverständigen (ArbGG. § 96 Abs. 2; vgl. Anm. 5 bis 10 zu § 96);
f) die Regelung der Form des Vergleichs vor dem Schiedsgericht und der Form und Wirkung des Schiedsspruchs (ArbGG. § 97, § 98 Abs. 2, 4; vgl. die Anm. zu § 97, Anm. 3 bis 5, 7, 8 zu § 98).

Aus der Natur des Schiedsvertrages als eines Vertrages zum Ausschluß der gesetzlichen Arbeitsgerichtsbarkeit für die Streitentscheidung ergibt sich ferner zwingend, daß eine Beteiligung Dritter, die von dem Schiedsvertrag nicht betroffen sind, am Rechtsstreite vor dem Schiedsgericht (Haupt- oder Nebenintervention, Streitverkündung entsprechend ZPO. §§ 64—77) nicht möglich ist (ebenso, wenn auch mit anderer Begründung: Baumbach, Anm. 1 zu § 94) und daß im schiedsgerichtlichen Verfahren Arreste und einstweilige Verfügungen als Akte der Zwangsvollstreckung nicht ergehen können (ebenso, wenn auch mit anderer Begründung: Baumbach, Anm. 2,D,c zu § 94). Die Vorschriften des Arbeitsgerichtsgesetzes und ergänzend der Zivilprozeßordnung über Parteifähigkeit und Prozeßfähigkeit gelten auch hier unabänderlich (vgl. Anm. 1 Abs. 8 zur Überschrift des Vierten Teils; ebenso Baumbach, Anm. 2,D,c zu § 94).

Falls der Schiedsvertrag nichts anderes bestimmt, ist für das Schiedsgericht zwingend geregelt:

a) die mündliche Anhörung der Streitparteien (ArbGG. § 95 Abs. 2 Satz 1; vgl. Anm. 3 zu § 95);

b) die Prozeßvertretung gemäß § 11 Abs. 1 ArbGG. (ArbGG. § 95 Abs. 2 Satz 5; vgl. Anm. 6 zu § 95);

c) das Zustandekommen des Schiedsspruchs durch einfache Stimmenmehrheit (ArbGG. § 98 Abs. 1; vgl. Anm. 2 zu § 98).

Alle übrigen Verfahrensmaßnahmen kann der Schiedsvertrag oder, falls er es nicht getan hat, das Schiedsgericht selbst frei regeln, auch soweit ihre Regelung, wie die der Bestimmung eines Verhandlungsleiters für das schiedsgerichtliche Verfahren (vgl. ArbGG. § 98 Abs. 2 Satz 2, Abs. 3 Satz 1), notwendig ist. In dieser Weise ist z. B. zu regeln, ob und wie eine eigentliche mündliche Verhandlung stattfinden (vgl. Anm. 2, 3 zu § 95), ob eine Niederschrift gefertigt werden soll, wie gegebenenfalls geladen werden soll, ob und in welcher Weise Kosten erhoben werden sollen, ob der erste Schiedsspruch endgültig oder vor einer zweiten Schiedsgerichtsinstanz anfechtbar sein (vgl. Anm. 1 Abs. 2 zur Überschrift des Ersten Abschnitts), in welcher Weise beraten und ob die etwaige mündliche Verhandlung des Schiedsgerichts öffentlich sein soll. Kann die Regelung durch das Schiedsgericht selbst erfolgen, so braucht es sie nicht ein für allemal festzulegen.

Verstöße gegen die für das Schiedsgericht zwingend festgelegten Verfahrensbestimmungen, also sowohl die dafür zwingenden gesetzlichen als auch die im Schiedsvertrag vereinbarten Bestimmungen, begründen nach ArbGG. § 100 Abs. 1 Nr. 1 die Aufhebungsklage gegen den etwa erlassenen Schiedsspruch (vgl. Anm. 4 zu § 100).

§ 95

Anhörung der Parteien[1]

(1) **Vor der Fällung des Schiedsspruchs sind die Streitparteien zu hören[2].**

(2) **Die Anhörung erfolgt, soweit der Schiedsvertrag nichts anderes bestimmt, mündlich[3]. Die Parteien haben[4] persönlich zu erscheinen[5] oder sich durch einen mit schriftlicher Vollmacht versehenen Bevollmächtigten vertreten zu lassen. Die Vollmachtsurkunde ist stempelfrei. Ihre Beglaubigung kann nicht verlangt werden. Die Vorschrift des § 11 Abs. 1 gilt entsprechend, soweit der Schiedsvertrag nichts anderes bestimmt[6].**

(3) **Bleibt eine Partei in der Verhandlung unentschuldigt aus oder äußert sie sich trotz Aufforderung nicht, so ist der Pflicht zur Anhörung genügt[7].**

1 Die Regelung des § 95 ArbGG. enthält einen Grundpfeiler jedes Rechtsprechungsverfahrens, also auch des schiedsgerichtlichen Verfahrens: die Streitparteien müssen über ihren Streit stets von der rechtsprechen-

den Stelle gehört werden, andernfalls wäre eine unparteiliche Rechtsprechung ausgeschlossen. Die Fällung eines Spruchs ohne Anhörung der Streitparteien kann auch im Schiedsvertrag nicht zugelassen werden. Auch ein Verzicht der Streitpartei auf Anhörung entbindet das Schiedsgericht nicht von der Anhörungspflicht. Diese besteht aber nur in der Verpflichtung des Schiedsgerichts, den Streitparteien in jedem Falle Gelegenheit zur Äußerung zu geben, dazu zwingen kann es sie nicht. Die Folgen der Nichtäußerung sind in § 95 Abs. 3 ArbGG. geregelt (vgl. Anm. 7).

Auch in dem in der Zivilprozeßordnung geregelten allgemeinen Schiedsgerichtsverfahren besteht gemäß § 1034 Abs. 1 ZPO. die Anhörungspflicht. Die weiter dort begründete Pflicht des Schiedsgerichts, „das dem Streite zugrunde liegende Sachverhältnis zu ermitteln, soweit es die Ermittlung für erforderlich erachtet", ist im Arbeitsgerichtsgesetz nicht ausdrücklich erwähnt. Das bedeutet aber nicht etwa, daß das Schiedsgericht in Arbeitsstreitigkeiten zur Sachermittlung nicht verpflichtet ist. Vielmehr ist diese Pflicht als selbstverständliche Pflicht einer Rechtsprechungsstelle nicht erwähnt, wie sich auch aus § 96 ArbGG. ergibt; ohne Sachermittlung kann das Schiedsgericht nicht zu einem Schiedsspruch gelangen, der ein arbeitsgerichtliches Urteil ersetzen könnte.

[2] Die Streitparteien, d. h. also die Parteien des vor dem Schiedsgericht anhängigen Rechtsstreits, und zwar alle Streitparteien, auch die etwaigen mehreren Streitgenossen, sind zu „hören". Über die Art der Anhörung — mündlich oder schriftlich — vgl. § 95 Abs. 2 Satz 1 (vgl. Anm. 3). Eine eigentliche Verhandlung ist nicht vorgeschrieben (vgl. Anm. 3). Infolgedessen brauchen die Streitparteien jede nur einmal über den Streit gehört zu werden; eine weitere Anhörung ist weder über die Äußerungen des Gegners noch über ein etwaiges Beweisergebnis vorgeschrieben. Die Parteien werden deshalb bei ihrer Anhörung alles vorzubringen haben, was sie für erforderlich und sachdienlich halten (a. A. Samter, Anm. 1 a. E. zu § 95).

Die Anhörung erfolgt vor der Fällung des Schiedsspruchs. Wann sie zu erfolgen hat, ist nicht vorgeschrieben. Sofern nicht etwa der Schiedsvertrag etwas anderes bestimmt, liegt daher die Bestimmung der Zeit der Anhörung im Ermessen des Schiedsgerichts. Es kann mit der Anhörung der Parteien beginnen, es kann aber auch zunächst andere Ermittlungshandlungen vornehmen und die Parteien am Ende des Verfahrens hören, es kann auch die verschiedenen Parteien zu verschiedenen Verfahrenszeitpunkten anhören, je nachdem, wie es das für zweckmäßig hält. Die Entscheidung hierüber wird sich praktisch oft danach richten, ob von den Streitparteien eine schriftliche Klage und eine schriftliche Klagebeantwortung eingegangen sind. Beides ist im schiedsgerichtlichen Verfahren nicht erforderlich. Der Kläger kann das Verfahren — mangels anderer Bestimmung des Schiedsvertrags — auch ohne schriftliche Klage, etwa durch mündlichen Vortrag in einer Schiedsgerichtssitzung oder durch unförmliche Mitteilung an den Vorsitzenden des Schiedsgerichts in Gang bringen. Dann wird ihn das Schiedsgericht im allgemeinen zu Beginn des Verfahrens zur Äußerung auffordern. Hat er eine schriftliche Klage und der Beklagte eine schriftliche Klagebeantwortung eingereicht, so wird die Anhörung möglicherweise erst am Ende des Verfahrens zweckmäßig sein.

Die Anhörungspflicht bedeutet, daß den Parteien vom Schiedsgericht Gelegenheit gegeben werden muß, alles von ihnen für die Entscheidung für erforderlich Gehaltene in der vorgeschriebenen Form — mündlich oder schriftlich (ArbGG. § 95 Abs. 2 Satz 1; vgl. Anm. 3) — vorzubringen. Selbst wenn der Schiedsvertrag nur eine schriftliche Anhörung vorsieht und der Kläger eine schriftliche Klage, der Beklagte eine schriftliche Klagebeantwortung eingereicht hat, ist den Parteien diese Gelegenheit nochmals besonders zu geben, weil das Schiedsgericht nicht wissen kann, ob die Parteien glauben, in diesen Schriftsätzen bereits alles Notwendige vorgebracht zu haben Für die Frage, wann im übrigen der Anhörungspflicht genügt ist, vgl § 95 Abs 3 ArbGG. (Anm. 7).

Ist die Anhörungspflicht des § 95 ArbGG. verletzt, so kann auf Aufhebung des Schiedsspruchs wegen Unzulässigkeit des Verfahrens geklagt werden (ArbGG. § 100 Abs. 1 Nr. 1; vgl. Anm. 4 zu § 100).

3 Der Regelfall ist die mündliche Anhörung der Streitparteien. Sie erfolgt vor dem gesamten Schiedsgericht, wenngleich dies hier nicht ausdrücklich bestimmt ist. Denn eine möglichste Unmittelbarkeit der Verhandlung gehört zu den Grundsätzen des Verfahrens nach dem Arbeitsgerichtsgesetz, und es ist nicht anzunehmen, daß im schiedsgerichtlichen Verfahren hiervon eine Ausnahme gelten soll; eine andere Bestimmung des Schiedsvertrages wäre demgegenüber unwirksam.

Obwohl dies nicht vorgeschrieben ist (vgl. Anm. 1 Abs. 1, 2), wird es sich im Falle der mündlichen Anhörung empfehlen, regelmäßig beide Streitparteien zu derselben Sitzung des Schiedsgerichts zu laden, um im Interesse der Aufklärung ein Verhandeln zwischen ihnen zu ermöglichen. Überhaupt wird das Schiedsgericht im Zweifel gut daran tun, bewährte Prozeßformen des arbeitsgerichtlichen Verfahrens einzuhalten, auch wenn sie nicht vorgeschrieben sind (so z. B. die Aufnahme einer Niederschrift). Die weitere Fassung des Arbeitsgerichtsgesetzes soll nur die Zulässigkeit der Aufhebung des Schiedsspruchs ausschließen, wenn das Schiedsgericht aus irgendwelchen Gründen formloser vorgegangen ist.

Die schriftliche Anhörung tritt nur dann an die Stelle der mündlichen, wenn der Schiedsvertrag dies ausdrücklich bestimmt. Er kann aber nur bestimmen, daß alle Parteien schriftlich zu hören sind; eine unterschiedliche Behandlung wäre unzulässig und würde dazu führen, daß diese Bestimmung des Schiedsvertrages unwirksam wäre, so daß alle Parteien — mangels rechtsgültiger anderer Bestimmung — mündlich gehört werden müßten. Denn die unterschiedliche Behandlung bezüglich der Anhörung würde die Parteien in ihren Prozeßrechten im Rechtsprechungsverfahren ungleich stellen (ebenso Baumbach, Anm. 1 zu § 95; anders im Beschlußverfahren, das kein Rechtsprechungs-, sondern ein Verwaltungsverfahren ist; vgl. Anm. 3 Abs. 1 zu § 83).

Bestimmt der Schiedsvertrag schriftliche Anhörung, so kann das Schiedsgericht die Parteien nicht mündlich hören, denn es ist an die Verfahrensbestimmung des Schiedsvertrags gebunden, von der angenommen werden muß, daß sie zu einem bestimmten Zweck, z. B. zur Beschleunigung des Verfahrens, getroffen ist. Mündliche Anhörung kann in diesem Falle gegebenenfalls die Aufhebungsklage gemäß § 100 Abs. 1 Nr. 1 ArbGG. begründen.

4 Die Vorschrift des § 95 Abs. 2 Satz 2 ArbGG. gilt nach der Fassung des Gesetzes nur für die mündliche Anhörung. Für die schriftliche Anhörung ist eine ausdrückliche Vorschrift des Gesetzes darüber, ob die schriftliche Äußerung von der Streitpartei selbst abgegeben werden muß oder auch von einem Bevollmächtigten abgegeben werden kann, nicht vorhanden. Nach § 94 ArbGG. gelten also hierfür die Bestimmungen des Schiedsvertrags; bestimmt er dazu nichts, so kann das Schiedsgericht nach freiem Ermessen verfahren. Das gleiche gilt für andere Parteihandlungen im schiedsgerichtlichen Verfahren. Vgl. aber Anm. 6, Abs. 2 und 4.

5 Die Vorschrift des § 95 Abs. 2 Satz 2, daß die Parteien „persönlich" zu erscheinen haben, kann nur in den Fällen wörtlich genommen werden, in denen die Streitparteien prozeßfähig sind. Für andere Fälle muß die Vorschrift offenbar dahin verstanden werden, daß der gesetzliche Vertreter der prozeßunfähigen Partei persönlich zu erscheinen hat (vgl. Anm. 3 Abs. 2 zu § 51). Der gesetzliche Vertreter gilt dann nicht etwa als Bevollmächtigter.

6 Die Parteien brauchen aber nicht „persönlich zu erscheinen", sie können sich auch durch einen Bevollmächtigten vertreten lassen, der sich an ihrer Stelle mündlich zur Sache äußert. Ihr persönliches Erscheinen kann also nicht, wie im arbeitsgerichtlichen Verfahren gemäß § 51 ArbGG., angeordnet werden. Auch der Schiedsvertrag kann die Vertretung durch einen Bevollmächtigten nicht rechtswirksam ausschließen. Als Bevollmächtigter kann nach der Vorschrift des § 95 Abs. 2 Satz 5 ArbGG., soweit der Schiedsvertrag nichts anderes bestimmt, nur eine Person auftreten, die nach § 11 Abs. 1 ArbGG. zur Prozeßvertretung vor dem Arbeitsgericht befähigt ist, also insbesondere kein Rechtsanwalt oder geschäftsmäßiger Vertreter, wohl aber ein Mitglied oder Angestellter einer wirtschaftlichen Vereinigung von Arbeitgebern oder von Arbeitnehmern oder von Verbänden solcher Vereinigungen (vgl. im einzelnen die Anm. 1—10 zu § 11). Die Regel entspricht der bisherigen Übung, nach der im allgemeinen vor Schiedsgerichten in Arbeitsstreitigkeiten dieselben Personen als Prozeßvertreter auftreten konnten, die bei den Gewerbegerichten zugelassen waren. Andererseits bestand kein Anlaß, es den Schiedsvertragsparteien zu verwehren, andere Bestimmungen für die Prozeßvertretung im schiedsgerichtlichen Verfahren im Schiedsvertrag zu treffen; insbesondere ist bei der Vorschrift des § 95 Abs. 2 Satz 5 ArbGG. daran gedacht, daß es die Schiedsvertragsparteien etwa für zweckmäßig halten, die Vertretung durch Rechtsanwälte vor dem von ihnen vereinbarten Schiedsgericht zuzulassen. Die Möglichkeit hierzu ist ihnen durch die Fassung der Vorschrift gegeben. Dagegen vermag das Schiedsgericht selbst, weder allgemein noch für einen einzelnen Fall, keine von dem Schiedsvertrag oder, bei seinem Schweigen, von der Vorschrift des § 11 Abs. 1 ArbGG. abweichende Regelung der Prozeßvertretung zu treffen.

Die Vorschrift des § 95 Abs. 2 Satz 5 ArbGG. gilt aber nicht nur für die mündliche Anhörung der Streitparteien, sondern für jede, also auch für die schriftliche Anhörung; in dieser Beziehung ist also das freie Ermessen des Schiedsgerichts (vgl. Anm. 4) eingeschränkt. Es wird weiter anzunehmen sein, daß dadurch die Prozeßvertretung für das gesamte schiedsgerichtliche Verfahren geregelt sein soll, also z. B. auch für die Einreichung der Klage oder anderer Schriftsätze, zu der die Streitpartei nicht zwecks Anhörung vom Schiedsgericht aufgefordert ist, oder für die Teilnahme der Streitparteien an etwaigen Sitzungen des Schiedsgerichts, in denen keine Anhörung der Streitpartei beabsichtigt ist, wie Sitzungen zur Beweisaufnahme. Denn es wäre sinnwidrig und nicht dem § 11 Abs. 1 entsprechend, wenn durch das Gesetz die Partei für ihre Anhörung an andere Regeln über die Prozeßvertretung gebunden wäre als für andere Prozeßhandlungen, wenn sie also z. B. die Klage durch einen Rechtsanwalt einreichen lassen könnte, zur Äußerung dazu aber nur einen der im § 11 Abs. 1 ArbGG. zugelassenen Vertreter betrauen dürfte. Der Schiedsvertrag allerdings hat nach der Vorschrift des § 95 Abs. 2 Satz 5 ArbGG. alle Möglichkeiten der Regelung der Prozeßvertretung; es ist also den Schiedsvertragsparteien überlassen, die ihnen zweckmäßige Regelung der Prozeßvertretung eintreten zu lassen, wenn sie die Vorschrift des Gesetzes für ihre Fälle nicht für praktisch halten.

Läßt sich eine Streitpartei bei der mündlichen Anhörung durch einen Bevollmächtigten vertreten, so muß sie ihn mit einer schriftlichen Vollmacht versehen, wie dies auch für das gerichtliche Verfahren in § 80 Abs. 1 ZPO. vorgeschrieben ist (vgl. Anm. 1 Abs. 3 zu § 11). Doch wird anzunehmen sein, daß auch das Schiedsgericht die Nachreichung der Vollmacht zulassen kann (ebenso Baumbach, Anm. 5 zu § 95; a. A. Schmincke-Sell, Anm. 4 zu § 95); die Parteien sollten aber, um Schwierigkeiten zu vermeiden, die Notwendigkeit der schriftlichen Bevollmächtigung genau beachten.

Unterschiedlich von der Vorschrift des § 80 Abs. 2 ZPO. für das gerichtliche Verfahren kann die Beglaubigung der Vollmacht im schiedsgerichtlichen Verfahren, um den Streitparteien vermeidbare Kosten zu ersparen, nicht verlangt werden (ArbGG. § 95 Abs. 2 Satz 4). Aus demselben Grunde ist die Vollmachtsurkunde auch reichsgesetzlich für stempelfrei erklärt (§ 95 Abs. 2 Satz 3 ArbGG.), während sich die Stempelpflicht der Prozeßvollmachten im arbeitsgerichtlichen Verfahren wie im Verfahren des Zivilprozesses nach den landesrechtlichen Stempelsteuervorschriften bestimmt, mit Rücksicht darauf, daß diese im allgemeinen ebenfalls Stempelfreiheit vorschreiben (so in Preußen: Tarifstelle 73 Abs. 7 des Stempeltarifs zum Preuß. Stempelsteuergesetz in der Fassung vom 16. 3. 1924 — Pr. GS. S. 139, 171). Beide Vorschriften (ArbGG. § 95 Abs. 2 Satz 3 und 4) gelten für das gesamte schiedsgerichtliche Verfahren, also auch, soweit der Schiedsvertrag oder das Schiedsgericht die schriftliche Äußerung der Partei bei schriftlicher Anhörung und andere Prozeßhandlungen durch einen Bevollmächtigten zulassen, aber den schriftlichen Nachweis der Vollmacht verlangen (vgl. Anm. 4)

7 Wie in Anm. 2 Abs. 3 ausgeführt, bedeutet die Anhörungspflicht, daß den Streitparteien Gelegenheit gegeben werden muß, sich zu äußern. Doch können sie zur Äußerung nicht gezwungen werden. Will sich eine Partei nicht äußern, obgleich ihr bestimmungsgemäß dazu Gelegenheit gegeben worden ist, so kann das Verfahren seinen Fortgang nehmen und es kann ein Schiedsspruch gefällt werden. Kann sie sich jedoch aus irgendeinem Grunde, etwa wegen Krankheit, nicht zu der vorgeschriebenen Zeit äußern und entschuldigt sie die Säumnis, so muß das Schiedsgericht ihr nach Behebung der Hinderungsgrundes nochmals Gelegenheit zur Äußerung geben, sonst hat es der Anhörungspflicht nicht genügt, so daß der etwa ergehende Schiedsspruch gemäß § 100 Abs. 1 Nr. 1 ArbGG. der Aufhebung unterliegt. Im Falle unentschuldigter Säumnis ist nur der Anhörungspflicht genügt; das Schiedsgericht kann in geeigneten Fällen

auch dann eine nochmalige Anhörung versuchen. Doch kann eine Verzögerung des Verfahrens hierdurch die Folge des § 92 Abs. 2 Nr. 3 ArbGG. haben. Diese Folge wird wohl auch eintreten können, wenn durch eine gemäß § 95 ArbGG. erforderliche Hinausschiebung der Anhörung die Durchführung des Verfahrens erheblich verzögert wird, da § 92 Abs. 2 Nr. 3 ein Verschulden des Schiedsgerichts nicht voraussetzt, sondern den Kläger vor einer übermäßigen Verzögerung der Erledigung des Rechtsstreits im schiedsgerichtlichen Verfahren schützen soll (vgl. Anm. 15 zu § 92; zweifelnd Schmincke-Sell, Anm. 6, a, aa zu § 95). Im einzelnen ergibt sich bei mündlicher und bei schriftlicher Anhörung folgende Rechtslage:

a) Bei mündlicher Anhörung wahrt sich die Streitpartei das Recht, gehört zu werden, dadurch, daß sie ihr Ausbleiben im Anhörungstermin — der Ausdruck „Verhandlung" in § 95 Abs. 3 ArbGG. ist nach dem in Anm. 2 Abs. 1 Ausgeführten nicht glücklich — zum Termin entschuldigt; doch muß das Schiedsgericht die Entschuldigung für ausreichend erachten, eine bloße Ausflucht genügt nicht (ebenso Baumbach, Anm. 7 zu § 95). Das Schiedsgericht muß ihr alsdann vor Fällung des Schiedsspruchs nochmals Gelegenheit zur mündlichen Äußerung geben (vgl. jedoch Abs. 1 a. E.). Eine nachträgliche Entschuldigung wahrt das Anhörungsrecht nicht (a. A. Dersch-Volkmar, Anm. 7 Abs. 1 a. E. zu § 95). Bleibt die Partei zwar unentschuldigt aus, äußert sich aber schriftlich zur Sache, so kann das Schiedsgericht diese Äußerung — mangels gegenteiliger gesetzlicher Regelung, falls auch der Schiedsvertrag nichts anderes bestimmt — nach § 94 ArbGG. bei seiner Entscheidung berücksichtigen (a. A. Schmincke-Sell, Anm. 6a, bb zu § 95), ist dazu aber nicht verpflichtet, wenngleich es das vernunftgemäß tun sollte (a. A. Baumbach, Anm. 7 zu § 95).

b) Bei schriftlicher Anhörung verliert die Streitpartei das Recht, gehört zu werden, nur, wenn sie sich binnen der ihr gesetzten Frist überhaupt nicht äußert. Teilt sie dagegen mit, daß sie eine Äußerung zur Sache aus einem triftigen Grunde, z. B. wegen Krankheit, noch nicht abgeben könne, so ist damit das Anhörungsrecht ebenso gewahrt wie im Falle der mündlichen Anhörung durch Entschuldigung des Ausbleibens. Die Auffassung von Schmincke-Sell (Anm. 6, b, bb), daß das Gesetz hier für den Fall keine Vorsorge getroffen habe, geht von der wohl irrigen Auffassung aus, daß unter Äußerung im § 95 Abs. 3 ArbGG. nur eine Äußerung zur Sache zu verstehen sei. Nachträgliche Mitteilung des Grundes der Säumnis wahrt auch hier das Anhörungsrecht nicht (a. A. Dersch-Volkmar, Anm. 7 Abs. 2 a. E. zu § 95).

Hat das Schiedsgericht die Äußerung einer Streitpartei nicht erreichen können, so muß es gleichwohl auf Grund des Ergebnisses des Verfahrens im übrigen durch Schiedsspruch entscheiden, wenn nicht die Folge des § 92 Abs. 2 Nr. 3 ArbGG. eintreten soll. Es kann dabei die Säumnis der Streitpartei würdigen. Dagegen gibt es eine Versäumnisentscheidung wie das Versäumnisurteil des Gerichts hier nicht (ebenso Dersch-Volkmar, Anm. 7 Abs. 1 zu § 95).

§ 96

Beweisaufnahme[1]

(1) **Das Schiedsgericht kann Beweise erheben[2], soweit die Beweismittel ihm zur Verfügung gestellt werden[3]. Zeugen und Sachverständige**

kann das Schiedsgericht nicht beeidigen, eidesstattliche Versicherungen nicht verlangen oder entgegennehmen[4].

(2) **Hält das Schiedsgericht eine Beweiserhebung für erforderlich, die es nicht vornehmen kann[5], so ersucht[6] es um Vornahme den Vorsitzenden desjenigen Arbeitsgerichts oder, falls dies aus Gründen der örtlichen Lage zweckmäßiger ist, dasjenige Amtsgericht, in dessen Bezirk die Beweisaufnahme erfolgen soll[7]. Entsprechend ist zu verfahren[6 7], wenn das Schiedsgericht die Beeidigung eines Zeugen oder Sachverständigen zur Herbeiführung einer wahrheitsgemäßen Äußerung für notwendig erachtet[8]. Die durch die Rechtshilfe[6] entstehenden baren Auslagen[9] sind dem Gericht zu ersetzen; §§ 77, 79 des Gerichtskostengesetzes finden entsprechende Anwendung[10].**

Der Parteieid ist im schiedsgerichtlichen Verfahren ausgeschlossen[11].

1 Da das schiedsgerichtliche Verfahren ein Rechtsprechungsverfahren an Stelle des arbeitsgerichtlichen Urteilsverfahrens ist, bedarf es der Möglichkeit der Beweisaufnahme. Andererseits enthält die Regelung der gerichtlichen Beweisaufnahme eine Reihe von Zwangsbefugnissen (z. B. Ladung von Zeugen und Sachverständigen mit Gefahr der Bestrafung bei Nichterscheinen, Beeidigung von Zeugen und Sachverständigen mit Eidesleistungspflicht), die zwar dem Gericht als Träger staatlicher Hoheitsrechte übertragen werden können, nicht aber einer an seiner Stelle vertraglich vereinbarten Privateinrichtung. Die Regelung der Beweisaufnahme im schiedsgerichtlichen Verfahren ist im § 96 ArbGG. unter Berücksichtigung dieser Gesichtspunkte erfolgt. Sie schließt sich aber in wesentlichen Punkten nicht an die entsprechenden Vorschriften der Zivilprozeßordnung über das allgemeine schiedsgerichtliche Verfahren (ZPO. §§ 1035, 1036) an, weil das Schiedsgericht in Arbeitsstreitigkeiten im Arbeitsgerichtsgesetz nach seiner regelmäßigen Natur als eine festere und beständigere Einrichtung angesehen wird als der Schiedsrichter der Zivilprozeßordnung; dies dürfte von Baumbach (Anm. 1 zu § 96) nicht ausreichend gewürdigt sein. Das Schiedsgericht ist in § 96 ArbGG. in seiner Beweistätigkeit in erheblichem Maße, nämlich bis auf die Funktionen der Staatshoheit, einem Arbeitsgericht entsprechend behandelt, es kann insbesondere nach § 96 Abs. 2 ArbGG., abweichend von § 1036 ZPO., selbst ein Gericht um die Vornahme von Beweiserhebungshandlungen ersuchen, und die Aushilfstätigkeit des Gerichts wird als „Rechtshilfe" bezeichnet (ArbGG. § 96 Abs. 2 Satz 3) und behandelt (vgl. Anm. 6).

Nach der Regelung des schiedsgerichtlichen Verfahrens im Arbeitsgericht ist das Schiedsgericht nicht an die Vorschriften des Arbeitsgerichtsgesetzes oder der Zivilprozeßordnung über die Erforderlichkeit von Beweiserhebungen gebunden; es wird vielfach in größerem Ausmaß auf Beweiserhebungen verzichten können als das staatliche Gericht. Immerhin gilt auch in ihm naturnotwendig der Grundsatz jedes Rechtsprechungsverfahrens, daß streitige, für die Entscheidung erhebliche Tatsachen vor der Entscheidung geklärt werden müssen. Dies hat durch Beweisaufnahme gemäß § 96 ArbGG. zu geschehen. Dabei sind die Beweismittel dieselben wie im arbeitsgerichtlichen

Verfahren (vgl. Anm. 2 zu § 58), mit Ausnahme **des Parteieides**, und zwar sowohl des von einer Partei der anderen zugeschobenen als auch des von der rechtsprechenden Stelle auferlegten (§ 96 Abs. 3; vgl. Anm. 11). Das Beweismittel des Parteieides ist als ein formales Beweismittel (vgl. Anm 14 Abs. 1 zu § 58) in dem freien schiedsgerichtlichen Verfahren in Arbeitsstreitigkeiten gemäß § 96 Abs. 3 ArbGG. nicht zugelassen; auch darin liegt ein Unterschied gegen die Regelung der Zivilprozeßordnung, die auch dieses Beweismittel zuläßt und nur die Abnahme des Eides den Schiedsrichtern entzieht und dem Gericht überträgt (ZPO. § 1035 Abs. 2, § 1036 Abs. 1). Als Beweismittel kommen also hier nur Augenschein, Zeugen, Sachverständige und Urkunden in Betracht. Bei der Würdigung des Beweises auf Grund dieser Beweismittel ist aber das Schiedsgericht an keine gesetzliche Beweisregeln gebunden, auch nicht an die, die für das arbeitsgerichtliche Urteilsverfahren wie für das allgemeine Zivilprozeßverfahren gelten (insbesondere beim Urkundenbeweis); es kann den erhobenen Beweis vielmehr völlig frei würdigen, es sei denn, daß, was praktisch kaum vorkommen wird, der Schiedsvertrag Beweisregeln enthält, die nach § 94 ArbGG. bindend wären.

[2] Die Fassung des § 96 Abs. 1 Satz 1 ArbGG. ist sehr stark zusammengedrängt und kann deshalb leicht zu Mißverständnissen Anlaß geben. Die richtige Auslegung ist im Zusammenhang mit § 96 Abs. 2 Satz 1 ArbGG. zu finden. Danach bedeutet die Fassung „kann Beweise erheben", daß das Schiedsgericht selbst nur Beweise erheben kann, soweit ihm die Beweismittel zur Verfügung gestellt werden (vgl. Anm. 3) und daß es um die Vornahme anderer Beweiserhebungen gemäß § 96 Abs. 2 Satz 1 ArbGG. das Gericht ersuchen muß. Sie sagt dagegen nichts darüber aus, ob und inwieweit im schiedsgerichtlichen Verfahren überhaupt Beweise zu erheben sind. Dafür gilt vielmehr der in Anm. 1 Abs. 2 dargelegte allgemeine Grundsatz. Das Schiedsgericht hat also in jedem vor ihm schwebenden Streit zunächst zu prüfen, ob für die Entscheidung erhebliche Tatsachen bei seiner Würdigung des gesamten Sach- und Streitverhältnisses streitig und ungeklärt geblieben sind. Insofern muß es Beweis erheben. Alsdann hat es weiter zu prüfen, wieweit es die erforderlichen Beweise selbst erheben kann; diese Prüfung erfolgt gemäß § 96 Abs. 1 Satz 1 (vgl. Anm. 3). Soweit dies nicht der Fall ist, muß es das zuständige Gericht gemäß § 96 Abs. 2 Satz 1 ArbGG. (vgl. Anm. 6, 7) um die Beweiserhebung ersuchen. Dabei hat es zu berücksichtigen, daß es bei der Klärung des Streites ohne das Beweismittel des Parteieides auskommen muß (ArbGG. § 96 Abs. 3), was, nach der Erfahrung des bisherigen Verfahrens in Arbeitsstreitigkeiten, keine Schwierigkeiten bereiten wird; diese Erfahrung scheint Baumbach (Anm. 10 zu § 96) außer acht zu lassen.

[3] Da die Beweise im Rechtsprechungsverfahren in Arbeitsstreitigkeiten von den Parteien anzutreten sind, ist es auch im schiedsgerichtlichen Verfahren Sache der Streitparteien, die Beweismittel zur Verfügung zu stellen, d. h. dafür zu sorgen, daß das Schiedsgericht von dem Beweismittel ohne jeden Zwang Gebrauch machen kann. Die Parteien haben in dieser Beziehung zwar keine Prozeßpflicht, deren Nichteinhaltung ihnen unmittelbaren Schaden brächte, sie haben aber doch, mindestens jedenfalls der Kläger, grundsätzlich ein prozessuales Interesse daran, die Beweismittel zur Verfügung zu stellen, weil andernfalls die Durchführung des Verfahrens durch die notwendig

werdende Rechtshilfe des zuständigen Gerichts verzögert wird. Es ist auch zu bedenken, daß in Fällen erheblicher Verzögerung der Durchführung durch das Rechtshilfeverfahren der Fall des § 92 Abs. 2 Nr. 3 ArbGG. eintreten kann, so daß der Kläger in die Lage versetzt wird, den Streit zur Entscheidung vor das Arbeitsgericht zu bringen.

Das Zurverfügungstellen des Beweismittels besteht beim Augenschein in der Sorge dafür, daß dem Schiedsgericht von dem Inhaber des Augenscheinobjekts die Einnahme des Augenscheins gestattet wird. Bei Zeugen und Sachverständigen ist seitens der Streitpartei zu veranlassen, daß der Zeuge oder Sachverständige zur Vernehmung vor dem Schiedsgericht erscheint und aussagt, sei es ohne Aufforderung des Schiedsgerichts, sei es auf eine Aufforderung des Schiedsgerichts. Das Erlassen einer Aufforderung, zur Vernehmung zu erscheinen und auszusagen, ist dem Schiedsgericht gestattet, nur darf es kein Zwangsmittel anwenden. Der Vernehmung des Zeugen oder Sachverständigen steht auch hier, wie im arbeitsgerichtlichen Verfahren (ArbGG. § 6 Abs. 2 Satz 1 in Verbindung mit ZPO. § 377 Abs. 3, 4; vgl. ArbGG. § 58 Abs. 2 Satz 2; Anm. 13 Abs. 1 zu § 58), unter Umständen die Entgegennahme einer schriftlichen Äußerung gleich; in diesen Fällen hat die Streitpartei die Auskunftsperson zur schriftlichen Äußerung zu veranlassen. Bei Urkunden hat die Streitpartei die Urkunde dem Schiedsgericht vorzulegen oder dafür zu sorgen, daß sie ihm von ihrem Inhaber vorgelegt wird.

Das Schiedsgericht muß also, falls nicht sicher feststeht, daß das Beweismittel ihm nicht zur Verfügung steht, zunächst versuchen, ohne Zwang den Beweis selbst zu erheben. Nur falls ihm dies nicht gelingt, kann es das zuständige Gericht gemäß § 96 Abs. 2 ArbGG. um Rechtshilfe ersuchen. Die Tatsache, daß Beweise ohne Not nicht vom Schiedsgericht, sondern im Rechtshilfwege erhoben sind, kann unter Umständen die Aufhebungsklage gemäß § 100 Abs. 1 Nr. 1 begründen (vgl. Anm. 4 zu § 100).

Die Frage der Entschädigung von Zeugen und Sachverständigen, die vor dem Schiedsgericht vernommen werden, ist im Gesetz nicht geregelt. Infolgedessen ist sie der Regelung im Schiedsvertrag oder, falls er darüber nichts bestimmt, durch das Schiedsgericht selbst überlassen (ArbGG. § 94). Zweckmäßig wird hierüber der Schiedsvertrag Bestimmungen treffen, um Weiterungen im einzelnen Verfahren zu vermeiden. Die Auffassung Baumbachs (Anm. 4 zu § 96), daß sie in jedem Fall gegen die Streitparteien als Gesamtschuldner einen Anspruch auf Vergütung nach den staatlichen Sätzen haben, erscheint im Gesetz nicht begründet. Es ist vielmehr Sache der Auskunftsperson, sich darüber vorher zu unterrichten, ob sie nach dem Schiedsvertrag oder nach der Regelung des Schiedsgerichts Entschädigung erhält; gegebenenfalls braucht sie nicht vor dem Schiedsgericht zu erscheinen und erhält dann, bei Vernehmung vor dem Rechtshilfegericht, den gesetzlichen Entschädigungssatz. Die Bezahlung der Auskunftsperson durch die Streitpartei, die sie zur Verfügung stellt, ist aber wegen der darin liegenden Gefahr der Beeinflussung aus grundsätzlichen Erwägungen ausgeschlossen.

4 Im arbeitsgerichtlichen Urteilsverfahren werden Zeugen und Sachverständige gemäß § 58 Abs. 2 Satz 1 ArbGG. nur beeidigt, wenn die Kammer dies zur Herbeiführung einer wahrheitsgemäßen Äußerung für notwendig erachtet

(vgl. Anm. 11, 12 zu § 58). Der gleiche Grundsatz gilt auch im Schiedsgerichtsverfahren in Arbeitsstreitigkeiten, wie die Vorschrift des § 96 Abs. 2 Satz 2 ArbGG. mittelbar ergibt. Aus demselben Grunde kann im arbeitsgerichtlichen Urteilsverfahren die eidesstattliche Versicherung der Richtigkeit einer schriftlichen Äußerung der Auskunftsperson erfordert werden (ArbGG. § 58 Abs. 2 Satz 2; vgl. Anm. 13 zu § 58). Die Möglichkeit der Erforderung einer solchen eidesstattlichen Versicherung ist im schiedsgerichtlichen Verfahren nicht gegeben, wie ArbGG. § 96 Abs. 1 Satz 2 im Zusammenhang mit § 96 Abs. 2 Satz 2 ergibt (ebenso, aber mit anderer Begründung: Schmincke-Sell, Anm. 4 Abs. 2 zu § 96; a. A. — die Abnahme eidesstattlicher Versicherungen könne durch das ersuchte Gericht erfolgen — Dersch-Volkmar, Anm. 6 Abs. 1, c zu § 96).

Das Schiedsgericht selbst kann weder Zeugen noch Sachverständige beeidigen oder eidesstattliche Versicherungen verlangen oder entgegennehmen. Denn diese Befugnisse sind Ausfluß der Staatshoheit, die dem Schiedsgericht als vereinbarter privater Rechtsprechungsstelle nicht innewohnt (vgl. Anm. 1 Abs. 1). Hält es deshalb die beeidete Äußerung einer Auskunftsperson zur Herbeiführung einer wahrheitsgemäßen Äußerung für erforderlich, was übrigens selten vorkommen wird (vgl. Anm. 11, Anm. 12 Abs. 1 zu § 58), so muß es in jedem Fall die Auskunftsperson mündlich zu vernehmen suchen; denn die schriftliche Äußerung kann, wie dargelegt, nicht eidesstattlich versichert werden. Läßt sie sich vernehmen, so hat das Schiedsgericht alsdann das zuständige Gericht gemäß § 96 Abs. 2 Satz 2 Satz 1 um Beeidigung zu ersuchen. Läßt sich die Auskunftsperson nicht vom Schiedsgericht vernehmen, so ersucht dies das Gericht um Vernehmung und Beeidigung. Im ersten Fall kann es dem Gericht nicht auch von vornherein die Vernehmung überlassen (ebenso Dersch-Volkmar, Anm. 4 Abs. 2 zu § 96; a. A. Baumbach, Anm. 4 a. E. zu § 96), wenngleich dieses bei der Beeidigung eine Zusatzvernehmung vornehmen muß, falls die Auskunftsperson ihre Aussage vor dem Gericht ändern will.

Wird irrigerweise von einem Schiedsgericht ein Eid oder eine eidesstattliche Versicherung abgenommen, so sind diese Handlungen rechtlich ohne Bedeutung. In ihnen kann also auch keine Eidesverletzung im strafrechtlichen Sinne liegen. Für das schiedsgerichtliche Verfahren bietet diese Verfahrensverletzung einen Grund zur Aufhebungsklage gegen den Schiedsspruch nach § 100 Abs. 1 Nr. 1 ArbGG., weil das Schiedsgericht den Schiedsspruch unter der Annahme erlassen hat, daß durch die Beeidigung bzw. die eidesstattliche Versicherung eine wahrheitsgemäße Aussage herbeigeführt werde (ebenso Dersch-Volkmar, Anm. 4 zu § 96; auch Baumbach, Anm. 5 zu § 96, der aber anscheinend davon ausgeht, daß die Beeidigung auch außerhalb der Herbeiführung einer wahrheitsgemäßen Aussage zulässig wäre).

Wird dem Schiedsgericht gegenüber unverlangt eine eidesstattliche Versicherung abgegeben, so ist sie als solche unwirksam. Die dadurch bekräftigte Aussage ist wie jede andere Aussage zu werten.

5 Unter Beweiserhebung ist hier nur die gesamte Erhebung eines Zeugen-, Sachverständigen-, Augenscheins- oder Urkundenbeweises verstanden, nicht die Erhebung einzelner Teile eines solchen Beweises, wie die Beeidigung. Das ergibt sich aus der besonderen Vorschrift des § 96 Abs. 2 Satz 2 ArbGG., die sonst überflüssig wäre. Welche Beweiserhebungen das Schiedsgericht nicht vornehmen

kann, ergibt sich aus § 96 Abs. 1 Satz 1 ArbGG. (vgl. Anm. 2, 3): die, für die ihm die Beweismittel nicht zur Verfügung gestellt werden.

6 Die Inanspruchnahme des Gerichts als Ersatzstelle für Beweiserhebungen ist im schiedsgerichtlichen Verfahren in Arbeitsstreitigkeiten in ihrem Charakter unterschiedlich von der im allgemeinen schiedsgerichtlichen Verfahren (ZPO. § 1036) geregelt (vgl. Anm. 1 Abs. 1). Während im allgemeinen Schiedsgerichtsverfahren die Streitpartei die Vornahme einer Beweiserhebung, zu der die Schiedsrichter nicht befugt sind, beim zuständigen Gericht beantragen kann, die Initiative also in der Hand der Streitparteien unter Ausschaltung der Schiedsrichter liegt, „ersucht" hier das Schiedsgericht selbst, das sich über die Erforderlichkeit der Beweiserhebung schlüssig geworden ist, das zuständige Gericht um deren Vornahme, ohne daß die Streitpartei hierauf noch einen Einfluß hat. Ist schon der Ausdruck „ersucht" der typische Ausdruck der Prozeßgesetze für ein Verlangen nach sogenannter Rechtshilfe (vgl. Anm. 1 zu § 13), so ist im § 96 Abs. 2 Satz 3 das Verfahren ausdrücklich als „Rechtshilfe" bezeichnet. Diese Bezeichnung erscheint zwar in der sonst üblichen Terminologie (vgl. Anm. 1 Abs. 1 a. A. zu § 13) nicht ganz genau (vgl. Baumbach, Anm. 9 a. A. zu § 96), sie ist aber offenbar absichtlich gewählt, um anzuzeigen, daß das Verfahren grundsätzlich (vgl. jedoch Anm. 1, 10) rechtlich wie ein Rechtshilfeverfahren zu behandeln ist. Es gilt deshalb dafür das in den Anm. zu § 13 Ausgeführte entsprechend.

Das ersuchende Schiedsgericht und das ersuchte Gericht haben ebenso zu verfahren, wie wenn ein Arbeitsgericht ein anderes Gericht um Rechtshilfe ersucht. Das Schiedsgericht hat also auf Grund seiner Entschließung über die Erforderlichkeit der Beweisaufnahme, die der Form des Beweisbeschlusses nach §§ 94, 96 ArbGG. nicht bedarf, ein Ersuchungsschreiben an das Rechtshilfegericht zu richten, aus dem sich ergibt, welche Beweiserhebung vorgenommen werden soll, zur Klärung welcher Behauptung, welcher Streitpartei, aus dem sich aber gemäß § 96 Abs. 2 Satz 1 weiter ergeben muß, daß das Schiedsgericht die Beweiserhebung für erforderlich hält, sie aber selbst nicht vornehmen kann. Das ersuchte Gericht muß alsdann die Beweiserhebung vornehmen, soweit die verlangte richterliche Handlung zulässig ist und zu seiner örtlichen Zuständigkeit gehört. Eine weitere rechtliche Nachprüfung, insbesondere über die Zulässigkeit des Schiedsgerichtsverfahrens in dem vorliegenden Fall, steht ihm nicht zu (a. A. Baumbach, Anm. 7, C zu § 96), ebensowenig etwa eine Nachprüfung über die Zweckmäßigkeit der Beweiserhebung (ebenso Baumbach, Anm. 7, C zu § 96; Dersch-Volkmar, Anm. 7 Abs. 4 zu § 96). Über die Beweisaufnahme, die in derselben Weise erfolgt wie jede andere Beweisaufnahme im Rechtshilfewege — darum war eine entsprechende Vorschrift wie ZPO. § 1036 Abs. 2 hier nicht erforderlich (a. A. Schmincke-Sell, Anm. 7 a. E. zu § 96) —, übersendet das Gericht dem Schiedsgericht eine Niederschrift.

7 Die Regelung ist die gleiche wie bei der Beweisaufnahme im arbeitsgerichtlichen Verfahren im Rechtshilfewege (ArbGG. § 58 Abs. 1 Satz 3). Vgl. deshalb Anm. 9 zu § 58.

8 Bedarf das Schiedsgericht nicht einer vollen Beweiserhebung durch das Gericht, sondern nur der Beeidigung eines Zeugen oder Sachverständigen, so

ist das in Anm. 6 geschilderte Rechtshilfeverfahren entsprechend anzuwenden. Das Schiedsgericht muß also das Gericht um Vornahme der Beeidigung ersuchen unter Mitteilung, daß es die Beeidigung zur Herbeiführung einer wahrheitsgemäßen Äußerung für notwendig erachtet, und unter Mitteilung der zu beweisenden Behauptungen und des Vernehmungsergebnisses, sofern eine Niederschrift aufgenommen ist (vgl. Anm. 3 Abs. 3 zu § 94) durch deren Übersendung.

Um andere Handlungen wie Beweiserhebungen und Beeidigungen kann das Schiedsgericht, unterschiedlich von ZPO. § 1036 Abs. 1, das Gericht nach der Regelung des schiedsgerichtlichen Verfahrens in Arbeitsstreitigkeiten nicht ersuchen. Die Auffassung von Baumbach (Anm. 7, B zu § 96), daß die Zulässigkeit solcher Ersuchen analog angenommen werden müsse, weil die gegenteilige Auslegung zu unhaltbaren Folgen führe, dürfte zwei Gesichtspunkte verkennen: einmal werden derartige Handlungen im schiedsgerichtlichen Verfahren in Arbeitsstreitigkeiten kaum erforderlich werden; zum andern greift aber, falls sie im Einzelfall einmal erforderlich wären, die allgemeine Regel des Arbeitsgerichtsgesetzes ein, nach der in einem Rechtsstreit, in dem die schiedsgerichtliche Entscheidung aus irgendwelchen Gründen verzögert wird, die Arbeitsgerichtsbarkeit wieder zuständig werden kann (ArbGG. § 92 Abs. 2 Nr. 3).

9 Nur die „baren Auslagen" der Rechtshilfe sind zu ersetzen (wegen der Schuldner vgl. Anm. 10), nicht etwa sind Gebühren für die Rechtshilfe zu zahlen. Was bare Auslagen sind, ergibt sich aus § 72 GKG., es handelt sich also hier im wesentlichen um gezahlte Zeugen- und Sachverständigengebühren und Postgebühren (ebenso Schmincke-Sell, Anm. 8 zu § 96). Die Auffassung von Dersch-Volkmar (Anm. 12 Abs. 1 zu § 96) und Baumbach (Anm. 9 a. E. zu § 96), daß Portokosten im Verkehr von Behörden untereinander nicht zu den baren Auslagen, sondern zum „nicht erstattungsfähigen allgemeinen Geschäftsaufwand der ersuchten Behörde" zu rechnen sind, dürfte jedenfalls hier nicht durchgreifen, da ersatzpflichtig die Streitpartei ist (vgl. Anm. 10).

10 Von wem dem Gericht die baren Auslagen zu ersetzen sind, ist in § 96 Abs. 2 Satz 3 Halbsatz 1 ArbGG. nicht gesagt; die Antwort auf diese Frage ergibt sich jedoch aus der Bezugnahme auf die §§ 77, 79 GKG. im Halbsatz 2. Wenngleich das Verfahren nach § 96 Abs. 2 ArbGG. grundsätzlich als Rechtshilfeverfahren behandelt wird (vgl. Anm. 6), so ist doch für den Auslagenersatz zu berücksichtigen, daß das Schiedsgericht keine Gerichtsbehörde ist und daß die Kostenerstattung im schiedsgerichtlichen Verfahren dem Schiedsantrag bzw. dem Ermessen des Schiedsgerichts überlassen ist (vgl. Anm. 3 Abs. 3 zu § 94). Sollte das ersuchte Gericht wegen des Ersatzes der baren Auslagen sichergestellt werden, so reichte die Vorschrift des § 164 GVG. hierfür nicht aus und es mußte eine selbständige Erstattungspflicht der Streitparteien ihm gegenüber vorgeschrieben werden. Dies ist im § 96 Abs. 2 Satz 3 Halbsatz 2 ArbGG. durch die entsprechende Anwendbarkeit der §§ 77, 79 GKG. geschehen.

Das ersuchte Gericht kann danach seine baren Auslagen von der Streitpartei erfordern, die die Beweiserhebung beantragt hat, die vom Schiedsgericht zur Kostentragung verurteilt ist oder die die Kosten der Beweisaufnahme übernommen hat; vom Schiedsgericht selbst oder seinen Mitgliedern kann es Auslagenersatz nicht erfordern (a. A. Schmincke-Sell, Anm. 9 Abs. 1 zu § 96). Die Vorschrift des § 82 GKG. über die etwaige Reihenfolge der Belangung ist nicht entsprechend anwendbar (a. A. Baumbach, Anm. 9 Abs. 2 zu § 96), so daß das Gericht frei gestellt ist. Eine wirklich befriedigende Regelung der Kostenerstattung, die dem Charakter des schiedsgerichtlichen Verfahrens in Arbeitsstreitigkeiten entspricht, dürfte sich allerdings aus der Vorschrift des § 96 Abs. 2 Satz 3 nicht ergeben.

11 Vgl. Anm. 1 Abs. 2, Anm. 2. Ist gleichwohl ein Parteieid abgenommen worden und auf Grund der Eidesleistung entschieden, so ist gegen den Schiedsspruch die Aufhebungsklage nach § 100 Abs. 1 Nr. 1 ArbGG. begründet.

§ 97

Vergleich[1]

Ein vor dem Schiedsgericht geschlossener Vergleich[2] ist unter Angabe des Tages seines Zustandekommens von den Streitparteien und den Mitgliedern des Schiedsgerichts zu unterschreiben[3]. Er ist stempelfrei[4].

1 Für das schiedsgerichtliche Verfahren in Arbeitsstreitigkeiten ist n i c h t wie für das arbeitsgerichtliche Verfahren ein G ü t e v e r f a h r e n mit dem Ziele des Vergleichs der Streitparteien z w i n g e n d v o r g e s c h r i e b e n, weil die Regelung des Verfahrens nach den Gesichtspunkten der Zweckmäßigkeit dem Schiedsvertrag bzw. dem Schiedsgericht überlassen ist (ArbGG. § 94). Das bedeutet aber nicht, daß die gütliche Einigung der Streitparteien im schiedsgerichtlichen Verfahren hinter der Streitentscheidung zurücktreten soll. Im Gegenteil ist aus der bisherigen Entwickelung des Schiedsgerichtsverfahrens in Arbeitsstreitigkeiten zu entnehmen, daß die Beteiligten gerade hier auf den Versuch der gütlichen Einigung den größten Wert legen, daß vor dem Inkrafttreten der Arbeitsgerichtsbarkeit ein Schiedsvertrag häufig gerade darum geschlossen worden ist, weil eine Stelle geschaffen werden sollte, die sich die Herbeiführung einer gütlichen Einigung besonders angelegen sein läßt.

Entsprechend dieser Entwickelung räumt das Arbeitsgerichtsgesetz eine Reihe tatsächlicher Schwierigkeiten aus, die dem V e r g l e i c h s a b s c h l u ß im schiedsgerichtlichen Verfahren entgegenstehen könnten. Vor allem ist es regelmäßig der Wunsch der Streitparteien, einen v o l l s t r e c k b a r e n T i t e l zu erhalten. Dieser ist in einem vor dem Gericht, also auch vor der Arbeitsgerichtsbehörde, geschlossenen Vergleich nach § 794 Abs. 1 Nr. 1 ZPO. gegeben. Die Vorschrift des § 1044a ZPO. will die Schaffung eines vollstreckbaren Titels auch im Vergleich vor dem Schiedsgericht im allgemeinen schiedsgerichtlichen Verfahren herbeiführen. Für das Schiedsgerichtsverfahren in Arbeitsstreitigkeiten stellt ArbGG. § 99 den „v o r d e m S c h i e d s g e r i c h t g e s c h l o s s e n e n V e r g l e i c h" (vgl. Anm. 2) d e m S c h i e d s s p r u c h d e s S c h i e d s g e r i c h t s h i n s i c h t l i c h d e r Z w a n g s v o l l s t r e c k u n g g l e i c h. Um diese Regelung praktisch zu ermöglichen, gibt § 97 ArbGG. gewisse F o r m v o r s c h r i f t e n für diesen Vergleich, um die Frage seines Zustandekommens außer Zweifel zu stellen. Ferner stellt § 97 Satz 2 ArbGG. ihn hinsichtlich der S t e m p e l f r e i h e i t dem Vergleich im arbeitsgerichtlichen Verfahren (ArbGG. § 12 Abs. 5) gleich, um zu erreichen, daß die Streitparteien nicht etwa durch einen Vergleichsabschluß besonders belastet werden (vgl. Anm. 4).

2 Da das schiedsgerichtliche Verfahren in Arbeitsstreitigkeiten keine mündliche Verhandlung der Streitparteien vor dem Schiedsgericht erfordert (vgl. Anm. 2

Abs. 1 zu § 95), sind für den Abschluß eines Vergleichs vor dem Schiedsgericht auch andere Möglichkeiten gegeben wie für den Abschluß eines Vergleichs vor dem Gericht. Außer dem Vergleich, der von den Streitparteien in einer Sitzung des Schiedsgerichts erklärt worden ist, ist deshalb auch ein Vergleich als „vor dem Schiedsgericht geschlossen", weil im schiedsgerichtlichen Verfahren abgeschlossen, anzusehen, wenn er durch schriftliche Erklärungen der Parteien, möglicherweise in verschiedenen Schreiben, an das Schiedsgericht zustande gekommen ist; wegen der auch dann erforderlichen Form vgl. Anm. 3. Nicht „vor dem Schiedsgericht geschlossen" ist aber ein Vergleich, den die Parteien unter sich, wenn auch im Lauf eines schiedsgerichtlichen Verfahrens, abgeschlossen und alsdann dem Schiedsgericht mitgeteilt haben (ebenso im Ergebnis: Dersch-Volkmar, Anm. 2 zu § 97; etwas enger anscheinend: Baumbach, Anm. 1 zu § 97; Schmincke-Sell, Anm. 1 zu § 97).

3 Zur Sicherstellung der Tatsache des Vergleichsabschlusses ist der Vergleich zu datieren und sowohl von den Streitparteien als auch von den Mitgliedern des Schiedsgerichts zu unterschreiben. Diese Formvorschrift geht erheblich über die des § 160 Abs. 2 Nr. 1 ZPO. für den gerichtlichen Vergleich hinaus. Dies war nötig, weil das Schiedsgericht eine Sitzungsniederschrift mit der Wirkung öffentlichen Glaubens nicht aufnehmen kann, ja überhaupt eine Sitzungsniederschrift nicht aufzunehmen braucht (vgl. Anm. 3 Abs. 3 zu § 94) und weil der Vergleich nicht in einer Sitzung des Schiedsgerichts geschlossen zu werden braucht (vgl. Anm. 2). Die Formvorschrift muß auch gewahrt werden, wenn der Vergleich im schriftlichen Verfahren geschlossen worden ist (vgl. Anm. 2). Alsdann muß das Schiedsgericht den Vergleich in eine Schrift fassen, diese Schrift mit dem Datum versehen, an dem der Vergleich nach bürgerlichem Recht zustande gekommen ist und die Unterschrift der Streitparteien und der Mitglieder des Schiedsgerichts unter dieser Schrift herbeiführen; dies kann auch schriftlich geschehen, eine Vorlesung des Vergleichs kommt also nicht in Frage (a. A. Samter, Anm. 1 Abs. 1, 2 zu § 97).

Die Unterschrift müssen die Streitparteien eigenhändig leisten, Unterschrift durch die Vertreter im schiedsgerichtlichen Verfahren genügt nach BGB. § 126 nicht. Alle Streitparteien müssen unterschreiben. Als Mitglieder des Schiedsgerichts müssen die Mitglieder und nur sie unterschreiben, die dem Schiedsgericht für den vorliegenden Rechtsstreit angehören, gewissermaßen also die Mitglieder der Kammer des Schiedsgerichts, nicht etwa auch andere Mitglieder eines ständigen Schiedsgerichts.

Ist die Formvorschrift des § 97 Satz 1 ArbGG. nicht gewahrt, so liegt ein rechtsgültiger vor dem Schiedsgericht geschlossener Vergleich nicht vor, so daß die Vollstreckung gemäß § 99 ArbGG. nicht erfolgen kann. Der Vergleich ist dann als Vertrag nach bürgerlichem Recht zu beurteilen, aus dem gegebenenfalls auf Erfüllung geklagt werden muß.

Die sofortige Zustellung einer Ausfertigung der Vergleichsschrift an die Streitparteien ist nicht, wie die der Ausfertigung des Schiedsspruchs im ArbGG. § 98 Abs. 2 Satz 2, 3, vorgeschrieben, doch wird sie sich empfehlen, um das etwaige Vollstreckungsverfahren zu erleichtern (vgl. Anm. 6 zu § 99).

4 Vgl. Anm. 1 Abs. 2 a. E. Die Stempelfreiheit des vor dem Schiedsgericht geschlossenen Vergleichs entspricht der des Vergleichs im arbeitsgerichtlichen

Verfahren nach § 12 Abs. 5 ArbGG. (vgl. Anm. 14 zu § 12). Der **Vergleich** ist stempelfrei, gleichviel was sein Inhalt ist (ebenso Dersch-Volkmar, Anm. 5 Abs. 1 zu § 97; Baumbach, Anm. 4 zu § 97). Für den zwar im Laufe eines schiedsgerichtlichen Verfahrens, aber nicht vor dem Schiedsgericht, geschlossenen Vergleich (vgl. Anm. 2) gilt die Vorschrift des § 97 Satz 2 nicht.

§ 98

Schiedsspruch[1]

(1) **Der Schiedsspruch ergeht mit einfacher Mehrheit der Stimmen der Mitglieder des Schiedsgerichts, falls der Schiedsvertrag nichts anderes bestimmt[2].**

(2) **Der Schiedsspruch ist unter Angabe des Tages seiner Fällung von den Mitgliedern des Schiedsgerichts zu unterschreiben[3] und muß schriftlich begründet werden, soweit die Parteien nicht auf schriftliche Begründung ausdrücklich verzichten[4]. Eine vom Verhandlungsleiter unterschriebene Ausfertigung des Schiedsspruchs ist jeder Streitpartei zuzustellen. Die Zustellung kann durch eingeschriebenen Brief erfolgen[5].**

(3) **Eine vom Verhandlungsleiter unterschriebene Ausfertigung des Schiedsspruchs soll bei dem Arbeitsgerichte, das für die Geltendmachung des Anspruchs zuständig wäre, niedergelegt werden. Die Akten des Schiedsgerichts oder Teile der Akten können ebenfalls dort niedergelegt werden[6].**

(4) **Der Schiedsspruch hat unter den Parteien dieselben Wirkungen wie ein rechtskräftiges Urteil des Arbeitsgerichts[7]. Er ist stempelfrei[8].**

1 Die Entscheidung, die den regelmäßigen Abschluß des schiedsgerichtlichen Verfahrens bildet, wird vom Arbeitsgerichtsgesetz wie von der Zivilprozeßordnung als „Schiedsspruch" bezeichnet. Mit dem gleichfalls als „Schiedsspruch" bezeichneten, im Schlichtungsverfahren ergehenden Vorschlag für den Abschluß einer Gesamtvereinbarung (SchlVO. Art. I § 5 Abs. 4) hat sie nichts zu tun (vgl. Anm. 1 Abs. 5 zur Überschrift des Ersten Abschnitts). Da der Schiedsspruch im schiedsgerichtlichen Verfahren mit Rücksicht auf die Rechtskraftwirkung unter den Streitparteien gemäß § 98 Abs. 4 ArbGG. und die Vollstreckbarkeitswirkung im Rahmen des § 99 ArbGG. ein bedeutsamer Akt ist, er aber andererseits seitens einer nichtamtlichen Stelle ergeht, sind für sein Ergehen strenge Formvorschriften aufgestellt (ArbGG. § 98 Abs. 1, 2). Schiedsspruch ist aber nur die Entscheidung des Schiedsgerichts, die das schiedsgerichtliche Verfahren im Einzelfall ganz oder zu einem Teil (Teilschiedsspruch, entsprechend dem Teilurteil) beendet.

Wenngleich der Schiedsspruch so an die Stelle des Urteils tritt, braucht er doch nicht dessen gesamten Inhalt zu haben. Insbesondere braucht er nicht über die Kostentragung zu entscheiden; § 94 ArbGG. überläßt dem Schiedsvertrag bzw. dem Schiedsgericht die Regelung der Kostenfrage in allen Teilen, da ein öffentliches Interesse an einer einheitlichen Kostenregelung und ihrer Anwendung auf den einzelnen Rechtsstreit hier, anders wie bei der Rechtsprechung durch staatliche Gerichte, nicht besteht (vgl. Anm. 3 Abs. 3 zu § 94; a. A. Samter, Anm. 10 a. E. zu § 98).

Der Schiedsspruch ist von dem Schiedsgericht zu erlassen, sobald der vor ihm schwebende Rechtsstreit ihm entscheidungsreif erscheint; andernfalls kann die Entscheidung dem Schiedsgericht auf dem Wege des § 92 Abs. 2 Nr. 3 ArbGG. entzogen werden. Eine dem § 1037 ZPO. entsprechende Vorschrift findet sich im Arbeitsgerichtsgesetz nicht, aber nur deshalb, weil sie als inhaltlich selbstverständlich nicht erforderlich erscheint; Schutz gegen ein unzulässiges Verfahren bietet § 100 ArbGG. Zur Fällung des Schiedsspruchs brauchen sich die Mitglieder des Schiedsgerichts nicht wie die Kammer des Gerichts zum Urteil in einer gemeinsamen Sitzung zu versammeln; vielmehr kann die Beratung des Schiedsspruchs und die Abstimmung über ihn im Rahmen des § 94 ArbGG. auch schriftlich erfolgen.

Die Vorschriften des § 98 ArbGG. über den Schiedsspruch entsprechen im übrigen mit nicht sehr erheblichen Abweichungen denen der §§ 1038—1040 ZPO. für das allgemeine schiedsgerichtliche Verfahren.

[2] Der Schiedsvertrag kann bestimmen, auf welche Weise der Schiedsspruch zustande kommen soll, ob hierzu eine Stimmenmehrheit und welche erforderlich sein soll. Bestimmt der Schiedsvertrag hierüber nichts, so ist einfache Stimmenmehrheit der „Kammer" des Schiedsgerichts (vgl. Anm. 3 Abs. 2 zu § 97) erforderlich und ausreichend, d. h. der Schiedsspruch muß mit einer Stimme mehr als der Hälfte der Kammermitglieder gefällt werden. Das Schiedsgericht selbst oder die Streitparteien können die Frage der erforderlichen Stimmenzahl nicht regeln (ArbGG. § 94).

Zeigt das Schiedsgericht den Streitparteien an, daß die Abgabe eines Schiedsspruchs unmöglich ist, weil die vom Schiedsvertrag oder vom Gesetz vorgesehene Stimmenzahl nicht erreicht ist, so entfällt die Einrede des Schiedsvertrages, so daß der Streitfall zur Entscheidung an das Arbeitsgericht gebracht werden kann (vgl. Anm. 17 zu § 92).

Gegen einen anders, wie in § 98 Abs. 1 ArbGG. vorgeschrieben, zustande gekommenen Schiedsspruch ist die Aufhebungsklage nach § 100 Abs. 1 Nr. 1 ArbGG. (vgl. Anm. 4, 5 zu § 100) gegeben; allerdings werden die Streitparteien das Abstimmungsergebnis des Schiedsgerichts nur selten erfahren.

[3] Der Schiedsspruch muß von allen Mitgliedern der Kammer des Schiedsgerichts (vgl. Anm. 3 Abs. 2 zu § 97) unterschrieben werden, andernfalls ist er noch nicht rechtsgültig zustande gekommen. Stirbt ein Mitglied des Schiedsgerichts vor der Unterzeichnung, aber nach Fällung des Schiedsspruchs oder wird er auf andere Weise in dieser Zeit zur Mitgliedschaft im Schiedsgericht unfähig, so ist, da eine dem § 315 Abs. 1 Satz 2 ZPO. entsprechende Vorschrift hier nicht gegeben ist, falls der Schiedsvertrag bestimmte Mitglieder ohne Möglichkeit des Ersatzes vorsieht, der Schiedsvertrag erledigt. Sieht der Schiedsvertrag einen Ersatz für fortfallende Mitglieder vor, so muß auf dem darin bestimmten Wege an Stelle des fortgefallenen Mitglieds ein anderes Mitglied herangezogen und alsdann nochmals beraten und abgestimmt werden; gegebenenfalls tritt die Folge des § 92 Abs. 2 Nr. 1 bzw. 2 ArbGG. ein. Weigert sich ein Mitglied zu unterschreiben,

obwohl es seine Fähigkeit zur Mitgliedschaft nicht verloren hat, so tritt die Folge des § 92 Abs. 2 Nr. 3 ArbGG. ein (a. A. Baumbach, Anm. 6 zu § 98, nach dessen Auffassung das Verfahren bei Tod oder Unterschriftsweigerung eines Mitglieds ohne Schiedsspruch beendet ist, was, abgesehen von der Gefahr einer solchen Regelung für die Streitparteien, dem System der Vorschriften des Gesetzes über den Schiedsvertrag widersprechen dürfte).

In dem schriftlich niedergelegten Schiedsspruch ist ferner der Tag seiner „Fällung" anzugeben. Diese Regelung unterscheidet sich von der Vorschrift des § 1039 ZPO., nach der der Tag der „Abfassung" anzugeben ist (dies übersehen Dersch-Volkmar, Anm. 3,a zu § 98). Tag der Abfassung ist der Tag, an dem der Schiedsspruch schriftlich niedergelegt worden ist, ein Tag, der bei schriftlicher Herbeiführung der Unterschriften schlecht zu bestimmen ist. Der Tag der Fällung ist dagegen der Tag, an dem das Abstimmungsergebnis erzielt worden ist; er ist sowohl bei mündlichem als auch bei schriftlichem Verfahren einwandfrei festzustellen; die Auffassung Baumbachs (Anm. 5 zu § 98), daß unter „Fällung" das Wirksamwerden nach außen zu verstehen ist, dürfte dem Sprachgebrauch nicht gerecht werden.

Da das Gesetz über die Verkündung des Schiedsspruchs nichts sagt, ist die Regelung für die Fälle, für die eine Verkündung überhaupt in Betracht kommt, dem Schiedsvertrag bzw. dem Schiedsgericht selbst überlassen (ArbGG. § 94); es wird aber zweckmäßig sein, den Schiedsspruch in diesen Fällen vor der Verkündung zu unterschreiben. Erst von der Unterschrift an ist er für das Schiedsgericht unabänderlich; die Auffassung von Dersch-Volkmar (Anm. 5 Abs. 4 zu § 98) und von Baumbach (Anm. 9 zu § 98), daß er vom Schiedsgericht noch bis zur Zustellung abgeändert werden könne, dürfte dem Sinn der Vorschrift und den praktischen Bedürfnissen nicht entsprechen.

Eine nicht datierte und von allen Mitgliedern des Schiedsgerichts unterschriebene Entscheidung ist kein Schiedsspruch, beendet also auch das Verfahren nicht. Sie kann nicht gemäß § 99 ArbGG. für vollstreckbar erklärt werden. Die Aufhebungsklage findet gegen sie nicht statt (a. A. Dersch-Volkmar, Anm. 3, b zu § 98). Die Vorschriften über Datierung und Unterschrift sind zwingend zum Zustandekommen des Schiedsspruchs erforderlich, auf ihre Beachtung können auch die Streitparteien aus Gründen der Rechtssicherheit nicht verzichten (a. A. Baumbach, Anm. 4 zu § 98).

4 Grundsätzlich ist die Beifügung einer schriftlichen Begründung für jeden Schiedsspruch zwingend vorgeschrieben. Sie braucht aber nach der Fassung nicht von allen Mitgliedern des Schiedsgerichts unterschrieben zu werden, es genügt vielmehr für die Begründung, entsprechend wie nach § 60 Abs. 4 Satz 1 ArbGG. für das Urteil des Arbeitsgerichts, die Unterschrift des Verhandlungsleiters. Andernfalls würde auch eine unliebsame Verzögerung eintreten, da der Schiedsspruch regelmäßig erst nach der Unterzeichnung begründet werden wird. Eine bestimmte Form der Begründung ist nicht vorgeschrieben, es genügt also, wenn aus ihr in kurzen Umrissen zu ersehen ist, wie das Schiedsgericht zu seiner Entscheidung gekommen ist. Dies ist, insbesondere mit Rücksicht auf eine etwaige Aufhebungsklage, erforderlich.

Die Parteien, gemeint sind die Streitparteien, können jedoch auf die schriftliche Begründung verzichten, und zwar sowohl in allen Teilen, als auch bezüglich gewisser Teile des Schiedsspruchs („soweit ..."). Dies ist der einzige Fall, in dem die Streitparteien als solche regelnd in das Verfahren im Einzelfall eingreifen können (vgl. Anm. 2 Abs. 1 a. E. zu § 94). Die Streitparteien müssen aber „ausdrücklich" verzichten, d. h. alle Streitparteien müssen dem Schiedsgericht mündlich oder schriftlich mitteilen, daß eine schriftliche Begründung nicht zu ergehen braucht; aus dem Schweigen einer Partei können keine Schlüsse in dieser Hinsicht gezogen werden. Die Partei wird den Verzicht zweckmäßig nur aussprechen, wenn sie sich darüber klar geworden ist, daß sie eine Aufhebungsklage gegen den Schiedsspruch nach § 100 ArbGG. nicht anstrengen will (vgl. Abs. 1 a. E.). Aus Gründen der Sicherheit ist zu empfehlen, daß das Schiedsgericht beim Verzicht aller Parteien auf schriftliche Begründung einen Vermerk hierüber in die Niederschrift des Schiedsspruchs aufnimmt.

Die die schriftliche Begründung betreffende Vorschrift des § 98 Abs. 2 Satz 1 ArbGG. ist zwar zwingend, aber nur in dem Sinne, daß wegen ihrer Verletzung die Aufhebungsklage nach § 100 Abs. 1 Nr. 1 ArbGG. gegeben ist (ebenso Dersch-Volkmar, Anm. 3, c zu § 98; Baumbach, Anm. 7 zu § 98 — bei beiden wird irrtümlich § 100 Abs. 1 Nr. 3 ArbGG. zitiert). Dagegen ist das rechtsgültige Zustandekommen des Schiedsspruchs durch den Mangel der schriftlichen Begründung nicht gehindert (anscheinend a. A. Schmincke-Sell, Anm. 3, c zu § 98), da nach außen nicht ohne weiteres erkennbar ist, ob nicht ein gültiger Verzicht auf die Begründung vorliegt. Der Schiedsspruch kann deshalb, auch wenn er zu Unrecht nicht begründet ist, gemäß § 99 ArbGG. für vollstreckbar erklärt werden (vgl. Anm. 3 zu § 99).

5 Auch hier ist, wie im § 1039 ZPO., die Zustellung des Schiedsspruchs zwingend vorgeschrieben. Die Wirkung dieser Vorschrift ist aber gleichwohl nicht ganz die gleiche wie die des § 1039 ZPO. Denn ZPO. § 1039 schreibt weiter vor, daß der Schiedsspruch unter Beifügung der Beurkundung der Zustellung auf der Geschäftsstelle des zuständigen Gerichts niedergelegt werden muß, während nach § 98 Abs. 3 Satz 1 ArbGG. lediglich eine vom Verhandlungsleiter unterschriebene Ausfertigung des Schiedsspruchs bei dem zuständigen Arbeitsgericht niedergelegt werden soll. Daraus ergibt sich, daß der Schiedsspruch des allgemeinen schiedsgerichtlichen Verfahrens nach § 1039 ZPO. erst nach außen wirksam ist, wenn die Niederlegung des Schiedsspruchs und der Zustellungsurkunden beim Gericht erfolgt ist, so daß er also erst dann gemäß § 1042 ZPO. für vollstreckbar erklärt werden kann. Im Schiedsverfahren des Arbeitsgerichtsgesetzes dagegen wird der Schiedsspruch bereits mit der Zustellung der Ausfertigung nach außen wirksam; die Niederlegung ist nicht zwingend vorgeschrieben, die Beifügung der Zustellungsurkunden überhaupt nicht. Wirksam wird der Schiedsspruch aber nach außen, da außer der Zustellung nichts mehr veranlaßt werden muß, schon mit der Zustellung einer Ausfertigung an eine Streitpartei, da er dadurch nach Unterzeichnung durch alle Mitglieder des Schiedsgerichts (vgl. Anm. 3) bekanntgegeben wird. Obwohl er also nach § 98 Abs. 2 Satz 2 ArbGG. allen Streitparteien zugestellt werden muß, ist die Zustellung an die weiteren Parteien, nachdem die erste Zustellung erfolgt ist, für die Wirksamkeit des Schiedsspruchs ohne Bedeutung. Der

Schiedsspruch kann deshalb gemäß § 99 für vollstreckbar erklärt werden, wenn der Antragsteller die Zustellung an ihn nachweist (vgl. Anm. 6 zu § 99). Die abweichenden Auffassungen von Dersch-Volkmar (Anm. 3, 6 zu § 99), Baumbach (Anm. 9 zu § 98, Anm. 1 a. E. zu § 99) und Schmincke-Sell (Anm. 3, d zu § 98, Anm. 5 a. A. zu § 99) dürften der von § 1039 ZPO. abweichenden Fassung des § 98 Abs. 2 Satz 2, 3 und Abs. 3 Satz 1 nicht gerecht werden und praktisch zu mitunter unüberwindlichen Schwierigkeiten bei der Vollstreckbarkeitserklärung führen. Ist der Schiedsspruch überhaupt noch nicht zugestellt, so ist er noch nicht rechtswirksam, weil noch nicht nach außen in die Erscheinung getreten; die Vollstreckbarkeitserklärung eines solchen Schiedsspruchs müßte also abgelehnt werden (vgl. Anm. 3, 6 zu § 99). Ist der Schiedsspruch einer Streitpartei zugestellt, so kann theoretisch jede andere wegen des Mangels der Zustellung an sie gemäß § 100 Abs. 1 Nr. 1 ArbGG. auf Aufhebung klagen; praktische Bedeutung hat diese Möglichkeit aber kaum, da dem Kläger alsdann voraussichtlich sofort zugestellt werden würde.

Den Streitparteien ist eine Ausfertigung des Schiedsspruches zuzustellen, also eine Abschrift des gesamten Schiedsspruchs, gegebenenfalls einschließlich der Begründung (vgl. Anm. 4), mit der Abschrift der Unterschriften aller Mitglieder des Schiedsgerichts (vgl. Anm. 3), versehen mit dem Ausfertigungsvermerk; zweckmäßig wird die Schrift auch als „Ausfertigung" zu bezeichnen sein, wenngleich dies nicht unbedingt erforderlich ist, sofern sie sich offenbar als Ausfertigung darstellt. Die Ausfertigung unterschreibt, anders als nach ZPO. § 1039, nur der Verhandlungsleiter des Schiedsgerichts; ein solcher muß stets vorhanden sein, wie sich übrigens schon aus dem tatsächlichen Bedürfnis ergibt (vgl. Anm. 3 Abs. 3 zu § 94).

Der Verhandlungsleiter hat unverzüglich nach Vorliegen des unterschriebenen Schiedsspruchs und der Begründung, falls auf sie nicht verzichtet ist, die Zustellung an alle Streitparteien zu veranlassen. In der Art der Zustellung ist er durch § 98 Abs. 2 Satz 2, 3 ArbGG., mit Rücksicht auf die nicht amtliche Einrichtung des Schiedsgerichts, möglichst freigestellt. Er kann die Zustellung entweder als regelmäßige Zustellung durch den Gerichtsvollzieher oder als Zustellung durch die Post oder durch eingeschriebenen Brief veranlassen, im letzten Fall aber zweckmäßig durch eingeschriebenen Brief gegen Rückschein. Die Beurkundungen der Zustellung sind zu den Akten zu nehmen (vgl. aber Anm. 6).

Im Schrifttum zweifelhaft ist die Frage, ob die Zustellung, falls für das schiedsgerichtliche Verfahren von einer Partei ein Bevollmächtigter bestellt war, an diesen zu erfolgen hat oder ob sie auch an die Partei selbst erfolgen kann (für die erste Auffassung: Schmincke-Sell, Anm. 3, d zu § 98; a. A. Dersch-Volkmar, Anm. 5 Abs. 2 zu § 98; Baumbach, Anm. 9 zu § 98). Da die Vorschrift des § 176 ZPO., nach der Zustellungen in einem anhängigen Rechtsstreit an den für die Instanz bestellten Prozeßbevollmächtigten erfolgen müssen, im schiedsgerichtlichen Verfahren mangels besonderer Vorschrift nicht gilt, muß, wie für das allgemeine Schiedsgerichtsverfahren nach § 1039 ZPO. (vgl. Sydow-Busch-Krantz, Anm. 3 zu § 1039 ZPO.), angenommen werden, daß der Verhandlungsleiter die Wahl hat, ob er an die Streitpartei selbst oder an ihren Bevollmächtigten zustellen will.

6 Die Vorschrift über die Niederlegung beim zuständigen Arbeitsgericht (vgl. Anm. 13 zu § 92) weicht erheblich von der entsprechenden Vorschrift

des § 1039 ZPO. ab (vgl. Anm. 5 Abs. 1). Dies erklärt sich aus der regelmäßig anderen Organisation des Schiedsgerichts in Arbeitsstreitigkeiten und des Schiedsgerichts nach der Zivilprozeßordnung. Während dieses im allgemeinen nur für einen Fall zusammentritt und deshalb kaum eine Gelegenheit zur sicheren und leicht erreichbaren Verwahrung der Akten hat, ist das Schiedsgericht in Arbeitsstreitigkeiten in der überragenden Zahl aller Fälle eine ständige Einrichtung auf Grund eines Tarifvertrages. Es wird deshalb, wenngleich eine private Errichtung, eine feste Aktenführung und Verwahrungsmöglichkeit für die Akten haben, wie dies bisher auch im allgemeinen der Fall gewesen ist. Es wäre deshalb unzweckmäßig, in der Mehrzahl der Fälle die entstehenden Akten zu zerreißen. Die Urschrift des Schiedsspruchs verbleibt darum grundsätzlich mit den übrigen Akten bei dem Schiedsgericht. Hat es keine sichere und jederzeit erreichbare Aufbewahrungsmöglichkeit, so kann es seine Akten oder Teile von ihnen, etwa die wichtigsten, wie die Urschriften der Schiedssprüche nebst den Urkunden über ihre Zustellung, dem zuständigen Arbeitsgericht zur unentgeltlichen (ArbGG. § 12 Abs. 4) Verwahrung übergeben.

Damit in jedem Falle der ergangene Schiedsspruch bei einer amtlichen Stelle zu finden ist, schreibt § 98 Abs. 3 Satz 1 ArbGG. vor, daß eine vom Verhandlungsleiter unterschriebene Ausfertigung (vgl. Anm. 5 Abs. 2) des Schiedsspruchs, nicht die Urschrift, bei dem zuständigen Arbeitsgericht, dessen Vorsitzender gegebenenfalls auch die Vollstreckbarkeitserklärung nach § 99 ArbGG. zu erlassen hat, niedergelegt werden soll. Es handelt sich nicht um eine zwingende Vorschrift, deren Nichtbeachtung Rechtsnachteile mit sich bringt. Doch ist der Verhandlungsleiter im Interesse der Rechtssicherheit gehalten, die Vorschrift einzuhalten; die Schiedsvertragsparteien sollten die Einhaltung überwachen. Die Vorschrift bezieht sich lediglich auf die Ausfertigung des Schiedsspruchs; die Urkunden über die Zustellung sind von ihr nicht erfaßt, bezüglich ihrer gilt das in Abs. 1 dieser Anm. Gesagte (vgl. die Ausführungen in Anm. 5 Abs. 1, 3; a. A., aber ohne Begründung, Baumbach, Anm. 11 zu § 98). Auch die Verwahrung der Schiedsspruchausfertigung beim Arbeitsgericht erfolgt nach § 12 Abs. 4 ArbGG. unentgeltlich.

7 Die Vorschrift des § 98 Abs. 4 Satz 1 ArbGG. entspricht der des § 1040 ZPO. für die allgemeine Schiedsgerichtsbarkeit. Ist der Schiedsspruch rechtsgültig zustande gekommen und nach außen wirksam geworden (vgl. Anm. 3—5), so hat er die gleiche Wirkung, als wenn ein Urteil des Arbeitsgerichts mit demselben Inhalt ergangen und formell rechtskräftig, d. h. unanfechtbar (abgesehen von der Wiederaufnahme des Verfahrens) geworden wäre, aber mit einer Ausnahme, die sich aus dem Zusammenhalt von § 98 Abs. 4 Satz 1 und § 99 ArbGG. ergibt: während das rechtskräftige Urteil ohne weiteres gemäß den Vorschriften des Achten Buchs der Zivilprozeßordnung vollstreckbar ist (vgl. Anm. 1 und 9 zu § 62), findet aus dem Schiedsspruch des privaten Schiedsgerichts die Zwangsvollstreckung nach § 99 ArbGG. nur statt, wenn er durch den staatlichen Akt des Beschlusses des zuständigen Arbeitsgerichts für vollstreckbar erklärt worden ist. An Wirkungen des nicht für vollstreckbar erklärten Schiedsspruchs kommen daher wesentlich in Betracht die Unanfechtbarkeit, abgesehen von der Aufhebungsklage nach § 100 ArbGG., die Erschwerung der

Verjährung des Streitanspruchs (BGB. §§ 218, 219) und die sogenannte materielle Rechtskraftswirkung, d. h. die Begründung der Einrede der rechtskräftig entschiedenen Sache, die in einem neuen Rechtsstreit über dieselbe Sache eine erneute Prüfung und Entscheidung verhindert.

Die Fassung „unter den Parteien" hat schon zu § 1040 ZPO. Anlaß zu verschiedenartiger Auslegung gegeben, weil sie von der Fassung des § 325 ZPO. für das Urteil abweicht. Für die Wirkung des Schiedsspruchs in Arbeitsstreitigkeiten wird anzunehmen sein, daß sie nicht nur die Streitparteien unmittelbar ergreift, sondern auch ihre Rechtsnachfolger und die andern Personen, für die auch der Schiedsvertrag nach § 91 ArbGG. wirksam ist (vgl. Anm. 3 Abs. 4 zu § 91; ebenso Baumbach, Anm. 13,B zu § 98; a. A. offenbar Dersch-Volkmar, Anm. 9,c zu § 98). Eine andere Auslegung würde zu unbefriedigenden, von allen Grundsätzen des Prozeßrechts abweichenden Ergebnissen führen.

Die Zwangsvollstreckungsgegenklage des § 767 ZPO. wird durch die Wirkung des Schiedsspruchs ebensowenig gehindert wie durch die Rechtskraftswirkung des Urteils (ebenso Baumbach, Anm. 13,D zu § 98). Ihr Grund muß, in entsprechender Anwendung des § 767 Abs. 2 ZPO., erst nach Fällung des Schiedsspruchs entstanden sein.

8 Die Vorschrift soll eine praktische Erschwerung des schiedsgerichtlichen Verfahrens in Arbeitsstreitigkeiten durch etwaige Stempelsteuern der Länder verhindern (vgl. ArbGG. § 95 Abs. 2 Satz 3; § 97 Satz 2; Anm. 6 Abs. 4 zu § 95, Anm. 4 zu § 97).

§ 99

Zwangsvollstreckung[1]

(1) **Die Zwangsvollstreckung[2] findet aus dem Schiedsspruch[3] oder aus einem vor dem Schiedsgerichte geschlossenen Vergleiche[4] nur statt[2], wenn der Schiedsspruch[3] oder der Vergleich[4] von dem Vorsitzenden des Arbeitsgerichts, das für die Geltendmachung des Anspruchs zuständig wäre[5], für vollstreckbar erklärt worden ist. Der Vorsitzende hat vor der Erklärung den Gegner zu hören. Wird nachgewiesen, daß auf Aufhebung des Schiedsspruchs geklagt ist, so ist die Entscheidung bis zur Erledigung dieses Rechtsstreits auszusetzen[6].**

(2) **Die Entscheidung des Vorsitzenden ist endgültig[7]. Sie ist den Parteien zuzustellen[8].**

1 Das schiedsgerichtliche Verfahren ist ein Ersatz des arbeitsgerichtlichen Verfahrens durch eine private Gerichtsbarkeit. Ihr sind, ebensowenig wie im allgemeinen Schiedsgerichtsverfahren der Zivilprozeßordnung, Zwangsbefugnisse eingeräumt, wie sich im übrigen auch aus den Vorschriften des § 96 ArbGG. ergibt. Da die Vollstreckung des Zwanges bedarf, so muß sie deshalb, auch wenn sie aus Titeln des schiedsgerichtlichen Verfahrens erfolgen soll, der staatlichen Gerichtsbarkeit überlassen bleiben. Auf der andern Seite aber

kann der staatliche Zwang zur Vollstreckung nur eingesetzt werden, wenn Sicherheit dafür gegeben ist, daß ein rechtsgültiger vollstreckbarer Titel vorliegt. Deshalb unterwirft das Arbeitsgerichtsgesetz ebenso wie die Zivilprozeßordnung den im Schiedsgerichtsverfahren ergangenen Titel vor der Zwangsvollstreckung einer gerichtlichen Nachprüfung. Diese Nachprüfung hat aber nach dem Arbeitsgerichtsgesetz nur den Zweck, festzustellen, ob ein rechtsgültiger Titel, also ein Schiedsspruch oder Vergleich (vgl. Anm. 3, 4), überhaupt vorliegt, während nach § 1042 Abs. 2, § 1044a Abs. 2 ZPO. auch in eine grundsätzliche sachliche Prüfung einzutreten ist. Liegt ein rechtsgültiger Titel des schiedsgerichtlichen Verfahrens vor, so muß der Vorsitzende des zuständigen Arbeitsgerichts ihn für vollstreckbar erklären, es sei denn, daß er die Vollstreckbarkeitserklärung beim Nachweis der erhobenen Aufhebungsklage nach § 100 ArbGG. bis zu deren Erledigung auszusetzen hat. Das Arbeitsgerichtsgesetz verweist also die gesamte sachliche Nachprüfung des Schiedsspruchs in das Verfahren betreffend die Aufhebungsklage. Diese Regelung beruht auf der Überlegung, daß das Vollstreckbarkeitserklärungsverfahren mit Rücksicht auf seine Gestaltung ohne zwingende mündliche Verhandlung zur sachlichen Prüfung des Schiedsgerichts nicht geeignet ist und daß die Partei, die den Schiedsspruch, soweit dies zugelassen ist, angreifen will, hierzu durch Erhebung der Aufhebungsklage genügende Gelegenheit hat (vgl. Begr. B, VI, 2, S. 55; C, zu § 96, S. 61). Ist der Schiedsspruch oder der Vergleich für vollstreckbar erklärt, so findet die Zwangsvollstreckung in derselben Weise statt wie aus einem rechtskräftigen Urteil des Arbeitsgerichts (ArbGG. § 98 Abs. 4 Satz 1, § 62 Abs. 2). Zwangsvollstreckungstitel ist der durch den Schiedsspruch oder den Vergleich ergänzte Beschluß über die Vollstreckbarkeitserklärung; von ihm wird gemäß ZPO. §§ 724, 725 durch die Geschäftsstelle des Arbeitsgerichts, dessen Vorsitzender die Vollstreckbarkeitserklärung erlassen hat, die vollstreckbare Ausfertigung erteilt (ebenso Baumbach, Anm. 4 a. E. zu § 99). Das Verfahren nach § 99 ArbGG. ist nach § 12 Abs. 4 ArbGG. kostenfrei.

Die Vollstreckbarkeitserklärung des § 99 ArbGG. dient nur der Ermöglichung der Zwangsvollstreckung (a. A. Baumbach, Anm. 4 zu § 99). Ihre weitere Funktion im allgemeinen Schiedsgerichtsverfahren, die Zulässigkeit der Aufhebungsklage gegen den Schiedsspruch zeitlich zu begrenzen (ZPO. § 1044), fällt hier fort, weil die Aufhebungsklage nach § 100 Abs. 3 ArbGG. ohne Rücksicht auf die Vollstreckbarkeitserklärung befristet ist.

Die Zulässigkeit der Zwangsvollstreckungsgegenklage nach § 767 ZPO. wird durch die Vollstreckbarkeitserklärung nicht berührt (vgl. Anm. 7 Abs. 3 zu § 98).

2 Jede Art der Zwangsvollstreckung kann nur stattfinden, wenn der Schiedsspruch oder der Vergleich für vollstreckbar erklärt worden ist. Erst die Vollstreckbarkeitserklärung schafft den vollstreckbaren Titel im Sinne des Achten Buchs der Zivilprozeßordnung (vgl. Anm. 1 Abs. 1 a. E.).

3 Die Zwangsvollstreckung nach § 99 ArbGG. kommt nur in Betracht, wenn ein im Schiedsgerichtsverfahren in Arbeitsstreitigkeiten nach den Vorschriften des Ersten Abschnitts des Vierten Teils des Arbeitsgerichtsgesetzes gefällter rechtsgültiger Schiedsspruch vorliegt. Ein anderer

Schiedsspruch, auch wenn er sonst rechtsgültig ist, kann nicht nach § 99 ArbGG. für vollstreckbar erklärt werden; deshalb kommt auch ein ausländischer Schiedsspruch für dieses Verfahren nicht in Betracht (a. A. Baumbach, Anm. 3 zu § 99). Ob ein an sich rechtsgültiger Schiedsspruch vorliegt, bestimmt sich nach den Vorschriften des § 98 Abs. 2 ArbGG. (vgl. Anm. 3—5 zu § 98). Der Schiedsspruch muß also von den Mitgliedern des Schiedsgerichts unter Angabe des Tages seiner Fällung unterschrieben und mindestens einer Streitpartei bereits zugestellt sein.

4 Als weiterer Titel für die Zwangsvollstreckung kommt, außer dem Schiedsspruch, nur „ein vor dem Schiedsgericht geschlossener Vergleich" nach § 97 ArbGG. in Betracht (vgl. Anm. 1, 2 zu § 97). Er muß an sich rechtsgültig sein, also den Vorschriften des § 97 Satz 1 ArbGG. entsprechen, nach denen er unter Angabe des Tages seines Zustandekommens von den Streitparteien und den Mitgliedern des Schiedsgerichts unterschrieben sein muß (vgl. Anm. 3 zu § 97).

5 Die Vollstreckbarkeitserklärung wird allein von dem Vorsitzenden des Arbeitsgerichts, ohne Zuziehung von Beisitzern, ausgesprochen. Die örtliche Zuständigkeit bestimmt sich in derselben Weise wie bei allen arbeitsgerichtlichen Zuständigkeiten im schiedsgerichtlichen Verfahren (vgl. Anm. 13 zu § 92). Danach können im Einzelfalle mehrere Arbeitsgerichte zuständig sein, unter denen der Antragsteller an sich die Wahl hat; vernünftigerweise wird er das Arbeitsgericht angehen, bei dem gemäß § 98 Abs. 3 Satz 1 ArbGG. die Ausfertigung des Schiedsspruchs hinterlegt ist, das also das Schiedsgericht als zuständig angenommen hat (ebenso Baumbach, Anm. 4 zu § 99). Die Vollstreckbarkeitserklärung durch den Vorsitzenden eines örtlich unzuständigen Arbeitsgerichts ist aber nicht wirkungslos, da die Vollstreckungsbehörde, insbesondere der Gerichtsvollzieher, die Zuständigkeit nicht nachzuprüfen vermag. Um so sorgfältiger muß der Vorsitzende des Arbeitsgerichts seine Zuständigkeit prüfen.

6 Da es sich um ein Verfahren in bürgerlichen Rechtsstreitigkeiten handelt, kann das Vollstreckbarkeitserklärungsverfahren nicht von Amts wegen eingeleitet werden. Es bedarf vielmehr eines Antrages der Streitpartei, die auf Grund des Schiedsspruchs oder des Vergleichs vollstrecken will. Der Antrag kann schriftlich oder zur Niederschrift der Geschäftsstelle des Arbeitsgerichts gestellt werden; die Zulässigkeit der Prozeßvertretung regelt sich nach § 11 Abs. 1 ArbGG. Auf den Antrag hat der Vorsitzende des Arbeitsgerichts zunächst nur zu prüfen, ob ein rechtsgültiger Schiedsspruch bzw. Vergleich vorliegt (vgl. Anm. 3, 4). Damit er in diese Prüfung eintreten kann, muß der Antragsteller seinem Antrag die ihm zugestellte Ausfertigung des Schiedsspruchs bzw. eine Ausfertigung des Vergleichs, die er sich von dem Verhandlungsleiter des Schiedsgerichts beschaffen muß (vgl. Anm. 3 Abs. 4 zu § 97), beifügen, andernfalls muß der Vorsitzende die Nachreichung erfordern. Auf Grund der eingereichten Ausfertigung erfolgt die Prüfung von Amts wegen. Anderer Unterlagen bedarf der Vorsitzende des Arbeitsgerichts nicht. Insbesondere bedarf er nach dem in Anm. 5 Abs. 1 zu § 98 Ausgeführten nicht der Vorlegung der Urkunden über die erfolgten Zustellungen des Schiedsspruchs; die Zustellung an den Antragsteller ergibt sich aus der überreichten Ausfertigung. Die Einreichung der weiteren Urkunden über die Zustellung

an den Gegner würde, besonders bei der durch § 98 Abs. 2 Satz 3 nachgelassenen Zustellungsform, auch nicht immer durchführbar sein, jedenfalls aber erhebliche Schwierigkeiten mit sich bringen, die letzten Endes keinem praktischen Zweck dienten. Denn einmal muß angenommen werden, daß der Verhandlungsleiter des Schiedsgerichts pflichtmäßig gleichzeitig die Zustellung des Schiedsspruchs an alle Streitparteien veranlaßt haben wird (vgl. Anm. 5 Abs. 3 zu § 98), zum andern aber werden die Rechte des Vollstreckungsschuldners selbst in dem Fall nicht verletzt, in dem ihm der Schiedsspruch noch nicht zugestellt sein sollte: er wird zu dem Antrag gehört (ArbGG. § 99 Abs. 1 Satz 2), erfährt also von ihm, und außerdem muß ihm vor Beginn der Vollstreckung auch der die Vollstreckbarkeitserklärung enthaltende Beschluß zugestellt werden (vgl. Abs. 8 dieser Anm.).

Liegt nach dem Ergebnis der Prüfung ein rechtsgültiger Schiedsspruch oder Vergleich nicht vor, so weist der Vorsitzende des Arbeitsgerichts den Antrag auf Vollstreckbarkeitserklärung durch Beschluß zurück. Eine schriftliche Begründung des Beschlusses ist im Gesetz nicht vorgeschrieben, da der Beschluß nach § 99 Abs. 2 Satz 1 ArbGG. nicht anfechtbar ist; doch dürfte sich eine Begründung stets empfehlen, um den Antragsteller über die Gründe der Zurückweisung, insbesondere mit Rücksicht auf das nunmehr zur Rechtsverfolgung notwendige weitere Schiedsgerichtsverfahren, aufzuklären. Vor Erlaß des den Antrag zurückweisenden Beschlusses ist der Gegner nicht zu hören. Denn das Gesetz schreibt die Anhörung in § 99 Abs. 1 Satz 2 ArbGG. nur vor der „Erklärung", d. h. vor der Vollstreckbarkeitserklärung, vor; wird diese abgelehnt, so genügt die Zustellung des ablehnenden Beschlusses an den Antragsgegner gemäß § 99 Abs. 2 Satz 2 ArbGG.

Kommt der Vorsitzende des Arbeitsgerichts bei der Prüfung des Antrages zu dem Ergebnis, daß der Schiedsspruch bzw. der Vergleich rechtsgültig ist, so muß er den Gegner, wenn es mehrere Gegner sind, alle, hören (ArbGG. § 99 Abs. 1 Satz 2). Die Anhörung kann mündlich oder schriftlich erfolgen. Der Vorsitzende kann eine mündliche Verhandlung zwischen dem Antragsteller und dem Gegner stattfinden lassen, er kann den Antragsgegner auch allein zur mündlichen Äußerung vor sich oder vor die Geschäftsstelle laden, er kann ihn aber auch unter Fristsetzung zur schriftlichen Äußerung auffordern. Es muß jedoch angenommen werden, daß der Anhörungspflicht auch hier genügt ist, wenn dem Gegner Gelegenheit zur Äußerung gegeben worden ist; sonst hätte er es in der Hand, die Zwangsvollstreckung durch Hinauszögern praktisch unmöglich zu machen.

Bei der Anhörung kann der Antragsgegner den Vorsitzenden auf Umstände aufmerksam machen, auf Grund deren er die Rechtsgültigkeit des Schiedsspruchs oder des Vergleichs anzweifelt. Überzeugt sich der Vorsitzende von der Berechtigung dieser Zweifel, so muß er auch jetzt noch den Antrag mangels Vorliegens eines rechtsgültigen Schiedsspruchs oder Vergleichs zurückweisen. Doch wird dieser Fall nach dem in den Abs. 1, 2 Ausgeführten nur ausnahmsweise eintreten. Der eigentliche Zweck der Anhörung des Antragsgegners ist, ihm Gelegenheit zu geben, gegebenenfalls die Aussetzung des Verfahrens auf Vollstreckbarkeitserklärung gemäß § 99 Abs. 1 Satz 3 ArbGG. zu erreichen.

Da der Vorsitzende lediglich das Vorliegen eines rechtsgültigen Schiedsspruchs oder Vergleichs zu prüfen hat, so muß er, wenn es sich um einen Schiedsspruch handelt, die Vollstreckbarkeitserklärung auch ohne Rücksicht darauf aussprechen, ob der Schiedsspruch gemäß § 100 ArbGG. der Aufhebung unterliegt. Es kann somit die Zwangsvollstreckung aus einem Schiedsspruch betrieben werden, der später im Klagewege wieder aufgehoben wird. Um das zu vermeiden, ist dem Antragsgegner durch § 99 Abs. 1 Satz 2, 3 ArbGG. die Möglichkeit gegeben, die Aussetzung des Verfahrens auf Vollstreckbarkeitserklärung zu erreichen. Der Antragsgegner wird also zweckmäßig spätestens nach Eingang der Aufforderung zur mündlichen oder schriftlichen Äußerung auf den Antrag prüfen, ob er auf Aufhebung des Schiedsspruchs klagen kann und gegebenenfalls unverzüglich die Aufhebungsklage einreichen. Alsdann kann er gemäß § 99 Abs. 1 Satz 3 ArbGG. die Aussetzung des Verfahrens hier verlangen, wenn er nachweist, daß er auf Aufhebung geklagt hat; den Nachweis kann er in jeder Form führen, er kann also z. B. die Terminsbestimmung vorlegen oder sich auf die Auskunft der Geschäftsstelle des Arbeitsgerichts beziehen.

Ist nachgewiesen, daß auf Aufhebung geklagt ist, so darf die Vollstreckbarkeitserklärung nicht ergehen, vielmehr muß der Vorsitzende des Arbeitsgerichts das Verfahren bis zur Erledigung des Aufhebungsrechtsstreits aussetzen. Er muß das auch dann, wenn ihm auf andere Weise als durch den Antragsgegner die Erhebung einer Aufhebungsklage gegen den in Betracht kommenden Schiedsspruch nachgewiesen wird, weiter auch dann, wenn die Aufhebungsklage offenbar zwecklos ist.

Wird nicht nachgewiesen, daß auf Aufhebung des vorliegenden rechtsgültigen Schiedsspruchs geklagt ist, oder handelt es sich um einen an sich rechtsgültigen Vergleich, so muß der Vorsitzende nach Anhörung des Antragsgegners die Vollstreckbarkeitserklärung erlassen. Im Falle der Aussetzung hat er nach Erledigung des Aufhebungsrechtsstreits, also gemäß § 100 Abs. 5 ArbGG. nach der Verkündung des Urteils dort (das verkennen Dersch-Volkmar, Anm. 8 zu § 99, Baumbach, Anm. 5 zu § 99, und Schmincke-Sell, Anm. 6 zu § 99), lediglich festzustellen, ob der Schiedsspruch aufgehoben worden ist oder nicht. Ist der Schiedsspruch aufgehoben worden, so muß er nunmehr den Antrag auf Vollstreckbarkeitserklärung zurückweisen, da ein Schiedsspruch nicht mehr vorliegt; ist die Aufhebungsklage abgewiesen worden, so hat er die Vollstreckbarkeitserklärung zu erlassen.

Der Beschluß, der den Schiedsspruch oder den Vergleich für vollstreckbar erklärt, wird zweckmäßig, wenngleich dies nicht zwingend vorgeschrieben ist (weitergehend Baumbach, Anm. 4 zu § 99, und Schmincke-Sell, Anm. 5 zu § 99), die Formel des für vollstreckbar erklärten Schiedsspruchs anführen. Er wird also etwa lauten: „Der Schiedsspruch (Vergleich) vom ....: .... (Formel des Schiedsspruchs oder Vergleichs) ist vollstreckbar." Eine Begründung braucht dem Beschluß nicht beigegeben zu werden, da er nach § 99 Abs. 2 Satz 1 ArbGG. nicht anfechtbar ist; sie würde auch regelmäßig nur die Zitierung des § 99 ArbGG. enthalten können.

7 Der Beschluß ist, gleichviel welchen Inhalt er hat, unterschiedlich von der Regelung des § 1045 Abs. 3 ZPO. für das allgemeine schiedsgerichtliche Verfahren, stets unanfechtbar (a. A. gegen den Wortlaut des Gesetzes: Baumbach, Anm. 6 zu § 99). Diese Regelung ist zur Beschleunigung des Verfahrens getroffen. Sie legt dem Vorsitzenden des Arbeitsgerichts die Pflicht zu besonders sorgfältiger Prüfung auf. Vgl. aber ArbGG. § 100 Abs. 4 (Anm. 10 zu § 100).

8 Jede Entscheidung ist allen Streitparteien von Amts wegen zuzustellen, also auch dem nicht gehörten Antragsgegner (vgl. Anm. 6 Abs. 2). Sie wird erst mit der Zustellung rechtswirksam, da sie durch sie mangels eines mündlichen Verfahrens und der Verkündung nach außen in die Erscheinung tritt. Da es sich hier um ein arbeitsgerichtliches Verfahren handelt, wird die Zustellung, falls ein Beteiligter einen Prozeßbevollmächtigten bestellt hatte, nach ZPO. § 176 an diesen erfolgen müssen.

§ 100

Aufhebungsklage[1]

(1) Auf Aufhebung des Schiedsspruchs[2] kann geklagt werden[3]:

1. wenn das schiedsgerichtliche Verfahren unzulässig war[4];

2. wenn der Schiedsspruch gegen zwingende gesetzliche Vorschriften verstößt[5];

3. wenn die Voraussetzungen vorliegen, unter denen gegen ein gerichtliches Urteil nach § 580 Nr. 2 bis 5 der Zivilprozeßordnung die Restitutionsklage zulässig wäre[6].

(2) Für die Klage ist das Arbeitsgericht zuständig, das für die Geltendmachung des Anspruchs zuständig wäre[7].

(3) Die Klage ist binnen einer Notfrist von zwei Wochen zu erheben[8]. Die Frist beginnt in den Fällen des Abs. 1 Nr. 1 und 2 mit der Zustellung des Schiedsspruchs. In dem Falle des Abs. 1 Nr. 3 beginnt sie mit der Rechtskraft des Urteils, das die Verurteilung wegen der strafbaren Handlung ausspricht, oder mit dem Tage, an dem der Partei bekanntgeworden ist, daß die Einleitung oder die Durchführung des Verfahrens nicht erfolgen kann; nach Ablauf von zehn Jahren, von der Zustellung des Schiedsspruchs an gerechnet, ist die Klage unstatthaft[9].

(4) Ist der Schiedsspruch für vollstreckbar erklärt, so ist in dem der Klage stattgebenden Urteil auch die Aufhebung der Vollstreckbarkeitserklärung auszusprechen[10].

(5) Gegen das Urteil des Arbeitsgerichts findet kein Rechtsmittel statt[11].

1 Liegt ein an sich rechtsgültiger Schiedsspruch (vgl. Anm. 3—5 zu § 98) vor, so kann er aus den im § 100 Abs. 1 ArbGG. genannten Gründen aufgehoben werden. Ein Spruch des Schiedsgerichts, der nach § 98 Abs. 2 ArbGG. keinen gültigen Schiedsspruch darstellt, bedarf der Aufhebung nicht, da er keinerlei Rechtswirkung hat; er kann, wie in Anm. 3 zu § 99 ausgeführt, auch nicht für vollstreckbar erklärt werden. Seine Unwirksamkeit kann gegebenenfalls mittels Klage nach § 256 ZPO. festgestellt werden.

Beim Vorliegen eines rechtsgültigen Schiedsspruchs ist dessen Aufhebung aus den Gründen des § 100 Abs. 1 ArbGG. nur im Wege der Klage nach § 100

ArbGG. zu erreichen; nur auf diesem Wege ist auch die Verweigerung der Vollstreckbarkeitserklärung oder ihre Aufhebung zu erzielen (ArbGG. § 99 Abs. 1 Satz 3; vgl. Anm. 1 und 6 zu § 99; ArbGG. § 100 Abs. 4). Die Vorschrift des allgemeinen schiedsgerichtlichen Verfahrens (ZPO. § 1042 Abs. 2), daß der Schiedsspruch nicht für vollstreckbar zu erklären ist, wenn er sich über eine gesetzliche Vorschrift hinweggesetzt hat, auf deren Innehaltung die Parteien rechtswirksam hätten nicht verzichten können, gilt hier nicht. Nach der im Arbeitsgerichtsgesetz niedergelegten Rechtsauffassung eignet sich das Verfahren der Vollstreckbarkeitserklärung, für das eine mündliche Verhandlung nicht vorgeschrieben ist, nicht zur Erörterung sachlicher Einwendungen gegen den Schiedsspruch (vgl. Begr., B VII 2, S. 55); deswegen hat der Antragsgegner dort nach § 99 Abs. 1 Satz 3 ArbGG. die Möglichkeit, durch Nachweis der Einreichung der Aufhebungsklage die Aussetzung der Vollstreckbarkeitserklärung bis zur Entscheidung über die Klage zu erreichen.

Die Regelung des Stattfindens der Aufhebungsklage im § 100 Abs. 1 ArbGG. beruht einmal auf der Überlegung, daß der Schiedsspruch des Schiedsgerichts in seiner Rechtswirkung nicht stärker sein kann als das rechtskräftige Urteil einer Arbeitsgerichtsbehörde. Infolgedessen muß es gegen ihn einen Rechtsbehelf geben, der der Wiederaufnahme des Verfahrens in der Arbeitsrechtsprechung (ArbGG. § 79, ZPO. §§ 578ff.) entspricht, soweit diese gegenüber dem Schiedsspruch in Betracht kommen kann. Dieser Notwendigkeit tragen die Aufhebungsgründe des § 100 Abs. 1 Nr. 1 und 3 Rechnung (vgl. Anm. 4, 6). Zum andern ist nicht zu verkennen, daß das schiedsgerichtliche Verfahren für seine Entscheidungen nicht die gleiche Rechtssicherheit bietet wie das Verfahren der Arbeitsgerichtsbehörden. Wenn auch die Ersetzung der Arbeitsgerichtsbarkeit durch das schiedsgerichtliche Verfahren auf dem Willen der Schiedsvertragsparteien beruht, so kann doch nicht angenommen werden, daß durch das Schiedsgericht auch Entscheidungen unanfechtbar sollen getroffen werden können, die gegen zweifelsfrei zwingende gesetzliche Vorschriften verstoßen. Die Zivilprozeßordnung schränkt im § 1042 Abs. 2, wie ausgeführt, schon die Vollstreckbarkeit von Schiedssprüchen bei Hinwegsetzen über solche Vorschriften ein; sie gibt die Aufhebungsklage gegen den Schiedsspruch aus diesem Grunde aber nur in beschränktem Maße. Das Arbeitsgerichtsgesetz hat hier den umfassenden Aufhebungsgrad des § 100 Abs. 1 Nr. 2 geschaffen (vgl. Anm. 5).

Die Aufhebungsklage ist an das Arbeitsgericht zu richten. Dieses ist aber gegenüber dem Schiedsgericht nicht in dem Sinne Nachprüfungsgericht, daß es den Schiedsspruch abändern könnte. Das würde dem Sinn der Vereinbarung des Ausschlusses der Arbeitsgerichtsbarkeit für den Rechtsstreit nicht entsprechen. Es kann vielmehr, wenn die Klage nicht abzuweisen ist, nur den Schiedsspruch aufheben und damit den Weg zu einer erneuten schiedsgerichtlichen Entscheidung frei machen, soweit das schiedsgerichtliche Verfahren überhaupt rechtswirksam für den Streit vereinbart ist (vgl. Begr., B, VII, 2, S. 55). Die Auffassung Baumbachs (Anm. 1, 7 zu § 100), daß nach Aufhebung des Schiedsspruchs das Arbeitsgericht zuständig sei, da das Schiedsgerichtsverfahren endgültig beendet sei, wie das Reichsgericht in ständiger Rechtsprechung angenommen habe, verkennt, daß die Regelung des Arbeitsgerichtsgesetzes ein Außerkrafttreten des Schiedsvertrages vor Erledigung des Streites, für den er geschlossen ist, nicht vorsieht, daß also hier jedenfalls die Streitparteien für die Entscheidung des Streits an den Schiedsvertrag gebunden sind (wie hier im Ergebnis: Dersch-Volkmar, Anm. 10 zu § 100; wie Baumbach: Schmincke-Sell, Anm. 1 Abs. 2 zu § 100).

Aus andern als den im § 100 Abs. 1 aufgezählten Gründen kann auf Aufhebung des Schiedsspruchs nicht geklagt werden, insbesondere kann die Klage nicht etwa allein darauf gestützt werden, daß das Schiedsgericht offenbar unrichtig oder unbillig entschieden habe. Die Klage kann auch stets nur binnen der Notfrist des § 100 Abs. 3 ArbGG. erhoben werden, unterschiedlich von der Regelung der Zivilprozeßordnung in §§ 1041, 1044 ZPO. auch dann, wenn der Schiedsspruch nicht für vollstreckbar erklärt worden ist. Die Regelung des § 100 ArbGG. berührt aber eine etwaige Zwangsvollstreckungsgegenklage nach ZPO. § 767 in Verbindung mit ArbGG. § 62 Abs. 2 nicht (vgl. Anm. 7 Abs. 3 zu § 98, Anm. 1 Abs. 3 zu § 99).

Die Aufhebungsklage richtet sich nur gegen den Schiedsspruch. Ein Vergleich nach § 97 ArbGG. ist in derselben Weise anfechtbar wie der Vergleich im Prozeßverfahren.

[2] Wird der Klage stattgegeben, so wird der Schiedsspruch durch das Urteil mit rückwirkender Kraft aufgehoben (vgl. Anm. 1 Abs. 4). Wegen der etwa bereits erfolgten Vollstreckbarkeitserklärung vgl. § 100 Abs. 4 ArbGG. (Anm. 10). Die Aufhebung nur eines Teils des Schiedsspruchs ist möglich, wenn der Teil mit dem übrigen Schiedsspruch nicht in unlösbarem Zusammenhang steht (ebenso Baumbach, Anm. 1 a. E. zu § 100; Schmincke-Sell, Anm. 2 zu § 100).

[3] Anders als durch förmliche Klage einer Streitpartei kann die Aufhebung des Schiedsspruchs nicht erreicht werden. Die Klage ist eine gewöhnliche Klage im arbeitsgerichtlichen Urteilsverfahren; es gelten daher für das gesamte Verfahren auf die Aufhebungsklage die Vorschriften über den ersten Rechtszug des Urteilsverfahrens (ArbGG. §§ 46ff.), z. B. auch die über das arbeitsgerichtliche Güteverfahren (vgl. aber Anm. 11).

Auf den Anspruch kann nicht wirksam verzichtet werden. Andererseits können die Streitparteien nicht wirksam vereinbaren, daß auch aus andern Gründen als denen des § 100 Abs. 1 Nr. 1—3 ArbGG. eine Aufhebungsklage möglich sein soll.

Auf die Klage ist nur der darin geltend gemachte Aufhebungsgrund zu prüfen, etwaige andere Aufhebungsgründe bleiben unberücksichtigt (ebenso Baumbach, Anm. 1 zu § 100), ZPO. § 559 Satz 2 ist auch nicht entsprechend anwendbar.

[4] Das schiedsgerichtliche Verfahren war im Sinne des § 100 Abs. 1 Nr. 1 ArbGG. nicht nur dann unzulässig, wenn es überhaupt nicht hätte stattfinden dürfen, wenn also ein rechtswirksamer Schiedsvertrag nicht bestand oder sich nicht auf diesen Rechtsstreit erstreckte oder ein Fall des § 92 Abs. 4 vorlag. Vielmehr ist die Aufhebungsklage nach § 100 Abs. 1 Nr. 1 ArbGG. auch dann gegeben, wenn das Verfahren des Schiedsgerichts gegen zwingende gesetzliche oder vereinbarte Verfahrensbestimmungen verstoßen hat, wenn gleichwohl ein rechtsgültiger Schiedsspruch zustande

gekommen ist (ebenso Dersch-Volkmar, Anm. 3 Abs. 1 zu § 100; Baumbach, Anm. 2, b zu § 100; Schmincke-Sell, Anm. 3 zu § 100). Diese Auffassung wird schon zu der ähnlichen Vorschrift des § 1041 Abs. 1 Nr. 1 ZPO. überwiegend, insbesondere vom Reichsgericht, vertreten (vgl. Sydow-Busch-Krantz, Anm. 4 zu § 1041 ZPO.), obwohl dort einzelne Verfahrensverstöße in den Nr. 3—5 als besondere Aufhebungsgründe aufgeführt sind. Hier ergibt sich die Richtigkeit dieser Auffassung aus der sinnentsprechenden Auslegung des § 100 Abs. 1 ArbGG.: einzelne Verfahrensverstöße sind hier nicht als besondere Aufhebungsgründe aufgezählt; andererseits wären die zwingenden Vorschriften des Gesetzes über das Verfahren praktisch zwecklos, wenn ihre Verletzung nicht gerügt werden könnte (ebenso Baumbach, a. a. O.).

Unter den Aufhebungsgrund des § 100 Abs. 1 Nr. 1 ArbGG. fallen alle Verstöße gegen zwingende Verfahrensvorschriften, soweit sie nicht überhaupt das Zustandekommen eines Schiedsspruchs verhindern, auch die Verstöße bei der Fällung und weiteren Behandlung des Schiedsspruchs, denn sie alle machen das Verfahren unzulässig (vgl. Anm. 5; a. A. Dersch-Volkmar, Anm. 3 Abs. 2, Anm. 4 zu § 100; Schmincke-Sell, Anm. 4 zu § 100). Fälle der Unzulässigkeit des Verfahrens nach § 100 Abs. 1 Nr. 1 ArbGG. sind in den Anmerkungen zu den einzelnen Verfahrensvorschriften angeführt.

Das Gesetz sagt nicht, daß der Schiedsspruch auf dem unzulässigen Verfahren beruhen muß; es nimmt das vielmehr stets an (a. A. Baumbach, Anm. 2, b zu 100).

5 Dersch-Volkmar (Anm. 4 zu § 100) und Schmincke-Sell (Anm. 4 zu § 100) sehen einen Aufhebungsgrund nach § 100 Abs. 1 Nr. 2 ArbGG. auch in den Fällen, in denen bei der Fällung oder bei der weiteren Behandlung des Schiedsspruchs gegen die Vorschriften des § 98 ArbGG. verstoßen worden ist. Soweit trotz des Verstoßes überhaupt ein an sich rechtsgültiger Schiedsspruch zustande gekommen ist, gegen den die Aufhebungsklage in Betracht kommt (vgl. Anm. 1 Abs. 1 hier; Anm. 2 Abs. 3, Anm. 4 Abs. 3, Anm. 5 Abs. 1 a. E. zu § 98), führt jedoch dieser Verstoß die Unzulässigkeit des Verfahrens nach § 100 Abs. 1 Nr. 1 ArbGG. herbei und ist deshalb nicht als Aufhebungsgrund nach § 100 Abs. 1 Nr. 2 ArbGG. anzusehen.

Unter § 100 Abs. 1 Nr. 2 ArbGG. fallen vielmehr nur die Verstöße gegen zwingende materiellrechtliche Vorschriften des öffentlichen oder privaten Rechts, die nach Dersch-Volkmar (Anm. 4 zu § 100), Baumbach (Anm. 3 zu § 100) und Schmincke-Sell (Anm. 4 zu § 100) ebenfalls als Aufhebungsgründe nach § 100 Abs. 1 Nr. 2 ArbGG. anzusehen sind. Das Arbeitsgerichtsgesetz geht hiermit weiter als die Vorschrift des § 1042 Abs. 2 ZPO. für das Verfahren der Vollstreckbarkeitserklärung (vgl. Anm. 1 Abs. 2 und Abs. 3); denn diese verlangt für die Verweigerung der Vollstreckbarkeitserklärung ein bewußtes Hinwegsetzen über unverzichtbare gesetzliche Vorschriften. Nach § 100 Abs. 1 Nr. 2 ArbGG. kann eine Streitpartei auf Aufhebung des Schiedsspruchs klagen, wenn dieser überhaupt eine zwingende Vorschrift des materiellen Rechts verletzt. Diese Vorschrift sichert die Streitparteien gegen willkürliche Entscheidungen der für ihre Rechtsstreitigkeiten als Ersatz der Arbeitsgerichtsbehörden vereinbarten privaten Stellen. Dieser Schutz ist um so erforderlicher, als der Schiedsvertrag in Arbeitsstreitigkeiten in der Mehrzahl der Fälle nicht von ihnen selbst geschlossen worden ist (ArbGG. § 91 Abs. 1); für ihn besteht aber auch sonst mit Rücksicht darauf, daß die Parteien im allgemeinen nicht die Rechtsgewandheit haben, wie die Parteien des schiedsgerichtlichen Verfahrens nach der Zivilprozeßordnung, ein Bedürfnis. Dies dürfte Baumbach in seinen Ausführungen über die Bedenklichkeit dieser Regelung (Anm. 3 zu § 100) verkennen.

[6] In § 1041 Abs. 1 Nr. 6 ZPO. sind auch die Nr. 1 und 6 des § 580 ZPO. für entsprechend anwendbar erklärt. Hier kommen diese Fälle nicht in Betracht, insbesondere der Fall des § 580 Nr. 1 ZPO., weil der Parteieid im schiedsgerichtlichen Verfahren in Arbeitsstreitigkeiten nach § 96 Abs. 3 ArbGG. ausgeschlossen ist. Aufhebungsgrund nach § 100 Abs. 1 Nr. 3 ArbGG. ist es deshalb, wenn der Schiedsspruch auf einer Urkundenfälschung, einer Verletzung des Zeugen- oder Sachverständigeneides, der Urteilserschleichung oder einer Pflichtverletzung eines Mitglieds des Schiedsgerichts beruht und deswegen eine rechtskräftige Verurteilung ergangen ist oder die Einleitung oder Durchführung des Strafverfahrens deswegen aus anderen Gründen als wegen Mangels an Beweis nicht erfolgen konnte.

[7] Vgl. Anm. 5 zu § 99.

[8] Die Aufhebungsklage ist, wie die Einlegung der Berufung und der Revision, stets an die kurze Notfrist von zwei Wochen gebunden (vgl. Anm. 1 Abs. 5). Dadurch soll die Frage der Rechtsbeständigkeit des Schiedsspruchs mit größter Beschleunigung geklärt werden. Die Erhebung der Klage kann, wie die Einlegung von Berufung und Revision, auch schon vor dem Beginn der Frist erfolgen (ebenso Baumbach, Anm. 6 zu § 100). Gegen die Versäumung der Notfrist ist unter den Voraussetzungen des § 233 Abs. 1 ZPO. die Wiedereinsetzung in den vorigen Stand gegeben (ZPO. §§ 233—238). Für die Wahrung der Frist durch Klageerhebung gilt ArbGG. § 47 Abs. 1 Satz 2 in Verbindung mit ZPO. § 496 Abs. 3 Satz 1.

[9] Auch der Beginn der Notfrist für die Aufhebungsklage ist anders geregelt als in der Zivilprozeßordnung, soweit dort überhaupt eine Notfrist gesetzt ist (ZPO. § 1044 Abs. 2; vgl. Anm. 1 Abs. 5). Die Abweichung erklärt sich wiederum aus dem Bestreben, die Rechtsbeständigkeit des Schiedsspruchs möglichst schnell zu klären.

Soweit die Gründe der Aufhebungsklage sich nicht grundsätzlich erst aus einem strafgerichtlichen Verfahren ergeben (ArbGG. § 100 Abs. 1 Nr. 3; vgl. Anm. 6), sondern unmittelbar aus dem schiedsgerichtlichen Verfahren oder dem Schiedsspruch selbst (ArbGG. § 100 Abs. 1 und 2; vgl. Anm. 4 und 5), beginnt die Frist für die Aufhebungsklage bereits mit der Zustellung des Schiedsspruchs an die Partei, die die Klage erheben will. Erfolgt die Zustellung an die Streitparteien an verschiedenen Tagen, so läuft also auch die Frist für die Parteien zu andern Terminen. In den Fällen des § 100 Abs. 1 Nr 3 ArbGG. würde eine von der Zustellung des Schiedsspruchs ab laufende kurze Notfrist die Erhebung der Anfechtungsklage nicht ermöglichen. Hier läuft deshalb die Frist grundsätzlich erst von der Rechtskraft des Strafurteils ab, und in den Fällen, in denen es nicht zur Durchführung des Strafverfahrens kommt, von dem Tage ab, an dem die Partei erfahren hat, daß seine Durchführung unmöglich ist. Doch ist für die Fälle des

§ 100 Abs. 1 Nr. 3 ArbGG. im § 100 Abs. 3 Satz 3 Halbsatz 2 eine Ausschlußfrist von zehn Jahren seit der Zustellung des Schiedsspruchs gesetzt.

10 Wird die Aufhebungsklage abgewiesen, so ist mit Rücksicht auf den in ihr geltend gemachten Aufhebungsgrund die Rechtsbeständigkeit des Schiedsspruchs rechtskräftig festgestellt. Wegen anderer Aufhebungsgründe kann, falls die Frist des § 100 Abs 3 ArbGG. nicht verstrichen ist, eine neue Aufhebungsklage erhoben werden (vgl. Anm. 3 Abs. 3).

Bei Abweisung der Klage wird also weder der Schiedsspruch noch die etwa bereits erfolgte Vollstreckbarkeitserklärung berührt. Gibt das Urteil dagegen der Aufhebungsklage statt, so lautet es einmal auf Aufhebung des Schiedsspruchs. Außerdem aber muß das Arbeitsgericht von Amts wegen prüfen, ob der Schiedsspruch bereits für vollstreckbar erklärt worden ist. Ist dies der Fall, so muß es, ohne daß es eines Antrags dazu bedarf, auch die Vollstreckbarkeitserklärung aufheben (ebenso ZPO. § 1044 Abs. 3). Die Rechtslage ist dann entsprechend, wie wenn ein vorläufig vollstreckbares Urteil des Arbeitsgerichts nachträglich aufgehoben wird. Versäumt das Arbeitsgericht gesetzwidrig die Aufhebung der Vollstreckbarkeitserklärung im Urteil, so wird, da ein Rechtsmittel gegen das Aufhebungsurteil nach § 100 Abs. 5 ArbGG. (vgl. Anm. 11) nicht gegeben ist, gegebenenfalls die Vollstreckungsgegenklage nach § 767 ZPO. helfen.

11 Die Vorschrift des § 100 Abs. 5 ArbGG. dient der beschleunigten Erledigung des Aufhebungsverfahrens; sie weicht von der Regelung der Zivilprozeßordnung ab. Jedes Rechtsmittel gegen das Urteil, mag es der Klage stattgeben oder sie zurückweisen, ist ausgeschlossen. Die Vorschriften des § 61 Abs. 3 ArbGG. für das Urteil des Arbeitsgerichts gelten also hier nicht; ebensowenig sind die Vorschriften des § 62 Abs. 1 ArbGG. über die vorläufige Vollstreckbarkeit anwendbar, da das Urteil mit der Verkündung rechtskräftig wird und damit endgültig vollstreckbar, soweit eine Vollstreckung, z. B. wegen der Kosten, in Betracht kommt.

Die Wiederaufnahme des Verfahrens (ArbGG. § 79) ist gegenüber dem Urteil nicht ausgeschlossen, denn die Nichtigkeits- und Restitutionsklage sind keine „Rechtsmittel".

Zweiter Abschnitt

Gütevertrag[1]

1 Der Gütevertrag ist als Vertrag mit prozessualen Rechtswirkungen durch das Arbeitsgerichtsgesetz neu geschaffen, er findet in der Zivilprozeßordnung kein Gegenstück (vgl. Begr. B, VII, 3 a. A., S. 55). Als materiellrechtlich wirkender Vertrag findet er sich bereits seit langer Zeit in einer großen Reihe von Tarifverträgen. In diesen ist nämlich vielfach vereinbart, daß bei Streitigkeiten, sei es der Tarifvertragsparteien aus dem Tarifvertrag, sei es der Parteien des durch den Tarifvertrag geregelten Einzelarbeitsverhältnisses aus diesem, die Streitparteien vor Angehen des Gerichts zur Entscheidung die gütliche Einigung vor einer im Tarifvertrag vereinbarten Stelle — häufig unrichtig „Schlichtungsstelle" genannt (vgl. Anm. 1 Abs. 5 zur Überschrift des Ersten Abschnitt) — versuchen sollen. Aus dieser Abrede entstanden nach Tarifvertragsrecht zivilrechtliche An-

sprüche der Parteien auf Erfüllung usw. Eine prozeßrechtliche Wirkung hatte sie bisher nicht, d. h. das Gericht, das über den Streit zu entscheiden hatte, hatte die Frage der Erfüllung dieser Vereinbarung durch die Streitparteien nicht zu prüfen.

Durch die Regelung des Arbeitsgerichtsgesetzes (§ 101) wird der als „Gütevertrag" bezeichneten Vereinbarung prozeßrechtliche Wirkung beigelegt. Danach wird durch den rechtswirksamen Abschluß des Gütevertrages (vgl. Anm. 2,3 zu § 101) die Arbeitsgerichtsbarkeit teilweise ausgeschlossen (ArbGG. § 4; vgl. Anm. 3 Abs. 2 zu § 4), nämlich insoweit, als sie sich besonders mit der gütlichen Einigung der Streitparteien beschäftigt; das geschieht nach § 54 ArbGG. in der Güteverhandlung vor dem Vorsitzenden des Arbeitsgerichts. Der Gütevertrag bezweckt den Ersatz dieser Güteverhandlung durch ein Güteverfahren vor einer vereinbarten Stelle (vgl. § 105 ArbGG.); insofern ist er dem das gesamte arbeitsgerichtliche Entscheidungsverfahren durch ein Entscheidungsverfahren vor einer vereinbarten Stelle ersetzenden Schiedsvertrag in Arbeitsstreitigkeiten des Ersten Abschnitts des Vierten Teils (vgl. Anm. 1 zur Überschrift des Ersten Abschnitts) verwandt.

Der Abschluß eines Gütevertrags durch die Beteiligten beruht auf der Auffassung, daß eine gütliche Einigung von der vereinbarten Gütestelle leichter herbeigeführt werden kann als von dem Vorsitzenden des Arbeitsgerichts. Das mag vielfach durchaus zutreffen. Vor Abschluß eines Gütevertrages sollte von den Beteiligten aber stets auch erwogen werden, daß das arbeitsgerichtliche Güteverfahren des § 54 ArbGG., das sie ausschließen, außer der Einigungsfunktion auch die nicht minder wichtige Aufklärungsfunktion hat (vgl. Anm. 1 Abs. 9 zu § 54). Dadurch, daß dem Vorsitzenden des Arbeitsgerichts die Möglichkeit genommen wird, das Streitverhältnis in der Güteverhandlung zu klären, wird also regelmäßig eine Verzögerung der Streitentscheidung eintreten (vgl. Anm. 4 Abs. 3 zu § 54). Ein Gütevertrag sollte deshalb nur geschlossen werden, wenn die Parteien nach reiflicher Überlegung zu der Auffassung kommen, daß die verstärkte Möglichkeit einer gütlichen Einigung vor der vereinbarten Gütestelle im gegebenen Fall den Nachteil des Mangels der Vorbereitungsmöglichkeit der streitigen Verhandlung durch den Vorsitzenden überwiegt.

Soll der Gütevertrag prozeßrechtliche Wirksamkeit haben, so muß dafür gesorgt sein, daß der Streit nicht gegen den Willen der zur Erfüllung des Gütevertrags bereiten Streitpartei ohne Versuch der gütlichen Einigung durch die vereinbarte Gütestelle von dem Arbeitsgericht entschieden werden kann. Das Arbeitsgerichtsgesetz trägt diesem Gedanken dadurch Rechnung, daß es dem Beklagten (vgl. Anm. 8 zu § 92) die prozeßhindernde Einrede des Gütevertrages gibt (ArbGG. § 101 Abs. 2; vgl. Anm. 4 zu § 101). Diese Einrede entfällt einmal, wenn der Kläger den Gütevertrag erfüllt hat, also der Sinn der Einrede fortgefallen ist (vgl. Anm. 5 zu § 101), weiter aber auch, wie die Einrede des Schiedsvertrags, in den Fällen, in denen die Durchführung des Güteverfahrens vor der vereinbarten Stelle für den Kläger eine unbillige Verzögerung der Rechtsverfolgung mit sich brächte (vgl. Anm. 6 zu § 101). Der vertragstreue Beklagte hat es damit grundsätzlich in der Hand, eine arbeitsgerichtliche Entscheidung zu verhindern, wenn der Kläger den Gütevertrag noch nicht erfüllt hat. Andererseits kann er auf die Einrede des Gütevertrags, ebenso wie auf die Einrede des Schiedsvertrags (vgl.

Anm. 4 Abs. 3 zu § 92), verzichten. Dann entfällt aber nach der Regelung der § 54 Abs. 1 Satz 1, § 55 Abs. 3 und § 105 ArbGG. auch die Güteverhandlung vor dem Arbeitsgericht, so daß ein Güteverfahren in dem Rechtsstreit überhaupt nicht stattfindet (vgl. Anm. 4 zu § 101).

§ 101

Grundsatz[1]

(1) **Soweit die Vertragsparteien nach § 91 einen Schiedsvertrag in Arbeitsstreitigkeiten schließen können[2], können sie auch ohne Ausschluß der Arbeitsgerichtsbarkeit vereinbaren, daß dem arbeitsgerichtlichen Verfahren ein Einigungsverfahren vor einer vereinbarten Gütestelle vorausgehen soll (Gütevertrag)[3].**

(2) **Der Gütevertrag begründet im arbeitsgerichtlichen Verfahren eine prozeßhindernde Einrede[4]. Die Einrede entfällt, wenn der Kläger dem Arbeitsgericht eine von dem Verhandlungsleiter der Gütestelle unterschriebene Bescheinigung vorlegt, daß eine Einigung der Streitparteien trotz Erscheinen des Klägers nicht erfolgt ist[5] oder wenn die Voraussetzungen vorliegen, unter denen nach § 92 Abs. 2 Nr. 1—3 die prozeßhindernde Einrede des Schiedsvertrags in Arbeitsstreitigkeiten entfiele[6] [7].**

1 Unter der Überschrift „Grundsatz" werden im § 101 ArbGG. die Zulässigkeit des Gütevertrags, sein Inhalt und seine prozessualen Wirkungen behandelt. Die Vorschriften des § 101 ArbGG. entsprechen also denen der §§ 91 92 ArbGG. für den Schiedsvertrag in Arbeitsstreitigkeiten. Vgl. jedoch auch § 105 ArbGG.

2 Die Zulässigkeit des Gütevertrags ist in § 101 ArbGG. durch Bezugnahme auf § 91 ArbGG., die entsprechende Regelung des Schiedsvertrags in Arbeitsstreitigkeiten, sehr kurz, aber doch im Zusammenhang mit § 91 ArbGG. eindeutig geregelt.

Diejenigen Personen und Personenmehrheiten, die nach § 91 Abs. 1 und 2 ArbGG. einen Schiedsvertrag schließen können, können auch einen Gütevertrag schließen. Sie müssen das in derselben Form tun, in der sie nach § 91 ArbGG. einen Schiedsvertrag schließen müßten. Dann hat der Gütevertrag auch dieselbe Wirkung hinsichtlich des Personenkreises der Vertragsgebundenen und hinsichtlich der ihm unterfallenden Streitigkeiten, wie ein von ihnen nach § 91 ArbGG. abgeschlossener Schiedsvertrag. „Vertragsparteien" im Sinne des § 101 Abs. 1 ArbGG. sind die Parteien des Gütevertrags; sie sind, wie die Bezugnahme auf § 91 ArbGG. ergibt, mit den Streitparteien nicht in jedem Fall identisch.

Den Regelfall des Gütevertrags bildet ebenfalls der tarifvertragliche Gütevertrag mit Wirkung für bürgerliche Rechtsstreitigkeiten aus den Arbeits- oder Lehrverhältnissen, die sich nach dem Tarifvertrag bestimmen; durch die Allgemeinverbindlichkeitserklärung des Tarifvertrags wird die Wirkung des Gütevertrags **nicht** auf die Außenseiter ausgedehnt (entsprechend § 91 Abs. 1 ArbGG.). Weiter ist der Abschluß eines Gütevertrags unter den Voraussetzungen des § 91 Abs. 2 ArbGG. zulässig zwischen den **Streitparteien** bürgerlicher Rechtsstreitigkeiten nach § 2 Abs. 1 Nr. 1 ArbGG. mit Wirkung für diese (ArbGG. § 91 Abs. 2 Nr. 1) und zwischen dem Arbeitgeber und seinen außerhalb der Pflichtgrenze des Angestelltenversicherungsgesetzes stehenden Angestellten für bürgerliche Rechtsstreitigkeiten aus § 2 Abs. 2 Nr. 2 ArbGG. (ArbGG. § 91 Abs. 2 Nr. 2). Andere Parteien können einen Gütevertrag **ebensowenig** schließen wie einen Schiedsvertrag. Auch bezüglich anderer Rechtsstreitigkeiten kann ein Gütevertrag **nicht** geschlossen werden, also z. B. nicht über Rechtsstreitigkeiten aus § 2 Abs. 1 Nr. 4 ArbGG. Alle Güteverträge müssen **ausdrücklich** geschlossen werden, weil sie wie der Schiedsvertrag die Arbeitsgerichtsbarkeit, wenn auch nur teilweise, ausschließen. Die Güteverträge zwischen den Parteien des streitigen Rechtsverhältnisses können, entsprechend § 91 Abs. 2 ArbGG., allgemein oder für den Einzelfall, auch im voraus, geschlossen werden. Wegen der Voraussetzungen des Abschlusses eines Gütevertrags im einzelnen ist das in den Anm. 2—12 zu § 91 ArbGG. Ausgeführte entsprechend zu vergleichen.

[3] **Inhalt** des Gütevertrags kann **nur** die Vereinbarung sein, daß dem arbeitsgerichtlichen Entscheidungsverfahren, das nicht ausgeschlossen wird, ein **Einigungsverfahren vor einer vereinbarten Gütestelle** an Stelle des arbeitsgerichtlichen Güteverfahrens nach § 54 ArbGG. vorausgehen soll. Die Fassung des § 101 Abs. 1 ArbGG. ist hinsichtlich der Definition des Gütevertrags, wie sich aus dem Zusammenhang, insbesondere aus § 101 Abs. 2, aus § 4, aus § 54 Abs. 1 Satz 1 und aus § 105 ArbGG. ergibt, nicht ganz genau. Einmal wird die Arbeitsgerichtsbarkeit zwar nicht vollständig, wohl aber **zum Teil** durch den Gütevertrag **ausgeschlossen**, nämlich insoweit, als sie besonders — in der Güteverhandlung nach § 54 ArbGG. — der gütlichen Einigung der Streitparteien dient. Zum anderen soll nach dem Einigungsverfahren vor der vereinbarten Gütestelle, wie § 105 ArbGG. ergibt, nur noch das arbeitsgerichtliche **Entscheidungs**verfahren, nicht das **gesamte** arbeitsgerichtliche Verfahren stattfinden. Das bedeutet aber nicht, daß das Arbeitsgericht im Entscheidungsverfahren beim Vorliegen eines Gütevertrags von der Verpflichtung frei ist, die gütliche Erledigung des Rechtsstreits anzustreben; denn die Vorschrift des § 57 Abs. 2 ArbGG. wird durch den Gütevertrag **nicht** berührt.

Sind die in Anm. 2 dargelegten Voraussetzungen für den Abschluß eines Gütevertrags nicht gegeben, so entbehrt die als Gütevertrag geschlossene Vereinbarung **jeder prozessualen Wirkung** (vgl. Anm. 4). Ebenso können die Parteien dem „Gütevertrag" vertraglich keine andere als die gesetzlich bestimmte Wirkung geben, sie können z. B. nicht vereinbaren, daß das arbeitsgerichtliche Güteverfahren nach § 54 ArbGG. durch ihre Vereinbarung nicht ausgeschlossen sein soll (vgl. Anm. 1 Abs. 4 a. E. zur Überschrift des Zweiten Abschnitts, Anm. 4 hier).

[4] Die Begründung einer **prozeßhindernden Einrede** ist **nicht die einzige** prozessuale Wirkung des Gütevertrags. Wie schon in Anm. 1 Abs. 4 a. E. zur Überschrift des Zweiten Abschnittes ausgeführt, findet das arbeitsgerichtliche Güteverfahren nach § 54 Abs. 1 Satz 1 ArbGG. **schon dann nicht** statt, wenn überhaupt ein Gütevertrag **vorliegt**, gleichviel ob die prozeßhindernde Ein-

rede geltend gemacht wird oder nicht (vgl. Anm. 4 Abs. 1 zu § 54; a. A. vor allem Baumbach, Anm. 2 zu § 101). Dem entspricht die Vorschrift des § 105 ArbGG. und die des § 55 Abs. 3 ArbGG., nach der das Arbeitsgericht beim Vorliegen eines Gütevertrags auf die Klage sogleich einen Termin zur streitigen Verhandlung zu bestimmen hat. Allerdings setzt das voraus, daß dem Vorsitzenden des Arbeitsgerichts das Vorliegen des Gütevertrags bekannt ist, was häufig nicht der Fall sein wird; immerhin wird er bei Streitigkeiten, für die in Tarifverträgen seines Bezirks Güteverträge geschlossen sind, im allgemeinen unterrichtet sein. Von Amts wegen braucht er die Frage des Vorliegens eines Gütevertrages nicht zu erforschen (vgl. Anm. 4 Abs. 1 a. E. zu § 54); doch muß er, wenn er in der Güteverhandlung die Überzeugung erhält, daß ein Gütevertrag vorliegt, auch ohne daß die prozeßhindernde Einrede geltend gemacht wird, sofort zur streitigen Verhandlung übergehen (vgl. Anm. 15 zu § 55).

Diese Regelung des Arbeitsgerichtsgesetzes soll einen Druck auf die Parteien ausüben, den Gütevertrag zu beachten. Neben dieser von dem Willen der Streitparteien unabhängigen prozessualen Wirkung des Gütevertrags ist die weitere der prozeßhindernden Einrede gegeben, die grundsätzlich vom Willen des Beklagten abhängt, weil die Einrede verzichtbar ist (vgl. Anm. 1 Abs. 7 zur Überschrift des Zweiten Abschnitts). Während das Vorliegen des Gütevertrags unmittelbar das arbeitsgerichtliche Güteverfahren verhindert, kann es — nach dem Willen des Beklagten — auch die Entscheidung des Rechtsstreits im arbeitsgerichtlichen Verfahren überhaupt verhindern, solange nicht der Kläger den Gütevertrag erfüllt hat oder die Erfüllung unmöglich oder ungebührlich erschwert ist (ArbGG. § 101 Abs. 2 Satz 2; vgl. Anm. 5, 6). Kann der Beklagte nach ArbGG. § 101 Abs. 2 die prozeßhindernde Einrede des Gütevertrags geltend machen und macht er sie geltend, so muß das Arbeitsgericht die Klage zur Zeit abweisen, es sei denn, daß es auf Antrag beider Parteien gemäß ZPO. 251 das Ruhen des Verfahrens anordnet, um ihnen zunächst Gelegenheit zur Durchführung des vereinbarten Güteverfahrens zu geben. Macht der Beklagte die Einrede des Gütevertrags nicht geltend, sei es, weil sie nach § 101 Abs. 2 Satz 2 ArbGG. entfallen ist, sei es, weil er auf sie verzichtet, so nimmt das arbeitsgerichtliche Entscheidungsverfahren seinen Lauf, ohne daß — bei Bekanntheit des Gütevertrags — ein arbeitsgerichtliches Güteverfahren nach ArbGG. § 54 stattgefunden hätte.

Über die materiellrechtliche Wirkung des Gütevertrags vgl. entsprechend das in Anm. 1 Abs. 1—4 zu § 92 für den Schiedsvertrag Ausgeführte.

Alle geschilderten Wirkungen treten nur ein, wenn ein rechtsgültiger Gütevertrag vorliegt, d. h. wenn der Gütevertrag rechtsgültig zustande gekommen und nicht etwa ausnahmsweise nachträglich inhaltlos geworden ist (z. B. durch ersatzlosen Fortfall der Gütestelle).

5 Die Erfüllung des Schiedsvertrags in Arbeitsstreitigkeiten durch Durchführung des vereinbarten schiedsgerichtlichen Verfahrens erledigt den Rechtsstreit und gibt den Streitparteien im Falle seiner gerichtlichen Wiederaufrollung die Einrede der rechtskräftig entschiedenen Sache. Die Erfüllung des Gütevertrags erledigt den Rechtsstreit nur dann, wenn es zu einer gütlichen Einigung kommt. Bleibt dagegen die Sache streitig, so muß nunmehr der Rechtsstreit vor den Arbeits-

gerichtsbehörden ausgetragen werden. Infolgedessen muß die Erfüllung des Gütevertrags bei Bestehenbleiben des Streits den vorher durch die prozeßhindernde Einrede des Gütevertrags versperrten Rechtsweg wieder eröffnen. ArbGG. § 101 Abs. 2 Satz 2 bestimmt deshalb, daß die Einrede des Gütevertrags durch seine Erfüllung seitens des Klägers (vgl. Anm. 8 zu § 92) entfällt. Der Beklagte kann verständlicherweise durch Nichterfüllung des Gütevertrags seinerseits die Erledigung des Rechtsstreits nicht aufhalten.

Um den Gütevertrag zu erfüllen und damit die prozeßhindernde Einrede auszuräumen, muß der Kläger zweierlei tun. Er muß einmal das vereinbarte Güteverfahren bei der Gütestelle in Gang bringen und muß außerdem zu der Güteverhandlung vor ihr persönlich erscheinen (ArbGG. § 103 Satz 1; vgl. Anm. 1, a zu § 103). Hat er dies beides getan und wird der Streit gleichwohl nicht beigelegt, so muß ihm der Verhandlungsleiter der Gütestelle eine schriftliche (unterschriebene) Bescheinigung des Inhalts ausstellen, daß eine Einigung der Streitparteien trotz Erscheinen des Klägers nicht erfolgt ist. Dabei ist es gleichgültig, ob der Beklagte zur Verhandlung vor der Gütestelle erschienen ist und sich nicht geeinigt hat oder ob er überhaupt nicht erschienen ist. Die Vorlegung der Bescheinigung durch den Kläger erledigt die prozeßhindernde Einrede des Gütevertrags und ermöglicht damit die Durchführung des arbeitsgerichtlichen Entscheidungsverfahrens. Der Kläger wird deshalb diese Bescheinigung zweckmäßig seiner Klage beim Arbeitsgericht beifügen, um die Rechtslage von vornherein zu klären. Die vereinbarten Gütestellen müssen die Vorschrift des § 101 Abs. 2 Satz 2 ArbGG. über die Bescheinigung genau beachten, um Schwierigkeiten im arbeitsgerichtlichen Verfahren zu vermeiden.

6 Das Vorliegen des Gütevertrags darf nach den Grundsätzen des Arbeitsgerichtsgesetzes die Erledigung des Rechtsstreits nicht unbegrenzt verzögern. Infolgedessen läßt ArbGG. § 101 Abs. 2 Satz 2 die prozeßhindernde Einrede des Gütevertrags auch entfallen und eröffnet damit den Weg zum arbeitsgerichtlichen Entscheidungsverfahren, wenn die Gütestelle in der vereinbarten Besetzung nicht zusammentreten kann oder zwar zusammentreten kann, aber die Durchführung des Güteverfahrens verzögert. In diesen Fällen ist ebenso zu verfahren wie im § 92 Abs. 2 Nr. 1—3 ArbGG. hinsichtlich des Schiedsgerichts vorgeschrieben. Kann die Erledigung des Güteverfahrens auf dem dort vorgeschriebenen Wege nicht erreicht werden, so entfällt die prozeßhindernde Einrede. Das arbeitsgerichtliche Entscheidungsverfahren kann dann, ohne daß das vereinbarte Güteverfahren erledigt ist, stattfinden; für ein arbeitsgerichtliches Güteverfahren ist aber auch in diesen Fällen nach § 54 Abs. 1 ArbGG. kein Raum. Vgl. wegen der Einzelheiten entsprechend Anm. 7—16 zu § 92. Der im § 92 Abs. 2 Nr. 4 ArbGG. behandelte Fall des Entfallens der Einrede kommt für das vereinbarte Güteverfahren nicht in Betracht.

7 Die Vorschrift des § 92 Abs. 4 ArbGG. ist für den Gütevertrag nicht entsprechend anwendbar, da sie lediglich bezweckt, eine doppelte Entscheidung des Rechtsstreits, durch die Arbeitsgerichtsbehörde und durch das vereinbarte Schiedsgericht, zu verhindern (vgl. Anm. 18 zu § 92; ebenso Schmincke-Sell, Anm. 4 Abs. 2 zu § 101). Ist die Einrede des Gütevertrags entfallen und damit der Arbeits-

rechtsweg geöffnet worden, so kann gleichwohl noch eine Einigung vor der vereinbarten Gütestelle versucht werden, wenn die Streitparteien dies übereinstimmend wünschen und die Gütestelle dazu bereit ist. Kommt es zu einer Einigung, so stellt sie einen außergerichtlichen Vergleich dar.

§ 102

Zusammensetzung der Gütestelle[1]

Die Zusammensetzung der Gütestelle ist im Gütevertrage zu vereinbaren[1]. Die Vorschriften des § 93 Abs. 1 Satz 2, Abs. 2, 3 und 4 gelten entsprechend[2].

1 Wie im Schiedsvertrag die Zusammensetzung des Schiedsgerichts, so muß auch im Gütevertrag die Zusammensetzung der Gütestelle vereinbart werden, wenn ein rechtsgültiger Gütevertrag vorliegen soll (vgl. Anm. 1 Abs. 2 und 4 zu § 93). Der Vereinbarung ist aber hier ein erheblich weiterer Spielraum gelassen als beim Schiedsvertrag, wie sich daraus ergibt, daß in § 102 Satz 2 ArbGG. die Vorschriften des § 93 Abs. 1 Satz 1 ArbGG. nicht für entsprechend anwendbar erklärt sind. Die Gütestelle braucht danach nicht paritätisch zusammengesetzt zu sein, sondern es kann jede den Vertragsparteien geeignet erscheinende Einzelperson oder Personenmehrheit vertraglich als Gütestelle bestimmt werden. Die bisherige tarifvertragliche Übung kannte zwar nur paritätische Gütestellen, doch erschien es zweckmäßig, für die Zukunft auch die Möglichkeit zu geben, eine andere Besetzung der Gütestelle zu vereinbaren, z. B., wie mitunter angeregt worden ist, mit dem Leiter der Geschäftsstelle des Arbeitsgerichts oder mit dem Leiter einer gemeinnützigen Rechtsauskunftsstelle. Da der Gütestelle keine Entscheidung obliegt, sondern nur der Versuch der gütlichen Einigung der Streitparteien, bestehen auch gegen eine unparitätische Besetzung keine Bedenken, wenn die Vertragsparteien sie übereinstimmend für dem Zweck des Güteverfahrens in ihrem Fall entsprechend halten.

2 Für Ausschluß und Ablehnung von Mitgliedern der Gütestelle gelten die Vorschriften des § 93 Abs. 1 Satz 2, Abs. 3 und 4. Das in den Anm. 7 und 10 bis 14 zu § 93 Ausgeführte ist hier zu vergleichen.

Wegen der Vereinbarung einer Behörde oder Einrichtung als Gütestelle, die ebenfalls gemäß § 102 Satz 2 ArbGG. möglich ist, ist grundsätzlich das in den Anm. 8 und 9 zu § 93 Ausgeführte zu vergleichen. Doch ergibt sich hier, da eine paritätische Zusammensetzung der Gütestelle nicht erforderlich ist, auch die Möglichkeit, andere als die durch § 93 Abs. 2 ArbGG. zugelassenen Behörden und Einrichtungen als Gütestellen zu vereinbaren. Es kann z. B. der Leiter der Geschäftsstelle des Arbeitsgerichts in München oder der Leiter der gemeinnützigen Rechtsauskunftsstelle in Frankfurt (Main), gleichviel wer zur Zeit diese Stelle einnimmt, als Gütestelle vereinbart werden. Der Vorsitzende einer Arbeitsgerichtsbehörde oder eine Arbeitsgerichtsbehörde selbst kann nicht als Gütestelle vereinbart werden, weil der Gütevertrag begrifflich eine Vereinbarung zum Ausschluß der Arbeitsgerichtsbarkeit im Güteverfahren ist, eine Schlichtungsbehörde nicht wegen der ausdrücklichen Bestimmung des § 8 Abs. 1 der 2. AVOSchlVO.

§ 103

Verfahren vor der Gütestelle[1]

Das Verfahren vor der Gütestelle findet nur statt, wenn die Streitparteien vor ihr persönlich erscheinen. Es wird nach dem freien Ermessen der Gütestelle geregelt, soweit der Gütevertrag nichts anderes bestimmt[1].

[1] Entsprechend dem Zweck des vereinbarten Güteverfahrens, eine gütliche Einigung der Streitparteien herbeizuführen, ist es vom Gesetz im allgemeinen nicht an bestimmte Formen gebunden, so daß die Gütestelle weitgehende Freiheit hat. Gleichwohl gelten aber auch hier, wie beim Schiedsvertrag (ArbGG. § 94, §§ 95—98), einige zwingende Vorschriften.

a) Für die Einigungstätigkeit der Gütestelle. Sie ist im § 103 Satz 1 ArbGG. nicht sehr scharf als „Verfahren vor der Gütestelle" bezeichnet. Sie ist aber nur ein Teil des Güteverfahrens, wie sich aus dem Inhalt der Vorschrift ergibt.

Die Gütestelle wird einigend nur tätig, wenn beide Streitparteien persönlich vor ihr erscheinen. Unter dem „persönlichen Erscheinen" ist dasselbe zu verstehen wie in § 95 Abs. 2 Satz 2 ArbGG. (vgl. Anm. 5 zu § 95), d. h. daß prozeßfähige Streitparteien in Person, nichtprozeßfähige durch ihren gesetzlichen Vertreter zu erscheinen haben. Bevollmächtigte dürfen die Streitparteien an ihrer Stelle nicht entsenden, ebensowenig ist ein schriftliches Verfahren möglich. Das Gesetz hält die persönliche Einwirkung auf die Streitparteien für erforderlich. Erscheinen nicht beide Streitparteien persönlich vor der Gütestelle, so macht sie keinen Einigungsversuch, wohl aber muß sie gegebenenfalls in anderer Weise tätig werden, wie § 101 Abs. 2 Satz 2 ArbGG. ergibt (vgl. b, bb).

b) Für die Beendigung des Güteverfahrens. Hier sind zwei Fälle zu unterscheiden:

aa) Kommt es — beim Erscheinen beider Streitparteien vor der Gütestelle — zu einer gütlichen Einigung, so wird regelmäßig ein Vergleich geschlossen werden. Für ihn gilt die Formvorschrift des § 104 ArbGG. (vgl. Anm. 1 Abs. 2 zu § 104). Für eine gütliche Beendigung des Verfahrens durch Zurücknahme der „Klage" (vgl. Anm. 8 zu § 92) oder durch Anerkenntnis des Beklagten ist keine besondere Regelung gegeben.

bb) Ist das Güteverfahren erfolglos, weil die beiden erschienenen Streitparteien sich nicht einigen oder weil es mangels Erscheinens einer oder beider Streitparteien nicht zu einer Einigungstätigkeit der Gütestelle (vgl. oben zu a)) kommt, so ist für den Fall des Nichterscheinens des Klägers keine weitere gesetzliche Regelung gegeben (vgl. Abs. 3 dieser Anm.). Ist aber der Kläger erschienen und ist eine Einigung nicht erzielt worden, so muß der Verhandlungsleiter der Gütestelle — ein solcher muß also, ebenso wie beim Schiedsgericht, stets bestimmt sein (vgl. Anm. 3 Abs. 3 zu § 94) — ihm eine Bescheinigung darüber ausstellen, die er dem Arbeitsgericht zur Erledigung einer vom Beklagten dort etwa geltend gemachten prozeßhindernden Einrede des Gütevertrages vorlegen kann (ArbGG. § 101 Abs. 2 Satz 2; vgl. Anm. 5 Abs. 2 zu § 101).

Soweit keine zwingenden Vorschriften bestehen, wird das Güteverfahren im Gütevertrag geregelt und, soweit dieser nichts bestimmt, durch die Gütestelle nach freiem Ermessen. Die Vorschrift des § 103 Satz 2 ArbGG. bezieht sich zwar ihrem Wortlaut nach nur auf das „Verfahren vor der Gütestelle", das in Satz 1 erwähnt ist, also deren Einigungstätigkeit (vgl. Abs. 1a); doch ist dies offenbar eine zu enge Fassung der Vorschrift, die sinngemäß — entsprechend der Vorschrift des § 94 ArbGG. — ausdehnend für das gesamte Güteverfahren anzuwenden sein wird.

Der Gütevertrag oder, wenn er nichts bestimmt, die Gütestelle selbst kann also z. B. regeln, in welcher Weise die Ladungen zur Güteverhandlung erfolgen sollen, ob eine Niederschrift über die Tätigkeit der Gütestelle gefertigt wird, ob neben den Parteien auch Beistände erscheinen dürfen und welche, ob die Gütestelle außer der Verhandlung mit den Streitparteien Aufklärungshandlungen vornehmen soll; dabei ist aber zu bedenken, daß der vereinbarten Gütestelle staatshoheitliche Zwangsbefugnisse nicht beigelegt werden und daß ihre Befugnisse nach dem Sinn des Gesetzes niemals über die eines vereinbarten Schiedsgerichts hinausgehen können. Weiter kann in dieser Weise insbesondere auch geregelt werden, ob etwa die Gütestelle beim Nichterscheinen des Klägers zur Güteverhandlung einen zweiten Termin hierzu ansetzen kann; der Auffassung von Baumbach (Anm. 1 a. E. zu § 103), daß dies immer möglich sei, kann weder nach dem Wortlaut noch nach dem Sinn des Gesetzes (ArbGG. § 103 Satz 1) beigetreten werden, da an sich das vereinbarte Güteverfahren mit dem einmaligen Versuch der gütlichen Einigung konsumiert ist.

§ 104

Vergleich[1]

Für einen vor der Gütestelle geschlossenen Vergleich gelten die Vorschriften der §§ 97 und 99 entsprechend[1].

1 Soll das vereinbarte Güteverfahren den Zweck der Vermeidung unnützer Prozesse erfüllen, so muß die Möglichkeit gegeben sein, die in ihm zustande gekommenen Vergleiche zu vollstrecken, ebenso wie dies bei Vergleichen im schiedsgerichtlichen Verfahren möglich ist (vgl. Anm. 1 Abs. 2 zu § 97). § 104 ArbGG. schafft diese Möglichkeit dadurch, daß es die §§ 97 und 99 ArbGG., die den Vergleich im schiedsgerichtlichen Verfahren behandeln, für entsprechend anwendbar erklärt (die Annahme von Schmincke-Sell, Anm. 1 Abs. 2 zu § 104, daß auch § 98 ArbGG. für entsprechend anwendbar erklärt sei, ist irrtümlich).

Im einzelnen sind daher auch für die Form des Vergleichs im Güteverfahren und seine prozessualen Wirkungen die Anm. zu § 97 und zu § 99, soweit sie sich auf den Vergleich im schiedsgerichtlichen Verfahren beziehen, zu vergleichen. Der Vergleich vor der Gütestelle muß, um gemäß § 99 ArbGG. vollstreckbar zu sein, unter Angabe des Tages seines Zustandekommens von allen Streitparteien und von den tätig gewordenen Mitgliedern der Gütestelle unterschrieben werden. Zweckmäßig erhalten die Streitparteien sofort Ausfertigungen davon (vgl. Anm. 3 Abs. 4 zu § 97). Ein derartig geschlossener Vergleich muß gemäß § 99 ArbGG. von dem Vorsitzenden des zuständigen Arbeitsgerichts auf Antrag für vollstreckbar erklärt werden. Stempelgebühren dürfen von ihm nicht erhoben werden.

Wird die Form des § 97 ArbGG. nicht gewahrt, so ist der Vergleich als Vertrag nach bürgerlichem Recht zu beurteilen. Auf seine Erfüllung muß also gegebenenfalls geklagt werden.

§ 105

Ausschluß des arbeitsgerichtlichen Güteverfahrens[1]

Soweit ein Gütevertrag geschlossen ist, findet ein Güteverfahren vor dem entscheidenden Arbeitsgerichte nach § 54 nicht statt[1].

[1] Hierzu ist das in den Anm. 4 Abs. 1 und 3 zu § 54, Anm. 15, 16 zu § 55, Anm. 1 Abs. 4 a. E. zur Überschrift des Zweiten Abschnitts des Vierten Teils und Anm. 4 Abs. 1 zu § 101 Ausgeführte zu vergleichen (abweichend von der dort vertretenen Auffassung der unmittelbaren Wirkung des Gütevertrages auf den Ausschluß des arbeitsgerichtlichen Güteverfahrens: Baumbach, Anm. 1 a. E. zu § 105).

Dritter Abschnitt

Schiedsgutachtenvertrag[1]

[1] Auch der Schiedsgutachtenvertrag ist als Vertrag mit prozeßrechtlicher Wirkung, ebenso wie der Gütevertrag, eine neue Rechtsform. Seine Regelung im Arbeitsgerichtsgesetz begründet aber, wie die des Gütevertrages, nur prozeßrechtliche Folgen für eine Vereinbarung, die sich praktisch bereits bisher häufig in Tarifverträgen findet (vgl. Begr., B, VII, 4, S. 55f.). Dort ist vielfach bestimmt worden, daß für Streitigkeiten aus dem Arbeitsverhältnis zwar die staatliche Gerichtsbarkeit nicht ausgeschlossen sein soll, daß aber gewisse Vorfragen, wie z. B. die Eingruppierung der Arbeitnehmer bei Streitigkeiten um das Arbeitsentgelt, von einer vereinbarten Stelle endgültig und für ein etwaiges Gerichtsverfahren in der Sache bindend entschieden werden sollen. Praktisch war dies so gedacht, daß bei Streit über die Eingruppierung eines Arbeitnehmers nicht das Gericht angerufen werden sollte, sondern die vereinbarte Stelle. Dabei wurde angenommen, daß mit der Entscheidung über die Eingruppierung der Streit beendet sein würde; sollte aber noch ein Streit über den Entgeltsanspruch selbst bestehen, so mochte ihn das Gericht entscheiden, nur sollte es an die Eingruppierungsentscheidung der vereinbarten Stelle gebunden sein.

Der Sinn der Vereinbarung war demnach nicht, die staatliche Gerichtsbarkeit für die Entscheidung eines Rechtsstreits auszuschließen; es sollten vielmehr nur gewisse erhebliche Tatfragen des Streites, die sonst von dem Gericht für die Entscheidung hätten geprüft und gegebenenfalls durch Beweiserhebung geklärt werden müssen, seiner Prüfung und Beweiserhebung entzogen und der einer vereinbarten Stelle übertragen sein. Zweck der Vereinbarung war, die Prüfung besonderer fachlicher Fragen, wie die der Einreihung eines Arbeitnehmers in die Fachgruppe des Tarifvertrags, einer möglichst sachverständigen, fachlich vorgebildeten Stelle zu übertragen, um schwierige Erörterungen durch das regelmäßig im einzelnen nicht so weit vorgebildete Gericht zu vermeiden. Dazu kam, daß nach Feststellung der ihr übertragenen Tatfrage durch die vereinbarte Stelle praktisch meist ein Prozeß gespart wurde, weil streitig in der Mehrzahl der Fälle nur eben diese Tatfrage, insbesondere die Eingruppierung, war.

Obwohl ein Bedürfnis der Beteiligten nach rechtlicher Regelung einer solchen Vereinbarung auch sonst im Wirtschaftsleben vielfach vorhanden sein dürfte (vgl. Baumbach, Anm. 1 zur Überschrift des Dritten Abschnitts), war sie prozeßrechtlich bisher nicht erfaßt; denn der Schiedsvertrag der Zivilprozeßordnung bezweckt die Entscheidung des gesamten Rechtsstreits, einschließlich der rechtlichen Würdigung, durch die vereinbarte Stelle an Stelle des staatlichen Gerichts. Vielmehr haben Rechtsprechung und Schrifttum einen derartigen Vertrag bisher grundsätzlich als bürgerlich-rechtliche Vereinbarung der Bestimmung der geschuldeten Leistung durch einen Dritten (BGB. §§ 317ff.) behandelt. Abgesehen davon, daß diese Konstruktion dem geschilderten Sinn der Vereinbarung kaum gerecht wird, besagt sie auch nichts über die Wirkung der Entscheidung der vereinbarten Stelle in einem etwaigen Rechtsstreit; gerade auf diese Wirkung aber kommt es den Vertragschließenden wesentlich an.

Das Arbeitsgerichtsgesetz macht nun in den §§ 106, 107 den Versuch einer prozeßrechtlichen Regelung der fraglichen Vereinbarung. Dabei geht es davon aus, daß die Frage der Eingruppierung des Arbeitnehmers, für die die Vereinbarung im wesentlichen bisher praktisch geworden ist, nur eine von den Tatfragen ist, die für die Entscheidung eines Rechtsstreits von Erheblichkeit sein können, und daß in gleicher Weise rechtlich auch andere erhebliche Tatfragen behandelt werden können. Weil es der Sinn der Vereinbarung ist, die Entscheidung der Tatfrage einer aus sachverständigen Personen zusammengesetzten Stelle zu übertragen, nennt es sie „Schiedsgutachtenvertrag" und die vereinbarte Stelle selbst „Schiedsgutachterstelle". Der Schiedsgutachtenvertrag schließt die Arbeitsgerichtsbarkeit weder für das Güteverfahren — wie der Gütevertrag — noch für die rechtliche Entscheidung im ganzen — wie der Schiedsvertrag — aus, sondern nur für die Klärung der ihr ausdrücklich im Vertrag entzogenen Tatfrage, für diese aber von Amts wegen, wie der Gütevertrag für das Güteverfahren (vgl. Anm. 6 zu § 106; Anm. 4 Abs. 1 zu § 101; a. A. Baumbach, Anm. 2 zu § 106).

§ 106

Grundsatz[1]

(1) **Soweit die Vertragsparteien nach § 91 einen Schiedsvertrag in Arbeitsstreitigkeiten schließen können[2], können sie auch ohne Ausschluß der Arbeitsgerichtsbarkeit[3] vereinbaren, daß Tatfragen, die für die Entscheidung des Rechtsstreits erheblich sind, durch ein Schiedsgutachten entschieden werden sollen (Schiedsgutachtenvertrag)[4].**

(2) **Die Vereinbarung hat die Wirkung[5], daß die durch Schiedsgutachten zu entscheidenden Tatfragen der Sachprüfung und Beweiserhebung im arbeitsgerichtlichen Verfahren entzogen sind und daß die Arbeitsgerichtsbehörde an das Schiedsgutachten gebunden ist[6]. Die Wirkung tritt nicht ein, wenn eine der Voraussetzungen vorliegt, unter denen nach § 92 Abs. 2 die prozeßhindernde Einrede des Schiedsvertrags in Arbeitsstreitigkeiten entfiele[7].**

1 Entsprechend wie in § 101 für den Gütevertrag werden in § 106 unter der Überschrift „Grundsatz" Zulässigkeit, Inhalt und prozessuale Wirkung des Schiedsgutachtenvertrags behandelt, die beim Schiedsvertrag in den §§ 91, 92 ArbGG. geregelt sind

2 Vgl. entsprechend das zum gleichen Wortlaut des § 101 Abs. 1 ArbGG. für den Gütevertrag in Anm. 2 zu § 101 Ausgeführte.

3 Auch ArbGG. § 106 Abs. 1 enthält, wie § 101 Abs. 1 ArbGG. (vgl. Anm. 3 Abs. 1 zu § 101), in der Fassung „auch ohne Ausschluß der Arbeitsgerichtsbarkeit" eine Ungenauigkeit. Zwar schließt der Schiedsgutachtervertrag die Arbeitsgerichtsbarkeit nicht im ganzen aus, wohl aber für einen bestimmten Teil des Verfahrens, nämlich für die Sachprüfung und Beweiserhebung über die durch das Schiedsgutachten zu entscheidende prozeßerhebliche Tatfrage.

4 Die Vereinbarung muß von den nach § 91 ArbGG. zugelassenen Vertragsparteien für die dort angegebenen bürgerlichen Rechtsstreitigkeiten mit dem ausdrücklichen Inhalt des § 106 Abs. 1 geschlossen werden, d. h. sie muß die Tatfrage oder die Tatfragen genau bezeichnen, die durch die Schiedsgutachtenstelle an Stelle des Arbeitsgerichts entschieden werden sollen. Der Ausdruck „Schiedsgutachten" braucht nicht verwendet zu werden, wenn sich nur der Charakter des Vertrages eindeutig ergibt. Andernfalls liegt ein rechtsgültiger Schiedsgutachtenvertrag, der die prozeßrechtliche Wirkung des § 106 Abs. 2 ArbGG. haben könnte, nicht vor.

Die Vertragsparteien werden beim Abschluß dieses Vertrages wegen seiner neuartigen prozessualen Fassung besonders sorgfältig vorgehen müssen. Sie müssen zunächst prüfen, ob in den Rechtsstreitigkeiten, die ihrer Vereinbarung unterfallen würden, die Entscheidung mit einer gewissen Regelmäßigkeit von einer bestimmten Tatfrage abhängt; ist dies nicht der Fall, so wird der Schiedsgutachtenvertrag eine unnütze Komplizierung der Rechtsverfolgung darstellen. Liegen regelmäßig solche Tatfragen vor, wie insbesondere die Frage der tarifvertraglichen Eingruppierung bei bürgerlichen Rechtsstreitigkeiten aus Arbeits- oder Lehrverhältnissen, die sich nach einem Tarifvertrag bestimmen, so können die Vertragsparteien, in dem Beispielsfall die Tarifvertragsparteien, vereinbaren, daß die bestimmt zu bezeichnende Tatfrage, wenn sie für einen Rechtsstreit erheblich ist, nicht durch das Arbeitsgericht, sondern an seiner Stelle durch eine Schiedsgutachterstelle, deren Zusammensetzung von ihnen zu vereinbaren ist (ArbGG. § 107 Satz 1; vgl. Anm. 2 zu § 107), entschieden werden soll, ohne daß Güteverfahren und Entscheidung im übrigen dem zuständigen Gericht entzogen wird. Eine solche Vereinbarung wird sich aber nur empfehlen, wenn ein erhebliches Interesse der Vertragsparteien dafür spricht, die Entscheidung der Tatfrage einer bestimmten vereinbarten Stelle zu übertragen, z. B. weil ihre Prüfung besondere fachliche Kenntnisse erfordert, die von den Mitgliedern des Arbeitsgerichts nicht erwartet werden können (vgl. Anm. 6 Abs. 2). Besonders zu beachten ist, daß einzelne Rechtsfragen dem Gericht nicht durch einen Schiedsgutachtenvertrag entzogen werden können.

5 ArbGG. § 106 Abs. 2 regelt nur die prozeßrechtliche Wirkung des Schiedsgutachtenvertrages, wie § 92 und § 101 Abs. 2 ArbGG. nur die prozeßrechtliche Wirkung des Schiedsvertrags bzw. des Gütevertrags regeln. Über seine materiellrechtliche Wirkung ist das in Anm. 1 Abs. 1—4 zu § 92 Ausgeführte entsprechend zu vergleichen.

Die Wirkungen treten nur ein, wenn ein den Voraussetzungen des § 106 Abs. 1, § 107 Satz 1 ArbGG. entsprechender Schiedsgutachtenvertrag vorliegt (vgl. Anm. 4).

6 Die prozeßrechtliche Wirkung des Schiedsgutachtenvertrages ist eine doppelte. Einmal ist die Sachprüfung und Beweiserhebung über die durch Schiedsgutachten zu entscheidende Frage jeder Arbeitsgerichtsbehörde, die zur Prüfung von Tatfragen berufen ist, also dem Arbeitsgericht und dem Landesarbeitsgericht entzogen, zum andern sind die Arbeitsgerichtsbehörden an das rechtsgültig zustande gekommene Schiedsgutachten für ihre Entscheidung gebunden. Diese Wirkungen treten von Amts wegen ein, wie der Ausschluß des arbeitsgerichtlichen Güteverfahrens nach § 54 ArbGG. durch den Gütevertrag (ArbGG. § 105; vgl. Anm. 1 zu § 105; ebenso Dersch-Volkmar, Anm. 4 Abs. 2 a. E. zu § 106; Schmincke-Sell, Anm. 3 zu § 106; a. A. Baumbach, Anm. 2 zu § 106). Es ist nach der Fassung des Gesetzes auch hier nicht erforderlich, daß das Vorliegen des Schiedsgutachtenvertrages von der Partei einredeweise geltend gemacht wird, das Gericht hat es vielmehr auch dann zu berücksichtigen, wenn es ihm anderweit bekannt ist, z. B. bei tarifvertraglichen Schiedsgutachtenverträgen aus Präzedenzfällen. Immerhin sollte die Partei das Vorliegen des Schiedsgutachtenvertrages stets vortragen, um sicher zu gehen, daß das Gericht ihn beachten kann, zumal er inzwischen von den Vertragsparteien, nicht dagegen von den Streitparteien als solchen (a. A. Baumbach, a. a. O.), aufgehoben worden sein kann.

Der Schiedsgutachtenvertrag hindert also nicht, wie der Schiedsvertrag und der Gütevertrag, die Einleitung des arbeitsgerichtlichen Verfahrens; er begründet keine prozeßhindernde Einrede. Auf die Klage ist vielmehr das arbeitsgerichtliche Güteverfahren gemäß § 54 ArbGG. durchzuführen. Bleibt die Sache gleichwohl streitig, so hat das Arbeitsgericht zu prüfen, welche Tatfragen für seine Entscheidung erheblich sind. Kommt es dabei zu dem Ergebnis, daß die auf Grund eines rechtsgültigen Schiedsgutachtenvertrages durch Schiedsgutachten zu entscheidende Tatfrage erheblich ist, so kann es hinsichtlich ihrer in keine Sachprüfung und Beweiserhebung eintreten. Es muß vielmehr von der Partei, die die Beweislast trägt, die Vorlage des Schiedsgutachtens — von Amts wegen — erfordern. Das von ihr übergebene Schiedsgutachten (vgl. Anm. 4 Abs. 3 zu § 107) hat es seiner Entscheidung bezüglich dieser Tatfrage ohne Nachprüfung seiner Richtigkeit zugrunde zu legen. Es muß aber von Amts wegen prüfen, ob das Schiedsgutachten gesetz-

und vertragsmäßig ergangen ist (vgl. Anm. 4 Abs. 3 zu § 107); die abweichende Auffassung Baumbachs (Anm. 2 zu § 106) erklärt sich wohl daraus, daß er dem Schiedsgutachtenvertrag überhaupt keine Wirkung von Amts wegen beilegt. Legt die Partei kein Schiedsgutachten vor oder ist es nicht rechtsgültig ergangen, so ist sie beweisfällig und es ist entsprechend zu entscheiden, regelmäßig also die Klage abzuweisen. Eine Aussetzung des Verfahrens zur Herbeiführung des Schiedsgutachtens ist nach ZPO. § 148 nicht zulässig (vgl. Begr., C, zu § 103), wohl aber kann bei Zustimmung beider Parteien nach ZPO. § 251 das Ruhen des Verfahrens zu diesem Zweck angeordnet werden. Grundsätzlich muß also das Schiedsgutachten vor Anstrengung der Klage herbeigeführt werden; das entspricht auch dem Sinn des Schiedsgutachtenvertrages, der auch prozeßökonomisch wirken soll (vgl. Anm. 1 zur Überschrift des Dritten Abschnitts).

Im Berufungsverfahren ist das Landesarbeitsgericht ebenfalls hinsichtlich der in Betracht kommenden Tatfrage an das Schiedsgutachten gebunden; das Revisionsgericht hat schon nach der allgemeinen Regelung Tatfragen nicht zu prüfen.

7 Die vom Gericht von Amts wegen zu beachtende prozessuale Wirkung des Schiedsgutachtenvertrages tritt nach ArbGG. § 106 Abs. 2 Satz 2 nicht ein, wenn die Abgabe des Schiedsgutachtens praktisch unmöglich ist oder verzögert wird oder wenn keine vertragsmäßige Mehrheit dafür zustande kommt, obwohl die im § 92 Abs. 2 Nr. 1—4 vorgeschriebenen Maßnahmen von dem „Kläger“ (vgl. Anm. 8 zu § 92) ergriffen worden sind. Wegen der Einzelheiten sind die Anm. 7 bis 17 zu § 92 entsprechend zu vergleichen. Auch diese Tatsachen sind an sich von Amts wegen zu berücksichtigen, was allerdings praktisch keine Rolle spielt, da die Partei sie dem Gericht, jedenfalls auf dessen pflichtmäßiges Befragen, vortragen wird. Die Partei muß aber wegen der von Amts wegen eintretenden Wirkung des Schiedsgutachtenvertrages die entsprechend anwendbaren Vorschriften des § 92 ArbGG. genau beachten, um prozessuale Schädigungen zu vermeiden.

Der Verlust der Wirkung des Schiedsgutachtenvertrages tritt nur für den einzelnen Rechtsstreit ein; auch er tritt nicht etwa in den Fällen des § 106 Abs. 2 Satz 2 ArbGG. überhaupt außer Kraft. In dem in Betracht kommenden Rechtsstreit ist dann zu verfahren, als ob ein Schiedsgutachtenvertrag nicht vorläge, d. h. das Gericht hat die Tatfragen nach allgemeinen Regeln zu prüfen und über sie Beweise zu erheben.

§ 107

Zusammensetzung der Schiedsgutachterstelle

Verfahren[1]

Die Zusammensetzung der Schiedsgutachterstelle ist im Schiedsgutachtenvertrage zu vereinbaren[2]. Die Vorschriften des § 93 Abs. 1 Satz 2, Abs. 2, 3 und 4[3], der §§ 94—96 und des § 98 Abs. 1 und 2 gelten entsprechend[4].

1 Die Vorschriften des § 107 ArbGG. regeln Zusammensetzung und Verfahren der vereinbarten Schiedsgutachterstelle in der Weise, daß für ihre Zusammensetzung dieselben Vorschriften gelten wie nach § 102 ArbGG. für die vereinbarte Gütestelle, für das zum Schiedsgutachten führende Verfahren aber grundsätzlich, wenn auch mit wichtigen Ausnahmen, dieselben Vorschriften wie für das schiedsgerichtliche Verfahren. Diese Regelung beruht darauf, daß auch das Schiedsgutachterverfahren — anders als das Güteverfahren — ein Verfahren der Prüfung durch die vereinbarte Stelle ist, wenn auch nur der Tatsachenprüfung, nicht der Rechtsprüfung wie das schiedsgerichtliche Verfahren; das Gesetz mußte deshalb ein mit Mindestgarantien ausgestattetes Prüfungsverfahren vorschreiben. Andererseits kommt es, da die endgültige Entscheidung des Arbeitsstreits der Schiedsgutachterstelle nicht zusteht, auf eine paritätische Zusammensetzung bei ihr nicht an; wichtig ist nur die Besetzung mit fachlich für die Prüfung der Tatfrage geeigneten Personen.

2 Vgl. entsprechend Anm. 1 zu § 102 ArbGG.

3 Vgl. entsprechend Anm. 2 zu § 102 ArbGG. Als Schiedsgutachterstellen können auch fachlich besonders geeignete Behörden oder Einrichtungen vereinbart werden

4 Vgl. entsprechend die Anm. zu §§ 94—96 ArbGG., Anm. 2—5 zu § 98 ArbGG. Allgemein gilt für die Regelung des Verfahrens der Schiedsgutachterstelle insbesondere das in Anm. 2 und 3 zu § 94 ArbGG. Ausgeführte entsprechend. In erster Linie sind von ihr die zwingenden Vorschriften der §§ 95, 96 und des § 98 Abs. 1 und 2 anzuwenden, danach die vertraglichen Verfahrensbestimmungen und, wo sie fehlen, die nicht zwingenden Vorschriften der genannten Paragraphen, an letzter Stelle entscheidet die Schiedsgutachterstelle nach eigenem freien Ermessen über ihr Verfahren.

Sie muß danach insbesondere die Parteien, die das Schiedsgutachten angeht, hören (ArbGG. § 95), muß die erforderlichen Beweise für ihre Tatfragenentscheidung erheben (ArbGG. § 96) und muß schließlich das Schiedsgutachten auf Grund der Prüfung mit einfacher bzw. mit der vertraglich bestimmten Mehrheit abgeben (ArbGG. § 98 Abs. 1). Das Schiedsgutachten muß von den Mitgliedern der Schiedsgutachterstelle, die an seiner Fassung mitgewirkt haben, unter Angabe des Tages des Zustandekommens des Spruchs unterschrieben und, falls die Parteien nicht auf schriftliche Begründung verzichten, schriftlich begründet werden (ArbGG. § 98 Abs. 2 Satz 1). Der Verhandlungsleiter muß je eine Ausfertigung des Schiedsgutachtens beiden Parteien zustellen (ArbGG. § 98 Abs. 2 Satz 2 und 3), damit sie diese im etwaigen künftigen arbeitsgerichtlichen Verfahren vorlegen können (vgl. Anm. 6 Abs. 2 zu § 106); es ist jedoch bereits rechtsgültig, wenn es einer Partei zugestellt ist (vgl. Anm. 5 Abs. 1 zu § 98). Die Hinterlegung einer Ausfertigung beim Arbeitsgericht ist nicht vorgeschrieben, weil für die Wirkung des Schiedsgutachtens, die Ermöglichung der Verwendung durch die Partei im arbeitsgerichtlichen Verfahren, die Zustellung an die Parteien ausreicht.

Ein Vergleich mit prozeßrechtlicher Wirkung vor der Schiedsgutachterstelle kommt nicht in Betracht, da diese nur Tatfragen zu prüfen hat. Kommt es anläßlich der Verhandlung vor der Schiedsgutachterstelle zu einem Vergleich zwischen den Parteien über den zugrundeliegenden Anspruch, so ist er lediglich als bürgerlich-rechtlicher Vertrag zu werten.

Die Zwangsvollstreckung kommt für das Schiedsgutachten ebenfalls nach seinem Charakter nicht in Frage. Seine Anfechtung ist nicht möglich, weil sie, soweit es rechtsgültig durch die vereinbarte Stelle zustande gekommen ist — was später das Arbeitsgericht nachzuprüfen hat (vgl. Anm. 6 Abs. 2 zu § 106) —, dem Sinn des Schiedsgutachtenvertrages zuwiderlaufen würde.

Fünfter Teil

Ausführungs- und Übergangsvorschriften

§ 108

Ausführung des Gesetzes

Die zur Durchführung dieses Gesetzes erforderlichen Ausführungsbestimmungen erlassen der Reichsarbeitsminister und der Reichsminister der Justiz gemeinsam mit Zustimmung des Reichsrats und nach Anhörung eines achtundzwanziggliedrigen Ausschusses des Reichstags[1].

[1] Von dieser Befugnis ist bisher keinerlei Gebrauch gemacht worden. Die einzige zum ArbGG. ergangene Ausführungsverordnung ist auf Grund der besonderen Vollmacht des § 25 Abs. 2 Satz 2, also ohne Mitwirkung von Reichsrat und Reichstag, erlassen worden.

§ 109

Oberste Landesbehörde für die Sozialverwaltung

Die Landesregierungen bestimmen, welche Behörden als oberste Landesbehörde für die Sozialverwaltung[1] und als höhere Verwaltungsbehörde gelten[2], [3].

[1] Z. B. für die Aufgaben aus §§ 14, 15, 17, 18 usw.

[2] Z. B. für die Aufgaben aus § 20.

[3] Das Verzeichnis der so bestimmten Behörden ist im Reichsarbeitsblatt 1927, Amtl. Teil S. 307 abgedruckt.

§ 110

Wegfall gesetzlicher Bestimmungen

Es treten außer Kraft:

1. das Gewerbegerichtsgesetz;

2. der § 14 Nr. 4 des Gerichtsverfassungsgesetzes;[1]

3. das Gesetz, betreffend Kaufmannsgerichte;

4. der § 81 b Abs. 1 Nr. 4, die §§ 91, 91 a, 91 b und der § 93 Abs. 2 Nr. 7 der Gewerbeordnung[2];
5. der Artikel II der Verordnung über das Schlichtungswesen vom 30. Oktober 1923 (Reichsgesetzbl. I S. 1043)[3];
6. die Verordnung zur Ausführung der Verordnung über das Schlichtungswesen vom 10. Dezember 1923 (Reichsgesetzbl. I S. 1191)[4];
7. der § 8 Satz 2, der § 18 Satz 2, der § 19 Satz 2 und die Ziffer I der Maßgaben der Inkraftsetzung der Verordnung, betreffend eine Vorläufige Landarbeitsordnung vom 24. Januar 1919 (Reichsgesetzbl. S. 111)[5];
8. die §§ 99, 100 des Reichsversorgungsgesetzes[6].

[1] Betr. Zulassung der „Gewerbegerichte" als „besonderer Gerichte".

[2] Betr. Befugnis der Innungen zur Errichtung von Innungsschiedsgerichten und betr. deren Verfassung und Verfahren. Wegen der Lehrlingsstreitigkeiten im Handwerk vgl. § 111.

[3] Betr. Entlastung der Schlichtungsausschüsse durch die sogenannten vorläufigen Arbeitsgerichte, an deren Stelle jetzt die Arbeitsgerichtsbehörden getreten sind.

[4] Betr. Einzelheiten der Organisation und des Verfahrens der in Anm. 3 genannten vorläufigen Arbeitsgerichte.

[5] Betr. Zuständigkeit ursprünglich der Schlichtungsausschüsse, dann — vgl. § 1 Ziffer 2 des in Anm. 3 genannten Artikels II der Schlichtungsverordnung — der vorläufigen Arbeitsgerichte für gewisse rein einzelvertragliche Meinungsverschiedenheiten, die, wie jede andere materiellrechtliche Streitigkeit, nötigenfalls gerichtlich im Wege der Arbeitsvertragsklage auszutragen sind. Vgl. auch § 2 Anm. 10.

[6] Ebenso wie in den Fällen der Anm. 5 waren ursprünglich die Schlichtungsausschüsse, sodann — vgl. § 1 Ziffer 3 des in Anm. 3 genannten Artikels II der Schlichtungsverordnung — die vorläufigen Arbeitsgerichte für gewisse rein einzelvertragliche, vor die Arbeitsgerichte gehörige Streitigkeiten über die Zulässigkeit der Anrechnung von Versorgungsgebührnissen auf das Arbeitsentgelt zuständig. Vgl. auch hier § 2 Anm. 10.

§ 111

Abänderung der Gewerbeordnung

Die Gewerbeordnung wird folgendermaßen abgeändert:

1. im § 81 a Nr. 4 werden die Worte „der im § 4 des Gewerbegerichtsgesetzes (Reichsgesetzbl. 1901 S. 353) bezeichneten Art" gestrichen[1];
2. an Stelle des § 91 b treten folgende Bestimmungen[2]:

„Als das gemäß § 83 Abs. 2 Nr. 11 für die Verhandlung von Streitigkeiten nach § 81 a Nr. 4 zuständige Organ hat die Innung einen

Ausschuß zu bilden, dem Arbeitgeber und Arbeitnehmer in gleicher Zahl angehören müssen.

Wird der von diesem Ausschuß gefällte Spruch nicht innerhalb einer Woche von beiden Parteien anerkannt, so kann binnen zwei Wochen nach ergangenem Spruche Klage beim zuständigen Arbeitsgericht erhoben werden. Der Klage muß in allen Fällen die Verhandlung vor dem Ausschuß vorangegangen sein.

Aus Vergleichen, die vor dem Ausschuß geschlossen sind, und aus Sprüchen des Ausschusses, die von beiden Parteien anerkannt sind, findet die Zwangsvollstreckung statt. Die §§ 104 und 105 des Arbeitsgerichtsgesetzes gelten entsprechend."

1 Der Gesetzentwurf sah die Aufhebung auch der die Entscheidung von Lehrlingsstreitigkeiten durch Innungsorgane betreffenden Vorschriften der Gewerbeordnung (§ 81a Nr. 4, § 83 Abs. 2 Nr. 11 GO.) vor. Diese Absicht begegnete im Reichstag lebhaftem Widerstand aus Handwerkerkreisen, der dann zu der Kompromißlösung des Gesetzes führte.

Die nunmehr bloß geänderte, die Lehrlingsstreitigkeiten betreffende Vorschrift des § 81a Nr. 4 der Gewerbeordnung lautet also in jetziger Fassung:

„Aufgabe der Innungen ist .....

4. Die Entscheidung von Streitigkeiten zwischen den Innungsmitgliedern und ihren Lehrlingen."

Nicht ausdrücklich geregelt ist der sachliche Zuständigkeitsbereich dieser personell, wie vorstehend angegeben, begrenzten Innungsgerichtsbarkeit. Da nicht anzunehmen ist, daß das Arbeitsgerichtsgesetz sie angesichts der oben wiedergegebenen Entstehungsgeschichte weiter ausdehnen wollte, als sie in der Vergangenheit reichte, ist anzunehmen, daß die Innungsorgane nur den alten Zuständigkeitsbereich besitzen, also sinngemäß nur für Streitigkeiten aus dem Lehrverhältnis und über das Bestehen oder Nichtbestehen eines Lehrvertrages zuständig sind (vgl. § 4 GGG. im Verhältnis zu § 2 Nr. 2 ArbGG.). Im übrigen unterliegen auch Handwerkslehrlinge unmittelbar der Arbeitsgerichtsbarkeit, also z. B. bezüglich der unter § 2 Nr. 2 ArbGG. fallenden unerlaubten Handlungen.

2 § 91b ist an sich durch § 110 Nr. 4 hier aufgehoben.

Während aber die Innungsschiedsgerichte durch die „Handwerksgerichte" als Fachkammern der allgemeinen Arbeitsgerichte nach § 17 Abs. 3 Satz 2 restlos fortgefallen sind, sind für die Entscheidung von Lehrlingsstreitigkeiten (Anm. 1), die die Innungen bisher in die Hand von beliebig zu bildenden, nur satzungsmäßig festzulegenden Organen legen konnten (vgl. § 83 Abs. 2 Nr. 11 GO.), jetzt Organe bestimmter Zusammensetzung vorgesehen, nämlich paritätische Ausschüsse, deren Einzelheiten wie bisher in der — nunmehr entsprechend zu ändernden — Satzung nach § 83 Abs. 2 Nr. 11 zu regeln sind, ohne daß das Gesetz darüber näheres angibt. Insbesondere ist nicht vorgeschrieben, woher und in welcher Zahl die Arbeitgeber und Arbeitnehmer für den Ausschuß zu nehmen sind, ob ein unparteiischer Vorsitzender bestellt werden muß und wie lange die Amtsperiode der Ausschußmitglieder dauert.

Der Ausschuß ist ein Organ der Innung; daraus folgt, daß die Arbeitgeber auf eine statutarisch zu bestimmende Weise aus den Reihen der Innungsmitglieder zu bestellen sind; die Arbeitnehmer müssen zwar bei Innungsmitgliedern beschäftigt sein, das Weitere regelt das Statut, z. B. ob sie, wie Arbeitsgerichtsbeisitzer, Vorschlagslisten der wirtschaftlichen Vereinigungen entnommen werden, oder ob ihre Benennung dem Gesellenausschuß (§ 95ff. GO.) überlassen bleibt. Eine Benennung der Arbeitnehmermitglieder seitens der Arbeitgeberseite der Innung ist ausgeschlossen, weil damit die für den paritätischen Ausschuß zu erfordernde Unabhängigkeit der Arbeitnehmermitglieder in ihrem Ursprung fortfiele. Die für Arbeitgeber und Arbeitnehmer gleiche Zahl der Ausschußmitglieder hat das Statut zu bestimmen.

Wenngleich ein Zwang zur Bestellung eines Unparteiischen nicht vorgesehen ist, ist anderseits doch solche Bestellung sehr geboten, weil nach den Grundgedanken der Arbeitsgerichtsbarkeit, die auch für die Tätigkeit des Ausschusses gelten, das Stimmrecht aller Ausschußmitglieder gleichwertig und somit — bei einander gegenüberstehenden Stimmen der Arbeitgeber und Arbeitnehmer — im Falle des Fehlens eines Unparteiischen ein Stichentscheid ausgeschlossen ist; bei Stimmengleichheit würde also ein Spruch nicht zustande kommen (über die Folgen siehe unten). Wird demgemäß ein Unparteiischer bestellt, so ist Erfordernis, daß er außerhalb der Innung steht und weder Arbeitgeber noch Arbeitnehmer ist, wenn er auch nicht ordentlicher Richter oder mit der Befähigung zum Richteramt ausgestattet zu sein braucht. Die Bestellung des Unparteiischen wird zweckmäßigerweise statutarisch in die Hand der Aufsichtsbehörde gelegt, sofern sie gewillt ist, diese Aufgabe zu übernehmen.

Eine Amtsperiode für die Ausschußmitglieder ist statutarisch festzulegen; sie braucht nicht, wie für die Arbeitsgerichtsbeisitzer, drei Jahre zu betragen. Sache der Innungsaufsichtsbehörde wird es sein, gelegentlich der Genehmigung des Statuts auf eine angemessene, nicht zu lange und nicht zu kurze Periode hinzuwirken, wobei auch ein alljährliches oder sonst periodisches teilweises Ausscheiden der Ausschußmitglieder denkbar ist.

Schließlich sei noch der praktisch gewordenen Fälle gedacht, in denen die Bildung des Ausschusses gesetzwidrig verzögert wird und in der Zwischenzeit bereits Klage erhoben werden soll. Es ist anzunehmen, daß alsdann dem Arbeitnehmer durch solches Versäumnis einer dem staatlichen Einfluß nur begrenzt unterliegenden öffentlichen Körperschaft, wie der Innung, der Rechtsweg nicht geraubt werden soll, und der Arbeitnehmer dann unmittelbar, ohne vorheriges Tätigwerden des Ausschusses, den Klageweg beschreiten kann, vergleichbar dem Falle, daß ein vereinbartes Schiedsgericht nicht gebildet ist (§ 92 Abs. 2 des Gesetzes), nur daß hier die dort erforderliche vorherige Initiative der Parteien sich erübrigt, weil sie doch keinen unmittelbaren Einfluß auf die Bildung des Innungsorgans haben. Sache der Innungsaufsichtsbehörde ist es im übrigen, auf die Innung im Sinne der gesetzmäßigen Bildung der Organe nachdrücklichst einzuwirken. Der Übertragung der Bildung des Ausschusses auf einen Innungsausschuß nach § 101 Abs. 1 Satz 3 GO. steht nichts im Wege.

Einige Einzelheiten des Verfahrens vor den Ausschüssen, das Prozeßvoraussetzung der fristgemäß zu erhebenden arbeitsgerichtlichen Klage ist, sind in den Abs. 2 und 3 des neuen § 91b geregelt. Vergleiche (über ihre Form siehe § 97) und anerkannte Sprüche des Ausschusses bedürfen danach insbesondere der Vollstreckbarkeitserklärung (vgl. die am Schluß genannte Bestimmung des § 104 in Verbindung mit § 99); das Vorverfahren vor dem Ausschuß erübrigt ferner das arbeitsgerichtliche Güteverfahren des § 54 (§ 105).

Im übrigen ist auch die Verfahrensregelung Sache des Statuts. Es hat u. a. festzulegen, in welcher zahlenmäßigen Besetzung der Ausschuß im einzelnen Falle entscheidet (zu unterscheiden von der Gesamtmitgliederzahl des Ausschusses, entsprechend dem Verhältnis der Beisitzerzahl eines Arbeitsgerichts und der Benutzung der einzelnen Kammer), wobei die paritätische Besetzung (mit oder ohne Unparteiischen, siehe oben) selbstverständlich ist. Sodann ist der Fall des Ausbleibens der einen oder anderen Partei oder beider Parteien zu regeln, und zwar in der Weise, daß nicht der Beklagte durch Ausbleiben die Sache ungebührlich verschleppen und dadurch den Kläger um sein Recht bringen kann. Die Form des „Ergehens" des Spruchs schließlich bedarf der Regelung (Schriftform, Verkündung, Zustellung usw.); vom Zeitpunkt des „Ergehens" rechnet die zweiwöchige Frist für die Klageerhebung, die bei nicht beiderseitiger „Anerkennung" notwendig ist, widrigenfalls der an der Klageerhebung interessierte Kläger sein Recht einbüßt. (Der Beklagte ist auch als Verurteilter an der Frist nicht interessiert, da ihm bei Nichtanerkennung nichts geschehen kann, vielmehr der Kläger zur Klage genötigt ist; bei Nichtverurteilung — Klageabweisung — ist er erst recht nicht interessiert.) Kommt kein Spruch zustande (z. B. bei Stimmengleichheit im Falle des Fehlens eines Unparteiischen, so kann die arbeitsgerichtliche Klage — und zwar ohne die Zweiwochenfrist — erhoben werden, da nur die „Verhandlung" vor dem Ausschuß Voraussetzung der Klage ist.

Bezüglich der Prozeßvertretung dürfte § 11 ArbGG. sinngemäß anzuwenden sein, zumindest soweit es sich um die unbedingte, auch statutarisch nicht ausschließbare Zulassung der Organisationsvertreter handelt.

§ 112

Abänderung des Betriebsrätegesetzes[1]

(1) **Das Betriebsrätegesetz wird folgendermaßen abgeändert:**

1. **im § 28 treten an die Stelle der Worte „dem Arbeitgeber und gegenüber dem Schlichtungsausschusse" die Worte „dem Arbeitgeber, den Schlichtungseinrichtungen und den Arbeitsgerichtsbehörden";**

2. **im § 39 Abs. 2, im § 41, im § 43 Abs. 2 und im § 52 Abs. 1 und 2 treten an die Stelle der Worte „der Bezirkswirtschaftsrat" bis „Schlichtungsausschuß" die Worte „das Arbeitsgericht";**

3. im § 80 Abs. 2 treten an die Stelle der Worte „der Schlichtungsausschuß" die Worte „das Arbeitsgericht";

4. an die Stelle der Worte „durch Schiedsspruch eines Schlichtungsausschusses oder einer vereinbarten Einigungs- oder Schiedsstelle" treten im § 81 Abs. 3 die Worte „durch Urteil des Arbeitsgerichts oder durch Schiedsspruch eines Schiedsgerichts", im § 85 Abs. 2 Nr. 1 und im § 96 Abs. 2 Nr. 1 die Worte „durch Beschluß des Arbeitsgerichts";

5. im § 82 Abs. 3 treten an die Stelle der Worte „den zuständigen Schlichtungsausschuß oder eine vereinbarte Schiedsstelle" die Worte „das Arbeitsgericht", im Abs. 4 tritt an die Stelle der Worte „Schlichtungsausschusses oder der Schiedsstelle" das Wort „Arbeitsgerichts";

6. im § 83 fallen Satz 1, 2 und 4 weg; im dritten Satze werden hinter den Anfangsworten „Geht die Entscheidung" die Worte „des Arbeitsgerichts" eingefügt;

7. im § 86 Abs. 1 Satz 3 werden die Worte „den Schlichtungsausschuß" durch die Worte „das Arbeitsgericht", im Abs. 3 wird das Wort „Schlichtungsausschusses" durch das Wort „Arbeitsgerichts" ersetzt, der zweite Absatz fällt weg;

8. im § 87 fallen Abs. 1 und Abs. 2 Satz 5 weg; an die Stelle der Anfangsworte des zweiten Absatzes „Geht die Entscheidung" treten die Worte „Geht das Urteil des Arbeitsgerichts", im Abs. 3 Satz 1 treten an die Stelle der Worte „nach Kenntnis" bis „Entscheidung" die Worte „nach Zustellung des Urteils an ihn";

9. im § 89 Satz 2 treten an die Stelle der Worte „eine Woche" bis „Entscheidung" die Worte „drei Tage danach", im Satze 4 treten an die Stelle der Worte „Eintritt" bis „Entscheidung" die Worte „Tage der Urteilsfällung";

10. im § 93 treten an die Stelle der Worte „Der Bezirkswirtschaftsrat" die Worte „Das Arbeitsgericht";

11. der § 94 fällt weg;

12. im § 96 Abs. 3 fallen die Worte „und § 86 Abs. 2" weg; im Abs. 4 fallen die Worte „oder durch Entscheidung des Schlichtungsausschusses" weg;

13. im § 97 Satz 1 treten an die Stelle der Worte „den Schlichtungsausschuß anzurufen, der“ die Worte „das Arbeitsgericht anzurufen, das“; im zweiten Satze wird das Wort „er“ jedesmal durch das Wort „es“ ersetzt; im dritten Satze fallen die Worte „des Schlichtungsausschusses“ weg;

14. der § 103 fällt weg.

(2) Im § 1 der Verordnung zur Ausführung des Betriebsrätegesetzes vom 5. Juni 1920 (Reichsgesetzbl. S. 1139) treten an die Stelle der Worte „Schlichtungsausschusses“ bis „Schiedsstelle (im Falle des § 82 Abs. 3)“ die Worte „des Arbeitsgerichts oder des vereinbarten Schiedsgerichts“.

1 Das BRG. ist bis zum Inkrafttreten des ArbGG. unverändert geblieben, insbesondere ist, trotzdem gewisse Zuständigkeiten bereits durch die Schlichtungsverordnung auf die vorläufigen Arbeitsgerichte am 1. Januar 1924 übergegangen waren, der Gesetzeswortlaut damals unverändert geblieben. Nunmehr ist das BRG. einschließlich der Ausführungsverordnung vom 5. Juni 1920 den tatsächlichen Veränderungen der Zuständigkeit entsprechend auch formell geändert worden. Wegen der einzelnen Fälle vergl. den die neue Fassung berücksichtigenden Kommentar zum BRG. von Flatow. (12. Auflage.)

§ 113

Abänderung des Strafgesetzbuchs

Im § 334 des Strafgesetzbuchs werden in den Abs. 1 und 2 hinter dem Worte „Schiedsrichter“ die Worte „Beisitzer einer Arbeitsgerichtsbehörde“ eingefügt[1].

1 Die Schaffung einer neuen Art von Richtern erforderte die entsprechende Erweiterung der strafgesetzlichen Bestimmung über das Verbot der Bestechung.

§ 114

Abänderung des Gesetzes über die Beschäftigung Schwerbeschädigter

(1) Im § 18 Abs. 1 des Gesetzes über die Beschäftigung Schwerbeschädigter tritt an die Stelle des Wortes „Arbeitsgericht“ das Wort „Schöffengericht“.

(2) Als zweiter Absatz wird eingefügt:

„Für das Verfahren gelten die Vorschriften der Strafprozeßordnung entsprechend. Der Antrag der Hauptfürsorgestelle ist bei dem Amtsanwalte zu stellen; er kann zurückgenommen werden. Die Buße kann

durch schriftlichen Strafbefehl des Amtsrichters ohne vorgängige Verhandlung festgesetzt werden, wenn der Amtsanwalt schriftlich darauf anträgt."

(3) **Der bisherige zweite Absatz wird dritter Absatz.**

(4) **Der § 26 fällt weg[1].**

[1] Das Schwerbeschädigtengesetz hatte bisher in seinem § 18 eine Zuständigkeit des Arbeitsgerichts für die Verhängung von Bußen vorgesehen und nur in seinen Schlußbestimmungen eine vorläufige Zuständigkeit der Schöffengerichte enthalten. Da das Arbeitsgerichtsgesetz nunmehr entgegen älteren Plänen keine Zuständigkeit der Arbeitsgerichtsbehörden für Bußen kennt, ist die vorläufige Regelung des Schwerbeschädigtengesetzes zur endgültigen umgestaltet worden.

§ 115

Abänderung der Pachtschutzordnung

Im § 1 Abs. 4 der Pachtschutzordnung werden hinter den Worten „die ordentlichen Gerichte" die Worte „oder die Arbeitsgerichte" eingefügt[1].

[1] Der in der Pachtschutzverordnung vorsorglich enthaltene Ausschluß der ordentlichen Gerichte für den Bereich der Aufgaben der Pachteinigungsämter ist ausgedehnt auf die Arbeitsgerichte. Es handelt sich hierbei um die Zuständigkeit der Pachteinigungsämter zur Abänderung, Verlängerung oder Beendigung eines mit einer Arbeitsleistung als Entgelt verbundenen Pachtverhältnisses (Begründung S. 24).

Über das Verhältnis des Mieterschutzes zu den Arbeitsgerichten siehe § 2 Anm. 10.

§ 116

Abänderung sonstiger Gesetze

Soweit nach anderen Gesetzen oder Verordnungen Gewerbegerichte, Kaufmannsgerichte, arbeitsgerichtliche Kammern der Schlichtungsausschüsse oder Innungsschiedsgerichte zur Entscheidung von Rechtsstreitigkeiten zuständig sind, treten an ihre Stelle die Arbeitsgerichte.

§ 117

Übernahme von Beamten und Angestellten[1]

(1) **Die hauptamtlichen Beamten der nach § 85 des Gewerbegerichtsgesetzes zugelassenen Gewerbegerichte, die sich am Tage der Verkündung des Arbeitsgerichtsgesetzes im Amte befinden, sind unter Anrechnung**

ihrer bisherigen Dienstzeit in Dienststellen gleicher Art bei den für ihren bisherigen Amtssitz zuständigen Arbeitsgerichtsbehörden zu übernehmen. Soweit Beamte dieser Gerichte am Tage der Verkündung des Arbeitsgerichtsgesetzes bereits aus dem Amte geschieden waren, geht die Verpflichtung zur Gewährung von Ruhegehalt und Hinterbliebenenversorgung auf das Land über. Eine Beeinträchtigung der bisherigen Einstufung, der bisherigen Dienstbezüge, Ruhegehalts- und Hinterbliebenenversorgungsansprüche darf durch die Übernahme nicht eintreten[2].

(2) Die hauptamtlichen Vorsitzenden der übrigen Gewerbegerichte und der Kaufmannsgerichte, die sich am Tage der Verkündung des Arbeitsgerichtsgesetzes im Amte befinden und die mindestens zwei Jahre als hauptamtliche Vorsitzende tätig gewesen sind, sollen auf ihren Antrag unter billiger Berücksichtigung ihrer bisherigen Bezüge auf Lebenszeit als hauptamtliche Vorsitzende von Arbeitsgerichten übernommen werden. Die Übernahme kann nur im Einvernehmen mit der obersten Landesbehörde für die Sozialverwaltung abgelehnt werden. Im Falle der Übernahme ist die hauptamtliche Tätigkeit im Dienste einer Gemeinde oder eines Gemeindeverbandes als Landesdienst anzurechnen[3].

(3) Die Übernahme erfolgt nicht, wenn der Vorsitzende die von der Gesetzgebung festgesetzte Altersgrenze, bei deren Erreichung Richter in den Ruhestand treten, erreicht hat[4].

(4) Die übrigen bisher bei den Gewerbegerichten und Kaufmannsgerichten beschäftigten Personen, die am Tage der Verkündung des Arbeitsgerichtsgesetzes ausschließlich im Dienste bei den Gewerbegerichten und Kaufmannsgerichten tätig sind, sind auf ihren Antrag unter Anrechnung ihrer Dienstzeit in entsprechende Dienststellen zu übernehmen. Die Übernahme der Beamten erfolgt unter billiger Berücksichtigung ihrer bisherigen Bezüge, die der Angestellten nach dem zuständigen Tarifvertrage[5].

1 Die Regelung der Übernahme des bisherigen gewerbe- und kaufmannsgerichtlichen Personals hat während des Werdegangs des Gesetzes eine erhebliche Rolle gespielt. Das Gesetz unterscheidet nunmehr 3 Personengruppen:

a) die hauptamtlichen Beamten der — im wesentlichen in Preußen vorhanden gewesenen — sogenannten staatlichen Gewerbegerichte;

b) die hauptamtlichen Vorsitzenden und stellvertretenden Vorsitzenden (Begr. S. 62) der übrigen Gewerbegerichte und der Kaufmannsgerichte;

c) die übrigen bisher bei den Gewerbegerichten und Kaufmannsgerichten beschäftigten Personen.

[2] Der Grund der weitgehenden Übernahmepflicht des bisherigen Personals einschl. der Versorgungsansprüche ist darin zu erblicken, daß es sich bei den staatlichen Gerichten um in ihrer Rechtsform zweifelhafte, jedenfalls nicht kommunale Gebilde handelte, für die mangels eines anderen Trägers billigerweise der Staat — unabhängig von allen Rechtskonstruktionen — eintreten mußte. Hauptamtliche Vorsitzende gab es bei diesen Gerichten nicht.

[3] Die Sollvorschrift enthält eine zwar nicht zwingende, aber doch bedeutsame moralische Bindung für die Landesverwaltung; sie geht also weniger weit wie die Vorschrift des Abs. 1.

Aus dieser Vorschrift folgt der Zwang, bisherige hauptamtliche Vorsitzende — und zwar anders als nach § 18 Abs. 4 auf Lebenszeit — auch dann zu übernehmen, wenn sie nicht die Befähigung zum Richteramt besitzen (vgl. § 18 Anm. 6).

Hauptamtliche Tätigkeit liegt vor, wenn bei an sich vorhandener voller (z. B. nicht bloß halbtägiger) Beschäftigung überhaupt der Schwerpunkt in der Vorsitzendentätigkeit liegt. Strenger noch ist das Erfordernis „ausschließlicher" Beschäftigung des Abs. 4.

Über das „Einvernehmen mit der obersten Landesbehörde für die Sozialverwaltung" vgl. § 14 Anm. 4.

[4] Vgl. hierzu § 18 Anm. 8.

[5] Hier ist die Übernahmepflicht, die sowohl Beamten (außer den Vorsitzenden) wie Angestellten und Arbeitern bei bisheriger „ausschließlicher" Beschäftigung zugute kommt, wiederum stärker als in Abs. 2 ausgestaltet, aber nicht so stark wie in Abs. 1, indem die Übernahme nicht unbedingt zu den bisherigen Bedingungen zu erfolgen braucht, sondern nur „unter billiger Berücksichtigung der bisherigen Bezüge" und „nach dem zuständigen Tarifvertrag"; daß hier nur von „Angestellten" die Rede ist, nicht auch von „Arbeitern" (Boten u. dgl.), ist offenbar ein Versehen, da der erste Satz des Absatzes ganz allgemein von „Personen" spricht.

§ 118

Leistungen der Gemeinden[1]

(1) **Gemeinden und Gemeindeverbände haben den Ländern diejenigen ihnen gehörenden Grundstücke, die am 1. Januar 1925 lediglich Zwecken der Gewerbegerichte und Kaufmannsgerichte gedient haben, nebst ihrer Geräteausstattung unentgeltlich zu Eigentum zu übertragen; andere Räume, die an diesem Tage ausschließlich oder neben anderen Zwecken auch den Zwecken der Gewerbegerichte und Kaufmannsgerichte gedient haben, haben sie den Ländern auf Ersuchen nebst Geräteausstattung, Beleuchtung, Heizung und Reinigung für die Zwecke der Arbeitsgerichte unentgeltlich zur Verfügung zu stellen. Das Recht der Länder zu einem**

weiteren Finanzausgleich mit den Gemeinden und Gemeindeverbänden wird hierdurch nicht berührt. Anderweitige Regelung durch Vertrag ist zulässig.

(2) **Streitigkeiten**[2]**, die sich aus den Bestimmungen des ersten Absatzes ergeben, werden durch ein Schiedsgericht entschieden, das aus je einem Vertreter der Finanzverwaltung des Landes und der beteiligten Gemeinde oder des beteiligten Gemeindeverbandes als Beisitzer und aus einem nicht unmittelbar beteiligten Beamten des Landes als Vorsitzenden besteht. Der Vorsitzende wird, sofern sich die Finanzverwaltung des Landes und die Gemeinde oder der Gemeindeverband über seine Person nicht einigen, von dem Präsidenten des Oberlandesgerichts bestimmt, zu dessen Bezirk die beteiligte Gemeinde gehört oder in dessen Bezirk der beteiligte Gemeindeverband seinen Sitz hat.**

[1] Die unentgeltlichen kommunalen Leistungen zerfallen in

a) die Übertragung von Gebäuden, die am 1. Januar 1925 lediglich Zwecken der Gewerbegerichte und Kaufmannsgerichte gedient haben und Gemeindeeigentum sind, zu Eigentum (Abs. 1 Halbsatz 1);

b) die sonstige, zeitlich unbegrenzte, Zurverfügungstellung und Unterhaltung von Räumen, die am 1. 1. 1925 ausschließlich oder neben anderen Zwecken auch den Zwecken der Gewerbegerichte und Kaufmannsgerichte gedient haben.

Eine praktische Bedeutung hat im wesentlichen die Leistung zu b, soweit sie nicht auf andere Weise gemäß Abs. 1, letzter Satz, abgelöst wird.

Wegen der allgemeinen Kostentragung für die Arbeitsgerichtsbehörden vgl. § 7.

[2] Es handelt sich um öffentlich-rechtliche, nicht um privatrechtliche Streitigkeiten. Das in diesem Absatz vorgesehene Schiedsgericht ist daher kein solches im Sinne der ZPO. (a. A. Dersch-Volkmar, Anm. 4).

§ 119

Vermögen der reichsrechtlich zugelassenen Gewerbegerichte

Das Vermögen der nach § 85 des Gewerbegerichtsgesetzes zugelassenen Gewerbegerichte[1] **geht auf das Land über.**

[1] Also im wesentlichen der zehn staatlichen Gerichte in der Rheinprovinz.

§ 120

Erste Berufung der Beisitzer[1]

Bei der ersten Berufung der Beisitzer der Landesarbeitsgerichte nach dem Inkrafttreten des Arbeitsgerichtsgesetzes entfällt das Erfordernis einer dreijährigen Tätigkeit als Beisitzer einer Arbeitsgerichtsbehörde.

[1] Im Interesse der reibungslosen erstmaligen Besetzung der Landesarbeitsgerichte ist die erschwerende Sollbestimmung des § 37 für die erste Berufung beseitigt.

§ 121

Erledigung anhängiger Verfahren

(1) **Verfahren in Arbeitssachen, die in dem im § 122 Satz 2[1] bezeichneten Zeitpunkt bei Gewerbegerichten, Kaufmannsgerichten, arbeitsgerichtlichen Kammern der Schlichtungsausschüsse, Innungsschiedsgerichten, den Ersatzstellen der Landwirtschaftsräte oder dem Vorläufigen Reichswirtschaftsrat anhängig sind, gehen in der Lage, in der sie sich befinden, auf das Arbeitsgericht über, in dessen Bezirk die Stelle ihren Sitz hat, bei der das Verfahren bisher anhängig war.[2] Dieses Arbeitsgericht ist auch für Klagen gegen Entscheidungen der Innungen und Innungsschiedsgerichte und für Klagen auf Aufhebung des Schiedsspruchs eines vereinbarten Schiedsgerichts in Arbeitssachen zuständig, die in dem im § 122 Satz 2 bezeichneten Zeitpunkt noch nicht bei einem Gericht anhängig sind. Auf das Verfahren vor den Arbeitsgerichtsbehörden finden die Vorschriften dieses Gesetzes Anwendung.**

(2) **Für das Verfahren in Arbeitssachen, die in dem im § 122 Satz 2 bezeichneten Zeitpunkt bei ordentlichen Gerichten anhängig sind, bleiben die ordentlichen Gerichte bis zur rechtskräftigen Erledigung zuständig. Das Verfahren bestimmt sich nach den Vorschriften über das Verfahren in bürgerlichen Rechtsstreitigkeiten[3].**

[1] D. h. am 1. Juli 1927.

[2] Alle erstinstanzlichen Sachen außerhalb der ordentlichen Gerichtsbarkeit wechselten mithin sofort die behördliche Zuständigkeit. Über die hiermit zusammenhängenden Streitfragen betreffend die zweite Instanz vgl. die Entscheidungen des Reichsarbeitsgerichts bei Bensh. Samml., Bd. I, RAG. Nr. 2 und 7, S. 4 und 14, sowie die landesarbeitsgerichtlichen Entscheidungen daselbst Bd. I, LAG. Nr. 9 und Nr. 11, S. 16 und 26, sämtlich mit Erläuterungen von Gerstel. Danach sind ohne Rücksicht auf den Zeitpunkt der Zustellung (ob vor oder nach dem 1. 7.) für die Verfahren der hier genannten erstinstanzlichen Gerichte in zweiter Instanz die Landesarbeitsgerichte zuständig geworden, jedoch unter Fortgeltung der einmonatigen Berufungsfrist des bisherigen Prozeßrechts.

[3] Alle vor den ordentlichen Gerichten jedweder Instanz anhängigen Sachen wurden im bisherigen Verfahren zu Ende geführt.

§ 122

Inkrafttreten

Das **Arbeitsgerichtsgesetz** tritt, soweit es sich um die Maßnahmen zu seiner **Durchführung** handelt, mit dem Tage der **Verkündung** in Kraft. **Im übrigen** tritt es, soweit der **Reichsarbeitsminister und der Reichsminister der Justiz** gemeinsam **keinen späteren Zeitpunkt bestimmen**, mit dem 1. Juli 1927 in **Kraft**. Mit diesem **Zeitpunkt treten auch die in den §§ 110 bis 116 vorgesehenen Abänderungen von Gesetzen und Verordnungen** in Kraft.

Berlin, den 23. Dezember 1926.

Der Reichspräsident
von Hindenburg

Der Reichsarbeitsminister
Dr. **Brauns**

Der Reichsminister der Justiz
Dr. **Bell**

Anhang 1.

Verordnung über die Entschädigung der Arbeitgeber- und der Arbeitnehmer-Beisitzer der Arbeitsgerichtsbehörden

Vom 24. Juni 1927

(Reichsgesetzbl. I S. 129)

Auf Grund des § 25 Abs. 2, § 37 Abs. 2 und § 43 Abs. 3 des Arbeitsgerichtsgesetzes vom 23. Dezember 1926 (Reichsgesetzbl. I S. 507) wird verordnet:

§ 1

Entschädigung für Verdienstausfall

Die Arbeitgeber- und die Arbeitnehmerbeisitzer der Arbeitsgerichtsbehörden erhalten für den ihnen aus der Wahrnehmung des Beisitzeramts erwachsenden Verdienstausfall eine Entschädigung. Diese beträgt für jede angefangene Stunde der durch die Amtstätigkeit versäumten Arbeitszeit wenigstens 20 Reichspfennige und höchstens 1,50 Reichsmark. Die Höhe der Entschädigung wird im Einzelfall unter Berücksichtigung der regelmäßigen Erwerbstätigkeit festgesetzt. Die Entschädigung wird für höchstens zehn Stunden für den Tag gewährt.

§ 2

Entschädigung für Aufwand

(1) Neben der Vergütung für den Verdienstausfall erhalten die Beisitzer für den mit ihrer Amtstätigkeit verbundenen Aufwand für jeden Sitzungstag eine Entschädigung.

(2) Die Entschädigung beträgt für die Beisitzer der Arbeitsgerichte und der Landesarbeitsgerichte bei einer Sitzungsdauer bis zu vier Stunden 1,50 Reichsmark, bei längerer Sitzungsdauer 3 Reichsmark.

(3) Beisitzer, die nicht innerhalb der politischen Gemeinde des Sitzungsorts wohnen, erhalten außerdem eine weitere Entschädigung von 3 Reichsmark für den Sitzungstag und jeden weiteren Reisetag.

(4) Für Beisitzer des Reichsarbeitsgerichts, die innerhalb der politischen Gemeinde des Sitzungsorts wohnen, beträgt die Entschädigung 6 Reichsmark für den Sitzungstag. Auswärtige Beisitzer erhalten für den Sitzungstag und jeden Reisetag eine Entschädigung von 12 Reichsmark.

§ 3

Übernachtungsgeld

(1) Wird durch die Wahrnehmung des Beisitzeramts eine auswärtige Übernachtung erforderlich, so wird außer der Entschädigung für Verdienstausfall nach § 1 und der Entschädigung für Aufwand nach § 2 ein Übernachtungsgeld gezahlt. Es beträgt

a) für Beisitzer der Arbeitsgerichte und der Landesarbeitsgerichte in besonders teuren Orten 7 Reichsmark, in anderen Orten 5 Reichsmark; ob das Übernachtungsgeld für besonders teure Orte oder das für andere Orte zu gewähren ist, entscheidet sich nach dem Sitzungsorte;

b) für die Beisitzer des Reichsarbeitsgerichts 9 Reichsmark.

(2) Welche Orte als besonders teuere gelten, bestimmt sich nach den Vorschriften über Dienstreisen der Reichsbeamten.

§ 4

Fahrkosten

(1) Beisitzer der Arbeitsgerichtsbehörden, die nicht innerhalb der politischen Gemeinde des Sitzungsorts wohnen, erhalten als Fahrkostenentschädigung

a) für Wegestrecken, die auf Eisenbahnen, Schiffen, Kraftposten oder sonstigen regelmäßig fahrenden Verkehrsmitteln zurückgelegt sind oder hätten zurückgelegt werden können, die wirklich erwachsenen Auslagen, einschließlich der Kosten für Beförderung und Versicherung des notwendigen Gepäcks, jedoch bei Benutzung von Eisenbahnen oder Schiffen höchstens den Fahrpreis für die 3. Wagen- oder 2. Schiffsklasse, wenn es sich um Beisitzer der Arbeitsgerichte und der Landesarbeitsgerichte, und höchstens den Fahrpreis für die 2. Wagen- oder 1. Schiffsklasse, wenn es sich um Beisitzer des Reichsarbeitsgerichts handelt;

b) für Wegestrecken, die nicht mit den unter a genannten Verkehrsmitteln zurückgelegt werden können, für je 1 km (angefangene Kilometer werden als voll gerechnet) 10 Reichspfennig.

(2) Kosten für Fahrten oder Wege innerhalb der politischen Gemeinden des Wohnorts und des Sitzungsorts werden nicht erstattet.

Berlin, den 24. Juni 1927.

Der Reichsarbeitsminister

Dr. Brauns

Der Reichsminister der Justiz

Hergt

Anhang 2.

Gesetz zur Abänderung des Betriebsrätegesetzes

Vom 28. Februar 1928

(Reichsgesetzbl. I S. 46)

Der Reichstag hat das folgende Gesetz beschlossen, das mit Zustimmung des Reichsrats hiermit verkündet wird:

Artikel 1

§ 23 des Betriebsrätegesetzes erhält folgende Fassung:

(1) Der Betriebsrat hat spätestens vier Wochen vor Ablauf seiner Wahlzeit mit einfacher Stimmenmehrheit einen aus drei Wahlberechtigten bestehenden Wahlvorstand und einen der Gewählten zum Vorsitzenden zu wählen. Dabei sollen Minderheiten nach Möglichkeit berücksichtigt werden.

(2) Kommt der Betriebsrat seiner Verpflichtung nicht nach, so hat der Arbeitgeber innerhalb vier Wochen einen aus den drei ältesten wahlberechtigten Arbeitnehmern bestehenden Wahlvorstand zu bestellen, in dem in Betrieben mit Arbeitern und Angestellten beide Gruppen vertreten sein müssen. Der Wahlvorstand bestimmt seinen Vorsitzenden selbst.

(3) Kommt der Arbeitgeber seiner Verpflichtung aus Absatz 2 nicht nach, so bestellt auf Antrag eines oder mehrerer wahlberechtigter Arbeitnehmer oder auf Antrag einer wirtschaftlichen Vereinigung der Arbeitnehmer der Vorsitzende des Arbeitsgerichts[1] einen Wahlvorstand aus den wahlberechtigten Arbeitnehmern. Antragsberechtigt ist auch der Gewerbeaufsichtsbeamte oder, sofern der Betrieb nicht der Gewerbeaufsicht unterliegt, die von der obersten Landesbehörde bestimmte Behörde.

(4) Die Vorschriften der Abs. 2 und 3 gelten entsprechend, wenn ein Betrieb neu errichtet wird oder wenn die für die Errichtung eines Betriebsrats vorgeschriebene Mindestzahl von Arbeitnehmern erreicht wird.

(5) Die Wahl ist durch den Wahlvorstand unverzüglich nach seiner Bestellung einzuleiten und soll spätestens nach sechs Wochen stattfinden. Kommt der Wahlvorstand seiner Verpflichtung nicht nach, so ersetzt ihn der Vorsitzende des Arbeitsgerichts[1] auf Antrag eines der nach Absatz 3 Antragsberechtigten durch einen neuen Wahlvorstand.

Artikel 2

§ 95 des Betriebsrätegesetzes erhält folgende Fassung:

Den Arbeitgebern und ihren Vertretern ist untersagt, ihre Arbeitnehmer in der Ausübung der sich aus diesem Gesetz ergebenden Rechte zu beschränken oder sie deswegen zu benachteiligen.

Artikel 3

Im Abs. 5 des § 99 des Betriebsrätegesetzes ist nach dem ersten Satze einzufügen:

Ist eine Betriebsvertretung nicht vorhanden, so ist der Gewerbeaufsichtsbeamte oder, sofern der Betrieb der Gewerbeaufsicht nicht unterliegt, die von der obersten Landesbehörde bestimmte Behörde antragsberechtigt.

Artikel 4

Dieses Gesetz tritt mit dem Tage der Verkündung in Kraft.

Berlin, den 28. Februar 1928.

Der Reichspräsident
von Hindenburg

Der Reichsarbeitsminister
Dr. Brauns

Anmerkung umstehend.

[1] Für die Bestellung des Wahlvorstandes (§ 23 Abs. 3) und gegebenenfalls für seine Ersetzung durch einen neuen Wahlvorstand (§ 23 Abs. 5) ist der Vorsitzende des Arbeitsgerichts allein zuständig, und zwar der Vorsitzende des Arbeitsgerichts, in dessen Bezirk der Betriebsrat seine Geschäfte führen soll; die Vorschrift des § 82 ArbGG wird hier sinngemäß entsprechend anzuwenden sein, obwohl das Gesetz das nicht ausdrücklich sagt.

Die Bestellung und die Ersetzung des Wahlvorstandes erfolgt aber nicht etwa im Beschlußverfahren nach dem Arbeitsgerichtsgesetz. Dies ergibt sich schon daraus, daß sie dem Vorsitzenden des Arbeitsgerichts allein übertragen sind. Er hat die ihm übertragenen Befugnisse in einem formlosen Verfahren auszuüben, das dem Verfahren des Vorsitzenden des Arbeitsgerichts nach § 92 Abs. 2 Nr. 2, 3, Abs. 3 AGG. entspricht (vgl. Anm. 13 Abs. 1, 2 zu § 92). Jedoch wird er zweckmäßig zu seiner Unterrichtung vor der Bestellung des Wahlvorstandes den Arbeitgeber, vor der Ersetzung des Wahlvorstandes durch einen neuen Wahlvorstand die Mitglieder des bisherigen Vorstandes oder wenigstens seinen Vorsitzenden hören.

Beim Vorliegen der Voraussetzungen des § 23 Abs. 3 bzw. Abs. 5 muß der Vorsitzende des Arbeitsgerichts die Bestellung bzw. die Ersetzung des Wahlvorstandes vornehmen. Beide Anordnungen sind, da die Vorschriften des Arbeitsgerichtsgesetzes über das Urteilsverfahren und über das Beschlußverfahren nicht anwendbar sind, mangels anderer Regelung im Gesetz unanfechtbar. Hiergegen bestehen um so weniger sachliche Bedenken, als weder die Bestellung noch die Ersetzung des Wahlvorstandes irgendeinen Beteiligten schädigen kann.

Vgl. im übrigen Flatow, BRG., Anm. zu § 23 (bisherige Fassung).

Sachverzeichnis

Zusammengestellt von Ministerialamtmann Preßler

(Die Zahlen verweisen auf die Seiten)

A

B

D

H

J (i und j)

L

R

S

T

U

W

GPSR Compliance

The European Union's (EU) General Product Safety Regulation (GPSR) is a set of rules that requires consumer products to be safe and our obligations to ensure this.

If you have any concerns about our products, you can contact us on ProductSafety@springernature.com

In case Publisher is established outside the EU, the EU authorized representative is:

Springer Nature Customer Service Center GmbH
Europaplatz 3
69115 Heidelberg, Germany

Batch number: 10844627

Printed by Printforce, the Netherlands